A RESPONSABILIDADE CONSTITUCIONAL DOS AGENTES POLÍTICOS

RODRIGO TOSTES DE ALENCAR MASCARENHAS

Prefácio
J. J. Gomes Canotilho

A RESPONSABILIDADE CONSTITUCIONAL DOS AGENTES POLÍTICOS

1ª reimpressão

Belo Horizonte

2022

© 2021 Editora Fórum Ltda.
2022 1ª Reimpressão

É proibida a reprodução total ou parcial desta obra, por qualquer meio eletrônico,
inclusive por processos xerográficos, sem autorização expressa do Editor.

Conselho Editorial

Adilson Abreu Dallari
Alécia Paolucci Nogueira Bicalho
Alexandre Coutinho Pagliarini
André Ramos Tavares
Carlos Ayres Britto
Carlos Mário da Silva Velloso
Cármen Lúcia Antunes Rocha
Cesar Augusto Guimarães Pereira
Clovis Beznos
Cristiana Fortini
Dinorá Adelaide Musetti Grotti
Diogo de Figueiredo Moreira Neto (*in memoriam*)
Egon Bockmann Moreira
Emerson Gabardo
Fabrício Motta
Fernando Rossi
Flávio Henrique Unes Pereira

Floriano de Azevedo Marques Neto
Gustavo Justino de Oliveira
Inês Virgínia Prado Soares
Jorge Ulisses Jacoby Fernandes
Juarez Freitas
Luciano Ferraz
Lúcio Delfino
Marcia Carla Pereira Ribeiro
Márcio Cammarosano
Marcos Ehrhardt Jr.
Maria Sylvia Zanella Di Pietro
Ney José de Freitas
Oswaldo Othon de Pontes Saraiva Filho
Paulo Modesto
Romeu Felipe Bacellar Filho
Sérgio Guerra
Walber de Moura Agra

FÓRUM
CONHECIMENTO JURÍDICO

Luís Cláudio Rodrigues Ferreira
Presidente e Editor

Coordenação editorial: Leonardo Eustáquio Siqueira Araújo
Aline Sobreira de Oliveira

Rua Paulo Ribeiro Bastos, 211 – Jardim Atlântico – CEP 31710-430
Belo Horizonte – Minas Gerais – Tel.: (31) 2121.4900
www.editoraforum.com.br – editoraforum@editoraforum.com.br

Técnica. Empenho. Zelo. Esses foram alguns dos cuidados aplicados na edição desta obra. No entanto, podem ocorrer erros de impressão, digitação ou mesmo restar alguma dúvida conceitual. Caso se constate algo assim, solicitamos a gentileza de nos comunicar através do *e-mail* editorial@editoraforum.com.br para que possamos esclarecer, no que couber. A sua contribuição é muito importante para mantermos a excelência editorial. A Editora Fórum agradece a sua contribuição.

Dados Internacionais de Catalogação na Publicação (CIP) de acordo com a AACR2

M395r	Mascarenhas, Rodrigo Tostes de Alencar
	    A responsabilidade constitucional dos agentes políticos / Rodrigo Tostes de Alencar Mascarenhas. 1. Reimpressão. – Belo Horizonte : Fórum, 2021.
	    470 p.; 17x24cm
	
	    ISBN: 978-65-5518-133-3
	
	    1. Direito Constitucional. 2. Direito Administrativo. 3. Direito Eleitoral. I. Título.
	
	                                  CDD 341.2
	                                  CDU 342

Elaborado por Daniela Lopes Duarte – CRB-6/3500

Informação bibliográfica deste livro, conforme a NBR 6023:2018 da Associação Brasileira de Normas Técnicas (ABNT):

MASCARENHAS, Rodrigo Tostes de Alencar. *A responsabilidade constitucional dos agentes políticos*. 1. Reimpr. Belo Horizonte: Fórum, 2021. 470 p. ISBN 978-65-5518-133-3.

Para minha querida Debora.

AGRADECIMENTOS

Em Portugal são vários os agradecimentos especiais. Em primeiro lugar, à minha orientadora, Professora Doutora Maria Benedita Urbano, que exerceu uma orientação presente e atenciosa o suficiente para que não me sentisse desamparado e com a liberdade suficiente para que não me sentisse tolhido. Os defeitos do nosso trabalho certamente não têm relação com a excelente orientação recebida.

Também agradeço de forma especial ao Professor Doutor J. J. Gomes Canotilho, de quem fui aluno em sua última turma de doutoramento, que me instigou a escrever sobre o tema, para o qual deu valiosíssimas indicações e orientações e que me deu a honra de prefaciar esta obra de forma tão generosa. A Professora Doutora Alexandra Aragão também merece um agradecimento especial, não apenas pelas importantes sugestões bibliográficas e temáticas para a tese, mas pelo apoio de sempre e pela "intervenção logística" decisiva no período de "pós-defesa".

Também agradeço ao Professor Doutor José Carlos Vieira de Andrade, cujas lições sobre responsabilidade do Estado foram muito importantes. Finalmente, agradeço aos ilustres integrantes do júri da prova de doutoramento (Doutores António Joaquim de Matos Pinto Monteiro – Presidente, Luis Pedro Dias Pereira Coutinho e Paula Margarida Cabral dos Santos Veiga – arguentes, Gonçalo Manoel de Vilhena de Almeida Ribeiro, João Carlos Simões Gonçalves Loureiro e Filipe Miguel Cruz de Albuquerque Matos) pelas relevantes contribuições que trouxeram durante a defesa, que eu tentei incorporar no texto da melhor maneira possível.

No Brasil, o primeiro e especial agradecimento eu devo ao Pe. Lauro Palú C.M., que teve o extenuante trabalho de fazer a revisão ortográfica de toda a tese, inclusive das incontáveis notas de rodapé em outras línguas, todas revistas com o toque de sua erudição e amizade. A meu pai, Ronaldo Mascarenhas, e a Letácio Jansen, sempre dispostos a ler e criticar cada capítulo, a Sergio Pimentel, que também ajudou muito na revisão e crítica do capítulo 4. Também agradeço a Elaine Gonçalves, responsável por "entregar" a tese, bem como a Lucia Léa Guimarães Tavares, Flavio Amaral Garcia, Aline Paola Correa Braga Camara de Almeida, Luiz Eduardo Lessa Silva, Ana Maria Jansen e Paulo Cesar Melo da Cunha pelo apoio durante (antes e depois) a defesa em Coimbra.

Do ponto de vista institucional, agradeço à Procuradoria-Geral do Estado do Rio de Janeiro (e, indiretamente, ao povo do Estado), que viabilizou o doutoramento.

À Debora, Tomaz e Bernardo agradeço, com amor, a paciência pelo longo tempo tomado pela tese (embora nós quatro tenhamos aproveitado muito o excelente ano em Portugal).

O futuro exige hoje reabilitar a política, uma das formas mais altas de caridade.
(Papa Francisco – Declaração durante sua visita ao Rio de Janeiro. *Folha de S. Paulo*, 28 jul. 2013. p. A10)

SUMÁRIO

LISTA DE ABREVIATURAS E SIGLAS 15

PREFÁCIO
J. J. Gomes Canotilho 17

NOTA PRÉVIA 21

INTRODUÇÃO 23

PARTE I
ASPECTOS GERAIS DA RESPONSABILIDADE CONSTITUCIONAL

CAPÍTULO 1

A RESPONSABILIDADE VISTA PELO DIREITO: ASPECTOS INTRODUTÓRIOS.............. 33
1.1   Elementos da responsabilidade 33
1.2   Usos e classificações da responsabilidade... 38
1.3   As "responsabilidades do texto" 42
1.4   A responsabilidade como princípio constitucional.................................. 45

CAPÍTULO 2

RESPONSABILIDADE POLÍTICA E RESPONSABILIDADE JURÍDICA: *DISTINÇÕES E TENSÕES*... 51
2.1   Breve introdução: política e direito no constitucionalismo....................... 51
2.2   O surgimento da responsabilidade política 62
2.3   Conceito e tipos de responsabilidade política 66
2.4   Elementos da responsabilidade política 73
2.5   A responsabilidade política no presidencialismo 81
2.6   Conflitos e sobreposições entre responsabilidade política e jurídica 92
2.6.1 Introdução 92
2.6.2 O uso político da responsabilidade jurídica.. 98
2.6.3 A juridicização de erros políticos.. 105
2.6.4 Os fins e os meios, incluindo a perigosa mistura de elementos de distintos regimes de responsabilização... 113

CAPÍTULO 3

A RESPONSABILIDADE DOS AGENTES POLÍTICOS E SEU TRATAMENTO
DIFERENCIADO 119

3.1 Breve nota terminológica 119

3.2 O tratamento diferenciado dos agentes políticos no direito comparado 122

3.2.1 Breve notícia sobre o tratamento diferenciado no Brasil 122

3.2.2 Tratamento diferenciado nas Américas: Argentina, Colômbia e EUA 127

3.2.3 Tratamento diferenciado na Europa: as repúblicas (Portugal, França, Alemanha, Áustria, Itália e Grécia) 131

3.2.4 Tratamento diferenciado na Europa: as monarquias (Espanha e Reino Unido) 139

3.2.5 Tratamento diferenciado na África do Sul e na Tunísia 141

3.2.6 Tratamento diferenciado no Estatuto de Roma e em outras normas internacionais 143

3.2.7 Breve conclusão comparativa 145

3.3 Razões para o tratamento diferenciado dos agentes políticos 146

3.3.1 Os elementos de uma tensão 146

3.3.2 O perfil contemporâneo da função executiva como elemento condicionante de suas formas de responsabilização 151

3.3.2.1 Introdução 151

3.3.2.2 Condicionantes da decisão do agente político nas democracias contemporâneas.... 153

3.3.2.3 Escolhendo o agente político no Estado contemporâneo 161

3.3.3 A garantia da capacidade deliberativa como uma necessária preocupação constitucional 166

3.4 Legitimidade constitucional do tratamento diferenciado 192

3.4.1 Introdução 192

3.4.2 Foro especial 195

3.4.3 A autorização parlamentar 203

3.4.4 A outorga de irresponsabilidade 204

3.4.5 Outros tratamentos diferenciados 205

3.4.6 A necessidade de uma interpretação diferenciada 207

3.5 Conclusão 213

PARTE II

A RESPONSABILIDADE COM ÊNFASE NO PASSADO

CAPÍTULO 4

O *IMPEACHMENT* E A RESPONSABILIDADE CRIMINAL DOS AGENTES POLÍTICOS. 217

4.1 Introdução 217

4.2 A autorização parlamentar 219

4.2.1 Histórico, justificativa e natureza 221

4.2.2 O procedimento (ou processo) de autorização 229

4.3 Crimes comuns e crimes de responsabilidade 242

4.4 O *impeachment*: o processo no Senado 265

4.4.1 O Senado como tribunal 265

4.4.2 O processo 270

4.4.3 As sanções aplicáveis 277

4.5	Competência para legislar sobre o *impeachment* e peculiaridades do *impeachment* estadual	280
4.6	O *impeachment* como julgamento jurídico	282
4.7	O controle judicial do *impeachment*	297
4.8	Conclusão	300

CAPÍTULO 5

IMPROBIDADE ADMINISTRATIVA E AGENTES POLÍTICOS ... 309

5.1	Introdução	309
5.2	Visão geral da lei	312
5.3	A natureza jurídica da improbidade administrativa	318
5.4	Improbidade e responsabilidade política	325
5.5	A sujeição dos agentes políticos à Lei de Improbidade	334
5.6	A questão do afastamento liminar e a questão da perda do cargo	340

PARTE III
A RESPONSABILIDADE COM ÊNFASE NO FUTURO

CAPÍTULO 6

A RESPONSABILIDADE COM A FUNÇÃO, PELA FUNÇÃO E PARA A FUNÇÃO ... 349

6.1	A busca de um conceito multitemporal de responsabilidade dos agentes políticos	349
6.2	O futuro e os outros elementos em jogo	359

CAPÍTULO 7

A APLICAÇÃO DA INELEGIBILIDADE COMO MECANISMO PREVENTIVO DE RESPONSABILIZAÇÃO DE AGENTES POLÍTICOS ... 367

7.1	Introdução	367
7.2	Disposições constitucionais sobre inelegibilidades	373
7.3	A Lei Brasileira de Inelegibilidades antes da Lei da Ficha Limpa	375
7.4	A Lei Brasileira de Inelegibilidades após a Lei da Ficha Limpa	377
7.5	A Lei da Ficha Limpa e a responsabilidade prospectiva	380
7.6	Os excessos da Lei da Ficha Limpa	381
7.7	A transferência de poder decisório feita pela Lei da Ficha Limpa	390

CAPÍTULO 8

MECANISMOS ESPARSOS DE RESPONSABILIZAÇÃO COM POSSÍVEL VOCAÇÃO PROSPECTIVA ... 397

8.1	Introdução	397
8.2	Incompatibilidades, conflito de interesses e transparência	400
8.3	As obrigações positivas e os códigos de conduta	405
8.4	A importação e a expansão da técnica das inelegibilidades para os cargos em comissão	407
8.4.1	A via normativa	407

8.4.2	A expansão (bidirecional) feita pela jurisprudência	409
8.5	O papel preventivo dos órgãos de controle	412
8.6	Atraindo e mantendo o bom agente público	419
8.7	Breve nota sobre a aplicação de cautelares penais a agentes políticos	422
8.8	Conclusão	425

OBSERVAÇÕES CONCLUSIVAS		429
1	A responsabilidade vista pelo direito: aspectos introdutórios	429
2	Responsabilidade política e responsabilidade jurídica	430
3	A responsabilidade dos agentes políticos e seu tratamento diferenciado	435
4	O *impeachment*	440
5	Improbidade administrativa e agentes políticos	445
6	A responsabilidade com a função, pela função e para a função	446
7	A aplicação da inelegibilidade como mecanismo preventivo de responsabilização de agentes políticos	447
8	Mecanismos esparsos de responsabilização com possível vocação prospectiva	450

REFERÊNCIAS	457

LISTA DE ABREVIATURAS E SIGLAS

ADCT – Ato das Disposições Constitucionais Transitórias (da Constituição da República Federativa do Brasil)
ADIN – Ação Direta de Inconstitucionalidade
CA – Constituição da Argentina
CCOL – Constituição da Colômbia
CRFB – Constituição da República Federativa do Brasil de 1988
CRF – Constituição da República Francesa
CRI – Constituição da República Italiana
CRP – Constituição da República Portuguesa
LCI – Lei Brasileira sobre Conflito de Interesses
LIA – Lei de Improbidade Administrativa
LIn – Lei Brasileira de Inelegibilidades
LFB – Lei Fundamental da República Federal da Alemanha ou Lei Fundamental de Bonn[1]
PM – Primeiro Ministro (utilizado indistintamente do país)
PR – Presidente da República (utilizado indistintamente do país)
RICD – Regimento Interno da Câmara dos Deputados (do Brasil)
STF – Supremo Tribunal Federal
STJ – Superior Tribunal de Justiça
TSE – Tribunal Superior Eleitoral

---

[1] Para as citações da LFB utilizamos a versão em português do sítio da Embaixada da Alemanha no Brasil – http –//www.brasil.diplo.de/contentblob/3254212/Daten/1330556/ConstituicaoPortugues_PDF.pdf.

PREFÁCIO

No caminho da ficha limpa

§§1
Grata recordação pessoal e acadêmica

Lembro-me bem. Nos anos de 2010/11 do presente século, conferimos centralidade teórica, dogmática, normativa e praxeológica ao tema da responsabilidade. Começamos por elaborar um *paper* sucessivamente sujeito a vários públicos reais ou construídos. Antes de ser submetida à publicidade crítica por meio da sua inclusão num livro sobre a responsabilidade civil do Estado,[1] preferimos testar a problemática da responsabilidade em aulas de doutoramento e em colóquios abertos incidentes sobre o tema.[2] Como se refere na nota (2), o texto distribuído aos doutorandos em 2010 aproximava-se já de problemática agora sintetizada em *O princípio da responsabilidade como moldura normativa do direito público*. Acrescentaremos uma referência pessoal. Entre os excelentes doutorandos que discutiram a problemática da responsabilidade, salientou-se Rodrigo Tostes de Alencar Mascarenhas. Foi ele que avançou no tópico da "ficha limpa".[3] A sua riqueza argumentativa justificou a sugestão: "O Senhor Doutorando está apto a fazer uma tese de doutoramento sobre a problemática em causa". À minha frente vejo agora a dissertação apresentada para a obtenção do grau de Doutor em Direito Público pela Faculdade de Direito da Universidade de Coimbra (Coimbra, 2019). É uma grande alegria pessoal e académica poder registrar alguns apontamentos sobre a *Responsabilidade constitucional dos agentes públicos*.

§§2
Positividade e negatividade valorativas
A tensão entre a política e o direito

A obra do Doutor Rodrigo Mascarenhas corre o "risco" de se transformar num livro de consulta obrigatória sobre os problemas atinentes à responsabilidade constitucional dos agentes políticos. Vejamos porquê.

---

[1] Referimo-nos ao nosso primeiro livro *A responsabilidade do Estado por actos* lícitos (Coimbra, 1974). Este livro foi republicado pela Editora Fórum (Belo Horizonte, 2019), com o aditamento de "O princípio da responsabilidade como moldura normativa do direito público".

[2] Algumas menções: "Princípio da responsabilidade: um princípio a rever na Constituição", "Os novos desafios da responsabilidade: irritar e responder" (*Boletim da Faculdade de Direito de Coimbra*, Coimbra, LXXX, VII, 2011). O texto referido em primeiro lugar foi cedido aos doutorandos em Direito Público da Faculdade de Direito da Universidade de Coimbra (outubro, 2010).

[3] Cfr. MASCARENHAS, Rodrigo Tostes de Alencar. A Lei da Ficha Limpa: uma responsabilidade prospetiva? *Boletim da Faculdade de Direito da Universidade de Coimbra*, LXXXVII, 2011.

I – Responsabilidade constitucional

A Parte I da obra é dedicada aos aspectos gerais da *responsabilidade constitucional*. Isso permite-lhe o aprofundamento jurídico-dogmático da *forma* constitucional e das *razões transversais* que sobrevoam, não raras vezes, as flutuações provocadas pelas *tensões* existentes entre a *responsabilidade política e a responsabilidade jurídica*.

II – A lei foi longe demais

Gostaria, passados dez anos, de perguntar ao autor se a materialidade da Lei da Ficha Limpa conseguia resolver a tensão entre a jurisdicionalidade/justiciabilidade da política e a politicização do direito. A sua extensa argumentação, sempre orientada por juízos de ponderação aos quais não faltam insinuações de "metaética constitucional", oscila entre a positividade normativa da lei de inelegibilidade e a negatividade intrínseca de algumas das direcções legislativas ("a lei foi longe demais", "sério déficit de institucionalizações dos órgãos e processos administrativos", "alta probabilidade de erro", "conducentes a graves restrições de direitos fundamentais", "retorno à tutela da maioria por uma minoria", "a minoria pode ser constituída pelo judiciário ou por poderes fácticos, incluindo os próprios meios de comunicação social"). Permitam-me que recorra ao auxílio do Doutor Rodrigo Mascarenhas para densificar este breve prefácio. As palavras são minhas, mas esquecidas. "O desafio é este: como pode e deve o direito constitucional cruzar-se com o direito administrativo, lá onde emerge a 'infortuna', a 'desvirtude' da República, e campeia o vício do governo mais intolerável. Referimo-nos à corrupção".

III – Abertura para o mundo

O livro que tenho a honra de prefaciar não peca por falta de ensinamento teórico e dogmático. Com efeito, o autor convoca com acerto a melhor literatura jurídico-política e político-jurídica e chama o direito comparado. Mas não só isso: percorre a jurisprudência nacional e estrangeira analisando com argúcia os *case law* e as decisões jurisdicionais. As longas notas de complementação, sobretudo as que condensam o núcleo do momento adjudicativo, permitem reforçar a sustentabilidade argumentativa. Além disso trata-se de descobrir "pontos de controlo" hoje experimentados nos desafios de "direito global" e captar migrações categóricas de outras experiências (ex.: o sistema de governo, sistemas jurídicos como *impeachment*, probidade administrativa, inelegibilidade, responsabilidade política, agentes políticos).

IV – Quadratura do círculo

Ousamos sugerir um outro fio da performatividade discursiva deste trabalho. Quase desde a primeira página até às observações conclusivas, o autor confronta-se com "razões transversais", "tensões internas permanentes", "quadratura do círculo", "demonização da política". Diríamos que a *responsabilidade constitucional* dos agentes políticos sofre inflexões das mais diferentes naturezas analisadas com profundidade e saber. O problema central transmuta-se em crise da responsabilidade política, conducente a esquemas autossistémicos de "antipolítica", de "antirrepresentatividade" e de "propopulismo".

Não se sabe nem é possível antever como é que se conseguirá acabar com a crise da responsabilidade política. Um ilustre cultor do direito constitucional escreveu e ofereceu-nos uma abordagem robusta sobre a crise da representação.[4] Temos dúvidas quanto à "finitude" político-jurídica da responsabilidade constitucional. Os elementos da crise ou, de forma mais prudente, "os elementos de uma tensão" – foram analisados em termos rigorosos. É indispensável a tarefa de manter um equilíbrio entre os extremos, ou seja, entre

a necessidade de se reprimir enfaticamente os ilícitos cometidos por aqueles que ostentam responsabilidades políticas e, por outro lado, a imperiosa necessidade – por incidência do princípio democrático – de tomar todas as cautelas possíveis para que um governante escolhido pelo povo não seja afastado ou punido e para que o funcionamento do Estado não seja igualmente abalado em acusações sem fundamento.

Um ilustre estudioso (Klement) da responsabilidade alerta os leitores dizendo que a responsabilidade é um "objecto" maleável: "diz o que os juristas querem que ela diga". Rodrigo Tostes de Alencar Mascarenhas procurou um outro caminho. A forma intencional da responsabilidade política não é um objecto conectado, mas um repensamento das normatividades. Bem-haja Doutor Rodrigo Mascarenhas por ter me ensinado as questões normativas inerentes à responsabilidade constitucional.

J. J. Gomes Canotilho

---

4 Referimo-nos a DENQUIN, Jean-Marie. Pour en finir avec la crise de la Représentation. *JusPoliticum*, n. 4. p. 1 e ss.

NOTA PRÉVIA

Esta é, essencialmente, a dissertação de doutorado em Direito Público defendida perante a Faculdade de Direito da Universidade de Coimbra em 8.10.2019 e aprovada por unanimidade (com distinção).

Entre o depósito da tese, em dezembro de 2017, a defesa e a remessa dos originais para a editora, em 2020, ocorreram algumas alterações legislativas e mudanças jurisprudenciais que procuramos incorporar ao texto.

Outras mudanças no texto decorreram de sugestões da banca e da correção de alguns erros identificados no texto original.

INTRODUÇÃO

O "objetivo de qualquer constituição política", afirma James Madison, "é ou deveria ser, em primeiro lugar, designar como governantes homens que tenham a maior sabedoria para discernir e a maior virtude para perseguir o bem comum da sociedade" e, em segundo lugar, "tomar as mais efetivas precauções para conservá-los virtuosos enquanto mantiverem suas funções públicas".[1] O objetivo deste trabalho pode ser resumido como a tentativa de verificar que medidas ou precauções são estas, quais efetivamente se justificam e como devem ser interpretadas pelo direito constitucional contemporâneo, especialmente no que se refere ao ordenamento constitucional brasileiro.

Assim, podemos perguntar: que comportamento devemos esperar de um presidente, de um governador, de um prefeito? O que se pode exigir de um ministro ou secretário de Estado? O que o ordenamento jurídico exige de um agente político? As respostas a estas perguntas, sejam dirigidas à "opinião pública" em geral, sejam dirigidas a um jurista, não parecem fazer surgir grandes divergências, ao menos em torno de um núcleo básico.

Com efeito, é difícil encontrar quem discorde de que do agente político pressu-põe-se que seja honesto, que aja com especial zelo, seriedade, dedicação e eficiência, que respeite as leis. Em poucas palavras, que cumpra a promessa que o Presidente da República faz ao tomar posse, sintetizada na fórmula constitucional[2] de "manter, defender e cumprir a Constituição, observar as leis, promover o bem geral do povo brasileiro, sustentar a união, a integridade e a independência do Brasil".

Onde então se encontram as dificuldades? Precisamente na frustração dessas expectativas. Com efeito, embora o fenômeno da corrupção[3] não seja nem novo nem específico do Brasil, adquire especial dimensão pelo fato de que a redemocratização do Brasil trouxe uma série de promessas que vieram a ser frustradas em boa medida por força da corrupção.

No Brasil, deve-se destacar o desencanto causado pelo envolvimento do primeiro presidente eleito diretamente após a ditadura em um escândalo de corrupção. O presidente foi constitucionalmente retirado do poder, por meio de um processo de

---

[1] HAMILTON, Alexander; MADISON, James; JAY, John. *The federalist papers*. Nova York: Signet Classic, 2003. p. 348 (57).

[2] Art. 78 da Constituição brasileira.

[3] Note-se que a corrupção não foi a única fonte de frustração das expectativas. A ineficácia das políticas públicas e por vezes os danos causados por estas políticas (caso do sangue contaminado na França) também geraram reações duras por parte do ordenamento jurídico.

impeachment com forte apoio popular, no seio do qual se manifestou uma fortíssima demanda da sociedade por "ética na política" (esse, aliás, era o nome e o *slogan* do movimento).

Mas os escândalos não pararam com a substituição do presidente. Embora o presidente seguinte – Itamar Franco – tenha passado livre de acusações de corrupção, estas logo passaram para o congresso, no escândalo conhecido como o dos "anões do orçamento". Os governos de Fernando Henrique Cardoso (1994-2002) e de Luís Inácio Lula da Silva (2002-2010) tampouco foram livres de escândalos de corrupção, destacando-se, em relação ao primeiro, as acusações que rondaram as grandes privatizações e, em relação ao segundo, o chamado "mensalão'. Já a Presidente Dilma Rousseff não completou seu segundo mandato, igualmente condenada em processo de *impeachment* que, no entanto, esteve longe de contar com a unanimidade popular que se viu em relação a Collor. Tampouco seu sucessor, Michel Temer, escapa de graves suspeitas de cometimento de ilícitos. E isto tudo sem que se esqueça da política estadual e municipal, igualmente "rica" em relação a casos de corrupção, que, no entanto, nem sempre têm a divulgação reservada à esfera federal.[4]

Seria igualmente ilusório acreditar, como parecem fazer certos jornalistas brasileiros, que os comportamentos ilícitos dos governantes sejam um fenômeno brasileiro ou, no máximo, latino-americano. Para refutar esta ideia basta lembrar que dois dos últimos presidentes franceses, Chirac e Sarkozy, enfrentam ou enfrentaram investigações criminais, tendo este último sido alvo de mandados de busca e apreensão, poucos dias depois de deixar a Presidência. Em fevereiro de 2012, o então presidente da Alemanha, Christian Wulff, demitiu-se do cargo diante de acusações de corrupção e tráfico de influência. Escrevendo sobre a cada vez mais complexa relação entre responsabilidade política e responsabilidade penal, um autor espanhol, em 1998, já elencava, exemplificativamente, casos de corrupção envolvendo altos dirigentes de seis países europeus (Itália, Espanha, Suécia, Portugal, Grã-Bretanha e França) além de um ex-secretário geral da Otan.[5]

Em suma, sustentar que a ilicitude governamental é fenômeno característico dos trópicos é rigorosamente falso, uma vez que a desilusão com a classe política também ocorre em outras paragens.

Pois bem, é exatamente na forma de combate à frustração dessas expectativas que surgem grandes divergências. Divergências entre a opinião pública e o ordenamento jurídico e divergências dentro do ordenamento jurídico. Para combater comportamentos contrários ao direito, este – o próprio direito – sempre mobilizou as diversas formas de responsabilidade ou de responsabilização (responsabilidade penal, responsabilidade política, responsabilidade civil, responsabilidade administrativa), e isto não tem sido diferente em relação aos agentes políticos, sujeitos a processos de *impeachment*, a

---

[4] Em parte, porque, em vários estados, os principais veículos de imprensa regional são controlados exatamente pelos grupos políticos que mais frequentemente têm seus membros envolvidos em escândalos, o que evidentemente não colabora para sua divulgação.

[5] GARCÍA MORILLO, Joaquín. Responsabilidad política y responsabilidad penal. *Revista Española de Derecho Constitucional*, año 18, n. 52, jan./abr. 1998. p. 81. Tratando da Espanha não se pode esquecer o "Caso Bárcenas", que estourou em 2013, e no qual o ex-tesoureiro do Partido Popular afirmou que realizava pagamentos periódicos ao Primeiro Ministro espanhol Mariano Rajoy.

processos penais, a processos de improbidade administrativa, cujas fronteiras, de resto, nem sempre são claras.

Estes esquemas de responsabilização se preocupavam em atribuir consequências (em geral, mas nem sempre, punitivas) a um comportamento passado. Hoje, cada vez mais ganha densidade a necessidade de evitar, ou de prevenir certos acontecimentos. Assim, entram em campo mecanismos que visam evitar que tais condutas sejam praticadas, como certas regras do direito eleitoral, em especial aquelas adotadas, no Brasil, por meio da lei que veio a ser chamada de Lei da Ficha Limpa, mas também cabem medidas cautelares em ações de improbidade e mesmo no processo penal.

O problema de todas estas medidas – retrospectivas ou prospectivas – é que elas em geral se localizam num espaço de enorme tensão entre valores que podem conduzir a resultados diametralmente opostos. Com efeito, de um lado temos a busca pela moralidade na política defendendo "princípios" do tipo *in dubio pro societate*, a atribuição, a diversos órgãos, do poder de veto sobre quem pode ou não ser candidato e, de outro lado, princípios como o da presunção de inocência, da democracia, da separação de poderes e da interpretação restritiva de restrições a direitos fundamentais, incluindo a capacidade ativa e passiva de sufrágio.

Ademais, o regime do que pretendemos chamar – globalmente – de responsabilidade constitucional dos agentes políticos é, na prática e na teoria, composto de diversos sistemas que raramente conversam entre si. Para Olivier Beaud, "em direito constitucional classicamente se distinguem três formas da responsabilidade dos governantes: política, penal e civil".[6] Veremos que a Constituição brasileira foge um pouco deste esquema, porque pelo menos um dos sistemas de responsabilização que impõe aos agentes políticos só se enquadra – se é que se enquadra – nessa tricotomia, com muito esforço.

Com efeito, os atos praticados pelos agentes políticos estão sujeitos a normas penais, à lei de improbidade administrativa, ao processo de *impeachment*, às sanções da legislação eleitoral, à responsabilidade civil e ainda ao que existe de responsabilidade política *stricto sensu* na Constituição brasileira.

A aplicação e a reforma destes diversos esquemas de responsabilização, fortemente influenciados por notícias de sucessivos escândalos de corrupção, podem também levar a medidas que, embora carregadas da boa intenção de combater os ilícitos, acabam levando à estigmatização da política e dos políticos, que flerta, conscientemente ou não, com saídas autoritárias. Ademais, sob a justificativa de combate à corrupção, são apresentadas propostas dificilmente compatíveis com o Estado de direito, como a enorme restrição ao *habeas corpus*[7] e a flexibilização do conceito de provas ilícitas. O

---

[6] BEAUD, Olivier. La Responsabilité Politique Face à la Concurrence d'Autres Formes de Responsabilité dês Gouvernants. *Pouvoirs*, n. 92, 2000. p. 25.

[7] Estes são dois exemplos que constam das "10 medidas contra a corrupção", designação de um extenso conjunto de propostas do Ministério Público Federal brasileiro (http://www.dezmedidas.mpf.mp.br/), formalizadas por meio de projeto de lei (Projeto nº 4.850/16. Disponível em: http://www.camara. gov.br/proposicoesWeb/prop_mostrarintegra;jsessionid=880EE31D3CFAC3A7202976F670AB58FC. proposicoesWebExterno1?codteor=1448689&filename=PL+4850/2016. Acesso em: 20 mar. 2017), precedido por bem-sucedida campanha que obteve o apoio de 2 milhões de pessoas. A redação que o PL pretende dar ao dispositivo do Código de Processo Penal que trata do *habeas corpus* – garantia fundamental das mais importantes – retiraria boa parte de sua efetividade. Confira-se: "Art. 647. Dar-se-á habeas corpus sempre que alguém sofrer ou se achar na iminência de sofrer violência ou coação ilegal que prejudique diretamente sua liberdade atual de ir e vir, salvo nos casos de punição disciplinar. §1º A ordem de habeas corpus *não será concedida*: I - de ofício, salvo

mérito técnico de tais medidas (ou sua falta) acaba sequer sendo debatido, quando sua identificação como medida contra a corrupção é suficiente para lhe garantir apoio maciço e, por outro lado, também garante a desconfiança em face daqueles que criticam os excessos de tais medidas.

O fato é que, quando o grau de podridão de um sistema político vem à tona, o ambiente de revolta que justificadamente se forma não é certamente o mais propício à adoção de reformas que consigam combater a corrupção, sem fazer concessão ao populismo e sem sacrificar outros valores constitucionais em jogo.

Nosso objetivo neste trabalho é procurar compreender as dimensões e repercussões constitucionais dos distintos sistemas de responsabilização que se aplicam aos agentes políticos, inclusive para verificar temas comuns entre eles (Parte I), bem como aspectos específicos dos sistemas mais voltados a um olhar repressivo (Parte II) e daqueles sistemas, ou mecanismos inseridos em sistemas, que parecem direcionar seu foco para a prevenção (Parte III).

Vale notar que, embora existam excelentes estudos sobre áreas separadas (*impeachment* e improbidade, por exemplo, com exceção, no Brasil, da responsabilidade política, que raramente merece a atenção dos estudiosos), não são comuns obras que procurem olhar em conjunto para os distintos sistemas de responsabilização aplicáveis aos agentes públicos. Ou seja, desconhecemos qualquer esboço de uma teoria da responsabilidade dos agentes políticos no Brasil, que, percorrendo todos estes sistemas (ou subsistemas), sob uma perspectiva constitucional, veja o que há, ou o que deve haver de comum entre eles, a fim de chegar a um sistema global de responsabilidade compatível com os diversos bens e valores constitucionais em jogo. É exatamente este o foco – que esperamos não tenha sido demasiadamente ambicioso – que pretendemos dar a este trabalho, sem a pretensão de construir tal sistema, mas apenas de colaborar em tal construção.

Mas neste ponto há que se definir o conceito de "agentes políticos". Em trabalho sobre a responsabilidade dos governantes, Maria Benedita Urbano sustenta que a esse termo:

> pode ser atribuído um sentido amplo e um sentido restrito. Em sentido amplo, deverão enquadrar-se nesta categoria todos aqueles titulares de cargos políticos, eleitos ou não, que possuem poder de *indirizzo político*, que podem influenciar a orientação política de um país, fazer as opções e adoptar as decisões políticas fundamentais relativas à governação – ou seja, os governantes como decisores políticos institucionais. Com este sentido, podemos designar como governantes não apenas os membros do Governo e, nos sistemas presidenciais (e em alguns sistemas mistos parlamentares-presidenciais), o Presidente da República, mas, da mesma forma, os membros do parlamento. [...] Já em

---

quando for impetrado para evitar prisão manifestamente ilegal e implicar a soltura imediata do paciente; II - em caráter liminar, salvo quando for impetrado para evitar prisão manifestamente ilegal e implicar a soltura imediata do paciente e ainda houver sido trasladado o inteiro teor dos autos ou este houver subido por empréstimo; III - com supressão de instância; IV - *sem prévia requisição de informações ao promotor* natural da instância de origem da ação penal, salvo quando for impetrado para evitar prisão manifestamente ilegal e implicar a soltura imediata do paciente; V - para discutir nulidade, trancar investigação ou processo criminal em curso, salvo se o paciente estiver preso ou na iminência de o ser e o reconhecimento da nulidade ou da ilegalidade da decisão que deu causa à instauração de investigação ou de processo criminal tenha efeito direto e imediato no direito de ir e vir. §2º O habeas corpus não poderá ser utilizado como sucedâneo de recurso, previsto ou não na lei processual penal".

sentido restrito, certamente o mais utilizado, "governantes" são os agentes ou titulares do poder executivo. Nos sistemas parlamentares são os ministros que formam o Governo; nos sistemas presidenciais é o Presidente da República; finalmente, nos sistemas mistos parlamentares-presidenciais poderão ser ambos.[8]

Neste trabalho, adotamos um conceito de agente político muito próximo ao de governantes no sentido restrito. E isto porque entendemos que as peculiaridades da instituição parlamentar exigem uma abordagem em separado,[9] e porque sustentamos que os desafios enfrentados pelos agentes políticos na implementação de políticas públicas e mesmo na execução diária das tarefas governativas trazem desafios especiais que não têm sido objeto de suficiente atenção.

Assim, para efeitos deste trabalho, o conceito de agentes políticos inclui (i) os chefes do Poder Executivo (presidente da República, governadores e prefeitos), (ii) seus auxiliares diretos (ministros,[10] secretários estaduais e municipais); (iii) os comandantes militares;[11] (iv) outros agentes que tenham um significativo grau de discricionariedade no seu agir, incluindo aqueles imediatamente vinculados aos auxiliares diretos[12] e os chefes de órgãos dotados de grau significativo de autonomia (dirigentes de autarquias[13] e até mesmo chefes de órgãos despersonalizados que gozam de grande autonomia, como é, por exemplo, o caso da Polícia Federal no Brasil).[14] Além disso, incluem-se aqui os chefes de outros poderes, bem como os chefes de órgãos dotados de autonomia constitucional (como o Ministério Público), apenas na medida em que também exercem funções executivas e no exercício de tais funções. Assim, quando qualquer destes

---

[8] URBANO, Maria Benedita Malaquias Pires. Apontamentos esparsos sobre a responsabilidade dos governantes. *In*: SOUSA, Marcelo Rebelo; QUADROS, Fausto de; OTERO, Paulo; PINTO, Eduardo Vera-Cruz. *Estudos em homenagem ao Prof. Doutor Jorge Miranda* – Direito constitucional e justiça constitucional. Coimbra: Coimbra Editora, 2012. v. II. p. 597. *Vide* também os comentários de Canotilho e Vital Moreira ao art. 117 da CRP: "A noção que melhor parece corresponder à razão de ser deste preceito constitucional é aquela que considera cargos políticos todos aqueles aos quais estão constitucionalmente confiadas funções políticas (sobretudo as de direcção política). De acordo com este critério, são titulares de cargos políticos, entre outros: o PR, os deputados da AR e do Parlamento Europeu, os membros do Governo, os conselheiros de Estado, os membros dos governos e das assembleias regionais, os Representantes da República para as regiões autônomas, os membros dos órgãos de poder local, os governadores civis, etc". (CANOTILHO, J. J. Gomes; MOREIRA, Vital. *Constituição da República Portuguesa*: anotada. 4. ed. Coimbra: Coimbra Editora, 2010. v. II. p. 117-118).

[9] Sobre o ponto *vide* URBANO, Maria Benedita Malaquias Pires. *Representação política e parlamento*. Contributo para uma teoria político-constitucional dos principais mecanismos de protecção do mandato parlamentar. Coimbra: Almedina, 2009, e GOMES, Carla Amado. *As imunidades parlamentares no direito português*. Coimbra: Coimbra Editora, 1998.

[10] Para a qualificação dos ministros de Estado como agentes políticos veja-se, por exemplo, o voto do Ministro Celso de Mello nos autos da Questão de Ordem na Queixa Crime nº 427-8 – STF. *DJ*, 15 out. 1993. O ministro chega a afirmar que o "Poder Executivo [...] é exercido pelo Presidente da República, em comunhão hierárquica com os Ministros de Estado. Essa nota de colegialidade político-institucional não rompe a unidade do Executivo e nem descaracteriza a posição hegemônica, nele, do Presidente da República. Ela, porém, realça a expressividade e a importância político-administrativa dos Ministros de Estado".

[11] No Brasil, quando foi criado o Ministério da Defesa (com a consequente extinção dos ministérios do Exército, da Marinha e da Aeronáutica), os cargos de comandante de cada uma das três forças passaram a ter um *status* constitucional próprio e em muitos pontos equivalentes ao de ministro de Estado.

[12] Na esfera federal os auxiliares diretos dos ministros são denominados secretários. Nas esferas estadual e municipal os auxiliares diretos dos secretários são em geral denominados subsecretários.

[13] Formato revestido por importantes agências públicas, como os órgãos ambientais e agências reguladoras federais.

[14] Esta definição é próxima da definição de "agentes de governo" (ou de "cargos" de governo), dada na Itália pela Lei de Conflito de Interesses (art. 1º da *Legge* 20 *luglio* 2004, n. 215), que inclui no conceito basicamente o PM, ministros, vice-ministros e subsecretários de Estado.

órgãos ou poderes está agindo na qualidade de administração pública (celebrando um contrato, por exemplo), devem ser igualmente considerados agentes políticos.[15] Não iremos abordar, portanto, as responsabilidades dos membros do Poder Legislativo e do Judiciário decorrentes do exercício de suas funções típicas.[16]

No Capítulo 1, da Parte I, procuramos analisar os possíveis sentidos jurídicos, em especial constitucionais, que se atribuem ao conceito de "responsabilidade", bem como ao cada vez mais invocado princípio da responsabilidade, procurando verificar o que existe de comum entre distintos sistemas de responsabilização. No Capítulo 2, voltamo-nos para a análise do conceito de responsabilidade política, sua aplicação aos sistemas presidencialistas e suas complexas relações com os distintos sistemas jurídicos de responsabilização. Fechando a Parte I da dissertação, no Capítulo 3 procuramos verificar se os distintos sistemas de responsabilização devem tratar de forma distinta os agentes políticos, iniciando com uma breve análise comparativa com outros países, e prosseguindo com uma análise dos diversos direitos e elementos em jogo no momento de construir e interpretar qualquer sistema de responsabilização de agentes políticos.

A Parte II se inicia, no Capítulo 4, com o procedimento de autorização parlamentar necessário à instauração de processos contra os chefes de Poder Executivo (procedimento comum ao processo penal e ao *impeachment*) e com a análise específica do *impeachment* em suas diversas dimensões. O Capítulo 5 é dedicado à análise da aplicação, aos agentes políticos, de um sistema de responsabilização exclusivo do direito brasileiro, que é o da improbidade administrativa, em especial apontando a perigosa possibilidade de transformar este sistema em substituto dos processos de apuração de responsabilidade política.

A Parte III se inicia com o Capítulo 6, que tenta traçar alguns marcos teóricos que possam guiar qualquer tentativa de construção de esquemas de responsabilização focados na prevenção de ilícitos cometidos por agentes políticos, com especial ênfase no conceito de responsabilidade funcional de Hart.

O Capítulo 7 se dedica a analisar a utilização das inelegibilidades do direito eleitoral, como mecanismo especialmente focado na prevenção de ilícitos, por meio da negação de acesso às urnas daqueles agentes tidos pelo sistema como potencialmente capazes de cometer ilícitos, o que se concretizou no Brasil com a denominada Lei da Ficha Limpa.

Finalmente, no Capítulo 8 analisamos outros mecanismos esparsos (em boa medida inspirados pela Convenção das Nações Unidas contra a Corrupção), que podem ser igualmente utilizados com um foco na prevenção de ilícitos praticados por agentes políticos, incluindo a adoção de códigos de conduta, de normas de transparência e conflito de interesses, a expansão da técnica das inelegibilidades, as cautelares penais e a necessidade de uma política de incentivos.

---

[15] Para Emerson Garcia, "agentes políticos são aqueles que, no âmbito do respectivo Poder, desempenham as funções de direção previstas na Constituição, normalmente de forma transitória, sendo a investidura realizada por meio de eleição [...] ou nomeação". Esse autor inclui no conceito, portanto, tanto os chefes de poder como seus auxiliares imediatos, como ministros e secretários de estado e municipais (GARCIA, Emerson; ALVES, Rogério Pacheco. *Improbidade administrativa*. 7. ed. 2. tir. São Paulo: Saraiva, 2014. p. 316).

[16] Mas certamente é possível enquadrar legisladores e membros do Poder Judiciário como agentes políticos. O STF, por exemplo, já decidiu que "os magistrados enquadram-se na espécie agente político, investidos para o exercício de atribuições constitucionais" (RE nº 228.977, Rel. Min. Néri da Silveira. *DJ*, 12 abr. 2002).

Nesta tese não há nenhum capítulo dedicado exclusivamente ao direito penal, à responsabilidade civil do Estado nem ao sistema de controle de contas, no que se refere à aplicação destes ramos do direito ou sistemas aos agentes políticos, e isso por duas razões.

Em primeiro lugar, porque optamos por enfatizar sistemas eminentemente punitivos[17] (em especial aqueles exclusivamente destinados aos agentes políticos[18] ou aos candidatos a agentes políticos),[19] o que exclui a responsabilidade civil do Estado, que, ao menos no Brasil, é um sistema exclusivamente reparatório, bem como os sistemas de controle de contas, nos quais, ao menos em tese, o aspecto punitivo é, ou deveria ser, uma exceção.

A segunda razão, que se aplica a todos estes sistemas e ao direito penal, é que a lente de análise que utilizamos é o direito constitucional e, portanto, a análise da legislação infraconstitucional só foi efetuada quando imprescindível para o debate de temas constitucionais. Ainda assim, podemos afirmar que os temas e considerações da parte geral desta tese (Parte I) se aplicam, em grande medida, a todos estes sistemas não diretamente abordados e que, ademais, quanto ao direito penal, a parte diretamente constitucional de sua aplicação aos agentes políticos é analisada, ao menos em parte, nos capítulos 3 e 4.

---

[17] E, embora exista polêmica em torno do tema, consideramos que as inelegibilidades que trataremos no Capítulo 7 são inelegibilidades aplicadas com caráter sancionatório.

[18] Caso da responsabilidade política e do *impeachment*, embora não seja o caso da improbidade, que optamos por estudar – sempre com foco nos agentes políticos –, porque ela vem sendo utilizada como substituto (mal) disfarçado da responsabilidade política.

[19] Caso das inelegibilidades (com a ressalva, quanto a esta, que ela também se dirige aos candidatos a parlamentares que não incluímos no conceito de agentes políticos, mas que em geral são incluídos pela doutrina).

PARTE I

ASPECTOS GERAIS DA RESPONSABILIDADE CONSTITUCIONAL

CAPÍTULO 1

A RESPONSABILIDADE VISTA PELO DIREITO: ASPECTOS INTRODUTÓRIOS

1.1 Elementos da responsabilidade

Num mundo cada vez mais complexo, interligado e "arriscado",[20] num mundo onde as grandes narrativas – religiosas ou seculares – perdem força,[21] cada vez mais o direito é chamado a "responder" aos mais diversos (e novos) problemas,[22] ou, no mínimo, é chamado a indicar quem (e de que forma) deve responder por diversas mazelas contemporâneas, ainda que elas não tenham exatamente um responsável, ao menos no sentido jurídico.[23]

---

[20] "Arriscado" em dimensão com inegável impacto nas instituições políticas, como apontado pelo grande teórico da "sociedade do risco", Ulrich Beck que, escrevendo durante a crise do euro em 2012, afirma que "hoje, antecipamos permanentemente catástrofes que poderiam acontecer amanhã. *O condicional catastrófico irrompe no cerne das instituições* e no quotidiano das pessoas – é imprevisível, *não se preocupa com a Constituição e as regras da democracia*, está carregado de um desconhecimento explosivo e faz desaparecer todos os pontos de referência". E, mais à frente: "Perplexidade, medo, não saber, frustração, inquietação, mas também desejo de mudança – tudo isto é típico destas situações confusas, nas quais *as expectativas das pessoas deixaram de ser compatíveis com os arranjos institucionais que deveriam satisfazê-las*" (BECK, Ulrich. *A Europa Alemã (De Maquiavel a "Merkievel": estratégias de poder na crise do euro)*. Lisboa: Edições 70, 2012. p. 23; 27. Grifos nossos).

[21] Quanto ao aspecto religioso, parece evidente que sua perda de força é um fenômeno mais característico do mundo ocidental (em especial da Europa) do que de outros quadrantes, em especial, o mundo islâmico.

[22] Valendo a advertência de Canotilho, para quem "o problema de constitucionalizar uma ordem política e económica através do direito continua a residir na assimetria entre a 'responsabilidade' imposta ao Estado de direito democrático no plano político, social e económico, e as suas reais capacidades de actuação, agora num contexto global crescentemente compressor da modelação jurídico-política estatal em matéria de segurança, de liberdade e do próprio direito" (CANOTILHO, J. J. Gomes. *"Brancosos" e interconstitucionalidade*. Itinerários dos discursos sobre a historicidade constitucional. Coimbra: Almedina, 2008. p. 22). Na mesma obra, embora em textos diversos, Canotilho adverte que, "Se a Constituição programática fosse tão somente o rosto normativo da utopia, daí não adviria grande mal ao mundo". No entanto, "subjacente ao programa constitucional está toda uma *filosofia do sujeito* e uma *teoria da sociedade* cujo voluntarismo desmedido e o holismo planetário conduzirão à *arrogância de fixar a própria órbita das estrelas e dos planetas*" (p. 106). E ainda: "Basta uma suspensão reflexiva em torno das constituições programáticas dirigentes dos nossos estados constitucionais democráticos para verificarmos que o dirigismo programático pressupõe, de certo modo, uma *constitucionalização fundamental da sociedade*. Os problemas económicos, sociais, científicos, são, simultaneamente, problemas constitucionais susceptíveis de conformação e resolução através de decisões político-constitucionais vinculativas das decisões tomadas pelo poder político. Eis o nó górdio da questão. Confessamos que não o podemos desatar com facilidade" (p. 150-151). As metáforas, ao menos no que se refere ao atual direito constitucional brasileiro, são apenas "um pouco" exageradas, pois a pretensão de que o direito, *por via judicial*, pode "responder" a tudo ou, *o que é bem mais cômodo*, pode sempre *mandar* que alguém responda, é cada vez mais amplamente aceita.

[23] Luiz Fernando Veríssimo, um dos maiores cronistas brasileiros, capta perfeitamente esta busca desesperada por responsáveis na seguinte estória, que ilustra bem as inquietudes atuais:
"A moça do tempo na TV entra no bar com um grupo de amigos. [...]. Depois de algum tempo, um homem da mesa ao lado não se contém e pergunta:

Assim, o papel central que a ideia jurídica de responsabilidade deve ter no mundo atual tem sido tão salientado quanto a necessidade de repensar o conceito de responsabilidade, adaptando-o a novos tipos de desafios.

No entanto, a dificuldade é que a "responsabilidade", como afirma Gorgoni, com base em Scarpelli, "mais que um conceito unitário", é composto de toda uma "família semântica", cujos integrantes, como em algumas famílias, nem sempre têm relações tão claras.[24] Mais do que isso, o conceito de responsabilidade perpassa diversos ramos do direito, o que gera dúvida até mesmo sobre a possibilidade de uma "teoria geral" ou de uma "parte geral" da responsabilidade. Assim, há que se indagar, como sugere Canotilho, sobre a existência de uma '"razão transversal' a informar as várias responsabilidades clássicas".[25]

Neste capítulo tentaremos identificar os elementos e dimensões tendencialmente comuns a todos ou ao menos à maioria dos esquemas de responsabilização juridicamente conformados.[26] Também buscaremos classificar as diversas utilizações da palavra "responsabilidade" pelo discurso jurídico – usando como exemplo da diversidade resultante a Constituição brasileira – culminando no crescente reconhecimento da responsabilidade como novo princípio constitucional. Entendemos que estas tentativas – *por genéricas que possam parecer* – serão importantes no desenvolvimento que se dará ao tema nos capítulos seguintes.

– Você não é a moça do tempo, na TV?
A moça diz que é, sorrindo, mas o homem não sorri. Pergunta:
– Até quando vai esse calor?
– Pois é – diz a moça, ainda sorrindo. – Está difícil de prever. Tem uma zona de pressão na...
– Não – interrompe o homem. – Não me venha com zona de pressão. Chega de enrolação.
Uma mulher de outra mesa se manifesta:
– Há dias que você põe a culpa pelo calor nessa zona de pressão. E não toma providências.
– Minha senhora, eu...
Outros começam a gritar.
– Sensação térmica de 51 graus. Onde já se viu isso?
– Não dá mais para aguentar!
– Faça alguma coisa!
A moça do tempo na TV agora está em pânico.
– O que eu posso fazer? Eu só descrevo o tempo. Não tenho o poder de...
– *Alguém tem que assumir a culpa, minha filha!* [...], *alguém tem que ser responsável.*
– A culpa é da Natureza!
– Rá. Natureza. Muito bonito. *Muito conveniente.* É como culpar a corrupção pela índole do brasileiro. Aqui ninguém tem culpa de ser corrupto, é a índole. A índole do tempo, num país tropical, é essa. E quem pode reclamar da índole? Ou da Natureza? *De você nós podemos reclamar, querida.*
– Mas a culpa não é minha!
– Estamos cansados do seu distanciamento enquanto mostra no mapa que o calor só vai aumentar. Seu ar superior, como se não tivesse nada a ver com aquilo. Chega!
A mesa da moça do tempo na TV está cercada. Caras raivosas. Ameaça de violência. A moça do tempo na TV se ergue e grita:
– Está bem! Está bem! *Amanhã eu faço chegar uma frente fria. Eu prometo!*
As pessoas se acalmam. Todos voltam para as suas mesas. [...]" (VERÍSSIMO, Luis Fernando. É o calor. *O Globo*, 9 fev. 2014. p. 17. Grifos nossos).

[24] GORGONI, Guido. La responsabilità come progetto. Primi elementi per un'analisi dell'idea giuridica di responsabilità prospettica. *Diritto e Società*, Padova, n. 2, 2009. Nuova serie. p 254.

[25] CANOTILHO, J. J. Gomes. *Princípio da responsabilidade*: um princípio a rever na Constituição. Texto cedido aos doutorandos em Direito Público da Faculdade de Direito da Universidade de Coimbra, outubro de 2010. p. 2.

[26] Portanto, ficam de fora os esquemas de responsabilização moral ou religiosa ainda que as reflexões feitas nesses campos certamente influenciem a reflexão jurídica, o que é exemplarmente demonstrado pela influência da obra de JONAS, Hans. *O princípio responsabilidade* – Ensaio de uma ética para a civilização tecnológica. Rio de Janeiro: Contraponto, 2006.

Ainda que estejamos em terreno pantanoso, convém fixar o marco inicial da discussão jurídica sobre responsabilidade na *Lex Aquilia de damno* do direito romano, nem que seja, ao menos, para daí reter a ideia – até mesmo literal – de que a responsabilidade pressupõe a possibilidade de alguém ser chamado a responder (*respondere ou spondere*) ou a prestar contas[27] por algo sem a prévia existência de um vínculo contratual entre as partes.[28]

A partir dessa ideia – de responder "sobre" ou de responder "por algo" – talvez seja possível identificar alguns elementos comuns aos diversos esquemas de responsabilidade, ou sistemas de responsabilização, incluindo a responsabilidade civil, penal e política.

Estes elementos – sem qualquer relevância relacionada à ordem na qual os apresentamos – girariam em torno de se saber: (i) quem responde (quem pratica, colabora ou viabiliza um ato, quem deixa de praticá-lo, quando por alguma razão deveria fazê-lo, quem tem alguma relação com o terceiro que o pratica ou omite, quem se beneficia da atividade causadora do ato); (ii) a quem se responde (àquele que sofreu um prejuízo, ao Estado, à sociedade, aos órgãos de controle); (iii) sobre o que se responde (um dano, descrito de forma genérica, um ilícito com moldura prefixada em texto normativo, uma má escolha); (iv) qual a relação necessária (o denominado "nexo causal") entre, por um lado, o ato ou omissão de quem responde, e, por outro, o dano, o ilícito ou a má escolha; (v) quais os requisitos adicionais para responder (culpa, dolo, critério objetivo, capacidade); (vi) por quanto tempo se responde (para sempre, até determinado prazo); (vii) quais as consequências da resposta insatisfatória (uma punição, a obrigação de reparar o dano); (viii) qual a razão que justifica a criação de tal ou qual sistema de responsabilização, ou seja, que bem jurídico ele se propõe a proteger e, por fim, (ix) qual processo ou quais regras guiam a fase de apuração da responsabilidade em questão.

Mas, como defendido por José Roberto Pimenta Oliveira, é possível caracterizar um sistema de responsabilidade com menos elementos:

> Denomina-se *sistema de responsabilidade* o conjunto de normas jurídicas que delineiam, com coerência lógica, a existência de um sistema impositivo de determinadas consequências jurídicas contra o sujeito infrator e/ou terceiros, levando-se em conta a prévia tipificação do ato infracional e das sanções imputáveis, o processo estatal de produção e os bens jurídicos ou valores constitucionalmente protegidos com sua institucionalização normativa. Como sistema, o plexo deve ser dotado de unidade e coerência, em vista da finalidade normativa que o categoriza. [...].
>
> Um sistema de responsabilização é erigido pelo Direito a partir de quatro elementos normativos centrais: *configuração do ilícito, delimitação das consequências jurídicas, bens jurídicos protegidos e processo estatal impositivo*. Deve-se atribuir à compostura destes elementos o fator que responde pela configuração jurídica do *regime jurídico unitário* a governar o sistema material e formal de certa(s) sanção(ões), apartando-o dos demais existentes e com os quais deve conviver dentro da sistemática constitucional. [...]
>
> cada instância jurídica ganha explicação e referência nesses quatro aspectos fulcrais: a forma pela qual o sistema pré-estabelece a infração, a revelação pelo sistema do conjunto

---

[27] A responsabilidade como prestação de contas já aparece em *Gênesis* quando, após o dilúvio, Deus diz a Noé e a seus filhos: "Pedirei contas, porém, do sangue de cada um de vós. Pedirei contas a todos os animais e ao homem, aos homens entre si, eu pedirei contas da alma do homem" (Gn, 9, 5).

[28] Ao contrário, obviamente, da responsabilidade *contratual*, que *pressupõe* a existência de vínculo contratual prévio.

de sanções que se interligam à estipulação hipotética (de cuja natureza meramente punitiva ou reparatória se torna fundamental para evidenciação do regime material), o reconhecimento dos bens jurídicos tutelados, o *iter* processual estatal pressuposto para válida edição das sanções (cujas garantias serão instrumentalizadas a partir do regime de direito material), nele considerada a estrutura estatal organizada com atribuição normativa para tornar efetiva a responsabilidade.[29]

Note-se que boa parte destes elementos já era discutida no direito romano. Assim (considerando o entendimento então em voga de que "toda obrigação nasce dum contrato ou dum delito"[30] e fixando-nos na evolução do conceito de delito ou *delictum*), na exposição que Santos Justo faz sobre os tipos de delito, encontramos, por exemplo, referências ao lento surgimento da noção de *culpa* no furto (então um delito privado).[31] Já em análise da responsabilidade aquiliana encontramos hipótese na qual alguém responde por ocupar determinada posição jurídica, ainda que não tenha praticado o ato de que resultou o dano. É o caso da responsabilidade do dono do prédio a partir do qual algo foi arremessado, causando dano a alguém,[32] num esquema de responsabilidade próximo ao da responsabilidade política (como veremos no capítulo seguinte). É também no direito romano que encontramos certa sobreposição ou mesmo equiparação entre sanção e indenização, ou seja, entre punição e obrigação de reparar o dano (ou medida visando ao retorno ao *statu quo ante*).

Mas o que é espantoso não é notar estes elementos em institutos jurídicos que começaram a se desenvolver por volta do século 3 a.C.,[33] e sim verificar (como se verá ao longo desse trabalho) que certos esquemas atuais de responsabilização voltam a confundir sanção com ressarcimento, sobrepor penas, abandonar de forma radical a culpa, ignorando avanços milenares da cultura jurídica, sempre com objetivos louváveis (combater a corrupção, punir maus políticos, evitar certos danos), mas que não compensam certos retrocessos que vêm ocorrendo.

Também parece importante registrar que a alocação do risco é uma dimensão importante – e normalmente oculta – na construção de qualquer sistema jurídico de responsabilização, que incluirá uma decisão sobre a forma de repartir certos riscos ou ao menos a escolha entre riscos distintos. Isto é especialmente verdadeiro nos sistemas de atribuição de responsabilidade pela recomposição de danos (seja no direito civil clássico, na responsabilidade civil do Estado[34] ou no tema dos acidentes do trabalho).[35]

---

[29] OLIVEIRA, José Roberto Pimenta. *Improbidade administrativa e sua autonomia constitucional*. Belo Horizonte: Fórum, 2009. p. 82-83. Grifos no original.

[30] GAIUS *apud* JUSTO, A. Santos. *Direito privado romano*: II – Direito das obrigações. 4. ed. Coimbra: Coimbra Editora, 2011. Stvdia Ivrídica. p. 19.

[31] JUSTO, A. Santos. *Direito privado romano*: II – Direito das obrigações. 4. ed. Coimbra: Coimbra Editora, 2011. Stvdia Ivrídica. p. 125.

[32] JUSTO, A. Santos. A responsabilidade extracontratual (ou aquiliana). *In*: CORREIA, Fernando Alves; MACHADO, Jónatas M.; LOUREIRO, João Carlos (Coord.). *Estudos em Homenagem ao Prof. Doutor José Joaquim Gomes Canotilho – Responsabilidade entre passado e futuro*. Coimbra: Coimbra Editora, 2012. v. I. p. 359.

[33] Segundo Santos Justo, a *Lex Aquilia* teria sido votada por volta do ano 287 a.C., embora alguns institutos sejam anteriores, surgidos a partir da Lei das XII Tábuas (JUSTO, A. Santos. *Direito privado romano*: II – Direito das obrigações. 4. ed. Coimbra: Coimbra Editora, 2011. Stvdia Ivrídica. p. 132).

[34] *Vide* SCHREIBER, Anderson. *Novos paradigmas da responsabilidade civil*. 6. ed. São Paulo: Atlas, 2015.

[35] Sobre esta questão veja-se EWALD, François. *Histoire de l'Etat Providence*. 2. ed. Paris: Grasset, 1996, onde o autor aponta como os acidentes do trabalho, a partir do século XIX, deixam de ser objeto do *Code Civil* e passam a ser

É importante salientar que a escolha entre riscos distintos está presente também em sistemas sancionatórios (como o penal) ou "quase" sancionatórios (como o sistema da lei de inelegibilidades no Brasil, objeto do Capítulo 7). Assim, para ficar num exemplo comum, no campo penal, a escolha (cuja ocorrência é frequentemente menosprezada) por uma legislação mais garantista representa grande tolerância ao risco de deixar impunes certos crimes e maior aversão ao risco inverso de punir inocentes, enquanto uma legislação mais rigorosa, com menos recursos e medidas à disposição dos réus, representaria a opção inversa.

Uma interessante forma de classificar sistemas de responsabilização (relacionada, a nosso ver, com a alocação de risco) deriva de debate oriundo da análise das alternativas disponíveis na construção de um sistema de responsabilidade civil. O debate, originário dos EUA, é trazido por Anderson Schreiber, que resume tese de Richard Epstein, da seguinte forma:

> Qualquer sistema de responsabilidade civil parte de duas escolhas fundamentais: A primeira, relativa a probabilidade de sucesso das ações de responsabilização, e a segunda, referente ao valor das indenizações concedidas a partir do estabelecimento da responsabilidade. Um sistema fundado, por exemplo na perquirição da culpa como elemento psicológico afeta a primeira variável, criando um baixo grau de probabilidade de sucesso das ações, da mesma forma que a adoção de *punitive damages* afeta a segunda variável, resultando em um alto valor de indenizações. De forma geral [...] a combinação das duas variáveis pode resultar em quatro sistemas diversos de responsabilidade civil: (i) alta chance de sucesso com alta indenização; (ii) baixa chance de sucesso com baixa indenização; (iii) alta chance de sucesso com baixa indenização; e (iv) baixa chance de sucesso com alta indenização.[36]

Transpondo esta tese para os distintos sistemas de responsabilidade dos agentes públicos, podemos afirmar que qualquer um deles também parte de duas escolhas fundamentais: a primeira (idêntica à da responsabilidade civil) se refere à probabilidade de sucesso das ações de responsabilização, e a segunda se refere às consequências da ação, ou, mais especificamente, à natureza da punição a ser aplicada como consequência da procedência da ação.

Assim, um sistema que dispensa a culpa, como o da responsabilidade política, afeta a primeira variável, criando um alto grau de probabilidade de sucesso das ações, da mesma forma que a previsão de perda de mandato ou de prisão afeta a segunda variável, resultando em uma punição mais séria. Da mesma forma aplicável à responsabilidade civil, a combinação das duas variáveis pode resultar em quatro sistemas diversos de apuração de responsabilidade dos agentes públicos: (i) alta chance de sucesso com punição grave; (ii) baixa chance de sucesso com punição leve; (iii) alta chance de sucesso com punição leve; e (iv) baixa chance de sucesso com punição grave.

Não cabe aqui discutir quais os riscos envolvidos em distintas opções – o que será feito na análise de cada sistema – mas apenas registrar: (i) a existência (por vezes menosprezada), da escolha; (ii) o fato de que nem sempre ela é dicotômica ("A" ou

---

objeto de lei própria, com lógica e pressupostos próprios, operando lentamente uma transferência dos riscos desses acidentes *do* trabalhador *para* o empregador e o Estado.

[36] SCHREIBER, Anderson. *Novos paradigmas da responsabilidade civil*. 6. ed. São Paulo: Atlas, 2015. p. 221.

"B"), admitindo situações em que existem vetores em diversas direções e sentidos; e (iii) que esta escolha – esta decisão – evidentemente não se exerce apenas na construção original do sistema (na aprovação de leis ou da constituição), mas sim em seu modo de funcionamento cotidiano, o que inclui a interpretação e aplicação do respectivo arcabouço normativo.

1.2 Usos e classificações da responsabilidade

À palavra "responsabilidade", mesmo restrita às ciências jurídicas, são atribuídos sentidos diferentes. Algumas tentativas de classificação procuram captar estes diversos usos e seus distintos sentidos e outras focam em aspectos específicos.

O intuito de clarificar o tema foi perseguido por Fernando Bronze que, "acompanhando a síntese de Castanheira Neves", apresenta uma classificação da(s) responsabilidade(s) segundo seus distintos *fundamentos*, considerando "serem 'três [as] modalidades de responsabilidade jurídica' a considerar":

> (1) a imediatamente radicada na "existência [e subsistência] comunitária [s]", tanto "negativa" perante (ou "de preservação" de) certos bens jurídicos (pense-se no Direito Penal), como "positiva" (ou "de contribuição") para a referida comunidade (recordem-se o Direito Fiscal, os deveres de solidariedade em geral) – ... como ainda cumulativo-alternativamente negativa e/ou positiva, nas acepções esclarecidas (mencionem-se, paradigmaticamente e *mutatis mutandis*, o Direito do Ambiente, a relevância jurídica da comumente designada Bioética...);
>
> (2) a que se louva na exigência da "reciprocidade" e se projecta na bem conhecida justiça comutativa (lembre-se o Direito Contratual); e, finalmente.
>
> (3) "a responsabilidade pelo equilíbrio da integração", quer a ligada à reparação de um "dano" ou ao ressarcimento de um "prejuízo", quer a decorrente das chamadas "situações de acção antinómicas".[37]

Também é usual classificar sistemas de responsabilidade segundo o bem jurídico que tutelam ou o ramo do direito ao qual estão ligados. Assim, falamos em responsabilidade civil, penal, ambiental, administrativa etc.

Se focarmos o aspecto temporal dos distintos esquemas de responsabilidade, é possível classificá-los segundo a ênfase que dão ao passado ou ao futuro.[38] Importante destacar que se trata de ênfase e não de enfoque exclusivo (no passado ou no futuro) face a evidente ligação entre ambos.

---

[37] BRONZE, Fernando José. A responsabilidade hoje (algumas questões introdutórias). *In*: CORREIA, Fernando Alves; MACHADO, Jónatas M.; LOUREIRO, João Carlos (Coord.). *Estudos em Homenagem ao Prof. Doutor José Joaquim Gomes Canotilho* – Responsabilidade entre passado e futuro. Coimbra: Coimbra Editora, 2012. v. I. p. 190-191.

[38] E talvez pulando o presente, o que nos faz ter em mente a advertência de François Ost e de Miguel Van de Kerchove: "O presente não constitui apenas o grande ausente paradoxal da maior parte das teorias do tempo. Constitui igualmente o grande ausente das teorias jurídicas da sanção em geral e da pena em particular" in "O presente, horizonte paradoxal das sanções reparadoras" (OST, François; VAN DE KERCHOVE, Miguel. O presente, horizonte paradoxal das sanções reparadoras. *In*: BART, Jean *et al. Filosofia do direito e direito econômico.* Que diálogo? Miscelâneas em honra de Gérard Farjat. Lisboa: Piaget. 2001. p. 518).

Mas o fato é que, se tratarmos dos tipos de responsabilidade mais comuns no direito (excluindo a responsabilidade contratual) –[39] a responsabilidade penal, a responsabilidade civil e as contraordenações do direito administrativo sancionador –, parece claro que todas se preocupam primordialmente com atribuir consequências jurídicas a fatos ocorridos no passado, sejam elas sanção ou indenização pelo dano.

Na esfera penal, é comum justificar a pena com um olhar prospectivo (entre outros sentidos possíveis),[40] atribuindo-lhe a função de dissuadir o responsável e terceiros a – no futuro – cometerem o mesmo crime. Ainda assim, o fato incontestável é que as engrenagens desses sistemas de responsabilidade (civil, penal e administrativa) atuam primordialmente[41] quando o fato (tido como contrário ao direito) já ocorreu. Por isso, é comum distinguir as sanções das medidas preventivas exatamente pelo aspecto temporal, afirmando que as primeiras visam punir alguém por algo que já aconteceu, e as segundas visam evitar que algo aconteça. Hoje em dia, fica cada vez mais clara a necessidade de dedicar mais atenção a esquemas prospectivos de responsabilidade, esquemas que dediquem esforço maior a evitar certos danos em face da gravidade e do impacto de suas consequências. Mas essa necessidade de buscar o enfoque prospectivo, quando aplicada a esquemas de responsabilização política ou punitiva, esbarra com outros valores constitucionais importantes[42] e deve, portanto, ser feita com muito cuidado. Neste trabalho procuraremos enfatizar estas duas dimensões, respectivamente, nas Partes II e III.

Outra classificação que se refere a um aspecto específico é a que divide os esquemas de responsabilização segundo *as consequências da resposta insatisfatória* (um dos elementos tratados acima). Assim, temos sistemas orientados principalmente[43] a uma punição (direito penal e direito das contraordenações), e sistemas orientados principalmente a garantir uma reparação, no sentido de retorno *ao status quo ante* (civil ou ambiental, por exemplo). Também encontramos sistemas (como é o caso da Lei de Improbidade Administrativa no Brasil[44] e o controle da administração pública brasileira pelas Cortes de Contas) em que existe uma sobreposição (e por vezes uma "confusão")[45] entres estas consequências.

---

[39] E também a responsabilidade tributária.

[40] Sobre as razões que justificam a punição, *vide* GARAPON, Antoine; GROS Fréderic; PECH, Thierry. *Punir em democracia* – E a Justiça será. Lisboa: Instituto Piaget, 2002.

[41] Nos quadrantes da responsabilidade civil pelo dano ambiental, que preferimos (retirando-a completamente do âmbito do direito civil) denominar responsabilidade pela reparação do dano ambiental, é verdade que existem vários remédios jurídico-processuais que permitem a atuação do direito antes que o dano ocorra, e exatamente a fim de evitar a sua ocorrência, o que é muito evidente no âmbito das ações civis públicas. Isto, na verdade, longe de afastar as premissas deste trabalho, até as reforça, pois o direito ambiental é exatamente a área em que a necessidade de evitar o dano sempre teve um peso preponderante em relação à mera busca da recomposição do dano já consumado.

[42] É o que tem acontecido com a aplicação desmesurada e por vezes muito pouco técnica do princípio da precaução, importado sem critério *de* esquemas de responsabilidade reparatória *para* esquemas sancionatórios, como veremos mais à frente.

[43] Novamente vale a advertência de que se trata de ênfase, já que sistemas penais também costumam incluir a preocupação com a reparação do dano causado pelo crime.

[44] *Vide* Capítulo 5.

[45] Não no sentido do direito civil, mas da linguagem coloquial.

Esta distinção[46] é de extrema importância porque, por um lado, o funcionamento de sistemas punitivos está sujeito à observância de uma série de requisitos construídos com a preocupação de proteger o indivíduo contra a atividade persecutória do Estado, incluindo a observância de direitos fundamentais reconhecidos em múltiplas constituições e tratados internacionais, que não se aplicam a sistemas ressarcitórios.

Por outro lado, diversos esquemas ressarcitórios (a tutela ambiental e a responsabilidade civil do Estado são ótimos exemplos) têm sido seguidamente alterados com o objetivo de facilitar o trabalho daquele que persegue uma indenização, com a adoção de mecanismos (como a presunção de culpa, a responsabilidade objetiva e a inversão do ônus da prova) que são frontalmente incompatíveis com esquemas punitivos.

No entanto, quando um mesmo bem jurídico (o meio ambiente, a moralidade pública ou a higidez das eleições) é tutelado ao mesmo tempo por sistemas de responsabilidade com objetivos distintos (*punir* e *reparar*), é preciso respeitar a estrutura de cada um, sendo preocupante a tendência de exportar regras e princípios aplicáveis a um dos sistemas (ao dano ambiental, por exemplo) aos demais sistemas com os quais são incompatíveis (direito penal e contraordenações, por exemplo).

Mas a classificação jurídica da responsabilidade que nos parece mais importante (e já replicada por vários autores, como Canotilho[47] e Lomba)[48] encontra-se em ensaio da obra de Herbert Hart sobre punição e responsabilidade,[49] e isto não apenas pela clareza na distinção dos diversos usos e sentidos da palavra *responsabilidade*, mas também como uma das primeiras manifestações de um tipo de responsabilidade que, embora também (mas não exclusivamente) jurídica, não se preocuparia *apenas* com o passado.

Neste trabalho Hart utiliza a seguinte estória para exemplificar os distintos significados da palavra *responsabilidade*:

> Como capitão do navio, X era responsável pela segurança dos passageiros e da tripulação. Mas em sua última viagem ele ficou bêbado todas as noites e foi responsável pela perda do navio com todos a bordo. Rumores correram de que ele estivesse louco, mas os médicos consideraram que ele era responsável por seus atos. Durante a viagem, comportou-se de forma bastante irresponsável e vários incidentes em sua carreira demonstravam que ele não era uma pessoa responsável. Ele sempre sustentou que as excepcionais tormentas de inverno foram responsáveis pela perda do navio, mas, nos procedimentos legais a que respondeu, foi considerado criminalmente responsável por sua conduta negligente, e, em procedimentos civis que correram em separado foi considerado legalmente responsável pela perda de vidas e de propriedade. Ele está vivo até hoje e é moralmente responsável pela morte de várias mulheres e crianças.[50]

---

[46] Para a origem dessa distinção em Platão, *vide* GARAPON, Antoine; GROS Fréderic; PECH, Thierry. *Punir em democracia* – E a Justiça será. Lisboa: Instituto Piaget, 2002. p. 101-104.

[47] CANOTILHO, J. J. Gomes. *Princípio da responsabilidade*: um princípio a rever na Constituição. Texto cedido aos doutorandos em Direito Público da Faculdade de Direito da Universidade de Coimbra, outubro de 2010. p. 8, que especificamente classifica a responsabilidade política como uma *role responsibility*, que veremos a seguir.

[48] LOMBA, Pedro. *Teoria da responsabilidade política*. Coimbra: Coimbra Editora, 2008. p. 49.

[49] HART, Herbert L. A. *Punishment and responsibility* – Essays in philosophy of law. 2. ed. Oxford: Oxford University Press, 2008.

[50] No original: "As captain of the ship, X was responsible for the safety of his passengers and crew. But on his last voyage he got drunk every night and was responsible for the loss of the ship with all aboard. It was rumoured that he was insane, but the doctors considered that he was responsible for his actions. Throughout the voyage he behaved quite irresponsibly, and various incidents in his career showed that he was not a responsible person.

CAPÍTULO 1
A RESPONSABILIDADE VISTA PELO DIREITO: ASPECTOS INTRODUTÓRIOS | **41**

A partir desta narrativa Hart identifica quatro significados para a palavra *respon-sabilidade*: responsabilidade causal; responsabilidade-capacidade; *liability-responsibility*, que preferimos traduzir como responsabilidade jurídica estrito senso e *role responsibility*, que podemos traduzir como responsabilidade funcional ou responsabilidade pela função.

O conceito de responsabilidade causal, também denominado, em especial na doutrina civilista, de nexo de causalidade natural ou lógico, refere-se à dimensão de causa-efeito dos acontecimentos que, embora importante para fazer surgir outras responsabilidades, não é uma noção estritamente jurídica,[51] baseando-se inclusive em relações físicas entre determinados eventos. Assim, podemos falar que João é responsável pelo acidente "A" da mesma forma que podemos falar (o exemplo é de Hart) que a seca foi a responsável pela fome.

A responsabilidade-capacidade (ou imputabilidade) se refere às características que os sistemas jurídicos costumam exigir para que determinada pessoa possa ser considerada *juridicamente* responsável por determinados atos, diz respeito, portanto, a características como idade e sanidade mental e, assim, é uma dimensão da responsabilidade que funciona como condição *sine qua non* dos dois seguintes conceitos de responsabilidade.

Os dois conceitos finais de responsabilidade de Hart são os mais importantes para nosso trabalho. Quando afirmamos que alguém é *legalmente* responsável (*liability-responsibility*) por determinado ato ou fato (ou por suas consequências), isto significa que o direito *imputa* ou atribui a esta pessoa o ônus de suportar as consequências jurídicas deste fato (que, em geral, será uma punição e/ou um dever de reparação), mesmo que (o que tem sido cada vez mais comum) esta pessoa não tenha praticado nenhum ato diretamente "causador" da consequência contrária ao direito. Em geral, todos os esquemas de responsabilização (penal, administrativo, civil) se enquadram nesse conceito,[52] embora o sistema de responsabilização política se aproxime mais do último.

A responsabilidade funcional[53] pode ser resumida como o conjunto de deveres (não exatamente de atribuições) que se espera sejam cumpridos por aquele que ocupa determinada função (não necessariamente uma função pública). Hart usa, entre outros, os seguintes exemplos: "um capitão é responsável pela segurança de seu barco"; "um

---

He always maintained that the exceptional winter storms were responsible for the loss of the ship, but in the legal proceedings brought against him he was found criminally responsible for his negligent conduct, and in separate civil proceedings he was held legally responsible for the loss of life and property. He is still alive and he is morally responsible for the deaths of many women and children" (HART, Herbert L. A. *Punishment and responsibility* – Essays in philosophy of law. 2. ed. Oxford: Oxford University Press, 2008. p. 211).

[51] O chamado "nexo causal" (juridicamente qualificado) se enquadra na noção de responsabilidade causal de Hart, mas esta noção, como veremos no exemplo a seguir, é bem mais ampla. Na verdade, a potencialidade dos encadeamentos causais é tão grande que foi usada por Santo Tomás de Aquino (na *Summa Theologica*) como uma das vias para provar a existência de Deus, em argumento posteriormente retomado por Jacques Maritain (*Caminhos para Deus*. Belo Horizonte: Itatiaia, 1962. p. 36 e ss.; 84 e ss.). De todo modo, como lembrado por Anderson Schreiber: "De fato, reconhece-se, há muito, que o nexo de causalidade natural ou lógico diferencia-se do jurídico, no sentido de que nem tudo que, no mundo dos fatos ou da razão, é considerado como causa de um evento pode assim ser considerado juridicamente. A vinculação da causalidade à responsabilização exige uma limitação do conceito jurídico de causa, sob pena de uma responsabilidade civil amplíssima" (SCHREIBER, Anderson. *Novos paradigmas da responsabilidade civil*. 6. ed. São Paulo: Atlas, 2015. p. 55).

[52] Mas, para o funcionamento de cada um deles, será necessário utilizar os dois primeiros conceitos que, na verdade, atuam como elementos da responsabilidade legal.

[53] Que será especialmente abordada na Parte III deste trabalho.

sentinela é responsável por alertar a guarda para a aproximação do inimigo" e afirma que o uso da palavra *responsabilidade* nestes contextos sugere:

> sempre que uma pessoa ocupa um lugar ou função em uma organização social, para os quais são atribuídos deveres específicos com o objetivo de promover o bem estar de terceiros ou de executar de alguma forma os propósitos desta organização, esta pessoa é considerada responsável por estes deveres, ou responsável por fazer o necessário para cumpri-los.[54]

A distinção entre responsabilidades "jurídicas" e "funcionais" também é salientada por Xavier Bioy, especificamente em relação aos "responsáveis políticos", a quem este autor se refere como sendo ao mesmo tempo "investidos *de responsabilidades*" e "responsáveis politicamente, penalmente e civilmente".[55]

Os conceitos propostos por Hart têm o grande mérito de ajudar a elucidar certas diferenças importantes entre os esquemas de responsabilização jurídica e a responsabilidade política, bem como a realçar certos aspectos desta última.

1.3 As "responsabilidades do texto"

O texto da Constituição brasileira é um excelente exemplo da diversidade de sentidos que o direito dá à palavra "responsabilidade", que é utilizada 39 vezes, com pelo menos nove sentidos distintos.[56] Se considerarmos ainda as palavras derivadas de responsabilidade ("respondendo", "responderão", ou "responsável"), encontramos mais 24 menções.[57]

Pois bem, em 16 dispositivos a CRFB se refere explicitamente aos crimes *de responsabilidade*[58] e em dois dispositivos à "*responsabilidade* civil *e* criminal".[59] Em cinco dispositivos a CRFB usa a palavra *responsabilidade* no sentido indenizatório (ainda que se refira a indenizações por danos de distintas naturezas). Assim, temos: a "*responsabilidade*

---

[54] HART, Herbert L. A. *Punishment and responsibility* – Essays in philosophy of law. 2. ed. Oxford: Oxford University Press, 2008. p. 212. O conceito de responsabilidade funcional não deve se confundir com o de atribuições ou competências de determinado cargo.

[55] BIOY, Xavier (Org.). *Constitution et Responsabilité* – Actes du Colloque de Toulouse. Paris: Montchrestien, 2009. p. 9.

[56] A rigor, só esta "diversidade" – e a necessidade de colaborar para a construção dos diversos conteúdos conceituais – já parece justificar a presente dissertação.

[57] A noção de responsabilidade pela função se aproxima da noção de deveres e atribuições. Se acrescentássemos a esta lista as menções à palavra "dever", a lista cresceria ainda mais, e, em especial, incluiria pessoas e entidades privadas no polo passivo. Apenas a título exemplificativo mencionem-se os seguintes dispositivos da CRFB: "Art. 225. Todos têm direito ao meio ambiente ecologicamente equilibrado, bem de uso comum do povo e essencial à sadia qualidade de vida, impondo-se ao Poder Público e à coletividade o *dever* de defendê-lo e preservá-lo para as presentes e futuras gerações"; "Art. 227. É *dever* da família, da sociedade e do Estado assegurar à criança, ao adolescente e ao jovem, com absoluta prioridade, o direito à vida, à saúde, à alimentação, à educação, ao lazer, à profissionalização, à cultura, à dignidade, ao respeito, à liberdade e à convivência familiar e comunitária, além de colocá-los a salvo de toda forma de negligência, discriminação, exploração, violência, crueldade e opressão"; "Art. 229. Os pais têm o *dever* de assistir, criar e educar os filhos menores, e os filhos maiores têm o dever de ajudar e amparar os pais na velhice, carência ou enfermidade"; "Art. 230. A família, a sociedade e o Estado têm o *dever* de amparar as pessoas idosas, assegurando sua participação na comunidade, defendendo sua dignidade e bem-estar e garantindo-lhes o direito à vida".

[58] Art. 29-A §§2º e 3º; art. 50 *caput* e §2º; art. 52, I e II; art. 85; art. 86, *caput* e seu §1º, I; art. 96, III; art. 100 §7º; art. 102, I, "c"; art. 105, I, "a"; art. 108, I, "a"; art. 167, §1º e art. 60, XI (do ADCT).

[59] Arts. 58, §3º e 236, §1º.

civil por *danos* nucleares";[60] a *"responsabilidade* por *dano* ao meio ambiente, ao consumidor, a bens e direitos de valor artístico, estético, histórico, turístico e paisagístico"[61] e a "responsabilidade civil"[62] (*tout court*).[63]

Em um dispositivo, a palavra *respondendo* se refere à responsabilidade criminal. Trata-se de dispositivo (art. 5º, XLIII) importante, pois é o único no qual a própria CRFB entra em detalhes quanto ao polo passivo – e, portanto, em certo sentido, aos limites – da responsabilidade:

> a lei considerará crimes inafiançáveis e insuscetíveis de graça ou anistia a prática da tortura, o tráfico ilícito de entorpecentes e drogas afins, o terrorismo e os definidos como crimes hediondos, por eles *respondendo os mandantes, os executores e os que, podendo evitá-los, se omitirem*; [...].

Em várias hipóteses, a CRFB refere-se genericamente à "responsabilidade" de determinados agentes (ou afirma que eles *responderão*), sem qualquer *qualificação quanto à natureza desta responsabilidade*, sejam eles: o presidente da República;[64] os dirigentes de órgãos e entidades da administração direta e indireta cuja autonomia gerencial, orçamentária e financeira tenha sido ampliada;[65] os *"responsáveis* pelo controle interno" da administração pública;[66] ou os administradores ou dirigentes de empresa pública, sociedade de economia mista e suas subsidiárias.[67] [68] Também existe uma menção[69] genérica à "responsabilidade" (sem *qualificação*), referindo-se à pessoa jurídica (empresa pública, sociedade de economia mista e suas subsidiárias).

Em uma situação,[70] um comando constitucional é acompanhado da ameaça genérica: "sob pena de responsabilidade", em outra,[71] utiliza-se a referência à responsabilidade "pelos ilícitos cometidos" (durante estado de sítio ou de defesa) e numa terceira, afirma-se que os "abusos cometidos" durante uma greve "sujeitam os *responsáveis* às penas da lei".[72]

Em pelo menos duas hipóteses, a CRFB utiliza a palavra *responsabilidade* de forma a se amoldar perfeitamente ao conceito de responsabilidade funcional de Hart.

---

[60] Art. 21, XIII, "d".

[61] Art. 24, VIII.

[62] Arts. 37, §6º (neste caso, a natureza *civil* da responsabilidade não está expressa, mas sim implícita) 100, §1º; 136, §1º, II (igualmente implícita) e 245.

[63] Há ainda, no art. 5º, LXVII, referência ao "responsável pelo inadimplemento voluntário e inescusável de obrigação alimentícia".

[64] *Título* da Seção III, do Capítulo II do Título IV.

[65] Art. 37, §8º, II.

[66] Art. 74, §1º. Neste caso a "responsabilidade" é qualificada como "solidária", mas o texto não esclarece se é uma responsabilidade civil ou disciplinar.

[67] Art. 173, §1º, V e seu §5º.

[68] Ou ainda a "autoridade competente" que deixar de oferecer "ensino obrigatório pelo Poder Público" (art. 208, §2º); o "antigo titular do domínio direto" que "remido o foro" não "confiar à guarda do registro de imóveis toda a documentação a ele relativa" (art. 49, §4º, do ADCT) ou o autor de ação de impugnação de mandato eletivo que tiver procedido com temeridade ou manifesta má-fé (art. 14, §11).

[69] Art. 173, §5º.

[70] Art. 5º, XXXIII.

[71] Art. 141.

[72] Art. 9º, §2º.

A 1ª hipótese se refere exatamente a agentes públicos. Trata-se do art. 39, §1º, "I", que determina que a fixação dos padrões de vencimento dos servidores públicos observará: "a natureza, *o grau de responsabilidade* e a complexidade *dos cargos* componentes de cada carreira". A segunda é a do art. 222, §2º, segundo o qual a *"responsabilidade* editorial" e as atividades de seleção e direção da programação são privativas de brasileiros natos ou naturalizados há mais de dez anos, em qualquer meio de comunicação social. As palavras *responsável, responsáveis* e *responderão* também aparecem, ao menos nove vezes,[73] em contextos que permitem enquadrá-las, com pouco ou nenhum esforço, ao conceito de responsabilidade funcional de Hart. Acrescentem-se ainda duas situações em que o texto parece se referir à responsabilidade funcional na esfera privada.[74]

Em outra hipótese,[75] a palavra *parece* se adequar ao mesmo conceito (responsabilidade funcional) mas tendo como "responsável" toda a coletividade.

Em cinco dispositivos, a CRFB usa a palavra *responsabilidade* (ou *responsáveis*) no sentido de "atribuição" ou "competência", do Poder Público.[76] Finalmente, em um dispositivo,[77] a CRFB estabelece que o chefe do Poder Executivo *responderá* na forma da legislação de *responsabilidade* fiscal e de improbidade administrativa.[78]

Que conclusões – ainda que algumas evidentemente provisórias – podemos extrair desta análise literal? A primeira é a óbvia constatação de que a "família semântica" da responsabilidade é efetivamente muito numerosa. A segunda é que a ideia de "responsabilidade" como obrigação de "dar uma resposta", de se explicar – que não significa necessariamente ser punido – parece guardar certa relevância no texto, em especial por sua utilização em responsabilidades que classificamos como "funcionais". A terceira, intimamente relacionada à segunda, é que o fato de alguém "responder" por um ato não significa que será punido por ele.

A profusão do uso da palavra *responsabilidade* pelo texto constitucional também levanta a questão de saber se existe uma estrutura ou um conteúdo constitucional da responsabilidade ou se esta estrutura e estes conteúdos são inteiramente deixados ao arbítrio do legislador. Nesta dissertação sustentamos que, ao menos no que se refere aos agentes políticos, a própria Constituição delineia uma moldura suficientemente clara a ser respeitada pelo legislador na construção de cada sistema de responsabilização e isto pelas razões que serão expostas no Capítulo 3.

No entanto, não obstante os múltiplos usos e sentidos jurídicos da responsabilidade, a ansiedade social por *mais e melhor* responsabilidade fez com que surgisse aos poucos na doutrina a identificação da responsabilidade como um (novo?) princípio de direito constitucional, princípio geralmente implícito – já que raramente enunciado enquanto tal – mas que seria pressuposto de qualquer constituição democrática. O reconhecimento deste princípio certamente resultaria em resposta afirmativa à indagação quanto à

---

[73] Arts. 5º, LXIV e LXIX; 37, §6º; 70, parágrafo único; 71, II e VIII; 72; 74, §1º e 235, VIII.

[74] Arts. 208, §3º e 226, §7º.

[75] Art. 144.

[76] Arts. 43, §2º; 144, §7º; 195, §2º; 235, IX, "a" e 60, I do ADCT.

[77] Art. 97, §10, III.

[78] Existem ainda quatro dispositivos em que a "responsabilidade" é tributária: arts. 157, §7º, 155, §2º, XII, "d", 324, §9º, 34, §9º (ADCT).

existência de uma estrutura constitucional mínima dos esquemas de responsabilidade, quaisquer que sejam eles.

1.4 A responsabilidade como princípio constitucional

A responsabilidade como princípio e, em especial, princípio constitucional tem merecido progressivo reconhecimento pela doutrina e jurisprudência. No Brasil, o saudoso Diogo de Figueiredo Moreira Neto o inclui entre os princípios gerais de direito.[79] O princípio é mencionado, com estatura constitucional, na jurisprudência do STF (restrito aos agentes políticos).[80] Na doutrina portuguesa, Paulo Otero inclui o princípio da responsabilidade entre os "princípios materiais da regulação constitucional do poder político", desdobrando-o em "cinco distintas manifestações: responsabilidade política; responsabilidade civil; responsabilidade criminal; responsabilidade disciplinar (e) responsabilidade financeira".[81] Gomes Canotilho também tem tratado do tema em vários trabalhos[82] e o princípio também é mencionado por Jorge Miranda e Rui Medeiros.[83] Mas o princípio da responsabilidade também aparece em outros quadrantes.

Assim, na doutrina colombiana, por exemplo, Manuel Ramírez entende que o art. 6º da Constituição da Colômbia[84] estabelece o princípio da responsabilidade.[85] Na Espanha, a Constituição (art. 9, "3") expressamente "garante", entre outros princípios, "a *responsabilidade* e a interdição de arbitrariedade por parte dos poderes públicos" e estabelece (art. 116, "6") que a "declaração de estado de alarme, de exceção ou de sítio não modificará o *princípio de responsabilidade do Governo e de seus agentes reconhecidos na Constituição e nas leis*". A recente Constituição da Tunísia (art. 15) se refere à

---

[79] MOREIRA NETO, Diogo de Figueiredo. *Curso de direito administrativo*. 16. ed. Rio de Janeiro: Forense, 2014. p. 85.

[80] "A responsabilidade dos governantes tipifica-se como uma das pedras angulares essenciais à configuração mesma da ideia republicana. A consagração do princípio da responsabilidade do Chefe do Poder Executivo, além de refletir uma conquista básica do regime democrático, constitui consequência necessária da forma republicana de governo adotada pela Constituição Federal" (ADI nº 1.022-1/600, j. 19.10.95. *DJ*, Seção I, 27 out. 1995, republicado em 24.11.95, Rel. p/ o acórdão Min. Celso de Mello).

[81] OTERO, Paulo. *Direito constitucional português* – Organização do poder político. Coimbra: Almedina, 2010. v. II. p. 32-34. Nessa mesma obra, Paulo Otero defende "três ideias nucleares" sobre o princípio da responsabilidade. A 1ª é a de que "todo exercício do poder se encontra sujeito aos princípios da responsabilidade civil e da responsabilidade criminal"; a 2ª que "os titulares de cargos políticos encontram-se ainda sujeitos a responsabilidade política" e a 3ª que "os funcionários e agentes públicos (que não são titulares de cargos políticos) estão ainda sujeitos a responsabilidade disciplinar" (p. 33). Além disso, sustenta o autor que todos os "titulares de cargos públicos competentes para a pratica de actos financeiros" estão sujeitos à responsabilização financeira, que teria segundo o autor "autonomia constitucional" (ele cita respectivamente os arts. 117, 1, 271, 1 e 214, 1 da CRP).

[82] CANOTILHO, J. J. Gomes. *Princípio da responsabilidade*: um princípio a rever na Constituição. Texto cedido aos doutorandos em Direito Público da Faculdade de Direito da Universidade de Coimbra, outubro de 2010; CANOTILHO, J. J. Gomes. Os novos desafios da responsabilidade: Irritar e responder. *Boletim da Faculdade de Direito*, Coimbra, v. LXXXVII, 2011. p. 533-540.

[83] MIRANDA, Jorge; MEDEIROS, Rui. *Constituição portuguesa anotada*. Coimbra: Coimbra Editora, 2006. t. II. p. 323-324.

[84] "Artículo 6. Los particulares sólo son *responsables* ante las autoridades por infringir la Constitución y las leyes. Los servidores públicos lo son por la misma causa y por omisión o extralimitación en el ejercicio de sus funciones".

[85] QUINCHE RAMÍREZ, Manuel Fernando. *Derecho constitucional colombiano de la Carta de 1991 y sus Reformas*. 4. ed. Bogotá: Ediciones Doctrina y Ley, 2010. p. 78.

responsabilidade como regra, estabelecendo que a organização e funcionamento da administração pública submetem-se (entre outros princípios e regras) às regras da responsabilidade.[86]

Na França, Christian Bidégaray, em 2000, escreve artigo intitulado *O princípio da responsabilidade fundamento da democracia*,[87] no qual, sem ocultar os enormes desafios contemporâneos que enfrentam os esquemas de responsabilização, conclui que o princípio permanece como referência das democracias contemporâneas.[88] Por seu turno, Bertrand Mathieu, na abertura de colóquio dedicado às relações entre Constituição e responsabilidade (realizado em Toulouse em outubro de 2007), afirma que "a constitucionalização do *princípio da responsabilidade* se deu pouco a pouco".[89]

Na mesma linha, Peter Häberle, em trabalho sobre o Estado constitucional, não apenas invoca o princípio responsabilidade (a partir da obra homônima de Hans Jonas), ao lado do princípio esperança, como conclui que ambos "seguem sendo as condições intelectuais prévias da reflexão sobre o Estado constitucional e suas necessidades e, esperemos, de suas possibilidades de reforma".[90]

Gomes Canotilho chega a afirmar, com base na doutrina alemã, que "qualquer ordem constitucional é um conjunto de imputações de responsabilidades"[91] aos (acrescentamos) distintos órgãos, poderes e, em especial, agentes públicos. Na mesma linha, Xavier Bioy indaga se a "instituição de responsáveis políticos que ao mesmo tempo são investidos de responsabilidades e são responsáveis politicamente, penalmente e civilmente, não seria o próprio objeto do direito constitucional".[92]

Mas é preciso advertir que estas "responsabilidades" podem se referir aos mais diversos sentidos que, ainda que tenham um substrato comum, não podem ser confundidos. Assim, se é verdade que, em boa medida, tais sentidos se referem a esquemas de responsabilização que têm um agente público no polo passivo, eles também incluem sentidos da palavra (responsabilidade) que têm não apenas indivíduos, mas também entidades públicas (e por vezes privadas) como sujeito passivo.

Ou seja, o potencial do princípio da responsabilidade se insere num raio muito mais abrangente do que aquele que é objeto do presente trabalho, já que atinge relações

---

[86] Também vale mencionar o preâmbulo da Convenção das Nações Unidas Contra a Corrupção, de 2003 (promulgada no Brasil por meio do Decreto nº 5.687/06), que evoca como "princípios de devida gestão dos assuntos e dos bens públicos", a "equidade", a "responsabilidade" e a "igualdade perante a lei, assim como a necessidade de salvaguardar a integridade e fomentar uma cultura de rechaço à corrupção".

[87] BIDÉGARAY, Christian. Le Principe de Responsabilité Fondement de La Democratie. *Pouvoirs*, n. 92, 2000. p. 5-16. O artigo aliás é subintitulado "Pequeno passeio nas aléias do Jardim das delícias democráticas" (*Petite promenade dans les allées du 'Jardin des délices démocratiques'*).

[88] BIDÉGARAY, Christian. Le Principe de Responsabilité Fondement de La Democratie. *Pouvoirs*, n. 92, 2000. p. 15.

[89] MATHIEU, Bertrand. Ainsi la constitutionnalisation du príncipe de responsabilité s'est opérée par petites touches. *In*: BIOY, Xavier (Org.). *Constitution et Responsabilité* – Actes du Colloque de Toulouse. Paris: Montchrestien, 2009. p. 7. Como antecedente desta discussão, podem-se mencionar os capítulos que Benjamin Constant, em sua conhecida obra *Principes de Politiques* dedica à responsabilidade dos ministros (Cap. IX e X) e dos agentes inferiores (Cap. XI). Neste último, invocando a experiência inglesa, chega inclusive a se referir ao "*principe de la responsabilité de tous les agents*" (CONSTANT, Benjamin. Écrits Politiques. Paris: Gallimard, 1997. p. 420).

[90] HÄBERLE, Peter. *El Estado constitucional*. México: Universidad Nacional Autônoma de México, 2003. p. 76; 311.

[91] CANOTILHO, J. J. Gomes. *Princípio da responsabilidade*: um princípio a rever na Constituição. Texto cedido aos doutorandos em Direito Público da Faculdade de Direito da Universidade de Coimbra, outubro de 2010. p. 1.

[92] "L'institution de responsables politiques, à la fois charges de responsabilités et responsables politiquement, pénalement ou civilement, n'est-il pas l'objet-même du droit constitutionnel" (BIOY, Xavier (Org.). *Constitution et Responsabilité* – Actes du Colloque de Toulouse. Paris: Montchrestien, 2009. p. 9).

jurídicas muito mais diversas do que aquelas que tenham em um dos polos os agentes políticos. Assim é que caberá ao direito constitucional definir, por exemplo, *quais* as responsabilidades do Estado em matéria de prestações sociais e, mais ainda, o que significa ser responsável por elas (prestar diretamente serviços, instituí-los, concedê-los, fiscalizá-los, garanti-los...). O termo *responsabilidade* já aparece aqui próximo ao conceito de deveres estatais que têm como contrapartida direitos fundamentais, e, portanto, este atalho nos levaria a caminhos distintos daqueles que nos propomos a trilhar.

A responsabilidade como princípio constitucional nos parece ter potencial para tratar as seguintes matérias: (1) deveres (e, em certa medida, expectativas): (1.1) dos órgãos e entes estatais; (1.2) dos agentes políticos; (1.3) dos demais agentes públicos; (1.4) das pessoas físicas em geral; (1.5) das pessoas jurídicas em geral; (2) sistemas punitivos ou reparatórios tendo como sujeitos ativos ou passivos as pessoas mencionadas. Vale notar que tais matérias estão relacionadas, uma vez que, por exemplo, a calibragem de um sistema punitivo dirigido aos agentes públicos certamente trará impacto na capacidade de entrega dos órgãos estatais.

Aqui talvez haja uma tensão interna ao princípio. É que quando se fala de responsabilidade por cumprir um dever, ou seja, por "fazer" alguma coisa, a preocupação maior é com entrega e efetividade, já quando se fala em responder por não ter feito (alguma coisa que se devia fazer) ou por ter feito errado, a preocupação maior parece ser com uma punição, embora se possa (ou talvez se deva), acrescentar uma preocupação com a "correção" da conduta.

É certo que o tema dos deveres dos entes estatais e dos agentes políticos (1.1 e 1.2) sempre integrou o direito constitucional, no capítulo da estruturação do Estado.[93] A novidade, quanto ao ponto, foi a progressiva ampliação das responsabilidades atribuídas ao Estado. O tema da responsabilidade dos agentes públicos[94] e das pessoas físicas e jurídicas passa a integrar constituições posteriores à metade dos anos 70, em especial com o reconhecimento de que, em relação a certos temas (meio ambiente,[95] por exemplo), as obrigações não podem recair apenas sobre o Estado.[96] Os sistemas punitivos aplicáveis aos agentes políticos sempre integraram seu estatuto constitucional enquanto o sistema punitivo dirigido às pessoas em geral sempre foi tema central no capítulo dos direitos fundamentais.[97] A grande novidade, então, é procurar identificar um traço comum nestes temas, sob o prisma da responsabilidade.

---

[93] O art. 9º, "3" da Constituição Espanhola, por exemplo, enuncia que "La Constitución garantiza [...] la responsabilidad y la interdicción de la arbitrariedad de los poderes públicos".

[94] Tratado timidamente pela Constituição Espanhola (art. 103, "3"), de 1978, e de forma quase exaustiva pela CRFB (arts. 38 a 41).

[95] *Vide* o art. 225 (sobre meio ambiente); o art. 227 (sobre a família); o art. 229 (sobre os filhos) e o art. 230 (sobre os idosos), todos da CRFB reproduzidos em nota acima.

[96] *Vide* ainda todo o Título I da Constituição da Espanha, denominado "Dos direitos e *deveres* fundamentais".

[97] José Roberto Oliveira entende que "todos os sistemas sancionatórios que incidem para controlar a conduta dos agentes públicos [...] nutrem sua fonte de legitimidade no desiderato republicano de tornar efetiva a responsabilidade dos agentes públicos, pelos seus atos e omissões" (OLIVEIRA, José Roberto Pimenta. *Improbidade administrativa e sua autonomia constitucional*. Belo Horizonte: Fórum, 2009. p. 161).

Assim, voltando a Canotilho, o grande desafio seria exatamente

averiguar se existe uma "razão transversal" a informar as várias responsabilidades clássicas (penal, civil, política) e se haverá também fundamento para engrossar o complexo de imputações de responsabilidades a partir de outros preceitos, constantes de alguns textos constitucionais.[98]

Desta forma, e considerando a importância evidente do tema, há de se tentar extrair um conteúdo mínimo deste princípio constitucional da responsabilidade, a fim de guiar o restante deste trabalho.

Em relação aos agentes políticos – cuja responsabilidade é o objeto de nosso trabalho – Xavier Bioy faz uma clara distinção entre dois blocos de temas. De um lado está o que ele denomina "a responsabilidade em direito constitucional", que incluiria as formas de sanção jurídica dos governantes e o tema da responsabilidade civil. De outro lado, que ele denomina *responsabilité-charge*, que podemos traduzir como responsabilidade pela função, estariam temas como "mecanismos de repartição de competências e atribuições, instituições de representação, mecanismos de controle orçamentário".[99] Ambos os temas parecem ser abarcados sob a denominação de "Constituição e responsabilidade".[100]

A distinção entre estes dois blocos de temas – que o próprio Bioy afirma que nem sempre é clara –[101] é importante pois eles apontam para direções por vezes opostas. Com efeito, preocupados com sistemas punitivos dos agentes políticos, pode-se ensaiar afirmar que a responsabilidade como princípio constitucional comanda a existência de sistemas de responsabilização que não deixem atos e omissões dos agentes públicos sem *respostas*, sem justificação, sem prestação de contas e, *se for o caso, sem punição*. Seguindo esta linha e por razões mais evidentes podemos afirmar que o princípio da responsabilidade é *a priori* de difícil compatibilização com situações de *irresponsabilidade* (seja a irresponsabilidade de agentes ou de órgãos ou instituições). Aliás, é evidente o avanço (doutrinário, jurisprudencial e de direito positivo) da responsabilidade sobre áreas antes "imunes", como os poderes Legislativo e Judiciário.[102]

As situações de irresponsabilidade, portanto, quando admitidas pela Constituição (e são-no em vários sistemas), devem ser interpretadas de forma restritiva, salvo

---

[98] CANOTILHO, J. J. Gomes. *Princípio da responsabilidade*: um princípio a rever na Constituição. Texto cedido aos doutorandos em Direito Público da Faculdade de Direito da Universidade de Coimbra, outubro de 2010. p. 2.

[99] BIOY, Xavier (Org.). *Constitution et Responsabilité* – Actes du Colloque de Toulouse. Paris: Montchrestien, 2009. p. 13.

[100] BIOY, Xavier (Org.). *Constitution et Responsabilité* – Actes du Colloque de Toulouse. Paris: Montchrestien, 2009.

[101] BIOY, Xavier (Org.). *Constitution et Responsabilité* – Actes du Colloque de Toulouse. Paris: Montchrestien, 2009. p. 13; 14.

[102] Por exemplo: BROYELLE, Camille. La responsabilité du fait de La fonction législative. *In*: BIOY, Xavier (Org.). *Constitution et Responsabilité* – Actes du Colloque de Toulouse. Paris: Montchrestien, 2009. p. 65-72 e ROUSSEAU, Dominique. La responsabilité du fait de La fonction juridictionnelle. *In*: BIOY, Xavier (Org.). *Constitution et Responsabilité* – Actes du Colloque de Toulouse. Paris: Montchrestien, 2009. p. 73-82. Veja-se ainda ALCÂNTARA, Maria Emilia Mendes. *Responsabilidade do Estado por atos legislativos e jurisdicionais*. São Paulo: Revista dos Tribunais, 1988. Nas palavras de Dieter Grimm: de "um documento que não deixa entrever nenhuma vontade de vinculação jurídica ou que retira do alcance regulamentar titulares essenciais de funções de poder ou formas de manifestação de poder público, não mais seria lícito falar em uma constituição, mas de um semiconstitucionalismo ou de um constitucionalismo de aparência" (GRIMM, Dieter. *Constituição e política*. Belo Horizonte: Del Rey, 2006. p. 209).

quando existirem (e por vezes existem, como veremos ao longo desse trabalho) razões consistentes para justificá-las.

Mas o princípio da responsabilidade, quando aplicado a agentes públicos, também deve condenar esquemas que, *sob o pretexto de priorizar exclusivamente a punição*,[103] ou de tentar dar respostas *jurídicas* para questões de outra natureza, minem as condições necessárias à atração e ao desempenho de bons governantes (fenômeno que parece caracterizar a atual situação do direito público brasileiro). Isso porque a responsabilidade constitucional dos agentes políticos também é uma responsabilidade-função, direcionada ao futuro, preocupada em estabelecer condições para que o Estado – por meio de seus agentes –, cumpra as cada vez mais abrangentes promessas contidas nos textos constitucionais contemporâneos.[104]

Esta evidente, constante e, em boa medida, inevitável tensão entre a necessidade de não deixar ilícitos sem punição e, por outro lado, não fazer desta busca – pela punição – o único objetivo, em detrimento de outros igualmente dignos de preocupação, será tratada ao longo de todo este trabalho.

Comecemos então por uma tensão especial, que é a que existe entre a responsabilidade política e a responsabilidade jurídica.

---

[103] Concordamos com Paulo Otero quando afirma que "É no dever de prestar contas, nesse 'responder' por aquilo que se fez ou que não se fez devendo ter sido feito, assumindo a autoria e os efeitos ou consequencias das acções e omissões praticadas no exercício das suas funções, que reside o princípio da responsabilidade. O princípio da responsabilidade é, deste modo, um efeito do princípio democrático, traduzindo a ideia de que o exercício do Poder é sempre um serviço, um mandato, sujeito a prestação de contas, e não um privilégio outorgado em benefício do seu titular" (OTERO, Paulo. *Direito constitucional português* – Organização do poder político. Coimbra: Almedina, 2010. v. II. p. 33). Uma resposta – e não necessariamente uma punição – é o grande produto esperado da responsabilidade, ao menos quando olha para o passado. Por outro lado, não concordamos com José Roberto Oliveira que, ao comentar a aplicação do princípio republicano (e sua relação com a imposição de responsabilidade aos agentes públicos) ao dispositivo da CRFB (art. 37, §4º) que sustenta um dos sistemas de responsabilização de agentes públicos (o da improbidade, objeto do Capítulo 5), sustenta que "Contraria o princípio republicano pretender descobrir insuficiências ou lacunas ou contradições na regra, as quais levem à redução de responsabilidade de agentes públicos. Toda construção deve partir para afirmar esta consequência, e não elidi-la ou reduzi-la" (OLIVEIRA, José Roberto Pimenta. *Improbidade administrativa e sua autonomia constitucional*. Belo Horizonte: Fórum, 2009. p. 161). Ora, ao intérprete cabe exatamente tratar eventuais insuficiências ou lacunas nas normas. Sustentar que tais lacunas jamais poderão conduzir à eventual impossibilidade de responsabilizar alguém por algum ato lembra a busca de responsabilização a todo custo, típica de nossa sociedade de risco e que nem sempre é compatível com diversos outros valores constitucionais. Voltaremos a esse tema ao longo deste trabalho.

[104] Esta necessidade de proteger a atuação do agente público sempre foi, no Brasil, reconhecida em favor dos magistrados e posteriormente ampliada aos membros do Ministério Público. No entanto, esta mesma necessidade é cada vez menos reconhecida em favor dos agentes do Executivo, ao contrário do que ocorre em vários outros países, como se demonstrará em outros capítulos.

CAPÍTULO 2

RESPONSABILIDADE POLÍTICA E RESPONSABILIDADE JURÍDICA: *DISTINÇÕES E TENSÕES*

2.1 Breve introdução: política e direito no constitucionalismo

A tensa relação entre a responsabilidade política e as distintas formas de responsabilidade jurídica se desenvolve tendo como cenário um conflito mais amplo entre direito e política, conflito que acompanha toda a evolução do constitucionalismo no sentido de colocar limites jurídicos à atividade política,[105] caracterizado, atualmente, pelo debate sobre a *judicialização* da política.[106] Não é nossa intenção aprofundar esta discussão, que certamente justificaria uma tese à parte, mas apenas apresentar algumas questões importantes para o nosso trabalho.

Assim, se a constituição é o "estatuto jurídico do político", como diz Canotilho, é porque ela pretende impor uma série de regras à atividade política. Isto, no entanto, não significa que ela possa suprimir a atividade política – substituída por um pretenso tecnicismo – nem reduzi-la à irrelevância. Nas palavras de Dieter Grimm, a constituição "instala uma diferença entre os *princípios para a produção* de decisões políticas e as próprias *decisões políticas*".[107] O próprio Grimm adverte que essa mesma constituição "não pode realizar uma total juridicização da política",[108] que "necessita [...] de uma

---

[105] "Numa perspectiva histórica, o constitucionalismo tem sido a busca do meio mais eficaz para moderar e limitar o poder político, primeiro o do governo e depois o de todos e de cada um dos detentores do poder" (LOEWENSTEIN, Karl. *Teoría de la constitución*. 2. ed. 4. reimpr. Barcelona: Ariel Derecho, 1986. p. 68).

[106] Maria Benedita Urbano, em trabalho sobre a justiça política, entende que uma das (três) "razões principais" associadas ao "fenômeno do renascimento e da expansão (e da agudização) da responsabilidade penal dos titulares de cargos políticos" é o fenômeno "mais amplo da paulatina 'jurisdicização de sectores inteiros da vida política que, durante muito tempo, se mantiveram à margem do Estado de Direito'" (URBANO, Maria Benedita Malaquias Pires. Deambulações teóricas em torno da justiça política. *In*: CORREIA, Fernando Alves; SILVA, João Calvão; ANDRADE, José Carlos Vieira; CANOTILHO, J. J. Gomes; COSTA, José Manuel M. Cardosos. *Estudos em homenagem a António Barbosa de Melo*. Coimbra: Almedina, 2013. p. 637). Quando se fala em jurisdicização se acentua o fato de que determinada área – antes fora do alcance do direito – passou a ser tratada pelo direito e quando se fala em judicialização se salienta o fato de que certas áreas, antes fora da apreciação judicial (ainda que eventualmente já objeto de normas jurídicas), passaram a ser objeto de apreciação pelo Poder Judiciário. São dois fenômenos a nosso ver complementares, mas distintos.

[107] Sendo que: "Para a modificação desses princípios são colocadas exigências muito maiores do que para as decisões. Em geral, elas exigem um consenso mais amplo e, frequentemente, passam por um processo mais moroso. Com isso, o horizonte temporal para normas de diferente peso ganha amplitude diferente e produz-se uma estabilidade na mudança" (GRIMM, Dieter. *Constituição e política*. Belo Horizonte: Del Rey, 2006. p. 10).

[108] GRIMM, Dieter. *Constituição e política*. Belo Horizonte: Del Rey, 2006. p. 10. E não pode realizar tal juridicização completa (sonho de muitos) pois, como lembra Grimm, é "tarefa da política adaptar a ordem social a exigências variáveis".

área de atuação que a Constituição pode *delimitar* de maneira diferenciada, mas não *suprimir* totalmente".[109]

Assim, ao contrário do que alguns operadores do direito parecem crer, a constituição:

> não elimina a política, apenas lhe coloca uma moldura. Em contrapartida, uma política totalmente juridicizada estaria no fundo despida de seu caráter político e por fim reduzida à administração. No entanto, a regulamentação da política pelo direito constitucional também se encontra limitada em seu alcance. As Constituições podem fixar condições para decisões políticas, mas não lhes é possível normatizar antecipadamente também o insumo para o processo decisório. Convicções, interesses, problemas e iniciativas precedem à volição organizada pelo direito constitucional. O direito constitucional só os canaliza a partir de um determinado estágio, mas influencia com isso, diretamente, também as etapas decisórias precedentes.[110]

Konrad Hesse vai um pouco além ao afirmar que o direito constitucional cria regras de atuação e decisão políticas, dando à política pontos de referência sem pretender substituir a atuação política:

> Por isso, a Constituição deixa espaço para a atividade das forças políticas. Se ela não regula numerosas questões da vida estatal, ou somente em traços, então nisto está não somente uma renúncia à normalização determinante ou uma remissão à atualização concretizadora, mas, muitas vezes, também uma garantia com força constitucional de discussão livre e decisão livre dessas questões.[111]

Neste ponto, parece importante a distinção entre *articulações* constitucionais e *relações* constitucionais, feita por Pablo Lucas Verdú. As articulações constitucionais seriam *reguladas* pelo direito constitucional (que, numa analogia com o direito dos contratos,

---

[109] GRIMM, Dieter. *Constituição e política*. Belo Horizonte: Del Rey, 2006. Grifos nossos.

[110] GRIMM, Dieter. *Constituição e política*. Belo Horizonte: Del Rey, 2006. p. 10-11. Vale também evocar Georges Burdeau, para quem: "Base de um Poder desencarnado, mas ao mesmo tempo provedor do poder dos homens que governam em seu nome, o Estado é um Jano de quem uma face, a que é serena, reflete o reinado do direito e a outra, atormentada se não retorcida, é marcada por todas as paixões que animam a vida política. Essa ambigüidade estar na origem dos juízos contraditórios de que é objeto o Estado é evidente. Mas, o que *importa compreender é que ela lhe é essencial*. O oráculo diz o direito, mas pela boca dos homens. Suas decisões são enobrecidas pela autoridade prestigiosa que se vincula à norma jurídica, mas sua substância é nutrida dos interesses, das ambições, das ideologias de que as forças políticas que se enfrentam na sociedade extraem um poder incessantemente renovado" (BURDEAU, Georges. *O Estado*. São Paulo: Martins Fontes, 2005. p. 35). E, mais à frente, volta ao ponto: "O Estado não se limita; nasce limitado. Isso não quer dizer, porém, que sua existência paralise os governantes a ponto de reduzir-lhes a função à tradução, em fórmulas jurídicas, de princípios e diretrizes incluídos na ideia de direito. Afirmá-lo seria subestimar sua iniciativa e sua independência. De um lado, a idéia de direito não tem um conteúdo suficientemente preciso para amarrar assim o Poder; do outro, as responsabilidades que competem aos que são encarregados de exercer a função governamental se opõem a que sejam confinados nesse papel passivo de registradores de um dado preexistente" (BURDEAU, Georges. *O Estado*. São Paulo: Martins Fontes, 2005. p. 44). Já Carla Amado Gomes (ao criticar a subsistência da inviolabilidade parlamentar), parece ir em direção contrária, afirmando: "A consagração da inviolabilidade coloca o deputado numa situação de 'fugitivo ao direito' e constitui um afastamento de *uma regra de ouro do Estado constitucional: a total juridicização das actuações do Estado, ou seja, a conversão jurídica de todas as relações do poder*" (GOMES, Carla Amado. *As imunidades parlamentares no direito português*. Coimbra: Coimbra Editora, 1998. p. 60. Grifos nossos). Mais à frente, a autora fala em uma "luta pela juridicização de toda a acção do Estado" (p. 113-114).

[111] HESSE, Konrad. *Elementos de direito constitucional da República Federal da Alemanha*. Porto Alegre: Sergio Antonio Fabris, 1998. p. 42.

podemos chamar de relações *nominadas*). Como exemplo, temos as articulações entre o Poder Executivo e o Poder Legislativo na elaboração das leis, com seus distintos papéis previstos pelas constituições (e, no caso, pelos regimentos internos dos parlamentos). Já as relações constitucionais, que "se baseiam na dinâmica político constitucional"[112] não seriam reconduzíveis a estipulações predeterminadas pelo texto. "Abusando da metáfora", Verdú afirma que, "enquanto nas articulações constitucionais predomina a vertente anatômica, nas relações constitucionais (predomina) a fisiológica" e prossegue:

> En las articulaciones constitucionales predomina la estática; en las relaciones constitucionales, la dinámica. El análise de las articulaciones requiere un tratamiento técnico-jurídico porque son escritas y codificadas; en cambio las relaciones, aunque las contemplan los preceptos constitucionales que las articulan, su tratamiento no explica, satisfactoriamente, su entraña vital encuanto actividad sociopolítica.
>
> El dinamismo de las articulaciones constitucionales se va atenuando poco a poco. Aparece desde el momento de la operación constituyente, una vez elegida la Cámara o Cámaras, que discutirán y aprobarán el Texto Fundamental. Se atenua para reaparecer cuando, mediante el referendo, el pueblo aprueba la constitución. Entonces las relaciones constitucionales incrementan su protagonismo no sólo en el Parlamento, también en el Estado-Comunidad. [...]
>
> Esos ejemplos corroboran el dinamismo político de las relaciones constitucionales desarrollado tanto en el Estado-aparato como en el Estado-Comunidad y, por supuesto, en su reciprocidad.[113]

Assim, Verdú é mais um daqueles que salientam a existência de um espaço de atuação política, constitucionalmente legítimo, mas longe de ser inteiramente conformado ou predeterminado.[114]

---

[112] VERDÚ, Pablo Lucas. *Teoría general de las relaciones constitucionales*. Madrid: Dykinson, 2000. p. 56.

[113] VERDÚ, Pablo Lucas. *Teoría general de las relaciones constitucionales*. Madrid: Dykinson, 2000. p. 68. Também merece referência a observação de Joaquim Nabuco, para quem: "Não é só na Inglaterra que a Constituição não é escrita: escrevam-na como quiserem, imaginem os modos mais decisivos de demarcar os limites de cada poder, a Constituição terá sempre que ser o *modus vivendi* que eles assentarem entre si e que o país tiver sancionado" (*apud* BROSSARD, Paulo. *O impeachment*: aspectos da responsabilidade política do Presidente da República. 3. ed. São Paulo: Saraiva, 1992. p. 43). Vale também lembrar Loewenstein que, ao tratar da reforma constitucional, observa que "aun la mejor constitución – esto es, aquella que goza del mayor consenso y que ha sido elaborada de la forma más cuidadosa – es tan sólo un compromiso, no pudiendo ser, además, outra cosa. La constitución presenta la situación de equilibrio temporal entre las fuerzas sociales que participan em su nacimiento, tal como están 'representadas' a través de los partidos políticos. Los grupos que participan en el acto de creación constitucional se esfuerzan, a través de una mutua acomodación de sus intereses, por conseguir un equilibrio aceptable para todos ellos". É por isso que Loewenstein fala das "inevitables acomodaciones del derecho constitucional a la realidade constitucional" (LOEWENSTEIN, Karl. *Teoría de la constitución*. 2. ed. 4. reimpr. Barcelona: Ariel Derecho, 1986. p. 163-164).

[114] Esta é a linha de Annibal Fonseca: "A organização do executivo, pela sua propria natureza, sobreleva ás dos demais poderes. O poder legislativo exerce as suas funcções periodicamente, dentro de prazos prefixados. O poder judiciário só é chamado a decidir em casos concretos e a sua acção circumscreve-se ás regras immanentes do estatuto constitucional. O executivo funcciona permanentemente. Destinado a impulsionar e dirigir a acção administrativa, não é possível negar-lhe a plasticidade indispensavel ao mecanismo governamental" (FONSECA, Annibal Freire. *Do Poder Executivo na Republica Brazileira*. Rio de Janeiro: Imprensa Nacional, 1916. p. 16). Um raro reconhecimento *contemporâneo* da importância do referido espaço (e da necessidade de respeitá-lo), se encontra no voto do Ministro Gilmar Mendes na ADI nº 3.289-5 (julgada em 5.5.2005. *DJ*, 3 fev. 2006), em que recorda a necessidade de levar em consideração "a dimensão política e historicamente condicionada do Poder Executivo", que inclusive "explica uma permanente mudança de cenário ao longo de um mandato presidencial. É nesse contexto dinâmico que são tomadas decisões pelo Presidente da República. As condições políticas existentes no primeiro dia de mandato não são as mesmas de hoje" (p. 315). Na doutrina dos EUA, vale citar recente trabalho de Cass

Este espaço reservado à ação e à direção política é estudado, em especial, pela doutrina italiana, sob o nome de função de *indirizzo politico*[115] e, na doutrina portuguesa, como "função de orientação e de conformação política do Estado"[116] ou "função política de direção do Estado"[117] que:

traduz-se, substancialmente, em impulso, decisão, decisão primeira, decisão primária, decisão constituída fundamental, decisão constituída fundacional; consubstancia politicidade, significa escolha, transporta inovação; e implica, não menos incontornavelmente, vontade.[118]

O mesmo Verdú afirma que no fundo dos processos dinâmicos que caracterizam as articulações constitucionais "está latente a determinação da *orientação política do estado*", orientação que ele define como a "predeterminação ideológica das finalidades político-sociais que incumbem ao Estado-Comunidade para cuja realização tende a ação dos órgãos estatais competentes".[119]

Diversos órgãos constitucionais participam ou ao menos influenciam o exercício desta função,[120] a começar pelo seu maior titular, o corpo eleitoral, que, ao se expressar nas eleições,[121] faz obviamente uma escolha política.[122] O Poder Legislativo, da mesma

---

Sunstein que, ao tratar da dificuldade de escolha entre distintos métodos de interpretação constitucional sustenta que, dentro de certos limites, o importante é saber se cada um desses métodos faz o sistema constitucional melhor ou pior. Para exemplificar sua tese ele sustenta: "There would be serious reason to question any approach to the constitution that would [...] raise serious constitutional doubts about *practices that the President and Congress have accepted for many decades. If an approach would greatly unsetle current institutional practices, there is reason to question it for that reason alone*" (SUNSTEIN, Cass. There is nothing that interpretation just is. *Constitutional commentary*, v. 30, n. 2, Summer 2015. p. 208).

[115] *Vide* BARILE, Paolo. *Istituzioni di diritto pubblico*. 6. ed. Padova: Cedam, 1991. p. 278 e ss. Para a doutrina argentina *vide* VANOSSI, Jorge Reinaldo A. *Estado de derecho*. 4. ed. Buenos Aires: Astrea, 2008. p. 116-130.

[116] CANOTILHO, J. J. Gomes; MOREIRA, Vital. *Os poderes do presidente da República (especialmente em matéria de defesa e política externa)*. Coimbra: Coimbra Editora, 1991. p. 33; 43; e, dos mesmos autores, *Constituição da República Portuguesa*: anotada. 4. ed. Coimbra: Coimbra Editora, 2010. v. II. p. 413-414.

[117] *Vide* RODRIGUES, L. Barbosa. A função política de direção do Estado e URBANO, Maria Benedita M. P. Apontamentos Esparsos sobre a Responsabilidade dos Governantes, ambos em SOUSA, Marcelo Rebelo; QUADROS, Fausto de; OTERO, Paulo; PINTO, Eduardo Vera-Cruz. *Estudos em homenagem ao Prof. Doutor Jorge Miranda* – Direito constitucional e justiça constitucional. Coimbra: Coimbra Editora, 2012. v. II. p. 385-401 e 597, respectivamente.

[118] RODRIGUES, L. Barbosa. A função política de direção do Estado. *In*: SOUSA, Marcelo Rebelo; QUADROS, Fausto de; OTERO, Paulo; PINTO, Eduardo Vera-Cruz. *Estudos em homenagem ao Prof. Doutor Jorge Miranda* – Direito constitucional e justiça constitucional. Coimbra: Coimbra Editora, 2012. v. II. p. 385.

[119] VERDÚ, Pablo Lucas. *Teoría general de las relaciones constitucionales*. Madrid: Dykinson, 2000. p. 68. Como exemplo positivado desta função de direção política, Verdú cita o art. 97 da Constituição da Espanha: "El Gobierno *dirige la política* interior y exterior [...]".

[120] Em Portugal, Canotilho e Vital Moreira entendem que os órgãos de direcção política do estado são o Presidente da República, a Assembleia da República e o Governo (CANOTILHO, J. J. Gomes; MOREIRA, Vital. *Constituição da República Portuguesa*: anotada. 4. ed. Coimbra: Coimbra Editora, 2010. v. II. p. 41). Na Argentina, Vanossi entende: "Parte de la decisión política la toma el poder político que se compone fundamental del Congresso y del Poder Ejecutivo. A veces predomina uno, a veces otro, y a veces las incumbencias están suficientemente repartidas; parte de la decisión la toma el Pueblo cuando tiene la oportunidad de ser juez de las situaciones y prestando el consenso o retaceándolo provoca la alternancia o la continuidad de las políticas vigentes" (VANOSSI, Jorge Reinaldo A. *Estado de derecho*. 4. ed. Buenos Aires: Astrea, 2008. p. 128).

[121] Ou ao se expressar em plebiscitos e referendos. Neste sentido *vide* o art. 92, "1" da Constituição da Espanha que estabelece que "Las *decisiones políticas de especial trascendencia* podrán ser sometidas a referéndum consultivo de todos los ciudadanos".

[122] BARILE, Paolo. *Istituzioni di diritto pubblico*. 6. ed. Padova: Cedam, 1991. p. 281.

forma, inegavelmente opera escolhas políticas de suma importância.[123] No entanto, o operador por excelência da direção política do Estado é o Poder Executivo.[124] E isto não porque ele seja o único a tomar decisões políticas, nem porque tome as mais importantes (papel da própria Constituição), mas sim porque as toma constantemente. Aliás, a própria gênese da noção de função política é identificada à "autonomização do designado 'Poder Executivo'".[125]

Importante aqui registrar a necessidade de distinção entre a função de direção política e a função meramente administrativa, distinção normalmente esquecida em países presidencialistas[126] (esquecimento que parece estar por trás da concepção de que o poder executivo se limita a "executar" decisões tomadas pelos outros poderes, como se não tivesse nenhuma atividade criadora)[127]. Uma exceção se encontra no trabalho de Annibal Fonseca, que, invocando Otto Mayer, afirma:

> Todos sabem que a distincção entre o executivo e o legislativo não corresponde na ordem concreta dos factos á differenciação entre a vontade e a acção. O executivo tem igualmente a sua vontade e para objectival-a não lhe basta a faculdade outorgada na sancção das leis. Ha ainda o poder regulamentar, que lhe dá uma força considerável na

---

[123] Barile sustenta que quando o *indirizzo politico* opera sob a forma de lei se chama *maggiore*, designando-se *minore* quando se dá por meio do impulso e da programação da função administrativa (BARILE, Paolo. *Istituzioni di diritto pubblico*. 6. ed. Padova: Cedam, 1991. p. 279).

[124] Paulo Otero não apenas reconhece que a administração também exerce o *indirizzo politico*, mas o estende às regiões autônomas (equivalentes aos estados brasileiros), às autarquias municipais e mesmo às universidades e "associações públicas" (OTERO, Paulo. A dimensão política da administração pública: a quebra do mito da separação de poderes entre política e administração. *In*: CORREIA, Fernando Alves; MACHADO, Jónatas M.; LOUREIRO, João Carlos (Coord.). *Estudos em homenagem ao Prof. Doutor José Joaquim Gomes Canotilho* – Direito administrativo e justiça administrativa. Coimbra: Coimbra Editora, 2012. v. IV. p. 730).

[125] *Vide* RODRIGUES, L. Barbosa. A função política de direção do Estado. *In*: SOUSA, Marcelo Rebelo; QUADROS, Fausto de; OTERO, Paulo; PINTO, Eduardo Vera-Cruz. *Estudos em homenagem ao Prof. Doutor Jorge Miranda* – Direito constitucional e justiça constitucional. Coimbra: Coimbra Editora, 2012. v. II. p. 394.

[126] Paulino José Soares de Sousa (Visconde do Uruguai), naquele que é considerado o primeiro livro de direito administrativo brasileiro (*Ensaio sobre o direito administrativo*), efetua tal distinção da seguinte forma: "O poder Executivo, como governo, aplica por si só e diretamente as leis de ordem política, constituindo a ação governamental. Quase nunca, exceto quando nomeia, se ocupa de indivíduos; e procede regulando e decidindo generalidades. Provê, por medidas gerais, à segurança interna e externa do país, e à execução das leis; completando-as quando é isso indispensável para lhes dar vida e execução, por meio de regulamentos e medidas gerais, com caráter muitas vezes permanente. Dá o impulso geral aos melhoramentos morais e materiais que convém introduzir nos negócios públicos; nomeia para os diversos cargos, demite, aposenta, e exerce certa disciplina sobre seus agentes. Exerce certas delegações que lhe dá o poder Legislativo. Esse poder não pode deixar de ser centralizado, e de ter, porque é responsável, certa largueza e liberdade de ação, para mover-se, contanto que se contenha nos seus limites constitucionais e dentro do círculo das leis. O exercício de suas atribuições depende de circunstâncias que não é possível prever e fixar, de uma apreciação larga de grandes interesses sociais, que não pode ser sujeita a regras minuciosas, nem a uma marcha complicada e morosa, e à fieira de uma hierarquia de funcionários". Não se esqueça que o Brasil vivia sob a Constituição monárquica de 1824, regime que, de forma semelhante ao que aconteceu com outras monarquias, foi progressivamente se consolidando como parlamentar" (CARVALHO, José Murilo de (Organização e Introdução). *Paulino José Soares de Sousa Visconde do Uruguai*. São Paulo: Editora 34, 2002. p. 129).

[127] Karl Loewenstein já advertia: "La tarea del gobierno no está limitada, si es que alguna vez lo estuvo, a ejecutar la voluntad popular tal como está formulada en las leyes emitidas por las asambleas. Es el liderazgo político el que dirige y guia a la voluntad popular. La legislación y la ejecución de las leyes no son funciones separadas o separables, sino sencillamente diferentes técnicas del liderazgo político" (LOEWENSTEIN, Karl. *Teoría de la constitución*. 2. ed. 4. reimpr. Barcelona: Ariel Derecho, 1986. p. 61). Barbosa Rodrigues registra que a "existência de uma função do Estado estritamente executiva e, inerentemente, de uma tripartição perfeita de poderes, reveste [...] natureza mitológica" (RODRIGUES, L. Barbosa. A função política de direção do Estado. *In*: SOUSA, Marcelo Rebelo; QUADROS, Fausto de; OTERO, Paulo; PINTO, Eduardo Vera-Cruz. *Estudos em homenagem ao Prof. Doutor Jorge Miranda* – Direito constitucional e justiça constitucional. Coimbra: Coimbra Editora, 2012. v. II. p. 396).

engrenagem administrativa, e o poder descricionario, embora limitado ao que a lei não prohibe categoricamente.[128]

Na mesma linha segue Manoel Gonçalves Ferreira Filho, que faz a referida distinção ao comentar o art. 84, II da CRFB[129] afirmando:

> Direção superior significa orientação política. Abrange a fixação do *indirizzo generale di governo*, a fixação de metas, a afetação de recursos, a escolha de caminhos e procedimentos. Esta direção superior se distingue da direção meramente administrativa.[130]

Nas palavras de Canotilho e Vital Moreira:

> A distinção entre *actos de condução política* e *actos* de *administração a* cargo do Governo suscita as tradicionais dificuldades de diferenciação material entre «governo» ou «política» e administração. A actividade ou função política do Governo é caracterizada pelas suas dimensões dirigentes, programantes e criadoras, sendo referida à globalidade da acção governamental; por sua vez, a função da administração deve ser concebida como actividade heteronomamente determinada, derivada, complementar e executiva. Os limites, porém, não são rígidos.[131]

Comentando o dispositivo da CRP (art. 182) que atribui ao "Governo" a "condução da política geral do país", Canotilho e Vital Moreira entendem que esta condução é

> uma parcela da chamada *função política* ou de *governo*, isto é, exercício ou prossecução de tarefas de direcção política materialmente caracterizadoras da orientação da actividade estadual. Trata-se de uma *função* dirigida *essencialmente* à selecção, individualização e graduação dos fins públicos, nos limites e de acordo com as imposições constitucionais.

E esta função de direção política – prosseguem os autores e o ponto é fundamental – "pressupõe iniciativa e liberdade de acção", ainda que, concluem, não seja "jurídico-constitucionalmente desvinculada: a direcção política da maioria deve conformar a sua acção segundo o princípio da constitucionalidade".[132]

Na mesma linha segue Barbosa Rodrigues salientando que a Constituição "não se destaca como um mero limite negativo à politicidade que lhe é inerente, assumindo-se, igualmente, como um seu fundamento positivo, como o fundamento directivo de

---

[128] E prossegue, afirmando: "essa vontade não é, diz o autor allemão, necessariamente livre e soberana. Quando o legislador exprime a sua vontade, esta é preferida á do executivo; é o que elle denomina a preferencia da lei" (FONSECA, Annibal Freire. *Do Poder Executivo na Republica Brazileira*. Rio de Janeiro: Imprensa Nacional, 1916. p. 17).

[129] "Compete privativamente ao PR [...] exercer, com o auxílio dos Ministros de Estado, a *direção superior* da administração federal".

[130] Que, segundo esse autor, seria "atribuição dos ministros" (FERREIRA FILHO, Manoel Gonçalves. *Comentários à Constituição brasileira de 1988*. 3. ed. São Paulo: Saraiva, 2000. v. 1. p. 438). Esta distinção também se encontra em Pimenta Bueno e em João Barbalho *apud* CAETANO, Marcelo. *Direito constitucional*: direito constitucional brasileiro. Rio de Janeiro: Forense, 1978. v. II. p. 307-309.

[131] CANOTILHO, J. J. Gomes; MOREIRA, Vital. *Constituição da República Portuguesa*: anotada. 4. ed. Coimbra: Coimbra Editora, 2010. v. II. p. 415. *Vide* ainda MIRANDA, Jorge. *Teoria do Estado e da Constituição*. Rio de Janeiro: Forense, 2005. p. 236-241.

[132] CANOTILHO, J. J. Gomes; MOREIRA, Vital. *Constituição da República Portuguesa*: anotada. 4. ed. Coimbra: Coimbra Editora, 2010. v. II. p. 414.

semelhante acção política".[133] Em suma, se a função política de direção do Estado é *condicionada*, ela também é *garantida* pela Constituição.

Ora, as distintas decisões políticas (programas, projetos, ações) produzidas *neste* espaço que o direito constitucional tem por obrigação preservar (desde que evidentemente tomadas nos limites juridicamente fixados desse espaço e segundo ritos também fixados juridicamente, quando for o caso) não estarão sujeitas à crítica, ao controle ou a esquemas de responsabilidade *jurídicos*. Mas, obviamente, estarão sujeitas – assim exige a democracia – à crítica, ao controle e à responsabilidade política.

Em relação a tais decisões políticas, portanto, não será correto dizer que violam o direito e sim que são boas ou más, apropriadas ou não, merecedoras de apoio ou de repúdio, tudo segundo critérios que, embora possam, em alguns casos, ser discutidos segundo outros saberes científicos (economia e administração, por exemplo), são em sua essência imunes à crítica jurídica, já que inspirados por diferentes formas de se ver o mundo.

E qual a consequência última da crítica, do controle e da responsabilidade política que, dirigida a um governante – *e, portanto, a toda uma série de decisões políticas por ele tomadas* –, chega à conclusão de que ele é essencialmente inepto, ou seja, que toma más decisões? A consequência desejada é sua substituição por outro governante, substituição que, nos regimes parlamentaristas e semipresidencialistas, se dá com o instrumento principal de implementação da responsabilidade *política* que é a derrubada de um governo pelo parlamento e que, nos sistemas presidencialistas *deveria*[134] se dar com a não reeleição do presidente (ou a não eleição daquele que propuser como sucessor).

O surgimento de uma responsabilidade política (assim considerada a obrigação dos governantes de prestar contas ao povo ou a seus representantes e o direito de eles substituírem seus governantes caso estejam insatisfeitos) e a progressiva distinção entre responsabilidade política e responsabilidade jurídica, que remonta aos primórdios do parlamentarismo, é um dos grandes feitos do constitucionalismo.

Mas o respeito mútuo do direito e da política pelo espaço que deveria ser reservado a cada um, o reconhecimento de uma função de direção política e a distinção entre responsabilidade política e jurídica vêm esmaecendo. Isto pode ser evidenciado por uma série de elementos (que por vezes funcionam como causa[135] do fenômeno), entre os quais podemos citar: a tentativa de diminuir ao máximo, quando não suprimir, o espaço deixado à política, inclusive pela compreensão de que toda política que *envolva* direitos fundamentais (e qual não envolve?) é quase que inteiramente pré-conformada pelo direito; o deslocamento radical dos limites de atuação do Judiciário, com a invasão

---

[133] *Vide* RODRIGUES, L. Barbosa. A função política de direção do Estado. *In*: SOUSA, Marcelo Rebelo; QUADROS, Fausto de; OTERO, Paulo; PINTO, Eduardo Vera-Cruz. *Estudos em homenagem ao Prof. Doutor Jorge Miranda* – Direito constitucional e justiça constitucional. Coimbra: Coimbra Editora, 2012. v. II. p. 392.

[134] O tema depende da natureza do *impeachment* em sistemas presidencialistas, e será discutido no Capítulo 4.

[135] Paul Ricœur, em seu prefácio (elogioso, mas em parte crítico) à conhecida obra de Antoine Garapon, enfatiza que a substituição da política pela justiça não significa uma cura, mas uma piora dos fatores que resultaram nesse fenômeno, incluindo a decomposição da política. "A posição da Justiça é paradoxal: ela reage a uma ameaça de desintegração que ela no entanto contribui a promover" (GARAPON, Antoine. *Le gardien des promesses* – Justice et démocratie. Paris: Editions Odile Jacob, 1996. p. 15).

de espaços secularmente considerados como de reserva política[136] (e por vezes como de reserva do indivíduo ou da família)[137] e o entendimento do Judiciário de que tudo (ou quase) pode ser objeto de decisão judicial;[138] o uso de argumentos jurídicos com o fim *não de punir o adversário* por ter *violado o direito*, mas de enfraquecê-lo politicamente, ou retirá-lo da próxima disputa e a progressiva redução de prerrogativas que protegiam agentes e órgãos públicos.

Entre as causas *jurídicas* para este fenômeno,[139] podemos destacar o extremo exagero na implementação de um objetivo que, em si, é louvável, e que já foi acima

---

[136] "Tudo e todo mundo deve, daqui em diante, estar sujeito à Jurisdição: a lei, pelo Conselho Constitucional; a política econômica do Governo, pela Corte de Luxemburgo; o funcionamento das instituições penais e disciplinares, pela Corte de Estrasburgo; os ministros, pela Corte de Justiça da República; os homens políticos, pela justiça penal comum. A maioria dessas jurisdições não existia há algumas décadas" (GARAPON, Antoine. *Le gardien des promesses* – Justice et démocratie. Paris: Editions Odile Jacob, 1996. p. 21). Note-se que esta obra, que fez grande sucesso no Brasil, está muito relacionada à peculiar situação do Poder Judiciário na França, visto secularmente com extrema desconfiança desde a Revolução Francesa. Assim, parte das "novidades" (controle de constitucionalidade das leis e, em certa medida, o controle da atuação da administração pública) não são novidades no Brasil, sendo reconhecidas desde a primeira Constituição Republicana, de 1891; outra parte (revisão dos atos estatais pelo Tribunal Europeu), nunca ocorreu (a reduzida atividade e poderes do tribunal arbitral do Mercosul não podem, nem de longe, ser comparados à atividade da Corte de Luxemburgo). O que de fato é relativamente novo no Brasil é a amplitude desmesurada do controle de atos e políticas públicas (inexistente em qualquer período democrático anterior a 1988), a forma deste controle, a explosão de formas de responsabilização de agentes políticos e – o mais novo de todos – a submissão do Brasil à jurisdição de um tribunal internacional de direitos humanos (Corte Interamericana, com sede em San José, Costa Rica).

[137] A invasão, pelo direito e pela justiça, de áreas tradicionalmente reservadas aos indivíduos e famílias é fenômeno igualmente espantoso, especialmente revelador da busca por novas metanarrativas (*vide* nota mais à frente) e que é exemplificada por decisão (de 24.4.2012) da mais alta corte do Brasil em matéria de legislação infraconstitucional (o Superior Tribunal de Justiça) que entendeu que a falta de "cuidado" de um pai para com uma filha caracterizava ilícito civil, passível de indenização no âmbito da responsabilidade civil. Não se trata, no caso, de falta de assistência "material", mas de falta de "cuidado", que a decisão, embora tenha tentado diferenciar de "amor", define como incluindo "ações concretas" como a "presença" e "contatos". A decisão foi por maioria e, como se extrai do voto vencido (do Ministro Massami Uyeda): "se atentarmos para a realidade dos fatos [...] qualquer pessoa poderá dizer assim: mas estou sendo preterido em relação aos meus irmãos e qualquer dado subjetivo poderia motivar um pedido de indenização por dano moral. Ora, isso faria com que quantificássemos ou potencializássemos as mágoas íntimas – muitas legítimas, algumas supostamente legítimas – de filhos, de irmãos, de pais, de marido e mulher também, porque o dever dos cônjuges está entre prestar assistência, amar e tal". E, já em um aparte, o mesmo ministro afirma: "Se abrirmos essa tese aqui, olha, como diria o pessoal, sai de baixo. Este Tribunal irá cuidar de mágoas" (REsp nº 1.159.242-SP. Rel. Min. Nancy Andrighi. *DJe*, 10 maio 2012). Esta parte do fenômeno é apontada com acuidade por Antoine Garapon para quem o apelo à justiça contra "todas as frustrações modernas" e "o entusiasmo inocente com seus super-poderes podem se voltar contra a própria Justiça". Ademais, a submissão à justiça de grandes partes da vida privada, anteriormente fora do controle público acaba por impor "uma versão penal" a todas as relações, que passam a ser submetidas à visão "binária e redutora da relação vítima/agressor" (GARAPON, Antoine. *Le gardien des promesses* – Justice et démocratie. Paris: Editions Odile Jacob, 1996. p. 23-24). A doutrina civilista tem tratado do tema, em especial no que se refere à ampliação dos danos morais indenizáveis, com o que "abre-se [...] diante dos tribunais de toda parte, o que já se denominou de 'o grande mar' da existencialidade, em uma expansão gigantesca, e, para alguns, tendencialmente infinita do dano ressarcível" (SCHREIBER, Anderson. *Novos paradigmas da responsabilidade civil*. 6. ed. São Paulo: Atlas, 2015. p. 92).

[138] "La tendencia constitucional moderna apunta decididamente a acrecentar el ámbito de la 'justiciabilidad', a ensanchar la materia sobre la cual recae el control de tipo jurídico, por tratarse – precisamente – de materias regladas. Así, se observa, tanto en la esfera del derecho administrativo como en la del derecho constitucional, la marcha hacia una plena justiciabilidad del mayor numero de cuestiones, incluídas las institucionales" (VANOSSI, Jorge Reinaldo A. *Estado de derecho*. 4. ed. Buenos Aires: Astrea, 2008. p. 133). Dieter Grimm adverte que "Não se exclui a possibilidade de que um tribunal constitucional ultrapasse o limite legal imposto a ele e, sob o pretexto de aplicação constitucional, pratique ele mesmo realização política. A relação de tensão entre direito e política continua assim, a princípio, insuprimível" (GRIMM, Dieter. *Constituição e política*. Belo Horizonte: Del Rey, 2006. p. 11).

[139] Que em parte é assunto para cientistas políticos. Antoine Garapon registra que o ativismo judiciário "é apenas uma peça de um mecanismo mais complexo e que necessita de outras peças como o enfraquecimento do estado, a promoção da sociedade civil e, evidentemente, a força dos media". E registra que a ascensão dos juízes talvez se

CAPÍTULO 2
RESPONSABILIDADE POLÍTICA E RESPONSABILIDADE JURÍDICA: *DISTINÇÕES E TENSÕES* | 59

referido, ou seja, o intuito de delimitar juridicamente a atividade política. Na verdade, parece haver no mundo ocidental –[140] e certamente há no Brasil – um enorme mal-estar com a atividade política.[141] Este mal-estar, ao menos no Brasil, por vezes se transforma num mal disfarçado desprezo, por parte dos operadores do direito, em relação à atividade política, em especial por seus aspectos por vezes teatrais.[142] Este desprezo, em geral,

---

explique pelo "desmoronamento do homem democrático" (GARAPON, Antoine. *Le gardien des promesses* – Justice et démocratie. Paris: Editions Odile Jacob, 1996. p. 22). Entre as causas não jurídicas podemos incluir o fim das metanarrativas, que também é identificado por Garapon (Introdução e Capítulo 1) e que é magistralmente descrito por Canotilho: "Todos sabem o que François Lyotard escreveu no célebre livro A Condição Pós-Moderna. Aqui [...] interessa, talvez, pôr em relevo a sua concepção de *metanarrativas*. Trata-se das grandes récitas omnicompreensivas e totalizantes que conferem à história um significado certo e unívoco. Elas transportam a emancipação da humanidade e dão sentido à vida dos homens. A grande récita judaico-cristã promete a *ressurreição* e a *salvação*. A metanarrativa iluminista e positivista acena com o *progresso*. A grande metanarração marxista vislumbra a *desalienação* do homem através da ditadura do proletariado. As filosofias historicistas, no seu conjunto, acreditam num *sentido* irreversível da história. Sujeitas a suspensões reflexivas cientificamente intersubjectivas, verifica-se que as grandes récitas explicam pouco e prometem muito. Mais grave do que isso é terem forjado *paradigmas de legitimação* rotundamente subvertidos. [...]. É neste contexto que as constituições – e sobretudo as constituições dirigentes – se arrogam à categoria de grande récita. No fundo, assumem-se como uma metanarratividade de convivência e transformação social. Perante a lógica da *sociedade técnica*, é forçoso verificar que pouco ou nada as constituições lhe podem opor. As alavancas de Arquimedes deslocam o centro de apoio para esta mesma técnica, relegando a Constituição, deslegitimada como metanarração, para um simples esquema protocolar de procedimentos e organizações. A *tecnopolítica* assume a fundamentalidade perdida pela Constituição. Temos afirmado que a Constituição Portuguesa, na versão originária de 1976, reivindicava textualmente a dimensão emancipatória das grandes récitas. Pretendia 'abrir caminho para uma sociedade socialista' (Preâmbulo); impunha à República o empenhamento na 'sua transformação numa sociedade sem classes' (art. 1.º); [...] No art. 10º (hoje suprimido) identificava os sujeitos encarregados de contar e realizar a grande récita: 'a aliança entre o Movimento das Forças Armadas e os partidos e organizações democráticos assegura o desenvolvimento pacífico do processo revolucionário'. [...]. Compreender-se-á, assim, a relativização do dirigismo, quando em certos escritos afirmámos que a 'constituição dirigente morreu'. Entenda-se: morreu a 'Constituição metanarrativa' da transição para o socialismo e para uma sociedade sem classes. O *sujeito* capaz de contar a récita e de nela se empenhar também não existe [...]. O sentido da 'morte' fica, pois, esclarecido. Só esta 'morte' estava no alvo da nossa pontaria" (CANOTILHO, J. J. Gomes. *"Brancosos" e interconstitucionalidade*. Itinerários dos discursos sobre a historicidade constitucional. Coimbra: Almedina, 2008. p. 154-156).

[140] Para um panorama do fenômeno na França, *vide* GARAPON, Antoine. *Le gardien des promesses* – Justice et démocratie. Paris: Editions Odile Jacob, 1996, inclusive o prefácio da obra, de autoria de Paul Ricœur, que adverte que o debate entre justiça e política cede lugar a uma "inquietante relação triangular" envolvendo "despolitização, juridicização e fragilidade" (p. 12). Tony Judt, em sua monumental obra sobre a Europa no Pós-Guerra, afirma, tratando dos anos 90, que "quase universalmente, os principais partidos políticos da Europa Ocidental" começaram a "buscar meios alternativos de captar fundos". [...]. Na França, ficou comprovado que gaullistas e socialistas – a exemplo dos Democratas Cristão, na Alemanha, e do Novo Trabalhismo, na Grã-Bretanha – haviam conseguido recursos ao longo das útimas duas décadas de várias maneiras escusas: vendendo favores, traficando influência ou, simplesmente, apoiando-se mais insistentemente do que nunca em doadores tradicionais. A situação foi um pouco mais longe na Bélgica". Judt cita ainda o caso da Itália, "onde, desde a guerra, os democratas cristãos gozavam de uma relação amigável e lucrativa com banqueiros, empresários, empreiteiros, chefões municipais, funcionários públicos e – segundo muitos boatos – com a Máfia", e da Espanha (JUDT, Tony. *Pós-Guerra* – Uma história da Europa desde 1945. Rio de Janeiro: Objetiva, 2007. p. 734-735).

[141] Causado provavelmente pelo acúmulo de casos de corrupção e pela frustração com várias promessas não realizadas e mesmo com o recuo nas prestações dadas pelo Estado, fenômeno especialmente acentuado na Europa desde a crise financeira de 2008/2009. Em relação ao Brasil vale citar o depoimento de um dos mais importantes jornalistas políticos: Carlos Chagas (colhido por PÉREZ-LIÑÁN, Aníbal. *Juicio político al presidente y nueva inestabilidad política en América Latina*. Buenos Aires: Fondo de Cultura Económica, 2009. p. 141) para quem "A imprensa brasileira de finais dos anos oitenta estava muito irritada. [Esse comportamento] era natural depois de vinte e um anos de governo militar. Recuperada a liberdade, a imprensa mostrou uma tendência à generalização: *todos* os políticos eram ladrões, *todos* os funcionários eram corruptos".

[142] Nesta época de aversão à política e adoração do tecnicismo asséptico, importante não esquecer que algum grau de espetáculo é inerente à política. Como adverte Pablo Lucas Verdú: "O antagonismo político *normal* se manifesta como espetáculo, quando a competição pela conquista do poder se produz à vista de quem a presencia de forma semelhante a um combate de gladiadores ou a um espetáculo teatral. Esta espetacularidade poderá ser, em certo modo, estética nas discussões dos congressos partidários, na dialética parlamentar, etc. Às vezes podem ser deploráveis [...]. Em todos os casos os *media* avaliarão tais eventos criticando-os ou valorizando-os.

tenta se disfarçar e procura se legitimar num mero cumprimento da Constituição (que, de resto – como se costuma dizer –, é violada pelos políticos).[143] A questão foi muito bem apresentada por Carlos Ari Sundfeld, que, ao tratar do fenômeno que denomina "os juristas se comportando como constituintes permanentes", afirma que, nos anos seguintes à aprovação da Constituição brasileira de 1988:

> foi impressionante, nas discussões em livros e processos, a *perda de prestígio das leis*, em favor de soluções concretas inventadas pelos interessados (professores, advogados, promotores, juízes), com a invocação convencional de *princípios* constitucionais - muitas vezes "implícitos", e de sentido e alcance totalmente indeterminados. É como se os juristas e Tribunais, sentindo-se legitimados pela sobrevivência *post mortem* do sentimento constituinte, assumissem a função de Assembleias Constituintes-fantasmas.
>
> O que se vem fazendo não é propriamente defender com ardor as normas editadas pelo constituinte extinto, pois, se assim fosse, também se deveria prestigiar as deliberações do Poder Legislativo [...]. Nesses anos, nossos Parlamentos [...] têm vivido em constante crise de credibilidade, e os professores, juízes, membros do Ministério Público e advogados os desprezam profundamente.
>
> E por que os juristas e magistrados se sentem legítimos como constituintes-fantasmas e negam aos parlamentares a proeminência nesse papel, a despeito da investidura popular?
>
> A resposta é o sentimento constituinte, que ficou como domínio exclusivo dos *homens do Direito*. Afinal, por eles inventado como alternativa para o impasse da redemocratização, na década de 1970, impôs-se como solução vencedora quando fracassou um movimento popular ("Diretas Já!") e morreu a solução político-parlamentar (Tancredo Neves). E esse sentimento persistiu até hoje porque o Poder Legislativo não conseguiu legitimar-se, desmoralizado constantemente pelos escândalos partidários e fragilizado pelo poder do Executivo.
>
> O sentimento constituinte é, em suma, uma atitude de soberba, construída na base do desprezo aos políticos ("impuros"), que autoriza os homens do Direito ("os puros") a elaborar, no interior de seu próprio mundo (as Academias e os Tribunais), soluções jurídicas para problemas administrativos, econômicos, sociais e de organização política, com relativa autonomia frente à ordem legal editada pelo Poder Legislativo. É uma força maior do fenômeno constitucional brasileiro, que levou nossa literatura e nossa jurisprudência a terem um caráter muito mais constitutivo, originário, criativo, do que seria de se esperar ante uma Carta tão analítica.
>
> A Constituição vale mais pela aura que por seus preceitos: os homens do Direito a sacralizaram e, como sacerdotes, assumiram sozinhos o poder de revelá-la.[144]

Nas democracias bem constituídas e com funcionamento regular, a espetacularidade engrandece as virtudes democráticas" (VERDÚ, Pablo Lucas. Reflexiones en torno y dentro del concepto de constitución: La constitución como norma y como integración política. *Revista de Estudios Politicos*, n. 83, ene./mar. 1994. p. 9-28).

[143] Canotilho, por exemplo, aponta a "desconfiança congênita" do "neoconstitucionalismo fundador" no Brasil "relativamente às insuficiências das concretizações político-legislativas do programa constitucional e aos 'silêncios eloquentes' do legislador na efectivação de normas consagradoras de direitos fundamentais" (CANOTILHO, J. J. Gomes; MENDES, Gilmar Ferreira; SARLET, Ingo Wolfgang; STRECK, Lenio Luiz (Coord.). *Comentários à Constituição do Brasil*. São Paulo: Saraiva/Almedina, 2013. p. 48).

[144] SUNDFELD, Carlos Ari. *Direito administrativo para céticos*. São Paulo: Malheiros, 2012. p. 54. Veja-se, como eloquente exemplo da questão apontada acima, trecho de decisão do Supremo Tribunal Federal (Ag. Reg. no Agravo de Instrumento nº 759.543 RJ. Disponível em: http://redir.stf.jus.br/paginadorpub/paginador. jsp?docTP=TP&docID=5264763. Acesso em: 19 ago. 2014), tendo como relator o Ministro Celso de Mello, um dos mais veementes críticos das omissões do Estado no Brasil. A ação, na origem, havia sido proposta pelo Ministério Público contra o Município do Rio de Janeiro, para obrigar a autarquia municipal a fazer novas contratações

para compor os quadros de determinado Hospital, assim como renovar os contratos com técnicos de manutenção dos equipamentos existentes e compra de novos. A longa decisão (*cujos destaques são originais*) é uma síntese da opinião que prevalece no Poder Judiciário brasileiro sobre temas como a ação e a omissão do Estado em matéria de direitos sociais, a atividade política e o papel do próprio Judiciário. Confira-se: "[...] *a essencialidade do direito à saúde* fez com que o legislador constituinte qualificasse, *como prestações de relevância pública*, as ações e serviços de saúde (*CF* , art. 197), *em ordem a legitimar* a atuação do Ministério Público *e* do Poder Judiciário *naquelas hipóteses* em que os órgãos estatais, *anomalamente, deixassem de respeitar* o mandamento constitucional, *frustrando-lhe, arbitrariamente, a eficácia jurídico-social, seja* por *intolerável* omissão, *seja* por qualquer outra *inaceitável* modalidade de comportamento governamental *desviante. Reconhecida, assim, a adequação* da via processual eleita [...], *impõe-se examinar a questão central da presente causa e verificar se se revela possível* ao Judiciário, *sem que incorra* em ofensa ao postulado da separação de poderes, *determinar a adoção, pelo Município,* quando *injustamente* omisso *no adimplemento* de políticas públicas *constitucionalmente* estabelecidas, de medidas *ou* providências *destinadas a assegurar, concretamente,* à coletividade em geral, *o acesso e o gozo* de direitos *afetados pela inexecução governamental* de deveres jurídico-constitucionais". Mais à frente a decisão procura afastar a alegação de violação da separação de poderes: "[...] o Supremo Tribunal Federal [...], *não pode demitir-se do gravíssimo encargo de tornar efetivos* direitos *de segunda* geração *(ou de segunda dimensão) – com* as liberdades positivas, reais *ou* concretas [...]. É que, *se assim não for, restarão comprometidas* a integridade *e* a eficácia da própria Constituição, *por efeito de violação negativa do estatuto* constitucional, *motivada por inaceitável inércia governamental no adimplemento* de prestações positivas *impostas* ao Poder Público [...]. É certo – [...] – *que não se inclui, ordinariamente, no âmbito das funções institucionais do Poder Judiciário – e* nas desta Suprema Corte, *em especial – a atribuição de formular e de implementar* políticas públicas (JOSÉ CARLOS VIEIRA DE ANDRADE, *"Os Direitos Fundamentais na Constituição Portuguesa de 1976",* p. 207, ...), *pois, nesse domínio,* o encargo reside, *primariamente,* nos Poderes Legislativo *e* Executivo. Impende assinalar, *contudo, que a incumbência de fazer implementar* políticas públicas *fundadas* na Constituição *poderá* atribuir-se, *ainda que excepcionalmente ,ao Judiciário, se e quando* os órgãos estatais competentes, *por descumprirem* os encargos político-jurídicos que sobre eles incidem em caráter vinculante, *vierem a comprometer, com tal comportamento, a eficácia e a integridade* de direitos individuais *e/ou* coletivos *impregnados* de estatura constitucional, *como sucede na espécie ora em exame.* [...] o dever estatal *de atribuir efetividade* aos direitos fundamentais, *de índole social, qualifica-se* como expressiva *limitação à discricionariedade administrativa. Isso significa que a intervenção jurisdicional, justificada* pela ocorrência *de arbitrária* recusa governamental em conferir significação real ao direito à saúde, *tornar-se-á plenamente legítima (sem* qualquer ofensa, *portanto, ao postulado* da separação de poderes), *sempre que se impuser,* nesse processo de ponderação de interesses *e* de valores em conflito, *a necessidade* de fazer prevalecer a *decisão política fundamental* que o legislador constituinte *adotou* em tema de respeito *e* de proteção ao direito à saúde". Até este ponto do acórdão passa-se a impressão de que houve – e há sistematicamente – uma decisão deliberada, "arbitrária" e "anômala" do riquíssimo e mui eficiente Estado Brasileiro em não entregar todos os direitos sociais que a Constituição manda. Ou seja, o problema de saúde (e da habitação, educação, trabalho, lazer etc.) no Brasil é um mero problema de cumprimento da Constituição. O Estado Brasileiro não cumpre porque não quer: simples assim. O Judiciário, portanto, "limita-se" a dar uma simples ordem de cumprimento. Também é de se registrar que a homenagem à separação de poderes é meramente retórica e a nota de suposta excepcionalidade não condiz com a realidade. O Poder Judiciário Brasileiro diariamente decide desta forma e a profusão de outras decisões citadas nesta decisão é prova eloquente neste sentido. É claro que a Constituição não pode ser letra morta e a efetivação dos direitos sociais é tema dos mais complexos que não cabe aprofundar nesta tese. O que deve ser registrado é que, em geral, a solução do problema da efetivação de tais direitos teve uma solução absolutamente simplista: basta o Judiciário mandar cumpri-los, extinguindo, no caminho, qualquer espaço de direção política. Mas um último ponto de interesse do acórdão é a doutrina extrema que ele cita, com a qual o ministro relator expressamente concorda: *"Cabe referir* [...], *a advertência* de LUIZA CRISTINA FONSECA FRISCHEISEN, [...], *cujo magistério,* a propósito *da limitada* discricionariedade governamental *em tema de concretização* das políticas públicas constitucionais, *corretamente assinala: 'Nesse contexto constitucional,* que implica também na renovação das práticas políticas, o administrador *está vinculado* às políticas públicas *estabelecidas* na Constituição Federal; a sua omissão é passível de responsabilização *e a sua margem de discricionariedade é mínima, não contemplando o não fazer.* [...] *Conclui-se, portanto, que o administrador não tem discricionariedade* para deliberar sobre a oportunidade *e* conveniência *de implementação de* políticas públicas *discriminadas* na ordem social constitucional, *pois tal restou deliberado pelo Constituinte* e pelo legislador que elaborou as normas de integração'". Veja-se bem: "o administrador não tem discricionariedade para deliberar sobre a oportunidade e conveniência de implementação de políticas públicas discriminadas na ordem social constitucional". E quem tem esta legitimidade? Quem prioriza o Hospital X ou Y, o equipamento Z ou H, o enfrentamento das doenças M ou N? O Judiciário, *bien sur!* Nada mais adequado para mostrar o (pouco) espaço e o não maior apreço que o Judiciário Brasileiro tem pela atividade diretiva dos agentes políticos. Vale lembrar a observação de Paulo Otero, para quem quando "a constituição estabelece um modelo de bem-estar e o impõe como programa de acção ao Estado na efectivação de direitos econômicos, sociais e culturais", ela simultaneamente confere à "administração pública um protagonismo político que ultrapassa tudo aquilo que os teóricos liberais do fenômeno constitucional podiam imaginar". Prossegue o autor afirmando que se "as Constituições programáticas 'expropriaram' o legislador ordinário de um conjunto de opções políticas que o legislador constituinte resolveu chamar a si, a centralidade da administração pública na implementação

Ora, se em qualquer sistema político democrático deve existir uma legítima preocupação com o controle do exercício do poder e com a necessidade de apurar a responsabilidade daqueles que violam o direito, é certo que, num ambiente no qual os que exercem o poder – a classe política – estão tão mal vistos, a construção e a implementação desses mecanismos de controle tendem a perder o equilíbrio e a buscar a punição a todo custo, mesmo que esta punição tenha como objeto decisões políticas.

Especificamente quanto à confusão entre responsabilidade política e jurídica, Maria Benedita Urbano faz a seguinte síntese:

> É hoje inegável que, na arena política, as sanções jurídicas tendem invariavelmente a tornar-se políticas. Assim sendo, muitas vezes um governante é perseguido judicialmente, acusado da prática de um ilícito penal, mas o verdadeiro móbil de uma tal acusação é o de afastá-lo do poder. Afastá-lo fisicamente, caso venha a ser privado da sua liberdade, ou tão só politicamente, por força do descrédito que foi lançado sobre a sua pessoa. Mesmo que o procedimento criminal envolvendo uma figura política não conduza à sua condenação judicial, quase sempre, se não sempre, ele tem consequências negativas para a respectiva carreira política.[145]

Com isto, a responsabilidade jurídica é cada vez mais politizada ou ao menos recebe o influxo de critérios quase que puramente políticos. Por outro lado, a responsabilidade política passa a ser não apenas juridicamente delimitada, mas também juridicamente avaliada ou implementada.

Isto gera tensões extremamente graves aos sistemas constitucionais. Tensões que, em épocas de bonança, podem não gerar maiores problemas, mas, em épocas de crise, podem levar a perigosos esgarçamentos da ordem constitucional.

Mas, antes de tratar da tensão entre responsabilidade política e responsabilidade jurídica, passemos a uma análise do conceito de responsabilidade política e sua eventual aplicação em sistemas presidencialistas.

2.2 O surgimento da responsabilidade política

Existe razoável consenso na afirmação de que a responsabilidade política surge com a evolução do parlamentarismo, em especial na Inglaterra, para *substituir* a responsabilidade jurídica (no caso criminal) num tempo em que o apelo a esta última

---

desse programa permitiu conferir ao decisor administrativo, além de um papel activo na implementação do bem-estar, um poder político de facto que, contribuindo ainda mais para uma desvalorização do poder legislativo, acabou por expressar um fenômeno de 'desenvolvimento constitucional' a favor do protagonismo da administração pública no moderno Estado de bem-estar" (OTERO, Paulo. A dimensão política da administração pública: a quebra do mito da separação de poderes entre política e administração. *In:* CORREIA, Fernando Alves; MACHADO, Jónatas M.; LOUREIRO, João Carlos (Coord.). *Estudos em homenagem ao Prof. Doutor José Joaquim Gomes Canotilho – Direito administrativo e justiça administrativa*. Coimbra: Coimbra Editora, 2012. v. IV. p. 727). Pois bem, parece que parte do Poder Judiciário, ao ver esta perda de poder do Legislativo a favor do Executivo, resolveu assumir para si a prerrogativa de indicar, desde já, o conteúdo daquilo que supostamente já estaria implícito no texto constitucional.

[145] URBANO, Maria Benedita Malaquias Pires. *Representação política e parlamento*. Contributo para uma teoria político-constitucional dos principais mecanismos de protecção do mandato parlamentar. Coimbra: Almedina, 2009. p. 184.

era a única forma de afastar "maus"[146] governantes, ou melhor, governantes que não contavam com o apoio político do parlamento que, na ocasião, não podia afastá-los por razões exclusivamente políticas (já que a escolha do governo ainda era atribuição exclusiva do monarca).

Com efeito, na progressiva transferência de poderes do monarca para o Parlamento, atingiu-se etapa na qual, embora dotado de poderes legislativos, o Parlamento (ainda) não tinha atribuição de escolher, nem de derrubar o Governo. No entanto, se o objetivo era afastar o Governo, ou um de seus ministros, o parlamento tinha dois mecanismos cuja utilização, por via oblíqua, poderia chegar ao mesmo resultado: o *impeachment* e o *bill of attainder*. O *impeachment* consistia na imputação a um ministro da prática de um crime, a ser julgado pelo próprio parlamento e que, sobrevindo a condenação, obviamente obrigava à sua demissão. O *bill of attainder* era uma "lei" adotada para *punir* alguém *sem julgamento*.[147] O *impeachment*, em tese, pressupunha a prática não de algo *politicamente indesejado* pela maioria do parlamento e sim de algo contrário ao direito (enquanto a natureza política do *bill of attainder* era indisfarçável), mas o fato é que, com a utilização destes mecanismos, um ministro não apoiado pela maioria do parlamento poderia ser afastado, mesmo que continuasse a gozar da confiança do monarca.

Na síntese de Maria Benedita Urbano:

> De um ponto de vista histórico, a afirmação da responsabilidade política (*mais especificamente, o trânsito ou metamorfose de uma responsabilidade jurídico-penal para uma responsabilidade política*) está intimamente relacionada com a "deslocação do centro do poder político do Monarca para o parlamento. Quando os Ministros eram livremente nomeados pelo Monarca, e portanto só perante eles eram responsáveis, ao Parlamento mais não cabia do

---

[146] Que, não necessariamente, eram "maus" por terem cometido ilícitos.

[147] Christian Bidégaray aponta que o *bill of attainder* surge no século XVI, tendo sido muito utilizado por Henrique VIII e Elisabete I (que dominavam o parlamento), para atingir seus adversários, sem qualquer possibilidade de defesa, já que estas "leis" podiam "retroagir e requalificar fatos para melhor lhes sancionar". Ainda segundo este autor, quando o parlamento se rebelou contra o monarca, abandonou o *bill of attainder* para fazer surgir o *impeachment*, qualificado como "procedimento judicial medieval", que passou a ser dirigido contra ministros do Rei até ser utilizado contra o próprio Rei (Carlos I, decapitado em 1649) (BIDÉGARAY, Christian. Le Principe de Responsabilité Fondement de La Democratie. *Pouvoirs*, n. 92, 2000. p. 6). Já para José de Matos Correia e Ricardo Leite Pinto, o *bill of attainder* teria sido utilizado pela primeira vez em 1321 e pela última vez em 1789, tendo sido formalmente abolido em 1870 (CORREIA, José de Matos; PINTO, Ricardo Leite. *A responsabilidade política*. Lisboa: Universidade Lusíada Editora, 2010. p. 17). A violência jurídica do *bill of attainder* era tão grande que foi objeto de expressa proibição pela Constituição dos EUA ("*No bill of attainder or ex post facto Law shall be passed*" – art. I, Seção 9), embora esta tenha importado o *impeachment*, dando-lhe no entanto nova configuração. Sobre o ponto, Correia e Pinto citam um interessante precedente no qual a Suprema Corte dos EUA (United States *versus* Brown 381 US 437) considerou que uma lei (adotada nos estertores do mccartismo) que criminalizava membros do partido comunista que assumiam postos de direção em sindicatos era inconstitucional por se constituir em verdadeiro *bill of attainder*. A decisão, relatada por Earl Warren, além de conter uma detalhada história do instituto, fixou premissas que fazem com que sua proibição tenha importância até hoje, destacando-se os seguintes trechos: "The Bill of Attainder Clause, Art. I, §9, cl. 3, was intended to implement the separation of powers among the three branches of the Government by guarding against the legislative exercise of judicial power. [...] The Bill of Attainder Clause is to be liberally construed in the light of its purpose to *prevent legislative punishment of designated persons or groups*. [...] The designation of Communist Party membership cannot be justified as an alternative, 'shorthand' expression for the characteristics which render men likely to incite political strikes. [...] A statute which inflicts its deprivation upon named or described persons or groups constitutes a bill of attainder whether its aim is retributive, punishing past acts, or preventive, discouraging future conduct" (Disponível em: https://supreme. justia.com/cases/federal/us/381/437/case.html#F6. Acesso em: 28 ago. 2014). *Vide* também VAN CAENEGEM, R. C. *An historical introduction to western constitutional law*. Cambridge: Cambridge University Press, 1995. p. 105-106, e *O federalista*, n. 44 (HAMILTON, Alexander; MADISON, James; JAY, John. *The federalist papers*. Nova York: Signet Classic, 2003. p. 279).

que acusar o Ministro pela prática de um ilícito penal (única forma de o responsabilizar)".
Nos finais do século XVIII, começa-se a assistir a um fenômeno que consistia no facto
de o parlamento fazer um aproveitamento político desse seu poder com o intuito de se
desembaraçar de certos ministros, os quais "convidava" a apresentar a demissão sob
a ameaça de perseguição penal. Com o que, como facilmente resulta do exposto, este
procedimento começou por ter um carácter meramente *individual*.[148]

Neste processo de surgimento da responsabilidade política o instituto-chave
é o *impeachment* (que seria depois incorporado e transfigurado pela Constituição dos
EUA e "re-exportado" para vários outros regimes presidencialistas). Nas palavras de
Díez-Picazo:

> En el proceso de formación del parlamentarismo, el Parlamento ingles fue progresivamente
> sustituyendo el *impeachment* por la nueva noción de responsabilidad política. A medida
> que el Parlamento fue afirmando su primacía, los ministros comenzaron a seguir la
> orientación de la mayoría parlamentaria o, alternativamente, a dimitir de su cargo; y
> dejaron de ser expresión de la voluntad política del monarca, para pasar a reflejar la del
> Parlamento. Así, nació la moderna idea de responsabilidad política, como algo diferente
> de la responsabilidad penal. [...]
> El propio concepto de responsabilidad política de los ministros parece haber surgido de
> una mutación del instituto del *impeachment*. La Cámara de los Comunes había mostrado

---

[148] URBANO, Maria Benedita Malaquias Pires. *Representação política e parlamento*. Contributo para uma teoria político-
constitucional dos principais mecanismos de protecção do mandato parlamentar. Coimbra: Almedina, 2009. p.
178. Na mesma linha temos Joaquín García Morillo, para quem a responsabilidade política: "nace, precisamente,
para evitar que la confrontación política tuviera que canalizarse, ante la inexistencia de otros cauces, por la vía
jurídico-penal. Lo que hoy conocemos como responsabilidad política es un producto de la civilización; para ser
más exactos, de la civilización de la política, plasmada en la sustitución de la responsabilidad jurídica, vale decir,
penal, por un espécimen de nueva generación, al que se denominó responsabilidad política. [...] Cuando los
ministros eran libremente nombrados por el Monarca y, por tanto, sólo ante él eran responsables, al Parlamento no
le cabía otra forma de exigencia de responsabilidad de un ministro que la acusación de un ilícito penal" (GARCÍA
MORILLO, Joaquín. Responsabilidad política y responsabilidad penal. *Revista Española de Derecho Constitucional*,
año 18, n. 52, jan./abr. 1998. p. 85-86). Em geral a origem da responsabilidade política é identificada com a lenta
evolução do parlamentarismo na Inglaterra. Mas na França, com história constitucional bem mais acidentada,
também é possível identificar um movimento semelhante de confusão entre responsabilidade penal e política
com a progressiva afirmação da segunda, que substitui a primeira. Robert Charvin, tratando do período das
Cartas Constitucionais de 1814 e 1830, afirma que "a Justiça Política contribui para o nascimento progressivo do
regime parlamentar" ("Ainsi la justice politique contribue à faire naître progressivement le régime parlementaire
em reforçant les prédispositions constitutionnelles") (CHARVIN, Robert. *Justice et politique (evolution de leurs
rapports)*. Paris: Librairie Générale de droit et de jurisprudence, 1968. p. 127). Mas a confusão foi persistente.
Assim é que Maurice Hauriou (escrevendo em 1929) tem uma forma peculiar de classificar a responsabilidade
dos órgãos executivos. Para ele existem duas espécies bem diferentes de responsabilidade destes órgãos: "1ª la
responsabilité politique pour faute politique, 2ª la responsabilité civile pour dommage causé dans la gestion des
affaires, soit à des particuliers, soit a l'Etat". Nessa linha, Hauriou afirmava a responsabilidade política, por
seu turno, se apresentava sob duas formas: "1º sous forme criminelle, lorsqu'une jurisdiction répressive est saisie
et qu'une peine criminelle peut intervenir comme sanction; 2º sous forme parlementaire, lorsque les Chambres
en sont saisies par la voie parlementaire et que la seule sanction est la perte de pouvoir" (HAURIOU, Maurice.
Précis de droit constitutionnel. 2. ed. reimpr. Paris: Centre National de La Recherche Scientifique, 1965. p. 414).
Para que não restem dúvidas de sua posição, em nota ao texto reproduzido acima, Hauriou afirma ser comum a
distinção entre três espécies de responsabilidade dos órgãos executivos, a criminal, a política e a civil, divisão que
seria "mais cômoda para a exposição do tema, mas que tem o grande defeito de esconder uma verdade essencial,
a saber, que a responsabilidade criminal é uma responsabilidade política". Para o histórico da distinção entre
responsabilidade política e jurídica na Espanha *vide* DÍEZ-PICAZO, Luis María. *La criminalidad de los gobernantes*.
Barcelona: Las Letras de Drakontos, 1996. p. 136-143. Díez-Picazo registra o interessante exemplo da Constituição
Republicana Espanhola de 1931 que, embora parlamentarista, previa, quanto ao PR, tanto um mecanismo de
apuração de responsabilidade jurídica quanto um mecanismo de destituição por razões políticas (p. 141-142).

CAPÍTULO 2
RESPONSABILIDADE POLÍTICA E RESPONSABILIDADE JURÍDICA: *DISTINÇÕES E TENSÕES* | 65

todo su poderío, hasta el punto de que ya no le resultaba preciso recurrir al *impeachment* para forzar a los ministros del rey a plegarse a sus directrices políticas; y ello porque bastaba la simple amenaza, expresa o tácita, de ejercer la acción penal contra ellos.[149]

Este processo de evolução culmina, em 1782, quando, segundo Maria Benedita Urbano:

> Lord North e o seu gabinete afastam-se na sequência de um voto de desconfiança parlamentar. Terá sido este momento que marcou o nascimento da responsabilidade política (tradicional) e, mais especificamente, daquele que é o elemento essencial da forma de governo parlamentar, também ela a tomar forma na Inglaterra de Setecentos: a obrigação de o gabinete (ou, mais genericamente, de o governo) se demitir, sempre que perde a confiança do parlamento. De assinalar que, desde esse momento, a responsabilidade política passou a ter um carácter *colectivo* (queda de todo o gabinete na sequência de um voto de desconfiança).[150]

Ou seja, a constatação, por um governo qualquer, de que ele não tinha mais o apoio da maioria do parlamento, que, se quisesse, poderia se utilizar do *impeachment* para derrubá-lo, passou a ser suficiente para que esse Governo se demitisse,[151] sem que houvesse sequer a necessidade de iniciar formalmente o respectivo processo (de *impeachment*) que, com o tempo, foi caindo em desuso.[152]

A importância deste processo é muito bem destacada por Díez-Picazo, que o coloca como um dos momentos mais importantes da história do constitucionalismo:

> Es extraordinariamente ilustrativo, pues, observar cómo la responsabilidad política surgió a través de un proceso de diferenciación de la responsabilidad penal. Dada la enorme complejidad intelectual que comporta esta diferenciación entre condena jurídica y condena política, cabe decir sin exageración que este fue uno de los momentos estelares de toda la historia del constitucionalismo. Quedó de manifiesto cómo el mal gobierno y el abuso de poder no dan lugar necesariamente a ilicitud penal. La experiencia inglesa mostró que pueden existir dos formas diferentes, si bien compatibles, de la responsabilidad de los gobernantes. Precisamente a causa de la consolidación de la responsabilidad política, el *impeachment* y, más en general, la justicia política perdieron su utilidad. Si se trata de hacer valer la responsabilidad política, hay canales parlamentarios específicos – en sustancia, el deber de dimisión que pesa sobre el Gobierno cuando no goza de la confianza de la Cámara de los Comunes – y, en cambio, si de verdad se trata de perseguir un delito, no hay ya motivo alguno, según la lógica inherente al principio del *rule of law*, para no acudir a la justicia ordinaria.[153]

---

[149] DÍEZ-PICAZO, Luis María. *La criminalidad de los gobernantes*. Barcelona: Las Letras de Drakontos, 1996. p. 60.

[150] URBANO, Maria Benedita Malaquias Pires. *Representação política e parlamento*. Contributo para uma teoria político-constitucional dos principais mecanismos de protecção do mandato parlamentar. Coimbra: Almedina, 2009. p. 178.

[151] "Melhor a demissão do que a degola", teriam pensado Walpole em 1742 e Lord North e seus ministros em 1782 (BIDÉGARAY, Christian. Le Principe de Responsabilité Fondement de La Democratie. *Pouvoirs*, n. 92, 2000. p. 6).

[152] Dicey, escrevendo no início do século XX, já considerava o *impeachment* obsoleto na Inglaterra, registrando que o último caso tinha sido em 1805 (DICEY, A. V. *Introduction to the study of The Law of the Constitution*. Indianapolis: Liberty Fund, 1982. p. 211).

[153] DÍEZ-PICAZO, Luis María. *La criminalidad de los gobernantes*. Barcelona: Las Letras de Drakontos, 1996. p. 61.

Neste ponto a responsabilidade política passa a se caracterizar como aquela que impõe ao Governo a obrigação: de atuar de forma que conte com a aprovação do parlamento, de prestar contas ao Parlamento sobre a condução do governo e, em especial, de demitir-se caso o Parlamento, após as explicações prestadas, considere que o Governo, por ter cometido um ou vários erros políticos, não merece mais o seu apoio.

Assim, na síntese de Correia e Pinto:

> a valoração dos actos políticos passou a comportar, em dado momento histórico, dois caminhos: – independentes – "o da legalidade e o da oportunidade". A responsabilidade política assenta, pois na ideia de que os governantes devem ser sancionados politicamente se governam mal. Mas será talvez o momento de aprofundar este raciocínio, já que no centro dele se encontra o próprio ideário democrático naquilo que tem de mais forte, ou seja, a possibilidade de os cidadãos escolherem quem os governa e de os julgarem depois pelo que fizeram, podendo inclusive afastá-los do poder.[154]

Ainda nesta parte histórica é importante notar que a distinção entre responsabilidade política e jurídica, ou ao menos a distinção entre governo que comete ilegalidades e governo ruim já era compreendida e foi considerada pelos redatores da Constituição dos EUA de 1787.[155]

2.3 Conceito e tipos de responsabilidade política

A tentativa de construção do conceito de responsabilidade política tem que enfrentar, inicialmente, a pergunta sobre se a responsabilidade política não seria mais um tipo de responsabilidade *jurídica*.[156] Não há dúvida de que a responsabilidade política é, no mínimo, juridicamente conformada, já que se encontra delimitada por

---

[154] CORREIA, José de Matos; PINTO, Ricardo Leite. *A responsabilidade política*. Lisboa: Universidade Lusíada Editora, 2010. p. 25. Vale, neste ponto, a seguinte síntese feita pelo Judiciário bretão: "It is not, in my view, a sufficient answer to say that judicial review of the actions of officers or departments of central government is unnecessary because they are accountable to Parliament for the way in which they carry out their functions. They are accountable to Parliament for what they do so far as regards efficiency and policy, and of that Parliament is the only judge; they are responsible to a court of justice for the lawfulness of what they do, and of that the court is the only judge" (R v Inland Revenue Comrs, Ex p National Federation of Self-Employed and Small Businesses Ltd [1982] AC 617, 644).

[155] Assim é que, durante os debates constituintes dos EUA, ao opor-se à ideia de um mandato de 7 anos para o Executivo, um dos representantes de Delaware, Gunning Bedford, afirma que, neste caso, não haveria remédio para um mau governo, considerando que o *impeachment* "would be no cure for this evil, as an impeachment would reach misfeasance only, not incapacity" (MADISON, James. *Notes of debates in the Federal Convention of 1787 reported by James Madison*. Nova York: W. W. Norton & Company, 1987. p. 49). De forma mais explícita, Hamilton afirma que a responsabilidade do executivo "é de dois tipos – de censura e de punição. A primeira é a mais importante das duas, especialmente em uma função eletiva. Homens em funções públicas agirão com muito mais frequência de forma a torná-los não confiáveis do que de forma a sujeitá-los a punições legais" (HAMILTON, Alexander; MADISON, James; JAY, John. *The federalist papers*. Nova York: Signet Classic, 2003. p. 426).

[156] Paulo Otero entende que a responsabilidade política traduz "uma forma de responsabilidade jurídica", embora ressalvando que ela "mostra-se independente" "de qualquer conceito de ilicitude ou de um apuramento da culpa do sujeito responsável: a responsabilidade política é totalmente alheia às ideias de dolo ou negligência do titular do órgão, assumindo-se sempre como uma forma de responsabilidade objectiva" (OTERO, Paulo. *Direito constitucional português* – Organização do poder político. Coimbra: Almedina, 2010. v. II. p. 34).

normas jurídicas em geral de estatura constitucional.[157] Mas esta conformação se limita, em linhas gerais, a fixar os sujeitos da responsabilidade, os instrumentos para a sua apuração, os processos ou o rito de funcionamento destes instrumentos e as sanções ou consequências da quebra da confiança. Embora isto não seja pouco, fica de fora o elemento essencial para que, a nosso ver, um esquema de responsabilidade, em especial punitivo, possa ser considerado uma responsabilidade jurídica (e não apenas juridicamente delimitada), que é o parâmetro em face do qual se apura se houve ou não quebra de responsabilidade.

Ora, a responsabilidade política repousa num juízo quase que integralmente subjetivo, irredutível a qualquer moldura jurídica predeterminada (mesmo a uma moldura que utilize tipos extremamente abertos, incompatíveis com o direito penal, por exemplo, mas *ainda compatíveis* com o direito administrativo sancionador). Na verdade, e isto já foi dito, a responsabilidade política surge – e se separa da responsabilidade penal – para *verificar* se um governo ou governante foi ou está sendo "bom" ou "mau" para a nação, e não para verificar se esse governo ou governante cometeu ou não um ilícito, assim definido por lei anterior. O parâmetro de avaliação, portanto, é insuscetível de captura pelo direito, mas o processo, este sim, é juridicamente conformado. Afinal, se não fosse, não haveria possibilidade de mudança de governo *sem ruptura* jurídico-constitucional.

Não é por outra razão que Olivier Beaud, após afirmar que a maioria dos constitucionalistas tem dúvidas sobre o caráter jurídico da obrigação contida na responsabilidade política, cita a definição de responsabilidade política de Philippe Ségur como "mecanismo jurídico de afetação de *valor* a uma conduta governamental", que "implica a obrigação dos governantes de responder perante o Parlamento pelos atos praticados no exercício das suas funções segundo procedimento determinado pela Constituição". Esta definição – afirma Beaud – destaca o "mecanismo de imputação mediante o qual nós atribuímos aos governantes uma boa ou má conduta (princípio da oportunidade)".[158]

Assim, acreditamos que a responsabilidade política pode ser definida como o conjunto de mecanismos constitucionais que permitem ao Parlamento (e excepcionalmente a outros órgãos) exigir dos governantes explicações e informações sobre a forma como conduzem os negócios públicos a fim de que, a partir das respostas dadas, possam avaliar do ponto de vista *político* esta condução, e extrair consequências que, nos sistemas parlamentaristas (e semipresidencialistas), incluem a derrubada do governo, embora a nosso ver, e como será detalhado mais à frente, a impossibilidade de aplicação da sanção de queda do governo não implique a inexistência de responsabilidade política.[159]

---

[157] Mas normas não formalmente constitucionais, como os regimentos internos das casas legislativas, também desempenham importante papel na conformação dos mecanismos de responsabilidade política.

[158] BEAUD, Olivier. La Responsabilité Politique Face à la Concurrence d'Autres Formes de Responsabilité dês Gouvernants. *Pouvoirs*, n. 92, 2000. p. 21-22.

[159] Nossa definição se inspira na de José de Matos Correia e Ricardo Leite Pinto, que definem responsabilidade política como "*a relação entre dois grupos de titulares de cargos políticos ou entre órgãos do Estado, na qual uns mantêm os outros informados das suas actuações – justificando os seus comportamentos, respondendo pelos seus actos, aceitando as consequências das suas acções ou omissões –, e se submetem à aplicação de sanções pré-determinadas. E, na complexidade desta relação, está também presente a idéia de que os governantes respondem perante os governados, seja de forma directa seja de modo indirecto*" (CORREIA, José de Matos; PINTO, Ricardo Leite. *A responsabilidade política*. Lisboa: Universidade Lusíada Editora, 2010. p. 26). Já Jorge Reis Novais faz a distinção entre responsabilidade política "em sentido lato", definida como "a obrigação de responder *ao que é* perguntado" e a responsabilidade

Para Karl Loewenstein, existe responsabilidade política "quando um determinado detentor do poder tem que prestar conta a outro detentor do poder acerca do cumprimento da função que lhe tenha sido assignada", dando como exemplos "o governo perante o parlamento, o parlamento perante o governo e, em último termo, ambos perante o eleitorado".[160] É Loewenstein que destaca a relação entre responsabilidade política e controle, uma vez que a exigência de responsabilidade política – a exigência de explicações, de prestações de contas – é, sem dúvida, o exercício de uma forma de controle.[161]

Jorge Miranda e Rui Medeiros seguem a mesma linha quando afirmam haver "dois tipos de responsabilidade política: a dos titulares de *certos* órgãos políticos perante outros e a dos titulares de *todos* os órgãos baseados no sufrágio universal e directo, bem como dos que perante eles respondem politicamente, perante o povo, sede da soberania".[162]

Mas há autores que, na definição de responsabilidade política, consideram essencial o papel da perda de *confiança anteriormente* dada. Esta é a linha de Joaquín García Morillo,[163] para quem a responsabilidade política nasce, em cada caso, "da confiança que se deposita em alguém para que desempenhe funções públicas, seja de representação, seja por designação". E prossegue afirmando que, em qualquer dos dois casos, "la relación de confianza está en la base misma de la responsabilidad política, que no puede explicarse sin esa relación". Conclui que, na realidade, a responsabilidade política (ou, melhor dizendo, a ativação dos mecanismos da responsabilidade política) não é nada mais que "a retirada dessa confiança que previamente havia sido depositada".[164]

A "confiança", ou, mais propriamente, sua manutenção ou perda, é sem dúvida um elemento da responsabilidade política, mas consideramos um excesso exigir que

---

política "num sentido mais preciso", no qual "não se trata apenas de responder ao que é perguntado, mas também de responder *pelo que é* perguntado, o que já significará, na relação entre o órgão que questiona e o que responde, um grau de exigência superior, de verdadeira responsabilidade" (NOVAIS, Jorge Reis. *Semipresidencialismo –* Teoria do sistema de governo semipresidencial. Coimbra: Almedina, 2007. v. I. p. 67).

[160] LOEWENSTEIN, Karl. *Teoría de la constitución*. 2. ed. 4. reimpr. Barcelona: Ariel Derecho, 1986. p. 70.

[161] Loewenstein afirma que a "importância da responsabilidade política para o controle constitucional do poder político dificilmente pode ser sobreestimada" (LOEWENSTEIN, Karl. *Teoría de la constitución*. 2. ed. 4. reimpr. Barcelona: Ariel Derecho, 1986. p. 71).

[162] Estes autores prosseguem, afirmando: "A representação política implica uma linha ascendente – a da eleição – e uma linha descendente – a da responsabilidade. Os eleitos em democracia, embora não recebam mandato imperativo, não são independentes frente aos eleitores. Estão adstritos aos juízos de mérito que estes emitam sobre o modo como desempenham os seus cargos, devem-lhes prestar contas e, em caso de juízo negativo, sujeitar-se às consequentes sanções (de natureza política)" (MIRANDA, Jorge; MEDEIROS, Rui. *Constituição portuguesa anotada*. Coimbra: Coimbra Editora, 2006. t. II. p. 320). De forma mais sucinta, Jorge Miranda define responsabilidade política como o "dever de prestar contas por parte dos governantes, a sujeição a um juízo de mérito sobre os seus atos e atividades por parte dos governados e a possibilidade da sua substituição por ato destes" (MIRANDA, Jorge. Constituição e democracia. *Apresentação perante o Conselho Federal da Ordem dos advogados do Brasil em 7 de março de 2017*. p. 20. Disponível em: http://www.oab.Org.br/noticia/54901/leia-a-palestra-constituicao-e-democracia-proferida-pelo-constitucionalista-jorge-miranda-na-oab?utm_source=3750&utm_medium=email&utm_campaign=OAB_Informa. Acesso em: 28 mar. 2017).

[163] E parece ser a de CORREIA, José de Matos; PINTO, Ricardo Leite. *A responsabilidade política*. Lisboa: Universidade Lusíada Editora, 2010. p. 28.

[164] GARCÍA MORILLO, Joaquín. Responsabilidad política y responsabilidad penal. *Revista Española de Derecho Constitucional*, año 18, n. 52, jan./abr. 1998. p. 87. O autor, coerentemente, afirma que não existiria, em princípio, responsabilidade diante de quem não depositou confiança alguma, embora admita exceção quanto à responsabilidade difusa (p. 88). O elemento "confiança", que, ao contrário do autor, consideramos em geral importante, mas não *determinante*, será de fato determinante apenas quando o sujeito passivo da responsabilidade política tiver sido diretamente designado pelo sujeito ativo.

o órgão ativo da responsabilidade política seja apenas aquele que *outorgou a confiança*, ou seja, aquele que viabilizou a nomeação de um governo (cujos integrantes seriam sujeitos passivos da responsabilidade em questão) ou a nomeação para determinado cargo. Esta exigência inviabilizaria qualquer aplicação da responsabilidade política aos sistemas presidencialistas e tornaria no mínimo problemática sua aplicação aos sistemas (parlamentaristas ou semipresidencialistas) nos quais a assunção de novo governo não depende de votação prévia pelo parlamento.[165]

Até o momento estamos tratando de uma responsabilidade política expressamente conformada pelas constituições – e pelos costumes e convenções constitucionais – e que é denominada responsabilidade política *institucional*.[166] Mas, para além deste tipo de responsabilidade política, a doutrina (em especial a italiana, seguida da portuguesa) tem reconhecido, com maior ou menor coesão (na doutrina francesa haveria maior resistência a esse reconhecimento), outros tipos de responsabilidade política, em especial a responsabilidade política *difusa*,[167] conceito especialmente importante para os sistemas presidencialistas.

Como notado de forma pioneira por Giuseppe Ugo Rescigno, nas sociedades modernas aqueles que estão investidos de poderes políticos temem a crítica não apenas das pessoas e instituições formalmente (constitucionalmente) investidas do poder-dever de controle e de crítica, mas, na verdade, temem a crítica de qualquer integrante da comunidade política, em especial dos mais influentes.[168]

Assim, a responsabilidade política difusa se caracteriza pela crítica realizada pelos mais diversos membros e entidades de uma sociedade política, em especial pelos meios de comunicação social (jornais impressos, televisão e, mais recentemente, pelas denominadas "redes sociais"), dirigida aos agentes políticos[169] e que, dependendo de seus autores, alcance, duração e intensidade, pode levar à demissão daquele agente objeto da crítica. Embora seja bastante questionado se isto que se denomina responsabilidade política difusa é um conceito jurídico-constitucional,[170] não há dúvida de que é uma realidade, já que são inúmeros os exemplos de ministros – em sistemas parlamentaristas e presidencialistas – que acabam se demitindo não por decisão do parlamento ou do presidente (responsabilidade institucional) mas por serem alvo de críticas generalizadas,

---

[165] Caso da França e de Portugal, onde é possível a subsistência de um governo "sem apoio parlamentar maioritário" (como reconhecido, por exemplo, em CANOTILHO, J. J. Gomes; MOREIRA, Vital. *Constituição da República Portuguesa*: anotada. 4. ed. Coimbra: Coimbra Editora, 2010. v. II. p. 452).

[166] Paulo Otero denomina a responsabilidade política *institucional* de responsabilidade política "concentrada" (possivelmente por oposição à responsabilidade política *difusa* (e, portanto, *desconcentrada*) (OTERO, Paulo. *Direito constitucional português* – Organização do poder político. Coimbra: Almedina, 2010. v. II. p. 35).

[167] URBANO, Maria Benedita Malaquias Pires. *Representação política e parlamento*. Contributo para uma teoria político-constitucional dos principais mecanismos de protecção do mandato parlamentar. Coimbra: Almedina, 2009. p. 193. A autora (p. 212) também se refere à recente identificação da denominada "responsabilidade política institucional livre", que estaria a meio caminho entre as responsabilidades política institucional e difusa, mas que não será abordada neste trabalho, já que não encontra qualquer eco fora da Itália.

[168] RESCIGNO, Giuseppe Ugo. *La responsabilità politica*. Milão: Dott. A. Giuffrè, 1967. p. 114.

[169] Na verdade, como apontado por Rescigno, o sujeito passivo da responsabilidade política difusa não é apenas aquele que *está* no poder, mas também aquele que *pretende* estar (RESCIGNO, Giuseppe Ugo. *La responsabilità politica*. Milão: Dott. A. Giuffrè, 1967. p. 121).

[170] *Vide* URBANO, Maria Benedita Malaquias Pires. *Representação política e parlamento*. Contributo para uma teoria político-constitucional dos principais mecanismos de protecção do mandato parlamentar. Coimbra: Almedina, 2009. p. 209-213.

que serão especialmente fortes se advindas daqueles que, lembrando Lassale, detêm os "fatores reais de poder".[171]

Para a individualização do fenômeno da responsabilidade política difusa concorrem, segundo Rescigno, três elementos: liberdade de crítica política; existência de mecanismos institucionais de remoção dos detentores do poder político e conhecimento deste fenômeno por parte dos sujeitos ativos e passivos da responsabilidade difusa.[172] Quanto ao segundo elemento, a nosso ver os mecanismos institucionais – cuja existência é pressuposto da responsabilidade difusa – não são apenas os mecanismos de responsabilidade política institucional. Isto porque o funcionamento da responsabilidade política difusa pode ser a causa (principal ou não) do início tanto de processos de responsabilidade *política* institucional como de responsabilidade jurídica (*impeachment*, por exemplo). Rescigno destaca ainda que o funcionamento da responsabilidade política difusa tem um impacto direto, constituído pela crítica dirigida ao agente, e um importantíssimo efeito indireto, constituído pela mudança no equilíbrio político que a crítica pode causar.[173]

Importante registrar, como fazem José de Matos Correia e Ricardo Leite Pinto, que os órgãos titulados a exigirem a responsabilidade política institucional também acabam por exercer uma responsabilidade política difusa. Assim:

> mesmo quando determinado órgão político assume uma função central no funcionamento dos mecanismos de responsabilidade política institucional – como é o caso paradigmático do Parlamento – não deve desvalorizar-se [...] o papel que pode desempenhar no âmbito da responsabilidade política difusa. Com efeito, muito daquilo que é o trabalho parlamentar – requerimentos, perguntas, interpelações, debates, moções, comissões de inquérito – contribui, em larga medida para a imagem que os cidadãos formatam dos executivos e para a apreciação que fazem de sua actuação.[174]

Na verdade, a relação entre responsabilidade política institucional e difusa é tão intensa que Rescigno chega a afirmar que a primeira não existe sem a segunda, ressalvando que o oposto não é necessariamente verdadeiro[175] e concluindo que ambas têm em comum "o fato de que cada concreta manifestação de uma ou de outra pode influir sobre a titularidade, a duração e a amplitude do poder político".[176]

Por fim, breve menção deve ser dada a dois conceitos que se aproximam ao de responsabilidade política. Em primeiro lugar temos o conceito de *accountability* (sem tradução para o português),[177] muito usado na ciência política no sentido da possibilidade

---

[171] Para o papel de agentes não institucionais (e, portanto, "difusos", embora o autor não use esta expressão) na derrubada de vários regimes presidencialistas na América Latina a partir dos anos 1990, *vide* PÉREZ-LIÑÁN, Aníbal. *Juicio político al presidente y nueva inestabilidad política en América Latina*. Buenos Aires: Fondo de Cultura Económica, 2009, em especial capítulos 4 e 5.

[172] RESCIGNO, Giuseppe Ugo. *La responsabilità politica*. Milão: Dott. A. Giuffrè, 1967. p. 116.

[173] RESCIGNO, Giuseppe Ugo. *La responsabilità politica*. Milão: Dott. A. Giuffrè, 1967. p. 117.

[174] CORREIA, José de Matos; PINTO, Ricardo Leite. *A responsabilidade política*. Lisboa: Universidade Lusíada Editora, 2010. p. 33.

[175] RESCIGNO, Giuseppe Ugo. *La responsabilità politica*. Milão: Dott. A. Giuffrè, 1967. p. 127.

[176] RESCIGNO, Giuseppe Ugo. *La responsabilità politica*. Milão: Dott. A. Giuffrè, 1967. p. 129.

[177] Ou para o francês. Sobre o ponto, Christian Bidégaray cita Jack Hayward, "fino conhecedor" dos costumes e das instituições francesas, que afirma, ironicamente, que a "inexistência de uma palavra em francês suscetível de traduzir a pluralidade de sentidos" do termo *accountability* é uma "prova da incapacidade dos franceses em

de se exigir a prestação de contas de alguém e da efetiva e devida prestação. Um sistema político em que existe *accountability* seria um sistema no qual os agentes públicos efetivamente prestam contas daquilo que fazem. A relação entre *accountability* – ou melhor, *public accountability* – e responsabilidade se encontra, segundo Michael Dowdle, no coração desta ideia, que expressaria o "entendimento de que pessoas com responsabilidades públicas devem responder ao 'povo' pelo exercício dos seus deveres".[178]

Com este sentido, *accountability* se aproxima tanto da responsabilidade política quanto da responsabilidade apurada perante o sistema de controle de contas (de que não trataremos nesse trabalho),[179] mas sua extrema fluidez é própria dos conceitos da ciência política,[180] o que leva Philippe Ségur a recomendar que o conceito não seja utilizado pelos constitucionalistas.[181]

Maria Benedita Urbano, sem aderir à sugestão de Ségur, concorda com seu diagnóstico de que a noção de *accountability* "é utilizada 'para descrever o domínio fluido dos processos de responsabilidade que dizem respeito, a títulos bastante diversos, a actores políticos e que incluem, por conseguinte, os procedimentos constitucionais'".[182] Neste sentido o conceito parece entrar no direito pela porta do direito financeiro.[183] Assim, a responsabilidade política constitucionalmente delimitada em qualquer ordenamento se insere no conceito de *accountability*, mas este conceito é bem mais amplo, podendo

---

compreender e aceitar a própria ideia de responsabilidade" (BIDÉGARAY, Christian. Le Principe de Responsabilité Fondement de La Democratie. *Pouvoirs*, n. 92, 2000. p. 10).

[178] DOWDLE, Michael W. (Ed.). *Public accountability* – Designs, dilemmas and experiences. Cambridge: Cambridge University Press, 2006.p. 3.

[179] Ao sustentar (no processo que fixou o rito processual do *impeachment*) que, com base no "princípio democrático", no "sistema representativo", no "regime republicano" e no "princípio da publicidade", extrai-se a regra geral "de que as votações no âmbito das Casas Legislativas devem se dar por meio de voto ostensivo", Luís Roberto Barroso complementa "de modo a permitir maior transparência e controle dos representantes eleitos pelos titulares da soberania (*accountability*)", (p. 27-28 das anotações para o voto oral do Ministro Luís Roberto Barroso, na ADPF nº 378, disponibilizadas pelo STF. Grifos no original).

[180] Ou dos textos sobre administração pública, em especial no âmbito do denominado *new public management*, como aponta EYMERI-DOUZANS, Jean-Michel. Logiques de l'action publique: Responsabilité impossible, Imputabilité improbable. *In*: BIOY, Xavier (Org.). *Constitution et Responsabilité* – Actes du Colloque de Toulouse. Paris: Montchrestien, 2009. p. 31.

[181] *Apud* URBANO, Maria Benedita Malaquias Pires. *Representação política e parlamento*. Contributo para uma teoria político-constitucional dos principais mecanismos de protecção do mandato parlamentar. Coimbra: Almedina, 2009. p. 172.

[182] URBANO, Maria Benedita Malaquias Pires. *Representação política e parlamento*. Contributo para uma teoria político-constitucional dos principais mecanismos de protecção do mandato parlamentar. Coimbra: Almedina, 2009. p. 171-172.

[183] Nesse sentido, Marianna Montebello Willeman, em trabalho sobre os tribunais de contas, define "*accountability* no setor público como a capacidade legal ou política de se assegurar que os agentes públicos, eleitos ou não, sejam responsáveis e responsivos em sua atuação, sujeitando-se a exigências de justificação e informação aos destinatários acerca de suas posturas e das decisões que adotam e, igualmente, submetendo-se a julgamentos em decorrência de sua boa performance ou em virtude de desvios ou más condutas, culminando com a aplicação de sanções (que podem ser resultados eleitorais adversos ou sanções legalmente previstas)" (WILLEMAN, Marianna Montebello. Desconfiança institucionalizada, democracia monitorada e instituições superiores de controle no Brasil. *Revista do Tribunal de Contas do Estado do Rio de Janeiro*, n. 6, p. 66-89, 2º semestre 2013. p. 73). Em trabalho posterior, a autora faz longa análise da produção da ciência política sobre o conceito de *accountability*, análise que, embora indispensável, parece sustentar uma possibilidade de equiparação dos conceitos de *accountability* e de responsabilidade política com a qual não estamos inteiramente de acordo. Olhando especificamente para a responsabilidade política difusa parece efetivamente haver grande aproximação com o conceito de *accountability social* tratado pela autora (WILLEMAN, Marianna Montebello. *Accountability democrática e o desenho institucional dos tribunais de contas no Brasil*. 2. ed. Belo Horizonte: Fórum, 2020. p. 43 e ss.).

inclusive atingir agentes (ou *stakeholders*, para usar um termo que costuma vir próximo de *accountability*) não estatais e que não são objeto do direito constitucional.

Outro conceito próximo ao de responsabilidade é aquele denominado pela ciência política norte-americana de *responsiveness*,[184] que se pode traduzir por "responsividade" ou capacidade de produzir respostas políticas de acordo com a vontade majoritária do povo.

A relação entre responsabilidade e *responsiveness* vem do surgimento do conceito em questão, pois o trabalho considerado o marco inicial sobre o assunto foi denominado *Responsiveness, responsabilidade e regra majoritária*.[185] Mas o conceito de *responsiveness*, quando comparado ao de responsabilidade ou ao de *accountability*, revela um caráter mais substancial, por oposição ao caráter mais procedimental dos dois primeiros. É que, enquanto estes se preocupam com a existência de uma resposta ou justificação dada em face de determinada ação (e com a consequência a ser dada após esta resposta), e, em especial, com o procedimento a ser seguido para obtenção dessa resposta, a *responsiveness* se preocupa em saber se as ações realizadas pelos governantes (a "resposta"), correspondem ou não aos anseios expressados pelo povo (seja por meio de eleições, pesquisas ou manifestações).

Importante destacar que o enfoque sobre a *responsiveness* enquanto resposta política inclui "ao menos dois planos: o da participação cidadã e o da política de governo e o pressuposto (e juízo de valor) de que a congruência entre uma e outra devem ser altos".[186]

A nosso ver, uma diferença importante entre responsabilidade e *responsiveness* se refere à distinta ênfase dada ao papel e ao conteúdo da "resposta" em cada um destes conceitos. Na responsabilidade, a "resposta", perante o povo (ou seus representantes), é a justificativa (porque fez, como fez, fez ou não de acordo com a lei), por ter feito ou não ter feito algo (determinada política pública ou ação específica), independentemente de este "algo" ser ou não requerido pelo povo. Na *responsiveness*, a resposta é exatamente a coisa feita, e o critério para sua aferição é saber se ela corresponde ou não (e em que medida), a uma demanda popular (independentemente das outras razões e justificativas que acompanham a ação em questão).

De todo modo, parece existir uma grande relação entre *responsiveness* e responsabilidade *política*, afinal, aquele agente altamente responsivo terá, ao menos em teoria, menor chance de vir a ser responsabilizado politicamente.

---

[184] Sobre o tema *vide* a longa análise feita em URBANO, Maria Benedita Malaquias Pires. *Representação política e parlamento*. Contributo para uma teoria político-constitucional dos principais mecanismos de protecção do mandato parlamentar. Coimbra: Almedina, 2009. p. 151-171.

[185] Pennock sustentava que estes três conceitos constituíam o trio de termos básicos para a ciência política e definiu a *responsiveness*, na ocasião, como a ação de refletir e dar lugar à expressão da vontade do povo (PENNOCK, J. Roland. Responsiveness, responsibility and majority rule. *American Political Science Review*, v. 46, 1952 *apud* AVARO, Dante, SÁNCHEZ Y SÁNCHEZ, Carlos Luis (Coord.). *Calidad de la democracia y respuesta política Responsiveness*. México D.F.: Granén Porrúa, Senado de La República, 2015. Introdução, p. 13). Na mesma obra coletiva, Dante Avaro ressalta a origem latina do conceito de *responsiveness*, que, tal como o de responsabilidade, vem do latim *responder* (p. 58).

[186] VIDAL DE LA ROSA, Godofredo. Political responsiveness en la ciencia política estadounidense. *In*: AVARO, Dante, SÁNCHEZ Y SÁNCHEZ, Carlos Luis (Coord.). *Calidad de la democracia y respuesta política Responsiveness*. México D.F.: Granén Porrúa, Senado de La República, 2015. p. 23.

2.4 Elementos da responsabilidade política

O primeiro elemento da responsabilidade política, como relação jurídica, é o sujeito ativo, ou seja, a quem são prestadas contas e quem pode aplicar a eventual sanção. Na responsabilidade institucional o sujeito ativo é "titular de um poder institucional de crítica qualificada"[187] (qualificada porque, a rigor, em democracia todos podem criticar). Assim, embora o sujeito ativo por excelência da responsabilidade política institucional seja o parlamento que (em regime parlamentarista) pode derrubar o governo,[188] consideramos possível falar-se de uma responsabilidade política interna ao Poder Executivo com seu chefe (o presidente da República, governadores e prefeitos, no Brasil) atuando como sujeito ativo de seus subordinados (ministros e secretários).[189]

Em sentido lato, em especial para os que aceitam o conceito de responsabilidade política difusa, o povo (coletivamente) e seus integrantes (individualmente) são os sujeitos ativos.

O sujeito passivo por excelência é o governo, no sentido parlamentarista do termo, mas também os ministros individualmente[190] e outros agentes políticos e, em relação à responsabilidade política difusa, todos aqueles que estão disputando o poder.

---

[187] URBANO, Maria Benedita Malaquias Pires. *Representação política e parlamento*. Contributo para uma teoria político-constitucional dos principais mecanismos de protecção do mandato parlamentar. Coimbra: Almedina, 2009. p. 196.

[188] No Brasil, os amplos poderes que têm sido reconhecidos aos Tribunais de Contas *poderiam* levar à sua inclusão como sujeito ativo da responsabilidade política. Isto, no entanto, nos pareceria um equívoco com grande impacto no equilíbrio constitucional. A fonte da dúvida vem dos arts. 70 e 71 da CRFB: "Art. 70. A fiscalização contábil, financeira, orçamentária, operacional e patrimonial da União e das entidades da administração direta e indireta, quanto à legalidade, *legitimidade, economicidade*, aplicação das subvenções e renúncia de receitas, *será exercida pelo Congresso Nacional, mediante controle externo*, e pelo sistema de controle interno de cada Poder. Parágrafo único. Prestará contas qualquer pessoa física ou jurídica, pública ou privada, que utilize, arrecade, guarde, gerencie ou administre dinheiros, bens e valores públicos ou pelos quais a União responda, ou que, em nome desta, assuma obrigações de natureza pecuniária. Art. 71. O controle externo, *a cargo do Congresso Nacional*, será exercido com o *auxílio* do Tribunal de Contas da União, ao qual compete [...]". Como se vê, o texto atribui a função fiscalizatória ao *Congresso Nacional*, que o exercerá *com o auxílio do Tribunal de Contas da União*. No entanto, a jurisprudência e a doutrina brasileiras têm, na verdade, "transferido" a titularidade da função para o órgão que deveria *auxiliá-la* e, com base na menção à fiscalização quanto à "legitimidade e economicidade", reconhecido poderes que se aproximam perigosamente de uma crítica puramente política. O STF, por exemplo, já decidiu, quanto à "posição constitucional dos tribunais de contas", que são "órgãos investidos de autonomia jurídica" inexistindo "qualquer vínculo de subordinação institucional ao Poder Legislativo", considerou que "os Tribunais de Contas ostentam posição eminente na estrutura constitucional brasileira, não se achando subordinados, por qualquer vínculo de ordem hierárquica, ao Poder Legislativo, de que não são órgãos delegatários nem organismos de mero assessoramento técnico" (Ementa da ADI nº 4.190, Rel. Min. Celso de Mello. *DJe*, 11 jun. 2010). Para uma visão crítica do papel que vem sendo desempenhado pelos tribunais de contas no Brasil *vide* SUNDFELD, Carlos Ari. Competências de controle dos tribunais de contas – Possibilidades e limites. *In*: SUNDFELD, Carlos Ari (Org.). *Contratações públicas e seu controle*. São Paulo: Malheiros, 2013. Para uma visão amplamente favorável dos tribunais de contas no Brasil (ainda que recomendando mudanças em seu desenho institucional) defendendo que não podem ser considerados meros auxiliares e que compõe importante instituição de *accountability* horizontal no âmbito de uma democracia monitória *vide* WILLEMAN, Marianna Montebello. *Accountability democrática e o desenho institucional dos tribunais de contas no Brasil*. 2. ed. Belo Horizonte: Fórum, 2020. p. 66-89. Note-se que a autora reconhece os tribunais de contas como "instrumentos de *accountability* horizontal constitutivos de um regime democrático que" – no entanto – "evolui cada vez mais em direção à *exacerbação* do controle e do monitoramento" (p. 75, grifos nossos).

[189] Importante salientar que a responsabilidade política entre governo é parlamento é heterônoma (ou interorgânica) e está diretamente ligada à forma com que cada país aplica o princípio da separação de poderes, questões que não se aplicam nos casos de responsabilidade política interna ao Poder Executivo.

[190] A responsabilidade individual de ministros tradicionalmente é uma exceção. É admitida, no entanto, pela Constituição italiana (art. 95) e mais recentemente pela Constituição da Tunísia (art. 97).

Mais difícil é delimitar os atos ou omissões sancionáveis em sede de responsabilidade política. Trata-se de ponto especialmente importante não só porque é aquele em que a responsabilidade política mais se distingue dos esquemas de responsabilização jurídica, mas porque é um dos pontos em torno do qual perigosas aproximações têm se dado com estes esquemas. Para Maria Benedita Urbano:

> Característico da responsabilidade política é a circunstância de que a sua efectivação não se baseia na "violação de obrigações a cuja observância o sujeito político esteja juridicamente obrigado; falta, a saber, a tipicização das obrigações que caracteriza as formas de responsabilidade jurídica". Ao contrário da responsabilidade jurídico-penal que funciona com base em critérios de estrita legalidade, a responsabilidade política opera com base em juízos de oportunidade. [...] a responsabilidade política (mais concretamente, a decisão de pôr em marcha este tipo de responsabilidade, os factos criticados e a intensidade da sanção) não depende – ou, pelo menos, não depende fundamentalmente – de factores jurídicos e mesmo éticos. Ela depende basicamente de factores políticos, o que explica que comportamentos similares (inclusivamente relacionados com um mesmo acontecimento) possam ser avaliados em termos de responsabilidade política de forma distinta (as reações são diferentes ou, inclusivamente, inversamente proporcionais à gravidade da imputação). É que esta última não depende apenas da natureza do acontecimento, mas também da sua repercussão, da oportunidade, dos interesses partidários e da correlação de forças existente num determinado momento.[191]

Na completa ausência de "tipos", a pretensão de responsabilizar politicamente se inicia com a imputação ao sujeito passivo de fatos *politicamente* relevantes.[192] Nas palavras de Joaquín Morillo: "Lo determinante, pues política es la responsabilidad, son los factores políticos".[193] Estes fatos podem eventualmente ser – também – *juridicamente* relevantes (uma acusação, ainda que genérica, de corrupção) ou irrelevantes (grande aumento na inflação). Podem ser relativos a grandes temas (o caso da inflação ou o aumento nos índices de desemprego) ou a questões ou fatos específicos (acidente de grandes proporções de alguma forma imputável ao Estado, aumento na incidência de determinada doença etc.).

Assim como já foi dito, o pressuposto de aplicação da sanção no âmbito da responsabilidade política não é um ilícito, questão amplamente aceita pela doutrina.[194]

---

[191] URBANO, Maria Benedita Malaquias Pires. *Representação política e parlamento*. Contributo para uma teoria político-constitucional dos principais mecanismos de protecção do mandato parlamentar. Coimbra: Almedina, 2009. p. 190-191.

[192] Ou "condutas políticas" (LOMBA, Pedro. *Teoria da responsabilidade política*. Coimbra: Coimbra Editora, 2008. p. 135).

[193] GARCÍA MORILLO, Joaquín. Responsabilidad política y responsabilidad penal. *Revista Española de Derecho Constitucional*, año 18, n. 52, jan./abr. 1998. p. 94.

[194] Veja-se Maria Benedita Urbano: "De salientar, outrossim, o facto de não serem comuns, no âmbito da responsabilidade política, esquemas sancionatórios muito precisos – ou seja, verifica-se em relação a eles a ausência de um nexo de sujeição a uma sanção (jurídica) pré-determinada, tal como sucede com as formas de responsabilidade jurídica. Isto poderá estar relacionado com a circunstância de que com a responsabilidade política não se pretende propriamente castigar um culpado e/ou assegurar a reparação de danos, antes sendo válida a ideia de que, com ela, se pretende ratificar a ideia de que os governantes estão ao serviço dos governados. Será porventura esta a razão pela qual um dos traços típicos da responsabilidade política é a ausência de uma sanção jurisdicional, o mesmo é dizer, a responsabilidade em apreço não necessita ser sancionada por um juiz" (URBANO, Maria Benedita Malaquias Pires. *Representação política e parlamento*. Contributo para uma teoria

Joaquín Morillo lembra que, com a perda do cargo "não se castiga uma conduta ilícita, mas sim lícita, embora errada ou, dito de forma mais simples e objetiva, fracassada".[195]

Importante registrar que, embora a avaliação quanto à existência de erro, falha ou desacerto seja essencialmente política, isto não significa que não tenha que ser justificada. Assim, José de Matos Correia e Ricardo Leite Pinto consideram que a "moção de censura tem sempre de se encontrar alicerçada num conjunto de motivos justificativos, que, do ponto de vista dos signatários, demonstre a falha do governo na realização do interesse público".[196]

Também importa registrar que a conveniência e a oportunidade de ativação da responsabilidade política (desde que por fato juridicamente irrelevante) é igualmente objeto de apreciação política, ou seja "os critérios de oportunidade política que guiam a intervenção do sujeito activo estão longe do princípio da obrigatoriedade da acção penal ou da legalidade".[197]

Além da ausência de tipicidade da responsabilidade política, saber que atos ou omissões podem desencadear envolve questões que podemos chamar de horizontais (ou temporais) e verticais. "Horizontalmente" podemos nos perguntar se todos os atos *do* agente, mesmo que anteriores ao cargo, são passíveis de sanção. A resposta tenderia a ser que o titular de um cargo só responde – politicamente – pelos atos praticados *nesse* cargo. Mas a cobrança de responsabilidade política também se efetiva pela descoberta de fatos anteriores ao cargo, mas com eles relacionados. Afinal, a descoberta[198] de que a gestão de determinado agente como secretário estadual de educação "levou"[199] seu estado a uma enorme queda da qualidade educacional, certamente, será relevante para apurar sua aptidão para conduzir o mesmo tema no Governo federal (como ministro da educação).

Indo mais além, podemos indagar se um agente pode ser politicamente responsável por atos relativos à sua vida particular, inclusive íntima. Para José de Matos Correia e Ricardo Leite Pinto:[200]

> Do ponto de vista material, o regime da responsabilidade está definido na Constituição. E tal regime é claro ao precisar que os comportamentos, os actos ou as declarações objecto da responsabilidade são apenas aqueles que são produzidos no exercício de funções políticas.

---

político-constitucional dos principais mecanismos de protecção do mandato parlamentar. Coimbra: Almedina, 2009. p. 191).

[195] E continua o autor: "de ahí que, como más adelante se verá, la aplicación de la responsabilidad politica se complique extraordinariamente cuando su activación obedece a una conducta ilícita, ya que lo que con la responsabilidad política se sanciona no es haber actuado ilícitamente, sino la falta de idoneidad para el ejercicio de una función" (GARCÍA MORILLO, Joaquín. Responsabilidad política y responsabilidad penal. *Revista Española de Derecho Constitucional*, año 18, n. 52, jan./abr. 1998. p. 94).

[196] CORREIA, José de Matos; PINTO, Ricardo Leite. *A responsabilidade política*. Lisboa: Universidade Lusíada Editora, 2010. p. 75. Embora tratem especificamente da moção de censura, parece-nos que a ressalva vale para a imputação de responsabilidade política em qualquer âmbito.

[197] URBANO, Maria Benedita Malaquias Pires. *Representação política e parlamento*. Contributo para uma teoria político-constitucional dos principais mecanismos de protecção do mandato parlamentar. Coimbra: Almedina, 2009. p. 196.

[198] Pela publicação de índices oficiais, ou mesmo por denúncia.

[199] O nexo de causalidade para apuração de responsabilidade política também é bastante alargado.

[200] CORREIA, José de Matos; PINTO, Ricardo Leite. *A responsabilidade política*. Lisboa: Universidade Lusíada Editora, 2010. p. 28.

A Constituição não se interessa pelos actos privados dos políticos, que estão submetidos ao direito comum. É evidentemente possível que um titular de um cargo político se afaste, ou seja afastado do mesmo, em virtude de um acto não político que praticou, ou de uma atitude irreflectida que tomou. Mas, ao menos no plano conceptual, não se estará aí perante o funcionamento de qualquer tipo de responsabilidade política, sendo certo que por vezes – dir-se-ia que até com uma frequência crescente – na prática política se invoca – e se efectiva mesmo – a responsabilidade política a propósito de comportamentos de titulares de cargos políticos que pouco ou nada têm que ver com o conteúdo funcional do estatuto de que gozam e dos poderes em que se encontram investidos.

A nosso ver, quanto à vida particular é sempre importante indagar se os atos têm ou não conexões com a administração pública e se são ou não aptos a abalar a confiança que se espera de um agente político. Assim, se uma única multa por estacionamento irregular não pareça revelar muito, isto não seria o caso de sonegação de impostos ou de procedimentos questionáveis, ainda que em um contrato entre particulares. O interesse pela vida íntima – em especial pelo tema da fidelidade conjugal – parece revelar muito sobre o perfil das sociedades, já que se trata de tema apto a destruir qualquer carreira política nos EUA, embora seja visto como algo menos importante na Europa e, de certo modo, no Brasil também.[201] De todo modo, embora a nosso ver os atos da vida íntima não devam ao menos *a priori* ser levados em conta, não há "regra" que proíba tal extensão.

---

[201] Em artigo sobre o distinto peso dos escândalos privados no Brasil e nos EUA, o jornalista Alejandro Chacoff cita o caso do senador americano Gary Hart, candidato democrata, que, em 1987, "nas pesquisas para a Presidência, superava com folga seu provável adversário republicano, George H. W. Bush. Com a fotogenia de John Kennedy e o apelo sóbrio de ex-procurador, Hart ainda tinha uma benesse mais incomum: ideias interessantes. Falava da importância de uma economia menos industrial quando o seu partido ainda sonhava em salvar Detroit. Alertava para os perigos do terrorismo na época em que Osama bin Laden lutava contra os soviéticos no Afeganistão. Os mais entusiasmados com sua candidatura previam uma lavada histórica contra os republicanos na eleição de 1988. Foi então que, na primavera de 1987, dois repórteres do *Miami Herald* revelaram que Hart, casado e orgulhoso pai de família, estava de namoro com Donna Rice, uma ex-miss e atriz bissesta que vivia na Flórida. A imprensa seguiu a pista e investigou com afinco. Hart jogou a toalha e precisou renunciar às primárias". No mesmo artigo, Chacoff cita estudo do americano Matt Bai, para quem "a queda de Richard Nixon no escândalo de Watergate teria precipitado um interesse maior pela vida pessoal dos políticos; o caso Hart teria levado essa obsessão a níveis doentios, até desembocar no *affair* mais famoso, o de Bill Clinton e a estagiária da Casa Branca Monica Lewinsky. O tom do livro é melancólico – jornalistas políticos teriam coisas mais importantes a fazer do que investigar a vida íntima de figurões". Já no Brasil "Escândalos de corrupção são comuns, mas desde a redemocratização nenhum político brasileiro se viu compelido a abandonar uma candidatura por pecadilhos da vida doméstica". Ainda assim, Chacoff cita alguns casos emblemáticos em que se usou aspectos da vida privada no combate político: "Na corrida para a Prefeitura de São Paulo em 2008, a equipe [da candidata] Marta Suplicy colocou no ar uma propaganda que aludia à intimidade de seu adversário Gilberto Kassab: 'Você sabe de onde ele veio? É casado? Tem filhos? Será que ele esconde mais coisas?' Não colou, e a candidata ainda teve de conciliar seu histórico feminista com uma insinuação que, se não explicitamente homofóbica, era preconceituosa e provinciana. Mas o ataque pessoal mais marcante ocorreu em 1989, na véspera da primeira eleição presidencial após o fim da ditadura. Na reta final do segundo turno, o então candidato Fernando Collor de Mello usou em sua propaganda na tevê um depoimento da enfermeira Miriam Cordeiro, com quem Lula tivera uma filha fora do casamento, Lurian. A enfermeira acusava Lula de tê-la pressionado a fazer um aborto. Talvez seja o único caso em que a exploração da esfera íntima tenha participado de forma decisiva do resultado de uma eleição" (Lula, naquela ocasião, perdeu a eleição por uma diferença pequena de votos). O estudo prossegue: "'Há um puritanismo expressivo na sociedade americana que se reflete na imprensa', diz Carlos Eduardo Lins da Silva, ex-diretor adjunto de Redação da *Folha de S. Paulo* e do *Valor Econômico*, outro jornalista com experiência das duas culturas. 'Mas até a década de 70 a cobertura nos dois países era mais ou menos parecida. Franklin Delano Roosevelt morreu na cama de uma amante, e sua esposa Eleanor supostamente teve relações amorosas com outras mulheres. A imprensa americana não foi invasiva com eles. É a partir de Watergate que se nota um ânimo maior em investigar a privacidade de políticos. Nosso marco aqui é o *impeachment* do Collor, mas embora o jornalismo tenha se tornado mais agressivo, não enveredamos pela vida particular. Quando se fala da intimidade de políticos, somos sempre elípticos'". Segue, por fim, a informação a nosso ver mais impressionante:

Ainda do ponto de vista horizontal/temporal, se é evidente que um agente responde pelos atos ocorridos *após* a sua assunção ao cargo, parece-nos importante salientar que, quanto aos atos *omissivos*, esta responsabilidade só começa a correr após o decurso do prazo minimamente necessário para ele tomar conhecimento dos problemas e poder agir. Afinal, seria absurdo pretender responsabilizar um ministro por não ter resolvido determinado problema ou evitado outro, 30 dias depois de sua posse.

Do ponto de vista "vertical", indaga-se se é possível responsabilizar o agente por atos praticados não por ele, mas sim por agentes ou órgãos a ele subordinados. Aqui há amplo consenso pela afirmativa e algum dissenso de quantos níveis ela pode descer numa cadeia de comando. Num extremo seriam sancionáveis apenas aqueles atos praticados por órgãos imediatamente submetidos à sua tutela. No outro, qualquer ato de qualquer funcionário integrante do órgão comandado pelo agente seria passível de punição, tese especialmente problemática num país continental.

A ampla admissão – pela responsabilidade política – de que alguém seja responsável pelo comportamento de outrem é uma das grandes distinções entre a responsabilidade política e a responsabilidade penal.[202] Para Joaquín Morillo, admite-se até a responsabilidade política do ministro por atos praticados por entidades independentes, embora deva ser excluída a responsabilidade por atos em relação aos quais fique claro que não foram feitos com sua autorização real ou tácita.[203] Quanto aos atos de que não tinha conhecimento, só não será responsável se não podia ter conhecimento, incluindo a situação em que não poderia "fisicamente" ter notícia do ato.[204] Morillo afirma ainda que a lógica por trás desta rigorosa exigência de conhecimento acerca do que se passa em cada ministério é "impecable: si el desconocimiento bastara para eximir de la responsabilidad política, un eventual ministro que de nada se enterase nunca sería responsable".[205] Morillo também faz uma importante distinção entre Estados nos quais mesmo altos escalões são preenchidos por funcionários de carreira, dando o exemplo da Inglaterra, e Estados onde em cada mudança de governo "centenas" de pessoas são nomeadas, dando o exemplo da Espanha (no Brasil são *milhares*). Isso porque nos primeiros não haveria a responsabilidade *in eligendo*, mas apenas *in vigilando*.[206]

"Nos Estados Unidos, os ataques pessoais a candidatos são tão aceitos que existe por lá uma pequena indústria do que é coloquialmente conhecido como *oppo* (*opposition research*): pesquisas sobre a vida privada que visam sujar a reputação de adversários. De acordo com um levantamento feito pela revista especializada *politico*, cerca de 17 milhões de dólares foram investidos em pesquisas desse teor só durante a primeira quinzena do mês de setembro, às vésperas das eleições legislativas de 4 de novembro. São 2,6 milhões a mais do que no último ciclo eleitoral em 2010. Um regime mais liberal de financiamento de campanhas permite que o que antes era levantado em surdina por jovens estagiários ambiciosos seja cada vez mais institucionalizado" (CHACOFF, Alejandro. A tragédia da vida privada. Imprensa, campanhas e caçadores de escândalos. *Revista Piauí*, n. 97, p. 8-9, out. 2014).

[202] GARCÍA MORILLO, Joaquín. Responsabilidad política y responsabilidad penal. *Revista Española de Derecho Constitucional*, año 18, n. 52, jan./abr. 1998. p. 88-89.

[203] GARCÍA MORILLO, Joaquín. Responsabilidad política y responsabilidad penal. *Revista Española de Derecho Constitucional*, año 18, n. 52, jan./abr. 1998. p. 91.

[204] GARCÍA MORILLO, Joaquín. Responsabilidad política y responsabilidad penal. *Revista Española de Derecho Constitucional*, año 18, n. 52, jan./abr. 1998.

[205] GARCÍA MORILLO, Joaquín. Responsabilidad política y responsabilidad penal. *Revista Española de Derecho Constitucional*, año 18, n. 52, jan./abr. 1998.

[206] GARCÍA MORILLO, Joaquín. Responsabilidad política y responsabilidad penal. *Revista Española de Derecho Constitucional*, año 18, n. 52, jan./abr. 1998. p. 92.

Para José de Matos Correia e Ricardo Leite Pinto, a responsabilização

pode pressupor um mínimo de "culpabilidade", pessoal, por exemplo, em situações em que a cadeia de comando se encontra rarefeita do ponto de vista administrativo, está geograficamente distante e o membro do Governo não teve qualquer contacto com o responsável administrativo directo, não sendo expectável que sobre ele exercesse controlo ou vigilância.[207]

Os mesmos autores noticiam a recente ênfase na "ideia de que não faz qualquer sentido, no direito constitucional britânico, uma espécie de responsabilidade vicária universal, que no limite levaria a diluir qualquer responsabilidade política".[208] Insistimos que a questão é especialmente sensível no Brasil, pela dimensão do país e de alguns de seus estados. Não obstante, é comum que os meios de comunicação social "responsabilizem" um ministro por algo ocorrido a milhares de quilômetros de distância de seu escritório.

Assim, prosseguem José de Matos Correia e Ricardo Leite Pinto:

se o acto politicamente lesivo foi praticado com o total desconhecimento do ministro (não devendo este ter a obrigação de o conhecer), ou se dele tendo tido prévio conhecimento a ele se opôs, não há nenhuma obrigação de apresentar a sua demissão. O mesmo se diga, igualmente, das situações que não podem considerar-se como decorrendo de uma decisão ou iniciativa política de um membro do Executivo.[209]

Resumindo seu entendimento sobre o tema, entendem os autores:

O ministro, ao assumir a pasta, assume também a responsabilidade política pela actuação dos serviços que ficam sob a sua tutela. É claro que ele não pode ser responsabilizado por todos e quaisquer actos, sob pena de o conceito de responsabilidade política não ter qualquer utilidade. Haverá, em princípio, que considerar o conhecimento e o consentimento presumido desses actos, sendo que é razoável admitir a existência de uma presunção política de que a generalidade das actuações de relevo de um departamento governamental são levadas a cabo com o conhecimento e consentimento (ainda que tácito) do ministro. Óbvio é, também, que as actuações que resultam de desobediência a ordem expressa do Ministro, ou que contrariem as orientações globais, escapam à ideia de responsabilização do titular do poder.[210]

Os autores registram que, mesmo na Inglaterra – onde os padrões de exigência da responsabilidade política sempre foram muito altos –, "se tem vindo a acentuar a tendência para fazer a distinção entre assuntos de 'alta política', face aos quais haveria

---

[207] CORREIA, José de Matos; PINTO, Ricardo Leite. *A responsabilidade política*. Lisboa: Universidade Lusíada Editora, 2010. p. 42.

[208] CORREIA, José de Matos; PINTO, Ricardo Leite. *A responsabilidade política*. Lisboa: Universidade Lusíada Editora, 2010.

[209] CORREIA, José de Matos; PINTO, Ricardo Leite. *A responsabilidade política*. Lisboa: Universidade Lusíada Editora, 2010.

[210] CORREIA, José de Matos; PINTO, Ricardo Leite. *A responsabilidade política*. Lisboa: Universidade Lusíada Editora, 2010. p. 43.

responsabilidade política ministerial, e as questões de administração em que ela poderia ser eludida".[211] Em seguida, citam observação do Ex-Presidente Mário Soares:

> para quem "o ministro não é um técnico nem um especialista que deve, em cada momento, tomar as decisões técnicas que se impõem. É um político a quem cabe orientar as grandes linhas das opções políticas do departamento que dirige. O que já é bastante, mas nada mais do que isso".[212]

Em suma, os fatos políticos que autorizam a operação dos mecanismos de responsabilidade política são extremamente amplos. Ainda assim há limites. O registro é importante pois – como veremos mais à frente neste trabalho – a aplicação de esquemas de responsabilização jurídica aos agentes políticos tem tido a pretensão, por vezes, de alcançar atos que nem mesmo a responsabilidade política mais ampla pretende poder alcançar.

Quanto à sanção, esclarece Pedro Lomba que "tanto nos deparamos com concepções da responsabilidade política que dispensam o conceito de sanção, como sabemos de outras posições para as quais a 'sanção revogatória, clara e heterónoma' constitui um dos necessários elementos da responsabilidade política".[213] Parece-nos ao menos haver uma tendência no sentido de reconhecer que a perda do cargo é a principal sanção da responsabilidade política. O que, no entanto, é crucial – para o caso dos sistemas presidencialistas como o Brasil – é saber se esta é a única sanção, já que, *a priori*, a perda do cargo não é pena que esteja disponível no Brasil no campo da responsabilidade política institucional (portanto para falhas meramente políticas).[214]

Na verdade, vincular a existência de responsabilidade política à existência de sanção institucional de perda do cargo equivale a restringir a responsabilidade política a sistemas parlamentaristas (ou semipresidencialistas) ou considerar que a perda do cargo por meio de *impeachment* obedece a critérios puramente políticos. Nenhuma destas alternativas nos parece correta, mas isto será tratado em parte no próximo tópico e, quanto ao *impeachment*, no Capítulo 4.

Importante salientar, com Maria Benedita Urbano, que "um mesmo acto – o abandono das funções políticas – consubstancia *simultaneamente* o reconhecimento da responsabilidade política, a sua *sanção* e a sua *extinção*".[215]

Embora seja tentador afirmar que a responsabilidade política seja objetiva, nos parece mais correto considerar que, a rigor, trata-se de responsabilidade subjetiva, mas com a culpa presumida de forma *quase* absoluta. José de Matos Correia e Ricardo Leite Pinto colocam a questão da seguinte forma:

---

[211] CORREIA, José de Matos; PINTO, Ricardo Leite. *A responsabilidade política*. Lisboa: Universidade Lusíada Editora, 2010. p. 45.

[212] CORREIA, José de Matos; PINTO, Ricardo Leite. *A responsabilidade política*. Lisboa: Universidade Lusíada Editora, 2010.

[213] LOMBA, Pedro. *Teoria da responsabilidade política*. Coimbra: Coimbra Editora, 2008. p. 129.

[214] Veremos isso em mais detalhes nos capítulos sobre *impeachment* e improbidade.

[215] URBANO, Maria Benedita Malaquias Pires. *Representação política e parlamento*. Contributo para uma teoria político-constitucional dos principais mecanismos de protecção do mandato parlamentar. Coimbra: Almedina, 2009. p. 191.

Quanto à presunção de inocência, ela é justamente contrária, em razão das funções que o titular do cargo político exerce e de acordo com o qual é responsável.

Por seu lado, o ónus da prova não é de quem acusa, mas sim do titular do cargo político, que terá que demonstrar que agiu de acordo com os deveres da sua função.

O mesmo se diga da certeza da culpabilidade. Sendo inquestionável que o exercício da responsabilidade exigirá um mínimo de nexo casual entre o comportamento do governante e os factos, não é necessário valorar os requisitos da capacidade e da causalidade com o mesmo rigor que na responsabilidade penal ou, até, na civil e administrativa. Pode perfeitamente admitir-se a sanção política sem a comprovação da culpabilidade, como é o caso paradigmático da responsabilidade por factos dos subordinados. Aqui, o que sobretudo releva é a prova da diligência ou da falta dela, empregue para cumprir os deveres inerentes à função. A questão é especialmente importante no âmbito da responsabilidade política difusa e tomou grande amplitude no contexto do direito constitucional inglês, onde parece ter-se desenvolvido uma teoria (e uma prática) mais exigente do que em outros países.[216]

Por fim, há que se registrar que a imputação de responsabilidade política costuma aceitar nexos de causalidade extremamente alargados. Para Pedro Lomba, a responsabilidade política "não pode" ser concebida como uma responsabilidade causal ou exclusivamente dependente do princípio da causalidade e isto não apenas pelos seus "inúmeros problemas teóricos", mas porque:

> uma tal concepção conduz a conclusões inteiramente contrárias ao que se deve esperar do princípio da responsabilidade política. Conforme Diana Woodhouse demonstrou a propósito da responsabilidade ministerial, uma noção de responsabilidade dos governantes centrada no conceito de "causa" tem dois resultados nocivos: conduz a uma significativa diminuição das situações de responsabilidade, visto que em muitos casos não é possível apurar o nexo causal entre uma acção ou omissão políticas e a consequência negativa que delas resulta; e leva também a transferência da responsabilidade dos governantes para os agentes político-administrativos que deles dependem.
>
> [...] uma concepção causal de responsabilidade política transforma a imputação da responsabilidade num processo demasiado inconstante e circunstancial. Os erros políticos ou as condutas políticas defeituosas, como Woodhouse acertadamente refere, resultam de causas muito variadas: falhas administrativas, falhas de sistema, falhas de previsão, falhas pessoais, ausência de recursos. Fazer depender a imputação da responsabilidade política de uma investigação causal é reduzir amplamente as suas hipóteses de efetivação.[217]

Dissociar um esquema de responsabilização da exigência de nexos de causalidade não é algo novo. Na verdade, na evolução dos esquemas de imputação de responsabilidade,[218] com o aparecimento da ideia de risco profissional (surgida durante o debate, no final do século XIX, sobre qual o sistema adequado para tratar o problema dos acidentes de trabalho, substituindo o esquema baseado na culpa do Código Civil francês de 1804 que se mostrava cada vez mais inadequado), ocorre uma cisão entre a *causalidade* e a imputação de responsabilidade, "com a indiferença da segunda em

---

[216] CORREIA, José de Matos; PINTO, Ricardo Leite. *A responsabilidade política*. Lisboa: Universidade Lusíada Editora, 2010. p. 30.

[217] LOMBA, Pedro. *Teoria da responsabilidade política*. Coimbra: Coimbra Editora, 2008. p. 139.

[218] Magistralmente relatadas por EWALD, François. *Histoire de l'Etat Providence*. 2. ed. Paris: Grasset, 1996.

relação à primeira" e a "*intuição* de um princípio de imputação que não se refere mais à causalidade objetiva dos danos".[219]

O problema é que as circunstâncias que dificultam a apuração do nexo causal na responsabilidade política (extensão da cadeia de comando, complexidade da legislação e do aparato estatal, por exemplo) também se colocam para a apuração da responsabilidade jurídica dos agentes políticos. Surge, então, a tentação de exportar esta flexibilização do nexo causal a qualquer processo contra agentes políticos. No entanto, as razões que justificam o afastamento ou atenuação do nexo causal em relação à responsabilidade política (a regra democrática, a natural abertura das falhas políticas e, em especial, a limitação da "sanção" à perda do cargo) não se aplicam à responsabilidade jurídica, sob pena de violação a princípios basilares do Estado de direito (legalidade, tipicidade, ampla defesa).

2.5 A responsabilidade política no presidencialismo

Como a responsabilidade política sempre esteve mais identificada com os sistemas parlamentaristas, é necessário indagar se é possível falar em responsabilidade política em sistemas presidencialistas. Manoel Gonçalves Ferreira Filho entende que, "no presidencialismo, o Presidente da República não é politicamente responsável perante o Congresso Nacional" e, portanto, não pode "ser afastado do cargo *por motivos e razões meramente políticas*, como as que decorrem da desaprovação de sua política de governo, da orientação geral que imprime à ação governamental".[220]

Para José de Matos Correia e Ricardo Leite Pinto, no sistema presidencial "só se poderia falar de responsabilidade política difusa".[221] Paulo Otero, depois de afirmar que a responsabilidade política é para os governos nacional, regional e autárquico, ressalva que a "verdade, porém, é que, num modelo de Estado de Direito democrático, alicerçado no valor do pluralismo e no princípio democrático, todas as estruturas decisórias políticas são responsáveis politicamente".[222]

---

[219] EWALD, François. *Histoire de l'Etat Providence*. 2. ed. Paris: Grasset, 1996. p. 250-251.

[220] FERREIRA FILHO, Manoel Gonçalves. *Comentários à Constituição brasileira de 1988*. 3. ed. São Paulo: Saraiva, 2000. v. 1. p. 451-452. Emerson Garcia também considera inexistente a responsabilidade política nos sistemas presidencialistas (GARCIA, Emerson; ALVES, Rogério Pacheco. *Improbidade administrativa*. 7. ed. 2. tir. São Paulo: Saraiva, 2014. p. 250).

[221] CORREIA, José de Matos; PINTO, Ricardo Leite. *A responsabilidade política*. Lisboa: Universidade Lusíada Editora, 2010. p. 32. Aliás, segundo os mesmos autores, "a responsabilidade política difusa existe em todas as democracias e [...] é inseparável delas, já que decorre do primado da liberdade de opinião, que permite um juízo negativo sobre quem exerce o poder. Nessa medida todos os titulares do poder político estão sujeitos a ver discutidas e criticadas na praça pública, ou no espaço público, as suas acções ou omissões. O alcance do princípio é tal que ele abrange, seguramente, os titulares dos poderes legislativo e executivo, mas também do poder judicial. Na verdade, quando se afirma a liberdade de crítica pública das decisões judiciais não se faz outra coisa que sustentar que qualquer acção de um tribunal não está isenta da valoração, positiva ou negativa, por parte da opinião pública" (p. 32-33). Podemos acrescentar que a responsabilidade política difusa – exatamente por prescindir de estruturas formais – se manifesta até mesmo antes da consolidação de regimes democráticos, quando, em períodos de transição de regimes autoritários, imediatamente após a instauração (ou reinstauração) da liberdade de manifestação, a população passa a poder criticar determinado regime.

[222] OTERO, Paulo. *Direito constitucional português* – Organização do poder político. Coimbra: Almedina, 2010. v. II. p. 35.

Na doutrina francesa, Olivier Beaud afirma expressamente a existência de responsabilidade política em regimes presidencialistas.[223] Na mesma linha segue Alain Laquièze, que lembra a necessidade de não confundir a responsabilidade política dos ministros (esta, sim, típica do parlamentarismo) com a responsabilidade política dos *governantes* em sentido amplo que seria típica de qualquer forma de democracia representativa, aí incluindo expressamente o regime presidencial americano e o regime diretorial suíço.[224]

Mas mesmo a responsabilidade política dos ministros *em sistemas parlamentares* está mudando muito, como mostra o próprio Laquièze,[225] e cada vez se caracteriza *menos* pelo uso dos instrumentos clássicos da moção de confiança ou censura e mais pelo fato de que os ministros continuam se demitindo por pressão popular, relacionada ou não às eleições, numa manifestação de responsabilidade política muito mais difusa do que propriamente institucional. Ora, com esta mutação na responsabilidade política dos ministros no parlamentarismo, há uma reaproximação com a possível responsabilidade política dos ministros no presidencialismo.

Quanto à responsabilidade política difusa parece evidente que ela se aplica a qualquer regime democrático, inclusive aos sistemas presidencialistas.

Mas a responsabilidade política institucional, a nosso ver, também se aplica aos sistemas presidencialistas. A fonte da dúvida parece ser o fato de que a ausência,[226] no presidencialismo, da principal *sanção* da responsabilidade política (a queda do Governo) é assumida como ausência de responsabilidade política *tout court*. Isto decorre da "tentação" – apontada por Canotilho e Vital Moreira – "de reconduzir" a responsabilidade política "aos parâmetros tradicionais da 'responsabilidade ministerial' perante o parlamento, sem se curar da construção de uma categoria publicística de responsabilidade extensiva a todos os titulares de cargos políticos ('responsabilidade constitucional')".[227] Esta observação se insere nos comentários ao art. 117, "1" da CRP[228] e, para os autores:

> Nesse sentido amplo e autônomo para que aponta este preceito da Constituição, a responsabilidade política significa o dever de 'prestar contas' pelos resultados das

---

[223] "La responsabilité politique existe également dans les régimes non parlementaires, tels le régime présidentiel ou le régime directorial à la suisse, mais selon d'autres modalités que strictement parlementaires" (BEAUD, Olivier. La Responsabilité Politique Face à la Concurrence d'Autres Formes de Responsabilité dês Gouvernants. *Pouvoirs*, n. 92, 2000. p. 22).

[224] LAQUIÈZE Alain. La responsabilité en régime parlementaire. *In*: BIOY, Xavier (Org.). *Constitution et Responsabilité –* Actes du Colloque de Toulouse. Paris: Montchrestien, 2009. p. 46.

[225] LAQUIÈZE Alain. La responsabilité en régime parlementaire. *In*: BIOY, Xavier (Org.). *Constitution et Responsabilité –* Actes du Colloque de Toulouse. Paris: Montchrestien, 2009. p. 50-54.

[226] "Ausência" para quem, como nós, considera que o *impeachment* pela prática de crime de responsabilidade é uma sanção que depende da apuração de pressupostos jurídicos e não meramente políticos, matéria que, no entanto, é bastante polêmica, como veremos no Capítulo 4.

[227] CANOTILHO, J. J. Gomes; MOREIRA, Vital. *Constituição da República Portuguesa*: anotada. 4. ed. Coimbra: Coimbra Editora, 2010. v. II. p. 118.

[228] "Os titulares de cargos políticos respondem política, civil e criminalmente pelas acções e omissões que pratiquem no exercício das suas funções".

decisões, actos ou omissões que os titulares de funções políticas praticaram no exercício dos respectivos cargos.[229]

Comentando o mesmo dispositivo da CRP, Jorge Miranda e Rui Medeiros admitem a existência[230] de uma responsabilidade política "de *todos* os órgãos baseados no sufrágio universal e directo, bem como dos que perante eles respondem politicamente, perante o povo, sede da soberania", o que, a nosso ver, significa indiretamente o reconhecimento de uma responsabilidade política no presidencialismo, tanto do PR perante o povo, como de agentes nomeados pelo PR perante este e perante o povo.

Assim, parece-nos clara a existência no presidencialismo de uma responsabilidade política interna ao Executivo, responsabilidade inerente à relação jurídico-constitucional que liga o chefe do Poder Executivo aos seus auxiliares imediatos. É verdade que, nesse caso, não existe a relação entre distintos órgãos (entre governo e parlamento) que caracteriza a responsabilidade política em seu modelo original.[231] Feita esta ressalva, o fato é que nos sistemas presidencialistas em geral o presidente da República nomeia os ministros de estado, fiscaliza, ou ao menos deveria fiscalizar[232] sua atuação e é livre para exonerá-los.[233] Trata-se a nosso ver de responsabilidade política[234] que, ainda que

---

[229] CANOTILHO, J. J. Gomes; MOREIRA, Vital. *Constituição da República Portuguesa*: anotada. 4. ed. Coimbra: Coimbra Editora, 2010. v. II. Os autores, no entanto, ressalvam que "a responsabilidade política pressupõe um poder de exame e de censura política sobre a conduta dos titulares de cargos políticos, efectivando-se, tipicamente, pela possibilidade de destituição, de exoneração, etc. Uma responsabilidade com este âmbito não existe, porém, no que respeita aos titulares dos cargos políticos diretamente eleitos [...] que [...] não podem ser destituídos nem o respectivo mandato pode ser revogado. Quanto a estes cargos a responsabilidade política é imperfeita, consistindo apenas na censura pública – *responsabilidade* difusa" (CANOTILHO, J. J. Gomes; MOREIRA, Vital. *Constituição da República Portuguesa*: anotada. 4. ed. Coimbra: Coimbra Editora, 2010. v. II. p. 119; 172).

[230] MIRANDA, Jorge; MEDEIROS, Rui. *Constituição portuguesa anotada*. Coimbra: Coimbra Editora, 2006. t. II. p. 320.

[231] E que submete a relação ao princípio da separação de poderes.

[232] Sobre este tipo de responsabilidade política veja-se a observação de Emerson Garcia, que, após criticar as falhas da "responsabilização política dos altos escalões do poder", registra que: "merece menção o total esvaziamento de outra forma de responsabilidade similar, de cunho igualmente político e que permanece à margem de uma tipificação formal ou de um processo regular. Trata-se da sustentabilidade política dos agentes acusados de corrupção e que ocupem cargos demissíveis *ad nutum* (v.g.: Ministros ou Secretários de Estado). A natureza das funções que exercem e a ascendência do cargo que ocupam perante o funcionalismo em geral são suficientes para demonstrar que devem ostentar reputação ilibada e conduta exemplar, referenciais de todo incompatíveis com o envolvimento em escândalos de corrupção. Não que sua permanência no cargo torne-se inviável com qualquer maledicência; o que se afirma, em verdade, é que fatos contundentes, normalmente apurados e comprovados pelo denominado jornalismo investigativo, devem ser objeto de aferição e de pronta resposta por parte do agente responsável pela nomeação (v.g.: Presidente da República ou Governador de Estado). O que se constata, no entanto, é uma lamentável abstenção valorativa sob o argumento de que o agente envolvido no escândalo ainda não foi definitivamente condenado perante os órgãos jurisdicionais. A presunção de inocência, como se sabe, é valor basilar de qualquer sociedade civilizada, mas não pode ser deturpada ao ponto de legitimar abstenções em valorações políticas a serem necessariamente realizadas pelos altos escalões do poder" (GARCIA, Emerson; ALVES, Rogério Pacheco. *Improbidade administrativa*. 7. ed. 2. tir. São Paulo: Saraiva, 2014. p. 65).

[233] Ademais, ao contrário de agentes políticos localizados em outros níveis hierárquicos, o ministro goza de significativa liberdade de atuação dentro de seu ministério. Confira-se o correspondente dispositivo da CRFB: "Art. 87. [...] Parágrafo único. Compete ao Ministro de Estado, além de outras atribuições estabelecidas nesta Constituição e na lei: I - *exercer a orientação, coordenação e supervisão dos órgãos e entidades da administração federal na área de sua competência* e referendar os atos e decretos assinados pelo Presidente da República; II - expedir instruções para a execução das leis, decretos e regulamentos; III - apresentar ao Presidente da República relatório anual de sua gestão no Ministério; IV - praticar os atos pertinentes às atribuições que lhe forem outorgadas ou delegadas pelo Presidente da República". Michel Temer, interpretando este dispositivo, salienta que os ministros têm "funções delimitadas pelo Texto Constitucional", que não derivam da vontade do Presidente da República. "Por isso serão nulos atos e decretos assinados pelo Presidente da República, na área de competência de um Ministro, que não tenham sido por ele referendados" (TEMER, Michel. *Elementos de direito constitucional*. 24. ed. São Paulo: Malheiros, 2012. p. 167). Observamos que, no âmbito dos estados e municípios, são comuns a sanção de leis e a expedição de

seja interna a um mesmo poder, tem todos os elementos da responsabilidade política, incluindo o mecanismo da "sanção" da perda do cargo.[235]

Nesta linha, concordamos com Correia e Pinto ao afirmarem que a responsabilidade:

> também pode operar no seio do próprio Executivo e no quadro da Administração Pública. E daí que se possa entender que os funcionários nomeados com base na confiança política pelos membros do Governo só devem permanecer no cargo enquanto tal confiança se mantiver. Caso tal vínculo se perca, extingue-se também a razão de ser do exercício das suas funções.[236]

Mas acreditamos que no presidencialismo (além desta responsabilidade "interna" ao Poder Executivo) também subsiste uma forma de responsabilidade política institucional do presidente e de seu governo em face do Parlamento.

Sobre o tema, Rescigno inicialmente afirma que, quando o titular de um cargo político tem mandato vitalício ou tem mandato por prazo fixo, durante o qual não pode ser retirado por razões *políticas*, por meio de procedimentos institucionais, existe responsabilidade política difusa mas não institucional.[237] No entanto, quando examina especificamente o caso dos Estados Unidos, reconhece a existência de mecanismos que se enquadrariam a meio caminho entre a responsabilidade política difusa e a institucional, incluindo o hábito de o presidente prestar contas por meio de entrevistas

---

decretos sem referendo dos secretários estaduais ou municipais (equivalentes, nos respectivos níveis aos ministros da esfera federal), sem que isso, com a devida vênia ao ilustre constitucionalista, signifique que tais atos são todos nulos. Por isso, sustentamos, ao menos em relação ao Estado do Rio de Janeiro, que "Quanto à competência de 'referendar os atos e decretos assinados pelo Governador' [...] um decreto não *precisa* da assinatura de qualquer secretário para ter validade jurídica e, de resto, no Estado raramente se vê a prática da assinatura conjunta de leis e decretos pelos secretários de estado" (SOUTO, Marcos Juruena Villela; MASCARENHAS, Rodrigo Tostes de Alencar (Coord.). *Direito público estadual*. Rio de Janeiro: Editora APERJ, 2015. p. 92).

[234] Sob o regime da 1ª Constituição Republicana (de 1891), que adotou um presidencialismo mais tradicional, Annibal Freire negava a existência de responsabilidade política dos ministros (embora seu foco fosse a relação desses com o parlamento e não com o presidente): "Tratando da responsabilidade dos ministros, a nossa constituição declara: 'Os ministros do Estado não são responsaveis perante o congresso ou perante os tribunaes pelos conselhos dados ao presidente da Republica. Respondem, porém, quanto aos seus actos pelos crimes qualificados em lei' (art. 52, §I). Como se vê, no nosso regimen os ministros não têm responsabilidade politica e isto constitue a differença fundamental entre os dois systemas. Têm, porém, a responsabilidade penal, pela pratica de crimes qualificados em lei, e a responsabilidade civil, obrigados a satisfazer a indemnização do damno causado pelos seus actos proprios" (FONSECA, Annibal Freire. *Do Poder Executivo na Republica Brazileira*. Rio de Janeiro: Imprensa Nacional, 1916. p. 116-117).

[235] Bernard Schwartz, em seus comentários à Constituição dos EUA, após afirmar que a doutrina da responsabilidade ministerial no sentido de uma *accountability* do executivo perante um Parlamento soberano não é parte do sistema de governo americano, ressalta: "On the other, the principal officers of our executive branch are responsible to the President, the administrative head of the government. [...] The basic principle of ordinary administration must be that of the executive hierarchy, with the president at its head. There is no room here for independence; the accountability within the executive must be absolute" (SCHWARTZ, Bernard. *A Commentary on The Constitution of the United States* – Part I. Nova York: Macmillan, 1963. v. II. p. 47).

[236] CORREIA, José de Matos; PINTO, Ricardo Leite. *A responsabilidade política*. Lisboa: Universidade Lusíada Editora, 2010. p. 29. Paulo Otero parece seguir a mesma linha, pois admite a existência de responsabilidade política dos ministros perante o primeiro-ministro (OTERO, Paulo. *Direito constitucional português* – Organização do poder político. Coimbra: Almedina, 2010. v. II. p. 35). Também Marcelo Caetano, escrevendo sobre a organização dos estados brasileiros, afirmou que as constituições estaduais criavam "um sistema presidencialista onde o Poder Executivo é exercido pelo Governador, auxiliado por Secretários de Estado da sua confiança, por ele nomeados e exonerados livremente e só perante ele responsáveis politicamente" (CAETANO, Marcelo. *Direito constitucional*: direito constitucional brasileiro. Rio de Janeiro: Forense, 1978. v. II. p. 550).

[237] RESCIGNO, Giuseppe Ugo. *La responsabilità politica*. Milão: Dott. A. Giuffrè, 1967. p. 127.

CAPÍTULO 2
RESPONSABILIDADE POLÍTICA E RESPONSABILIDADE JURÍDICA: *DISTINÇÕES E TENSÕES* | 85

coletivas (que obedeceriam a certo rito), registrando também a possibilidade da reeleição, embora ressalvando as críticas dirigidas à possibilidade de enquadrar a reeleição como mecanismo de apuração da responsabilidade política (sem evidentemente duvidar de sua institucionalidade).[238]

Mas o que realmente o impressiona é a relação entre o Executivo e o Congresso, com o crescente reconhecimento dos poderes do Congresso de convocar os secretários para que prestem explicações.[239] Rescigno considera que, neste caso: "um sujeito (o Congresso) pode, por meio de procedimentos institucionais, causar ao Presidente consequências politicamente negativas convocando os seus colaboradores com o objetivo de influenciar a eleição presidencial em sentido contrário ao do presidente"[240] e conclui que, neste caso, existiria uma "autêntica relação de responsabilidade política institucional" ("un vero e proprio rapporto di responsabilità politica istituzionale").[241]

---

[238] RESCIGNO, Giuseppe Ugo. *La responsabilità politica*. Milão: Dott. A. Giuffrè, 1967. p. 184-185. Rescigno considera que a reeleição não é exatamente um mecanismo de responsabilidade política em especial porque ninguém é obrigado a se apresentar à reeleição e porque, no caso dos EUA, como ela é limitada, durante o 2º mandato o mecanismo seria inócuo. Outra visão da responsabilidade política do presidente dos EUA pode ser vista em MASTOR, Wanda. De la fausse irresponsabilité politique en régime présidentiel: L'exemple des États-Unis. *In*: BIOY, Xavier (Org.). *Constitution et Responsabilité* – Actes du Colloque de Toulouse. Paris: Montchrestien, 2009. p. 55-64. A autora sustenta que, se no regime presidencial, o PR é considerado como politicamente irresponsável: "Em realité, la responsabilité pénale, palliatif à l'absence de responsabilité politique, concoure à le rendre responsable de ses actes sur le terrain politique" (p. 56). Ou seja, mais do que apontar a existência de mecanismos de apuração de responsabilidade política institucional nos EUA, a autora aponta o alto grau de politização dos processos de *impeachment* (denunciando em especial a alta politização da tentativa de *impeachment* enfrentada pelo Ex-Presidente Bill Clinton) o que nos conduz ao tema da confusão entre os sistemas de responsabilidade política e jurídica e do uso político da responsabilidade jurídica, que serão tratados ainda neste capítulo.

[239] A evolução dos poderes investigatórios do Congresso dos EUA é interessante. À partida, nega-se a noção inglesa segundo a qual o Parlamento seria o "inquisidor geral do Reino" (Lord Coke *apud* SCHWARTZ, Bernard. *A Commentary on The Constitution of the United States* – Part I. Nova York: Macmillan, 1963. v. I. p. 126). Assim, segundo Schwartz, nos Estados Unidos o princípio fundamental regulando a extensão dos poderes investigatórios do congresso, segundo decidido pela Suprema Corte, é o de que "investigatory authority could properly be employed only 'in aid of the legislative function'". Por isso, "The power of inquiry is an auxiliary power which may be utilized solely to aid the Congress in the exercise of the legislative powers delegated to it. Investigation may be availed of by the legislature, according to *McGrain v. Daugherty*, only to secure "testimony needed to enable it efficiently to exercise a legislative function belonging to it under the Constitution". Não há, portanto, como no Brasil e em outros países (veremos mais à frente), poderes de investigação completamente independentes do exercício do poder de legislar, numa clara evidência da "pureza" (afinal originária) do sistema presidencial dos EUA, onde não há qualquer texto explícito tratando de poderes investigatórios do congresso. Mas, como esclarece o próprio Schwartz, a partir desta vinculação entre investigar para legislar (ou para decidir não legislar) os poderes investigatórios foram sendo ampliados: "It is, on the other hand, important to bear in mind that a power as significant as that of inquiry is not one that is niggardly to be construed. Even with the limitation just referred to, Congressional investigatory authority is most broad. It may be employed over the whole range of the national interests concerning which the Congress may legislate or decide, upon due investigation, not to legislate; it may similarly be utilized in determining what to appropriate from the national purse, or whether to appropriate. As the high bench expressed it in 1959, 'The scope of the power of inquiry, in short, is as penetrating and far-reaching as the potential power to enact and appropriate under the Constitution.' Congressional investigatory authority is consequently as broad as the legislative power delegated by Article I. It encompasses both the sword and the purse and may be utilized in any area in which Congressional power it serif may be exerted. Nor, it should be noted, is it necessary for a particular inquiry to be valid to show that it will result in the enactment of specific laws. [...] A legitimate legislative purpose, in other words, had to be assumed whenever 'the subject was one on which legislation could be had and would be materially aided by the information which the investigation was calculated to elicit'" (p. 126). Ainda assim, embora a ligação entre investigação e matéria potencialmente sujeita a legislação federal possa ser ténue, ela tem que existir, em especial quando se trata de investigar entidades privadas (p. 130).

[240] RESCIGNO, Giuseppe Ugo. *La responsabilità politica*. Milão: Dott. A. Giuffrè, 1967. p. 188.

[241] A peculiaridade desta relação é que o sujeito ativo seria em parte o Congresso "na fase da crítica e da produção da consequência negativa imediata produzida por ela" e, em parte, o eleitorado, por ocasião das eleições (RESCIGNO, Giuseppe Ugo. *La responsabilità politica*. Milão: Dott. A. Giuffrè, 1967. p. 189). Bem mais recente

Os mesmos José de Matos Correia e Ricardo Leite Pinto (que, como mencionado mais acima, entendem que no sistema presidencial só se pode falar de responsabilidade política difusa) reconhecem que sistemas presidencialistas podem consagrar "mecanismos de controlo conceptualmente próximos dos da responsabilidade política", entre os quais citam a prerrogativa do Senado dos EUA de aprovar as indicações feitas pelo presidente para cargos executivos, que não deixa de ser um mecanismo preventivo de apuração de responsabilidade.[242] Ora, embora esta específica prerrogativa não exista na Constituição brasileira,[243] ao menos na extensão prevista na Constituição dos EUA,[244] no presidencialismo – e não apenas no Brasil – subsistem vários outros mecanismos de responsabilidade política, em especial aqueles relacionados à implementação do dever de "prestar contas".

O caso da Colômbia nos parece especialmente interessante, não só pela existência de um dispositivo constitucional intitulado "Estatuto da Oposição" (art. 112)[245] mas, sobretudo, pela consagração expressa de uma moção de censura,[246] que, por iniciativa

---

e no mesmo sentido é o entendimento de David O'Brien: "The President is politically accountable through the electoral process when running for reelection and in trying to win passage of his programs by Congress" (O'BRIEN, David M. *Constitutional law and politics*: struggles for power and governmental accountability. 9. ed. New York: Norton & Co., 2014. p. 475).

[242] CORREIA, José de Matos; PINTO, Ricardo Leite. *A responsabilidade política*. Lisboa: Universidade Lusíada Editora, 2010. p. 70. Os mesmos autores (p. 78) mencionam ainda a utilização de uma "moção de censura" pelas casas legislativas dos EUA dirigidas contra secretários de estado, embora reconhecendo que sua utilidade se limitava à pressão política.

[243] No Brasil, a nomeação dos ministros pelo Presidente da República e a nomeação, em geral, de qualquer cargo de confiança (e são milhares de cargos) não necessita de nenhuma aprovação. A aprovação, pelo Senado Federal, como condição de nomeação para cargos subordinados ao Presidente, só é exigida pela CRFB em relação à nomeação do Presidente e diretores do Banco Central e dos chefes de missão diplomática de caráter permanente (art. 52, III, "d" e IV). Além disso, a CRFB (art. 52, III "f") autoriza a "lei" a exigir tal aprovação para a nomeação de "outros cargos", o que tem sido utilizado basicamente para a nomeação de diretores das chamadas agências reguladoras. Finalmente, a CRFB exige a aprovação do Senado para a nomeação de cargos que não dependem diretamente do executivo, incluindo a nomeação de magistrados do STF, dos denominados tribunais superiores, dos ministros do Tribunal de Contas da União, indicados pelo Presidente da República (parte dos ministros é indicada pelo próprio Congresso) e do Procurador-Geral da República (art. 52, III, "a" a "c" e "e").

[244] Para a extensão e o uso, ao longo do tempo, desta prerrogativa do Senado dos EUA *vide* VÍRGALA FORURIA, Eduardo. La organización interna del Poder Ejecutivo en los Estados Unidos: El Presidente, el Gabinete y la Presidencia institucionalizada. *Revista de Estudios Políticos*, n. 83, p. 137-189, ene./mar. 1994.

[245] "Los partidos y movimientos políticos con personería jurídica que se declaren en oposición al Gobierno, podrán ejercer libremente la función crítica frente a este, y plantear y desarrollar alternativas políticas. Para estos efectos, se les garantizarán los siguientes derechos: el acceso a la información y a la documentación oficial, con las restricciones constitucionales y legales; el uso de los medios de comunicación social del Estado o en aquellos que hagan uso del espectro electromagnético de acuerdo con la representación obtenida en las elecciones para el Congreso inmediatamente anteriores; la réplica en los mismos medios de comunicación. Los partidos y movimientos minoritarios con personería jurídica tendrán derecho a participar en las mesas directivas de los cuerpos colegiados, según su representación en ellos. Una ley estatutaria reglamentará íntegramente la materia".

[246] "Art. 135 Son facultades de cada Cámara: [...] 9. Proponer moción de censura respecto de los ministros por asuntos relacionados con funciones propias del cargo. La moción de censura, si hubiere lugar a ella, deberá proponerla por lo menos la décima parte de los miembros que componen la respectiva cámara. La votación se hará entre el tercero y el décimo día siguientes a la terminación del debate, en Congreso pleno, con audiencia de los ministros respectivos. Su aprobación requerirá la mayoría absoluta de los integrantes de cada cámara. Una vez aprobada, el ministro quedará separado de su cargo. Si fuere rechazada, no podrá presentarse otra sobre la misma materia a menos que la motiven hechos nuevos". Vale registrar que, quando da aprovação das Constituições dos Estados que compõem a Federação Brasileira, alguns, como o Estado do Rio de Janeiro, estabeleceram mecanismos de intervenção direta do Poder Legislativo na escolha ou na manutenção dos auxiliares diretos do Governador. Assim, o art. 99, XXXI, da Constituição do Estado do Rio de Janeiro estabelecia como competência da Assembleia Legislativa "aprovar, por iniciativa de um terço e pelo voto favorável de três quintos de seus membros, moção de desaprovação a atos dos Secretários de Estado [...] assegurando-lhes o direito de defesa em Plenário". Tal

de um décimo dos membros de qualquer das duas casas que compõem o Congresso colombiano, e pelo voto da maioria absoluta de seus integrantes, pode derrubar qualquer ministro por assuntos relacionados às funções próprias de seu cargo.

Na doutrina colombiana, Juan Manuel Charry afirma que a introdução desta moção de censura "como una forma de ejercicio del control político por parte del Congreso sobre el Gobierno" foi "un primer paso hacia el sistema parlamentario y, como una forma de flexibilización de las relaciones políticas".[247] Manuel Ramírez entende que a moção "es uno de los mecanismos de control político construidos dentro del sistema parlamentario, que fue introducido en el sistema colombiano, a efectos de establecer un procedimento efectivo de responsabilidad política de los ministros",[248] embora entenda que o instituto seria ineficaz – já que nenhum ministro teria sido removido com base no dispositivo – e o sistema colombiano viveria, na verdade, uma acentuação do presidencialismo. Ainda assim, Ramírez informa que um dos ministros da Defesa do Ex-Presidente Uribe foi objeto de uma destas moções e só não foi derrubado por um voto.[249]

A responsabilidade política presidencial pode inclusive ser expressa, como é o caso da Argentina (outro país presidencialista), cuja Constituição (art. 99, "1") estabelece que o presidente é o "chefe supremo da nação, chefe de governo e *responsável político da administração geral do país*".

Mas o que é mais interessante na Constituição argentina é a figura do chefe de gabinete de ministros (introduzida com a reforma constitucional de 1994), que é um grande coordenador do governo a quem compete exercer a administração geral do país (art. 100). É nomeado e exonerado livremente pelo presidente (art. 99, "7"), sem qualquer necessidade de participação do congresso (o que faz com que sua estatura político-constitucional seja distinta de um primeiro-ministro, embora tenha atribuições governativas formalmente semelhantes). No entanto, o chefe de gabinete tem – por expressa determinação constitucional (art. 100) – "responsabilidade política perante o Congresso", onde deve comparecer pelo menos uma vez por mês para informar sobre o andamento do governo, podendo o congresso derrubá-lo por uma moção de censura que conte com o voto da maioria absoluta de seus membros.

Mas mesmo onde – como no Brasil – inexistam instrumentos como aqueles previstos na Constituição argentina ou colombiana, existem outros mecanismos suficientes para revelar a existência de uma responsabilidade política institucional. Em relação ao poder de pedir contas, *ou seja, fiscalizar, interpelar, pedir explicações, cobrar uma resposta*, o Congresso Nacional brasileiro (art. 49, X da CRFB) tem o poder de "fiscalizar e controlar, diretamente, ou por qualquer de suas Casas, os atos do Poder Executivo,

---

dispositivo foi declarado incompatível com a CFRB pelo STF (ADI nº 676-2/600. *DJ*, 29 nov. 1996) por violação da separação de poderes e por incompatibilidade com o sistema presidencialista.

[247] CHARRY, Juan Manuel *apud* QUINCHE RAMÍREZ, Manuel Fernando. *Derecho constitucional colombiano de la Carta de 1991 y sus Reformas*. 4. ed. Bogotá: Ediciones Doctrina y Ley, 2010. p. 574.

[248] QUINCHE RAMÍREZ, Manuel Fernando. *Derecho constitucional colombiano de la Carta de 1991 y sus Reformas*. 4. ed. Bogotá: Ediciones Doctrina y Ley, 2010. p. 574-575.

[249] QUINCHE RAMÍREZ, Manuel Fernando. *Derecho constitucional colombiano de la Carta de 1991 y sus Reformas*. 4. ed. Bogotá: Ediciones Doctrina y Ley, 2010. p. 575. Importante lembrar que o pouco uso *efetivo* de um instituto, em direito constitucional, não significa sua irrelevância já que, por vezes, a mera possibilidade de uso, ainda que dormente, gera efeitos importantes. Prova disso é o número extremamente reduzido de moções de censura vitoriosas em vários países parlamentaristas (como a Alemanha), sem que se sustente que o regime tenha mudado.

incluídos os da administração indireta". Para este fim, o Congresso conta com o forte auxílio do Tribunal de Contas da União, órgão dotado de boa estrutura, corpo técnico preparado e poderes constitucionais reforçados. O Congresso tem ainda o poder de "sustar os atos normativos do Poder Executivo que exorbitem do poder regulamentar ou dos limites de delegação legislativa" (art. 49, V da CRFB).

Além disso, qualquer das casas legislativas (Câmara dos Deputados e Senado Federal) isoladamente, ou, o que é mais importante, qualquer de suas comissões, podem convocar ministro de estado ou quaisquer titulares de órgãos diretamente subordinados à Presidência da República para prestar, pessoalmente, informações sobre assunto previamente determinado, importando crime de responsabilidade a ausência sem justificação adequada (art. 50, CRFB).[250] O mesmo dispositivo também prevê a possibilidade de as Mesas[251] da Câmara dos Deputados e do Senado Federal encaminharem pedidos escritos de informações a ministros de estado ou a quaisquer titulares de órgãos diretamente subordinados à Presidência, importando em crime de responsabilidade a recusa, ou o não atendimento, no prazo de trinta dias, bem como a prestação de informações falsas.[252] Veja-se que a CRFB consagrou estes dois instrumentos, reforçando-os com a severa qualificação de *crime de responsabilidade*,[253] o que, por exemplo, não é previsto na CRP.

É possível contra-argumentar que estes poderes pressupõem uma maioria parlamentar que, se estiver do lado do presidente, não teria incentivos para utilizá-los. Em tese isto é verdade, mas a pouca consistência ideológica e a baixa fidelidade da maioria absoluta dos partidos brasileiros fazem com que estes instrumentos sejam – de fato – utilizados com alguma frequência. De todo modo, a CRFB deu um tratamento especial às comissões parlamentares de inquérito como instrumento de fiscalização[254] à

---

[250] Compare-se com o disposto na primeira constituição republicana do Brasil (de 1891, art. 51): "Os Ministros de Estado *não poderão comparecer às sessões do Congresso*, e só comunicarão, com ele por escrito ou pessoalmente em conferência com as Comissões das Câmaras. Os relatórios anuais dos Ministros serão dirigidos ao Presidente da República e distribuídos por todos os membros do Congresso".

[251] As "mesas" são os colegiados que dirigem cada uma das casas do Congresso Nacional brasileiro.

[252] Comentando dispositivo da CRP (art. 156) que trata de poderes equivalentes, Correia e Pinto entendem que "as perguntas relevam do domínio do contraditório político" e "os requerimentos apresentam um cariz primordialmente informativo, visando permitir ao Deputado o acesso a dados e a elementos cuja posse constitui um pressuposto indispensável do exercício da actividade de controlo do Executivo e da Administração Pública que se encontra institucionalmente a cargo do Parlamento" (CORREIA, José de Matos; PINTO, Ricardo Leite. *A responsabilidade política*. Lisboa: Universidade Lusíada Editora, 2010. p. 52).

[253] Tratando do tema da relação entre os ministros e o Parlamento, Annibal Freire defendia posição que bem reflete uma concepção mais tradicional do presidencialismo e sua distância em relação à CRFB: "Emquanto se conservar o systema presidencial, estabelecido pela constituição, os ministros não devem ter dependencias nem contactos directos com o congresso. O seu comparecimento ás sessões e a faculdade de discussão reviversceriam de certo as praticas das interpellações, das moções de confiança, – que sem isso já têm sido levantadas e aceitas, – de todo o arsenal parlamentarista, que tanto seduz o publico impaciente e voraz. A constituição previu a hypothese de ser necessaria a elucidação de qualquer facto pelo poder executivo e permitiu que as commissões do congresso podessem conferenciar collectivamente com os ministros. [...]. As commissões ficam assim habilitadas a responder no plenário ás duvidas e reclamações e os ministros eximem-se de uma luta mais acirrada e em que a sua autoridade entraria desde logo diminuída, pelo facto de não serem membros do congresso" (FONSECA, Annibal Freire. *Do Poder Executivo na Republica Brazileira*. Rio de Janeiro: Imprensa Nacional, 1916. p. 114-115).

[254] Canotilho e Vital Moreira consideram que a "natureza jurídico-constitucional das comissões de inquérito" "não é clara", mas afirmam que "elas têm de se enquadrar na lógica material da forma de governo recortada na constituição: e esta aponta para a sua configuração como instrumento de controlo parlamentar. Esta dimensão política deste controlo justifica que as medidas a adoptar na sequência de um inquérito sejam de natureza política e não de natureza jurídica" (CANOTILHO, J. J. Gomes; MOREIRA, Vital. *Constituição da República Portuguesa*:

disposição das minorias, já que elas podem ser instauradas mediante requerimento de um terço dos membros da Câmara dos Deputados ou do Senado Federal e são dotadas de "poderes de investigação próprios das autoridades judiciais, além de outros previstos nos regimentos das respectivas Casas" (art. 58, §3º da CRFB).[255] As chamadas "CPIs" foram responsáveis por revelar grandes escândalos políticos no Brasil, incluindo o que levou ao *impeachment* de Fernando Collor em 1992 e aquele denominado "mensalão".

Importante registrar que os poderes de convocação, havendo ou não CPI, não incluem o presidente da República. Quanto ao pedido de informações "fora" de uma CPI, o próprio texto é suficientemente claro (ao se referir expressamente a "Ministro de Estado ou quaisquer titulares de órgãos diretamente subordinados à Presidência da República"), clareza inexistente no dispositivo que trata de CPI. De todo modo, a convocação do Presidente da República seria incompatível com o princípio da separação de poderes, o que já foi expressamente reconhecido pelo STF.[256]

Especificamente com relação ao presidente da República, há que se registrar sua obrigação constitucional (art. 84, XI e XXIV da CRFB) de "remeter mensagem e plano de governo ao Congresso Nacional por ocasião da abertura da sessão legislativa, *expondo a situação do País* e solicitando as providências que julgar necessárias"; e a de "prestar, anualmente, ao Congresso Nacional, dentro de sessenta dias após a abertura da sessão legislativa, as contas referentes ao exercício anterior".[257]

Em matéria de "sanção", se é verdade que o afastamento dos agentes políticos por razões políticas é vedado, o Congresso Nacional tem (art. 49, IX, da CRFB) o poder

---

anotada. 4. ed. Coimbra: Coimbra Editora, 2010. v. II. p. 394). Correia e Pinto consideram que tais comissões se incluem "entre os mecanismos de exercício da responsabilidade política" (CORREIA, José de Matos; PINTO, Ricardo Leite. *A responsabilidade política*. Lisboa: Universidade Lusíada Editora, 2010. p. 62). Jorge Miranda se refere às CPIs como "Expressão imediata de um pouvoir d'empêcher ou de um mecanismo de *checks and balances*, não põem em causa a regra da separação de poderes" (MIRANDA, Jorge. Sobre as comissões parlamentares de inquérito em Portugal. *Revista do Ministério Público do Rio de Janeiro*, n. 26, jul./dez. 2007. p. 165).

[255] É verdade que o percentual é superior àquele exigido pela CRP (um quinto dos deputados – art. 178, "4") e pela Lei Fundamental de Bonn (um quarto do *Bundestag* – art. 44) mas ao menos pode ser alcançado em qualquer das Casas Legislativas que compõem o Congresso Brasileiro. Ademais, na CFRB não existe a limitação ("até ao limite de uma por Deputado e por sessão legislativa") existente na CRP, nem existe qualquer restrição à instalação de CPIs quando o fato já for objeto de apuração de inquérito criminal. De todo modo, uma análise de outras constituições ocidentais revela que em várias não existe garantia constitucional de instauração de comissões de inquérito por minorias, como é o caso da Espanha (art. 76) ou sequer existe menção constitucional a tais comissões, como é o caso da França.

[256] Na ADI nº 687-8 (Rel. Min. Celso de Mello. *DJ*, 10 fev. 2006) em que se impugnava norma de Constituição Estadual que impunha dever de comparecimento de prefeito à convocação da Câmara de vereadores, o STF considerou que isto provocaria "estado de submissão institucional do chefe do Executivo ao Poder legislativo municipal (sem qualquer correspondência com o modelo positivado na Constituição da República), transgredindo, desse modo o postulado da separação de poderes".

[257] Também nos parece importante revelar a existência de mecanismos de responsabilidade política entre os Poderes Legislativo e Executivo no Brasil por meio da comparação com o Poder Judiciário que, a princípio, é politicamente irresponsável, sendo que até mesmo a responsabilidade política difusa é tímida já que, embora a crítica seja evidentemente possível (e exercida com cada vez mais interesse pelos meios de comunicação social), não existe possibilidade de retirada do cargo por meio de eleições. Ademais, até a criação do Conselho Nacional de Justiça pela Emenda Constitucional nº 45 de 2004, o Poder Judiciário não tinha qualquer obrigação de expor ao Congresso o desempenho de suas atividades. Com a criação do referido conselho, a Constituição estabeleceu como uma de suas competências (art. 103-B, §4º, VII) a elaboração de "relatório anual, propondo as providências que julgar necessárias, sobre a situação do Poder Judiciário no País e as atividades do Conselho, o qual deve integrar mensagem do Presidente do Supremo Tribunal Federal a ser remetida ao Congresso Nacional, por ocasião da abertura da sessão legislativa". Tal relatório é, a nosso ver, um tímido, mas louvável mecanismo inicial de responsabilidade política institucional do Poder Judiciário.

de "julgar anualmente as contas prestadas pelo Presidente da República e apreciar os relatórios sobre a execução dos planos de governo".[258] Se as contas forem rejeitadas e, dependendo das razões específicas para essa rejeição, dela podem decorrer, embora não automaticamente, a inelegibilidade do presidente e mesmo sua sujeição a processo de *impeachment*.[259]

---

[258] Esse *julgamento* é precedido de análise das referidas contas, mediante *parecer* prévio, do Tribunal de Contas da União (art. 71, I da CRFB). Quanto aos demais agentes políticos a competência do TCU (art. 71, II) é de "julgar as contas dos administradores e demais responsáveis por dinheiros, bens e valores públicos da administração direta e indireta, incluídas as fundações e sociedades instituídas e mantidas pelo Poder Público federal, e as contas daqueles que derem causa a perda, extravio ou outra irregularidade de que resulte prejuízo ao erário público". Ou seja, em relação aos agentes políticos em geral o TCU analisa e julga as contas. Em relação ao PR, o TCU analisa as contas e o resultado desta análise é um mero parecer que não vincula o órgão competente para o julgamento das contas, que é o Congresso Nacional.

[259] Não há, portanto, punição automática para o chefe do executivo que decorra da rejeição de suas contas pelo Poder Legislativo. Caso o fundamento da rejeição seja uma "irregularidade insanável que configure ato doloso de improbidade administrativa", o agente político que tiver suas contas rejeitadas ficará inelegível por 8 anos. Esta previsão está no art. 1º, I, "g", da Lei Complementar nº 64/90 ("Lei das Inelegibilidades") na redação dada pela Lei Complementar nº 135/10, conhecida como Lei da Ficha Limpa (*vide* Capítulo 7). Ou seja, não basta a rejeição das contas, nem mesmo que elas tenham sido rejeitadas por ilegalidades graves. Para que advenha a consequência da inelegibilidade é necessário que as contas tenham sido rejeitadas por uma irregularidade que seja ao mesmo tempo "insanável" e que configure "ato doloso de improbidade administrativa" (tema do Capítulo 5). Sobre estes aspectos veja-se a seguinte decisão do Tribunal Superior Eleitoral: "ELEIÇÕES 2014. CANDIDATO A DEPUTADO ESTADUAL. RECURSO ORDINÁRIO. REGISTRO DE CANDIDATURA INDEFERIDO. INCIDÊNCIA NAS INELEGIBILIDADES DO ART. 1º, INCISO I, ALÍNEAS g E l, DA LEI COMPLEMENTAR Nº 64/1990. AUSÊNCIA DE REQUISITOS. PROVIMENTO DO RECURSO. 1. A inelegibilidade referida no art. 1º, inciso I, alínea g, da LC nº 64/1990 não é imposta pela decisão que desaprova as contas do gestor de recursos públicos, *mas pode ser efeito secundário* desse ato administrativo, verificável no momento em que o cidadão apresentar-se candidato em determinada eleição. 2. Nem toda desaprovação de contas enseja a causa de inelegibilidade do art. 1º, inciso I, alínea g, da LC nº 64/1990, somente as que preenchem os requisitos cumulativos constantes dessa norma, assim enumerados: i) decisão do órgão competente; ii) decisão irrecorrível no âmbito administrativo; iii) desaprovação devido a irregularidade insanável; iv) irregularidade que configure ato doloso de improbidade administrativa; v) prazo de oito anos contados da decisão não exaurido; vi) decisão não suspensa ou anulada pelo Poder Judiciário. 3. Competência para julgar as contas de prefeito que atua como ordenador de despesas. A interpretação constitucional leva à conclusão de que a Câmara de Vereadores é o órgão competente para julgar as contas do chefe do Executivo municipal, atuando o TCE como órgão auxiliar, mediante emissão de parecer prévio. 4. A parte final da alínea g do inciso I do art. 1º da LC nº 64/1990, segundo a qual, "aplicando-se o disposto no inciso II do art. 71 da Constituição Federal, a todos os ordenadores de despesa, sem exclusão de mandatários que houverem agido nessa condição", não altera a competência da Câmara Municipal, pois a referida lei cria causas de inelegibilidade, não define regras de competência constitucional. Ressalva de entendimento. 5. *Vício insanável que configura ato doloso de improbidade administrativa. Ainda que a conduta do gestor enseje a desaprovação de contas, não se verificam elementos mínimos que revelem o ato de improbidade administrativa praticado na modalidade dolosa, pois não há na decisão de rejeição de contas má-fé, desvio de recursos públicos em benefício próprio ou de terceiros, dano ao erário, reconhecimento de nota de improbidade, entre outros, entendidos assim como condutas que* de fato lesem dolosamente o patrimônio público ou que prejudiquem a gestão municipal. Precedentes. 6. Nem toda desaprovação de contas por descumprimento da Lei de Licitações gera a automática conclusão sobre a configuração do ato doloso de improbidade administrativa, competindo à Justiça Eleitoral verificar a presença de elementos mínimos que revelem aquela conduta, conforme tem assentado a jurisprudência deste Tribunal, mormente com a nova redação do art. 1º, inciso I, alínea g, da LC nº 64/1990. Precedentes. [...] 8. Ausência de condenação por enriquecimento ilícito. Com base na compreensão da reserva legal proporcional, as causas de inelegibilidade devem ser interpretadas restritivamente, evitando-se a criação de restrição de direitos políticos sobre fundamentos frágeis e inseguros, como a possibilidade de dispensar determinado requisito da causa de inelegibilidade, ofensiva à dogmática de proteção dos direitos fundamentais. [...] 10. Recurso provido para deferir o registro de candidatura" (Recurso Ordinário nº 106.738, Acórdão de 16.9.2014. Rel. Min. Gilmar Mendes, publicado em sessão em 16.9.2014). Em suma, caberá à Justiça eleitoral, no procedimento de requerimento de registro de candidatura ou na ação de impugnação de requerimento de registro de candidatura, o reconhecimento da hipótese dolosa de improbidade administrativa. Em segundo lugar é possível também que o fundamento para rejeição de contas revele a prática de crime de responsabilidade sujeitando o PR a processo de *impeachment*. Esta possibilidade foi ampliada pela Lei nº 10.028/00 que alterou a Lei nº 1.079/50 (que trata dos crimes de responsabilidade do Presidente da República), nela acrescentando diversas hipóteses de crimes de responsabilidades relacionados à lei orçamentária (matéria que será vista no Capítulo 4). Por fim, se as contas forem rejeitadas por ato de improbidade é possível cogitar

CAPÍTULO 2
RESPONSABILIDADE POLÍTICA E RESPONSABILIDADE JURÍDICA: *DISTINÇÕES E TENSÕES* | 91

A estes mecanismos se soma aquele que, individualmente, parece ser o mais eficaz mecanismo de controle político de um parlamento perante o governo, mesmo presidencialista, um controle tão rotineiro que sua importância pode passar despercebida, que é o não acolhimento de uma proposta legislativa apresentada pelo governo, controle que, portanto, impede um governo de fazer aquilo que politicamente ele pretende fazer. Nas palavras de Loewenstein:

> O controle interórgãos mais importante de que o parlamento está dotado perante o governo e que existe em todas as formas de democracia constitucional é rechaçar uma proposta legislativa apoiada direta ou indiretamente por um governo, e sua ação equivalente, isso é, negar uma autorização financeira pedida pelo governo. [...]
>
> Também no presidencialismo, o rechaço de uma proposta legislativa funciona como o controle interórgão mais eficaz perante o presidente, mesmo que este seja inamovível durante a duração de seu mandato: o presidente terá que abandonar tal medida ou alterá-la segundo o desejo do Congresso.[260]

Pois bem, este conjunto de mecanismos[261] nos parece suficiente para reconhecer a existência de uma responsabilidade política institucional, ainda que imperfeita, também nos regimes presidencialistas, mesmo que estes regimes não contemplem o principal mecanismo de *sanção* da responsabilidade política que é a possibilidade de derrubada do gabinete (ou de ministros isolados nos países onde isto é possível) pelo parlamento, desde que tais regimes outorguem aos parlamentos poderes institucionais reforçados de fiscalização do governo, como é o caso do Brasil. Aliás, mesmo sem esta sanção, é comum em regimes presidencialistas (em especial na América Latina) a ocorrência de substituição da maioria absoluta de integrantes de um governo em decorrência direta do funcionamento de mecanismos de responsabilidade política (institucional e difusa).[262] Claro que o conteúdo do conceito de "governo" no Brasil (composto pelo chefe do Executivo e seus auxiliares diretos)[263] é muito distinto daquele aplicável a regimes

---

na sujeição do agente à ação de improbidade administrativa. Esta hipótese, a nosso ver, não se aplica aos chefes de poder, mas trata-se de matéria ainda sujeita a controvérsia, como veremos no Capítulo 5.

[260] LOEWENSTEIN, Karl. *Teoría de la constitución*. 2. ed. 4. reimpr. Barcelona: Ariel Derecho, 1986. p. 261-262. Vale destacar que este mecanismo de controle do parlamento sobre o presidente – ao contrário da queda de governos no parlamentarismo, cada vez mais rara – é efetivamente utilizada de forma relativamente comum tanto no presidencialismo dos EUA (onde são cada vez mais raros os presidentes que tem a maioria do congresso) quanto no brasileiro.

[261] Emerson Garcia trata destas atribuições do Congresso como mecanismos de controle legislativo. Embora não mencione a responsabilidade política, o autor propõe uma forma interessante de dividir os mecanismos acima tratados (e alguns outros) em dois grupos, de um lado os mecanismos de "controle *político*", destacando-se "o poder convocatório de que dispõe o Legislativo, o poder de sustação, o pedido de informações e o poder investigatório" exercido pelas CPIs. De outro lado estaria o controle *financeiro*, exercido com o auxílio do Tribunal de Contas (GARCIA, Emerson; ALVES, Rogério Pacheco. *Improbidade administrativa*. 7. ed. 2. tir. São Paulo: Saraiva, 2014. p. 221-222).

[262] Por exemplo, durante os dois mandatos de Fernando Henrique Cardoso (de 1º.1.1995 a 31.12.2002) o Ministério da Justiça teve nove integrantes, o que significa que cada ministro (Nelson Jobim, Milton Seligman, Íris Rezende, Renan Calheiros, José Carlos Dias, José Gregori, Aloysio Nunes Ferreira Filho, Miguel Reale Junior e Paulo de Tarso Ramos Ribeiro), na média, ficou menos de um ano à frente do Ministério (Disponível em: http://portal.mj.gov.br/data/Pages/MJAD82FBF6ITEMID167E69F1F31F449882B7D9B1BA8D3C5CPTBRIE.htm. Acesso em: 4 set. 2014).

[263] O conceito de "governo" não é objeto de grande atenção pelo direito constitucional brasileiro, sendo mais utilizado pela ciência política e pelos meios de comunicação social. Entendemos que o conteúdo proposto – chefe do executivo e seus auxiliares diretos (ministros no governo federal e secretários na esfera estadual e municipal) – é

parlamentaristas, mas o fato é que em diversos momentos um presidente é praticamente obrigado – em decorrência dos resultados de uma comissão parlamentar de inquérito, da recusa em aprovar determinados projetos ou de pressões menos nobres –[264] a mudar a maioria absoluta dos ministros, num movimento que, por exemplo, raramente se vê em certos sistemas parlamentaristas como o da Grã-Bretanha.[265]

Em suma, com as ressalvas evidentes (quanto à impossibilidade de decisão parlamentar obrigar juridicamente a mudança de presidente[266] ou de seu governo por razões exclusivamente políticas), parece-nos que o conceito de responsabilidade política se aplica aos sistemas presidencialistas e é útil para uma melhor compreensão de seu funcionamento.

2.6 Conflitos e sobreposições entre responsabilidade política e jurídica

2.6.1 Introdução

Como já exposto, para a apuração da responsabilidade política não se indaga se o agente praticou um crime ou um ilícito administrativo, mas sim se praticou um "acto errado, fracassado, censurável do ponto de vista político, mas não necessariamente (e

---

o que melhor se amolda à Constituição (art. 84, XI, e, em especial, art. 235, II, por exemplo), mas a própria CRFB também utiliza a expressão diversas vezes num sentido distinto, qual seja, o de "ente federativo" (por exemplo arts. 198, I, 102, III, "c" e 105, III, "b"). Também é usual se referir ao *Governo de* Fulano", com a intenção de designar o período em que "Fulano" esteve à frente do governo.

[264] Segundo dados coletados por Leonardo Avritzer, professor titular de ciência política da Universidade Federal de Minas Gerais, divulgados em entrevista dada ao jornal *O Globo*, o Presidente Fernando Henrique, em seus dois mandatos, teve 96 ministros, o Presidente Lula, em seus dois mandatos, teve 103 ministros e a Presidente Dilma, do início de seu primeiro mandato até os três meses iniciais de seu segundo mandato, já tinha somado mais de 90 titulares de ministérios. Seria, no entanto, equivocado atribuir tal oscilação ao bom funcionamento dos mecanismos de responsabilização política do presidencialismo. Embora a existência e a influência de tais mecanismos nos pareça clara, também é fato que em boa medida a referida oscilação se refere a barganhas políticas "menos nobres". Como explica o referido cientista político: "O modelo do presidencialismo de coalizão no país tem tanto problemas estruturais quanto aqueles decorrentes da falta de habilidade da presidente Dilma de gerir a coalizão. A questão estrutural é que o presidente, para aprovar projetos, precisa criar ampla coalizão numa base parlamentar heterogênea, e faz isso em torno da nomeação para cargos em troca de apoio. Isso tem um efeito desorganizador na administração pública, quando não o efeito de práticas corruptas, porque você não indica para cargos baseado na habilidade de gestão das pessoas, mas no tamanho da bancada, na capacidade de votação. O PP, por exemplo, foi o partido que mais cresceu em número de deputados na última janela para troca de legendas pelos parlamentares; agora, está sendo prometida a Caixa Econômica a ele. Isso produz governabilidade num sentido muito restrito. Abre caminho para práticas antirrepublicanas, ineficientes ou ilegais" (AVRITZER, Leonardo. "Cada Presidente teve mais de 90 ministros", entrevista a Alessandra Duarte. *O Globo*, 9 maio 2016. p. 6).

[265] E isto se nos limitarmos a falar da "queda" de ministros. Se incluirmos a "queda" de *presidentes*, seja por renúncia (muitas vezes também decorrente da atuação de mecanismos de responsabilidade política) seja pelo uso ou ameaça – nem sempre juridicamente correta – do *impeachment*, a ciência política já fala abertamente em um movimento de "parlamentarização" dos regimes presidenciais, com um autor (John Carey) afirmando que "mesmo que as constituições da América Latina sigam sendo presidencialistas [...] na prática, a substituição de presidentes apresenta cada vez mais um tom parlamentarista, dando prioridade à discricionariedade legislativa" (*apud* PÉREZ-LIÑÁN, Aníbal. *Juicio político al presidente y nueva inestabilidad política en América Latina.* Buenos Aires: Fondo de Cultura Económica, 2009. p. 325).

[266] Questão que José de Matos Correia e Ricardo Leite Pinto denominam "evidente paradoxo democrático, pois aquele que de mais poderes dispõe é, precisamente, aquele que não pode, por motivos políticos, ser removido do seu cargo" (CORREIA, José de Matos; PINTO, Ricardo Leite. *A responsabilidade política.* Lisboa: Universidade Lusíada Editora, 2010. p. 113).

muitas vezes nem sequer) ilegal",[267] ou se deixou de praticar ato que – segundo critérios políticos – deveria ter praticado.

Por outro lado, a prévia definição normativa e abstrata do ato ou omissão que, se for praticado, é apto a desencadear determinadas consequências é uma característica essencial a qualquer esquema de responsabilização jurídica. A responsabilidade jurídica não é única, compondo-se de distintos sistemas, mas todos exigem um mínimo de predefinição de ilícitos. Nas palavras de José Roberto Pimenta Oliveira:

> Para promover a responsabilidade dos agentes públicos, a ordem legal republicana estabelece estruturas sistemáticas pelas quais se autoriza o Estado a exercer parcelas de sua potestade punitiva legítima. São sistemáticas porque informadas por conjunto de princípios e normas unitários, coerentes, axiologicamente concatenados, em vista da proteção de determinados bens jurídicos fundamentais. Estruturas imponíveis à conduta funcional dos agentes públicos, com regime apartados e definidos consoante a *forma legal de tipificação* e estipulação legal de sanções, e modo de convivência de todas e de cada uma dentro da ordem constitucional.
> *Ao fenômeno da sujeição de certo agente público aos efeitos jurídicos sancionatórios decorrentes da prática do ilícito descrito na hipótese normativa denomina-se responsabilidade jurídica*, como definição técnica-jurídica. Ser responsável é "arcar com as consequências de condutas reprováveis". Implica, normativamente, na subordinação às consequências diretas da prática de *ato ilícito*. Responsabilidade avulta, pois, na situação jurídica passiva de cumprimento ou descumprimento de deveres fundados em norma jurídica, geral ou individual.[268]

É certo que um mesmo ato pode ser um erro político *e* um ilícito e, assim, deverá ser apurado e punido de forma independente e paralela pelos mecanismos de responsabilidade política e pelos procedimentos e critérios jurídicos. Também é certo que um processo criminal conduzido contra um agente político sempre terá alguma repercussão política assim como um processo conduzido contra qualquer pessoa famosa terá alguma repercussão midiática.

No entanto, é cada vez mais comum a existência de conflitos e de sobreposições entre, de um lado, os esquemas de responsabilidade política e, de outro, os esquemas de responsabilidade jurídica (seja penal, seja, no Brasil, de improbidade administrativa).[269]

Para compreender estes conflitos é importante fazer referência a certas distinções efetuadas por Maria Benedita Urbano, ao tratar do conceito de justiça política, que a

---

[267] CORREIA, José de Matos; PINTO, Ricardo Leite. *A responsabilidade política*. Lisboa: Universidade Lusíada Editora, 2010. p. 125.

[268] OLIVEIRA, José Roberto Pimenta. *Improbidade administrativa e sua autonomia constitucional*. Belo Horizonte: Fórum, 2009. p. 72-73. Grifos nossos.

[269] Muitos autores mencionam o baixo número de governos derrubados pelo Parlamento como fato que, em maior ou menor grau, representaria o declínio da responsabilidade política (por exemplo LOMBA, Pedro. *Teoria da responsabilidade política*. Coimbra: Coimbra Editora, 2008. p. 33-34). Mas, para Olivier Beaud, o declínio da responsabilidade política é caracterizado, na verdade, por dois fenômenos convergentes "de um lado pela substituição da responsabilidade política pela responsabilidade penal – o que se denomina a criminalização da responsabilidade dos governantes – e, de outro lado, a promoção da responsabilidade dos altos funcionários ou das *entourages* ministeriais em detrimento da responsabilidade dos governantes *stricto sensu*" (BEAUD, Olivier. La Responsabilité Politique Face à la Concurrence d'Autres Formes de Responsabilité dês Gouvernants. *Pouvoirs*, n. 92, 2000. p. 18).

autora considera "contemporânea do fenômeno da criação dos Estados Modernos, surgindo aí, precisamente, como instrumento de proteção do Estado".[270]

Refutando o ataque dirigido à inerente contradição do conceito (segundo o qual justiça e política seriam "duas realidades antagónicas – sendo a primeira uma atividade vinculada (ao direito) e a segunda uma atividade razoavelmente livre (em termos de governação, de opções políticas)" como "visão já defasada da realidade, porventura acorrentada à memória de julgamentos de personagens políticas, em regra ligadas a regimes políticos derrubados, em que as garantias processuais que assistem a qualquer indivíduo num Estado de direito não foram ou foram escassamente observadas", considera-o importante, atribuindo-lhe um sentido amplo e outro restrito.[271]

Em sentido amplo, justiça política "se reporta a situações relacionadas com o funcionamento do sistema político, das suas instituições, com as patologias a ele associadas ou com os atentados que contra ele são dirigidos, sejam eles decisores públicos ou não, mas igualmente de pessoas ou grupos externos aos mecanismos de poder", e teria três grandes áreas: uma "que abrange as infrações contra o Estado ou contra o regime vigente ou anterior; uma outra área em que se insere a criminalidade dos governantes; e, por último, a área que corresponde ao contencioso eleitoral, ao contencioso referendário e ao contencioso partidário".[272]

Em sentido restrito, justiça política "coincide com a criminalidade governante",[273] conceito que, embora a autora restrinja à dimensão penal, acreditamos que inclui outros sistemas de responsabilização jurídico-sancionatória, sejam aqueles inexistentes em sistemas parlamentaristas ou semipresidencialistas (como o *impeachment* por crimes de responsabilidade) ou exclusivos do Brasil (como é o caso da denominada improbidade administrativa).

Pois bem, ao tratar da justiça política neste sentido restrito, Urbano procura diferenciá-la de "outras realidades mais ou menos próximas", a saber: responsabilidade política, judicialização do poder, criminalização da política, politização da justiça e da responsabilidade penal.[274]

---

[270] URBANO, Maria Benedita Malaquias Pires. Deambulações teóricas em torno da justiça política. *In*: CORREIA, Fernando Alves; SILVA, João Calvão; ANDRADE, José Carlos Vieira; CANOTILHO, J. J. Gomes; COSTA, José Manuel M. Cardosos. *Estudos em homenagem a António Barbosa de Melo*. Coimbra: Almedina, 2013. p. 642. Robert Charvin entende que a justiça política não pode ser definida apenas pela qualidade das pessoas a ela submetidas ("grandes personagens do Estado") ou pela "natureza política da infração (por oposição às infrações de direito comum)". Há que se adicionar "um critério funcional: a justiça política tem por missão seja de frear o poder (ativando a responsabilidade penal daqueles que o exercitam) seja de reforçá-lo (reprimindo os atos de oposição ao poder)" (CHARVIN, Robert. *Justice et politique (evolution de leurs rapports)*. Paris: Librairie Générale de droit et de jurisprudence, 1968. p. 3). Sobre o tema veja-se ainda KIRCHHEIMER, Otto. *Justicia política empleo del procedimiento legal para fines políticos*. Granada: Comares, 2001.

[271] URBANO, Maria Benedita Malaquias Pires. Deambulações teóricas em torno da justiça política. *In*: CORREIA, Fernando Alves; SILVA, João Calvão; ANDRADE, José Carlos Vieira; CANOTILHO, J. J. Gomes; COSTA, José Manuel M. Cardosos. *Estudos em homenagem a António Barbosa de Melo*. Coimbra: Almedina, 2013. p. 642-643.

[272] URBANO, Maria Benedita Malaquias Pires. Deambulações teóricas em torno da justiça política. *In*: CORREIA, Fernando Alves; SILVA, João Calvão; ANDRADE, José Carlos Vieira; CANOTILHO, J. J. Gomes; COSTA, José Manuel M. Cardosos. *Estudos em homenagem a António Barbosa de Melo*. Coimbra: Almedina, 2013. p. 643.

[273] URBANO, Maria Benedita Malaquias Pires. Deambulações teóricas em torno da justiça política. *In*: CORREIA, Fernando Alves; SILVA, João Calvão; ANDRADE, José Carlos Vieira; CANOTILHO, J. J. Gomes; COSTA, José Manuel M. Cardosos. *Estudos em homenagem a António Barbosa de Melo*. Coimbra: Almedina, 2013. p. 646.

[274] URBANO, Maria Benedita Malaquias Pires. Deambulações teóricas em torno da justiça política. *In*: CORREIA, Fernando Alves; SILVA, João Calvão; ANDRADE, José Carlos Vieira; CANOTILHO, J. J. Gomes; COSTA, José Manuel M. Cardosos. *Estudos em homenagem a António Barbosa de Melo*. Coimbra: Almedina, 2013. p. 646-647.

Considerando que a distinção entre a criminalidade governativa e a responsabilidade política já foi analisada e que a questão da judicialização do poder também foi tratada no início deste capítulo, vale a pena tratar das outras "realidades" (criminalização da política, politização da justiça e da responsabilidade penal). Urbano considera que as duas primeiras têm em comum o "facto de configurarem novas versões da Justiça, ou, talvez melhor, da função jurisdicional", bem como "o abandono, ainda que não total, da tradicional postura de neutralidade que caracteriza a atuação dos juízes".[275]

Quanto à criminalização da política:

> pode ser entendida de dois modos. Numa primeira acepção, asséptica, significa que as condutas criminosas dos governantes no exercício das suas funções serão julgadas pela justiça penal ordinária, sem qualquer tipo de tratamento diferenciado, designadamente sem quaisquer derrogações ao direito penal comum, sejam elas mais benéficas ou mais prejudiciais para os mesmos. Esta absorção do político pelo direito penal não deve abarcar, por motivos óbvios, aquelas condutas que não configurem ilícitos, como sejam o erro político, a má opção política etc.[276]

Este primeiro sentido da criminalização da política inclui duas dimensões: que a Justiça estaria fazendo apenas o seu trabalho – o que certamente é positivo – e que, ademais, seriam extintos todos os tratamentos diferenciados dirigidos aos agentes políticos o que, como veremos no próximo capítulo, não nos parece desejável.

Num segundo sentido – "claramente pejorativo" – a criminalização da política consistiria na perseguição criminal de políticos, "detonada pelas autoridades judiciárias, que recusam ser meras espetadoras passivas da vida política, e em especial da atuação dos governantes". Assim, "perante a inoperância cada vez mais evidente dos mecanismos de apuramento da responsabilidade política" (no parlamentarismo) o "poder judicial lança mão das suas armas e procura pela via da função jurisdicional forçar ou determinar a destituição dos governantes", citando o exemplo da operação "mãos limpas" na Itália.[277]

A politização da justiça é identificada como mais relacionada à assunção da função política pelo Judiciário, em especial pela justiça constitucional, sob acusação de substituir o legislador ordinário e interferir no governo. Trata-se de fenômeno, que, portanto, escapa, ainda que tenha alguma relação, com o objetivo de nossa investigação.[278]

Já a politização da responsabilidade penal nos interessa diretamente. Nas palavras de Urbano:

---

[275] URBANO, Maria Benedita Malaquias Pires. Deambulações teóricas em torno da justiça política. *In*: CORREIA, Fernando Alves; SILVA, João Calvão; ANDRADE, José Carlos Vieira; CANOTILHO, J. J. Gomes; COSTA, José Manuel M. Cardosos. *Estudos em homenagem a António Barbosa de Melo*. Coimbra: Almedina, 2013. p. 648.

[276] URBANO, Maria Benedita Malaquias Pires. Deambulações teóricas em torno da justiça política. *In*: CORREIA, Fernando Alves; SILVA, João Calvão; ANDRADE, José Carlos Vieira; CANOTILHO, J. J. Gomes; COSTA, José Manuel M. Cardosos. *Estudos em homenagem a António Barbosa de Melo*. Coimbra: Almedina, 2013. p. 648.

[277] URBANO, Maria Benedita Malaquias Pires. Deambulações teóricas em torno da justiça política. *In*: CORREIA, Fernando Alves; SILVA, João Calvão; ANDRADE, José Carlos Vieira; CANOTILHO, J. J. Gomes; COSTA, José Manuel M. Cardosos. *Estudos em homenagem a António Barbosa de Melo*. Coimbra: Almedina, 2013. p. 648.

[278] URBANO, Maria Benedita Malaquias Pires. Deambulações teóricas em torno da justiça política. *In*: CORREIA, Fernando Alves; SILVA, João Calvão; ANDRADE, José Carlos Vieira; CANOTILHO, J. J. Gomes; COSTA, José Manuel M. Cardosos. *Estudos em homenagem a António Barbosa de Melo*. Coimbra: Almedina, 2013. p. 649.

é a inexistência (sistemas presidenciais) ou a inoperância dos esquemas de responsabilização política [...] que caracteriza o fenómeno em análise, mas, diferentemente do que sucede com o fenômeno de criminalização da política, a perseguição penal é despoletada por atores políticos ou tem origem no próprio sistema político. O exemplo mais emblemático deste fenômeno de aproveitamento político da responsabilidade penal, em que a acusação pela prática de um crime comum é utilizada com o propósito de destruir uma figura política (em regra, um adversário ou opositor político), é [...] o da politização do *impeachment*, particularmente visível no caso do ex-Presidente norte-americano Bill Clinton.[279]

Pois bem, é esta "politização da responsabilidade penal", que preferimos denominar de *uso político* da responsabilidade jurídico-sancionatória (já que, no Brasil, inclui outras formas de responsabilização jurídica, em especial a improbidade administrativa), que configura, a nosso ver, um dos conflitos com a responsabilidade política, caracterizado quando um agente acusa outro da prática de um ilícito, não com o objetivo de que isto seja apurado e eventualmente punido, mas sim com o objetivo de atingir politicamente o adversário por meio da *divulgação* da abertura de investigação ou de processo contra o adversário.[280]

Mas entendemos que existem outros dois conflitos que merecem interesse especial. Um segundo tipo de conflito se dá pela tentativa de enquadrar erros meramente políticos em alguma forma de ilícito, abrindo, portanto, a possibilidade de apuração e punição jurídica. Este tipo de conflito é uma variação do primeiro – ou uma condição para a ampliação do seu uso – mas com uma característica importante. No primeiro caso a imputação é de algo que, *abstratamente*, é um ilícito (se foi cometido ou não, é questão a ser apurada). Neste segundo tipo de conflito é feito um esforço (do acusador, por certo, mas da doutrina também) para enquadrar algo que tradicionalmente sempre esteve no campo da política como algo ("juridicamente") ilícito. Neste sentido este conflito não deixa de ser uma manifestação específica da denominada judicialização do poder ou da política.

O terceiro e talvez mais perigoso conflito se dá quando características próprias de determinado esquema de responsabilidade (não necessariamente sancionatório) – características que só existem e só se justificam em um deles (a inversão do ônus da prova em processos de reparação do dano ambiental, por exemplo) – são pinçadas e exportadas, sem maiores cuidados, para outro esquema com o qual são incompatíveis.[281]

Estes fenômenos têm se verificado amplamente no mundo ocidental[282] mas são especialmente tentadores em países presidencialistas onde a responsabilidade

---

[279] URBANO, Maria Benedita Malaquias Pires. Deambulações teóricas em torno da justiça política. *In*: CORREIA, Fernando Alves; SILVA, João Calvão; ANDRADE, José Carlos Vieira; CANOTILHO, J. J. Gomes; COSTA, José Manuel M. Cardosos. *Estudos em homenagem a António Barbosa de Melo*. Coimbra: Almedina, 2013. p. 649.

[280] O uso político será especialmente producente se o processo for acompanhado de alguma medida preventiva, como uma busca e apreensão na casa do adversário, ou, quem sabe, algum tipo de prisão preventiva. O caráter político da denúncia é especialmente caracterizado quando, por uma destas mudanças comuns à atividade político-partidária, o adversário denunciado como corrupto ontem é convidado a compor o governo do denunciante amanhã.

[281] Outro exemplo, a nosso ver extremo, mas já em curso, é a adoção da responsabilidade objetiva em certos esquemas de *punição* jurídica.

[282] Vejamos a análise, feita em 2003 por Boaventura de Sousa Santos, sobre a situação do tema em Portugal, com a interessante distinção entre a judicialização da política de alta e de baixa intensidade: "As relações entre o sistema judicial e o sistema político atravessam um momento de tensão sem precedentes cuja natureza se pode resumir

política imperfeita não admite (ao menos segundo nosso entendimento) o afastamento compulsório do chefe do Executivo por razões políticas.

---

numa frase: a judicialização da política conduz à politização da justiça. Há judicialização da política sempre que os tribunais, no desempenho normal das suas funções, afectam de modo significativo as condições da acção política. Tal pode ocorrer por duas vias principais: uma, de baixa intensidade, quando membros isolados da classe política são investigados e eventualmente julgados por actividades criminosas que podem ter ou não a ver com o poder ou a função que a sua posição social destacada lhes confere; outra, de alta intensidade, quando parte da classe política, não podendo resolver a luta pelo poder pelos mecanismos habituais do sistema político, transfere para os tribunais os seus conflitos internos através de denúncias cruzadas, quase sempre através da comunicação social, esperando que a exposição judicial do adversário, qualquer que seja o desenlace, o enfraqueça ou mesmo o liquide politicamente. No momento em que ocorre, não é fácil saber se um dado processo de judicialização da política é de baixa ou de alta intensidade. Só mais tarde, através do seu impacto no sistema político e judicial, é possível fazer tal determinação. Enquanto a judicialização de baixa intensidade retira a sua importância da notoriedade dos investigados, a de alta intensidade retira-a da natureza dos conflitos subterrâneos que afloram judicialmente. É, por isso, que só esta última tende a provocar convulsões sérias no sistema político. [...] a 'operação mãos limpas', desencadeada pelo Ministério Público italiano, no início da década de noventa, constituiu uma judicialização da política de alta intensidade [...] uma coisa é certa: a judicialização da política está a conduzir à politização da justiça. Esta consiste num tipo de questionamento da justiça que põe em causa, não só a sua funcionalidade, como também a sua credibilidade, ao atribuir-lhe desígnios que violam as regras da separação dos poderes dos órgãos de soberania. A politização da justiça coloca o sistema judicial numa situação de stress institucional que, dependendo da forma como o gerir, tanto pode revelar dramaticamente a sua fraqueza como a sua força. É cedo para saber qual dos dois resultados prevalecerá, mas não restam dúvidas sobre qual o resultado que melhor servirá a credibilidade das instituições e a consolidação da nossa democracia: que o sistema judicial revele a sua força e não a sua fraqueza. Revelará a sua força se actuar celeremente, se mostrar ao país que, mesmo em situação de stress, consegue agir segundo os melhores critérios técnicos e as melhores práticas de prudência e consegue neutralizar quaisquer tentativas de pressão ou manipulação. A complexidade do momento presente reside em que os portugueses não podem por agora obter resposta para duas questões que os assaltam: quais as razões da judicialização da política em curso? É perigosa ou é salutar para a nossa democracia? Por agora, teremos de nos contentar em analisar as manifestações da politização da justiça que decorrem dela e tentar identificar, a partir dela, os parâmetros de respostas futuras. Identifico três manifestações principais: as relações entre os meios de comunicação social e o sistema judicial; a polémica sobre o segredo de justiça; e a polémica sobre a prisão preventiva. 1. A politização da justiça transforma a plácida obscuridade dos processos judiciais na trepidante ribalta mediática dos dramas judiciais. Esta transformação é problemática devido às diferenças entre a lógica da acção mediática, dominada por tempos instantâneos, e a lógica da acção judicial, dominada por tempos processuais lentos. É certo que tanto a acção judicial como a acção mediática partilham o gosto pelas dicotomias drásticas entre ganhadores e perdedores, mas enquanto o primeiro exige prolongados procedimentos de contraditório e provas convincentes, a segunda dispensa tais exigências. Em face disto, quando o conflito entre o judicial e o político ocorre nos media, estes, longe de serem um veículo neutro, são um factor autónomo e importante do conflito. E, sendo assim, as iniciativas tomadas para atenuar ou regular o conflito entre o judicial e o político não terão qualquer eficácia se os meios de comunicação social não forem incluídos no pacto institucional. É preocupante que tal facto esteja a passar despercebido e que, com isso, se trivialize a lei da selva mediática em curso. 2. Num contexto de politização da justiça, o problema do segredo de justiça é o problema da violação do segredo de justiça. O que se está a passar neste domínio é uma vergonha nacional. Não deixa de ser paradoxal que, num momento político-judicial que se apresenta como de luta contra a tradicional impunidade dos poderosos, quem quer que tenha poder para violar o segredo de justiça o possa fazer impunemente. O segredo de justiça protege tanto os interesses da investigação criminal como o bom nome e a privacidade dos arguidos. Sobretudo no domínio da criminalidade complexa, o segredo de justiça é uma condição de eficácia da investigação e, por isso, o respeito pelos direitos dos arguidos não está na atenuação do segredo. Está na aceleração do inquérito criminal por parte do Ministério Público e, portanto, na dotação das condições para que tal seja possível. A vulnerabilidade do segredo de justiça numa situação de stress institucional reside no facto de os que estão interessados em destruir o bom nome dos arguidos têm a cumplicidade dos que pretendem descredibilizar a investigação. 3. A prisão preventiva é tão importante à eficácia da investigação criminal quanto o segredo de justiça, mas, ao contrário deste, pode e deve ser substituída por medidas alternativas sempre que possível. O excesso de prisão preventiva entre nós resulta da morosidade da justiça e do tipo de criminalidade. [...]" (SANTOS, Boaventura de Sousa. A judicialização da política. *Público*, 26 maio 2003. Disponível em: http://www.ces.uc.pt/opiniao/bss/078en.php. Acesso em: 4 set. 2014).

2.6.2 O uso político da responsabilidade jurídica

O uso da responsabilidade jurídica para atingir um fim político está na própria origem da responsabilidade política, como vimos na 2ª seção deste capítulo. Importante ressalvar que, na Inglaterra, desde o início do uso do *impeachment* para fins políticos, parecia haver uma clara *consciência* de que se utilizava um instrumento de sanção jurídica com um objetivo exclusivamente político. Já na França, por longo tempo vigorou uma enorme sobreposição, ou mesmo confusão, entre responsabilidade política e jurídica,[283] tanto na doutrina quanto nos textos constitucionais.[284]

De todo modo, ainda na 1ª fase da Revolução Francesa, a Constituição de 3.9.1791 tratou expressamente da responsabilidade ministerial de forma[285] que, ao contrário de outros textos constitucionais posteriores,[286] parecia pender claramente para a ideia de ilícito jurídico (e não político), ainda que com tipo aberto. Pois bem, em 10.3.1792, pela primeira vez a responsabilidade de um ministro – Lessart, ministro dos Negócios Estrangeiros – é posta em xeque, por meio de acusação que, na verdade, revolvia temas essencialmente políticos (o acusado teria "negligenciado os interesses da nação francesa em suas relações com as potências estrangeiras").[287] O autor da denúncia – Brissot – esclarece o resultado pretendido: "Eu sei bem que ele será absolvido, uma vez que nós só temos suspeitas e nenhuma prova. Mas nós ganharemos o que pretendemos afastando-o do ministério"![288]

---

[283] Robert Charvin (escrevendo em 1968), após registrar a existência de entendimentos "mais recentes" que acreditam ser possível concluir que tenha havido preexistência da responsabilidade política sobre a responsabilidade penal e que esta última, desde seu aparecimento, tinha um caráter político, afirma que: "de fato, existia uma total confusão entre os dois tipos de responsabilidade que só se dissociaram muito mais tarde". E acrescenta ser "Claro que o objetivo é sempre político, mas a sanção penal que se acrescenta à eliminação da competição política é considerada como uma garantia de não retorno" (CHARVIN, Robert. *Justice et politique (evolution de leurs rapports)*. Paris: Librairie Générale de droit et de jurisprudence, 1968. p. 36).

[284] Comparando a distinta história da responsabilidade política na França e na Inglaterra, Olivier Beaud afirma: "À diferença da Inglaterra, onde o regime político nasce literalmente da questão da responsabilidade política, esta não estruturou diretamente o sistema político francês que foi marcado pelo que se denominou 'descontinuidade constitucional'. Ao invés de ser resolvidos por procedimentos institucionais adaptados, os conflitos políticos foram frequentemente resolvidos por revoluções. Assim, sob a revolução francesa, os atores políticos tomam consciência tardiamente – sob o Diretório – da autonomia da noção de responsabilidade política em relação à responsabilidade penal" (BEAUD, Olivier. La Responsabilité Politique Face à la Concurrence d'Autres Formes de Responsabilité dês Gouvernants. *Pouvoirs*, n. 92, 2000. p. 23).

[285] Arts. 5º e 8º da Seção IV, do Capítulo II do Título III (nessa Constituição cada seção reinicia a numeração dos artigos): "Art. 5. Les ministres sont responsables de tous les délits par eux commis contre la sûreté nationale et la Constitution; - De tout attentat à la propriété et à la liberté individuelle; - De toute dissipation des deniers destinés aux dépenses de leur département. Art. 8. - Aucun ministre en place, ou hors de place, ne peut être poursuivi en matière criminelle pour fait de son administration, sans un décret du Corps législatif".

[286] Robert Charvin lembra que um dos marcos da "confusão que se estabelece progressivamente entre a responsabilidade penal e a responsabilidade política então em via de elaboração" é o Ato Adicional às Constituições do Império (documento constitucional de 1815, adotado nos 100 dias da volta de Napoleão, cuja redação é atribuída a Benjamin Constant), cujos arts. 41 e 42 previam que "qualquer ministro, comandante do exército ou da marinha, pode ser acusado pela Câmara de representantes e julgado pela Câmara dos Pares por ter comprometido a segurança ou a honra da nação" e que "A câmara dos pares exerce, neste caso, seja para caracterizar o delito, seja para impor a pena, um poder discricionário" (CHARVIN, Robert. *Justice et politique (evolution de leurs rapports)*. 1968. p. 127). É possível que alguns juízes das democracias atuais entendam que o absurdo de tal poder não é seu caráter discricionário ao extremo, mas sim o fato de ter sido outorgado ao Legislativo, e não ao Judiciário.

[287] CHARVIN, Robert. *Justice et politique (evolution de leurs rapports)*. Paris: Librairie Générale de droit et de jurisprudence, 1968. p. 29; 34-35.

[288] *Apud* CHARVIN, Robert. *Justice et politique (evolution de leurs rapports)*. Paris: Librairie Générale de droit et de jurisprudence, 1968. p. 34-35.

Este exemplo tão antigo de uso de um instrumento constitucional de responsabilidade sancionatória para fins políticos revela a existência de uma possível "lei" da política segundo a qual *se* um instrumento *qualquer* está à disposição de agentes políticos *ele será* utilizado de forma política.

No entanto, a progressiva distinção entre a responsabilidade política e jurídica (que permitiu que motivos exclusivamente políticos viabilizassem a troca de governos) e, por outro lado, a criação de certa proteção aos políticos contra acusações criminais (pela criação de várias derrogações ao direito comum, que tornaram mais difíceis as acusações e condenações,[289] como veremos no Capítulo 3) reduziram drasticamente o uso político da responsabilidade penal, que, no entanto, volta com grande força a partir da década de 1990.

O incremento na utilização política da responsabilidade jurídica foi possibilitado por vários fatores, incluindo a redução dos espaços deixados à política pelo direito e a consequente possibilidade de juridicização de erros políticos que será vista no tópico a seguir. O fato é que, como salienta Maria Benedita Urbano:

> a responsabilidade surge como uma arma, mais ou menos poderosa, para destruir carreiras, por vezes merecidamente, outras nem por isso, em particular naqueles casos em que é perceptível a interferência do poder económico – influência indirecta por via dos meios de comunicação social que no momento presente são dominados pelos grandes grupos económicos – na vida política (v. g., a orquestração de uma campanha de desacreditação de um ministro que não cedeu às pressões de um grande grupo económico), ou quando se verifica uma verdadeira judicialização ou criminalização da política.[290]

E qual o problema constitucional com o uso político da responsabilidade jurídica? É possível sustentar que não há problema algum, pelo contrário, que isto seria até positivo. Com efeito, no momento em que adversários políticos trocam acusações quanto a supostos ilícitos, isto aumenta a possibilidade de os órgãos de controle tomarem conhecimento da ocorrência de ilícitos e, para este fim, a motivação da denúncia seria irrelevante. Para esta linha, o uso político da responsabilidade jurídica seria importante mecanismo para aumentar as chances da repressão à criminalidade governativa, objetivo que, em si, é evidentemente louvável.

Dentro desta visão ainda se poderia defender que eventuais excessos podem ser punidos, já que denúncias formuladas de forma leviana costumam ser tipificadas como crimes. Ademais, o fato de se exigir um comportamento acima de qualquer suspeita já seria suficiente para justificar afastamentos sumários no caso de qualquer suspeita de ilícito. O uso do direito como arma política teria – para quem segue esta linha – um aspecto claramente positivo.

---

[289] Derrogações que vem diminuindo de forma rápida e acentuada, ao menos no Brasil.

[290] URBANO, Maria Benedita. Apontamentos esparsos sobre a responsabilidade dos governantes. *In*: SOUSA, Marcelo Rebelo; QUADROS, Fausto de; OTERO, Paulo; PINTO, Eduardo Vera-Cruz. *Estudos em homenagem ao Prof. Doutor Jorge Miranda* – Direito constitucional e justiça constitucional. Coimbra: Coimbra Editora, 2012. v. II. p. 611.

Esta visão favorável tem suas razões, já que o fenômeno analisado inegavelmente aumenta a chance de descoberta –[291] e, portanto, de punição – de ilícitos.

Mas o aspecto negativo do uso político da responsabilidade jurídica é que o aparato estatal constituído pelos órgãos de controle se transforma num instrumento à disposição de grupos políticos ou à disposição dos próprios órgãos de controle, o que é ainda mais grave,[292] com um alto custo para o Estado e um custo que tangencia o zero para o denunciante.

---

[291] Em conversa com o autor, um membro do Ministério Público do Estado do Rio de Janeiro disse que adorava as trocas de grupos políticos no comando de cidades do interior, pois isso sempre vinha acompanhado de uma saraivada de denúncias de um grupo contra o outro, o que facilitaria muito seu trabalho.

[292] Com efeito, em março de 2017, quando foram divulgadas notícias da finalização de dezenas de colaborações premiadas de uma grande empresa brasileira, que implicariam dezenas de agentes políticos de elevado escalão (o PR e antigos PRs, ministros, ex-ministros, senadores e deputados) uma lista com apenas 16 nomes de políticos "vazou" para todos os grandes jornais brasileiros. A ombudsman de um desses jornais (*Folha de S.Paulo*), denunciou o fato em artigo que bem retrata os perigos do fenômeno que tratamos aqui: "A operação Lava Jato, a maior investigação já feita no país, completou três anos. É também o maior desafio jornalístico da história recente. Nos últimos meses, o noticiário político girou em torno da expectativa do acordo de colaboração premiada de 77 executivos e ex-dirigentes da construtora Odebrecht. Recebeu o batismo de 'delação do fim do mundo' para marcar a extensão de seus danos entre os frequentadores das rodas do poder. Na terça (14), o procurador-geral da República, Rodrigo Janot, enviou ao Supremo Tribunal Federal 83 pedidos de abertura de inquérito. Oficialmente, por meio de nota, a Procuradoria-Geral informou: 'Não é possível divulgar detalhes sobre os termos de depoimentos, inquéritos e demais peças enviadas ao STF por estarem em segredo de Justiça'. Rodrigo Janot pediu ao relator do caso no STF, ministro Edson Fachin, a retirada do sigilo de parte desse material, considerando a necessidade 'de promover transparência e garantir o interesse público'. Fachin ainda decidirá sobre tal pedido. *A surpresa foi a constatação de que a cobertura dos principais órgãos de comunicação – impressos, televisivos e eletrônicos – trazia versões inacreditavelmente harmoniosas umas com as outras.* Um jato de água fria em quem acredita na independência da imprensa. *Das dezenas de envolvidos na investigação, vazaram para os jornalistas os mesmos 16 nomes de políticos – cinco ministros do atual governo, os presidentes da Câmara e do Senado, cinco senadores, dois ex-presidentes e dois ex-ministros. Eles estavam nas manchetes dos telejornais, das rádios, dos portais de internet e nas páginas da Folha e dos seus concorrentes* "O Estado de S. Paulo", "O Globo" e "Valor". *Por que tanta coincidência? A ombudsman apurou que a divulgação da chamada segunda lista de Janot se deu por meio do que, no mundo jornalístico, se convencionou chamar de 'entrevista coletiva em off'.* Em geral, a informação em 'off', aquela que determinada fonte passa ao jornalista com o gravador desligado e com proteção de anonimato, não se coaduna com a formalidade de uma entrevista coletiva – para a qual os jornalistas são convocados protocolarmente a ouvir determinada autoridade. *Após receberem a garantia de que não seriam identificados, representantes do Ministério Público Federal se reuniram com jornalistas, em conjunto, para passar informações sobre os pedidos de inquérito, sob segredo,* baseados nas delações de executivos da Odebrecht. A lei que regula a delação premiada prevê sigilo do seu conteúdo até a apresentação da denúncia. No dia seguinte, a corrida jornalística por notícia voltou ao normal, com vários veículos obtendo informações exclusivas de partes não divulgadas dos inquéritos sob sigilo. Foi publicado que mais um ministro, quatro senadores e cinco deputados estão entre os que tiveram pedidos de inquérito apresentados pelo procurador *e não haviam sido antes mencionados.* Depois se soube que pelo menos dez governadores, cinco deles identificados, são mencionados no processo. *Qual o sentido de se deixar conhecer só alguns dos envolvidos? Qual a estratégia dos procuradores, parte interessada do processo, ao divulgar uns e omitir outros?* Por que não liberar, por exemplo, os que estão nos pedidos de arquivamento? Para o leitor, resulta em história contada pela metade. Informação passada a conta-gotas tira o entendimento do todo e levanta a desconfiança de manipulação. *O resultado desse tipo de acordo subterrâneo é que o jornalista se submete a critérios não claros da fonte, que fornecerá as informações que tiver, quiser ou puder.* O repórter concorda em parar de fazer perguntas em determinado momento. Não foi a primeira vez, porém, que tal procedimento ocorreu. A prática já se repetiu no Palácio do Planalto, no Congresso e até no STF. Tudo isso resulta numa desconfortável uniformidade de narrativa jornalística, que exala tom oficial. Nos muitos escândalos que assombraram o país desde a redemocratização de 1985, a imprensa manteve, até muito recentemente, posição dianteira e relevante na investigação de ilícitos públicos. Na intrincada narrativa da Lava Jato, a dependência dos repórteres para com fontes e investigações oficiais tem sido grande demais. O ideal é que o jornal tenha linhas investigativas próprias e independentes. Mas tem sido difícil – para não dizer impossível – sobreviver sem a colaboração oficiosa de órgãos envolvidos na Lava Jato. Diante disso, o jornal deve, no mínimo, transparência ao leitor, que tem o direito de saber de onde vem a informação que consome. Procurada, a direção da Folha não quis comentar. Como nos bons vinhos, denominação de origem é boa forma de controle de qualidade" (CESARINO, Paula Um jato de água fria. *Folha de S.Paulo*, 19 mar. 2017. Disponível em: http://www1.folha.uol.com.br/colunas/paula-cesarino-costa-ombudsman/2017/03/1867852-um-jato-de-agua-fria.shtml. Acesso em: 23 mar. 2017. Grifos nossos). Outro colunista importante já afirmou que, no Brasil, "uma

Com efeito, por meio de um fluxo constante de denúncias, um grupo político consegue dirigir a agenda de fiscalização dos órgãos de controle, fazendo com que, na prática, estes órgãos, conscientemente ou não, trabalhem para o grupo denunciante. Se as denúncias tiverem fundamento, sempre se poderá dizer (mesmo que *post factum*) que sua motivação política perde importância, e isto é correto. Mas, se as acusações são sem fundamento, o aparato estatal terá injustamente trabalhado para um grupo político, com chance significativa de que este trabalho ajude a alterar a equação política sem qualquer custo (financeiro ou político) para o grupo beneficiário.

Este problema piora quando existem vários órgãos de controle institucionalmente fortes e quando se admite a denúncia anônima.[293] Neste caso, o fluxo de denúncias pode ser enorme, já que não há necessidade de qualquer consistência da acusação (por menor que seja), com o que se acrescenta outro problema: qualquer agente de fiscalização fica impressionado quando recebe um grande número de denúncias contra uma mesma pessoa ou grupo. Nessa hipótese, a circunstância de a maioria das denúncias (ou mesmo de todas) não ter consistência perde importância em face de seu número, e a tendência para "encontrar" algo que seja consistente (e que afinal justifique o trabalho) é significativa.

Este uso político da responsabilidade jurídica teve como grande exemplo, já mencionado, o processo de *impeachment* do Ex-Presidente dos EUA Bill Clinton.[294] Ao tratar do tema, Cass Sunstein verifica que a existência de um aparato investigatório institucionalmente forte à disposição da oposição faz com que a tentação de o utilizar para fins políticos seja irresistível, atraindo um "onipresente perigo de transformação de desavenças políticas em acusações criminais".[295]

No caso, Sunstein tratava da figura do *Independent Counsel* nos EUA que, por ser estabelecido para investigar apenas um caso específico, representa talvez o maior exemplo das consequências negativas do mau uso da responsabilidade jurídica. Ainda que esta característica específica (instituição para caso específico) seja ausente em outros países, as advertências de Sunstein parecem muito importantes.

---

significativa corrente de procuradores" – do Ministério Público – "opera como partido, erguendo a bandeira da salvação nacional" (MAGNOLI, Demétrio. O Brasil de Janot – e o nosso. *O Globo*, p. 19, 21 set. 2017. p. 19).

[293] Sobre o tema *vide* a apreciação de Emerson Garcia, integrante do Ministério Público do Estado do Rio de Janeiro, que, de forma equilibrada, reconhece a utilidade do anonimato, mas também seu possível uso (e abuso) político: "O sigilo da identidade do noticiante, em sua pureza conceitual, evita represálias futuras e em nada compromete a ampla defesa do servidor noticiado, consubstanciando mero elemento deflagrador da investigação. Sob outra ótica, no entanto, o anonimato atua como fator de desestabilização social, permitindo sejam vilipendiados os recantos mais ocultos da honra alheia, muitas vezes por motivações políticas ou mero espírito de emulação" (GARCIA, Emerson; ALVES, Rogério Pacheco. *Improbidade administrativa*. 7. ed. 2. tir. São Paulo: Saraiva, 2014. p. 64). Registre-se que o art. III da Convenção Interamericana contra a Corrupção, de 29.3.1996 (promulgada no Brasil pelo Decreto nº 4.410/02), prevê como uma das "Medidas preventivas" cuja aplicabilidade deve ser considerada, a de criar: "8. Sistemas para proteger funcionários públicos e cidadãos particulares que denunciarem de boa-fé atos de corrupção, *inclusive a proteção de sua identidade*, sem prejuízo da Constituição do Estado e dos princípios fundamentais de seu ordenamento jurídico interno". Note-se que, ao mesmo tempo que sugere a proteção da identidade do denunciante, a convenção faz a ressalva do disposto na constituição de cada país (ressalva que não é feita em relação a outras medidas propostas), o que ressalta as dificuldades e dilemas que acompanham a adoção de sistemas de denúncias anônimas.

[294] Registre-se que a utilização de instrumentos jurídicos com fins políticos não escapou da percepção da ciência política, como se pode ver em PÉREZ-LIÑÁN, Aníbal. *Juicio político al presidente y nueva inestabilidad política en América Latina*. Buenos Aires: Fondo de Cultura Económica, 2009.

[295] SUNSTEIN, Cass. Dunwody distinguished lecture in law: lessons from a debacle: from impeachment to reform. *Florida Law Review*, n. 51, set. 1999. p. 601.

Sunstein salienta que, enquanto a instituição (do *Independent Counsel*) existir, qualquer partido na oposição estará sob tremenda pressão para requisitar a nomeação de um investigador independente, quando alegações de malfeitos são efetuadas, bem como terão incentivos para chamar a atenção para a atuação ou falta de atuação do investigador enquanto os procedimentos correm.[296] Em suas palavras, mesmo os

> políticos que consideram que a nomeação de um *independent counsel* não seria uma boa ideia, que seria diversionista ou algo assim, provavelmente não resistiriam aos requerimentos de seus colegas – republicanos ou democratas – porque isso os faria parecer complacentes com a corrupção ou com o partido oponente. Assim, é muito difícil para os membros do partido da oposição resistir à pressão para a *oposição* ou para a fabricação de escândalos. Se olharmos para a mídia, em particular, os redatores da Constituição esperavam que ela pudesse servir ao objetivo de ter uma genuína democracia deliberativa. Mas, quanto à mídia atual,[297] é sabida sua tendência ao sensacionalismo. O que é um pouco mais interessante é verificar a forma mediante a qual a Lei do "Independent Counsel" alimenta e agrava

---

[296] SUNSTEIN, Cass. Dunwody distinguished lecture in law: lessons from a debacle: from impeachment to reform. *Florida Law Review*, n. 51, set. 1999. p. 603.

[297] Quanto à influência da mídia atual sobre o enfrentamento político vale reproduzir a análise de Mark Tushnet sobre o impacto da mídia sobre o que ele chama de "nova ordem constitucional" dos EUA, análise que, a nosso ver (depurada de alguns pontos muitos específicos dos EUA) vale para outras latitudes: "The situation as seen from the politicians' side is rather simple. As two political scientists put it, 'the decay of party organizations has made politicians ever more dependent upon favorable media coverage.' According to two analysts, politicians have learned to 'craft' their messages 'to atract media attention' and, perhaps more important, to obscure the points on which the policies the politicians are pursuing are inconsistent with their constituents' desires. [...] The situation as seen from the media's side is more complicated. The news media compete with entertainment for audiences. They have severe time constraints on producing stories and fitting them within the 'news-hole' each correspondent has available. [...] News stories today must be 'timely, terse, easily described, dramatic, colorful, and visualizable'. News reporting focuses on events rather than conditions, simplifies political proposals to fit the news-hole, and, importantly, tries to 'personaliz[e] events.' [...] As Sparrow puts it, 'The job of producers and, increasingly, editors is to make the news into entertainment, in which drama is 'the defining characteristic of the news'. The result is straightforward: 'Journalists and editors respond to economic pressures when covering politics by avoiding complexity in favor of simplicitv, easy-to-sell stereotypes, and audience-grabbing plots. The marketing calculation [...] is that political conflict and the 'horse race' will captivate and draw audiences addicted to titillating entertainment.' And, of course, politicians alert to media routines can respond by structuring their own presentations in ways that feed into the media's approach to the news. Law professor Jack Balkin applies these ideas to law: 'Television has created a world of law-related shows and legal commentators whose basic goal is to describe law in ways that are comprehensible to television audiences and that can hold their attention. This means, among other things, that law must become entertaining'. Political scientist Douglas Reed identifies a juridico-entertainment complex analogous to the militaiy-industrial complex President Dwight Eisenhower described [...]. For present purposes the importance of Reed's analysis lies in its treatment of the electorate as passive consumers of constitutional policy. Rather than shaping policy, the electorate simply observes it being made, just as the viewing public observes entertainment shows on television. [...] As Reed puts ir, 'as this extra-legal ... regime grows in power, lhe underlying legal institutions become [ ] increasingly irrelevant.' Reed points out that the juridico-entertainment complex influences lhe policy agenda: To the extent that issues cannot be readily presented in an entertaining way, they find it difficult to force their way onto an agenda determined by policymakers' interpretation of public concern as evidenced by the material presented in the mass media. *All these features converge to make the politics of scandal 'the weapon of choice for struggle and competition in informational politics.'* [...]. Of course, presidents are lhe most obvious focal points for the politics of scandal. Judge Richard Posner describes the Clinton impeachment as 'the most *riveting* chapter of recent American history' [...] Sociologist Manuel Castells offers a convenient summary that bears directly on the way some traditional constitutional issues might be handled in the new constitutional order: 'Judges, prosecutors, and investigative committee members enter into a symbiotic rclationship with the media. They protect the media (ensuring their independence) [...] In exchange, they are protected by the media, they become media heroes... Together, they fight for democracy and clean government, they control the excesses of politicians, and, ultimately, they seize power away from the society, diffusing it into the society. While doing so, they may also delegitimize parties, politicians, politics, and, ultimately, democracy in its current incarnation'" (TUSHNET, Mark. *The new constitutional order*. Princeton: Princeton University Press, 2004. p. 190-21).

CAPÍTULO 2
RESPONSABILIDADE POLÍTICA E RESPONSABILIDADE JURÍDICA: *DISTINÇÕES E TENSÕES* | 103

esta tendência, desviando a atenção de problemas como o aumento da asma nas cidades para a questão de saber se o Vice-Presidente fez o telefonema da sala errada. A verdade é que escândalos vendem e o pessoal dos jornais sabe disso. Eles estão sob imensa pressão para cobrir escândalos políticos, mesmo que não queiram.[298]

É óbvio que o uso político da responsabilidade jurídica não pode ser justificado pela oposição como uma forma de fazer valer suas pretensões políticas. Como lembra Joaquín Morillo, a minoria raramente consegue impor suas posições parlamentares por força da "lógica representativa articulada sobre maiorias e minorias",[299] o que deriva da natureza da *democracia* representativa. Afinal (ao contrário do que parecem defender certos publicistas que só enxergam as minorias como sujeitos dignos de atenção do direito constitucional) em democracia as maiorias têm "alguma" legitimidade.

E qual a solução para os problemas decorrentes do uso político da responsabilidade jurídica? Não há certamente solução única nem fácil, em especial porque a solução obviamente não pode causar um prejuízo à necessária fiscalização dos agentes políticos,[300] acusação que é dirigida à "solução" que acabou sendo dada pelo Congresso com a Lei nº 13.869/19 dispondo sobre os crimes de abuso de autoridade. Sua tramitação foi bastante polêmica e tumultuada, com acusações de que a lei seria um severo golpe contra o combate à corrupção no Brasil, pois alguns tipos penais gerariam um excesso de cautela por parte do Ministério Público e do Judiciário. Diversos dispositivos foram vetados, mas a maioria dos vetos foi derrubada pelo Congresso.

De fato, há alguns dispositivos que podem tolher a atuação dos órgãos de investigação, mas a preocupação talvez seja um pouco exagerada. Isto porque o art. 1º da lei traz garantias importantes para os agentes ao estabelecer que as condutas descritas na lei constituem crime de abuso de autoridade "quando praticadas pelo agente com a finalidade específica de prejudicar outrem ou beneficiar a si mesmo ou a terceiro, ou, ainda, por mero capricho ou satisfação pessoal" (§1º do art. 1º). Também se ressalva, atendendo à justa preocupação, que a "divergência na interpretação de lei ou na avaliação de fatos e provas não configura abuso de autoridade" (§2º do art. 1º).[301]

---

[298] SUNSTEIN, Cass. Dunwody distinguished lecture in law: lessons from a debacle: from impeachment to reform. *Florida Law Review*, n. 51, set. 1999. p. 604.

[299] GARCÍA MORILLO, Joaquín. Responsabilidad política y responsabilidad penal. *Revista Española de Derecho Constitucional*, año 18, n. 52, jan./abr. 1998. p. 98.

[300] Joaquín Morillo enfatiza que exatamente "porque a persecução – obviamente judicial – dos delitos é obrigatória, tanto mais se o delito se comete a partir de uma função que deve estar ao serviço da coletividade, a atividade persecutória não pode nunca ser considerada uma judicialização da política ou uma politicização da Justiça. Não pode ser enquanto se mantenha no plano objetivo". Para esse autor o que é "relevante" "é o comportamento político" dos atores políticos frente a tais investigações. O autor reitera que os órgãos competentes devem perseguir quaisquer atuações presumidamente delitivas das quais recebam notícia, mas o que é duvidoso é se esta função cabe aos partidos políticos. Ressalvando que a fiscalização, a denúncia (não no sentido técnico-penal) e o debate sobre elas permanecem no terreno político, Morillo lembra que isto não se aplica a pedidos de provas, à qualificação jurídico-penal dos fatos, à solicitação de penas mais elevadas e outras atuações que se "localizam no terreno da mais clara persecução jurídico penal" e que "supõe" "a renúncia ao debate político e sua recondução ao debate judicial" (GARCÍA MORILLO, Joaquín. Responsabilidad política y responsabilidad penal. *Revista Española de Derecho Constitucional*, año 18, n. 52, jan./abr. 1998. p. 101).

[301] Outra ressalva importante feira pela lei é que a inabilitação para o exercício bem como a perda do cargo, do mandato ou da função pública como efeitos da condenação "são condicionados à ocorrência de reincidência em crime de abuso de autoridade e não são automáticos, devendo ser declarados motivadamente na sentença" (art. 4º parágrafo único). Entre os tipos que parecem mais aptos a tolher abusos no uso político da responsabilidade jurídica destacamos os seguintes: "Requisitar instauração ou instaurar procedimento investigatório de infração

A lei é muito recente e só o futuro dirá se sua aplicação conseguirá atenuar o problema de que tratamos sem causar efeitos colaterais tão ou mais negativos.

De todo modo, a consciência da necessidade de coibir o uso político de que falamos, em especial por parte dos órgãos que recebem as denúncias, é um primeiro e indispensável passo. A essa consciência deveria seguir um cuidado rigoroso no recebimento de denúncias em série contra determinada pessoa ou grupo, quando fica mais evidente seu uso político, aumentando, portanto, a preocupação em descartar de plano aquelas sem qualquer fundamento.

A consciência do problema também deveria levar os órgãos de fiscalização a exercer um controle sobre sua própria "agenda"[302] de fiscalização, à qual se deveria impor alguma racionalidade. Ou seja, além de investigações iniciadas por denúncias, é importante haver investigações iniciadas em observância a critérios objetivos (contratos acima de certo valor, ou mesmo sorteios periódicos).

A denúncia anônima também deve ser objeto de especial preocupação. Sua proibição total não parece recomendável, salvo a um custo muito alto para a apuração e punição de vários ilícitos, mas seu uso indiscriminado e a instauração de apurações formais com base em denúncias anônimas desprovidas de qualquer indício de prova também nos parece inviável. Na verdade, há que se distinguir entre o anonimato total, quando de fato o órgão que recebe a denúncia não conhece seu autor e o parcial, quando o investigado não o conhece.

O primeiro caso nos parece que só deve ser admitido em caso de risco de vida ou de dano irreversível ao denunciante ou nos casos em que a denúncia já vem acompanhada de provas realmente fortes.

Em todos os outros casos em que o denunciante corre risco sério – a ser minimamente demonstrado –, parece-nos que o sigilo pode ser guardado em relação a terceiros, mas o órgão que recebe a denúncia deve conhecer seu autor, inclusive para ter condições mínimas de avaliar a seriedade da denúncia e a existência ou não de motivação política.

Especial cuidado deve ser tomado por todos os órgãos de fiscalização e pelo próprio Poder Judiciário quanto ao uso político, durante o período eleitoral. Nesta fase, qualquer notícia de instauração de procedimentos ou de medida preventiva pode gerar um enorme impacto no pleito. Novamente, pode-se alegar que isto é positivo – "melhor saber logo que o candidato Fulano é investigado por corrupção". Mas, e se o candidato Fulano for inocente e corrupto for o Beltrano, cuja investigação só começou depois de sua eleição, viabilizada exatamente pela denúncia feita a seu concorrente? Importante registrar que a legislação eleitoral brasileira – a partir da denominada Lei da Ficha

---

penal ou administrativa, em desfavor de alguém, à falta de qualquer indício da prática de crime, de ilícito funcional ou de infração administrativa" (art. 27); "Prestar informação falsa sobre procedimento judicial, policial, fiscal ou administrativo com o fim de prejudicar interesse de investigado" (art. 29); "Dar início ou proceder à persecução penal, civil ou administrativa sem justa causa fundamentada ou contra quem sabe inocente" (art. 30) e o do "Antecipar o responsável pelas investigações, por meio de comunicação, inclusive rede social, atribuição de culpa, antes de concluídas as apurações e formalizada a acusação" (art. 38).

[302] Estivemos (enquanto servidor do Estado do Rio de Janeiro), envolvidos com uma consultoria que (entre 2007 e 2009) procurava introduzir no Estado alguns dos elementos da denominada *governance*. Ao salientar a necessidade de que cada instituição tivesse sua própria estratégia, sua visão de aonde pretende chegar (e, portanto, sua *agenda*), um consultor sênior afirmou: "Quando você não tem uma estratégia, provavelmente você estará inserido, sem saber, na estratégia de outro". Com uma pequena adaptação podemos dizer que, quando um órgão de fiscalização não faz sua agenda, ela *estará* sendo feita por outro.

Limpa – já introduziu um sistema de presunção de falta de condições de elegibilidade que é no mínimo polêmico, como se verá no Capítulo 7.[303] Ir além disso e permitir, sem um grande cuidado, que investigações preliminares vazem à imprensa durante o período eleitoral representa, a nosso ver, um grave perigo para a democracia.

2.6.3 A juridicização de erros políticos

Ao contrário do uso político da responsabilidade sancionatória (no qual a imputação feita para atingir o adversário é de algo, ao menos em tese, ilícito), na juridicização de erros políticos é feito um esforço para enquadrar algo que tradicionalmente sempre esteve no campo da política como algo ilícito. É possível dizer que o segundo fenômeno é mera evolução do primeiro (ou ao menos que aumenta em muito seu campo de aplicação), mas, ainda assim, ele tem características e consequências peculiares que, a nosso ver, recomendam um tratamento em separado.

A juridicização de erros políticos se enquadra tanto no fenômeno da busca pela maior responsabilização dos agentes políticos quanto num movimento de expansão do direito para vários quadrantes (não apenas políticos), que já mencionamos. Mas a principal razão teórica que permite – ou facilita muito – esta tentativa parece residir na enorme ampliação do espaço dedicado às normas principiológicas tanto pela doutrina quanto pela jurisprudência.

Trata-se de tema já amplamente mapeado e estudado em diversos países,[304] mas o que nos interessa assinalar aqui é a utilização cada vez maior, também pelo direito público, de normas principiológicas cujo conteúdo é "delimitado" por fronteiras porosas e movediças.

Na verdade, até mesmo o direito sancionatório (ainda que em menor medida) funciona cada vez mais sob a influência de normas principiológicas com a delimitação de seu conteúdo sendo passível de enorme divergência. Ora, esta estrutura de normas principiológicas é muito próxima de *standards* políticos mediante os quais a atividade política é medida. Isto significa que, hoje, quase toda a medida ou decisão política pode, com alguma habilidade retórica, ser apontada como tendo violado alguma norma jurídica, inclusive uma norma penal.

Além disso, é cada vez maior a incidência de normas jurídicas (independentemente de sua estrutura – regras ou princípios) sobre todas as atividades da administração e dos agentes políticos.

---

[303] *Vide* Capítulo 7. Para uma crítica de diversas decisões judiciais tomadas por razões politicas (feita por autor integrante do Judiciário) *vide* MELO, Tutmés Airan de Albuquerque. O impeachment da Presidente Dilma e a Constituição da República: o Poder Judiciário brasileiro, a que será que se destina?. *In*: PINTO, Hélio Pinheiro *et alli* (Coord.). *Constituição, direitos fundamentais e política* – Estudos em homenagem ao Professor José Joaquim Gomes Canotilho. Belo Horizonte: Fórum, 2017. p. 191-212.

[304] A título meramente exemplificativo, veja-se DWORKIN, Ronald. *Taking rights seriously*. Cambridge: Harvard University Press, 1977; e, mais recentemente, FERRAJOLI, Luigi. El constitucionalismo entre principios y reglas. *Doxa – Cuadernos de Filosofia del Derecho*, n. 35, p. 791-817, 2012.

No Brasil a situação pode se agravar pela consagração da *eficiência* como princípio constitucional expresso[305] que vincula a administração pública, o que facilita muito a tarefa de qualquer interessado em juridicizar uma questão política. Assim, a transformação de uma questão política em uma questão jurídica passa a ser simples ("simplória" seria mais adequado): basta afirmar que qualquer política que não tenha alcançado seu objetivo não foi eficiente e, se não foi eficiente, violou a Constituição.

Em consequência, uma campanha de erradicação de certa doença que não a erradica; uma política monetária que fixa meta máxima de inflação não alcançada; um projeto para construir 100 novas escolas que só constrói 70, todos estes exemplos poderiam ser considerados como de ações governamentais ineficientes e, num passo seguinte, inconstitucionais.

É claro que o raciocínio é simplório, uma vez que a avaliação de políticas públicas deve levar em contas diversas variáveis, e que – assim como no setor privado – o não alcance de uma meta pode não ser imputável àquele que se comprometeu a tentar alcançá-la. Mas o fato é que a via para a juridicização está aberta.

Neste ponto pode-se dizer que estes exemplos, no máximo, representariam a violação de um princípio constitucional, mas que não estaria caracterizado nenhum ato ilícito passível de punição (nenhum crime, ato de improbidade ou ilícito administrativo).

No entanto, tanto na seara dos denominados crimes de responsabilidade, quanto na dos atos de improbidade administrativa existem tipos extremamente abertos. Importante registrar que a descrição de ilícitos – imputáveis a agentes políticos – de forma aberta não é uma novidade. Pelo contrário, quase sempre que as constituições descreveram tais ilícitos o fizeram de forma bastante aberta, como se evidencia pela Constituição norte-americana e pela francesa.[306]

---

[305] Art. 37 da CRFB: "A administração pública direta e indireta de qualquer dos Poderes da União, dos Estados, do Distrito Federal e dos Municípios obedecerá aos princípios de legalidade, impessoalidade, moralidade, publicidade e eficiência e, também, ao seguinte: [...]".

[306] Na França, como relatado por Robert Charvin, desde a fase inicial da revolução francesa (ainda com o Rei), quando surge a primeira tentativa de uma justiça política *contra* os ministros, utilizam-se tipos muito abertos (incluindo "violar a lei") por duas razões: a extrema desconfiança em relação aos ministros, ainda representantes do rei e o novo sacrossanto papel reconhecido à lei como expressão da vontade geral (CHARVIN, Robert. *Justice et politique (evolution de leurs rapports)*. Paris: Librairie Générale de droit et de jurisprudence, 1968. p. 27). Ainda na França, é importante fazer referência ao pensamento de Benjamin Constant que (no capítulo inteiramente dedicado à responsabilidade dos ministros de seu livro *Princípios de política. In*: CONSTANT, Benjamin. Écrits Politiques. Paris: Gallimard, 1997. p. 387-408) faz uma defesa veemente da necessidade de tipos abertos: "Il y a mille manières d'entreprendre injustement ou inutilement une guerre, de diriger avec trop de précipitation, ou trop de lenteur, ou trop de négligence la guerre entreprise, d'apporter trop d'inflexibilité ou trop de faiblesse dans les négociations, d'ébranler le crédit, soit par des opérations hasardées, soit par des économies mal conçues, soit par des infidélités déguisées sous différents noms. Si chacune de ces manières de nuire à l'État devait être indiquée et spécifiée par une loi, le code de la responsabilité deviendrait un traité d'histoire et de politique, et encore ses dispositions n'atteindraient que le passé. Les ministres trouveraient facilement de nouveaux moyens de les éluder pour l'avenir. On croira peut-être que c'est placer les ministres dans une situation bien défavorable et bien périlleuse. Tandis qu'on exige, pour les simples citoyens, la sauvegarde de la précision la plus exacte, et la garantie de la lettre de la loi, les ministres sont livrés à une sorte d'arbitraire exercé sur eux, et par leurs accusateurs et par leurs juges. Mais cet arbitraire est dans l'essence de leur condition; ses inconvénients doivent être adoucis par la solennité des formes, le caractère auguste des juges et la modération des peines. Mais le principe doit être posé: et il vaut toujours mieux avouer en théorie ce qui ne peut être évité dans la pratique. Un ministre peut faire tant de mal, sans s'écarter de la lettre d'aucune loi positive, que si vous ne préparez pas des moyens constitutionnels de réprimer ce mal et de punir ou d'éloigner le coupable (car il s'agit beaucoup plus d'enlever le pouvoir aux ministres prévaricateurs, que de les punir), la nécessité fera trouver ces moyens hors de la constitution même" (p. 391-392). Parece claro que esta defesa veemente de tipos abertos decorre da "confusão" entre responsabilidade politica e responsabilidade punitiva-penal (embora ele faça uma distinção

O que representa de fato uma novidade é que estas descrições – feitas por vezes há décadas ou séculos – são aplicadas num ambiente jurídico radicalmente distinto.

Voltemos ao exemplo do Brasil, cuja lei definidora dos crimes de responsabilidade é de 1950,[307] época na qual o papel que os princípios desempenham hoje na teoria jurídica e constitucional era inimaginável. O art. 4º, III, da referida lei define como crime de responsabilidade "os atos do Presidente da República que atentarem contra a Constituição Federal, e, especialmente, contra: [...] o exercício dos direitos políticos, individuais *e sociais*". Pois bem (ainda que num raciocínio novamente simplório), é possível dizer que uma política na área de saúde que não alcança seus objetivos é uma política ineficiente que representa um atentado ao exercício de um direito social.

É certo que existirão vários obstáculos a quem procurar trilhar esta estrada:[308] a exigência de dolo, a exigência mínima de tipicidade, requisitos da própria lei.[309] Mas o que nos importa salientar é que a estrada – ainda que não pavimentada (por enquanto) – já se encontra aberta.[310]

Assim, considerando o vasto elenco de direitos individuais e em especial sociais da Constituição brasileira, não é preciso muita habilidade retórica para conseguir enquadrar qualquer ato relacionado, por exemplo, à política pública na área de saúde, cujo resultado não seja extremamente exitoso, como *violador do direito* à *saúde*. Poderíamos dizer que este – mau – uso dos princípios é uma aberração do ponto de vista da teoria constitucional, mas o fato é que este mau uso parece ser cada vez mais difundido.

Esta tensa aproximação entre direito e política decorrente do ganho de importância das normas principiológicas é discutido por Dieter Grimm, que, após reconhecer o fenômeno do aumento da atividade legiferante, aponta que "a força vinculatória das leis não pode ser deduzida da quantidade de leis".[311] Assim:

> diferentemente da tradicional atividade estatal, na qual se tratava de proteger de transtornos uma ordem social presumida, com relação às atividades de um moderno Estado preocupado com o bem-estar social, trata-se, em grande parte, da modificação das relações sociais com vistas a determinados objetivos estabelecidos *politicamente*. A primeira atividade é de

---

entre a responsabilidade política e a penal em relação aos crimes não ligados à atividade do ministro enquanto tal). Constant dedica o capítulo seguinte da obra (p. 409-412) a debater – e combater – a proposta, esta sim parlamentarista, de que o afastamento dos ministros fosse declarado pela assembleia sem a necessidade de um julgamento, o que fulminaria o poder real, algo que para ele era inadmissível (p. 411) e que explica a contraditória natureza da responsabilidade ministerial que ele admite. Constant sempre foi citado como tendo influenciado muito a redação da Carta Constitucional brasileira de 1824 sendo possível que sua ideia de definição ampla de delitos políticos tenha influenciado a forma como os denominados crimes de responsabilidade foram previstos nas constituições republicanas brasileiras.

[307] Lei nº 1.079, de 10.4.1950.

[308] Que serão objeto do Capítulo 4.

[309] Em especial a necessidade de conjugar cada inciso do art. 4º com seu capítulo correspondente. Assim, por exemplo, existe um capítulo específico (Capítulo III do Título I, sobre os crimes contra o exercício dos direitos políticos, individuais e sociais), não sendo, portanto, possível invocar apenas um inciso do art. 4º.

[310] E, ademais, já tem sido trilhada em outros países da América Latina, onde se descobriu que a juridicização é o melhor caminho para remover presidentes indesejados, como muito bem demonstrado por PÉREZ-LIÑÁN, Aníbal. *Juicio político al presidente y nueva inestabilidad política en América Latina*. Buenos Aires: Fondo de Cultura Económica, 2009.

[311] "Pelo contrário" – prossegue – "fica cada vez mais provado que precisamente as áreas modernas do planejamento de desenvolvimento, do dirigismo econômico e da prevenção de riscos têm difícil acesso a uma regulamentação jurídica de intensa vinculação" (GRIMM, Dieter. *Constituição e política*. Belo Horizonte: Del Rey, 2006. p. 18).

natureza pontual e *retrospectiva*, a segunda abrangente e *prospectiva*. Enquanto a primeira se movimenta em terreno conhecido e dominado pelo Estado e, por isso, é normativamente regulamentável de forma relativamente exata, a segunda realiza-se sob incerteza e, além disso, depende de numerosos fatores e recursos, dos quais o Estado só dispõe de forma limitada. *Tal atividade é de tal modo complexa, que, mentalmente, não pode mais ser antecipada por completo e, destarte, também não pode ser definitivamente regulamentada de forma normativa.*[312]

E, no ponto que interessa mais diretamente à juridicização do erro político, Grimm afirma que nestas novas "áreas da atividade estatal", "os habituais tipos jurídicos de regulamentações ficam cada vez mais suplantados por outra espécie de norma". Assim:

se as normas jurídicas clássicas podiam *dirigir* a aplicação do direito no modo de um programa condicional, que ligava consequências jurídicas *precisas e definidas* à *existência de pressupostos bem determinados de fatos* as normas jurídicas de caráter novo devem se limitar a prescrever às instâncias aplicadoras do direito, no modo de um programa final, o objetivo de sua atividade e citar vários aspectos que devem ser considerados na perseguição do objetivo.[313]

O problema é que:

normas desta espécie dirigem a aplicação do direito em proporções muito menores do que os tradicionais programas condicionais. Examinando-se mais de perto, resta, muitas vezes, apenas um aparente direcionamento por parte da lei, que exige dos destinatários da norma que ajam em direção ao objetivo, mas que coloca a seu critério a decisão sobre o tipo de ação. Assim, o critério de ação ainda não está traçado na norma, mas é produzido pelo destinatário da norma em sua execução, mediante constante adaptação a situações diversas.

Disso sofre a separação entre direito e política, pois a aplicação do direito torna-se forçosamente o seu próprio criador de normas. A tarefa política da decisão programadora passa para instâncias que devem tomar decisões programadas e que somente para tanto estão legitimadas e aparelhadas. Isso não atinge apenas a vinculação legal da administração. Onde faltam critérios legais que determinem a conduta dos destinatários da norma de forma suficiente, a jurisdição também não pode fiscalizar se os destinatários se comportaram legalmente ou não. Porém, *se ela aceitar sua missão de fiscalização, ela não vai mais utilizar critérios preestabelecidos*, mas impor suas próprias noções de exatidão. *Dessa maneira, ela se transforma, em escala intensificada, em poder político que, ele mesmo, assume funções de legislação*. Então, a decisão política migra para onde ela não tem que ser responsabilizada politicamente, enquanto que à responsabilidade política não corresponde mais nenhuma possibilidade decisória. Nesse ponto, no nível da aplicação do direito paira a ameaça de uma nova mistura das esferas funcionais de direito e política, para a qual ainda não são visíveis soluções convincentes nos dias de hoje.[314]

Nesse ponto já se vê um grande problema derivado da juridicização do erro político: o deslocamento do debate político *do* parlamento – seu lugar por excelência – *para* o Judiciário. Este deslocamento traz consequências igualmente perigosas. Além

---

[312] GRIMM, Dieter. *Constituição e política*. Belo Horizonte: Del Rey, 2006. p. 18-19.

[313] GRIMM, Dieter. *Constituição e política*. Belo Horizonte: Del Rey, 2006. p. 19.

[314] GRIMM, Dieter. *Constituição e política*. Belo Horizonte: Del Rey, 2006. p. 19-20.

de o parlamento ser legitimado e – em geral – preparado[315] para a discussão política, o que o Judiciário não é,[316] há um problema de predeterminação quanto ao resultado do "debate". Isto porque uma questão discutida no parlamento pode ter diversas soluções – ou até nenhuma, se o tema sai da agenda ou a discussão for adiada, o que não é necessariamente ilegítimo – com distintos graus de conciliação possíveis entre distintos interesses. Já o Judiciário está em geral limitado a uma decisão dicotômica[317] (procedente ou improcedente, culpado ou inocente), tomada, nas palavras de Garapon, "sob o ângulo binário e redutor da relação vítima/agressor".[318] Ademais – ainda nas palavras de Garapon – "ao contrário do que pensam alguns, a Justiça não se limita a oferecer um recurso suplementar aos atores da vida política".[319] Na verdade, sua intervenção em matéria política acaba "autorizando a transposição" para a Justiça "de todas as reivindicações e de todos os problemas", que deverão ser expostos em "termos jurídicos"[320] e não mais – como seria de se esperar em democracia – em termos políticos.

Mas o maior impacto da tentativa de juridicização de questões políticas, impacto que abala um pilar central da democracia, é que, quando esta tentativa é exitosa (ou seja, quando se consegue transferir uma questão política para os tribunais), o poder político da minoria, *como por um passe de mágica*, passa a ser idêntico ao da maioria.

Esta questão, tão grave quanto pouco tratada, foi levantada por Joaquín Morillo, para quem talvez a principal razão da tentativa de transferir para o Judiciário a decisão de questões políticas se deva à distinção entre a lógica parlamentar – "baseada no princípio democrático e na decisão da maioria" – e a lógica "judicial, sustentada sobre o garantismo e o princípio da igualdade de partes".[321] Assim:

> a oposição pensa, com razão, que em sede parlamentar a maioria sempre poderá fazer valer seu peso, enquanto que, em sede judicial, se sente protegida por um juiz imparcial: nessa sede judicial, a maioria parlamentar perde as vantagens derivadas de sua condição majoritária e de seu maior peso político e os atores políticos, que na lógica parlamentar estarão sempre em uma relação de maioria-minoria, passarão, na lógica processual penal,

---

[315] Este preparo deriva de duas circunstâncias. Como o parlamento idealmente tem representantes de várias áreas da sociedade, está mais preparado para debater e decidir sobre os temas mais diversos. Em outro sentido o preparo se refere à assessoria (corpo técnico) de cada casa legislativa. Neste sentido, no Brasil temos exemplos desde Casas que contam com quadro técnico de assessoramento altamente qualificado (como é o caso das duas Casas do Congresso Nacional) até câmaras de vereadores de cidades do interior que não contam com nenhuma assessoria minimamente instruída.

[316] Registre-se a adoção de alguns "instrumentos de comunicação entre o STF e a população" que representam uma maior abertura à sociedade, incluindo a transmissão de sessões de julgamento e, em especial, a realização de audiências públicas. O resultado efetivo de tais iniciativas, no entanto, é questionado. Sobre o tema *vide* MELLO, Patrícia Perrone Campos. *Nos bastidores do STF*. Rio de Janeiro: Forense, 2015. p. 33-342.

[317] Vale observar que quando o Parlamento é chamado a autorizar um processo contra um agente político ou mesmo a julgá-lo (*vide* capítulo 4) ele não tem como escapar dessa mesma lógica dicotômica (autorizar ou não autorizar o início do processo, condenar ou absolver) o que inviabiliza qualquer processo de negociação formal. *Vide* PÉREZ-LIÑÁN, Aníbal. *Juicio político al presidente y nueva inestabilidad política en América Latina*. Buenos Aires: Fondo de Cultura Económica, 2009. p. 231. *Vide* ainda o texto de Boaventura de Sousa Santos (parcialmente reproduzido na nota n. 286 acima), que também aponta que a judicialização da política inclui a presença das "dicotomias drásticas entre ganhadores e perdedores".

[318] GARAPON, Antoine. *Le gardien des promesses* – Justice et démocratie. Paris: Editions Odile Jacob, 1996. p. 23-24.

[319] GARAPON, Antoine. *Le gardien des promesses* – Justice et démocratie. Paris: Editions Odile Jacob, 1996. p. 45.

[320] GARAPON, Antoine. *Le gardien des promesses* – Justice et démocratie. Paris: Editions Odile Jacob, 1996. p. 45.

[321] GARCÍA MORILLO, Joaquín. Responsabilidad política y responsabilidad penal. *Revista Española de Derecho Constitucional*, año 18, n. 52, jan./abr. 1998. p. 102-103.

a submeter-se ao princípio constitucional da igualdade entre as partes. O deslocamento da sede parlamentar para a judicial permite à minoria, portanto, equilibrar sua posição em relação à maioria.[322]

Ou seja, a juridicização da política representa um "3º turno" das eleições, mediante o qual o grupo que recebeu menos poder político das urnas ganha um reforço de seu poder, de modo a igualá-lo àquele poder outorgado – pelo povo – ao grupo vencedor das eleições. Trata-se, a nosso ver, de grave distorção, cujo afastamento há de ser – ao menos – levado em conta nos momentos, nem sempre conscientes, em que se opera a juridicização.[323]

Um último problema, também apontado por Morillo: a política ao longo da história sempre foi uma empreitada de alto risco. A morte sempre foi o mais provável destino daqueles que perdiam grandes embates políticos. Há centenas de exemplos do passado (de Roma até o terror jacobino e ... antijacobino)[324] e alguns do presente (como a execução de parentes do presidente da Coreia do Norte).[325] A evolução do sistema político, com a despenalização da política,[326] ofereceu aos políticos a

> segurança derivada de que sua eventual derrota não teria efeito fora do campo político. O mecanismo conhecido como responsabilidade política pretende, precisamente, tornar possível que a vitória ou derrota políticas não gerem outras consequências: pretende em suma "blindar" o político perante o judicial ou criminal. Isto permite a convivência pacífica pois aquele politicamente derrotado sabe que tal derrota não terá maiores consequências.[327]

No entanto, adverte Morillo – fazendo questão de "repetir que os delitos devem ser perseguidos, seja quem seja seu autor" –[328] quando a persecução é assumida por

---

[322] Morillo continua: "Nesse processo que desloca a controvérsia política do terreno político [...] para o judicial, e não na inevitável e desejável persecução dos ilícitos penais, sejam quem forem seus atores, é onde radica a judicialização da política e a politização da justiça. O primeiro porque a determinação da oportunidade das ações políticas é substituída pela busca de possíveis elementos de antijuridicidade que permitam a atuação judicial. Verificado este primeiro fenômeno – a judicialização da política – é inevitável que se produza a politização da justiça, isso é, que as atuações judiciais sejam lidas em termos de confrontação política – vale dizer, em termos de a quem favorecem ou prejudicam – e de seus efeitos políticos" (GARCÍA MORILLO, Joaquín. Responsabilidad política y responsabilidad penal. *Revista Española de Derecho Constitucional*, año 18, n. 52, jan./abr. 1998. p. 103).

[323] Há um outro problema apontado por Morillo: "Um agente político acusado de um erro político, embora tenha certa tendência natural a se defender, pode, no curso da discussão política, ser levado a reconhecer em parte sua responsabilidade política e portanto pode ser levado a mudar a condução de determinada questão. Quando um tema político é enquadrado também como um ilícito (um ato de improbidade ou um crime), a tendência natural é que nenhuma falha seja reconhecida" (GARCÍA MORILLO, Joaquín. Responsabilidad política y responsabilidad penal. *Revista Española de Derecho Constitucional*, año 18, n. 52, jan./abr. 1998. p. 100).

[324] Não por acaso, Correia e Pinto afirmam: "Não deixa de ser irônico constatar que a criminalização da política corresponde, de certo modo, à original concepção jacobina, que todos os movimentos revolucionários de perto ou de longe seguiram, segundo a qual a condenação política acarretava uma condenação criminal. Mas a verdade é que agora o fenómeno surge sob vestes mais sofisticadas e paradoxais" (CORREIA, José de Matos; PINTO, Ricardo Leite. *A responsabilidade política*. Lisboa: Universidade Lusíada Editora, 2010. p. 128).

[325] Entre dezembro de 2013 e janeiro de 2014 o líder da Coreia do Norte, Kim Jong-un, teria – segundo noticiado por vários jornais ocidentais – mandado executar seu tio, Jang Song-Thaek e outros familiares.

[326] No Brasil, a primeira lei de responsabilização dos ministros (lei de 15.10.1827), inspirada no *impeachment* inglês, previa a pena de morte, embora esta não tenha sido aplicada a nenhum ministro.

[327] GARCÍA MORILLO, Joaquín. Responsabilidad política y responsabilidad penal. *Revista Española de Derecho Constitucional*, año 18, n. 52, jan./abr. 1998. p. 109.

[328] GARCÍA MORILLO, Joaquín. Responsabilidad política y responsabilidad penal. *Revista Española de Derecho Constitucional*, año 18, n. 52, jan./abr. 1998. p. 109. Estas "ressalvas" são típicas de todos os que (como o autor em

atores políticos, estes "abandonam o discurso e o marco político" e, portanto, "não podem" "pretender respostas políticas, mas sim judiciais". Esse caminho – prossegue o autor – "conduz, forçosamente, a cegar a possibilidade de diálogo, a eliminar a suavização que a política democrática e parlamentar trazem à defesa de posições contraditórias e a abrir as vias do conflito não parlamentarizado".[329]

Assim:

> a judicialização da política não consiste em perseguir judicialmente, por quem deve fazê-lo, os comportamentos delitivos de quem exerce função pública: consiste em que os instigadores dessa persecução judicial sejam atores políticos que, ao atuar assim, deixam de sê-lo, para passar a ser atores judiciais: partes de um processo. A utilização dos processos judiciais se converte então no eixo da estratégia política.[330]

Já a "politização da justiça":

> tem lugar quando a atuação judicial se interpreta como uma função de controle político, quando os atores judiciais subordinam o exercício da função jurisdicional ao exercício de funções políticas substitutas das que correspondem a outras instâncias e, ao fazê-lo, abandonam seu caráter judicial para converter-se em atores políticos.
>
> Se politiza a Justiça quando seus integrantes atuam perseguindo objetivos políticos – e, portanto, se integram necessariamente em estratégias políticas – e substituem critérios de legalidade pelos de oportunidade. [...]

E conclui:[331]

> a busca de responsabilidades penais em atividades políticas, utilizando as varas como substitutas do parlamento e a responsabilidade penal como substituta da política opera efeitos sumamente nocivos no complexo e delicado emaranhado institucional da democracia parlamentar.[332]

Em sentido próximo temos ainda Pinto e Correia:

> o fenómeno da judicalização da política, inflacionado pela via do apagamento da responsabilidade política, constitui um perigo evidente para o Estado de Direito. Por um lado, acaba por danificar a imagem de isenção e independência da magistratura, que se vê envolvida num quadro de politização (e, mesmo, de partidarização) de contornos

---

questão e nós mesmos) criticam excessos de posições jurídicas bem intencionadas na proteção de bens ou interesses especialmente relevantes (probidade, proteção ambiental etc). Isto porque esta crítica é sempre arriscada para seus autores, que podem vir a ser tachados de serem contrários aos bens cuja importância, por si só, justificaria qualquer excesso.

[329] GARCÍA MORILLO, Joaquín. Responsabilidad política y responsabilidad penal. *Revista Española de Derecho Constitucional*, año 18, n. 52, jan./abr. 1998. p. 109.

[330] GARCÍA MORILLO, Joaquín. Responsabilidad política y responsabilidad penal. *Revista Española de Derecho Constitucional*, año 18, n. 52, jan./abr. 1998. p. 109.

[331] Não sem antes fazer mais uma "ressalva", afirmando que "Quando se comete um delito [...] a ativação do processo penal encaminhado a elucidar e aplicar as correspondentes responsabilidades penais não é apenas inevitável, é saudável" (GARCÍA MORILLO, Joaquín. Responsabilidad política y responsabilidad penal. *Revista Española de Derecho Constitucional*, año 18, n. 52, jan./abr. 1998. p. 110).

[332] GARCÍA MORILLO, Joaquín. Responsabilidad política y responsabilidad penal. *Revista Española de Derecho Constitucional*, año 18, n. 52, jan./abr. 1998. p. 110.

incompatíveis com o seu estatuto. E aqui nasce o perigo da politização da justiça. Por outro lado, porque isso significa uma notória regressão do instituto da responsabilidade a uma fase de indiferenciação entre a responsabilidade penal e a responsabilidade política, que vai ao arrepio do próprio conceito de democracia.[333]

Em estudo não por acaso intitulado *Judiciário: o menos perigoso dos poderes?*, Daniel Smilov alerta que mesmo em países como a Itália, onde o Ministério Público tem uma enorme autonomia (e no Brasil também é assim) e sua atuação teve resultados espetaculares contra a máfia, este combate teve o efeito negativo de um "contínuo envolvimento do judiciário no processo político e seu impacto direto na reestruturação do sistema partidário e na competição política". Pode-se dizer que afastar políticos e partidos desonestos é positivo, mas o autor alerta para o risco de aparecimento de políticos populistas que constroem suas carreiras na publicidade negativa gerada por julgamentos e processo sem fim. Assim, recomenda:

> para o modelo ter sucesso ele efetue o balanço cuidadoso entre independência e *accountability*: se o balanço for mal feito o judiciário pode seguir progressivamente alienado dos problemas da sociedade em geral ou pode se tornar super politizado, buscando implementar agendas partidárias.[334]

Em suma, como assevera Maria Benedita Urbano, atualmente se pode afirmar "que o direito e a justiça se tornaram armas privilegiadas e omnipresentes no combate político". Prossegue a autora, citando Kaluszynski:

> "Estamos num contexto em que os juízes afrontam o político e o público aplaude". Este aplauso popular, todavia, não deve ser visto como uma nova fonte de legitimidade democrática, propiciadora de uma função política dos juízes (que não deve confundir-se com a função política do direito).[335]

Não há solução simples para este problema. Ainda assim, a consciência disso certamente é um primeiro e decisivo passo.

---

[333] CORREIA, José de Matos; PINTO, Ricardo Leite. *A responsabilidade política*. Lisboa: Universidade Lusíada Editora, 2010. p. 130.

[334] SMILOV, Daniel. The Judiciary: The Least Dangerous Branch?. *In*: ROSENFELD, Michel; SAJÓ, András (Ed.). *The Oxford Handbook of Comparative Constitutional Law*. Oxford: Oxford University Press, 2012. p. 866. E, mais à frente, prossegue o autor: "A most interesting case presents the role of the judiciary in a society which is affected by widespread corruption. On the one hand, the judiciary needs to be highly independent in order to tackle political corruption, but it also needs to be accountable in order to be able to address its own internal corruption. It is very often the case that the judiciary itself is suspected of corrupt practices, which indicates that its independence of other branches should not be turned into a constitutional fetish [...] It is probably somewhat paranoid to think of power in terms of the potential dangers it might pose: after all power and authority are necessary for the rational guidance of human affairs. The judiciary is a sophisticated instrument of authority, the proper functioning of which depends on a complex process of fine-tuning carried out not only by experts on law and court management, but also by people with an ear for broader social and political problems. Without such fine-tuning, the instrument could produce a cacophony of sounds, and may ultimately create a Kafkaesque socio-political environment, in which the villain and the hero, the rule and the exception, justice and injustice become indistinguishable" (p. 872).

[335] URBANO, Maria Benedita Malaquias Pires. Deambulações teóricas em torno da justiça política. *In*: CORREIA, Fernando Alves; SILVA, João Calvão; ANDRADE, José Carlos Vieira; CANOTILHO, J. J. Gomes; COSTA, José Manuel M. Cardosos. *Estudos em homenagem a António Barbosa de Melo*. Coimbra: Almedina, 2013. p. 650-651.

2.6.4 Os fins e os meios, incluindo a perigosa mistura de elementos de distintos regimes de responsabilização

O último fenômeno que trataremos neste capítulo é caracterizado pela ocorrência de dois movimentos ou fenômenos umbilicalmente ligados à proteção jurídica de algum bem jurídico ultrassensível,[336] como é o caso da moralidade pública.

O primeiro fenômeno é o da "ponderação", "relativização" (ou liquefação) dos direitos de quem está em posição "contrária" a um bem jurídico ultrassensível. O segundo fenômeno é o da mistura entre os pressupostos ou elementos que caracterizam os distintos tipos de responsabilidade. Não se trata de fenômeno limitado à responsabilização de agentes políticos, mas eles estão especialmente expostos à prática.

Ulrich Beck, em obra recente, observa que "as expectativas das pessoas deixaram de ser compatíveis com os arranjos institucionais que deveriam satisfazê-las".[337] Pois bem, a necessidade de encontrar respostas aos distintos, e por vezes inéditos, problemas contemporâneos (acompanhada por vezes de uma enorme ansiedade social) tem causado verdadeiro terremoto nos alicerces dos diversos sistemas de responsabilidade.

Neste movimento de busca de solução jurídica para todos os problemas, dois aspectos são especialmente preocupantes: o primeiro, já mencionado, é que o direito passa a ser chamado a responder a todos os tipos de problemas, incluindo aqueles cuja resposta mais adequada não é a jurídica. O segundo é que, na busca por tutelar valores especialmente relevantes – a segurança e a vida, ameaçadas pelo terrorismo, a proteção ambiental, a moralidade da ação estatal, a higidez das eleições, para ficar em exemplos mais correntes –, é cada vez mais comum a distorção ou mesmo o abandono de certos direitos e garantias que constituem a própria argamassa dos pilares do Estado democrático de direito.

Um bom exemplo – pela sensibilidade do bem jurídico protegido – advém da luta contra o terrorismo, em nome do qual diversos direitos processuais e diversos direitos relacionados à intimidade têm sido progressivamente relativizados, violados ou explicitamente afastados.[338]

---

[336] Esta "ultrassensibilidade" pode ser uma característica do bem em si, pode ser uma característica que lhe é atribuída pelos meios de comunicação social e é ainda mais aguçada quando presentes ambos os elementos.

[337] BECK, Ulrich. *A Europa Alemã (De Maquiavel a "Merkievel": estratégias de poder na crise do euro)*. Lisboa: Edições 70, 2012. p. 23; 27.

[338] Para um histórico do tema nos Estados Unidos, incluindo a aprovação do polêmico *Patriot Act*, *vide* LIZZA, Ryan. Secrets, lies, and the N.S.A. *The New Yorker*, p 48-61, 16 dez. 2013. *Vide* ainda GOLDSTONE, Richard. The tension between combating terrorism and protecting civil liberties. *In*: WILSON, Richard Ashby (Ed.). *Human rights in the 'war on terror'*. Cambridge: Cambridge University Press, 2005. Mas a questão não se limita aos Estados Unidos. Na França, após os terríveis atentados de novembro de 2015 alguns direitos fundamentais também foram restringidos. Na América Latina vale citar a decisão da Corte Interamericana de Direitos Humanos no caso Loayza Tamayo *v.* Peru (sentença de 17.9.1997) em que aspectos da legislação peruana adotada como forma de combate aos atos do grupo terrorista "Sendero Luminoso" foram apreciados. A Corte, na ocasião, registrou (§44 da sentença): "Al valorar estas pruebas la Corte toma nota de lo señalado por el Estado en cuanto *al terrorismo, el que conduce a una escalada de violencia en detrimento de los derechos humanos*. La Corte advierte, sin embargo, *que no se pueden invocar circunstancias excepcionales en menoscabo de los derechos humanos*. Ninguna disposición de la Convención Americana ha de interpretarse en el sentido de permitir, sea a los Estados Partes, sea a cualquier grupo o persona, suprimir el goce o ejercicio de los derechos consagrados, o limitarlos, en mayor medida que la prevista en ella (artículo 29.2). Dicho precepto tiene raíces en la propia Declaración Universal de Derechos Humanos de 1948 (artículo 30)".

Outro exemplo é a área ambiental, em que excessos, mesmo que bem-intencionados, têm chegado a resultados absurdos. Assim é que princípios importantes (desde que tecnicamente aplicados), como o princípio da precaução,[339] são exportados sem cerimônia a processos sancionatórios servindo para justificar postulados como o de que cabe ao acusado provar que não praticou infração,[340] jogando ao mar direitos que protegem o cidadão contra a atividade sancionatória do Estado, reconhecidos em longo processo de maturação da ciência jurídica e consagrados em diversas declarações internacionais de direitos humanos.[341]

O que é especialmente preocupante neste movimento é que o brado das boas intenções é tão ensurdecedor que seus defensores convencem a audiência, *e a si próprios*, que qualquer valor – salvo aquele protegido por aquele(s) sistema(s) e por eles defendido – é irrelevante[342] ou mesmo inaceitável.[343]

---

[339] Sobre o tema, *vide* o indispensável artigo: ARAGÃO, Maria Alexandra de Sousa. Princípio da precaução: manual de instruções. *Revista do Centro de Estudos de Direito do Ordenamento, do Urbanismo e do Ambiente – CEDOUA*, n. 2, 2008.

[340] Dominique Rousseau, em estudo sobre a responsabilidade do juiz menciona a existência de uma circular do Ministério da Educação francês que solicitava: "em aplicação do princípio da precaução" que adultos acusados de abusos sexuais fossem colocados automaticamente em detenção provisória (ROUSSEAU, Dominique. La responsabilité du fait de la fonction juridictionnelle. *In*: BIOY, Xavier (Org.). *Constitution et Responsabilité* – Actes du Colloque de Toulouse. Paris: Montchrestien, 2009. p. 76).

[341] Outro exemplo é dado por Canotilho e Nuno Brandão, que sustentam que certos acordos de colaboração premiada celebrados no âmbito da denominada operação Lava-Jato (a pretexto de combater a criminalidade dos governantes), violam tantos princípios constitucionais e regras legais que a colaboração de autoridades portuguesas com investigações relacionadas a tais acordos ofenderia a ordem pública portuguesa (CANOTILHO, J. J. Gomes; BRANDÃO, Nuno. Colaboração premiada e auxílio judiciário em matéria penal: a ordem pública como obstáculo à cooperação com a operação Lava Jato. *Revista de Legislação e de Jurisprudência*, ano 146, n. 4000, set./out. 2016).

[342] Tutmés Melo, ao analisar diversas decisões judiciais tomadas por razões manifestamente políticas, afirma: "parece que os juízes fizeram a clara opção de decidir fora dos marcos da legalidade porque o devido processo legal e seus pilares, caso obedecidos, atrapalhariam suas excelências de transformar o processo judicial num 'procedimento de guerra', como diria Günter Jakobs, contra a corrupção, dentro do qual não há espaço para garantismos humanistas. [...] O combate à corrupção [...] foi erigido em razão do Estado, e os corruptos em seus inimigos. Simbolicamente, as decisões [...] analisadas são produtos dessa guerra na qual ao inimigo, demonizado e estereotipado, devem ser negados direitos e garantias elementares através da subversão da cláusula do devido processo legal". Melo denuncia ainda o esmaecimento das "fronteiras entre o ato de julgar e o ato de policiar e investigar" (MELO, Tutmés Airan de Albuquerque. O impeachment da Presidente Dilma e a Constituição da República: o Poder Judiciário brasileiro, a que será que se destina?. *In*: PINTO, Hélio Pinheiro *et alli* (Coord.). *Constituição, direitos fundamentais e política* – Estudos em homenagem ao Professor José Joaquim Gomes Canotilho. Belo Horizonte: Fórum, 2017. p. 197). O problema do "foco exclusivo" não se limita aos sistemas de imputação de responsabilidade aos agentes políticos. Como já afirmamos (por ocasião das enormes manifestações populares que sacudiram o Brasil em junho-julho de 2013 em busca de melhores serviços públicos) ele caracteriza boa parte do direito público brasileiro: "Para *entregar* aquilo que foi demandado pela população o Estado precisa se utilizar do instrumental do direito público. Sob a ótica do direito constitucional poderíamos dizer que tudo aquilo que a população *pede* já é imposto pela Constituição Federal. Com efeito, no direito constitucional brasileiro a corrente hegemônica se caracteriza pelo amplo reconhecimento da força normativa de todas as normas constitucionais, que seriam fonte de direitos subjetivos aos seus destinatários, direitos que podem (todos) ser exigidos em juízo. Com o passar do tempo este reconhecimento passou para a jurisprudência que é repleta de decisões determinando ao Poder público as mais distintas prestações. Mas a pobreza, infelizmente, não acaba por que assim se inscreveu na Constituição. Toda ação do estado (prestação de serviços públicos de qualidade, a assistência social, etc.) exige uma série de atos do poder público. Ou seja, um Prefeito ou Governador, para *implementar* as promessas constitucionais (para entregar estradas, hospitais, escolas, serviços públicos), precisará *necessariamente* aplicar (e estará sujeito à aplicação de) outras normas do direito público, incluindo a Lei de Licitações, a Lei de Responsabilidade Fiscal (LRF), a Lei Eleitoral e a Lei de Improbidade Administrativa. Pois bem, estas normas de direito público, embora devam ser interpretadas 'sistematicamente' à luz da Constituição, obedecem a lógicas próprias, derivadas em grande medida das razões que impuseram sua aprovação. Referimo-nos ao movimento por ética na política e responsabilidade na gestão das finanças públicas. O primeiro nasce a partir de um clamor iniciado com o processo de *impeachment* do Presidente Collor, reavivado com [...] denúncias mais recentes. Este movimento resultou [...]

O que está por trás do problema em foco é o fato de que, ao longo da história, bens jurídicos especialmente sensíveis passaram a ser objeto de tutela por distintos e sobrepostos esquemas de responsabilidade. Assim, por exemplo, segundo a Constituição brasileira (art. 225, §3º) a violação a normas ambientais pode acarretar aos infratores, cumulativamente: (a) a obrigação de reparar o dano; (b) uma sanção/punição administrativa; e (c) uma sanção penal.

O mesmo ocorre com certas condutas ilícitas praticadas por agentes políticos. É possível, em tese, que a mesma conduta importe em uma: (a) sanção jurídico-política (condenação por crime de responsabilidade com afastamento do cargo); (b) sanção "administrativa", aplicada por meio da Lei de Improbidade;[344] (c) sanção criminal (se o fato também constituir crime comum) e tudo isto sem prejuízo da (d) obrigação de reparar o dano.[345]

No entanto, se a proteção de um bem jurídico por distintos sistemas de responsabilização não é em si uma novidade – tampouco algo negativo –, é certa a necessidade de que cada um destes sistemas observe as regras e princípios que lhe são próprios.[346]

---

na aprovação de um conjunto de leis cujo objetivo principal é criar a maior quantidade possível de mecanismos de controle sobrepostos, a fim de evitar as malfeitorias na política. Ou seja, evitar o ilícito passa a ser o objetivo primordial, que deve ser perseguido mesmo à custa do sacrifício de outros objetivos (uma licitação para comprar papel não é mais concebido com o fim maior de comprar ... papel e sim com o fim de evitar, por todos os meios possíveis, que *se roube* ao comprar papel, mesmo que este acabe por não ser comprado). [...] Em suma, o que o que a sociedade *exige* de um lado e o direito constitucional 'garante' juridicamente o restante do direito público dificulta ao máximo. Vejamos alguns exemplos da LRF e da lei eleitoral, ambas carregadas de boas intenções (*garantir a responsabilidade das finanças públicas e a higidez das eleições*). [...] Pois bem, vamos supor que os atuais governantes desejem iniciar um novo programa social, incluindo transferência de renda e outros benefícios, com o objetivo de atender o art. 3º III da Constituição, erradicando a pobreza e diminuindo as desigualdades sociais. Como se trata de programa novo, não incluído no orçamento de 2013, a iniciativa deverá ser incluída no projeto de lei orçamentária de 2014, para então ter início. Mas isto não é 'legalmente' possível. Isto porque no último ano do mandato [...] é proibido distribuir gratuitamente bens, valores *ou* benefícios por parte da Administração Pública, exceto nos casos de: calamidade pública; estado de emergência ou de programas sociais autorizados em lei *e já em execução orçamentária no exercício anterior*. Ou seja, num país tão carente de políticas públicas na área social um ente não pode iniciar um programa no último ano do mandato do respectivo dirigente. [...] O problema é que, devido ao fato de que o chefe do executivo governa o primeiro ano com o orçamento decorrente de proposta enviada por seu antecessor, é bem provável que não haja previsão orçamentária que permita o início do programa no 1º ano de governo. Conclui-se então que novos programas sociais só são iniciados no 3º ano de governo. Se estivéssemos na Escandinávia é bem possível que a população pudesse esperar. No Brasil... [...] Estes exemplos mostram que o direito público brasileiro é, em boa medida, constituído por normas que apontam para direções opostas. Estas normas, em geral, são analisadas por doutrina e jurisprudência de forma isolada, com foco apenas nos nobres objetivos *isolados* de cada uma delas (combater a corrupção, garantir a igualdade do pleito, etc.). Quando aplicadas em conjunto – e assim é o mundo real – o resultado é a paralisia kafquiana" (MASCARENHAS, Rodrigo Tostes de Alencar. Como atender às demandas da população com o atual direito público? *Tribuna do Advogado*, Rio de Janeiro, ano XLII, n. 351, out. 2013. p. 24-25).

[343] Quando não "escuso". De fato, em certos quadrantes do direito ambiental o debate está tão ideologicamente contaminado que a invocação de qualquer ressalva ou condição à aplicação de normas supostamente mais "protetoras" do meio ambiente (ainda que fundada em direitos fundamentais, como o do devido processo legal) é por vezes (des)qualificada como sendo manifestação meramente interesseira de seu porta-voz.

[344] A natureza das sanções aplicadas com base na Lei de Improbidade Administrativa e sua cumulatividade ou não com o *impeachment*, são temas polêmicos que serão tratados no Capítulo 5.

[345] Que pode ser apurada na mesma ação de improbidade administrativa ou mediante uma grande variedade de outras ações com distintos titulares (por exemplo, ação civil pública e ação popular).

[346] Um exemplo importante no sentido de que determinada característica pode ser adequada a um sistema de responsabilização e insustentável em outro Sistema se refere às teorias da causalidade. Assim, como observado por Anderson Schreiber: "A teoria da equivalência das condições encontrou acolhida na seara do direito penal, justificadamente. Ali, o princípio da tipicidade limita o âmbito de extensão da *conditio sine qua non*, restringindo o juízo de responsabilização sobre as condutas típicas praticadas, ainda que outras tenham concorrido e, portanto, se afigurem, em tese, como causas do resultado punível. Por exemplo, a conduta do vendedor de material

Ou seja, a união de sistemas para proteger um mesmo bem não pode significar a perda de identidade de cada um desses sistemas.

Note-se que vários valores ou bens jurídicos são protegidos ao mesmo tempo por mais de um ramo ou sub-ramo do direito e também são objeto de tutela penal.[347] E, em qualquer destes casos, instaurada uma persecução criminal ou administrativa, ela passa a estar submetida ao conjunto de normas que limitam e informam a atuação punitiva estatal – *qualquer que ela seja, administrativa, penal ou de outra natureza* –,[348] em especial o devido processo legal, a segurança jurídica, a legalidade, a tipicidade, entre outros.

---

esportivo pode ser considerada causa, porque *conditio sine qua non,* do dano provocado por uma bola de golfe que vendera a um jogador, o qual, deliberadamente ou por infortúnio, vem a acertar, durante a partida, um passante. Já não pode, todavia, ser o vendedor considerado penalmente responsável por falta de tipicidade da sua conduta, que, sendo lícita, não se encaixa em qualquer tipo descrito na codificação criminal. O mesmo não aconteceria na esfera cível, onde a atipicidade do ato ilícito resultaria em responsabilização do comerciante, efeito claramente indesejável por sua sonora injustiça. Em outras palavras, os efeitos expansionistas da teoria da equivalência das condições não se verificam no direito penal, mas poderiam ser destrutivos no direito civil, onde a responsabilidade se guia por cláusulas gerais, sem a amarra de um princípio de tipicidade, característico do campo criminal, onde a responsabilidade tem finalidade punitiva e objeto limitado às ofensas de interesse público" (SCHREIBER, Anderson. *Novos paradigmas da responsabilidade civil.* 6. ed. São Paulo: Atlas, 2015. p. 57). Esta circulação de teorias da causalidade é um risco sério quando pensamos na existência de sistemas punitivos com tipos tão abertos quanto os da improbidade administrativa, que será vista no Capítulo 5.

[347] Podemos pensar no direito da concorrência, no direito administrativo econômico, ou mesmo no direito tributário, todos também objeto de alguma tutela penal.

[348] Vale lembrar, neste ponto, a posição da Corte Europeia de Direitos do Homem no que se refere à aplicabilidade da convenção europeia de direitos humanos (e seus protocolos) a processos sancionatórios denominados, pelos distintos ordenamentos jurídicos dos estados membros, de disciplinares (caso *Engel*) ou administrativas (caso *Sergey*). Com efeito, a Corte de Estrasburgo (desde a decisão no caso Engel *v.* Países Baixos, de 1976, reforçada no mais recente caso Sergey Zolotukhin *v.* Rússia, de 2009) deixou claro que o fato de a legislação de determinado país denominar um sistema punitivo como administrativo (ou não penal) não significa que os dispositivos da convenção referentes ao processo penal não possam ser aplicáveis, sempre que presentes certas características (denominadas de *Engel Criteria*), incluindo a classificação legal da ofensa, a sua natureza e a gravidade da pena imposta. A Corte (p. 30 da decisão do Caso Engel), já em 1976, reconhecia que todos os estados membros da convenção já havia muito tempo faziam uma distinção entre procedimentos disciplinares e criminais. E acrescentava que, tradicionalmente, para os indivíduos afetados os sistemas disciplinares têm vantagens em relação aos criminais, em especial por terem penas mais brandas. No entanto, já ressalvava a Corte, processos criminais são normalmente acompanhados de maiores garantias. Ante esta situação, a Corte afirmava a necessidade de verificar se a classificação de uma infração dada pelo Direito nacional era decisiva. Indagava se determinado artigo da Convenção (art. 6, expressamente direcionado a processos criminais) deixaria de ser aplicável porque um estado denomina um ato ou omissão como um ilícito disciplinar. E, de forma que diretamente nos interessa, a Corte salientava que este problema era particularmente importante "quando um ato ou omissão é tratado pelo Direito doméstico [...] como um ilícito misto, ao mesmo tempo disciplinar e criminal", existindo, portanto, a "possibilidade de optar entre ou até cumular procedimentos criminais e disciplinares" (*ibidem*). A Corte chega à importante conclusão de que cabe a ela decidir se a Convenção é aplicável ou não, ainda que o ilícito seja classificado nacionalmente como disciplinar e isto porque se os "estados pudessem, discricionariamente, classificar um ilícito como disciplinar ao invés de criminal, ou processar o autor de um ilícito 'misto' na esfera disciplinar ao invés da esfera penal, a aplicação das cláusulas fundamentais" (da convenção, no caso os arts. 6 e 7) "estariam inteiramente subordinadas à vontade soberana dos estados", o que provavelmente "conduziria a resultados incompatíveis com os objetivos e propósitos da convenção" (p. 31). O que nos parece especialmente relevante é que a Corte acaba por afirmar que qualquer atividade do estado que tenha como consequência a aplicação de uma punição de certa gravidade deve ser exercida com o respeito integral a direitos que, embora previstos originalmente (desde as primeiras constituições dos séculos XVIII, XIX) para a esfera penal (na ocasião a única existente ou relevante, até porque o crescimento da máquina administrativa mal tinha se iniciado), na verdade tem como objeto garantir que qualquer punição estatal seja decorrente de um processo justo, independentemente do adjetivo desse processo. Sobre o tema, na doutrina portuguesa, *vide* ALBUQUERQUE, Paulo Pinto de. A reforma do direito das contra-ordenações. *In*: CORREIA, Fernando Alves; MACHADO, Jónatas M.; LOUREIRO, João Carlos (Coord.). *Estudos em homenagem ao Prof. Doutor José Joaquim Gomes Canotilho – Direito administrativo e justiça administrativa.* Coimbra: Coimbra Editora, 2012. v. IV. Esse autor, aliás, falando do direito das contraordenações ressalta o problema da "delimitação das fronteiras do direito contraordenacional. Então apenas em relação ao direito penal, mas também, e crescentemente, em relação ao próprio direito civil" (p. 738).

No entanto, na tutela *punitiva* destes bens especialmente protegidos (aí incluída a tutela da moralidade pública), é cada vez mais comum a invocação de princípios, teorias e doutrinas que surgiram – *e, ao menos em princípio, deveriam permanecer* – na esfera reparatória, ao mesmo tempo em que se diluem ou "ponderam" os direitos e garantias relacionados à atuação persecutória do Estado.[349]

Não negamos a possibilidade, que pode até ser positiva, de um fluxo de institutos, técnicas, regras ou princípios entre distintos ramos do direito. Na verdade, a História do direito está cheia de exemplos nesse sentido. O que condenamos, e de forma veemente, é que este fluxo seja feito de maneira completamente acrítica e casuística sem qualquer consideração seja quanto às características do ramo do direito de onde saiu o instituto, do ramo que o receberia e das consequências da importação.

Note-se que tanto o direito penal quanto o direito administrativo sancionador têm sofrido os efeitos desta patologia. Quanto ao direito penal, com alicerces mais estruturados, pode-se afirmar que ele resiste melhor a esta investida. Ainda assim, Pedro Lomba, ao tratar da "fuga para a responsabilidade penal dos titulares de cargos políticos, e especialmente dos ministros" aponta "algumas dificuldades":

> Embora seja necessário restaurar a responsabilidade política individual, não me parece que devamos apelar prioritariamente à responsabilidade penal para fazer essa mesma re-individualização. Desde logo, porque os riscos de uma confiança exagerada na responsabilidade penal podem conduzir a um apagamento e secundarização da responsabilidade política. [...]
>
> não se esqueça que, assentando a responsabilidade penal num paradigma de imputação individual, ela dificilmente se compadece quer com a responsabilidade política colectiva, quer com o facto de as condutas políticas serem muitas vezes praticadas no âmbito de serviços administrativos e, por conseguinte, não ser sempre concebível a determinação da autoria individual dos crimes. *O que nos suscita uma última reflexão, esta mais penalista do que constitucionalista: a criminalização da responsabilidade política pode comprometer até os princípios da justiça penal, no respeitante à qualificação dos factos e à avaliação da culpa. A impreterível necessidade de encontrar um responsável e uma motivação para acusar e condenar um titular de cargo políticos podem ser bem mais fortes do que apurar, com exactidão, todos os pressupostos individuais de que depende a responsabilidade penal. Para além dos riscos decorrentes do corporativismo judiciário e duma jurisprudência da virtude, esta suspeição antecipada sobre tudo o que é político pode conduzir até a alguma subversão do princípio da presunção de inocência.*
>
> Com isto não se pretende desacreditar a responsabilidade penal dos titulares de órgãos políticos ou a criminalidade governante. A verdade é que a responsabilidade criminal dos titulares de cargos políticos é sumamente importante para as democracias constitucionais. É-o porque a sua consagração representa a existência de um verdadeiro Estado de

---

[349] Por exemplo, numa ação de improbidade administrativa, o Tribunal Regional Federal da 2ª Região entendeu que "*basta que o Ministério Público descreva as condutas [...] e requeira, ainda que genericamente*, a condenação com base no art. 12 da Lei de Improbidade para que o juízo subsuma os fatos às condutas previstas nos arts 9º, 10 e 11 e aplique as sanções que reputar cabíveis previstas nos incisos do art. 12, com base na parêmia 'da mihi factum, dabo tibi ius' ('dá-me o fato que te darei o direito'). Não há nisso violação da ampla defesa e do devido processo legal, dado que *o réu se defende de fatos a si imputados, e não desta ou daquela capitulação legal presente na Lei 8.429/92*" (Agravo nº 0006182-53.2013.4.02.0000 (201302010061826). Rel. Des. Marcus Abraham. *DJ*, 10 jul. 2014). Ou seja, no entendimento do referido Tribunal uma pessoa pode ser submetida a processo punitivo (inclusive ter os bens bloqueados cautelarmente) sem que o Estado-acusação sequer tenha que informar qual ilícito considera que foi cometido.

Direito. A relevância criminal das condutas políticas não tem de ser apenas apurada retrospectivamente, embora não possa deixar de o ser, se o conhecimento dos factos for posterior à cessação das funções políticas. No entanto, como sintetiza Jorge Miranda, do mesmo modo que seria impróprio reduzir à responsabilidade criminal a responsabilidade do poder político, também seria inadequado «extender a responsabilidade criminal a todas as acções do poder».[350]

Já a Lei de Improbidade Administrativa,[351] criada com o objetivo supremo de punir corruptos, parece flutuar acima de boa parte de garantias processuais que não seriam negadas nem mesmo numa querela de vizinhos, como será visto no Capítulo 5.

Todos estes movimentos têm como justificativa a alta relevância do bem jurídico protegido e a dificuldade em protegê-lo (por exemplo, a dificuldade de prevenir ataques terroristas sem grande ingerência na vida privada ou a dificuldade apresentada pelo direito ambiental em parcelar responsabilidades e identificar com clareza cadeias causais em certos tipos de anos). Vistas isoladamente, estas confusões costumam ser minimizadas à luz da necessidade de especial proteção de determinado bem jurídico (combater a corrupção por exemplo) no caso concreto. Neste ponto, parece-nos mais do que necessária a observação de Maria Fernanda Palma, ex-integrante do Tribunal Constitucional, que afirma:

> A confusão entre responsabilidade política e responsabilidade penal é característica dos Estados totalitários. Na perspectiva do Direito Penal, uma tal confusão implica a renúncia ao princípio da legalidade e a definição do crime através de fórmulas gerais. Pelo contrário, o Estado democrático pluralista requer uma distinção nítida entre as duas esferas de responsabilidade.[352]

Com isto, em especial quando vemos o fenômeno não em uma de suas múltiplas manifestações, mas em seu conjunto, direitos e liberdades fundamentais são progressivamente queimados em um auto de fé, destinado a purificar a República de seus "corruptos". Tudo, afinal, deve ceder perante os mais altos objetivos desta empreitada.

No entanto, do ponto de vista constitucional, parece-nos que esta confusão – que já contamina os principais institutos de apuração da responsabilidade dos agentes políticos no Brasil (como veremos nos capítulos seguintes) – é insustentável e perigosa.

---

[350] LOMBA, Pedro. *Teoria da responsabilidade política*. Coimbra: Coimbra Editora, 2008. p. 66-67. Grifos nossos.

[351] Em geral incluída no âmbito do direito administrativo sancionador, como veremos no Capítulo 5.

[352] PALMA, Maria Fernanda. Responsabilidade política e responsabilidade penal – Três casos controversos. *Sub judice – Justiça e Sociedade*, n. 6, maio/ago. 1993. p. 5.

CAPÍTULO 3

A RESPONSABILIDADE DOS AGENTES POLÍTICOS E SEU TRATAMENTO DIFERENCIADO

Uma análise das constituições de várias democracias europeias, americanas e africanas revela que os sistemas de apuração e punição de ilícitos cometidos por agentes políticos sempre apresentam características que representam alguma derrogação do sistema aplicável à população em geral.[353] Iniciaremos este capítulo com um breve panorama destes tratamentos distintos.

Em seguida, pretendemos verificar se a situação constitucional dos agentes políticos[354] efetivamente justifica ou recomenda que os distintos sistemas de responsabilização lhes dediquem normas específicas (não aplicáveis aos demais cidadãos) e, neste caso, quais tratamentos diferenciados seriam efetivamente necessários ou justificados, ou se, ao contrário, o correto do ponto de vista constitucional seria a inexistência de qualquer derrogação do direito comum.

3.1 Breve nota terminológica

Ao estudar o tratamento diferenciado dado aos agentes políticos é importante notar, como feito por Francisco Aguilar,[355] a enorme confusão terminológica reinante sobre a matéria, com a utilização de palavras como *imunidade, indemnidade, inviolabilidade, irresponsabilidade, prerrogativa* ou *privilégio* para designar distintas situações, alguma afetas ao processo e outras ao direito material. O referido autor propõe a seguinte terminologia:

> *indemnidade*, para designar as situações de ausência de responsabilidade criminal relativas ao titular de órgão político; *imunidade*, para designar as situações de não privação da liberdade prévia à sentença definitiva de condenação e de não sujeição a julgamento do titular de cargo político; *prerrogativa processual*, para todas as restantes situações em que o

---

[353] Costuma-se citar a Grã-Bretanha como exemplo de constituição (no caso não escrita) que não prevê derrogação no regime de responsabilidade de agentes políticos. Mas isto não é inteiramente correto pois, como veremos, o Chefe de Estado inglês – como é a regra em monarquias – goza de imunidade absoluta. Além disso, os ministros que sejam parlamentares gozam de certas prerrogativas a este título.

[354] Incluindo as peculiaridades de suas atribuições e sua forma de designação.

[355] AGUILAR, Francisco. Imunidades dos titulares de órgãos políticos de soberania. *In*: PALMA, Maria Fernanda (Coord.). *Jornadas de direito processual penal e direitos fundamentais*. Faculdade de Direito da Universidade de Lisboa, Conselho Distrital de Lisboa da Ordem dos Advogados. Coimbra: Almedina, 2004. p. 336.

titular de cargo político se beneficie de um tratamento processual mais favorável do que o consagrado no regime ordinário.[356]

Gomes Canotilho e Vital Moreira, após afirmarem não ser "claro o sentido jurídico-constitucional de imunidade", defendem que, de acordo com o texto da CRP:

> a *imunidade*, em sentido amplo, é um conceito abrangente da *imunidade* em sentido restrito, da *inviolabilidade* e da *irresponsabilidade*. Em rigor, o conceito de imunidade é o privilégio de os titulares de órgãos de soberania só poderem ser detidos, presos ou acusados criminalmente mediante *autorização* do órgão a que pertencem ou de outro órgão de soberania.[357]

Embora o esforço de classificação seja necessário, ele é difícil, tendo em vista a existência de grande dissenso doutrinário. Assim, por exemplo, o que Aguillar chama de "indemnidade", e Maria Benedita Urbano[358] e Carla Amado Gomes[359] chamam de "irresponsabilidade", a CRFB denomina, quando se refere ao estatuto dos parlamentares, de "inviolabilidade".[360]

---

[356] AGUILAR, Francisco. Imunidades dos titulares de órgãos políticos de soberania. *In*: PALMA, Maria Fernanda (Coord.). *Jornadas de direito processual penal e direitos fundamentais*. Faculdade de Direito da Universidade de Lisboa, Conselho Distrital de Lisboa da Ordem dos Advogados. Coimbra: Almedina, 2004.

[357] CANOTILHO, J. J. Gomes; MOREIRA, Vital. *Constituição da República Portuguesa*: anotada. 4. ed. Coimbra: Coimbra Editora, 2010. v. II. p. 122. Também na mesma linha segue Jorge Miranda, para quem: "as imunidades pertencem a duas categorias: irresponsabilidade e inviolabilidade pessoal, irresponsabilidade (ou responsabilidade atenuada) por actos no exercício dos cargos e não sujeição (ou sujeição só verificada certas condições) a processo criminal e a privação da liberdade física" (MIRANDA, Jorge. Imunidades constitucionais e crimes de responsabilidades. *Direito e Justiça*, v. XV, t. 2, 2001. p. 28). Falando especificamente sobre o conceito de imunidade, Carla Amado Gomes esclarece que ele: "é utilizado, em direito público, em diversos âmbitos. Pode dizer-se que é um género com muitas espécies, que variam em função do objecto e também de acordo com circunstâncias históricas. Num sentido lato, imunidade significa a atribuição de um estatuto de proteção a determinada pessoa, categoria de pessoas e mesmo bens, tendo em atenção a posição que ocupam ou a importância que revestem" (GOMES, Carla Amado. *As imunidades parlamentares no direito português*. Coimbra: Coimbra Editora, 1998. p. 17).

[358] URBANO, Maria Benedita Malaquias Pires. *Representação política e parlamento*. Contributo para uma teoria político-constitucional dos principais mecanismos de protecção do mandato parlamentar. Coimbra: Almedina, 2009. p. 547 e ss. Sobre as dificuldades terminológicas no estudo do tema (com o relato de que "Durante muito tempo a doutrina utilizou de uma forma indiscriminada os termos 'privilégio', 'imunidade', 'prerrogativa' e 'garantia'"), *vide* nota à p. 535 da mesma obra.

[359] GOMES, Carla Amado. *As imunidades parlamentares no direito português*. Coimbra: Coimbra Editora, 1998. p. 32. Após afirmar que as imunidades parlamentares se dividem em "irresponsabilidade" e "inviolabilidade", a autora anota que "a terminologia não é uniforme: em Espanha utilizam-se os termos *inviolabilidad* (para irresponsabilidade) e *inmunidad* (para inviolabilidade), em França designam-se por *irresponsabilité* e *inviolabilité*, em Itália oscila-se entre *irresponsabilità* e *insindicabilità* (para irresponsabilidade) e *inviolabilità*, na Alemanha empregam-se os termos *Indemnität* (para irresponsabilidade) e *Immunität*" (p. 31).

[360] "Art. 53. Os Deputados e Senadores são *invioláveis*, civil e penalmente, por quaisquer de suas opiniões, palavras e votos". José Afonso da Silva, embora trate o instituto como inviolabilidade (que significa a "exclusão de cometimento do crime por parte de deputados e senadores por suas opiniões palavras e votos"), observa que a inviolabilidade também é chamada de "imunidade material". Já quanto às normas relativas à prisão dos parlamentares, constantes dos §§do artigo em questão (que foram objeto de alteração constitucional em 2001 e que passaram a ter a seguinte redação: "§2º Desde a expedição do diploma, os membros do Congresso Nacional não poderão ser presos, salvo em flagrante de crime inafiançável. Nesse caso, os autos serão remetidos dentro de vinte e quatro horas à Casa respectiva, para que, pelo voto da maioria de seus membros, resolva sobre a prisão. §3º Recebida a denúncia contra o Senador ou Deputado, por crime ocorrido após a diplomação, o Supremo Tribunal Federal dará ciência à Casa respectiva, que, por iniciativa de partido político nela representado e pelo voto da maioria de seus membros, poderá, até a decisão final, sustar o andamento da ação. §4º O pedido de sustação será apreciado pela Casa respectiva no prazo improrrogável de quarenta e cinco dias do seu recebimento pela Mesa Diretora"). José Afonso afirma que: "A *imunidade* (propriamente dita) é prerrogativa processual, e esta a verdadeira imunidade, dita 'formal', para diferenciar da 'material', que é a inviolabilidade vista acima. Ela envolve a disciplina da prisão e do *processo* de congressistas. Ao contrário, pois, da inviolabilidade, a imunidade

CAPÍTULO 3
A RESPONSABILIDADE DOS AGENTES POLÍTICOS E SEU TRATAMENTO DIFERENCIADO | 121

No Brasil, o STF[361] e a doutrina em geral têm utilizado a expressão genérica *prerrogativa*[362] para todas as derrogações do direito comum que têm como objeto agentes políticos (e outros agentes públicos), opção que adotaremos neste trabalho.

Importante ressalvar, no entanto, que o uso da expressão *prerrogativa*, como significando uma "derrogação" do direito "comum", traz uma pré-compreensão implicitamente contrária a qualquer tratamento diferenciado. Ora, como veremos neste capítulo, algum tratamento especial, ao menos para certos agentes, é pressuposto de qualquer desenho institucional constitucionalmente adequado do Poder Executivo. Portanto, trata-se de algo intrínseco ao sistema (de estrutura do Estado e de seus poderes) e não uma derrogação ao sistema.[363]

Parece-nos importante analisar o tratamento especial reservado aos agentes políticos em três dimensões: sua natureza, seu objeto específico e sua dimensão temporal. As classificações referidas mais acima se preocupam em geral com a natureza do tratamento especial dado (a não sujeição a determinado processo de responsabilização, um foro diferenciado, regras processuais distintas etc.).

Em relação ao tipo ou natureza do tratamento nos parece haver duas divisões importantes. A primeira se preocupa em saber se a prerrogativa é de direito material ou processual. As prerrogativas quanto ao direito material são situações em que o beneficiário não responde, ainda que temporariamente, pela prática de algum ilícito (não

---

não exclui o crime, antes o pressupõe, mas *impede* o processo, quando admitida em termos absolutos, que não é o caso do sistema vigente" (SILVA, José Afonso da. *Comentário contextual à Constituição*. 8. ed. São Paulo: Malheiros, 2012. p. 425-426. Grifos no original).

[361] Por exemplo, na Questão de Ordem na Queixa Crime nº 427-8-STF. *DJ*, 15 out. 1993.

[362] José Afonso da Silva segue essa linha, ao menos quando trata das "prerrogativas" dos congressistas (SILVA, José Afonso da. *Comentário contextual à Constituição*. 8. ed. São Paulo: Malheiros, 2012. p. 424-426). No mesmo sentido Manoel Gonçalves Ferreira Filho que fala de "garantias da liberdade dos parlamentares" que, por serem, "dadas aos parlamentares, mas em prol do Legislativo", configuram "prerrogativas e não privilégios". Já quando trata do estatuto do PR (ao menos no que se refere aos §§3º e 4º do art. 86 da CRFB) fala em "imunidade" (FERREIRA FILHO, Manoel Gonçalves. *Comentários à Constituição brasileira de 1988*. 3. ed. São Paulo: Saraiva, 2000. v. 1. p. 331; 460-461). Maria Benedita Urbano, em nota acima referida sobre as dificuldades terminológicas no estudo do tema (especificamente no que se refere ao estatuto dos parlamentares) menciona que "A grande maioria dos juspublicistas italianos, espanhóis e portugueses refere que as imunidades são prerrogativas" (URBANO, Maria Benedita Malaquias Pires. *Representação política e parlamento*. Contributo para uma teoria político-constitucional dos principais mecanismos de protecção do mandato parlamentar. Coimbra: Almedina, 2009. p. 536).

[363] Carla Amado Gomes, ao tratar as prerrogativas como "auto-rupturas constitucionais", acaba seguindo linha muito próxima daquela que enfatiza as prerrogativas como uma derrogação, quase um desvio, ainda que constitucionalmente válido. Isso tem reflexos importantes na forma de interpretação das prerrogativas, em especial em saber se existe ou não uma suposta diretriz hermenêutica no sentido de que tenham que ser interpretadas restritivamente. Gomes cita Recorder de Castro que entenderia "que o direito comum goza de uma *vis atractiva* que impõe a interpretação restritiva de qualquer espécie de derrogação que se lhe oponha" e, após citar a posição de Barthélemy em sentido contrário (posição específica para prerrogativas parlamentares), a autora prossegue: "Parece-nos ser a primeira a melhor das teses, sem embargo da análise atenta de cada caso. Ou seja, ainda que as imunidades parlamentares sejam auto-rupturas constitucionais – estando portanto legitimadas ao mais alto nível do ordenamento –, isso não impede a sua contextualização nos quadros do Estado de Direito democrático, conjugando-as, na medida do possível, com as posições jurídicas subjectivas estabelecidas em geral. A haver alguma presunção, ela será sempre ilidível, se se provar que, no caso em apreço, os factores em jogo o justificam". Mais à frente a autora volta a falar em uma "necessidade de fazer uma interpretação restritiva do instituto das imunidades parlamentares" (GOMES, Carla Amado. *As imunidades parlamentares no direito português*. Coimbra: Coimbra Editora, 1998. p. 44-45; 103). Maria Benedita Urbano também se inclina por uma interpretação restritiva das prerrogativas (URBANO, Maria Benedita Malaquias Pires. *Representação política e parlamento*. Contributo para uma teoria político-constitucional dos principais mecanismos de protecção do mandato parlamentar. Coimbra: Almedina, 2009. p. 538; 574-577; 666) em que, ao tratar da inviolabilidade parlamentar, fala expressamente na "necessidade [...] de interpretar restritivamente esta figura". No Brasil, o STF também sustenta a necessidade de interpretação restritiva das prerrogativas, como veremos mais à frente.

necessariamente criminal). Exemplo dessa prerrogativa é a irresponsabilidade (segundo a maioria da doutrina portuguesa) ou inviolabilidade (segundo a doutrina brasileira) dos parlamentares por suas opiniões e votos expressos no exercício de suas funções, bem como a (em geral) amplíssima irresponsabilidade dos monarcas por quaisquer de seus atos. Mas, aos agentes políticos, como veremos mais à frente, tais prerrogativas são em geral temporárias.

Quando esta prerrogativa é temporária (caso do Brasil), ela pode ser tratada como uma imunidade "processual" (como faz o STF em relação ao art. 86, §4º, da CRFB, como veremos em seguida). Se aqui a denominamos de *material* é apenas para enfatizar que, na prática, ela impede (ainda que temporalmente) que o agente responda sobre tal ou qual fato, ao invés de simplesmente afirmar que a "resposta" se dará em foro específico ou dependerá da autorização de tal ou qual órgão.

Por outro lado, temos as prerrogativas relacionadas ao processo[364] (incluindo órgãos específicos incumbidos de formular a acusação,[365] de autorizar a instalação de processo ou seu prosseguimento ou de promover o julgamento, *quorum* elevado para a condenação bem como regras processuais propriamente ditas), além da prerrogativa específica quanto à possibilidade de prisão.

A segunda divisão (quanto à natureza ou tipo da prerrogativa) se preocupa em verificar sobre qual (ou quais) sistema de responsabilização ela recai: penal, civil, disciplinar, contraordenacional, política etc.

Quando tratamos do objeto específico de proteção (não confundir com a razão, justificativa ou finalidade da proteção), preocupamo-nos em verificar quais atos atraem o tratamento especial. Neste caso, em geral, temos, de um lado, os atos diretamente relacionados ao exercício do cargo, função ou mandato e, de outro lado, atos sem qualquer relação com o exercício do cargo, função ou mandato. Entre estes extremos há alguma margem de incerteza, falando-se por vezes (como faz a Suprema Corte dos EUA) em casos que estão no perímetro externo das atribuições do cargo.

Por fim, em relação à dimensão temporal, temos a divisão entre atos praticados antes, na duração e depois do período no qual o agente estiver no exercício do cargo, função ou mandato.

3.2 O tratamento diferenciado dos agentes políticos no direito comparado

3.2.1 Breve notícia sobre o tratamento diferenciado no Brasil

O breve panorama desta parte do capítulo limitar-se-á a uma exposição dos dispositivos presentes em distintas constituições, consagrando algum tipo de regime especial para a responsabilização de agentes políticos, com especial foco nos chefes de estado e de governo. Assim, com poucas exceções, não iremos nos aprofundar sobre a precisa delimitação desses diversos dispositivos.

---

[364] Ou prerrogativas processuais *stricto sensu*, se levarmos em consideração a ressalva feita anteriormente.

[365] O caráter político (ou não) da autorização para que se inicie ou não processo sancionatório contra um agente político pode se confundir com uma verdadeira imunidade material.

CAPÍTULO 3
A RESPONSABILIDADE DOS AGENTES POLÍTICOS E SEU TRATAMENTO DIFERENCIADO | 123

Antes de analisar o tratamento dado aos agentes políticos no direito comparado, vejamos, em linhas gerais, o tratamento dado pela Constituição brasileira, neste domínio, sem prejuízo do aprofundamento de parte de seus aspectos nos capítulos seguintes.

A CRFB concede tratamento diferenciado ao presidente da República dos dois tipos acima referidos (material e processual). Em primeiro lugar, segundo o art. 86, §4º da CRFB, o presidente da República: "na vigência de seu mandato, não pode ser responsabilizado por atos estranhos ao exercício de suas funções", com o que temos uma "indemnidade" ou "irresponsabilidade" material, ou, segundo o STF, uma "imunidade à persecução penal".[366]

Esta imunidade, quanto ao objeto, leva em conta a natureza dos atos, só se aplicando àqueles estranhos ao exercício das funções (incluindo os anteriores ao mandato), e, quanto ao tempo, é limitada à duração do mandato. A sobreposição de sua dimensão material e temporal significa que *qualquer* ato anterior ao mandato estará coberto pelo dispositivo, uma vez que, a rigor, será estranho ao exercício das funções.[367] A designação de atos estranhos ao exercício das funções por certo não inclui aqueles que, embora – por sua natureza criminosa – não sejam atos oficiais (e, nesse sentido restrito, sejam estranhos ao exercício republicano das funções), só puderam ser praticados em razão do exercício das funções (como pedidos de vantagens indevidas).

Trata-se, no entendimento do STF, de "cláusula de exclusão que inibe a atividade processual do Poder Público", alcançando "em sede judicial, as infrações penais comuns praticadas pelo Chefe do Poder Executivo da União na vigência do seu mandato, desde que estranhas ao ofício presidencial".[368] O dispositivo em questão (embora qualifique a natureza *dos atos* por cuja prática o presidente fica temporariamente irresponsável), não qualifica a natureza *da responsabilização* temporariamente afastada. As decisões do STF, sustentando a necessidade de interpretação restritiva do dispositivo, limitaram-no à responsabilidade *penal*:

> Essa norma constitucional – que ostenta nítido caráter derrogatório do direito comum – *reclama e impõe*, em função de sua própria excepcionalidade, exegese estrita, do que deriva a sua *inaplicabilidade* a situações jurídicas de ordem *extrapenal*.
>
> Sendo assim, torna-se lícito asseverar que o Presidente da República *não dispõe* de imunidade, quer em face de procedimentos judiciais que visem a definir-lhe a responsabilidade civil, quer em face de procedimentos instaurados por suposta prática de infrações político-administrativas (os impropriamente denominados *crimes de responsabilidade*), quer, ainda, em face de procedimentos destinados a apurar, para efeitos estritamente fiscais, a responsabilidade tributária do Chefe do Poder Executivo da União.[369]

---

[366] ADI nº 1.022-1/600. Rel p/ o acórdão Min Celso de Mello, j. 19.10.1995. *DJ*, Seção I, 27 out. 1995, republicado em 24.11.95.

[367] Sobre a incidência deste dispositivo a atos praticados no *primeiro* mandato de PR reeleito, *vide* Capítulo 4 (4.4.3).

[368] ADI nº 1.022-1/600, p. 750 dos autos.

[369] Prossegue o acórdão: "Disso decorre que a norma constitucional em questão concerne, *exclusivamente*, aos procedimentos judiciais de persecução penal, sendo *estranhos* ao âmbito de sua incidência quaisquer outros fatos que possam configurar ilicitude civil ou mesmo ilicitude político-administrativa do Presidente da República. Desse modo, *somente* estão abrangidas pelo preceito inscrito no par. 4º do art. 86 da Carta Federal as *infrações penais comuns* eventualmente cometidas pelo Chefe do Poder Executivo da União que não guardem - ainda que praticadas na vigência do mandato – qualquer conexão com o exercício do ofício presidencial. Os ilícitos penais cometidos *em momento anterior* ao da investidura do candidato eleito na Presidência da República – exatamente

A limitação do dispositivo aos crimes comuns (por oposição aos crimes de responsabilidade) inclui os crimes eleitorais (mesmo aqueles especificamente praticados durante a eleição para o cargo de PR, hipótese dos dois inquéritos nos quais o STF apreciou inicialmente o tema), mas o STF não abordou a eventual sujeição do PR a processo de improbidade administrativa, mesmo porque a respectiva lei[370] tinha sido promulgada poucos meses antes dos dois precedentes aqui citados. Coerente com sua interpretação restritiva, o STF firmou entendimento de que a imunidade temporária não impedia diligência de caráter instrutório, embora tenha expressamente ressalvado a impossibilidade de indiciamento do PR.[371]

Ademais, o PR, "enquanto não sobrevier sentença condenatória, nas infrações comuns [...] não estará sujeito a prisão" (art. 86, §3º, da CRFB). Por fim, quanto ao PR, existe processo próprio e tribunal próprio para julgá-lo tanto nos crimes de responsabilidade (art. 86, *caput* da CRFB)[372] quanto nas infrações "penais comuns" (neste caso com poucas diferenças quanto a regras de processo).

Mas a CRFB estabelece prerrogativas para outros agentes políticos. Assim, os ministros de estado e os comandantes da Marinha, do Exército e da Aeronáutica têm o Senado como foro competente para os processos por crime de responsabilidade (art. 52, I da CRFB), mas apenas nos casos de crimes de responsabilidade conexos com crimes de mesma natureza cometidos pelo presidente ou pelo vice-presidente, hipótese em que se aplicará a favor dos ministros a necessidade de autorização prévia da Câmara dos

---

porque não configuram *delicta in officio* – também são alcançados pela norma tutelar positivada no par. 4º do art. 86 da Lei Fundamental, cuja eficácia subordinante e imperativa *inibe* provisoriamente o exercício, pelo Estado, do seu poder de persecução criminal" (Questão de Ordem no Inquérito nº 672-STF. Rel. Min. Celso de Mello, j. 16.9.1992. *DJ*, 16 abr. 1993, p. 27-28 do acórdão. Grifos no original). Em caso decidido pouco antes desse, o STF já havia afirmado que o dispositivo em questão garante ao PR uma "imunidade processual temporária [...] por crimes comuns estranhos ao exercício de suas funções. [...] O que o art. 86, parágrafo 4º confere ao Presidente da República não é imunidade penal, mas imunidade temporária à persecução penal: nele não se prescreve que o presidente é irresponsável por crimes não funcionais praticados no curso do mandato, mas apenas que, por tais crimes, não poderá ser responsabilizado, enquanto não cesse a investidura na presidência. [...] Da impossibilidade, segundo o art. 86, parágrafo 4º de que, enquanto dure o mandato, tenha curso ou se instaure processo penal contra o Presidente da República por crimes não funcionais decorre que, se o fato é anterior à sua investidura [...] o STF não será originariamente competente para a ação penal que, depois de extinto o mandato, se venha eventualmente a propor contra o ex-presidente. [...] a imunidade temporária à persecução penal contra o Presidente [...] não se comunica ao coautor do fato" (Ementa da Questão de Ordem no Inquérito nº 567-STF. Rel. Min. Sepúlveda Pertence, j. 20.8.1992. *DJ*, 9 out. 1992, ambos os acórdãos foram decididos por unanimidade).

[370] Lei nº 8.429/92, que será analisada no Capítulo 5.

[371] "De outro lado, impõe-se advertir que, *mesmo na esfera penal*, a imunidade constitucional em questão *somente* incide sobre os atos inerentes à *persecutio criminis in judicio*. Não impede, portanto, que, por iniciativa do ministério Público, sejam ordenadas e praticadas, na fase pré-processual do procedimento investigatório, diligências de caráter instrutório destinadas a ensejar a *informatio delicti* e a viabilizar, *no momento constitucionalmente oportuno*, o ajuizamento da ação penal. Disso tudo decorre que a cláusula constitucional de imunidade temporária – que só afeta o *jus persequendi in judicio* nas infrações penais *estranhas* ao exercício da função presidencial – não se estende, não obsta e nem afeta a regular instauração e o normal desenvolvimento das investigações pertinentes ao comportamento supostamente delituoso do Chefe do Poder Executivo. Essa interpretação busca compatibilizar o sentido teleológico da norma constitucional em causa com as consequências inerentes ao princípio republicano, pois o impedimento à *imediata* responsabilização penal do Presidente da República não deve afastar a possibilidade de adoção de providências investigatórias que objetivem preservar, ainda que numa fase meramente pré-processual – e com exclusão de qualquer ato de indiciamento do Chefe de Estado – os elementos indispensáveis à comprovação do delito (exames periciais, inquirição do ofendido, audiência das testemunhas, reconhecimento de pessoas e coisas, produção de provas documentais, etc.), sob pena de consagrar-se inadmissível situação de impunidade do autor de práticas alegadamente criminosas" (Questão de Ordem no Inquérito nº 672-STF. Rel. Min. Celso de Mello, j. 16.9.1992. *DJ*, 16 abr. 1993. p. 27-28; 35 do acórdão. Grifos no original).

[372] O que será tratado no Capítulo 4.

Deputados.[373] Para os crimes comuns (e para os crimes de responsabilidade sem conexão com crimes de igual natureza do PR ou do vice) o foro de processo e julgamento dos ministros de estado e dos comandantes militares é o STF (art. 102, I, "c" da CRFB).[374]

Os governadores dos estados brasileiros gozam de *status* próximo ao do PR (embora o tribunal competente seja distinto),[375] com a importante exceção de que, para esses agentes, não existe a prerrogativa (de que goza o PR) da irresponsabilidade, "na vigência de seu mandato", por "atos estranhos ao exercício de suas funções" nem a imunidade quanto à prisão. Este *status*, no entanto, salvo no que diz respeito ao tribunal

---

[373] Conforme art. 51, I da CRFB ao qual foi dada interpretação bastante restritiva pelo STF (Questão de Ordem na Queixa-Crime nº 427-8. *DJ*, 15 out. 1993, que será discutida no Capítulo 4). Na prática, esta autorização (na forma restrita que lhe deu o STF) será também exigível em relação aos comandantes militares pois, se negada para o PR, o processo não poderá prosseguir no Senado, nem em relação aos ministros nem aos comandantes pois neste caso a competência será do STF (art. 102, I, "c" da CRFB).

[374] Em 2.5.2018, o STF (na Questão de Ordem na Ação Penal nº 937) decidiu, por maioria, fixar a tese de que "o foro por prerrogativa de função aplica-se apenas aos crimes cometidos durante o exercício do cargo e relacionados às funções desempenhadas". Voltaremos a essa decisão ainda neste capítulo.

[375] Em relação aos crimes de responsabilidade o modelo adotado pela maioria absoluta das Constituições Estaduais atribui às Assembleias Legislativas a competência para autorizar o processo e para realizar o julgamento. As únicas exceções (apontadas por BROSSARD, Paulo. *O impeachment*: aspectos da responsabilidade política do Presidente da República. 3. ed. São Paulo: Saraiva, 1992. p. 7) eram os estados de Pernambuco e do Rio Grande do Norte. No entanto, em julgamento realizado em 12.2.2015, em que a Ordem dos Advogados do Brasil impugnava dispositivos de três constituições estaduais, o STF considerou que esta previsão (das constituições estaduais) violaria a Constituição Federal. As razões para tal entendimento foram as seguintes: "Por violar a competência privativa da União, o Estado-membro não pode dispor sobre crime de responsabilidade. No entanto, durante a fase inicial de tramitação de processo por crime de responsabilidade instaurado contra governador, a Constituição estadual deve obedecer à sistemática disposta na legislação federal. Assim, é constitucional norma prevista em Constituição estadual que preveja a necessidade de autorização prévia da Assembleia Legislativa para que sejam iniciadas ações por crimes comuns e de responsabilidade eventualmente dirigidas contra o governador de Estado. [...]. A Corte rememorou que a Constituição Estadual deveria seguir rigorosamente os termos da legislação federal sobre crimes de responsabilidade, por imposição das normas dos artigos 22, I, e 85, da CF, que reservariam a competência para dispor sobre matéria penal e processual penal à União. Ademais, não seria possível interpretar literalmente os dispositivos atacados de modo a concluir que o julgamento de mérito das imputações por crimes de responsabilidade dirigidas contra o governador de Estado teria sido atribuído ao discernimento da Assembleia Legislativa local, e não do Tribunal Especial previsto no art. 78, §3º, da Lei 1.079/1950. Esse tipo de exegese ofenderia os artigos 22, I, e 85, da CF. Por outro lado, o Colegiado reconheceu a constitucionalidade das normas das Constituições estaduais que exigiriam a aprovação de dois terços dos membros da Assembleia Legislativa como requisito indispensável – a denominada licença prévia – para se admitir a acusação nas ações por crimes comuns e de responsabilidade, eventualmente dirigidas contra o governador do Estado. Consignou que o condicionamento da abertura de processo acusatório ao beneplácito da Assembleia Legislativa, antes de constituir uma regalia antirrepublicana deferida em favor da pessoa do governador, serviria à preservação da normalidade institucional das funções do Executivo e à salvaguarda da autonomia política do Estado-membro, que haveria de sancionar, pelo voto de seus representantes, medida de drásticas consequências para a vida pública local. Salientou que a exigência de licença para o processamento de governador não traria prejuízo para o exercício da jurisdição, porque, enquanto não autorizado o prosseguimento da ação punitiva, ficaria suspenso o transcurso do prazo prescricional contra a autoridade investigada cujo marco interruptivo contaria da data do despacho que solicitasse a anuência do Poder Legislativo para a instauração do processo, e não da data da efetiva manifestação. O controle político exercido pelas Assembleias Legislativas sobre a admissibilidade das acusações endereçadas contra governadores não conferiria aos parlamentos locais a autoridade para decidir sobre atos constritivos acessórios à investigação penal, entre eles as prisões cautelares. Todavia, a supressão da exigência de autorização das respectivas Casas parlamentares para a formalização de processos contra deputados e senadores (CF, art. 51, I), materializada pela EC 35/2001, não altera o regime de responsabilização dos governadores de Estado. Isso encontraria justificativa no fato de que – diferentemente do que ocorreria com o afastamento de um governador de Estado, que tem valor crucial para a continuidade de programas de governo locais – a suspensão funcional de um parlamentar seria uma ocorrência absolutamente menos expressiva para o pleno funcionamento do Poder Legislativo.[...]" (ADI nº 4.791/PR. Rel. Min. Teori Zavascki, 12.2.2015; ADI nº 4.800/RO. Rel. Min. Cármen Lúcia, 12.2.2015; ADI nº 4.792/ES. Rel. Min. Cármen Lúcia, 12.2.2015). Não concordamos com esse posicionamento por razões que serão discutidas no capítulo seguinte.

competente para processos penais,[376] não decorre expressamente do texto da CRFB e sim das constituições estaduais[377] interpretadas à luz do (a nosso ver indevidamente) denominado princípio da simetria.[378]

---

[376] Que, por expressa disposição da CRFB (art. 105, I, "a") é o Superior Tribunal de Justiça.

[377] Veja-se, por exemplo, os dispositivos referentes à matéria na Constituição do Estado do Rio de Janeiro e na Constituição do Estado de Pernambuco, que adotam modelos diferentes.
Estado do Rio de Janeiro: "Art. 146 - São crimes de responsabilidade os atos do Governador do Estado que atentarem contra a Constituição da República, a do Estado e, especialmente, contra: I - a existência da União, do Estado ou dos Municípios; II - o livre exercício do Poder Legislativo, do Poder Judiciário e do Ministério Público; III - o exercício dos direitos políticos, individuais e sociais; IV - a segurança interna do País ou do Estado; V - a probidade na administração; VI - a lei orçamentária; VII - o cumprimento das leis e das decisões judiciais. Parágrafo único - As normas de processo e julgamento bem como a definição desses crimes são as estabelecidas por lei federal. Art. 147 - O Governador do Estado, admitida a acusação pelo voto de dois terços dos Deputados, será submetido a julgamento perante o Superior Tribunal de Justiça, nas infrações penais comuns, ou perante a Assembléia Legislativa, nos crimes de responsabilidade. §1º - O Governador ficará suspenso de suas funções: I - nas infrações penais comuns, se recebida a denúncia ou queixa-crime pelo Superior Tribunal de Justiça; II - nos crimes de responsabilidade, após a instauração do processo pela Assembléia Legislativa. §2º - Se, decorrido o prazo de cento e oitenta dias, o julgamento não estiver concluído, cessará o afastamento do Governador, sem prejuízo do regular prosseguimento do processo.
Estado de Pernambuco: "Art. 38. São crimes de responsabilidade do Governador os definidos em lei federal. Art. 39. Admitida a acusação contra o Governador, por dois terços da Assembléia Legislativa, será ele submetido a julgamento perante o Superior Tribunal de Justiça, nas infrações penais comuns, ou perante o Tribunal Especial, nos crimes de responsabilidade. §1º O Governador ficará suspenso de suas funções: I - nas infrações penais comuns, se recebida a denúncia ou queixa-crime pelo Superior Tribunal de Justiça; II - nos crimes de responsabilidade, após a instauração do processo pelo Tribunal Especial. §2º Se, decorrido o prazo de cento e oitenta dias, o julgamento não estiver concluído, cessará o afastamento do Governador, sem prejuízo do regular prosseguimento do processo. [...] §4º *O Tribunal Especial de que trata este artigo, constituído por quinze membros, sendo sete Deputados eleitos, mediante o voto secreto, pela Assembléia Legislativa, e sete Desembargadores escolhidos mediante sorteio, será presidido pelo Presidente do Tribunal de Justiça, que terá o voto de desempate"*.
O art. 147 da Constituição do Estado do Rio de Janeiro contava ainda com dois parágrafos ("§3º - Enquanto não sobrevier sentença condenatória, nas infrações penais comuns, o Governador do Estado não estará sujeito à prisão. §4º - O Governador do Estado, na vigência de seu mandato, não pode ser responsabilizado por atos estranhos ao exercício de suas funções") que igualavam o *status* do Governador ao do PR e que foram considerados inconstitucionais pelo STF (ADI nº 1.022-1/600. Rel. p/ o acórdão Min Celso de Mello, j. 19.10.1995. *DJ*, Seção I, 27 out. 1995, republicado em 24.11.95). Da ementa do acórdão colham-se os seguintes trechos: "A responsabilidade dos governantes tipifica-se como uma das pedras angulares essenciais a configuração mesma da idéia republicana. A consagração do princípio da responsabilidade do Chefe do Poder Executivo, além de refletir uma conquista básica do regime democrático, constitui consequência necessária da forma republicana de governo adotada pela Constituição Federal. O princípio republicano exprime, a partir da idéia central que lhe e subjacente, o dogma de que todos os agentes públicos - os Governadores de Estado e do Distrito Federal, em particular - são igualmente responsáveis perante a lei. RESPONSABILIDADE PENAL DO GOVERNADOR DO ESTADO. - Os Governadores de Estado - que dispõem de prerrogativa de foro *ratione muneris* perante o Superior Tribunal de Justiça (CF, art. 105, I, a) - estão permanentemente sujeitos, uma vez obtida a necessária licença da respectiva Assembléia Legislativa (RE 153.968-BA, Rel. Min. ILMAR GALVAO; RE 159.230-PB, Rel. Min. SEPULVEDA PERTENCE), a processo penal condenatório, ainda que as infrações penais a eles imputadas sejam estranhas ao exercício das funções governamentais. - A imunidade do Chefe de Estado a persecução penal deriva de clausula constitucional exorbitante do direito comum e, por traduzir conseqüência derrogatória do postulado republicano, só pode ser outorgada pela própria Constituição Federal. Precedentes: RTJ 144/136, Rel. Min. SEPULVEDA PERTENCE; RTJ 146/467, Rel. Min. CELSO DE MELLO. Análise do direito comparado e da Carta Política brasileira de 1937. IMUNIDADE A PRISÃO CAUTELAR - PRERROGATIVA DO PRESIDENTE DA REPÚBLICA - IMPOSSIBILIDADE DE SUA EXTENSÃO, MEDIANTE NORMA DA CONSTITUIÇÃO ESTADUAL, AO GOVERNADOR DO ESTADO. - O Estado-membro, ainda que em norma constante de sua própria Constituição, não dispõe de competência para outorgar ao Governador a prerrogativa extraordinária da imunidade a prisão em flagrante, a prisão preventiva e a prisão temporária, pois a disciplina dessas modalidades de prisão cautelar submete-se, com exclusividade, ao poder normativo da União Federal, por efeito de expressa reserva constitucional de competência definida pela Carta da República. - A norma constante da Constituição estadual - que impede a prisão do Governador de Estado antes de sua condenação penal definitiva - não se reveste de validade jurídica e, consequentemente, não pode subsistir em face de sua evidente incompatibilidade com o texto da Constituição Federal. PRERROGATIVAS INERENTES AO PRESIDENTE DA REPÚBLICA ENQUANTO CHEFE DE ESTADO. - Os Estados-membros não podem reproduzir em suas próprias Constituições o conteúdo normativo dos preceitos inscritos no art. 86, par. 3. e 4., da Carta Federal, pois as prerrogativas contempladas nesses preceitos

CAPÍTULO 3
A RESPONSABILIDADE DOS AGENTES POLÍTICOS E SEU TRATAMENTO DIFERENCIADO | 127

Ainda nos estados federados, é comum que os auxiliares diretos do governador, denominados "secretários de estado", tenham foro privilegiado outorgado pelas constituições estaduais, que em geral é fixado no Tribunal de Justiça do Estado.[379]

Além disso, os prefeitos municipais gozam de prerrogativa de foro[380] e podem ser beneficiados por outras prerrogativas previstas nas constituições estaduais.

Estas prerrogativas, como veremos a seguir, estão presentes em várias outras democracias.[381]

3.2.2 Tratamento diferenciado nas Américas: Argentina, Colômbia e EUA

Comecemos pela América Latina, com os exemplos da Argentina, presidencialista e federalista como o Brasil, e com uma das constituições mais antigas do continente,[382]

---

da Lei Fundamental - *por serem unicamente compatíveis com a condição institucional de Chefe de Estado* - são apenas extensíveis ao Presidente da República". Sobre o tema veja-se ainda BASTOS, Celso. *Estudos e pareceres de direito público*. Constitucional, administrativo e municipal. São Paulo: RT, 1993. p. 95-108.

[378] Este princípio decorreria do art. 25 da CRFB segundo o qual "Os Estados organizam-se e regem-se pelas Constituições e leis que adotarem, observados os *princípios* desta Constituição". Este dispositivo, segundo nosso entendimento, obriga os estados, ao se auto-organizarem, a seguir os "princípios" da CRFB que instruem a construção e a divisão de tarefas entre os três poderes. Ele, portanto, não impõem aos estados que suas instituições sejam cópia idêntica das instituições federais. No entanto, segundo a jurisprudência majoritária do STF, os estados acabam obrigados a construírem instituições idênticas, com pouquíssimo espaço para inovações constitucionais. De todo modo, as prerrogativas criadas apenas pelas Constituições Estaduais têm tido sua constitucionalidade (perante a Constituição Federal) severamente questionada, como se vê, por exemplo, na AP nº 937 QO/RJ, julgada em 2018 pelo STF e que será objeto de comentários ainda neste capítulo.

[379] É o caso da Constituição do Estado do Rio de Janeiro (art. 161, IV, "d1").

[380] Que, por expressa disposição da CRFB (art. 29, X), é o Tribunal de Justiça de cada Estado.

[381] Há alguma arbitrariedade na escolha dos países analisados, mas procuramos seguir alguns critérios: primeiro nos pareciam indispensáveis os exemplos dos EUA, de onde o Brasil importou o regime presidencialista, e da Argentina, que também importou o regime presidencialista dos EUA e que também é uma grande federação. Incorporamos o exemplo da Colômbia (e aí há certa arbitrariedade) por que, além de um sistema presidencialista, tem alguns aspectos inovadores em sua constituição. Na Europa, nos parecia obrigatória a análise da França e de Portugal, pela natureza semipresidencialista de seus regimes, portanto mais próximos do presidencialismo brasileiro. Ademais, Portugal e Espanha, e em menor medida a Grécia, guardam com o Brasil a coincidência de serem regimes constitucionais instaurados após a queda de ditaduras entre os anos setenta e oitenta. Alemanha, Itália e Inglaterra foram incluídas por sua importância e tradição no direito constitucional, acompanhados da Áustria, que tem um sistema peculiar de responsabilização do Presidente, incluindo a possibilidade de convocação de um referendo revocatório. Por fim, nos pareceu interessante adicionar dois exemplos africanos, a África do Sul, por ter alguma semelhança com o contexto social brasileiro, e a Tunísia por ser a mais recente constituição africana e por ter um regime com atribuição de prerrogativas significativas ao chefe de estado.

[382] Na verdade, como afirmamos em outra ocasião: "tanto a História brasileira como a argentina conheceram, sobretudo nas últimas décadas, grandes períodos de ruptura constitucional. No entanto, embora bastante alterada, a Argentina mantém a mesma constituição desde 1853, enquanto o Brasil (incluindo-se a Carta ditatorial de 1937) está em sua sexta constituição republicana. Como se explica esta diferença? Uma possível explicação é a de que, na Argentina, uma vez instalados no poder, os governos autoritários simplesmente deixaram de lado a constituição, ainda que não a tenham formalmente repudiado. Encerrado o intervalo autoritário, retornava-se automaticamente ao texto de 1853. No Brasil, a situação foi diferente, as rupturas da ordem constitucional foram seguidas de uma busca de institucionalização por parte dos regimes autoritários. Por outro lado, uma vez restabelecida a democracia, optou-se pela convocação de uma nova assembléia constituinte, ao invés de, simplesmente, retornar-se ao último texto democrático. Esta diferença gerou, obviamente, vantagens e desvantagens para cada lado. A vantagem argentina foi o enraizamento de um maior respeito pela Carta de 1853, um pouco no sentido dado pelos americanos à sua Constituição, documento inaugural da nacionalidade, elaborado pelos 'founding fathers', a quem prestam reverência quase mítica. Por outro lado, a 'opção' brasileira parece nos demonstrar duas coisas: em primeiro lugar, uma maior preocupação dos movimentos que tomaram o poder no Brasil com a institucionalização dos regimes que instalaram (o que fez com que a ditadura brasileira do regime de 1964, ao menos em seu início, fosse menos violenta que a argentina, e que mantivesse alguns elementos, ainda que formais e enfraquecidos, de um estado de direito). Mas o aspecto mais positivo é que o poder constituinte originário se manifestou mais

a de 1852, embora com importante reforma em 1994, e da Colômbia, de Constituição mais recente (1991), mas com inovações institucionais interessantes e uma Suprema Corte que tem angariado atenção da doutrina comparada.[383]

Na Argentina, o presidente da República, o vice-presidente, o chefe de gabinete de ministros, os demais ministros e os membros da Corte Suprema só podem ser acusados pela Câmara dos Deputados nas "causas de responsabilidade" por: "mau desempenho";[384] "delito no exercício das funções" ou por crimes comuns. O julgamento é feito pelo senado (exigindo-se 2/3 dos membros presentes para a condenação),[385] e tem como consequência imediata a destituição e perda de capacidade para ocupar cargos públicos e a possibilidade de persecução perante tribunais comuns por crimes comuns. Ou seja, enquanto não sobrevier a autorização da Câmara e o julgamento do Senado, os referidos agentes gozam de uma ampla "inmunidad de jurisdicción penal".[386]

A Constituição da Colômbia estabelece, em seu art. 198, que o "Presidente da República" (ou seu substituto) "será responsável por seus atos ou omissões que violem a Constituição ou as leis". Mas esta enunciação de responsabilidade material é acompanhada de prerrogativas processuais importantes, já que o presidente da República (art. 199), durante seu mandato, só pode ser julgado por acusação da Câmara de Representantes aceita pelo Senado. Note-se que a Constituição da Colômbia estabelece (art. 174) a competência do Senado para julgar o presidente da República, e outras autoridades, mesmo que não estejam mais no exercício de seus cargos (desde que o caso trate de ações ou omissões ocorridas no desempenho desses).

O art. 175 da Constituição colombiana traz outras regras interessantes sobre o tema, incluindo a suspensão automática das funções quando a acusação (de competência do Senado) seja admitida (o mesmo ocorre no Brasil, como veremos no Capítulo 4). Ademais, se a acusação se refere a delitos cometidos no exercício de suas funções, "indignidade ou má conduta", o Senado só poderá impor a pena de destituição do cargo ou privação temporal ou perda absoluta dos direitos políticos, ressalvando-se que o réu estará sujeito a juízo criminal perante a Corte Suprema de Justiça *se* os fatos o constituírem como responsável de "infração que mereça outra pena". Se a acusação se referir a "delitos comuns", o Senado se limitará a declarar se existe ou não razão para

---

no Brasil do que na Argentina, pois, aqui, houve pelo menos quatro processos constituintes mais ou menos livres e democráticos onde, a rigor, todo o edifício constitucional poderia ser completamente redesenhado. Isto gerou a possibilidade de abordagem orgânica de temas importantíssimos, como o meio ambiente (que não era uma questão relevante no século passado), e possibilitou uma maior legitimidade da constituição, não baseada num respeito meramente histórico ou tradicional, mas, sim, na legitimidade que só pode ser oferecida por um processo constituinte amplo e democrático, como foi aquele do qual resultou a Constituição Brasileira de 1988" (MASCARENHAS, Rodrigo Tostes de Alencar. *Repartição de competência legislativa e conflito entre direito interno e direito internacional no Brasil e na Argentina*. Dissertação (Mestrado) – Departamento de Direito, PUC-Rio, Rio de Janeiro, 1999. p. 25-26).

[383] A atuação da corte constitucional da Colômbia tem chamado a atenção da doutrina internacional, já que se trata da crescente importância de um judiciário ativo num país com uma cultura política autoritária, assolado por problemas sociais associados à mais forte guerrilha em atividade na América Latina. Para um elogio da independência da Corte Constitucional Colombiana, *vide* MACDONALD, Roderick A.; KONG, Hoi. Judicial independence as a constitutional virtue. *In*: ROSENFELD, Michel; SAJÓ, András (Ed.). *The Oxford Handbook of Comparative Constitutional Law*. Oxford: Oxford University Press, 2012. p. 849.

[384] Esta possibilidade de destituição por "mau desempenho" aproxima-se muito da responsabilidade política. Voltaremos ao ponto no Capítulo 4.

[385] Arts. 53, 59 e 60 da Constituição argentina.

[386] EKMEKDJIAN, Miguel Ángel. *Tratado de derecho constitucional*. Buenos Aires: Depalma, 1997. t. IV. p. 209; 227-229.

o prosseguimento do processo, hipótese na qual o acusado será posto "à disposição da Corte Suprema".

Também vale mencionar a regra (art. 196) segundo a qual o PR não poderá sair do país no ano seguinte ao da data de término de seu mandato, sem prévia autorização do Senado,[387] regra estabelecida "para evitar que um mandatário, uma vez cumprido seu mandato, pretenda fugir às suas responsabilidades".[388]

Passemos aos Estados Unidos, cuja Constituição (que será objeto de exame mais detalhado no Capítulo 4 por sua reconhecida influência sobre a CRFB quanto ao tema da responsabilidade presidencial) tem regras procedimentais importantes relacionadas à destituição do presidente por *impeachment*[389] (acusação pela Câmara e julgamento pelo Senado – art. 1º, Seção 3), estabelecendo (art. I, §3º, cl. 7) que a pena a ser aplicada nos julgamentos de *impeachment* se limita à perda do cargo e à desqualificação para ocupar qualquer cargo ou função de confiança ou honorífica federal ressalvando que a parte condenada estará sujeita a julgamento e punição de acordo com a legislação comum.[390]

Em relação à responsabilidade criminal do PR, não existe decisão da Suprema Corte dos EUA,[391] existindo sensível controvérsia quanto à possibilidade de ele ser processado criminalmente enquanto estiver no exercício do cargo. Tribe, por exemplo, admite a possibilidade de o processo criminal ter início, mas desde que o julgamento aguarde

---

[387] Regra que parece ter como inspiração remota o art. 157 da Constituição Francesa do Ano III (1795), que instituiu o diretório, segundo o qual nenhum membro do diretório poderia sair do território francês no prazo de dois anos da cessação de suas funções. Na mesma linha seguiu a Constituição do Uruguai, segundo a qual (art. 172): "El Presidente de la República no podrá ser acusado, sino en la forma que señala el *artículo 93* y aun así, sólo durante el ejercicio del cargo o dentro *de los seis meses siguientes a la expiración del mismo durante los cuales estará sometido a residencia,* salvo autorización para salir del país, concedida por mayoría absoluta de votos del total de componentes de la Asamblea General, en reunión de ambas Cámaras".

[388] YOUNES MORENO, Diego. *Derecho constitucional colombiano.* Bogotá: ESAP, 2010. p. 293.

[389] Sendo importante notar que o *impeachment*, nos Estados Unidos (ao contrário do Brasil, onde apenas algumas autoridades estão sujeitas ao julgamento do Senado Federal), pode ter como "réu" *qualquer* agente público federal (inclusive os juízes), sendo que, quando a autoridade acusada é o presidente, o julgamento do *impeachment* é presidido pelo presidente da Suprema Corte (o que o Brasil copiou).

[390] "Judgment in Cases of Impeachment shall not extend further than to removal from Office, and disqualification to hold and enjoy any Office of honor, Trust or Profit under the United States: but the Party convicted shall nevertheless be liable and subject to Indictment, Trial, Judgment and Punishment, according to Law".

[391] E isso por uma característica peculiar ao sistema norte-americano, descrita pela própria Suprema Corte: "As we have explained: 'If there is one doctrine more deeply rooted than any other in the process of constitutional adjudication, it is that we ought not to pass on questions of constitutionality [...] unless such adjudication is unavoidable.' [...]. It has long been the Court's 'considered practice not to decide abstract, hypothetical or contingent questions [...] or to decide any constitutional question in advance of the necessity for its decision [...] or to formulate a rule of constitutional law broader than is required by the precise facts to which it is to be applied [...] or to decide any constitutional question except with reference to the particular facts to which it is to be applied[...].' [...] 'It is not the habit of the court to decide questions of a constitutional nature unless absolutely necessary to a decision of the case'" (Caso Clinton *v.* Jones. Disponível em: https://supreme.justia.com/cases/federal/us/520/681/case.html. Acesso em: 18 jul. 2016. p. 690). É de se registrar que a Suprema Corte, no relativamente recente (e polêmico) caso *Citizens United* (que tratava da possibilidade de limitação do financiamento privado de campanhas eleitorais), se afastou de forma significativa dessa posição. Com efeito, como apontado por Laurence Tribe: "the Court has often taken great pains to emphasize its perceived role as a resolver of ordinary cases and controversies brought to it by litigants. On this view, the Court opines on the constitutional validity of contested exercises of power only to the degree required to resolve those cases, rather than serving as a roving constitutional tribunal rendering advisory opinions on the validity of laws. In Citizens United, the Court stepped enthusiastically but without a word of explanation into a broader rule" (TRIBE, Laurence H. Dividing Citizens United: the case v. the controversy. *Constitutional commentary,* v. 30, n. 2, Summer 2015. p. 474-475).

o final do mandato e corra em sigilo.[392] A Constituição norte-americana tampouco se refere à possibilidade de sua prisão, mas a doutrina se inclina pela negativa.[393]

Por outro lado, existe um amplo e expresso reconhecimento de imunidade do presidente e de outros agentes públicos a processos de responsabilidade *civil* por atos relacionados às suas funções, mesmo depois de tê-las deixado, havendo, neste caso, mais de um precedente da Suprema Corte americana[394] que ressalva apenas a exigência de que os atos tenham sido praticados de boa-fé e que a conduta não tenha violado direitos constitucionais ou legais claramente estabelecidos, que uma pessoa razoável deveria conhecer.[395]

Com efeito, em caso que envolvia o Ex-Presidente Nixon, a Suprema Corte dos EUA[396] reconheceu, ainda que por margem estreita, sua imunidade absoluta a processos de responsabilidade civil, justificando tal imunidade com a necessidade de dar condições para que o presidente possa exercer seu cargo sem pressões decorrentes de ameaças de processos. Esta necessidade, no entanto, não convenceu a Suprema Corte quando o Presidente Clinton foi processado, por ter supostamente assediado determinada funcionária quando era governador do estado do Arkansas, tendo a Corte decidido que o PR norte-americano poderia ser processado por atos *não relacionados* às *suas funções*.[397] Ainda assim, a Corte deixou em aberto a possibilidade de o tribunal competente adiar a fase de produção de provas, limitar seu alcance, tomar precauções na marcação de audiências e tomar outras medidas adequadas para evitar que o caso de fato atrapalhasse o exercício das funções do presidente. Ou seja, mesmo em relação a um ato sem qualquer relação com as funções governativas, a Suprema Corte dos EUA se preocupou com a necessidade de garantir o pleno exercício das (então) atuais funções do presidente.[398]

---

[392] TRIBE, Laurence H. *American constitutional law*. 3. ed. Nova York: Foundation Press, 2000. p. 754-757. Cass Sunstein também considera que o Presidente só pode ser criminalmente punido após deixar o cargo (SUNSTEIN, Cass. Dunwody distinguished lecture in law: lessons from a debacle: from impeachment to reform. *Florida Law Review*, n. 51, set. 1999. p. 612). Sobre o tema cita-se com frequência trecho de um clássico do constitucionalismo norte-americano os *Commentaries on the Constitution of the United States*, de Joseph Story (publicado em 1833), que entende que o Presidente não estaria sujeito a prisão. Para Story, entre os poderes implícitos do Presidente, "must necessarily be included the power to perform [his functions] without any obstruction or impediment whatsoever. *The President cannot, therefore, be liable to arrest, imprisonment, or detention, while he is in the discharge of the duties of his office*; and for this purpose, his person must be deemed, in civil cases at least, to possess an official inviolability". Para a citação veja-se o caso Clinton *v.* Jones (Disponível em: https://supreme.justia.com/cases/federal/us/520/681/case.html. Acesso em: 18 jul. 2016. p.714). Veja-se ainda O'BRIEN, David M. *Constitutional law and politics*: struggles for power and governmental accountability. 9. ed. New York: Norton & Co., 2014. p. 475-482.

[393] TRIBE, Laurence H. *American constitutional law*. 3. ed. Nova York: Foundation Press, 2000. p. 754.

[394] Para um histórico, *vide* o caso Nixon *v.* Fitzgerald (cuja decisão é parcialmente reproduzida ainda neste capítulo). *Vide* ainda TRIBE, Laurence H. *American constitutional law*. 3. ed. Nova York: Foundation Press, 2000. p. 757.

[395] Mas em alguns casos a imunidade é considerada absoluta. *Vide* Nixon *v.* Fitzgerald e TRIBE, Laurence H. *American constitutional law*. 3. ed. Nova York: Foundation Press, 2000. p. 757-760.

[396] Caso Nixon *v.* Fitzgerald, *apud* TRIBE, Laurence H. *American constitutional law*. 3. ed. Nova York: Foundation Press, 2000. p. 760-761. Note-se que uma das razões para esta decisão é que não há previsão constitucional nem "legal" para a responsabilidade civil dos agentes públicos. Assim, existe debate sobre a possibilidade de introduzir "por lei" alguma forma de responsabilidade civil do presidente (e de outros agentes).

[397] TRIBE, Laurence H. *American constitutional law*. 3. ed. Nova York: Foundation Press, 2000. p. 764-766.

[398] Caso Clinton *v.* Jones. Disponível em: https://supreme.justia.com/cases/federal/us/520/681/case.html. Acesso em: 18 jul. 2016. Voltaremos a este precedente mais à frente.

3.2.3 Tratamento diferenciado na Europa: as repúblicas (Portugal, França, Alemanha, Áustria, Itália e Grécia)

Começando nosso estudo por Portugal, verificamos que a CRP, ao tratar da responsabilidade do presidente da República no art. 130, adota um tratamento distinto conforme a acusação se refira a crimes praticados *no exercício* das suas funções[399] ou a crimes *estranhos* ao referido exercício. No primeiro caso, existe um filtro político da acusação, que só se formaliza por decisão de dois terços dos deputados à Assembleia da República em efectividade de funções, após provocação que deve ser iniciada por um quinto daqueles. Além disso, existe um foro especial, que é o Supremo Tribunal de Justiça.

A CRP estabelece que a condenação implica a destituição do cargo e a impossibilidade de reeleição, mas nada esclarece sobre a situação do PR *entre* a aceitação da acusação pela assembleia e o julgamento pelo Supremo. Canotilho e Vital Moreira expressamente afirmam que a "sujeição do PR a acusação criminal não implica a suspensão das suas funções, diferentemente do que sucede com os deputados e com os membros do Governo",[400] preconizando solução que, portanto, segue a linha do *impeachment* do PR nos EUA. Já Paulo Otero entende que, "à luz de uma exigência ditada pela ética constitucional subjacente ao exercício destas funções", o presidente se encontraria "temporariamente impedido de continuar a exercer as suas funções",[401] seguindo com isso a solução preconizada por Jorge Miranda que sustenta que, nestes casos, "deve entender-se [...] que se verifica um impedimento temporário, de natureza jurídica (distinto dos impedimentos físicos ou psíquicos)",[402] sendo que ambos autores entendem que esta situação deve ser certificada pelo Tribunal Constitucional.

Já em relação aos crimes estranhos ao exercício das suas funções, o PR, segundo o art. 133, "4",[403] responde, depois de findo o mandato, perante os tribunais comuns.[404] Ou seja, quanto a esses crimes há uma "imunidade" temporária e, depois disso, não há mais nenhuma prerrogativa.

---

[399] A CRP não trata da hipótese de crime que, embora *praticado* no exercício da função, só tenha sido descoberto após o fim de seu exercício. Uma solução que nos parece possível, à luz dos fundamentos que, a nosso ver, justificam a necessidade de foro privilegiado para certos agentes políticos (que discutiremos ao final deste capítulo), e que seria compatível com o texto do dispositivo em questão é de considerar que, nesta hipótese, a autorização da Assembleia da República não seria necessária, mas o foro especial seria mantido.

[400] CANOTILHO, J. J. Gomes; MOREIRA, Vital. *Constituição da República Portuguesa*: anotada. 4. ed. Coimbra: Coimbra Editora, 2010. v. II. p. 171.

[401] OTERO, Paulo. *Direito constitucional português* – Organização do poder político. Coimbra: Almedina, 2010. v. II. p. 232.

[402] MIRANDA, Jorge. Imunidades constitucionais e crimes de responsabilidades. *Direito e Justiça*, v. XV, t. 2, 2001. p. 37. O mesmo é defendido em MIRANDA, Jorge; MEDEIROS, Rui. *Constituição portuguesa anotada*. Coimbra: Coimbra Editora, 2006. t. II. p. 366.

[403] Há quem diga que tal dispositivo pode ter inspirado o §4º do art. 86 da CRFB (afirmação do então Procurador-Geral da República, Aristides Alvarenga, nos autos da Questão de Ordem no Inquérito nº 567, STF. Rel. Min. Sepúlveda Pertence, j. 20.8.1992. *DJ*, 9 out. 1992, p. 4 do acórdão e repetida nos autos da Questão de Ordem no Inquérito nº 672, STF. Rel. Min. Celso de Mello, j. 16.9.1992. *DJ*, 16 abr. 1993, p. 4 do acórdão). Note-se que, como consta de ambas as decisões, a emenda que introduziu tal dispositivo durante o processo constituinte foi apresentada quando o então projeto adotava um sistema parlamentarista de governo, o que reforça a possível inspiração portuguesa.

[404] Paulo Otero considera que enquanto isso suspende-se o prazo de prescrição o que é coerente com o que tem sido reconhecido na França e no Brasil (OTERO, Paulo. *Direito constitucional português* – Organização do poder político. Coimbra: Almedina, 2010. v. II. p 234).

Aos membros do Governo a CRP não atribui nenhuma prerrogativa material, mas algumas prerrogativas processuais. Assim é que, segundo o art. 196 da CRP (1 e 2) "Nenhum membro do Governo pode ser detido ou preso sem autorização da Assembleia da República, salvo por crime doloso a que corresponda pena de prisão cujo limite máximo seja superior a três anos e em flagrante delito".

Além disso, no caso de "procedimento criminal contra algum membro do Governo, e acusado este definitivamente, a Assembleia da República decidirá se o membro do Governo deve ou não ser suspenso para efeito de seguimento do processo, sendo obrigatória a decisão de suspensão quando se trate de crime" doloso a que corresponda pena de prisão cujo limite máximo seja superior a três anos. Note-se que, para Canotilho e Vital Moreira, este regime de suspensão de funções "vale para o procedimento criminal dos membros do Governo, qualquer que seja o crime, abrangendo tanto os crimes praticados no exercício de funções como os estranhos às funções".[405]

Canotilho e Vital Moreira também esclarecem que "os membros do Governo não podem ser julgados enquanto em efectividade de funções, por razões de defesa do prestígio da função e da independência do julgamento". Assim, o prosseguimento do processo está sujeito ao requisito formal da deliberação da Assembleia da República, que, no entanto, tem sua liberdade decisória condicionada ao tipo de crime em questão, "tratando-se de crimes mais graves" a suspensão é obrigatória, mas, "tratando-se de crimes menos graves, o processo só prossegue se a AR os suspender para o efeito, suspendendo-se o processo no caso contrário, até á cessação das funções governamentais".[406]

O regime de responsabilidade dos agentes políticos na França merece atenção especial por duas razões. Em primeiro lugar, porque a França, provavelmente, tem o chefe de Estado com maior concentração de poderes da Europa ocidental,[407] poderes que, em períodos nos quais o PR e o PM pertencem ao mesmo partido, suplantam, em certa medida, os de um presidente em regime presidencialista.

---

[405] CANOTILHO, J. J. Gomes; MOREIRA, Vital. *Constituição da República Portuguesa*: anotada. 4. ed. Coimbra: Coimbra Editora, 2010. v. II. p. 468.

[406] CANOTILHO, J. J. Gomes; MOREIRA, Vital. *Constituição da República Portuguesa*: anotada. 4. ed. Coimbra: Coimbra Editora, 2010. v. II. p. 468-469. A comparação da forma como Brasil e Portugal tratam a relação entre a sujeição de agentes políticos a processos criminais e sua suspensão de funções é interessante. Em Portugal, tanto os membros do Governo quanto os parlamentares são suspensos de suas funções a fim de que possam ser processados criminalmente. Apenas o PR está isento de tal suspensão. No Brasil é exatamente o contrário. Tanto parlamentares quanto ministros de estado podem ser processados criminalmente e permanecer no exercício de suas funções (ainda que, em especial no caso de ministros, muito provavelmente serão forçados a pedir demissão, mas isso muito mais por uma responsabilidade política) mas o PR, no Brasil, uma vez iniciado processo por crime comum ou por crime de responsabilidade, é suspenso de suas funções.

[407] Marie-Anne Cohendet afirma que o PR francês é "o chefe do executivo mais poderoso e mais incontrolável da União Europeia. Ele acumula os poderes de fato do primeiro ministro inglês com a irresponsabilidade da Rainha da Inglaterra" (COHENDET, Marie-Anne. *Le Président de La République*. 2. ed. Paris: Dalloz, 2012. p. 1). A afirmação, como veremos, exagera, mas não muito. Loewenstein, analisando a CRF de 1958 em sua redação original, afirmava, quanto ao PR francês, que: "Vista en su totalidad, la posición del presidente es la de un monarca constitucional que, caso de hacer uso de sus poderes de excepción, se convierte en un monarca absoluto" (LOEWENSTEIN, Karl. *Teoría de la constitución*. 2. ed. 4. reimpr. Barcelona: Ariel Derecho, 1986. p. 118). De todo modo, fora da União Europeia (mas ainda na Europa), é certo que os poderes do PR francês não superam – de fato ou de direito – os poderes do Presidente russo. Sobre o tema *vide* KHABRIEVA, Talia Yaroulovna. Le statut constitutionnel du Président de La Féderation de Russie. *Revue Française de droit constitutionnel*, n. 81, jan. 2010. p. 105-122.

Em segundo lugar, porque a Constituição francesa de 1958, no que se refere ao estatuto dos agentes políticos, foi alterada mais de uma vez,[408] com motivações bem diversas,[409] incluindo um dos mais debatidos casos de responsabilização de agentes políticos (envolvendo um ex-primeiro-ministro), conhecido como "O caso do sangue contaminado",[410] o que provocou intenso debate na França sobre o tema.

A última alteração foi feita em 2007.[411] Os dispositivos da CRF que tratam da responsabilidade do presidente da República são os arts. 67 e 68. Segundo o art. 67,[412] o PR não é responsável pelos atos cometidos em suas funções (com a ressalva do disposto no artigo seguinte e do reconhecimento, pela França, da jurisdição do Tribunal Penal Internacional). O presidente não pode, durante seu mandato, ser convocado como testemunha, ser processado, ser objeto de nenhum ato de instrução ou de persecução perante qualquer jurisdição ou autoridade administrativa francesa (o que com toda evidência significa que não pode ser preso). Trata-se, portanto, de imunidade só comparável em extensão à dos monarcas,[413] ainda que a prescrição fique suspensa durante o mandato e os procedimentos suspensos possam ser iniciados um mês após o término do mandato.[414]

---

[408] Em 1993, 1995, 1999 e 2007.

[409] A alteração da CRF feita em julho de 1999 para permitir a adesão ao Estatuto de Roma do Tribunal Penal Internacional se deu em decorrência de uma decisão tomada em janeiro de 1999 pelo Conselho Constitucional francês (Décision nº 98-408 DC du 22 janvier 1999) acerca da incompatibilidade da CRF com o art. 27 do Estatuto de Roma (*vide* infra 3.2.7). A decisão concluiu que a adesão ao TPI necessitava de uma prévia alteração da CRF, que acabou sendo feita. Mas, muito mais do que a mudança do texto, que não alterou o estatuto do PR (salvo evidentemente no que se refere à sua submissão ao TPI) foram os "considerandos" da decisão (em especial o seguinte: "Considérant qu'il résulte de l'article 68 de la Constitution que le Président de la République, pour les actes accomplis dans l'exercice de ses fonctions et hors le cas de haute trahison, bénéficie d'une immunité ; qu'au surplus, pendant la durée de ses fonctions, sa responsabilité pénale ne peut être mise en cause que devant la Haute Cour de Justice, selon les modalités fixées par le même article; qu'en vertu de l'article 68-1 de la Constitution, les membres du Gouvernement ne peuvent être jugés pour les crimes et délits commis dans l'exercice de leurs fonctions que par la Cour de Justice de la République"), com sua interpretação acerca da extensão das prerrogativas presidenciais e sua posterior complementação por decisão da Corte de Cassação, que gerou amplo debate e acabou resultando em outras reformas constitucionais. *Vide* FAVOREU, Louis. De la responsabilité pénale à la responsabilité politique du Président de la République. *Revue Française de Droit Constitutionnel*, Paris, n. 49, 2002, bem como os demais artigos que compõem o mesmo volume. Veja-se ainda BIDÉGARAY, Christian. Le Principe de Responsabilité Fondement de La Democratie. *Pouvoirs*, n. 92, 2000.

[410] BEAUD, Olivier. *Le sang contaminé*. Essai critique sur la criminalisation de la responsabilité des gouvernants. Paris: PUF, 1999.

[411] Pela *Loi constitutionnelle* nº 2007-238 de 23.2.2007.

[412] "Le Président de la République n'est pas responsable des actes accomplis en cette qualité, sous réserve des dispositions des articles 53-2 [esta ressalva do art. 53-2 se refere especificamente ao Estatuto de Roma] et 68. Il ne peut, durant son mandat et devant aucune juridiction ou autorité administrative française, être requis de témoigner non plus que faire l'objet d'une action, d'un acte d'information, d'instruction ou de poursuite. Tout délai de prescription ou de forclusion est suspendu. Les instances et procédures auxquelles il est ainsi fait obstacle peuvent être reprises ou engagées contre lui à l'expiration d'un délai d'un mois suivant la cessation des fonctions".

[413] Em tese, como nota a doutrina francesa, a esposa do PR não pode requerer seu divórcio nem seu locador demandar aluguéres vencidos ou mesmo o fisco requerer o pagamento de impostos. *Vide* a intervenção de Pierre-Yves Collombat, citando Robert Badinter em MATHIEU, Bertrand; VERPEAUX, Michel *et alli*. *Responsabilité et démocratie*. Paris: Dalloz, 2008. p. 15.

[414] Foi o que aconteceu com o Ex-Presidente Nicolas Sarkozy que, em junho de 2012, 72 horas após completar um mês fora da Presidência francesa, tornou-se alvo de ação judicial "acusado de violar o segredo de Justiça e prejudicar o andamento da investigação de um dos três escândalos de financiamento de campanha ligados ao seu nome" (*O Globo*, 19 jun. 2012. p. 26). Na mesma matéria jornalística noticiava-se que o então novo Presidente François Hollande teria prometido mudar a lei para que os presidentes pudessem ser processados "ainda no cargo".

O art. 68 da CRF[415] é o que trata dos – estreitos – limites nos quais o PR pode ser responsabilizado. Assim, sua destituição só pode se dar em caso de uma violação de seus deveres que seja manifestamente incompatível com o exercício de seu mandato, violação a ser pronunciada por dois terços dos membros do Parlamento, constituído em Corte Superior.

Existe sensível divergência doutrinária acerca da natureza jurídica da destituição do PR em França. Pierre Avril,[416] por exemplo, afirma que se trata de "uma responsabilidade específica que decorre da natureza peculiar da função presidencial", tratando-se de uma "responsabilidade institucional", distinta da responsabilidade (indubitavelmente política) do governo perante o Parlamento.[417] Avril faz questão de afirmar que esta destituição "não tem nada a ver com o *impeachment* americano" por três razões: primeiro, porque não se trataria do "julgamento de um homem nem de seus atos, mas sim da apreciação de uma situação política".[418] Além disso – segunda razão –, a destituição não seria uma "pena aplicada a um crime". Para Avril, se a falta aos deveres também for passível de qualificação penal o presidente destituído responderá como um cidadão comum perante os juízes naturais. Por fim, Avril sustenta sua posição lembrando que o presidente destituído poderá se apresentar como candidato às eleições que obrigatoriamente se seguirão à sua destituição[419] e que, portanto, o povo seria o grande árbitro, enquanto que no caso de *impeachment* o PR é automaticamente substituído pelo vice-presidente.[420]

No entanto, parece-nos que uma destituição dependente da constatação da violação de um dever descrito de forma tão ampla constitui verdadeiro caso de responsabilidade política do PR perante o Parlamento, linha que tem sido adotada por parte da doutrina francesa.[421]

Como se vê, o PR francês goza de prerrogativas extremamente amplas. Ainda assim, não está clara a extensão da imunidade pelos atos oficiais praticados *no exercício do mandato* após a expiração deste.

---

[415] "Le Président de la République ne peut être destitué qu'en cas de manquement à ses devoirs manifestement incompatible avec l'exercice de son mandat. La destitution est prononcée par le Parlement constitué en Haute Cour. La proposition de réunion de la Haute Cour adoptée par une des assemblées du Parlement est aussitôt transmise à l'autre qui se prononce dans les quinze jours. La Haute Cour est présidée par le président de l'Assemblée nationale. Elle statue dans un délai d'un mois, à bulletins secrets, sur la destitution. Sa décision est d'effet immédiat. Les décisions prises en application du présent article le sont à la majorité des deux tiers des membres composant l'assemblée concernée ou la Haute Cour. Toute délégation de vote est interdite. Seuls sont recensés les votes favorables à la proposition de réunion de la Haute Cour ou à la destitution. Une loi organique fixe les conditions d'application du présent article".

[416] Que foi coordenador da comissão que preparou a reforma desse artigo da CRF.

[417] AVRIL, Pierre. Responsabilité pénale, responsabilité politique: Le cas du Président de la République. *In*: MATHIEU, Bertrand; VERPEAUX, Michel *et alli*. *Responsabilité et démocratie*. Paris: Dalloz, 2008. p. 11.

[418] "Celle de la compatibilité du manquement allégué avec la poursuite du mandat présidentiel" (AVRIL, Pierre. Responsabilité pénale, responsabilité politique: Le cas du Président de la République. *In*: MATHIEU, Bertrand; VERPEAUX, Michel *et alli*. *Responsabilité et démocratie*. Paris: Dalloz, 2008. p. 10).

[419] Essa possibilidade é efetivamente uma característica peculiar do sistema francês pois, em geral, presidentes destituídos ficam impedidos – ao menos temporariamente – de exercer direitos políticos.

[420] AVRIL, Pierre. Responsabilité pénale, responsabilité politique: Le cas du Président de la République. *In*: MATHIEU, Bertrand; VERPEAUX, Michel *et alli*. *Responsabilité et démocratie*. Paris: Dalloz, 2008. p. 11.

[421] "Au total, comme dit encore Robert Badinter: 'Voilà la responsabilité politique du président engagée devant le Parlement'" (intervenção de Pierre-Yves Collombat em MATHIEU, Bertrand; VERPEAUX, Michel *et alli*. *Responsabilité et démocratie*. Paris: Dalloz, 2008. p. 17).

CAPÍTULO 3
A RESPONSABILIDADE DOS AGENTES POLÍTICOS E SEU TRATAMENTO DIFERENCIADO | 135

Já os membros do Governo francês gozam de prerrogativas bem menores, e que foram exatamente reduzidas por ocasião da reforma de 1993, que introduziu o art. 68-1 da CRF, segundo o qual os membros do Governo são penalmente responsáveis pelos atos praticados no exercício de suas funções (que sejam qualificados como crimes ou delitos no momento em que são cometidos) e são julgados pela chamada (e então criada) Corte de Justiça da República, constituída, segundo o art. 68-2, por quinze juízes, sendo doze parlamentares (seis eleitos pela Assembleia Nacional e seis pelo Senado) e três magistrados da Corte de Cassação, do qual um dos três será seu presidente. A CRF também prevê procedimento especial para análise e apresentação das acusações e, em dispositivo "raro" no firmamento constitucional ocidental (art. 68-3), estabelece que estas novas disposições são aplicáveis aos fatos cometidos *antes* de sua entrada em vigor.

Na Alemanha, o presidente federal goza de prerrogativas processuais importantes (art. 60 4, c/c art. 46, §§2º da LFB). Ele só pode ser responsabilizado ou detido por ato sujeito à sanção penal com a autorização do Parlamento Federal, salvo quando seja detido em flagrante delito ou no decurso do dia seguinte. A autorização do Parlamento Federal será igualmente necessária para qualquer outra restrição da liberdade pessoal.

Além disso, existe um procedimento específico, no art. 61 da LFB, para responsabilização do presidente por "violação intencional da Lei Fundamental ou de outra lei federal". Neste caso a acusação é feita pelo Parlamento Federal (*Bundestag*) ou pelo Conselho Federal (*Bundesrat*) perante o Tribunal Constitucional Federal. O requerimento de acusação deve ser proposto, no mínimo, pela quarta parte dos membros do Parlamento Federal ou por um quarto dos votos do Conselho Federal. A aprovação do requerimento de acusação necessita da maioria de dois terços dos membros do Parlamento Federal ou de dois terços dos votos do Conselho Federal. Se o Tribunal Constitucional Federal constatar que o presidente federal violou intencionalmente a Lei Fundamental ou outra lei federal, ele poderá declarar a sua destituição do cargo. A LFB expressamente prevê a possibilidade de o Tribunal por meio de "uma disposição provisória determinar o impedimento do Presidente Federal para o exercício do seu cargo, depois de formalizada a acusação".

Já o chanceler federal e os demais membros do Governo não são destinatários de nenhuma proteção especial. No entanto, na medida em que também sejam membros do Parlamento – e em geral o são –, gozarão de prerrogativas processuais importantes.[422]

---

[422] "Artigo 46 [Inviolabilidade e imunidade dos deputados] [...]. (2) Um deputado só poderá ser responsabilizado ou detido por ato sujeito a sanção penal com a autorização do Parlamento Federal, salvo quando seja detido em flagrante delito ou no decurso do dia seguinte. (3) A autorização do Parlamento Federal será igualmente necessária para qualquer outra restrição da liberdade pessoal de um deputado ou para a instauração de processo contra um deputado, de acordo com o artigo 18. (4) Todo processo penal e todo inquérito, baseado no artigo 18, contra um deputado, bem como qualquer prisão ou outro tipo de restrição da sua liberdade pessoal terão de ser suspensos por exigência do Parlamento Federal". Note-se, no entanto, que segundo Maria Benedita Urbano, "Na Alemanha consolidou-se uma prática iniciada em 1969 – que consiste em o *Bundestag* conceder no início de cada legislatura uma autorização geral para que, no seu decurso, se possa iniciar um procedimento de averiguações (por exemplo, para que possam ser levados a cabo inquéritos penais) contra um membro do parlamento; esta autorização genérica não vale sempre – ou seja, nem todos os procedimentos de averiguações estão por ela abrangidos –, desde logo se exceptuando os casos em que é imputada ao parlamentar uma ofensa de carácter político (a excepção não valerá se se tratar de uma injúria caluniosa). Sempre que o ministério público decide iniciar um procedimento de averiguações contra um deputado, apenas terá que informar o presidente desta Câmara (apenas existe um dever de comunicação, não sendo necessário portanto um requerimento em sentido próprio). Caso o mesmo ministério público queira formalizar a acção penal contra o parlamentar (graças à *praxis*

Na Áustria, o PR está sujeito a distintas formas de responsabilização. No campo da responsabilidade política ele está, segundo o art. 60, "6" de sua Constituição,[423] sujeito a referendo revocatório que pode ser convocado pela Assembleia Federal (desde que o voto no Conselho Nacional conte com a presença da metade de seus membros e o voto de 2/3 dos presentes). Interessante que, se a proposta for rejeitada pelo povo, a rejeição tem o efeito de uma nova eleição (prorrogando-se o mandato do presidente) e também ocasiona a dissolução do Conselho Nacional.

Além disso, o PR está sujeito a um procedimento por violações da Constituição (mas não à lei federal, como na Alemanha) e a processo distinto por atos passíveis de persecução penal relacionados com o exercício de suas funções.

A responsabilidade por "violações da Constituição" (art. 68-1 c/c art. 142) é apurada perante a Assembleia Federal, convocada pelo chanceler federal por provocação do Conselho Nacional ou do Conselho Federal, em processo que Manfred Stelzer denomina como *impeachment*.[424] A decisão de aceitação da acusação depende de *quorum* de mais da metade dos membros de cada uma das duas casas legislativas e do voto de dois terços dos presentes. Em seguida, o presidente é julgado pela Corte Constitucional que pode condená-lo à perda do cargo e, "em caso de circunstâncias particularmente agravantes", à privação temporária dos direitos políticos.

O art. 63 da Constituição da Áustria estabelece, de forma ampla, que qualquer processo (portanto, não apenas penal) contra o presidente só pode prosseguir com o consentimento da Assembleia Federal. Para os atos passíveis de persecução penal relacionados com o exercício de suas funções, o art. 143 da Constituição Federal da Áustria prevê a competência da Corte Constitucional, que pode aplicar a pena de destituição, de privação de direitos políticos e as demais penas previstas no Código Penal. Em se tratando de atos não relacionados à função presidencial, a Constituição não prevê – para além da exigência de autorização parlamentar – nenhuma outra derrogação do direito comum.

O sistema austríaco de responsabilização do chanceler federal e dos demais membros do governo é (segundo os arts. 76 e 142 da Constituição da Áustria) parecido com o do presidente federal. Assim, a responsabilidade destes agentes por "violações à lei" (no caso do presidente, é por violação à Constituição) é apurada perante o Conselho Nacional (no caso do presidente, perante as duas assembleias). A decisão de aceitação da acusação depende de quórum de mais da metade dos membros do conselho e do voto da maioria dos presentes. Em seguida o chanceler federal é julgado pela Corte Constitucional que pode condená-lo às mesmas penas a que está sujeito o presidente

---

em apreço, a fase instrutória pode pois ser levada a cabo sem que haja formulação do acto de acusação e sem que se ponha a questão do levantamento da inviolabilidade), então ele terá que requerer e obter uma específica decisão do *Bundestag*" (URBANO, Maria Benedita Malaquias Pires. *Representação política e parlamento*. Contributo para uma teoria político-constitucional dos principais mecanismos de protecção do mandato parlamentar. Coimbra: Almedina, 2009. p. 710).

[423] Disponível em: https://www.constituteproject.org/constitution/Austria_2013?lang=en#1082. Acesso em: 21 fev. 2016.

[424] "The constitutional responsibility of the Federal President can be asserted by an impeachment procedure. On the vote of the Federal Assembly, the Federal President may be sued in the Constitutional Court for culpable contravention of the Federal Constitution" (STELZER, Manfred. *An introduction to Austrian constitutional law*. 3. ed. Viena: LexisNexis, 2014. p. 38).

CAPÍTULO 3

A RESPONSABILIDADE DOS AGENTES POLÍTICOS E SEU TRATAMENTO DIFERENCIADO | 137

federal nos casos de violação à Constituição (perda do cargo e privação temporária dos direitos políticos).

Para os crimes relacionados com o exercício de suas funções, aplica-se – assim como ao presidente – o art. 143 da Constituição Federal da Áustria, que prevê a competência da Corte Constitucional, que pode aplicar a pena de destituição, de privação de direitos políticos e as demais penas previstas no Código Penal. Em se tratando de atos não relacionados às funções ministeriais, aplicam-se as regras do direito comum, salvo se o ministro também for membro do Conselho Nacional, e desfrute, por tal razão, de imunidade parlamentar (nos limites de tal imunidade).

Na Itália, o regime de responsabilidade dos agentes políticos tem sido um tema candente, em especial devido à série de processos envolvendo o Ex-Primeiro-Ministro Berlusconi. O regime especial inclui o presidente da República, que só responde em caso de "alta traição" ou "violação da constituição", sendo julgado por um tribunal *ad hoc*, composto por membros da Corte Constitucional e por cidadãos, e também inclui o presidente do conselho de ministros e os demais membros do Governo. O presidente da República goza de prerrogativa material e processual. Assim, segundo o art. 90 da CRI, ele não é responsável pelos atos cometidos no exercício de suas funções,[425] exceto por alta traição ou atentado à Constituição, hipótese na qual a formalização da acusação cabe ao Parlamento por maioria absoluta de seus membros e o julgamento cabe à Corte Constitucional (art. 134).

Já o presidente do Conselho de Ministros e os próprios ministros (segundo o art. 96 da CRI)[426] são julgados pela jurisdição comum. No entanto, para os delitos cometidos no exercício das funções – mesmo que estas já tenham se encerrado – a Constituição exige prévia autorização "do Senado da República ou da Câmara de deputados".[427] Além disso, em relação aos membros do parlamento, o art. 68 da CRI exige autorização da respectiva Casa à qual pertença como requisito prévio a buscas, prisões, detenções ou interceptações telefônicas, salvo na execução de sentença condenatória irrevogável ou flagrante de crime em relação ao qual a prisão em flagrante seja obrigatória.[428]

A Lei Constitucional nº 1, de 16.1.1989, que efetuou a reforma da CRI quanto ao sistema de responsabilização de seus agentes políticos, criou um procedimento bastante original de enquadramento da autorização parlamentar. Segundo esse sistema a notícia de crime cometido por um ministro deve ser apresentada ou enviada ao procurador

---

[425] A CRI não trata da responsabilidade do Presidente da República por atos cometidos fora do exercício das funções. A doutrina, com alguma hesitação, interpreta que tais atos devem ser conhecidos pelo juiz ordinário sem limitações temporais quanto à procedibilidade. *Vide* PACE, Alessandro. Las inmunidades penales extrafuncionales del Presidente de la República y de los membros del Gobierno en Italia. *Revista Española de derecho constitucional*, año 31, n. 93, set./dez. 2011.

[426] Este dispositivo foi alterado em uma reforma de 1989. Antes os ministros eram julgados pela Corte Constitucional.

[427] Segundo a Lei Constitucional nº 1, de 16.1.1989: "L'autorizzazione prevista dall'articolo 96 della Costituzione spetta alla Camera cui appartengono le persone nei cui confronti si deve procedere, anche se il procedimento riguardi altresì soggetti che non sono membri del Senato della Repubblica o della Camera dei Deputati. Spetta al Senato della Repubblica se le persone appartengono a Camere diverse o se si deve procedere esclusivamente nei confronti di soggetti che non sono membri della Camera".

[428] Sobre essa prerrogativa dos parlamentares, com grande destaque para a situação da Itália, *vide* URBANO, Maria Benedita Malaquias Pires. *Representação política e parlamento*. Contributo para uma teoria político-constitucional dos principais mecanismos de protecção do mandato parlamentar. Coimbra: Almedina, 2009. p. 631-733 (em especial p. 663; 669; 691-699).

da República perante o chamado *tribunale del capoluogo*, competente segundo critério territorial.[429]

Caso decida pelo prosseguimento da acusação, o caso é enviado, motivadamente, à casa legislativa competente que, após procedimento conduzido por uma comissão especial, pode decidir, por maioria absoluta de seus membros, negar a autorização para o processo, se considerar que o agente agiu na tutela de um interesse do Estado constitucionalmente relevante ou se atuou na persecução de um premente interesse público no exercício da função de governo. Se a autorização for concedida o processo volta ao colegiado acima mencionado para que continue o processo segundo o direito comum.

Díez-Picazo aponta a peculiaridade deste procedimento no fato de que a autorização é outorgada salvo se existir uma maioria absoluta contra, ou seja (ao contrário do que normalmente ocorre quando autorizações parlamentares são exigidas para o prosseguimento de processos contra agentes políticos), neste caso, a maioria (e maioria absoluta) não é exigida para *autorizar* o prosseguimento do processo e sim para *não* o autorizar, o que evidentemente dificulta a situação do agente acusado (ele é que tem o ônus de obter uma maioria a seu favor).[430] Picazo parece criticar o dispositivo quando afirma que ele consagra a razão de Estado (ao evidenciar os dois motivos que justificariam a denegação da autorização),[431] mas nos parece que a enunciação em si é positiva pois baliza, ainda que minimamente, um juízo político que, na experiência comparada, não encontra nenhum limite formalmente exposto nos textos constitucionais que preveem tal tipo de autorização.

Na Grécia,[432] o presidente da República – em relação a infrações cometidas no exercício das funções – só responde em caso de "alta traição" ou "violação da

---

[429] Em seguida o caso é enviado a um colegiado composto por três membros efetivos e três suplentes sorteados dentre todos os magistrados em exercício naquele tribunal com ao menos cinco anos de exercício (colegiado renovado a cada dois anos). Cabe a este colegiado proceder a investigações preliminares e decidir pelo arquivamento da denúncia ou seu prosseguimento, ouvido o ministério público (que pode requerer maiores investigações). O colegiado então decide pelo arquivamento do caso ou por seu prosseguimento, em decisão irrecorrível.

[430] Este modelo foi adotado no Brasil, em relação aos parlamentares, com a Emenda Constitucional nº 35/01. Que alterou o art. 53 da CRFB, que passou a ter a seguinte redação: "Art. 53. Os Deputados e Senadores são invioláveis, civil e penalmente, por quaisquer de suas opiniões, palavras e votos. §1º Os Deputados e Senadores, desde a expedição do diploma, serão submetidos a julgamento perante o Supremo Tribunal Federal. §2º Desde a expedição do diploma, os membros do Congresso Nacional não poderão ser presos, salvo em flagrante de crime inafiançável. *Nesse caso, os autos serão remetidos dentro de vinte e quatro horas à Casa respectiva, para que, pelo voto da maioria de seus membros, resolva sobre a prisão.* §3º Recebida a denúncia contra o Senador ou Deputado, por crime ocorrido após a diplomação, o Supremo Tribunal Federal *dará ciência à Casa respectiva, que, por iniciativa de partido político nela representado e pelo voto da maioria de seus membros, poderá, até a decisão final, sustar o andamento da ação.* §4º O pedido de sustação será apreciado pela Casa respectiva no prazo improrrogável de quarenta e cinco dias do seu recebimento pela Mesa Diretora. §5º A sustação do processo suspende a prescrição, enquanto durar o mandato. §6º Os Deputados e Senadores não serão obrigados a testemunhar sobre informações recebidas ou prestadas em razão do exercício do mandato, nem sobre as pessoas que lhes confiaram ou deles receberam informações. §7º A incorporação às Forças Armadas de Deputados e Senadores, embora militares e ainda que em tempo de guerra, dependerá de prévia licença da Casa respectiva. §8º As imunidades de Deputados ou Senadores subsistirão durante o estado de sítio, só podendo ser suspensas mediante o voto de dois terços dos membros da Casa respectiva, nos casos de atos praticados fora do recinto do Congresso Nacional, que sejam incompatíveis com a execução da medida".

[431] DÍEZ-PICAZO, Luis María. *La criminalidad de los gobernantes*. Barcelona: Las Letras de Drakontos, 1996. p. 129.

[432] Segundo Ioannis Pararas, o Presidente da República na Grécia, embora tenha poderes bem reduzidos, também está sujeito a um "regime de irresponsabilidade". Com efeito, segundo o art. 49 da Constituição grega o presidente "não é responsável pelos atos praticados no exercício da função, salvo em caso de alta traição ou de violação

Constituição", por meio de procedimento (que a tradução da Constituição grega denomina *impeachment*)[433] iniciado por pelo menos um terço dos membros do Parlamento, sendo necessários dois terços do total de membros para autorizar o processo e afastar o presidente, que será submetido a julgamento perante um tribunal *ad hoc*, composto de seis membros do Supremo Tribunal Administrativo e sete membros do Supremo Tribunal Civil e Criminal (art. 86, "4", da Constituição da Grécia).

O mesmo tribunal que julga o PR também é competente para julgar atuais ou antigos membros do governo e secretários de estado por crimes cometidos no exercício de suas funções.[434] Neste caso, qualquer investigação, mesmo que preliminar, contra tais agentes só pode prosseguir após autorização do parlamento que depende de iniciativa subscrita por ao menos trinta de seus membros e aprovada pela maioria absoluta de seus integrantes (art. 86).[435]

3.2.4 Tratamento diferenciado na Europa: as monarquias (Espanha e Reino Unido)

Nas duas monarquias analisadas sobressai a nota comum de que os monarcas gozam de imunidade absoluta. A partir deste ponto a diferença é grande, pois as reduzidas prerrogativas em relação aos agentes políticos no Reino Unido contrastam com a presença, na Espanha, de prerrogativas dirigidas aos ministros e mesmo a "ex-monarcas".

Com efeito, o Reino Unido se destaca pela ausência de qualquer regra derrogatória do direito comum que beneficie o primeiro-ministro (ou qualquer ministro), seja em matéria de processo ou de direito material, seja para as infrações cometidas no exercício das funções ou fora destas.

No entanto, a tradição britânica estabelece que todos os membros do governo devem ser membros do parlamento e, nessa qualidade, gozam do *parliamentary privilege*. O conteúdo atual[436] da prerrogativa parlamentar se limita basicamente a dois aspectos:

---

deliberada da Constituição. Em relação aos atos estranhos ao exercício das funções, o processo penal será suspenso até o final do mandato presidencial" (PARARAS, Ioannis P. *La Responsabilité du Gouvernement en Grèce*. Bruxelas: Bruylant, 2002. p. 21) (utilizamos a versão francesa da Constituição Grega disponível na referida obra, p. 129, bem como a versão em inglês disponível em: https://www.constituteproject.org/constitution/Greece_2008.pdf?lang=en. Acesso em: 26 fev. 2016).

[433] Art. 49, "2": "A proposal to bring charges against and *impeach* the President of the Republic" (Disponível em: https://www.constituteproject.org/constitution/Greece_2008.pdf?lang=en. Acesso em: 26 fev. 2016.

[434] Além disso, o art. 85 da Constituição da Grécia estabelece que: "The members of the Cabinet and the Undersecretaries shall be collectively responsible for general Government policy, and *each of them severally for the actions or omissions within his powers, according to the provisions of statutes on the liability of Ministers*".

[435] Um estudo feito pelo Senado Francês (SÉNAT FRANÇAIS. *La Responsabilite Pénale des Chefs d'état et de Gouvernement*. Les Documents de Travail du Sénat. Série Législation Comparée, set. 2001. Disponível em: http://www.senat.fr/lc/lc92/lc920.html. Acesso em: 3 fev. 2014. p. 17-18), cita um instituto peculiar da Constituição grega (prevista no art. 86, "5" de sua Constituição): "Au cas où la procédure engagée à la suite d'une proposition de mise en accusation d'un ministre ou secrétaire d'État n'a pas été menée à son terme pour une raison quelconque, y compris celle de la prescription, la Chambre des députés peut, à la demande de celui qui avait été accusé, constituer par une résolution une commission spéciale de députés et de hauts magistrats, en vue de l'examen de l'accusation, ainsi qu'il est prévu par le règlement". Veja-se ainda PARARAS, Ioannis P. *La Responsabilité du Gouvernement en Grèce*. Bruxelas: Bruylant, 2002.

[436] Até 1948, todos os membros do Parlamento – incluindo aqueles que compunham o Gabinete – eram julgados em matéria criminal diretamente pela Câmara dos Lordes. Essa distinção foi abolida, em 1948, com o *Criminal*

de um lado temos uma espécie de inviolabilidade (ou, no direito português, irresponsabilidade) parlamentar, por meio da qual se garante a *freedom of speech in Parliament*.[437] Ademais, subsiste uma imunidade contra a prisão civil do parlamentar no período que se inicia 40 dias antes e termina 40 dias depois de cada sessão parlamentar. John Alder destaca que esta imunidade perdeu sua importância quando a prisão civil por dívidas foi abolida, mas registra que ela protegeria o parlamentar contra a prisão civil pelo não cumprimento de determinações judiciais, o que parece guardar certa relevância.[438]

A Constituição da Espanha considera a pessoa do rei inviolável e não sujeita à responsabilidade (art. 56, "3"). Com a abdicação do Rei Juan Carlos I, em junho de 2014, passou a se colocar a questão do estatuto dos "ex-monarcas".[439] Na Espanha (que tem possivelmente a Constituição que mais atribuições confere ao monarca, entre as constituições monarquistas da Europa), a solução dada foi atribuir ao ex-rei foro especial, o que foi feito por alteração na Lei Orgânica do Poder Judicial, efetuada menos de um mês após a abdicação. Note-se que esta lei já tinha sido alterada para conceder foro especial à rainha e ao príncipe herdeiro e sua esposa.[440]

Quanto ao presidente e demais membros do Governo, a Constituição da Espanha dá um tratamento penal "substancialmente diferenciado daquele concedido aos demais cidadãos"[441] em três aspectos distintos: "um foro especial para membros do Governo, uma condição de procedibilidade para certa classe de delitos [...] e a proibição de indulto em ambas as hipóteses".[442]

Justice Act de 1948. A referência se encontra em LOEWENSTEIN, Karl. *Teoría de la constitución*. 2. ed. 4. reimpr. Barcelona: Ariel Derecho, 1986. p. 297.

[437] Sobre o tema *vide* PARPWORTH, Neil. *Constitutional and administrative law*. 7. ed. Oxford: Oxford University Press, 2012. p. 129-134. O *parliamentary privilege* vem do *Bill of rights* de 1689, que previa "That election of members of Parliament ought to be free; That *the freedom of speech and debates or proceedings in Parliament ought not to be impeached or questioned in any court or place out of Parliament*". Num caso decidido em 2010, quatro membros do Parlamento sustentaram que não poderiam ser processados criminalmente por fraude na prestação de contas de despesas incorridas enquanto parlamentares, com base na proteção contra interferências nos *proceedings* decorrente do mesmo dispositivo do *Bill of Rights*. Na ocasião a Corte Suprema do Reino Unido decidiu que o procedimento de prestação de contas não era um procedimento parlamentar protegido pelo referido dispositivo (*R v. Chaytor* [2010] UKSC 52; [2011] 1 AC 684).

[438] ALDER, John. *Constitutional & Administrative Law*. 10. ed. London: Palgrave, 2015. p. 245. Em um aspecto – o universo de beneficiados – as prerrogativas bretãs são bastante extensas. É que a estrutura do governo britânico pode incluir cerca de 100 ministros (desde aqueles que compõem o gabinete, até aqueles que simplesmente chefiam departamentos específicos do governo), todos membros do parlamento e que, portanto, gozarão das referidas prerrogativas (p. 331-332).

[439] Abdicação precedida de outra, feita pela Rainha Beatriz, dos Países Baixos, em abril de 2013. Claro que estas não foram as primeiras abdicações da História – no século XX há de ser lembrada a abdicação de Eduardo VIII, da Inglaterra, em 1936, e a abdicação de Leopoldo III, da Bélgica, em 1950 – mas o tema da responsabilidade de chefes de estado só passou a ser mais agudo no último quarto de século.

[440] A redação atual do dispositivo é a seguinte: "Artículo 55 bis. Además de las competencias atribuidas a las Salas de lo Civil y de lo Penal del Tribunal Supremo en los artículos 56 y 57, dichas Salas conocerán de la tramitación y enjuiciamiento de las acciones civiles y penales, respectivamente, dirigidas contra la Reina consorte o el consorte de la Reina, la Princesa o Príncipe de Asturias y su consorte, así como contra el Rey o Reina que hubiere abdicado y su consorte". Sobre o tema, *vide* TORRES MORAL, Antonio. En torno a la abdicación de La Corona. *Revista Española de Derecho Constitucional*, n. 102, set./dez. 2014. p 13-48. Essa extensão de imunidade à *família* do chefe de estado também é a regra na Rússia, onde o presidente e sua família gozam de ampla imunidade durante seu mandato e em grande medida após o mesmo, neste caso em virtude de lei (após o mandato a imunidade pode ser levantada pelo voto das duas câmaras do parlamento) (KHABRIEVA, Talia Yaroulovna. Le statut constitutionnel du Président de La Féderation de Russie. *Revue Française de droit constitutionnel*, n. 81, jan. 2010. p. 112).

[441] GARCÍA MAHAMUT, Rosario. *La responsabilidad penal de los miembros del Gobierno en la Constitución*. Madri: Tecnos, 2000. p. 30.

[442] DÍEZ-PICAZO, Luis María. *La criminalidad de los gobernantes*. Barcelona: Las Letras de Drakontos, 1996. p. 133-134.

CAPÍTULO 3
A RESPONSABILIDADE DOS AGENTES POLÍTICOS E SEU TRATAMENTO DIFERENCIADO | **141**

Com efeito, o art. 102 da CE estabelece prerrogativa de foro (Sala Penal do Tribunal Supremo) para quaisquer processos criminais contra esses agentes.[443] Ademais, especificamente para a instauração de processo nos casos de traição ou qualquer delito *contra a segurança do Estado*, praticados no exercício de suas funções, exige-se a autorização da maioria absoluta do Congresso, após iniciativa de um quarto dos seus membros.[444]

3.2.5 Tratamento diferenciado na África do Sul e na Tunísia

Façamos breve menção a duas constituições africanas.

Em primeiro lugar, à Constituição da África do Sul de 1996, fruto de uma transição em dois tempos (primeiro uma constituição provisória que, em parte, condicionava a constituição definitiva a ser votada em seguida), com características que traziam um grande risco de ruptura, mas que, em boa medida, acabou sendo uma transição bem feita.[445]

Durante o regime do *apartheid* não havia, formalmente, qualquer prerrogativa destinada aos agentes políticos prevista na Constituição (tratamento aliás herdado do direito inglês). No entanto, na prática do regime diversas leis foram aprovadas para, retroativamente, conceder imunidade não apenas a agentes políticos, mas a uma enorme quantidade de agentes públicos envolvidos em brutais atos de repressão.[446] A constituição provisória, que viabilizou a transição de regime, previa uma anistia por atos relacionados à luta política, mas essa anistia era condicionada ao requerimento do interessado e ao preenchimento de determinadas condições auferidas por um órgão específico (Comissão da Verdade e da Reconciliação).

A Constituição da África do Sul adota um sistema de governo *sui generis* pois o presidente é chefe de Estado e de governo, mas é eleito, e pode ser destituído, pelo parlamento. Formalmente, a única prerrogativa é bastante reduzida. Trata-se do art. 58 da Constituição que garante prerrogativas aos membros do Governo (ministros e vice-ministros) ao mesmo tempo que garante prerrogativas aos membros da Assembleia

---

[443] Prerrogativa que, portanto: "no se ha hecho depender de la calidad de un determinado tipo de ilícitos penales sino que se ha mandatado con alcance general para el enjuiciamiento, en principio, de cualquiera que fuese el presunto acto delictivo imputado del que se pudiera derivar responsabilidad criminal, con independencia de la naturaleza de la imputación. La única condición impuesta por el precepto constitucional consiste en que los imputados ostenten, en ese momento, la cualidad de presidente o miembro del Gobierno (GARCÍA MAHAMUT, Rosario. *La responsabilidad penal de los miembros del Gobierno en la Constitución*. Madri: Tecnos, 2000. p. 99).

[444] Um estudo feito pelo Senado francês (SÉNAT FRANÇAIS. *La Responsabilite Pénale des Chefs d'état et de Gouvernement*. Les Documents de Travail du Sénat. Série Législation Comparée, set. 2001. Disponível em: http://www.senat.fr/lc/lc92/lc920.html. Acesso em: 3 fev. 2014), embora antigo, traz alguns dados comparativos interessantes, entre os sistemas de responsabilização dos chefes de estado e de governo em dez países (Alemanha, Áustria, Bélgica, Dinamarca, Espanha, Grécia, Itália, Países Baixos, Portugal e Reino-Unido), incluindo países que não foram objeto de nosso foco. Quanto aos chefes de estado os cinco monarcas gozam de imunidade absoluta e, nas repúblicas, os presidentes são beneficiários de um "regime derrogatório do direito comum tanto para as infrações cometidas no exercício das funções presidenciais como para as outras infrações". Para as infrações cometidas no exercício das funções presidenciais qualquer acusação contra o presidente só pode prosseguir se obtiver a autorização dos respectivos parlamentos. Obtida a autorização o alcance das prerrogativas varia bastante.

[445] *Vide* KLUG, Heinz. *The constitution of South Africa a contextual analysis*. Oxford: Hart Publishing, 2010. p. 1-43, e PHILIPPE, Xavier. La responsabilité du Chef de L'État en Afrique du Sud. *In*: *La responsabilité du Chef de l'État*. Paris: Societé de Législation Comparée, 2009. v. 12. Collection Colloques. p. 87-104.

[446] Leis conhecidas como *Indemnity Acts*, que, face à ausência de controle de constitucionalidade à época, não eram questionadas. *Vide* PHILIPPE, Xavier. La responsabilité du Chef de L'État en Afrique du Sud. *In*: *La responsabilité du Chef de l'État*. Paris: Societé de Législation Comparée, 2009. v. 12. Collection Colloques. p. 89.

Nacional.[447] As prerrogativas se limitam a uma imunidade ampla quanto à esfera (civil e criminal e imunidade à prisão), mas limitadas quanto ao objeto, que se restringe ao que for dito, submetido ou produzido na própria assembleia ou em suas comissões ou que decorra destes atos.[448] No entanto, o mesmo dispositivo permite que outras prerrogativas (*other privileges and immunities*) sejam instituídas por lei federal. Não há qualquer dispositivo específico na Constituição instituindo prerrogativas para o presidente que, no entanto, por ser membro obrigatório da Assembleia Nacional (art. 86 "1"), goza das mesmas prerrogativas dos demais membros.

Assim, com a única exceção acima exposta (além da teoricamente possível incidência do dispositivo da Constituição provisória relacionado à anistia), os agentes políticos não gozariam de qualquer prerrogativa. No entanto, reconhece-se ao PR a prerrogativa de jurisdição, consistente em não poder ser processado nos juízos de primeira instância (*magistrate courts*).[449] Não obstante, a partir da constatação de que a ausência de prerrogativas poderia expor o PR a ações movidas com fins eminentemente políticos, a Corte Constitucional da África do Sul reconheceu (ao menos num caso que o PR era convocado como testemunha),[450] que a separação de poderes imporia alguma contenção na convocação do presidente, que só deveria ser admitida quando fosse indispensável. Além disso, a Corte também estabeleceu que sempre que a responsabilidade do PR envolvesse a constitucionalidade de seus atos, a palavra final seria da própria Corte Constitucional.[451]

Por fim, também merece menção a recente Constituição da Tunísia de 2014, uma vez que se trata da única constituição adotada de forma democrática como resultado da denominada Primavera Árabe.

Trata-se de constituição que, a nosso ver, adota um regime relativamente próximo do sistema francês,[452] com PR eleito diretamente e com poderes semelhantes (embora menores) do que o PR francês e isso apesar de ter sido adotada em processo constituinte que teve como um dos objetivos principais afastar-se do regime presidencialista (ditatorial) personificado pelo Ex-Presidente Ben Ali.

---

[447] O parlamento sul-africano é composto de uma assembleia nacional e de um conselho das províncias, cujos membros têm prerrogativas idênticas (art. 71 no caso do Conselho).

[448] "58. Privilege 1. Cabinet members, Deputy Ministers and members of the National Assembly - a. have freedom of speech in the Assembly and in its committees, subject to its rules and orders; and b. are not liable to civil or criminal proceedings, arrest, imprisonment or damages for i. anything that they have said in, produced before or submitted to the Assembly or any of its committees; or i. anything revealed as a result of anything that they have said in, produced before or submitted to the Assembly or any of its committees".

[449] PHILIPPE, Xavier. La responsabilité du Chef de L'État en Afrique du Sud. *In: La responsabilité du Chef de l'État*. Paris: Societé de Législation Comparée, 2009. v. 12. Collection Colloques. p. 99.

[450] "President of the Republic of South Africa and Others v. South African Rugby and Football Union and Others, 200(1) AS 1 (cc)" ("SARFU case") (PHILIPPE, Xavier. La responsabilité du Chef de L'État en Afrique du Sud. *In: La responsabilité du Chef de l'État*. Paris: Societé de Législation Comparée, 2009. v. 12. Collection Colloques. p. 99-100).

[451] PHILIPPE, Xavier. La responsabilité du Chef de L'État en Afrique du Sud. *In: La responsabilité du Chef de l'État*. Paris: Societé de Législation Comparée, 2009. v. 12. Collection Colloques. p. 100-101.

[452] "Définir la nature du régime politique retenu par la Constitution du 27 janvier 2014, relève de la prouesse tellement les dispositions pertinent y relatives sont alambiquées, confuses et sophistiquées et tellement l'organization des pouvoirs et l'agencement des relations entre eux ne correspondent à aucun cadre classique. Le constituant tunisien était obnubilé par une idée fixe: rompre avec le régime présidentiel dans sa version dévoyée, le régime présidentialiste" (ACHOUR, Rafâa Ben. La Constitution tunisienne du 27 janvier 2014. *Revue Française de Droit Constitutionnel*, n. 100, 2014. Spécial. p. 792).

Mesmo com esse objetivo, a nova constituição não deixou de conceder importante prerrogativa ao PR, que se beneficia de imunidade durante seu mandato, com expressa suspensão dos prazos de prescrição que voltam a correr ao fim daquele (art. 87). O mesmo dispositivo estabelece que o PR "não é responsável pelos atos praticados no exercício de suas funções", mas esta regra é aparentemente restringida pelo dispositivo seguinte (art. 88), que prevê a responsabilização do presidente por "violação grave à constituição". Neste caso, a iniciativa motivada cabe à maioria dos membros da Assembleia de Representantes do Povo e a decisão (de receber a denúncia) cabe a dois terços dos membros da mesma assembleia que, então, remete o caso à Corte Constitucional, que também decide por dois terços de seus membros. No caso de condenação, a decisão da Corte se limita à perda do mandato e à perda do direito de se candidatar a qualquer outra eleição, sem excluir "eventuais processos judiciais caso seja necessário".

3.2.6 Tratamento diferenciado no Estatuto de Roma e em outras normas internacionais

Antes de avançarmos para a conclusão deste tópico façamos breve menção a quatro importantes instrumentos internacionais que podem ser aplicados na responsabilização de agentes políticos.

Em primeiro lugar, lembremos a longa tradição de reconhecimento de imunidades para o pessoal diplomático, atualmente cristalizada nos arts. 29 e 31 da Convenção de Viena sobre Relações Diplomáticas de 1961.[453] Relacionada à imunidade diplomática temos a amplamente reconhecida imunidade em relação a chefes de estado e outros agentes.[454]

Em seguida temos o tratamento que o Estatuto de Roma do Tribunal Penal Internacional[455] dá aos agentes políticos. É que seu art. 27, significativamente intitulado "Irrelevância da Qualidade Oficial", estabelece que o Estatuto de Roma:

> será aplicável de forma igual a todas as pessoas sem distinção alguma baseada na qualidade oficial. *Em particular, a qualidade oficial de Chefe de Estado ou de Governo, de membro de Governo ou do Parlamento*, de representante eleito ou de funcionário público, em caso algum eximirá a pessoa em causa de responsabilidade criminal nos termos do presente Estatuto, nem constituirá de *per se* motivo de redução da pena.

O mesmo dispositivo também estabelece: "As imunidades ou normas de procedimento especiais decorrentes da qualidade oficial de uma pessoa, nos termos do direito

---

[453] Promulgada no Brasil pelo Decreto nº 56.435, de 8.6.1965.

[454] "It is widely accepted [...] that heads of state enjoy the same immunities as ambassadors: absolute immunity while in office, and afterwards functional immunity for official acts carried out while in office" (CRYER, Robert; FRIMAN, Håkan; ROBINSON, Darryl; WILMSHURST, Elizabeth. *An introduction to international criminal law and procedure*. 3. ed. repr. Cambridge: Cambridge University Press, 2015. p. 543). Os autores relatam o amplo reconhecimento de que a imunidade inclui também chefes de governo e ministros de relações exteriores, citando um precedente em que foi estendida a ministro da defesa, sendo incerta sua extensão a outros ministros.

[455] Promulgado no Brasil pelo Decreto Federal nº 4.388/02 e em Portugal pelo Decreto do Presidente da República nº 2/2002. *Diário da República*, n. 15, Série I-A, jan. 2002. No Brasil, assim como na França, também foi efetuada uma alteração constitucional com a inclusão, pela Emenda Constitucional nº 45 de 2004, de um §4º do art. 5º, com a seguinte redação: "O Brasil se submete à jurisdição de Tribunal Penal Internacional a cuja criação tenha manifestado adesão".

interno ou do direito internacional, não deverão obstar a que o Tribunal exerça a sua jurisdição sobre essa pessoa". Note-se que o referido dispositivo do Estatuto de Roma era necessário exatamente para afastar a incidência da imunidade de chefes de estado acima referida.[456] Também merece registro o art. 29, que estabelece a imprescritibilidade dos crimes de competência do TPI.

Outro instrumento internacional é a Convenção das Nações Unidas contra a Corrupção,[457] cujo art. 30, "2" (que trata de processo, sentença e sanções) expressamente reconhece a existência de prerrogativas:

> 2. Cada Estado Parte adotará as medidas que sejam necessárias para estabelecer ou manter, em conformidade com seu ordenamento jurídico e seus princípios constitucionais, um *equilíbrio apropriado entre quaisquer imunidades ou prerrogativas jurisdicionais outorgadas a seus funcionários públicos para o cumprimento de suas funções* e a possibilidade, se necessário, de proceder efetivamente à investigação, ao indiciamento e à sentença dos delitos qualificados de acordo com a presente Convenção.

Além disso, o Banco de Compensações Internacionais (BIS), principal organização internacional que trata de normas de organização bancária, considera que os ordenamentos jurídicos nacionais *devem* garantir às autoridades nacionais encarregadas da supervisão bancária (em geral os bancos centrais) proteção contra ações judiciais propostas em decorrência de ações ou omissões relacionadas ao exercício de suas funções, desde que de boa-fé.[458]

---

[456] Ainda assim, demonstrando a importância e a seriedade com que as imunidades são tratadas na esfera internacional, o próprio Estatuto de Roma estabelece, em seu artigo 98, que: "1. O Tribunal pode não dar seguimento a um pedido de entrega ou de auxílio por força do qual o Estado requerido devesse atuar de forma incompatível com as obrigações que lhe incumbem à luz do direito internacional em matéria de imunidade dos Estados ou de imunidade diplomática de pessoa ou de bens de um Estado terceiro, a menos que obtenha, previamente a cooperação desse Estado terceiro com vista ao levantamento da imunidade".

[457] Promulgada no Brasil pelo Decreto nº 5.687, de 31.1.2006 (*vide* Capítulo 8). Agradecemos à Professora Alexandra Aragão, que nos chamou a atenção para a importância dessa convenção e do dispositivo tratado a seguir.

[458] A exigência é uma decorrência dos princípios essenciais da Basiléia, adotados pelo Banco de Compensações Internacionais (BIS) como diretrizes a serem seguidas na construção de sistemas nacionais de supervisão bancária. O Princípio 1 tem a seguinte redação: "Principle 1: Objectives, independence, powers, transparency and cooperation. An effective system of banking supervision will have clear responsibilities and objectives for each authority involved in the supervision of banks. Each such authority should possess operational independence, transparent processes, sound governance and adequate resources, and be accountable for the discharge of its duties. A suitable legal framework for banking supervision is also necessary, including provisions relating to authorisation of banking establishments and their ongoing supervision; powers to address compliance with laws as well as safety and soundness concerns; *and legal protection for supervisors*. Arrangements for sharing information between supervisors and protecting the confidentiality of such information should be in place". Em reforço aos referidos princípios o BIS adotou documento intitulado *Core Principles Methodology* (Disponível em: http://www.bis.org/publ/bcbs130.pdf. Acesso em: 6 jul. 2015), incluindo capítulo aprovando critérios para a avaliação do cumprimento dos princípios essenciais. Esse capítulo da metodologia lista critérios de avaliação de cada um dos 25 princípios essenciais divididos em critérios "essenciais" ou "adicionais". Segundo o documento: "*essential* criteria are those elements that *should be present in order to demonstrate compliance with a Principle*. Additional criteria may be particularly relevant to the supervision of more sophisticated banking organizations, and countries with such institutions should aim to achieve them" (p. 6). Pois bem, em relação ao Princípio 1(5) ("Legal protection") são adotados dois critérios *essenciais*: "A suitable legal framework for banking supervision is also necessary, including legal protection for supervisors. *Essential criteria:* 1. The law *provides protection to the supervisory authority and its staff against lawsuits for actions taken and/or omissions made while discharging their duties in good faith.* 2. *The supervisory authority and its staff are adequately protected against the costs of defending their actions and/or omissions made while discharging their duties in good faith*" (p. 9).

3.2.7 Breve conclusão comparativa

Vejamos que conclusões podemos tirar desta breve incursão no direito comparado. Em primeiro lugar, a de que algum tipo de prerrogativa, e não apenas para o chefe de estado, é concedido por todas as constituições analisadas, sejam elas antigas (como a Constituição dos EUA, de 1787, e da Argentina, de 1852), não escritas (caso da Grã-Bretanha), do Pós-Segunda Guerra (Lei Fundamental de Bonn, de 1949 e Constituição francesa, de 1958), ibero-americanas que se seguiram à derrocada de regimes autoritários (Portugal, Espanha e Brasil), mais recentes (Colômbia e África do Sul)[459] ou recentíssimas (caso da Tunísia).[460]

Assim, devem ser desde logo afastados os argumentos normalmente encontrados nos meios de comunicação social, mas também em parte da doutrina e jurisprudência (ao menos no Brasil), segundo os quais tais prerrogativas seriam odiosos privilégios violadores da igualdade dos cidadãos, sem equivalentes em outros países! Ademais, a exposição comparativa nos parece útil para demonstrar os vários tipos de tratamentos diferenciados encontrados em distintas constituições.

Na esfera internacional sempre se reconheceu algum tipo de imunidade em relação a agentes diplomáticos e a chefes de estado e outros agentes políticos. Por outro lado, o não reconhecimento de nenhuma prerrogativa pelo Estatuto de Roma não significa um movimento em sentido contrário e isto pela peculiaridade do direito penal internacional. Com efeito, admitir tratamento diferenciado *perante* o TPI significaria abrir uma enorme via para que cada país excluísse suas classes dirigentes da jurisdição do tribunal. Mas, a nosso ver, o que é mais importante é que o próprio TPI já é uma corte especialíssima, dotada exatamente das garantias necessárias para julgamentos complexos e politicamente sensíveis,[461] ela tem, portanto, as características que esperamos encontrar em uma corte destinada a julgar agentes políticos.

Ademais, a Convenção das Nações Unidas contra a Corrupção fez questão de ressalvar expressamente a possibilidade de tratamento diferenciado de agentes públicos – não apenas agentes políticos – mesmo em convenção direcionada a combater algo tão grave como a corrupção, sem falar da mencionada proteção que o Banco de Compensações Internacionais pretende que seja garantida às autoridades monetárias nacionais contra processos judiciais movidos em decorrência do exercício de suas funções.

---

[459] Neste caso as prerrogativas são bem reduzidas, mas foram ligeiramente ampliadas pela Corte Constitucional.

[460] Vale registrar que, além dos países analisados, vários outros (igualmente democráticos) também apresentam prerrogativas destinadas aos agentes políticos. Por exemplo, segundo estudo de Jean-Paul Pastorel, os seguintes países têm (ou ao menos tinham em 1996) prerrogativas as mais diversas (mais ou menos amplas) para seus ministros: Coreia do Sul, Finlândia, Israel, Japão, Luxemburgo, México, Noruega, Romênia, Suécia, Suíça e Turquia (PASTOREL, Jean-Paul. Droit comparé et réforme des mécanismes de jugement des ministres. *Revue du Droit Public et de La Science Politique en France et a L'etranger*, n. 5, 1996. p. 1347-1377).

[461] O que aliás foi amplamente reconhecido pela decisão do Conselho Constitucional Francês (Décision nº 98-408 DC du 22 janvier 1999) que examinou a compatibilidade do Estatuto de Roma com a CRF, acima mencionada, como se vê dos "considerandos" 21 a 28, em especial o 27: "Considérant que les juges composant la Cour exercent leurs fonctions en toute indépendance, les articles 40 et 48 du statut prévoyant à cet effet les incompatibilités et les immunités nécessaires; que, par ailleurs, les juges qui sont affectés à la section des appels ne peuvent siéger dans d'autres sections; que les articles 41 et 42 du statut fixent la procédure selon laquelle peuvent intervenir la décharge et la récusation des juges ainsi que des procureurs; qu'enfin, l'article 46 prévoit la procédure selon laquelle un membre de la Cour peut être privé de ses fonctions en cas de faute lourde ou de manquements graves à ses devoirs; qu'est ainsi satisfaite l'exigence d'impartialité et d'indépendance de la Cour".

Também se pode verificar a enorme variedade nos tipos e intensidades das prerrogativas reconhecidas em distintos ordenamentos. De todo modo, pode-se observar que alguns tipos de prerrogativas são comuns a vários ordenamentos.

Isso ocorre, por exemplo, com a exigência de autorização parlamentar antes que processos criminais possam ser instaurados ou possam prosseguir contra agentes políticos. Das doze repúblicas analisadas (incluindo o Brasil), dez exigem tal autorização para processos contra o PR. Nos EUA, a autorização parlamentar é exigida para o processo de *impeachment* e não há clareza na doutrina (nem definição jurisprudencial) quanto à possibilidade de persecução criminal de um presidente em exercício perante a justiça comum. Assim, a rigor, a única república na qual não há nenhuma previsão constitucional de autorização parlamentar para persecução criminal do PR é a África do Sul.

Quanto à autorização parlamentar para persecução criminal do PM, ou dos ministros em geral, ela é exigida de forma ampla por cinco países,[462] e de forma mais restrita pela Alemanha (se os ministros forem parlamentares, o que é comum), pela Espanha, apenas para certos delitos, e por Portugal (também para certos delitos), o que faz com que oito países, de forma mais ou menos ampla, imponham tal autorização. Além disso, o texto da CRFB exigiria (a nosso ver de forma clara) tal autorização nos crimes cometidos por ministros, embora essa exigência tenha sido afastada pelo STF.[463]

Mas o grande ponto em comum em nosso estudo comparativo é a previsão de um foro especial para os agentes políticos. Com efeito, dos quatorze países pesquisados, treze concedem foro privilegiado, seja para o PR,[464] seja para os ministros. Somente a Grã-Bretanha não concede foro privilegiado para nenhum agente, mas, neste caso, a plena irresponsabilidade do rei torna desnecessário foro especial para ele. Portanto, podemos dizer que em nenhum dos países analisados o chefe de estado pode ser processado enquanto no exercício de sua função por um tribunal comum.

Por fim, ao menos seis países concedem alguma imunidade temporal ao PR e ou aos ministros (sem contar as monarquias nas quais a imunidade do rei é total).

Por que, então, tantas constituições garantem tratamentos diferenciados? É o que tentaremos analisar na próxima parte deste capítulo.

3.3 Razões para o tratamento diferenciado dos agentes políticos

3.3.1 Os elementos de uma tensão

Embora o conceito de responsabilidade tenha um alcance bem maior, quando tratamos, neste capítulo,[465] da responsabilidade dos agentes políticos, estamos considerando em primeiro lugar os comportamentos contrários ao direito que podem gerar uma consequência classificável como punição, incluindo: os crimes comuns e de

---

[462] Argentina, Áustria, França, Grécia e Itália.

[463] Questão de Ordem na Queixa Crime nº 427-8-STF. *DJ*, 15 out. 1993.

[464] Na África do Sul, malgrado a inexistência de previsão *constitucional* quanto a foro privilegiado, entende-se que o PR não pode ser processado nos juízos de primeira instância.

[465] Na Parte III trataremos da dimensão prospectiva da responsabilidade dos agentes políticos.

responsabilidade, os atos de improbidade administrativa,[466] os atos sujeitos a sanções administrativas[467] (ou atos sujeitos a *outras* sanções administrativas, para quem atribui natureza administrativa às sanções previstas na Lei de Improbidade),[468] os atos passíveis de sanção política, e os atos que geram o que chamamos de inelegibilidade como sanção.[469]

De todo modo, boa parte dos elementos que serão analisados bem como boa parte do tratamento diferenciado que julgamos necessário também se aplicam aos processos que podem gerar consequências do tipo indenizatório (sobretudo se envolverem indenizações de grande expressão), incluindo aqueles tratados sob a denominação de responsabilidade civil do Estado. Também é importante registrar que nos processos de improbidade, e em outros processos envolvendo o denominado direito administrativo sancionador, por vezes cumulam-se consequências punitivas e ressarcitórias.

Vale notar que os ilícitos praticados por agentes políticos não se confundem com os ilícitos políticos (em especial com os crimes políticos).[470] A advertência é de Díez-Picazo,[471] que lembra que os crimes políticos normalmente são cometidos contra determinado regime ou poder político, enquanto que os ilícitos praticados por agentes políticos (ou a "criminalidade governativa"), como o nome já enuncia, são praticados exatamente por aqueles que detêm o poder político.

Feita esta advertência, temos que procurar identificar quais as características que justificam – se é que justificam – que os delitos praticados por agentes políticos tenham um tratamento especial. Díez-Picazo (referindo-se à "criminalidade" governativa) afirma que sua característica principal radica no fato de que, "seja para cometer o delito seja para evitar que seja investigado ou perseguido, seus autores podem dispor de meios jurídicos, econômicos, humanos e tecnológicos que são privativos do estado".[472] Antes de Díez-Picazo, Robert Charvin já salientava que o crime cometido por agentes políticos "é particularmente grave porque é ato de pessoa dotada de grandes poderes o que, precisamente, exige um procedimento excepcional",[473] destacando ainda que a dependência da justiça comum em relação ao poder político exigia uma jurisdição especial.[474]

A preocupação é correta, mas necessita de uma ressalva fundamental: é que ambos os autores, mesmo que teoricamente, partem da ideia de que um delito foi, de fato, *cometido pelo agente político.*

---

[466] Na verdade, há significativa polêmica em torno da natureza jurídica da "improbidade administrativa" que, não obstante o nome, é apurada e punida quase que integralmente na esfera judicial, como veremos no Capítulo 5.

[467] Incluindo as sanções aplicáveis pelos tribunais de contas.

[468] *Vide* Capítulo 5.

[469] *Vide* Capítulo 7.

[470] Categoria reconhecida pela CRFB que veda a extradição de estrangeiro por crime político ou de opinião (art. 5º, LII) ao mesmo tempo em que atribui ao STF a competência para julgar em recurso ordinário o crime político (art. 102, II, "b").

[471] DÍEZ-PICAZO, Luis María. *La criminalidad de los gobernantes*. Barcelona: Las Letras de Drakontos, 1996. p. 23.

[472] DÍEZ-PICAZO, Luis María. *La criminalidad de los gobernantes*. Barcelona: Las Letras de Drakontos, 1996. p. 13.

[473] CHARVIN, Robert. *Justice et politique (evolution de leurs rapports)*. Paris: Librairie Générale de droit et de jurisprudence, 1968. p. 254.

[474] Isso parece ser uma característica mais especificamente francesa, refletida não apenas na capacidade de interferência do ministro da justiça no Poder Judiciário mas à então completa inexistência de controle de constitucionalidade. De todo modo, Charvin afirma que a doutrina (francesa) seria "quase unânime" no reconhecimento da necessidade de uma jurisdição especial, com a única notável exceção de Duguit, que a considerava uma violação à igualdade (DUGUIT, Léon. *L'État, ler gouvernantes et les agents*. Paris: Dalloz, 2005. p. 255).

Ocorre que a análise quanto à criminalidade governativa (e quanto à criminalidade em geral) deve se preocupar em como punir crimes cometidos e prevenir sua ocorrência, mas também em como tratar a situação de suspeita de cometimento de ilícitos por parte dos governantes. Este segundo aspecto traz grandes dificuldades, uma vez que os governantes em sistemas democráticos (e fora deles faz menos sentido falar em responsabilidade) governam por terem sido legitimamente escolhidos para tanto, o que atrai a necessidade de se respeitar o direito da maioria que os escolheu. Ademais, o mero fato de estarem sob suspeita (fundada ou não) já é, em geral, por si só, suficiente para abalar o funcionamento normal das instituições, perturbando, por vezes de forma grave, a continuidade do exercício de funções públicas.

Há, portanto, uma complexa tensão entre, de um lado, a necessidade de se reprimir enfaticamente os ilícitos efetivamente cometidos por aqueles que ostentam responsabilidades políticas e, por outro lado, a imperiosa necessidade – por incidência do princípio democrático – de tomar todas as cautelas possíveis para que um governante escolhido pelo povo não seja afastado ou punido e para que o funcionamento do Estado não seja igualmente abalado com base em acusações sem fundamento.[475]

Nas palavras de Gustavo Zagrebelsky:

> No âmbito da responsabilidade penal dos ministros, não se deve negar que nenhuma solução poderá ser nunca considerada perfeita. Estamos em um terreno no qual os valores antagônicos entram em conflito: o princípio da responsabilidade penal, inerente ao Estado de direito, de um lado, e a proteção da função política do Governo, de outro.[476]

A tarefa de manter um equilíbrio entre estes extremos é especialmente delicada, pois conceder um peso maior a um dos lados tem um impacto grande.[477] Assim, para aqueles que enfatizam a igualdade e a necessidade de responsabilização de agentes públicos (a qualquer preço), qualquer suspeita ou qualquer acusação, por menos sólida que seja, deveria justificar uma investigação. Uma investigação, por sua vez, para ser bem sucedida não pode ser atrapalhada pelo investigado (que, afinal, dispõe de amplos poderes) que, portanto, melhor seria se fosse "preventivamente" afastado, tudo, insista-se, a bem da efetividade da investigação.

Com isso, teríamos – na verdade, no Brasil, já temos – situações em que agentes políticos eleitos são afastados cautelarmente de suas funções, sem prévio direito de defesa, sob o argumento da necessidade de melhor instruir uma ação em que lhe seja imputado

---

[475] Díez-Picazo coloca este tensão de forma ligeiramente distinta, entendendo que ela "se inspira em dois princípios tendencialmente opostos: o Estado de direito (igualdade perante a lei, submissão dos governantes à legalidade, etc.) e a democracia (caráter representativo dos cargos públicos, responsabilidade política etc.)" (DÍEZ-PICAZO, Luis María. *La criminalidad de los gobernantes*. Barcelona: Las Letras de Drakontos, 1996. p. 29).

[476] *Apud* GARCÍA MAHAMUT, Rosario. *La responsabilidad penal de los miembros del Gobierno en la Constitución*. Madri: Tecnos, 2000. p. 29.

[477] E, "para o constitucionalismo, qualquer das duas posturas extremas é inaceitável". Inclusive porque "ambas as posturas extremas podem conduzir a uma deslegitimação do Estado democrático de direito: o reducionismo democrático, porque cria a imagem de que os governantes estão desvinculados da legalidade; o reducionismo legalista, porque faz pensar que conflitos inegavelmente políticos podem ser resolvidos à margem da vontade dos cidadãos" (DÍEZ-PICAZO, Luis María. *La criminalidad de los gobernantes*. Barcelona: Las Letras de Drakontos, 1996. p. 30-31).

algum ilícito.[478] Neste extremo, portanto, a ênfase na igualdade e na necessidade de responsabilização de agentes públicos é perseguida com danos à democracia e à própria estabilidade dos governos e, em casos mais graves, das próprias instituições (e, por sua vez, governos instáveis raramente são eficientes).

Por outro lado, uma exigência extremamente elevada de consistência na acusação pode levar ao resultado, igualmente indesejado, de impedir a responsabilização quando ela realmente é necessária, permitindo que agente criminoso continue à frente de assuntos públicos e, o que é pior, encorajando-o a cometer mais crimes, o que sem dúvida é desastroso.

Além disso, não se pode olvidar que quando a balança pende em favor de um rigor cada vez maior na apuração e de uma flexibilização de princípios como o da presunção de inocência, aliado ao já mencionado fenômeno da juridicização de erros políticos, isto claramente implica transferir para o Poder Judiciário mais decisões políticas, causando mais desequilíbrio à separação de poderes.

Assim, nos parece que diversos elementos devem ser considerados para a construção e a interpretação constitucionalmente equilibrada dos sistemas de responsabilização dos agentes políticos. A tensão já referida decorre do fato de que parte destes elementos tende a apontar para sistemas mais rigorosos que, em linhas gerais, tornem a punição mais fácil e as penas mais rigorosas.[479] Outra parte destes elementos aponta para uma direção distinta (não inteiramente oposta) no sentido de sistemas mais garantistas e que, como consequência, apresentarão maiores óbices para a responsabilização dos agentes políticos.

No primeiro grupo de elementos encontramos três razões fortes: a principal é que de um agente político se devem esperar os mais altos padrões de comportamento ético. Este ponto será visto de forma mais detida na Parte III deste trabalho, mas parece estar longe de qualquer questionamento jurídico. A segunda razão, já mencionada, é que, de fato, os agentes políticos têm imenso poder e, portanto, se estão cometendo ilícitos é muito importante que sejam logo descobertos, afastados e punidos pois, enquanto não o forem, usarão o poder que têm para atrapalhar ou influenciar o rumo das investigações

---

[478] Insista-se em que isto não é uma mera *possibilidade* teórica do sistema brasileiro. É uma efetiva realidade. Há incontáveis casos de prefeitos afastados por decisões judiciais em ações de improbidade sem sequer terem sido previamente notificados, tudo com base no art. 20, parágrafo único, da Lei nº 8.429/92 ("A autoridade judicial ou administrativa competente *poderá determinar o afastamento do agente público do exercício do cargo*, emprego ou função, sem prejuízo da remuneração, quando a medida se fizer necessária à instrução processual"). Existem inúmeras discussões sobre a aplicabilidade ou não desse dispositivo aos chefes de poder, mas o fato é que ele tem sido aplicado, mesmo a estes agentes. Confira-se, por exemplo, a seguinte decisão: "[...] *NOVO AFASTAMENTO DE PREFEITO SOB O MESMO CONTEXTO FÁTICO. IMPOSSIBILIDADE. DESCUMPRIMENTO DE DECISÃO DESTA CORTE SUPERIOR. PROCEDÊNCIA DA RECLAMAÇÃO* [...] II - *In casu*, a Corte Especial [...], manteve decisão da Presidência deste Tribunal, que autorizou o afastamento cautelar de Prefeito municipal pelo prazo máximo de 180 dias, ante fatos apurados em ação de improbidade administrativa. III - Contudo, exauridos os efeitos do afastamento temporário, novo afastamento cautelar do agente público foi determinado pelo magistrado estadual sem qualquer alteração fática que justificasse a necessidade da medida definida no art. 20, parágrafo único, da Lei 8.429/92. IV - Evidencia-se, portanto, violação à autoridade da decisão emanada por este Superior Tribunal de Justiça que determinou o afastamento temporário do alcaide por 180 dias, uma vez que a decisão que defere o pedido de suspensão, nos termos do art. 4º, §9º, da Lei 8.437/92, vigora até o trânsito em julgado da decisão de mérito na ação principal. Reclamação procedente" (Rcl nº 9.706/MG. Rel. Min. Felix Fischer, 21.11.2012. *DJe*, 6 dez. 2012).

[479] Na verdade, quanto às penas, podemos adiantar que não vislumbramos razão relevante para que de fato não sejam mais rigorosas.

e para cometer mais ilícitos. A terceira razão é que a consagração de prerrogativas seria, em certa medida, uma desconsideração ao princípio da igualdade.[480]

O segundo grupo de elementos inclui, em primeiro lugar (em especial no que se refere a agentes políticos eleitos),[481] a necessidade de levar em conta a escolha feita pelo povo, como imposição do princípio democrático.[482] Em segundo, temos o fato de que qualquer investigação sobre agentes políticos, mesmo em fase preliminar, tem enorme potencial para a desestabilização política (e econômica, a depender do cargo). Ademais, o lugar ocupado pelos agentes políticos os torna especialmente vulneráveis a acusações sem qualquer fundamento, mediante o uso político da responsabilidade jurídica (tratado no Capítulo 2), com o que esses agentes se tornam "alvos tentadores"[483] para processos judiciais. Isto é especialmente verdadeiro no Brasil, onde existem diversos mecanismos processuais disponíveis praticamente sem custo,[484] mas também ocorre em outros países, como parece ter sido o caso do processo (já referido) movido contra o Presidente Clinton por uma ex-funcionária do estado de Arkansas.[485] Note-se que, nesses casos, o objetivo pode não ser – ou não ser apenas – "político" (de causar um dano político), mas meramente pessoal (atenção da mídia, venda de biografias etc.), mas o impacto político estará sempre presente.

O tema é especialmente sensível quando tratamos de chefes de Estado e de governo. É que o uso de mecanismos de responsabilidade jurídica para desestabilizar e derrubar um governo (se em geral é feito por forças opositoras internas) também pode vir do exterior. Ou seja, denúncias podem ser plantadas por governos ou organizações estrangeiras interessadas em desestabilizar e derrubar governos que contrariem seus interesses. A longa história de intervenções estrangeiras em governos eleitos na América Latina[486] é uma lembrança eloquente de que isto de fato ocorre.

Mas há outro elemento da tensão em questão que, a nosso ver, merece uma atenção especial. É que, visto de uma perspectiva mais geral, ou, podemos dizer, visto da perspectiva de "alguém" que pretende redigir uma boa constituição ou interpretar uma constituição existente, a forma de responsabilização dos agentes políticos é apenas um dos aspectos da conformação constitucional do estatuto destes agentes e, provavelmente, sequer é o mais importante. Outros aspectos, a nosso ver, merecem uma atenção especial, à qual nos dedicaremos a seguir.

---

[480] Na verdade, o argumento da violação à igualdade não nos parece muito consistente pois, tendo o direito há muito abandonado uma concepção literal de igualdade, existem (como procuramos demonstrar neste capítulo e no anterior) suficientes características diferenciadas na situação dos agentes políticos, que não apenas justificam mas, a nosso ver, impõem um tratamento diferenciado quanto às formas de sua responsabilização.

[481] O princípio democrático, a nosso ver, também se aplica – ainda que com menos intensidade – aos demais agentes políticos diretamente escolhidos pelos agentes políticos eleitos, já que a legitimidade que autoriza estes a escolherem aqueles radica exatamente na eleição.

[482] Tema que discutiremos no Capítulo 4 ao tratar da autorização necessária para abertura de processo de *impeachment* ou processo de responsabilização pela prática de crimes comuns em face do PR.

[483] TRIBE, Laurence H. *American constitutional law*. 3. ed. Nova York: Foundation Press, 2000. p. 766.

[484] São as ações civis públicas e as ações populares. Nas duas os autores não pagam custas judiciais nem podem ser condenados nos ônus de sucumbência, salvo comprovada má-fé.

[485] Lawrence Tribe, por exemplo, parece entender que a ação só foi proposta *porque* Clinton virou presidente, tendo em vista especialmente o tempo decorrido entre os fatos e a propositura da ação (TRIBE, Laurence H. *American constitutional law*. 3. ed. Nova York: Foundation Press, 2000. p. 766).

[486] Guatemala em 1954, Brasil em 1964, Chile em 1973 e Venezuela em 2002, são alguns destes exemplos.

3.3.2 O perfil contemporâneo da função executiva como elemento condicionante de suas formas de responsabilização

3.3.2.1 Introdução

Parece evidente que ao instituir determinado sistema ou forma de governo, o que o poder constituinte quer, em primeiro lugar, é que ele funcione bem.

Comentando a Constituição dos EUA, Bernard Schwartz fala do "dilema básico" (enfrentado por seus redatores), decorrente da busca pela conciliação da necessidade de força e unidade do Executivo, pressuposto de um bom governo, com a garantia de que este Executivo forte não represente uma ameaça à liberdade. Schwartz chega a afirmar que a "construção de um (poder) executivo nacional que fosse suficientemente potente para lidar com os problemas enfrentados pela nação e, ao mesmo tempo, não tão forte que pudesse se sobrepor aos outros dois poderes" seria uma tarefa tão impossível como a "quadratura do círculo", embora entenda que os redatores da Constituição dos EUA tenham, em boa medida, solucionado o problema, ao estabelecer as atribuições do Executivo com base em fórmulas gerais.[487]

Este cuidado na construção do Poder Executivo certamente tem como objeto central seu ocupante principal, cuidado especialmente delicado pelo fato de ser o único poder (nos sistemas presidencialistas) com apenas um integrante. Mais uma vez recorremos às precisas palavras de James Madison, para quem:

> O objetivo de qualquer constituição política é, ou deve ser, *primeiramente* obter como dirigentes homens que possuam mais sabedoria para discernir e mais virtudes para perseguir o bem comum da sociedade; e *em seguida*, tomar as precauções mais efetivas para mantê-los virtuosos enquanto continuam a exercer suas funções públicas.[488]

A nosso ver devem ser extraídas duas consequências importantes deste ensinamento de Madison. A primeira é a necessidade de um equilíbrio entre, de um lado,

---

[487] SCHWARTZ, Bernard. *A Commentary on The Constitution of the United States* – Part I. Nova York: Macmillan, 1963. v. II. p. 2-3.

[488] HAMILTON, Alexander; MADISON, James; JAY, John. *The federalist papers*. Nova York: Signet Classic, 2003. p. 348 (grifos nossos). Esse objetivo (assim como a diferença em relação aos meios), também foi percebido pelo grande comentador da primeira constituição brasileira (de 1824), nos seguintes termos: "Desde que uma sociedade eleva-se em civilização, desde que as noções filosóficas do Direito Público, dos fundamentos racionais dos governos, se vão irradiando, ela concebe e aprecia a necessidade de consignar clara e solenemente os princípios essenciais, as máximas reguladoras de sua organização política, e as garantias de suas liberdades públicas e individuais. É a constituição e as suas promessas. *O intuito ou fim de suas normas é* uma ordem política fixa, *o bem de todos e de cada um*; o desenvolvimento moral e intelectual, o progresso e felicidade geral. *Os meios* que ela funda dirigem-se a impossibilitar o arbítrio, conter os poderes em raias limitadas, consagrar os direitos individuais e sociais; e por isso mesmo segurar a intervenção, o voto ou participação nacional no governo do Estado". O autor, aliás, já percebia as limitações de um "texto constitucional", ao afirmar: "Estamos longe de pensar que seja indiferente a garantia de uma boa constituição, como a que possuímos, mas não duvidamos asseverar que as promessas que ela encerra, por si sós pouco podem aproveitar, por isso mesmo que a constituição não se supõe isolada das condições e das conseqüências que necessariamente devem acompanhá-la, para que liberalize todos os seus frutos" (BUENO, José Antonio Pimenta. *Direito público brasileiro e análise da Constituição do Império*. Rio de Janeiro: Serviço de Documentação do Ministério da Justiça e Negócios Interiores, 1958. p. 44). E, mais recentemente, Emerson Garcia observa que os "mecanismos de seleção previstos na Constituição buscam assegurar que pessoas capazes ocupem os cargos públicos e que utilizem os talentos de que dispõem em todo o seu potencial. Mas esses critérios não são 'à prova de idiotas' e desastres podem ocorrer" (GARCIA, Emerson; ALVES, Rogério Pacheco. *Improbidade administrativa*. 7. ed. 2. tir. São Paulo: Saraiva, 2014. p. 251).

regras, princípios e instrumentos que visam à virtude do agente e à eficiência de sua gestão e, de outro, regras, princípios e instrumentos para controlar esse agente e essa gestão. Este ponto foi bem identificado por Jorge Vanossi, que afirma a necessidade de harmonia do *controle* com as demandas de eficiência na gestão do Estado. Note-se que este autor argentino chega a esta conclusão após salientar as diversas exigências das modernas democracias pluralistas, exigências impensáveis na época de *O federalista*. Em suas palavras:

> si parece evidente que la democracia pluralista no es imaginable sin un adecuado sistema de control; si democracia pluralista *más* control efectivo son los perfiles modernos de un sistema representativo [...] también debe resultar viable conjugar los intereses que supone el juego de todos esos elementos con las exigencias de eficacia que esas mismas sociedades contemporáneas dirigen y emplazan a los Estados que las rigen. La *eficiencia* ha pasado a ser también un dato *arcóntico* (fundamental, esencial) en la estimación de los regímenes: éstos son considerados valiosos o desvaliosos, computándose el grado de eficiencia que ofrecen, y esta escala de juicio gravita tanto o más – para ciertos sectores sociales – que la resultante de parámetros doctrinales o de la pura ideología. La falta de eficiencia puede conducir al fracaso del régimen pluralista. *Libertad y eficiencia* deben, pues, encontrar su punto de armonía en el difícil juego de funcionamiento de las relaciones entre Estado y sociedad, mediante el acerto de las formulaciones del derecho constitucional: aptitud de los órganos y viabilidad de los procedimientos, para que la imposición de los contenidos advenga con el signo de un cambio con cauce y libertad.[489]

Assim, de um sistema político constitucionalmente conformado – e, em especial, de seus principais agentes – não se espera "apenas" que seja e que continue a ser honesto (isto é pressuposto). O que evidentemente se espera desse sistema é que seja eficiente.

A segunda consequência, a ser extraída da observação de Madison, é que, ao afirmar a necessidade de tentar "obter como dirigentes homens que possuam mais sabedoria para discernir e mais virtudes para perseguir o bem comum da sociedade", ele está recomendando a criação de um sistema que seja capaz de atrair – ou ao menos de não repelir – bons gestores.

Ou seja, os sistemas de responsabilização de agentes políticos (que compõem o "pacote" de direitos e deveres de um agente político) devem ser construídos para desestimular o agente incompetente e, sobretudo, o criminoso; mas, por outro lado, não devem ser construídos de forma a igualmente afastar ou ameaçar o político honesto e competente. Note-se que neste ponto estamos tratando de uma responsabilidade em boa parte orientada ao futuro, prospectiva (objeto da Parte III deste trabalho). Mesmo assim, há de se ajustar o foco, abandonando uma preocupação exclusiva em evitar – no presente e no futuro – a vinda de um agente mal intencionado, e preocupando-se também em atrair – igualmente no futuro e no presente – o agente bem intencionado e capacitado. No mesmo *O federalista* (dessa vez pela pena de Hamilton),[490] afirma-se que

---

[489] VANOSSI, Jorge Reinaldo A. *Estado de derecho*. 4. ed. Buenos Aires: Astrea, 2008. p. 107-108. Grifos no original. Mais à frente, Vanossi considera a tensão entre democracia *versus* eficácia, como uma das sete tensões dos sistemas de democracia constitucional (p. 118-119).

[490] HAMILTON, Alexander; MADISON, James; JAY, John. *The federalist papers*. Nova York: Signet Classic, 2003. p. 413. Lembre-se que em nenhum momento *O federalista* nega a importância dos sistemas punitivos. Pelo contrário,

"o verdadeiro teste de um sistema de governo é sua aptidão e tendência para produzir uma boa administração" (e não para punir uma má administração).[491]

No entanto, parece prevalecer no direito público – e no Brasil isto é muito claro – que o principal objetivo do estatuto constitucional dos agentes políticos é punir o mau governante, sendo considerado pouco relevante (ou completamente irrelevante) se esse sistema desestimula o bom governante[492] ou não garante condições mínimas para que exerça sua função.

Em boa medida isso decorre de um enorme descontentamento com a classe política, descontentamento que, de resto, tem base real nos numerosos escândalos e crimes praticados com a participação de políticos. De todo modo, vale aqui a observação de Giovanni Sartori, para quem:

> O resultado líquido do "simplismo", essa combinação de democracia infantil com um negativismo simplificador, é que a atividade política é muito criticada, mas pouco se propõe de razoável para remediar suas faltas e aperfeiçoá-la. Na verdade, quanto mais contribuímos para destruir esse processo, menos somos capazes de melhorá-lo. Da mesma forma, investimos os nossos melhores esforços na expansão da "democracia horizontal", e não só deixamos de lado, mas na verdade falamos mal da "democracia vertical". O que significa que durante muitas décadas aparentemente esquecemos e, certamente, deixamos de levar em conta que, afinal, a democracia é, e não pode deixar de ser, um *sistema de governo*. Ao negligenciar a *função governativa*, tornamos pior o funcionamento do governo, e podemos até mesmo ameaçá-lo.[493]

Neste ponto parece importante uma breve reflexão sobre os desafios de um agente político no Estado contemporâneo.

3.3.2.2 Condicionantes da decisão do agente político nas democracias contemporâneas

A produção doutrinária sobre o desenho do Poder Executivo (ou da função executiva) que se encontra nos redatores da Constituição dos EUA tinha em mente um Poder Executivo preocupado com poucos temas (relações exteriores, guerra e paz, estabilidade interna, moeda, crédito, comércio). Não que estes temas não continuem a ser centrais para a maioria dos Estados, mas o fato é que, sem que nenhum deles tenha perdido a importância, uma dezena de outros temas extremamente complexos entrou, primeiro, na agenda política e, depois, nas próprias constituições.

---

a ele dedica longas e preciosas páginas. O que os três autores fazem é deixar claro que a punição não é o *objetivo* do sistema.

[491] De forma bastante inovadora, a Convenção das Nações Unidas Contra a Corrupção, de 2006, traz um conjunto significativo de medidas (não punitivas), exatamente destinadas a fazer com que o setor público seja capaz de atrair e manter bons agentes. Veremos este dispositivo com mais atenção no Capítulo 8.

[492] Díez-Picazo chega ao ponto de afirmar que o "constitucionalismo" consistiria "substancialmente na busca de mecanismos efetivos de limitação e controle do poder político mediante normas jurídicas" (DÍEZ-PICAZO, Luis María. *La criminalidad de los gobernantes*. Barcelona: Las Letras de Drakontos, 1996. p. 17). Ora, isto a nosso ver é um reducionismo que poderia se justificar nos albores do constitucionalismo liberal mas não na quadra atual, quando é evidente a preocupação com a necessidade de garantir a efetividade de toda a Constituição, em especial de suas diversas promessas de construção de uma sociedade melhor.

[493] SARTORI, Giovanni. *Engenharia constitucional*: como mudam as constituições. Brasília: Editora UNB, 1996. p. 158.

Com efeito, desde o final do século XVIII, o Estado praticamente não parou de adquirir tarefas e responsabilidades. Ainda que o último quarto do século XX tenha visto o Estado deixar de ser *executor* direto de parte destas tarefas (em especial no que se refere aos serviços públicos), ele não deixou de ser em boa parte "responsável"[494] por elas ou, dito de outra forma, seu garantidor.[495]

Ora, para desenvolver uma doutrina constitucional sobre a responsabilidade dos agentes políticos, nos parece essencial dirigir a atenção para certas características das funções executivas nas democracias contemporâneas.[496]

A primeira grande característica é a complexidade (ou hipercomplexidade)[497] caracterizada, em primeiro lugar, pela já mencionada lista de temas com os quais o Estado contemporâneo lida.

Em segundo lugar, a complexidade é acompanhada pela própria "constitucionalização" desses temas, que torna sua resolução constitucionalmente obrigatória, problema especialmente agudo no Brasil onde, em matéria de direitos sociais (em especial de saúde), não é exagero afirmar que (quase?) qualquer providência (um bem ou um serviço) pode ser solicitada perante o Judiciário,[498] que determinará a qualquer um dos entes (União, estados e municípios) ou a todos solidariamente (o que é quase a regra em matéria de ações relacionadas à saúde) sua entrega, normalmente, sem sequer a prévia oitiva do ente público.[499]

---

[494] O que serve de lembrete de que, como visto no Capítulo 1, o princípio da responsabilidade tem potenciais que ultrapassam o objeto deste trabalho.

[495] Sobre o tema do Estado garantidor *vide*, por ex., ESTEVE PARDO, José. La Administración garante. Una aproximación. *Revista de Administración Pública*, n. 197, mayo/ago. 2015: "La privatización de medios, de instrumentos, de funciones, como más recientemente se ha producido, constituye así un presupuesto del Estado garante que no sería concebido como tal, ni percibida su utilidad, si el Estado dispusiera de todos los medios para hacer efectivos sus fines. El Estado garante tiene, pues, ante sí el reto de mantener los fines sin disponer de los medios. *El Estado garante no asume así una responsabilidad de prestación, entre otras razones porque ha perdido buena parte de sus posiciones e instrumentos, sino una responsabilidad de garantía de esas prestaciones. El Estado garante se presenta así como alternativa al Estado prestacional, pero con el mismo objetivo de realización* del Estado social. El Estado garante tiene así un carácter exclusivamente instrumental: no es un fin en sí mismo, sino que pretende ser otro modo y otro medio de realización del Estado social y de cumplir con sus objetivos" (p. 21).

[496] Para uma detalhada apresentação da evolução da Presidência dos EUA, *vide* FORURIA, Eduardo. La organización interna del Poder Ejecutivo en los Estados Unidos: El Presidente, el Gabinete y la Presidencia institucionalizada. *Revista de Estudios Políticos*, n. 83, p. 137-189, ene./mar. 1994. Também para a evolução da Presidência dos EUA, de forma mais resumida, mas incluindo a evolução do presidencialismo em outros continentes, *vide* FIX-FIERRO, Héctor; SALAZAR-UGARTE, Pedro. Presidentialism. *In*: ROSENFELD, Michel; SAJÓ, András (Ed.). *The Oxford Handbook of Comparative Constitutional Law*. Oxford: Oxford University Press, 2012. p. 631 e ss. Para o Executivo britânico, *vide* DREWRY, Gavin. The Executive: Towards accountable government and effective governance. *In*: JOWELL, Jeffrey; OLIVER, Dawn. *The changing constitution*. 7. ed. Oxford: Oxford University Press, 2011.

[497] Em uma das poucas manifestações favoráveis do STF às prerrogativas dos agentes políticos, o Ministro Gilmar Mendes afirmou que "a garantia constitucional da prerrogativa de foro passa a ser tanto mais importante se se considera que vivemos hoje uma sociedade extremamente complexa e pluralista, em que a possibilidade de contestação às escolhas públicas é amplíssima. Refiro-me ao problema de complexidade de que fala Canotilho em relação à Teoria da Constituição" (voto do relator na ADI nº 3.289-STF. *DJU*, 3 fev. 2006, p. 341).

[498] Para um panorama da evolução do direito constitucional brasileiro posterior à CRFB *vide* CANOTILHO, J. J. Gomes; MENDES, Gilmar Ferreira; SARLET, Ingo Wolfgang; STRECK, Lenio Luiz (Coord.). *Comentários à Constituição do Brasil*. São Paulo: Saraiva/Almedina, 2013. p. 45-51.

[499] Isto, a despeito de o Brasil possuir leis declarando a obrigatoriedade de prévia oitiva dos entes públicos *antes* de decisões liminares contra a administração pública (leis nºs 8.437/92 e 9.494/97), exigência que foi declarada constitucional pelo Supremo Tribunal Federal (na Ação Declaratória de Constitucionalidade nº 4. *DJe*, n. 213, 30 out. 2014).

Em terceiro lugar, essa complexidade se encontra no próprio aparelho estatal, que teve de crescer para atender ao crescimento de suas tarefas, mas que, nesse crescimento, não conseguiu evitar o peso burocrático do Estado weberiano[500] e sua dedicação sacrossanta ao princípio da legalidade.[501]

Assim, a atuação da administração pública é regida por uma infinidade de normas, por vezes vagas, por outras extremamente detalhadas, por vezes claramente vinculantes,[502] por outras com um *status* jurídico indefinido ou em processo de densificação normativa,[503] muitas vezes pouco claras e contraditórias entre si e quase sempre burocráticas, cujo respeito integral nem sempre é compatível com a natureza e a urgência das decisões a serem tomadas.[504] Estas normas, além de materiais, são também procedimentais[505] e de competência, e, por vezes, exigem a manifestação de

---

[500] Na avaliação de um dos grandes especialistas em administração pública no Brasil: "Diferentes projetos desenvolvimentistas buscaram a flexibilização do sistema através da 'diferenciação' manifesta em modelos institucionais, estruturas organizacionais e processos gerenciais e administrativos correspondentes a autarquias, fundações públicas, empresas públicas, empresas estatais, organizações sociais e agências executivas e reguladoras. Assim foi com os institutos autárquicos na era Vargas, com a administração paralela que apoiou o plano de metas de JK, com as fundações e empresas no regime militar de 1964 e com a administração gerencial importada por Bresser no governo FHC. Após cada período de flexibilização, e antes mesmo que se consolidassem estruturas e formas de fazer, os tentáculos da padronização e do controle burocrático retomaram suas funções". Com isso, conclui o autor, "pode-se afirmar que, *em nenhum momento dado, no tempo e no espaço (administração direta ou indireta), um dirigente público brasileiro e suas equipes gerenciam a implementação de políticas públicas de naturezas diversas ou atividades produtivas contando, a seu favor, com o apoio de uma modelagem organizacional, das estruturas e mecanismos de gestão formais, que atenda ao requisito da 'congruência', tal como prescrito na literatura estrutural-funcionalista da modelagem organizacional*" (CAVALCANTI, Bianor Scelza. *O gerente equalizador*. Estratégias de gestão no setor público. 1. ed. 4. reimpr. Rio de Janeiro: FGV Editora, 2011. p. 47. Grifos nossos).

[501] É certo que passamos do mero princípio da legalidade ao princípio da juridicidade, mas esta mudança, em geral, tornou ainda mais complexa a vinculação do administrador, sujeito agora não apenas à lei, mas a diversas outras fontes normativas. Sobre o tema, *vide* ANDRADE, José Carlos Vieira de. *Lições de direito administrativo*. 2. ed. Coimbra: Imprensa da Universidade de Coimbra, 2011. p. 37; OTERO, Paulo. *Legalidade e Administração Pública*. O sentido da vinculação administrativa à Juridicidade. Coimbra: Almedina, 2003, em especial a parte em que trata da "Complexidade da estrutura hierárquica das normas administrativas" (p. 543 e ss.) e SUNDFELD, Carlos Ari. *Direito administrativo para céticos*. São Paulo: Malheiros, 2012, em especial o capítulo 6. Para uma visão restritiva do princípio – sustentando a necessidade de defendê-lo "de pretensas mutações constitucionais que se respaldam apenas em discurso ideológico vazio que acarreta redução do papel garantístico que secularmente exerceu no tocante ao regramento da atividade administrativa" – OLIVEIRA, José Roberto Pimenta. *Improbidade administrativa e sua autonomia constitucional*. Belo Horizonte: Fórum, 2009. p. 71.

[502] Fabio Medina Osório, por exemplo, afirma que os deveres públicos "podem surgir explícita ou implicitamente no universo jurídico. Um dever explícito não terá maior valor que um outro implícito" (OSÓRIO, Fabio Medina. *Teoria da improbidade administrativa*. São Paulo: RT, 2007. p. 124).

[503] Sobre o tema, *vide* THIBIERGE, Catherine *et alii*. *La densification normative*. Découverte d'un processus. Paris: Mare & Martin, 2013, em especial a introdução da coordenadora da obra (p. 43-66).

[504] Defendendo a necessidade de um mínimo de "claridade normativa", Eberhard Schmidt-Assmann aponta as dificuldades que a falta de claridade traz à administração: "Si ya en el ámbito central de los parámetros legales que se han de observar no existe claridad sobre los elementos que componen los supuestos de hechos normativos, el Poder Ejecutivo no puede realizar eficazmente su función, de por sí difícil, de componer su própio programa de decisiones a partir de la multitud de parametros que lo vinculan en su actuación" (SCHMIDT-ASSMANN, Eberhard. *La teoría general del derecho administrativo como sistema*. Objeto y fundamentos de la construcción sistemática. Madrid; Barcelona: Marcel Pons, 2003. p. 206).

[505] Emerson Garcia salienta a importância das normas instrumentais: "No âmbito das estruturas estatais de poder, *a concepção de boa gestão administrativa*, em sentido algo diverso ao que se verifica no direito privado, *confere igual importância e intensidade a referenciais instrumentais e finalísticos*. Em outras palavras, a boa gestão exige tanto a satisfação do interesse público, como a observância de todo o balizamento jurídico regulador da atividade que tende a efetivá-lo. O amálgama que une meios e fins, entrelaçando-os e alcançando uma unidade de sentido, é justamente a probidade administrativa. A improbidade aponta não só para uma desconsideração dos fins, como, também, para uma situação de ruptura entre meios e fins". E, na página seguinte, passando para a necessidade de boa administração, afirma que: "Deve ser objeto de novas reflexões o entendimento de que 'a lei não pune o administrador incompetente, mas unicamente o desonesto', máxime quando se constata a inclusão do princípio

vários órgãos distintos para a tomada de uma única decisão[506] (incluindo a eventual participação de entidades não estatais), decisão que igualmente deverá observar uma série de condicionantes.[507] E isto a despeito de que, como lembra Pablo Lucas Verdú:

> enquanto os conceitos da dogmática avançam em progressão aritmética, os fenômenos sociopolíticos, a vida social, o fazem em progressão geométrica. Por isso, aqueles conceitos são incapazes de tipificar os desenvolvimentos mais rápidos das relações políticas ou o fazem tardia e defeituosamente.[508]

Por fim, a complexidade se encontra na própria sociedade[509] e em seus múltiplos adjetivos (pós-moderna, de risco, pluralista, individualista etc.) e em suas exigências (eficiência, segurança, felicidade, participação, transparência).

A complexidade do próprio estado e da administração pública recomenda voltar a *O federalista*,[510] que faz uma afirmação tão "simples" quanto profunda quanto à atribuição de responsabilidade, afirmando:

> Responsabilidade, para ser razoável, deve se limitar a questões que estejam inseridas no poder da parte responsável e para ser efetiva deve se relacionar a operações deste poder em relação às quais o povo possa fazer um julgamento fácil e adequado.

---

da eficiência no rol constante do art. 37, *caput*, da Constituição. Incompetência e eficiência veiculam premissas conceituais que se excluem, não sendo suscetíveis de coexistir harmonicamente como vetores de atividade estatal". Em suma, o agente público tem que ser eficiente – entregando resultados – mas deve fazê-lo com completo respeito a todas as normas procedimentais. Do contrário, mesmo que seja honesto, estará sujeito não à mera responsabilidade política, mas sim, como parece defender o autor, às severas punições da Lei de Improbidade administrativa (que será estudada no Capítulo 5) (GARCIA, Emerson; ALVES, Rogério Pacheco. *Improbidade administrativa*. 7. ed. 2. tir. São Paulo: Saraiva, 2014. p. 102-103).

[506] O que remete ao tema da governança em rede, tratado por OSBORNE, Stephen P. (Ed.). *The new public governance?* Emerging perspectives on the theory and practice of public governance. Nova York: Routledge, 2010, especialmente capítulos 5 e 20. *Vide* ainda a introdução de CERRILLO I MARTÍNEZ, Agustí (Coord.). *La gobernanza hoy*: 10 textos de referencia. Madrid: Editorial INAP, 2005.

[507] Nada mais eloquente para demonstrar os desafios da gestão pública do que a defesa, feita por Juarez Freitas, de um "direito fundamental à boa administração pública", definido como o "direito fundamental à administração pública eficiente e eficaz, proporcional cumpridora de seus deveres, com transparência, sustentabilidade, motivação proporcional, imparcialidade e respeito à moralidade, à participação social e à plena responsabilidade por suas condutas omissivas e comissivas" (FREITAS, Juarez. *Direito fundamental à boa Administração Pública*. 3. ed. São Paulo: Malheiros, 2014. p. 167).

[508] VERDÚ, Pablo Lucas. *Teoría general de las relaciones constitucionales*. Madrid: Dykinson, 2000. p. 71.

[509] Registre-se que o reconhecimento da maior complexidade dos problemas atuais serve de justificativa para que as teorias de *governance* apontem para a maior necessidade de uma participação de entes não estatais (sejam empresas, sejam organizações da sociedade civil), na tomada de decisões públicas, por meio do denominado governo em rede (*vide* nota acima). Assim, Jan Kooiman, menciona três características comuns às diversas abordagens sobre *governance*: "they reflect the growth of social, economic, and political interdependencies; governance is a matter of public as well as private actors; and dividing lines between public and private sectors become blurred". E, mais à frente, afirma que "In accordance with other approaches, the interactive governance perspective, proceeds, from the assumption that societies are governed by a combination of governing efforts [...]. These governing mixes are answers to ever-growing societal diversity, dynamics and complexity and response to major societal issues such as poverty and climate change" (KOOIMAN, Jan. Governance and Governability. *In*: OSBORNE, Stephen P. (Ed.). *The new public governance?* Emerging perspectives on the theory and practice of public governance. Nova York: Routledge, 2010. p. 72-73). Mas esse maior contato com o setor privado acaba gerando situações mais propícias a fazer surgir processos de responsabilização, sejam processos consistentes, derivados de condutas efetivamente ilícitas, sejam processos derivados de puro preconceito político por aqueles doutrinariamente contrários a qualquer participação do setor privado na administração pública.

[510] Não se sabe se pela pena de Madison ou Hamilton uma vez que o capítulo 63 é um dos poucos em relação aos quais existe séria dúvida sobre a autoria, que varia entre Madison (considerada mais provável) e Hamilton.

CAPÍTULO 3
A RESPONSABILIDADE DOS AGENTES POLÍTICOS E SEU TRATAMENTO DIFERENCIADO | 157

As questões sujeitas ao governo podem ser divididas em duas classes gerais: aquela que depende de medidas que tenham operação singular e imediata; a outra, dependente de uma sucessão de medidas bem escolhidas e bem conectadas, que tem uma operação gradual e talvez não observável.[511]

O que está em questão aqui é o difícil problema da atribuição de responsabilidades em organizações complexas[512] (o que, além do Estado, inclui, por exemplo, grandes corporações multinacionais). O tema foi complementado em outro capítulo de *O federalista*, no qual Hamilton defende a unicidade do Executivo como uma forma de, ao menos, temperar a dificuldade de atribuição de responsabilidade.

Com efeito, após afirmar que a responsabilidade do Executivo "é de dois tipos – de censura e de punição",[513] Hamilton afirma que a "multiplicação do executivo acresce a dificuldade (de responsabilização) em qualquer dos dois casos". Com efeito:

> As circunstâncias que podem ter levado a um erro, má condução ou desgraça nacional são por vezes tão complicadas que quando existe uma pluralidade de atores que podem ter tido diferentes graus e tipos de participação, embora se possa claramente detectar uma má gestão sobre o todo, talvez seja impraticável apontar na conta de quem realmente deve ser debitado o mal que talvez tenha sido causado.[514]

Importante registrar que a dificuldade de imputação de responsabilidade sempre foi conhecida do direito, em especial do direito penal. O que queremos salientar aqui é que ela também foi – e deve continuar a ser – uma preocupação do direito constitucional.

E, se isto já era uma verdade no então diminuto governo central dos EUA, o que dizer da complexidade do aparato estatal atual, reconhecida também por Díez-Picazo, que relembra o cientista político Dennis F. Thompson, para quem

> a atribuição de responsabilidade penal em qualquer classe de organização complexa (grandes sociedades mercantis, entidades administrativas, etc.) é problemática porque, segundo os ideais penais do iluminismo que inspiram toda a tradição do constitucionalismo,

---

[511] "Responsibility, in order to be reasonable, must be limited to objects within the power of the responsible party, and in order to be effectual, must relate to operations of that power, of which a ready and proper judgment can be formed by the constituents. The objects of government may be divided into two general classes: the one depending on measures which have singly an immediate and sensible operation; the other depending on a succession of well-chosen and well-connected measures, which have a gradual and perhaps unobserved operation" (HAMILTON, Alexander; MADISON, James; JAY, John. *The federalist papers*. Nova York: Signet Classic, 2003. p. 381-382).

[512] Mais do que isso, o que está em jogo é a própria forma de conceber tais organizações. Se o foco exclusivo ou principal é o da facilidade em sempre encontrar responsáveis, então uma organização deve ser estruturada em termos burocráticos tradicionais, com linha hierárquica clara. Se, pelo contrário, o foco é na capacidade da organização para enfrentar novos desafios, inclusive em contextos de incerteza, novas formas de organização são mais indicadas formas nas quais, no entanto, haverá significativa diluição de responsabilidade. Sobre o tema *vide*, por exemplo, CAVALCANTI, Bianor Scelza. *O gerente equalizador*. Estratégias de gestão no setor público. 1. ed. 4. reimpr. Rio de Janeiro: FGV Editora, 2011. p. 33-34, bem como a introdução a CERRILLO I MARTÍNEZ, Agustí (Coord.). *La gobernanza hoy*: 10 textos de referencia. Madrid: Editorial INAP, 2005.

[513] Como já citado acima, no Capítulo 2, ao final da seção 2.1 (HAMILTON, Alexander; MADISON, James; JAY, John. *The federalist papers*. Nova York: Signet Classic, 2003. p. 426).

[514] HAMILTON, Alexander; MADISON, James; JAY, John. *The federalist papers*. Nova York: Signet Classic, 2003.

a existência de responsabilidade penal requer a verificação de que um indivíduo tenha cometido um fato ilícito de forma consciente e voluntária.[515]

Díez-Picazo prossegue relembrando que cada vez mais países têm abandonado o dogma segundo o qual a pessoa jurídica não pode cometer ilícitos.[516] Ainda assim, a dificuldade, segundo esse autor, permanece por duas razões:

> Por um lado, mesmo naqueles ordenamentos que submetem as pessoas jurídicas à responsabilidade penal, é sempre necessário que exista um indivíduo ou pessoa física cuja conduta consciente e voluntária tenha causado o fato ilícito que se imputa à organização. A admissão da responsabilidade penal das pessoas jurídicas não resulta no desaparecimento do elemento subjetivo do delito, ou seja, do requisito de culpabilidade. Por outro lado, o reconhecimento da responsabilidade penal das pessoas jurídicas nunca veio acompanhado de sua extensão às pessoas jurídicas de direito público e, em particular, às entidades e órgãos que compõe o poder executivo. Não seria possível submeter o Estado à responsabilidade penal sem revisar, ao mesmo tempo, os próprios fundamentos da política e do direito contemporâneos.
>
> Ademais, a atribuição de responsabilidade nas organizações complexas, não representa um problema para aqueles que adotam qualquer das duas posturas reducionistas existentes nesse terreno: seja a de que todos os actos de uma organização sejam, em última instância, imputáveis a indivíduos singulares, seja a de que os actos de uma organização nunca podem ser imputáveis a indivíduos concretos. O problema se coloca, portanto, para qualquer observador que mantenha um ponto de vista não extremo; isto é, surge quando se pensa que os actos das organizações são o producto, simultaneamente, de uma lógica colectiva e de decisões individuais.[517]

Mas Díez-Picazo vai mais além ao analisar a razão das dificuldades suscitadas na atribuição de responsabilidade em organizações complexas, que identifica com a "especialização e a rotina":

> A especialização impede que os membros de uma organização, inclusive aqueles em cargos de direção, tenham toda a informação relevante a fim de evitar o cometimento de fatos ilícitos. A rotina, que deriva da necessidade que toda organização complexa tem de funcionar segundo métodos de trabalho uniformes e constantes, conduz muitas vezes à ignorância ou, por vezes, ao menosprezo dos riscos inerentes a estes mesmos métodos de trabalho.[518]

---

[515] DÍEZ-PICAZO, Luis María. *La criminalidad de los gobernantes*. Barcelona: Las Letras de Drakontos, 1996. p. 23/24.

[516] O que, em matéria penal, ocorreu no Brasil com a Lei de Crimes Ambientais de 1998 (Lei 9.605/98), que aproveitou a menção feita pelo art. 225, §3º da Constituição Federal.

[517] DÍEZ-PICAZO, Luis María. *La criminalidad de los gobernantes*. Barcelona: Las Letras de Drakontos, 1996. p. 24-25.

[518] DÍEZ-PICAZO, Luis María. *La criminalidad de los gobernantes*. Barcelona: Las Letras de Drakontos, 1996. p. 25. E o autor prossegue: "Téngase presente, además, que la especialización y la rutina son características de las que ni siquiera escapan los mecanismos de control interno que poseen las organizaciones complejas. Así las cosas, si la responsabilidad penal se basa en la existencia de una conducta individual consciente y voluntaria, es claro que con frecuencia será muy difícil hallar a alguien a quien, en efecto, pueda imputarse el hecho ilícito cometido por una organización: y ello, bien porque nadie en concreto conocía todos los datos relevantes para evitar el hecho, bien porque nadie tuvo la voluntad de cometerlo. En el primer supuesto falta el elemento de la consciencia; en el segundo, el elemento de la voluntad, al menos en su forma de malicia intencional o dolo. De aquí, una primera conclusión: la única hipótesis en que la atribución de responsabilidad penal en las organizaciones complejas no suele suscitar graves dificultades es la de la negligencia en la supervisión de los subordinados (*culpa in vigilando*).

CAPÍTULO 3
A RESPONSABILIDADE DOS AGENTES POLÍTICOS E SEU TRATAMENTO DIFERENCIADO | 159

Importante observar, quanto à "rotina", que os "métodos de trabalho uniformes e constantes" são, na administração pública, veiculados por meio de atos normativos, em boa medida em leis formais, que vinculam a administração pública e que não são facilmente alteráveis (como ocorre em organizações privadas).[519]

Mas – além da complexidade –, há outra característica da função executiva nas democracias contemporâneas que merece nossa atenção. Trata-se, na síntese precisa de Jean-Michel Eymeri-Douzans, do fato de que a "temporalidade da ação pública não corresponde ao tempo político".[520]

Com efeito, o agente político eleito *o* é sempre por determinado período (seu mandato). Podendo ou não ser reeleito (a possibilidade de reeleição certamente aumenta a importância do tema), espera-se (o sistema espera, a população espera) que ele cumpra o que prometeu *no tempo de seu mandato*. Esta característica tem sido muito criticada, mas, a nosso ver, ela – dentro de certos limites – é saudável e até responsável (no sentido de responsabilidade pela função).

O problema é que esta temporalidade se choca com o caráter permanente do Estado e com o longo prazo necessário para implementação de vários tipos de políticas

---

Lo que se imputa aquí es la falta de adecuada supervisión de la actuación de los propios subordinados y, por tanto, la ignorancia del riesgo (negligencia) o el desprecio del mismo (imprudencia). Es evidente, sin embargo, que la responsabilidad penal por negligencia o imprudencia lleva aparejada sanciones relativamente leves y, en consecuencia, puede no resultar satisfactoria en supuestos de una cierta gravedad. Ello explica el debate acerca del rigor con que deben ser tratados los individuos por hechos ilícitos cometidos en cuanto miembros de organizaciones complejas. Hay quienes sostienen que es preferible un tratamiento razonablemente indulgente de este tipo de supuestos. Esta opinión se basa, sobre todo, en la constatación de que los comportamientos negligentes e imprudentes son, en gran medida, consecuencia del modo de funcionamiento de la propia organización. A menudo, los individuos concretos pueden hacer poco por escapar de los métodos de trabajo establecidos. Resultaría comparativamente injusto, por ello, aplicar a los comportamientos que se producen en el marco de una organización compleja los mismos criterios de diligencia que suelen exigirse de las conductas y decisiones genuinamente individuales" (p. 25-26).

[519] Para dificultar mais a questão, algumas das reformas introduzidas na administração pública, consistentes na importação de técnicas ou formas de organização do setor privado, trazem maiores dificuldades na demarcação de responsabilidades. O ponto foi detectado pelo estudo comparativo de Salvador Parrado Díez, da seguinte forma: "La línea de responsabilidad directa característica de las burocracias se difumina cuando se introducen mecanismos de mercado en el sector público. En el mercado no existe una línea directa de responsabilidad basada en el principio de jerarquía desde la organización que presta el servicio, una empresa privada subcontratada, y el Estado. La asunción de responsabilidades debe incluirse en las condiciones bajo las que se acuerdan la concesión de la contrata. La división entre planificación y ejecución entraña problemas considerables a la hora de definir adecuadamente las responsabilidades. En muchas ocasiones, los pliegos de la contrata y los documentos marco establecidos entre un centro planificador y otras organizaciones públicas más o menos independientes no pueden recoger todas las contingencias, por lo que *el ciudadano, destinatario del servicio, puede quedar en el centro de acusaciones cruzadas entre el ente que adopta las decisiones y responsable último del servicio y la entidad prestadora y responsable en primera instancia*. Por ejemplo, si la gestión de los centros de vigilancia de menores que hayan cometido delitos se privatiza y un grupo de menores se escapa del centro, ¿quién es el responsable de la huida?, ¿el departamento central correspondiente por no haber definido adecuadamente los niveles de seguridad exigidos o la institución por no haberlos aplicado?" (PARRADO DÍEZ, Salvador. *Sistemas administrativos comparados*. Madrid: Tecnos, 2002. p. 27).

[520] EYMERI-DOUZANS, Jean-Michel. Logiques de l'action publique: Responsabilité impossible, Imputabilité improbable. *In*: BIOY, Xavier (Org.). *Constitution et Responsabilité* – Actes du Colloque de Toulouse. Paris: Montchrestien, 2009. p. 40.

públicas[521] ou para sua devida avaliação.[522] E, face a este choque, surgirão os estadistas, que jamais descuidarão do longo prazo e, no outro extremo, aqueles que se preocuparão somente com aquilo que puderem entregar (desprezando qualquer política de longo prazo).[523]

Combater os excessos patológicos é uma necessidade, mas criticar o agente que leva em conta seu mandato é erro igualmente extremo.[524]

Temos, portanto, os seguintes elementos que condicionam a atuação do agente político nas democracias contemporâneas: (a) a burocracia, a legalidade e a extrema complexidade da administração moderna como elementos que dificultam a atuação

---

[521] O tema não escapou da aguda percepção de Dieter Grimm: "A detenção do poder político só é propiciada na democracia pela eleição. Por conseguinte, é nesta que se concentram os esforços dos partidos. Por ela, a política também recebe seu ritmo temporal específico. Porém, as eleições não são marcadas de acordo com situações em que exista um problema. Elas seguem a ideia de que os detentores do poder sejam submetidos, em espaços de tempo relativamente curtos, ao voto dos comitentes, para que não se distanciem muito de suas expectativas e necessidades. Sob essas circunstâncias, goza de prioridade política, o que pode ser registrado como sucesso durante o mandato eleitoral, aumentando, assim, as chances da reeleição. O fato de, um dia, consequências posteriores de omissões, negligências com problemas de longo prazo e acusações de gerações futuras recaírem sobre os partidos, não lhes é, de forma alguma, desconhecido, mas em geral, devido à ameaça constante das próximas eleições, não têm impacto" (GRIMM, Dieter. *Constituição e política*. Belo Horizonte: Del Rey, 2006. p. 147). Madison colocou a questão da limitação temporal dos mandatos em termos um pouco distintos, mas como sempre certeiros: "Among the difficulties encountered by the convention, a very important one must have lain in combining the requisite stability and energy in government, with the inviolable attention due to liberty and to the republican form. Without substantially accomplishing this part of their undertaking, they would have very imperfectly fulfilled the object of their appointment, or the expectation of the public; yet that it could not be easily accomplished, will be denied by no one who is unwilling to betray his ignorance of the subject. Energy in government is essential to that security against external and internal danger, and to that prompt and salutary execution of the laws which enter into the very definition of good government. *Stability in government is essential to national character and to the advantages annexed to it, as well as to that repose and confidence in the minds of the people, which are among the chief blessings of civil society*. [...] On comparing, however, these valuable ingredients with the vital principles of liberty, we must perceive at once the difficulty of mingling them together in their due proportions. *The genius of republican liberty seems to demand on one side, not only that all power should be derived from the people, but that those intrusted with it should be kept in dependence on the people, by a short duration of their appointments; and that even during this short period the trust should be placed not in a few, but a number of hands. Stability, on the contrary, requires that the hands in which power is lodged should continue for a length of time the same. A frequent change of men will result from a frequent return of elections; and a frequent change of measures from a frequent change of men: whilst energy in government requires not only a certain duration of power, but the execution of it by a single hand*" (HAMILTON, Alexander; MADISON, James; JAY, John. *The federalist papers*. Nova York: Signet Classic, 2003. p. 223. Grifos nossos).

[522] O mesmo Eymeri-Douzans cita o exemplo de políticas de combate ao desemprego, em relação às quais haveria amplo consenso de que só podem ser avaliadas quanto à sua eficácia após um período mínimo de três anos. Assim, indaga "como será possível imputar com rigor determinado sucesso ou fracasso de uma política pública à ação ou inação de certo ministro ou certo governo?" (EYMERI-DOUZANS, Jean-Michel. Logiques de l'action publique: Responsabilité impossible, Imputabilité improbable. *In*: BIOY, Xavier (Org.). *Constitution et Responsabilité* – Actes du Colloque de Toulouse. Paris: Montchrestien, 2009. p. 41). Sobre as dificuldades políticas envolvidas na avaliação de qualquer política pública, *vide* BOVENS, Mark; HART, Paul'T; KUIPERS, Sanneke. The politics of policy evaluation. *In*: MORAN, Michael; REIN, Martin; GOODIN, Robert (Ed.). *The Oxford Handbook of Public Policy*. Oxford: Oxford University Press, 2006. p. 319-335. A limitação temporal causa ainda dificuldades para a construção de uma responsabilidade prospectiva, que trataremos no Capítulo 6.

[523] Nas palavras de Pierre Conesa: "Le 'long term' du politicien est la prochaine échéance électorale. En politique, la stratégie est une préoccupation obsédante du court terme [...]. Toute réforme qui ne porterait pas d' effetes avant la prochaine élection est un risque qu'il est préférable de ne pas prendre" (CONESA, Pierre. *Surtout ne rien décider* – Manuel de survie en milieu politique avec exercices pratiques corrigés. Paris: Robert Laffont, 2014. p. 13).

[524] Para complicar o cenário, duas leis brasileiras, a lei de responsabilidade fiscal (preocupada com a sustentabilidade das finanças públicas) e a lei eleitoral (preocupada com a higidez das eleições, especialmente após a introdução da possibilidade de reeleição no país), introduziram tantas restrições à atuação dos agentes públicos (em especial no último ano do mandato) que, sem muito exagero, representaram, na prática, uma verdadeira redução dos mandatos.

CAPÍTULO 3
A RESPONSABILIDADE DOS AGENTES POLÍTICOS E SEU TRATAMENTO DIFERENCIADO | 161

administrativa e a própria imputação de responsabilidade; (b) a cada vez maior demanda de serviços e funções públicas; e (c) a questão temporal.

3.3.2.3 Escolhendo o agente político no Estado contemporâneo

Pois bem, não obstante toda esta complexidade e não obstante a apontada dificuldade de imputação de responsabilidade em organizações complexas, parece inquestionável que qualquer definição de democracia deve pressupor a possibilidade de escolha eleitoral de pessoas sem formação técnica para cargos políticos.[525] E isto não apenas por que tal decisão, afinal, cabe à maioria, mas porque a alternativa – aparentemente racional – de exigir formação técnica de um candidato a agente político esbarra numa questão insolúvel, que é a de saber qual formação seria exigida (direito, economia, administração, medicina, engenharia, todas as anteriores?).

É importante ressaltar este ponto para que não caiamos na perigosa tentação de acreditar que a saudável profissionalização que se deve esperar da administração pública possa chegar ao ponto de considerar que tudo é "técnico"[526] e nada é "político".[527] A

---

[525] Nos meios de comunicação social ainda é relativamente comum a existência de críticas contundentes quando alguém, sem formação universitária, se candidata a cargos executivos (o que sempre foi muito candente nas sucessivas candidaturas do ex-presidente Lula). Interessante registrar a prática no Reino Unido onde, por convenção constitucional, todo o chefe de um setor importante do governo deve ser um ministro, membro do parlamento, apto a assegurar a responsabilidade ministerial perante o Parlamento. Mas, como apontado por John Alder: "Ministers are often appointed for their political or parliamentary skills or for reasons of political balance and reward for loyalty. They do not necessarily have the skills, interest or experience to run complex departments" (ALDER, John. *Constitutional & Administrative Law*. 10. ed. London: Palgrave, 2015. p. 332).

[526] Sobre a suposta superioridade de um modelo de governança onde todas as decisões seriam técnicas e tomadas pelos especialistas de cada área é indispensável a observação de Martin Shapiro: "En nuestro mundo postindustrial y tecnológico, en el que la gobernanza debe ocuparse de políticas muy complejas, las comunidades epistémicas y las redes están formadas por profesionales, especialistas y personas muy comprometidas. Por lo tanto, la gobernanza degenera en una microgestión burocrática generalizada. Un gobierno de este tipo sería un anatema para los principios democráticos. ¿Queremos un mundo en el que lo que comemos esté decidido por los dietistas, cómo, jugamos por expertos en *fitness*, cómo nos movemos por expertos en transporte, cómo somos educados por doctores en educación, y cómo hacemos todo por expertos en seguridad? Nuestros niños, analfabetos, delgados, vestidos con trajes acolchados, incrustados en cascos de plástico, se dedicarían en grupo al levantamiento de pesas hasta su siguiente comida consistente en coles y judías. Un comité que básicamente no hace nada más que coordinar una amplia red de ecologistas, feministas, urbanistas y epidemiólogos realmente asustaría a cualquier persona. Y, si esto es suficiente, se puede pensar en una red de psicólogos que regulará la educación de los niños. Mientras que la entrada para la participación en la gobernanza es el conocimiento y/o la pasión, tanto el conocimiento como la pasión generan perspectivas que no se corresponden con las del resto de nosotros" (SHAPIRO, Martin. Un derecho administrativo sin límites: Reflexiones sobre el Gobierno y la gobernanza. *In*: CERRILLO I MARTÍNEZ, Agustí (Coord.). *La gobernanza hoy*: 10 textos de referencia. Madrid: Editorial INAP, 2005. p. 207-208).

[527] Georges Burdeau, após lembrar que a atividade política "se ordena em torno de dois eixos fundamentais: tomar o Poder e exercê-lo", registra que: "Durante cerca de dois séculos, nos países da Europa ocidental, essa hierarquia se estabeleceu de tal modo que a prioridade cabia à luta. A dinâmica política inteira era animada por forças cujo objetivo era instalar no Poder a um só tempo suas ideias e seus homens. O desmoronamento da ordem tradicional abrira o campo aos conflitos de legitimidade, de modo que parecia mais importante conquistar o título ao direito de comandar do que utilizar suas prerrogativas na direção cotidiana da coletividade". Posteriormente, prossegue Burdeau em seu relato: "a hierarquia entre a luta e a gestão fica invertida. O importante já não é tomar o Poder, é exercê-lo. 'A luta pelo Poder é fútil, seja qual for o vencedor, se não é dirigida pela vontade de funcionamento'. Para que lutar para apoderar-se dele, uma vez que, seja qual for o vencedor da competição, ele terá, se pretender cumprir corretamente sua função, de curvar-se às exigências racionais incluídas no ser social. Em compensação, a gestão é promovida ao nível superior, pois é dela que depende afinal a prosperidade do grupo". Em certo sentido, o advento da racionalidade, o desenvolvimento da economia e de outras ciências teria reduzido o espaço da política, espaço que teria passado a ser preenchido por modernas ciências e suas invocações à *governance*. Mas o próprio Burdeau já considerava ser "evidente que nem toda vontade de luta foi suprimida na maneira de entender a dinâmica política. É certo também que a possibilidade de curvar toda a

escolha de um governante jamais será equivalente à escolha do CEO[528] de uma grande corporação e, portanto, esta função jamais será delegada a um *head hunter*.

Assim, pressupõe-se que o eleito disporá de um corpo de servidores bem treinados (composto por profissionais de distintas áreas) que será responsável por dar a formatação técnica adequada às decisões políticas por ele tomadas (o que inclui apontar a total inviabilidade técnica de algumas opções, quando for o caso).

Mas o pressuposto da existência de um corpo de funcionários com um mínimo de capacidade técnica, se é verdadeiro nas democracias ocidentais avançadas, não o é em boa parte da América Latina e, em especial, em relação aos governos subnacionais.[529]

No Brasil, podemos dizer que o governo federal dispõe de ilhas de excelência (na área de relações exteriores e de finanças públicas, por exemplo) e de um arquipélago de áreas com os níveis mais variados de capacidade institucional. O quadro em relação aos estados e municípios é o mais variado possível, indo desde estados e municípios com bons quadros de servidores até municípios sem nenhum quadro técnico minimamente capacitado.

Além da falta de capacidade, financeira ou institucional, para estabelecer uma burocracia minimamente qualificada, há uma característica da evolução do Poder Executivo ao longo do tempo (desde o início do constitucionalismo até os dias atuais) que complica mais a equação. Trata-se da progressiva confusão entre duas funções que já foram melhor demarcadas: a função de tomar decisões propriamente políticas – função de *indirizzo politico* do chefe do Poder Executivo[530] e de seus auxiliares diretos – e a função de implementar, operacionalizar ou executar tais decisões, função que caberia ao aparato burocrático.[531] Tradicionalmente esta diferença sempre foi mais acentuada

---

atividade social a critérios objetivos de racionalidade permanece contestável e contestada. Enfim, e sobretudo, a apologia da gestão é vinculada à aceitação da sociedade neocapitalista tida como a forma inevitável na qual devem inserir-se os grupamentos humanos chegados a certo grau de desenvolvimento industrial" (BURDEAU, Georges. *O Estado*. São Paulo: Martins Fontes, 2005. p. 139-140; 142-143). De todo modo, Burdeau parece defensor da ideia de despolitização e de aumento da importância da gestão (ele chega a afirmar que "a era das escolhas terminou" – p. 156), mas não deixa de reconhecer que se trata de fenômeno relacionado à "expansão econômica consciente, contínua e socializada" vivida por sociedades industrializadas na segunda metade do século XX, nas quais o aumento das rendas nacionais permitia uma maior distribuição dessas rendas que possibilitava a redução de desigualdades (p. 149-150). Trata-se, portanto de realidade geográfica e temporalmente limitada, distante da realidade enfrentada pelo Brasil na atual década e mesmo da própria realidade europeia.

[528] *Chief executive officer*, denominação normalmente utilizada para designar o principal executivo de grandes sociedades comerciais.

[529] Para uma visão geral do aparato burocrático no Brasil veja-se PEREIRA BRESSER, Luiz Carlos. Do Estado patrimonial ao gerencial. *In*: SACHS, Ignacy; WILHEIM, Jorge; PINHEIRO, Paulo Sérgio (Org.). *Brasil*: um século de transformações. São Paulo: Companhia das Letras, 2003. p. 223-259 e CAVALCANTI, Bianor Scelza. *O gerente equalizador*. Estratégias de gestão no setor público. 1. ed. 4. reimpr. Rio de Janeiro: FGV Editora, 2011.

[530] *Vide* Capítulo 2, subitem 2.1.

[531] Nas palavras de Drewry: "O debate sobre as funções do executivo tem se complicado face ao surgimento dos estados administrativos modernos, econômica e politicamente desenvolvidos, com grandes e complexas burocracias. As funções 'executivas' de presidentes, primeiros-ministros e membros do gabinete passaram a ser compartilhadas com administradores assalariados – e as fronteiras da função executiva se expandiram e se tornaram nebulosas. Um produto disto é o infindável debate, no âmbito da administração pública, sobre a dicotomia 'política'/'administração' e sobre a divisão de responsabilidade por questões 'políticas' e 'operacionais'" (DREWRY, Gavin. The Executive: Towards accountable government and effective governance. *In*: JOWELL, Jeffrey; OLIVER, Dawn. *The changing constitution*. 7. ed. Oxford: Oxford University Press, 2011. p. 194).

CAPÍTULO 3
A RESPONSABILIDADE DOS AGENTES POLÍTICOS E SEU TRATAMENTO DIFERENCIADO | 163

em países parlamentaristas (ou semiparlamentaristas ou semipresidencialistas) e pouco percebida em países presidencialistas como o Brasil.[532]

Ante esta realidade devemos decidir o que esperar de um agente político.

O perfil "ideal" de um candidato a chefe do Executivo ou a ministro parece simples: partindo do pressuposto da honestidade, adicione-se espírito público, habilidade política, sensibilidade social, conhecimento das instituições e do funcionamento da máquina do Estado, conhecimentos de gestão, de economia, de política internacional, de direito, de política social, de infraestrutura etc. Abandonando qualquer ironia e reconhecendo que nada próximo a esse ideal é viável (não é a toa que, escrevendo há mais de 50 anos, Bernard Schwartz afirmava que já era um truísmo afirmar que a Presidência havia se tornado uma '"*killing job*' com a qual nenhum homem consegue lidar adequadamente em todas as suas facetas"),[533] parece necessário chegar a um perfil mais realista de um agente político.

Parece-nos que este perfil deve incluir – para além do pressuposto da honestidade e da vontade de perseguir o bem comum – muito bom senso, algum conhecimento das instituições, mas, sobretudo, capacidade para ouvir, questionar, filtrar e dialogar com

---

[532] Duas exceções. A primeira na obra de Afonso Arinos (não por acaso um dos maiores defensores da adoção do parlamentarismo no Brasil), que faz a seguinte distinção: "Há uma diferença entre governo e administração. Na terminologia jurídica, os órgãos de governo e os governantes não se confundem com os serviços e os agentes da administração. Separa-os diferença equivalente à que existe entre o Direito Constitucional e o Direito Administrativo. Os órgãos de governo e os governantes são os incumbidos das decisões de nível superior, em relação à coletividade, as chamadas decisões políticas, enquanto os serviços administrativos e os agentes da administração têm a seu cargo a aplicação daquelas decisões governamentais, que sejam exequíveis em termos de ação concreta. Por isso mesmo, a ação administrativa é subordinada à ação governamental. O agente (funcionário) do governo pode ser hostil a determinada medida de que foi incumbido, pode até ter razão na sua hostilidade. O que ele não pode é deixar de cumprir a vontade dos governantes" (FRANCO, Afonso Arinos de Melo. *Direito constitucional* – Teoria da Constituição. As Constituições do Brasil. São Paulo: Forense, 1976. p. 61). Além disso, Manoel Gonçalves Ferreira Filho ao comentar o art. 84, II da CRFB segundo o qual compete privativamente ao PR "exercer, com o auxílio dos Ministros de Estado, a direção superior da administração federal", afirma que: "Esta *direção superior* se distingue da direção meramente administrativa, que é atribuição dos ministros, conforme resulta do art. 87 [...]. A direção superior é exercida pelo Presidente da República, exclusivamente, como cerne que é do Poder Executivo a ele deferido [...]. Os Ministros de Estado apenas o auxiliam nessa tarefa, assessorando-o e aconselhando-o mormente" (FERREIRA FILHO, Manoel Gonçalves. *Comentários à Constituição brasileira de 1988*. 3. ed. São Paulo: Saraiva, 2000. v. 1. p. 438, *vide* também p. 461-462). Como se vê, para esse autor os ministros não exercem função de direção política. Em relação aos EUA, Schwartz, após afirmar que "as principais funções de um chefe do executivo se enquadram em duas principais categorias – política e administrativa" e que, nos EUA ambas estão concentradas no presidente, afirma que esta não era a intenção dos redatores da Constituição, que planejaram o presidente como chefe político com o próprio congresso dirigindo os distintos departamentos por meio das leis. O poder do presidente americano *sobre* a administração federal só foi afirmado, já no século XIX, por meio (indireto) de seu poder de demitir os dirigentes dos diversos departamentos e órgãos do executivo, em especial os que se recusassem a cumprir suas determinações (Schwartz cita, como marco dessa evolução, o caso do Secretário do Tesouro demitido pelo presidente Jackson em 1833 por ter se recusado a cumprir uma ordem sua). Schwartz chega a afirmar que: "A department head who refused to follow a Presidential directive would, strictly speaking probably not be violating any legal duty imposed upon him" (SCHWARTZ, Bernard. *A Commentary on The Constitution of the United States* – Part I. Nova York: Macmillan, 1963. v. II. p. 35-37).

[533] E o autor prossegue: "Let the President, in Wilson's famous phrase, 'be as big a man as he can,' he is still circumscribed by human limitations in seeking to master the many and varied roles now encompassed in the Supreme Magistracy. The President has become the most heavily burdened officer in the world; no man's day is so full. No one's responsibilities come near to his in taxing body and soul and demanding well-nigh inexhaustible vitality. Mortal men find it ever more difficult to be Presidents and live, if the strain be not somehow relieved" (SCHWARTZ, Bernard. *A Commentary on The Constitution of the United States* – Part I. Nova York: Macmillan, 1963. v. II. p. 15). Bem antes, Rousseau, em suas considerações sobre o Governo da Polônia, já havia afirmado que: "Il n'y a que Dieu qui puisse gouverner le monde, et il faudrait des facultes plus qu'humaines pour gouverner de grandes nations" (ROUSSEAU, Jean-Jacque. *Discours sur l'Economie Politique, Projet de Constitution pour La Corse, Considérations sur Le Gouvernement de Pologne*. Paris: Flammarion, 1990. p. 183).

conhecimentos técnicos especializados das distintas áreas. Se, além disso, for possível um conhecimento mais aprofundado em ao menos uma das diversas áreas de atuação estatal (educação, saúde, economia etc.), o perfil se aproximará do ideal.

Resta saber se sistemas de responsabilização que ponham ênfase na punição a qualquer custo (em especial estendendo os requisitos pouco exigentes da responsabilização política para a responsabilização jurídica e tornando cada vez mais fácil a punição), não acabam por afastar o bom gestor. Flavio Amaral Garcia, ao criticar a pretensão de ampla responsabilização de agentes públicos por não reverem ordinária e integralmente todos os atos de seus subordinados, aponta:

> A prevalecer o entendimento de que a autoridade, cercada dos mecanismos de controle, pode ser responsabilizada pessoalmente, sem prova de culpa ou dolo específico, mas tão somente pela prática do ato, será cada vez mais difícil o convencimento das pessoas de bem a assumirem cargos de chefia no setor público, em especial quando as funções envolverem ordenar ou autorizar despesas.[534]

Com efeito, há de se indagar se garantir que um agente público não tenha medo de tomar decisão, em especial em situações de incerteza, deve ou não ser considerado um objetivo constitucional ligado à eficiência.

Mas, poder-se-ia perguntar, não é positivo que autoridades não pratiquem crimes pelo medo de serem punidas? Posta assim nestes termos a resposta é evidentemente positiva. Na verdade, é extremamente positivo que agentes políticos não roubem, não corrompam, não se deixem corromper – se não por convicção moral – pelo medo de serem punidos. A questão, portanto, não está no efeito dissuasório de atos que qualquer pessoa de boa-fé reconhece como criminosos. Quanto a estes atos, insiste-se, quanto mais medo tiver o agente público melhor.

O problema de que estamos tratando é outro, e surge quando uma autoridade pública está genuinamente convicta e de boa-fé de que determinado ato é necessário para o atendimento do interesse público em determinada situação e está ao menos razoavelmente convencida de que não há ilegalidade naquela prática. No entanto, após a prática do ato, sua conduta é enquadrada em tipos penais abertos ou é tratada como um ato de improbidade administrativa, regime de responsabilidade sob o qual um ato cuja legalidade pode ser razoavelmente sustentada – ou negada – com argumentos consistentes se transforma numa conduta passível de severa punição.

Imagine-se a autoridade monetária, diante de mais uma crise internacional, confrontada com a necessidade de tomar decisões sobre matérias altamente complexas em questão de dias ou de horas. Esta decisão, futuramente, será analisada "retrospectivamente", com toda a calma, por pessoas que poderão visualizar informações não disponíveis à época. Talvez a decisão, estritamente falando, seja considerada ilegal. Mas será que a autoridade tinha tempo para pedir – e esperar por – um parecer, ou um levantamento detalhado de informações?[535]

---

[534] GARCIA, Flavio Amaral. *Licitações e contratos administrativos*. Casos e polêmicas. 4. ed. São Paulo: Malheiros, 2016. p. 201.

[535] Em janeiro de 1999, no meio de uma gravíssima crise cambial, o respeitado economista e professor Francisco Lopes assumiu a presidência do Banco Central do Brasil, cargo que ocuparia por menos de 20 dias. Neste

CAPÍTULO 3
A RESPONSABILIDADE DOS AGENTES POLÍTICOS E SEU TRATAMENTO DIFERENCIADO | 165

O que nos parece claro é que se a autoridade não tiver um mínimo de garantias é possível que o único comportamento racional seja... não fazer nada ou então pedir demissão... em evidente prejuízo da coletividade.[536] [537] No curto prazo o mais provável é que o ocupante de tal posto não aceite outros, ou seja, que decida não ter que decidir,[538] o que significaria que o sistema político constitucional em questão estaria se

---

período medidas polêmica foram tomadas e, com sua saída, ele acabou processado criminalmente, incluindo acusações de vazamento de informações privilegiadas. Foi provavelmente este histórico que fez com que, em 2004, o presidente do Banco central passasse a ter *status* de ministro de estado, medida implementada com o explícito propósito de garantir foro privilegiado a essa autoridade. As medidas que introduziram esta alteração no estatuto do Presidente do BC brasileiro foram impugnadas no STF (ADI nº 3.289-5, j. 5.5.2005. *DJ*, 3 fev. 2006) que acabou considerando-as constitucionais em acórdão a que voltaremos a nos referir.

[536] Lembremos do exemplo do prefeito que *doou* remédios a município vizinho e foi posteriormente processado por improbidade administrativa pois tal doação *deveria ter sido precedida de autorização por lei formal*. A reprodução de parte da ementa da decisão bem relata situações em que o gestor – se pensar apenas em seu interesse – deveria "não decidir": "[...] evidencia-se que os atos praticados pelos agentes públicos, consubstanciados na *alienação de remédios ao Município vizinho em estado de calamidade, sem prévia autorização legal*, descaracterizam a improbidade *stricto sensu*, uma vez que ausentes o enriquecimento ilícito dos agentes municipais e a lesividade ao erário. A conduta fática não configura a improbidade. 5. É que comprovou-se nos autos que *os recorrentes, agentes políticos da Prefeitura de Diadema, agiram de boa-fé na tentativa de ajudar o município vizinho de Avanhandava a solucionar um problema iminente de saúde pública gerado por contaminação na merenda escolar, que culminou no surto epidêmico de diarréia na população carente e que o estado de calamidade pública dispensa a prática de formalidades licitatórias que venha a colocar em risco a vida, a integridade das pessoas, bens e serviços, ante o retardamento da prestação necessária*. 6. É cediço que a má-fé é premissa do ato ilegal e ímprobo. Consectariamente, a ilegalidade só adquire o *status* de improbidade quando a conduta antijurídica fere os princípios constitucionais da Administração Pública coadjuvados pela má-fé do administrador. A improbidade administrativa, mais que um ato ilegal, deve traduzir, necessariamente, a falta de boa-fé, a desonestidade, o que não restou comprovado nos autos pelas informações disponíveis no acórdão recorrido, calcadas, inclusive, nas conclusões da Comissão de Inquérito. 7. É de sabença que a alienação da *res publica* reclama, em regra, licitação, [...]. Todavia, o art. 17, I, 'b', da lei 8.666/93 dispensa a licitação para a alienação de bens da Administração Pública, quando exsurge o interesse público e desde que haja valoração da oportunidade e conveniência, conceitos estes inerentes ao mérito administrativo, insindicável, portanto, pelo Judiciário. [...]" (REsp nº 480.387/SP, 1ª Turma. Min. Luiz Fux. *DJ*, 24 maio 2004. p. 163). Pode-se dizer, em defesa do sistema, que o prefeito foi inocentado pela Corte Superior, mas isto depois de ser condenado nas duas instâncias ordinárias. Será que este prefeito faria a mesma doação nas mesmas circunstâncias? Provavelmente não.

[537] No meio do escândalo de corrupção envolvendo a maior empresa brasileira (a Petrobras, escândalo que veio a público no 2º semestre de 2014), um respeitado técnico que exerceu cargos importantes tanto em governos do PT quanto do PSDB, publicou artigo de opinião que bem reflete o dilema sobre o qual tratamos: "Tanta corrupção! [...]. Para acabar com isso, seria preciso aumentar o número de fiscais e submeter ao crivo do Ministério Público as decisões dos administradores públicos e de estatais, particularmente sobre licitações. Certo? Não, errado! É verdade que a vida dos administradores públicos desonestos ficaria mais difícil se mais controle *ex ante* fosse aplicado. Mas eles sempre achariam um jeito de burlar os novos obstáculos. Por outro lado, a criação de novos e mais rigorosos controles *ex ante* tornaria mais difícil a vida da esmagadora maioria formada por administradores honestos. Aumentaria a burocracia, a letargia e o custo da máquina pública, diminuindo ainda mais a competitividade de nossa economia. Ou seja, um eventual aumento de controle *ex ante* não impediria a ação dos desonestos e paralisaria ainda mais a atuação dos honestos. *Os sucessivos escândalos têm provocado um efeito devastador e ainda pouco percebido sobre o dirigente público honesto: a exacerbação da cautela. Como ele é visto com desconfiança pela população e desempenha suas funções sob a presunção de culpa, tem que provar cotidianamente que é inocente. A melhor estratégia é nada decidir porque, se tomar o rumo errado numa situação em que o futuro é incerto, mesmo com a melhor das intenções, será posteriormente crucificado pelos analistas de videotape. Já se empurrar a decisão com a barriga, nada acontecerá. A não ser o mau atendimento à população. O que fazer então? Deixar tudo como está?* Também não! Por um lado, precisamos desembaraçar a ação dos bem intencionados, evoluindo da presunção de culpa para a de inocência. Por outro lado, precisamos inculcar nos mal intencionados – corruptos e corruptores – duas certezas: primeira, que haverá uma inteligente análise *ex post*, incluindo uma malha fina aleatória, como praticada pela Receita Federal; segunda, que, se forem apanhados, serão severamente punidos, como está ocorrendo na Operação Lava-Jato. Aliás, tanto o juiz quanto os procuradores do Ministério Público merecem reconhecimento da população pela forma firme e eficiente como estão conduzindo o processo. Graças a eles, a certeza de impunidade em nosso país está sofrendo golpe contundente" (KELMAN, Jerson. Obstáculos apenas para os culpados. *O Globo*, p. 19, 18 dez. 2014. 1º Caderno. p. 19).

[538] Escrevendo sobre os exageros do denominado *independent counsel* nos EUA, Cass Sunstein afirma: "The problem is that from the standpoint of the independent counsel, you have one person to focus on and there are two options:

especializando em atrair agentes políticos fracos que, de preferência, não tenham que decidir.[539] Trata-se de consequência extremamente negativa, que, a nosso ver, o direito constitucional deve tentar evitar, como veremos a seguir.

3.3.3 A garantia da capacidade deliberativa como uma necessária preocupação constitucional

Passemos a analisar com mais atenção a necessidade constitucional de garantir a preservação da capacidade de decisão dos agentes políticos. Este problema já foi detectado pela doutrina, a começar por Díez-Picazo, que, sem concordar inteiramente com o ponto, registra o argumento segundo o qual:

> la aplicación de criterios de diligencia particularmente exigentes puede ser contraproducente y *conducir a la llamada overdeterrence, esto es, a* un paralizante exceso de disuasión. Los miembros de la organización compleja no estarían orientados hacia el correcto funcionamiento de ésta, sino que tendrían como motivación principal salvar su propia responsabilidad.
>
> La reciente experiencia italiana ofrece un ejemplo inmejorable de este riesgo, que puede calificarse, siguiendo la denominación popularmente dada a la vasta red de la corrupción, como «síndrome de *Tangentopoli*»: ciertas decisiones político-administrativas, tales como el otorgamiento de licencias de urbanismo o la verificación de la calidad de los medicamentos, se han visto notablemente retardadas, cuando no paralizadas por completo. Ello se debe a que ante la ola de acciones judiciales contra cargos políticos y administrativos, los funcionarios competentes desean evitar a toda costa una acusación de cohecho o de homicidio culposo incluso si ello puede llevar aparejada una condena por abandono de funciones públicas. Se trata de un simple cálculo de costes y beneficios, pues la pena por

---

indict or not indict. Not to indict looks like a waste of time, indictment looks heroic-a kind of Archibald Cox act. The distortion stems from the fact that the independent counsel, unlike most prosecutors, has one target rather than many and an unlimited rather than limited budget, which produces an incentive for zealotry. This is not a suggestion that any one of the independent counsels is dishonorable or part of a conspiracy or anything like that. It is a suggestion that the problems we have seen under the Act are a natural product of the incentive effects of the office of the independent counsel, which creates a kind of fixation on particular people and particular events with a kind of bias toward detailed investigat ion and, ultimately, indictment. Cases that ordinary prosecutors would spend no more than ten minutes on (or no time at all) become the occasion for weeks, months, years of investigation. *For public servants generally, the Independent Counsel Act creates a bad incentive, too. Everyone who accepts a Cabinet-level post knows that the possibility is far from trivial that they will be subject to an independent counsel investigation and, ultimately, be indicted-even if they are like ordinary people or a little worse or a little better. The risk of a credible and specific allegation being made against anyone in the position to be appointed to the Cabinet is pretty high, and everybody knows that before the fact, which creates a disincentive to become a public official.* It is not the worse thing in the world, but it is an adverse effect" (SUNSTEIN, Cass. Dunwody distinguished lecture in law: lessons from a debacle: from impeachment to reform. *Florida Law Review*, n. 51, set. 1999. p. 605).

[539] Mais uma vez retornamos ao *Federalista* (n. 70): "A feeble Executive implies a feeble execution of the government. A feeble execution is but another phrase for a bad execution; and a government ill executed, whatever it may be in theory, must be, in practice, a bad government. Taking it for granted, therefore, that all men of sense will agree in the necessity of an energetic Executive, it will only remain to inquire, what are the ingredients which constitute this energy? How far can they be combined with those other ingredients which constitute safety in the republican sense? And how far does this combination characterize the plan which has been reported by the convention? The ingredients which constitute energy in the Executive are, first, unity; secondly, duration; thirdly, an adequate provision for its support; fourthly, competent powers. The ingredients which constitute safety in the republican sense are, first, a due dependence on the people, secondly, a due responsibility" (HAMILTON, Alexander; MADISON, James; JAY, John. *The federalist papers*. Nova York: Signet Classic, 2003. p. 422).

CAPÍTULO 3
A RESPONSABILIDADE DOS AGENTES POLÍTICOS E SEU TRATAMENTO DIFERENCIADO | 167

este último delito es siempre menor que por cohecho u homicidio culposo; pero entretanto, la construcción y la sanidad sufren un prejuicio no desdeñable.[540]

A hipótese tratada por Díez-Picazo traz situações em que se opta por *não* decidir. Ora, "não decidir" já foi apontado como a mais comum estratégia de sobrevivência política. Nas palavras de Pierre Conesa, "decidir não fazer nada enquanto se dá a ilusão da ação, esta é a arte suprema em política".[541] E, é bom registrar, existem diversos elementos aptos para dar a ilusão da ação, para ganhar tempo, e que podem ser invocados com desculpas perfeitamente democráticas (consultar outros especialistas, formar um grupo de trabalho, de preferência interministerial, convocar uma ampla consulta pública, entre outros).[542] Este fenômeno ganhou até uma sigla em inglês, NIMTO (*not in my term of office*), para expressar exatamente a situação em que decisões sobre temas importantes, mas de extrema delicadeza política, são postergadas por agentes políticos, que consideram "melhor" (para si e não para o interesse público) deixar que seu sucessor resolva.[543]

No Brasil, na área ambiental (mas não apenas nela), isto já é uma realidade. Por um lado, trata-se de matéria complexa e sensível em que instrumentos (estudos aprofundados, audiências e consultas públicas) que são, por vezes (mas nem sempre, como sustentam alguns), realmente necessários, também servem para ganhar tempo. Por outro lado, trata-se de área em que comumente alguns órgãos de controle (em especial o Ministério Público) procuram impor sua visão (ou a visão de seus técnicos) com o uso explícito de ameaças dirigidas a agentes políticos e administrativos, que cotidianamente recebem ofícios informando-os que, se forem favoráveis a determinado pedido de licença, serão processados cumulativamente em várias esferas. E, ressalte-se, a área ambiental está longe de ser a única na qual este fenômeno ocorre, é apenas aquela em que ele ocorre mais e de forma mais violenta.

Por isso, diversos entes públicos passaram a se responsabilizar (de forma e intensidade diversa) pela defesa de seus agentes (não apenas políticos), colocados na seguinte situação: praticaram um ato no exercício do cargo, o ato foi precedido de todos os requisitos exigíveis (incluindo parecer prévio da procuradoria do órgão quanto à

---

[540] DÍEZ-PICAZO, Luis María. *La criminalidad de los gobernantes*. Barcelona: Las Letras de Drakontos, 1996. p. 26-27.

[541] CONESA, Pierre. *Surtout ne rien décider* – Manuel de survie en milieu politique avec exercices pratiques corrigés. Paris: Robert Laffont, 2014. p. 9.

[542] Um dos principais métodos de tomada de decisões associado ao denominado *New public management*, envolvendo decisões tomadas em rede com a participação de atores sociais, já foi criticado pelo alto risco de levar a uma não decisão, ou a uma decisão de baixa qualidade (pelo mínimo denominador comum). *Vide* PETERS, B. Guy. Meta governance and public management. *In*: OSBORNE, Stephen P. (Ed.). *The new public governance?* Emerging perspectives on the theory and practice of public governance. Nova York: Routledge, 2010. p. 41. Na mesma linha, Martin Shapiro, ao tratar do fenômeno do derretimento das fronteiras da administração pública com a convocação de novos atores para tomar decisões antes tomadas de forma fechada pela administração, afirma que: "Al repartir el proceso de decisión de las políticas públicas entre diferentes actores gubernamentales y no gubernamentales de forma heterogénea y no regulada, se destruye la rendición de cuentas democrática. [...]. Otra paradoja creada cuando la gobernanza reemplaza al gobierno es que, maximizando la transparencia y la participación de los interesados, minimiza la transparencia y la participación de los desinteresados" (SHAPIRO, Martin. Un derecho administrativo sin límites: Reflexiones sobre el Gobierno y la gobernanza. *In*: CERRILLO I MARTÍNEZ, Agustí (Coord.). *La gobernanza hoy*: 10 textos de referencia. Madrid: Editorial INAP, 2005. p. 206-207). Finalmente, cite-se Vanossi, que considera a tensão entre representatividade e governabilidade como uma das sete tensões dos sistemas de democracia constitucional, afirmando que "las instituciones democráticas [...] tienen que poner algún límite a los institutos de participación para que no sufra un detrimento muy grave la gobernabilidad" (VANOSSI, Jorge Reinaldo A. *Estado de derecho*. 4. ed. Buenos Aires: Astrea, 2008. p. 119).

[543] Agradecemos à Professora Alexandra Aragão que alertou para a existência da sigla.

juridicidade da iniciativa) e, posteriormente, o ato foi considerado ilegal por um dos diversos entes que realizam o controle externo, que ajuíza ação visando à punição pessoal do agente em questão.[544]

O estado do Rio de Janeiro, por exemplo, aprovou lei estadual[545] destinada a garantir que o estado pagaria parte dos gastos que os agentes públicos tivessem em ações em que estejam sendo impugnadas decisões por eles tomadas nessa qualidade. No parecer em que analisou a pretensão da administração estadual, Luís Roberto Barroso[546] destacou:

> A submissão dos atos do Poder Público aos controles democráticos, inclusive o de instituições estatais autônomas, como o Ministério Público, traduz importante concretização do princípio republicano. Como em tudo o mais na vida, porém, também aqui os excessos são uma possibilidade real. Mais que isso, os fatos mencionados na Nota Técnica já foram identificados pela doutrina, que tem sugerido, inclusive, sanções para o abuso no ajuizamento de determinadas ações, como a responsabilidade civil do Estado.
>
> As consequências do emprego abusivo desses mecanismos de controle são graves, pois a questão não repercute apenas sobre o agente, mas também sobre a própria Administração.

---

[544] Na esfera federal a Lei nº 9.028/95 (art. 22) estabelece que: "A Advocacia-Geral da União e os seus órgãos vinculados, nas respectivas áreas de atuação, ficam autorizados a representar judicialmente os titulares e os membros dos Poderes da República, das Instituições Federais referidas no *Título IV, Capítulo IV, da Constituição*, bem como os titulares dos Ministérios e demais órgãos da Presidência da República, de autarquias e fundações públicas federais, e de cargos de natureza especial, de direção e assessoramento superiores e daqueles efetivos, inclusive promovendo ação penal privada ou representando perante o Ministério Público, quando vítimas de crime, quanto a atos praticados no exercício de suas atribuições constitucionais, legais ou regulamentares, no interesse público, especialmente da União, suas respectivas autarquias e fundações, ou das Instituições mencionadas, podendo, ainda, quanto aos mesmos atos, impetrar *habeas corpus* e mandado de segurança em defesa dos agentes públicos de que trata este artigo".

[545] Lei nº 6.450/13, cujos principais dispositivos são os seguintes: "Art. 1º A presente Lei se aplica às autoridades e servidores estaduais da Administração Pública direta e indireta que, em decorrência da prática de atos funcionais, venham a ocupar o polo passivo em ações civis públicas, ações populares, ações de improbidade, ações criminais ou sejam indiciados em inquérito civil ou criminal, ou estejam respondendo a processos perante outros órgãos de controle, desde que atendidas, cumulativamente, as seguintes exigências: I - o ato tenha sido praticado no exercício de cargo ou emprego efetivo ou em comissão, integrante da estrutura da administração direta, autárquica ou fundacional; II - o ato atacado não seja contrário a parecer da Procuradoria Geral do Estado, emitido até a data do ato; III - o ato atacado tenha sido precedido de parecer ou manifestação de órgão integrante do Sistema Jurídico Estadual, quando tal condição for expressamente exigida pela lei ou regulamento, e não contrarie tal parecer ou manifestação; IV - o ato atacado não tenha sido omisso quanto à circunstância que, por expressa previsão legal, deveria ter sido enfrentada ou mencionada. §1º Na hipótese em que não era exigível parecer ou manifestação prévia de órgão integrante do Sistema Jurídico Estadual a aplicação da presente lei dependerá de análise posterior do referido órgão, que deverá verificar, em especial, a consistência das imputações feitas em confronto com as justificativas do ato. §2º A presente Lei também se aplica quando a ação decorrer de imputação irrazoável de não prestação de informações. Art. 2º Atendidas as condições de que trata o art. 1º o Estado, autarquia ou fundação: I - custeará a defesa do servidor em questão, nos termos e limites do art. 3º; II - poderá ingressar em juízo, mesmo que não tenha sido notificado ou citado na ação, para, em nome próprio, defender o ato impugnado. Art. 3º O custeio da defesa se fará por meio de reembolso à autoridade ou servidor dos honorários advocatícios despendidos, limitados ao valor correspondente ao quádruplo do valor previsto para a respectiva atividade na tabela de honorários advocatícios da Ordem dos Advogados do Brasil Seção do Estado do Rio de Janeiro, observado o seguinte: I - a autorização [...] será precedida de manifestação do órgão integrante do Sistema Jurídico Estadual, que verificará o atendimento aos requisitos previstos no art. 1º e, em sendo o caso, em seu §1º; II - exigência de assinatura, por parte do servidor, de termo de responsabilidade de devolução das verbas, nas hipóteses do art. 4º. [...] Art. 4º O servidor devolverá os valores gastos com sua defesa, admitindo-se o parcelamento nos mesmos prazos aplicáveis à dívida ativa, quando: I - for condenado criminalmente ou em ação de improbidade por decisão transitada em julgado; II - o ato for considerado ilegal ou inconstitucional por decisão transitada em julgado; III - o Estado, no curso do processo, tomar conhecimento de circunstâncias que apontem para a ilegalidade manifesta do ato e para o dolo ou culpa grave do servidor [...]".

[546] Então Procurador do Estado do Rio de Janeiro.

CAPÍTULO 3
A RESPONSABILIDADE DOS AGENTES POLÍTICOS E SEU TRATAMENTO DIFERENCIADO | 169

É certo que, do ponto de vista do agente público, além do custo econômico de suportar a sua defesa em múltiplas demandas, ele ainda sofre o custo pessoal de constantes denúncias – muitas vezes infundadas – relativas à honestidade com que exerce a função pública.

Sob a perspectiva do Estado, a repercussão do abuso referido gera dificuldades para o desempenho de seus fins constitucionais e acarreta a perda de atratividade dos cargos públicos, pelos riscos que passam a acompanhá-los e pela exposição de seus titulares a constrangimentos. Assim, por um lado, os agentes são forçados a dividir as suas preocupações entre os seus afazeres legais e a sua defesa nos diversos processos; por outro, pessoas qualificadas deixam de se interessar pela função pública, por ficarem injustamente submetidas a estado de permanente tensão, em razão da possibilidade de demandas – frequentemente infundadas – nas quais se vai discutir a probidade de sua atuação. Isso se associa, ainda, à perspectiva de se verem sozinhos no momento de se defenderem, apesar de as demandas decorrerem diretamente da sua atuação como agentes públicos. [...]

Essas constatações fáticas não são indiferentes para o Direito; muito ao revés, elas interferem com bens jurídicos constitucionalmente tutelados como, em particular, a eficiência administrativa e a realização do interesse público. Não é difícil perceber como essas questões práticas prejudicam ou até mesmo inviabilizam a promoção adequada de bens jurídicos valiosos.[547]

---

[547] BARROSO, Luís Roberto. Parecer n. 01/07. *Revista de Direito da Procuradoria Geral do Estado do Rio de Janeiro*, n. 62, 2007. p. 346-347. Infelizmente, a lei em questão foi considerada inconstitucional pelo Tribunal de Justiça do Estado do Rio de Janeiro em decisão (tomada na ADI nº 0027691-96.2014.8.19.0000, Rel. designado Des. Bernardo Garcez) que demonstra a nosso ver os equívocos no tratamento do tema. Originalmente, a ação foi considerada improcedente (mantida a constitucionalidade da lei) em acórdão que acabou sendo anulado pelo STF. Tendo o caso retornado ao TJRJ a maioria favorável à lei se inverteu. No acórdão (além de discussões sobre a ausência de competência do Estado para legislar sobre inexigibilidade de licitação estranhas ao objeto deste trabalho) o principal argumento contrário à lei foi a violação ao princípio da moralidade. O acórdão parece partir do pressuposto de que quem é acusado de alguma coisa deve ser mesmo culpado. Confiram-se alguns trechos: "Não obstante a tese de que a lei visa a resguardar o ato administrativo praticado pelo servidor ou pela autoridade pública, quando presentou o órgão público; na verdade, a lei estadual vai na *contramão* de todo o arcabouço constitucional de proteção à moralidade administrativa. [...] *a ratio da lei fluminense foi de proteger o agente público em demandas em que há evidente mandamento constitucional para a busca de responsabilização do administrador público amoral ou imoral.* [...] Se a conduta do agente público se voltar contra o órgão público, *não se pode admitir que as despesas com a contratação de advogado sejam custeadas pelo próprio órgão lesado.* Permitir tal situação caracterizaria ato imoral e arbitrário" (grifos no original). Correto o raciocínio, mas a lei em questão expressamente previu a hipótese de o agente originalmente beneficiado pela lei ter que devolver os recursos quando se revelar posteriormente que ele estava errado (e que, portanto, a acusação inicialmente considerada como errada estava certa). O dispositivo da lei, rigorosamente ignorado, diz o seguinte: "Art. 4º O servidor devolverá os valores gastos com sua defesa, admitindo-se o parcelamento nos mesmos prazos aplicáveis à dívida ativa, quando: I - for condenado criminalmente ou em ação de improbidade por decisão transitada em julgado; II - o ato for considerado ilegal ou inconstitucional por decisão transitada em julgado; III - o Estado, no curso do processo, tomar conhecimento de circunstâncias que apontem para a ilegalidade manifesta do ato e para o dolo ou culpa grave do servidor". O voto vencido trouxe algumas observações muito importantes ao lembrar que: "Não se pode presumir que o ocupante de cargo ou função pública seja rico para pagar Advogado nas causas decorrentes de sua conduta na prática no exercício da função pública. Os salários que percebe tem caráter alimentar, não para financiar a defesa do interesse público em Juízo ou fora dele. É dever da Administração Pública no Estado Democrático de Direito patrocinar a defesa na causa que trata do interesse público, assim repelindo critérios plutocráticos que somente escamoteiam o governo do povo, pelo povo e para o povo, em sustentação do governo dos mais ricos. Impor aos agentes públicos, eleitos ou não, o dever de prover as despesas de sua defesa nos processos judiciais e administrativos que debatam sobre seus atos funcionais, seria impor o regime plutocrático e afugentar o governo representativo para aqueles que não foram aquinhoados pela fortuna. Portanto, a autoridade ou o servidor público que, no exercício de suas funções, vier a ser surpreendido com a propositura de demandas, muitas vezes injustas e descabidas, em decorrência do desempenho da função pública, deve ter o direito de ser defendido a custa pelo Erário, sob pena de extrema insegurança e risco daquele que estaria agindo em prol do interesse público e expressando a vontade do Estado" (voto do Des. Nagib Slaibi Filho). Em suma, a declaração

Recorremos novamente a Pierre Conesa, que afirma que a ciência política clássica analisava a decisão pública como um "ato razoável resultante da utilização regular de procedimentos pelo agente competente para decidir em harmonia com as normas jurídicas".[548] Posteriormente, a ciência política moderna demonstrou a complexidade da relação entre as causas de uma decisão, sua preparação e concepção, decisão que, na verdade, "não existiria no sentido de um ato voluntário e racional imputável a um homem ou equipe, num momento e em um local específico".[549] Mas indaga o autor se não estaríamos agora na fase da "política da não decisão na qual a complexidade dos sistemas de decisão, o tempo político, a vontade de ampliar largamente a participação dos cidadãos na democracia participativa e os interesses corporativistas não conduziriam à paralisia completa".[550]

Pois bem, parece-nos fora de dúvida que os agentes políticos existem para tomar decisões difíceis[551] e que os sistemas de responsabilização devem ser construídos levando esse aspecto em especial atenção.[552]

---

de inconstitucionalidade da lei em questão é mais um firme passo para fazer com que pessoas competentes e bem intencionadas não aceitem nenhum cargo de responsabilidade na administração pública, salvo – como lembrado no voto vencido – se forem suficientemente ricas para pagar por qualquer defesa.

[548] CONESA, Pierre. *Surtout ne rien décider* – Manuel de survie en milieu politique avec exercices pratiques corrigés. Paris: Robert Laffont, 2014. p. 25.

[549] SFEZ, Lucien *apud* CONESA, Pierre. *Surtout ne rien décider* – Manuel de survie en milieu politique avec exercices pratiques corrigés. Paris: Robert Laffont, 2014. p. 25.

[550] CONESA, Pierre. *Surtout ne rien décider* – Manuel de survie en milieu politique avec exercices pratiques corrigés. Paris: Robert Laffont, 2014. p. 25-26.

[551] A necessidade de viabilizar a tomada de decisões é salientada por Agustí Cerrillo Martínez na introdução de obra coletiva dedicada à "governança": "Si la gobernanza supone la toma de decisiones en contextos complejos y cambiantes con una pluralidade de actores que representan intereses diferentes, los princípios de buena gobernanza han de poder garantizar que: - estén todos los actores que han de estar, cada uno de ellos asumiendo el rol que le corresponde; - los actores tengan las condiciones necesarias y suficientes para poder tomar las decisiones que les correspondan, y - se puedan tomar decisiones" (CERRILLO I MARTÍNEZ, Agustí (Coord.). *La gobernanza hoy*: 10 textos de referencia. Madrid: Editorial INAP, 2005. p. 19).

[552] A nosso ver não apenas os sistemas de responsabilização, mas também o tratamento que o direito administrativo dá à discricionariedade administrativa (que em certo sentido está a montante dos sistemas de responsabilização) deve levar em consideração essas características. Nesse ponto tanto podemos identificar correntes que procuram suprimir ou reduzir a nada os espaços decisórios do gestor público como outras que reconhecem a necessidade de "novas classificações ainda mais apuradas" de "distintas situações decisionais". Esta é a linha de Schmidt-Assmann: "Así, se habla de una 'discrecionalidad táctica', expresiva de la especial flexibilidad que requiere la Administración para poder reaccionar adecuadamente ante situaciones inesperadas. También se há introducido la expresión 'discrecionalidad de gestión', própria de las decisiones que la Administración há de adoptar en condiciones de mercado [...] Se trata en todos los casos de expresiones que lo que pretenden es poner de manifiesto la especificidad de determinadas situaciones decisionales, de tal modo que sus singularidades sean incorporada al modelo de racionalidad de toda ponderación administrativa, que, al fin y al cabo, constituye la esencia del ejercicio de la discrecionalidad. Con ellas no se persigue, ni primordial y ni siquiera necesariamente, establecer nuevos parámetros para el control judicial de la actividad administrativa, sino ante todo formular reglas de comportamiento dirigidas a la propia Administración" (SCHMIDT-ASSMANN, Eberhard. *La teoría general del derecho administrativo como sistema*. Objeto y fundamentos de la construcción sistemática. Madrid; Barcelona: Marcel Pons, 2003. p. 225). Talvez o mais adequado seja analisar cada situação decisional sob uma lente diferente, em especial por ocasião do seu controle. Aliás, mais à frente, ao falar do controle, Schmidt-Assmann, afirma que: "En teoría, tal fiscalización debe mantenerse dentro de los límites de un control en derecho, es decir, se debe limitar a fiscalizar una decisión ya previamente adoptada sobre la base de los parámetros que ofrezca el Derecho. *Sin embargo, el control de la aplicación de los conceptos jurídicos indeterminados y el de la proporcionalidad, si se los lleva a cabo de forma intensa, pueden llevar fácilmente a que los tribunales, desbordando los límites de un control en derecho, extiendan el mismo a cuestiones de oportunidad y decidan éstas de acuerdo con sus propias ideas.* En definitiva, las ventajas que para la tutela de los derechos individuales comporta el modelo básico de un control plenario e intenso de la aplicación del Derecho se corresponden con riesgos y peligros para la responsabilidad autónoma – esto es, las competencias propias – de la Administración" (p. 231).

Vale registrar uma peculiar relação entre os sistemas de responsabilização e as distintas concepções sobre o papel do Estado, em especial na economia. É que, para os cultores do Estado mínimo, um sistema de responsabilização extremamente severo, que incentive a não atuação, e, portanto, a *não decisão*, será extremamente positivo, uma vez que ajudará a alcançar o objetivo que essa linha de pensamento espera do Estado (que é exatamente fazer o mínimo possível). Por outro lado, para concepções que defendem uma ampla esfera de atuação ou de responsabilidade do Estado, e, portanto, que defendem a necessidade de mais ações e decisões, um sistema de responsabilização rigoroso seria extremamente negativo.

A questão é que, pelo lado da ciência jurídica, os defensores de sistemas de responsabilização de agentes políticos cada vez mais rígidos precisam saber que estão – voluntariamente ou não – prestando um grande serviço aos cultores do Estado mínimo. O ponto foi percebido por Emerson Garcia:

> Por ser a corrupção uma conseqüência assaz comum nas hipóteses de concentração de poder, uma das estratégias normalmente utilizadas para combatê-la consiste na limitação do poder, *quer reduzindo a amplitude das competências,* quer aprimorando os mecanismos de controle, *quer eliminando a própria atuação estatal. Especificamente no que concerne à intervenção do Estado no domínio econômico, abstraindo-nos de concepções ideológicas, é possível afirmar que a sua paulatina redução importará em proporcional diminuição dos poderes dos agentes públicos, o que acarretará o estreitamento do seu campo de ação e em muito restringirá o estímulo à prática dos atos de corrupção.* [...]
>
> *A retratação da intervenção estatal no domínio econômico e o estímulo à iniciativa privada são importantes medidas de combate à corrupção. Oferecendo-se facilidades, pouco espaço sobra para que o agente público venda dificuldades. Quanto menor for a intervenção do Estado, menor será a relevância do papel desempenhado pelo agente público, o que em muito reduzirá o espaço aberto à corrupção.*
>
> Não se ignora, no entanto, que a livre concorrência, apesar de apresentar os aspectos favoráveis acima referidos, não pode ser levada a extremos. Não raro, será imperativa a intervenção do Estado no domínio econômico, o que preservará a igualdade de oportunidades e reduzirá a possibilidade de dominação de mercados.[553]

Ora, concordamos plenamente com a afirmação de que a ampliação da atuação do Estado, isoladamente considerada, é um fator que amplia as chances de corrupção. No entanto, extrair daí que a solução é "menos estado" equivale a aceitar como verdade absoluta que o estado sempre é ineficiente (o que é no mínimo questionável) e a "jogar fora a criança juntamente com a água suja". Ocorre que, no Brasil, a decisão de impor enormes tarefas ao Estado e expressamente rejeitar omissões foi tomada pela própria Constituição.[554]

---

[553] GARCIA, Emerson; ALVES, Rogério Pacheco. *Improbidade administrativa*. 7. ed. 2. tir. São Paulo: Saraiva, 2014. p. 63.

[554] Como defendido por Giovanni Sartori "Gostemos ou não, a 'mão invisível' não pode mais ser deixada desassistida pela 'mão visível' – pela intervenção dos governos. Concordo com a observação de que a má qualidade do mau governo pode ser minorada pela sua ineficácia, mas não acredito que possamos conviver com governos atados, imobilistas e impotentes. A efetividade do governo é um risco que precisamos correr, quando menos porque as alternativas são piores" (SARTORI, Giovanni. *Engenharia constitucional*: como mudam as constituições. Brasília: Editora UNB, 1996. p. 129).

Para cumprir tais tarefas é preciso garantir a capacidade deliberativa dos agentes políticos, o que, em geral, é feito por meio da instituição de elementos diferenciados nos seus sistemas de responsabilização. Com efeito, o objetivo de garantir a "autonomia deliberativa", ou seja, a capacidade de tomar decisões difíceis, é, certamente, a maior razão para demonstrar a necessidade de certas prerrogativas a favor dos agentes políticos, prerrogativas que compõem o que se denomina "estatuto dos titulares de cargos políticos" (art. 117, CRP) e que, como defendido por Canotilho e Vital Moreira, tem como finalidade a "garantia da funcionalidade dos próprios órgãos de soberania".[555]

Os mesmos autores, ao comentarem a exigência (contida no art. 130, "2", da CRP) de aprovação da Assembleia da República (por dois terços de seus membros), como condição para que o PR responda "por crimes praticados no exercício das funções", afirmam que "Com isto visa-se evitar a banalização ou a chicana das propostas de acusação do PR, bem como a flagelação gratuita deste por qualquer maioria parlamentar hostil".[556] Ou seja, reconhecem que essa prerrogativa minimiza o risco de uso político da responsabilidade jurídica.

É verdade que, como reconhece Jorge Bacelar Gouveia, o tema das imunidades dos governantes não é "fácil na medida em que, no debate público, têm sido referidos problemas de abuso dessas mesmas garantias". Ainda assim, prossegue: "não é viável defender, dentro do enquadramento próprio do Estado de direito democrático, qualquer solução de simples extinção dessas mesmas imunidades", uma vez que desempenham "um inquestionável papel de *defesa da liberdade decisória dos governantes*".[557] Assim, embora reconheça que o debate do tema favoreça mudanças pontuais no regime aplicável,[558] enfatiza que não se pode "perder o norte da sua essencialidade para a preservação da *autonomia deliberativa* dos órgãos constitucionais do Estado".[559]

Esta é a linha que tem sido seguida pela Suprema Corte dos EUA, não apenas em relação ao PR, mas em relação à boa parte dos agentes públicos. Com efeito, mesmo na ausência de texto constitucional expresso, a Suprema Corte foi progressivamente

---

[555] CANOTILHO, J. J. Gomes; MOREIRA, Vital. *Constituição da República Portuguesa*: anotada. 4. ed. Coimbra: Coimbra Editora, 2010. v. II. p. 122.

[556] CANOTILHO, J. J. Gomes; MOREIRA, Vital. *Constituição da República Portuguesa*: anotada. 4. ed. Coimbra: Coimbra Editora, 2010. v. II. p. 171. Mesmo Benjamin Constant, defensor de tipos abertos de responsabilização de ministros e que entendia que, para crimes não relacionados ao exercício do cargo, os ministros deviam ser julgados pelos tribunais comuns (sustentando que esta era a solução dada, implicitamente, pela Constituição de 1815), ressalvava a necessidade de que a legislação conciliasse esta regra com alguma garantia aos ministros, derivada do fato de sua maior exposição à "cólera das paixões feridas" (quanto aos atos ilegais em prejuízo do interesse público Constant entendia que só podiam ser denunciados e julgados perante as assembleias representativas) (CONSTANT, Benjamin. Écrits Politiques. Paris: Gallimard, 1997. p. 388; 391).

[557] Na Espanha, Antonio Torres Moral observa que: "La inviolabilidad y el fuero son garantías institucionales plurisecularmente acuñadas por la cultura jurídica occidental y reconocidas por el Ordenamiento jurídico a determinadas personas no en cuanto tales, sino en razón de su cargo y función, *para así facilitarles su ejercicio independiente*. En principio, sólo les son atribuibles a los titulares de estos cargos, constitucional o legalmente determinados, y regen durante el tiempo en que los desempeñan" (TORRES MORAL, Antonio. En torno a la abdicación de La Corona. *Revista Española de Derecho Constitucional*, n. 102, set./dez. 2014. p 13-48. No mesmo trabalho (p. 33) o autor diz que na Espanha existem 17.000 pessoas com foro privilegiado sendo que "2000 são políticos e quase todo o resto juízes ou pessoas relacionadas com a administração da justiça".

[558] O que em boa medida foi feito no Brasil em relação às imunidades parlamentares.

[559] GOUVEIA, Jorge Bacelar. A suspensão de funções dos membros do Governo criminalmente acusados na Constituição da República Democrática de Timor-Leste. *Revista de Direito Público*, Coimbra, n. 4, p. 247-264, jul./dez. 2010. p. 249.

CAPÍTULO 3
A RESPONSABILIDADE DOS AGENTES POLÍTICOS E SEU TRATAMENTO DIFERENCIADO | 173

reconhecendo imunidades a vários agentes públicos.[560] Em relação a alguns deles (basicamente juízes, promotores e agentes do Poder Executivo com atribuições investigativas ou decisórias), existe o reconhecimento de uma *imunidade absoluta* contra ações visando a reparações civis. Em relação aos demais agentes públicos, reconhece-se uma imunidade relativa. Em todos os casos há uma expressa preocupação da Suprema Corte em garantir a capacidade de decisão de tais agentes.

Especificamente em relação ao PR, a Suprema Corte dos EUA entendeu:

> em decorrência da importância singular das atribuições do presidente, o desvio de suas energias causado pela preocupação com processos judiciais privados causaria riscos singulares para o efetivo funcionamento do governo. Assim como nos casos de promotores e juízes – em relação a quem uma imunidade absoluta está estabelecida – um Presidente deve se preocupar com assuntos aptos a "fazer surgir os mais intensos sentimentos". [...]. Ocorre que, como nossas decisões tem reconhecido, é exatamente nesses casos que existe o maior interesse público em prover este agente com "a máxima capacidade de lidar de forma imparcial e destemida com" as atribuições de seu cargo. [...]. Essa preocupação é

---

[560] Este histórico é contado pela própria Suprema Corte no Caso *Nixon v. Fitzgerald*: "This Court consistently has recognized that government officials are entitled *to some form of immunity from suits for civil damages*. In *Spalding v. Vilas, 161 U. S. 483* (1896), the Court considered the immunity available to the Postmaster General in a suit for damages based upon his official acts. Drawing upon principles of immunity developed in English cases at common law, the Court concluded that *'[t]he interests of the people' required a grant of absolute immunity to public officers. Id. At 161 U. S. 498. In the absence of immunity, the Court reasoned, executive officials would hesitate to exercise their discretion in a way 'injuriously affect[ing] the claims of particular individuals,'* [...], even when the public interest required bold and unhesitating action. Considerations of 'public policy and convenience' therefore compelled a judicial recognition of immunity from suits arising from official acts. *'In exercising the functions of his office, the head of an Executive Department, keeping within the limits of his authority, should not be under an apprehension that the motives that control his official conduct may, at any time, become the subject of inquiry in a civil suit for damages. It would seriously cripple the proper and effective administration of public affairs as entrusted to the executive branch of the government, if he were subjected to any such restraint'..* [...]. Similarly, the decision in *Pierson v. Ray, 386 U. S. 547*(1967), involving a §1983 suit against a state judge, recognized the continued validity of the absolute immunity of judges for acts within the judicial role. This was a doctrine 'not for the protection or benefit of a malicious or corrupt judge, but for the benefit of the public, whose interest it is that the judges should be at liberty to exercise their functions with independence and without fear of consequences.' [...] The Court in *Pierson* also held that police officers are entitled to a qualified immunity protecting them from suit when their official acts are performed in 'good faith'. 386 U.S. at *386 U. S. 557*. In *Scheuer v. Rhodes, 416 U. S. 232* (1974), the Court considered the immunity available to state executive officials in a §1983 suit alleging the violation of constitutional rights. In that case, we rejected the officials' claim to absolute immunity under the doctrine of *Spalding v. Vilas,* finding instead that state executive officials possessed a 'good faith' immunity from §1983 suits alleging constitutional violations. Balancing the purposes of §1983 against the imperatives of public policy, the Court held that, *'in varying scope, a qualified immunity is available to officers of the executive branch of government, the variation being dependent upon the scope of discretion and responsibilities of the office and all the circumstances as they reasonably appeared at the time of the action on which liability is sought to be based'.* [...] As construed by subsequent cases, *Scheuer* established a two-tiered division of immunity defenses in §1983 suits. *To most executive officers, Scheuer accorded qualified immunity. For them the scope of the defense varied in proportion to the nature of their official functions and the range of decisions that conceivably might be taken in 'good faith'.* This 'functional' approach also defined a second tier, however, at which the especially sensitive duties of certain officials – notably judges and prosecutors – required the continued recognition of absolute immunity. [...], when we considered for the first time the kind of immunity possessed by federal executive officials who are sued for constitutional violations. In *Butz*, the Court rejected an argument, based on decisions involving federal officials charged with common law torts, that all high federal officials have a right to absolute immunity from constitutional damages actions. Concluding that a blanket recognition of absolute immunity would be anomalous in light of the qualified immunity standard applied to state executive officials, *id. at 438 U. S. 504,* we held that federal officials generally have the same qualified immunity possessed by state officials in cases under §1983. In so doing, we reaffirmed our holdings that some officials, notably judges and prosecutors, 'because of the special nature of their responsibilities,' *id. at 438 U. S. 511,* 'require a full exemption from liability'. *Id. at 438 U. S. 508. In Butz itself, we upheld a claim of absolute immunity for administrative officials engaged in functions analogous to those of judges and prosecutors. Ibid. We also left open the question whether other federal officials could show that 'public policy requires an exemption of that scope'. Id. at 438 U. S. 506".*

incrementada quando o titular do cargo deve tomar as decisões mais sensíveis e de maior alcance que são confiadas a qualquer agente público em nosso sistema constitucional. Tampouco pode a evidente proeminência do cargo de presidente ser ignorada. Face à visibilidade de seu posto e ao efeito de suas ações em um público incontável, o presidente seria um alvo facilmente identificável para processos civis de indenização. A consciência dessa vulnerabilidade pessoal poderia frequentemente desviar a atenção do Presidente de seus deveres pessoas, em detrimento não apenas do Presidente e de seu cargo mas também da Nação, a quem a presidência deve servir.[561]

Este julgamento, de 1982, envolvia uma decisão tomada pelo PR no exercício de suas funções. A Suprema Corte dos EUA reconheceu três motivos para o reconhecimento de uma imunidade presidencial. Além do principal, que é a preservação da capacidade decisória, invoca-se a necessidade de proteção do presidente em face do uso político da responsabilidade jurídica e a necessidade de poupar tempo do PR. Na verdade, a 1ª e a 3ª razão se referem a distintas ameaças à capacidade decisória: o medo e o tempo (ou a falta de tempo).[562]

A decisão entendeu que uma imunidade absoluta era um pressuposto intrínseco derivado de características especialíssimas da Presidência que decorreria *também* da separação de poderes.[563] Em voto convergente com a decisão da maioria, o então Presidente da Corte, Warren Burger, fez questão de salientar que tal imunidade era uma imposição da doutrina da separação de poderes, mas também salientou que decidir em contrário significaria expor o presidente a uma avalanche de processos que poderia ser utilizada até como forma de extorsão.[564]

---

[561] Caso *Nixon v. Fitzgerald*. A decisão foi tomada por maioria apertada (5 a 4). Ainda assim, a minoria não deixou de reconhecer a importância de preservar a capacidade decisória do Presidente, apenas entendeu que a imunidade deveria ser relativa, não se aplicando à decisão de demissão de um servidor (Fitzgerald) supostamente em retaliação por suas opiniões expressas perante uma comissão do Congresso.

[562] A mesma preocupação se encontra em parte da doutrina francesa. Assim, Francis Delpérée, após acentuar que as imunidades não podem ser vistas numa perspectiva personalista considera que, então: "l'on considérera aisément que *le chef de l'État*, quelle que soit la manière dont il a été choisi, *doit être mis en situation d'exercer convenablement sa charge. Il ne doit pas être derangé dans l'exercice de ses responsabilités. Il doit être en mesure d'exercer sans entraves la fonction royale ou le mandat présidentiel. Les interventions de justice ne doivent pas l'affecter. Elles ne peuvent le distraire, au sens propre comme au sens figuré du terme, de l'exercice de ses responsabilités éminentes. Que signifierait l'exercice de la fonction royale ou de la fonction présidentielle – dans le cadre de la politique intérieure, de la politique européenne ou de la politique internationale – pour quelqu'un qui devrait s'occuper, au même moment, des mille et un détails de sa comparution ou de sa défense en justice?"* (DELPÉRÉE, Francis. La responsabilité du chef de l'État Brèves observations comparatives. *Revue Française de droit constitutionnel*, n. 49, 2002. p. 37-38).

[563] "The President's absolute immunity is a functionally mandated incident of his unique office, rooted in the constitutional tradition of the separation of powers and supported by the Nation's history" (ementa da decisão do Caso *Nixon v. Fitzgerald*).

[564] "I join the Court's opinion, but I write separately to *underscore that the Presidential immunity derives from and is mandated by the constitutional doctrine of separation of powers*. Indeed, it has been taken for granted for nearly two centuries. [...] Absolute immunity for a President for acts within the official duties of the Chief Executive is either to be found in the constitutional separation of powers or it does not exist. The Court today holds that the Constitution mandates such immunity, and I agree. The essential purpose of the separation of powers is to allow for independent functioning of each coequal branch of government within its assigned sphere of responsibility, free from risk of control, interference, or intimidation by other branches. [...] judicial review of legislative action was recognized in some instances as necessary to maintain the proper checks and balances. [...]. However, *the Judiciary always must be hesitant to probe into the elements of Presidential decisionmaking, just as other branches should be hesitant to probe into judicial decisionmaking. Such judicial intervention is not to be tolerated absent imperative constitutional necessity.* [...] The Court's opinion correctly observes that judicial intrusion through private damages actions improperly impinges on, and hence interferes with, the independence that is imperative to the functioning of the office of a President. Exposing a President to civil damages actions for official acts within the scope of the

CAPÍTULO 3
A RESPONSABILIDADE DOS AGENTES POLÍTICOS E SEU TRATAMENTO DIFERENCIADO | 175

Na mesma linha (embora em outro caso), ao tratar do chamado *executive privilege* (a proteção contra publicidade de certas comunicações do Executivo norte-americano), a Suprema Corte dos EUA entendeu que "a experiência humana ensina que aqueles que esperam a publicação de seus comentários provavelmente irão temperar a sinceridade com uma preocupação com as aparências e com seus próprios interesses, em detrimento do processo de tomada de decisão".[565]

O marco seguinte, na jurisprudência da Suprema Corte sobre o assunto, foi o já mencionado caso *Clinton v. Jones*, julgado em 1997. Neste caso, a pretensão de reparação civil decorria de um ato praticado antes do mandato do presidente Clinton, e a Suprema Corte entendeu que não havia razões constitucionais que obrigassem[566] a suspensão do processo durante o mandato.

Embora a Corte tenha reafirmado a importância de defender a capacidade decisória do PR – em face do medo de tomar decisões – ela entendeu que o fato de o ato ser prévio ao mandato afastava tal alegação.[567] Em relação ao uso político a Corte entendeu – aparentemente com base em uma avaliação fática –[568] que se tratava de expectativa exagerada. Finalmente, em relação ao fator temporal, a corte reconheceu-o de forma indireta e atenuada, limitando-se a afirmar basicamente que o processo poderia continuar, mas com a atenção devida à agenda do PR.[569] Note-se que a avaliação da

---

Executive authority would inevitably subject Presidential actions to undue judicial scrutiny, as well as subject the President to harassment. The enormous range and impact of Presidential decisions [...] inescapably means that many persons will consider themselves aggrieved by such acts. Absent absolute immunity, every person who feels aggrieved would be free to bring a suit for damages, and each suit – especially those that proceed on the merits – would involve some judicial questioning of Presidential acts, including the reasons for the decision, how it was arrived at, the information on which it was based, and who supplied the information. [...] Although the individual who claims wrongful conduct may indeed have sustained some injury, the need to prevent large-scale invasion of the Executive function by the Judiciary far outweighs the need to vindicate the private claims. [...] Judicial intervention would also inevitably inhibit the processes of Executive Branch decisionmaking and impede the functioning of the Office of the President. The need to defend damages suits would have the serious effect of diverting the attention of a President from his executive duties, since defending a lawsuit today – even a lawsuit ultimately found to be frivolous – often requires significant expenditures of time and money, as many former public officials have learned to their sorrow. This very case graphically illustrates the point. *When litigation processes are not tightly controlled – and often they are not – they can be and are used as mechanisms of extortion.* Ultimate vindication on the merits does not repair the damage" (Caso *Nixon v. Fitzgerald*. Voto em separado do *Chief Justice* Burger).

[565] *United States v. Nixon*, 418 U.S. 638, 705 (1974) *apud* TRIBE, Laurence H. *American constitutional law*. 3. ed. Nova York: Foundation Press, 2000. p. 771.

[566] Mas a Corte aparentemente entendeu que a suspensão de vários atos processuais e do próprio julgamento *poderia* ser determinada pelo juízo competente caso fosse necessária.

[567] Veja-se parte da ementa da decisão: "The principal rationale for affording Presidents immunity from damages actions based on their official acts – i. e., *to enable them to perform their designated functions effectively without fear that a particular decision may give rise to personal liability*, see, e. g., Nixon v. Fitzgerald, [...] *provides no support for an immunity for unofficial conduct*. Moreover, immunities for acts clearly within official capacity are grounded in the nature of the function performed, not the identity of the actor who performed it".

[568] "The Court is not persuaded of the seriousness of the alleged risks that this decision will generate *a large volume of politically motivated harassing and frivolous litigation* and that national security concerns might prevent the President from explaining a legitimate need for a continuance, and has confidence in the ability of federal judges to deal with both concerns".

[569] "Our decision rejecting the immunity claim and allowing the case to proceed does not require us to confront the question whether a court may compel the attendance of the President at any specific time or place. We assume that the testimony of the President, both for discovery and for use at trial, *may be taken at the White House at a time that as a proper exercise of judicial discretion, may stay such litigation until the President leaves office*" (p. 691).

Corte quanto à pouca capacidade de o caso afetar o trabalho do PR foi considerada por Laurence Tribe um dos maiores erros de cálculo (judiciais) dos tempos modernos.[570]

Aliás, o voto de Stephen G. Breyer, embora de acordo com o resultado final (mais por razões processuais), salientou que a necessidade de defender a capacidade decisória do PR, contra o medo de tomar decisões, era idêntica à necessidade de defender essa capacidade em face de ameaças decorrentes do tempo e da energia a serem gastos pelo PR caso ele fosse exposto a vários processos.[571]

A preocupação com o tempo é especialmente aguda em relação ao chefe do Executivo presidencialista pois, neste caso, o Poder Executivo tem um único titular, que, ainda que auxiliado por seus ministros, concentra uma quantidade descomunal de atribuições indelegáveis.[572]

---

[570] Já que o caso *Clinton v. Jones* esteve na origem do longo, tortuoso e polêmico processo de impeachment de Clinton, que voltaremos a mencionar no Capítulo 4 (TRIBE, Laurence H. *American constitutional law*. 3. ed. Nova York: Foundation Press, 2000. p. 181).

[571] "Case law, particularly, *Nixon* v. *Fitzgerald*, strongly supports the principle that judges hearing a private civil damages action against a sitting President may not issue orders that could significantly distract a President from his official duties. In *Fitzgerald*, the Court held that former President Nixon was absolutely immune from civil damages lawsuits based upon any conduct within the 'outer perimeter' of his official responsibilities. 457 U. S., at 756. The holding rested upon six determinations that are relevant here. First, the Court found that the Constitution assigns the President *singularly* important duties (thus warranting an 'absolute,' rather than a 'qualified,' immunity). [...]. Second, the Court held that 'recognition of immunity' does not require a 'specific textual basis' in the Constitution. [...]. Fifth, the Court's concerns encompassed the fact that 'the sheer prominence of the President's office' could make him 'an easily identifiable target for suits for civil damages'. *Id.*, at 752-753. Sixth, and most important, the Court rested its conclusion in important part upon the fact that civil lawsuits 'could distract a President from his public duties, to the detriment of not only the President and his office but also the Nation that the Presidency was designed to serve'. [...]. In the majority's view, since the defendant was a *former* President, the lawsuit could not have *distracted* him from his official duties; hence the case must rest entirely upon an alternative concern, namely, that a President's fear of civil lawsuits based upon his official duties could *distort* his official decisionmaking. The majority, however, overlooks the fact that *Fitzgerald* set forth a single immunity (an absolute immunity) applicable *both* to sitting *and* former Presidents. Its reasoning focused upon both. Its key paragraph, explaining why the President enjoys an absolute immunity rather than a qualified immunity, contains seven sentences, four of which focus primarily upon time and energy *distraction* and three of which focus primarily upon official decision *distortion*. Indeed, that key paragraph begins by stating: 'Because of the singular importance of the President's duties, diversion of his energies by concern with private lawsuits would raise unique risks to the effective functioning of government'. 457 U. S., at 751. Moreover, the Court, in numerous other cases, has found the problem of time and energy distraction a critically important consideration militating in favor of a grant of immunity. See, *e. g.*, *Harlow* v. *Fitzgerald*, [...] (qualified immunity for Presidential assistants based in part on 'costs of trial' and 'burdens of broad-reaching discovery' that are 'peculiarly disruptive of effective government'); [...]. Indeed, cases that provide public officials, not with immunity, but with special protective procedures such as interlocutory appeals, rest *entirely* upon a 'time and energy distraction' rationale. [...]. It is not surprising that the Court's immunity-related case law should rely on *both* distraction and distortion, for the ultimate rationale underlying those cases embodies both concerns. See *Pierson* v. *Ray*, *386 U. S. 547*, 554 (1967) (absolute judicial immunity is needed because of 'burden' of litigation, which leads to 'intimidation'); *Bradley* v. *Fisher*, 13 Wall. 335, 349 (1872) (without absolute immunity a judge's 'office [would] be degraded and his usefulness destroyed,' and he would be forced to shoulder 'burden' of keeping full records for use in defending against suits). The cases ultimately turn on an assessment of the threat that a civil damages lawsuit poses to a public official's ability to perform his job properly. And, whether they provide an absolute immunity, a qualified immunity, or merely a special procedure, they ultimately balance consequent potential public harm against private need. Distraction and distortion are equally important ingredients of that potential public harm. Indeed, a lawsuit that significantly distracts an official from his public duties can distort the content of a public decision just as can a threat of potential future liability. If the latter concern can justify an 'absolute' immunity in the case of a President no longer in office, where distraction is no longer a consideration, so can the former justify, not immunity, but a postponement, in the case of a sitting President" (*Clinton v. Jones*. Disponível em: https://supreme.justia.com/cases/federal/us/520/681/case.html. Acesso em: 18 jul. 2016. p. 719-722).

[572] Mais uma vez colha-se o voto de Stephen G. Breyer na decisão do caso *Clinton v. Jones*: "The Constitution states that the 'executive Power shall be vested in a President'. Art. II, §1. This constitutional delegation means that *a sitting President is unusually busy*, that his activities have an unusually important impact upon the lives of

CAPÍTULO 3
A RESPONSABILIDADE DOS AGENTES POLÍTICOS E SEU TRATAMENTO DIFERENCIADO | 177

A preocupação de garantir a capacidade deliberativa do PR também se manifestou em decisão da Corte Constitucional da África do Sul (que inclusive cita a decisão da Suprema Corte americana no Caso *Clinton v. Jones*), país que, como visto, não tem nenhum dispositivo concedendo prerrogativa específica ao PR ou aos demais integrantes do Governo. Tratava-se de caso no qual o presidente foi chamado a testemunhar (estando sujeito à denominada *cross-examination* típica do direito processual anglo-saxônico), e de fato testemunhou na instância inferior. Em grau de recurso a Corte Constitucional considerou que a possibilidade de convocar o PR para depor era matéria de considerável significância constitucional, atinente ao coração da separação de poderes, e afirmou que tal convocação não deve ser efetuada a não ser que o interesse da justiça claramente a exija. Além da questão da separação de poderes e da preservação da dignidade do cargo, a Corte expressamente invocou a questão da necessidade de preservar a eficiência do Executivo, inclusive no que se refere ao tempo gasto com o depoimento.[573]

---

others, and that his conduct embodies an authority bestowed by the entire American electorate. He (along with his constitutionally subordinate Vice President) is the only official for whom the entire Nation votes, and is the only elected officer to represent the entire Nation both domestically and abroad. This constitutional delegation means still more. Article II makes *a single President responsible for the actions of the Executive Branch in much the same way that the entire Congress is responsible for the actions of the Legislative Branch, or the entire Judiciary for those of the Judicial Branch. It thereby creates a constitutional equivalence between a single President, on the one hand, and many legislators, or judges, on the other.* The Founders created this equivalence by consciously deciding to vest Executive authority in one person rather than several. They did so in order to focus, rather than to spread, Executive responsibility thereby facilitating accountability. They also sought to encourage energetic, vigorous, decisive, and speedy execution of the laws by placing in the hands of a single, constitutionally indispensable, individual the ultimate authority that, in respect to the other branches, the Constitution divides among many. [...] For present purposes, this constitutional structure means that the President is not like Congress, for Congress can function as if it were whole, even when up to half of its members are absent [...]. It means that the President is not like the Judiciary, for judges often can designate other judges [...], to sit even should an entire court be detained by personal litigation. It means that, unlike Congress, which is regularly out of session [...], the President never adjourns. More importantly, these constitutional objectives explain why a President, though able to delegate duties to others, cannot delegate ultimate responsibility or the active obligation to supervise that goes with it. And the related constitutional equivalence between President, Congress, and the Judiciary means that judicial scheduling orders in a private civil case must not only take reasonable account of, say, a particularly busy schedule, or a job on which others critically depend, or an underlying electoral mandate. They must also reflect the fact that interference with a President's ability to carry out his public responsibilities is constitutionally equivalent to interference with the ability of the entirety of Congress, or the Judicial Branch, to carry out its public obligations" (Idem, ibidem, p. 711/713).

[573] "The effect of the order of the Judge was therefore that the President was ordered to (and did) testify in open court. [...] The question that remains to be considered is whether the order was correct in so far as it required the President to give evidence in a civil matter in relation to the performance of his official duties. *This is a question of considerable constitutional significance going to the heart of the separation of powers under our Constitution.* It is also relevant to another aspect of this appeal concerning the correctness of the Judge's dismissal of appellants' application for an order revoking the order in terms of which the President was compelled to testify. [...] A review of the law of foreign jurisdictions fails to reveal a case in which a head of state has been compelled to give oral evidence before a court in relation to the performance of official duties. Even where a head of state may be called as a witness, special arrangements are often provided for the way in which the evidence is given. There is no doubt that courts are obliged to ensure that the status, dignity and efficiency of the office of the President is protected. At the same time, however, the administration of justice cannot and should not be impeded by a court's desire to ensure that the dignity of the President is safeguarded. We are of the view that there are two aspects of the public interest which might conflict in cases where a decision must be made as to whether the President ought to be ordered to give evidence. *On the one hand, there is the public interest in ensuring that the dignity and status of the President is preserved and protected, that the efficiency of the executive is not impeded and that a robust and open discussion take place unhindered at meetings of the Cabinet when sensitive and important matters of policy are discussed.* Careful consideration must therefore be given to a decision compelling the President to give evidence and *such an order should not be made unless the interests of justice clearly demand that this be done.* The judiciary must exercise appropriate restraint in such cases, sensitive to the status of the head of state and the integrity of the executive arm of government. On the other hand, there is the equally important need to ensure that courts are not impeded in the administration of justice. [...]. Even when exceptional circumstances require the President

É importante registrar que a existência de prerrogativas em favor dos agentes políticos encontra uma oposição que não se levanta perante prerrogativas do Poder Judiciário (embora também se levante em face do Poder Legislativo)[574] ou do Ministério Público, que se beneficiam de um leque de prerrogativas mais amplo do que a maioria dos agentes políticos.

Na verdade, na linha preconizada por Carla Amado Gomes, é possível afirmar que as prerrogativas dos agentes políticos se inserem – ao lado das prerrogativas dos magistrados e dos parlamentares – em uma "teoria geral das imunidades constitucionais", como "tentativa de sistematização das imunidades constitucionais como disposições normativas consagradas nos textos fundamentais, de caráter excepcional, visando a salvaguarda de determinados direitos ou situações funcionais".[575] A autora expressa a inter-relação das prerrogativas (para ela, imunidades) que beneficiam distintos poderes ao afirmar:

> as imunidades assumem um papel relevante no quadro da divisão de poderes, pois visam garantir a independência no desempenho de funções no âmbito de um determinado poder do Estado, prevenindo intromissões indevidas. A irresponsabilidade dos juízes (artigo 216.º/2 da CRP), corolário do princípio da independência dos tribunais (artigo 203.º da CRP), a inviolabilidade do Presidente da República por crimes cometidos fora do âmbito das suas funções (artigo 130.º/4 da CRP), a inviolabilidade dos membros do Governo (artigo 196.º da CRP), as imunidades parlamentares (artigo 157.º da CRP), fazem parte do género das imunidades constitucionais, distinguindo-se os seus regimes em razão do seu objecto, adaptando-se às especificidades do exercício da função a que são inerentes.[576]

Com efeito, além de existirem prerrogativas em todos os poderes, importa ressaltar que, em todos eles, a justificativa para sua existência – quando não única, a principal – é a de proteger sua capacidade de tomar decisões[577] e, portanto, proteger as funções por eles desempenhadas. Esta última qualificação é muito importante pois, quando falamos de prerrogativas de que gozam os *membros* dos referidos poderes, isto não significa, na linha preconizada por Maria Benedita Urbano (ao tratar de imunidades

---

to give evidence, *the special dignity and status of the President together with his busy schedule and the importance of his work must be taken into account.* [...]. We are of the view that in all cases in which a President is called upon to testify, respect for the office, the need to preserve the dignity and status of that office and an understanding of the implications of his busy schedule must be sensitively and carefully considered" ("President of the Republic of South Africa and Others v. South African Rugby and Football Union and Others, 200(1) AS 1 (cc)" ("SARFU case"), p. 202 a 217 do acórdão. Disponível em: http://www.constitutionalcourt.org.za/Archimages/3048.PDF. Acesso em: 14 dez. 2015).

[574] As prerrogativas que os integrantes do Poder Legislativo receberam da Constituição brasileira de 1988 já foram sensivelmente reduzidas por meio da Emenda Constitucional nº 35 de 2001.

[575] GOMES, Carla Amado. *As imunidades parlamentares no direito português*. Coimbra: Coimbra Editora, 1998. p 15; 19.

[576] GOMES, Carla Amado. *As imunidades parlamentares no direito português*. Coimbra: Coimbra Editora, 1998. p. 18; 19.

[577] Na síntese de Maria Benedita Urbano, o "escopo primordial das normas constitucionais que prevêem as imunidades parlamentares não é assim o de criar 'para os cidadão parlamentares posições subjectivas autónomas relativamente ao direito comum', mas sim o de *tutelar a liberdade de decisão e a funcionalidade do parlamento* (enquanto valores constitucionalmente relevantes)" (URBANO, Maria Benedita Malaquias Pires. *Representação política e parlamento*. Contributo para uma teoria político-constitucional dos principais mecanismos de protecção do mandato parlamentar. Coimbra: Almedina, 2009. p. 534. Grifos nossos). Na mesma linha veja-se GUÉRIN-BARGUES, Cécile. *Immunités parlementaires et régime représentatif*: L'apport du droit constitutionnel compare. Paris: LGDJ, 2011. p. 141 e ss.

CAPÍTULO 3
A RESPONSABILIDADE DOS AGENTES POLÍTICOS E SEU TRATAMENTO DIFERENCIADO | 179

parlamentares, em raciocínio que, a nosso ver, é extensível aos demais poderes), que elas sejam "concebidas como mecanismos de tutela que protegem [...] a posição pessoal dos parlamentares" – ou, *acrescentamos*, dos juízes e agentes políticos. Na verdade:

> É a instituição parlamentar [...] que prioritariamente se pretende proteger com as imunidades. O que sucede é que é sobre os particulares membros que a compõem que as pressões, as perseguições políticas vão recair – perseguições e pressões que podem pôr em causa a sua independência e, consequentemente, a genuinidade da sua vontade política. Elas não vão pois beneficiar os parlamentares enquanto simples indivíduos (eles não beneficiam delas a título pessoal ou privado). [...], as imunidades só existem e tutelam a posição dos membros do parlamento em virtude da existência e da necessidade de protecção da instituição parlamentar e das respectivas funções – isto é, elas funcionam como um meio para atingir uma finalidade específica, qual seja a protecção da actividade e da composição parlamentares.[578]

Com efeito, como afirma Francis Delpérée:

> as imunidades não podem ser encaradas numa perspectiva personalista. Numa sociedade democrática, um regime particular de responsabilidade – seja ele válido para o Chefe de Estado, para um membro do governo, para um parlamentar ou para um magistrado – só pode ser estabelecido no interesse da função que ele assume. Por natureza, as imunidades são funcionais.[579]

No Brasil, em meio a um clamor contra qualquer tipo de tratamento diferenciado aos agentes políticos, também existem vozes lembrando que tal tratamento se justifica pela necessidade de proteger a função. Veja-se, por exemplo, Márcio Bonilha, para quem:

> prerrogativa de foro não se confunde com foro privilegiado, pois a prerrogativa de função é distinta de privilégio de pessoa. A imprecisão terminológica pode gerar na opinião pública uma falsa idéia de favorecimento pessoal, no tratamento da matéria, em relação a certas autoridades, na aferição da responsabilidade funcional, pondo em dúvida a igualdade na distribuição da justiça. [...]
>
> O foro especial, que decorre da prerrogativa da função, é instituído para melhor permitir o livre desempenho de certas atividades públicas. É garantia da função, que não pode ficar à mercê de paixões locais. Não é honraria pessoal nem representa privilégio. É proteção que nasce com o exercício do cargo ou função, pelo reconhecimento da elevada hierarquia

---

[578] URBANO, Maria Benedita Malaquias Pires. *Representação política e parlamento*. Contributo para uma teoria político-constitucional dos principais mecanismos de protecção do mandato parlamentar. Coimbra: Almedina, 2009. p. 533.

[579] DELPÉRÉE, Francis. La responsabilité du chef de l'État Brèves observations comparatives. *Revue Française de droit constitutionnel*, n. 49, 2002. p. 37. Também na Itália, que reduziu sensivelmente as prerrogativas dos ministros, Roberta Aprati ressalva a impossibilidade de plena equiparação ao regime comum ante a necessidade de garantir um balanço entre o princípio da igualdade e o "principio costituzionale di garanzia della funzione di governo" (APRATI, Roberta. Il procedimento per i reati ministeriali: i conflitti di attribuzione per "usurpazione" e per "menomazione" fra giudici ordinari e assemblee parlamentari. *Diritto Penale Contemporaneo*, n. 2, 2012. Disponível em: http://www.penalecontemporaneo.it/materia/-/-/-/883-il_procedimento_per_i_reati_ministeriali__i_conflitti_di_attribuzione_per____usurpazione____e_per____menomazione____fra_giudici_ordinari_e_assemblee_parlamentari/ acessado. Acesso em: 27 nov. 2013).

funcional e dos poderes que emanam de seu exercício, visando à segurança e à isenção na distribuição da justiça. Resguarda-se dessa forma o prestígio das instituições.[580]

E, tratando especificamente do foro especial, veja-se a apreciação do Ministro Eros Grau:

> O foro por prerrogativa de função não se impõe em razão da pessoa que exerce a função, mas dela própria. Confere proteção à atividade funcional, na medida em que os procedimentos atinentes ao exame dos atos que compõem a atividade, em qualquer tempo realizado tal exame – ainda que iniciado após a cessação do exercício da função pública pelo agente que praticou aqueles atos – serão processados no foro privilegiado. Desejo deixar isto bem vincado: a prerrogativa beneficia diretamente o exercício da função, embora alcance, de modo indireto, o seu agente. É em favor do interesse público no bom exercício da atividade que o agente da atividade goza da prerrogativa: não seria possível submeter-se a atividade a certo foro sem que o sujeito dessa mesma atividade resultasse por ele abrangido.
>
> [...] as prerrogativas não são expressão de nenhum privilégio. Isso há de deixar-se bem claro, muito claro, até porque, como observou Rui Barbosa, referindo-se a elas, basta, para desmoralizar uma instituição, pregar-lhe o cartaz de privilégio.
>
> [...] No plano do direito comum, todos os que se encontram em situação de desigualdade em relação a terceiros são tratados de modo desigual, em relação a esses terceiros, pela lei comum. Pois sabemos que a igualdade consiste em tratar desigualmente situações desiguais. Cada grupo de desiguais é titular de determinadas prerrogativas, que se compõem no plano da igualdade perante a lei O titular de um privilégio não. Este merece tratamento desigual não por encontrar-se em situação de desigualdade em relação a terceiros, senão porque o princípio da igualdade perante a lei é rompido, de modo que o titular do privilégio goze de urna vantagem que não beneficia os seus iguais. Banir os privilégios, esta expressão sempre significou o afastamento de tratamentos desiguais entre iguais. Insisto: as prerrogativas não são incompatíveis com a igualdade perante a lei, antes a confirmam, na medida em que, repito, a igualdade consiste em tratar desigualmente os desiguais.[581]

Feita esta ressalva (de que prerrogativas visam à proteção de uma *função* ou de uma responsabilidade funcional), façamos uma comparação específica entre as razões que justificam as prerrogativas do Poder Judiciário e as prerrogativas dos agentes políticos.

A atividade precípua do Poder Judiciário se traduz basicamente na tomada de decisões integralmente conformadas pelo direito.[582] Tais decisões podem estar tecnicamente corretas e, mesmo assim, causar um injusto prejuízo a alguém (como alguém condenado com base em testemunho que, só posteriormente, se revelou falso).

---

[580] E o autor prossegue: "No Direito brasileiro, vigoram os princípios do juiz natural e da igualdade de todos perante a lei, sendo proibido o juízo ou tribunal de exceção, mas são legítimos os foros por prerrogativa de função. Segundo Frederico Marques, 'é errôneo o entendimento' de que 'os casos de competência originária dos tribunais superiores para o processo e julgamento de determinadas pessoas constituem exceções de direito estrito, porque a competência *ratione personae* dos tribunais superiores não constitui 'foro privilegiado', nem se regula pelos preceitos pertinentes aos juízos especiais. Não mais existe o foro privilegiado, como o disse o desembargador Márcio Munhoz, e sim competência destinada a melhor amparar o exercício de certas funções públicas. Não se trata de privilégio de foro, porque a competência, no caso, não se estabelece por amor dos indivíduos, e sim em razão do caráter, cargo ou funções que eles exercem'" (citado por Gilmar Ferreira Mendes no voto que proferiu como relator da ADI nº 3.289-STF. *DJU*, 3 fev. 2006).

[581] Voto do Ministro Eros Grau na ADI nº 2.797-STF. Rel. Min. Sepúlveda Pertence. *DJU*, 19 fev. 2006.

[582] Ao contrário do Legislativo que, embora limitado pela Constituição, goza de liberdade política para tomar suas decisões.

Ou pior, tais decisões, sobretudo as urgentes, podem estar erradas (e não falamos da divergência de interpretação, mas, em especial, de erros de fato) como uma decisão que não se deu conta da existência de determinada prova que já estava nos autos.

Se o juiz estivesse exposto à responsabilização, com estatuto idêntico ao de qualquer pessoa, certamente não teria a serenidade necessária para tomar decisões, sobretudo decisões difíceis. Ou seja, a razão das prerrogativas é permitir que o juiz tenha um mínimo de segurança e serenidade no momento de tomar decisões.[583]

Pois bem, esta mesma necessidade se põe, sem qualquer dúvida, quanto aos agentes políticos, com diferenças que, na verdade, só reforçam a necessidade de proteção desses últimos. Isto porque as decisões tomadas na esfera do Executivo são, em geral, mais complexas e atingem uma quantidade bem maior de pessoas.[584] Ademais, o membro do Judiciário exerce atividade para a qual recebeu formação específica, ao contrário do agente político, que deve decidir sobre os mais variados temas.

Não é por outro motivo que, na jurisprudência dos EUA, as razões para se reconhecer imunidade civil a juízes, promotores e ao PR é expressamente a mesma.[585] Aliás, no caso *Nixon v. Fitzgerald*, o voto condutor da decisão faz uma comparação expressa entre a inviolabilidade então reconhecida ao PR e aquela de que gozam juízes e outros agentes:

> Os votos vencidos sustentam que nossa decisão coloca o Presidente "acima da lei". A afirmativa é retoricamente atraente mas completamente injustificada. A possibilidade de *impeachment* demonstra que o Presidente permanece *accountable* perante a lei pelos seus malfeitos no exercício da função. Este caso envolve apenas uma ação por danos. Embora o Presidente não esteja sujeito a pagar indenização na esfera civil por desvios em sua atuação oficial, isso não o coloca "acima" da lei. *Os votos vencidos não sugerem que um juiz está "acima" da lei quando ele profere um julgamento pelo qual ele não responderá em sede de responsabilidade civil; nem que um promotor está "acima" da lei quando denuncia alguém; ou um deputado está "acima" da lei quando inicia um discurso ou debate parlamentar*. É simplesmente errado caracterizar um agente como "acima" da lei porque uma ação específica não está disponível contra ele.[586]

---

[583] É interessante que o próprio Estatuto de Roma do Tribunal Penal Internacional, que, como já mencionado, não reconhece nenhuma prerrogativa aos agentes políticos, atribui, em seu art. 48, "Privilégios e Imunidades" a si e a seu pessoal: "1. O Tribunal gozará, no território dos Estados Partes, dos privilégios e imunidades que se mostrem necessários ao cumprimento das suas funções. 2. Os juízes, o Procurador, os Procuradores-Adjuntos e o Secretário gozarão, no exercício das suas funções ou em relação a estas, dos mesmos privilégios e imunidades reconhecidos aos chefes das missões diplomáticas, continuando a usufruir de absoluta imunidade judicial relativamente às suas declarações, orais ou escritas, e aos atos que pratiquem no desempenho de funções oficiais após o termo do respectivo mandato. 3. O Secretário-Adjunto, o pessoal do Gabinete do Procurador e o pessoal da Secretaria gozarão dos mesmos privilégios e imunidades e das facilidades necessárias ao cumprimento das respectivas funções, nos termos do acordo sobre os privilégios e imunidades do Tribunal. 4. Os advogados, peritos, testemunhas e outras pessoas, cuja presença seja requerida na sede do Tribunal, beneficiarão do tratamento que se mostre necessário ao funcionamento adequado deste, nos termos do acordo sobre os privilégios e imunidades do Tribunal. 5. Os privilégios e imunidades poderão ser levantados: a) No caso de um juiz ou do Procurador, por decisão adotada por maioria absoluta dos juízes; b) No caso do Secretário, pela Presidência; c) No caso dos Procuradores-Adjuntos e do pessoal do Gabinete do Procurador, pelo Procurador; d) No caso do Secretário-Adjunto e do pessoal da Secretaria, pelo Secretário".

[584] Atingindo, em situações excepcionais, *toda* a população, como é o caso das decisões necessárias ao enfrentamento da pandemia do denominado coronavírus-19, que assola o mundo no 1º semestre de 2020.

[585] Casos *Nixon v. Fitzgerald* e *Clinton v. Jones*, ambos tratados no tópico anterior.

[586] Acórdão do caso *Nixon v. Fitzgerald*, nota de rodapé n. 41, grifos nossos.

Neste ponto é interessante notar que o STF, ao dar uma interpretação restritiva a dispositivo da CRFB que concedia determinada prerrogativa[587] (de modo a reduzir a quase nada sua extensão aos ministros), invocou como razão de decidir (entre outras) o fato de que a interpretação alternativa significaria reconhecer aos ministros de estado "uma prerrogativa processual [...] de que não gozam os Ministros" do próprio STF nem os deputados, como se esta possibilidade estivesse vedada ao Poder Constituinte.[588] Neste mesmo julgamento, o Ministro Célio Borja (que votou vencido), ao rebater tal argumento, asseverou:

> o Ministro Moreira Alves apontou a desproporção que, acolhida a preliminar, passaria a existir entre a garantia processual dos Ministros de Estado e a concedida aos parlamentares e aos Ministros do Supremo Tribunal.
>
> *Data venia*, penso que as garantias dos magistrados, bem como as dos Deputados e Senadores, em face do processo penal, não devem ser comparadas às dos Ministros de Estado.
>
> Assinale-se, primeiro, que não pertencendo tais prerrogativas ao indivíduo, mas à função, a esta devem aquelas estar ajustadas. Não teria sentido, ex. gr., conceder a membros do Parlamento a vitaliciedade, a inamovibilidade e a irredutibilidade de vencimentos por incompatíveis com a transitoriedade do mandato que não é profissão, nem carreira; e, até mesmo, no caso de irredutibilidade, porque os subsídios são fixados pelos próprios parlamentares.[589]

Em suma, a necessidade de garantir a capacidade deliberativa do membro de determinado poder – que serve para justificar prerrogativas de seus membros – deve servir para garantir a mesma capacidade deliberativa dos demais poderes.[590]

Talvez alguma confusão no trato da matéria resida no fato de que as imunidades surgem como necessárias para garantir a capacidade deliberativa *do* parlamento *em face de investidas de um Poder Executivo* ainda muito poderoso e um Judiciário longe de ser independente, característicos da alvorada do constitucionalismo. Claro que isto mudou; hoje o Poder Judiciário tem uma autonomia jamais cogitada quando do início do constitucionalismo.[591] Mas certa doutrina mais recente tem apontado que a ameaça à independência pode ter como origem outras fontes.

Em primeiro lugar, o próprio Judiciário. Com efeito, considerar o Poder Judiciário "imune" a vícios seria evidentemente equivocado.[592] Gostaríamos que isto fosse verdade,

---

[587] Art. 51, I que prevê a competência privativa da Câmara dos Deputados para: "autorizar, por dois terços de seus membros, a instauração de processo contra o Presidente e o Vice-Presidente da República e os Ministros de Estado".

[588] Voto do relator, Ministro Moreira Alves, no acórdão da Questão de Ordem na Queixa Crime nº 427-8-STF. *DJ*, 15 out. 1993, p. 21.

[589] Questão de Ordem na Queixa Crime nº 427-8-STF. *DJ*, 15 out. 1993, p. 80.

[590] Na França, Bertrand Mathieu afirma que: "Par définition, pas plus le président de la République que le juge ne peuvent être totalement responsables de l'ensemble de leurs actes: sinon on les empêche d'exercer leur fonction" (MATHIEU, Bertrand; VERPEAUX, Michel *et alli*. *Responsabilité et démocratie*. Paris: Dalloz, 2008. p. 61).

[591] Ainda que com imensas variações entre países e mesmos variações *dentro* de determinados países entre suas unidades políticas (é o caso do Tribunal de Justiça do Estado do Rio de Janeiro que, ao contrário de tribunais de outros estados brasileiros, dispõe de receita própria diretamente arrecadada e administrada, o que reforça bastante sua autonomia).

[592] Por exemplo: "juízes de 1ª instância podem buscar sua promoção para os tribunais tomando decisões que agradem àqueles responsáveis por escolher quem vai para o tribunal" (MACDONALD, Roderick A.; KONG, Hoi. Judicial independence as a constitutional virtue. *In*: ROSENFELD, Michel; SAJÓ, András (Ed.). *The Oxford Handbook of*

mas, infelizmente, não é. Karl Loewenstein, em sua obra mais famosa, já advertia que a independência do Judiciário "pilastra do Estado constitucional, traz em si mesma o perigo de seu abuso".[593] Como anotado por Maria Benedita Urbano, a independência dos tribunais "não é necessariamente sinônimo de imparcialidade e neutralidade". Ademais, prossegue a autora, "os próprios meios judiciais podem ser instrumentalizados por interesses alheios à magistratura (nomeadamente ligados a particulares ou a grupos de interesses)".[594] Assim, depositar boa parte da sustentação republicana no importante mas não exclusivo pilar do Poder Judiciário, ou mesmo no Ministério Público,[595] é esquecer que estes são constituídos, ao fim e ao cabo, da mesma argamassa dos demais poderes ou órgãos, ou seja, de homens e mulheres igualmente sujeitos a pressões, a vícios e a

---

Comparative Constitutional Law. Oxford: Oxford University Press, 2012. p. 833-837. Para uma crítica às mazelas do Judiciário na Espanha, *vide* NIETO, Alejandro. *El desgobierno judicial*. 3. ed. Madri: Trotta, 2005 *apud* OSÓRIO, Fabio Medina. *Teoria da improbidade administrativa*. São Paulo: RT, 2007. p. 202.

[593] LOEWENSTEIN, Karl. *Teoría de la constitución*. 2. ed. 4. reimpr. Barcelona: Ariel Derecho, 1986. p. 250. Bem mais recentemente, Canotilho e Nuno Brandão, ao tratarem do princípio do juiz natural, lembram que seu objetivo era "evitar a manipulação da fixação da competência relativamente a certos casos ou pessoas. Um receio que, tradicionalmente, era sentido sobretudo em relação ao poder executivo, mas que é hoje acompanhado por preocupações voltadas para o interior do próprio poder judiciário" (CANOTILHO, J. J. Gomes; BRANDÃO, Nuno. Colaboração premiada e auxílio judiciário em matéria penal: a ordem pública como obstáculo à cooperação com a operação Lava Jato. *Revista de Legislação e de Jurisprudência*, ano 146, n. 4000, set./out. 2016. p. 26).

[594] URBANO, Maria Benedita Malaquias Pires. *Representação política e parlamento*. Contributo para uma teoria político-constitucional dos principais mecanismos de protecção do mandato parlamentar. Coimbra: Almedina, 2009. p. 779.

[595] Sobre o Ministério Público, veja-se o seguinte editorial do jornal *O Estado de São Paulo*, um dos mais tradicionais jornais brasileiros: "Num Estado Democrático de Direito não deve existir poder sem controle, interno e externo. Não há poder absoluto. Explicitamente, a Constituição de 1988 não confere poderes como absolutos ao Ministério Público, mas, da forma como ele está organizado, sem hierarquia funcional, cada membro da instituição torna-se a própria instituição. Ao longo dos anos, esse problema foi agravado por dois motivos. Em primeiro lugar, consolidou-se nos tribunais uma interpretação extensiva das competências do Ministério Público. Obedecendo a uma visão unilateral, que olhava apenas para os supostos benefícios de uma atuação 'livre' do Ministério Público, permitiu-se que procuradores se imiscuíssem nos mais variados temas da administração pública, desde a data do vestibular de uma universidade pública até a velocidade das avenidas. Parecia que o Estado nada podia fazer sem uma prévia bênção do Ministério Público. A segunda causa para o agravamento da distorção foi uma bem sucedida campanha de imagem do Ministério Público, que, ao longo dos anos, conseguiu vincular toda tentativa de reequilíbrio institucional à ideia de mordaça. Qualquer projeto de lei que pudesse afetar interesses corporativos do Ministério Público era tachado, desde seu nascedouro, de perverso conluio contra o interesse público. O resultado é que o País ficou sem possibilidade de reação. Na prática, a aprovação no concurso público para o Ministério Público conferia a determinados cidadãos um poder não controlado e, por isso mesmo, irresponsável. Nessas condições, não é de assustar o surgimento, em alguns de seus membros, do sentimento de messianismo, como se o seu cargo lhes conferisse a incumbência de salvar a sociedade dos mais variados abusos, públicos e privados. Como elemento legitimador dessa cruzada, difundiu-se a ideia de que todos os poderes estavam corrompidos, exceto o Ministério Público, a quem competiria expurgar os males da sociedade brasileira. Nos últimos três anos, esse quadro foi ainda reforçado pelos méritos da Lava Jato, como se as investigações em Curitiba conferissem infalibilidade aos procuradores e um atestado de corrupto a todos os políticos. Os bons resultados obtidos ali foram utilizados para agravar o desequilíbrio institucional. Construiu-se, assim, a peculiar imagem de um Ministério Público inatingível, como se perfeito fosse. Basta ver, por exemplo, o escândalo produzido quando o Congresso não acolheu suas sugestões para o combate à corrupção. A reação dos autores do projeto foi radical: ou os parlamentares aceitavam todas as vírgulas – com seus muitos excessos – ou seriam comparsas da impunidade. Pois bem, esse monopólio da virtude veio abaixo nos últimos meses de Rodrigo Janot à frente da Procuradoria-Geral da República (PGR). Ações radicais e destemperadas deixaram explícita a necessidade de que todos, absolutamente todos, estejam sob o domínio da lei, com os consequentes controles. Poder sem controle não é liberdade, como alguns queriam vender, e sim arbítrio. [...] Com impressionante nitidez, os eventos mostram que também os procuradores erram (QUEBROU-SE o mito. *Estado de São Paulo*, 20 set. 2017. Disponível em: http://opiniao.estadao.com.br/noticias/geral,quebrou-se-o-mito,70002008098. Acesso em: 21 set. 2017. Veja-se ainda a nota n. 295 no Capítulo 2).

interesses,[596] e que, portanto, nem sempre decidem com base em razões jurídicas ou juridicamente aceitáveis.[597] Não é por outra razão que a já mencionada Convenção das Nações Unidas contra a Corrupção dedica um dispositivo específico (art. 11) às medidas relativas ao Poder Judiciário (e ao Ministério Público), destacando "seu papel decisivo na luta contra a corrupção", mas salientando a necessidade de "medidas para reforçar a integridade e evitar toda oportunidade de corrupção entre os membros do Poder Judiciário".[598]

Na mesma linha, Maria Benedita Urbano, ao tratar da justificativa para as prerrogativas parlamentares (no caso, a irresponsabilidade e a inviolabilidade), afirma:

> o que determinou a sua consagração jurídica foi a necessidade de protecção da função parlamentar – através da pessoa do membro do parlamento, titular do mandato político representativo – em face do poder executivo e do poder judicial a ele subjugado. Com o passar do tempo, o leque de inimigos da instituição parlamentar e dos seus membros individuais tornou-se mais extenso. Hoje em dia, *o que se pretende fundamentalmente é combater a instrumentalização do poder judicial* por parte do poder executivo e dos particulares, com fins políticos ou puramente egoísticos, ou a própria interferência do poder judicial,

---

[596] Um exemplo que vale a pena ser mencionado porque, pela sua importância, já é tema da imprensa não especializada, é o dos abusos cometidos nos pedidos de vista efetuados pelo próprio STF. Veja-se a seguinte matéria publicada em um dos principais jornais brasileiros (com chamada de primeira página), sob o título "No STF só 20% dos pedidos de vista são devolvidos no prazo": "O desrespeito às normas internas do Supremo Tribunal Federal por parte dos próprios ministros naturalizou-se quando o assunto é pedido de vistas – a possibilidade de o magistrado paralisar um julgamento para estudar melhor o processo. Levantamento da Fundação Getúlio Vargas (FGV) mostra que só 1 de cada 5 pedidos desse tipo é devolvido no prazo regimental de duas sessões ordinárias. Segundo o STF, há hoje 217 ações com julgamento interrompido por vistas. Alguns casos têm mais de uma década de espera. [...]. Em alguns casos, o pedido de vistas tem servido de pretexto para obstruir decisões importantes do plenário. 'Os ministros criaram uma prerrogativa para si que consiste no poder individual de vetar o julgamento de qualquer processo que seja submetido a votação pelo colegiado', diz o pesquisador Ivar Hartmann, da FGV Direito-Rio" (VASCONCELOS, Frederico. No STF só 20% dos pedidos de vista são devolvidos no prazo. *Folha de S.Paulo*, 8 jun. 2015. p. A4). Na mesma linha: "A democracia não merece que um ministro do Supremo peça a punição de outro ministro, porque dele discorda. Estimule crise institucional e viaje para o exterior. Infelizmente, temos visto progressiva deterioração da independência do Supremo. Paradoxalmente, não por ataques dos outros poderes, Ministério Público, advogados ou da sociedade. Mas por descontrole interno. A constituição diz que o Supremo é poder independente. O ministro também é independente ao julgar. [...] *Por tolerar que os ministros não devolvam no prazo os pedidos de vista, transformaram este procedimento administrativo em velada arma de políticas e interesses inconstitucionais. Até 2013, em vez de cerca de 60 dias, ministros prendiam os processos por mais de 300 dias. Veto individual ao direito dos demais ministros de votarem. E do Brasil ter acesso à justiça em prazo razoável.* Levam mais de um mês para simples, mas indispensável, publicação de acórdão. [...]" (FALCÃO, Joaquim. O Supremo contra o Supremo. *O Globo*, p. 3, 7 dez. 2016. Disponível em: http://oglobo.globo.com/brasil/artigo-supremo-contra-supremo-por-joaquim-falcao-20602467#ixzz4SAzcmBcT. Acesso em: 7 dez. 2016). Uma dura reação aos abusos nos pedidos de vista veio com a sanção da Lei nº 13.869/19, dispondo sobre os crimes de abuso de autoridade, que traz o seguinte crime: "Art. 37. Demorar demasiada e injustificadamente no exame de processo de que tenha requerido vista em órgão colegiado, com o intuito de procrastinar seu andamento ou retardar o julgamento".

[597] Para uma ampla pesquisa acerca dos reais mecanismos decisórios do STF, que, de forma inovadora, aplica ao Brasil três distintos modelos de comportamento judicial (legalista, ideológico e institucional) desenvolvidos originalmente nos EUA, *vide* MELLO, Patrícia Perrone Campos. *Nos bastidores do STF*. Rio de Janeiro: Forense, 2015.

[598] Emerson Garcia (integrante do Ministério Público do Estado do Rio de Janeiro), escrevendo sobre a corrupção e as deficiências na organização estatal, lista 5 "manifestações inequívocas das falhas do aparato estatal", entre as quais, com coragem e a clareza possível, inclui: "o corporativismo presente em alguns setores do Poder, em especial no Judiciário e no Legislativo, isto sem olvidar o Ministério Público – que, no Brasil, em que pese não ostentar esse designativo, tem prerrogativas próprias de um Poder – *o que em muito dificulta a investigação de ilícitos praticados pelos setores de maior primazia nesses órgãos*" (GARCIA, Emerson; ALVES, Rogério Pacheco. *Improbidade administrativa*. 7. ed. 2. tir. São Paulo: Saraiva, 2014. p. 55-56).

CAPÍTULO 3
A RESPONSABILIDADE DOS AGENTES POLÍTICOS E SEU TRATAMENTO DIFERENCIADO | 185

também ela motivada politicamente – que visam perturbar o membro do parlamento ou mesmo afastá-lo do exercício do seu mandato.[599]

Vale observar que nem mesmo a prerrogativa protege inteiramente o agente político contra a atuação politicamente motivada de membros do Poder Judiciário. Isso ocorreu no Brasil quando, em 16.3.2016, um magistrado de 1ª instância divulgou gravação de conversa telefônica[600] entre a então PR e um antigo PR, mesmo tendo tal gravação sido efetuada após o esgotamento do prazo autorizado e após o STF ter ordenado ao magistrado que o respectivo processo lhe fosse encaminhado, e tudo a despeito do foro privilegiado da então presidente.[601] A enorme repercussão dessa decisão, e de outras

---

[599] URBANO, Maria Benedita Malaquias Pires. *Representação política e parlamento.* Contributo para uma teoria político-constitucional dos principais mecanismos de protecção do mandato parlamentar. Coimbra: Almedina, 2009. p. 631. A autora também menciona Zagrebelsky, que afirma que a magistratura é um "sujeito cada vez mais politizado". E, já na conclusão de sua tese, ao lembrar que as imunidades parlamentares "não podem mais fundamentar-se doutrinalmente apenas (e porventura nem sequer principalmente) no antagonismo parlamento/executivo", observa que "com o tempo, estes mecanismos de tutela foram ganhando uma renovada razão de ser, com a necessidade de proteger os parlamentares de novos perigos. Proteger os parlamentares dos próprios particulares e protegê-los de uma magistratura que, tendo-se tornado autônoma do poder executivo, não se coíbe de raides mortíferos na esfera de competências do legislativo" (p. 964). E ainda: "Nas suas origens, as imunidades constituíam uma garantia em face dos abusos do poder executivo [...]. Hoje, o perigo advirá com mais probabilidade de uma certa magistratura que tem demonstrado alguma apetência política. Advirá, outrossim, de uma instrumentalização por parte dos particulares (individualmente ou em grupo, *v.g.,* grupos de interesse) dos meios judiciais à sua disposição – instrumentalização, na medida em que a utilização dos meios judiciais tem subjacente uma evidente motivação política" (p. 967). Tratando especificamente do caso brasileiro e do papel desempenhado pela Justiça durante o regime militar, Daniel Vargas, após observar que a democratização no Brasil "escrutinou o Legislativo corrompido e retirou as lideranças militares à frente do Executivo", mas poupou o Judiciário, fingindo que "as arbitrariedades que vivemos no passado foram erros morais políticos ou sociais, mas não jurídicos – quando na verdade, tudo o que a ditadura fez foi aprovado em leis", lembra que "O pecado original de nossa democracia foi realizar a transição política da ditadura para a democracia, mas não a jurídica. O principal símbolo dessa falha foi entregar nas mãos de 11 ministros do Supremo indicados pelo velho regime militar, e por anos comprometidos com ele, a mais nobre tarefa de dar a palavra final sobre os rumos do regime nascente". Com isso, "no passado, a Justiça fingia não ter escolha, porque temia o Executivo. Era submissa e tímida. Hoje, a submissão e a timidez desapareceram, mas a Justiça ainda finge não ter escolha, de modo a camuflar suas próprias preferências. O judiciário deixou de se comportar como servo do ditador para se comportar da maneira como bem entende, sem qualquer limite ou freio" (VARGAS, Daniel. Pecado original. Justiça tem de completar sua democratização. *Folha de S.Paulo,* 17 abr. 2016. p. 6. Caderno Ilustríssima).

[600] Com a divulgação de trocas de mensagens em aplicativos entre o então Juiz Sergio Moro e diversos integrantes do Ministério Público Federal (escândalo que veio a ser conhecido como "vazajato" e que começou em junho de 2019), descobriu-se que a divulgação se limitou às partes da conversa que pareciam confirmar a narrativa indicada (segundo a qual a nomeação do Ex-Presidente Lula como ministro seria feita apenas para conceder foro privilegiado ao nomeado) excluindo-se as partes que não correspondiam a esta narrativa.

[601] O relato mais fiel dos fatos encontra-se na decisão do STF que afirmou a ilegalidade da gravação (Reclamação nº 23.457. Disponível em: http://www.stf.jus.br/arquivo/cms/noticiaNoticiaStf/anexo/Rcl23457.pdf. Acesso em: 14 jun. 2016): "Trata-se de reclamação, com pedido liminar, ajuizada pela Presidente da República, em face de decisão proferida pelo juízo da 13ª Vara Federal da Subseção Judiciária de Curitiba, [...] alega-se que houve usurpação de competência do Supremo Tribunal Federal, pois: (a) no curso de interceptação telefônica deferida pelo juízo reclamado, tendo como investigado principal Luiz Inácio Lula da Silva, foram captadas conversas mantidas com a Presidente da República; (b) o magistrado de primeira instância, 'ao constatar a presença de conversas de autoridade com prerrogativa de foro, como é o caso da Presidente da República, [...] deveria encaminhar essas conversas interceptadas para o órgão jurisdicional competente, o Supremo Tribunal Federal' [...]; (c) 'a decisão de divulgar as conversas da Presidenta - ainda que encontradas fortuitamente na interceptação – não poderia ter sido prolatada em primeiro grau de jurisdição, por vício de incompetência absoluta' [...] a violação da competência do Supremo Tribunal se deu no mesmo momento em que o juízo reclamado, ao se deparar com possível envolvimento de autoridade detentora de foro na prática de crime, deixou de encaminhar a este Supremo Tribunal Federal o procedimento investigatório para análise do conteúdo interceptado. E, *o que é ainda mais grave,* procedeu a juízo de valor sobre referências e condutas de ocupantes de cargos previstos no art. 102, I, *b e c,* da Constituição da República e sobre matéria probatória que, segundo a própria decisão, não mais se encontrava na esfera de competência do reclamado. Mais ainda: determinou, *incontinenti,* o levantamento do sigilo das conversas

que a seguiram, foi amplamente reconhecida como uma das principais causas que fizeram pender a balança a favor da aprovação do *impeachment* da PR pela Câmara dos Deputados em 17.4.2016 (um mês após a referida divulgação).[602]

interceptadas, sem adotar as cautelas previstas no ordenamento normativo de regência, assumindo, com isso, o risco de comprometer seriamente o resultado válido da investigação. É o que decorre da decisão reclamada quando afirma: [...] 'O levantamento propiciará assim não só o exercício da ampla defesa pelos investigados, mas também o saudável escrutínio público sobre a atuação da Administração Pública e da própria Justiça criminal. A democracia em uma sociedade livre exige que os governados saibam o que fazem os governantes, mesmo quando estes buscam agir protegidos pelas sombras.' [...] 9. Procede, portanto, o pedido da reclamante, devendo ser confirmada a liminar também no que sustou os efeitos da decisão que levantou o sigilo das conversações telefônicas interceptadas. Nesse sentido, reiterem-se os fundamentos lançados naquela ocasião, referendados pelo Plenário desta Corte: '[...] São relevantes os fundamentos que afirmam a ilegitimidade dessa decisão. Em primeiro lugar, porque emitida por juízo que, no momento da sua prolação, era reconhecidamente incompetente para a causa, ante a constatação, já confirmada, do envolvimento de autoridades com prerrogativa de foro, inclusive a própria Presidente da República. Em segundo lugar, porque a divulgação pública das conversações telefônicas interceptadas, nas circunstâncias em que ocorreu, comprometeu o direito fundamental à garantia de sigilo, que tem assento constitucional. O art. 5º, XII, da Constituição somente permite a interceptação de conversações telefônicas em situações excepcionais, '*por ordem judicial, nas hipóteses e na forma que a lei estabelecer para fins de investigação criminal ou instrução processual penal*'. Há, portanto, quanto a essa garantia, o que a jurisprudência do STF denomina *reserva legal qualificada*. A lei de regência (Lei 9.269/1996), além de vedar expressamente a divulgação de qualquer conversação interceptada (art. 8º), determina a inutilização das gravações que não interessem à investigação criminal (art. 9º). Não há como conceber, portanto, a divulgação pública das conversações do modo como se operou, especialmente daquelas que sequer têm relação com o objeto da investigação criminal. Contra essa ordenação expressa, que – repita-se, tem fundamento de validade constitucional – é descabida a invocação do interesse público da divulgação ou a condição de pessoas públicas dos interlocutores atingidos, como se essas autoridades, ou seus interlocutores, estivessem plenamente desprotegidas em sua intimidade e privacidade. [...] 10. Cumpre enfatizar que não se adianta aqui qualquer juízo sobre a legitimidade ou não da interceptação telefônica em si mesma, tema que não está em causa. O que se infirma é a divulgação pública das conversas interceptadas da forma como ocorreu, imediata, sem levar em consideração se a prova sequer fora apropriada à sua única finalidade constitucional legítima ('*para fins de investigação criminal ou instrução processual penal*'), muito menos submetida a um contraditório mínimo'. *10.* Como visto, a decisão proferida pelo magistrado [...] está juridicamente comprometida, não só em razão da usurpação de competência, mas também, de maneira ainda mais clara, pelo levantamento de sigilo das conversações telefônicas interceptadas, mantidas inclusive com a ora reclamante e com outras autoridades com prerrogativa de foro. Foi também precoce e, pelo menos parcialmente, equivocada a decisão que adiantou juízo de validade das interceptações, colhidas, em parte importante, sem abrigo judicial, quando já havia determinação de interrupção das escutas. [...] Vê-se, pois, que o juízo reclamado determinou a interrupção das interceptações telefônicas em '*16/3/2016, às 11:12:22 (evento 112)*', mas, entre a decisão proferida e o efetivo cumprimento, houve a colheita de diálogo mantido entre a reclamante e Luiz Inácio Lula da Silva, então alvo da medida, o qual ocorreu às 13:32h do dia 16.3.2016. Mesmo assim, sem remeter os autos a esta Corte, o juízo reclamado determinou o levantamento do sigilo das conversações. [...] No caso, o próprio juízo reclamado esclarece que '*o diálogo controvertido, de 16/03/2016, entre o ex-Presidente Luiz Inácio Lula da Silva e a Exma. Presidenta da República Dilma Rousseff* [...] *foi juntado pela autoridade policial no evento 133 e foi interceptado após este Juízo ter determinado o encerramento das interceptações, mas antes da efetivação da medida pelas operadoras*'. Assim, não há como manter a aludida decisão de 17.3.2016, que deve ser cassada desde logo. Além de proferida com violação da competência desta Corte, ela teve como válida interceptação telefônica evidentemente ilegítima, porque colhida quando já não mais vigia autorização judicial para tanto". Para um relato dos ataques que Zavascki sofreu por ter dado esta decisão veja-se RECONDO, Felipe; WEBER, Luiz. *Os onze: o STF, seus bastidores e suas crises*. São Paulo: Companhia das Letras, 2019. p. 67-68.

[602] Note-se que a divulgação das conversas violou frontalmente duas normas: a que restringe a divulgação de *qualquer* conversa e a que restringe qualquer juízo de valor e qualquer prosseguimento de gravação de autoridade com prerrogativa de foro. Não obstante, a divulgação foi feita num ato que para muitos foi considerado a principal causa da precipitação da votação do *impeachment* (não se pode afirmar que a divulgação foi a causa *determinante* do *impeachment*, mas se pode afirmar, com razoável grau de certeza, que a votação não teria se dado na velocidade em que se deu não fosse a precipitação de eventos deslanchada pela divulgação das referidas gravações). O juiz acabou por desculpar-se ao STF – "vendo retrospectivamente a questão, especialmente após a controvérsia gerada e inclusive depois da r. decisão de V. Exª, *compreendo que o entendimento então adotado por este julgador possa ser considerado incorreto ou mesmo sendo correto possa ter trazido polêmicas e constrangimentos desnecessários.* Jamais foi, porém, a intenção deste julgador, ao proferir a aludida decisão de 16/03, provocar tais efeitos, e por eles, solicito novamente respeitosas escusas a este Egrégio Supremo Tribunal Federal" (Decisão na Reclamação nº 23.457, referida na nota anterior, p. 13) – mas o efeito político foi irreversível. Tutmés Melo (integrante do Poder Judiciário) analisa esta e outras decisões (por exemplo a de condução coercitiva do Ex-PR Lula) tomadas

Note-se que, em análise sobre o processo de *impeachment* ocorrido em 2016 no Brasil, o historiador Perry Anderson não apenas confirma o papel importante que a divulgação das conversas telefônicas teve ao acelerar a crise, mas também faz comparações importantes com a atuação (ao menos em parte igualmente política) da magistratura italiana durante a operação *Mani Pulite*.[603]

---

por razões manifestamente políticas. Melo afirma que a decisão de divulgação da conversa entre Lula e Dilma "parece" ter sido criminosa, expondo o magistrado "a um risco que racionalmente só se explica se o juiz tiver objetivos que transcendem o simples ato de dizer e aplicar o direito na vida das pessoas, objetivos de resto não autorizados em lei" (MELO, Tutmés Airan de Albuquerque. O impeachment da Presidente Dilma e a Constituição da República: o Poder Judiciário brasileiro, a que será que se destina?. *In*: PINTO, Hélio Pinheiro *et alli* (Coord.). *Constituição, direitos fundamentais e política* – Estudos em homenagem ao Professor José Joaquim Gomes Canotilho. Belo Horizonte: Fórum, 2017. p. 191-212).

[603] "Leading the attack on the *petrolão*, the investigative team in Curitiba became, like the pool in Milan that inspired them, media stars overnight. [...] judge Sérgio Moro and prosecutor Deltan Dallagnol looked straight out of a courtroom drama on American television. Of their zeal to root out corruption, and the value of their shock to the business and political elites of the country, there could be no doubt. *But as in Italy, aims and methods did not always coincide. Delation for gain, and indefinite incarceration without charge, combine inducement and intimidation: blunt instruments in the search for truth and pursuit of justice, but in Brazil within the law. Leakage of information, or mere suspicion, from investigations still supposedly secret to the press is not: it is clearly illegal.* In Italy, it was regularly used by the Milan pool, and would be used even more widely by the pool in Curitiba. *From the outset, the leaks looked selective: persistently targeting the PT, and persistently – though not exclusively: tidbits are distributed elsewhere – appearing in the most violent battering-ram of media assault on it, the weekly magazine Veja,* which after weeks of exposés, in the last hours before polls opened in the presidential election of 2014, ran a cover story with the faces of Dilma and Lula looming out of a sinister half-light, lurid red and eerie black, over the exclamation 'They Knew!', alerting voters to the criminal masterminds of the *petrolão*. Did the drip-feed from magistrates to media mean their objectives were the same, the fruit – as the PT already saw it – of an operation in common? The Brazilian judiciary, like its colleagues in the apparatus of prosecutors and federal police, can be assumed to share much the same outlook as the country's middle class, to whose better-off layers they belong, with that class's typical preferences and prejudices. No worker's party, however emollient, is likely to attract particular sympathy in this milieu. But might the leaks against the PT be the result less of a partisan aversion to it than of a calculation that there would be no better way to dramatise the evils of corruption than to pick it out for obloquy, as for more than a decade the leading political force in the land, and the one about which the media for their own reasons were most eager for revelations? Damaging stories about the PMDB would be too banal, and the PSDB could be spared as, at national level, an opposition party with less access to federal coffers, whatever its record at state level. [...] *In this dramatic escalation of the political crisis, the central player was the judiciary. The notion that Moro's operation was acting impartially in Curitiba, initially defensible, stood ruined with the gratuitous, media-orchestrated theatre of his dawn raid at Lula's home, followed by a public message saluting the demonstrations demanding Dilma's impeachment: 'Brazil is in the streets,' he announced. 'I am touched.' In then publishing wiretaps of a phone call between Lula and Dilma, hours after the bugging was supposed to have been halted, he broke the law twice over: violating the seal covering such interceptions, even when permitted, not to speak of the confidentiality supposedly protecting the communications of the head of state. So patent were these illegalities that they brought down a lukewarm rebuke from the judge on the Supreme Court to whom Moro is formally responsible, but no sanction. Though 'inappropriate', his superior mildly noted, his action had achieved the desired effect.* In most contemporary democracies, the separation of powers is a polite fiction, supreme courts in general – the American is an intermittent exception – bending to the will of the governments of the day. [...]. In Brazil, the politicisation of the higher judiciary is a long tradition. [...]. *The danger of a judiciary actuated in this spirit is the same in Brazil as it was in Italy: an absolutely necessary campaign against corruption becomes so infected with disregard for due process, and unscrupulous collusion with the media, that rather than instilling any new ethic of legality, it ends by confirming long-standing social disrespect for the law.* Berlusconi and his heir are the living proof of that. The scene in Brazil differs from the situation in Italy, however, in two respects. No Berlusconi or Renzi is in sight. Moro, whose celebrity now exceeds that of any of his Italian role-models, will no doubt be solicited to fill the political vacuum, should Lava Jato make a clean sweep of the old order. But the mediocre destiny of Antonio Di Pietro, the most popular of the Milan magistrates, stands as a warning to Moro, anyway more genuinely puritan in outlook, against the temptation to enter politics. The space for a meteoric ascent is also likely to be smaller, because of a further critical difference between the two crusades against corruption. *The assault on Tangentopoli struck the traditional rulers of the country, Christian Democracy and the Socialist Party, who had been in power together for thirty years, whereas Lava Jato has taken political aim, not at the country's traditional rulers, whom it has – hitherto – largely spared, but at the upstarts who displaced them. It looks much more one-sided, and so divisive.* [...]" (ANDERSON, Perry. Crisis in Brazil. *London Review of Books*, v. 38, n. 8, 21 abr. 2016. Disponível em: http://www.lrb.co.uk/v38/n08/perry-anderson/crisis-in-brazil. Acesso em: 8 jun. 2016. p. 15-22. Grifos nossos).

Assim, desconhecer que o Poder Judiciário também pode ser fonte de ameaças que justificam certas prerrogativas seria desconhecer uma realidade que, ainda que lamentável, é evidente: o Judiciário também é capaz de atuar politicamente e tem feito isso com alguma frequência.[604]

Mas as ameaças à capacidade deliberativa podem ter como origem fatores *não estatais* (o poder econômico, por exemplo). Como observado por Francisco Aguilar: "nos tempos incertos em que vivemos, o perigo para a democracia pode advir de outros poderes fácticos, a começar pelos de natureza económica: assim, ainda hoje se justifica a figura das imunidades".[605]

Aguilar, quando fala de "poderes fácticos", cita texto de José de Faria Costa que, ao defender a manutenção das imunidades dos parlamentares, afirma que esta necessidade:

> não resulta tanto, nem talvez tão pouco, das tentativas de intromissão ou constrangimento dos chamados outros poderes tradicionais, mas por certo das pressões, dos constrangimentos e até das subtis coacções dos mil e um poderes de facto em que a actual sociedade é fértil.[606]

---

[604] Ao analisar o resultado do 1º turno das eleições municipais de 2.10.2016 (as primeiras eleições após a condenação da PR Dilma Rousseff), um dos maiores cientistas políticos brasileiros, se referiu a: "duas grandes subversões institucionais que antecederam o pleito: a proibição de financiamento empresarial às campanhas; *o gigantesco assassinato de reputações e de instituições promovido deliberada e sistematicamente por procuradores, delegados e juízes, com a cumplicidade austera do Supremo Tribunal Federal. Acredito jamais ter havido intervenção tão extensa e tiranicamente seletiva do judiciário na vida política brasileira depois de 1945.* Durante a ditadura de 1964 o Judiciário curvou-se ao poder militar. Agora, assumiu espontaneamente o papel de vanguarda da repressão preventiva, envenenando sem antídoto conhecido o processo de competição eleitoral. Não há correspondência entre os vazamentos, avisos de futuras denúncias, acusações sem comprovação posterior e de outro lado, os processos reais contra a generalidade dos políticos de esquerda, assinados pelos caluniadores e submetidos a julgamento, com sentença lavrada. Não existem em número equivalente ao que anunciam. Mentem. Usaram e usam a técnica jornalística do sensacionalismo acusatório com o empenho companheiro de cem por cento do poder midiático. A imprensa trombeteia as denúncias e não promove uma investigação séria dos resultados efetivos, que são pífios. Prendem-se empresários e burocratas, com efeito, implicados em negociatas de inacreditáveis valores e creditam-se os crimes a partidos políticos. Quanto a isto, nada provaram até agora. Mas não é verdade, como acreditavam meus ancestrais portugueses, que mais fácil se pega um mentiroso do que um coxo. É necessário que exista quem queira pega-los e não há instituição no Brasil que, dispondo de poder, queira flagrar os mentirosos do judiciário, do ministério público e da polícia federal. Nunca, mas nunca mesmo, foi o Brasil governado com tanta mentira: do Executivo, Legislativo, Judiciário, Imprensa e profissionais liberais, especialmente os constitucionalistas. É um espetáculo vergonhoso" (SANTOS, Wanderley Guilherme dos. Ninguém. *Insightnet*, 4 out. 2016. Disponível em: http://insightnet.com.br/segundaopiniao/publicer. Acesso em: 8 out. 2016). Na mesma linha, ao comentar a prisão preventiva de um ex-Ministro da Fazenda, cuja esposa se encontrava internada ("alguém que não iria fugir, não iria coagir testemunhas, não representava risco à ordem pública e nem destruiria documentos, na situação em que se encontrava"), revogada seis horas após sua decretação, Cesar Felício, editor de política de um importante jornal brasileiro (controlado pelo Grupo Globo, virulento opositor dos governos do PT), afirmou que tal atitude "afinou a linha já tênue que sempre separou uma investigação sobre agentes políticos de uma perseguição política" (F FELÍCIO, César. A eleição encoberta. *Valor Econômico*, p. A6, 23 set. 2016). Veja-se ainda o cientista político Octavio Amorim Neto, para quem: "Em virtude de determinações constitucionais, da judicialização da política e do excessivo protagonismo de alguns magistrados, o Judiciário tem exercido um poder de arbitragem sobre a política brasileira também sem precedente. Ainda que positivo em certos aspectos, o poder crescente do Judiciário não é sempre benfazejo, dado ser um órgão extremamente corporativista, eivado de aberrantes privilégios e muito ineficiente" (AMORIM NETO, Octavio. O desequilíbrio de poderes. *Boletim Macro IBRE*, Rio de Janeiro, set. 2017. p. 20. Disponível em: http://portalibre.fgv.br/main. jsp?lumPageId=4028818B3BDE4A56013C071D12034B4B&contentId=8A7C82C55E3EC896015EBE7A8E440AC2bre. Acesso em: 27 set. 2017).

[605] AGUILAR, Francisco. Imunidades dos titulares de órgãos políticos de soberania. *In*: PALMA, Maria Fernanda (Coord.). *Jornadas de direito processual penal e direitos fundamentais*. Faculdade de Direito da Universidade de Lisboa, Conselho Distrital de Lisboa da Ordem dos Advogados. Coimbra: Almedina, 2004. p. 357.

[606] COSTA, José de Faria. Imunidades parlamentares e direito penal: ou o jogo e as regras para um outro olhar. *Boletim da Faculdade de Direito*, Coimbra, v. 76, p. 35-54, 2000. p. 44-45. E, em nota de rodapé, o autor completa: "Nas actuais sociedades plurais, hipercomplexas e abertas, o jogo de poderes e contrapoderes – tendo como pano

Faria Costa reconhece que "de quando em quando, se as circunstâncias o propiciarem", ocorrem "tentativas de intromissão de um dos poderes nas específicas áreas de competência de qualquer dos outros". No entanto, e a ressalva a nosso ver é fundamental, "sobre isso há já uma específica tradição que permite tudo reequilibrar" – ainda que nem sempre se possa falar exatamente em reequilíbrio alcançado – enquanto que o "mesmo se não pode afirmar quando despontam novos poderes. Aqui há todo um trabalho a fazer. Um trabalho não só político mas sobretudo cultural. De cultura política, obviamente".[607]

Retomando o texto de Francisco Aguilar, já em sua conclusão, arremata-se: "não deixa de ser relevante a importância da blindagem de um sistema democrático em face de poderes fácticos inconfessáveis, auto-legitimados, e, esses sim, verdadeiramente irresponsáveis na cabal acepção da palavra".[608]

O fato é que, para além do expresso reconhecimento nos textos constitucionais, seja em sede doutrinária, seja em sede jurisprudencial, existe em Portugal, nos EUA, na França, na Espanha, e em vários outros países, um reconhecimento da necessidade de algum tipo de prerrogativa mesmo que – como é o caso dos EUA e da África do Sul – esta prerrogativa não esteja expressa no texto constitucional.[609]

Pois bem, no Brasil o contraste é significativo, uma vez que as prerrogativas expressamente previstas no texto da CRFB são severamente criticadas, diminuídas sempre que possível e, portanto, no máximo suportadas. Assim, por exemplo, ao considerar inviável a pretensão de outorga aos governadores (por meio de constituições

---

de fundo os três poderes tradicionais – não se faz tanto entre eles, mas sobretudo com os chamados poderes de facto" (p. 44). Também escrevendo (ainda na década de 70 do século passado) sobre as "contradições do estado pluralista", Georges Burdeau já apontava para a existência de um "feudalismo novo", caracterizado não "tanto pela profusão de poderes", mas por "sua cobiça por prerrogativas que pertencem ao Estado". Burdeau aponta que "Hoje [...] os Poderes de fato atacam o poder estatal para usar seus direitos e cobrir-se de sua legitimidade. O que querem não é fazer sua própria lei, mas ditar o conteúdo à lei do Estado; não é cunhar sua própria moeda, mas decidir o uso das finanças estatais; não é escolher seus inimigos, mas fazer que admitam que são os inimigos do Estado [...]. Não é de espantar, nessas condições, que o Poder estatal perca toda autonomia e toda autoridade próprias" (BURDEAU, Georges. *O Estado*. São Paulo: Martins Fontes, 2005. p. 124. Grifos nossos). Karl Loewenstein já afirmava que para responder à pergunta "Quem são os detentores do poder", "o constitucionalista tem que se unir com o sociólogo político". Afinal, "Mientras que los detentadores del poder oficiales, legítimos y visibles pueden ser identificados sin dificultad en la constitución, descubrir a los detentadores del poder invisibles, no oficiales y no legítimos, exige, en cada caso, un análisis sociológico de la realidad del proceso del poder" (LOEWENSTEIN, Karl. *Teoría de la constitución*. 2. ed. 4. reimpr. Barcelona: Ariel Derecho, 1986. p. 35; 37).

[607] COSTA, José de Faria. Imunidades parlamentares e direito penal: ou o jogo e as regras para um outro olhar. *Boletim da Faculdade de Direito*, Coimbra, v. 76, p. 35-54, 2000. p. 45.

[608] AGUILAR, Francisco. Imunidades dos titulares de órgãos políticos de soberania. *In*: PALMA, Maria Fernanda (Coord.). *Jornadas de direito processual penal e direitos fundamentais*. Faculdade de Direito da Universidade de Lisboa, Conselho Distrital de Lisboa da Ordem dos Advogados. Coimbra: Almedina, 2004. p. 364.

[609] A imunidade (temporalmente limitada) vigorou na Roma republicana, quando os tribunos (cônsules, pretores, etc), eleitos por um ano, gozavam de imunidade penal, que cessava tão logo terminasse o mandato, ocasião em que podiam ser processados inclusive pelo que tivessem feito no decorrer do mandado (DÍEZ-PICAZO, Luis María. *La criminalidad de los gobernantes*. Barcelona: Las Letras de Drakontos, 1996. p. 40). Historicamente, também vale registrar que, segundo Robert Charvin, o único regime francês que não teve uma jurisdição especial para os ministros foi a Constituição do Ano III (1795). No entanto, a mesma Constituição previa uma jurisdição especial para os membros do diretório (art. 158 c/c art. 112 e seguintes e 265). Isto significa que mesmo as constituições do período mais radical da Revolução Francesa não deixaram de reconhecer alguma jurisdição especial em matéria de ilícitos cometidos por determinados agentes políticos (CHARVIN, Robert. *Justice et politique (evolution de leurs rapports)*. Paris: Librairie Générale de droit et de jurisprudence, 1968. p. 75-76). Na mesma linha Díez-Picazo afirma que a Espanha só teve um "único texto constitucional [...] que no contiene disposición alguna relativa a la responsabilidad penal de los ministros" (o Estatuto Real de 1834) (DÍEZ-PICAZO, Luis María. *La criminalidad de los gobernantes*. Barcelona: Las Letras de Drakontos, 1996. p. 139).

estaduais) das prerrogativas previstas no art. 86, §§3º e 4º da CRFB, o STF decidiu que se tratava de "prerrogativas [...] unicamente compatíveis com a condição institucional de chefe de estado".[610] A má vontade do STF para com o dispositivo fica patente no voto do Ministro Sepúlveda Pertence,[611] que classifica o §4º de "norma de conteúdo tão patentemente anti-republicano que só a excepcionalidade da posição do Presidente da República, enquanto chefe de Estado, se não justificar, pode ao menos explicar exceção tão bradante".

Na mesma decisão, no voto do relator designado, Ministro Celso de Mello,[612] há outra demonstração de contraditória má vontade com o tema, porque no mesmo parágrafo em que afirma que o "preceito em causa" é "hostil ao dogma republicano da plena responsabilização do chefe de Estado", reconhece que ele "guarda correspondência" maior ou menor com seis outras constituições republicanas (Constituições portuguesas de 1911, art. 64, parágrafo único, de 1933, art. 78, parágrafo único, e de 1976, art. 133, "4", francesa de 1958, art. 68, e a LFB, art. 60, "4"). Ora, se tantas constituições – não só as citadas, como vimos no início deste capítulo – atribuem distintas prerrogativas ao PR, o mínimo que se pode dizer é que sua *plena* responsabilização" não é exatamente um "dogma republicano".

Em parte, esta reação indignada dirigida ao reconhecimento de qualquer prerrogativa (aos agentes políticos)[613] poderia se explicar como uma reação ao período ditatorial (1964-1985) durante o qual o Executivo, e em especial o PR, concentrou poderes de forma quase absoluta. Mas o fato é que, com poucas exceções, a crítica por vezes virulenta permaneceu[614] e até mesmo recrudesceu, como se verá mais adiante.

---

[610] Ementa da ADI nº 1.022-1/600 já mencionada anteriormente.

[611] Acórdão da ADI nº 1.022-1/600, p. 763. A doutrina também costuma ser hostil ao instituto. Emerson Garcia, por exemplo, ao criticar a tentativa de ampliação do foro privilegiado para ações de improbidade, afirma, quanto ao foro privilegiado: "Acostumados com essa regra de exceção que, a nosso ver, sequer deveria existir em um País que se diz democrático, sonham em transferir à esfera cível a impunidade que assola a seara criminal (ressalve-se que esta parte do texto, como consta do final da página citada, foi escrito em 2003, muito antes do 'mensalão' e da 'Lava Jato')" (GARCIA, Emerson; ALVES, Rogério Pacheco. *Improbidade administrativa*. 7. ed. 2. tir. São Paulo: Saraiva, 2014. p. 28-281).

[612] ADI nº 1.022-1/600, p. 751.

[613] Desconhecemos reação parecida quando a prerrogativa beneficia membros do próprio Poder Judiciário ou do Ministério Público.

[614] A má politização do debate e a invocação manifestamente inexata da experiência estrangeira não é um privilégio brasileiro. Em trabalho dedicado a analisar as (então recentes) decisões do Conselho Constitucional e da Corte de Cassação referentes ao alcance das prerrogativas do PR francês, Louis Favoreu relata o que aconteceu imediatamente em seguida à decisão do Conselho Constitucional: "*La position de la presse*. On constate donc [...], que tous les juges qui se sont prononcés ont mis en avant, quelles que soient parfois leurs réserves, que le Président de la République bénéficiait d'un privilège de juridiction *provisoire* pendant la seule durée de ses fonctions. II n'a jamais été question d'irresponsabilité ou d'impunité. Pourtant, des le début, la très grande majorité des journaux, des hommes politiques et des syndicats de magistrats ont affirmé que le chef de l'État s'était vu conférer par le Conseil constitutionnel une impunité totale ou une irresponsabilité complète [...]. Il est significatif à cet égard que *l'article que j'ai publié dans Le Figaro au lendemain de la décision du Conseil constitutionnel ait vu son titre changé par le journal* en «L'irresponsabilité pénale du chef de l'État» alors même que l'objet de cet article était de montrer que la décision du Conseil constitutionnel ne lui conférait qu'une immunité provisoire. L'accent a été faussement mis sur le principe d'égalité devant la justice sans vouloir reconnaître qu'il n'y avait pas rupture du príncipe d'égalité, compte tenu de la situation spécifique du chef de t'État et de la nécessité de protéger sa fonction contre les atteintes qui pourraient 1ui être portées. *L'affirmation de la nécessité de traiter le chef de l'État comme un citoyen ordinaire s'appuyait même, de manière tout à fait inexacte, sur la référence à des exemples étrangers.* Et de ce dernier point de vue, il a été très difficile de faire savoir que dans d'autres pays, le Président de la République bénéficiait également d'un privilège de juridiction pendant son mandat [...]. Ainsi, par exemple, alors qu'un collaborateur du jornal Le Monde m'avait demandé de fournir des éléments de droit comparé et m'avait

Uma decisão que representou uma pequena mudança foi aquela[615] em que o STF considerou constitucional a atribuição do *status* de ministro ao presidente do Banco Central do Brasil, com a consequência de passar a lhe garantir foro privilegiado. Na própria ementa, registra-se que a "prerrogativa de foro" seria um "reforço à independência das funções de poder na República adotada por razões de política constitucional" e, portanto, uma "situação em que se justifica a diferenciação de tratamento entre agentes políticos em virtude do interesse público evidente". Ainda assim, a decisão foi tomada por maioria apertada (contando com o voto favorável de seis ministros, quatro integralmente contrários e um parcialmente contrário).

Em outra decisão[616] em que a questão foi amplamente discutida, o Ministro Nelson Jobim afirmou:

> Todos aqueles que têm alguma experiência da vida política conhecem os riscos e as complexidades que envolvem as decisões que rotineiramente são tomadas pelos agentes políticos.
>
> Submeter essas decisões aos paradigmas comuns e burocráticos que imperam na vida administrativa de rotina é cometer uma grotesca subversão.
>
> O texto constitucional não autoriza.
>
> São muitas as razões que levam não poucos agentes incumbidos da persecução a se esforçar para obter um resultado positivo no julgamento contra autoridade de maior representatividade política.
>
> É bom que se o diga.
>
> Uns, na busca de notoriedade fácil.
>
> Vê-se, muito, nos jornais.
>
> Outros, no propósito de participar, por outros meios, do debate político.
>
> O inadequado conhecimento da complexa prática institucional no âmbito da administração, tem levado à propositura de ações espetaculares.
>
> A maioria delas, destituídas de qualquer fundamento.
>
> O propósito notório é de dar ao perseguidor uma aura de coragem e notoriedade e impor ao atingido o maior constrangimento possível.
>
> Dá-se ampla divulgação aos meios de comunicação.

---

interviewé sur ce point, et alors que le texte mis en page m'avait été adressé pour vérifications, ledit journal a finalement publié un extrait des renseignements fournis sans mon interview et sans préciser que j'avais donné ces renseignements. *Le fait qu'un régime comparable à celui reconnu par le Conseil constitutionnel existait dans les principaux pays a été nié presque jusqu'au bout par la plupart des hommes politiques, comme des médias et d'une partie de la doctrine de manière à faire apparaître le cas français comme hérétique et aberrant. Un des leaders des Verts a même été jusqu'à qualifier la France de «République bananière».* Le degré de désinformation a donc été considérablement élevé. A ceci s'est ajouté également le *fait* que, par réflexe corporatiste, tons les syndicats de magistrats, de la gauche à la droite, ont affirmé qu'il était inconcevable que le Président de la République échappât à la compétence des tribunaux ordinaires pour les actes ne relevant pas de ses fonctions. À cet égard, on mesure combien fait défaut la culture constitutionnaliste qui imprègne la magistrature des pays tels que l'Allemagne, l'Espagne, l'Italie, le Portugal ou évidemment les États-Unis" (FAVOREU, Louis. De la responsabilité pénale à la responsabilité politique du Président de la République. *Revue Française de Droit Constitutionnel*, Paris, n. 49, 2002. p. 11-12).

[615] ADI nº 3.289-STF. Rel. Min. Gilmar Mendes. *DJU*, 3 fev. 2006.

[616] Reclamação nº 2.138/DF. Rel. Min. Nelson Jobim, Rel. P. Acórdão Min. Gilmar Mendes, j. 13.6.2007. *DJe*, 18 abr. 2008 (p. 14 do voto do relator original). A ação tratava de uma ação de improbidade contra ministro de estado, tema que será discutido no Capítulo 5. A observação de Nelson Jobim adquire um relevo especial por que ele, antes de ser ministro do STF, foi deputado federal e ministro da justiça, acumulando, portanto, o exercício de funções relevantes nos três poderes.

Já na presente década, o Ministro Luís Roberto Barroso, embora defenda uma grande reformulação e redução de prerrogativas destinadas a agentes políticos (incluindo, no caso, os parlamentares),[617] considera que algumas são necessárias, incluindo o "foro por prerrogativa de função", porque:

> *a atividade pública e a exposição pública no Brasil deixam o agente público sujeito* à *perversidade, a interesses políticos contrariados, a ações penais levianas*. Então, se você não concentra num juízo único, em Brasília, você passa a ter essas autoridades sujeitas a ações em qualquer parte do Brasil. Elas ficam desprotegidas.[618]

Mais recentemente, a lamentável profusão de novos escândalos envolvendo agentes políticos no Brasil ("Mensalão", "operação Lava-Jato")[619] reforça a indignação contra qualquer prerrogativa. O mesmo parece acontecer na Europa, de que são exemplos os diversos escândalos envolvendo o partido popular na Espanha ou a longa prisão preventiva de um ex-PM português. Nessas horas, no entanto, quando somos tentados a condenar qualquer coisa que possa ser vista como um benefício dirigido a agentes políticos, é que se impõe com mais força a necessidade de uma suspensão reflexiva para averiguar, com serenidade, aquilo que realmente é necessário para o bom funcionamento de uma democracia constitucional.

3.4 Legitimidade constitucional do tratamento diferenciado

3.4.1 Introdução

Não é fácil, como aponta Maria Benedita Urbano, "escolher a fórmula perfeita, ou mesmo tão só adequada, para designar o regime especial da responsabilidade penal que respeita aos detentores do poder público".[620] Mas também nos parece clara a necessidade de tratamento diferenciado em alguma medida. Ainda nas palavras da autora:

---

[617] Embora tenha sido o relator da decisão do STF (AP nº 937 QO/RJ) que promoveu uma enorme (e a nosso ver confusa) redução nas prerrogativas, como se verá ainda neste capítulo.

[618] BARROSO, Luís Roberto. Entrevista. *Jornal Valor Econômico*, p. A8, 4 out. 2013.

[619] Registre-se que o saudoso Ministro Teori Zavascki (relator de diversas das ações da denominada operação Lava-Jato em curso no STF) buscou construir as prerrogativas de forma a preservar sua função sem de um lado negar sua existência nem, de outro, torná-las uma outorga de irresponsabilidade. Isso foi feito em uma das ações que questionou prerrogativas de governadores (ADI nº 4.791) que veremos no próximo capítulo. No caso, Teori afirmou que eram "equivocadas as percepções que enxergam na "licença-prévia" para o processamento de Governadores um expediente irresponsável de exoneração dessas autoridades. Como visto, a Suprema Corte tem se havido de modo criterioso na interpretação do instituto, buscando enquadrá-lo como um contraforte político da autonomia dos Estados membros e da independência do Poder Executivo, mas sem descurar do compromisso com a efetivação do sistema de justiça criminal". E, apesar de reconhecer a existência de "casos de 'negligência deliberada' das Assembleias Legislativas na consideração de pedidos judiciários de abertura de ações penais contra Governadores de Estado", afirma que "eventuais episódios de abuso de posição institucional não constituem fundamento idôneo para justificar a radical rescisão das conclusões consolidadas na jurisprudência do Supremo Tribunal Federal a respeito da validade da previsão de 'licenças-prévias' nas Constituições Estaduais". Por fim, num reconhecimento cada vez mais raro por membros do Judiciário Brasileiro, o Ministro afirma que: "A avaliação do quadro fático desfavorável e a adoção de medidas para alterá-lo é matéria de ponderação legislativa. Somente por iniciativa do parlamento é que poderá ser revisto o modelo de controle político da persecução penal instaurada contra os Governadores de Estado" (ADI nº 4.791/PR. Rel. Min. Teori Zavascki, 12.2.2015, p. 17-18, acórdão não publicado até 9.12.2015).

[620] URBANO, Maria Benedita Malaquias Pires. Deambulações teóricas em torno da justiça política. *In*: CORREIA, Fernando Alves; SILVA, João Calvão; ANDRADE, José Carlos Vieira; CANOTILHO, J. J. Gomes; COSTA, José Manuel M. Cardosos. *Estudos em homenagem a António Barbosa de Melo*. Coimbra: Almedina, 2013. p. 639.

É uma evidência que o tratamento da criminalidade governativa não segue exatamente os mesmos trilhos da justiça de direito comum ou justiça ordinária (no âmbito penal), podendo as especificidades consistir na existência de uma jurisdição específica (como outrora os tribunais de exceção) ou de um foro privilegiado de jurisdição; em derrogações várias ao direito substantivo comum (molduras penais mais elevadas ou relativização do princípio da presunção de inocência quando os crimes foram cometidos por titulares de cargos políticos); no reconhecimento de prerrogativas, como as imunidades, o privilégio do testemunho por escrito, etc.[621]

Reunindo os "elementos da tensão" (tratados nos itens 3.3.1, 3.3.2 e 3.3.3 deste capítulo), acreditamos que o tratamento diferenciado que, do ponto de vista do direito constitucional, pode e deve ser concedido aos agentes políticos é aquele que seja necessário[622] para garantir os seguintes objetivos: (i) preservar a capacidade decisória do agente, garantindo em especial a serenidade para a tomada de decisões difíceis (sem descuidar do aspecto temporal); (ii) minimizar os efeitos nocivos do uso político da responsabilidade jurídica, em especial o uso manifestamente leviano; (iii) levar em consideração o princípio democrático;[623] (iv) não ter o efeito de afastar pessoas preparadas e bem intencionadas de cargos públicos; (v) nem ter o efeito inverso de atrair pessoas mal intencionadas; o que significa (vi) não facilitar ou servir de estímulo à prática de ilícitos pelo agente mal intencionado.

Nem todos estes objetivos apontam na mesma direção, mas é possível tentar buscar um regime que contemple – ao menos em parte – todos. Assim, por exemplo, uma pena extremamente rigorosa para ilícitos praticados por agentes políticos não afastará o agente bem intencionado, se ele tiver garantias processuais suficientes de que seu processo será justo (neste caso poder-se-á concordar realmente com o dito popular segundo o qual "quem não deve não teme"). Esta mesma pena majorada poderá ter um efeito razoável de afastar o agente mal intencionado, mesmo que ele goze de prerrogativas processuais.

---

[621] URBANO, Maria Benedita Malaquias Pires. Deambulações teóricas em torno da justiça política. *In*: CORREIA, Fernando Alves; SILVA, João Calvão; ANDRADE, José Carlos Vieira; CANOTILHO, J. J. Gomes; COSTA, José Manuel M. Cardosos. *Estudos em homenagem a António Barbosa de Melo*. Coimbra: Almedina, 2013.

[622] Jorge Miranda e Rui Medeiros defendem que as imunidades devem obedecer ao "postulado básico" da "necessidade" e, portanto, "só podem ser invocadas quando indispensáveis à plena independência ou ao exercício de cargos nas condições mais adequadas. Só assim se justificam, perante o princípio da igualdade" (MIRANDA, Jorge; MEDEIROS, Rui. *Constituição portuguesa anotada*. Coimbra: Coimbra Editora, 2006. t. II. p. 321). Do ponto de vista teórico estamos inteiramente de acordo com este postulado. No entanto, se ele não for aplicado, pelo Poder Judiciário, com extremo cuidado, isto representaria uma enorme insegurança jurídica quanto à aplicabilidade ou não das prerrogativas em cada caso concreto, o que equivaleria a retirar-lhes exatamente o objetivo de dar o mínimo de tranquilidade a seus beneficiários.

[623] Quando falamos aqui em princípio democrático estamos enfatizando a necessidade de respeitar a escolha popular dos agentes eleitos. Mas, como lembrado por Maria Benedita Urbano, "a introdução da dimensão da responsabilidade é contemporânea do processo de democratização do sistema representativo, sendo uma evidência que a ideia de os governantes prestarem contas ao povo que os elegeu faz parte do *acquis* democrático" (URBANO, Maria Benedita. Apontamentos esparsos sobre a responsabilidade dos governantes. *In*: SOUSA, Marcelo Rebelo; QUADROS, Fausto de; OTERO, Paulo; PINTO, Eduardo Vera-Cruz. *Estudos em homenagem ao Prof. Doutor Jorge Miranda* – Direito constitucional e justiça constitucional. Coimbra: Coimbra Editora, 2012. v. II. p. 601). De todo modo, quando se fala em "prestação de contas" evoca-se uma forma de responsabilidade não necessariamente punitiva, nem mesmo necessariamente jurídica, que são o foco específico deste capítulo.

Também nos parece importante afirmar que, embora algumas prerrogativas pareçam recomendáveis a qualquer sistema, sua extensão depende muito de características nacionais. Assim, países com uma tradição de maior deferência do Judiciário pelos atos dos agentes públicos provavelmente necessitarão de prerrogativas em intensidade muito menor do que o Brasil, onde, como já exposto, a deferência chegou a níveis extremamente baixos. Por outro lado, países como os EUA, onde os custos envolvidos num processo judicial são exorbitantes, talvez necessitem de uma proteção mais extensa, aplicável a um raio maior de agentes públicos (e não apenas agentes políticos) e incluindo processos não punitivos.

De todo modo, parece-nos claro que a construção de um sistema de responsabilidade dos agentes políticos com ausência total de qualquer tratamento diferenciado (ou seja, com a sujeição de todo e qualquer agente político ao direito material e processual idêntico ao de qualquer pessoa), além de praticamente desconhecido no mundo ocidental, causaria graves problemas e aumentaria outros.

Os problemas incluem o estímulo à não decisão ou à protelação ao máximo de decisões difíceis, o menosprezo de regras importantes da democracia e o enorme incentivo ao uso político da responsabilidade jurídica e à juridicização de conflitos políticos.[624]

Vale lembrar que Kant, em longa nota sobre liberdade e igualdade inserida em seu projeto de paz perpétua, ao impugnar a diferença de estatuto com base na nobreza hereditária, ressalva a admissibilidade de estatuto distinto: "No tocante à nobreza de cargo (como se poderia denominar o estatuto de uma alta magistratura e à qual é necessário elevar-se por meio dos méritos)". Nestes casos "o estatuto não pertence à pessoa como uma propriedade, mas ao lugar, e a igualdade não é por isso lesada, pois, quando a pessoa abandona o seu cargo, deixa ao mesmo tempo o estatuto e retorna ao povo".[625] Trata-se, portanto, como sustenta Alessandro Pace, de "situações subjetivas ontologicamente distintas das de um cidadão comum".[626]

Assim, como já dito neste capítulo, o objeto da proteção é a função e não seu titular, ainda que, para proteger a função, por vezes seja necessário proteger o titular que já a deixou.

Jorge Miranda, além de parecer concordar com o caráter instrumental das prerrogativas, afirma que elas "não são privilégios" e "não se inserem na esfera jurídica desses titulares como direitos subjetivos", tendo "estrutura de situações funcionais", razão pela qual esses titulares "não lhes possam renunciar e tenham mesmo o dever de exigir que sejam respeitadas".[627] No entanto, arremata Miranda, "em contrapartida, a

---

[624] Num país continental como o Brasil, com regras processuais extremamente favoráveis aos que pretendem questionar atos públicos, é possível que um agente político federal, que trabalhe em Brasília, seja réu em ações distribuídas nos mais distintos estados, com um enorme custo financeiro.

[625] KANT, Immanuel. *A paz perpétua e outros opúsculos*. Lisboa: Edições 70, 2009. p. 139.

[626] PACE, Alessandro. Las inmunidades penales extrafuncionales del Presidente de la República y de los membros del Gobierno en Italia. *Revista Española de derecho constitucional*, año 31, n. 93, set./dez. 2011. p. 27-28.

[627] MIRANDA, Jorge. Imunidades constitucionais e crimes de responsabilidades. *Direito e Justiça*, v. XV, t. 2, 2001. p. 29. Francisco Aguilar também concorda com a irrenunciabilidade das prerrogativas (AGUILAR, Francisco. Imunidades dos titulares de órgãos políticos de soberania. *In*: PALMA, Maria Fernanda (Coord.). *Jornadas de direito processual penal e direitos fundamentais*. Faculdade de Direito da Universidade de Lisboa, Conselho Distrital de Lisboa da Ordem dos Advogados. Coimbra: Almedina, 2004. p. 362-363).

sua invocação se torne abusiva quando não estejam ao serviço dos fins constitucionais dos órgãos".[628]

Mas, afinal, devemos analisar que prerrogativas, tratamentos diferenciados ou "particularidades"[629] se justificam ou se impõem. Maria Benedita Urbano resume as alternativas disponíveis – além do foro especial – da seguinte forma:

> As particularidades podem respeitar, outrossim, ao regime jurídico substantivo aplicável aos ministros. Podem, por exemplo, passar pelo recorte de crimes específicos apenas susceptíveis de ser cometidos por titulares de cargos políticos, como o são os ministros (v. g., o tráfico de influências e a violação de normas de execução orçamental), sendo certo que em relação a alguns destes crimes nem todos os titulares de cargos políticos se encontram em condições de os cometer. Podem, da mesma forma, passar por definir molduras penais mais gravosas ou consagrar penas acessórias (v. g., a perda ou suspensão de direitos políticos) quando o ilícito for cometido por ministros.
>
> Finalmente, as particularidades poderão reflectir-se num regime de imunidades, semelhante ao dos membros do parlamento, que condicione a actuação da justiça ou mesmo que desresponsabilize os ministros (a CRP prevê, no seu artigo 196º, a inviolabilidade dos membros de Governo).[630]

Analisemos então com mais atenção alguns tipos de tratamentos diferenciados que nos parecem mais importantes.

3.4.2 Foro especial

O tratamento diferenciado[631] que, a nosso ver, é mais necessário, é o foro especial. Com efeito, as características que envolvem um processo de responsabilização proposto em face de um agente político dificilmente garantirão uma condução serena e equilibrada se não houver um foro especial que tenha três características: ser composto de forma colegiada, por julgadores com grande experiência, e ser centralizado.

Na experiência comparada, como aponta Maria Benedita Urbano, as "particularidades da responsabilidade" dos agentes políticos (no caso estudado pela autora, responsabilidade criminal de ministros) no que se refere "à entidade ou autoridade encarregada de julgar os ministros", conhece três grandes modelos:

---

[628] O arremate pode ser em alguma medida contraditório; afinal, como apontado em nota anterior, saber se a invocação está ou não ao serviço dos fins constitucionais para as quais foi instituída é uma questão que ao menos em parte se confunde com o próprio mérito da acusação.

[629] Expressão adotada por URBANO, Maria Benedita. Apontamentos esparsos sobre a responsabilidade dos governantes. *In*: SOUSA, Marcelo Rebelo; QUADROS, Fausto de; OTERO, Paulo; PINTO, Eduardo Vera-Cruz. *Estudos em homenagem ao Prof. Doutor Jorge Miranda* – Direito constitucional e justiça constitucional. Coimbra: Coimbra Editora, 2012. v. II. p. 607.

[630] URBANO, Maria Benedita. Apontamentos esparsos sobre a responsabilidade dos governantes. *In*: SOUSA, Marcelo Rebelo; QUADROS, Fausto de; OTERO, Paulo; PINTO, Eduardo Vera-Cruz. *Estudos em homenagem ao Prof. Doutor Jorge Miranda* – Direito constitucional e justiça constitucional. Coimbra: Coimbra Editora, 2012. v. II. p. 607-608.

[631] Em relação ao foro especial é sempre bom lembrar que ele – na prática – nem sempre pode ser considerado como um tratamento mais favorável ao agente. Isso por que o foro especial implica, em geral, a diminuição da quantidade e da diversidade de recursos à disposição do acusado.

1) o modelo legislativo; 2) o modelo judicial puro, e 3) o modelo judicial especial. Típico do primeiro modelo é o *impeachment*, procedimento destinado a apurar a responsabilidade criminal dos ministros, desencadeado e desenvolvido pelas câmaras parlamentares. O segundo modelo, na verdade, é a negação do foro de jurisdição, sendo os ministros julgados como cidadãos comuns. O terceiro modelo caracteriza-se pela existência de uma jurisdição especial encarregada de julgar criminalmente os ministros (tal como sucede em França com a *Cour de Justice de la République*, que desde 1993 julga os crimes cometidos pelos ministros); diga-se que esta jurisdição especial quase sempre apresenta uma estrutura híbrida, sendo composta por magistrados e por membros do parlamento.[632]

Quanto aos integrantes (de uma corte especial), preferimos a composição só por magistrados, embora nos pareça razoável a composição mista (por magistrados e por parlamentares, também existindo a composição por magistrados de distintas cortes, tal como adotado na França para a apuração da responsabilidade dos ministros),[633] que permite uma melhor avaliação das circunstâncias políticas da imputação. Nossa preferência pela composição somente com magistrados se deve à dificuldade de encontrar um critério razoável para a escolha dos representantes parlamentares, escolha que em geral se dará *ex post facto*. Tanto o sorteio como a eleição apresentam problemas; o primeiro pela possibilidade de escolha de parlamentares sem representatividade e o segundo pela possibilidade de escolha de parlamentares que indiquem desde já sua inclinação de voto, o que lançaria sérias dúvidas sobre a isenção do julgamento. De todo modo, nos países onde o processo só se inicia com a autorização parlamentar, a composição mista se mostra menos necessária, uma vez que o aspecto político pode ser adequadamente analisado nessa fase.

A colegialidade[634] e a experiência[635] reduzem a possibilidade de erros – em qualquer das direções possíveis – tendendo a diminuir o risco de decisões precipitadas,

---

[632] URBANO, Maria Benedita. Apontamentos esparsos sobre a responsabilidade dos governantes. *In*: SOUSA, Marcelo Rebelo; QUADROS, Fausto de; OTERO, Paulo; PINTO, Eduardo Vera-Cruz. *Estudos em homenagem ao Prof. Doutor Jorge Miranda* – Direito constitucional e justiça constitucional. Coimbra: Coimbra Editora, 2012. v. II. p. 607-608.

[633] Com a alteração da CRF em 1993 (que introduziu o art. 68-2 da CRF), toda acusação contra um ministro é previamente analisada por uma comissão composta de sete membros: três magistrados da Corte de Cassação, dois conselheiros do Conselho de Estado e dois conselheiros da Corte de Contas. Na verdade, a composição dessa comissão não está diretamente prevista na CRF, mas na lei que regulamentou a reforma. Assim, a filtragem de acusações infundadas (a comissão pode determinar o arquivamento do procedimento), é feita por um colegiado que incluirá, provavelmente, especialistas em direito penal, em direito público e em finanças públicas. A ideia é excelente, pois é comum que processos movidos em face de agentes políticos envolvam questões sofisticadas de direito público e de finanças públicas, por vezes desconhecidas por magistrados com atuação essencialmente na área punitiva (afirmamos que essa composição será "provável" porque a corte de cassação francesa também julga matéria cível, parecendo razoável supor que ao menos um dos três membros será dessa área). Note-se que cada um desses membros é eleito pelo colegiado de sua respectiva corte ou conselho para um mandato de cinco anos (GARCÍA MAHAMUT, Rosario. *La responsabilidad penal de los miembros del Gobierno en la Constitución*. Madri: Tecnos, 2000. p. 81-82).

[634] A doutrina processualista civil não cansa de destacar as virtudes das decisões colegiadas: "Uma das grandes características do julgamento colegiado é a maior possibilidade de que, sendo vários os julgadores responsáveis pela decisão, haja debate, o que pode ampliar a análise e melhorar a qualidade da decisão. O debate entre julgadores, bem como o fato de que, em regra, os integrantes dos tribunais são julgadores mais experientes e com maior tempo de Judicatura certamente contribuem de maneira significativa para tanto" (RODRIGUES, Marco Antonio. *Manual dos recursos, ação rescisória e reclamação*. São Paulo: Gen Atlas, 2017. p. 129).

[635] Na já citada decisão que analisou a concessão de *status* de ministro ao Presidente do Banco Central do Brasil (STF, ADI nº 3.289. *DJU*, 3 fev. 2006, p. 324), após relatar casos de perseguições sofridas por ex-presidentes do Banco Central, o Ministro Gilmar Mendes registra que "é justamente por isso que está consagrada, em nosso

CAPÍTULO 3
A RESPONSABILIDADE DOS AGENTES POLÍTICOS E SEU TRATAMENTO DIFERENCIADO | 197

que não levem em especial consideração os múltiplos fatores que têm sido tratados ao longo deste trabalho, e tendem a diminuir os efeitos nocivos de pressões externas.[636] Neste sentido colha-se a manifestação de Victor Nunes Leal:

> A jurisdição especial, como prerrogativa de certas funções públicas, é, realmente, instituída não no interesse da pessoa do ocupante do cargo, mas no interesse público do seu bom exercício, isto é, do seu exercício com o alto grau de independência que resulta da certeza de que seus atos venham a ser julgados com plenas garantias e completa imparcialidade. Presume o legislador que os tribunais de maior categoria tenham mais isenção para julgar os ocupantes de determinadas funções públicas, por sua capacidade de resistir, seja à eventual influência do próprio acusado, seja às influências que atuarem contra ele. A presumida independência do tribunal de superior hierarquia é, pois, uma garantia bilateral, garantia contra e a favor do acusado.[637]

A exigência de que seja um único tribunal (o que não significa que não haja a possibilidade de recurso para o mesmo ou para outro que lhe seja superior)[638] se justifica pela necessidade de evitar os enormes custos que teriam que ser suportados por agentes expostos a processos em qualquer lugar do país, em especial em um país continental.[639]

---

sistema constitucional, a instituição da prerrogativa de foro. Além de evitar o que poderia ser definido como uma tática de guerrilha – nada republicana, diga-se – perante os vários juízos de primeiro grau, a prerrogativa de foro serve para que os chefes das principais instituições públicas sejam julgados perante um órgão colegiado dotado de maior independência e de inequívoca seriedade".

[636] Nem mesmo tribunais superiores estão imunes aos efeitos decorrentes de pressões externas, mas estarão, em tese, mais preparados para suportá-las. Sobre o impacto da opinião pública nas decisões do STF, *vide* o Capítulo 5 de MELLO, Patrícia Perrone Campos. *Nos bastidores do STF*. Rio de Janeiro: Forense, 2015.

[637] Citado por Nelson Jobim em seu voto na Reclamação nº 2.138/DF. Rel. Min. Nelson Jobim, Rel. p/ Acórdão Min. Gilmar Mendes, j. 13.6.2007. *DJe*, 18 abr. 2008 (p. 17 do voto). Após a citação de Victor Nunes Leal, Nelson Jobim prossegue afirmando que: "a prerrogativa de foro, entre nós, tem uma lógica: - impedir que se banalizem procedimentos de caráter penal ou de responsabilidade com nítido objetivo de causar constrangimento político aos atingidos, afetando a própria atuação do Governo e, por que não dizer, do próprio Estado. Tenho para mim que o amplo modelo de prerrogativa de foro, adotado entre nós, cumpre importante função contra o denuncismo fácil e a politização do judiciário, naquilo que ela pode ter de mais perverso. A experiência dos últimos anos está a indicar que o constituinte de 1988 foi sábio em possibilitar a ampliação da prerrogativa de foro. Como se pode aceitar que, a cada decisão de grande repercussão do MINISTRO DA FAZENDA, por exemplo, se encete uma nova ação de improbidade? É caso de improbidade o acordo com o FMI; a decisão sobre intervenção em um banco ou a decisão sobre transferência de depósito?" (p. 18 de seu voto). Sobre abusos nas ações de improbidade, veja-se o Capítulo 5.

[638] Como modelo ideal não sustentamos que este foro deve ser composto necessariamente pela mais alta corte do país, inclusive porque, nesse caso, acaba se colocando a questão da possível violação do direito a pelo menos um recurso contra sentenças penais. Este direito pode ser afastado, no sistema europeu de direitos humanos, ante a expressa previsão do art. 2º, do Protocolo 7, à Convenção (mesmo porque, como visto no início deste capítulo, não são poucos os casos de jurisdição penal das cortes supremas europeias). Esta exceção, no entanto, não se encontra no sistema interamericano. Sobre o tema veja-se o voto do Ministro Edson Fachin na AP nº 937 QO, que será analisada mais à frente.

[639] Relembramos trecho de entrevista do Ministro Luís Roberto Barroso que afirma que "se você não concentra num juízo único, em Brasília, você passa a ter essas autoridades sujeitas a ações em qualquer parte do Brasil. Elas ficam desprotegidas". E, ao responder por que as autoridades ficariam expostas afirma: "Há um problema de estágio civilizatório e outro de certa criminalização da política. O sistema eleitoral e o partidário no Brasil são indutores da criminalidade. Eu acho até que o povo saiu da rua rápido demais, antes que viesse um mínimo de reforma. Se o sistema eleitoral e o sistema partidário não mudarem, a criminalização da política vai continuar na ordem do dia". Nessa mesma entrevista Barroso apresenta uma proposta preliminar para uma reforma do foro privilegiado no Brasil, sustentando que no STF deveriam ficar "pelo menos o presidente e o vice-presidente da República, os presidentes dos Poderes, os ministros do STF e o Procurador-Geral da República". Seguem os trechos da entrevista no qual a proposta é apresentada: "Valor: Os parlamentares seriam julgados na 1ª instância? Barroso: A proposta que eu estava elaborando quando vim para cá era a seguinte: criar, em Brasília, uma vara especializada que teria competência para as ações penais contra as autoridades que, hoje, têm foro por prerrogativa de função e para

Isto, a nosso ver, vale para os agentes políticos em geral. No entanto, quando se trata do chefe do Poder Executivo, parece-nos que a necessidade de uma mínima consideração pela separação de poderes impõe que este foro seja o tribunal de maior hierarquia do país[640] ou do Estado.[641]

O foro especial deveria abranger qualquer ação punitiva[642] proposta ou em curso durante o mandato (seja com base em fatos ocorridos ou atos praticados antes ou durante o mandato). Isso porque, durante este período, o foro especial é exigido por diversas razões: preservação da capacidade decisória em face do medo de tomar decisões polêmicas, ainda que necessárias, custo temporal e proteção contra o uso (ou abuso) político da responsabilidade jurídica.

Este, no entanto, não é o entendimento que está se consolidando no STF a partir de decisão[643] que, embora a rigor só se aplique aos parlamentares, fixou a tese de que "o foro por prerrogativa de função aplica-se apenas aos crimes cometidos durante o exercício do cargo e relacionados às funções desempenhadas".[644] Quatro ministros (Alexandre de Moraes, Ricardo Lewandowski, Dias Toffoli e Gilmar Mendes) divergiram do relator em maior ou menor medida quanto a este ponto.[645]

A nosso ver essa decisão do STF faz uma distinção onde o texto da CRFB não faz, ou, usando as palavras do Ministro Alexandre de Moraes, ela adota "interpretação extremamente restritiva em relação" a "previsões constitucionais expressas".[646]

---

os crimes de improbidade. O juiz titular dessa vara deveria estar em condições de ser promovido ao Tribunal Regional Federal (TRF). Valor: Seria um juiz apenas para deputados, senadores e ministros de Estado? Barroso: Seria um juiz titular para haver homogeneidade e possivelmente diversos juízes auxiliares. Esse juiz ficaria lá por um prazo determinado, como três anos. Ao fim, seria automaticamente promovido ao TRF. Com isso, teria autonomia. Mas só poderia ser promovido ao TRF, de modo a não fazer favor para vir para o STF. O titular dessa vara seria escolhido pelo Supremo e da decisão dele caberia recurso ordinário para o tribunal. Valor: Mas assim todo mundo ia recorrer ao Supremo... Barroso: Mas o STF não seria responsável pela produção das provas, pelo recebimento da denúncia. Ele faria só o reexame de questões jurídicas [...]" (BARROSO, Luís Roberto. Entrevista. *Jornal Valor Econômico*, p. A8, 4 out. 2013). Esta proposta traz aspectos muito positivos com uma única ressalva importante. É que, a nosso ver, a concentração da competência para julgamento de centenas de agentes políticos em um único juiz lhe daria uma concentração extremamente perigosa de poder, apostando-se todas as fichas em uma única pessoa.

[640] No debate acerca da natureza do STF no Brasil é comum afirmar-se que uma corte constitucional não pode (ou não deve) ter tantas atribuições distintas daquelas diretamente relacionadas com o controle de constitucionalidade. É verdade que as atribuições do STF são muito extensas, mas também é importante registrar que a atribuição a cortes constitucionais da competência para o julgamento de chefes de estado é relativamente comum, sendo o caso da Alemanha, Áustria e Tunísia. Por outro lado, pode-se criticar que a forma de escolha dos ministros do STF pode gerar situações complexas, com alto grau de politização, quando, por exemplo, um ministro deve julgar o PR que o nomeou. Uma alternativa interessante é a composição de um tribunal *ad hoc* com integrantes escolhidos por sorteio dentre mais de um Tribunal (caso da França e da Grécia).

[641] Esta razão não se aplica aos prefeitos (chefes do executivo municipal no Brasil) pois os municípios, ao contrário dos estados membros, não dispõe de Poder Judiciário.

[642] O que, no Brasil, significa incluir a ação de improbidade, como veremos no Capítulo 5.

[643] Em 2.5.2018, ao analisar uma questão de ordem numa ação penal (Questão de Ordem na Ação Penal nº 937-RJ, que teve como relator o Ministro Luís Roberto Barroso), cujo réu era um deputado federal que havia renunciado ao cargo (para assumir a prefeitura de um município).

[644] Também fixou a tese de que "Após o final da instrução processual, com a publicação do despacho de intimação para apresentação de alegações finais, a competência para processar e julgar ações penais não será mais afetada em razão de o agente público vir a ocupar outro cargo ou deixar o cargo que ocupava, qualquer que seja o motivo".

[645] Houve uma tentativa de limitar a mudança introduzindo uma diferença a nosso ver importante pois fixava a competência do Supremo Tribunal Federal para processar e julgar os detentores de foro privilegiado apenas quanto aos crimes praticados após a diplomação ou nomeação, mas independentemente da relação de tais crimes com a função pública.

[646] AP nº 937 QO/RJ, fls. 851 do acórdão.

CAPÍTULO 3
A RESPONSABILIDADE DOS AGENTES POLÍTICOS E SEU TRATAMENTO DIFERENCIADO | 199

Gilmar Mendes é mais direto, e afirma que, no caso, "o STF não está verdadeiramente interpretando a Constituição Federal, mas a reescrevendo. Para disfarçar o exercício do poder constituinte, tenta dar-lhe o verniz da interpretação jurídica das normas constitucionais".[647] Do ponto de vista dos limites da interpretação constitucional (e de sua ultrapassagem), existem pontos preocupantes no acórdão. Uma dificuldade séria está no fato de que quando a CRFB quis vincular um tratamento diferenciado a determinados atos ela o fez de forma expressa,[648] não sendo a nosso ver razoável supor que não faria o mesmo ao tratar de outro tipo de tratamento diferenciado. Outro óbice textual que a nosso ver inviabilizaria a solução adotada pelo STF é que a CRFB (art. 53, §1º) concede foro aos deputados e senadores "desde a expedição do diploma". Ocorre que, com a mera expedição do diploma, não há exercício do cargo, e, portanto, segundo o STF não haverá foro.[649]

Ademais, existem sérias dificuldades de aplicabilidade do acórdão. É que a decisão, formalmente dirigida aos parlamentares, provavelmente também afetará[650] *agentes políticos*, membros do Judiciário e do Ministério Público,[651] embora sua análise e suas justificativas se limitem à situação dos parlamentares (o caso concreto envolvia um parlamentar). Ora, o estatuto constitucional, o tipo de decisões e de pressões a que cada um destes agentes está exposto é bastante distinto.[652] Como procuramos demonstrar

---

[647] AP nº 937 QO/RJ, fls. 1151 do acórdão.

[648] "Art. 86 §4º O Presidente da República, na vigência de seu mandato, não pode ser responsabilizado por *atos estranhos ao exercício de suas funções*". O ponto foi levantado no voto do Ministro Alexandre de Moraes.

[649] O ponto foi levantado pelo Ministro Dias Toffoli: "A pretensão de se restringir a competência do Supremo Tribunal Federal aos crimes praticados *no exercício do mandato e em razão do cargo* colide com a norma constitucional que determina o julgamento dos crimes pertinentes perante a Suprema Corte desde a expedição do diploma, *termo inicial bem anterior à posse e ao início do exercício do mandato na respectiva legislatura*" (p. 1052 do acórdão, grifos no original).

[650] Na verdade, o alcance da decisão (quanto a saber se ela afeta todas as hipóteses de foro privilegiado) não está muito claro. A *ementa* do acórdão se refere ao foro por prerrogativa de função previsto no art. 102, I, "b" e "c" da CRFB, incluindo, portanto, agentes políticos (como o PR e os ministros de Estado), parlamentares, membros do Judiciário (como os membros dos tribunais superiores), os comandantes militares, os chefes de missão diplomática e o Procurador-Geral da República. Estariam de fora outras previsões de foro privilegiado, como a que atinge os governadores, e membros de tribunais de 2ª instância, entre outras. Já o *dispositivo* do acórdão não faz qualquer exceção, afirmando: "O Tribunal, por maioria e nos termos do voto do Relator, resolveu questão de ordem no sentido de fixar as seguintes teses: '(i) O foro por prerrogativa de função aplica-se apenas aos crimes cometidos durante o exercício do cargo e relacionados às funções desempenhadas'". Essa é a linha do Ministro Edson Fachin que inicia seu voto afirmando que a questão de ordem se destina a interpretar o alcance de todos os dispositivos da CRFB que tratam de foro privilegiado (ele não diz dessa forma, mas *reproduz todos* os dispositivos que tratam do assunto – fls. 949 do acórdão). O Ministro Toffoli, vencido quanto ao tema, votou no sentido de que se era para mudar a regra então que se mudasse para *todos* os agentes públicos detentores de foro (p. 1076-1080 do acórdão). Já em esclarecimento de voto do relator, após indagação feita pelo Ministro Alexandre de Moraes, este responde que "a questão que eu enfrentei, Presidente, e a tese que eu propus focou na questão do foro por prerrogativa de função de parlamentar federal, seja deputado ou seja senador. [...] De modo que, respondendo objetivamente à pergunta do Ministro Alexandre de Moraes, *a tese que eu proponho é uma tese ligada ao caso específico e que pretende restringir o sentido e alcance do foro privilegiado para parlamentares federais*" (AP nº 937 QO/RJ, fls. 932-93350 do acórdão). Esse último, a rigor, é o alcance formal da decisão (cujo dispositivo reproduzido acima se refere aos termos do "voto do relator"), mas não temos dúvida em afirmar que sua interpretação será objeto de significativa divergência.

[651] Como afirmado no voto do Ministro Alexandre de Moraes, a decisão representa "significativa alteração na maneira de aplicação histórica do foro privilegiado, que [...] consequentemente, terá graves e importantes reflexos na própria instrumentalização do regime de garantias, imunidades e prerrogativas de seus detentores, em especial, os parlamentares, membros dos Poderes Executivo, Judiciário e integrantes do Ministério Público" (AP nº 937 QO/RJ, fls. 850 do acórdão).

[652] Como pontua o Ministro Alexandre de Moraes: "As demais hipóteses de prerrogativa de foro contempladas no texto constitucional não são alcançadas pela Questão de Ordem proposta e apreciada no presente julgamento,

ao longo deste capítulo, as dificuldades dos agentes políticos são enormes, complexas e específicas, e, com o devido respeito, não foram consideradas pelo STF. Como se não bastasse, a decisão acaba trazendo enorme insegurança jurídica em situações – comuns na esfera política – nas quais político que ocupava determinado cargo (sujeito a foro especial) no qual é acusado de cometer um crime é eleito para outro cargo (também sujeito a foro especial).[653]

O fato é que a decisão, embora com a sempre hábil pena do Ministro Barroso, ao fim e ao cabo é tomada com base no raciocínio hostil às prerrogativas que já abordamos aqui, raciocínio que as ataca como violadoras dos princípios da igualdade e da república,[654] embora, como lembrado pelo Ministro Alexandre de Moraes, as previsões que tratam do foro privilegiado "foram emanadas diretamente do Poder Constituinte originário, que, em 5 de outubro de 1988, promulgou nossa atual Constituição Federal após longos debates, ampla participação popular e o resgate do Estado Democrático de Direito".[655]

As diversas razões fáticas quanto às dificuldades geradas pela extensão do foro[656] são sérias, mas, a rigor, justificariam uma iniciativa para mudar o texto constitucional[657]

---

uma vez que conferem prerrogativa de foro a servidores públicos integrantes estáveis ou vitalícios de carreiras típicas de Estado, organizadas em cargos de diferentes níveis, o que afasta a possibilidade de descontinuidade do vínculo, a embaraçar o curso da ação penal, bem como exige o julgamento por órgão de cúpula – para afastar, por exemplo, o inconveniente em que agentes públicos de grau superior da carreira sejam julgados por membros de grau inferior da mesma carreira" (AP nº 937 QO/RJ, fls. 917/918 do acórdão).

[653] O ponto foi levantado pelo Ministro Toffoli: "O SENHOR MINISTRO DIAS TOFFOLI: [...] A pergunta que faço ao Ministro Relator é: no caso de alguém que era governador e hoje é senador da República – é muito comum ex-governadores virarem senadores –, o inquérito, ou a ação penal, decorrente de ato praticado enquanto governador fica em qual instância? Porque o caso seria anterior ao mandato de senador, não teria se dado em função ao mandato de senador. Então, eu tenho dúvidas. São várias as hipóteses resultantes de nossa decisão. Eu gostaria de ouvi-lo. O SENHOR MINISTRO ROBERTO BARROSO (RELATOR) – Eu não fiz uma teoria geral do foro privilegiado. Eu decidi um caso concreto. Quer dizer, trouxe uma questão de ordem para um caso concreto, portanto, é muito difícil, in abstracto, nós prevermos todas as situações da vida que podem acontecer" (p. 1007 do acórdão, outras hipóteses também não resolvidas são levantadas pelo mesmo ministro na p. 1077/1079 do acórdão).

[654] "A atual conformação do foro por prerrogativa de função constitui uma violação aos princípios da igualdade e da república, conferindo um privilégio a um número enorme de autoridades, sem fundamento razoável" (AP nº 937 QO/RJ, fls. 814 do acórdão). O "fundamento razoável" constitui boa parte deste capítulo.

[655] AP nº 937 QO/RJ, fls. 925 do acórdão.

[656] A suposta dificuldade do STF em lidar com processos penais, o que acabaria frustrando a prestação jurisdicional com a enorme demora no julgamento de tais processos, a maioria dos quais acabaria prescrito (vide fls. 808/812 do acórdão). Ainda assim, mesmo as premissas fáticas quanto à suposta lentidão do STF na análise de processos criminais são seriamente questionadas pelos ministros que ficaram vencidos, inclusive com duras críticas ao estudo utilizado pelo relator para sustentar as tais premissas fáticas (por exemplo, com a invocação, pelo Ministro Gilmar Mendes, de análise feita por Lenio Streck, às fls. 1157 e ss. do acórdão).

[657] Lembramos que as prerrogativas parlamentares previstas originalmente pela Constituição de 1988 foram bastante reduzidas por meio da Emenda Constitucional nº 35/01. Ou seja, não se pode acusar o poder constituinte reformador de omissão quanto à matéria. Aliás, foi a redução de prerrogativas trazida pela EC nº 35/01 que ampliou o número de parlamentares processados pelo STF, o que gerou a ampliação e a demora dos processos que, por sua vez, é uma das grandes justificativas para a nova redução – agora pela via judicial – das prerrogativas (o que não deixa de representar certa ironia). Vale registrar a contundente crítica que o Ministro Celso de Mello faz ao texto constitucional, muito reveladora dos juristas que se comportam como "constituintes permanentes" (vide 1ª parte do Capítulo 2): "A vigente Constituição do Brasil – ao pluralizar, de modo excessivo, as hipóteses de prerrogativa de foro – incidiu em verdadeiro paradoxo institucional, pois, pretendendo ser republicana, mostrou-se estranhamente aristocrática. Na verdade, o constituinte republicano, ao demonstrar essa visão aristocrática e seletiva de poder, cometeu censurável distorção na formulação de uma diretriz que se pautou pela perspectiva do Príncipe ('ex parte principis') e que se afastou, por isso mesmo, do postulado da igualdade" (fls. 1010 do acórdão, grifos no original). Citando exatamente este texto o Ministro Gilmar afirma que: "não basta a percepção do STF quanto à inconveniência da prerrogativa de foro para autorizar a reinterpretação da norma constitucional. Os juízes do Supremo Tribunal Federal são intitulados a ter opiniões sobre a Constituição Federal. A litúrgica reverência

e não sua mudança por decisão judicial, em decisão, portanto, que respeitosamente consideramos equivocada, ainda que coerente com o incremento de certo desprezo pela atividade política. Também merece registro o fato histórico, apontado pelo Ministro Dias Toffoli (com o forte apoio de Victor Nunes Leal), de que o foro especial se justificava – e talvez ainda se justifique – para afastar o julgamento de determinados agentes políticos de juízes locais sobre os quais poderiam exercer maior influência, ponto que acabou ignorado pelo STF, que aceitou, ao final, a ideia (nem sempre explicitada) de que o foro especial é sempre vantajoso para o réu.[658]

Em suma, como procuramos demonstrar, após a posse no cargo o foro se justifica para manter a capacidade deliberativa do agente, que sabe que só será processado por tribunal com as características expostas mais acima. Se o agente não desfrutar de foro especial em relação aos fatos anteriores ou em relação àqueles posteriores estranhos à função, ele continuará exposto de forma mais ampla ao uso político da responsabilização jurídica.

Também entendemos que este foro especial deveria ser mantido após o agente ter cessado o exercício de suas funções,[659] mas, neste caso, exclusivamente no que se refere aos atos (ou omissões) oficiais, que, portanto, estão diretamente relacionados ao exercício do mandato.

Isso porque, do contrário, o objetivo de garantir a serenidade necessária à tomada de decisões seria ignorado. Com efeito, de que adiantaria ao agente saber que seu ato só poderia ser questionado perante determinado tribunal até o fim do exercício de suas funções, mas poderia ser questionado perante qualquer outro após tal marco temporal. A tranquilidade que se pretende garantir ao agente, de saber que só será chamado a

---

normalmente destinada à Carta pode muito bem ser substituída pela crítica. Mas todas as instituições da República devem respeito à Constituição, mesmo a suas normas menos apreciadas. Incumbe à Corte Suprema fazer com que as decisões políticas fundamentais que regem, guardam e governam a República sejam cumpridas, ainda que lhe saibam amargas. É ao Poder Legislativo que cabe o papel de rever más escolhas do constituinte originário, reequilibrando as forças sociais" (p. 1149 do acórdão).

[658] "De fato, concordemos ou não com as prerrogativas de foro, uma das razões para a extensão de suas hipóteses no Brasil foi a maior influência e poder das oligarquias locais sobre magistrados de primeiro grau, em comparação com os juízes de instâncias superiores, desvinculados, a princípio, da realidade política regional" (p. 1040/1041 do acórdão). Na mesma linha seguiu Gilmar Mendes: "as regras sobre a prerrogativa de foro representam o equilíbrio de forças que o constituinte entendeu possível. Se não são as mais desejáveis, são as possíveis, diante das mazelas de nosso sistema. Esse precário balanço é rompido quando forças políticas ganham interesse direto em ações judiciais. Da nova e restritiva interpretação da prerrogativa de foro resultará uma aproximação entre a política estadual e municipal e os tribunais de justiça" (fls. 1171 do acórdão).

[659] Na Itália, como visto, a necessidade de autorização parlamentar para processo criminal contra ministros por atos praticados no exercício da função inclui processos abertos após o término das funções, conforme expressa previsão do art. 96 da CRI. Isto também ocorre com a denominada imunidade funcional em direito internacional penal: "functional immunity protects only conduct carried out in the course of the individual's duties, but does not drop away when a person's role comes to an end, since it protects the conduct, not the person" (CRYER, Robert; FRIMAN, Håkan; ROBINSON, Darryl; WILMSHURST, Elizabeth. *An introduction to international criminal law and procedure*. 3. ed. repr. Cambridge: Cambridge University Press, 2015. p. 542). Ademais, esta é a regra aplicada pelo Artigo 39 "2" da Convenção de Viena sobre relações Diplomáticas de 1961: "2. Quando terminarem as funções de uma pessoa que goze de privilégios e imunidades êsses privilégios e imunidades cessarão normalmente no momento em que essa pessoa deixar o país ou quando transcorrido um prazo razoável que lhe tenha sido concedido para tal fim mas perdurarão até êsse momento mesmo em caso de conflito armado. *Todavia a imunidade subsiste no que diz respeito aos atos praticados por tal pessoal no exercício de suas funções como Membro da Missão*".

responder perante tribunal com determinadas características, seria uma ilusão de curta duração.[660]

Nesse caso vale a analogia com a dimensão temporal da inviolabilidade civil e penal dos parlamentares "por quaisquer de suas opiniões, palavras e votos", garantida pelo art. 53, da CRFB. É que tal garantia, reconhecida por diversas constituições democráticas, tem caráter perpétuo, ou seja, "perdura para além da cessação do mandato parlamentar".[661] Isso significa que pessoa que exerceu um único mandato de deputado gozará de proteção contra ações, baseadas nas opiniões expressas durante esse mandato, por toda a vida do ex-parlamentar. Nem poderia ser diferente, pois, do contrário, a proteção seria inócua, uma vez que o parlamentar que pretendesse apresentar uma denúncia de determinado escândalo saberia que poderia ser processado tão logo findo seu mandato, refreando o "poder de crítica qualificado"[662] que se lhe concede.

No Brasil, o tema da manutenção da prerrogativa de foro após o término da investidura é tortuoso. Por muito tempo, vigorou a Súmula nº 394 do STF, segundo a qual "cometido o crime durante o exercício funcional, prevalece a competência especial por prerrogativa de função, ainda que o inquérito ou a ação penal sejam iniciados após a cessação daquele exercício". Esta súmula foi cancelada em 1999.[663] Em 2002,

---

[660] Na já citada decisão que analisou a concessão de *status* de ministro ao Presidente do Banco Central do Brasil (STF, ADI nº 3.289. *DJU*, 3 fev. 2006, p. 335-336), o Ministro Gilmar Mendes afirma que não vislumbrava: "qualquer norma constitucional contrária à concessão de prerrogativa de foro *a ex-dirigentes* do Banco Central. Ao contrário, o *ethos* da prerrogativa de foro oferece justificativa clara para tal disciplina. Sobre este aspecto, considero insuperáveis as considerações do Ministro Pertence no INQ 687: '[...] Não contesto que a prerrogativa de foro só se explica como proteção do exercício do cargo e não como privilegio do seu titular e, menos ainda, do seu ex-ocupante. Mas, *data venia*, é fugir ao senso das realidades evidentes negar que, para a tranquilidade no exercício do cargo ou do mandato – se para essa tranquilidade contribui, como pressupõe a Constituição, a prerrogativa de foro – ao seu titular mais importa tê-lo assegurado para o julgamento futuro dos seus atos funcionais do que no curso da investidura, quando outras salvaguardas o protegem'". E acrescenta: "Se um dos objetivos básicos da disciplina constitucional da prerrogativa de foro é o de conferir a *tranquilidade* necessária ao exercício de determinados cargos públicos, não faz sentido algum admitir um cenário em que um atual Ministro de Estado tome decisões, em razão do exercício do cargo, que possam vir a ser contestada no foro ordinário".

[661] URBANO, Maria Benedita Malaquias Pires. *Representação política e parlamento*. Contributo para uma teoria político-constitucional dos principais mecanismos de protecção do mandato parlamentar. Coimbra: Almedina, 2009. p. 559. Para um amplo estudo das imunidades parlamentares *vide* a Parte IV da referida obra.

[662] URBANO, Maria Benedita Malaquias Pires. *Representação política e parlamento*. Contributo para uma teoria político-constitucional dos principais mecanismos de protecção do mandato parlamentar. Coimbra: Almedina, 2009. p. 556.

[663] No julgamento da questão de ordem no Inquérito nº 687-4. Rel. Min. Sydney Sanches. *DJU*, 9 nov. 2001. Na ocasião, a decisão foi tomada contra o voto de quatro ministros. Conforme apontado por Patrícia Perrone: "A divergência foi aberta pelo ministro Sepúlveda Pertence, que observou que muito embora a previsão não se encontrasse expressa na Constituição, o entendimento expresso na Súmula 394, STF, era centenário – primeira decisão de que se tinha notícia em tal sentido dataria de 25 de janeiro de 1842 –, de modo que, se o teor do texto constitucional quanto à prerrogativa de foro foi mantido pelo Constituinte originário ao elaborar a Carta de 1988, era de se presumir que ele concordava com a interpretação que lhe era conferida pelo Supremo Tribunal Federal. *O Ministro Pertence argumentou, ainda, que a extensão da prerrogativa de foro aos ex-ocupantes também protegeria o exercício do mandato ou do cargo, evitando que os agentes tivessem temor de tomar decisões pelas quais viessem a ser perseguidos mais tarde, quando já não mais se encontrassem no poder*. Recomendou, contudo, o aperfeiçoamento do verbete, para que se limitasse a prerrogativa de foro, na hipótese, aos crimes praticados 'no exercício do mandato ou a pretexto de exercê-lo'. Pelo que se infere do acórdão e de seus debates, um grande número de processos em que se requeria a prerrogativa de foro referia-se a atos praticados por parlamentares ou ex-parlamentares, mas sem qualquer relação com o exercício da função parlamentar. Para exemplificar, o ministro Sepúlveda Pertence citou até mesmo um processo sobre 'tiro em boi de fazenda do Acre'. Sua sugestão tinha por propósito, portanto, excluir da prerrogativa de foro delitos que não tinham qualquer relação com o exercício da função pública" (MELLO, Patrícia Perrone Campos. *Nos bastidores do STF*. Rio de Janeiro: Forense, 2015. p. 241-242).

o legislador[664] alterou o Código de Processo Penal de forma que, materialmente, significava praticamente o retorno do entendimento anteriormente sumulado.[665] A redação do dispositivo em questão (§1º do art. 84) passou a ser a seguinte: "a competência especial por prerrogativa de função, relativa a atos administrativos do agente, prevalece ainda que o inquérito ou a ação judicial sejam iniciados após a cessação do exercício da função pública". Note-se que o dispositivo tinha uma distinção importante, em relação à súmula, já que a prerrogativa só permaneceria se o crime fosse relativo a atos administrativos do agente e, portanto, não alcançaria crimes cometidos durante o exercício das funções, mas sem relação com estas. De todo modo, este dispositivo foi objeto de duas ações diretas de inconstitucionalidade propostas pelas associações nacionais de magistrados e de membros do Ministério Público (ADIs nºs 2.797 e 2.860) que foram julgadas procedentes.[666]

Por tudo o que defendemos neste capítulo, entendemos que esta não foi a melhor decisão e que, na ausência de texto constitucional explicitamente contrário, a prerrogativa de função deve sobreviver ao fim do mandato limitada aos atos oficiais praticados (ou omitidos) em decorrência de seu exercício. Esse entendimento, a nosso ver, não protegeria o agente criminoso, uma vez que, por exemplo, receber suborno, por definição, não é um ato oficial (ainda que seja praticado *durante* o mandato),[667] mas protegeria o agente que praticou um ato administrativo polêmico, ainda que embasado, e que depois tem que se defender de imputação que considera aquele ato criminoso.

3.4.3 A autorização parlamentar

Outra prerrogativa recorrente em diversos países é o da exigência de algum tipo de autorização parlamentar para o início ou o prosseguimento de processos punitivos contra agentes políticos. O tema será analisado com maior atenção no Capítulo 4, mas, quanto à sua necessidade ou justificativa constitucional, consideramos que os sistemas que contam com foro especial, com as características que defendemos acima, não precisariam desse instituto para os agentes políticos em geral, com a ressalva dos processos movidos contra o PR e, talvez, contra o PM.

Isto porque, especialmente no caso do PR, a altíssima relevância destes agentes, aliada a um mínimo de consideração pela separação de poderes, recomenda a instituição de uma autorização parlamentar como requisito necessário à sua persecução criminal ordinária (ou por crime de responsabilidade),[668] em especial quando o início do processo implica, como no Brasil, o afastamento (ainda que provisório) do cargo. Pelas mesmas razões, entendemos que tal autorização deve ser exigida em relação aos principais

---

[664] Lei nº 10.628 de 2002.

[665] A alteração dizia respeito à *preservação* da prerrogativa de foro e a outro problema que nos interessará no Capítulo 5, que é a prerrogativa de foro em relação às ações de improbidade.

[666] Cinco ministros votaram pela inconstitucionalidade do dispositivo e três ficaram vencidos.

[667] Importante lembrar a distinção feita por Sepúlveda Pertence (Questão de Ordem no Inquérito nº 567-STF. Rel. Min. Sepúlveda Pertence, j. 20.8.1992. *DJ*, 9 out. 1992, p. 12 do acórdão) entre crimes funcionais, que são aqueles "praticados no exercício e em razão do exercício do mandato" e as infrações penais "alheias ao exercício das funções, cometidas antes ou durante a alta investidura". Assim, por exemplo, o pedido de vantagem indevida feito durante o mandato não merece ser protegido pois, embora estranho às funções, só pode ser praticado pelo fato de o agente estar em funções.

[668] Que no Brasil, como veremos no próximo capítulo, tem natureza jurídica inteiramente distinta dos crimes comuns.

agentes políticos dos estados (províncias, *landers* etc.) integrantes de países organizados sob a forma federativa.

Especial atenção deve ser dada a medidas que implicam o afastamento, ainda que temporário, do agente. Aqui há que se fazer uma distinção essencial em relação ao chefe do Poder Executivo. A interrupção ou suspensão de seu mandato é matéria absolutamente reservada à Constituição. Parece-nos, portanto, que qualquer medida de afastamento do chefe do Executivo com base na legislação infraconstitucional é flagrantemente inconstitucional. Em relação aos demais, imagina-se que o foro especial seja suficiente para evitar decisões precipitadas, desde que – necessidade especialmente aguda no Brasil – seja garantido um nível minimamente adequado de deferência pelos atos do Executivo.

3.4.4 A outorga de irresponsabilidade

Problema delicado diz respeito à concessão de irresponsabilidade (ou imunidade ou indemnidade),[669] assim concebida como a não sujeição de certos agentes políticos a processos destinados a apurar sua responsabilidade, nomeadamente no campo penal, ainda que, com exceção dos monarcas, essa irresponsabilidade seja temporária.

Carla Amado Gomes, ao tratar especificamente da inviolabilidade parlamentar, após ressaltar a independência do poder judicial, lembra a "crescente perda de credibilidade da classe política e [...] uma tendência para a redução de seus privilégios" que "fazem com que a figura da inviolabilidade surja envolta em controvérsia", defendendo que seu uso seja "restringido a um mínimo de situações cuidadosamente delimitadas, sob pena de se transformar em impunidade e em motivo de desmoralização das instituições políticas e dos seus titulares".[670]

Francisco Aguilar, ao tratar das imunidades do presidente da República em Portugal, após concordar com a existência da imunidade temporária (enquanto durar o mandato) em relação aos crimes cometidos fora do exercício das funções, situação idêntica à do Brasil, entende que esta imunidade deveria ser estendida aos crimes praticados no exercício das funções, uma vez que, ao sujeitar o chefe de Estado "ainda enquanto tal" à responsabilização criminal: "Não é apenas o prestígio do mais alto cargo de soberania que é questionado: são a própria independência nacional e a unidade do Estado que são colocadas em perigo e é, em definitivo, o prestígio nacional que se compromete no exterior".[671]

Discordamos da posição do autor, uma vez que nos parece altamente arriscado permitir a continuidade de delitos vinculados ao exercício do mandato, por toda a duração deste, e com eventual reeleição, sem que se possa responsabilizar criminalmente o mandatário.[672]

---

[669] Sobre a questão terminológica, *vide* a primeira parte deste capítulo.

[670] GOMES, Carla Amado. *As imunidades parlamentares no direito português*. Coimbra: Coimbra Editora, 1998. p. 132.

[671] AGUILAR, Francisco. Imunidades dos titulares de órgãos políticos de soberania. *In*: PALMA, Maria Fernanda (Coord.). *Jornadas de direito processual penal e direitos fundamentais*. Faculdade de Direito da Universidade de Lisboa, Conselho Distrital de Lisboa da Ordem dos Advogados. Coimbra: Almedina, 2004. p. 352.

[672] Mas a observação do autor tem o enorme mérito de lembrar que, quando se trata do chefe de Estado, existem, de fato, outros valores em jogo, além do ilícito em si apurado.

A questão é que se a imunidade parcial, mesmo que temporal, já pode levar a situações de suma injustiça (por exemplo, o homicídio do cônjuge, num ataque de ciúmes),[673] a imunidade total seria ainda mais perigosa.

Na verdade, onde existir um foro privilegiado com um cuidadoso exame inicial de propostas de investigações, a outorga de irresponsabilidade seria um excesso.

3.4.5 Outros tratamentos diferenciados

Tratamentos diferenciados, já se disse, não significam necessariamente tratamentos mais favoráveis ao agente. Pois bem, parece-nos que os sistemas de responsabilização dos agentes políticos, no que se refere a crimes cometidos visando a um benefício pessoal, devem ter penas – que pressupõem a condenação com alto grau de certeza – mais elevadas do que aquelas que seriam aplicadas a outras pessoas. Isto atenderia à justa expectativa de atuação ilibada que se espera dos políticos, sem colocar em risco os demais valores em jogo.[674] Afinal, como registrado por Maria Benedita Urbano, desde cedo se entendeu que a responsabilidade criminal dos governantes "merecia um tratamento diferenciado e mais gravoso (em termos substantivos) por comparação com a responsabilidade criminal do cidadão comum".[675]

Outro tratamento possivelmente desfavorável se relaciona à impossibilidade de anistia, indulto, graça ou outros atos de clemência tendo como beneficiários os agentes políticos. A Constituição espanhola (art. 102, "3"), por exemplo, expressamente proíbe o benefício, seguindo a linha da Constituição dos EUA, que também o proíbe expressamente nos casos de *impeachment*,[676] no que foi seguida pela Constituição da

---

[673] Comentando o dispositivo da CRFB que garante a imunidade temporária ao PR, Manoel Gonçalves Ferreira Filho afirma: "Não é fácil apreender o alcance desta norma. Literalmente, ela impediria fosse o Presidente da República responsabilizado por crimes comuns cometidos *durante* o curso do mandato, já que os crimes de responsabilidade não podem ser cometidos senão no exercício do mandato. Tal interpretação, porém, choca-se com o senso comum, visto que não se pode supor que o constituinte haja autorizado o Presidente da República, por exemplo, a matar, sem ser por isso 'responsabilizado'. A solução plausível é a de que esta norma dá ao Presidente da República uma imunidade processual, durante o curso do mandato, quanto a ação cível não decorrente de atos praticados no exercício de suas funções" (FERREIRA FILHO, Manoel Gonçalves. *Comentários à Constituição brasileira de 1988.* 3. ed. São Paulo: Saraiva, 2000. v. 1. p. 460-461). Não é essa a interpretação que o STF tem dado ao dispositivo e, como vimos, diversos outros países têm normas semelhantes e até mais amplas (como é o caso da França), mas certamente a questão dos crimes contra a vida impõe um afastamento desta imunidade.

[674] Hipótese prevista em Portugal, onde o art. 5º da Lei sobre os crimes da responsabilidade de titulares de cargos políticos (Lei nº 34/87) prevê (como "Agravação especial") que a "pena aplicável aos crimes previstos na lei penal geral, que tenham sido cometidos por titular de cargo político no exercício das suas funções e qualificados como crimes de responsabilidade nos termos da presente lei será agravada de um quarto dos seus limites mínimo e máximo" (a lei portuguesa também tem um interessante dispositivo sobre atenuante, que será visto mais à frente). Também na Itália, a partir da reforma constitucional do seu sistema de responsabilização de agentes políticos, conforme art. 4º da Lei Constitucional nº 1, de 16.1.1989: "Per i reati commessi nell'esercizio delle loro funzioni dal Presidente del Consiglio dei Ministri o dai Ministri, la pena è aumentata fino ad un terzo in presenza di circostanze che rivelino la eccezionale gravità del reato".

[675] URBANO, Maria Benedita. Apontamentos esparsos sobre a responsabilidade dos governantes. *In*: SOUSA, Marcelo Rebelo; QUADROS, Fausto de; OTERO, Paulo; PINTO, Eduardo Vera-Cruz. *Estudos em homenagem ao Prof. Doutor Jorge Miranda* – Direito constitucional e justiça constitucional. Coimbra: Coimbra Editora, 2012. v. II. p. 604.

[676] Seção 2, §1º: "The President [...] shall have Power to Grant Reprieves and Pardons for Offenses against the United States, except in Cases of Impeachment". Este dispositivo, por sua vez, certamente foi inspirado no *Act of Settlement*, mediante o qual o Rei inglês passou a estar impedido de usar o perdão real em casos de *impeachment* ("that no pardon under the Great Seal of England be pleadable to an impeachment by the Commons in Parliament"). *Vide*

Argentina.[677] Outras constituições subordinam o perdão de ministros à autorização legislativa.[678]

A questão é saber se tais benefícios são aplicáveis a tais agentes quando a constituição é silente, como é o caso da CRFB.[679] O tema tem incidência histórica relevante pois o Ex-Presidente estadunidense Richard Nixon, após renunciar ao cargo em agosto de 1974, confrontado por uma ameaça de *impeachment* decorrente do denominado caso Watergate, foi perdoado exatamente por seu sucessor, Gerald Ford, no mês seguinte.[680]

Jorge Miranda e Rui Medeiros sustentam que, quanto a crimes sem relação com as funções, não haveria qualquer impedimento para que agentes políticos sejam beneficiários destes atos de clemência, já que os agentes devem ser tratados como quaisquer cidadãos. No entanto, quanto a crimes cometidos no exercício das funções:

> São de excluir, de modo peremptório, quaisquer medidas de clemência ou de graça, porque eles violariam o princípio constitucional da responsabilidade. Seriam decisões dos próprios titulares de cargos políticos entre si ou para si, seriam os governantes a desculpar-se a si mesmos.
>
> [...] Embora a constituição não o diga (nem nenhuma das precedentes), tal deve considerar-se imposto por um postulado de identidade da constituição, senão da própria idéia ou razão de estado. Os fundamentos da constituição e do estado mostrar-se-iam abalados se aqueles que são investidos em seu nome pudessem ficar impunes perante a ofensa dos bens jurídicos correspondentes aos crimes de responsabilidade.[681]

O raciocínio é sedutor. Mas será que banir completamente o uso destes mecanismos, em nome de seu eventual mau uso, não geraria o efeito de engessar o sistema, privando-o de uma válvula de escape que pode ser necessária em momentos de grave crise institucional?[682] Isto nos parece especialmente importante para situações em que, como o próprio direito português (a nosso ver de forma feliz) estabelece:

> a pena aplicável aos crimes de responsabilidade cometidos [...] no exercício das suas funções poderá ser especialmente atenuada, [...] quando se mostre que o bem ou valor sacrificados o foram para salvaguarda de outros constitucionalmente relevantes ou quando

---

BROSSARD, Paulo. *O impeachment*: aspectos da responsabilidade política do Presidente da República. 3. ed. São Paulo: Saraiva, 1992. p. 29.

[677] Art. 99, inc. 5.

[678] Caso de Luxemburgo, Bélgica e Grécia, *vide* PASTOREL, Jean-Paul. Droit comparé et réforme des mécanismes de jugement des ministres. *Revue du Droit Public et de La Science Politique en France et a L'etranger*, n. 5, 1996. p. 1376.

[679] Art. 84, XII. Note-se que a primeira Constituição Republicana brasileira (de 1891) expressamente condicionava a comutação e o perdão de "penas impostas, por crimes de responsabilidade, aos funccionarios federaes", à aprovação do Congresso Nacional (art. 34, n. 27), bem como proibia a comutação e o perdão no caso de crimes cometidos por ministros de estado (art. 48, n. 6º).

[680] O caso tem uma circunstância particular. Gerald Ford não foi *eleito* vice-presidente na chapa de Nixon, mas sim escolhido por ele após a renúncia do vice-presidente Spiro Agnew (acusado por sua vez de corrupção) na primeira indicação de um vice-presidente por tal procedimento após a votação da 25ª Emenda à Constituição dos EUA. Sobre o tema *vide*, por ex., JOHNSON, Paul. *A history of the American people*. Nova York: Harper Collins, 1999. p. 901-905.

[681] MIRANDA, Jorge; MEDEIROS, Rui. *Constituição portuguesa anotada*. Coimbra: Coimbra Editora, 2006. t. II. p. 324.

[682] Necessário, por exemplo, para evitar uma ruptura institucional. Isto pode parecer um exagero nos quadrantes europeus, de democracias aparentemente mais consolidadas, mas nos parece importante em áreas onde a democracia está menos consolidada, como na grande maioria da América Latina, e, em especial, nas novas democracias africanas.

for diminuto o grau de responsabilidade funcional do agente e não haja lugar à exclusão da ilicitude ou da culpa, nos termos gerais.[683]

3.4.6 A necessidade de uma interpretação diferenciada

Para além de prerrogativas reconhecidas nos textos constitucionais, parece-nos necessária a adoção de uma interpretação dos sistemas de responsabilização de agentes políticos na qual a apreciação de seu comportamento leve em consideração o contexto extremamente complexo no qual esses agentes atuam.[684]

Tratando especificamente da responsabilidade criminal dos ministros, Maria Benedita Urbano alerta:

> para as dificuldades que sempre surgem quando se trata de apurá-la em concreto. A doutrina tem avançado com várias justificações para essas dificuldades – algumas das quais, na realidade, não são exclusivas ou típicas do apuramento da responsabilidade dos ministros. São elas, sucintamente, as seguintes: uma certa indefinição quanto aos exactos contornos das funções ministeriais, designadamente, quanto à distinção entre o que é a actividade governativa propriamente dita e a actividade administrativa dos ministros; a complexidade das funções ministeriais; a facilitação da actividade criminosa, dada, por exemplo, a proximidade com os dinheiros públicos, e dadas ainda as informações privilegiadas e as teias de contactos e influências que rodeiam aqueles que ocupam altos cargos do estado; a facilitação do encobrimento das condutas criminosas.[685]

Importa destacar que não há nem necessidade nem justificativa para uma interpretação diferenciada nos crimes em que o agente busca um benefício pessoal (em especial quando se trata de benefício financeiro). Mas esta necessidade se põe de forma especialmente relevante para atos que, embora sejam ao final considerados ilícitos, foram praticados com justificativas legítimas que, se não são suficientes para excluir o delito, devem no mínimo servir como uma atenuante importante. Este problema não escapou da atenção da filosofia política, que o estuda sob a denominação de "mãos sujas democráticas", como o faz Dennis Thompson, que reconhece a existência de um tipo de ilícito "próprio da função pública que paradoxalmente mostra uma aparência mais nobre, pois não é cometido para satisfazer a objetivos pessoais, mas sim na busca do bem comum".[686]

O tema é complexo e a admissão da justificativa abre a possibilidade de sua utilização indiscriminada (como foi o debate sobre o uso do "caixa 2"[687] no Brasil ao longo de 2016-17) por aqueles que se esforçam para pintar seus ilícitos com a justificativa de terem sido praticados "pelo partido", ou "pela causa". Ainda assim, a possibilidade

---

[683] Art. 6º, Lei nº 34/87.

[684] Sim, podemos dizer que em tese *qualquer* processo e qualquer julgamento deve sempre levar em consideração as peculiaridades do caso concreto. No entanto, o que queremos aqui salientar é o contexto especialmente complexo no qual decisões (pelas quais os agentes políticos podem ser responsabilizados) são tomadas.

[685] URBANO, Maria Benedita. Apontamentos esparsos sobre a responsabilidade dos governantes. *In*: SOUSA, Marcelo Rebelo; QUADROS, Fausto de; OTERO, Paulo; PINTO, Eduardo Vera-Cruz. *Estudos em homenagem ao Prof. Doutor Jorge Miranda* – Direito constitucional e justiça constitucional. Coimbra: Coimbra Editora, 2012. v. II. p. 608.

[686] THOMPSON, Dennis F. *La ética política y el ejercicio de cargos públicos*. Barcelona: Gedisa, 1999. p. 25.

[687] Assim denominada a prática de recebimento de doações eleitorais não contabilizadas oficialmente.

de deturpação não deve afastar o reconhecimento de que, por vezes, existem, sim, fortes razões de interesse público que podem, ao menos em parte, explicar o cometimento de atos ilegais em situações extremas.[688]

Este cuidado nos parece ainda mais necessário, quando o crime imputado ao agente é de não ter feito algo por vezes inexequível.[689] Isto é especialmente válido para hipóteses nas quais uma decisão deve ser tomada de forma rápida em situações de risco. Afinal, como indagamos em trabalho anterior,[690] quais deveres de cuidado devem ser levados em conta por alguém que se vê obrigado a tomar uma decisão em situação de risco, bem como quais elementos devem ser considerados na avaliação retrospectiva desta decisão? Propusemos, na ocasião, duas grandes variáveis: a temporal e a informacional.[691]

O aspecto temporal se relaciona ao tempo disponível para tomar a decisão. Isso é especialmente importante, pois, obviamente, quanto menos tempo, menos será exigível do agente político que ele tome certas medidas necessárias a uma decisão bem refletida. Esse ponto está especialmente relacionado ao segundo, uma vez que, quanto menos tempo disponível, mais difícil será coletar as informações necessárias quando essas não estão disponíveis *a priori*. É certo que existem as urgências criadas, ou seja, por vezes se sabe da necessidade de tomar a decisão com antecedência, mas ela só é tomada em cima da hora e, portanto, a questão temporal já não será uma desculpa. Ademais, quanto à responsabilidade pessoal do agente, será necessário verificar há quanto tempo ele é o responsável pela decisão.[692]

A dimensão informacional se refere à circunstância de existir ou não informação disponível para que o agente tome a decisão. Claro que, inexistente ou indisponível a informação, é necessário que o agente tente – se houver tempo e recurso disponível – obtê-la

---

[688] Por exemplo, durante a pandemia do coronavírus-19 foram tomadas, por distintas autoridades, diversas medidas fortemente restritivas de direitos fundamentais (em especial do direito de ir e vir e das liberdades econômicas). É possível que, num futuro exame judicial (com a ameaça da pandemia já ultrapassada), algumas dessas medidas venham a ser consideradas excessivas (e portanto ilegais), mas é evidente que o contexto em que foram tomadas deve ser levado em fortíssima consideração.

[689] Por exemplo, não ter cumprido uma ordem judicial que determinava providências nada simples como disponibilizar leitos para todos aqueles acometidos de determinada doença em determinado local, disponibilizar vagas em escolas públicas para todos os estudantes de certa idade, e tantas outras idênticas decisões tão festejadas por parte significativa, ou mesmo majoritária, da doutrina constitucional brasileira.

[690] MASCARENHAS, Rodrigo Tostes de Alencar. A responsabilidade extracontratual do Estado e de seus agentes por decisões tomadas em situações de risco e incerteza: uma comparação entre Brasil e Portugal. *Revista de Direito Administrativo da FGV*, v. 261, set./dez. 2012. p. 102.

[691] Vale a observação de Judith S. Jones: "In each legal and institutional context, there are consistently two important factors that impact upon factual uncertainty. These are financial, and time constraints. The courts, policymakers and administrative decision-makers all operate within limited timeframes and, at some level, limited resources. No doubt there would be occasions when those legally charged with decision-making responsibilities (judges or juries, policymakers or administrators) might desire further information. Yet decisions are required to be made in the absence of perfect factual information" (JONES, Judith S. Certainty as illusion: the nature and purpose of uncertainty in the law. *In*: BAMMER, Gabriele; SMITHSON, Michael (Org.). *Uncertainty and risk multidisciplinary perspectives*. Londres: Earthscan, 2009. p. 274).

[692] Um bom exemplo, ainda que não necessariamente relacionado a uma específica "decisão", é o das inundações "esperadas" (aquelas decorrentes de chuvas torrenciais que ocorrem em determinada cidade, sempre na mesma época do ano, ainda que com algum grau de variação em sua intensidade). Nesse caso, não seria possível a um município se eximir da responsabilidade por determinado dano (desde que presentes os outros requisitos) alegando desconhecimento da possibilidade de ocorrência de chuvas daquela intensidade. No entanto, um prefeito que tenha assumido seu cargo semanas antes do fato não poderá ser considerado responsável por não ter tomado providências, uma vez que não terá tido tempo para tanto.

ou produzi-la. Aqui, portanto, para além da já comentada dimensão temporal, existem as dimensões tecnológica e financeira. Isto porque produzir informação tem seu custo, que pode ser elevado, e, por vezes, exige a aplicação de tecnologia específica, que pode ou não estar disponível (inclusive pelo custo da própria tecnologia). Assim, é possível que a informação exista ou possa ser produzida em outro lugar, mas o custo deverá ser avaliado. Ademais, nesses casos, o que é exigível de um governo nacional (que controla universidades, por exemplo, e que tem, em geral, mais recursos) é distinto do que se pode exigir de um governo estadual ou regional, ou mesmo de um pequeno município.[693]

Ora, há situações em que, mesmo com tempo disponível, é inviável produzir a informação necessária à tomada da decisão e, portanto, nesses casos extremos não se poderá considerar que uma decisão errada – por falta de informação – possa constituir um ilícito.

Outro tema, relacionado à complexidade do aparelho estatal, e crucial em um sistema de responsabilidade dos agentes políticos, é o de saber até que ponto se pode responsabilizar o superior hierárquico por atos praticados por seus subordinados. Note-se que, tirando os chefes de poder e aqueles na base da pirâmide, todos, em determinada estrutura hierárquica, são ao mesmo tempo superiores e subordinados.[694]

A matéria foi tratada por Flávio Amaral Garcia, que, após constatar a prevalência, no âmbito das Cortes de Contas, do entendimento de que a autoridade hierarquicamente superior é responsável "por todos os atos praticados na licitação ou mesmo durante a execução do contrato administrativo", critica tal posicionamento, com grande clareza quanto aos elementos em jogo:

> a autoridade superior não pratica todos os atos que levam à contratação. Ao revés, recebe os atos prontos para uma decisão, à luz de uma série de procedimentos preparatórios, muitos deles técnicos e financeiros.
>
> [...] o gestor e a autoridade responsável pela unidade recebem o processo com um conjunto de atos previamente praticados, no âmbito da especialidade de cada unidade e de cada autoridade, sendo legítimo presumir válidos tais atos.
>
> Portanto, confiar nos agentes que atuaram no âmbito interno da contratação não representa ato de desídia, dolo, culpa, má-fé, erro grosseiro, intenção de lesar ou fraude. [...].
>
> Destarte, a atuação de cada agente público no processo parte do pressuposto de que o ato antecedente é legítimo e de que os fatos nele invocados são verazes, até restar evidenciada qualquer circunstância que ilida essa presunção.
>
> É evidente – e não poderia ser diferente – que existe uma divisão interna de competências no âmbito de cada estrutura administrativa, a fim de que as matérias sejam examinadas por especialistas nas suas respectivas áreas. A autoridade superior, a quem cabe tomar a decisão final, baseia-se nos atos praticados pelos técnicos de cada setor, não sendo crível cogitar de revisão de cada um dos atos praticados, seja porque tal medida inviabilizaria a escorreita continuidade das atividades administrativas, seja pela ausência de competência técnica para adentrar o mérito dos atos praticados.

---

[693] A própria existência de recursos tem de ser examinada de forma cuidadosa; não basta verificar se existem recursos financeiros em geral, é preciso verificar se existia dotação orçamentária para tanto ou, se inexistindo essa, existia possibilidade de a autoridade pedir ou providenciar transferências.

[694] KHALIFA, Ahmed F. Les conditions préalables à la responsabilité du supérieur hiérarchique devant les juridictions pénales internationales. *Revue de science criminelle*, Paris, n. 4, out./dez. 2010. p. 791.

Portanto, soa absolutamente irrazoável imputar à autoridade superior este dever "revisional" de todos os atos praticados em qualquer esfera e este dever de cautela absoluto – quase que como uma desconfiança generalizada dos atos praticados por cada um dos seus subordinados.

Ignora-se que exista alguma estrutura organizacional (seja na esfera pública ou privada) que funcione sob a lógica da revisão de cada um dos atos praticados pelo agente imediatamente superior, mormente quando se trata de atos de natureza técnica e que, portanto, reclamam *expertise* própria dos agentes por eles responsáveis.[695]

E o autor segue, agora explorando as consequências que adviriam de uma expansão da responsabilidade do superior hierárquico:

a não ser assim, instaurar-se-ia o caos no setor público, pois a cada momento a autoridade – temendo vir a ser "responsabilizada" mais à frente – teria que presumir aprioristicamente a fraude e a ilicitude de tudo que a antecedeu e, consequentemente, se veria compelida a refazer ou a confirmar todos os dados e informações lançados nos autos.

Tem-se que não seria possível, e nem mesmo desejável, que cada agente público que intervém no processo chamasse a si, de forma irrestrita, a responsabilidade de rever e retificar (ou ratificar) todos os atos pretéritos do feito. Isso emperraria a Administração, em detrimento do atendimento do interesse público. Bem ao contrário, à luz do princípio da eficiência (art. 37, *caput*, da CF), cumpre a cada agente da Administração Pública desempenhar com zelo, qualidade e rapidez a tarefa que lhe toca, de acordo com a norma de competência pertinente.

Enfim, se os agentes públicos retornassem, eternamente, ao começo de tudo, o resultado prático de tal inversão de princípios seria, inevitavelmente, a completa paralisação da Administração Pública, com graves prejuízos ao atendimento do interesse público primário e ao princípio da eficiência.[696]

A questão sempre foi debatida em direito penal internacional e mereceu disposição expressa no Estatuto de Roma (art. 28).[697] A partir deste dispositivo o Tribunal Penal Internacional tem desenvolvido o conceito de "controle efectivo" definido, segundo

---

[695] GARCIA, Flavio Amaral. *Licitações e contratos administrativos*. Casos e polêmicas. 4. ed. São Paulo: Malheiros, 2016. p. 199-201.

[696] GARCIA, Flavio Amaral. *Licitações e contratos administrativos*. Casos e polêmicas. 4. ed. São Paulo: Malheiros, 2016. p. 201.

[697] "Artigo 28. Responsabilidade dos Chefes Militares e outros Superiores Hierárquicos Além de outras fontes de responsabilidade criminal previstas no presente Estatuto, por crimes da competência do Tribunal: a) O chefe militar, ou a pessoa que atue efetivamente como chefe militar, será criminalmente responsável por crimes da competência do Tribunal que tenham sido cometidos por forças sob o seu comando e controle efetivos ou sob a sua autoridade e controle efetivos, conforme o caso, pelo fato de não exercer um controle apropriado sobre essas forças quando: i) Esse chefe militar ou essa pessoa tinha conhecimento ou, em virtude das circunstâncias do momento, deveria ter tido conhecimento de que essas forças estavam a cometer ou preparavam-se para cometer esses crimes; e ii) Esse chefe militar ou essa pessoa não tenha adotado todas as medidas necessárias e adequadas ao seu alcance para prevenir ou reprimir a sua prática, ou para levar o assunto ao conhecimento das autoridades competentes, para efeitos de inquérito e procedimento criminal. b) Nas relações entre superiores hierárquicos e subordinados, não referidos na alínea *a*), o superior hierárquico será criminalmente responsável pelos crimes da competência do Tribunal que tiverem sido cometidos por subordinados sob a sua autoridade e controle efetivos, pelo fato de não ter exercido um controle apropriado sobre esses subordinados, quando: a) O superior hierárquico teve conhecimento ou deliberadamente não levou em consideração a informação que indicava claramente que os subordinados estavam a cometer ou se preparavam para cometer esses crimes; b) Esses crimes estavam relacionados com atividades sob a sua responsabilidade e controle efetivos; e c) O superior hierárquico não adotou todas as medidas necessárias e adequadas ao seu alcance para prevenir ou reprimir a

Ahmed Khalifa, como "capacidade material de impedir ou de punir as infrações cometidas".[698]

Note-se que o TPI considera que a existência de superioridade hierárquica formal não é nem suficiente nem necessária para fazer surgir a responsabilidade. O que importaria, na verdade, é a superioridade de fato.[699] O ponto é importante pois é relativamente comum, na prática política, que a determinados agentes políticos seja "dada autoridade" sobre setores da administração que não estão "formalmente" sob sua autoridade.[700] Por vezes há alguma formalização (criação de grupos de trabalho ou coordenadorias), mas, por outras, a atribuição é informal, comunicada aos demais integrantes de um governo oralmente, mas é amplamente respeitada.

Ainda assim, a questão fica mais complexa quando se recorda a existência de vários níveis na administração pública (quantos superiores respondem?), a dificuldade de estar a par de tudo que ocorre e o fato de que, na área civil, o respeito à hierarquia não tem a densidade que alcança na área militar.

A primeira turma do STF colocou limites importantes à responsabilidade hierárquica em ação penal contra prefeito (que, posteriormente eleito deputado federal, passou a ter foro no STF).[701] O relator ressaltou que a denúncia não indicou a participação ou conhecimento dos fatos supostamente ilícitos pelo acusado que aparentemente tinha sido incluído entre os acusados,

> em razão, unicamente, da função pública hierarquicamente superior que então ocupava, sem indicação mínima de sua participação em prática ilícita, em conluio com os demais envolvidos, evidenciando-se, assim, a violação à responsabilidade penal subjetiva, cuja demonstração repele a responsabilidade presumida, em contraposição à responsabilidade objetiva, objurgada em matéria penal.[702]

Prevaleceu a tese de que a:

> mera subordinação hierárquica de agentes públicos ou servidores municipais não implica a automática responsabilização criminal do Prefeito. Noutros termos: não se pode presumir a responsabilidade criminal do Prefeito, simplesmente com apoio em "ouvir dizer" das testemunhas; sabido que o nosso sistema jurídico penal não admite a culpa por presunção.[703]

A decisão salienta que, antes de ser eleito deputado federal, o réu já detinha prerrogativa de foro pelo fato de ser prefeito (foro perante o tribunal de justiça do estado, na forma do art. 29, X da CRFB), e que tal prerrogativa não foi atendida no que

---

sua prática ou para levar o assunto ao conhecimento das autoridades competentes, para efeitos de inquérito e procedimento criminal".

[698] KHALIFA, Ahmed F. Les conditions préalables à la responsabilité du supérieur hiérarchique devant les juridictions pénales internationales. *Revue de science criminelle*, Paris, n. 4, out./dez. 2010. p. 791. p. 791.

[699] KHALIFA, Ahmed F. Les conditions préalables à la responsabilité du supérieur hiérarchique devant les juridictions pénales internationales. *Revue de science criminelle*, Paris, n. 4, out./dez. 2010. p. 791. p. 793.

[700] Por vezes o "destinatário da autoridade" sequer é formalmente um agente político, ostentando cargo de mera assessoria.

[701] AP nº 912/PB. Rel. Min. Luiz Fux, j. 14.2.2017, acórdão publicado em 16.5.2017.

[702] Ementa do acórdão.

[703] Ementa do acórdão.

se refere à fiscalização judicial dos atos de investigação, revelando a importância do foro como forma de reduzir o risco de investigações motivadas por razões políticas.[704]

Mas as situações de urgência e risco ou o tema da responsabilidade hierárquica não são os únicos nos quais a atuação dos agentes políticos deve ser visualizada sob um filtro específico. Na verdade, todos os elementos já tratados neste capítulo, que indicam a necessidade de tratamento diferenciado, também apontam para uma necessidade de interpretação diferenciada das condutas e das normas jurídicas que tratam da apuração dessa responsabilidade (tenham elas consagrado tratamento diferenciado ou não). Trata-se dos elementos que condicionam o atuar e a tomada de decisões por parte dos agentes, incluindo a amplíssima lista de temas sobre os quais o agente é chamado a decidir (sem formação e por vezes sem suporte técnico), a profunda constitucionalização e, em especial no Brasil, a judicialização de toda a atuação estatal, a complexidade de funcionamento do aparelho estatal com a necessidade de respeito por normas com os mais distintos graus de vinculação e de abstração, os critérios temporais e, por fim, o medo das possíveis consequências de seus atos, por mais bem intencionados e justificáveis que tenham parecido na ocasião de sua prática.

Em grande medida a necessidade de uma interpretação diferenciada foi reconhecida no Brasil por meio da Lei nº 13.655/18, que alterou a Lei de Introdução às Normas do Direito Brasileiro,[705] introduzindo uma série de normas gerais sobre a interpretação e aplicação do direito público. Entre as mais relevantes destaca-se o art. 22,[706] segundo o qual "na interpretação de normas sobre gestão pública, serão considerados os obstáculos e as dificuldades reais do gestor e as exigências das políticas públicas a seu cargo, sem prejuízo dos direitos dos administrados". O dispositivo (§1º) também estabelece que a decisão sobre regularidade de conduta ou validade de ato, contrato, ajuste, processo ou norma administrativa deve considerar as circunstâncias práticas que houverem imposto, limitado ou condicionado a ação do agente. Ou seja, a norma é especialmente feliz pois determina que se levem em conta as mencionadas circunstâncias quando da avaliação de atos de agentes públicos, o que inclui os processos de responsabilização do próprio agente.

Registre-se, na legislação portuguesa, outro excelente exemplo de norma que leva em consideração as questões aqui tratadas. Trata-se da lei portuguesa sobre os

---

[704] "A condução do inquérito sem submissão ao controle do Tribunal competente produziu nulidades que contaminam os elementos que serviram de apoio à denúncia. *In casu*, ao arrepio da legalidade, foram aproveitados pelo órgão acusatório supostas declarações colhidas em âmbito estritamente privado, sem a presença de autoridades públicas habilitadas a conferir fé pública, legitimidade e validade mínima para os supostos depoimentos, havendo mesmo uma assim chamada testemunha que nega ter comparecido ao escritório onde as declarações teriam sido reduzidas a termo. O procedimento de produção de indícios seguido nestes autos é absolutamente inaceitável, máxime por inexistir motivo que impedisse os interessados de procurar os órgãos estatais voltados à persecução penal – polícia, Ministério Público – para prestar as declarações e esclarecimentos pretendidos. As declarações fornecidas, unilateralmente, por escritório de advocacia ligado à assessoria jurídica de partidos e políticos adversários do acusado, além de não obedecerem minimamente à ritualística procedimental prevista no Código de Processo Penal para o inquérito policial, de qualquer modo não lograram indicar a participação ou conhecimento dos fatos supostamente ilícitos pelo acusado ora detentor da prerrogativa de foro perante esta Corte" (p. 47 do acórdão).

[705] Decreto-Lei nº 4.657, de 4.9.1942.

[706] Também merece destaque o art. 28: "O agente público responderá pessoalmente por suas decisões ou opiniões técnicas em caso de dolo ou erro grosseiro".

crimes da responsabilidade de titulares de cargos políticos (Lei nº 34/87), que tem um dispositivo (art. 6º) denominado "atenuação especial", segundo o qual:

> A pena aplicável aos crimes de responsabilidade cometidos por titular de cargo político no exercício das suas funções poderá ser especialmente atenuada, para além dos casos previstos na lei geral, quando se mostre que o bem ou valor sacrificados o foram para salvaguarda de outros constitucionalmente relevantes ou quando for diminuto o grau de responsabilidade funcional do agente e não haja lugar à exclusão da ilicitude ou da culpa, nos termos gerais.

Isso significa que certas circunstâncias especiais de tomada de decisão pelo agente (no caso a salvaguarda de valores ou bens constitucionalmente relevantes, ainda que em detrimento de outros, considerados *in casu* como mais importantes, ou o diminuto grau de responsabilidade funcional do agente) devem ser sempre levadas em consideração, seja para excluir a ilicitude ou a culpa ou, ao menos, para reduzir a penalidade.

3.5 Conclusão

Em conclusão deste capítulo, consideramos que a continuidade de certas prerrogativas é não apenas compatível com o regime democrático; mais do que isso, é uma exigência para sua sustentabilidade em longo prazo.

Em um estudo sobre a sociedade do risco e o estado de bem-estar, Ulrich Beck, após afirmar que a "época do risco nos impõe a todos a carga de tomar decisões cruciais que podem mesmo afetar nossa sobrevivência sem nenhum fundamento adequado no conhecimento", chega ao ponto de dizer que a sociedade de risco:

> está provocando uma aposta obscena, um tipo de inversão irônica de predestinação: me exigem responsabilidades por decisões que me vi obrigado a tomar sem conhecer de forma adequada a situação. A liberdade de decisão da qual desfruta o sujeito da sociedade de risco é a "liberdade" de alguém que está obrigado a tomar decisões sem ser consciente de suas consequências.[707]

Com efeito, a atual sociedade de risco apresenta um desafio especial para o direito: é preciso ter muita habilidade para manter o equilíbrio entre a necessidade de garantir que as decisões públicas sejam tomadas com cuidado – e os sistemas de responsabilização são um instrumento para isso – e a necessidade de garantir que o agente político tenha um mínimo de tranquilidade para tomar decisões, sem que algum erro nelas – verificado posteriormente – leve necessariamente a uma punição.[708]

O fato é que, hoje, o agente público eleito para chefiar o Poder Executivo ou nomeado para chefiar um ministério assume o comando de organizações estatais cada vez mais complexas (com milhares de subordinados e órgãos distintos, cada um com competências e atribuições diversas, raramente delimitadas de forma clara). Ele ou ela recebem as mais variadas demandas da sociedade (por saúde, educação,

---

[707] BECK, Ulrich. *La sociedad del riesgo global*. 2. ed. 2. reimpr. Madri: Siglo XXI, 2009. p. 123.

[708] Voltaremos ao tema no Capítulo 8.

emprego, habitação, lazer, segurança, transporte, entre outros). Essas demandas, que representavam – até 20 anos atrás – uma questão puramente política (ou seja, seu não atendimento acarretava sanções puramente políticas), foram *juridicizadas* pelo extraordinário ganho de densidade jurídica dos direitos fundamentais (individuais e, em especial, sociais). Assim, aquilo que era uma demanda ou reivindicação puramente política pode ser transformado – *e no Brasil é transformado com uma facilidade inigualável* – em uma imposição jurídica sustentada em ordens judiciais cujo descumprimento pode acarretar a punição pessoal do agente político.

Por outro lado, para atender a estas demandas –[709] voluntariamente ou obrigado por uma ordem judicial –, o agente público tem que atuar dentro de uma moldura igualmente complexa, composta basicamente pelas normas do direito administrativo e fiscal, que, por sua origem distinta, enfatizam valores como a formalidade, o procedimentalismo e a responsabilidade fiscal,[710] valores nem sempre compatíveis com o atendimento tempestivo e suficiente das mesmas demandas.

Considerar que alguém vai assumir um cargo assim e que estará sujeito aos esquemas ordinários de responsabilização – esquemas que, insistimos, não se aplicam a outros agentes públicos como juízes e promotores –, sem qualquer alteração que leve em conta tais desafios, fará com que pessoas honestas não aceitem tais cargos. O brocardo popular que afirma que "quem não deve não teme" é sempre lembrado por arautos de uma leitura literal da igualdade. Mas o brocardo é em boa medida falso. Com efeito, quem não deve – mas conhece minimamente os desafios à frente de quem pretende assumir certos cargos públicos no Brasil – deve temer, e muito. Estará sujeito a um dos distintos regimes que serão tratados a seguir, além de outros (já que esta tese não esgota todos os sistemas responsabilizatórios aos quais os agentes políticos estão sujeitos), muitos interpretados de forma a buscar punir sempre que possível, nem sempre atingindo o agente desonesto, mas cotidianamente atingindo o agente honesto e, em especial, aquele que quer fazer algo. O equilíbrio e a viabilidade do Poder Executivo exigem o reconhecimento de que o estatuto dos agentes políticos não pode prescindir das garantias necessárias à sua atuação.

---

[709] Para comprar medicamentos, construir habitações e escolas, criar empregos, prover serviços públicos, garantir segurança etc.

[710] Sobre o tema remetemos ao nosso artigo (parcialmente reproduzido na nota de rodapé n. 346 no Capítulo 2) MASCARENHAS, Rodrigo Tostes de Alencar. Como atender às demandas da população com o atual direito público? *Tribuna do Advogado*, Rio de Janeiro, ano XLII, n. 351, out. 2013. p. 24-25.

PARTE II

A RESPONSABILIDADE COM ÊNFASE NO PASSADO

CAPÍTULO 4

O *IMPEACHMENT* E A RESPONSABILIDADE CRIMINAL DOS AGENTES POLÍTICOS

4.1 Introdução

Os dois principais regimes de responsabilização jurídica punitiva[711] dos agentes políticos no Brasil estão estruturados em torno de uma distinção inicial entre crimes comuns e crimes de responsabilidade.[712] É a partir desta distinção (ou da opção entre

---

[711] Não estamos, portanto, tratando da responsabilidade reparatória dos agentes políticos no âmbito da denominada responsabilidade civil do estado. Sobre o tema, *vide* ANDRADE, José Carlos Vieira de. A responsabilidade por danos decorrentes do exercício da função administrativa na nova lei sobre responsabilidade civil extracontratual do Estado e demais entes públicos. *Revista de Legislação e Jurisprudência*, n. 3951, p. 360-371, jul./ago. 2008; CADILHA, Carlos Alberto Fernandes. *Regime da responsabilidade civil extracontratual do Estado e demais entidades públicas, anotado.* Coimbra: Coimbra Editora, 2008; GOMES, Carla Amado. *Textos dispersos sobre direito da responsabilidade civil extracontratual das entidades públicas.* Lisboa: AAFDL, 2010; e SOUSA, Marcelo Rebelo. *Direito administrativo geral.* Actividade administrativa – Responsabilidade civil administrativa. Lisboa: Dom Quixote, 2008. t. III.

[712] Na verdade, ao menos para os chefes de poder (PR, governadores e prefeitos), é possível até sustentar que essas são as únicas possibilidades de responsabilização punitiva de tais agentes, uma vez que a Lei de Improbidade Administrativa não lhes seria aplicável. Trata-se, no entanto, de matéria bastante polêmica, que será abordada no próximo capítulo. Além disso, os sistemas de controle externo capitaneados pelos tribunais de contas embora não sejam essencialmente punitivos, já que a obrigação principal é a de prestar contas (no sentido de explicar o que foi feito e o porquê), podem ter consequências ressarcitórias e punitivas. Vale aqui referir a sistematização feita por José Roberto Pimenta Oliveira que, a partir dos quatro elementos que reputa estruturais para a construção dogmática de distintos sistemas de responsabilização (a configuração do ilícito, a delimitação das consequências jurídicas, a especificação dos bens jurídicos protegidos e o processo aplicável), chega ao número impressionante de nove distintos sistemas de responsabilização albergados pela CRFB e que constituiriam o "sistema constitucional de responsabilidade dos agentes públicos". Em primeiro lugar o autor lista cinco sistemas de responsabilização "aplicáveis a quaisquer agentes públicos, donde o rótulo de *esferas gerais autônomas de responsabilidade dos agentes públicos*: (1) *a responsabilidade por ilícito civil* (art. 36§6º)", de cunho reparatório; "(2) *a responsabilidade por ilícito penal comum* (art. 22, I); (3) *a responsabilidade por ilícito eleitoral* (art. 14 e 22, I); (4) *a responsabilidade por irregularidade de contas* (art. 71, VIII); (5) a responsabilidade por ato de improbidade administrativa (art. 37, §4º)". As duas últimas com caráter punitivo e reparatório. Além disso, o autor lista três "esferas especiais autônomas de responsabilização dos agentes públicos" "restringidas a determinados agentes ou categorias de agentes públicos", a saber: "(6) *a responsabilidade político constitucional*, consubstanciada na previsão de crimes de responsabilidade"; "(7) *a responsabilidade político-legislativa*, consistente na decretação da perda do mandato parlamentar, pelas infrações previstas no artigo 55; (8) *a responsabilidade administrativa*, incidente , excluídos os cargos políticos, sobre todos os titulares de cargo, função e emprego público". Finalmente, o autor identifica a existência de uma "*esfera geral de responsabilidade dos agentes públicos, não autônoma*, derivada da: (9) responsabilidade pela prática de discriminação atentatória dos direitos e liberdades fundamentais" (OLIVEIRA, José Roberto Pimenta. *Improbidade administrativa e sua autonomia constitucional.* Belo Horizonte: Fórum, 2009. p. 85-86; 91-141, grifos no original). Também é indispensável fazer referência à divisão feita por Maria Benedita Urbano, para quem a responsabilidade dos governantes "assume várias vertentes. Desde as tradicionais responsabilidades jurídica (criminal e civil) e política, à partida viáveis em relação à generalidade dos governantes, até à responsabilidade financeira e/ou orçamental, esta última direccionada ao(s) titular(es) do poder executivo"; responsabilidade (financeira/orçamental) que a autora considera "híbrida, simultaneamente jurídica e política" (URBANO, Maria Benedita. Apontamentos

considerar um comportamento como teoricamente enquadrável em um ou outro tipo de ilícito) que se distingue o processo aplicável, o tribunal competente, o padrão (mais ou menos conformado pelo direito) de análise das imputações e outros aspectos.

Assim, para os crimes de responsabilidade o processo é conhecido por sua denominação anglo-saxônica de *impeachment*[713] (a expressão não está na CRFB, mas é consagrada), que poderia ser traduzida como "impedimento", mas este último termo acabou sendo utilizado para designar outras situações (a impossibilidade de assumir ou continuar em determinado cargo ocasionada não pela aplicação de uma pena, mas por outros motivos, como os ligados à saúde do agente),[714] consagrando-se o uso da denominação do instituto em sua língua de origem. Para os crimes comuns, aplica-se o processo penal ordinário com algumas derrogações.

Registre-se que a referida distinção é mais acentuada em relação às autoridades (entre as quais o chefe do Executivo),[715] que têm o Senado (ou uma casa legislativa ou um tribunal misto) como foro competente para julgar os crimes de responsabilidade,

---

esparsos sobre a responsabilidade dos governantes. *In*: SOUSA, Marcelo Rebelo; QUADROS, Fausto de; OTERO, Paulo; PINTO, Eduardo Vera-Cruz. *Estudos em homenagem ao Prof. Doutor Jorge Miranda* – Direito constitucional e justiça constitucional. Coimbra: Coimbra Editora, 2012. v. II. p. 598-599).

[713] Paulo Brossard, em sua obra de referência sobre o tema, afirma que o processo que contra os ministros do STF e o procurador-geral da República "se desenrola, exclusivamente, perante o Senado Federal" "não mereceria o nome de impeachment" (BROSSARD, Paulo. *O impeachment*: aspectos da responsabilidade política do Presidente da República. 3. ed. São Paulo: Saraiva, 1992. p. 6). Para o autor, portanto, *impeachment* seria apenas o processo movido por crimes de responsabilidade praticados pelos chefes do Poder Executivo. A afirmação é feita em nota de rodapé, sem maiores justificações. É verdade que os processos contra os chefes do Poder Executivo têm características especialíssimas, mas nos parece que todos os processos por crimes de responsabilidade que têm o Senado Federal como foro competente têm características suficientemente comuns – o tribunal, os parâmetros de avaliação da conduta (ou seja, os crimes de responsabilidade), e, em boa medida o processo – que justificam seu tratamento sob o nome de *impeachment* como, aliás, ocorre nos EUA.

[714] "'Impedimento' é qualquer causa que obsta ao exercício de cargo ou função pública. Esse obstáculo pode ser de fato ou de direito. Uma doença é um fato que impede o exercício do cargo ou função. Uma licença é um obstáculo jurídico, porque o titular do cargo ou função se afasta de seu exercício por um ato jurídico. É verdade que a doença, fato, é pressuposto para afastamento jurídico, mediante licença para tratamento de saúde. Férias também são um obstáculo jurídico, porque o titular de cargo ou função em gozo de férias está afastado, de direito, de seu exercício. A suspensão também é um impedimento jurídico. Assim, quando o presidente fica suspenso de suas funções, por recebimento da denúncia nos crimes comuns ou instauração do processo de crime de responsabilidade, tem-se uma causa que o impede de exercer aquelas mesmas funções (art. 85, §1º). Se o presidente for, por exemplo, sequestrado, aí temos um impedimento de fato que obsta ao exercício do cargo. O impedimento é, assim, uma situação temporária, de fato ou de direito, que não permite ao titular cumprir os deveres e responsabilidades de seu cargo ou função. Por isso se lhe dá substituto enquanto durar essa situação. *Impeachment* é um ato pelo qual se aplica ao presidente da República a sanção de perda do cargo. O *impeachment* é ato de cassação do mandato do presidente da República. É, pois, impedimento definitivo, que tem como consequência a vacância do cargo. A hipótese, pois, já não é de substituição, mas de sucessão" (SILVA, José Afonso da. *Comentário contextual à Constituição*. 8. ed. São Paulo: Malheiros, 2012. p. 487).

[715] As autoridades que têm o Senado como foro competente para os processos de *impeachment* são (segundo o art. 52, I e II, da CRFB): o presidente e o vice-presidente da República, os ministros do Supremo Tribunal Federal, os membros do Conselho Nacional de Justiça e do Conselho Nacional do Ministério Público, o procurador-geral da República e o advogado-geral da União, bem como os ministros de estado e os comandantes da Marinha, do Exército e da Aeronáutica, mas apenas nos casos de crimes da mesma natureza conexos com crimes cometidos pelo presidente ou pelo vice-presidente. Além disso, os governadores e prefeitos estão sujeitos ao *impeachment*, mas, quanto aos governadores, a previsão (constante na maioria das Constituições estaduais) das Assembleias Legislativas como tribunal competente foi considerada inconstitucional pelo STF em julgamento (já mencionado), de 12.2.2015 (ADI nº 4.791/PR. Rel. Min. Teori Zavascki, 12.2.2015; ADI nº 4.800/RO. Rel. Min. Cármen Lúcia, 12.2.2015).

CAPÍTULO 4
O *IMPEACHMENT* E A RESPONSABILIDADE CRIMINAL DOS AGENTES POLÍTICOS | 219

e menos acentuada em relação aos agentes que têm um mesmo tribunal competente[716] para julgar crimes comuns e de responsabilidade.

O processo pela prática de crime comum não será tratado, salvo no que se refere às questões especificamente constitucionais, que se limitam basicamente à fase pré-processual de análise quanto ao pedido de autorização para sua abertura. Nossa opção se justifica porque o processo penal, por sua independência doutrinária bem reconhecida, não levanta as extremamente difíceis questões constitucionais impostas pelo *impeachment*,[717] cuja natureza mesma já é objeto de enorme divergência.

De todo modo, em relação a certos agentes, a instauração de processo tanto por crime comum como por crime de responsabilidade depende de autorização parlamentar. Assim, começaremos este capítulo com a análise dessa autorização.

4.2 A autorização parlamentar

A previsão da competência da Câmara dos Deputados para autorizar, por dois terços de seus membros, "a instauração de processo contra o Presidente e o Vice-Presidente da República e os Ministros de Estado" está prevista no art. 51, I da CRFB e, em relação ao PR, é repetida pelo art. 86.

Embora o art. 51, I da CRFB também inclua os ministros de Estado, o STF, em decisão tomada em 1990 – numa das primeiras manifestações do que depois se chamaria de "interpretação retrospectiva" –[718] entendeu que "em face da interpretação sistemática da Constituição, o requisito de procedibilidade a que alude seu art. 51, I, se restringe, no tocante aos ministros de Estado, aos crimes comuns e de responsabilidade conexos com os da mesma natureza imputados ao Presidente da República".[719]

---

[716] Tribunal que é: (i) o Supremo Tribunal Federal nos casos de ministros de Estado, comandantes da Marinha, do Exército e da Aeronáutica (ressalvado a hipótese de conexão referida na nota anterior), membros dos Tribunais Superiores, do Tribunal de Contas da União e os chefes de missão diplomática de caráter permanente (art. 102, I, "c" da CRFB); (ii) o Superior Tribunal de Justiça em relação aos desembargadores dos Tribunais de Justiça dos estados e do Distrito Federal, os membros dos Tribunais de Contas dos estados e do Distrito Federal, os membros dos Tribunais Regionais Federais, dos Tribunais Regionais Eleitorais e do Trabalho, os membros dos Conselhos ou Tribunais de Contas dos municípios e os do Ministério Público da União que oficiem perante tribunais (art. 105, I, "a" da CRFB), e (iii) os Tribunais de Justiça em relação aos juízes estaduais e do Distrito Federal e Territórios, bem como os membros do Ministério Público (art. 96, III da CRFB).

[717] Não que o processo penal contra um agente político não levante questões difíceis. Ocorre que tais questões, para além das prerrogativas estudadas no Capítulo 3, serão em geral resolvidas no campo do direito processual penal.

[718] Luís Roberto Barroso, em passagem celebrada, considera a "interpretação retrospectiva" como uma "das patologias crônicas da hermenêutica constitucional brasileira", "pela qual se procura interpretar o texto novo de maneira a que ele não inove nada, mas, ao revés, fique tão parecido quanto possível com o antigo" e, em seguida, cita o grande processualista brasileiro, José Carlos Barbosa Moreira, que explica essa "técnica" da seguinte forma: "Põe-se ênfase nas semelhanças, corre-se um véu sobre as diferenças e conclui-se que, à luz daquelas, e a despeito destas, a disciplina da matéria, afinal de contas, mudou pouco, se é que na verdade mudou. É um tipo de interpretação... em que o olhar do intérprete dirige-se antes ao passado que ao presente, e a imagem que ele capta é menos a representação da realidade que uma sombra fantasmagórica" (BARROSO, Luís Roberto. *Interpretação e aplicação da Constituição*. 3. ed. São Paulo: Saraiva, 1999. p. 71).

[719] Ementa da Questão de Ordem na Queixa-Crime nº 427-8/DF. *DJ*, 15 out. 1993. Discordamos de tal decisão que, a nosso ver, distorce texto suficientemente claro, e que só parece se explicar pela enorme desconfiança contra qualquer prerrogativa atribuída aos agentes do Poder Executivo no período imediatamente posterior à redemocratização do Brasil e à aprovação da Constituição de 1988 (tema que tratamos no Capítulo 3). Manoel Gonçalves Ferreira Filho, por exemplo, em comentários ao mesmo dispositivo, não fez a "ressalva" efetuada pelo STF: "A atual Constituição prevê aqui uma fase preliminar em relação ao processo do Presidente da República, do Vice-Presidente ou dos Ministros de Estado, quer nos crimes comuns, quer nos crimes de responsabilidade.

Além disso, os processos contra os governadores de estado – seja por crime comum, seja por crime de responsabilidade – também estão sujeitos à autorização das Assembleias Legislativas conforme previsão nas respectivas constituições. Aliás, a regra (art. 51, I CRFB) segundo a qual o PR só pode ser processado após autorização da Câmara foi considerada tão necessária ao princípio da separação e harmonia dos poderes que sua importação (pelas constituições estaduais), em favor dos governadores, foi considerada como derivando "diretamente da própria Constituição federal", que nada fala sobre o assunto.[720]

No que se refere aos governadores, há dois aspectos a serem ainda mencionados. O primeiro é que, no que se refere aos crimes comuns, o foro de processo e julgamento é o Superior Tribunal de Justiça, ou seja, um tribunal federal. Isso traz uma dimensão federativa sensível ao tema, que foi reconhecida pelo STF, nos seguintes termos:

> Governador de Estado: processo por crime comum: competência originária do Superior Tribunal de Justiça que não implica a inconstitucionalidade da exigência pela Constituição Estadual da autorização prévia da Assembleia Legislativa. I - A transferência para o STJ da competência originária para o processo por crime comum contra os Governadores, ao invés de elidi-la, reforça a constitucionalidade da exigência da autorização da Assembleia Legislativa para a sua instauração: se, no modelo federal, a exigência da autorização da Câmara dos Deputados para o processo contra o Presidente da República finca raízes no princípio da independência dos poderes centrais, à mesma inspiração se soma o dogma da autonomia do Estado-membro perante a União, quando se cuida de confiar a própria subsistência do mandato do Governador do primeiro a um órgão judiciário federal.[721]

No entanto – segundo aspecto –, esta mesma previsão de autorização das assembleias legislativas como condição para instauração de processo por crime comum foi atacada em diversas ações mais recentes propostas pela Ordem dos Advogados do Brasil, com os fundamentos usualmente utilizados para o ataque às prerrogativas dos agentes políticos em geral. Nestas ações,[722] embora o STF tenha considerado constitucional tal exigência, dos nove ministros que participaram do julgamento, um votou pela sua derrubada e dois, embora tenham seguido a maioria, expressamente ressalvaram a necessidade de voltar à questão, que, segundo o Ministro Luís Roberto Barroso, estaria "na fronteira entre a inconveniência política e a inconstitucionalidade".[723] Trata-se, portanto, de tema cuja constitucionalidade continuará em suspenso.

Nenhum processo dessa natureza poderá iniciar-se sem que antes a Câmara o autorize, pela maioria qualificada de dois terços de seus membros. Estabelece com isto, em favor dessas autoridades, uma prerrogativa análoga à que confere aos congressistas no art. 53, §1" (FERREIRA FILHO, Manoel Gonçalves. *Comentários à Constituição brasileira de 1988*. 3. ed. São Paulo: Saraiva, 2000. v. 1. p. 319). A atuação do STF neste caso nos faz lembrar a advertência de Loewenstein: "cuenta menos el texto o la intención de una constitución, que el uso que los detentadores del poder establecido y las personalidades en las posiciones claves hagan de las funciones que les han sido asignadas" (LOEWENSTEIN, Karl. *Teoría de la constitución*. 2. ed. 4. reimpr. Barcelona: Ariel Derecho, 1986. p. 122).

[720] No acórdão da ADI nº 1.022-1/600, esse ponto é mencionado várias vezes (por ex., p. 726-727), incluindo referências a decisões anteriores (por ex., a Ação Penal nº 303-DF).

[721] RE nº 159.230. Rel. Min. Sepúlveda Pertence, j. 28.3.1994. *DJ*, 10 jun. 1994.

[722] ADI nº 4.791/PR. Rel. Min. Teori Zavascki, 12.2.2015.

[723] ADI nº 4.791. p. 32.

CAPÍTULO 4
O *IMPEACHMENT* E A RESPONSABILIDADE CRIMINAL DOS AGENTES POLÍTICOS | 221

4.2.1 Histórico, justificativa e natureza

A exigência de que a instalação ou, por vezes, a continuidade de processos punitivos dirigidos contra certos agentes políticos estejam submetidas à autorização de assembleias legislativas ou de órgãos mistos é (como visto no Capítulo 3) algo bastante comum. Na verdade, desde o *impeachment* inglês já existia a separação entre a decisão de submeter uma autoridade ao *impeachment* (que cabia à Câmara dos Comuns) e a competência para o julgamento (que cabia à Câmara dos Lordes).[724]

É de se registrar a existência de constituições que atribuem tal função ao parlamento (à câmara baixa no caso dos bicamerais)[725] e constituições que a atribuem a uma comissão especialmente formada para tal fim.[726]

No Brasil, a exigência de aprovação da Câmara dos Deputados para que se proceda à acusação contra agentes políticos remonta à Constituição Monárquica de 1824, que a consagra para os ministros em geral.[727] O instituto é mantido, para o PR (e para os ministros em crimes conexos), pela 1ª Constituição Republicana, de 1891[728] e, ainda que com sensível modificação, pela Constituição de 1934.[729] A Carta outorgada

---

[724] *Vide*, por exemplo, *O federalista*, n. 65 (HAMILTON, Alexander; MADISON, James; JAY, John. *The federalist papers*. Nova York: Signet Classic, 2003. p. 395-396).

[725] Em geral tal atribuição é dada às denominadas "câmaras baixas", mas existem casos, como o da Áustria (nos casos de responsabilidade por violações da Constituição) em que a decisão de aceitação da acusação depende de aprovação das duas casas legislativas.

[726] Hipótese prevista no art. 68-2 da CRF: "La Cour de justice de la République comprend quinze juges: douze parlementaires élus, en leur sein et en nombre égal, par l'Assemblée nationale et par le Sénat après chaque renouvellement général ou partiel de ces assemblées et trois magistrats du siège à la Cour de cassation, dont l'un préside la Cour de justice de la République. Toute personne qui se prétend lésée par un crime ou un délit commis par un membre du Gouvernement dans l'exercice de ses fonctions peut porter plainte auprès *d'une commission des requêtes. Cette commission ordonne soit le classement de la procédure, soit sa transmission au procureur général près la Cour de cassation aux fins de saisine de la Cour de justice de la République*. Le procureur général près la Cour de cassation peut aussi saisir d'office la Cour de justice de la République sur avis conforme de la commission des requêtes. Une loi organique détermine les conditions d'application du présent article". A *commission des requêtes*, segundo Rosario Mahamut, é integrada por sete membros: três magistrados da Corte de Cassação, dois conselheiros do Conselho de Estado e dois conselheiros da Corte de Contas (GARCÍA MAHAMUT, Rosario. *La responsabilidad penal de los miembros del Gobierno en la Constitución*. Madri: Tecnos, 2000. p. 81-82).

[727] "Art. 38. É da privativa attribuição da mesma Camara decretar, que tem logar a accusação dos Ministros de Estado, e Conselheiros de Estado".

[728] "Art. 29. Compete à Câmara [...] a declaração da procedência, ou improcedência da acusação contra o Presidente da República, nos termos do art. 53, e contra os Ministros de Estado nos crimes conexos com os do Presidente da República".

[729] A Constituição de 1934 se afasta sensivelmente do modelo dos EUA (autorização pela Câmara e julgamento pelo Senado), ao estabelecer um tribunal misto e ao manter a autorização da câmara, mas sujeita a prazo e a um regime de autorização tácita. Confira-se o dispositivo: "Art. 58. O Presidente da República será processado e julgado nos crimes comuns, pela Corte Suprema, e nos de responsabilidade, por um Tribunal Especial, que terá como presidente o da referida Corte e se comporá de nove Juízes, sendo três Ministros da Corte Suprema, três membros do Senado Federal e três membros da Câmara dos Deputados. O Presidente terá apenas voto de qualidade. §1º Far-se-á a escolha dos Juízes do Tribunal Especial por sorteio, dentro de cinco dias úteis, depois de decretada a acusação, nos termos do §4º, ou no caso do §5º deste artigo. §2º A denúncia será oferecida ao Presidente da Corte Suprema, que convocará logo a Junta Especial de Investigação, composta de um Ministro da referida Corte, de um membro do Senado Federal e de um representante da Câmara dos Deputados, eleitos anualmente pelas respectivas corporações. §3º A Junta procederá, a seu critério, à investigação dos fatos argüidos, e, ouvido o Presidente, enviará à Câmara dos Deputados um relatório com os documentos respectivos. §4º Submetido o relatório da Junta Especial, com os documentos, à Câmara dos Deputados, esta, dentro de 30 dias, depois de emitido parecer pela Comissão competente, decretará, ou não, a acusação e, no caso afirmativo, ordenará a remessa de todas as peças ao Presidente do Tribunal Especial, para o devido processo e julgamento. *§5º Não se pronunciando a Câmara dos Deputados sobre a acusação no prazo fixado no §4º, o Presidente da Junta de Investigação remeterá cópia do relatório e documentos ao Presidente da Corte Suprema, para que promova a formação do*

de 1937 (art. 86) mantém a exigência assim como a Constituição democrática de 1946 (que reduz o *quorum* para o de maioria absoluta – art. 59) e a Carta de 1967 (art. 42, I).

Qual a justificativa para a exigência dessa autorização, que, nas palavras de Celso de Mello, é "típica prerrogativa de ordem funcional" que traz uma "hipótese de imunidade formal"?[730] A razão última de tal exigência, afirma Díez-Picazo:

> radica na convicção de que os delitos cometidos no exercício das funções governativas e ministeriais possuem uma insuprimível faceta política, cuja valoração não pode ser deixada apenas nas mãos dos tribunais. Em outras palavras, a tradição constitucional europeu-continental fez-se eco da ideia segundo a qual a persecução desse tipo de fatos ilícitos exige, ao menos, uma prévia valoração política. O constitucionalismo histórico espanhol não representa uma exceção [...]
>
> Não cabe dúvida de que a exigência de responsabilidade penal dos ministros requeria, como condição prévia e indispensável, uma decisão parlamentar; mas esta não era, em realidade, uma ata de acusação. Parece que era, na verdade, um ato de iniciativa ou, na verdade, de autorização, através do qual as Cortes fixavam os fatos imputados ao ministro. Não obstante o procedimento em sentido próprio deveria se desenvolver integralmente perante o Tribunal Supremo.[731]

Também justificando a necessidade de autorização, temos a manifestação de Paulo Brossard, em voto proferido no STF no qual invoca vasta doutrina:

> Entregando a uma pessoa qualquer, que tanto pode ser cidadão responsável, como um pulha, um testa de ferro de interesses quiçá inconfessáveis, a faculdade de denunciar o Chefe de Estado, era natural que o legislador procurasse resguardar a presidência da República, condicionando a instauração do processo de responsabilidade ao prazme da Câmara dos Deputados, onde reside a representação nacional, tanto mais quando, decretada a acusação ou autorizada a instauração do processo, o Presidente da República fica automaticamente afastado do cargo, hoje por 180 dias, art. 86 §2º.
>
> Se razão assiste a SEABRA FAGUNDES, para quem
>
> "Pelo seu caráter eminentemente político, não deixa o juízo de responsabilidade de se exercer através de um verdadeiro julgamento, com apuração do fato (delito), aplicação do direito (pena ou absolvição) e irretratabilidade de efeitos (coisa julgada)", [...];
>
> Se devem ser lembradas as palavras do *Chief-Justice* CHASE ao Senado norte-americano quando do julgamento do sucessor de Lincoln,
>
> "That when the Senate sits for the trial of an impeachment, it sits as a Court, seems unquestionable!" [...],
>
> Há de reconhecer-se que haverá sempre, ou dificilmente deixará de haver, uma dose de discricionariedade na decisão da Câmara. Rui Barbosa, jurisconsulto e homem de Estado, escreveu certa feita,

---

Tribunal Especial, e este decrete, ou não, a acusação, e, no caso afirmativo, processe e julgue a denúncia. §6º Decretada a acusação, o Presidente da República ficará, desde logo, afastado do exercício do cargo. §7º O Tribunal Especial poderá aplicar somente a pena de perda de cargo, com inabilitação até o máximo de cinco anos para o exercício de qualquer função pública, sem prejuízo das ações civis e criminais cabíveis na espécie".

[730] Questão de Ordem na Queixa Crime nº 427-8-STF. *DJ*, 15 out. 1993. p. 35.

[731] DÍEZ-PICAZO, Luis María. *La criminalidad de los gobernantes*. Barcelona: Las Letras de Drakontos, 1996. p. 137-138.

"muitas vezes, reconhecendo mesmo a existência de faltas, de erros e de violação das leis, o Congresso terá de recuar ante as conseqüências graves de fazer sentar o Chefe de Estado no banco dos réus" [...].

Sem defender o *quorum* altíssimo hoje consagrado, que torna praticamente inexeqüível qualquer processo contra o Presidente, forçoso é convir que se faz necessário um freio a filtrar as iniciativas irresponsáveis de falsos tribunos da plebe.[732]

Assim, a exigência dessa autorização se fundamentaria na necessidade de filtrar acusações sem fundamento ou acusações com *fumus persecutionis*,[733] necessidade ainda

---

[732] Questão de Ordem na Queixa Crime nº 427-8-STF. *DJ*, 15 out. 1993. p. 53-54.

[733] Conceito referido por Carla Amado Gomes, que, tratando da necessidade de autorização parlamentar para que os membros do parlamento possam ser processados (prerrogativa que a autora, assim como Maria Benedita Urbano, denomina de inviolabilidade), entende que o "Parlamento deve limitar-se a avaliar apenas da existência do *fumus persecutionis*, não fazendo qualquer indagação de fundo. Na apreciação dos factos, a Assembleia deve circunscrever a sua apreciação a averiguar se, subjacente ao pedido de levantamento da imunidade, existe qualquer intuito político, qualquer ataque injustificado ou arbitrário, apesar da dificuldade que esse juízo estritamente objetivo pode, em concreto, significar. [...] Além da ausência de *fumus persecutionis*, deve ter-se ainda em linha de conta a gravidade do delito e a sua repercussão pública" (GOMES, Carla Amado. *As imunidades parlamentares no direito português*. Coimbra: Coimbra Editora, 1998. p. 45-47). O conceito de *fumus persecutionis* teve, segundo Maria Benedita Urbano, grande desenvolvimento na Itália, tanto pela doutrina quanto pela *práxis* parlamentar, tendo a "Giunta delle elezione e delle immunitá parlamentari" do Senado italiano reafirmado o 'princípio do *fumus persecutionis* como filtro fundamental através do qual é conduzido o exame das autorizações a proceder". Embora o conceito surja em relação aos parlamentares, nos parece que seu desenvolvimento na Itália traz elementos bastante úteis no que se refere à autorização para processos contra presidentes e governadores. Segundo Urbano: "Podemos descrever o *fumus persecutionis* como o conjunto de 'todos aqueles elementos e indícios que podem fazer crer que a imputação foi falsamente dirigida a um parlamentar para atingi-lo na sua actividade política ou que, por qualquer modo, se procede contra ele com um rigor injustificado ou devido a razões políticas'. [...], este particular critério tem merecido uma especial atenção da doutrina italiana, a qual procurou e procura ainda hoje forjar uma noção rigorosa de *fumus persecutionis*. Coube-lhe a ela alertar, por exemplo, para o facto de que não resultava muito claro se este critério se referia 'à esfera subjectiva do magistrado' ou 'à objectiva persecutoriedade assumida, em concreto, pelo procedimento'. Relativamente à classe parlamentar italiana, desde sempre ela se preocupou em tornar um tal conceito mais operacional, de tal modo que ele vem vindo aos poucos a sofrer um processo de reelaboração dogmática, com vista a convertê-lo num instrumento mais útil para os parlamentares. No passado, a *praxis* parlamentar italiana orientava-se no sentido de negar o levantamento da inviolabilidade em relação a um dos seus membros nos casos em que detectava um *fumus persecutionis* – isto é, a existência de indícios de uma persecutória politicamente motivada. [...] Retornando à mencionada intervenção da Giunta delle immunità del Senato dos finais da década de 80, é importante salientar que este órgão infraparlamentar estabeleceu uma gradação entre vários tipos possíveis de *fumus persecutionis*. Haveria então um *fumus persecutionis* de 1.º grau ou perseguição dolosa do magistrado em relação ao parlamentar; ainda em *fumus persecutionis* de 2.º grau ou subjectivo, 'quando deriva das modalidades e do momento do exercício da acção penal' (v.g, o contexto em que se iniciou o processo); finalmente, um *fumus persecutionis* de 3.º grau ou objectivo que 'emerge do carácter manifestamente infundado da acção'" (URBANO, Maria Benedita Malaquias Pires. *Representação política e parlamento*. Contributo para uma teoria político-constitucional dos principais mecanismos de protecção do mandato parlamentar. Coimbra: Almedina, 2009. p. 691-693). Na mesma obra, a autora traz uma interessante lista de fatores que, segundo Di Ciolo e Ciaurro "as câmaras deverão habitualmente ter em consideração na altura de decidir". A saber: "1) o momento em que se inicia a acção penal e, em particular, se teve início e se refere a factos precedentes ou sucessivos ao mandato parlamentar; 2) a realização dos actos do processo em períodos coincidentes com momentos que têm um particular significado político; 3) a divulgação através dos órgãos de informação das iniciativas judiciárias; 4) se o ilícito foi cometido por ocasião de manifestações políticas que se podem avaliar como expressão do mandato parlamentar *lato sensu*; 5) a natureza do ilícito, quando, embora não sendo atinente à actividade parlamentar na sua acepção mais ampla, constitui manifestação do pensamento do parlamentar; 6) a natureza política do ilícito, ou, seja como for, a forte valência política da modalidade de acção e das circunstâncias em que ele foi cometido; [...]" (p. 694-695). A autora agrega que esta "objectivação do conceito de *fumus persecutionis*, se por um lado permite (em abstracto) desdramatizar as relações entre o parlamento e o poder judicial – na medida em que se acredita que a intervenção do poder judicial nem sempre seja dolosa –, por outro, vai potenciar (e justificar) o acréscimo de casos de denegação do levantamento desta imunidade – na medida em que vai dilatar o campo de aplicação da garantia da inviolabilidade. Assim sendo, aquela desdramatização poderá ser meramente aparente, pois os conflitos entre o parlamento e o poder judicial poderão sofrer um acréscimo" (p. 695). Certamente, a tentativa de enquadrar doutrinariamente os termos em que

mais premente nos casos de crimes de responsabilidade, nos quais a imputação – como veremos mais à frente – não passa pelo filtro nem do Ministério Público nem do Poder Judiciário. Este objetivo, no entanto, poderia ser alcançado pelo próprio Poder Judiciário.

Por que então esta autorização deve ser dada pelo parlamento? A nosso ver, por duas razões. Em primeiro lugar, porque a concessão da autorização ocasiona uma gravíssima consequência institucional, que é o afastamento –[734] ainda que temporário –[735] do PR, que, importa recordar, é eleito diretamente pelo povo.[736]

Assim, o procedimento de autorização representa um momento adequado e necessário para que se avalie se o conteúdo e a consistência de determinada acusação (os fatos imputados, os crimes supostamente praticados e as provas apresentadas) justificam a concessão da autorização, em dado momento histórico. Não se trata, portanto, de um filtro destinado apenas a acusações infundadas. Trata-se também de um filtro contra acusações que, ainda que consistentes, não justifiquem a abertura de processo contra o agente político em questão, seja pela pouca gravidade do bem jurídico supostamente atingido, seja pela situação do país em dado momento histórico. Ora, exatamente por isso – segunda razão – só um órgão eminentemente político e constituído pelo voto teria a legitimidade necessária para tal autorização.[737] Este, aliás, é o entendimento de José Afonso da Silva, para quem a submissão do processo de

---

deve se dar a avaliação do parlamento quanto a autorizações para o início de processos contra agentes políticos é tarefa difícil. Mas os fatores acima listados, em especial o "2" e o "3", parecem-nos bastante indicativos de uma politização do processo judicial e, no Brasil, ao menos durante a denominada operação Lava-Jato (iniciada em 2014 e que levantou diversos crimes inicialmente relacionados à Petrobras, mas que depois se alargou para várias empresas, atingindo mais de uma centena de agentes políticos de todos os principais partidos políticos representados no Congresso Nacional), ocorreram com lamentável frequência. *Vide* ANDERSON, Perry. Crisis in Brazil. *London Review of Books*, v. 38, n. 8, 21 abr. 2016. Disponível em: http://www.lrb.co.uk/v38/n08/perry-anderson/crisis-in-brazil. Acesso em: 8 jun. 2016. p. 15-22.

[734] No Brasil, esta consequência não é mais automática, pois o afastamento só se dá depois que o processo é instaurado pelo Senado Federal, como veremos mais à frente.

[735] O prazo máximo de afastamento (findo o qual o PR retoma o exercício do cargo) é de 180 dias, que equivale a praticamente 1/8 do mandato total, que é de 4 anos.

[736] Ao tratar da necessidade de autorização das assembleias legislativas dos estados como "requisito de procedibilidade desenvolvido pela jurisprudência do STF a partir da ponderação sobre o próprio significado do princípio democrático no texto constitucional", Nelson Jobim lembra que "essa exigência traduz uma dimensão do princípio democrático" e que "Não se admite 'destituição indireta' de autoridade sufragada pelo voto popular sem o consentimento expresso dos representantes do povo" (Reclamação nº 2.138/DF. Rel. Min. Nelson Jobim. Rel. p/ Acórdão Min. Gilmar Mendes, j. 13.6.2007. *DJe*, 18 abr. 2008. p. 19 do voto do relator original).

[737] A extrema delicadeza institucional trazida pelo processo de *impeachment* foi descrita, de forma magistral, por Hamilton, em *O federalista*, n. 65. Nesse período em que, no Brasil, volta-se a falar da aplicação do instituto, suas palavras soam cada vez mais atuais: "A well-constituted court for the trial of impeachments is an object not more to be desired than difficult to be obtained in a government wholly elective. The subjects of its jurisdiction are those offenses which proceed from the misconduct of public men, or, in other words, from the abuse or violation of some public trust. They are of a nature which may with peculiar propriety be denominated POLITICAL, as they relate chiefly to injuries done immediately to the society itself. The prosecution of them, for this reason, will seldom fail to agitate the passions of the whole community, and to divide it into parties more or less friendly or inimical to the accused. In many cases it will connect itself with the pre-existing factions, and will enlist all their animosities, partialities, influence, and interest on one side or on the other; and in such cases there will always be the greatest danger that the decision will be regulated more by the comparative strength of parties, than by the real demonstrations of innocence or guilt. The delicacy and magnitude of a trust which so deeply concerns the political reputation and existence of every man engaged in the administration of public affairs, speak for themselves. The difficulty of placing it rightly, in a government resting entirely on the basis of periodical elections, will as readily be perceived, when it is considered that the most conspicuous characters in it will, from that circumstance, be too often the leaders or the tools of the most cunning or the most numerous faction, and on this account, can hardly be expected to possess the requisite neutrality towards those whose conduct may be

imposição de sanção política ou criminal a uma condição prévia de oportunidade política a ser decidida pela representação popular [...] corresponde a uma exigência democrática de que o Governador, como o Presidente da República, só deva ser submetido a um processo que o afaste do cargo, pelo qual foi eleito pelo povo, com o consentimento ponderado pelo voto de dois terços dos membros da respectiva assembleia representante desse mesmo povo.[738]

Na mesma linha, ao justificar a necessidade de voto aberto em todas as deliberações no processo de *impeachment*, o Ministro Luís Roberto Barroso sustentou:

O processo de impeachment tem natureza político-administrativa, constituindo ferramenta de preservação da legitimidade da representação popular. Contudo, a responsabilização do Presidente nesse caso não se dá por uma decisão dos eleitores, mas dos parlamentares eleitos. Em outras palavras, o Presidente pode ser afastado e perder o mandato conquistado nas urnas por decisão não daqueles que os elegeram, mas dos congressistas. Em processo de tamanha magnitude institucional, é preciso garantir o maior grau de transparência e publicidade possível. A exigência de votação ostensiva torna-se ainda mais evidente, tendo em conta que a mera aceitação da denúncia contra o ocupante do mais elevado cargo da Nação já instaura no país um clima de instabilidade política, econômica e social.[739]

E, assim, é o momento de indagar sobre a natureza da decisão a ser tomada pela Câmara dos Deputados (ou pelas Assembleias Legislativas, no caso dos governadores). Escrevendo à luz da Constituição de 1891, Annibal Freire relata as primeiras conclusões a que se chegou quanto ao tema:

No direito parlamentar brazileiro vingou o precedente de que é essencialmente política a funcção preparatoria da camara, no processo de julgamento do presidente da Republica. Essa doutrina foi exposta no parecer da commissão de constituição e justiça, da camara, de 8 de junho de 1893, e depois ratificada pelos pareceres sobre outras denuncias apresentadas contra o chefe do executivo, e datados de setembro de 1902 e 7 de outubro de 1912. Do primeiro delles é o seguinte topico, que define o caso: "O senado funcciona como tribunal judiciario; mas a camara, antes de funccionar como tribunal judiciario, para julgar, depois de executadas algumas diligencias expressas em lei, se a accusação é procedente ou improcedente, funcciona como tribunal exclusiva e soberanamente político para decidir, sem ser obrigado antes disso a fazer diligencia – si a denuncia é ou não objecto de deliberação."[740]

---

the subject of scrutiny" (HAMILTON, Alexander; MADISON, James; JAY, John. *The federalist papers*. Nova York: Signet Classic, 2003. p. 394-395).

[738] SILVA, José Afonso da. *Curso de direito constitucional positivo*. 38. ed. São Paulo: Malheiros, 2015. p. 640. O fato de o PR ser eleito, e os juízes não, é uma das razões pelas quais Tribe sustenta que o que é passível de *impeachment* para juízes não necessariamente o será para o PR (TRIBE, Laurence H. *American constitutional law*. 3. ed. Nova York: Foundation Press, 2000. p. 191).

[739] *Anotações para o voto oral do Ministro Luís Roberto Barroso*, na ADPF nº 378, p. 29, disponibilizadas pelo STF.

[740] FONSECA, Annibal Freire. *Do Poder Executivo na Republica Brazileira*. Rio de Janeiro: Imprensa Nacional, 1916. p. 122.

Para Célio Borja:

> Agora, porque somente o Senado processa e julga o Presidente e os Ministros em crimes de responsabilidade conexos (art. 52, I, Const.), conserva a Câmara dos Deputados a prerrogativa de isentá-los do julgamento, mediante *juízo de mera oportunidade e conveniência*, essencialmente político e discricionário, portanto. Político, ainda, é tal ato de autorização do processo porque de *dernier résort*, já que não pode ser questionado em nenhum outro foro.[741]

Importante notar, como faz Bruce Ackerman (se referindo a *O federalista*), que ao considerar a apreciação da câmara como "política":

> Hamilton não está usando a expressão em seu senso pejorativo moderno. Ele está enfatizando que a decisão quanto ao *impeachment* tomada pela Câmara requer que cada membro avalie se, levando tudo em consideração, a conduta do acusado ameaça os valores fundamentais da nação.[742]

Mas o que significa concretamente afirmar o caráter político da decisão? Podem os deputados considerar a prova contundente e não dar a autorização ou, ao contrário, considerá-la fraca e concedê-la? O caráter político da decisão significa, a nosso ver, o reconhecimento de um enorme – mas não ilimitado – espaço de apreciação discricionária da Câmara. Por exemplo: uma acusação, ainda que consistente, mas de uma infração de baixíssimo potencial ofensivo, ou de uma infração meramente formal, pode – talvez até deva – ser validamente afastada. Isto também significa que mesmo uma imputação mais grave pode ser afastada, se as circunstâncias políticas exigirem (pensemos no caso extremo de uma guerra, até então bem conduzida pelo PR).[743]

---

[741] Questão de Ordem na Queixa Crime nº 427-8-STF. *DJ*, 15 out. 1993. p. 75-76. Grifos no original.

[742] "In calling the House's judgment 'political,' Hamilton is not using the word in its modern pejorative sense. He is instead emphasizing that the judgment of impeachment rendered by the House requires each Member to consider whether, all things considered, the accused's conduct threatens the nation's fundamental values. But if *this* is the ultimate question, and not some narrow judgment of criminality rendered by an ordinary grand jury, the issue that Hamilton leaves us with is this: Who should be making this ultimate political judgment – the 'representatives of the nation' who have been freshly elected, or those who have retired from office at the behest of the voters?" (ACKERMAN, Bruce. *The case against Lameduck Impeachment*. Nova York: Seven Stories Press, 1999. The Open Media Pamphlet Series. p. 55).

[743] Confira-se a posição de Michel Temer quanto à autorização da Câmara e o julgamento pelo Senado: "Neste tema, convém anotar que o julgamento do Senado Federal é de natureza política. É juízo de conveniência e oportunidade. Não nos parece que, tipificada a hipótese de responsabilização, o Senado haja de, necessariamente, impor penas. Pode ocorrer que o Senado Federal considere mais conveniente a manutenção do Presidente no seu cargo. Para evitar, por exemplo, a deflagração de um conflito civil; para impedir agitação interna. Para impedir desentendimentos internos, o Senado, diante da circunstância, por exemplo, de o Presidente achar-se em final de mandato, pode entender que não deva responsabilizá-lo. Foi para permitir esse juízo de valor que o constituinte conferiu essa missão à Câmara dos Deputados (que autoriza o processo) e ao Senado Federal. Não ao judiciário, que aplica a norma ao caso concreto, segundo a tipificação legal. [...] É certo que há crimes comuns cuja gravidade não deveria ensejar a perda do cargo. Suponha-se uma contravenção (excesso de velocidade). Se o Presidente vier a ser condenado por esse fato, a consequência inafastável é a perda do cargo. Mas, para tanto, impõe-se a manifestação da Câmara dos Deputados, cuja declaração autoriza o julgamento pelo Supremo Tribunal Federal. E aqui é que mais se explica a razão pela qual o constituinte determinou essa apreciação preliminar. É para que esta emita juízo político, verifique a conveniência ou inconveniência, oportunidade ou inoportunidade, para o País, de se autorizar o julgamento e eventual condenação. A sua apreciação levará em conta esses fatores e é muito provável que, no exemplo dantes formulado, a Câmara dos Deputados conclua que a infração não é tão grave ao ponto de ensejar o afastamento do Presidente da República. Fica, portanto, a critério da Câmara

Nos EUA, Laurence Tribe questiona a tentativa de equiparação da decisão da Câmara com a decisão, própria do processo penal, de *grand jury indictment*, ao afirmar que o reduzido nível de prova exigido para uma decisão desse tipo é "completamente inapropriado no contexto do *impeachment*".[744]

Mas a deliberação de cada membro do parlamento deve ser livre e honesta. Assim, por exemplo: não poderia participar da votação um parlamentar que, antes mesmo de ter acesso ao procedimento, afirmasse que votaria pela autorização porque não gosta do acusado, ou, exemplo mais extremo, que votasse mediante recebimento ou promessa de recebimento de favores. Reconhecemos que são questões delicadas e de prova difícil (menos difícil do que já foi no passado), mas estas ressalvas devem ser feitas.

Há um ponto importante que, em relação ao procedimento de autorização para instauração de processo penal, relativiza o seu caráter *puramente* político. É que, como veremos no próximo tópico, o procedimento neste caso[745] limita-se basicamente ao encaminhamento (da solicitação do presidente do Supremo Tribunal Federal para instauração de processo) à Comissão de Constituição e Justiça e de Cidadania, que, após ouvir o acusado, proferirá seu parecer. Segundo o art. 53, III do Regimento Interno da Câmara dos Deputados, a apreciação das proposições[746] pela Comissão de Constituição e Justiça e de Cidadania, é feita "para o exame dos aspectos de constitucionalidade, legalidade, juridicidade, regimentalidade e de técnica legislativa, e, juntamente com as comissões técnicas, para pronunciar-se sobre o seu mérito, quando for o caso".

Ora, isto significa que ao menos a Comissão (e não necessariamente o plenário) deverá fazer um exame jurídico do pedido, ainda que não esteja adstrita a tal aspecto.

Importante registrar que, a nosso ver, a autorização pode ser parcial, ou seja, pode se referir a apenas parte das imputações.[747] Isto significa que a denúncia pode, por

---

dos Deputados autorizar o desencadeamento do procedimento que leve à vacância do cargo de Presidente da República" (TEMER, Michel. *Elementos de direito constitucional*. 24. ed. São Paulo: Malheiros, 2012. p. 171-173).

[744] Para Tribe, a decisão da Câmara "must not only screen out meritless cases and engage in a serious evidentiary inquiry of its own, but should also limit itself to cases in which it is affirmatively persuaded not simply that the president or other oficial should be *tried* by the Senate but that the president or other oficial should be *convicted and removed from office* by that body. This duty is heightened in presidential impeachments in particular, where the decapitation of the Executive Branch and the nullification of a national election are threatened" (TRIBE, Laurence H. *American constitutional law*. 3. ed. Nova York: Foundation Press, 2000. p. 163). Parece claro da posição de Tribe que ele exclui qualquer padrão do tipo "in dubio pro impeachment".

[745] Fixado pelo Regimento Interno da Câmara dos Deputados (aprovado pela Resolução nº 17/1989).

[746] "Proposição", segundo o art. 100 do Regimento Interno da Câmara, "é toda matéria sujeita à deliberação da Câmara".

[747] Maria Benedita Urbano, tratando da decisão quanto ao levantamento ou não da inviolabilidade parlamentar fala mesmo da existência de um "princípio da divisibilidade da autorização", que permitiria a autorização parlamentar apenas em relação a alguns dos ilícitos imputados (URBANO, Maria Benedita Malaquias Pires. *Representação política e parlamento*. Contributo para uma teoria político-constitucional dos principais mecanismos de protecção do mandato parlamentar. Coimbra: Almedina, 2009. p. 726). Outra importante discussão presente no âmbito da autorização para levantamento da inviolabilidade parlamentar referida por Urbano, e que também se põe quanto à responsabilidade do PR, é a de saber se a autorização dada refere-se "especificamente ao ilícito e à qualificação jurídica dos factos – e não aos simples factos – de tal modo que, [...] se a autoridade judiciária" – (no nosso caso o Senado ou o STF) – "decidir num momento ulterior alterar a designação do ilícito e a qualificação jurídica dos factos" seria ou não necessária uma nova autorização. Os que defendem a vinculação total defendem a existência de um princípio da "especialização dos actos de autorização das assembleias relacionados com pedidos de levantamento da inviolabilidade". Na Itália seus defensores seriam majoritários e o inverso se daria na França, posição que teria a concordância da referida autora (p. 730-733). No que se refere à responsabilidade do PR, parece-nos que o referido princípio deve prevalecer. Do contrário, o pedido de autorização de um fato qualificado como um crime de pouco potencial ofensivo poderia, posteriormente à autorização parlamentar, ser

exemplo, imputar a prática de distintos crimes de responsabilidade e a autorização da Câmara se limitar à abertura do processo para uma das imputações. Embora "parcial", a decisão ao final não pode fugir de uma lógica dicotômica – como mencionamos no Capítulo 2 – entre autorizar ou não autorizar o início do processo.[748]

Um último ponto a ser tratado ainda neste tópico se refere ao efeito da não autorização, em especial quanto à prescrição, efeito que será inteiramente distinto conforme se trate de crime comum ou crime de responsabilidade. No caso de crime de responsabilidade, negada autorização e terminado o mandato, estará extinta a punibilidade (do crime de responsabilidade, o que não afasta a possibilidade de punição pelos mesmos fatos, se qualificados como crimes comuns, como veremos). Isso, no entanto, não se aplica ao pedido de licença pela prática de crimes comuns, eis que, nestes casos, o STF[749] tem entendido que o prazo prescricional fica suspenso a partir do

---

tratado como crime distinto, com impactos que, se a câmara soubesse de antemão que poderiam ocorrer, não teria dado a autorização. Ressalte-se que as comparações entre as prerrogativas de parlamentares e aquelas de chefes do Executivo (PR, PM ou governadores) embora em geral pertinentes e úteis, devem levar em consideração que o impacto de um processo em face de tais agentes é bem superior ao de um processo dirigido contra um parlamentar isolado.

[748] É por isso que, como apontado por Pérez-Liñán: "Aun si el presidente conoce la postura exacta de cada legislador en un continuo subyacente de lealtad/oposición al gobierno, no hay mucho espacio para la negociación en este continuo. Como la propuesta del juicio político es dicotómica por naturaleza, los legisladores se ven enfrentados en última instancia a una opción claramente diferenciada: autorizar un juicio político o no hacerlo. La combinación de una apuesta alta con falta de espacio de negociación le otorga un tono dramático al proceso" (PÉREZ-LIÑÁN, Aníbal. *Juicio político al presidente y nueva inestabilidad política en América Latina*. Buenos Aires: Fondo de Cultura Económica, 2009. p. 231).

[749] Um resumo – e uma reafirmação – desse entendimento se encontra na já mencionada ADI nº 4.791/PR (Rel. Min. Teori Zavascki, 12.2.2015), p. 14-15, acórdão não publicado até 9.12.2015): "Ainda no julgamento do RE 159.230, o Min. Sepúlveda Pertence registrou que, além de cumprir um papel de controle na relação entre os Poderes, a exigência de licença para o processamento dos Governadores não trazia prejuízo para o exercício da jurisdição, porque, enquanto não autorizado o prosseguimento da ação punitiva, restaria suspenso o transcurso do prazo prescricional contra a autoridade investigada. Eis o que assinalou Sua Excelência quanto ao ponto: 'Finalmente, parece claro, o entendimento da decisão recorrida não implica a impunidade dos delitos atribuídos aos Governadores, quando negada pela Assembleia Legislativa competente, a autorização para o processo: a denegação da licença traduz simples obstáculo temporário ao curso da ação penal e implica suspensão do fluxo do prazo prescricional.' Poder-se-ia cogitar, porém, que os casos, lamentavelmente rotineiros, em que as Assembleias Legislativas simplesmente se recusam a se pronunciar sobre os pedidos de licença, quedando-se inertes por meses a fio mesmo diante da reiteração dos pedidos encaminhados pelas autoridades judiciárias nesse sentido, poderiam comprometer a efetividade das apurações promovidas contra os Governadores de Estado, ensejando o escoamento do prazo prescricional para muito além do admissível. No entanto, esse receio também não procede, por pelo menos duas razões. Em primeiro lugar, porque a jurisprudência dessa Suprema Corte, prevenindo-se de eventuais comportamentos institucionais displicentes, estabeleceu que *o marco interruptivo do prazo prescricional aplicável a Governadores deveria ser a data do despacho que solicita a anuência do Poder Legislativo para a instauração do processo, e não a data da efetiva manifestação. O leading case* a esse respeito está documentado na Questão de Ordem decidida pelo Plenário no INQ 457, em que funcionou como redator p/ acórdão o Min. Sepúlveda Pertence: IMUNIDADE PARLAMENTAR: SUSPENSÃO DA PRESCRIÇÃO NA HIPÓTESE DE INDEFERIMENTO DA LICENÇA PARA O PROCESSO OU DE AUSÊNCIA DE DELIBERAÇÃO A RESPEITO: TERMO INICIAL: DESPACHO DE SOLICITAÇÃO DA LICENÇA E CONSEQUENTE SOBRESTAMENTO DO FEITO. A SUSPENSÃO DA PRESCRIÇÃO DA PRETENSÃO PUNITIVA CONTRA O PARLAMENTAR, DETERMINADA PELO ART. 53, PAR. 2., DA CONSTITUIÇÃO, PARA AS HIPÓTESES DE INDEFERIMENTO DA LICENÇA PARA O PROCESSO OU DE AUSÊNCIA DE DELIBERAÇÃO A RESPEITO, NÃO TEM O CARÁTER DE SANÇÃO: RESULTA UNICAMENTE - COMO É DA NATUREZA DO INSTITUTO - DO CONSEQUENTE EMPECILHO AO EXERCÍCIO DA JURISDIÇÃO, QUE SE MANIFESTA DESDE QUANDO SE FAÇA NECESSÁRIO PARALISAR O PROCEDIMENTO E AGUARDAR A DELIBERAÇÃO DO PARLAMENTO OU, NO CASO DE DELIBERAÇÃO NEGATIVA, O TÉRMINO, COM O FIM DO MANDATO, DA IMUNIDADE PROCESSUAL DO ACUSADO. CONSEQUENTEMENTE, O TERMO INICIAL DA SUSPENSÃO DA PRESCRIÇÃO E O MOMENTO EM QUE, RECONHECENDO-A NECESSÁRIA, O RELATOR DETERMINA A SOLICITAÇÃO DA LICENÇA COM O CONSEQUENTE SOBRESTAMENTO DO FEITO. (Inq 457, Rel.: Min. Carlos Velloso, Rel. p/ Acórdão: Min. Sepúlveda Pertence, Tribunal Pleno, julgado em 10/02/1993. *DJ*, de 06/08/1993). Esse entendimento foi

CAPÍTULO 4
O *IMPEACHMENT* E A RESPONSABILIDADE CRIMINAL DOS AGENTES POLÍTICOS | 229

encaminhamento, pelo Tribunal competente, do pedido de autorização dirigido à Casa Legislativa, entendimento com o qual concordamos e que demonstra que prerrogativas podem ser reconhecidas e construídas sem que se transformem em uma outorga de irresponsabilidade eterna a seus beneficiários.

4.2.2 O procedimento (ou processo)[750] de autorização

Segundo o art. 51, I da CRFB, a competência da Câmara dos Deputados é a de *autorizar* a "instauração de processo", isto significa que, antes da autorização, não há processo penal – no caso de crimes comuns – nem processo de *impeachment* nos casos de crimes de responsabilidade.[751]

Esta redação tem uma diferença relevante em relação ao regime da Carta de 1967/69,[752] no qual a competência da Câmara (art. 42, I na Carta de 1967 e art. 40, I após a Emenda nº 1/69) era a de "declarar [...] a procedência de acusação contra o Presidente da República e os Ministros de Estado".[753]

---

seguidamente reverenciado por vários outros precedentes, dentre os quais os seguintes: INQ 542, Red. p/ acórdão Min. Néri da Silveira. *DJ*, de 06/08/1993; INQ 242 QO, Rel. Min. Celso de Mello. *DJ*, de 27/101994; e INQ 1720 QO, Rel. Min. Sepúlveda Pertence. *DJ*, de 14/12/2001". Nessa mesma ADI nº 4.791 (p. 14 e 15 do acórdão), o relator relembra outra razão que afastaria o risco à inefetividade das apurações promovidas contra agentes políticos, consistente em que "no julgamento do HC 102.732, Rel. Min. Marco Aurélio, essa Suprema Corte definiu que o controle político exercido pelas Assembleias Legislativas sobre a admissibilidade das acusações endereçadas contra Governadores não confere aos parlamentos locais a autoridade para decidir sobre atos constritivos acessórios à investigação penal, dentre eles as prisões cautelares".

[750] A distinção entre "processo" e "procedimento" é tema dos mais tormentosos entre os processualistas. É possível denominar o "processo/procedimento" de autorização que corre na Câmara dos Deputados de *procedimento* porque, pelo texto constitucional, se cabe à Câmara autorizar a "instauração de processo", antes dessa autorização há apenas procedimento ou, no máximo, "processo preliminar". Luís Roberto Barroso, no voto condutor da ADPF nº 378, afirma que "toda a atuação da Câmara dos Deputados deve ser entendida como *parte de um momento pré-processual*" (*Anotações para o voto oral do Ministro Luís Roberto Barroso*, na ADPF nº 378, p. 13, disponibilizadas pelo STF. Grifos no original). Mas o uso da palavra *processo* para denominar ambas as fases – inclusive na literatura especializada – é tão usual, e tão interligadas estão ambas as fases que não pode ser considerada incorreta a denominação de "processo" também a essa fase.

[751] Assim, à luz do texto constitucional brasileiro, o processo de *impeachment* a rigor só tem início no Senado, embora seja usual emprestar a denominação ao conjunto de processo-procedimento que corre na Câmara e no Senado. Nos EUA, ao contrário, a expressão *impeachment* seria aplicável apenas à decisão da Câmara de Representantes a quem a Constituição dos EUA dá o "sole power of impeachment" (art. I, §2º, *clause* 5) cabendo ao Senado "the sole power to *try* all impeachments" (art. I, §3º, *clause* 6). Assim, nos EUA, é tecnicamente correto dizer, após a decisão da Câmara favorável ao *impeachment*, que o agente sofreu o *impeachment* (ainda que não tenha sido julgado). De todo modo, nos EUA também é usual, mesmo em textos jurídicos, utilizar a expressão *impeachment* para o processo como um todo (na Câmara e no Senado).

[752] Regime que, por sua vez, era idêntico ao da Constituição de 1946, como se vê dos seguintes dispositivos: "Art. 59. Compete privativamente à Câmara dos Deputados: I - a declaração, pelo voto da maioria absoluta dos seus membros, da *procedência ou improcedência da acusação*, contra o Presidente da República, nos termos do art. 88, e contra os Ministros de Estado, nos crimes conexos com os do Presidente da República; [...] Art. 88. O Presidente da República, depois que a Câmara dos Deputados, pelo voto da maioria absoluta dos seus membros, *declarar procedente a acusação*, será submetido a julgamento perante o Supremo Tribunal Federal nos crimes comuns, ou perante o Senado Federal nos de responsabilidade. Parágrafo único - Declarada a procedência da acusação, ficará o Presidente da República suspenso das suas funções".

[753] "Tratava-se" – afirma o ex-Ministro Ilmar Galvão – "de procedimento semelhante ao dos processos de competência do Tribunal do Júri" (julgamento do MS nº 21.564-0-STF. *DJ*, 27 ago. 1993, p. 200). Ilmar Galvão prossegue afirmando que esta é a razão pela qual a Lei n 1.079 conceitua a Câmara dos Deputados e o Senado Federal, respectivamente, como tribunal de pronúncia e tribunal de julgamento. Confira-se o dispositivo: "Art. 80. Nos crimes de responsabilidade do Presidente da República e dos Ministros de Estado, a Câmara dos Deputados é tribunal de pronuncia e o Senado Federal, tribunal de julgamento; nos crimes de responsabilidade dos Ministros do Supremo Tribunal Federal e do Procurador Geral da República, o Senado Federal é, simultaneamente, tribunal de pronúncia e julgamento".

A principal questão é saber se ainda caberia à Câmara dos Deputados (tal como no regime anterior) não apenas autorizar o processo, mas também proceder à sua instrução, sendo esta última posição defendida por Michel Temer:

> Para autorizar, a Câmara dos Deputados *processará a acusação, instruindo o processo*, que será remetido ao Senado Federal. Este julgará. O processo *já virá instruído da Câmara dos Deputados*. Tanto que esta, em razão da instrução probatória, em que há de assegurar-se ampla defesa, apura os fatos que levam à autorização.[754]

Posição um pouco distinta foi defendida pelo Ex-Ministro do STF Ilmar Galvão, que, interpretando o art. 86, *caput*, da CRFB,[755] entendia:

> É certo que a expressão "admitida a acusação", por englobar o dispositivo crimes de responsabilidade e crimes comuns, haverá de ser entendida, em relação a esses últimos, como referindo tão-somente simples aquiescência, autorização ou licença – que nem por isso perde o caráter de juízo de procedibilidade já que o juízo de deliberação sobre a denúncia é de competência privativa do Supremo Tribunal Federal (art. 102, I, b, da mesma Carta).
>
> No que concerne, entretanto, aos crimes de responsabilidade, encerra ela os dois juízos: o de procedibilidade e o de deliberação, expressos, finalmente, em caso de serem eles positivos, na autorização aludida no art. 51 da CF [...].
>
> Trata-se, assim, de pronunciamento que, além da natureza discricionária de que se reveste, no que refere (a) critérios políticos de oportunidade e conveniência, tem irrecusável conteúdo jurídico-processual, já que resultante do exercício de juízo de procedibilidade.[756]

A nosso ver, estas posições não levam na melhor consideração a significativa diferença entre o texto constitucional de 1967-69 e o da CRFB de 1988. É verdade, como veremos a seguir, que o procedimento que se desenrola na Câmara prevê uma fase de produção de provas. Michel Temer também sustenta sua posição lembrando que, com a instauração do processo pelo Senado Federal, verifica-se a imediata suspensão do presidente do exercício de suas funções e que, portanto, "somente a ideia de apuração pormenorizada dos fatos levaria o constituinte a determinar o impedimento do Presidente".[757] Ocorre que o argumento, a nosso ver, prova demais, pois o fato de existir uma fase de produção de provas preliminar no STF se justifica exatamente pela possibilidade do afastamento e, portanto, pela gravidade institucional do processo. Mas esta instrução preliminar não significa que o Senado se limite a *julgar* o processo e isso porque, quanto ao ponto, o texto constitucional é claro: o processo só se *instaura* no Senado e não se pode admitir que o órgão que instaura e julga o processo não seja responsável pela fase de produção de provas (ou por uma *nova* fase de produção de provas).

De todo modo, o quadro normativo que rege o procedimento de autorização é especialmente nebuloso. Temos, em primeiro lugar, a Constituição, que certamente

---

[754] TEMER, Michel. *Elementos de direito constitucional*. 24. ed. São Paulo: Malheiros, 2012. p. 170.

[755] "Admitida a acusação contra o Presidente da República, por dois terços da Câmara dos Deputados, será ele submetido a julgamento perante o Supremo Tribunal Federal, nas infrações penais comuns, ou perante o Senado Federal, nos crimes de responsabilidade".

[756] Julgamento do MS nº 21.564-0-STF. *DJ*, 27 ago. 1993. p. 202-203.

[757] Julgamento do MS nº 21.564-0-STF. *DJ*, 27 ago. 1993. p. 171.

CAPÍTULO 4
O *IMPEACHMENT* E A RESPONSABILIDADE CRIMINAL DOS AGENTES POLÍTICOS | 231

não entra nem deveria entrar em detalhes procedimentais. Em seguida, temos a Lei nº 1.079/50, que, ao mesmo tempo em que silencia sobre vários temas, trata de outros tendo como pano de fundo o regime constitucional pretérito, no qual a divisão de competência entre Câmara e Senado era distinta. Essa distinção faz com que a aplicabilidade de alguns dos dispositivos da Lei nº 1.079/50 tenha sido negada pelo STF, em decisões que, no entanto, pela significativa divisão da Corte em cada caso concreto, nem sempre representam uma diretriz segura quanto à matéria. Mais recentemente, o STF tomou decisão,[758] por maioria significativa, que traz mais segurança jurídica ao tema, como veremos mais à frente.

Negada vigência a certos dispositivos da lei, bem como nos espaços por ela deixados, aplica-se o Regimento Interno da Câmara dos Deputados, que trata da autorização da Câmara em dois capítulos distintos, um (Capítulo VI) dedicado à *autorização* para instauração de processo criminal contra o presidente e o vice-presidente da República e os ministros de Estado, e o outro (Capítulo VII) intitulado "do *processo nos crimes de responsabilidade do Presidente e do Vice-Presidente da República e de ministro de Estado*".[759] Como veremos, especialmente no caso de *impeachment*, a constitucionalidade do regimento é no mínimo duvidosa.

A legislação não é muito clara[760] quanto ao momento exato em que a autorização deve ser pedida pelo STF nos casos de crimes comuns. No entanto, a CRFB estabelece caber à Câmara autorizar a instauração de processo (art. 51, I), bem como estabelece (art. 86, §1º) que o presidente ficará suspenso de suas funções, nas infrações penais comuns, "se recebida a denúncia ou queixa-crime pelo Supremo Tribunal Federal". Assim, parece claro que o STF deve encaminhar o pedido de solicitação à Câmara após a apresentação da denúncia e a manifestação do acusado,[761] mas antes de o tribunal deliberar sobre

---

[758] Decisão tomada na ADPF nº 378.

[759] Cada capítulo tem apenas um artigo e ambos tiveram sua redação alterada em 18.11.1992, ainda no curso do processo contra Collor (a votação na Câmara a favor da abertura do processo de *impeachment* foi em 29.9.1992, o processo foi instaurado no Senado em 1º.10.1992 e o julgamento se iniciou no dia 29 e terminou no dia 30.12.1992), certamente como efeito da medida liminar concedida em seu favor pelo STF a fim de garantir-lhe maior prazo para defesa na Câmara do que aquele inicialmente fixado.

[760] Os dispositivos relevantes da Lei nº 8.038/90 (que, entre outros temas, institui normas para ação penal originária perante o Superior Tribunal de Justiça e o Supremo Tribunal Federal) são os seguintes: "Art. 3º Compete ao relator: I - determinar o arquivamento do inquérito ou de peças informativas, quando o requerer o Ministério Público, ou submeter o requerimento à decisão competente do Tribunal; II - decretar a extinção da punibilidade, nos casos previstos em lei. [...] Art. 4º Apresentada a denúncia ou a queixa ao Tribunal, far-se-á a notificação do acusado para oferecer resposta no prazo de quinze dias. §1º Com a notificação, serão entregues ao acusado cópia da denúncia ou da queixa, do despacho do relator e dos documentos por este indicados. [...] Art. 5º Se, com a resposta, forem apresentados novos documentos, será intimada a parte contrária para sobre eles se manifestar, no prazo de cinco dias. Parágrafo único. Na ação penal de iniciativa privada, será ouvido, em igual prazo, o Ministério Público. Art. 6º A seguir, o relator pedirá dia para que *o Tribunal delibere sobre o recebimento, a rejeição da denúncia ou da queixa, ou a improcedência da acusação, se a decisão não depender de outras provas*. [...] §2º Encerrados os debates, o Tribunal passará a deliberar, determinando o Presidente as pessoas que poderão permanecer no recinto, observado o disposto no inciso II do art. 12 desta lei. Art. 7º Recebida a denúncia ou a queixa, o relator designará dia e hora para o interrogatório, mandando citar o acusado ou querelado e intimar o órgão do Ministério Público, bem como o querelante ou o assistente, se for o caso". Estes dispositivos são, em linhas gerais, reproduzidos pelos arts. 230 a 246 do Regimento Interno do Supremo Tribunal Federal.

[761] No entanto, após a denúncia apresentada pelo procurador-geral da República contra Michel Temer em 26.6.2017, o relator do caso no STF, Ministro Edison Fachin, remeteu o processo diretamente à Câmara, sem ouvir previamente o PR, justificando seu entendimento da seguinte forma: "No que diz respeito à necessidade de se colher, no âmbito do Supremo Tribunal Federal, a defesa prevista no art. 4º da Lei 8.038/1990, antes de submeter a denúncia à Câmara dos Deputados, compreendo que não cabe a esta Corte, após o oferecimento da

a denúncia (afinal, após a aceitação da denúncia, já há processo instaurado e este depende de previa autorização da Câmara). O inconveniente desta solução é que o PR estaria sujeito ao procedimento da Câmara sem que o STF tivesse deliberado sobre o recebimento da denúncia. No entanto, se a autorização for dada e a denúncia não for recebida, o dano político pode ser remediado. Obviamente, espera-se do STF presteza na apreciação da denúncia,[762] a bem da estabilidade política do país.

Quanto ao procedimento há de se aplicar o regimento interno da Câmara,[763] que dispõe sobre o tema de forma sucinta, estabelecendo (art. 217) que a solicitação do presidente do Supremo Tribunal Federal para instauração de processo será recebida pelo presidente da Câmara dos Deputados, que notificará o acusado e despachará o expediente à Comissão de Constituição e Justiça e de Cidadania, perante a qual o acusado ou seu advogado terá o prazo de dez sessões[764] para, querendo, manifestar-se.

---

denúncia e antes dessa eventual autorização, a promoção de qualquer ato processual que não seja meramente ordinatório. Sem, evidentemente, menoscabar os augustos princípios da ampla defesa e do contraditório, entendo que a cada um dos juízos de admissibilidade compreende uma defesa prévia específica e própria. Os temas sobre os quais poderá versar a defesa, ademais, poderão não coincidir, pois questões exclusivamente políticas, por exemplo, a respeito das quais o Presidente da República poderá legitimamente discorrer como forma de dissuadir os Deputados Federais a dar a autorização ao Poder Judiciário para seu processamento, não teriam o mesmo cabimento na ambiência do ato processual a ser praticado com fulcro no art. 4º da Lei 8.038/1990 perante esta Corte. Assim, cabe ao Presidente da República, inicialmente, apresentar sua defesa, previamente ao juízo predominantemente político a ser realizado pela Câmara dos Deputados, naquela espacialidade, como, aliás, prevê o Regimento Interno daquela Casa Legislativa" (decisão tomada pelo relator no Inquérito nº 4.483/DF. p. 9. Disponível em: http://www.stf.jus.br/arquivo/cms/noticiaNoticiaStf/anexo/inq4483remessaCamara.pdf. Acesso em: 1º jun. 2017).

[762] A alternativa seria a de o STF enviar a solicitação após a deliberação quanto ao recebimento da denúncia se esta for recebida. Nesta hipótese, teria que se considerar que o recebimento da denúncia estaria sob condição suspensiva e resolutiva. Se a autorização for dada, o recebimento adquire eficácia e o processo seria inaugurado e prosseguiria seu curso. Esta interpretação pode "caber", com alguma dificuldade no texto do *caput* do art. 86 da CRFB ("Admitida a acusação contra o Presidente da República, por dois terços da Câmara dos Deputados, será ele submetido a julgamento perante o Supremo Tribunal Federal, nas infrações penais comuns"), mas nos parece incompatível com seu §1º, que indica, a nosso ver de forma clara, que a decisão quanto ao recebimento da denúncia é posterior e condicionada à autorização da Câmara.

[763] No entanto, é preciso registrar que a Lei nº 1.079, embora se dirija especificamente à definição dos crimes de responsabilidade e ao respectivo processo, ao tratar do procedimento na Câmara contém um dispositivo isolado, que no mínimo suscita dúvidas. Trata-se do §6º do art. 23, segundo o qual "Conforme se trate da acusação de crime comum ou de responsabilidade, o processo será enviado ao Supremo Tribunal Federal ou ao Senado Federal". Por sua dicção o dispositivo parece apontar que o procedimento tratado pelo artigo em questão se aplicaria tanto ao processo por crime de responsabilidade quanto àquele por crime comum. Esta interpretação, embora possível, não nos parece a correta e isso por quatro razões. Em primeiro lugar pois, como exposto, a Lei nº 1.079 se destina especificamente a tratar dos crimes de responsabilidade. Em segundo lugar porque existe lei posterior (Lei nº 8.038/90) que, entre outros temas, estabeleceu normas para ação penal originária perante o Supremo Tribunal Federal, sem tratar do tema. Em terceiro lugar porque, em relação ao procedimento de autorização pela prática de crime comum não parece prevalecer a reserva de lei formal prevista no parágrafo único do art. 85 da CRFB (razão pela qual, ausente inequívoco dispositivo legal em contrário, prevalece o regimento interno). Finalmente, o tratamento dado pelo regimento interno à autorização para o processo por crime comum não nos parece – ao contrário do que ocorre em relação ao tratamento do *impeachment* – ter incorrido em qualquer inconstitucionalidade.

[764] Segundo o art. 65 do Regimento Interno, existem três tipos de sessões da Câmara dos Deputados: em primeiro lugar temos as sessões preparatórias "que precedem a inauguração dos trabalhos do Congresso Nacional" e que, portanto, não interferem na contagem de prazos. Em seguida, temos as sessões "deliberativas", que se dividem em "ordinárias", que são "as de qualquer sessão legislativa, realizadas apenas uma vez por dia, de terça a quinta-feira" e as "extraordinárias", "realizadas em dias ou horas diversos dos prefixados para as ordinárias". Por fim, temos as "não deliberativas", que se dividem em "de debates", "realizadas de forma idêntica às ordinárias, porém sem Ordem do Dia, apenas uma vez às segundas e sextas-feiras", e as sessões "solenes", as realizadas para grandes comemorações ou para homenagens especiais". Parece claro que o prazo fixado em sessões só pode levar em consideração as sessões deliberativas ordinárias e as sessões não deliberativas de debates. E isso porque estas sessões só podem ser realizadas uma vez por dia e em dias úteis. Isto faz com que o interessado

A Comissão proferirá parecer dentro de cinco sessões contadas do oferecimento da manifestação do acusado ou do término do prazo para tal, concluindo pelo deferimento ou indeferimento do pedido de autorização.[765]

O parecer da Comissão será lido no expediente, publicado no *Diário da Câmara dos Deputados* e incluído na ordem do dia da sessão seguinte à de seu recebimento pela Mesa da Câmara para deliberação. Encerrada a discussão, será o parecer submetido à votação *nominal*, pelo processo da chamada dos deputados. O regimento estabelece que, se da *aprovação* do parecer por dois terços dos membros da Casa resultar admitida a acusação, considerar-se-á autorizada a instauração do processo. A decisão, ainda segundo o regimento, será comunicada pelo presidente ao Supremo Tribunal Federal dentro do prazo de duas sessões.

O regimento não esclarece o que ocorre se o parecer (da Comissão de Constituição e Justiça e de Cidadania) concluir pelo indeferimento do pedido de autorização. Se o indeferimento se basear, no todo ou em parte, em uma apreciação jurídica, aplica-se, a nosso ver, o art. 54, I do regimento, o qual estabelece que o parecer "da Comissão de Constituição e Justiça e de Cidadania, quanto à constitucionalidade ou juridicidade da matéria" é "terminativo". Neste caso o pedido não é enviado ao plenário, salvo se for interposto recurso específico, previsto no art. 144 do regimento. Se a conclusão pelo indeferimento for baseada em razões exclusivamente políticas, parece-nos que deverá ser submetido diretamente ao plenário, na forma do art. 58 do RI.[766]

Registre-se que, ao contrário do que ocorre com a autorização para o *impeachment* (art. 218 §2º), no procedimento de autorização para instauração de processo penal não existe nenhuma atribuição decisória do presidente da Câmara.

O procedimento, no caso de *impeachment*, é bastante distinto e isso porque, quando se trata de crimes comuns, a acusação já foi formulada pelo órgão próprio (o Ministério Público) e já passou pelo filtro do próprio STF.[767] Ou seja, no procedimento

---

possa saber com segurança qual o prazo *mínimo* com que contará para sua manifestação (esse prazo mínimo poderá ser ampliado se, em determinado dia, não se realizar uma sessão ordinária ou de debates, mas ele não seria passível de redução). Se as sessões extraordinárias ou solenes pudessem ser levadas em consideração para a contagem de prazo, não haveria a mais remota segurança jurídica em sua contagem. Um PR, ainda com prazo de quatro sessões para se defender (e, portanto, com prazo de no mínimo 4 dias úteis), poderia ser surpreendido com a designação de duas sessões extraordinárias para o dia seguinte, com o que o seu prazo seria subitamente cortado pela metade. Admitir esta insegurança, que equivale a deixar a contagem do prazo à disposição de uma das partes, seria radicalmente incompatível com a cláusula constitucional do devido processo legal.

[765] Quando a denúncia apresentada pelo procurador-geral da República contra Michel Temer (em 26.6.2017) chegou à Comissão de Constituição e Justiça (CCJ), houve um debate acerca do cabimento da convocação do procurador-geral da República para prestar esclarecimentos sobre a denúncia, requerida por alguns integrantes da CCJ. Segundo noticiado nos jornais, o presidente da CCJ indeferiu tal convocação alegando, a nosso ver corretamente, que "Se houvesse necessidade de aclaramento da denúncia por algum motivo, seria porque ela não é suficientemente clara, ou seja, poderia ser considerada inepta" (RIBEIRO, Marcelo; DI CUNTO, Raphael. Presidente da CCJ barra convocação de Janot. *Valor Econômico*, p. A7, 7 jul. 2017).

[766] O §1º do art. 217 do RI ("Se, da *aprovação* do parecer por dois terços dos membros da Casa, resultar admitida a acusação, considerar-se-á autorizada a instauração do processo"), ao falar da "aprovação" do parecer, poderia dar margem a dúvidas quanto à necessidade de submeter a plenário um parecer contrário à autorização, mas não nos parece possível excluir do plenário a possibilidade de tal deliberação.

[767] É verdade que não terá havido decisão colegiada do STF, uma vez que a decisão quanto ao recebimento da denúncia é posterior à autorização. No entanto, o art. 3º da Lei nº 8.038/90 (reproduzido em nota anterior) e, em especial, o §4º do art. 231 do Regimento Interno do STF ("O Relator tem competência para determinar o arquivamento, quando o requerer o Procurador-Geral da República ou quando verificar: a) a existência manifesta de causa excludente da ilicitude do fato; b) a existência manifesta de causa excludente da culpabilidade do agente, salvo inimputabilidade; c) que o fato narrado evidentemente não constitui crime; d) extinta a punibilidade do

de *impeachment* é preciso inicialmente dispor sobre a legitimidade para formular a acusação, legitimidade que, no caso de processo criminal, é em regra do Ministério Público (salvo no caso de ação penal privada ou pública condicionada a representação).

Antes de analisar o procedimento para a autorização no caso de *impeachment*, há uma questão importante que merece atenção. É que o art. 85, parágrafo único, da CRFB estabelece que cabe a uma "lei especial" definir os crimes de responsabilidade e estabelecer "as normas de processo e julgamento" dos crimes de responsabilidade. Tratando deste dispositivo, o então Ministro Sepúlveda Pertence entendeu:

> De logo, no caso, de pouca ou nenhuma valia é a busca de subsídios da doutrina e da prática americanas do *impeachment*: a existência, no direito brasileiro, da imposição constitucional, de uma lei, destinada à exaustiva definição dos crimes de responsabilidade e do seu processo, faz com que [...] o sítio da busca de suas premissas normativas, entre nós, deva descer o altiplano dos princípios gerais – em que o situa, na América, a mínima densidade da única fonte positiva disponível, a própria Constituição – para a planície dogmática da interpretação de preceitos legais minudentes e mais ou menos inequívocos. Não reduzo, *data venia*, a lei ordinária, prevista no art. 85, parág. único, CF, ao papel subalterno que lhe reservou o voto do em. Ministro Ilmar Galvão: à lei, remeteu a Constituição e essa é marcante peculiaridade do constitucionalismo brasileiro - duas funções de maior relevo na construção do instituto do *impeachment*: além da própria definição dos crimes de responsabilidade, confiou-lhe a Constituição o estabelecimento das normas do seu processo e julgamento; e esse extenso campo normativo entregue ao legislador ordinário não se pode adstringir à mera prescrição de ritos procedimentais, [...] a fim de excluir dele a disciplina da extinção da punibilidade ou do processo.[768]

Comentando o referido dispositivo, Manoel Gonçalves Ferreira Filho afirma que é:

> a lei especial que fixará as normas a serem observadas no processo e julgamento dos crimes de responsabilidade.
>
> Decorre deste preceito que as normas a serem observadas pela Câmara dos Deputados na fase de pronúncia e pelo Senado Federal na de julgamento [...] não são regimentais. Não podem ser fixadas unilateralmente por qualquer das Casas do Congresso Nacional.[769]

Não chegamos ao ponto, como parece sugerir o autor, de afirmar que não há espaço para a norma regimental, mas sem dúvida que essa norma regimental não pode contrariar a lei. A dificuldade neste ponto é que a lei existente (a Lei nº 1.079, de 1950) foi

---

agente; ou e) ausência de indícios mínimos de autoria ou materialidade, nos casos em que forem descumpridos os prazos para a instrução do inquérito ou para oferecimento de denúncia") significam que a denúncia terá passado por uma avaliação quanto á sua consistência por um integrante da Corte, em decisão sujeita a recurso para o colegiado (art. 317 do RISTF).

[768] Voto no julgamento do MS nº 21.689-1-STF. *DJ*, 7 abr. 1995. p. 299-300.

[769] O autor faz a ressalva de que "tais normas de processo e julgamento são as relativas ao processo e julgamento dos crimes de responsabilidade. Não se aplicam, portanto, ao julgamento do Presidente da República nos crimes comuns. Nestes, o chefe do Executivo é julgado pelo Supremo Tribunal Federal [...], observando-se então as normas do regimento interno deste, bem como as do Código de Processo Penal, no que couber. Aplicam-se, todavia, na fase de pronúncia, perante a Câmara dos Deputados, que, seja nos crimes comuns, seja nos crimes de responsabilidade, obedece às mesmas regras" (FERREIRA FILHO, Manoel Gonçalves. *Comentários à Constituição brasileira de 1988*. 3. ed. São Paulo: Saraiva, 2000. v. 1. p. 457).

sancionada sob a vigência da Constituição de 1946, quando a competência da Câmara sobre a matéria era bem mais ampla, incluindo a instrução do processo.

A exigência de lei formal é garantia importantíssima acerca de procedimento que, embora transcorra no parlamento, envolve, como talvez nenhum outro, delicadíssima relação com outro poder. Ausente esta previsão constitucional, a matéria cairia na esfera do regimento interno, mutável por vontade única de maiorias parlamentares, mesmo que com pouquíssima anterioridade do início de qualquer procedimento concreto.

Além de ressaltar a reserva de lei efetuada pela Constituição, há de se registrar que, embora haja divergência doutrinária quanto à competência legislativa para dispor sobre os crimes de responsabilidade e, em especial, para legislar sobre o processo de *impeachment*, o fato é que o STF aprovou súmula vinculante (nº 46) estabelecendo que "a definição dos crimes de responsabilidade e o estabelecimento das respectivas normas de processo e julgamento são da competência legislativa privativa da União".

O STF tem decidido que a Lei nº 1.079/50 foi recepcionada "em grande parte" pela Constituição de 1988.[770] A questão é que tais decisões foram tomadas de forma incidental, em sede de mandados de segurança que impugnavam pontos específicos de processos concretos (a maioria referente ao *impeachment* do Ex-Presidente Fernando Collor).[771] De todo modo, o procedimento que ela traz é distinto do procedimento trazido pelo regimento interno, que omite uma fase importante, como veremos a seguir.

Pois bem, como já mencionado, recentemente o STF tomou decisão,[772] por maioria significativa, que, materialmente, fixou as normas a serem observadas no processo de *impeachment*, tanto na Câmara quanto no Senado. Importante frisar que a decisão do STF toma em consideração não apenas a Constituição, mas a lacuna deixada pela significativa incompatibilidade entre a CRFB e a Lei nº 1.079. Ou seja, parece-nos que boa parte do procedimento fixado pelo STF poderá ser alterado por lei formal superveniente.[773] Além disso, a decisão do STF admite a existência de espaço normativo a ser preenchido

---

[770] Veja-se, por exemplo, o MS nº 21.564-DF. *DJ*, 27 ago. 1993 e o MS nº 21.689-1. *DJ*, 7 abr. 1995.

[771] Assim, em geral o que havia era uma manifestação incidental sobre o dispositivo ou dispositivos especificamente questionados e uma afirmação genérica quanto à vigência da lei, salvo no que incompatível com a CRFB, o que representava grande insegurança jurídica acerca de quais dispositivos da Lei nº 1.079 estariam em vigor e mesmo quanto à sua vigência em geral. Assim, por exemplo, no MS nº 20.941-1 DF (*DJ*, 31 ago. 1992), um dos poucos na jurisprudência do STF posterior à CRFB de 1988, que não trata do caso Collor (e sim de uma tentativa de instauração de processo de *impeachment* contra o Ex-Presidente Sarney), vários ministros, incluindo o relator, Ministro Aldir Passarinho, colocaram em dúvida a recepção de diversos dispositivos da Lei nº 1.079.

[772] Decisão tomada na ADPF nº 378.

[773] No voto condutor do Ministro Luís Roberto Barroso na ADPF nº 378 (*Anotações para o voto oral do Ministro Luís Roberto Barroso*, p. 8, disponibilizadas pelo STF) ficou expresso que "em relação às matérias que já tiverem sido apreciadas pelo STF, defenderei a manutenção do entendimento desta Casa, salvo alterações pontuais para adequação a normas editadas posteriormente, *de modo a salvaguardar a segurança jurídica e a confiança suscitada nos atores políticos em relação ao procedimento aplicável*. Já quanto às questões inéditas, ainda pendentes de apreciação, buscarei preservar, tanto quanto possível, o rito aplicado ao *impeachment* do ex-Presidente Collor, assim como adotarei uma postura de autocontenção, prestigiando a legítima margem de apreciação do Congresso Nacional sobre matérias *interna corporis*, desde que não haja conflito com a Constituição e a lei especial". O raciocínio subjacente é que, dada a dramaticidade institucional do *impeachment* e a existência de jurisprudência anterior sobre o tema (ainda que por maiorias apertadas), optar-se-ia por manter, na maior medida possível, as "regras do jogo" tal como fixadas por essa jurisprudência. Quanto à possibilidade de revisão da decisão por legislação superveniente, o mesmo voto registra não haver "dúvida [...] quanto à possibilidade de ajuizamento de ADPF para que se supra a omissão inconstitucional do legislador sobre o instituto do *impeachment*. O STF já se manifestou expressamente pela viabilidade da produção de decisão aditiva que supra omissão legislativa parcial, estabelecendo *um regramento provisório*, com eficácia geral, *para evitar que a omissão inconstitucional paralise a eficácia das normas constitucionais*" (p. 10. Grifos no original).

pelos regimentos internos desde que estes, além da óbvia necessidade de respeitar os "preceitos legais e constitucionais pertinentes", limitem-se a "a disciplinar questões *interna corporis*".[774]

A legitimidade para a denúncia é reconhecida de forma ampla tanto pelo regimento (art. 218), quanto pela Lei nº 1.079 (art. 14), que permitem a "qualquer cidadão" denunciar à Câmara dos Deputados o presidente da República, o vice-presidente da República ou ministro de Estado por crime de responsabilidade.[775] A referida lei (art. 15) ressalva que a denúncia só poderá ser recebida enquanto o denunciado não tiver, por qualquer motivo, deixado definitivamente o cargo. Michel Temer, com razão, lembra que somente brasileiros "no gozo dos seus direitos políticos", podem apresentar a denúncia, afinal, "só quem deles goza pode exercê-los".[776] A denúncia, conquanto possa ser apresentada por qualquer cidadão, há de ser suficientemente precisa para permitir não apenas a apreciação da Câmara, mas também a defesa do denunciado. Assim, é indispensável a descrição dos fatos imputados e a indicação do crime de responsabilidade ao qual eles corresponderiam. Imputações vagas e generalizadas não servem de base à abertura de processo de *impeachment*.[777]

A denúncia é apreciada (segundo o regimento interno) pelo presidente da Câmara, que pode indeferir o seu recebimento, por meio de decisão, contra a qual caberá recurso ao plenário da Câmara de Deputados (art. 218, §3º). Trata-se de atribuição extremamente importante, pois significa que uma única autoridade pode impedir o prosseguimento da denúncia, forçando os interessados a buscar a maioria da Câmara para reverter tal decisão. A lei não trata especificamente desta atribuição do presidente, embora se refira, de forma genérica, ao "recebimento" da denúncia. Não nos parece, no entanto, que haja qualquer ilegalidade nessa previsão, em especial pela necessidade de impor algum filtro prévio, ante tão ampla legitimidade para a denúncia. Sobre esta questão, entendeu o então Ministro Sepúlveda Pertence que "esse recebimento da denúncia, ato liminar do

---

[774] *Anotações para o voto oral do Ministro Luís Roberto Barroso*, na ADPF nº 378, p. 36, disponibilizadas pelo STF.

[775] O §1º do art. 218 do RICD e o art. 16 da Lei nº 1.078 exigem apenas que a denúncia seja assinada pelo denunciante com firma reconhecida e seja acompanhada de documentos que a comprovem ou da declaração de impossibilidade de apresentá-los, com indicação do local onde possam ser encontrados, "bem como, se for o caso, do rol das testemunhas", que, neste caso, tem que ser "em número de cinco, no mínimo". O oferecimento da denúncia também marca o prazo a partir do qual a eventual renúncia do PR ou de governador pode gerar sua inelegibilidade. Sobre o tema *vide* o Capítulo 7 (seções 7.4 e 7.5).

[776] TEMER, Michel. *Elementos de direito constitucional*. 24. ed. São Paulo: Malheiros, 2012. p. 170.

[777] Em outra ação também referente ao processo de *impeachment* de Dilma Rousseff o STF decidiu: "1. No julgamento da ADPF 378, Rel. Min. Edson Fachin, Redator para o Acórdão o Min. Luís Roberto Barroso, DJe 18.12.2015, o Tribunal assentou que no rito do processo de *impeachment* cabe à Câmara dos Deputados autorizar ou não a instauração do processo contra o Presidente da República nos crime de responsabilidade e ao Senado Federal compete o recebimento, pronúncia e julgamento da denúncia, devendo o presente *writ* ser examinado à luz da Constituição, da Lei 1.079/1950 e, especialmente, do que esta Corte decidiu na ADPF 378. 2. Tratando-se de mera condição de procedibilidade para a instauração do processo de *impeachment*, inexiste *fumus boni iuris* quanto às alegações de ofensa à ampla defesa e ao contraditório, *consubstanciadas na ausência de notificação da denunciada sobre a realização de esclarecimentos acerca da denúncia e posterior indeferimento de pedido de reabertura de prazo para a manifestação da defesa, juntada de documento estranho ao objeto da denúncia e ausência de manifestação do Procurador da impetrante na sessão de leitura do relatório na Comissão Especial. Isso porque, nessa fase ainda não há acusado ou litigante.* 3. A autorização advinda da votação havida na Comissão Especial da Câmara dos Deputados é para o prosseguimento sob o teor da denúncia, escoimando-se, para o efeito de apreciação ulterior em Plenário, o que for estranho ao 'vero e proprio' teor primeiro da denúncia" (Med. Cautelar em MS nº 34.130/DF. Rel. Min. Edson Fachin).

procedimento, não se reduz a uma tarefa material de protocolo: importa decisão".[778] Na referida ADPF nº 378, o STF (de forma unânime quanto a este ponto) afirmou que "não há direito à defesa prévia ao ato do Presidente da Câmara".

Difícil é saber se há limites à quantidade de denúncias que o presidente da Câmara pode receber. A resposta intuitiva é negativa. Mas há um problema. É que, como a legitimidade ativa para apresentar a denúncia é amplíssima, é comum que uma enorme quantidade delas seja apresentada[779] contra qualquer governante, por vezes sem o mais remoto fundamento. Em situações normais estas denúncias são rejeitadas, mas em situações de agudo litígio entre os presidentes da Câmara e o da República[780] é possível que o recebimento indiscriminado de denúncias possa se apresentar como arma poderosa para desestabilizar o PR, e o país, a clamar por uma solução constitucional.[781]

A divergência entre o procedimento da lei e do regimento começa a partir da constituição da comissão especial. É que, segundo o RI, se a denúncia for recebida (seja por decisão do presidente ou se provido, pelo plenário, recurso contra decisão dele que não a receber), o denunciado será notificado para manifestar-se, querendo, no prazo de dez sessões (art. 218, §4º) e a denúncia é encaminhada a uma Comissão Especial *eleita* (exigência que consta do regimento e da lei), da qual participem, observada a respectiva proporção, representantes de todos os partidos.[782] Essa Comissão Especial emitirá

---

[778] MS nº 20.941-STF. *DJ*, 31 ago. 1992, p. 83 do acórdão.

[779] No dia 17.5.2017 foi divulgada a gravação de uma conversa comprometedora do então PR Temer com um empresário dono de um enorme grupo empresarial. No mesmo dia de sua divulgação esta gravação serviu de base para um primeiro pedido de *impeachment* (já existiam quatro pedidos de *impeachment* de Temer anteriores à gravação). Menos de 10 dias depois, em 25.5.2017, quando a Ordem dos Advogados do Brasil protocolou pedido de *impeachment* de Temer com base na mesma gravação (e com base no discurso de Temer que acabou admitindo, ao menos em parte, o teor da conversa), já existiam 12 pedidos de *impeachment* contra Temer (o da OAB era, portanto, o 13º) (ALENCASTRO, Catarina. OAB protocola pedido de impeachment na Câmara. *O Globo*, 26 maio 2017. p. 4).

[780] O que de fato ocorreu no Brasil a partir do 2º semestre de 2015. Com efeito, como já reconhecido em sede doutrinária, a decisão do então presidente da Câmara dos Deputados de receber denúncia em face da PR Dilma Rousseff foi "um escandaloso desvio de finalidade no qual, ao invés de expressar a justa preocupação em processar e eventualmente punir um presidente criminoso, a autorização do processamento é fruto – e isto é fato público e notório [...] – da chantagem de um deputado-juiz, o então presidente da Câmara" (MELO, Tutmés Airan de Albuquerque. O impeachment da Presidente Dilma e a Constituição da República: o Poder Judiciário brasileiro, a que serve que se destina?. *In*: PINTO, Hélio Pinheiro *et alli* (Coord.). *Constituição, direitos fundamentais e política* – Estudos em homenagem ao Professor José Joaquim Gomes Canotilho. Belo Horizonte: Fórum, 2017. p. 201). É óbvio que a apreciação política do Presidente da Câmara não lhe autoriza a usar o instrumento para a pura chantagem ou retaliação políticas.

[781] Que poderia se valer das regras de conexão previstas no Código de Processo Penal.

[782] Parte importante das questões decididas na ADPF nº 378 se refere à forma de constituição dessa Comissão, tendo o STF decidido que "a proporcionalidade na formação da comissão especial pode ser aferida em relação aos partidos e blocos partidários"; (por unanimidade) e "que não é possível a formação de comissão especial a partir de candidaturas avulsas"; e que "a eleição da comissão especial somente pode se dar por voto aberto" (por maioria) (o dispositivo do acórdão foi divulgado antes de sua publicação. Disponível em: http://www.stf.jus. br/portal/processo/verProcessoAndamento.asp?incidente=4899156. Acesso em: 5 jan. 2016). Um dos temas mais polêmicos foi o da "eleição" da comissão especial. As razões para a decisão do STF encontram-se nas *Anotações para o voto oral do Ministro Luís Roberto Barroso*, na ADPF nº 378, disponibilizadas pelo STF (p. 25-27): "O Presidente da Câmara, [...] defende que o art. 19 da Lei º 1.079/1950 alude a 'comissão especial eleita', para emissão de parecer sobre o processo de *impeachment*, de maneira que, em exceção ao regime ordinário das comissões parlamentares, a referida comissão deveria ter seus integrantes escolhidos pelo Plenário da Casa, e não por mera indicação dos líderes dos blocos ou partidos respectivos. Há em verdade duas questões a serem equacionadas aqui: (i) se o art. 19 da Lei n. 1.079/1950 está em vigor e qual o seu sentido e alcance; e (ii) a legitimidade ou não de candidaturas avulsas. Para solucionar a controvérsia, convém lançar os olhos sobre as disposições normativas relevantes, a saber, o art. 58, caput e §1º da Constituição, o referido art. 19 e as normas específicas do Regimento Interno da Câmara dos Deputados: a) CF/1988, art. 58, caput e §1º13: delega a forma de constituição das comissões ao regimento

parecer em cinco sessões, contadas do oferecimento da manifestação do acusado ou do término do prazo previsto para tanto, concluindo pelo deferimento ou indeferimento do pedido de autorização.

Já a lei (arts. 20-22) prevê uma fase distinta[783] de exame de admissibilidade da denúncia. O art. 20 estabelece que a comissão especial, depois de eleger seu presidente e relator, emitirá parecer "dentro do prazo de dez dias sobre se a denúncia deve ser ou não julgada objeto de deliberação". Dentro desse período, segundo a lei, poderá a comissão proceder às diligências que julgar necessárias ao esclarecimento da denúncia.[784] Quarenta e oito horas após a publicação oficial do parecer da Comissão Especial, será esse incluído, em primeiro lugar, na ordem do dia da Câmara dos Deputados, para uma discussão única.

Encerrada a discussão do parecer, e este submetido à votação nominal, será a denúncia arquivada, se não for considerada objeto de deliberação.

Caso contrário, segundo o art. 22 e seus parágrafos da Lei nº 1.079,[785] *abrir-se-ia* uma segunda fase do procedimento, sendo a denúncia remetida ao denunciado, que

---

interno da casa legislativa e garante a representação proporcional dos partidos ou dos blocos parlamentares; b) Lei n. 1.079/1950, art. 19: prevê a constituição de uma 'comissão especial eleita'; e c) Regimento Interno da Câmara dos Deputados: prevê que os líderes designarão os representantes dos partidos e blocos parlamentares nas comissões. É preciso algum esforço hermenêutico para conciliar essas três proposições. Comece-se pelo art. 19 da Lei n. 1.079/1950. Admitindo-se que ele não tenha sido superado, no ponto, pelo art. 58, caput e §1º da Constituição – o que me parece ter ocorrido –, restam duas interpretações possíveis acerca da referida comissão: (i) a expressão 'eleita' implica em comissão aprovada por votação do Plenário da Casa, destinada a validar ou não a indicação apresentada pelos líderes partidários; ou, o que entendo ser mais adequado, (ii) 'eleita' significa apenas escolhida, de maneira que a formação da comissão de impeachment seguiria, por completo, o regramento padrão do RI/CD. Não há sentido na primeira interpretação. Não pode caber ao Plenário da Casa Legislativa escolher os representantes dos partidos ou blocos parlamentares. Logo, eleita significa escolhida, que é, aliás, uma das acepções léxicas possíveis. Portanto, esta é a interpretação correta e que proponho seja adotada daqui por diante. Embora não para este caso. Isto porque durante o *impeachment* do presidente Collor adotou-se a primeira interpretação acima referida e os nomes indicados pelos líderes foram ratificados pelo Plenário. Na época, cada líder indicou os representantes de seu partido ou bloco e, em seguida, essa chapa única foi aprovada pelo Plenário em votação simbólica. De modo que não consideraria inválida, para o rito de *impeachment* em curso, a realização de eleição pelo Plenário da Câmara, desde que limitada, tal como no caso Collor, a confirmar ou não as indicações feitas pelos líderes dos partidos ou blocos, isto é, sem abertura para candidaturas ou chapas avulsas. Isso pela razão já exposta de que estou preservando, na maior extensão possível, os precedentes e os ritos já adotados nessa matéria. E por qual razão não considero legítima a candidatura avulsa? Duas razões saltam aos olhos, uma textual e outra lógica. A textual: o RI/CD, com a autoridade da delegação recebida do art. 58 da Constituição, estatui, com clareza inequívoca, que a indicação dos representantes partidários ou dos blocos parlamentares compete aos líderes [...]. Não há votação do Plenário da Casa para escolha dos membros das comissões. Estabelece-se, inclusive, que 'o Deputado que se desvincular de sua bancada perde automaticamente o direito à vaga que ocupava' [...]. A segunda razão é simplesmente lógica: se, por força da Constituição, a representação proporcional é do partido ou bloco parlamentar, os nomes do partido não podem ser escolhidos heteronomamente, de fora para dentro, em violação à autonomia partidária. Pode haver, por certo, disputa dentro do partido, e pode até ser saudável que se façam eleições internas. Mas, evidentemente, não pode o Plenário escolher os nomes do partido, em que os representantes de uma agremiação seriam escolhidos por seus adversários ou concorrentes".

783 Fase que seria adicional ao exame feito pela Presidência da Câmara, mas que, pela lei, é a única fase de exame de admissibilidade, embora não nos pareça que o exame pelo presidente viole a lei ou a Constituição.

784 O STF, na decisão da ADPF nº 378, decidiu, por maioria "declarar recepcionados pela CF/88 os artigos 19, 20 e 21 da Lei nº 1.079/1950, interpretados conforme à Constituição, para que se entenda que as 'diligências' e atividades ali previstas não se destinam a provar a improcedência da acusação, mas apenas a esclarecer a denúncia".

785 "Art. 22. Encerrada a discussão do parecer, e submetido o mesmo a votação nominal, será denúncia, com os documentos que a instruam, arquivada, se não fôr considerada objeto de deliberação. No caso contrário, será remetida por cópia autêntica ao denunciado, que terá o prazo de vinte dias para contestá-la e indicar os meios de prova com que pretenda demonstrar a verdade do alegado. §1º Findo esse prazo e com ou sem a contestação, a comissão especial determinará as diligências requeridas, ou que julgar convenientes, e realizará as sessões necessárias para a tomada do depoimento das testemunhas de ambas as partes, podendo ouvir o denunciante

teria prazo de vinte *dias* para *contestá-la* com uma fase de produção de provas, ao que se seguiria novo parecer da Comissão Especial, que só então seria submetido ao plenário. No entanto, o STF, por maioria, considerou essa segunda fase inconstitucional,[786] já que partiria do pressuposto que caberia à Câmara "pronunciar-se sobre o mérito da acusação".

Como se vê, existem duas diferenças importantes entre o procedimento previsto no regimento interno e na Lei nº 1.079. Em primeiro lugar, a lei, ao contrário do regimento, traz uma previsão sobre a produção de provas. Ademais, quanto à manifestação do denunciado – que a lei corretamente denomina de contestação –, a lei assegura prazo de 20 dias, em fase na qual o acusado já terá conhecimento dos debates que geraram a decisão que aceitou deliberar quanto à denúncia.

Parece-nos que a lei deveria prevalecer. Em primeiro lugar, porque a CRFB estabelece uma reserva de lei para dispor sobre o processo de *impeachment*. Ademais, e especialmente, pela incidência das normas substantivas que a CRFB traz, assegurando "aos litigantes, em processo judicial ou administrativo, e aos acusados em geral [...] o contraditório e (a) ampla defesa, com os meios e recursos a ela inerentes" (art. 5º LV) e consagrando a cláusula do devido processo legal (art. 5º, LIV). Aliás, estes dois direitos fundamentais – em especial quanto ao contraditório – a nosso ver exigem que se abra oportunidade para uma manifestação final do acusado, após a produção das provas. Certamente é possível conciliar regimento e lei, admitindo a fase de análise prévia do presidente e a manifestação igualmente prévia do acusado, mas qualquer solução que pretenda ignorar direito ou fase prevista *na lei* nos parece ilegal e inconstitucional.

A questão é que, no julgamento do mandado de segurança[787] no qual o Ex-Presidente Collor questionava exatamente o procedimento na Câmara, o voto vencedor, do Ministro Carlos Velloso, considerou que o art. 22 (além do 21) – exatamente o dispositivo que prevê o procedimento de apreciação prévia da denúncia com a fase probatória acima tratada – pareceria mais adequado ao "processo de julgamento da denúncia e não ao procedimento de sua admissibilidade". O STF se manteve na mesma linha, na recente ADPF nº 378, afirmando (a *contrario sensu*) que não cabe à Câmara pronunciar-se sobre o mérito da acusação e que não "podem ser tidos por recepcionados pela Constituição de 1988 preceitos legais que atribuem à Câmara dos Deputados funções excedentes do papel de 'autorizar [...] a instauração de processo contra o Presidente'".[788]

Ora, não há dúvida de que a lei foi aprovada quando a atribuição da Câmara era a de declarar "a procedência de acusação contra o Presidente da República", atribuição

---

e o denunciado, que poderá assistir pessoalmente, ou por seu procurador, a tôdas as audiências e diligências realizadas pela comissão, interrogando e contestando as testemunhas e requerendo a reinquirição ou acareação das mesmas. §2º Findas essas diligências, a comissão especial proferirá, no prazo de dez dias, parecer sobre a procedência ou improcedência da denúncia. §3º Publicado e distribuído esse parecer na forma do §1º do art. 20, será o mesmo, incluído na ordem do dia da sessão imediata para ser submetido a duas discussões, com o interregno de 48 horas entre uma e outra. §4º Nas discussões do parecer sobre a procedência ou improcedência da denúncia, cada representante de partido poderá falar uma só vez e durante uma hora, ficando as questões de ordem subordinadas ao disposto no §2º do art. 20".

[786] Declarando "não recepcionados pela CF/88 os artigos 22, caput, 2ª parte [que se inicia com a expressão 'No caso contrário...'], e §§1º, 2º, 3º e 4º da Lei nº 1.079/1950, que determinam dilação probatória e segunda deliberação na Câmara dos Deputados" (decisão da ADPF nº 378).

[787] MS nº 21.564-DF (*DJ*, 27 ago. 1993), no qual o Ministro Carlos Velloso funcionou como relator para o acórdão (o que ocorre quando o relator original fica vencido no julgamento).

[788] *Anotações para o voto oral do Ministro Luís Roberto Barroso*, na ADPF nº 378, p. 22, disponibilizadas pelo STF.

mais ampla do que a mera "aprovação" para o início do processo (que admitiria, portanto, um procedimento mais expedito).

Isto, no entanto, não significa que seu procedimento seja incompatível com a CRFB (que, portanto, teria revogado o dispositivo), porque, além de a CRFB atribuir reserva de lei para dispor sobre o processo de *impeachment* (e tal lei existe), a amplíssima legitimidade reconhecida para a denúncia e a grave consequência constitucional da concessão da autorização (o afastamento do PR) exigem um procedimento com garantias substanciais aos direitos do acusado. Ora, a nosso ver, o STF – a partir do inquestionável reconhecimento de que o processo previsto na Lei nº 1.079 foi concebido para uma constituição que concedia uma atribuição mais alargada à Câmara – usou esse argumento para invalidar uma fase processual de defesa do denunciado, que, se não chega a ser exatamente uma imposição constitucional, por outro lado certamente não é incompatível com a CRFB. É verdade que as atribuições reconhecidas ao Senado quanto à abertura do processo atenuam em parte esta decisão, mas, ainda assim, a nosso ver, considerar inválido um processo que ao mesmo tempo dá mais garantia ao acusado e mais capacidade à Câmara para formar seu juízo não foi a melhor solução.

De todo modo, segundo o STF, vale o disposto no art. 218, §4º, do Regimento Interno quanto à oportunidade de prazo para o denunciado se manifestar.

No Brasil, a Câmara dos Deputados, ao contrário do que ocorre na Argentina[789] e nos EUA, não atua como denunciante.[790] O art. 23, §4º da Lei nº 1.079 prevê que a Câmara eleja "uma comissão de três membros para acompanhar o julgamento do acusado".[791] Na verdade, não se trataria apenas do julgamento (como era no regime da Constituição de 1946 e 1967-69), mas sim do processo e do julgamento. De todo modo, tal dispositivo foi considerado inconstitucional pelo STF.[792]

Os diversos ordenamentos que contemplam a autorização parlamentar diferem bastante quanto ao órgão competente para, então – uma vez dada a autorização – instruir o processo e julgar o caso. Tais órgãos, como lembra Rosario García Mahamut, podem

---

[789] Onde a Constituição é expressa (art. 53) ao estabelecer que somente a Câmara de Deputados exerce o direito de *acusar* perante o Senado, os agentes sujeitos ao – lá denominado – "juicio político". Comentando o dispositivo Miguel Ángel Ekmekdjian esclarece que: "Si el despacho aconsejando la iniciación del juicio es aprobado por 2/3 de los diputados presents, se comunica al Senado y se constituye una comisión de dos a tres diputadoes que tendrá a su cargo la acusación. [...]. La comisión designada es la que debe formular la acusación y aportar y producir las pruebas de cargo. Esta comisón, que actúa en representación de la Cámara de Diputados, tine el papel de fiscal. A ella le corresponde acusar al funcionario imputado y luego sostener la acusación aportando pruebas de cargo, durante todo el proceso, hasta que se dite la sentencia" (EKMEKDJIAN, Miguel Ángel. *Tratado de derecho constitucional*. Buenos Aires: Depalma, 1997. t. IV. p. 239).

[790] Na França, sob o regime das Cartas de 1814 e de 1830. Robert Charvin anota: "Aucun parquet n'est organisé par la loi pour suivre l'accusation devant la Cour des Pairs. Mais un príncipe general du droit penal dispose que celui qui a reçu de la loi le droit d'accuser devant un tribunal, est naturellement appelé à requérir et le ministère public est constitué par des commissaires élus au sein de la Chambre des Députés. L'organization n'est donc pas permanente et un ministère public est constitué pour chaque affaire" (CHARVIN, Robert. *Justice et politique (evolution de leurs rapports)*. Paris: Librairie Générale de droit et de jurisprudence, 1968. p. 124).

[791] Marcelo Caetano, comentando este dispositivo à luz da Constituição de 1967-69, referia-se a tal comissão como "comissão acusadora", sustentando que ela "funcionará como órgão do Ministério Público" e que teria que "organizar e oferecer o libelo acusatório [...] que é enviado ao acusado". (CAETANO, Marcelo. *Direito constitucional*: direito constitucional brasileiro. Rio de Janeiro: Forense, 1978. v. II. p. 245). Ocorre que a comissão mencionada pelo art. 23, §4º, da Lei nº 1.078 serve apenas para "acompanhar" o julgamento.

[792] Na já referida ADPF nº 378.

pertencer à jurisdição ordinária, à jurisdição constitucional ou a uma jurisdição especial, existindo grande variação entre os modelos.[793]

No Brasil, uma vez dada autorização parlamentar, o processo entrará (ou prosseguirá) nos trilhos do *impeachment* ou se encaminhará para os trilhos do processo penal ordinário, ainda que com foro privilegiado. Assim, em se tratando das autoridades federais, o processo será encaminhado ao Senado, nos casos de crimes de responsabilidade, e ao STF, nos casos de crime comum. Em se tratando dos governadores, o processo, nos casos de crimes de responsabilidade, seria (segundo a maioria das Constituições Estaduais) julgado pela mesma Assembleia Legislativa que autoriza seu início. No entanto, segundo decisão do STF já mencionada, o processo deve ser encaminhado ao tribunal misto especial previsto no art. 78, §3º da Lei nº 1.079/50.[794]

---

[793] GARCÍA MAHAMUT, Rosario. *La responsabilidad penal de los miembros del Gobierno en la Constitución.* Madri: Tecnos, 2000. p. 52. Mahamut faz referência a uma sistematização clássica (no direito espanhol) sobre os modelos existentes em direito comparado para a efetivação da responsabilidade penal dos ministros, feita por Santamaría de Paredes y Pérez Serrano, segundo a qual: "suele aducirse que tres son los sistemas (o fórmulas) para hacer efectiva la responsabilidad penal: a) El sistema judicial puro, en el que el enjuiciamiento corresponde a los Tribunales ordinarios. b) La atribución de dicha competencia a un Tribunal especial, integrado por políticos y jueces. c) El sistema legislativo, articulado através del procedimiento de impeachment". Embora ressalve que em geral essa classificação segue sendo válida, a autora entende, a nosso ver corretamente, que a variedade de soluções trazidas pelos sistemas comparados permite e aconselha outra classificação "atendiendo a la naturaleza del órgano al que corresponde el enjuiciamiento", que a autora divide em três partes: "1. A los órganos de la jurisdicción ordinaria. No obstante, debe distinguirse: a) aquellos ordenamientos en los que la instrucción y el enjuiciamiento se encomiendan a órganos de la jurisdicción ordinaria conforme a las reglas ordinarias de competencia, b) de aquéllos en que corresponde la instrucción y el enjuiciamiento al órgano superior de la jurisdicción ordinaria, c) y, de aquéllos en que se inserta en la jurisdicción ordinaria un órgano específico al que corresponda instruir y enjuiciar tales delitos. 2. A la jurisdicción constitucional. Ahora bien, puede distinguirse entre aquellos ordenamientos en los que se prevé que sea la Corte Constitucional la encargada de enjuiciar tales delitos bien con su composición habitual bien con una composición distinta en los supuestos, de carácter integrado, en los que hay que enjuiciar a los miembros del Gobierno. 3. A una jurisdicción especial o excepcional de carácter permanente. A estos efectos, puede distinguirse aquellos ordenamientos que incorporan un órgano instructor de carácter netamente político de áquellos en que la instrucción es atribuida a un órgano integrado por magistrados de carrera. El órgano al que corresponda decidir acerca de la culpabilidad o no del imputado será un órgano de composición netamente política o, por el contrario, será de composición mixta, esto es integrado por políticos y por magistrados de carrera, generalmente, de la más alta categoría del orden judicial" (p. 53-55). Concordamos com a sistematização proposta, mas ela deve ser acrescida das situações em que se prevê um tribunal especial misto *não permanente*, ou seja, um tribunal que será composto após a imputação (ainda que mediante regras predeterminadas) (hipótese contemplada no Brasil nas Constituições dos estados de Pernambuco e Rio Grande do Norte e que, após recente decisão do STF, deverá ser adotada por outras constituições estaduais). Mahamut lembra ainda a "clasificación bipartita que en la doctrina francesa, se formula al distinguir únicamente entre jurisdicción de derecho común y jurisdicción política. En estos casos, suelen considerarse, también, de jurisdicción de derecho común aquellos sistemas en los que el órgano al que corresponde enjuiciar tales ilícitos se encuentra integrado bien por magistrados de carrera, generalmente de la más alta categoría del orden judicial, y por otros miembros elegidos generalmente por el Parlamento y aquellos ordenamientos en los que a la Corte Constitucional corresponde enjuiciar a los miembros del Gobierno" (p. 55). Uma divisão mais simples é feita por Pérez-Liñán, que, analisando 57 constituições de 19 países da América Latina entre 1950-2004, divide os modelos em três: legislativo, no qual o Parlamento acusa e julga o PR; judicial, no qual o parlamento acusa ou autoriza o início do processo e um tribunal (em geral a Corte mais alta) julga, e modelo híbrido, no qual o parlamento acusa ou autoriza o início do processo e o julgamento caberá também ao parlamento ou a um tribunal conforme o tipo do crime (modelo no qual o autor expressamente inclui o Brasil). Segundo o autor, 43,9% das constituições analisadas adotavam o modelo legislativo; 19,3% o modelo híbrido e 36,8%, o modelo judicial. Note-se que a exigência de autorização parlamentar ao menos para o início do processo era comum a todas as 57 constituições analisadas (PÉREZ-LIÑÁN, Aníbal. *Juicio político al presidente y nueva inestabilidad política en América Latina.* Buenos Aires: Fondo de Cultura Económica, 2009. p. 220-223).

[794] "Nos Estados, onde as Constituições não determinarem o processo nos crimes de responsabilidade dos Governadores, aplicar-se-á o disposto nesta lei, devendo, porém, o julgamento ser proferido por um tribunal composto de cinco membros do Legislativo e de cinco desembargadores, sob a presidência do Presidente do Tribunal de Justiça local, que terá direito de voto no caso de empate. A escolha desse Tribunal será feita – a dos membros do legislativo, mediante eleição pela Assembléia: a dos desembargadores, mediante sorteio".

Portanto, os agentes políticos no Brasil podem estar sujeitos a julgamento pelo parlamento (o Senado), a julgamento perante órgão já integrante do Judiciário, seja seu órgão de cúpula (STF) ou outra Corte (o STJ) e podem estar sujeitos a tribunal misto (composto por parlamentares e magistrados) especialmente criado para tal fim, no caso da prática de crime de responsabilidade pelos governadores.[795]

Assim, ainda que não esgote os casos encontrados no direito comparado, o Brasil acaba prevendo boa parte de suas hipóteses.

De todo modo, como, a partir da autorização da Câmara, os processos serão inteiramente distintos conforme for a imputação, se crime comum ou crime de responsabilidade, passemos a analisar esta tão importante dicotomia.

4.3 Crimes comuns e crimes de responsabilidade

As razões para o estabelecimento de um processo diferenciado ou para outorgar algum grau de imunidade aos agentes políticos foram tratadas no Capítulo 3. Mas ainda não examinamos qual a razão para estabelecer um conjunto especial de crimes ou de infrações políticas que apenas certos agentes políticos podem cometer, prática relativamente comum em direito comparado.

Com efeito, como salienta Mahamut, existe uma

constância histórica de numerosos ordenamentos ao estabelecer que os membros do Governo sejam responsáveis penalmente por determinados delitos sempre associados, de forma mais ou menos expressa, ao cargo que desempenham e com perfil claramente político de certa gravidade.[796]

Prossegue a autora afirmando:

determinados delitos que tradicionalmente foram qualificados como políticos – por exemplo a alta traição, a conspiração contra o estado, etc. – continuaram recebendo um tratamento diferenciado face à necessidade de que sua configuração legal fosse definida pelo órgão político por excelência – o que, apesar de serem punidos com as sanções penais pertinentes contidas nos Códigos Penais, já justifica a legitimação da acusação e do processamento pelo único órgão essencialmente político capaz de apreciar a dimensão política do delito, isto é, o Parlamento – ou por um órgão especial de composição mista. Não só [...] se manteve a vigência de um tratamento diferenciado para a responsabilidade criminal ministerial derivada de certos delitos políticos como, ademais, este tratamento se prevê em relação a uma formulação mais vaga e difusa dos mesmos: os delitos cometidos no exercício das funções ministeriais.[797]

---

[795] Na esfera federal já houve previsão de um tribunal misto, caso da Constituição de 1934, cujo art. 58 estabelecia: "O Presidente da República será processado e julgado nos crimes comuns, pela Corte Suprema, e nos de responsabilidade, por um Tribunal Especial, que terá como presidente o da referida Corte e se comporá de nove Juízes, sendo três Ministros da Corte Suprema, três membros do Senado Federal e três membros da Câmara dos Deputados. O Presidente terá apenas voto de qualidade".

[796] GARCÍA MAHAMUT, Rosario. *La responsabilidad penal de los miembros del Gobierno en la Constitución*. Madri: Tecnos, 2000. p. 46.

[797] GARCÍA MAHAMUT, Rosario. *La responsabilidad penal de los miembros del Gobierno en la Constitución*. Madri: Tecnos, 2000. p. 47-48.

O primeiro texto constitucional a acolher a noção de crime político foi, como apontado por Robert Charvin, a Carta francesa de 1830, que previa (art. 69, "1") o julgamento por júri dos "delitos de imprensa e dos delitos *políticos*". Mas tais crimes não se dirigiam especificamente à apuração da responsabilidade dos agentes políticos, uma vez que o mesmo dispositivo constitucional, que exigia lei formal para regulamentar tal julgamento, previa uma lei, em separado (art. 69, "2"), para tratar especificamente da "responsabilidade dos ministros e de outros agentes do poder". De todo modo, com esse dispositivo constitucional e com a lei que o regulamentou o "crime de estado, conceito até então político, passa a ser um conceito jurídico".[798]

Importante lembrar que o conceito de ilícito ou de crime político não se confunde com o conceito de crime praticado por agentes políticos, uma vez que os crimes políticos normalmente são cometidos contra determinado regime ou poder político, enquanto que os ilícitos praticados por agentes políticos são praticados exatamente por aqueles que detêm o poder político.

Ao tratar da dicotomia em questão (presente no Brasil na forma de crimes comuns *v.* crimes de responsabilidade), é importante salientar que, se de um lado sempre estão os crimes comuns – infrações de natureza indiscutivelmente jurídico-penal – a natureza jurídica do outro elemento da dicotomia – que no Brasil e em Portugal se denominam crimes de responsabilidade (embora com características distintas), mas que denominaremos provisoriamente de infrações especiais – apresenta grande oscilação, seja nos textos constitucionais, seja na leitura que recebem da doutrina e jurisprudência.

A variação se inicia com a atribuição de natureza igualmente penal às infrações especiais (ao crime de responsabilidade ou outro nome adotado), que seriam apenas aqueles crimes próprios do agente político (no sentido de que só podem ser praticados por ele), ainda que seu processo seja diferenciado (e que seu agente tenha outras prerrogativas constitucionalmente asseguradas).

No outro extremo, é possível identificar as infrações especiais como uma categoria especificamente constitucional,[799] uma infração de natureza político-constitucional, portanto, inteiramente estranha ao direito penal (e que, deste modo, só impropriamente poderia ser denominada "crime") e por vezes livre de qualquer conformação jurídica.

De forma intermediária, é possível atribuir às infrações especiais uma natureza mista: ainda penal, ou "quase-penal" (embora certamente ainda uma manifestação do poder punitivo estatal), mas conformada de maneira particularmente intensa pela Constituição.[800] Na doutrina brasileira é também comum a definição das infrações

---

[798] CHARVIN, Robert. *Justice et politique (evolution de leurs rapports)*. Paris: Librairie Générale de droit et de jurisprudence, 1968. p. 104. Conceito aliás reproduzido em outras constituições, inclusive, como já mencionado, pela própria CRFB.

[799] Brossard, por exemplo, afirma: "São infrações estranhas ao direito penal os chamados crimes de responsabilidade. São infrações políticas da alçada do Direito Constitucional" (BROSSARD, Paulo. *O impeachment*: aspectos da responsabilidade política do Presidente da República. 3. ed. São Paulo: Saraiva, 1992. p. 57).

[800] Tobias Barreto (citado por Brossard), ao tratar da responsabilidade dos ministros segundo a Constituição do Império, relata a existência à época de uma dicotomia distinta: "a responsabilidade dos ministros, segundo a teoria corrente, torna-se efetiva por dois modos práticos de processo, correspondentes a dois modos de compreender a natureza jurídica dessa responsabilidade. Com efeito, há um grupo de escritores, para quem a responsabilidade ministerial é, em todo caso, de natureza jurídico-penal. Todos os momentos subjetivos da criminalidade comum devem aparecer nos atos, pelos quais os ministros se dizem responsáveis. Há, porém, outro grupo, ainda que em menor número, que só admite uma responsabilidade de natureza jurídico-disciplinar, não entrando neste

especiais (no Brasil crimes de responsabilidade) como "infrações político-administrativas", como fazem José Afonso da Silva[801] e Gilmar Ferreira Mendes (embora este pareça reservar esta qualificação apenas aos crimes de responsabilidade cometidos pelo PR).[802] Não consideramos esta expressão a mais adequada, pois, ainda que o adjetivo "administrativa" possa se justificar por oposição à responsabilidade penal, ela acaba se contrapondo à natureza eminentemente (senão exclusivamente) constitucional do instituto. A nosso ver, o decisivo é identificar que se trata de uma infração – portanto localizada no campo do direito punitivo – e uma infração de natureza constitucional.[803]

Uma possível razão, se não para a existência desses ilícitos especiais, ao menos para sua redação em geral mais aberta do que os crimes comuns, reside, ou residia, na necessidade de fugir do maior rigor imposto à apuração da responsabilidade penal. Isto não significa que a dualidade de que tratamos possa representar uma ausência

---

conceito a denominada responsabilidade política, meio tático de partido, que faz o ministério harmonizar suas vistas com as vistas de uma maioria parlamentar, sem o que, perdida a confiança, como se diz, vê-se ele forçado a retirar-se. No primeiro grupo sobressaem espíritos como Robert Von Mohl, Held, John, o holandês Lagemans, Oswald de Kerkhove e muitos outros; no segundo acham-se nomes como Bluntschli, Zöphfl, Adolf Samueley e alguns mais. A distinção não é capciosa nem supérflua. Dela derivam consequências de muito alcance. É assim que, segundo foram traduzidos na prática os princípios de uma ou outra teoria, ver-se-á a representação nacional, encarregada de acusar e julgar os ministros, absorver, mais ou menos, as funções judiciais. Não fica aí. Estabelecida a disciplina, e competindo às Câmaras, ou a uma delas, fazer somente efetiva a responsabilidade de caráter disciplinar, não há lugar para um conflito de poderes. O poder disciplinar e o poder penal não colidem entre si. A aplicação dos mais altos meios disciplinares, diz Heffter, que são a degradação e a desqualificação para o serviço público, só se dá, em geral, quando se torna evidente que no servidor do Estado não existem pressuposições, sob as quais lhe foi confiada a função que ele exerce. [...] Nestas condições, e ao passo que o poder disciplinar se limitasse ao modesto, mas não menos importante papel de corrigir e purificar os órgãos da administração pública, não ficaria a justiça inibida de exercer também a sua função de exigir o desagravo de qualquer violação das leis penais. Mas agora pergunto eu: existe entre nós, praticamente verificada, semelhante distinção? Não, decerto. Quer a Câmara dos Deputados, decretando a acusação dos ministros, como tais, quer o Senado julgando-os, não giram na esfera única da disciplina. Pelo contrário. Aí não há restrição aos simples meios corretivos e purificadores; aí se pode fazer aplicação até da pena mais grave do nosso sistema de penalidade, a pena de morte (L. de 15 de outubro de 1827, art. 1.º, §3.º). [...] A lei orgânica de 1827, ampliando os princípios estabelecidos pelo art. 133 da Constituição, não isolou, como já disse, o elemento disciplinar do elemento penal. [...] Quando mesmo o papel da Câmara fosse restrito ao emprego de mera disciplina, ela teria competência para conhecer do fato arguido e poder aplicar as suas medidas. Mas seu papel é mais compreensivo; ela tem o direito de decretar e promover a acusação de verdadeiros crimes, como traição, peita, suborno, e outros, e de pedir, como tal, a imposição de verdadeiras penas. Não se concebe, pois, por que estranho reviramento de princípios deixaria ela de ter a faculdade igual de decretar a acusação dos ministros indiciados em crimes comuns, desde que neste mister não sai da sua esfera, continua a exercer as funções de um órgão, não simplesmente de justiça correcional, mas de justiça penal" (*apud* BROSSARD, Paulo. *O impeachment*: aspectos da responsabilidade política do Presidente da República. 3. ed. São Paulo: Saraiva, 1992. p. 40-41).

[801] SILVA, José Afonso da. *Curso de direito constitucional positivo*. 38. ed. São Paulo: Malheiros, 2015. p. 639. *Vide* ainda CANOTILHO, J. J. Gomes; MENDES, Gilmar Ferreira; SARLET, Ingo Wolfgang; STRECK, Lenio Luiz (Coord.). *Comentários à Constituição do Brasil*. São Paulo: Saraiva/Almedina, 2013. p. 1286. Luís Roberto Barroso também usa a expressão, mas não para designar os crimes de responsabilidade e sim o *processo* de *impeachment* que seria de "natureza político-administrativa" (p. 29 das *Anotações para o voto oral do Ministro Luís Roberto Barroso*, na ADPF nº 378, disponibilizadas pelo STF).

[802] MENDES, Gilmar Ferreira Mendes; BRANCO, Paulo Gustavo Gonet. *Curso de direito constitucional*. 9. ed. 3. tir. São Paulo: Saraiva, 2014. p. 942.

[803] Emerson Garcia tem posição distinta ao sustentar que a natureza dos crimes de responsabilidade varia conforme o cargo do agente acusado. Para esse autor: "a natureza jurídica dos crimes de responsabilidade não comporta uma resposta linear, pois, para alguns agentes, trata-se de ilícito que ensejará um julgamento jurídico" – o exemplo dado é o dos ministros de estado em relação ao qual o crime de responsabilidade seria uma "infração associada a atos políticos e administrativos que redunda num julgamento totalmente jurídico" – "e, para outros, um julgamento político", nesse caso o exemplo é o do PR (GARCIA, Emerson. Sujeição dos agentes políticos à Lei de Improbidade Administrativa. *Revista de Direito do Ministério Público do Estado do Rio de Janeiro*, n. 55, jan./mar. 2015. p. 30-31).

completa de vinculação jurídica na apuração da responsabilidade em questão (que se assimilaria à responsabilidade política, ainda que com um processo mais detalhado e, portanto, com maior observância de direitos processuais).

Importante lembrar que, na origem do constitucionalismo, não se conhecia o denominado direito administrativo sancionador[804] (que segue princípios do direito penal temperados). Esse novo campo de estudos pode aportar elementos importantes para a definição dos ilícitos especiais, uma vez que igualmente debruçado sobre um tipo de ilícito que, ao mesmo tempo, não é penal, mas não pode prescindir de uma série de normas surgidas na evolução do direito penal e que na verdade devem ser aplicadas, com mais ou menos intensidade, a qualquer manifestação do poder punitivo estatal.

A posição de Canotilho e Vital Moreira, ao comentarem a CRP, parece se amoldar à primeira concepção. Com efeito, esses autores, levando "em conta a densificação histórica do conceito"[805] de crimes de responsabilidade, o definem:

> com recurso às seguintes características: *(a)* trata-se de crimes praticados por titulares de cargos políticos (designadamente por membros do «poder executivo») no exercício de funções; *(b)* consistem na infracção de bens ou valores particularmente relevantes da ordem constitucional, cuja promoção e defesa constituem dever funcional dos titulares de cargos políticos; *(c)* por isso, existe uma conexão entre esta responsabilidade criminal e a responsabilidade política, transformando-se a censura criminal necessariamente numa censura política (com a consequente demissão ou destituição como pena ou efeito necessário da pena); *(d)* qualificação desta responsabilidade criminal, face à responsabilidade criminal comum, pelo facto de o agente dispor de uma certa liberdade de conformação e gozar de uma relação de confiança pública; *(e)* existência de especificidades quanto ao processo criminal, quanto ao tipo de penas e seus efeitos e também, eventualmente, quanto à competência judicial para o julgamento (embora naturalmente com respeito da proibição de tribunais criminais especiais).[806]

Como notam os autores, a CRP (ao contrário, em certa medida, da CRFB e das anteriores constituições portuguesas) não definiu ela própria os crimes de responsabilidade "preferindo consagrar uma imposição legiferante (nº 3) dirigida aos órgãos legislativos no sentido de determinar (isto é, prever e punir) os crimes de responsabilidade dos titulares dos cargos políticos". Esta lei (Lei nº 34/87, já mencionada) traz uma novidade, que representa certa sobreposição entre crimes comuns e crimes de responsabilidade. É que, ainda como lembram Canotilho e Vital Moreira, a referida lei "veio definir como crimes de responsabilidade, além dos nela especificamente previstos,

---

[804] Sobre o tema *vide*, por exemplo, GUYOMAR, Mattias. *Les sanctions administratives*. Paris: LGDJ, 2014; e OSÓRIO, Fabio Medina. *Direito administrativo sancionador*. 5. ed. São Paulo: RT, 2015.

[805] Isto, após esclarecerem que o conceito de crimes de responsabilidade: "não é definido pela Constituição, havendo por isso de recorrer-se ao seu significado tradicional no direito constitucional português Assim chamados pela primeira vez na Constituição de 1911 (art. 55º) tendo a Constituição de 1933 conservado tal designação (art. 114º da versão originária), tal categoria vem desde muito atrás, com origem logo na Constituição de 1822 (arts. 159º e 160º), continuada na Carta Constitucional de 1826 (arts. 103º e 104º) e na Constituição de 1838 (art. 116º). Em todos os casos, trata-se de uma categoria de responsabilidade criminal reservada aos membros do «poder executivo», ou seus agentes, sendo de sublinhar, portanto, o alargamento a que procedeu a CRP de 1976 ao estendê-la aos titulares dos cargos políticos em geral" (CANOTILHO, J. J. Gomes; MOREIRA, Vital. *Constituição da República Portuguesa*: anotada. 4. ed. Coimbra: Coimbra Editora, 2010. v. II. p. 120-121).

[806] CANOTILHO, J. J. Gomes; MOREIRA, Vital. *Constituição da República Portuguesa*: anotada. 4. ed. Coimbra: Coimbra Editora, 2010. v. II. p. 120-121.

os previstos na lei penal geral com referência expressa ao exercício de cargos políticos ou os que se mostrem praticados com flagrante desvio ou abuso da função ou com grave violação dos deveres imanentes".[807]

Por fim, concluem os autores:

> A convocação dos vários preceitos constitucionais que se referem a responsabilidade de titulares de cargos políticos (arts. 130º, 157 e 196º) indica que a raiz axiológica dos «crimes de responsabilidade» não é a de legitimar uma «justiça política»; mas a de tomar na devida consideração os bens jurídicos lesados e a função constitucional dos sujeitos através de um processo justo onde relevam os critérios da culpa, da responsabilidade, tipicidade, causalidade e punibilidade.[808]

Jorge Miranda e Rui Medeiros não parecem discordar dessa posição, ao afirmarem que crimes de responsabilidade "são os crimes cometidos pelos titulares de cargos políticos no exercício das respectivas funções e por causa do seu exercício", contrapondo-se "aos crimes comuns como crimes que eles possam cometer estranhos ao exercício dessas funções".[809]

Antes de iniciar a análise do tema à luz do direito brasileiro, vale lembrar que, embora a natureza jurídica dos crimes de responsabilidade e a natureza jurídica do processo de *impeachment* estejam estreitamente relacionadas, elas não se confundem, o que é evidenciado pela possibilidade de cometimento de crimes de responsabilidade por autoridades não sujeitas ao *impeachment*.

No Brasil, embora seja possível encontrar referências aos crimes de responsabilidade como '"crimes funcionais' [...] atribuíveis ao Presidente da República", (como feito pelo Ministro Octavio Gallotti),[810] e embora haja significativa divergência quanto à natureza jurídica dos crimes de responsabilidade, há um amplo consenso, ao menos quanto à distinção entre estes e os crimes comuns, o que afasta a conformação brasileira do instituto daquela predominante em Portugal. Nesse sentido, veja-se a posição do Ministro Celso de Mello:

> Os crimes comuns e os crimes de responsabilidade, tais como referidos pelo texto constitucional, são figuras jurídicas que exprimem conceitos inconfundíveis. O crime comum é um aspecto da ilicitude penal. O crime de responsabilidade refere-se à ilicitude político-administrativa. O legislador constituinte utilizou a expressão *crime comum,* significando ilícito penal, em oposição a *crime de responsabilidade,* significando infração político-administrativa. A locução constitucional *crime comum* abrange, portanto, *todas* as infrações penais, inclusive as contravenções (RTJ, 91/423) e os crimes eleitorais e militares.[811]

---

[807] CANOTILHO, J. J. Gomes; MOREIRA, Vital. *Constituição da República Portuguesa*: anotada. 4. ed. Coimbra: Coimbra Editora, 2010. v. II. p. 120-121. A equiparação de um crime comum a um crime de responsabilidade também é conhecida pelo direito brasileiro, mas de forma limitada. Isto porque o art. 8º, "4", da Lei nº 1.079/50 estabelece como um dos crimes de responsabilidade "praticar ou concorrer para que se perpetre qualquer dos *crimes contra a segurança interna, definidos na legislação penal*".

[808] CANOTILHO, J. J. Gomes; MOREIRA, Vital. *Constituição da República Portuguesa*: anotada. 4. ed. Coimbra: Coimbra Editora, 2010. v. II. p. 120-121.

[809] MIRANDA, Jorge; MEDEIROS, Rui. *Constituição portuguesa anotada*. Coimbra: Coimbra Editora, 2006. t. II. p. 322.

[810] Com aspas no original. Julgamento do MS nº 21.564-0 (STF. *DJ*, 27 ago. 1993. p. 187).

[811] Posição sustentada em julgamento no STF na Questão de Ordem na Queixa Crime nº 427-8-STF. *DJ*, 15 out. 1993. p. 28.

CAPÍTULO 4
O *IMPEACHMENT* E A RESPONSABILIDADE CRIMINAL DOS AGENTES POLÍTICOS | 247

Historicamente não parece haver dúvida de que a consagração da expressão *crime de responsabilidade* no Brasil nasce de um equívoco linguístico. É que a Lei de 15.10.1827, que, regulando a Constituição de 1824, estabeleceu pela primeira vez a responsabilidade dos ministros (cuja natureza penal era amplamente reconhecida), foi seguida pelo Código Criminal do Império, de 1830, Código que, como apontado por Brossard:

> reportando-se aos delitos definidos pela Lei de 15 de outubro de 1827, prescreveu que ele não compreendia "os crimes de responsabilidade dos Ministros e Conselheiros de Estado, os quais serão punidos com as penas estabelecidas na lei respectiva".
>
> Evidentemente, o Código aludia aos crimes imputáveis aos Ministros e Conselheiros de Estado, como tais, e que geram a responsabilidade deles. Contudo, as palavras se ligaram na locução "crime de responsabilidade", que o uso cunhou, e cuja impropriedade, posta em relevo por Tobias Barreto, não impediu lograsse boa fortuna e consagração oficial.[812]

Brossard sustenta que as infrações especiais – os crimes de responsabilidade – no Brasil têm naturezas distintas conforme sua situação. Afirma que a Constituição de 1988 "conservou a velha e defeituosa denominação" – de crime de responsabilidade – "empregando-a dez vezes, em sentido igualmente equívoco, ora, no sentido de infrações político-disciplinares, ora no de crimes funcionais".[813] Falando das constituições republicanas brasileiras em geral, Brossard volta a sustentar que a expressão *crimes de responsabilidade*, conforme o contexto em que é utilizada, pode ter natureza jurídica completamente distinta:

> se, sob o antigo regime, os crimes de responsabilidade dissessem respeito a Ministros de Estado ou a funcionários públicos, eram sancionados com pena criminal; isto nem sempre ocorreu, nem ocorre, nas leis republicanas, em cujo contexto a expressão ora designa infração política, ora tem o sentido de crime funcional.
>
> Destarte, convém seja notado, a expressão "crime de responsabilidade", que "entrou na Constituição sem exato conceito técnico ou científico" – a sentença é de José Frederico Marques – nem sempre corresponde a infração penal. Quando motiva o *impeachment*, por exemplo, caso em que, sem dúvida, a despeito do *nomen juris* que lhe dá o Código Supremo e a Lei que lhe é complementar, o ilícito a ele subjacente não é penal. "Se o crime de responsabilidade não é sancionado com pena criminal, como delituoso não se pode qualificar o fato ilícito assim denominado, pois o que distingue o crime dos demais atos ilícitos é, justamente, a natureza da sanção abstratamente cominada".

---

[812] BROSSARD, Paulo. *O impeachment*: aspectos da responsabilidade política do Presidente da República. 3. ed. São Paulo: Saraiva, 1992. p. 67-68. Brossard reproduziu a observação de Tobias Barreto que merece ser citada: "a nossa legislação penal adotou o conceito do crime comum. Quanto ao próprio (que somente pode ser perpetrado por certas e determinadas pessoas, investidas de um caráter especial, como, por exemplo, a concussão, a prevaricação, o peculato etc.) ela também o conhece, mas sob o estranho título de crime de responsabilidade, frase pleonástica e insignificante, que pode com vantagem ser substituída pela de crime funcional ou de função" (p. 68).

[813] BROSSARD, Paulo. *O impeachment*: aspectos da responsabilidade política do Presidente da República. 3. ed. São Paulo: Saraiva, 1992. p. 66. José Afonso da Silva parece concordar com esta opinião ao estabelecer que os crimes de responsabilidade se dividem em "infrações políticas" e "crimes funcionais". A diferença é que José Afonso indica, a partir dos incisos do art. 85 da CRFB, quais ilícitos seriam "infrações políticas" ("atentado contra a existência da União, contra o livre exercício do Poder Legislativo, do Poder Judiciário, do Ministério Público e dos Poderes constitucionais das unidades da Federação, contra o exercício dos direitos políticos, individuais e sociais, contra a segurança interna do País") e quais seriam "crimes funcionais" ("atentar contra a probidade na administração, a lei orçamentária e o cumprimento das leis e das decisões judiciais") (SILVA, José Afonso da. *Curso de direito constitucional positivo*. 38. ed. São Paulo: Malheiros, 2015. p. 556-557).

Desta forma, se no direito imperial a expressão ensejou reparos que não faltaram, mais censurável se apresenta quando, com a República, os chamados crimes de responsabilidade passaram a designar, ao mesmo passo, entidades distintas, ilícitos políticos e ilícitos penais.

Esta simples disquisição, nem sempre feita com clareza, fornece a chave para a solução de vários problemas referentes à responsabilidade política do Presidente da República e de outras autoridades. E o fato de não ter sido oportunamente formulada é responsável por distorções incompatíveis com as normas constitucionais.

Se aos crimes de responsabilidade, enquanto relacionados a ilícitos políticos, se reservasse a denominação de infrações políticas, por exemplo, melhor se atenderia à natureza das coisas e se evitaria o escolho decorrente da designação, pelo mesmo nome, de realidades diversas.[814]

Aparentemente, Brossard insiste numa dicotomia penal[815] *v.* político. Ou seja, se o crime de responsabilidade não é crime, então seria uma infração inteiramente não conformada pelo direito, posição coerente com seu entendimento do *impeachment* como processo de apuração de responsabilidade *política*. A nosso ver, a opção por não considerar os crimes de responsabilidade como infrações penais não tem como resultado os colocar fora do direito *tout court* (e, portanto, no campo da responsabilidade política), sequer fora do campo do direito sancionatório.[816] Como já adiantado, consideramos que os crimes de responsabilidade são uma manifestação do poder punitivo estatal, mas de natureza não penal, já que inteiramente localizados no campo do direito constitucional (assim como o *impeachment* é, a nosso ver, um processo para apuração de uma responsabilidade juridicamente conformada, não apenas quanto ao processo, ainda que seja distinto do processo penal).

Parece-nos possível destacar três características das infrações especiais na experiência comparada, que são acompanhadas, no particular, pelos crimes de responsabilidade tal como presentes no direito brasileiro. A primeira é que elas estão sempre ligadas à pena[817] de destituição de agentes públicos de especial importância. Assim,

---

[814] BROSSARD, Paulo. *O impeachment*: aspectos da responsabilidade política do Presidente da República. 3. ed. São Paulo: Saraiva, 1992. p. 70.

[815] A discussão sobre a natureza do crime de responsabilidade está certamente relacionada à natureza do instituto do *impeachment* como um todo. Mas o fato é que muitos dos que defendem sua natureza não penal acabam reconhecendo – ao menos implicitamente – sua natureza punitiva. Assim, por exemplo, José Higino fala que "o Senado é um tribunal político e não um tribunal de justiça criminal", cuja missão é a "destituição de um presidente *delinquente*" (*apud* BROSSARD, Paulo. *O impeachment*: aspectos da responsabilidade política do Presidente da República. 3. ed. São Paulo: Saraiva, 1992. p. 80). Já Galdino Siqueira atribui ao instituto "caráter pacífico político e *disciplinar*" (p. 82).

[816] Mattias Guyomar, por exemplo, em estudo sobre as sanções administrativas, trabalha com o conceito ampliado de repressão administrativa que engloba qualquer sistema repressivo *não penal* (GUYOMAR, Mattias. *Les sanctions administratives*. Paris: LGDJ, 2014. p. 13). Isto não significa que o processo de *impeachment* e as infrações especiais sejam sanções administrativas, mas serve para demonstrar que a redução do problema aqui discutido a uma dicotomia penal *v.* político não dá conta de sua complexidade. Mais importante do que a dicotomia responsabilidade penal *v.* responsabilidade política ou mesmo do que a dicotomia responsabilidade penal *v.* responsabilidade administrativa é, a nosso ver, a dicotomia responsabilidade política *v.* responsabilidade jurídica de caráter punitivo.

[817] Há quem diga que a destituição do cargo não tem caráter punitivo. É o caso de Gabriel Ferreira (citado no voto do Ministro Celso de Mello no julgamento do MS nº 21.689-1-STF. *DJU*, 7 abr. 1995, p. 355): "o *impeachment* [...] não tem por objeto a punição do culpado e só por uma impropriedade de termos autorizada pelo uso se denomina pena o resultado da decisão do Senado, que é, antes, uma providência de ordem política". Ora, parece-nos evidente que a perda compulsória do cargo é evidentemente uma punição, uma sanção, ainda que de ordem constitucional e, portanto, não penal (e hoje é mais do que claro que as sanções estatais não se limitam àquelas

por exemplo, o Ministro Celso de Mello afirma que o *impeachment* "visa a promover [...] a remoção compulsória, com a inabilitação temporária, dos agentes públicos que, em face de sua especial condição política, são qualificados pelo ordenamento constitucional como sujeitos ativos de crime de responsabilidade".[818] Ou seja, uma das principais justificativas para a existência dos ilícitos especiais é a necessidade de prever mecanismo de remoção de certos agentes públicos,[819] em especial aqueles não sujeitos à responsabilidade política institucional tradicional. Quanto ao ponto, sua maior importância nos sistemas presidencialistas não afasta sua importância em regimes semipresidencialistas (ou semiparlamentaristas), nem mesmo nas repúblicas parlamentaristas em relação ao chefe de estado.[820]

Relacionada a esta primeira característica está a de que, em geral, as infrações especiais só são puníveis enquanto o sujeito passivo estiver no poder. Com poucas exceções,[821] uma vez abandonado o poder, eventual punição dependerá do cometimento ou não de crimes comuns. Portanto, como já reconheceu o STF, "ao contrário do que sucede com os crimes comuns, a regra é que cessa a imputabilidade por crime de responsabilidade com o termo da investidura do dignitário acusado".[822] Esta, aliás, talvez seja uma característica-chave para entender a natureza e a utilidade das infrações especiais quando comparadas aos crimes comuns.

A segunda característica é o uso de tipos abertos, por vezes excessivamente abertos,[823] na redação das infrações especiais. Tal característica está presente no Brasil,

---

de natureza penal). Isto parece especialmente claro, por exemplo, em relação aos agentes titulares de cargos vitalícios sujeitos a *impeachment* (caso dos ministros do STF): como não classificar como punitiva a "providência" de perda do cargo? O fato de o agente destituído estar eventualmente sujeito a outras punições ditadas pela justiça criminal (se for igualmente processado e condenado nessa outra esfera) não parece afastar tal conclusão. Aliás, o próprio Ministro Celso de Mello, ao concluir seu voto no mesmo julgamento, se refere à decisão do Senado como "ato punitivo" (p. 358).

[818] Voto sobre o mérito no MS nº 21.689-1-STF. *DJU*, 7 abr. 1995. p. 342.

[819] A colocação nos lembra a peculiar importância do *impeachment* em relação aos agentes não sujeitos a mandato, caso dos ministros do STF.

[820] O que não significa que os ilícitos especiais também não sejam amplamente reconhecidos em relação aos agentes sujeitos à responsabilidade política institucional perante o parlamento.

[821] Veremos o debate em torno da renúncia do Presidente Collor durante a sessão de julgamento de seu *impeachment*.

[822] Ementa do acórdão da ADI nº 2.797-2. Rel. Min Sepúlveda Pertence. *DJ*, 19 dez. 2006.

[823] Em um sentido, o que se denomina justiça política é aplicada pelo Estado contra os inimigos de determinado regime. Mas, em havendo séria crise política interna, não se pode excluir sua aplicação, por parte de quem domine certas áreas do aparato estatal, contra agentes políticos que (ainda) se encontrem em posições de poder no seio do mesmo estado. Mas há autores, como Charvin, para quem a justiça política tem por missão tanto reforçar o poder (reprimindo os atos de oposição a ele), como freá-lo (ativando a responsabilidade penal daqueles que o exercitam) (CHARVIN, Robert. *Justice et politique (evolution de leurs rapports)*. Paris: Librairie Générale de droit et de jurisprudence, 1968. p. 3). Assim, vale a pena recordar, com Otto Kirchheimer, os distintos nomes e feições dados, ao longo da história, aos delitos políticos. Começamos com o "conceito de *crimen laesae majestatis*", que substitui o antigo conceito romano de *perduellio* e que "se torna o protótipo do indefinido: é qualquer atitude censurável demonstrada publicamente contra a *res publica* e sua segurança. Não deve, portanto, nos surpreender que tenha sobrevivido facilmente através dos séculos, modificada e reforçada mas não substituída" (KIRCHHEIMER, Otto. *Justicia política empleo del procedimiento legal para fines políticos*. Granada: Comares, 2001. p. 32). Mais à frente, Kirchheimer afirma: "Desde a época dos gregos até o século XIX, as ofensas contra o estado permaneceram na forma mais indeterminada, acomodando dentro delas aquilo que parecia conveniente conceder aos que estavam no poder e que eles puderam incluir. [...] O Cardeal Richelieu não fez nada mais do que expressar o que era prática comum quando afirmou: 'Em assuntos normais, a administração da justiça requer prova autêntica; mas o mesmo não ocorre em assuntos de estado ... Nesse caso a conjetura urgente deve por vezes tomar o lugar da prova; a perda do particular não é comparável com a salvação do Estado'" (p. 34). Foi só com o constitucionalismo do século XIX que surgiu um esforço em "desmantelar os conceitos tradicionais de *perduellio e majestas*" (p. 39), mas esse movimento não sobreviveria à Primeira Guerra Mundial.

tanto no texto constitucional quanto na lei que o regulamenta. Mas o grande exemplo dessa característica é a França, na qual:

> A 3ª, 4ª e 5ª Repúblicas todas previram que a única responsabilidade do Presidente da República seria aquela que poderia ser apurada em caso de "alta traição". Esta continuidade que ultrapassa o quadro constitucional de cada regime se acompanha de uma lacuna igualmente constante: a expressão "alta traição" não apareceu em nenhum texto penal. Ela não recebeu nenhuma definição. No entanto, vários projetos de lei foram apresentados.[824]

Brossard apresenta características das atividades presidenciais que demonstram a impossibilidade de responsabilização por tipos muito fechados. A partir dessas características, Brossard extrai outras conclusões (com as quais não concordamos) sobre temas que veremos mais à frente (natureza política da decisão e do tribunal). Mas, ainda que não concordemos com sua conclusão, o diagnóstico nos parece preciso:

> Na gama das atribuições presidenciais, há as que se poderiam chamar ordinárias ou rotineiras. O Presidente tem de praticar uma série de atos, minuciosamente regulados em lei; neles, em quase nada intervém a vontade do homem de governo ou suas concepções políticas. Outros, embora em lei regulados, deixam à autoridade soluções a eleger e, nessa escolha, em maior ou menor grau, a discrição do homem de governo encontra oportunidade para atuar e desenvolver-se. Também há aqueles assuntos entregues à autoridade presidencial que confinam com as mais altas regiões da política e dizem respeito a questões indefinidas e indefiníveis, novas, variadas, movediças, cambiantes. Não se enquadram em esquemas apriorísticos, não se deixam capturar em classificações legais, não se distribuem em tipos que possam ser descritos e catalogados. Descrevê-los seria vão, além de impossível, como fátuo seria enunciar critérios legais ou fixar regras a eles aplicáveis. Tais questões constituem um vasto e ilimitado altiplano, praticamente imune a regulamentação eficaz. Conduzir-se nele, de regra, é a suprema tarefa do Presidente. No desempenho dela, muitas vezes, o magistrado supremo tem de arrostar riscos imensos, assumindo responsabilidades que podem pesar, como maldição, sobre as gerações vindouras. Entre muitos rumos possíveis, o Presidente – e ele só – tem de escolher um. Em meio às nebulosas do presente, discernindo os caminhos que se entrecruzam, descortinando horizontes indevassados, cabe-lhe eleger e adotar soluções.
>
> Percorrendo essas regiões incertas e tantas vezes perigosas, que tanto levam ao fastígio como à decadência dos Estados, e têm sido, no curso dos tempos, o patamar da glória ou o socavão da desfortuna para os maiores estadistas – a rocha Tarpéia era vizinha do Capitólio –, a autoridade tem de usar, em largas doses, um poder desenganadamente discricionário. [...]
>
> Não seria contrassenso enquadrar atos que se enlaçam com as cumeadas da política nos apertados limites dos autos forenses e sujeitá-los a princípios estabelecidos para o desate de questões predominantemente privadas?

---

[824] CHARVIN, Robert. *Justice et politique (evolution de leurs rapports)*. Paris: Librairie Générale de droit et de jurisprudence, 1968. p. 260-261. O autor relata o conteúdo de alguns desses projetos. Por exemplo, Pascal Duprat, em 1878, propôs assimilar a noção de alta traição às tentativas de subordinar o legislativo ao chefe de estado e a certos casos expressamente enumerados. Já em 1946, Pierre Cot sugeriu, sem sucesso, "uma definição garantindo a proteção do regime da 4ª república face a eventuais ambições do Presidente da República; há alta traição quando ele 'se recusa a aplicar a Constituição'" (p. 261).

CAPÍTULO 4
O *IMPEACHMENT* E A RESPONSABILIDADE CRIMINAL DOS AGENTES POLÍTICOS | 251

Os atos do Presidente da República, quando ilegais, ainda que possam constituir causa de *impeachment*, são suscetíveis de correção no Poder Judiciário, caso a caso, mercê de iniciativa dos prejudicados.

Ao conhecimento do Judiciário, porém, chegam somente aqueles atos que envolvem lesão a direitos individuais. Há, portanto, uma infinidade de situações irredutíveis à postulação judicial, pois, sem ofensa a direitos subjetivos desta ou daquela pessoa, atos governamentais podem causar grave dano à ordem política, econômica e social.[825]

A terceira característica é que, exatamente pela importância dos cargos e funções exercidos por tais agentes, esses ilícitos especiais sempre protegem bens de especial relevância. A ideia subjacente é que não se justifica colocar em funcionamento mecanismo tão grave pela suspeita de uma falta de menor importância.[826] Veja-se a síntese de Oswaldo Trigueiro:[827]

> O direito constitucional brasileiro consagra o impeachment, se bem que o faça com limitações que o direito americano desconhece, porque o restringe a pequeno número de agentes do poder [...].
>
> Esse processo tem por objetivo afastar das funções os titulares daqueles cargos, quando responsáveis por atos contrários aos altos interesses do Estado, definidos, em leis especiais, como crimes de responsabilidade.

Na mesma linha, Célio Borja, em decisão do STF, apontou que os crimes de responsabilidade têm tipos cuja "nota essencial (é) o atentado a um valor ou bem político que a Constituição tem por relevantíssimos".[828]

A necessidade de restringir o conceito de infrações especiais, no que se refere a bens jurídicos de especial importância, também foi muito destacada na doutrina dos EUA que se seguiu à tentativa de *impeachment* do Ex-Presidente Bill Clinton,[829] acusado de

---

[825] E o autor prossegue, no que se refere à justificativa para uma Corte Política: "A apreciação de tais assuntos, em cujo trato os mais hábeis podem falhar, claudicar os mais sábios e os mais virtuosos lesar sumos interesse do país, é atribuída a uma corte política. Afeitos à aplicação da lei, consoante métodos estritamente jurídicos, é duvidoso que, de ordinário, os juízes tenham condições para decidir acerca de fatos que, por vezes, transcendem a esfera da pura legalidade, inserem-se em realidades políticas, vinculam-se a problemas de governo, insinuam-se em planos nos quais a autoridade é levada a agir segundo juízos de conveniência, oportunidade e utilidade, sob o império de circunstâncias imprevistas e extraordinárias. Conforme a lição de Story, os deveres cuja violação enseja o *impeachment* 'são facilmente compreendidos por estadistas e raramente conhecidos dos juízes'. O tribunal que fosse chamado a intervir nessas questões, ou correria o risco de decidir de maneira inadequada, se preso a critérios de exclusiva legalidade, ou, para decidir bem, talvez tivesse de recorrer a critérios metajurídicos e extrajudiciais; e não teria nenhum sentido o recurso ao Judiciário" (BROSSARD. O Impeachment, cit, BROSSARD, Paulo. *O impeachment*: aspectos da responsabilidade política do Presidente da República. 3. ed. São Paulo: Saraiva, 1992. p. 141-143).

[826] Nesse sentido não se pode negar que essa característica evoca o utilitarismo de Bentham, corporificado em seu "princípio de impunidade justificada", pelo qual, segundo Frédéric Gros, "todo crime deve permanecer impune se a sua sanção pode provocar mais males que o próprio crime. É uma regra a que se recorrerá para amnistiar os tiranos em nome da paz civil" (GARAPON, Antoine; GROS Fréderic; PECH, Thierry. *Punir em democracia* – E a Justiça será. Lisboa: Instituto Piaget, 2002. p. 88).

[827] Citado no voto do Ministro Celso de Mello no julgamento do MS nº 21.689-1-STF. *DJU*, 7 abr. 1995. p. 350-351.

[828] Voto no acórdão do MS nº 20.941-1. *DJ*, 31 ago. 1992. p. 101.

[829] Mas vale registrar que ainda durante a convenção constituinte dos EUA, após a ampla maioria recusar a possibilidade de *impeachment* por má administração, o dispositivo aprovado terminava se referindo a "other crimes and misdemeanors *against the state*", o que reforça a conclusão de exigência de gravidade em relação à conduta sujeita a *impeachment*. A expressão *against the state* foi suprimida pela Comissão de Estilo, que não tinha poderes para alterar a substância do texto. Prevaleceu e prevaleceria a opinião de que as infrações pressupunham

ter prestado falso testemunho em processo privado e de ter praticado e tentado ocultar atos sexuais com uma estagiária da Casa Branca. Escrevendo de forma bastante crítica sobre o caso Clinton, Cass Sunstein defende que os EUA "devem adotar, de forma tão explícita quanto possível, algum tipo de acordo no sentido de que o *impeachment* deve se limitar em geral, senão sempre, a abusos em larga escala de poderes públicos".[830] Para enfatizar seu argumento, Sunstein traz uma lista de ilícitos cometidos por presidentes dos EUA ao longo da história que não foram – e segundo o autor – não deveriam mesmo ter sido – objeto de *impeachment*.[831] Claro que o argumento histórico não pode ter peso

---

"an offense against the Republic" (TRIBE, Laurence H. *American constitutional law*. 3. ed. Nova York: Foundation Press, 2000. p. 172, NR n. 82). Tribe afirma que "The history of the Constitutional Convention and the ratification debates therefore strongly reinforce what the Constitution's text suggests – namely, that a civil officer may be impeached only for serious subversions of the government or for grave abuses of power" (p. 173).

[830] SUNSTEIN, Cass. Dunwody distinguished lecture in law: lessons from a debacle: from impeachment to reform. *Florida Law Review*, n. 51, set. 1999. p. 602. E, em outro ponto do mesmo texto, ele esclarece que sua preocupação "is not to protect the President. [...] It is to protect the country, which is the same theory that underlies the narrow account of the legitimate grounds for impeachment that the Founders adopted and that I have tried to emphasize here" (p. 613).

[831] "If we look forward and get a sense of our constitutional history, we will notice a remarkable fact: a tradition of forbearance and restraint on the part of both parties, even in an extraordinarily large number of cases in which something other than forbearance and restraint might have been expected. Here is an historically non-exhaustive list of cases. President Nixon, as noted, was alleged to have behaved dishonestly with respect to his tax obligations. Many Democrats concluded that that was not a legitimate basis for impeachment because it did not involve misuse of presidential power. And they self-consciously decided not to include that among the grounds for impeaching President Nixon. President Reagan, it was alleged, sold arms unlawfully to the Contras, and there was extensive discussion of this. Vice President Bush, it was alleged, was also involved in the deal, in violation of the Boland Amendment, which expressly prohibited this kind of transaction. For all of the noise and fury over President Reagan's allegedly unlawful acts, there was no serious talk, at any point, of impeachment. There was an unwillingness to invoke the kind of artillery that would destabilize the Nation, even the face of allegations of unlawful transfers of arms to a nation with whom our relations were quite complex. It is clear that President Eisenhower lied to the country, very prominently, at least twice. Once he lied in connection with the downing of a U.S. airplane over Russia, which Russia claimed was a spy plane. Eisenhower said that it was not; he knew that it was. It turned out that he had to agree that it was, eventually, because the evidence was overwhelming. He also lied to the country about transferring arms to an unfriendly nation in return for the release of hostages. He said that it did not happen. It did- the documents are crystal clear. President Roosevelt transferred arms to England under the precursor of the "Lend-Lease" program which became a statutory program. This was an unlawful program in which Roosevelt transferred the arms to England in such a way as to concern the Secretary of Defense about what the Secretary of Defense thought was, this is a quote, "illegality and deception". There was no serious talk, even when the facts came to light, that President Roosevelt should have been impeached. President Kennedy, in addition to his sexual misconduct, was romantically involved with someone who was romantically involved with at least one high-level member of the Mafia. Now that goes beyond sexual recklessness. That puts the activities of the Justice Department at risk. Nonetheless, even the people who knew it did not think that this was legitimately impeachable. In context of the Vietnam War, maybe the largest social upheaval since World War II, President Johnson was subject to tremendous criticism. He lied to the country on numerous occasions about how things were going and about what was planned. However, not even his fiercest detractors undertook a serious impeachment effort. President Lincoln suspended the writ of habeas corpus during the Civil War. The courts told him that that was unconstitutional. He basically ignored what the courts told him to do, thereby continuing to suspend the writ of habeas corpus. Even his detractors did not come close to suggesting that this violation of the Constitution's habeas corpus clause was a legitimate ground for impeachment. Now, I do not mean to suggest, by any means, that any of these cases were appropriate cases for impeachment. I do not think any of them were. What I mean to suggest, instead, is that there has been a kind of national convergence, *a tacit, case-by-case common law notion that impeachment should be reserved only for the most extreme possible cases of abuse of distinctly presidential authority*. How ought we to think of the impeachment of President Clinton in this light? The most obvious conclusion is that there was only one legitimate impeachment article: the one claiming the President misused his presidential power to get his staff and so forth to lie on his behalf. That is the only article that comes within the ballpark. The allegations of perjury and obstruction of justice, while quite serious and severe-these are, after all, felonies, and are nothing to laugh at or trivialize-are not legitimate bases for impeachment, even though they are legitimate bases for criminal punishment. To the suggestion that this means the President of the United States can continue to serve if he or she is a felon, the answer is: absolutely. That is our Constitution. The Constitution does not make the President removable for the commission of a felony; it makes the President

CAPÍTULO 4
O *IMPEACHMENT* E A RESPONSABILIDADE CRIMINAL DOS AGENTES POLÍTICOS | 253

decisivo quando se espera que as instituições evoluam e que aumente a responsabilidade dos agentes políticos, mas a lista e o argumento impressionam, sobretudo para reforçar a característica dos ilícitos especiais como ilícitos *especialmente* graves.

Igualmente escrevendo sobre o *impeachment* de Clinton, Ronald Dworkin ataca o perigo para a separação de poderes que pode ser representado pela possibilidade de uma maioria congressual raivosa destituir um presidente democraticamente eleito, denominando "crime grave" alguma falta menor que ele tenha cometido. Dworkin reafirma sua posição de que a única defesa contra esse perigo é a adoção de amplo entendimento no sentido de que a expressão *high crimes and misdemeanors* (que emoldura as infrações especiais na Constituição dos EUA) seja considerada como significando condutas que representem uma ameaça muito grave às instituições, que justifique o choque tão grande na separação de poderes representado pelo *impeachment*.[832]

Na mesma linha, Laurence Tribe decompõe o que seria a "gravidade" da conduta sujeita a *impeachment* em três "dimensões" que decorrem e que são "exemplificadas pelos ilícitos de traição e corrupção" (aqueles expressamente mencionados pela Constituição dos EUA): subversão do governo constitucional, abuso de poder e seriedade indiscutível.[833]

A necessidade de certa gravidade na infração imputada, a fim de que se tenha como legítimo o *impeachment*, também decorre da conjugação de dois fatores: a rigidez da pena de *impeachment* (ou a perda do cargo, combinada ou não com inabilitação de direitos políticos, ou pena alguma) com o princípio da necessidade e da proporcionalidade das penas. Com efeito, ao afirmar que a lei – e, por consequência, seu aplicador – deve estabelecer somente as penas estrita e evidentemente necessárias,[834] tal princípio

---

removable for 'Treason, Bribery, or other high Crimes and Misdemeanors,' and those are not the things at issue. To the suggestion that this means the President can continue to serve, even if he has violated the rule of law, the answer is the most obvious proposition in the whole debate-that Presidents frequently have violated the rule of law. President Truman seized the steel mills, President Johnson probably violated the law several times in connection with the Vietnam War, while President Roosevelt and President Eisenhower certainly violated the law. Violations of the rule of law do not make out an impeachable offense. Maybe the deeper problem is that it is going to be very hard in practice to distinguish this impeachment from other imaginable grounds for impeachment that will arise in the future. This is not to say that what President Reagan did is worse than or better than what President Clinton did. It is only to say that reasonable people go both ways on that issue. So long as we have reasonable people going both ways on that issue, this impeachment, as a precedent, threatens to undo our common law understanding of what the legitimate grounds for impeachment are, and what the nature of the standard is" (SUNSTEIN, Cass. Dunwody distinguished lecture in law: lessons from a debacle: from impeachment to reform. *Florida Law Review*, n. 51, set. 1999. p. 608-610).

[832] "We must hope that history justifies this optimism, but it seems premature now. The long, disgraceful story revealed a dangerous threat to the separation of powers that is the Constitution's structural heart. If the politicians who control Congress are numerous enough, and partisan or zealous or angry enough, they can remove a democratically elected president they dislike simply by finding some misdeed that they can label a 'high crime.' No other body can review their declaration. The only check on Congress's impeachment power, [...] would be a broad understanding, shared across parties and ideologies, that impeachment is a last resort, that it should be used only in an emergency when it would be evidently dangerous to the Constitution and to the nation to allow the president to continue in office. 'High crimes and misdemeanors' must be taken to mean wrongful conduct so threatening to those institutions that we must endure a grave shock to the balance of powers in order to escape the danger" (DWORKIN, Ronald. The Wounded Constitution. *N.Y. Rev. of Books*, 18 mar. 1999).

[833] TRIBE, Laurence H. *American constitutional law*. 3. ed. Nova York: Foundation Press, 2000. p. 188. E, ao concluir o capítulo que dedica ao *impeachment* em seu livro, com a colocação do *impeachment* de Clinton em perspectiva, Tribe sustenta: "the President should be deemed to commit an impeachable offense only if he or she commits treason or bribery or engages in a similar course of conduct that is not only self-evidently wrongfull but that also entails a blatant abuse of official power or poses a manifest danger to the Republic or its system of government" (p. 202).

[834] Art. 8º da Declaração Universal dos Direitos do Homem e do Cidadão.

pressupõe a possibilidade de dosagem da pena,[835] possibilidade inexistente no *impeachment*. Ora, em sendo assim, é certo que quanto menos grave for o delito imputado, mais desproporcional e desnecessária será a aplicação da pena de destituição do cargo.

Posteriormente ao caso Clinton, há outro interessante precedente sobre o tema na Coreia do Sul. Pela Constituição sul-coreana (art. 65), o PR (e diversos outros agentes políticos, incluindo juízes) podem sofrer processo de *impeachment* se, no exercício de suas funções, violarem a Constituição ou as leis (outro exemplo de grande abertura dos ilícitos especiais). O afastamento depende de decisão do parlamento unicameral, por dois terços dos votos, e o julgamento cabe à Corte Constitucional.

Em março de 2004, o Parlamento sul-coreano aprovou o *impeachment* do Presidente Roh Moo-hyun (eleito em dezembro de 2002) com base em diversas acusações. Em maio de 2004, a Corte Constitucional julgou improcedentes as acusações, tendo o PR reassumido suas funções. O interessante é que a Corte considerou que em alguns casos houve, sim, violações da lei (o PR teria violado seu dever de neutralidade política ao anunciar, em entrevista, apoio a determinado partido nas eleições parlamentares que se avizinhavam, teria questionado a decisão da comissão eleitoral que teria determinado que interrompesse seu apoio e teria convocado referendo sem base constitucional), mas que elas não eram suficientemente graves para justificar o afastamento do PR.

Em sua decisão, a Corte invoca especificamente o princípio da proporcionalidade para considerar que a pouca gravidade das infrações, em especial no sentido de sua falta de capacidade para violar grandes bens e valores constitucionais, não justificam o afastamento de um PR, que sempre viria acompanhado de uma negação da vontade popular que o elegeu.[836]

---

[835] Ao tratar da aplicação deste princípio às sanções administrativas (por ele definidas como quaisquer sanções não penais). Mattias Guyomar trata da dificuldade que sistemas infracionais têm de se adaptar ao princípio quando preveem sanções sem possibilidade de modulação. Neste caso, segundo já decidido pelo Conselho de Estado, o respeito ao princípio exigiria que a sanção punisse uma infração precisamente definida e num montante adaptado à infração. Como visto, no caso de *impeachment* as definições não são em geral muito precisas, o que reforça a necessidade de que sejam graves, sob pena de violação da proporcionalidade (GUYOMAR, Mattias. *Les sanctions administratives*. Paris: LGDJ, 2014. p. 116-122).

[836] Veja-se o relato da decisão: "After finding that Roh 'has violated the Constitution [and an] Act [] in the performance of official duties,' as provided under the impeachment provision of the Constitution, the Court addressed the question whether he should be removed from office. The Court announced that the appropriate guide for making such determination is the principle of proportionality [...] - whether the particular legal violation by the public official is serious enough to justify removal from office. In the impeachment context, the relevant variables in considering whether removal is proportionate are, the Court stated, 'the gravity of the legal violation' and 'the consequences of removal from office'. There are two main adverse consequences of removing a President from office, the Court noted. The first adverse consequence is that removal results in cutting short the term of a democratically elected leader, thereby thwarting the will of the people. The second adverse consequence is the political turmoil that can be brought about when the country is left without an administration until a new President is elected and the work of the administration is interrupted. Therefore, whether a President's conduct in violation of law warrants his removal should be considered, the Court concluded, in light of the democratic legitimacy of his tenure and the importance of continuity in administration. The question then was what kind of legal violation is sufficient to justify effecting such adverse consequences of removing the President. Because the purpose of the impeachment process is to protect and preserve the Constitution, the Court explained, the gravity of the legal violation has to be considered from the perspective of protecting the constitutional order, meaning that the relevant question to ask is how much damage to the existing constitutional order has been inflicted by the particular legal violation. The Court concluded that impeachment and removal are appropriate only when 'such steps are necessary to rehabilitate the damaged constitutional order'. More specifically, the Court equated 'constitutional order' with 'free and democratic basic order' [...]. The 'free and democratic basic order,' the Court explained, consists of respect for fundamental human rights, separation of powers, independence of judiciary, parliamentary institutions, multi-party system, and electoral institutions. The Court then listed several

No Brasil, a vocação constitucional dos crimes de responsabilidade para proteger bens de especial relevância decorre da própria lista de bens jurídicos que a CRFB enuncia como aqueles que devem ser por eles protegidos (art. 85 da CRFB, que veremos a seguir). E isso tem uma consequência importante vinculante do legislador e do intérprete. É que o legislador, na construção dos tipos de crimes de responsabilidade, deve respeitar sua especial importância, estando proibido de criar crimes de responsabilidade de baixa ou nenhuma capacidade ofensiva aos bens jurídicos que a CRFB quis proteger. Do mesmo modo, não pode o intérprete e aplicador da lei colocar em marcha o mecanismo de *impeachment*, pela suposta prática de atos que só muito oblíqua ou tenuemente possam ter ofendido qualquer dos bens protegidos. Não respeitar estas vedações representaria a transformação do *impeachment* em mecanismo idêntico ao da responsabilidade política apurada no parlamentarismo,[837] algo que, a nosso ver, desnatura não apenas o instituto, mas o presidencialismo enquanto sistema adotado pelo constituinte e confirmado pelo povo em plebiscito. Voltaremos ao tema mais à frente.

Outro ponto importante acerca das infrações especiais é que existem países onde tais infrações são definidas, pelo próprio texto constitucional, por meio de fórmulas em geral bastante amplas, como "falta no cumprimento de seus deveres manifestamente incompatível com o exercício de seu mandato".[838] Outros, como é o caso de Portugal – e de todos os países que consideram que as infrações especiais são infrações penais –, remetem a definição de tais infrações para o legislador infraconstitucional, ainda que o texto constitucional trace uma moldura mínima de tais infrações ou ao menos dos bens jurídicos que elas visam proteger.[839]

---

examples of acts that directly threaten the free and democratic basic order: acceptance of bribery, corruption, embezzlement, abuse of presidential power to attack the authority of other branches of the government, violation of human rights and oppression of citizens through use of the coercive power of state institutions, use of public office for illegal campaigning, and manipulation of election results. Applying this standard, the Court held that none of th'e violations by Roh justified removing him from office. First, the Court pointed out that the President's support of the Uri Party, while in violation of law, did not involve any 'active, premeditated scheme' to use the governmental authority to undermine the democratic process but was instead merely a statement of support that was incidental to his answers to reporters regarding his policy outlook. Similarly, the President's defiance facing the National Election Commission's ruling that he had violated the election law, while inexcusable, was not serious enough to justify removal, as his conduct did not rise to the level of attempting to thwart the fundamental liberal democratic order or of challenging the idea of the rule of law. Finally, the Court concluded, given the hitherto uncertainty surrounding the proper scope of the President's power under Article 72 (*o artigo que trata das bases para a convocação de referendos*) to hold a national referendum and considering the fact that he did not pursue his proposal after facing opposition, his misconduct in this instance was not a violation serious enough to justify his removal". *Vide* LEE, Youngjae. Law, politics, and impeachment: the impeachment of Roh Moo-hyun from a comparative constitutional perspective. *The American Journal of Comparative Law*, n. 53, Spring, 2005. p. 420. Em dezembro de 2016, a Coreia assistiria a outro *impeachment,* da Presidente Park Geun-hye; mas, neste caso, a presidente, já sem apoio popular em face de alegações de corrupção, foi condenada por unanimidade pela Corte Constitucional em março de 2017.

[837] Isso é especialmente verdadeiro se considerarmos que o despoletamento do processo de *impeachment* não passa pelo Ministério Público, órgão técnico que, espera-se, descarta qualquer iniciativa leviana no que se refere aos processos por crime comum. No caso dos crimes de responsabilidade, o filtro inicial único, sediado no presidente da Câmara, e a ausência de qualquer limitação quanto ao número de iniciativas podem, na prática, transformar o *impeachment* numa arma com enorme capacidade de abalo às instituições, ou mesmo em instrumento de chantagem política.

[838] Art. 68 da CRF.

[839] No que Luís Roberto Barroso denominou "capitulação genérica dos delitos" (BARROSO, Luís Roberto. Aspectos do processo de impeachment – Renúncias e exoneração de agente político – Tipicidade constitucional dos crimes de responsabilidade. *Revista Forense*, v. 344, p. 281-291, out./dez. 1998. p. 282).

No Brasil, o art. 85 da CRFB estabelece como "crimes de responsabilidade os *atos do Presidente da República que atentem* contra a Constituição Federal e, especialmente, contra" determinados bens jurídicos expressamente enumerados:

a existência da União; o livre exercício do Poder Legislativo, do Poder Judiciário, do Ministério Público e dos Poderes constitucionais das unidades da Federação; o exercício dos direitos políticos, individuais e sociais; a segurança interna do País; a probidade na administração; a lei orçamentária e o cumprimento das leis e das decisões judiciais.[840]

O dispositivo é complementado por seu parágrafo único, que estabelece que "esses crimes serão definidos em lei[841] especial".[842]

---

[840] Além disso, a CRFB faz outras referências a crimes de responsabilidade: Nos §§2º e 3º do art. 29-A são estabelecidos crimes de responsabilidade respectivamente dos prefeitos municipais e dos presidentes das Câmaras Municipais; no art. 50, *caput* e em seu §2º são estabelecidos como crimes de responsabilidade a ausência injustificada de comparecimento a convocações feitas a agentes públicos pelas Casas do Congresso Nacional ou suas comissões e a não prestação de informações solicitadas pelas Mesas das referidas Casas Legislativas; o art. 167, §1º estabelece como crime de responsabilidade o início de "investimento cuja execução ultrapasse um exercício financeiro [...] sem prévia inclusão no plano plurianual, ou sem lei que autorize a inclusão"; o §7º do art. 100, classifica como crime de responsabilidade o ato de Presidente de Tribunal que "retardar ou tentar frustrar a liquidação regular de precatórios", e o inc. XI do art. 60 do ADCT estabelece como crime de responsabilidade o não cumprimento de certas obrigações relacionadas à aplicação de verbas públicas na educação.

[841] A exigência de tipificação dos crimes de responsabilidade por lei específica vem de nossa 1ª Constituição Republicana, cujo art. 54 estabelecia: "Art. 54. São crimes de responsabilidade os atos do Presidente que atentarem contra: 1º) a existência política da União; 2º) a Constituição e a forma do Governo federal; 3º) o livre exercício dos Poderes políticos; 4º) o gozo, e exercício legal dos direitos políticos ou individuais; 5º) a segurança interna do Pais; 6º) a probidade da administração; 7º) a guarda e emprego constitucional dos dinheiros públicos; 8º) as leis orçamentárias votadas pelo Congresso. §1º Esses delitos *serão* definidos em *lei especial*". Comentando este artigo, Annibal Freire considerava ser "evidente a razão dessas disposições. Tornava-se indispensavel que o legislador estabelecesse os factos criminosos para que se não desse a injustiça de poder ser o chefe do executivo condemnado, por simples arbitrio do tribunal julgador. Nos propios paizes, como a França, onde o presidente não governa e não exerce o papel saliente que as constituições filiadas ao espirito da norte-americana lhe reservaram, a lei basica timbrou em capitular a qualidade de crimes funccionaes, para evítar o abuso e violencia da decisão judiciaria" (FONSECA, Annibal Freire. *Do Poder Executivo na Republica Brazileira*. Rio de Janeiro: Imprensa Nacional, 1916. p. 123).

[842] Não só a exigência de tipificação é comum no direito comparado, mas também é comum a exigência de outros elementos. Confira-se a passagem de Rosario García Mahamut: "En este sentido, si bien se ha aceptado que el hecho imputado debe ser configurado en la ley como delito, no bastando una simple violación de deberes constitucionales, autores como Crisafulli o Di Raimo consideran que tal delito debe ser cometido con abuso de los poderes o con violación de los deberes inherentes al cargo de ministro. Zagrebelsky, por su parte, ha considerado que aquellos actos que puedan considerarse privados – como, por ejemplo, el delito de corrupción – pero en los que se manifiesta un comportamiento contrario a los deberes que el ministro está obligado a respetar, como el de imparcialidad o de *no venalità*, deberían ser considerados como delitos ministeriales por cuanto darían lugar a *fattispecie di illicito penale constitucionale*. Pierandrei viene a subrayar que los delitos cometidos en el ejercicio de sus funciones son los delitos ejercidos a causa o con ocasión de la actividad ministerial o en conexión con ella. Serían aquéllos, pues, que no podrían ser perpetrados sino es ostentando el cargo de ministro y que los ciudadanos como tales no estarían en grado de realizar. Chiarotti, por el contrario, ha venido a considerar que los delitos ministeriales son aquéllos que están en relación temporal de contextualidad con la actividad del ministro. Justificará el autor la aplicación de la jurisdicción penal de la Corte Constitucional, antes de la reforma constitucional en esta materia, justamente por la necessidad de proteger al ministro de acusaciones infundadas o partidarias que pudieram incidir injustamente en su prestigio u obstaculizar el ejercicio de sus funciones. Cabe señalar en relación al ordenamiento francés, que parece unánime, a partir de la reforma constitucional de 1993, la consideración de que los actos cometidos por un ministro en el ejercicio de sus funciones son aquéllos que tienen relación directa con la dirección de los asuntos de Estado, excluyéndose los concernientes a la vida privada" (GARCÍA MAHAMUT, Rosario. *La responsabilidad penal de los miembros del Gobierno en la Constitución*. Madri: Tecnos, 2000. p 60-61).

Assim, nas palavras de Manoel Gonçalves Ferreira Filho, crime de responsabilidade "consiste na conduta que se amolda a uma figura como tal descrita na lei especial".[843] Portanto, "não há [...] crime de responsabilidade sem lei que previamente o defina como tal. Aplica-se ao crime de responsabilidade o princípio nullum crimen nulla poena sine lege".[844]

Ou seja, o art. 85 da CRFB, na verdade, não cria nenhum crime de responsabilidade, ela indica os bens jurídicos que deverão ser protegidos pelos crimes de responsabilidade a serem criados por lei.[845]

Mas, a partir do texto constitucional, podem ser extraídas três posições. Em um extremo, temos a posição segundo a qual nenhum outro crime poderia ser criado ou delineado que não tratasse dos bens jurídicos expressos no dispositivo. Esta posição foi defendida por Luís Roberto Barroso, que afirmou que a lei que trata dos crimes de responsabilidade "não poderá incluir categoria diversa das que se encontram no elenco do art. 85. É intuitivo que seja assim", afirmando ainda que os crimes de responsabilidade "se submetem, no direito brasileiro, a um regime de tipologia constitucional estrita, cabendo ao legislador ordinário tão-somente explicitar e minudenciar práticas que se subsumam aos tipos constitucionais".[846]

---

[843] FERREIRA FILHO, Manoel Gonçalves. *Comentários à Constituição brasileira de 1988*. 3. ed. São Paulo: Saraiva, 2000. v. 1. p. 453.

[844] FERREIRA FILHO, Manoel Gonçalves. *Comentários à Constituição brasileira de 1988*. 3. ed. São Paulo: Saraiva, 2000. v. 1. p. 453.

[845] Em relação aos crimes de responsabilidade previstos em alguns dos outros dispositivos da CRFB (mencionados em nota anterior) isto não parece correto uma vez que, nesses casos, a CRFB não se limita a *indicar* o bem jurídico a ser protegido pelo crime, a ser futuramente criado pelo legislador, já delimitando, ela própria, de forma razoavelmente precisa, a conduta tida como criminosa. Trata-se dos §§2º e 3º do art. 29-A (dirigidos especificamente aos prefeitos municipais e presidentes das Câmaras Municipais); ao art. 50, *caput* e em seu §2º que define como crimes de responsabilidade a ausência injustificada de comparecimento a convocações feitas a agentes públicos pelas Casas do Congresso Nacional ou suas comissões e a não prestação de informações solicitadas pelas Mesas das referidas Casas Legislativas; do art. 167, §1º que estabelece como crime de responsabilidade o início de "investimento cuja execução ultrapasse um exercício financeiro [...] sem prévia inclusão no plano plurianual, ou sem lei que autorize a inclusão"; e do §7º do art. 100, que classifica como crime de responsabilidade o ato de Presidente de Tribunal que "retardar ou tentar frustrar a liquidação regular de precatórios". Já o inc. XI do art. 60 do ADCT não descreve, a nosso ver, uma conduta bem delimitada, exigindo, portanto, a interposição legislativa.

[846] BARROSO, Luís Roberto. Aspectos do processo de impeachment – Renúncias e exoneração de agente político – Tipicidade constitucional dos crimes de responsabilidade. *Revista Forense*, v. 344, p. 281-291, out./dez. 1998. p. 289. Coerente com esse entendimento, Barroso sustenta que, como o art. 85, parágrafo único da CRFB (ao contrário da de 1946) não inclui entre os bens jurídicos a serem protegidos por crimes de responsabilidade "a guarda e o legal emprego dos dinheiros públicos" os dispositivos da Lei nº 1.070/50 (no caso o art. 11) que "desenvolviam a figura típica abolida" perderam a vigência: "em um dispositivo específico, a Lei nº 1.079/50 perde a sintonia com a Lei Maior: o art. 11, inserto no Capítulo VII, tipifica como crimes de responsabilidade condutas que não têm correspondência na matriz constitucional. Com efeito, tal preceptivo versa sobre 'crimes de responsabilidade contra a guarda e o legal emprego dos dinheiros públicos', figura típica que não consta do elenco do art. 85 da constituição. A existência do art. 11 da Lei nº 1.079/50, no entanto, é facilmente explicável. É que a constituição de 1946, sob cuja égide a Lei nº 1.079 foi editada, estabelecia, no inciso VII de seu art. 89, precisamente, a figura típica do crime de responsabilidade contra 'a guarda e o legal emprego dos dinheiros públicos', como haviam feito todas as Constituições até então. Desse modo, era natural que a lei infraconstitucional destinasse um de seus capítulos à definição de condutas que configurariam tal tipo penal. Todavia, esta figura típica foi suprimida nos textos da Constituição de 1967 e da Emenda Constitucional nº 1/69, não havendo sido reproduzida na Constituição de 1988. A supressão de um dos tipos de elenco constitucional de crimes de responsabilidade produz, em última análise, os efeitos de uma *abolitio criminis*. Com efeito, todos os fatos anteriormente criminalizados tornam-se, *ipso facto*, atípicos, não mais ensejando qualquer consequência na esfera da responsabilidade política. Coerente com a premissa de que todas as figuras típicas dos crimes de responsabilidade encontram-se sujeitas a *regime de reserva constitucional estrita*, é inarredável a conclusão de que o art. 11 da Lei nº 1.079/50 não foi recepcionado pela ordem constitucional vigente" (p. 289).

Em outro extremo temos a posição de Paulo Brossard,[847] que sustenta que a CRFB (por seu art. 85 acima reproduzido), ao estabelecer como crimes de responsabilidade "os *atos* do Presidente da República que *atentem contra a Constituição Federal* e, especialmente, contra [...]", teria prescrito "que todo atentado, toda ofensa a uma prescrição sua, independente de especificação legal, constitui crime de responsabilidade".[848]

Segundo essa linha, o direito constitucional positivo brasileiro apresentaria uma cláusula aberta que admitiria o *impeachment* por atos atentatórios à Constituição, independentemente de qualificação legal, tal como o dispositivo previsto na Constituição argentina ou na CRF (atualmente em seu art. 68). Ocorre que a CRFB expressamente se afasta de tal modelo, ao estabelecer (no parágrafo único do art. 85), que os crimes de responsabilidade "*serão definidos* em lei especial, que estabelecerá as normas de processo e julgamento".

A nosso ver, nenhuma dessas duas opções representa com fidelidade o texto constitucional. Entendemos que a razão da expressão do *caput* – que Brossard identifica como cláusula aberta – é abrir *ao legislador* a possibilidade de criar, expressa e formalmente, crimes de responsabilidade que representem atentados contra valores constitucionais distintos daqueles expressamente enunciados,[849] mas que, ainda assim, representem atentados à Constituição.[850] Mas isso desde que sejam bens de relevância, senão

---

[847] Coerente com sua tese de que o *impeachment* é uma forma de responsabilidade política, como veremos mais à frente.

[848] BROSSARD, Paulo. *O impeachment*: aspectos da responsabilidade política do Presidente da República. 3. ed. São Paulo: Saraiva, 1992. p. 54.

[849] Importante notar que isso foi feito pelo legislador infraconstitucional que, além dos crimes de responsabilidade previstos na Lei nº 1.079/50, estabeleceu vários outros crimes de responsabilidade em leis esparsas. Assim, por exemplo, a Lei Complementar nº 90/97, que determina os casos em que forças estrangeiras possam transitar pelo território nacional ou nele permanecer temporariamente (art. 2º, parágrafo único). Estabelece como "crime de responsabilidade o ato de autorização do Presidente da República sem que tenham sido preenchidos os requisitos previstos" na referida lei. Trata-se, a nosso ver, de crime que protege bem jurídico de evidente importância. Outros exemplos de crimes de responsabilidade na legislação infraconstitucional são coletados por OLIVEIRA, José Roberto Pimenta. *Improbidade administrativa e sua autonomia constitucional*. Belo Horizonte: Fórum, 2009. p. 118, que cita as leis nºs 4.511/64 (art. 13, §2º); 8.730/93 (art. 3º, parágrafo único); 9.394/96 (art. 5º, §4º); Lei nº 9.504/97 (art. 94, §2º); Lei nº 9.966/00 (art. 27, §2º) e Lei nº 11.494/07 (art. 6º, §3º). O caso da Lei nº 9.394/96 é bem representativo dos riscos envolvidos na interpretação segundo a qual a apuração dos crimes de responsabilidade seria política (que discutiremos mais à frente). Isso porque se trata da importante Lei de Diretrizes e Bases da Educação Nacional (conhecida como LDB), protegendo, portanto, um bem jurídico altamente valorizado pela Constituição. O art. 5º *caput* da referida lei estabelece que o "acesso à educação básica obrigatória é direito público subjetivo, podendo qualquer cidadão, grupo de cidadãos, associação comunitária, organização sindical, entidade de classe ou outra legalmente constituída e, ainda, o Ministério Público, acionar o poder público para exigi-lo". Já o §4º do dispositivo estabelece que "Comprovada a negligência da autoridade competente para garantir o oferecimento do ensino obrigatório, poderá ela ser imputada por crime de responsabilidade". Pois bem, trata-se de tipo extremamente aberto e culposo, apto a transformar uma avaliação que a nosso ver deve ser jurídica, numa avaliação exclusivamente política. O mesmo se diga do §2º do art. 27 da Lei nº 9.966/00, que trata da poluição por óleo em águas sob jurisdição nacional, que estabelece que a "negligência ou omissão dos órgãos públicos na apuração de responsabilidades pelos incidentes e na aplicação das respectivas sanções legais implicará crime de responsabilidade de seus agentes".

[850] Registre-se que a categoria de "crimes contra a constituição" surge com o primeiro Código Penal aprovado (em 26.9.1791) dias após a aprovação da primeira constituição resultante da Revolução Francesa (Constituição de 3-4.9.1791). Ainda assim, todos e cada um desses crimes eram definidos. Portanto, malgrado o rigor da punição (a morte na maioria dos casos) os legisladores de então (ainda não ingressados na época do terror) ciosos de introduzirem a reserva de lei em matéria penal, não se contentaram com o enunciado genérico ("crimes contra a constituição") (CHARVIN, Robert. *Justice et politique (evolution de leurs rapports)*. Paris: Librairie Générale de droit et de jurisprudence, 1968. p. 20-21). A lista destes crimes é instrutiva para se comparar a natureza dos bens jurídicos protegidos. Veja-se, a título ilustrativo, alguns dos crimes então criados na Seção II: "Crimes et attentats contre la constitution [...] Article 4. Toutes conspirations ou attentats pour empêcher la réunion ou pour opérer

equivalente, ao menos muito próxima àqueles bens enumerados, em relação aos quais a criminalização é obrigatória e, portanto, o legislador está plenamente vinculado.[851] Ainda assim, tais condutas:

> Têm de ser definidos em lei especial [...]. Assim, a infração grave à Constituição, o atentado à Constituição, embora atinja especialmente a existência da União ou o livre exercício dos poderes Legislativo ou Judiciário, ou dos poderes constitucionais estaduais; quer fira a segurança interna do País, quer a probidade na administração ou a lei orçamentária; seja (sic) consista no descumprimento a leis ou decisões judiciais, não configura crime de responsabilidade, a menos que, previamente, esteja descrita na lei especial como tal.[852]

Na mesma linha, o Ex-Ministro Octavio Gallotti (no julgamento de uma das várias ações nas quais o STF apreciou a regularidade do *impeachment* do Ex-Presidente Collor),[853] entendeu que, "ao comando constitucional, cabe, no caso, apenas traçar a

---

la dissolution du corps législatif, ou pour empêcher, par force et violence, la liberté de ses délibérations; tous attentats contre la liberté individuelle d'un de ses membres, seront punis de mort. Tous ceux qui auront participé auxdites conspirations ou attentats, par les ordres qu'ils auront donnés ou exécutés, subiront la peine portée au présent article. [...] Article 8. Si quelque acte était publié contre la loi, sans avoir été décrété par le corps législatif, et que ledit acte fût extérieurement revêtu d'une forme législative différente de celle prescrite par la constitution, tout ministre qui l'aura contresigné sera puni de mort [...]. Article 9. Si quelque acte extérieurement revêtu de la forme législative prescrite par la constitution, était publié comme loi, sans toutefois que l'acte eût été décrété par le corps législatif, le ministre qui l'aura contresigné sera puni de mort. Article 10. En cas de publication d'une loi extérieurement revêtue de la forme législative prescrite par la constitution, mais dont le texte aurait été altéré ou falsifié, le ministre qui l'aura contresignée sera puni de mort. Dans le cas porté aux présent et précédent articles, le ministre sera seul responsable. Article 11. Si quelque acte portant établissement d'un impôt ou emprunt national, était publié sans que ledit emprunt ou impôt eût été décrété par le corps législatif, et que ledit acte fût extérieurement revêtu d'une forme législative différente de celle prescrite par la constitution, le ministre qui aura contresigné ledit acte, donné ou contresigné des ordres pour percevoir ledit impôt ou recevoir les fonds dudit emprunt, sera puni de mort. Tout agent du pouvoir exécutif qui aura exécuté lesdits ordres, soit en percevant ledit impôt, soit en recevant les fonds dudit emprunt, sera puni de la peine de la dégradation civique. Article 12. Si ledit acte, extérieurement revêtu de la forme législative prescrite par la constitution était publié, sans toutefois que ledit emprunt ou impôt eût été décrété par le corps législatif, le ministre qui aura contresigné ledit acte, donné ou contresigné des ordres pour recevoir ledit impôt ou recevoir les fonds dudit emprunt, sera puni de mort. Dans le cas porté au présent article, le ministre seul sera responsable. Article 13. Si quelque acte ou ordre émané du pouvoir exécutif rétablissait des ordres, corps politiques, administratifs ou judiciaires que la constitution a détruits, détruisait les corps établis par la constitution, ou créait des corps autres que ceux que la constitution a établis, tout ministre qui aura contresigné ledit acte ou ledit ordre, sera puni de la peine de vingt années de gêne. Tous ceux qui auront participé à ce crime, soit en acceptant les pouvoirs, soit en exerçant les fonctions conférées par ledit ordre ou ledit acte, seront punis de la peine de la dégradation civique. [...] Article 19. Tout attentat contre la liberté individuelle, base essentielle de la constitution française, sera puni ainsi qu'il suit: Tout homme, quel que soit sa place ou son emploi, autre que ceux qui ont reçu de la loi le droit d'arrestation, qui donnera, signera, exécutera l'ordre d'arrêter une personne vivant sous l'empire et la protection des lois françaises, ou l'arrêtera effectivement, si ce n'est pour la remettre sur-le-champ à la police dans les cas déterminés par la loi, sera puni de la peine de six années de gêne. Article 20. Si ce crime était commis en vertu d'un ordre émané du pouvoir exécutif, le ministre qui l'aura contresigné sera puni de la peine de douze années de gêne. [...]" (Disponível em: http://ledroitcriminel.free.fr/la_legislation_criminelle/anciens_textes/code_penal_25_09_1791. htm. Acesso em: 3 jul. 2015).

851 A Constituição brasileira, por exemplo, contém dispositivo (art. 242, §2º) estabelecendo que determinado colégio ("Pedro II") "será mantido na órbita federal". Seria constitucional a criação de um crime de responsabilidade consistente em tentar transferir para a órbita municipal tal colégio? A nosso ver não, pois o bem jurídico em jogo nem de longe pode se comparar aos bens jurídicos que a CRFB expressamente espera que o legislador proteja por meio da criação de crimes de responsabilidade.

852 FERREIRA FILHO, Manoel Gonçalves. *Comentários à Constituição brasileira de 1988*. 3. ed. São Paulo: Saraiva, 2000. v. 1. p. 456.

853 MS nº 21.564-0. *DJ*, 27 ago. 1993. p. 186.

moldura para a tipificação dos crimes, a cargo da legislação ordinária. Não tipificá-los, ela própria".

Essa também parece ser a posição de Michel Temer, que afirma que a enumeração de crimes de responsabilidade pela Constituição é "exemplificativa, pois o Presidente poderá ser responsabilizado por todos os atos atentatórios à Constituição Federal", mas observa que a lei pode "elencar outros (crimes) além dos arrolados nos itens I a VII do referido artigo [...] uma vez que aquele elenco é exemplificativo, e desde que defina, como crimes, atos que atentem contra a Constituição Federal".[854]

Registre-se que a exigência de lei para definição de crimes de responsabilidade, embora textualmente dirigida aos crimes de responsabilidade do PR, certamente se aplica aos crimes de responsabilidade praticados por qualquer agente. E isto pela exigência de reserva legal na criação de qualquer ilícito (seja penal, administrativo ou qualquer outra forma de conduta passível de ser punida com uma sanção). Se a CRFB faz tal exigência, de forma expressa, quanto ao PR é porque, quanto a este, a experiência comparada poderia, na ausência de disposição expressa, conceder espaço para a alegação de desnecessidade de lei.

Mas Brossard insiste em seu argumento, aparentemente ignorando o dispositivo constitucional ao afirmar:

> Em verdade, extraordinária é a amplitude da regra constitucional segundo a qual todo ato do Presidente da República que atentar contra a Constituição é crime de responsabilidade. Com base nessa cláusula, Câmara e Senado podem destituir o chefe do Poder Executivo com a mesma liberdade com que isto seria possível nos Estados Unidos e na Argentina, através da caracterização da "má conduta", da imputação de *high crime, and misdemeanors*, e sob acusação de "mau desempenho do cargo".[855]

E, como se a questão não fosse primordialmente constitucional, acrescenta um argumento legal especialmente perigoso (relacionado com o uso político da responsabilidade jurídica e com a juridicização de erros políticos, temas tratados no Capítulo 2):

> para caracterizar a natureza substancialmente política que o *impeachment* apresenta também no direito brasileiro, quando a Constituição não estivesse a proclamá-la, bastaria recorrer à lei, votada pelo Congresso e sancionada pelo Presidente da República, e nela verificar latitude igual à que tem o *impeachment* nos Estados Unidos e o *juicio político* na Argentina.
> Com efeito, constitui crime de responsabilidade contra a probidade na administração (art. 9º., n. 7, da Lei n. 1.079) "proceder de modo incompatível com a dignidade, a honra e o decoro do cargo". [...].
> Não é preciso grande esforço exegético para verificar que, na amplitude da norma legal – "proceder de modo incompatível com a dignidade, a honra e o decoro do cargo" –, cujos confins são entregues à discrição da maioria absoluta da Câmara e de dois terços

---

[854] TEMER, Michel. *Elementos de direito constitucional*. 24. ed. São Paulo: Malheiros, 2012. p. 169-170. Há, no entanto, uma diferença importante entre Temer e Brossard, uma vez que o primeiro exige ao menos que a lei opere esta ampliação enquanto que Brossard parece afastar a necessidade mesma de lei.

[855] BROSSARD, Paulo. *O impeachment*: aspectos da responsabilidade política do Presidente da República. 3. ed. São Paulo: Saraiva, 1992. p. 55.

do Senado, cabem todas as faltas possíveis, ainda que não tenham, nem remotamente, feição criminal.[856]

Ora, em uma das ocasiões em que o STF julgou a regularidade do processo de *impeachment* contra o Ex-Presidente Collor, o então relator, Ministro Carlos Velloso, consignou seu entendimento de que uma das importantes diferenças entre o *impeachment* nos EUA e no Brasil é que no Brasil "ao contrário do *impeachment* americano, lei ordinária definirá os crimes de responsabilidade, disciplinará a acusação e estabelecerá o processo e o julgamento".[857]

Ressalte-se que a posição de Brossard está intimamente ligada à sua apaixonada defesa do *impeachment* como instituto de apuração de responsabilidade política, completamente imune a qualquer controle judicial, tema que voltaremos a abordar.

De todo modo, a questão parece resolvida com a já mencionada Súmula Vinculante nº 46 do STF, segundo a qual: "A definição dos crimes de responsabilidade e o estabelecimento das respectivas normas de processo e julgamento são da competência legislativa privativa da União".

Por óbvio que, pelas mesmas (e por outras)[858] razões, assim como não existem crimes comuns por analogia, tampouco existem crimes de responsabilidade por analogia.

Ao estabelecer como "crimes de responsabilidade os *atos* do Presidente da República que *atentem* contra a Constituição Federal [...]", o art. 85 da CRFB traz uma questão importante e difícil, que é saber se é possível a configuração de crime de responsabilidade por omissão. Dalmo de Abreu Dallari sustenta que a "Constituição exige 'atos' presidenciais (e) Omissão é a ausência de atos".[859] Mas o vocábulo *atos* é compatível com ambas as interpretações, já que é possível razoavelmente sustentar tanto que atos constituem sempre *ações*, como sustentar que atos é o gênero, que se subdivide em atos comissivos e omissivos.

A importância do tema sobressai quando se verifica que a Lei nº 1.079 prevê mais de uma dezena de crimes de responsabilidade do PR, cuja descrição se baseia em comportamento omissivo.[860] Esse quadro foi ampliado com a Lei nº 10.028/00, que, em

---

[856] BROSSARD, Paulo. *O impeachment*: aspectos da responsabilidade política do Presidente da República. 3. ed. São Paulo: Saraiva, 1992. p. 55-56. Essa sugestão de Brossard (de usar a amplitude do tipo previsto no art. 9º, 7 da Lei nº 1.079 para justificar a mais ampla liberdade de enquadrar qualquer conduta como passível de condenação no *impeachment*) é parecida com o que foi feito posteriormente a partir do dispositivo da Lei de Improbidade que considera como improbidade a violação ao *princípio da legalidade*, o que serviu de base para a pretensão de punir agentes políticos diante de qualquer dúvida quanto à legalidade de uma conduta (independentemente de prejuízo ou da gravidade da conduta). Este tema será tratado no Capítulo 5.

[857] MS nº 21.689-1. *DJ*, 7 abr. 1995, voto do relator, Min. Carlos Velloso.

[858] A necessidade de não transformar o *impeachment* em sistema de apuração de responsabilidade puramente política.

[859] Entrevista ao jornal *Folha de S.Paulo*, de 20.12.2015 (p. A8).

[860] "Art. 5º São crimes de responsabilidade contra a existência política da União: [...] 9 - *não empregar* contra o inimigo os meios de defesa de que poderia dispor; [...] Art. 8º São crimes contra a segurança interna do país: [...] 5 - *não dar* as providências de sua competência para impedir ou frustrar a execução desses crimes; [...] 7 - permitir, de forma expressa ou tácita, a infração de lei federal de ordem pública; 8 - *deixar* de tomar, nos prazos fixados, as providências determinadas por lei ou tratado federal e necessário a sua execução e cumprimento. Art. 9º São crimes de responsabilidade contra a probidade na administração: 1 - *omitir* ou retardar dolosamente a publicação das leis e resoluções do Poder Legislativo ou dos atos do Poder Executivo; 2 - *não prestar* ao Congresso Nacional dentro de sessenta dias após a abertura da sessão legislativa, as contas relativas ao exercício anterior; 3 - *não tornar efetiva a responsabilidade dos seus subordinados*, quando manifesta em delitos funcionais ou na prática de atos contrários à Constituição; [...] Art. 10. São crimes de responsabilidade contra a lei orçamentária: 1 - *Não apresentar* ao Congresso Nacional a proposta do orçamento da República dentro dos primeiros dois meses de cada sessão legislativa; [...]"

reforço à (então recentemente aprovada) Lei de Responsabilidade Fiscal, criou diversos novos crimes de responsabilidade, não só para o PR como para o presidente do STF, o procurador-geral da República e outros agentes políticos, com a criação de três novos crimes basicamente omissivos.[861]

Pois bem, a questão da admissão do comportamento omissivo como base para o crime de responsabilidade, se, por um lado, tem como vantagem o reforço no incremento da responsabilidade, por outro, tem o enorme inconveniente de aproximar perigosamente o conceito da responsabilidade apurada por meio do crime de responsabilidade da responsabilidade política, aproximação que refutamos, como será enfrentado mais à frente.

Assim, se nos parece incorreto afastar qualquer possibilidade de crime de responsabilidade por omissão, consideramos que tal admissão deve se dar em caráter excepcional, e, portanto, apenas quando, cumulativamente, isto for expressamente admitido pela lei e o comportamento não praticado for, por seu turno, exigido pela própria Constituição.

Outro ponto refere-se à possibilidade de punição da tentativa de prática de crime de responsabilidade, possibilidade expressamente admitida pelo art. 2º da Lei nº 1.079.[862] Tal previsão legal nos parece incompatível com a Constituição. É que a forma de afastamento do PR é, a nosso ver, matéria reservada à Constituição, não sendo razoável admitir o afastamento do PR pela tentativa de crime de responsabilidade no silêncio constitucional. Ademais, se a amplitude dos tipos de crimes de responsabilidade bem

---

5 - *deixar de* ordenar a redução do montante da dívida consolidada, nos prazos estabelecidos em lei, quando o montante ultrapassar o valor resultante da aplicação do limite máximo fixado pelo Senado Federal; (Incluído pela Lei n. 10.028/00) [...] 7 - *deixar de* promover ou de ordenar na forma da lei, o cancelamento, a amortização ou a constituição de reserva para anular os efeitos de operação de crédito realizada com inobservância de limite, condição ou montante estabelecido em lei; (Incluído pela Lei n. 10.028/00) 8 - *deixar de* promover ou de ordenar a liquidação integral de operação de crédito por antecipação de receita orçamentária, inclusive os respectivos juros e demais encargos, até o encerramento do exercício financeiro; (Incluído pela Lei n. 10.028/00) [...] Art. 11. São crimes contra a guarda e legal emprego dos dinheiros públicos: [...] 5 - negligenciar a arrecadação das rendas impostos e taxas, bem como a conservação do patrimônio nacional. Art. 12. São crimes contra o cumprimento das decisões judiciárias: [...] 2 - Recusar o cumprimento das decisões do Poder Judiciário no que depender do exercício das funções do Poder Executivo; 3 - deixar de atender a requisição de intervenção federal do Supremo Tribunal Federal ou do Tribunal Superior Eleitoral".

[861] Art. 10, "5", "7" e "8", reproduzidos na nota anterior, e arts. 39-A e 40-A: "Art. 39-A Constituem, também, crimes de responsabilidade do Presidente do Supremo Tribunal Federal ou de seu substituto quando no exercício da Presidência, as condutas previstas no art. 10 desta Lei, quando por eles ordenadas ou praticadas. Parágrafo único. O disposto neste artigo aplica-se aos Presidentes, e respectivos substitutos quando no exercício da Presidência, dos Tribunais Superiores, dos Tribunais de Contas, dos Tribunais Regionais Federais, do Trabalho e Eleitorais, dos Tribunais de Justiça e de Alçada dos Estados e do Distrito Federal, e aos Juízes Diretores de Foro ou função equivalente no primeiro grau de jurisdição. Art. 40-A. Constituem, também, crimes de responsabilidade do Procurador-Geral da República, ou de seu substituto quando no exercício da chefia do Ministério Público da União, as condutas previstas no art. 10 desta Lei, quando por eles ordenadas ou praticadas. Parágrafo único. O disposto neste artigo aplica-se: I - ao Advogado-Geral da União; II - aos Procuradores-Gerais do Trabalho, Eleitoral e Militar, aos Procuradores-Gerais de Justiça dos Estados e do Distrito Federal, aos Procuradores-Gerais dos Estados e do Distrito Federal, e aos membros do Ministério Público da União e dos Estados, da Advocacia-Geral da União, das Procuradorias dos Estados e do Distrito Federal, quando no exercício de função de chefia das unidades regionais ou locais das respectivas instituições". Lembre-se também do caso da Lei de Diretrizes e Bases da Educação Nacional (Lei nº 9.394/96, art. 5º, *caput* e seu §4º) e do §2º do art. 27 da Lei nº 9.966/00, mencionados em nota anterior.

[862] "Art. 2º Os crimes definidos nesta lei, *ainda quando simplesmente tentados*, são passíveis da pena de perda do cargo, com inabilitação, até cinco anos, para o exercício de qualquer função pública, imposta pelo Senado Federal nos processos contra o Presidente da República ou Ministros de Estado, contra os Ministros do Supremo Tribunal Federal ou contra o Procurador Geral da República".

como as características do seu processo já criam aproximações perigosas entre a prática de crime de responsabilidade e a simples atuação de forma contrária à opinião de maiorias políticas ocasionais, a admissão da forma tentada levaria estes inconvenientes – que serão debatidos ainda nesse capítulo – a limites ainda mais perigosos.

Entre os que defendem que os crimes de responsabilidade não têm natureza penal, há certo consenso de que as esferas são independentes, ou seja, a abertura de um processo em uma esfera não implica a abertura em outra: a condenação ou absolvição em uma esfera tampouco implica a condenação ou absolvição em outra esfera.[863]

Confira-se a síntese de Brossard sobre o ponto:

> inexiste correlação obrigatória entre crime de responsabilidade e crime comum. E mesmo quando ela eventualmente ocorra, o fato de um "crime" previsto na lei de responsabilidade ser definido como crime na lei penal, não dá nem tira coisa alguma ao ilícito político, que continua a ser o que é, tão-somente, ilícito político, apreciado através de critérios políticos numa jurisdição política.
>
> Destarte, ao processo político pode suceder, ou não, o processo criminal. Sucedendo, à condenação no juízo parlamentar não se segue, necessariamente, a condenação no juízo ordinário. No juízo político os fatos podem parecer bastantes para justificar o afastamento da autoridade a ele submetida. No juízo criminal, sob o império de critérios, que não são em tudo iguais aos que vigoram no juízo parlamentar, os mesmos fatos podem ser insuficientes para a condenação e a ação penal ser julgada improcedente. Sem escândalo, nem contradição, poderia ocorrer que ex-Presidente, despojado do cargo, mercê de condenação pelo Senado, viesse a ser absolvido pela justiça em processo criminal a que respondesse.[864]

Mas esta tese não é unânime. Falando dos efeitos da condenação, Manoel Gonçalves Ferreira Filho entende:

> a caracterização de um ato ou omissão como crime de responsabilidade não exclui sua definição como crime comum. Nem o processo por crime de responsabilidade exclui o processo por crime comum, *se condenatória* a decisão daquele. E isso que deflui do disposto no artigo 52, parágrafo único *(v. supra)*. Com efeito, neste se dispõe que, decretada a perda do cargo por ser julgado procedente o *impeachment*, cabe a ação da justiça ordinária, evidentemente, para impor a pena prevista para o crime comum. [...]
>
> A *condenação*, por outro lado, dá oportunidade ao processo perante a justiça ordinária, se o crime pelo qual foi julgado o Presidente da República, além de crime de responsabilidade, for também crime comum. A decisão absolutória, porém, impede o processo perante a justiça comum, conforme é lição da doutrina que José Frederico Marques relata e abona *(Da competência em matéria penal*, §156).[865]

---

[863] Hipótese expressamente admitida pela Lei nº 1.079/50: "Art. 3º A imposição da pena referida no artigo anterior não exclui o processo e julgamento do acusado por crime comum, na justiça ordinária, nos termos das leis de processo penal". Isto, aliás, foi o que aconteceu com o Ex-Presidente Fernando Collor, condenado no processo de *impeachment* e absolvido no processo por crime comum perante o STF.

[864] BROSSARD, Paulo. *O impeachment*: aspectos da responsabilidade política do Presidente da República. 3. ed. São Paulo: Saraiva, 1992. p. 74.

[865] FERREIRA FILHO, Manoel Gonçalves. *Comentários à Constituição brasileira de 1988*. 3. ed. São Paulo: Saraiva, 2000. v. 1. p. 457-458.

Parece-nos, no entanto, que as esferas são realmente independentes. É verdade que, nos EUA, o texto constitucional dá suficiente margem à interpretação quanto à inter-relação entre as instâncias.[866] Mas isso não ocorre no Brasil, onde a Constituição (malgrado a parte final do parágrafo único do art. 52) indica, de forma suficientemente clara, que o presidente está sujeito a dois sistemas distintos e independentes de responsabilização.[867]

É verdade que existe certa jurisprudência internacional reconhecendo a inviabilidade de uma segunda atividade persecutória do Estado após determinado julgamento definitivo,[868] mas esta jurisprudência se baseia ou na existência de dois processos penais ou na existência de processos que, ainda que denominados administrativos ou disciplinares, tenham características (natureza da pena ou do bem jurídico protegido) que permitam sua equiparação ao processo penal. O *impeachment* não é processo penal, tratando-se de sistema de responsabilização tipicamente constitucional, não sendo, a nosso ver, atingido por tal jurisprudência.

Mas a convivência e a independência entre as instâncias não significam que qualquer uma delas esteja completamente imune à influência da outra. Em forma equivalente – embora não idêntica – ao que ocorre entre as instâncias penal e disciplinar (ou mesmo civil), parece-nos que alguns possíveis resultados de um processo – se não admitidos como vinculantes – devem ao menos ser especialmente considerados por outra instância. Por exemplo, não nos parece razoável que o Senado condene alguém por fato cuja ocorrência foi expressamente afastada (o que é distinto da absolvição por falta de provas) por decisão penal absolutória. Também não seria razoável que alguém seja condenado na esfera penal por fato que, embora considerado existente em ambas as instâncias, tenha sido acompanhado, no Senado, do amplo reconhecimento de que circunstâncias políticas do mais alto interesse do país apontavam para uma situação de inexigibilidade de conduta diversa.[869]

---

[866] "Judgment in Cases of Impeachment shall not extend further than to removal from Office, and disqualification to hold and enjoy any Office of honor, Trust or Profit under the United States: but *the Party convicted* shall nevertheless be liable and subject to Indictment, Trial, Judgment and Punishment, according to Law".

[867] Sobre o ponto, relembre-se o §3º do art. 33 da Constituição de 1891: "Art. 33. Compete, privativamente ao Senado julgar o Presidente da República e os demais funcionários federais designados pela Constituição, nos termos e pela forma que ela prescreve. [...] §3º Não poderá impor outras penas mais que a perda do cargo e a incapacidade de exercer qualquer outro sem prejuízo da ação da Justiça ordinária contra o *condenado*". Este dispositivo deu margem a que a doutrina de então considerasse que, ao menos pela prática dos atos constitutivos de crimes de responsabilidade, o PR só poderia ser processado penalmente na esfera comum *se* condenado pelo Senado (*vide* o voto do Min. Sepúlveda Pertence na Questão de Ordem no Inquérito nº 567-STF, j. 20.8.1992. *DJ*, 9 out. 1992, p. 13-14 do acórdão).

[868] Caso Sergey Zolotukhin *v.* Rússia, de 2009, julgado pela Corte Europeia de Direitos Humanos. Na jurisprudência da Corte Interamericana de Direitos Humanos, veja-se o caso Loayza Tamayo *v.* Peru (sentença de 17.9.1997) mencionada no Capítulo 2. Note-se que na petição inicial da ADPF nº 378 se invocou a aplicabilidade da Convenção Interamericana de Direitos Humanos ao processo de *impeachment* para justificar o direito à defesa prévia. O voto condutor de Luís Roberto Barroso entendeu que "a ausência de defesa prévia não descumpre os compromissos internacionais assumidos pelo Brasil em tema de direito de defesa. Os julgados da Corte Interamericana dos Direitos Humanos trazidos à colação não cuidam da apresentação de defesa prévia, mas, tão somente, da extensão de garantias próprias dos procedimentos criminais a processos de impeachment. Porém, o rito do processo de impeachment estabelecido na Lei n. 1.079/1950 já observa tais garantias próprias do processo criminal". Ou seja, indiretamente se admitiu a aplicabilidade da convenção (*Anotações para o voto oral do Ministro Luís Roberto Barroso, na ADPF nº 378*, disponibilizadas pelo STF, p. 32-33).

[869] Sobre o ponto, vejam-se os arts. 65 e 66 do Código de Processo Penal brasileiro: "Art. 65. Faz coisa julgada no cível a sentença penal que reconhecer ter sido o ato praticado em estado de necessidade, em legítima defesa, em estrito cumprimento de dever legal ou no exercício regular de direito. Art. 66. Não obstante a sentença absolutória no

CAPÍTULO 4
O *IMPEACHMENT* E A RESPONSABILIDADE CRIMINAL DOS AGENTES POLÍTICOS | 265

Outro ponto importante é que não existe crime de responsabilidade sem dolo ou no mínimo culpa grave. Isso porque, independentemente da natureza do processo de apuração de crimes de responsabilidade – que será tratada mais à frente –, não há dúvida de que se trata de uma manifestação do poder punitivo estatal e este não se concebe, ao menos contra pessoas físicas, sem a presença do elemento subjetivo.[870]

Por fim, importa salientar que, embora o foco maior tenha sido o dos crimes cometidos pelo PR, a Lei nº 1.079/50 também trata dos crimes de responsabilidade praticados por ministros de Estado, por ministros do STF, pelo procurador-geral da República, pelos governadores[871] e secretários de Estado.[872] Aqui há de ser feita apenas uma ressalva quanto ao regime das infrações especiais aplicáveis aos prefeitos dos municípios brasileiros. É que, para tais agentes políticos, a peculiar posição dos municípios na CRFB e a confusão especialmente grave entre crimes comuns e infrações especiais feitas pela lei aplicável (Decreto-Lei nº 201, de 27.2.1967) exige um estudo à parte que foge aos objetivos deste trabalho.

4.4 O *impeachment*: o processo no Senado

4.4.1 O Senado como tribunal

A origem e a evolução do *impeachment* na Inglaterra (até seu ocaso iniciado com o reconhecimento da responsabilidade política do governo perante o Parlamento) foram tratadas no Capítulo 2. Da Inglaterra, o instituto foi importado pelos membros da convenção que redigiu a Constituição dos EUA, mas sofreu uma mutação enorme, já que passou a poder ser dirigido contra o próprio chefe de estado, algo que, na origem, jamais teria sido possível.[873]

---

juízo criminal, a ação civil poderá ser proposta quando não tiver sido, categoricamente, reconhecida a inexistência material do fato".

[870] Nesse sentido é a opinião de Pimenta Oliveira: "A responsabilidade dos agentes públicos, em quaisquer de suas projeções sistêmicas, está constitucionalmente categorizada como responsabilidade subjetiva" (OLIVEIRA, José Roberto Pimenta. *Improbidade administrativa e sua autonomia constitucional*. Belo Horizonte: Fórum, 2009. p. 216).

[871] Há também lei específica sobre o governador do Distrito Federal e dos territórios federais – Lei nº 7.106/83. Quanto aos crimes de responsabilidade esta lei não inova pois (art. 1º) remete à definição dos crimes dados pela Lei nº 1.079, de 10.4.1950, ou ainda quando simplesmente tentados. No entanto, seu processo é dificilmente compatível com o novo estatuto constitucional do Distrito Federal, já que a denúncia (art. 2º) deve ser direcionada ao Senado Federal a quem caberá (art. 3º), por maioria absoluta, decretar a procedência da acusação e a consequente suspensão do governador de suas funções. O julgamento caberá (art. 4º) a uma Comissão Especial, constituída por cinco senadores e cinco desembargadores do Tribunal de Justiça, presidida pelo presidente do Tribunal de Justiça do Distrito Federal. Outra peculiaridade dessa lei é que ela (art. 5º) sujeita o governador do Distrito Federal e os secretários do Governo, nos crimes conexos com os daquele, ao processo de *impeachment* por até dois anos após haverem deixado o cargo, pelos atos que, consumados ou tentados, a lei considere crime de responsabilidade praticados no exercício da função pública.

[872] Além disso há um artigo (art. 40-A) que estabelece como crimes de responsabilidade as condutas previstas no art. 10 da Lei nº 1.079 (que estabelece os crimes de responsabilidade contra a lei orçamentária e que foi ampliado pela Lei nº 10.028/00) quando praticadas por várias outras autoridades: o advogado-geral da União; os procuradores-gerais do Trabalho, Eleitoral e Militar, os procuradores-gerais de Justiça dos estados e do Distrito Federal, os procuradores-gerais dos estados e do Distrito Federal, e os membros do Ministério Público da União e dos estados, da Advocacia-Geral da União, das Procuradorias dos estados e do Distrito Federal, quando no exercício de função de chefia das unidades regionais ou locais das respectivas instituições.

[873] Paulo Brossard faz uma interessante comparação entre o *impeachment* inglês e o dos EUA, afirmando que "entre um e outro processo, embora de igual denominação, rito semelhante e semelhantes formalidades, ambos com aparato e solenidades mais ou menos judiciais, há afinidades e distinções que é de mister acentuar: a) começam

Com a Constituição republicana de 1889, o instituto volta a "circular", sendo importado desta vez pelo Brasil.[874] Importante registrar a opinião de Paulo Brossard, no sentido de que o *impeachment* no Brasil não nasceu com a República, e sim com a Constituição monárquica de 1824.[875] Com efeito, o procedimento previsto na Carta Imperial (arts. 38, 47, 133 e 134) pode ser considerado próximo ao do *impeachment*, mas, a nosso ver, muito mais em sua versão original inglesa[876] do que na versão consagrada na Constituição dos EUA.[877]

---

por acusação da Câmara popular, sem o que a Câmara Alta não pode proferir julgamento e nada lhe é dado fazer; b) seus efeitos, que são políticos nos Estados Unidos, na Inglaterra são de natureza criminal; c) a Câmara dos Lordes funciona como tribunal judiciário – o mais alto do reino – e por simples maioria inflige quaisquer penas, ainda as mais terríveis – morte, exílio, desonra, prisão, confisco de bens; o Senado só pelo voto de dois terços dos membros presentes aplica sanções meramente políticas, não passando além da destituição da autoridade, com ou sem inabilitação para o exercício de outro cargo, reservado à justiça o encargo de adotar sanções criminais, quando elas couberem; d) os Lordes julgam de fato e de direito, fazem o crime e a pena; o Senado, como corte política, apenas afasta do poder a autoridade, para que não continue ela a prejudicar o país, em casos de traição, concussão e outros grandes crimes e delitos, ou má conduta, compreendendo-se nesta expressão faltas inominadas, com ou sem repercussão na esfera do crime, cometidas ou não no exercício das funções; e) o *impeachment* nos Estados Unidos cabe apenas contra quem esteja investido em cargo público; cabendo contra o Presidente e o Vice-Presidente da República, os juízes federais e os funcionários da União, excluídos os militares e os congressistas, cessa quando, por qualquer causa, haja desligamento definitivo do cargo; na Inglaterra é (ou foi) mais largo o espectro do instituto. A ele estão sujeitos todos os súditos do reino, pares ou comuns, altas autoridades ou simples cidadãos, militares ou civis, investidos ou não em funções oficiais. Só a Coroa a ele não está sujeita; f) embora as instâncias parlamentares não lhe devam estrita observância, em ambos os países são válidas as regras referentes ao processo e à prova judiciais; [...]" (BROSSARD, Paulo. *O impeachment*: aspectos da responsabilidade política do Presidente da República. 3. ed. São Paulo: Saraiva, 1992. p. 22-24).

[874] Antes já havia sido importado pela Constituição argentina de 1853.

[875] Brossard também faz referência ao período colonial, afirmando: "se os Regimentos e Cartas Régias, Alvarás e Provisões, teoricamente, pouca margem deixavam para os abusos, em verdade, arbítrio e prepotência não faltaram aos delegados da Coroa lusitana, embora ficassem eles, após deixarem os cargos, sujeitos ao 'juízo de residência', perante o Conselho Ultramarino. Se as Câmaras Municipais possuíam franquias, protegidas pelo Rei distante, e aqui e ali, ora escudadas em lei, as mais das vezes fundadas no costume, mercê das quais chegaram a oferecer queixas contra Vice-Reis, Capitães-Generais e Capitães-Mores, a denunciar autoridades a El-Rei e até a depô-las – assim fizeram, por exemplo, a Câmara do Rio de Janeiro, a de São Vicente, a de Vila Rica, a de Belém – a verdade é que a situação da colônia – dos governos gerais, dos governos duais, do vice-reino – e do reino, sob o ponto de vista da liberdade e da responsabilidade oficial, não era melhor, nem tinha por que sê-lo, do que a vigente na metrópole" (BROSSARD, Paulo. *O impeachment*: aspectos da responsabilidade política do Presidente da República. 3. ed. São Paulo: Saraiva, 1992. p. 18).

[876] Brossard sustenta a existência de um paralelismo interessante entre a evolução da responsabilidade política no Brasil e na Inglaterra: "Reproduzir-se-ia no Brasil, de certa forma, o fenômeno que ocorrera no país onde o *impeachment* surgiu, agigantou-se, entrou em declínio e feneceu. Não previsto na Constituição, o sistema parlamentar em torno dela se formou, à maneira de aluvião, envolveu-a, e chegou a ser a nota dominante das instituições imperiais. Em desuso caiu, por desnecessário, o sistema estatuído pela Lei de 1827, à medida em que o jogo da responsabilidade política passou a operar-se em termos de confiança parlamentar. O mesmo estadista que fora peça relevante na feitura da Lei de 15 de outubro, nela chegando a ver 'a medida a mais profícua, que se podia tomar para promover o bem geral', haveria de desempenhar papel conspícuo, senão decisivo, no advento do novo regime. Já na carta famosa, aliás, ponderava ele que os exames públicos dos negócios do Estado, presentes os Ministros, 'mais do que a mesma Lei da responsabilidade prevenirão as malversações'. A Vasconcellos, com efeito, o Barão do Rio Branco confere o laurel de ter sido o cérebro criador do governo de gabinete no Brasil, e os documentos parlamentares testemunham o juízo do rigoroso investigador" (Brossard refere-se a Bernardo Pereira de Vasconcellos) (BROSSARD, Paulo. *O impeachment*: aspectos da responsabilidade política do Presidente da República. 3. ed. São Paulo: Saraiva, 1992. p. 43). Registre-se, no entanto, a opinião de Marcello Caetano, para quem o sistema de responsabilização dos ministros previsto na Constituição brasileira de 1824 "inspirava-se na Carta Constitucional Francesa de 1814" (CAETANO, Marcelo. *Direito constitucional*: direito constitucional brasileiro. Rio de Janeiro: Forense, 1978. v. II. p. 240).

[877] Isto na verdade é reconhecido pelo próprio Brossard, para quem "Embora não tivesse a latitude do *impeachment* inglês quanto ás pessoas que alcançava, aos fatos incriminatórios e às penas que infligia, o processo de apuração da responsabilidade" (estabelecido na Carta Imperial e na Lei de 15.10.1827) "aproximava-se do instituto britânico;

Mas há que se indagar o porquê da opção pelo Senado como tribunal do *impeachment*. Em sua conclusão acerca da evolução histórica da responsabilização dos agentes políticos na França, Robert Charvin afirma que, quando a própria Constituição estabeleceu uma jurisdição específica para a justiça política, ela o fez segundo dois modelos distintos, seja instituindo "uma jurisdição especial organicamente distinta dos órgãos políticos por ela criados",[878] seja atribuindo a justiça política a um órgão político, na qual normalmente se separa a função de acusar e de julgar entre as duas Câmaras. Segundo o autor, que considera este mecanismo próprio do parlamentarismo:

> O fato de confiar totalmente ao poder legislativo o exercício da justiça política é o reconhecimento de seu papel de controle da atividade do poder executivo. A responsabilidade penal individual dos membros do poder executivo prolonga em efeito a responsabilidade política coletiva do gabinete ministerial. A fonte dessa dupla responsabilidade é a mesma: o caráter representativo das assembleias eleitas.[879]

De todo modo, em boa medida reproduzem-se – em favor do julgamento pelo Senado – as razões que justificam a necessidade de autorização por parte da Câmara. Com efeito, assim como a autorização ocasiona (ainda que não automaticamente, como decidiu o STF) a gravíssima consequência institucional que é o afastamento do PR, o julgamento pode significar seu afastamento definitivo (assim como o afastamento de outras autoridades sujeitas a julgamento pelo Senado, mas não submetidas à prévia autorização da Câmara).

Assim – embora este ponto vá ser mais amplamente analisado em tópico próprio –, o julgamento envolve uma avaliação do conteúdo e da consistência de determinada acusação, a fim de verificar se justificam a condenação em um dado momento histórico. Trata-se de avaliação que pode indicar que mesmo acusações consistentes, seja pela pouca gravidade do bem jurídico supostamente atingido, seja pela situação do país em dado momento histórico, não justificam a condenação. Ora, exatamente por isso – segunda razão – só um órgão eminentemente político e constituído pelo voto teria a legitimidade necessária para tal apreciação.

Esse também era o entendimento de Alexander Hamilton em *O federalista*, n. 65:

> Onde, a não ser no Senado, se poderia encontrar um tribunal com suficiente dignidade e a necessária independência? Que outro órgão seria capaz de ter suficiente confiança em sua própria situação para conservar, livre de temores e influências, a imparcialidade requerida entre um indivíduo acusado e os representantes do povo, que são seus acusadores?[880]

---

este diferia claramente do norte-americano e do que viria a ser adotado com a República" (BROSSARD, Paulo. *O impeachment*: aspectos da responsabilidade política do Presidente da República. 3. ed. São Paulo: Saraiva, 1992. p. 39).

[878] Charvin observa que a França nunca adotou a solução consistente em atribuir a jurisdição política à mais alta jurisdição do Poder Judiciário, mas, por vezes, a corte especial constitucional compreendia certo número de magistrados profissionais, normalmente membros do mais alto tribunal de direito comum que constituíam "o elemento técnico julgado necessário ao bom exercício da justiça, ainda que política" (CHARVIN, Robert. *Justice et politique (evolution de leurs rapports)*. Paris: Librairie Générale de droit et de jurisprudence, 1968. p. 168. Para detalhes desses tribunais durante o diretório e o consulado, *vide* p. 73 e ss. da mesma obra).

[879] CHARVIN, Robert. *Justice et politique (evolution de leurs rapports)*. Paris: Librairie Générale de droit et de jurisprudence, 1968. p. 169.

[880] HAMILTON, Alexander; MADISON, James; JAY, John. *The federalist papers*. Nova York: Signet Classic, 2003. p. 396.

É verdade que a confiança depositada por Hamilton no Senado dos EUA do século XVIII não é a mesma depositada por muitos contemporâneos no Senado daqui (ou de lá). Mas também é verdade que o mandato mais longo dos senadores (6 anos nos EUA e 8 no Brasil) é um elemento objetivo que indica uma maior estabilidade perante situações de crise.

De todo modo, Hamilton explora a alternativa de atribuir à Suprema Corte o julgamento do *impeachment*, rejeitando a ideia por considerar que a Corte não atenderia a dois requisitos, ambos relacionados à hipótese de absolvição do acusado. Em primeiro lugar, ele considera "duvidoso que os membros desse tribunal possuirão sempre a grande dose de fortaleza necessária para desempenhar uma tarefa tão difícil", o que "resultaria fatal para o acusado".[881] Nesse ponto, portanto, Hamilton entende que a Suprema Corte não teria a coragem para absolver. Ademais, ele considera "ainda mais duvidoso que possuam o grau de crédito e autoridade que serão indispensáveis em certas ocasiões para reconciliar o povo com uma decisão que se chocasse com a acusação apresentada por seus próprios representantes", o que "seria perigoso para a tranquilidade pública". Ou seja, ele entende que, mesmo que tivesse a coragem para absolver – o que significa contrariar a acusação feita pela outra casa do parlamento –, a Corte não teria a legitimidade e a capacidade para fazer com que tal decisão fosse popularmente acatada.

E prossegue:

> Em ambos os casos, o azar só poderia ser iludido constituindo um tribunal mais numeroso do que é compatível com considerações econômicas. A necessidade de um tribunal numeroso para julgar processos de *impeachment* também se impõe pela natureza do processo. Este nunca pode se sujeitar a regras tão estritas, nem no que se refere à definição do delito por parte dos acusadores, nem à sua interpretação pelos juízes, como às que servem em casos ordinários para limitar a discricionariedade dos tribunais em favor da segurança pessoal. Não haverá nenhum júri que se interponha entre os juízes que devem pronunciar a sentença e o sujeito que tem de sofrê-la. O tremendo poder discricionário que um tribunal de *impeachments* necessariamente possuirá, para condenar à honra ou ao opróbio as pessoas mais conhecidas ou nas quais a comunidade mais acredita impede que esta missão seja confiada a um número reduzido de pessoas.[882]

Além disso Hamilton agrega outra razão para que a Suprema Corte não seja o tribunal do *impeachment*. É que, lembrando que a expiação do agente não termina com seu afastamento, já que ele estaria sujeito a julgamento segundo o processo comum, ele ataca a possibilidade de o mesmo órgão ser o responsável pelo processo de *impeachment* e pelo processo de direito comum, indagando:[883]

---

[881] HAMILTON, Alexander; MADISON, James; JAY, John. *The federalist papers*. Nova York: Signet Classic, 2003.

[882] HAMILTON, Alexander; MADISON, James; JAY, John. *The federalist papers*. Nova York: Signet Classic, 2003.

[883] Não é claro se, de fato, isto (julgamento pela Suprema Corte tanto dos crimes comuns quanto do *impeachment*) ocorreria, já que a transposição da competência para julgar o *impeachment* para a Suprema Corte não significa que esta também seria competente para os julgamentos de direito comum. Mesmo assim, Hamilton argumenta que o julgamento e condenação pela Suprema Corte teria uma influência extremamente forte em subsequente julgamento por outro órgão, incluindo um júri (HAMILTON, Alexander; MADISON, James; JAY, John. *The federalist papers*. Nova York: Signet Classic, 2003. p. 397).

Seria correto que as pessoas que dispuseram em um processo de sua fama e de seus direitos mais valiosos como cidadão, dispusessem também em outro processo, e pela mesma ofensa, de sua vida e sua fortuna? Não há razões de sobra para temer que o erro cometido na primeira sentença suscitaria idêntico erro na segunda? Que a força de uma decisão já tomada ofuscaria quaisquer novas luzes que aparecessem sobre o assunto com o objetivo de fazer variar o sentido da nova decisão? Os que sabem algo da natureza humana não vacilam em contestar afirmativamente a estas perguntas; e não lhes custará perceber que fazendo com que as mesmas pessoas julguem ambos os casos, os que sejam objeto de acusação ver-se-ão, em grande medida, privados da dupla garantia que se pretenda proporcionar-lhes mediante esse duplo julgamento. A perda da vida e da propriedade estaria virtualmente incluída em uma decisão que, segundo seus termos, não importaria nada além da destituição do cargo que se desempenha e a inabilitação para ocupar outro no futuro.[884]

E Hamilton termina sua apreciação sobre esse ponto explorando a opção de união entre o Senado e a Suprema Corte (portanto, com um tribunal misto, opção que interessa especialmente no Brasil, quando o STF parece impor este modelo aos Estados-Membros). Pois bem, Hamilton indaga se teria sido melhor se o projeto de Constituição (cuja aprovação em plebiscito era o principal objetivo da publicação dos artigos que compõem *O federalista*) houvesse unido a Suprema Corte com o Senado para formar o tribunal do *impeachment*. E responde entendendo que essa união ofereceria sem dúvida algumas vantagens, mas que, provavelmente, seriam reduzidas pelo grave inconveniente, anteriormente assinalado (quando da opção de investir a Suprema Corte com a competência para ambos os julgamentos), que procederia da intervenção dos mesmos juízes no duplo processo a que estaria sujeito o culpado. De todo modo, sustenta:

> até certo ponto, os benefícios dessa união obter-se-iam como consequência de fazer presidente do tribunal acusatório ao presidente da Suprema Corte, como se propõe no plano da convenção; tanto que se evitariam os inconvenientes de uma incorporação completa desta última ao primeiro.[885]

A nosso ver, no plano puramente teórico, o modelo ideal poderia ser o de um tribunal misto, com integrantes do parlamento e do mais alto tribunal, ou mesmo com um número pouco inferior de representantes do Poder Judiciário, sempre pré-selecionados, ou ao menos selecionados com regras objetivas previamente estabelecidas e com um *quorum* de condenação elevado. Acreditamos que essa seria a melhor forma de permitir que o julgamento levasse em conta tanto os aspectos políticos quanto os aspectos jurídicos.[886]

---

[884] HAMILTON, Alexander; MADISON, James; JAY, John. *The federalist papers*. Nova York: Signet Classic, 2003. p. 397.

[885] HAMILTON, Alexander; MADISON, James; JAY, John. *The federalist papers*. Nova York: Signet Classic, 2003. p. 397-398.

[886] A Constituição do Estado de Pernambuco é uma das poucas que prevê um tribunal misto: "Art. 39. Admitida a acusação contra o Governador, por dois terços da Assembleia Legislativa, será ele submetido a julgamento perante o Superior Tribunal de Justiça, nas infrações penais comuns, ou perante o *Tribunal Especial*, nos crimes de responsabilidade. [...] §4º O Tribunal Especial de que trata este artigo, constituído por quinze membros, sendo sete Deputados eleitos, mediante o voto secreto, pela Assembléia Legislativa, e sete Desembargadores escolhidos mediante sorteio, será presidido pelo Presidente do Tribunal de Justiça, que terá o voto de desempate".

No entanto, como afirmamos no Capítulo 3, a forma de seleção dos parlamentares é problemática, pois, de um lado, o sorteio abre a possibilidade de escolha de parlamentares sem representatividade e, de outro, a eleição abre a possibilidade de escolha de parlamentares que indiquem desde já sua inclinação de voto, o que lançaria sérias dúvidas sobre a isenção do julgamento.

A natureza da decisão do Senado, por sua importância, será tratada num tópico à parte.

4.4.2 O processo

Como visto no início deste capítulo, o processo de *impeachment* é precedido de um procedimento que se inicia na Câmara dos Deputados, destinado a autorizar ou não a abertura do "processo" propriamente dito. Na verdade, é possível falar de processo de *impeachment* em sentido lato, incluindo a fase que transcorre na Câmara *e* a fase que transcorre no Senado,[887] e em processo de *impeachment* em sentido estrito, que se limita à fase iniciada com a instauração formal do processo pelo Senado.

Fato é que a Constituição faz menção a um ato de "instauração do processo pelo Senado Federal", ato formal que se reveste de enorme importância, pois ele marca o momento a partir do qual o PR ficará suspenso de suas funções. Resta saber se este ato teria qualquer conteúdo decisório ou limitar-se-ia à mera verificação do cumprimento de requisitos formais (a integridade da comunicação feita pela Câmara), e conseguinte declaração de instauração do processo e notificação do PR quanto a seu afastamento, com a imediata assunção provisória do cargo pelo vice-presidente.

Para José Afonso da Silva:

> Não cabe ao Senado decidir se instaura ou não o processo. Quando o texto do art. 86 diz que, admitida a acusação por dois terços da Câmara, será o presidente submetido a julgamento perante o Senado Federal nos crimes de responsabilidade, não deixa a este possibilidade de emitir juízo de conveniência de instaurar ou não o processo, pois que esse juízo de admissibilidade refoge à sua competência e já fora feito por quem cabia.[888]

No entanto, o STF[889] decidiu (por maioria) que, "com o advento da CF/88, o recebimento da denúncia no processo de *impeachment* ocorre apenas *após* a decisão do Plenário do Senado Federal", em "votação nominal (que) deverá ser tomada por maioria simples e presente a maioria absoluta de seus membros".

Segundo o Ministro Luís Roberto Barroso, autor do voto condutor da decisão do STF, na atribuição (pela CRFB) ao Senado da competência de "processar e julgar" o presidente está incluída "a realização de um juízo inicial de instauração ou não do processo, isto é, de recebimento ou não da denúncia autorizada pela Câmara".[890] Há, portanto, não a mera verificação quanto ao cumprimento de requisitos formais, mas sim uma nova e autônoma decisão quanto a instaurar ou não o processo.

---

[887] Como parece ser a opinião de FERREIRA FILHO, Manoel Gonçalves. *Comentários à Constituição brasileira de 1988*. 3. ed. São Paulo: Saraiva, 2000. v. 1. p. 457-458.

[888] SILVA, José Afonso da. *Curso de direito constitucional positivo*. 38. ed. São Paulo: Malheiros, 2015. p. 557.

[889] Na tantas vezes mencionada ADPF nº 378.

[890] *Anotações para o voto oral do Ministro Luís Roberto Barroso*, na ADPF nº 378, p. 11, disponibilizadas pelo STF.

Para justificar seu entendimento, Barroso invoca vários argumentos, boa parte decorrente da mudança na distribuição de atribuições quanto ao *impeachment* entre a Câmara e Senado, apontando que a Câmara "apenas *autoriza* a instauração do processo: não o *instaura* por si própria, muito menos *determina* que o Senado o faça".[891]

Como admite o próprio Barroso, as duas interpretações cabem no texto constitucional (uma se acomoda melhor ao art. 52, I e outra ao art. 86), mas sua interpretação nos parece mais adequada. E isso porque, do contrário (o argumento é dele), o STF também seria obrigado a aceitar a denúncia no caso dos crimes comuns (ao qual o art. 86 também se refere). Ora, se a imposição ao Senado (de abrir processo de *impeachment*) ainda parece caber no texto, a imposição ao STF (de abrir processo por crime comum) certamente não cabe, pois violaria a separação de poderes e o devido processo legal, ao impor previamente o conteúdo de uma decisão – de receber ou não a denúncia em processo penal – que se espera tomada por critérios técnico-jurídicos.

Ademais, a solução apresenta uma enorme vantagem para o equilíbrio das instituições. É que a exigência de uma maioria simples demonstra um mínimo de plausibilidade no processo. Do contrário, ou seja, se nem mesmo a maioria simples do Senado concorda com a *abertura* do processo, é quase certo que não haverá uma maioria de 2/3 para a *condenação*. Em sendo assim, não faz qualquer sentido afastar o PR, instaurar novo governo, que duraria no máximo seis meses, com posterior retorno do PR pelo decurso do prazo ou por sua praticamente certa absolvição, criando uma inútil instabilidade política.[892]

Vale lembrar que a possibilidade de o Senado, em decisão preliminar, descartar o prosseguimento do processo iniciado na Câmara (sem, portanto, chegar ao julgamento) também é expressamente admitida por parte da doutrina dos EUA.[893]

Importante registrar que o PR, com a instauração do processo pelo Senado, fica "suspenso de suas funções", mas não perde o cargo até eventual condenação, continuando, portanto, a ocupar o cargo de Presidente da República.[894] O vice-presidente, por seu turno, não passa a ser o presidente, e sim o vice-presidente *no exercício do cargo de presidente*.

---

[891] *Anotações para o voto oral do Ministro Luís Roberto Barroso*, na ADPF nº 378, p. 13, disponibilizadas pelo STF.

[892] Analogicamente, poderíamos dizer que a situação equivale à denominada ausência de "justa causa" do processo penal.

[893] "Suggestions that something in the Constitution obliges the Senate to proceed to try the impeached official, voiced frequently during the impeachment of President Clinton, seem to confuse the Senate's 'sole power' to try all impeachments, with a supposed duty to do so. No doubt the Senate has a duty, implicit in the Impeachment Clauses and in the constitutional scheme as a whole, not to decline ex ante to play its constitutionally assigned role as a trier of all impeachment cases. But the only thing this would appear to preclude is an across-the-board refusal to conduct trials in whole categories of impeachment cases – say, impeachments involving sitting Supreme Court Justices, or impeachment involving sitting presidents of the same political party as the Senate majority, or impeachments approved by the House on less than a two-thirds vote. Suppose a Senate majority decides, however, not to conduct a full-blown evidentiary proceeding in a specific impeachment case after determining by vote that in no event would two thirds agree to convict on the basis of the charges made by the House in that case because more than a third deem the alleged misconduct non-impeachable or regard the evidence as inherently insuficient or both. In such a case it seems plain that the Senate would have discharged its constitutional obligations by conducting whatever preliminar inquiry was required to enable it to reach this conclusion and thereupon do dismiss the case and adjourn the trial" (TRIBE, Laurence H. *American constitutional law*. 3. ed. Nova York: Foundation Press, 2000. p. 164).

[894] Exatamente por que o presidente suspenso não deixa de sê-lo; ele, por exemplo, não deixa de gozar das prerrogativas de que trata o §4º do art. 86 da CRFB (tema tratado no Capítulo 3), conforme já decidido pelo STF: "A mera circunstância de a Câmara dos Deputados haver autorizado a instauração, pelo Senado Federal, do processo de "impeachment" contra o Presidente da Republica, não afasta a incidência da norma inscrita no par.

Quem impulsiona o processo no Senado? A Lei nº 1.079 menciona a existência de uma comissão acusadora, também referida no Regimento Interno do Senado (art. 380, I, que estabelece sua forma de eleição e composição). O papel dessa comissão foi questionado na ADPF nº 378, tendo sido sustentado que o papel de acusação caberia ao denunciante original (aquele que apresentou a denúncia perante a Câmara) e que os senadores, como julgadores, deveriam guardar uma posição equidistante. Nesse ponto, por unanimidade, o STF entendeu que os senadores "não precisam se apartar da função acusatória".[895] Ocorre que, resolvendo esta questão, a Corte acabou por deixar a outra em aberto, qual seja: podem os denunciantes continuar a intervir no processo no Senado. A nosso ver, ausente permissão legal e, ao contrário, tendo em vista a expressa previsão de comissão acusadora pelo Senado, os denunciantes não poderão mais intervir no processo.[896]

Como se vê, em relação às normas que tratam do processo no Senado pairam as mesmas dúvidas jurídicas referentes à Câmara, decorrentes da dificuldade de compatibilizar a exigência de lei feita pelo art. 85, parágrafo único da CRFB com a lei atualmente em vigor, aprovada quando a distribuição de competência entre Câmara e Senado era distinta.

Assim como lembra Manoel Gonçalves Ferreira Filho, o *impeachment* é regulado "pelas normas de processo estabelecidas em lei especial e não em dispositivos regimentais". O autor acrescenta que, no "caso do Presidente Collor, aplicou-se lei especial elaborada sob a Constituição de 1946, que certamente não se coaduna com o novo tratamento da matéria na Carta vigente".[897]

Mas, na referida ADPF nº 378, foram tomadas decisões que trazem mais segurança sobre o rito a ser seguido a partir da instauração do processo no Senado. Assim, o STF (por maioria) declarou:

> constitucionalmente legítima a aplicação analógica dos arts. 44, 45, 46, 47, 48 e 49 da Lei nº 1.079/1950 – os quais determinam o rito do processo de *impeachment* contra Ministros do Supremo Tribunal Federal e o Procurador-Geral da República – ao processamento no Senado Federal de crime de responsabilidade contra o Presidente da República.

A opção pela aplicação analógica, com a qual concordamos, decorre da procura, na própria Lei nº 1.079, de processo que melhor se encaixe na nova divisão de competências entre Câmara e Senado em matéria de *impeachment*.

---

4. do art. 86 da Constituição. Ainda que temporariamente afastado do desempenho de suas funções, por efeito de ulterior instauração do processo de responsabilização político-administrativa pela Câmara Alta, o Chefe de Estado, não obstante a suspensão funcional a que se refere o art. 86, par. 1. II, da Carta Política, continua a titularizar a condição de Presidente da Republica. Embora afastado do exercício do oficio presidencial, subsiste a vigência do mandato de Chefe do Poder Executivo da União, cuja cessação definitiva poderá ocorrer, dentre as diversas hipóteses possíveis, com a sua eventual condenação pelo Senado Federal" (Ementa da Questão de Ordem na Ação Penal nº 305. Rel. Min. Celso de Mello, j. 30.9.1992. *DJ*, 18 dez. 1992).

[895] Decisão cautelar na ADPF nº 378.

[896] Cabe indagar se os denunciantes podem desistir da denúncia e quais os efeitos de tal desistência. A nosso ver a desistência é possível e extingue o procedimento até a decisão final da Câmara. Após esta decisão, o processo tem outro impulso, que perde relação com o denunciante original e, assim, a desistência não teria nenhum efeito processual, ainda que possa impactar o convencimento dos julgadores.

[897] FERREIRA FILHO, Manoel Gonçalves. *Comentários à Constituição brasileira de 1988*. 3. ed. São Paulo: Saraiva, 2000. v. 1. p. 458.

Ora, em relação ao processo previsto para os crimes de responsabilidade dos ministros do STF e do procurador-geral da República, a Lei nº 1.079 seria plenamente compatível com a CRFB, pois, desde a ordem constitucional anterior, o Senado, nestes casos, já era tribunal de pronúncia e julgamento.[898]

Outro ponto importante do processo diz respeito a delimitar quais parlamentares estariam impedidos de participar do processo – incluindo sua fase prévia na Câmara. Nesse ponto, o art. 36 da Lei nº 1.079 estabelece:

> não pode interferir, em nenhuma fase do processo de responsabilidade do Presidente da República ou dos Ministros de Estado, o deputado ou senador; a) que tiver parentesco consanguíneo ou afim, com o acusado, em linha reta; em linha colateral, os irmãos cunhados, enquanto durar o cunhadio, e os primos co-irmãos; b) que, como testemunha do processo tiver deposto de ciência própria.

A dificuldade surge porque o art. 38 da mesma lei estabelece que no processo e julgamento do presidente da República e dos ministros de Estado serão aplicados subsidiariamente os regimentos internos da Câmara dos Deputados e do Senado Federal *e o Código de Processo Penal*. Resta saber se as hipóteses de impedimento e suspeição previstas no CPP se aplicam ao processo de *impeachment*. Na referida ADPF nº 378, o STF, por unanimidade, reconheceu a "impossibilidade de aplicação subsidiária das hipóteses de impedimento e suspeição do CPP"[899] (no caso relativamente ao presidente da Câmara dos Deputados, mas a regra, *em princípio*, parece valer ao julgamento no Senado).

Para justificar essa decisão, Luís Roberto Barroso invocou três razões. Em primeiro lugar considerou:

> incabível a equiparação entre magistrados, dos quais se deve exigir plena imparcialidade, e parlamentares, que devem exercer suas funções com base em suas convicções político-partidárias e pessoais e buscar realizar a vontade dos representados. Em segundo lugar, a aplicação subsidiária pressupõe ausência de previsão normativa na lei, o que não ocorre em relação à Lei n. 1.079/1950, que estabelece os casos de impedimento no art. 36. Por fim, embora a Lei n. 1.079/1950 não estabeleça hipóteses de suspeição, não

---

[898] Confira-se o art. 80 da Lei nº 1.079: "Nos crimes de responsabilidade do Presidente da República e dos Ministros de Estado, a Câmara dos Deputados é tribunal de pronúncia e o Senado Federal, tribunal de julgamento; nos crimes de responsabilidade dos Ministros do Supremo Tribunal Federal e do Procurador Geral da República, o Senado Federal é, simultaneamente, tribunal de pronúncia e julgamento". A 1ª parte do dispositivo foi declarada como não recepcionada pela CRFB na decisão da ADPF nº 378. Colha-se a justificativa por essa opção no voto do Ministro Luís Roberto Barroso: "Entendo que, de fato, há de se ampliar o rito relativamente abreviado da Lei n. 1.079/1950 para julgamento do *impeachment* pelo Senado, incorporando-se a ele uma etapa inicial de instauração ou não do processo, bem como uma etapa de pronúncia ou não do denunciado, tal como se fez em 1992. Estas são etapas essenciais ao exercício, pleno e pautado pelo devido processo legal, da competência do Senado de 'processar e julgar' o Presidente da República. [...]. Diante da ausência de regras específicas acerca dessas etapas iniciais do rito no Senado, deve-se seguir a mesma solução jurídica encontrada pelo STF no caso Collor, qual seja, aplicação sem exceção, das regras da Lei n. 1.079/1950 relativas a denúncias de *impeachment* contra Ministros do STF ou contra o PGR (também processados e julgados exclusivamente pelo Senado). Além do valor intrínseco de se manter o mesmo rito já adotado em 1992, a aplicação analógica da Lei de Crimes de Responsabilidade é a posição que melhor se compatibiliza com a reserva de lei para estabelecer "normas de processo e julgamento", prevista no art. 85, parágrafo único da CF/1988" (*Anotações para o voto oral do Ministro Luís Roberto Barroso*, na ADPF nº 378, p. 22-23, disponibilizadas pelo STF).

[899] Decisão cautelar da ADPF nº 378.

há que se falar em lacuna legal. É compreensível que o legislador, dado o fato de que o processo de impeachment ocorre no âmbito do Legislativo, onde divergências, embates e acusações ganham lugar cotidianamente, tenha fixado, apenas e excepcionalmente, casos de impedimento.[900]

Concordamos com a inviabilidade de aplicação subsidiária do CPP, mas não nos parece que, no julgamento do *impeachment*, um senador possa votar puramente com base em convicções político-partidárias. Reconhecer isso seria equiparar o julgamento do *impeachment* à derrubada de um gabinete em regime parlamentar. O tema será retomado ainda neste capítulo, mas é fundamental ressaltar que, com mais razão ainda do que na Câmara, a deliberação de cada membro do parlamento deve ser livre e honesta, deve levar em consideração os atos imputados, sua convicção de se foram praticados ou não tais atos, de se caracterizam ou não o crime de responsabilidade imputado e de se, tudo levado em consideração, a condenação se impõe. Assim, por exemplo, não poderia participar da votação um parlamentar que, antes mesmo de ter acesso ao procedimento, afirmasse que votaria pela condenação porque sua convicção político-partidária é a de afastar qualquer presidente que tenha a orientação ideológica do acusado ou, exemplo mais extremo, que votasse mediante recebimento ou promessa de recebimento de favores.

Em todos os casos em que os crimes de responsabilidade são processados e julgados pelo Senado, "funcionará como Presidente o do Supremo Tribunal Federal" (art. 52, I e II e seu parágrafo único da CRFB). O dispositivo se inspira na Constituição dos EUA, embora, lá, a regra só valha quando o PR está sendo submetido a julgamento. Ora, como nos EUA o vice-presidente da República é o presidente do Senado, parece evidente que o dispositivo da Constituição dos EUA teve como objetivo afastar da presidência de um julgamento o provável beneficiário com a condenação do acusado.[901]

De todo modo, nem mesmo nos EUA se pode afastar a conclusão de que a presença do presidente da Suprema Corte traz vantagens, como salientado por Hamilton, conforme mencionado no tópico anterior. A previsão certamente dá mais segurança quanto ao respeito às normas de procedimento e sua base constitucional faz com que o presidente do STF, longe de ser um agente temporário do Senado, seja, na verdade, uma autoridade constitucional independente.

Manoel Gonçalves Ferreira Filho, ao afirmar que a razão de a presidência do julgamento ser dada ao presidente do STF se baseia na necessidade de "dar ao Senado, num caso como esse, uma direção imparcial, afeita às grandes decisões dos tribunais", aproveita para indagar: "Mas, se essa experiência e essa imparcialidade são necessárias

---

[900] E acrescenta que "na ocasião do processo por crime de responsabilidade do Presidente Fernando Collor, durante a tramitação no Senado, foram suscitados o impedimento e a suspeição de 28 Senadores. A questão chegou ao STF por meio de Mandado de Segurança impetrado pelo próprio ex-Presidente (MS 21.623, Rel. Min. Carlos Velloso, j. em 17.12.1992). Esta Corte entendeu, no entanto, que, embora o processo de *impeachment* seja de natureza político-criminal, os parlamentares que dele participam não se submetem às rígidas regras de impedimento e suspeição a que estão sujeitos os órgãos do Poder Judiciário. Estão eles submetidos a regras jurídicas próprias, fixadas em lei especial, qual seja, a Lei n. 1.079/1950" (*Anotações para o voto oral do Ministro Luís Roberto Barroso*, na ADPF nº 378, p. 31, disponibilizadas pelo STF).

[901] Esta era a posição de Joseph Story, citado por FONSECA, Annibal Freire. *Do Poder Executivo na Republica Brazileira*. Rio de Janeiro: Imprensa Nacional, 1916. p. 121.

para dirigir o julgamento, não são ainda mais para participar dele? E, assim sendo, não seria o caso de deferir o julgamento ao Supremo Tribunal Federal?"[902]

Importante observar que ao presidente do STF não cabe presidir apenas a sessão (ou as sessões) de julgamento. O que a CRFB estabelece é que o presidente do STF funcionará "nos casos previstos nos incisos I e II" do art. 52 e estes incisos se referem ao *processo* e julgamento dos diversos agentes políticos mencionados. O presidente do STF, portanto, preside o processo como um todo, o que inclui a fase de coleta de provas e evidentemente o julgamento em si.

Quais são os poderes do presidente do STF? Bruce Ackerman, falando da experiência estadunidense, parece sugerir que, em questões procedimentais, o presidente teria um poder autônomo de decisão.[903] Ora, tradicionalmente se reconhece aos presidentes o poder de resolver incidentes processuais, em especial durante a sessão do julgamento.

Em sendo presidente do processo (e não apenas da sessão de julgamento), ao presidente do STF incumbem as atribuições tanto do presidente do Senado, no que se refere às suas sessões, quanto as atribuições em geral reconhecidas aos presidentes de comissões do Senado.

Segundo o art. 48 do Regimento Interno do Senado (Resolução nº 93/70 e suas alterações), o presidente (do Senado e portanto do STF) tem as seguintes atribuições, que podem ter relevância no processo de *impeachment*: "convocar e presidir as sessões do Senado"; "propor a prorrogação da sessão"; "designar a Ordem do Dia das sessões deliberativas e retirar matéria da pauta"; "fazer observar na sessão a Constituição, as leis e (o) Regimento"; "impugnar as proposições que lhe pareçam contrárias à Constituição, às leis, ou (ao) Regimento, ressalvado ao autor recurso para o Plenário, que decidirá após audiência da Comissão de Constituição, Justiça e Cidadania"; "declarar prejudicada proposição que assim deva ser considerada, na conformidade regimental"; "decidir as questões de ordem"; "orientar as discussões e fixar os pontos sobre que devam versar, podendo, quando conveniente, dividir as proposições para fins de votação"; "desempatar as votações, quando ostensivas;" "proclamar o resultado das votações; "resolver, ouvido o Plenário, qualquer caso não previsto n(o) Regimento".

Como se vê, são atribuições extremamente importantes, que dão ao presidente do STF capacidade suficiente para garantir que o processo de *impeachment* siga de acordo com a Constituição.

Para a condenação, a CRFB (art. 54, parágrafo único) exige "dois terços dos votos do Senado Federal".[904] Esse é o mesmo quórum estabelecido pela Constituição dos EUA

---

[902] FERREIRA FILHO, Manoel Gonçalves. *Comentários à Constituição brasileira de 1988*. 3. ed. São Paulo: Saraiva, 2000. v. 1. p. 330.

[903] ACKERMAN, Bruce. *The case against Lameduck Impeachment*. Nova York: Seven Stories Press, 1999. The Open Media Pamphlet Series. p. 73-77. Ele relata que este problema surgiu durante o *impeachment* de Andrew Johnson na relação entre o senado e o então presidente da Suprema Corte Salmon Chase. Note-se que um "outro" Chase (*Samuel* Chase), foi o primeiro e único integrante da Suprema Corte a sofrer um processo de *impeachment* iniciado em 1804, que terminou com sua absolvição. O historiador Paul Johnson afirma: "the episode demonstrated painfully that impeachment is not an effective method of trying to curb the Court for political reasons" (JOHNSON, Paul. *A history of the American people*. Nova York: Harper Collins, 1999. p. 250).

[904] Na história constitucional francesa registre-se que, sob o regime do diretório, a lei (a matéria não era constitucional) exigia 3/4 dos membros da *Haute Cour* para a condenação dos membros do diretório (CHARVIN, Robert. *Justice et politique (evolution de leurs rapports)*. Paris: Librairie Générale de droit et de jurisprudence, 1968. p. 78).

(com a relevante diferença de que, nos EUA, ele se aplica sobre os membros presentes) e, embora não tenha sido sempre o mesmo na história constitucional do Brasil, foi sem dúvida o mais utilizado.[905] Para Brossard:

> Prescrevendo-se que o reconhecimento da responsabilidade presidencial só ocorrerá se confluírem dois terços dos votos do Senado, segue-se que se está em face de uma deliberação minoritária às avessas, pois basta um terço mais um dos senadores para a absolvição, que pode ser a consagração da irresponsabilidade: o voto de vinte e oito senadores prevalece sobre o de cinqüenta e três. De resto, tendo-se em vista a heterogeneidade dos Estados-Membros e a igualdade de sua representação, dez deles, os menos populosos, não chegando a somar dez milhões de habitantes, num universo de cento e cinqüenta milhões de brasileiros, podem ser senhores do processo minuciosamente previsto e cuidadosamente disciplinado; em termos democráticos, não deixa de configurar anomalia insigne, tanto mais quando, para a simples instauração do processo, a lei exige o voto de dois terços da Câmara, onde a nação se representa. Contudo, é o sistema consagrado na lei das leis.[906]

A hipótese de um presidente ser "condenado" pela maioria do Senado, mas sem o quórum de 2/3, tem certamente um impacto político negativo. Manoel Gonçalves Ferreira Filho, embora reconheça que o quórum elevado visa a "impedir precipitações e arroubos políticos", indaga o "que restará da autoridade para um Presidente absolvido porque não foi alcançada uma maioria de dois terços, mas apenas uma maioria simples".[907] Mas isto não constitui a nosso ver um defeito do mecanismo, pois a exigência de ampla maioria para retirar o PR se justifica por sua eleição – direta – pelo povo. Ademais, diversas outras razões podem levar à perda de popularidade do PR, sem que isto afete sua legitimidade democrática.

Note-se, de todo modo, que dos dois presidentes americanos submetidos a *impeachment* um – Andrew Johnson, sucessor de Lincoln – foi "absolvido" pela diferença de apenas um voto e outro – Bill Clinton – teve 45 votos por sua condenação em uma das acusações e 50 em outra, de um total de 100 votos (eram necessários 67 votos).

Mas vale observar que a exigência também tem uma justificativa especial, no que se refere aos agentes submetidos a julgamento perante o Senado, cuja nomeação original também depende do Senado (os ministros do STF, o procurador-geral da República e os membros do Conselho Nacional de Justiça e do Conselho Nacional do Ministério Público). É que, se o quórum para condenação fosse o de maioria absoluta, uma pequena mudança na composição do Senado poderia levar a nova maioria à tentação de substituir, pela via do *impeachment*, agentes aprovados por outras maiorias. Claro que isto também implicaria emprestar ao *impeachment* um caráter quase que integralmente político, que

---

[905] Este quórum foi exigido pela Constituição de 1891 (art. 33, §2º), embora esta tenha sido a única a aplicar o quórum aos membros "presentes", tal como a Constituição dos EUA, e não aos membros do Senado como um todo. Também foi exigido pela Constituição de 1946 (art. 62, §2º) e pelas Cartas de 1967-69 (arts. 44, parágrafo único, e 42, parágrafo único, respectivamente). A Constituição de 1934 (art. 58) adotou um tribunal especial para o julgamento dos crimes de responsabilidade, composto por parlamentares e membros do STF. A Carta de 1937 transformou o Senado em Conselho Federal, com atribuição de julgar o PR, mas sem ter fixado nenhum quórum (art. 86, lembrando-se de que, sob a Carta de 1937, o regime era ditatorial).

[906] BROSSARD, Paulo. *O impeachment*: aspectos da responsabilidade política do Presidente da República. 3. ed. São Paulo: Saraiva, 1992. p. 14.

[907] FERREIRA FILHO, Manoel Gonçalves. *Comentários à Constituição brasileira de 1988*. 3. ed. São Paulo: Saraiva, 2000. v. 1. p. 330.

nós não reconhecemos (mas que outros reconhecem, como veremos mais à frente), mas o fato é que o quórum de 2/3 afasta esta tentação.

4.4.3 As sanções aplicáveis

Quanto às penas aplicáveis em decorrência da condenação, uma questão importante é saber as consequências da renúncia, efetuada pelo agente submetido a processo de *impeachment*, após seu início. Concretamente, questiona-se a possibilidade de continuar com o processo, cuja utilidade residiria no fato de que, em diversos países, o *impeachment* acarreta, além da perda do cargo, a inabilitação para o exercício de outros cargos públicos.

É o caso do Brasil, cuja Constituição prevê – além da perda do cargo – a aplicação da pena de inabilitação, por oito anos, para o exercício de qualquer função pública (art. 52, parágrafo único, da CRFB).[908] O tema foi extensivamente discutido no Brasil durante o processo de *impeachment* de Collor, que apresentou sua renúncia no dia do julgamento no Senado e, condenado, recorreu ao STF, alegando que a pena de inabilitação seria acessória à da perda de cargo (o que decorreria claramente do texto constitucional), não sendo possível aplicar a segunda quando já inaplicável a primeira, exatamente porque ele já tinha saído do cargo e, portanto, não poderia mais ser julgado pelo Senado, que só teria jurisdição sobre o presidente e não sobre um ex-presidente.

O STF manteve a pena de inabilitação,[909] afirmando (na ementa do acórdão) que "a renúncia ao cargo, apresentada na sessão de julgamento, quando já iniciado este, não paralisa o processo de 'impeachment'". A decisão cita ampla doutrina e jurisprudência estrangeira nos dois sentidos possíveis. A tese vencedora cita, por exemplo, a opinião de Michel Temer[910] e insiste que, se no regime da 1ª Constituição republicana não havia muito espaço para dúvida quanto ao caráter subsidiário da pena de incapacitação para o exercício de função pública,[911] essa legislação foi alterada.[912] Esta posição é a mesma adotada nos EUA,[913] onde também existe a pena de desqualificação[914] e também é defendida, em Portugal, por Paulo Otero, em relação ao afastamento do PR.[915]

---

[908] Pena que a nosso ver tem um caráter eminentemente prospectivo, como sustentado pelo Ministro José Dantas no julgamento do MS nº 21.689-1 (STF. Rel. Min. Carlos Velloso. *DJ*, 7 abr. 1995. p. 482), que a denomina de "reprimenda teleologicamente preventiva", distinta da destituição "de caráter repressivo", considerando, portanto, que a jurisdição do Senado tem o "duplo desiderato de fazer cessar e de prevenir a prática de abusos e desmandos dos governantes regularmente acusados".

[909] STF. Rel. Min. Carlos Velloso. MS nº 21.689-1. *DJ*, 7 abr. 1995.

[910] TEMER, Michel. *Elementos de direito constitucional*. 24. ed. São Paulo: Malheiros, 2012. p. 171.

[911] Isto não decorria expressamente do art. 33, §3º da Constituição de 1891, mas estava expresso nos arts. 23 e 24 da Lei nº 27, de 1892 (que cuidava do processo e julgamento do *impeachment*). Veja-se a referência no voto do relator, Min. Carlos Velloso, no MS nº 21.689-1 (*DJ*, 7 abr. 1995).

[912] Em especial pelo art. 15 da Lei nº 1.079: "A *denúncia* só poderá ser recebida enquanto o denunciado não tiver, por qualquer motivo, deixado definitivamente o cargo". Segundo o relator do MS nº 21.689-1, este dispositivo "propicia o entendimento de que, recebida a denúncia, desde que esteja o denunciado no exercício do cargo, prosseguirá o processo até o seu final" (p. 252 do acórdão").

[913] *Vide* SCHWARTZ, Bernard. *A Commentary on The Constitution of the United States* – Part I. Nova York: Macmillan, 1963. v. I. p. 113, dando conta que a questão estaria sedimentada desde 1876. Registre-se que no MS nº 21.689-1 o Ministro Carlos Velloso explora a doutrina e jurisprudência americanas, mas chega à conclusão de que nos EUA esta questão não estaria "definitivamente resolvida" (p. 268 do acórdão).

[914] Nos EUA essa pena é limitada a funções federais, mas é ilimitada no tempo.

[915] Com efeito, segundo Paulo Otero, a renúncia "não fará extinguir o processo" já que existe a outra sanção consistente na inelegibilidade futura (OTERO, Paulo. *Direito constitucional português* – Organização do poder político. Coimbra: Almedina, 2010. v. II. p. 232-233).

Concordamos com a decisão do STF no caso, mas não se pode dizer que se trata de questão sedimentada, e isto por três razões. Em primeiro lugar, porque a decisão do STF foi tomada num contexto mais do que especial, impedindo que se afirme que a maioria do tribunal endossou a tese em questão.[916]

Ademais, os argumentos em sentido contrário são consistentes (o impasse ocorrido no STF, mas também a grande qualidade dos debates dá testemunho disso). Celso de Mello, por exemplo (único ministro que participou da votação e permanece na Corte), sustentou a existência de "uma única sanção constitucionalmente estabelecida: a de desqualificação funcional, que compreende... a destituição do cargo com a inabilitação temporária". Entendeu, portanto que "a unidade constitucional da sanção prevista torna-a indecomponível, incindível".[917]

Por fim, o caso Collor teve uma peculiaridade consistente na apresentação da renúncia durante a sessão de julgamento, quando este, portanto, já se tinha iniciado. Admitir a apresentação de renúncia nesse caso equivaleria a admiti-la, inclusive, após o início da votação, pouco antes de se atingir o quórum de condenação, possibilitando sempre que o acusado escape da pena de inabilitação. Parece-nos que, ao menos antes da votação inicial que se dá no Senado, decidindo pela abertura ou não do processo, a renúncia deve ser admitida como apta a impedir sua instauração.

Na verdade, entendemos que o tema merece alteração legislativa que vede o prosseguimento do processo se a renúncia ocorrer, por exemplo, nos primeiros quinze dias da abertura do processo no Senado. Esta abertura poderia significar uma válvula interessante para abreviar crises agudas, incentivando a renúncia do presidente que imagina não ter sucesso no julgamento. Não se diga que isto incentiva a impunidade, pois o mesmo agente estará inteiramente sujeito à responsabilização criminal, e, ainda que afastada a pena de inabilitação, estará sujeito a se tornar inelegível por força da Lei Brasileira de Inelegibilidades.[918]

De todo modo, o que se pode afirmar com razoável certeza é que a última oportunidade que um presidente – contra quem a Câmara tenha autorizado processo de *impeachment* – tem para renunciar, sem estar sujeito a ser julgado e eventualmente receber

---

[916] Apenas oito (dos 11) ministros do STF participaram do julgamento (não votaram os ministros Sydnei Sanches, que, como então presidente do STF, presidiu a sessão de julgamento no Senado e se declarou impedido, Marco Aurélio e Francisco Rezek, que se declararam suspeitos). O julgamento inicialmente ficou empatado, tendo quatro ministros (Carlos Velloso, relator, Sepúlveda Pertence, Néri da Silveira e Paulo Brossard) mantido a condenação do Senado e quatro (Ilmar Galvão, Moreira Alves, Celso de Mello e Octavio Gallotti) votado por sua anulação, e foi interrompido para a convocação de três ministros do Superior Tribunal de Justiça para comporem o colegiado e desempataram o julgamento. Esses três ministros votaram pela manutenção da decisão do Senado. Assim, dos então 11 ministros do STF apenas 4 concordaram com a decisão do Senado, sendo que, destes, Paulo Brossard votou preliminarmente pela rejeição da ação por falta de jurisdição do STF para rever o julgamento do Senado (tema que abordaremos mais à frente). Anote-se, no entanto, que o relator cita o magistério da agora Ministra Cármen Lúcia Antunes Rocha igualmente defensora da tese vitoriosa naquele julgamento (p. 278 do acórdão).

[917] Voto no referido MS nº 21.689-1, p. 357-358.

[918] É que a Lei Complementar nº 64/90, alterada pela Lei Complementar nº 135/10 (conhecida como Lei da Ficha Limpa), que será estudada no Capítulo 7, passou a considerar inelegíveis, para qualquer cargo, "o Presidente da República, o Governador de Estado e do Distrito Federal, o Prefeito, os membros do Congresso Nacional, das Assembleias Legislativas, da Câmara Legislativa, das Câmaras Municipais, que renunciarem a seus mandatos desde o oferecimento de representação ou petição capaz de autorizar a abertura de processo por infringência a dispositivo da Constituição Federal, da Constituição Estadual, da Lei Orgânica do Distrito Federal ou da Lei Orgânica do Município, para as eleições que se realizarem durante o período remanescente do mandato para o qual foram eleitos e nos 8 (oito) anos subsequentes ao término da legislatura" (art. 1º, I, "k").

a pena de inabilitação, é no curto prazo que se dá até o recebimento, pelo Senado, da autorização da Câmara com a consequente abertura formal do processo de *impeachment*.

Se no julgamento de Collor o Senado aplicou apenas a pena de inabilitação, no caso Dilma, julgado quase 25 anos depois, o Senado aplicou apenas a pena de destituição do cargo.[919]

Tema um pouco diverso refere-se a saber o que acontece, como indaga Brossard, "se o antigo governante ao cargo retornar", respondendo que "restabelece-se a jurisdição política":

> O *impeachment* pode então ser iniciado ou prosseguido. Tem-se entendido – escreve Pontes de Miranda – que, se a pessoa volta ao cargo, se restaura a jurisdição política. "Se o mandatário é reconduzido ao posto que tinha desempenhado, restaura-se o Juízo Político". Ainda mais. Embora não haja faltado quem alegasse que a eleição popular tem a virtude de apagar as faltas pretéritas, a verdade é que infrações cometidas antes da investidura no cargo, estranhas ao seu exercício ou relacionadas com anterior desempenho, têm motivado o *impeachment*, desde que a autoridade seja reinvestida em função suscetível de acusação parlamentar.
>
> Estas dimensões, atribuídas ao *impeachment* pela doutrina e experiência americanas, condizentes, aliás, com as características do instituto, não as ignora a literatura brasileira. Maximiliano, a propósito, doutrinou: "só se processa perante o Senado quem ainda é funcionário, embora as faltas tenham sido cometidas no exercício de mandato anterior"... "os juízes Barnard, de Nova York, e Hubbell, de Wisconsin, e o Governador Butler, de Nebraska, reconduzidos aos seus cargos, sofreram '*impeachment*' pelas faltas cometidas quando exerceram anteriormente as mesmas funções. Não encontraram eco os seus protestos contra a competência do tribunal político. A exegese é correta: o fim do processo de responsabilidade é afastar do Governo ou do Tribunal um elemento mau; não se instaura contra o renunciante, porém atinge o reconduzido".[920]

O caso tratado por Brossard é de alguém que deixa o cargo e a ele retorna. Mas há outra hipótese bem mais comum. Trata-se do agente reeleito, ou seja, do agente que continua no cargo. A *priori*, parece evidente que ele pode perfeitamente ser responsabilizado pelos atos praticados no mandato anterior em relação ao qual o atual mandato forma uma continuidade. Mas, no caso específico do PR, há quem sustente, com base no art. 86, §4º, da CRFB ("na vigência de seu mandato, não pode ser responsabilizado por atos estranhos ao exercício de suas funções"), que um presidente reeleito não poderia, na vigência de seu "novo" mandato, ser responsabilizado por atos praticados no mandato anterior.

A tese parece ter algum apoio textual, mas se trata, a nosso ver, de mera aparência. Com efeito, o art. 86, §4º, da CRFB se divide em duas partes, uma fixa o limite material da irresponsabilidade "por atos estranhos ao exercício de suas funções", ou seja, atos estranhos ao exercício das funções *de* presidente da República. A outra, o limite temporal: durante "a vigência de seu mandato".

---

[919] Na ocasião a decisão foi questionada perante o STF que, até o momento de conclusão deste trabalho, ainda não havia se manifestado sobre o tema.

[920] BROSSARD, Paulo. *O impeachment*: aspectos da responsabilidade política do Presidente da República. 3. ed. São Paulo: Saraiva, 1992. p. 136-137.

Ora, o PR – *eleito ou reeleito* – beneficia-se temporalmente do referido dispositivo. Mas os atos materialmente cobertos são aqueles "estranhos ao exercício de suas funções". Ora, um ato praticado pelo PR no exercício das funções de presidente da República, um mês antes de tomar posse em seu segundo mandato, não perde, *um mês depois*, a natureza de ato praticado *no exercício* das funções de PR. A imunidade em questão se aplica a atos praticados no exercício de qualquer *outra* função pública exercida anteriormente pelo PR (ministro de estado, parlamentar etc.), mas não a atos praticados na própria função de presidente da República.

Entender o contrário seria dar ao dispositivo uma interpretação extremamente expansiva, incompatível com sua natureza, concedendo a imunidade não a atos estranhos ao exercício de suas funções, mas sim a atos praticados *no* exercício de suas funções, *porém*, temporalmente localizados no *mandato* anterior.

4.5 Competência para legislar sobre o *impeachment* e peculiaridades do *impeachment* estadual

Como dito acima, consideramos que tanto os crimes de responsabilidade como o processo de *impeachment* são institutos inteiramente localizados no campo do direito constitucional. A influência que ambos recebem do direito penal ou processual penal não afasta esta constatação.

Assim, por consequência, entendemos que tanto a União quanto os estados têm competência para legislar sobre ambos os temas, competência que se extrai da capacidade de auto-organização de cada um destes entes da federação.[921] Esta é a posição de Brossard, que relata a significativa oscilação do tema, ao longo da história,[922] e é também a posição de José Afonso da Silva.[923]

Mas não é mais a posição do STF, que aprovou a já mencionada Súmula Vinculante nº 46, estabelecendo que "a definição dos crimes de responsabilidade e o estabelecimento das respectivas normas de processo e julgamento são da competência legislativa privativa da União". Assim, embora o STF faça a distinção entre crime comum e crime de responsabilidade, considera que, para efeito de competência legislativa, crime de responsabilidade se equipara a crime comum.

Se, quanto aos crimes de responsabilidade, o argumento tenta encontrar suporte na competência privativa da União para legislar sobre direito penal, quanto ao *processo* de *impeachment* nos parece que o entendimento do STF é ainda mais incompatível com a Constituição. Com efeito, um ente político que não pode regular o processo de *impeachment* de seu governante, elemento essencial de sua estrutura política, de sua

---

[921] Segundo o art. 25 da CRFB, "Os Estados organizam-se e regem-se pelas Constituições e leis que adotarem, observados os princípios desta Constituição".

[922] BROSSARD, Paulo. *O impeachment*: aspectos da responsabilidade política do Presidente da República. 3. ed. São Paulo: Saraiva, 1992. p. 87-112. Brossard relata inclusive que, sob a 1ª Constituição republicana "embora competisse à União, como agora, legislar privativamente sobre direito penal, ela nunca definiu crimes de responsabilidade de autoridades locais [...] e, livre e validamente, fizeram-no os Estados-Membros, com chancela dos poderes federais" (p. 90).

[923] SILVA, José Afonso da. *Curso de direito constitucional positivo*. 38. ed. São Paulo: Malheiros, 2015. p. 639.

existência mesmo enquanto ente político autônomo, não estará sendo regido por sua própria constituição e leis, como estabelece o art. 25 da CRFB.

Consequência importante do reconhecimento da falta de competência do Estado para legislar sobre a matéria (processo de *impeachment* e crime de responsabilidade) é a diferença do prazo de inabilitação para o exercício de função pública ao qual estão sujeitos os governadores e secretários de estado. É que o parágrafo único do art. 52 da CRFB (que fixa o prazo de 8 anos) refere-se apenas a agentes federais. As constituições estaduais em geral reproduziram este prazo.[924] No entanto, como o STF não reconhece competência aos estados para tratar do tema, prevaleceria o disposto no art. 78 da Lei nº 1.079, segundo o qual o governador (e o secretário de estado, por força do art. 79, parágrafo único) "não poderá ser condenado senão a perda do cargo, com inabilitação até cinco anos para o exercício de qualquer função pública, sem prejuízo da ação da justiça comum".

Ou seja, não apenas o prazo é distinto (cinco e não oito anos), como ele é flexível ("*até* 5 anos"). Esta foi a decisão do STF, em ação[925] que atacava dispositivos da Constituição do Estado de Santa Catarina, firmando-se o entendimento de que a CRFB elevou o prazo de inabilitação de cinco para oito anos em relação às autoridades por ela apontadas, mas a CRFB "não cuidou da matéria no que respeita às autoridades estaduais", portanto, "o prazo de inabilitação das autoridades estaduais não foi alterado", carecendo o estado-membro de "competência legislativa para majorar o prazo de cinco anos".

Na mesma linha (e conforme decidido na mesma ação), também não prevalece o afastamento do governador após a autorização para o "início" do processo, mas apenas quando, por maioria absoluta (distinta da maioria de 2/3 exigida para o início do processo), for declarada pela Assembleia Legislativa a *procedência da acusação* (art. 77 da Lei nº 1.079).

A jurisprudência do STF causa, com o respeito devido, situações a nosso ver absurdas. Assim, ao declarar inconstitucional o dispositivo da Constituição do Estado de Santa Catarina, que previa o afastamento do governador após a instauração do processo (art. 73, §1º, II), o STF está afirmando que cabe ao legislador federal fixar a forma de afastamento do chefe do Poder Executivo de um estado federado, entendimento que, a nosso ver, é incompatível com a ideia de federação.

Mais difícil ainda é compatibilizar com a federação a atribuição de competência do legislador federal para "criar" ou – o que dá quase no mesmo – impor a criação de um órgão estadual, no caso o tribunal misto a ser responsável pelo julgamento dos crimes de responsabilidade. Assim, ao invés de se organizar e reger "pelas Constituições e leis que adotarem", os estados, em matéria de *impeachment*, devem se organizar segundo o que for determinado por lei federal, criando o tribunal misto determinado pela lei federal (no caso uma lei federal aprovada sob ordem constitucional há muito revogada e que, ela própria, respeitosa aos estados, afirmava que sua aplicação, quanto ao ponto, só se daria em caráter subsidiário ou, nos termos de seu art. 78, §3º, nos estados, "onde as Constituições não determinarem o processo nos crimes de responsabilidade dos Governadores").

---

[924] Como é o caso da Constituição do Estado do Rio de Janeiro (art. 99, parágrafo único).
[925] ADI nº 1.628-8. Rel. Min. Eros Grau. *DJ*, 24 nov. 2006 (ementa).

Poderíamos lembrar também que a CRFB, em outro dispositivo (art. 125), estabelece que "os Estados organizarão sua Justiça, observados os princípios estabelecidos nesta Constituição" e que "a competência dos tribunais será definida na Constituição do Estado". Mas tudo isso parece pouco relevante para travar a infelizmente ainda firme tendência centralista e, portanto, contrária à federação, que, com poucas inflexões, o STF tem seguido desde a ditadura militar, como se o texto da CRFB em nada tivesse inovado ou resgatado em matéria de federação.

Em suma, este entendimento do STF representa mais um passo firme na desconstrução da federação brasileira, tendência que, com poucas exceções, tem sido adotada desde a redemocratização.[926]

4.6 O *impeachment* como julgamento jurídico

Questão central no que se refere ao *impeachment* é saber se o critério que preside seu julgamento é político ou jurídico. Importante ressaltar que ninguém nega a *importância* política e o *impacto* político que tem o *impeachment*. No entanto, julgamentos de Cortes Constitucionais sobre os mais diversos temas e julgamentos de agentes políticos por distintos órgãos do Poder Judiciário têm importância e impacto políticos, mas isso não significa que tais decisões possam ser tomadas por razões políticas.

Assim, o que se pretende verificar é se o Senado tem liberdade para decidir como quiser, desde que – isso ao menos é consenso – respeite direitos processuais. Trata-se, portanto, de verificar se o Senado pode condenar ou absolver por razões exclusivamente políticas, sem qualquer relação com a natureza da acusação, com as provas produzidas, com os argumentos trazidos pelas partes, com o enquadramento ou não da conduta imputada ao crime indicado.

O tema foi debatido expressamente durante a Convenção que preparou a Constituição dos EUA e, como relatado por Cass Sunstein[927] e pelo próprio Madison,[928] alguns delegados eram contra *qualquer* possibilidade de *impeachment*, entendendo que isto

---

[926] Como bem observou Paulo Brossard, "seria contender com a forma federativa negar aos Estados-Membros competência para indicar os crimes de responsabilidade dos seus Governadores, até porque a Constituição, silente a respeito, a eles reserva os poderes não conferidos à União" (BROSSARD, Paulo. *O impeachment*: aspectos da responsabilidade política do Presidente da República. 3. ed. São Paulo: Saraiva, 1992. p. 92).

[927] SUNSTEIN, Cass. Dunwody distinguished lecture in law: lessons from a debacle: from impeachment to reform. *Florida Law Review*, n. 51, set. 1999. p. 605.

[928] Madison, em suas anotações sobre a convenção, cita a preocupação do congressista Gunning Bedford de Delaware que, ao se opor à ideia de um mandato de sete anos para o presidente, indaga: "what the situation of the Country would be, in case the first magistrate should be saddled on it for such a period and it should be found on trial that he did not possess the qualifications ascribed to him, or should lose them after his appointment. *An impeachment* he said *would be no cure for this evil, as an impeachment would reach misfeasance only, not incapacity*". Cita ainda a observação de George Mason, da Virgínia, para quem: "Some mode of displacing an unfit magistrate is rendered indispensable by the fallibility of those who choose, as well as by the corruptibility of the man chosen. *He opposed decidedly the making the Executive the mere creature of the Legislature as a violation of the fundamental principle of good Government*" (MADISON, James. *Notes of debates in the Federal Convention of 1787 reported by James Madison*. Nova York: W. W. Norton & Company, 1987, respectivamente às p. 49 e 56). Assim, não concordamos com a interpretação dada por Brossard segundo a qual "Madison [...] atribuiu ao *impeachment* o máximo elastério político" (BROSSARD, Paulo. *O impeachment*: aspectos da responsabilidade política do Presidente da República. 3. ed. São Paulo: Saraiva, 1992. p. 77).

O *IMPEACHMENT* E A RESPONSABILIDADE CRIMINAL DOS AGENTES POLÍTICOS

acabaria com a separação de poderes. O acordo acabou sendo obtido pela restrição do *impeachment* aos casos de "treason, bribery, or other high crimes and misdemeanors".[929]

No curso do debate, indagou-se se o projeto também não deveria prever o *impeachment* por "má administração", ao que James Madison se opôs, por considerar o conceito muito amplo e vago.[930] Bernard Schwartz relata a evolução desse debate nos EUA – já com a Constituição em vigor – que vai desde uma concepção de que o *impeachment* poderia ser aplicado por razões quase que exclusivamente políticas (tese ventilada durante o *impeachment* do juiz Samuel Chase, em 1805),[931] até a concepção que veio a prevalecer mais tarde, por ocasião da tentativa de *impeachment* do Presidente Andrew Johnson (absolvido por 1 voto em 1867), quando a expressão "treason, bribery, or other high crimes and misdemeanors" foi interpretada como incluindo apenas crimes graves contra os Estados Unidos, definidos por leis anteriores aos fatos.[932]

Correia e Pinto, referindo-se ao *impeachment* dos EUA, afirmam:

> há quem o veja como um procedimento penal com notória acentuação política, embora sem se traduzir num verdadeiro mecanismo de responsabilidade política, que seria aliás contraditório com o sistema de governo norte-americano. Mas também há quem, contestando a natureza da classificação do sistema presidencial, o considere um verdadeiro mecanismo de responsabilização política.[933]

---

[929] O texto citado é basicamente uma análise feita pelo autor sobre a inconstitucional (na sua opinião) tentativa de *impeachment* do Presidente Clinton, que, sob o pano de fundo de supostas relações sexuais com uma estagiária, foi posteriormente acusado de ter mentido em juízo (SUNSTEIN, Cass. Dunwody distinguished lecture in law: lessons from a debacle: from impeachment to reform. *Florida Law Review*, n. 51, set. 1999). Sobre o tema, *vide* item 4.3 deste capítulo.

[930] Expressão que, segundo Sunstein, faz com que o *impeachment* não possa e não deva ser aplicado para infrações menores (SUNSTEIN, Cass. Dunwody distinguished lecture in law: lessons from a debacle: from impeachment to reform. *Florida Law Review*, n. 51, set. 1999. p. 608).

[931] Paulo Brossard dá especial ênfase a essa corrente, sustentando: "Em verdade, o *impeachment* norte-americano não é processo criminal. Muito cedo o problema foi equacionado nos Estados Unidos. No caso Blount, em 1797, Bayard sustentou que se tratava de processo exclusivamente político, que mais visava a proteger o Estado do que a punir o delinquente, e esse conceito ainda hoje é reproduzido por autores de prol. E quando do julgamento de Chase, em 1805, o Senado repeliu a tese de que funcionasse como corte de justiça, porque – o depoimento é de John Quincy Adams, que registrou o episódio em suas *Memórias* – o *impeachment* não era um libelo criminal, nem mesmo um libelo, mas apenas um inquérito, feito pelas duas Casas do Congresso, para saber se um cargo não poderia ser mais bem preenchido, razão pela qual o afastamento de um juiz não importava necessariamente na sua responsabilidade criminal" (BROSSARD, Paulo. *O impeachment*: aspectos da responsabilidade política do Presidente da República. 3. ed. São Paulo: Saraiva, 1992). Como veremos, a questão está longe de estar equacionada nos EUA. De todo modo, prosseguindo no trecho citado, Brossard faz uma observação extremamente interessante quanto ao momento em que os EUA importaram o *impeachment*, afirmando: "As circunstâncias históricas que envolveram o nascimento das instituições norte-americanas explicam por que se assemelham os resultados obtidos através do processo moroso que constitui o *impeachment* aos alcançados mediante simples voto parlamentar de censura, que, de modo rápido, afasta do governo a autoridade que haja decaído da confiança da maioria. A solução americana, enclausurada pela codificação, fixa um instante da evolução institucional britânica, que prosseguiu e foi além da fórmula legislada" (p. 32-33). Paulo Brossard, já como ministro do STF, em seu voto sobre a falta de jurisdição no MS nº 21.689 (p. 307-322), faz longo e detalhado relato da doutrina dos EUA, afirmando que esta passou mais de 60 anos sem praticamente tratar do assunto (mas voltaria a tratar exatamente no caso Clinton).

[932] *Vide* SCHWARTZ, Bernard. *A Commentary on The Constitution of the United States* – Part I. Nova York: Macmillan, 1963. v. I. p. 114.

[933] CORREIA, José de Matos; PINTO, Ricardo Leite. *A responsabilidade política*. Lisboa: Universidade Lusíada Editora, 2010. p. 22.

Mas, avançando sua opinião, os referidos autores parecem se inclinar para a

natureza jurídico-penal da figura, dirigida à perseguição de comportamentos ilegais (delitos e faltas graves) – e ainda que nem todos tenham que assumir a natureza de crimes – e, não para um substituto de qualquer figura de responsabilidade política, que seria aliás dificilmente compatível, insista-se, com o sistema presidencial, em cujo âmbito o Executivo não responde perante o Legislativo.[934]

A tentativa de *impeachment* do Presidente Clinton ocasionou uma profunda volta ao tema por parte da doutrina dos EUA. Do resultado, não parece haver qualquer defesa consistente de que um presidente possa ser afastado por qualquer fato baseado em uma análise puramente política. Muito pelo contrário, o que existe, como já visto, é uma linha que ganha cada vez mais seguidores, no sentido de que o *impeachment* deve ser reservado a crimes com gravidade, que representem abuso de poder por parte do agente, o que exclui ilícitos puramente privados.[935] Em suma, nos Estados Unidos não parece subsistir qualquer consistência na tese que considerava o *impeachment* um mecanismo de apuração de responsabilidade política.

Também merece referência o já citado caso do *impeachment*, em 2004, do Presidente sul-coreano Roh Moo-hyun. É que a Corte Constitucional, ao julgar improcedentes as acusações, rejeitou liminarmente aquelas que se referiam à suposta má administração, afirmando que o *impeachment* não era um processo político e sim jurídico.[936]

Vale a pena abordar a situação da mesma polêmica na Argentina,[937] em especial porque o dispositivo que trata do tema em sua Constituição (art. 53) expressamente admite a abertura de processo de *impeachment*[938] (denominado *juicio político*) "por mau desempenho".[939]

Comentando o referido dispositivo, Miguel Angel Ekmekdjian afirma que a expressão "juicio político" no sistema presidencialista "não é de natureza política, no sentido estrito do termo, mas se denomina assim para diferenciá-lo do juízo penal propriamente dito".[940] Ainda assim, ao comentar especificamente o mau desempenho

---

[934] CORREIA, José de Matos; PINTO, Ricardo Leite. *A responsabilidade política*. Lisboa: Universidade Lusíada Editora, 2010. p. 22.

[935] Além de textos já citados de Sunstein e Dworkin, veja-se TRIBE, Laurence H. *American constitutional law*. 3. ed. Nova York: Foundation Press, 2000. p. 163-164; 169-175; 190-196.

[936] "As to the maladministration claim, the Court held that because impeachment was a 'legal,' not 'political,' procedure, the National Assembly's accusation that Roh neglected his duties and that his administration lacked direction and created an uncertain political and economic environment were mere policy disagreements that cannot serve as grounds for impeachment and should await resolution through the electoral process instead" (LEE, Youngjae. Law, politics, and impeachment: the impeachment of Roh Moo-hyun from a comparative constitutional perspective. *The American Journal of Comparative Law*, n. 53, Spring, 2005. p. 421).

[937] Outros países, além daqueles estudados, preveem a possibilidade de *impeachment* do chefe de Estado. A Constituição russa de 1993, por exemplo, também prevê a possibilidade de *impeachment* (acusação pela duma, ou câmara baixa e julgamento pelo conselho da federação ou câmara alta, ambas pelo voto de dois terços dos respectivos membros) definido por pelo menos uma autora como "não apenas um mecanismo para responsabilização jurídica, mas também um elemento importante de 'freios e contrapesos' inserido no sistema de separação de poderes" (KHABRIEVA, Talia Yaroulovna. Le statut constitutionnel du Président de La Féderation de Russie. *Revue Française de droit constitutionnel*, n. 81, p. 105-122, jan. 2010. p. 109).

[938] Processo a que estão sujeitos o presidente, o vice-presidente, o chefe de gabinete de ministros, os ministros e os membros da Corte Suprema.

[939] Ao lado dos casos de "delito en el ejercicio de sus funciones, o por crímenes comunes".

[940] EKMEKDJIAN, Miguel Ángel. *Tratado de derecho constitucional*. Buenos Aires: Depalma, 1997. t. IV. p. 211.

como causa do afastamento, Ekmekdjian menciona vários doutrinadores que reconhecem seu caráter bastante aberto,[941] opinião com a qual concorda, desde que não se confunda "discricionariedade com arbítrio".

Mas é importante destacar que, como observado por Ekmekdjian, as três causas de *impeachment* do art. 53 da CA foram incorporadas na reforma de 1860 (reforma que precedeu e foi condição para adesão da Província de Buenos Aires à República argentina). Ou seja, seu texto original não incluía o "mau desempenho" como causa do *impeachment*,[942] e sua introdução representou um afastamento significativo do modelo dos EUA.[943] Em suma, se a CA admite a má administração como causa do *impeachment* é exatamente porque ela se *distanciou*, e não porque ela seguiu, a Constituição dos EUA.

---

[941] "Con el agregado de la frase 'mal desempeño', los constituyentes de 1860 incluyeron una causal genérica que funciona a modo de paraguas. Florentino González, primer profesor de Derecho Constitucional de la Universidad de Buenos Aires (1865), se refería a él como el abuso de su encargo o el desempeño de un modo contrario a la expresa voluntad de la Nación. Joaquín V. González afirma que los actos de un funcionario pueden no ser considerados delito, pero sí mal desempeño porque perjudiquen al servicio público, deshonren al país o la investidura pública, impidan el ejercicio de los derechos y las garantías de la Constitución. Carlos Sánchez Viamonte lo define como cualquier irregularidad de cualquier naturaleza que sea, si afecta gravemente el desempeño de las funciones, aun los casos de enfermedad o incapacidad sobreviniente, aunque no aparezca la responsabilidad, falta o culpa intencional. *En general toda la doctrina está de acuerdo (nosotros también coincidimos) en que el mal desempeño de las funciones inherentes al cargo es una cláusula amplia y queda a la discreción del Senado apreciarla, ya que puede deberse a falta o pérdida de idoneidad o aptitud para su ejercicio, a negligencia o incluso a inabilidad física o síquica (producida por una enfermedad o accidente) o – incluso – a falta de idoneidad moral, reflejada en hechos o actos que trasciendan a la intimidad del funcionario [...]. Armagnague sostiene que – mediante la causal de mal desempeño – la Constitución ha delegado en ambas cámaras del Congreso la apreciación discrecional de las circunstancias de cada caso concreto, a fin de evaluar la conducta del funcionario. El marco de referencia es el irregular ejercicio de las funciones y la absoluta falta de comprensión de la responsabilidad que el Estado ha otorgado al funcionario. Estamos de acuerdo con este criterio, siempre que discrecionalidad no se confunda con arbitrariedad, ya que – en este caso – se violaría el estado de derecho"* (EKMEKDJIAN, Miguel Ángel. *Tratado de derecho constitucional.* Buenos Aires: Depalma, 1997. t. IV. p. 230-231).

[942] O que só reforça a influencia do *impeachment* da Constituição dos EUA nas constituições presidencialistas da América Latina.

[943] O texto original da CA, de 1853, *"seguía en este tema a la Constitución de Filadelfia. Los funcionarios serían pasibles de enjuiciamiento político por 'delitos de traición, concusión, malversación de caudales públicos, violación de la Constitución u otros que merezcan pena infamante o de muerte'"* (EKMEKDJIAN, Miguel Ángel. *Tratado de derecho constitucional.* Buenos Aires: Depalma, 1997. t. IV. p. 229-230). Ekmekdjian volta a discutir o tema ao analisar o art. 53 da CA ("Al Senado corresponde juzgar en juicio público a los acusados por la Cámara de Diputados, debiendo sus miembros prestar juramento para este acto. Cuando el acusado sea el presidente de la Nación, el Senado será presidido por el presidente de la Corte Suprema. Ninguno será declarado culpable sino a mayoría de los dos tercios de los miembros presentes"), indagando se o Senado funciona como tribunal judicial ou corpo político, ao que responde da seguinte forma (com um amplo panorama da doutrina argentina sobre o tema): "Ésta es la cuestión más conflictiva, y la que en más oportunidades se ha planteado en diversos juicios políticos ventilados ante el Senado de la Nación. Una parte de la doctrina entiende que el Senado actúa como tribunal y el procedimiento debe respetar todas las garantías constitucionales del proceso penal. También dentro de esta tesitura se hallan quienes sostienen que el Senado es un gran jurado que dicta sentencia "a verdad sabida y buena fe guardada", esto es, sin sujetarse a los cánones jurídicos de fondo, aunque respetando – como se dijo – las garantías constitucionales del proceso. Esta tesis se apoya en distintos argumentos: el presente art. 59, que dispone que 'al Senado le corresponde juzgar en juicio público a los acusados por la Cámara de Diputados debiendo sus miembros prestar juramento para este acto [...]' [...]. El juramento a que se refiere el presente artículo está explicitado en el art. 1 del Reglamento de Juicio Político del Senado, de '*administrar justicia con imparcialidad y rectitud, conforme a la Constitución y a las leyes de la Nación*'. También en ciertas ocasiones se han admitido las recusaciones que pueden interponerse contra los senadores por tener parentesco o amistad con el acusado o por tener interés en el resultado del juicio o las excusaciones de los propios senadores por consideraciones similares. También apoya la tesis judicial el actual art. 118 de la Constitución, que en su primera parte dispone que *"todos los juicios criminales ordinarios que no se deriven del derecho de acusación concedido a la Cámara de Diputados se terminarán por jurados"*. Joaquín V. González, Vicente Gallo, Rafael Bielsa, Bidart Campos y el suscrito (con limitaciones, ver *infra*), entre otros, sostenemos la tesis judicial. También la Corte Suprema de Justicia de la Nación ha adoptado esta tesitura, a partir del caso 'Graffigna Latino'. La tesitura contraria, apoyada en alguna oportunidad por el Senado, sostiene que este cuerpo – en el juicio político – sólo examina la calidad pública del magistrado, para determinar si en el ejercicio de sus funciones ha faltado o no a los deberes y obligaciones que la Constitución

286 | RODRIGO TOSTES DE ALENCAR MASCARENHAS
A RESPONSABILIDADE CONSTITUCIONAL DOS AGENTES POLÍTICOS

Focamos, do ponto de vista comparativo, o estudo do tema nas constituições dos EUA e da Argentina[944] pela óbvia razão de que uma é a matriz do *impeachment* brasileiro, a partir da República, e a outra é a constituição que, em primeiro lugar na América Latina, inspirou-se consideravelmente na Constituição dos EUA, embora com a importante modificação relatada.

Mas a oscilação entre a atribuição de uma natureza penal ou política à apuração da responsabilidade dos agentes políticos é muito mais instável quando estudamos, por exemplo, o caso francês. Antes mesmo das seguidas modificações que a Constituição francesa de 1958 sofreu no que se refere ao tema (já relatadas no início do Capítulo 3), Robert Charvin relatava a enorme controvérsia sobre a "efetiva natureza jurídica da responsabilidade dita penal" dos agentes políticos.[945] Assim, relata Charvin, Carré de Malberg, por exemplo, assimilava "a responsabilidade penal dos membros do executivo à responsabilidade política na medida em que o tribunal competente é de natureza

---

y las leyes le imponen y separarlo o mantenerlo en el cargo, y no para aplicarle penas porque ello corresponde a la justicia ordinaria. Decía el dictamen de la Comisión de Justicia del Senado en esa oportunidad que los senadores no pueden ser recusados ni excusarse porque cuando ejercen sus funciones de legislador no pueden ser interrogados ni molestados (art. 68, antes art. 60), porque la función política que realizan al emitir sus votos la ejercen en representación del Estado provincial que los eligió, y no es posible que por razones de carácter personal del mandatario se prive a una porción considerable del pueblo de intervenir en la resolución de asuntos que sólo a él le conciernen y le interesan. [...] En nuestra opinión, el Senado actúa como tribunal de justicia en los casos de delitos cometidos en el ejercicio de sus funciones y de crímenes comunes, ya que debe encuadrar su sentencia no sólo en las normas de forma, sino también en las de fondo (concretamente el Código Penal) y aplica como pena no sólo la pérdida del empleo público del reo, sino que incluso puede llegar hasta la inhabilitación absoluta perpetua [...]. En cambio, en el caso de mal desempeño de las funciones, actúa como un órgano disciplinario, que corrige con la sanción más grave (la destitución) a ciertos funcionarios, aunque no dependan funcionalmente ni orgánicamente del Senado. Además de los argumentos expuestos más arriba, la tesis judicial tiene el beneficio de una mayor garantía en la defensa del acusado, al exigirse el cumplimiento de las formalidades procesales, tal como lo requiere el Reglamento de Juicio Político del Senado, de 1992" (EKMEKDJIAN, Miguel Ángel. *Tratado de derecho constitucional*. Buenos Aires: Depalma, 1997. t. IV. p. 283-286).

[944] Vale notar que a enorme alteração do *impeachment* norte-americano feito pela Argentina – no que se refere à admissão do mau desempenho como causa da responsabilização – acabou por ser exportada a outros países latino-americanos. Assim, por exemplo, a Constituição paraguaia de 1992 estabelece (art. 225): "El Presidente de la República, el Vicepresidente, los ministros del Poder Ejecutivo, los ministros de la Corte Suprema de Justicia, el Fiscal General del Estado, el Defensor del Pueblo, el Contralor General de la República, el Subcontralor y los integrantes del Tribunal Superior de Justicia Electoral. *sólo podrán ser sometidos a juicio político por mal desempeño* de sus funciones, por delitos cometidos en el ejercicio de sus cargos o por delitos comunes". A Constituição colombiana de 1991 adota uma forma ainda bastante aberta, mas não tanto como a da Argentina e do Paraguai, ao se referir (art. 175, "2") à possibilidade de acusação por "delitos cometidos en ejercicio de funciones, o a *indignidad por mala conducta*". A Constituição do Uruguai se afasta um pouco mais desse modelo ao estabelecer (art. 93): "Compete a la Cámara de Representantes el derecho exclusivo de acusar ante la Cámara de Senadores a los miembros de ambas Cámaras, al Presidente y el Vicepresidente de la República, a los Ministros de Estado, a los miembros de la Suprema Corte de Justicia, del Tribunal de lo Contencioso Administrativo, del Tribunal de Cuentas y de la Corte Electoral, *por violación de la Constitución u otros delitos graves*, después de haber conocido sobre ellos a petición de parte o de algunos de sus miembros y declarado haber lugar a la formación de causa". Também vale mencionar um instituto peculiar previsto na Constituição da Espanha republicana de 1931 que, independentemente de um dispositivo específico tratando da responsabilidade *penal* do presidente da República, continha outro dispositivo que previa seu afastamento por motivos puramente políticos, e que, de resto, foi utilizado com a destituição do presidente Alcalá Zamora em 1936 (DÍEZ-PICAZO, Luis María. *La criminalidad de los gobernantes*. Barcelona: Las Letras de Drakontos, 1996. p. 142). A Constituição portuguesa de 1911, em seu art. 46, também parecia prever a possibilidade de destituição por razões políticas, ao lado da destituição em virtude da condenação por crime de responsabilidade ("Art. 46. O Presidente pode ser destituído pelas duas Câmaras reunidas em Congresso, mediante resolução fundamentada e aprovada por dois terços dos seus membros e *que claramente consigne a destituição, ou em virtude de condenação por crime de responsabilidade*").

[945] CHARVIN, Robert. *Justice et politique (evolution de leurs rapports)*. Paris: Librairie Générale de droit et de jurisprudence, 1968. p. 258.

política".[946] Na mesma linha seguia Hauriou, que afirmava que "os ministros têm uma dupla responsabilidade política, a criminal e a parlamentar".[947] O próprio Charvin acrescenta que, de fato, é o mesmo "órgão de natureza política que sanciona as duas responsabilidades e determina sua natureza jurídica".[948] Somente com Duguit é que se acentua a distinção entre as duas esferas de responsabilidade, já que esse autor entendia que "a responsabilidade penal (é) hoje completamente distinta da responsabilidade política".[949]

Importante também referir a análise feita por Karl Loewenstein, que, embora trate a queda do governo por meio do voto de confiança e a destituição do presidente por acusação, como duas formas de controle interórgão entre Parlamento e Governo, deixa muito claro que são completamente distintas, uma vez que a primeira depende da mera vontade política da maioria do parlamento, enquanto a outra depende de uma acusação e um julgamento.[950]

No Brasil o histórico do tema, seja na doutrina, seja na jurisprudência, registra uma tensão entre os dois extremos de um processo inteiramente conformado pelo direito ou pela política (esta oscilação não raro se dá na obra de um mesmo autor), embora haja uma aparente tendência, desde o *impeachment* de Collor, no sentido de restringir a dimensão política do *impeachment*, tendência que, de resto, é coerente com o claro movimento de redução dos espaços deixados à política no direito público brasileiro (movimento com o qual não concordamos, mas cuja existência e força parecem inquestionáveis).

Entre os defensores da natureza política do *impeachment*, Pedro Calmon, comentando a Constituição de 1946, chega ao ponto de denominar os crimes de responsabilidade como "*puramente* políticos".[951] Mais à frente, afirma que pelo *impeachment*:

> se impede que vá até o fim do mandato o presidente indigno, violento ou – de qualquer forma – delinquente. Dispõe a maioria parlamentar de uma arma contra ele; apenas não a pode manejar com a liberdade das destituições dos governos no regime em que predomina o parlamento. O "impeachment" não é político: por desconfiança ou oposição do Congresso. É judiciário: pena resultante da perpetração de algum dos crimes de responsabilidade. Estes, ficam enumerados.[952]

---

[946] Na visão de Malberg: "Il n'y a pas 'dans les rapports des ministres avec les Chambres, deux responsabilités diferents: il n'y en a qu'une seule, qui naît du fait que, dans le régime parlementaire, les membres du Cabinet sont tenus de rendre compte et de se justifier de tous les actes...'. Ainsi, la 'responsabilité criminelle n'est, sous un nom distinct et sous une forme spéciale, qu'une manifestation de la responsabilité générale des ministres devant le Parlement: elle n'est autre que leur responsabilité parlementaire elle-même, produisante, selon les cas, des effets tantôt politiques, tantôt pénaux'" (*apud* CHARVIN, Robert. *Justice et politique (evolution de leurs rapports)*. Paris: Librairie Générale de droit et de jurisprudence, 1968. p. 259).

[947] *Apud* CHARVIN, Robert. *Justice et politique (evolution de leurs rapports)*. Paris: Librairie Générale de droit et de jurisprudence, 1968. p. 259.

[948] CHARVIN, Robert. *Justice et politique (evolution de leurs rapports)*. Paris: Librairie Générale de droit et de jurisprudence, 1968. p. 259.

[949] CHARVIN, Robert. *Justice et politique (evolution de leurs rapports)*. Paris: Librairie Générale de droit et de jurisprudence, 1968. p. 260.

[950] Loewenstein critica inclusive o uso da expressão "justiça política" para designar esse tipo de processo (LOEWENSTEIN, Karl. *Teoría de la constitución*. 2. ed. 4. reimpr. Barcelona: Ariel Derecho, 1986. p. 263-267).

[951] CALMON, Pedro. *Curso de direito constitucional brasileiro*. 3. ed. Rio de Janeiro: Freitas Bastos, 1954. p. 166.

[952] CALMON, Pedro. *Curso de direito constitucional brasileiro*. 3. ed. Rio de Janeiro: Freitas Bastos, 1954. p. 167-168.

O autor hesita entre critério jurídico e critério político, ainda que conformado pelo direito. Mas sua opção pela preponderância do aspecto político fica clara quando, sem hesitação, afirma:

> A *maioria* congressual *delibera, não de acordo com o alegado e provado* (como o Judiciário), *mas segundo o livre critério político* (nenhum representante do povo é responsável pelas atitudes assumidas no exercício do mandato). Mesmo considerando culpado o presidente, poderá negar a acusação, com o fundamento de que os interesses nacionais lhe exigem a permanência no cargo.[953]

Ainda para Pedro Calmon:

> Considerou-se indispensável prever o caso de um governo abusivo, e evitar-se, por um processo político ou judiciário, a eventualidade da revolução, para removê-lo.
> As novas Constituições procuram impedir a violência, solucionando inteligentemente os conflitos. O "impeachment" realiza-se, não, como nos Estados Unidos, em virtude de crime praticado contra a Constituição, porém em consequência do atrito entre os poderes constitucionais e como recurso para equilibrá-los, em proveito da paz pública.[954]

Em linha próxima, mas já partindo para uma posição intermediária, Fernando Whitaker da Cunha, escrevendo sob a vigência da Carta de 1967/69, afirma que "o *impeachment* é um feito essencialmente político, mas de tonalidade constitucional-penal, o que lhe dá um certo caráter misto".[955] Também sob a vigência da mesma Carta, Marcello Caetano sustentava que o processo de destituição do presidente era:

> político e judicial. Político na fase da admissão da denúncia. Se a maioria da Câmara deixa desencadear a marcha do processo sobre a denúncia recebida, não terá, depois, mais remédio do que conformar-se com os trâmites, as diligências, as garantias do procedimento legal e será muito difícil ao Senado pronunciar uma sentença que não esteja de acordo com as provas publicamente produzidas cujo valor a defesa não tiver destruído.[956]

Michel Temer também se refere aos crimes de responsabilidade como uma forma de "responsabilização política", expressamente afirmando que não apenas o PR, mas também o vice-presidente, os ministros de Estado, os comandantes das Forças Armadas, os ministros do STF, o procurador-geral da República e o advogado-geral da União são

---

[953] CALMON, Pedro. *Curso de direito constitucional brasileiro*. 3. ed. Rio de Janeiro: Freitas Bastos, 1954. p. 168.

[954] CALMON, Pedro. *Curso de direito constitucional brasileiro*. 3. ed. Rio de Janeiro: Freitas Bastos, 1954. p. 170.

[955] CUNHA, Fernando Whitaker da. *Direito político brasileiro*. Rio de Janeiro: Forense, 1978. p. 81.

[956] Prossegue o autor afirmando: "Na fase pré-judicial da admissão da denúncia é que se medem, pois, as forças do Presidente e do Congresso: se neste não existe a maioria necessária para sustentar o Presidente, a sorte dele fica, desde logo, gravemente comprometida. Resulta daqui o valor principal do processo consagrado na Constituição: ele pode funcionar como um meio suasório para ser conseguida legalmente a renúncia do Presidente que perdeu a confiança da Nação" (CAETANO, Marcelo. *Direito constitucional*: direito constitucional brasileiro. Rio de Janeiro: Forense, 1978. v. II. p. 246). Na mesma obra, ao falar genericamente sobre o *impeachment*, o autor sustenta posição que parece reforçar o caráter jurídico do instituto ao afirmar: "No sistema presidencialista [...] tem de ser encontrado um processo de efetivar a responsabilidade dos detentores do Poder Executivo todas as vezes que infrinjam normas jurídicas fundamentais, de modo a praticarem infrações qualificadas legalmente como crimes" (p. 239). Já quando trata especificamente do processo de *impeachment* de ministros do STF e do procurador-geral da República, o autor salienta que "neste caso, o Senado não deve pronunciar um julgamento político", já que se trata de "matéria disciplinar" (p. 260).

"pessoas passíveis de responsabilização política".[957] Gilmar Mendes parece seguir na mesma direção ao afirmar que, com a abertura do processo de *impeachment*, "O Senado Federal transforma-se, assim, em um Tribunal político".[958]

Entre os administrativistas que trataram do tema (em geral para comparar os crimes de responsabilidade aos atos de improbidade administrativa), Di Pietro considera que o julgamento dos crimes de responsabilidade pelo Senado é de "natureza nitidamente política",[959] posição também adotada por José Roberto Pimenta Oliveira.[960]

Mas, na doutrina brasileira, o grande defensor do *impeachment* como manifestação de responsabilidade *política*, ao menos do presidente da República, é o Ex-Ministro do STF Paulo Brossard. Sua conhecida tese sobre o tema apresenta sua posição já no título: *O impeachment: aspectos da responsabilidade política do Presidente da República*.[961] Além de doutrinador, sua influência também decorreu do fato de ter integrado o STF durante o *impeachment* do Ex-Presidente Fernando Collor, embora nos respectivos julgamentos sua posição tenha ficado em geral vencida.

Brossard afirma que "a Constituição manteve o *impeachment* como processo legal de apuração de responsabilidade política do Presidente da República, conservando, em suas linhas gerais, o modelo concebido pela primeira Constituição republicana".[962] Afirma ainda que o "*impeachment* monárquico era processo criminal, ao passo que exclusivamente político é o implantado com a República. Este se situa na linha do instituto norte-americano; aquele se filiava à tradição jurídica britânica".[963]

A síntese de seu pensamento pode ser vista na seguinte passagem:

> A definição do *impeachment* vem dando margem a divergências de monta: foi tido como instituto penal, encarado como medida política, indicado como providência administrativa, apontado como ato disciplinar, concebido como processo misto, quando não heteróclito; e, é claro, como instituição *sui generis*. As divergências resultam, talvez, da defectiva terminologia do Direito Constitucional, mas existem. [...]
>
> Entre nós, porém, como no direito norte-americano e argentino o *impeachment* tem feição política, não se origina senão de causas políticas, objetiva resultados políticos, é instaurado sob considerações de ordem política e julgado segundo critérios políticos – julgamento que não exclui, antes supõe, é óbvio, a adoção de critérios jurídicos. Isto ocorre mesmo quando o fato que o motive possua iniludível colorido penal e possa, a seu tempo, sujeitar a

---

[957] TEMER, Michel. *Elementos de direito constitucional*. 24. ed. São Paulo: Malheiros, 2012. p. 169.

[958] MENDES, Gilmar Ferreira Mendes; BRANCO, Paulo Gustavo Gonet. *Curso de direito constitucional*. 9. ed. 3. tir. São Paulo: Saraiva, 2014. p. 943.

[959] DI PIETRO, Maria Sylvia Zanella. *Direito administrativo*. 26. ed. São Paulo: Atlas, 2013. p. 899.

[960] Esse autor é mais um exemplo das dificuldades enfrentadas pelos defensores do caráter político do *impeachment*, pois ele afirma que a "exigência de tipificação legal [...] dos crimes de responsabilidade é marcante característica do sistema brasileiro, não afetando o caráter político da responsabilização". E, em seguida, afirma também que "A imputação da prática da referida modalidade delitual está sujeita ao princípio da legalidade e seu corolário dever de tipicidade" (OLIVEIRA, José Roberto Pimenta. *Improbidade administrativa e sua autonomia constitucional*. Belo Horizonte: Fórum, 2009. p. 116).

[961] BROSSARD, Paulo. *O impeachment*: aspectos da responsabilidade política do Presidente da República. 3. ed. São Paulo: Saraiva, 1992.

[962] BROSSARD, Paulo. *O impeachment*: aspectos da responsabilidade política do Presidente da República. 3. ed. São Paulo: Saraiva, 1992. p. 7.

[963] BROSSARD, Paulo. *O impeachment*: aspectos da responsabilidade política do Presidente da República. 3. ed. São Paulo: Saraiva, 1992. p. 34.

autoridade por ele responsável a sanções criminais, estas, porém, aplicáveis exclusivamente pelo Poder Judiciário. [...]

Em verdade, as deficiências na terminologia do Direito Constitucional; o emprego de vocábulos iguais para designar realidades diversas; o desordenado arrolamento de fatos históricos; precedentes parlamentares e escritos jurídicos, ocorridos e enunciados em épocas e países diferentes; as reminiscências do instrumento que foi criminal, e que persistem, aqui e ali, a despeito da mudança substancial nele operada; a manutenção das formas e exterioridades do processo judicial; a existência de uma fase probatória, à qual se aplicam princípios relativos à prova produzida em juízo; a presença de fatos que são, a um tempo, políticos e criminais, enquanto outros são apenas políticos e sem significação na esfera penal, estes e aqueles constituindo motivos bastantes para instauração do *impeachment*, tudo tem contribuído para dificultar a fixação da natureza do instituto ligado à apuração da responsabilidade do Presidente da República.

Porém, mesmo quando neste ou naquele aspecto do instituto, ou se note vestígio de sua primitiva estrutura penal, ou se deparem elementos oriundos de outros ramos do direito, ou nele inspirados, a predominância do caráter político marca a sua verdadeira natureza e o inclui entre as instituições de Direito Constitucional.[964]

Note-se que um dos pressupostos dos quais Brossard parte – a feição quase que exclusivamente política do *impeachment* nos EUA –, se já era polêmico quando sua obra foi publicada, hoje é, na melhor das hipóteses, uma tese minoritária. Mas Brossard, na verdade, elabora o caráter político do *impeachment* de forma mista, embora com clara predominância do aspecto político. Em trecho que expressa a sofisticação de sua elaboração, ele afirma:

embora o julgamento político não exclua o julgamento jurídico, antes o suponha, ele vai além dos limites deste; os critérios da Câmara, ao acusar, e do Senado, ao julgar, não são necessariamente os mesmos do Judiciário, e por vezes não podem sê-lo. Ainda quando o caso não seja tipicamente político, mas de aplicação legal mais direta, não lhe faltam ingredientes tais, e comumente se adicionam componentes de conveniência e utilidade na formulação do juízo da Câmara ao decretar a acusação e do Senado ao decidir sobre ela. Mas casos há em que as duas Casas do Congresso, cada uma a seu tempo, têm de usar de inevitável discrição, inspiradas em superiores razões de Estado, e tais considerações não entram, nem podem entrar, na composição das decisões judiciais, ainda quando o juiz seja o exemplar reclamado por Laski, que, para ser perfeito, não pode ser menos estadista que jurisconsulto. Um poder examina o problema sob um prisma, ensina Maximiliano, o outro encara-o sob prisma diferente.[965]

Concordamos com Brossard quanto ao ponto. Com efeito, não se nega o relevante papel da dimensão política no processo e no julgamento do *impeachment*. Não se nega inclusive que, em certos casos, a dimensão política possa impor uma decisão diversa da que seria imposta exclusivamente por razões jurídicas. Não concordamos é com a

---

[964] BROSSARD, Paulo. *O impeachment*: aspectos da responsabilidade política do Presidente da República. 3. ed. São Paulo: Saraiva, 1992. p. 76-77.

[965] BROSSARD, Paulo. *O impeachment*: aspectos da responsabilidade política do Presidente da República. 3. ed. São Paulo: Saraiva, 1992. p. 140.

predominância quase exclusiva que lhe empresta Brossard, equiparando-o, na prática à responsabilidade política do parlamentarismo.

Brossard enfrenta essa crítica procurando distinguir o *impeachment* da responsabilidade política parlamentarista, ressalvando:

> dizendo-se que é política a responsabilidade que se apura no *impeachment* de feição norte-americana, corre-se o risco de empregar expressão equívoca, desde que usada também para designar diferente processo de aferição de responsabilidade, segundo diverso sistema de governo.[966]

Brossard faz esta distinção defendendo que, nos países onde vige o governo de gabinete, "pela expressão responsabilidade política ou ministerial se entende o dever" de exoneração do governo "quando deixa de contar com a confiança da maioria parlamentar", o que – ao contrário do que ocorreria no *impeachment* – "se verifica" "segundo critérios puramente políticos, e de forma expedita, dispensada a instauração de processo mediante denúncia, com fase de acusação, produção de provas, suspensão de cargo, defesa e julgamento",[967] citando ainda a circunstância de que "à responsabilidade política do governo corresponde a responsabilidade política do parlamento" que pode ser dissolvido. De todo modo, Brossard conclui:

> ainda quando, nos países que adotam o sistema parlamentar, a locução "responsabilidade política" tenha outro sentido, que contrasta em geral com a apurada mediante o *impeachment*, ou em processo a este semelhante, no Brasil, como nos Estados Unidos e na Argentina, por exemplo, onde vigora o sistema presidencial, pelo referido processo, não se apura senão a responsabilidade política, através da destituição da autoridade e sua eventual desqualificação para o exercício de outro cargo.[968]

Ora, a única diferença da responsabilidade política no parlamentarismo e a responsabilidade política apurada pelo *impeachment*, tal como concebido por Brossard, é que a primeira é muito mais rápida que a segunda, que deve obediência a ritos procedimentais em geral mais exigentes.[969]

Entre os que entendem a inviabilidade de apurar a responsabilidade política pela via do *impeachment*, Manoel Gonçalves Ferreira Filho entende:

> no presidencialismo, o Presidente da República não é politicamente responsável perante o Congresso Nacional. Isto significa, em última análise, não poder ele ser afastado do cargo

---

[966] BROSSARD, Paulo. *O impeachment*: aspectos da responsabilidade política do Presidente da República. 3. ed. São Paulo: Saraiva, 1992. p. 35.

[967] BROSSARD, Paulo. *O impeachment*: aspectos da responsabilidade política do Presidente da República. 3. ed. São Paulo: Saraiva, 1992. p. 35-36.

[968] BROSSARD, Paulo. *O impeachment*: aspectos da responsabilidade política do Presidente da República. 3. ed. São Paulo: Saraiva, 1992. p. 37.

[969] O que não significa que a derrubada de um governo pelo parlamento não se submeta a ritos e procedimentos, mas apenas que estes costumam ser mais abreviados. Tome-se como exemplo o procedimento previsto no art. 194º da CRP, segundo o qual "1. A Assembleia da República pode votar moções de censura ao Governo ... por iniciativa de um quarto dos Deputados em efectividade de funções ou de qualquer grupo parlamentar. 2. As moções de censura só podem ser apreciadas quarenta e oito horas após a sua apresentação, em debate de duração não superior a três dias".

por motivos e razões meramente políticas, como as que decorrem da desaprovação de sua política de governo, da orientação geral que imprime à ação governamental.[970]

Para esse autor:

A exigência de lei que defina a ação ou omissão como crime de responsabilidade retira ao *impeachment o* eventual caráter de medida estritamente política. Dela decorre que o *impeachment,* no direito pátrio, não é mera *inquest of power,* procedimento em que, por maioria qualificada, o Congresso Nacional poderá afastar da Presidência pessoa cuja *política* não aprove, imputando-lhe descumprimento a vagos princípios constitucionais. Se assim fosse, existiria na Constituição a responsabilidade meramente política, que é própria do parlamentarismo.

Imposto pela Constituição o princípio da legalidade, mesmo em relação aos crimes de responsabilidade, o *impeachment* que não se fundar em figura descrita na lei carece de justa causa. Pode assim dar lugar a recurso ao Judiciário, por ensejar injusta lesão a direito individual, com base no art. 5º XXXV.[971]

Concordamos com Ferreira Filho, embora fazendo a ressalva de que a não caracterização do *impeachment* como mecanismo de apuração de responsabilidade política não significa, como procuramos apontar no Capítulo 2, que não existam outros mecanismos de apuração da responsabilidade política do PR no presidencialismo.

Na análise de um instituto que tanto circulou pelo mundo – e, portanto, sob a tentação de divagação distante de normas concretas – também parece importante atentar para algumas palavras do texto constitucional, que apontam na direção de uma decisão conformada – ainda que não integralmente – pelo direito. É que a competência do Senado Federal em relação aos crimes de responsabilidade dos agentes sujeitos à sua autoridade é a de "processar" e "julgar" (art. 52, I e II da CRFB). A CRFB fala de um "julgamento" (art. 86 da CRFB). Não se trata, portanto, de competência para "aprovar", dispor", "fixar" ou "estabelecer", expressões utilizadas em relação a outras competências do Senado (art. 52, III e ss.), estas, sim, que têm conteúdo quase que exclusivamente político. Já se falou que o Senado, no *impeachment,* exerceria uma "função jurisdicional política".[972] Se é que os adjetivos são compatíveis, não nos parece que o peso que se pretende dar ao aspecto político possa ser tão grande.

Mas, se admitirmos que a responsabilidade apurada por meio do *impeachment* é política e que, portanto, estão os senadores livres para votar pela condenação independente das provas apresentadas (bastando que eles acreditem que o melhor para o país é a substituição do presidente), então o sistema brasileiro já não será mais presidencialista. Afinal, como bem adverte Jorge Reis Novais, "um sistema em que, nos termos constitucionais, o Parlamento pode demitir o Executivo[973] não é um sistema

---

[970] FERREIRA FILHO, Manoel Gonçalves. *Comentários à Constituição brasileira de 1988.* 3. ed. São Paulo: Saraiva, 2000. v. 1. p. 451.

[971] FERREIRA FILHO, Manoel Gonçalves. *Comentários à Constituição brasileira de 1988.* 3. ed. São Paulo: Saraiva, 2000. v. 1. p. 456-457.

[972] Parecer do procurador-geral da República nos autos do MS nº 29.941-1 (STF. *DJ,* 31 ago. 1992. p. 28 do acórdão).

[973] Este, aliás, é o caso do Paraguai, nominalmente presidencial, mas cuja Constituição (art. 225) permite o afastamento do presidente por *"mal desempeño* de sus funciones". Com base nesse dispositivo, o Presidente Fernando Lugo foi destituído em procedimento que transcorreu (entre 20 e 22.6.2012) em menos de 48 horas.

CAPÍTULO 4
O *IMPEACHMENT* E A RESPONSABILIDADE CRIMINAL DOS AGENTES POLÍTICOS | 293

presidencial".[974] Aliás, no julgamento perante o STF em 1916, que (segundo Brossard pela primeira vez) discutiu a natureza do *impeachment*, um dos ministros – Guimarães Natal – afirmou que "o *impeachment* tal como o consagrou a Constituição Federal não é um processo exclusivamente político [...] esse caráter exclusivamente político o tornaria incompatível com o regime presidencial [...] é também um processo penal e de acentuado caráter judicial".[975]

O entendimento de que o julgamento sobre o *impeachment* deve ser jurídico pode levar à conclusão de uma excessiva rigidez do sistema, que não teria instrumentos para se livrar do mau (ou do péssimo) governante. Brossard, em sua cruzada pela caracterização do *impeachment* como instituto de responsabilidade política, usa este argumento dando o exemplo de situação na qual "por negociações temerárias, obstinadas, extravagantes, contra os mais óbvios interesses do país", ainda que "sem o desígnio de traí-lo, o Presidente mergulhe a nação em guerras inúteis e calamitosas".[976] Cogita outro exemplo no qual:

> O Presidente é o Comandante-em-chefe das forças da nação, com poder exclusivo de fazer a guerra. Não tem o Congresso o direito de indicar-lhe campanhas, marchas, assédios, batalhas, retiradas, ainda menos o de assinalar como atentado criminável qualquer direção especial dada às hostilidades. Mas, não havendo no seu procedimento indícios de colaboração com os inimigos dos Estados Unidos, sucederá que haja todavia, contumácia, em planos, cuja futilidade já esteja demonstrada pelo seu malogro, e que ocasionem à pátria reveses, desonra e perdição.[977]

Para ambos os casos, afirma a necessidade do *impeachment*, ainda que ausente uma intenção do PR em causar um malefício à pátria.

A crítica de Brossard acerta ao apontar o sistema como rígido (se, ao contrário do que defende, a responsabilidade não for aberta). Ainda assim, nos relatos por ele apresentados, provavelmente seria possível caracterizar o comportamento do PR como um crime de responsabilidade contra a existência da União, ainda que por dolo eventual (ou culpa gravíssima). Mas o que é mais importante apontar é que a rigidez – do mandato do

---

[974] NOVAIS, Jorge Reis. *Semipresidencialismo* – Teoria do sistema de governo semipresidencial. Coimbra: Almedina, 2007. v. I. p. 42. Vale notar que mal o Brasil entrava na terceira década republicana, propôs-se o inverso, ou seja, dar ao parlamento o poder de *eleger* o PR. A tese foi combatida por Annibal da Fonseca nos seguintes termos: "Barthélemy, examinando as concepções do executivo nas diferentes fórmas de governo, chega á seguinte conclusão: 'Se se quer fazer do executivo um representante, um orgam directo, um governante da nação, deve-se tornal-o independente da legislatura. *Esta não poderá nem nomea-lo nem demittil-o*. Esse executivo será chamado – não parlamentar'. Eis em seus lineamentos a theoria dominante e verdadeira. A situação ahi está perfeitamente debuxada *e parece que o escriptor francez escrevia, tendo em vista o plano suggerido por parte de revisionistas brazileiros. Estabelecer a eleição do presidente pelo congresso é abater o regimen nos seus fundamentos; é a incongruencia erigida em norma de direcção politica; é uma superfetação inconciliavel com a doutrina e a experiencia. Propugne-se então francamente pela adopção do parlamentarismo, com a sua estructura demarcada e completa e não pela elaboração de um arremedo de regimen, viciado, illogico, que tiraria de uns e outros caracteristicos dispares e fatalmente terminaria pela confusão nas relações entre os poderes*" (FONSECA, Annibal Freire. *Do Poder Executivo na Republica Brazileira*. Rio de Janeiro: Imprensa Nacional, 1916. p. 67-68).

[975] *Apud* BROSSARD, Paulo. *O impeachment*: aspectos da responsabilidade política do Presidente da República. 3. ed. São Paulo: Saraiva, 1992. p. 85.

[976] BROSSARD, Paulo. *O impeachment*: aspectos da responsabilidade política do Presidente da República. 3. ed. São Paulo: Saraiva, 1992. p. 48.

[977] BROSSARD, Paulo. *O impeachment*: aspectos da responsabilidade política do Presidente da República. 3. ed. São Paulo: Saraiva, 1992.

presidente e sua independência política em relação ao Parlamento (que, como vimos, já foi muito atenuada) – é exatamente um dos elementos essenciais do presidencialismo,[978]

---

[978] Entre os cientistas sociais também se debate a dificuldade em fazer com que o *impeachment* funcione como substituto da responsabilidade política do parlamentarismo. Assim, escrevendo após as manifestações realizadas em março de 2015, que pediam o *impeachment* da Presidente Dilma Rousseff, Alberto Carlos Almeida sustentou: "As manifestações de 15 de março foram eloquentes. A maioria de quem foi às ruas não votou em Dilma em outubro. Aí está a novidade. Antes, esses eleitores se limitavam a manifestar sua vontade nas urnas; agora, fizeram nas ruas. Protestos e manifestações pressionam os políticos. Quem se manifestou não tem o poder de votar contra Dilma na Câmara ou no Senado, mas o simples fato de ir à rua pode levar um deputado ou senador a mudar de ideia quanto à sua disposição de apoiar o governo. [...] Como se sabe, no regime presidencial há maneira óbvia de pôr um presidente para fora: por meio da eleição. No caso de Dilma, já que não se pode disputar mais de uma reeleição seguidamente, ela estará de fato fora do Palácio do Planalto em 1º de janeiro de 2019. Seja qual for o presidente eleito, não será Dilma. Porém, os manifestantes do dia 15 não querem esperar até lá, é o que se pode deduzir das inúmeras referências ao *impeachment* nos protestos e em sua cobertura midiática. O *impeachment* é um instrumento legal do presidencialismo que permite que o presidente seja retirado do cargo por meios legais e institucionais. Não se trata de um procedimento usual. Um processo de *impeachment* é necessariamente o clímax de uma grave crise política. É nesse aspecto que o presidencialismo em muito difere do parlamentarismo. No parlamentarismo [...] caso os pares do primeiro-ministro considerem que é necessário mudar o chefe do Poder Executivo, eles derrubam o governo e indicam um novo chefe. Dito de forma clara, no parlamentarismo o primeiro-ministro pode ser responsabilizado politicamente diante de seus eleitores, os deputados. Isso não acontece no presidencialismo. Em nosso sistema de governo há duas fontes inteiramente distintas de legitimidade, a do Poder Executivo e a do Poder Legislativo. Cada uma tem o próprio voto. [...] Ambos, [...] diretamente escolhidos pelos eleitores. Assim, o presidente não é politicamente responsável diante de deputados e senadores; eles nem sequer são pares. Portanto, quando o Poder Legislativo, no presidencialismo, dá início a um processo de *impeachment*, está agindo para retirar do poder alguém que como ele foi eleito diretamente pela população. Exatamente por isso o *impeachment* é algo excepcional que resulta de uma aguda crise política. Recentemente se tornou corriqueiro ler ou ouvir em fóruns que conhecem as vicissitudes dos sistemas de governo a afirmação de que se fosse no parlamentarismo Dilma não seria mais a chefe de governo. É verdade. É também verdade que o primeiro-ministro seria Eduardo Cunha. [...] Talvez o primeiro-ministro não fosse Cunha, mas Renan Calheiros. O certo é que seria do PMDB. De volta ao presidencialismo, esse sistema de governo define que o mandato do presidente é fixo: há na Constituição data precisa de início e outra data igualmente precisa que marca seu encerramento. Isso não existe em absoluto no parlamentarismo. Para que o presidente possa dispor de tais datas fixas é preciso que existam salvaguardas jurídicas de seu mandato. Em primeiro lugar, o presidente não pode ser responsabilizado por seus atos políticos diante de deputados e senadores tal como ocorre no parlamentarismo. Há, obviamente, muitas outras salvaguardas, como a que impede que o presidente seja processado por *impeachment* em razão de atos cometidos fora do exercício do mandato corrente. Todas as evidências vão na mesma direção: o sarrafo é alto caso se deseje retirar um presidente do cargo por outro meio que não seja o eleitoral. Governos vivem períodos de bonança e de dificuldades. Foi assim com Fernando Henrique e com Lula, é assim com Dilma. Em 1999, no primeiro ano de seu segundo mandato, em setembro, a soma de ótimo e bom do governo Fernando Henrique atingiu a casa de 9%. Nem por isso ele deixou de concluir o seu mandato como reza a cartilha do presidencialismo. O *impeachment* é algo para lá de excepcional, e não será uma popularidade muito baixa que levará à interrupção do mandato antes de seu término fixo. O governo Lula nunca teve a avaliação ótimo e bom na casa de um dígito, mas o escândalo do mensalão fez que sua avaliação caísse bastante no decorrer de 2005. Falou-se, na época, em *impeachment*. O fato é que ele não ocorreu, o governo recuperou sua boa avaliação e Lula foi reeleito em 2006. Note-se que se fôssemos iniciar um processo de *impeachment* toda vez que a situação da economia piorasse e a avaliação do presidente caísse muito, teríamos uma política econômica de somente um tipo, aquela que expandisse o consumo da população, o que é impossível. O mandato fixo do presidente é uma vantagem quando se trata de enfrentar um momento de dificuldade econômica. É preciso atravessá-lo sem modificar o rumo para que se retorne a um período de bonança. O mandato fixo é também uma vantagem quando se trata de contrariar a vontade do parlamento. No livro 'The Economic Effects of Constitutions', Torsten Persson e Guido Tabellini mostram que o tamanho do Estado nos governos parlamentaristas é sempre maior do que nos presidencialistas. O parlamentarismo, em todas as democracias que o adotaram, resulta em um governo mais gastador do que o presidencialismo, também se considerando todas as democracias que adotaram o presidencialismo. A razão para isso é simples: os deputados que elegem o primeiro-ministro acabam por derrubá-lo caso ele não queira gastar. Ora, foi justamente por isso que a Itália escolheu Mario Monti, um senador vitalício, e portanto sem voto, para retirar o país da crise. As medidas para isso eram as de corte de gastos. Como o presidente é eleito diretamente, ele tem legitimidade para enfrentar o parlamento e solicitar ajustes que impliquem cortes de gastos. Foi o que Fernando Henrique conseguiu em seu segundo mandato, Lula fez em seu primeiro e Dilma está fazendo agora. O presidente não governa, porém, sem o apoio parlamentar. Essa é outra vantagem que o presidencialismo tem sobre o parlamentarismo que vai além de ter um governo menor: há controle efetivo de poder. Poder Executivo e Poder Legislativo podem entrar em conflito aberto, um pode controlar o outro e vice-versa, sem que nenhum deles caia ou que seja convocada eleição extraordinária. Isso não acontece no parlamentarismo, no qual o Poder

sistema escolhido não apenas pelo constituinte, mas diretamente pelo povo por meio de plebiscito.[979] Importante lembrar que o presidencialismo de hoje não é o mesmo da 1ª República. Atualmente, existem vários instrumentos para questionar atos do PR, de seus ministros e do próprio Estado, e tais instrumentos incluem mecanismos inseridos no campo da responsabilidade política (como procuramos demonstrar no Capítulo 2), e à disposição do Parlamento, bem como uma ampla gama de ações para questionar judicialmente tais atos.

Mas é fato que considerar o *impeachment* como apto a retirar um PR quando o Congresso, ainda que por maioria expressiva, discorde de sua política, significa negar o presidencialismo expressamente adotado pela CRFB.[980]

Executivo é extensão do Poder Legislativo. [...]" (ALMEIDA, Alberto Carlos. Regimes políticos e impeachment. *Valor Econômico*, ano 15, n. 750, p. 10-11. Suplemento Eu & Fim de semana).

[979] Em 21.4.1993, 55,4% dos eleitores escolheram o presidencialismo contra 24,6% que escolheram o parlamentarismo. Esta não foi, aliás, a 1ª vez que o povo brasileiro se defrontou com tal escolha. Com efeito, após a crise política desencadeada pela renúncia do Presidente Jânio Quadros e a resistência à posse do então Vice-Presidente João Goulart, o parlamentarismo foi introduzido por emenda constitucional e, em 6.1.1963, a população brasileira, por ampla maioria, decidiu pela volta do presidencialismo. Durante a crise política, que precedeu o afastamento da Presidente Dilma Rousseff, foi lançada no Congresso Nacional uma "Frente Parlamentarista" (em 15.6.2015), formada por 225 parlamentares, que pretendia implementar o parlamentarismo no Brasil, ressuscitando uma proposta de emenda constitucional (PEC nº 20/95) apresentada há mais de 20 anos. Seus defensores apresentavam a proposta como uma alternativa ao *impeachment* (Dilma permaneceria presidente com poderes decorativos, embora na ocasião também se tenha cogitado a adoção do semipresidencialismo inspirado nos modelos francês e português). Na ocasião, o historiador Luiz Felipe de Alencastro, em artigo intitulado "De novo, a panaceia parlamentarista", lembrava as duas ocasiões em que a população rejeitara o parlamentarismo, e lembrava que a referida emenda foi objeto de uma primeira tentativa de ressuscitação em 2001, "quando as sondagens indicavam a possível vitória de Lula em 2002". Já em 2015 os "adeptos da iniciativa" "apregoam a bula genérica da panaceia: no parlamentarismo, quando há crise política, basta mudar o primeiro-ministro e tudo entra nos eixos". E conclui afirmando que, tal como na campanha de 1993, "os parlamentaristas omitem os desdobramentos institucionais de sua proposta, limitando-se a expor generalidades sobre os alegados benefícios do sistema. Se falarem mais, expõem suas discordâncias, abrindo caminho para a terceira derrota em plebiscito. Resta-lhes abafar o debate nacional para votar, a seu talante, a emenda parlamentarista no Congresso. As eleições presidenciais em dois turnos, completadas pelo instituto da reeleição, deram estabilidade ao país, assegurando o mais longo período democrático de nossa história. Decerto, o presidencialismo e o sistema político partidário devem ser aperfeiçoados para se adaptarem às mudanças que atravessam a sociedade. Mas é inaceitável que o Congresso, arrostando o sufrágio popular afirmado em 63 e reiterado em 93, elabore uma pauta-bomba para instaurar o parlamentarismo por meio de um golpe parlamentar" (ALENCASTRO, Luiz Felipe. De novo, a panaceia parlamentarista. *Folha de S.Paulo*, p. 3, 16 ago. 2015. Suplemento Ilustríssima. Disponível em: http://www1.folha. uol.com.br/ilustrissima/2015/08/1668700-de-novo-a-panaceia-parlamentarista.shtml). O mesmo historiador, em entrevista em 2017 (portanto posterior à consumação da retirada de Dilma Rousseff do poder por motivos questionáveis, para se dizer o mínimo), afirmou que o Brasil já estava "vivendo um parlamentarismo 'troncho'" com "um presidente sem voto direto, só com a soberania derivada do reconhecimento tácito do Congresso" (ALENCASTRO, Luiz Felipe. Entrevista a Ricardo Mendonça. *Valor Econômico*, p. A12, 1º ago. 2017).

[980] O ponto também é relembrado por Laurence Tribe que, após enfatizar que o *impeachment* exigia grave subversão do governo ou graves abusos de poder, complementa: "The Framers' fear of undue executive dependence on the Senate and their deliberate rejection of a parliamentary system imply that broad allegations of ill-conceived policy, basic unfitness to serve, or overarching lack of virtue cannot constitute sufficient grounds for impeachment. Impeachment is not a mechanism for adressing generalized concerns of presidential 'legitimacy'; *concerns that an excutive leader has lost such legitimacy may topple a prime minister in a parliamentary government*, but they do not constitute 'High Crimes ans Misdeameanors' under our Constitution, where the legislature is merely a coordinate, not a superior, branch of government" (TRIBE, Laurence H. *American constitutional law*. 3. ed. Nova York: Foundation Press, 2000. p. 173. Grifos nossos). Ademais (como anotado ao final do Capítulo 2), na análise da "queda" de presidentes na América Latina durante a última década, seja por renúncia, pelo uso ou ameaça – nem sempre juridicamente correta – do *impeachment* ou de uma declaração de incapacidade, a ciência política já fala abertamente em um movimento de "'parlamentarização' dos regimes presidenciais", indicando "que o uso repetido do *impeachment* ou de declarações de incapacidade se assemelham ao voto de censura característico dos sistemas parlamentares" (PÉREZ-LIÑÁN, Aníbal. *Juicio político al presidente y nueva inestabilidad política en América Latina*. Buenos Aires: Fondo de Cultura Económica, 2009. p. 325). Um autor citado por Liñán (John Carey) chega a afirmar que "mesmo que as constituições da América Latina sigam sendo presidencialistas [...]

Mas, além de desfigurar o sistema presidencialista, a sufragação da tese acima faria com que o Brasil tivesse um sistema distinto a cada dois anos. Isto porque, se a apuração dos crimes de responsabilidade fosse matéria puramente política, e considerando a regra do art. 81, §1º da CRFB,[981] a partir do início do 3º ano do mandato presidencial, o sistema seria materialmente "parlamentarista", já que o próprio parlamento, desde que pela maioria de 2/3, poderia substituir o presidente e seu vice e escolher livremente seus sucessores pelo prazo de dois anos.[982] [983]

Ademais, se não houvesse nenhuma distinção entre a responsabilidade apurada pelo *impeachment* e a responsabilidade política, seria o caso de indagar qual a razão de tantos países parlamentaristas preverem sistemas de apuração de responsabilidade parecidos com o *impeachment*, ou seja, com processo parecido e com a conduta sendo apurada em face de tipos tão abertos como aqueles dos crimes de responsabilidade (abertos, mas não ilimitados).

Em suma, as diferenças entre o processo de *impeachment* e o processo de apuração da responsabilidade criminal são dadas pela própria CRFB (e em parte pela legislação infraconstitucional), destacando-se a maior abertura dos tipos, a composição do tribunal e a adoção de um processo menos rigoroso, ainda que mantendo o respeito pelo contraditório e pela ampla defesa.

Essas diferenças permitem "alguma" acomodação a considerações políticas, mas não transformam o processo num julgamento político (condicionado apenas por direitos processuais formais). É nestes espaços diferenciados que as considerações políticas devem ser acomodadas e só neles.

Assim, a maior abertura dos crimes de responsabilidade equivale à moldura maior, em que é mais fácil enquadrar situações complexas. Mas, ainda assim, a acusação tem o ônus de provar os fatos e de enquadrar a conduta. Na mesma linha, o Senado-tribunal (de forma talvez próxima ao tribunal do júri) tem grande liberdade para apreciação dos fatos, mas não pode ignorar completamente as provas. Insistir no contrário, como dissemos, é transformar o regime pela porta dos fundos.

---

na prática, a substituição de presidentes apresenta cada vez mais um tom parlamentarista, dando prioridade à discricionariedade legislativa" outros (Marsteintredet e Berntzen) afirmam que "o presidencialismo latino-americano [...] está adotando características cada vez mais flexíveis e parlamentarísticas" (p. 325).

[981] "Art. 81. Vagando os cargos de Presidente e Vice-Presidente da República, far-se-á eleição noventa dias depois de aberta a última vaga. §1º *Ocorrendo a vacância nos últimos dois anos do período presidencial, a eleição para ambos os cargos será feita trinta dias depois da última vaga, pelo Congresso Nacional*, na forma da lei. §2º Em qualquer dos casos, os eleitos deverão completar o período de seus antecessores".

[982] Durante este período teríamos um parlamentarismo extremamente desequilibrado, pois o presidente não teria à sua disposição instrumentos clássicos para equilibrar os sistemas parlamentares, em especial o da dissolução do congresso.

[983] Bruce Ackerman lembra um problema próximo, embora específico dos EUA (relacionado ao mandato de dois anos para a Câmara Baixa), que é a possibilidade, que ele condena, de que um processo de *impeachment* seja aberto pela casa baixa do congresso americano no período entre a eleição e a posse de nova composição (período no qual a literatura norte-americana se refere à *lame duck house*), como foi feito no caso Bill Clinton. Adverte o autor que, se o precedente for admitido uma vez, seria difícil evitar que fosse utilizado novamente sempre que um partido perdesse a maioria na câmara, mas mantivesse a do senado. Em suas palavras "my study of history and human nature convinces me that once such an abusive cycle of impeachments has begun, it will be very difficult to keep under control the bitter disagreements generated by our often-divided governement. Is is a far far better thing to cut short a cycle of incivility before it starts" (ACKERMAN, Bruce. *The case against Lameduck Impeachment*. Nova York: Seven Stories Press, 1999. The Open Media Pamphlet Series. p. 68-69).

Mas a afirmação de que o *impeachment* não é julgamento a ser decidido baseado em apreciação puramente política, a afirmação de que a condenação exige provas, um mínimo de tipicidade e outras exigências típicas da apreciação juridicamente vinculada de uma conduta, não significa que o *impeachment* não tenha qualquer relação com a responsabilidade política. Com efeito, ainda que externo aos mecanismos de responsabilidade política institucionais (mais fortes nos governos de gabinete, mas com alguma relevância no presidencialismo, como procuramos demonstrar no Capítulo 2), a mera possibilidade[984] do *impeachment* é capaz de aumentar a força de instrumentos (pedidos de informações, comissões parlamentares de inquérito) que, isoladamente, seriam mais fracos.

4.7 O controle judicial do *impeachment*

Diretamente relacionada à questão tratada no tópico anterior está a questão de saber se o processo de *impeachment* está sujeito a controle judicial e até que ponto.

Paulo Brossard[985] faz longo e detalhado relato da doutrina dos EUA, afirmando que esta passou mais de 60 anos sem praticamente tratar do assunto. Quanto à possibilidade de revisão judicial – que ele refuta – afirma que só haveria um doutrinador que defenderia tal tese. José Afonso da Silva adere expressamente à tese de Brossard, afirmando que a Constituição "erigiu o Senado Federal [...] em tribunal especial, para o julgamento político, que não é um tipo de julgamento próprio de tribunais jurisdicionais, porque estes não devem senão exercer a jurisdição técnico-jurídica".[986]

Até 1992, a posição que prevaleceu no STF, não sem divergência,[987] é a de que:

> embora a autorização prévia para a sua instauração e a decisão final sejam medidas de natureza predominantemente política – cujo mérito é insusceptível de controle judicial – a esse cabe submeter a regularidade do processo de "impeachment", sempre que, no desenvolvimento dele, se alegue violação ou ameaça ao direito das partes.

---

[984] Como lembra Pérez-Liñán, "o impeachment só tem êxito quando sua sombra atua como elemento dissuasivo do delito" (PÉREZ-LIÑÁN, Aníbal. *Juicio político al presidente y nueva inestabilidad política en América Latina*. Buenos Aires: Fondo de Cultura Económica, 2009. p. 229-230).

[985] Em seu voto sobre a falta de jurisdição no julgamento do MS nº 21.689 (*DJ*, 7 abr. 1995 p. 307-322).

[986] SILVA, José Afonso da. *Curso de direito constitucional positivo*. 38. ed. São Paulo: Malheiros, 2015. p. 558.

[987] Além da divergência de alguns ministros do STF este entendimento contou com a resistência do próprio Senado. Assim, nas informações prestadas no mandado de segurança em que o ex-Presidente Collor questionou a aplicação da pena de suspensão de direitos políticos após sua renúncia na sessão de julgamento, a Presidência do Senado considerou que a aplicação de tal sanção consubstanciava uma "sentença do Senado como órgão Judiciário, cujo funcionamento e composição diferem, por força de comando constitucional, do Senado, Câmara Alta do Poder legislativo" e que o Senado "como órgão jurisdicional e de exclusiva atribuição para processar e julgar o Presidente da República, decretou ser autônoma a pena de inabilitação, decidindo pois, pela qualificação jurídica da sanção dentro de sua competência de Corte Constitucional [...] sendo defeso a outro órgão judiciário opor-se à conceituação, de caráter eminentemente técnico-legal, adotada pelo tribunal competente para definir, em tese, a natureza da pena que lhe cumpre aplicar" (MS nº 21.689-1. *DJ*, 7 abr. 1995, citado pelo relator, Min. Carlos Velloso).

Esta visão está estampada na ementa de decisão proferida em 1990, mas que registra "votos vencidos, no sentido da exclusividade, no processo de 'impeachment', da jurisdição constitucional das Casas do Congresso Nacional".[988]

Assim, o STF não poderia controlar o mérito da decisão, mas apenas o respeito aos direitos processuais em jogo. Essa também é a posição de Michel Temer, que admite que este controle pode se dar de forma posterior ao julgamento:

> A decisão condenatória tem a força própria da coisa julgada? É irrevisável pelo judiciário?
>
> Responde-se da seguinte forma: o Judiciário não pode reexaminar o mérito da questão que levou o Senado a responsabilizar o Presidente. Esse juízo é feito, única e exclusivamente, pelo órgão político.
>
> Entretanto, nada impede que o Presidente da República sirva-se de mandado de segurança contra a Mesa da Câmara e do Senado Federal, para demonstrar – se for o caso – que houve irregularidade procedimental, em descumprimento ao Texto Constitucional e à lei especial referida no parágrafo único do art. 85.
>
> O Judiciário não examinará o mérito; examinará a forma procedimental.[989]

Luís Roberto Barroso parece seguir na mesma linha, ao rebater a tese de falta de jurisdição do Poder Judiciário para conhecer do tema, sustentando ser:

> inegável que o processo de *impeachment* tem uma dimensão política, tanto pela natureza dos interesses em jogo e das pessoas envolvidas, como, notadamente, por duas circunstâncias: a) não podem os órgãos do Poder Judiciário rever o mérito da decisão proferida pela Casa Legislativa; b) a decisão não deve reverência aos rigores de objetividade e motivação que se impõe aos pronunciamentos judiciais.[990]

Mas, ao ressaltar sua posição, Barroso acaba efetuando uma mudança importante, pois reafirma que ao Poder Judiciário "não caberá a revisão de mérito, mas, sim, se a competência constitucional foi exercida nos seus legítimos limites *e se não ocorreu violação a direitos subjetivos*".[991]

Pois bem, em outra decisão (MS nº 21.689-1), o STF se afasta da posição de controlador meramente procedimental, ao afirmar que o "controle judicial do '*impeachment*'" é possível "desde que se alegue lesão ou ameaça a direito".[992] Ora, "lesão ou ameaça

---

[988] Ementa do MS nº 20.941-1. Rel. Min. Sepúlveda Pertence. *DJ*, 31 ago. 1992. A posição foi reafirmada em decisões posteriores (referentes ao *impeachment* de Fernando Collor) com maiorias mais amplas a favor da possibilidade de controle jurisdicional. Neste sentido, *vide* a decisão no MS nº 21.689-1 (*DJ*, 7 abr. 1995), em especial o voto do relator, Ministro Carlos Velloso (p. 230-239). Aliás, no MS nº 21.689 todos os ministros, com a única exceção de Paulo Brossard (que manteve seu entendimento quanto à "inapreciabilidade, pelo Poder Judiciário" de "questão afeta, constitucionalmente, à jurisdição exclusiva do Senado Federal") votaram pela admissibilidade da discussão (o que inclui Sepúlveda Pertence, que tinha posição contrária ao controle no MS nº 20.941 – em que o possível atingido pelo *impeachment* seria o Presidente Sarney – mas que votou pela admissibilidade informando que, já no MS nº 21.564, tinha retificado posição anterior).

[989] TEMER, Michel. *Elementos de direito constitucional.* 24. ed. São Paulo: Malheiros, 2012. p. 172.

[990] BARROSO, Luís Roberto. Aspectos do processo de impeachment – Renúncias e exoneração de agente político – Tipicidade constitucional dos crimes de responsabilidade. *Revista Forense*, v. 344, p. 281-291, out./dez. 1998. p. 282-283.

[991] BARROSO, Luís Roberto. Aspectos do processo de impeachment – Renúncias e exoneração de agente político – Tipicidade constitucional dos crimes de responsabilidade. *Revista Forense*, v. 344, p. 281-291, out./dez. 1998. p. 282-283.

[992] Ementa da decisão (*DJ*, 7 abr. 1995).

CAPÍTULO 4
O *IMPEACHMENT* E A RESPONSABILIDADE CRIMINAL DOS AGENTES POLÍTICOS | 299

a direito" não precisa necessariamente ser lesão ou ameaça a direito *processual*, com o que o STF deu um enorme passo em direção à sindicabilidade do mérito da decisão.

Assim, nessa decisão, o Ministro Carlos Veloso, embora afirme que a valoração dos *fatos* que teriam sido praticados pelo acusado cabe ao Senado e, "neste ponto, o ato deste escapa, em linha de princípio, ao controle judicial",[993] desenha a esfera na qual incide o controle jurisdicional da seguinte forma:

> É inquestionável que os aspectos concernentes à natureza eminentemente política do instituto do *impeachment* e o caráter político de sua motivação e da própria sanção a que dá lugar não constituem, em nosso sistema jurídico, fatores que, por si sós, afastem a possibilidade de controle jurisdicional dos atos emanados das Casas do Congresso Nacional, aí incluídas as deliberações do próprio Senado da República, sempre que infringentes de normas ou de direitos públicos subjetivos assegurados pela Constituição.
>
> O processo de impeachment, desse modo, constitui estrutura rigidamente delineada, em seus aspectos técnicos, por formas jurídicas subordinantes, cuja eventual inobservância pode legitimar tanto a invalidação do procedimento quanto a própria desconstituição do ato punitivo dele emergente.
>
> Torna-se irrecusável, pois, que as deliberações do Senado Federal, tomadas na sua magna condição institucional de Tribunal de julgamento do Presidente da República, *na medida em que concretizem ofensa a postulados constitucionais ou lesão a direitos e garantias individuais*, expõem-se ao poder de revisão judicial deferido pela Constituição a esta Corte Suprema.
>
> Sendo assim, a desconsideração das fórmulas constitucionais e o arbítrio eventualmente cometidos pela Câmara Alta na condução e no desenvolvimento do processo de impeachment não se acham, por isso mesmo, excluídos do *judicial review*, eis que, nesse tema - e não importando a natureza marcadamente política do instituto do *impeachment* -, o nosso sistema jurídico, tal como consagrado pela Carta da República, repele a invocação do princípio da não-ingerência do Poder Judiciário.[994]

Até onde pode ir esse controle o STF não esclarece. Luís Roberto Barroso, por exemplo, sustenta que "a verificação da atipicidade da imputação", quando "não dependa da análise de fatos ou provas, sendo pura questão de direito", deveria ser efetivada pelo Judiciário.[995] Já José Roberto Oliveira, embora entenda que o *impeachment* apura uma responsabilidade política, vai mais além ao sustentar:

> por força da tipicidade legal (art. 85, parágrafo único CF), a condenação por crime de responsabilidade exarada em processo legislativo ou judicial, bifásico ou monofásico, não está excluída do controle de legalidade por parte do Poder Judiciário, nos termos do artigo 5º, XXXV da Constituição Federal, na exata medida em que verificada lesão ou ameaça a direito. Admite-se, portanto, anulação por descumprimento do devido processo legal (art. 5º, LIV), em havendo ofensa às garantias processuais do acusado. Relativamente à apreciação dos fatos, a penalidade é passível de anulação comprovada a inexistência material dos fatos que a embasaram. Em termos de qualificação jurídica, somente em

---

[993] P. 279 do referido acórdão.

[994] MS nº 21.689-1/DF, voto do Min. Celso de Mello, p. 299-300.

[995] BARROSO, Luís Roberto. Aspectos do processo de impeachment – Renúncias e exoneração de agente político – Tipicidade constitucional dos crimes de responsabilidade. *Revista Forense*, v. 344, p. 281-291, out./dez. 1998. p. 290.

casos de manifesta e excepcional qualificação errônea dos fatos nos tipos legais deve o Poder Judiciário intervir para assegurar o império do Direito.

No tocante ao controle da proporcionalidade entre ilícito e sanção, a atribuição da apreciação ao Poder Legislativo, pela própria Constituição, implicou na impossibilidade de controle da correlação lógica existente entre infração político-constitucional e sanção prevista, na medida em que a afirmação deste vínculo envolve um juízo político-valorativo privativo dos membros do órgão legislativo, como garantia de sua independência (art. 2º CF).[996]

É evidente que o STF já aceita rever a violação de direitos não processuais. Nesse ponto, parece que a questão da tipicidade, mesmo que não decorra apenas de questões jurídicas, poderia também ser analisada sempre que o enquadramento pretendido seja manifesta e grosseiramente inviável do ponto de vista jurídico. Ainda assim, o STF há de atuar com o princípio da máxima deferência possível ao Senado, intervindo apenas quando for impossível não reconhecer violações a direitos no caso concreto, o que é diferente de identificar situações onde a solução dada, não tendo sido a melhor, ainda é juridicamente justificável, mesmo que com alguma dificuldade. A questão é que, no Brasil, a deferência do Judiciário aos demais poderes tem sido (sob aplausos dos meios de comunicação e de parte majoritária da doutrina) pouco mais que mínima, quando não inexistente.

4.8 Conclusão

O sistema de responsabilização dos agentes políticos é apenas uma das dimensões do estatuto desses agentes, que, por sua vez, é um dos componentes do desenho constitucional do Poder Executivo. O Poder Executivo, por seu turno, compõe com os demais poderes a complexa engrenagem do Estado, engrenagem que ainda[997] se encontra regida sob o princípio da separação de poderes.

Annibal Freire considerava que enquanto o "verdadeiro poder do presidente, nas relações com o congresso, está no direito de veto", a "autoridade do legislativo sobre o executivo reside com mais força ou pelo menos deve residir com mais força no *impeachment*. É uma equivalencia de poderes coercitivos".[998] Laurence Tribe também destaca que o *impeachment* é uma forma de controle estrutural do Legislativo sobre os poderes Executivo e Judiciário.[999]

---

[996] OLIVEIRA, José Roberto Pimenta. *Improbidade administrativa e sua autonomia constitucional*. Belo Horizonte: Fórum, 2009. p. 120. No mesmo sentido MELO, Tutmés Airan de Albuquerque. O impeachment da Presidente Dilma e a Constituição da República: o Poder Judiciário brasileiro, a que será que se destina?. *In*: PINTO, Hélio Pinheiro *et alli* (Coord.). *Constituição, direitos fundamentais e política* – Estudos em homenagem ao Professor José Joaquim Gomes Canotilho. Belo Horizonte: Fórum, 2017. p. 201-212.

[997] Por mais que este princípio venha sendo altamente questionado em sede doutrinária (*vide*, por exemplo, ACKERMAN, Bruce. The new separation of powers. *Harvard Law Review*, jan. 2000), e ignorado pela jurisprudência brasileira (que a ele em geral presta homenagem apenas formal), o fato é que, no contexto brasileiro, ele se constitui em cláusula constitucional não apenas expressa (art. 2º), mas imutável (art. 60 §4º III).

[998] FONSECA, Annibal Freire. *Do Poder Executivo na Republica Brazileira*. Rio de Janeiro: Imprensa Nacional, 1916. p. 136-137.

[999] "As a structural check on the executive and judicial branches, impeachment followed by conviction and removal also performs an obvious deterrent function. And the impeachment process may also serve, for some, as a means of renewal and cleansing by restoring public Faith in our polity's integrity and legitimacy. Despite these other purposes, there certainly exist incidental punitive and even retributive elements" (TRIBE, Laurence H. *American constitutional law*. 3. ed. Nova York: Foundation Press, 2000. p. 159).

De uma forma ou de outra o *impeachment* sempre foi um instituto equilibrista, uma espécie de fênix. Quando estava a ponto de cair em desuso em seu país de origem, foi exportado para o outro lado do Atlântico e, de lá, para a América Latina e para várias outras latitudes. De todo modo, não escapou, nem nos EUA nem na América Latina, da pecha de instituto inútil e ultrapassado. Foi considerado assim por muito tempo, sobretudo na América Latina, em que golpes militares eram a opção rápida para a troca de poder.

Mas isso começa a mudar no início da década de 1990. Nos EUA, com o *impeachment* de Clinton, o instituto ganhou atenção que não recebia há décadas. Ademais, no final do século passado, registrou-se um grande aumento na incidência do *impeachment* nos países presidencialistas em geral[1000] e, em especial, na América Latina.

Na América Latina o *impeachment* passa a ter uma importância que nunca teve e por razões peculiares. É que, como apontado por Pérez-Liñán, as elites civis latino-americanas, sobretudo no período entre 1992 e 2004, compreenderam que os golpes militares tradicionais se tornaram, em grande medida, impraticáveis; passando então a experimentar o uso de instrumentos constitucionais para remover presidentes. Com isso, o *impeachment*, de instituto esquecido, se converteu em traço distintivo do panorama político da América Latina. Essa utilização do *impeachment* veio acompanhada de uma característica muito positiva: a queda de governos deixou de representar o restabelecimento de regimes autoritários[1001] (malgrado o indisfarçável caráter golpista de alguns desses processos).[1002]

Assim, a partir de 1992, diversos presidentes foram removidos do poder, seja pela consumação do *impeachment*, por sua ameaça, ou por alguma outra forma[1003] de crise institucional.[1004]

[1000] Héctor Fix-Fierro e Pedro Salazar-Ugarte citam – além dos casos latino-americanos – processos de *impeachment* nas Filipinas, Rússia, Madagascar, Nigéria e Coreia do Sul FIX-FIERRO, Héctor; SALAZAR-UGARTE, Pedro. Presidentialism. *In*: ROSENFELD, Michel; SAJÓ, András (Ed.). *The Oxford Handbook of Comparative Constitutional Law*. Oxford: Oxford University Press, 2012. p. 643). Em relação à Coreia do Sul, além do caso citado pelos autores (de 2004) – e que discutimos neste capítulo – há que se acrescentar o *impeachment* da Presidente Park Geun-hye, decidido por unanimidade pela Corte Constitucional em março de 2017, após o afastamento provisório da mandatária, decidido pelo congresso daquele país, em dezembro de 2016.

[1001] PÉREZ-LIÑÁN, Aníbal. *Juicio político al presidente y nueva inestabilidad política en América Latina*. Buenos Aires: Fondo de Cultura Económica, 2009. p. 12; 19-20. Nas palavras do autor: "Ha surgido un nuevo patrón de inestabilidad política en América Latina. Cobró forma en los años noventa y se consolidó a comienzos de la década de 2000. A diferencia de la experiencia de décadas pasadas, es probable que esta tendencia no comprometa la estabilidad de los *regímenes* democráticos, pero es letal para los *gobiernos* democráticos. En el lapso de unos pocos años, las crisis políticas sin quiebra del régimen se han convertido en un acontecimiento común en la política de América Latina y el juicio político presidencial se ha convertido en la principal expresión constitucional de esta tendencia" (p. 321, grifos no original).

[1002] Como foi o da derrubada de Fernando Lugo, presidente do Paraguai destituído em procedimento que transcorreu em 2012 em menos de 48 horas (e, portanto, posteriormente ao trabalho de Liñán).

[1003] Estes instrumentos constitucionais não se limitaram ao *impeachment* ou – na terminologia mais comum na América Latina – ao *juicio político*. Também ocorreram casos de renúncias praticamente impostas (caso do Presidente argentino Fernando de la Rúa, em 2001) e declarações de incapacidade (como o do Presidente do Equador Abdalá Bucarám, afastado em 1997), procedimentos nos quais o risco de golpe é talvez ainda maior. Como lembra Pérez-Liñán, as normas sobre incapacidade de presidentes "fueron concebidas como una manera de reemplazar a un presidente que, si bien estaba con vida, era incapaz de llevar a cabo sus obligaciones. Sin embargo, palabras técnicas como 'incapacidad' y 'ausencia permanente' pueden tomar significados inesperados en medio de una crisis presidencial" (PÉREZ-LIÑÁN, Aníbal. *Juicio político al presidente y nueva inestabilidad política en América Latina*. Buenos Aires: Fondo de Cultura Económica, 2009. p. 224).

Neste capítulo, ao estudar o *impeachment*, procuramos delimitar seus contornos jurídicos, o que significa que procuramos delimitar quando e como um presidente (e outros agentes políticos) pode ser submetido a processo de *impeachment*, julgado e afastado do poder, de forma juridicamente válida, sem que tal afastamento represente uma violação aos mecanismos constitucionais e, portanto, um golpe. Mas, como é natural, o debate acerca do perfil jurídico do *impeachment* adquire relevância que ultrapassa os limites do direito, ao se transformar no debate em torno de saber se determinada tentativa de julgar um agente político pode ser iniciativa constitucionalmente legítima ou ser apenas golpe de estado para o qual se tenta trazer algum verniz constitucional.[1005]

[1004] "Como sabem politólogos e constitucionalistas, ao contrário da dinâmica dos sistemas parlamentares, onde os governos se fazem e refazem ao sabor do alinhamento das forças legislativas do dia, no presidencialismo confere-se ao chefe do executivo a certeza de mandato fixo; mandato forte, suavizado pelo mecanismo do controle mútuo entre os poderes. Muito embora os chefes de governo em nosso continente gozem dessa certeza constitucional, a dinâmica política na América do Sul com frequência tem tornado letra morta o que consiste em cláusula central dos regimes presidencialistas. De fato, nas últimas três décadas, em sete países sul-americanos, nada menos do que 12 presidentes tiveram seus mandatos interrompidos: os argentinos Raul Alfonsín (1989) e Fernando de la Rúa (2001), o brasileiro Collor de Mello (1992), o venezuelano Carlos Andrés Pérez (1993), os equatorianos Abdalá Bucarám (1997), Jamil Mahuad (2000) e Lucio Gutierrez (2005), os paraguaios Raúl Cubas (1999) e Fernando Lugo (2012), o peruano Alberto Fujimori (2000) e os boliviano Sánchez de Lozada (2003) e Carlos Mesa (2005). Se as interrupções de mandato representam pontos traumáticos de inflexão política associados à dinâmica interna de cada país, é possível, no entanto, identificar conexões plausíveis entre eventos só na aparência tão díspares. Como há anos destacou o analista político argentino Rosendo Fraga, as crises políticas que ocorreram na América do Sul entre 1989 e 1997 apresentaram três ingredientes em comum: a interrupção dos mandatos de presidentes eleitos ocorreu com o intervalo médio de dois anos, os chefes de governo lograram atravessar pelo menos metade de seus mandatos e, mais importante, os conflitos se equacionaram por intermédio de mecanismos institucionais – pela entrega antecipada do poder, no caso de Alfonsín, ou pela destituição, nos casos de Collor, Pérez e Bucarám. Vale lembrar aqui que essa primeira onda de turbulências no continente recém-democratizado antes de haver sido interpretada como crise, foi lida como uma série de testes a que se viram submetidas às instituições, testes pelos quais teriam passado com louvor: o impeachment de Collor foi então festejado internacionalmente como prova inequívoca do vigor da democracia no Brasil, leitura que se estendeu – em menor medida – ao processo contra Perez e à remoção de Bucarám. Ora, as crises ocorridas na América do Sul, entre 1999 e 2005 apresentaram traços marcadamente diferenciados daqueles observados na etapa anterior: a interrupção dos mandatos presidenciais se processou com o intervalo médio de menos de um ano, os chefes de governo se viram destituídos do poder antes mesmo de cumprirem a metade dos seus mandatos e, mais grave, os conflitos deixaram de se equacionar pelos canais institucionais; os desfechos foram caóticos, com golpes (Mahuad) ou renúncias presidenciais em ambiente de violência, ingovernabilidade e sublevação das ruas (Cubas, Fujimori, de la Rúa e Sánchez de Lozada). Essa segunda etapa de crises do presidencialismo no continente – quando mecanismos institucionais como o legislativo ou o sistema de partidos se mostraram insuficientes para a canalização e equacionamento de conflitos – se acompanhou de descrença na legitimidade das instituições na região. De acordo com pesquisas então realizadas pelo instituto Latinobarômetro, em 2003 não mais de 54% dos sul-americanos apoiavam a democracia. No que poderia ser identificado como terceiro capítulo do presidencialismo no continente, os chefes de governo eleitos na última década na América do Sul, com a exceção de Fernando Lugo no Paraguai, lograram chegar ao fim de seus respectivos mandatos, em consonância com o ditame central dos sistemas presidencialistas: a garantia de mandato fixo ao chefe de governo, independentemente de seu desempenho. Não há como negar que a estabilidade política observada no período coincidiu com um ciclo de crescimento econômico inédito no continente, crescimento que se acompanhou tanto da diminuição dos níveis de pobreza como do apoio crescente às instituições democráticas. Importa aqui assinalarmos que muito embora alterações ocorridas no cenário econômico internacional no último triênio, com o arrefecimento do preço das *commodities*, tenham reposicionado a taxa de crescimento do continente no seu patamar histórico, nem por isso a América do Sul se aproximou de um quadro recessivo ou de situação de crise político-institucional" (CARVALHO, Nelson Rojas de. *Jornal Valor Econômico*, p. A9, 7 jul. 2015).

[1005] Nesse ponto, a entrevista dada pelo então Ministro da Justiça do Brasil em julho de 2015 sobre a (então) tentativa de *impeachment* da Presidente Dilma Rousseff é ilustrativa. Ainda que se possa questionar sua isenção (em março de 2016 ele deixou o Ministério e assumiu a defesa da presidente) e ainda que não concordemos com todas as suas colocações, ela ilustra os impasses que o uso do *impeachment* traz: "*Valor: Mas existe mesmo a perspectiva de impeachment com o argumento de crime fiscal em julgamento no Tribunal de Contas da União?*
Cardozo: Não temos nenhum julgamento no Tribunal de Contas da União, ainda, e pessoas já estão discutindo, antes do julgamento, o *impeachment*. Isto é uma ansiedade golpista evidente. Eu não vejo, e digo francamente, condições jurídicas para falar em crime fiscal. E, mesmo que se falasse em crime fiscal, não vejo imputação direta

CAPÍTULO 4
O *IMPEACHMENT* E A RESPONSABILIDADE CRIMINAL DOS AGENTES POLÍTICOS | 303

É claro que a questão não é simplesmente dicotômica: golpe evidente *v. impeachment* plenamente legítimo. A partir desses extremos existem posições intermediárias. Um jornalista enfaticamente militante pelo *impeachment* de Dilma Rousseff afirmou – pouco após a presidente ser suspensa de suas funções – que o que ela "chama de 'golpe' é, no máximo, uma divergência de opinião sobre o veredicto de um julgamento".[1006] A divergência, no entanto, como o próprio jornalista reconhece (ao afirmar ser "inacreditável que, neste primeiro momento, esteja ganhando foros de verdade uma versão estapafúrdia que não se sustenta nas evidências"),[1007] era grande. No entanto, a tese de que o julgamento é meramente político e que, portanto, só violações procedimentais atingem sua legitimidade jurídico-constitucional é, como procuramos demonstrar, equivocada. Dada a abertura semântica dos crimes de responsabilidade é certamente possível a existência de dúvidas razoáveis sobre o enquadramento ou não de determinada conduta. Nestes casos, e só nestes, é razoável falar-se em "divergência de julgamento". No entanto, fora destas hipóteses, quando, por exemplo, direitos processuais são violados ou a conduta imputada não tem como se adequar ao crime apontado, não adianta falar-se em mera divergência de opinião jurídica pois a matéria, inapelavelmente, desbordará do direito e a caracterização de "golpe", portanto, impor-se-á.

A questão adquire maior relevo porque a quantidade de golpes na América Latina caiu na inversa proporção em que aumentaram os processos de *impeachment*. Esta constatação, por si só, é motivo de júbilo. O problema é que antigas e novas forças golpistas sabem que não podem mais contar com alguns apoios que, por muitas décadas, estiveram à disposição (em especial as Forças Armadas e os EUA). Agora, a substituição de um PR deve se dar sob as regras do jogo – as normas constitucionais – ou ao menos deve parecer que se dá segundo as regras do jogo.[1008] Num quadro como

---

da presidente da República. Estamos a anos-luz, portanto, de uma situação que pudesse justificar o *impeachment*. Primeiro, o julgamento do TCU não foi feito; segundo, a decisão do TCU não foi referendada pelo Legislativo. Terceiro: mesmo que referendada, pode ser impugnada pelo Judiciário. Quarto: não existe nenhuma imputação direta à presidente da República nessa situação. Existem, inclusive, autoridades que são responsáveis. Ora, meu Deus, de onde se tira hoje isso, a não ser de uma *ansiedade golpista visivelmente mal contida, de se buscar um golpe sob o manto jurídico que não existe? Talvez já tenha passado a época em que pessoas tenham coragem de pedir golpe militar, pelo menos algumas. Então preferem travestir as tentativas de golpe com iniciativas jurídicas absolutamente infundadas. Valor: Quem sofre de ansiedade golpista?*
Cardozo: Tenho visto várias pessoas falarem em *impeachment*, na oposição. Não toda a oposição. E algumas pessoas, realmente, não conseguem nem se conter. Eu diria até que têm sido imprudentes em sua ansiedade em falar que o governo pode terminar e começam a esfregar as mãos como se já estivessem tentando sentar na cadeira da presidenta, quando no passado não conseguiram fazer pelos votos. [...]. O que me assusta são pessoas que participaram do processo eleitoral, foram derrotadas e, desde o minuto seguinte ao resultado da eleição, não apresentaram proposta para o país a não ser o desejo de que finde o mandato da presidente; que em uma democracia, pessoas que pertencem a forças políticas, que lutaram pela democracia e no minuto seguinte à eleição querem contestar o resultado das urnas e depois contestar a posse e contestar o mandato" (CARDOZO José Eduardo. Entrevista. *Valor Econômico*, p. A12, 11, 12 e 13 jul. 2015).

[1006] PEREIRA, Merval. Golpe estapafúrdio. *O Globo*, p. 4, 19 maio 2016. Disponível em: http://blogs.oglobo.globo.com/merval-pereira/post/golpe-estapafurdio.html. Acesso em: 19 maio 2016.

[1007] PEREIRA, Merval. Golpe estapafúrdio. *O Globo*, p. 4, 19 maio 2016. Disponível em: http://blogs.oglobo.globo.com/merval-pereira/post/golpe-estapafurdio.html. Acesso em: 19 maio 2016.

[1008] Em 17.4.2016, a Câmara dos Deputados decidiu autorizar a abertura de processo de *impeachment* contra Dilma Rousseff. O processo seguiu então para o Senado onde, como visto neste capítulo, o primeiro passo é a análise da admissibilidade do processo. Veja-se a análise que, em 5.5.2016, foi feita por Jânio de Freitas, importante jornalista brasileiro, sobre o procedimento adotado até então: "A própria agenda do Senado demonstra o caráter de mero salvamento das aparências no rito para aceitação ou recusa de processo de *impeachment*. Às sessões de acusação corresponderam sessões de defesa, como convém. A última apresentação da defesa [...] deu-se

este, o conhecimento e o debate em torno destas regras parece adquirir importância cada vez maior.

Mas a ciência política, como é natural, tem estudado o *impeachment* sob um ângulo distinto, ou seja, sob o ângulo de *quando* ele, de fato, ocorre. E existem subsídios importantes nesses estudos que apontam os seguintes fatores ou causas que levam ou não ao *impeachment*: (i) as "regras do jogo", ou seja, as normas constitucionais (maiorias mais amplas ou não, abertura maior ou menor dos tipos de ilícitos especiais e vários outros aspectos discutidos neste capítulo); (ii) a correlação de forças políticas no parlamento; (iii) a capacidade do PR de formar coalizões; (iv) o contexto político e a situação econômica e social; (v) a natureza e a quantidade dos escândalos; (vi) o calendário eleitoral; (vii) a ocorrência ou não de manifestações populares; e (viii) o papel dos meios de comunicação social.[1009]

---

anteontem, terça, à tarde. [...] O relator Antonio Anastasia iniciou a leitura de seu relatório pouco antes de 15:30 de ontem, quarta-feira. Menos de 24 horas depois de encerradas as últimas e detalhadas exposições da defesa. Ainda que desejasse, o relator não teria tempo de analisá-las, fazer sua confrontação com as acusações, com os fatos e documentos. E só então fazer suas conclusões e produzir o relatório, de aceitação ou recusa do processo e julgamento pelo Senado. Muito extenso [...] e minucioso na apreciação das questões de fato suscitadas pela acusação, o relatório evidenciou que suas conclusões e preparação ficaram concluídas antes das etapas finais da defesa. [...] Não é seguro que, no caso, o intervalo adequado levasse ao estudo do último e importante ato da defesa. Nem que o estudo influísse na visão de Anastasia. Mas a ausência do intervalo necessário deixou um sinal negativo nas condições de uma decisão tão grave pelo Senado. Com agenda assim apertada, e sem necessidade disso, parte da defesa se torna inútil já por antecipação. A defesa se encerra como ato de aparências, e não de equidade entre os opostos. O problema se repete na cronologia ainda mais forçada: Anastasia concluiu a exposição do seu complexo relatório já à noite, e o advogado-geral da União [...] deve confrontá-lo como defensor já às 10:00h de hoje. Comentário dispensável. [...] No plenário do Senado, onde se abre o processo de *impeachment*, a sequência de acusação, defesa e relatório repete-se, com importância ainda maior. Há tempo para reexame da agenda prevista e para a discussão de escolhas pessoais e políticas para os cargos necessários. Com o jogo jogado, trata-se mesmo de cuidar das aparências. Que cuidem melhor" (FREITAS, Jânio de. Os tempos do rito. *Folha de S.Paulo*, p. A10, 5 maio 2016).

[1009] PÉREZ-LIÑÁN, Aníbal. *Juicio político al presidente y nueva inestabilidad política en América Latina*. Buenos Aires: Fondo de Cultura Económica, 2009. p. 34. O papel desempenhado por esses distintos elementos vai ganhando em complexidade. Assim, por exemplo, os meios de comunicação social são praticamente indispensáveis para a existência de efetividade na apuração da responsabilidade dos agentes políticos, mas são estes mesmos meios que, por vezes, fomentam falsos escândalos ou usam um suposto escândalo como argumento para chantagear governos em troca de vantagens (em geral verbas publicitárias) (PÉREZ-LIÑÁN, Aníbal. *Juicio político al presidente y nueva inestabilidad política en América Latina*. Buenos Aires: Fondo de Cultura Económica, 2009. capítulo 4, em especial p. 119 e ss.). Liñán, por exemplo, afirma que a imprensa latino-americana em geral "está cada vez mais disposta a investigar a política desonesta", em decorrência de quatro fatores: a maior liberdade de imprensa fruto da democratização política, a redução dos instrumentos que os governos dispunham para controlar a imprensa, o crescimento da televisão e a maior profissionalização do jornalismo. No entanto, salienta: "este nuevo estado de cosas – una prensa con mayores oportunidades para investigar escándalos – no deja de tener aspectos controvertidos. A menudo, los periodistas latinoamericanos han hecho el seguimiento de un escándalo por el escándalo mismo; los efectos de la desregulación en los mercados de medios son debatibles; el compromiso de las cadenas de televisión con la emisión de noticias de calidad es, en el mejor de los casos, dudoso; se ha confundido muchas veces periodismo de investigación con la publicación de acusaciones infundadas" (p. 120). "Cuando a los productores de noticieros les interesan los escándalos – y opinamos que en un contexto de democratización y mayor competencia por el mercado les interesan cada vez más – la televisión aumenta el impacto de los escándalos sobre la opinión pública impulsando las acusaciones" (p. 134). Liñán cita ainda a "confissão" de um jornalista brasileiro segundo o qual "Depois de Watergate, o sonho de todo jornalista passou a ser algo semelhante a: Se tiver a capacidade necessária posso derrubar um presidente" (p. 138). No Brasil, o *impeachment* tem uma relação particular com o tema da sujeição do STF à pressão popular. É que, como lembra Patrícia Perrone, o STF foi o "primeiro tribunal do mundo a veicular seus julgamentos ao vivo por meio de canal próprio", mas sua primeira sessão plenária "transmitida ao vivo para todo o país ocorreu em 23 de setembro de 1992 e teve por objeto o mandado de segurança impetrado" pelo então PR Collor "contra ato do presidente da Câmara dos Deputados que determinara o procedimento para julgamento do processo de impeachment" (MELLO, Patrícia Perrone Campos. *Nos bastidores do STF*. Rio de Janeiro: Forense, 2015. p. 337. Sobre o impacto da opinião pública nas decisões do STF veja-se o capítulo 5 da referida obra).

CAPÍTULO 4
O *IMPEACHMENT* E A RESPONSABILIDADE CRIMINAL DOS AGENTES POLÍTICOS | 305

Segundo a percepção da ciência política, um agente político, mesmo que aparentemente tenha cometido ilícitos graves, provavelmente não perderá o poder *se* os demais fatores forem favoráveis: se a economia estiver crescendo, se tiver um apoio razoável de seu partido, se as normas constitucionais tornarem o processo mais difícil, se não ocorrerem protestos em massa. Por outro lado, um presidente, mesmo que pessoalmente honesto, provavelmente será afastado por *impeachment* se o país estiver atravessando uma crise grave, se não tiver apoio partidário significativo, se ocorrerem protestos populares de grande porte, se os meios de comunicação o atacarem etc.[1010]

Na síntese de Pérez-Liñán, "políticos corruptos ou autoritários em democracias recentes podem ficar imunes a escândalos quando o comportamento da economia é bom". Por outro lado, "políticos honestos podem estar expostos a que o povo exija sua remoção quando adotam programas controvertidos".[1011] Nenhuma dessas hipóteses é desejada pelo direito, mas saber que são de fato possíveis pode ajudar a manejar seu instrumental.

Na verdade, os aportes da ciência política – e da história – parecem lembrar ao mundo jurídico alguns aspectos que este talvez preferisse não conhecer. Em primeiro lugar, que o papel das normas constitucionais nos desfechos das crises – ainda que certamente importante – não tem o caráter decisivo que gostaríamos que tivesse.[1012] Ou, nas palavras de Pérez-Liñán, o processo de *impeachment* "não foi a *causa* fundamental que levou à queda" de tantos governos latino-americanos nos últimos 20 anos; "foi uma *maneira* particular pela qual se produziram tais colapsos".[1013] Além disso, o apelo a estas normas é feito por vezes na busca de uma legitimidade constitucional pouco preocupada em saber se, de fato, ilícitos foram ou não cometidos. Para muitos grupos políticos (e para os poderes fáticos que os apoiam), a busca por algum enquadramento jurídico é apenas um passo a ser cumprido após decidirem – por razões *políticas* – que

---

[1010] No caso de Collor parecem ter ocorrido todos os elementos que levam ao *impeachment*, e em grande intensidade. Sobre o tema, além do relato feito por Liñán, veja-se CONTI, Mario Sergio. *Notícias do Planalto* – A imprensa e Fernando Collor. São Paulo: Companhia das Letras, 1999.

[1011] PÉREZ-LIÑÁN, Aníbal. *Juicio político al presidente y nueva inestabilidad política en América Latina*. Buenos Aires: Fondo de Cultura Económica, 2009. p. 150.

[1012] O que lembra a observação de Canotilho, segundo a qual: "O esforço feito pela ciência do direito constitucional no aprofundamento da *normatividade* da Constituição e do direito constitucional em geral, de modo a tornar este direito 'igual' aos outros (ou seja, um 'verdadeiro direito'), conduziu, ao mesmo tempo, a consequências menos positivas quer no plano teórico que no plano dogmático. Em primeiro lugar, o 'processo de normalização-normativização' teria operado um importante estreitamento de horizontes no estudo do processo de ação política. Mesmo que as constituições tenham logrado obter o proeminente lugar de *estatuto jurídico do político*, nem por isso se conseguiu analisar fenomenologicamente a 'dimensão política', ou, melhor dizendo, o 'lien natif' entre o direito e a política. A cisão entre 'normas jurídicas' e 'fenômenos políticos' acarretou consequências nefastas, tais como, o menosprezo pelo estudo da história do pensamento e das ideias políticas, e as indiferenças perante as práticas e as 'obras de reflexão, desde a literatura de intervenção política até à filosofia mais especulativa'" (CANOTILHO, J. J. Gomes. *Contributo para o Estudo da 'Distânciação decisória' no Estado Constitucional Democrático*. Coimbra 2012. Texto destinado a livro de homenagem ao Ministro Eros Grau, gentilmente cedido pelo autor. p. 2).

[1013] PÉREZ-LIÑÁN, Aníbal. *Juicio político al presidente y nueva inestabilidad política en América Latina*. Buenos Aires: Fondo de Cultura Económica, 2009. p. 295 grifos no original.

determinado agente *tem* que ser afastado.[1014] Voltamos aqui, novamente, à juridicização da política.[1015]

Assim – e este é outro aspecto importante – o "padrão emergente de crises governamentais sem quebra do regime é consistente com um modelo de responsabilidade espasmódica no qual os controles institucionais só são ativados quando um governo cai em desgraça".[1016] Ou seja, esses controles institucionais não controlam como regra, e

---

[1014] Por exemplo, entre a decisão da Câmara dos Deputados de autorizar a abertura de processo de *impeachment* contra Dilma Rousseff, tomada em 17.4.2016, e a decisão do Senado que efetivamente iniciou este processo (e marcou o afastamento da presidente), tomada em sessão iniciada em 11 e concluída na madrugada de 12.5.2016, boa parte do espaço dos principais jornais brasileiros (em especial a 1ª página) passou a ser dedicado não mais ao processo em si, mas sim à formação do "futuro" governo a ser encabeçado pelo Vice-Presidente Michel Temer (chegou-se ao requinte de divulgar nomes de futuros ministros – caso do advogado Antonio Mariz de Oliveira, apontado como futuro Ministro da Justiça – que em seguida foram "previamente derrubados", neste caso por ter divulgado opinião contrária a supostos excessos da denominada "Operação Lava Jato"). O episódio gerou um desmentido formal do então ainda vice-presidente (PERES, Bruno. Temer divulga nota para "corrigir injustiça" contra Antônio Mariz. *Valor Econômico*, 29 abr. 2016. Disponível em: http://www.valor. com.br/politica/4544153/temer-divulga-nota-para-corrigir-injustica-contra-antonio-mariz. Acesso em: 30 abr. 2016). Mais impressionante era que as notícias econômicas e os indicadores econômicos já eram divulgados ostensivamente como fruto de uma reação a uma decisão – de afastamento da presidente – que *já estava tomada* para todos os efeitos políticos e econômicos. Restava apenas tomar a decisão sob o aspecto jurídico-formal, o que exigia cumprir um rito necessário a – tentar – proteger a decisão (já tomada) de questionamentos judiciais e da acusação de golpismo. Como se tudo isso fosse pouco, os jornais divulgavam, ostensivamente, o futuro voto dos senadores (que, portanto, informavam a decisão que tomariam como julgadores antes mesmo do início do julgamento), sem qualquer questionamento quanto à correção da prática. Assim, por exemplo, o jornal *Folha de S.Paulo*, de 28.4.2016 anunciava o "placar" da decisão de afastamento (51 votos a favor do afastamento, 21 contra, 2 indecisos, 6 não declararam) e o placar do julgamento (41 a favor, 20 contra, 6 indecisos, 14 não declararam e 1 não respondeu). Ou seja, apenas 14 senadores se recusaram a adiantar a decisão que tomariam no julgamento e apenas 6 se recusaram a adiantar a decisão que tomariam quanto à decisão de afastamento (*Folha de S.Paulo*, 28 abr. 2016, p. A6) (este levantamento do jornal foi sendo atualizado diariamente).

[1015] A situação evoca a tese de Fauconnet, discípulo de Durkheim, que, ao justificar a punição nas sociedades modernas adota, segundo Frédéric Gros, a "simples" e "espantosa" tese de que "não é a responsabilidade que torna possível a punição, mas a necessidade de punição que explica a invenção da responsabilidade. Não se pune um qualquer enquanto responsável, mas é decretado responsável com o fim de poder puni-lo" (GARAPON, Antoine; GROS Frédéric; PECH, Thierry. *Punir em democracia* – E a Justiça será. Lisboa: Instituto Piaget, 2002. p. 69).

[1016] PÉREZ-LIÑÁN, Aníbal. *Juicio político al presidente y nueva inestabilidad política en América Latina*. Buenos Aires: Fondo de Cultura Económica, 2009. p. 36. O autor acaba indagando: "Los reclamos de juicio político, ¿fueron una respuesta legítima a los escándalos de corrupción, el producto de la manipulación de los medios o simplemente una indicación del fracaso de una política en el contexto de democracias con una institucionalización débil? Tal vez la respuesta sea: todo lo mencionado anteriormente" (p. 202). E, voltando ao tema do modelo de responsabilidade que surge com o aumento do *impeachment*, entende o autor: "El modelo de responsabilidad horizontal que surgió en este contexto puede caracterizarse como politizado y espasmódico. Por 'politizado', entendemos que hay consideraciones electorales, partidarias y personales de corto plazo que impulsan las decisiones de los legisladores tanto como su preocupación por el predominio presidencial o el mantenimiento de las instituciones (Mayhew, 1974). Por 'espasmódico', entendemos que el mecanismo de juicio político es activado de manera intermitente como una forma de manejar situaciones extremas, sin un ejercicio más continuo de la supervisión parlamentaria en tiempos 'normales' (véase Siavelis, 2000). Las elites utilizaron el juicio político como una forma de controlar a presidentes que se habían vuelto demasiado impopulares, demasiado impredecibles o demasiado renuentes a realizar acuerdos. Pero los controles se activaban de manera intermitente para destronar a presidentes indeseables más que para prevenir el predominio presidencial y los posibles delitos en una etapa inicial. Esta posición se encuentra en algún punto entre una imagen pesimista de América Latina como un vasto páramo institucional y una visión optimista de sociedades gobernadas por 'reglas de juego' consolidadas. En un régimen presidencial carente de todo mecanismo efectivo de responsabilidad horizontal, sería de esperar que los excesos presidenciales fueran un fenómeno común y el juicio político, un proceso desconocido. En un contexto de sólida responsabilidad horizontal, sería de esperar que los delitos y faltas graves fuesen sucesos poco frecuentes y que el juicio político fuese igualmente inusual. En cambio, la inconducta presidencial fue un fenómeno frecuente en América Latina en la década del noventa, mientras que el juicio político surgió como algo inesperado. Los juicios políticos han demostrado que los legisladores tenían la fuerza necesaria para pedirle cuentas al presidente cuando los escándalos mediáticos y la protesta popular les daban suficiente influencia, pero no la necesaria para evitar instancias de abuso presidencial con regularidad" (p. 330-331).

sim como exceção, exceção que exige a conjunção de uma crise política com elementos suficientes para sua eclosão, prosseguimento e conclusão. Do contrário, não haverá controle, ainda que tenha havido coisas a controlar.

O que o estudo do *impeachment* parece revelar é que ele não é um instrumento que se preste adequadamente para o controle *ordinário* da responsabilidade dos agentes políticos,[1017] salvo no que se refere ao seu papel como elemento dissuasório. Isso não significa que seja inútil ou obsoleto, apenas que deve ser utilizado somente nos casos de inequívoco cometimento de infrações muito graves.

Por outro lado, essa conclusão reforça o papel que outros mecanismos de responsabilização devem desempenhar, em especial o da responsabilidade política, além dos mecanismos que tenham um olhar mais voltado para o futuro, como abordaremos na Parte III.

[1017] Vale aqui a feliz observação de Brice, segundo o qual o *impeachment* "é como um canhão de cem tonelladas, que exige para ser posto em posição um mecanismo complicado, para atirar, uma quantidade consideravel de polvora e, para ser ajustado um ponto de vista muito extenso. Ou para me valer de outra comparação, o impeachment é o que os medicos chamam um medicamento heroico, um remedio desesperado" (*apud* FONSECA, Annibal Freire. *Do Poder Executivo na Republica Brazileira*. Rio de Janeiro: Imprensa Nacional, 1916. p. 131).

CAPÍTULO 5

IMPROBIDADE ADMINISTRATIVA
E AGENTES POLÍTICOS

5.1 Introdução

O que denominamos no Brasil de Lei de Improbidade Administrativa (Lei Federal nº 8.429/92, ou LIA) é, nas palavras de um de seus grandes cultores, um "diploma singular e sem paralelo no mundo".[1018] A lei em questão se baseia em alguns dispositivos constitucionais que pouco ajudam na definição do novo sistema de responsabilização que ela criou. Assim, praticamente tudo na LIA é uma criação do legislador infraconstitucional.

Para nosso trabalho, não nos interessam as várias polêmicas que surgem na interpretação da LIA, mas sim aquelas com repercussões constitucionais diretas no estatuto de responsabilidade dos agentes políticos, inclusive aquelas decorrentes da sobreposição do sistema de responsabilização por improbidade com os sistemas de apuração da responsabilidade política, penal e por crimes de responsabilidade. No entanto, não há como tratar desses aspectos da lei sem uma introdução, ainda que breve, acerca da lei como um todo.

Note-se que, não obstante a enorme divergência doutrinária em torno de diversos aspectos da LIA, trata-se de um tipo de responsabilidade com enorme incidência prática.[1019] De todo modo, antes de uma visão geral da lei, façamos breve incursão sobre os dispositivos constitucionais que tratam da probidade e da improbidade.

A CRFB menciona a improbidade administrativa duas vezes.[1020] A principal previsão que, se não "cria" o instituto, o insere no texto constitucional, é o §4º do art.

[1018] GARCIA, Emerson; ALVES, Rogério Pacheco. *Improbidade administrativa*. 7. ed. 2. tir. São Paulo: Saraiva, 2014. p. 80.

[1019] Segundo levantamento feito pelo jornal *O Globo* (edição de 22.3.2015, p. 14-16. Disponível em: http://oglobo. globo.com/rio/dos-92-prefeitos-do-estado-do-rio-70-deles-sao-alvo-de-investigacao-na-justica-15666462. Acesso em: 28 jul. 2015), 70% dos 92 prefeitos (equivalentes aos presidentes das câmaras municipais) do Estado do Rio de Janeiro estavam sendo investigados. Segundo a matéria "Um levantamento feito nos tribunais Superior Eleitoral e de Justiça do Rio, nos ministérios públicos Federal e do estado e na Polícia Federal revela ainda que 50 desses prefeitos alternam a cadeira no gabinete com o banco dos réus, sendo que em 13 casos já houve condenações. Juntos, *65 chefes do Executivo respondem a pelo menos 118 ações por improbidade administrativa*, dez penais e 86 inquéritos. Treze já foram cassados, mas estão recorrendo".

[1020] Isso no que podemos denominar de texto principal da Constituição, por oposição ao texto do ADCT, em que existe outra menção à improbidade inserida em longo e detalhado dispositivo (art. 97, do ADCT, incluído pela Emenda Constitucional nº 62, de 2009), tratando da forma de pagamento dos débitos da fazenda pública apurados por decisão judicial transitada em julgado ("precatórios"). O §10, inc. III, do art. 97 estabelece que "no caso de

37[1021] (dispositivo que inaugura o capítulo da CRFB – Capítulo VII, do Título III – que trata da administração pública), segundo o qual:

> Os atos de improbidade administrativa importarão a suspensão dos direitos políticos, a perda da função pública, a indisponibilidade dos bens e o ressarcimento ao erário, na forma e gradação previstas em lei, sem prejuízo da ação penal cabível.

Além disso, o art. 15, inc. V, da CRFB estabelece que a "improbidade administrativa, nos termos do art. 37, §4º", é uma das hipóteses nas quais se admite a "cassação de direitos políticos".

Também existem duas menções à "probidade" no texto constitucional. Em primeiro lugar, temos o art. 85, inc. V, já mencionado no Capítulo 4, que traz a "probidade na administração", como um dos bens jurídicos a serem protegidos na tipificação dos crimes de responsabilidade.

Temos ainda o art. 14, que trata de direitos políticos, incluindo as condições de elegibilidade e casos expressos de inelegibilidade, e cujo §9º estabelece que uma

> Lei complementar[1022] estabelecerá outros casos de inelegibilidade e os prazos de sua cessação, a fim de proteger a *probidade* administrativa, a moralidade para exercício de mandato considerada a vida pregressa do candidato, e a normalidade e legitimidade das eleições contra a influência do poder econômico ou o abuso do exercício de função, cargo ou emprego na administração direta ou indireta.

Tentemos verificar quais características da improbidade administrativa decorrem do próprio texto constitucional. Fica evidente, a nosso ver, que a *probidade* administrativa é um bem jurídico especialmente protegido pela CRFB, uma vez que sua violação sujeita o responsável ao *impeachment* e à inelegibilidade, perda ou cassação de direitos políticos. Ou seja, a violação da probidade administrativa sujeita o responsável – basicamente os agentes políticos – às consequências estabelecidas em dois sistemas distintos: o de apuração dos crimes de responsabilidade e o de inelegibilidades (inclusive punitivas) do direito eleitoral.

Não satisfeita com isso, a CRFB, no §4º de seu art. 37, dispositivo que regula a administração pública (e que, portanto, se dirige aos agentes públicos em geral), fixa outras consequências para os "atos de improbidade administrativa":[1023] suspensão dos direitos políticos, perda da função pública, indisponibilidade dos bens e ressarcimento ao erário. Só que, ao fazê-lo, estabelece que a "forma e gradação" dessas consequências serão "previstas em lei" e que tais consequências serão aplicadas "sem prejuízo da ação penal cabível". Portanto, *a contrario sensu*, a CRFB deixaria claro que a aplicação

---

     não liberação tempestiva" de recursos necessários ao pagamento de precatórios, "o chefe do Poder Executivo responderá na forma da legislação de responsabilidade fiscal *e de improbidade administrativa*".

[1021] E cujo *caput* tem a seguinte redação: "Art. 37. A administração pública direta e indireta de qualquer dos Poderes da União, dos Estados, do Distrito Federal e dos Municípios obedecerá aos princípios de legalidade, impessoalidade, moralidade, publicidade e eficiência e, também, ao seguinte: [...]".

[1022] Lei em parte analisada no Capítulo 6.

[1023] "Termo dotado de elevada carga de vagueza conceitual" (OLIVEIRA, José Roberto Pimenta. *Improbidade administrativa e sua autonomia constitucional*. Belo Horizonte: Fórum, 2009. p. 149).

de tais consequências aos responsáveis por atos de improbidade se daria por meio de um sistema de apuração de responsabilidade distinto do sistema penal.

Mas a CRFB, a nosso ver, não impõe ao legislador a criação de um novo sistema de responsabilização. O que ela impõe é a aplicação das referidas consequências aos que praticarem atos de improbidade. Ainda assim, a apuração da prática de tais atos poderia se dar sob a égide de sistemas de responsabilização já existentes (talvez até cumulativamente).

Fazemos a ressalva porque, em 1988, já existia, na legislação brasileira (em especial no regime disciplinar dos servidores públicos), ampla menção à improbidade, seja como infração administrativa própria de servidores públicos,[1024] seja como ilícito trabalhista.[1025] Ademais, quanto aos agentes políticos, como ressaltado por Emerson Garcia, "com exceção da Carta de 1824, que consagrou a irresponsabilidade do Imperador (art. 99), todas as Constituições Republicanas previram a responsabilização do Chefe de Estado por infração da probidade na administração".[1026] O próprio art. 37, §4º da CRFB, ao enunciar certas consequências para a prática de ilícitos por parte de agentes públicos, tem antecedentes tanto na Constituição de 1946 como na Carta de 1967/69, incluindo a previsão de "sequestro e perdimento de bens" de agentes públicos.[1027]

Assim, a partir do texto constitucional, parece-nos *possível* – embora certamente não uma imposição ao legislador – considerar a improbidade administrativa como um conceito *qualificador* de ilícitos previstos em outros esquemas de responsabilização (que geraria a consequência de impor as penalidades previstas no texto constitucional). Ou seja, "atos de improbidade" não seriam um novo gênero de ilícito (ao lado de crimes comuns, crimes de responsabilidade, infrações administrativas), e sim uma qualificação especial desses ilícitos ou mesmo uma mera classificação. Esta parece ser a opinião de José Afonso da Silva que, ao comentar o art. 37, §4º da CRFB, afirma que a "probidade administrativa é uma *forma de moralidade administrativa que mereceu consideração especial pela Constituição*, que pune o ímprobo com a suspensão de direitos políticos (art. 37, §4º)".[1028]

[1024] Por exemplo, o art. 132, IV da Lei Federal nº 8.112/90 (que dispõe sobre o regime jurídico dos servidores públicos civis da União, das autarquias e das fundações públicas federais) e que estabelece que: "A demissão será aplicada nos seguintes casos: [...] improbidade administrativa". No mesmo sentido o art. 106, inc. III da Lei Orgânica da Procuradoria Geral do Estado do Rio de Janeiro (Lei Complementar estadual nº 15), que é de 1980, já estabelecia a "improbidade *funcional*", como uma das infrações que sujeita o procurador do estado à pena de demissão.

[1025] Com efeito, o art. 482, "a", da Consolidação das Leis do Trabalho, que é de 1943, considera a prática de "ato de improbidade" como um dos motivos que enseja a rescisão do contrato de trabalho pelo empregador por "justa causa". Devemos a Emerson Garcia a lembrança do dispositivo (GARCIA, Emerson; ALVES, Rogério Pacheco. *Improbidade administrativa*. 7. ed. 2. tir. São Paulo: Saraiva, 2014. p. 178).

[1026] GARCIA, Emerson; ALVES, Rogério Pacheco. *Improbidade administrativa*. 7. ed. 2. tir. São Paulo: Saraiva, 2014. p. 261.

[1027] Arts. 141, §31, da Constituição de 1946, 150, §11, da Carta de 1967 e 153, §11 com a Emenda Constitucional nº 1/69.

[1028] O autor prossegue: "*Cuida-se de uma imoralidade administrativa qualificada. A improbidade administrativa é uma imoralidade qualificada pelo dano ao Erário e correspondente vantagem ao ímprobo ou a outrem*. O texto constitucional vincula, notoriamente, os atos de improbidade administrativa ao dano ao Erário Público, tanto que uma das sanções impostas consiste no ressarcimento ao Erário, porque é essa sanção que reprime o desrespeito ao dever de honestidade que é da essência do conceito da probidade administrativa. O *grave* desvio de conduta do agente público é que dá à improbidade administrativa uma qualificação especial, que ultrapassa a simples imoralidade por desvio de finalidade. O que se extrai do texto constitucional e dessa doutrina é que *a improbidade administrativa constitui um desvio de conduta qualificado pelo dano ao Tesouro, aos dinheiros públicos, não sendo assim caracterizado o simples desvio de finalidade, ainda que em proveito do agente*. Neste último caso o ato é inválido, porque a finalidade

Com isso, o que nos parece de fato inequívoco é o objetivo do texto constitucional de garantir uma tutela reforçada à probidade administrativa, independentemente do sistema de responsabilização que constatar o ataque a tal bem jurídico, ou seja, que apurar e constatar a prática de atos de improbidade administrativa.

A nosso ver, nem mesmo a parte final do §4º do art. 37 ("sem prejuízo da ação penal cabível") exclui a possibilidade aqui aventada, pois o ato de improbidade (se fosse concebido como uma qualificação de um crime e/ou de uma infração administrativa ou delito funcional) poderia gerar as consequências previstas no dispositivo (a suspensão dos direitos políticos, a perda da função pública, a indisponibilidade dos bens e o ressarcimento ao erário), sem que isso afastasse a possibilidade de ação penal ou mesmo como decorrência de tal ação.

Mas essa não foi a opção do legislador, a quem a CRFB incumbiu a tarefa de concretizar essa tutela reforçada da probidade administrativa, e que decidiu criar um sistema de apuramento de responsabilidade, a nosso ver inteiramente novo, que mistura consequências punitivas e reparatórias. Com isso, a probidade, de bem jurídico protegido por distintos sistemas de responsabilização, passa a ser a base para a edificação, por meio da LIA, de um sistema de responsabilização pretensamente novo.

Esta tentativa, ou pelo menos o texto que a enuncia, dá margem às mais díspares interpretações e gera um número considerável de problemas. Passemos então à análise do texto em questão.

5.2 Visão geral da lei

A LIA está estruturada em oito capítulos, incluindo dispositivos de direito material (basicamente aqueles que definem os atos de improbidade administrativa), processual civil, e de organização e processo administrativo.

---

de interesse público do ato é requisito de sua validade, e pode gerar sanções ao agente, mas não as graves sanções que se cominam a uma conduta ímproba. A mera ilegalidade do ato não pode caracterizar ato de improbidade. [...] A norma do art. 37, §4º, da CF é daquelas que requerem uma normatividade ulterior para sua incidência. O legislador constituinte reconheceu a conveniência de disciplinar a questão da improbidade administrativa e suas consequências; mas, por qualquer razão, limitou-se a traçar o esquema do instituto ali previsto, incumbindo ao legislador ordinário sua complementação, segundo a forma, critérios, requisitos, condições e circunstâncias ali expressos. Esse tipo de norma de eficácia limitada deixa menor ou maior campo à atuação discricionária do legislador ordinário, mas sempre há um mínimo que um poder mais elevado – o constituinte – quer ver atendido, ou seja, o desrespeito aos limites contidos na própria norma a ser complementada gera a inconstitucionalidade da lei integrativa, como é o caso do art. 11 da Lei 8.924/1992" (SILVA, José Afonso da. *Comentário contextual à Constituição*. 8. ed. São Paulo: Malheiros, 2012. p. 353-354). Também parece ser a opinião de Manoel Gonçalves Ferreira que, ao comentar o mesmo dispositivo da CRFB, afirma: "É evidente que os atos de improbidade administrativa sempre foram, como são, punidos pela legislação penal. Também é certo que, de acordo com esta, os responsáveis por eles sofrem penas acessórias, como suspensão de direitos, inclusive políticos, e perda da função pública. Igualmente, são atingidos, durante o processo, pela indisponibilidade de bens e, na sentença, pelo perdimento dos bens assim adquiridos, afora a obrigação de ressarcir as consequências de ato ilícito, que o direito civil consagra de modo completo. Rigorosamente falando, este preceito nada acrescenta ao direito pátrio. É, todavia, uma advertência ao administrador (será que útil?), e principalmente uma satisfação à opinião pública" (FERREIRA FILHO, Manoel Gonçalves. *Comentários à Constituição brasileira de 1988*. 3. ed. São Paulo: Saraiva, 2000. v. 1. p. 258-259). Emerson Garcia também parece seguir esta linha ao afirmar que "os atos de improbidade podem ser coibidos de múltiplas formas, perante diversos órgãos e com distintos efeitos em relação ao ímprobo". A Lei nº 8.429/92 seria o "diploma que instituiu a tipologia básica dos atos de improbidade", sem prejuízo da sua coexistência com uma "ampla gama de normas que coíbem a improbidade dos agentes públicos" (GARCIA, Emerson; ALVES, Rogério Pacheco. *Improbidade administrativa*. 7. ed. 2. tir. São Paulo: Saraiva, 2014. p. 273).

O Capítulo I das Disposições Gerais inicia-se com dispositivo enunciando que os "atos de improbidade praticados por qualquer agente público, servidor ou não, contra a administração" pública serão punidos na forma da LIA. A definição de administração pública é a mais ampla possível, estendendo-se *verticalmente* para incluir todas as pessoas jurídicas de direito público interno que compõem a República (a União, os estados, o Distrito Federal e os municípios, além dos territórios federais), e, horizontalmente, para incluir a administração direta, indireta ou fundacional de qualquer dos poderes bem como empresa incorporada ao patrimônio público ou entidade para cuja criação ou custeio o erário haja concorrido (no passado) ou concorra com mais de cinquenta por cento do patrimônio ou da receita anual. A LIA também sujeita às suas penalidades os atos de improbidade praticados contra o patrimônio de

> entidade que receba subvenção, benefício ou incentivo, fiscal ou creditício, de órgão público bem como daquelas para cuja criação ou custeio o erário haja concorrido ou concorra com menos de cinquenta por cento do patrimônio ou da receita anual, limitando-se, nestes casos, a sanção patrimonial à repercussão do ilícito sobre a contribuição dos cofres públicos.

O amplíssimo conceito de agente público é dado pelo art. 2º da lei,[1029] incluindo todo aquele que exerça, ainda que transitoriamente ou sem remuneração, por meio de eleição, nomeação, designação, contratação ou qualquer outra forma de investidura ou vínculo, mandato, cargo, emprego ou função nas diversas entidades mencionadas anteriormente (cujo patrimônio é protegido pela lei em questão). Além disso, prossegue o art. 3º, as disposições da lei são "aplicáveis, no que couber, àquele que, mesmo não sendo agente público, induza ou concorra para a prática do ato de improbidade ou dele se beneficie sob qualquer forma direta ou indireta".

A LIA, em seguida, traz regras referentes ao ressarcimento ao erário, estabelecendo (art. 5º) que "ocorrendo lesão ao patrimônio público por ação ou omissão, dolosa ou culposa, do agente ou de terceiro, dar-se-á o integral ressarcimento do dano" e que (art. 6º), "no caso de enriquecimento ilícito, perderá o agente público ou terceiro beneficiário os bens ou valores acrescidos ao seu patrimônio". O capítulo se encerra com dispositivo sucessório (art. 8º), segundo o qual "o sucessor daquele que causar lesão ao patrimônio público ou se enriquecer ilicitamente está sujeito às *cominações*" da lei "até o limite do valor da herança".[1030]

[1029] Mais à frente veremos em que extensão ele inclui os agentes políticos.

[1030] O capítulo traz ainda um dispositivo (art. 4º) que, na melhor das hipóteses, é inócuo, e, na pior, perigoso, segundo o qual "os agentes públicos de qualquer nível ou hierarquia são obrigados a velar pela *estrita* observância dos princípios de legalidade, impessoalidade, moralidade e publicidade no trato dos assuntos que lhe são afetos". Inócuo, porque a observância de tais princípios já é uma expressa imposição constitucional, por força do art. 37, *caput* da CRFB, e perigoso porque, ao menos em relação à "legalidade", a exigência de estrita observância pode, se levada a sério, ocasionar graves problemas de inação da administração, violando a eficiência, um dos princípios constitucionais também incluídos no caput do art. 37 (posteriormente à Lei de Improbidade). Nesse sentido, Edilson Pereira Nobre Jr, criticando o art. 11 da Lei nº 8.429, afirmou que a "incidência de tal norma desprovida de ajustes objetivos poderá conduzir a um resultado contrário à dinâmica que deve pautar a função administrativa, retirando do administrador qualquer laivo de criatividade – o que decerto e jamais foi o objetivo pretendido pela lei 8.429/1992" (NOBRE JR., Edilson Pereira. Improbidade administrativa: uma releitura do art. 11 da Lei 8.429/1992 à luz do princípio da segurança jurídica. *Revista Trimestral de Direito Público*, São Paulo, n. 61, 2015. p. 88). A pretensão de equiparação de ilegalidade à improbidade será analisada mais à frente.

Segue-se o Capítulo II, em que os atos de improbidade administrativa são originalmente definidos, e divididos, em três blocos distintos, teoricamente conforme a principal consequência por eles causada, a saber: atos de improbidade administrativa que (i) importam enriquecimento ilícito; (ii) causam prejuízo ao erário e (iii) atentam contra os princípios da administração pública.[1031] Na verdade, é possível dizer que qualquer ato de improbidade administrativa atenta contra os princípios da administração pública, e, portanto, o último bloco corresponde aos atos de improbidade que não causam prejuízo (ao menos financeiramente quantificável) à administração nem trazem qualquer benefício direto ao agente. Assim, o último bloco parece conformar um esforço do legislador em ter uma espécie de cláusula residual, em que fosse possível encaixar qualquer conduta indesejada que não fosse possível enquadrar nos dois blocos anteriores.

A esses três blocos foi acrescido posteriormente (de forma bastante assistemática) um art. 10-A com um único tipo específico de improbidade relacionado a benefícios fiscais municipais.

Sem entrar na análise de cada um dos atos de improbidade definidos pela LIA, registrem-se duas observações. Primeira: as três listas de atos de improbidade são exemplificativas.[1032]

A segunda, dela decorrente, é que um dos maiores problemas trazidos pela lei se encontra não nos atos definidos por meio de condutas descritas de forma razoavelmente clara, mas nos atos de improbidade definidos de forma aberta, necessitando da integração de outras normas, em geral de direito administrativo, e, em especial, nos atos de improbidade "definidos" por referência à violação de princípios no problemático *caput* do art. 11, segundo o qual constitui ato de improbidade administrativa "*qualquer* ação ou omissão que viole os deveres de honestidade, imparcialidade, legalidade e lealdade às instituições".[1033] Como se vê, trata-se de definição tão ou mais aberta do que aquelas usualmente utilizadas nas infrações especiais (tratadas no Capítulo 4) e que se aproxima em demasia dos abertíssimos padrões em face dos quais a responsabilidade política é apurada.

[1031] "Art. 11. Constitui ato de improbidade administrativa que atenta contra os princípios da administração pública qualquer ação ou omissão que viole os deveres de honestidade, imparcialidade, legalidade, e lealdade às instituições, e notadamente: I - praticar ato visando fim proibido em lei ou regulamento ou diverso daquele previsto, na regra de competência; II - retardar ou deixar de praticar, indevidamente, ato de ofício; III - revelar fato ou circunstância de que tem ciência em razão das atribuições e que deva permanecer em segredo; IV - negar publicidade aos atos oficiais; V - frustrar a licitude de concurso público; VI - deixar de prestar contas quando esteja obrigado a fazê-lo; VII - revelar ou permitir que chegue ao conhecimento de terceiro, antes da respectiva divulgação oficial, teor de medida política ou econômica capaz de afetar o preço de mercadoria, bem ou serviço; VIII - descumprir as normas relativas à celebração, fiscalização e aprovação de contas de parcerias firmadas pela administração pública com entidades privadas; IX - deixar de cumprir a exigência de requisitos de acessibilidade previstos na legislação".

[1032] O *caput* dos três dispositivos, após enunciar o conceito, introduz a lista de atos em espécie com a expressão "e notadamente". Ademais, cumpre registrar que existem outros atos de improbidade criados por leis posteriores, tais como: o art. 52 da Lei nº 10.257/01 (conhecida como Estatuto da Cidade); o art. 73, §7º da Lei nº 9.504/97 (conhecida como Lei Eleitoral); o art. 13, §2º da Lei nº 11.107/05 (conhecida como Lei dos Consórcios); os arts. 5º, 6º e 12 da Lei nº 12.813, de 16.5.2013, que dispõe sobre o conflito de interesses no exercício de cargo ou emprego do Poder Executivo Federal e impedimentos posteriores (e que analisaremos no Capítulo 8), o art. 21 da Lei nº 13.089/15 (conhecida como Estatuto das Metrópoles).

[1033] Fabio Medina Osório afirma que "As normas sancionadoras em branco, consagradas, na LGIA, receberão seus conteúdos de normativas as mais variadas, dotando-se de complexidade interdisciplinar de proporções assustadoras" (OSÓRIO, Fabio Medina. *Teoria da improbidade administrativa*. São Paulo: RT, 2007. p. 233).

Prosseguindo com a análise da LIA, temos o Capítulo III, que trata das penas aplicáveis, estruturadas e divididas nos mesmos três blocos que separam os atos de improbidade (recentemente acrescido de um dispositivo destinado a apenas um tipo específico de improbidade). O dispositivo que enuncia as penas aumenta a dificuldade para a compreensão da natureza jurídica da improbidade administrativa. Com efeito, ao enunciar as "cominações" às quais o responsável pelo ato de improbidade está sujeito, o art. 12 estabelece que elas são aplicáveis "independentemente das sanções penais, civis e administrativas previstas na legislação específica";[1034] fazendo inferir que as "cominações" aplicadas em decorrência da Lei de Improbidade não seriam nem penais, nem civis, nem administrativas.[1035]

A maior parte das cominações tem caráter claramente punitivo (perda da função pública, suspensão dos direitos políticos, pagamento de multa civil e proibição de contratar com o Poder Público ou receber benefícios ou incentivos fiscais ou creditícios). Duas têm caráter reparatório, no sentido de reposição do *status quo ante*: a reparação do prejuízo causado à administração (ressarcimento integral do dano) e a perda dos bens ou valores acrescidos ilicitamente ao patrimônio (cominação referente ao ganho ilícito, ainda que não tenha sido obtido em prejuízo direto da administração).[1036]

Embora as cominações aplicáveis sejam estabelecidas de forma a corresponder, formalmente, à divisão dos três blocos de atos de improbidade, a distinção entre elas é pequena. Para *todos* os atos de improbidade são previstas *todas* as cominações de caráter sancionatório, com pequenas variações de dosimetria (com exceção da perda da função pública que não admite "dosagem"). Além disso, sempre que tenha ocorrido dano ao erário, a LIA prevê o seu ressarcimento integral, assim como prevê a perda de todos os bens ou valores acrescidos ilicitamente ao patrimônio do agente.

Qual então a diferença de penas? A LIA considera mais graves os atos de improbidade que importam *enriquecimento ilícito*, sujeitando o responsável à suspensão dos direitos políticos de oito a dez anos, ao pagamento de multa civil de até três vezes o valor do acréscimo patrimonial e à proibição de contratar com o Poder Público ou receber benefícios ou incentivos fiscais ou creditícios (direta ou indiretamente, ainda que por intermédio de pessoa jurídica da qual seja sócio majoritário) pelo prazo de dez anos. Para os atos de improbidade que causam *prejuízo ao erário* a suspensão dos direitos políticos é pelo prazo de cinco a oito anos, a multa civil é de até duas vezes o valor do dano e a proibição de contratar com o Poder Público ou receber benefícios é pelo prazo de cinco anos. Para os atos de improbidade que atentam contra os princípios da administração

---

[1034] Registre-se que o *caput* do dispositivo foi alterado em 2009 para deixar claro que as cominações "podem ser aplicadas isolada ou cumulativamente, de acordo com a gravidade do fato", pois, anteriormente a tal alteração, havia quem, como Emerson Garcia, sustentasse que as cominações deveriam ser *sempre* aplicadas de forma *cumulativa* (GARCIA, Emerson; ALVES, Rogério Pacheco. *Improbidade administrativa*. 7. ed. 2. tir. São Paulo: Saraiva, 2014. p. 691).

[1035] É verdade que existem penalidades, das quais o grande exemplo é a multa, que são em geral previstas tanto na legislação penal como na legislação administrativa (ou mesmo tributária). No caso sob exame, parece-nos mais adequado afirmar que as penalidades aplicadas em decorrência da LIA, se é que tem uma natureza distinta, o tem não por nenhuma característica ontológica da pena, mas apenas pelo critério formal de ter sido aplicada em decorrência de um processo submetido à LIA.

[1036] No mesmo sentido v. OSÓRIO, Fabio Medina. *Teoria da improbidade administrativa*. São Paulo: RT, 2007. p. 218; NEIVA, José Antonio Lisbôa. *Improbidade administrativa* – Legislação comentada artigo por artigo. 5. ed. Niterói: Impetus, 2013. p. 187.

pública, a suspensão dos direitos políticos é pelo prazo de três a cinco anos, a multa é de até cem vezes o valor da remuneração percebida pelo agente e a proibição de contratar com o Poder Público ou receber benefícios é pelo prazo de três anos. Finalmente, para o caso específico de irregularidade na concessão de certos benefícios fiscais municipais, passou a ser prevista (pelo art. 4º da Lei Complementar nº 157/16) a pena de perda da função pública, suspensão dos direitos políticos de cinco a oito anos e multa civil de até três vezes o valor do benefício financeiro ou tributário concedido.

Quanto às sanções, registre-se ainda que sua aplicação independe "da efetiva ocorrência de dano ao patrimônio público, salvo quanto à pena de ressarcimento" e "da aprovação ou rejeição das contas pelo órgão de controle interno ou pelo Tribunal ou Conselho de Contas".[1037]

O Capítulo IV da LIA traz preceito preventivo que condiciona a posse e o exercício de agente público à apresentação de declaração dos bens e valores que compõem o seu patrimônio privado, a fim de ser arquivada no serviço de pessoal competente.

Já o Capítulo V da LIA traz disposições relativas ao procedimento administrativo e ao processo judicial que não nos interessa para efeitos do presente estudo, salvo no que se refere ao registro de que a ação judicial pode ser proposta pelo Ministério Público ou pela pessoa jurídica interessada, assim considerada a pessoa integrante da administração pública que tenha sofrido o suposto prejuízo ou a quem o agente tido como ímprobo seja ou tenha sido vinculado.

Isso abre a possibilidade de conflito entre o Ministério Público,[1038] possível autor da ação, e a pessoa jurídica teoricamente interessada. É que a lei prevê a possibilidade – que ocorre com frequência – de que a pessoa jurídica, teoricamente interessada (e supostamente beneficiária financeira da ação),[1039] não concorde com a ação e, portanto, conteste-a.

Um conflito ocorre, por exemplo, quando o Ministério Público considera que determinado ato qualifica-se como ato de improbidade, contrariando a opinião da pessoa jurídica interessada, que o considera perfeitamente lícito.[1040] Nesse caso, é

[1037] Previsão do art. 21 da lei, que fala em "sanções" (e não em "cominações"), embora se refira à "pena" de ressarcimento. Quanto à irrelevância da decisão dos tribunais de contas para efeitos de possibilitar a aplicação das sanções trata-se de previsão que, embora compreensível, acaba causando uma situação esdrúxula do ponto de vista sistêmico. "Compreensível" por que existem significativas críticas ao trabalho dos tribunais de contas no Brasil, em especial em razão da forma quase que exclusivamente política de escolha de seus integrantes (*vide* nota inserida no item 2.4 do Capítulo 2, bem como as observações sobre o tema feitas no Capítulo 7). Esdrúxulo do ponto de vista sistêmico porque ao invés de enfrentar os problemas dos tribunais de contas, opta-se por retirar a eficácia de suas decisões ou, na verdade, retira-se a eficácia das decisões que *aprovam* contas. Isso, para o gestor honesto, é verdadeiro pesadelo, pois significa que a aprovação de suas contas por uma corte de contas não representa qualquer garantia de que não será julgado novamente pelos mesmos fatos.

[1038] Registre-se que, no Brasil, embora o Ministério Público integre a administração pública ele goza de enorme autonomia em faca do Poder Executivo podendo inclusive acionar judicialmente o próprio Estado (do qual faz parte, no caso dos ministérios públicos dos estados) ou a União (caso do Ministério Público Federal), o que faz quase diariamente. Embora tenha o monopólio da ação penal (e *nesse caso* represente o estado em juízo), o Ministério Público (com exceção do processo penal), não representa o estado (ou a União), em juízo. Quem representa tais entidades são as procuradorias-gerais dos estados e a Advocacia-Geral da União. Assim, a existência de processos judiciais entre, por exemplo, o estado do Rio de Janeiro (representado em juízo por sua Procuradoria-Geral) e o Ministério Público *do Estado do Rio de Janeiro* ou entre a União e o Ministério Público Federal é absolutamente corriqueira nos tribunais brasileiros.

[1039] Dirigida a responsabilizar alguém, por exemplo, por suposto dano a seu patrimônio.

[1040] O Estado do Rio de Janeiro, por exemplo, celebra contrato administrativo com a empresa "Y", contrato precedido de licitação considerada válida pelos órgãos de controle interno do Estado. O Ministério Público, no entanto,

possível que a pessoa jurídica (cujo ato que se pretende anular constitui em parte objeto da causa) conteste o pedido, atuando ao lado do réu pessoa física (o agente ou agentes que praticaram o ato), ou abstenha-se de contestar o pedido, ainda que não encampe a tese do autor. Naturalmente que, caso a pessoa jurídica interessada concorde com a ação, poderá atuar ao lado de seu autor original.[1041]

Além disso, mencione-se o art. 7º, que, embora inserido no Capítulo I, traz disposição de cunho processual ao possibilitar, juntamente com o art. 16, a decretação cautelar da indisponibilidade dos bens do indiciado.[1042]

---

vislumbra algum vício no processo de licitação e considera que o contrato dele decorrente configura ato de improbidade.

[1041] Nesse caso permanecerão como réus as pessoas físicas tidas como ímprobas, bem como eventual pessoa jurídica tida como beneficiária dos atos de improbidade.

[1042] Tema que não trataremos nesse trabalho, mas em relação ao qual nos permitimos remeter a nosso texto Morte civil temporária. *Tribuna do Advogado*, Rio de Janeiro, ano XLII, n. 539, jul. 2014. p. 18-19. "A favor deles não se invoque dignidade da pessoa humana, presunção de inocência, proteção aos idosos, duração razoável do processo. Todos estes direitos (nestes tempos de 'achismo principiológico') devem ser 'ponderados' (eufemismo elegante e juridicamente legitimado que nestes casos significa suprimidos) no combate à corrupção. A favor deles não se invoquem argumentos de mérito [...]. A favor deles tampouco se diga que o bloqueio dos bens atingiu o dobro do valor objeto da ação. Estes argumentos, assim como os que envolvem direitos fundamentais, não serão acolhidos [...]. Nem mesmo, em geral, rejeitados. No máximo se dirá que serão analisados por ocasião da sentença, que pode, com sorte, vir em menos de uma década. O máximo que se consegue, e com muito esforço, é o desbloqueio daquelas verbas que a própria lei considera impenhoráveis. Assim, eles não podem pagar suas contas, não podem prover pelos seus, não conseguem emprego, perdem o que têm. Mas, afinal, não reclamem, o combate à corrupção é uma prioridade e, portanto, àqueles incluídos no polo passivo de ações de improbidade – é deles que tratamos aqui – nenhum direito deve ser (realmente) garantido. Um setor mais conservador da sociedade afirma que direitos humanos não são para bandidos. Pois bem, há uma prática, cada vez mais comum no Direito brasileiro, que aplica esta máxima àqueles acusados em ações de improbidade. Com efeito, é comum que tais ações sejam propostas com pedido de bloqueio de bens dos envolvidos. A justificativa é óbvia: procurar garantir que uma futura condenação encontre bens com os quais se possa ressarcir os prejuízos ao dinheiro público. Até aí, ótimo! O problema começa com as centenas de casos nos quais o bloqueio é dado e a ação não anda. Assim, é comum que pessoas fiquem anos com seus bens bloqueados sem que a ação de improbidade seja sequer recebida. Ou seja, são pessoas que materialmente sofrem praticamente todos os efeitos de uma condenação – financeiros, sociais, psíquicos, políticos – sem que sejam sequer tecnicamente réus! Uma das razões que explica este fenômeno é que cada vez mais os autores de ações de improbidade ampliam o leque daqueles incluídos no polo passivo das ações. Antigamente, responsabilizavam-se os ordenadores de despesas, aqueles que aprovaram ou ratificaram uma licitação ou subscreveram um contrato tido como ilícito ou os que atestaram fatura de forma apontada como ilegal. Agora, a moda é colocar todos aqueles que assinam qualquer coisa no processo administrativo (por vezes a mera assinatura é dispensada). Assim, além daqueles referidos incluem-se os que deram um parecer técnico (sim, cresce a perseguição a advogados públicos), aqueles que juntaram aos autos determinado documento (ainda que produzido por terceiro), ou mesmo aqueles que deram despacho simplesmente encaminhando o processo de um órgão a outro. Outra razão a explicar o fenômeno é, em geral, a complexidade da causa, que exige conhecimentos aprofundados de Direito administrativo e financeiro, por vezes de contabilidade pública e a leitura de pesada documentação. Também existe o medo de decidir a favor de alguém acusado de 'improbidade'. Por fim, existe a comodidade; é fácil, nestes casos, justificar a prevalência do interesse público (*in dubio pro societate*!). E assim, cria-se, no Brasil, a estranha figura do temporariamente morto para a vida civil. Isto sem falar do efeito não menos preocupante de tornar os servidores de carreira avessos a qualquer coisa que não seja absolutamente ortodoxa (como se a administração pública não precisasse de inovação). Na dúvida (ou sem ela), indefira! Esta situação deve continuar? Não tenho dúvida de que não, salvo aceitando esta peculiar ponderação supressora de (tantos) direitos fundamentais ou assumindo o discurso contra direitos humanos para bandido e também para ímprobos (a falta de condenação, para ambos, é detalhe impertinente). Note-se bem: não somos contra a possibilidade de bloqueio cautelar (já a utilizamos ao subscrever ações de improbidade), e sim contra o uso indiscriminado e descuidado do instituto. [...] Enquanto não vem mudança legislativa, acreditamos que a correta compreensão dos direitos fundamentais envolvidos é mais do que suficiente para impor ao juiz: um cuidado redobrado na decretação e na extensão da medida (precisa atingir mesmo a todos?); velar para a imediata intimação de todos; que reavalie cuidadosamente o bloqueio quando da decisão pela recepção da ação; que bloqueie apenas o montante necessário (é comum a indicação do valor total do contrato, ainda que o ilícito tenha afetado pequena parcela de sua execução); que respeite os bens impenhoráveis. Por fim, cabe aos tribunais atuar, de fato, como revisores constantes destas decisões. Afinal, nem mesmo o combate à corrupção pode ser feito sem respeitar direitos dos acusados (como

Do Capítulo VI destaque-se a previsão do crime de representação falsa de ato de improbidade.[1043] Finalmente, o Capítulo VII traz regras de prescrição e o VIII, as disposições finais da lei.

5.3 A natureza jurídica da improbidade administrativa

Após essa exposição geral da LIA, chegamos ao momento de tentar definir sua natureza jurídica,[1044] ou, de outro modo, a natureza jurídica da responsabilidade apurada quando alguém é responsabilizado com base na Lei de Improbidade Administrativa.[1045] Este ponto é importante para compreender a relação da improbidade administrativa com os crimes de responsabilidade e com a responsabilidade política. A resposta imediata parece ser a de que a improbidade trata de um tipo de responsabilidade "administrativa", não só porque este é o adjetivo com que ela vem qualificada, mas, em especial, porque há na doutrina quem, como Mattias Guyomar, adote um conceito amplo de responsabilidade ou repressão administrativa para nela incluir toda repressão *não penal*.[1046]

No Brasil, Fabio Medina Osório considera que a LIA (que ele denomina Lei *Geral* de Improbidade Administrativa) se insere no denominado direito administrativo sancionador e se configura como um "Código Geral de Conduta dos Agentes Públicos Brasileiros".[1047]

---

fez a ditadura no art. 8º do AI-5), uma vez que, quando admitimos a supressão de direitos fundamentais porque do outro lado o interesse é forte, damos um passo decisivo para que a supressão se torne uma banalidade". Embora se trate de tema menos relevante no que se refere especificamente ao estatuto dos agentes políticos ele constitui outro exemplo dos exageros que temos visto na defesa de certos bens jurídicos altamente relevantes. Além disso, quando deferido em face de agente político, o bloqueio de bens é usado como arma política contra o adversário, na forma tratada no Capítulo 2.

[1043] "Art. 19. Constitui crime a representação por ato de improbidade contra agente público ou terceiro beneficiário, quando o autor da denúncia o sabe inocente. Pena: detenção de seis a dez meses e multa. Parágrafo único. Além da sanção penal, o denunciante está sujeito a indenizar o denunciado pelos danos materiais, morais ou à imagem que houver provocado".

[1044] Para um levantamento geral do tema, *vide* DELGADO, José Augusto. Improbidade administrativa: algumas controvérsias doutrinárias e jurisprudenciais sobre a Lei de Improbidade Administrativa. *In*: BUENO, Cassio Scarpinella; PORTO FILHO, Pedro Paulo de Rezende (Coord.). *Improbidade administrativa* – Questões polêmicas e atuais. São Paulo: Malheiros, 2001. p. 213-233.

[1045] A ressalva é importante porque, por vezes, alguns autores focam a apuração da natureza jurídica do regime de improbidade na sanção ao final aplicada e não no regime jurídico (de direito material e processual) que conduz a tal aplicação.

[1046] GUYOMAR, Mattias. *Les sanctions administratives*. Paris: LGDJ, 2014. p. 13.

[1047] "O ilícito da improbidade administrativa, desenhado na Constituição Federal, tem natureza administrativa, sendo administrativas suas sanções" (OSÓRIO, Fabio Medina. *Teoria da improbidade administrativa*. São Paulo: RT, 2007. p. 234. *Vide* também p. 181-221; 224-234). No prefácio dessa obra, Eduardo Garcia de Enterría expressamente adota a tese de que a CRFB dedicou à improbidade "una previsión expresa (arts 37 y 85), que determinó la formulación de un Código General de Conducta de los agentes públicos brasileños, desarrollado en el plano de los procedimientos y de las sanciones por la compleja Ley 8.429/92" (p. 10). Note-se que a Constituição da Espanha (que não é propriamente uma federação, embora possa estar se movendo nesse sentido), tem previsão expressa sobre uma lei geral da função pública (art. 103, "3"), dispositivo inexistente na CRFB. Assim, não concordamos com essa denominação de código geral dada à Lei de Improbidade por duas razões: em primeiro lugar por falta de competência da União para legislar sobre o tema. Com efeito, a autonomia constitucional dos estados e municípios na federação brasileira lhes dá a competência privativa para legislar sobre o estatuto jurídico de seus servidores, o que inclui qualquer sistema de apuração *administrativa* de suas responsabilidades. E, em segundo lugar, porque um tal código deveria procurar regular o comportamento dos agentes públicos também pela positiva, indicando o que se espera deles, e não exclusivamente pela negativa como faz a LIA

Mas essa tese, não obstante seus adeptos, enfrenta dificuldades sérias. De início, veja-se que o adjetivo em questão ("administrativa") parece muito mais dirigido ao *locus* ou ao sujeito passivo da improbidade – a administração pública – do que à sua natureza. Mas a dificuldade maior em aceitar essa tese reside no fato de que a improbidade administrativa é, na verdade, apurada e sancionada pelo Poder Judiciário.[1048] É verdade que a lei dispõe brevemente sobre a possibilidade de apuração da improbidade em sede administrativa, mas essa possibilidade, que na teoria já é bastante limitada, é, na prática, quase nunca efetivada. Mas, para Fabio Medina Osório, há uma necessidade de ampliar o conceito de direito administrativo sancionador; "instrumento específico para tutelar os ilícitos tipicamente administrativos, aqueles que devem ser castigados pela Administração Pública ou pelo Poder Judiciário, não importa, mas que têm como figurante no polo passivo da agressão, a administração pública".[1049] Ocorre que este critério avançado pelo autor – a administração pública como objeto protegido pela LIA, a justificar sua localização no direito administrativo sancionador – deve ser descartado pois, se levado adiante, atrairia para o direito administrativo sancionador todo o capítulo do direito penal referente aos crimes contra a administração pública, o que não nos parece a melhor solução.

A nosso ver, o argumento mais consistente sustentado por Osório na defesa do caráter administrativo da responsabilidade apurada com base na LIA é o de separar conceitualmente direito material e processo e considerar que, mesmo aplicada pelo Poder Judiciário, a improbidade administrativa continua a ser, *materialmente*, parte do direito administrativo (no caso, direito administrativo sancionador).[1050]

Ocorre que o funcionamento de qualquer sistema de responsabilização jurídica envolve a aplicação, ainda que indireta, de normas jurídicas do ramo do direito que, originalmente, tenha como objeto determinado bem jurídico também protegido por aquele direito punitivo, sem que isso descaracterize cada sistema punitivo. Por exemplo, para verificar se um agente cometeu o crime de dispensa indevida de licitação,[1051] o juiz penal, necessariamente, terá que aplicar os dispositivos da Lei de Licitações que tratam da dispensa de licitação, dispositivos que, indubitavelmente, integram o direito administrativo material. Outro exemplo pode ser buscado no próprio direito administrativo sancionador brasileiro, que tem um imenso espaço reservado à tutela do ambiente. Ora, é certo que, para a efetivação dessa tutela, normas materialmente ambientais acabam por ser invocadas quando a administração exerce seu poder punitivo,

---

(que se limita a apontar os atos não apenas proibidos, mas que, ademais, sujeitam os agentes às duras penas previstas na Lei em questão).

[1048] Mattias Guyomar, além de apontar que seu conceito de repressão administrativa é amplo, justifica sua posição afirmando que "um mecanismo de sanção administrativa não é incompatível com a intervenção de um juiz não penal, seja de um juiz administrativo ou de um juiz civil" (GUYOMAR, Mattias. *Les sanctions administratives*. Paris: LGDJ, 2014 p. 14). Mas, no caso da improbidade administrativa, não há uma mera "intervenção" pontual do juiz, uma vez que o processo inteiro transcorre perante o Judiciário (com a teórica exceção, quase nunca utilizada, de um processo administrativo para aplicar parte das sanções da lei de improbidade).

[1049] OSÓRIO, Fabio Medina. *Teoria da improbidade administrativa*. São Paulo: RT, 2007. p. 226.

[1050] OSÓRIO, Fabio Medina. *Teoria da improbidade administrativa*. São Paulo: RT, 2007. p. 226-228.

[1051] Art. 89 da Lei nº 8.666/93: "Dispensar ou inexigir licitação fora das hipóteses previstas em lei, ou deixar de observar as formalidades pertinentes à dispensa ou à inexigibilidade".

sem que se sustente que isso descaracterizaria o exercício, pela administração, de seu poder punitivo, inserido no direito administrativo sancionador.

Ou seja, a aplicação da legislação penal e da legislação administrativo-sancionadora também envolve a aplicação de normas jurídicas de outros ramos, sem que isso descaracterize a responsabilidade em questão como penal ou administrativa. Em suma, a nosso ver, a natureza das normas que tutelam originalmente determinado bem jurídico não determina a natureza de cada sistema punitivo convocado para tutelar o mesmo bem jurídico.[1052]

Por fim, entendemos que a ampliação do direito administrativo sancionador, para além da atuação da própria administração, descaracterizaria tal ramo,[1053] resultado com o qual não concordamos.[1054]

Outra possibilidade explorada pela doutrina é a de classificar a improbidade como um ilícito civil. Essa linha já foi adotada pelo STF[1055] e é sustentada por Maria Sylvia Di Pietro que, após analisar o art. 37, §4º da CRFB, conclui, em trecho que bem demonstra a dificuldade do tema:

> (a) o *ato de improbidade*, em si, não constitui um crime, mas pode corresponder *também* a um crime definido em lei: (b) as sanções indicadas no artigo 37, §4º, da Constituição não têm a natureza de sanções penais [...]
>
> Além disso, o ato de improbidade administrativa, quando praticado por servidor público, corresponde também a um ilícito administrativo já previsto na legislação estatutária de cada ente da federação [...] No entanto, as penalidades cabíveis na esfera administrativa são apenas aquelas previstas nos Estatutos dos servidores. Não pode especificamente ser aplicada a pena de suspensão dos direitos políticos [...]. Não se pode enquadrar a improbidade administrativa como ilícito puramente administrativo, ainda que possa ter também essa natureza, quando praticado por servidor público.
>
> A natureza das medidas previstas no dispositivo constitucional está a indicar que a improbidade administrativa, embora possa ter consequências na esfera criminal, com a concomitante instauração de processo criminal (se for o caso) e na esfera administrativa [...] caracteriza um ilícito de natureza civil e política, porque pode implicar a *suspensão dos direitos políticos*, a *indisponibilidade dos bens* e o *ressarcimento dos danos causados ao erário*.[1056]

[1052] Para a delimitação entre distintos sistemas de responsabilização, parece-nos muito mais importante verificar qual a natureza e características do processo estatal punitivo, as possíveis sanções e os requisitos para configuração do ilícito, do que os bens jurídicos protegidos (estes, a nosso ver, só são realmente relevantes no que se refere ao seu grau de importância genérico para justificar, por exemplo, a necessidade de tutela penal ou, pelo contrário, indicar que a tutela administrativa já seria suficiente).

[1053] Para tentar "resolver" o problema da natureza jurídica da improbidade administrativa teríamos de descaracterizar de forma incisiva o direito administrativo sancionador, em especial enfraquecendo sua parte processual.

[1054] Possibilidade expressamente admitida por Fabio Medina Osório, que afirma que a maior novidade de seu conceito "reside precisamente em separar o direito administrativo sancionador da presença supostamente inarredável da Administração Pública no polo sancionador. Consequentemente, separamos também tal ramo de direito punitivo do processo administrativo, situando-o, em termos de possibilidade, também no processo judicial. Assim, [...], redimensionamos a sanção administrativa à luz do direito administrativo, e não do poder administrativo sancionador ou do poder sancionador da Administração Pública" (OSÓRIO, Fabio Medina. *Teoria da improbidade administrativa*. São Paulo: RT, 2007. p. 228).

[1055] Na ADI nº 2.797-2 (Rel. Min. Sepúlveda Pertence. *DJ*, 19 dez. 2006). Mas é de se ressaltar que, para sustentar tal entendimento, o relator (p. 25 do acórdão) se limita a invocar o texto do art. 37, §4º da CRFB, o que parece evidenciar que a "natureza civil" mencionada servia meramente como sinônimo de "não penal".

[1056] DI PIETRO, Maria Sylvia Zanella. *Direito administrativo*. 26. ed. São Paulo: Atlas, 2013. p. 892-893, grifos no original.

Na mesma linha, temos Emerson Garcia, para quem:

> o ilícito de improbidade administrativa não tem natureza administrativa e suas sanções não são administrativas. Pelo contrário, ostentam características de natureza cível, resultando em restrições na esfera jurídica do ímprobo a partir de uma metodologia de igual natureza: juiz com competência cível, utilizando o Código de Processo Civil, ressalvadas, obviamente, as singularidades da Lei nº 8.429/1992, aplica determinadas sanções com observância das garantias prevalecentes nessa seara e com o necessário influxo do direito penal, fonte mor do direito sancionador.[1057]

Mas, com as vênias devidas, consideramos difícil vislumbrar quaisquer "características de natureza cível"[1058] no sistema da LIA. A única característica do sistema de improbidade que poderia aproximá-lo de uma natureza civil é que ele inclui obrigações reparatórias próximas – quando não idênticas – ao sistema da responsabilidade civil do Estado, tema que, mesmo no Brasil (onde os manuais de responsabilidade civil também tratam da responsabilidade civil do estado e onde inexiste uma justiça administrativa), aproxima a improbidade muito mais do direito administrativo do que do direito civil.[1059] Na verdade, uma das poucas certezas que se parece extrair da LIA é que se trata de uma responsabilidade indubitavelmente localizada nos quadrantes do direito público (portanto, estranha ao direito civil).

Também se encontra, em especial na jurisprudência,[1060] a caracterização da improbidade administrativa como instituto "quase-penal", o que tampouco auxilia muito em sua devida caracterização, salvo no que se refere ao seu caráter eminentemente punitivo. Aliás, a dificuldade do tema é iluminada pela definição dada por Gilmar Mendes e Arnoldo Wald à ação de improbidade como '"ação cível' de forte conteúdo penal, com incontestáveis aspectos políticos".[1061]

Mas o fato de o sistema de improbidade incluir – na verdade, misturar e confundir –, punição e reparação, é uma das principais razões para as confusões que giram em torno do instituto e, em especial, para certa permissividade na admissão de regras e princípios que podem se justificar na esfera reparatória (como a responsabilidade objetiva), mas que jamais se justificariam na esfera punitiva.[1062] Assim, parece mais

---

[1057] GARCIA, Emerson; ALVES, Rogério Pacheco. *Improbidade administrativa*. 7. ed. 2. tir. São Paulo: Saraiva, 2014. p. 590.

[1058] Salvo se "cível" (ou "civil") for tomado como sinônimo de "não penal", com o que muito pouco, ou quase nada, se ganharia com o conceito.

[1059] Aliás, considerar a improbidade como um instituto civilista gera um caso grave de rejeição, pois ele é ignorado pela doutrina civilista.

[1060] Esta é a linha seguida por Gilmar Ferreira Mendes, que já afirmou ter a "a firme convicção de que os atos de improbidade descritos na Lei no 8.429, de 1992, constituem autênticos crimes de responsabilidade. As sanções de suspensão de direitos políticos e de perda da função pública demonstram, de modo inequívoco, que as ações de improbidade possuem, além de forte conteúdo penal, a feição de autêntico mecanismo de responsabilização política" (Reclamação nº 4.810/RJ. Rel. Min. Gilmar Mendes, j. 18.12.2006. *DJ*, 1º fev. 2007, PP-00135, decisão monocrática).

[1061] MENDES, Gilmar; WALD, Arnoldo. Competência para julgar a improbidade administrativa. *Revista de Informação Legislativa*, n. 138, abr./jun. 1998. p. 213, citado na Reclamação nº 2.138/DF. Rel. Min. Nelson Jobim, Rel. p/ Acórdão Min. Gilmar Mendes, j. 13.6.2007. *DJe*, 18 abr. 2008 (p. 26 do voto do relator original).

[1062] Tema da mistura de elementos de distintos regimes de responsabilização que abordamos no final do Capítulo 2. O ponto também foi levantado por Nelson Jobim, para quem "não se pode admitir" que "valendo-se da possibilidade de pedidos cumulativos, transformar uma nítida ação da [*sic*] natureza penal ou punitiva em ação

importante aproximar o foco para indagar, em especial, qual a natureza das cominações punitivas da LIA e, portanto, a que conjunto de regras e princípios sua aplicação está vinculada.

Ora, a nosso ver, a resposta mais adequada exige deixar de lado a tentativa de forçar a "absorção" do sistema de improbidade em institutos ou ramos, nos quais ele só entraria com muitas exceções e esforços retóricos, e colocá-lo, ao lado do direito penal e das infrações administrativas tradicionais, como mais uma modalidade de exercício do poder punitivo estatal em sentido lato,[1063] o que, de todo modo, exclui em absoluto sua natureza de direito privado. Importante notar que a existência de cominações de cunho reparatório e mesmo preventivo na Lei de Improbidade não exclui o caminho aqui proposto uma vez que, mesmo o direito penal, também conhece tais disposições, sem que perca sua característica precipuamente punitiva.[1064]

A solução que adotamos tem o apoio do próprio texto da LIA, cujo art. 12 estabelece que suas cominações são aplicáveis "independentemente das sanções penais, civis e administrativas previstas na legislação específica".

O sistema de improbidade, portanto, em linha próxima daquela proposta por José Roberto Pimenta Oliveira,[1065] constituiria um sistema de responsabilização distinto do sistema penal, civil e administrativo, de caráter eminentemente punitivo.

Ressalvamos apenas que, embora concordemos com este autor no sentido de que a responsabilidade por improbidade administrativa constitui um sistema autônomo de responsabilização de agentes públicos (não reconduzível, portanto, à responsabilidade civil, administrativa ou penal), consideramos que isto não é uma imposição diretamente decorrente do texto constitucional, que, portanto, poderia ter escolhido punir atos de improbidade por meio de sistemas de responsabilização já estabelecidos.[1066] Tampouco

---

de caráter reparatório. O elemento central da ação de improbidade não é o reparatório. Para esta finalidade existem dezenas de ações adequadas. [...] A simples possibilidade de superposição ou concorrência de regimes de responsabilidade e, por conseguinte, de possíveis decisões colidentes exige uma clara definição na espécie" (Reclamação nº 2.138/DF. Rel. Min. Nelson Jobim, Rel. p/ Acórdão Min. Gilmar Mendes, j. 13.6.2007. *DJe*, 18 abr. 2008 – p. 24-25 do voto do relator original).

[1063] Emerson Garcia, embora defenda a natureza civil da ação de improbidade, não deixa de reconhecer que ela se encontra em "seara na qual o Estado" exerce "o seu poder sancionador" (GARCIA, Emerson. Improbidade administrativa: dever de eficiência e escusa de incompetência. *Revista de Direito do Ministério Público do Estado do Rio de Janeiro*, n. 50, out./dez. 2013. p. 277). Alexandre Aragão também salienta que se trata de "ação eminentemente punitiva, de aplicação de penalidades" (ARAGÃO, Alexandre Santos. *Curso de direito administrativo*. Rio de Janeiro: Gen Forense, 2012. p. 637).

[1064] O mesmo acontece em boa medida com o direito administrativo sancionador.

[1065] OLIVEIRA, José Roberto Pimenta. *Improbidade administrativa e sua autonomia constitucional*. Belo Horizonte: Fórum, 2009. p. 88-89. Grifos no original.

[1066] Vale fazer uma comparação com o disposto no art. 5º XLI da CRFB ("a lei punirá qualquer discriminação atentatória dos direitos e liberdades fundamentais"). A "lei" mencionada pelo dispositivo é anterior à CRFB (Lei nº 4.895/65) e optou por proteger o bem jurídico visado pelo dispositivo por meio de sanções criminais, administrativas e pela reafirmação da responsabilidade civil. Oliveira sustenta não ter havido ofensa à Constituição "porque esta não contempla as sanções imponíveis no caso de discriminação atentatória aos direitos e liberdades fundamentais" (OLIVEIRA, José Roberto Pimenta. *Improbidade administrativa e sua autonomia constitucional*. Belo Horizonte: Fórum, 2009. p. 140). A *contrario sensu*, o fato de o art. 37, §4º ter previsto as sanções para os atos de improbidade imporia sua punição por um novo regime. Com efeito, Oliveira afirma que a "Constituição determinou a institucionalização de inovadora modalidade de sanção jurídica" (p. 146). Ora, não vemos o porquê da estipulação de determinadas sanções ser considerada como fonte de imposição de criação de um sistema completamente novo.

CAPÍTULO 5
IMPROBIDADE ADMINISTRATIVA E AGENTES POLÍTICOS | 323

concordamos com a amplitude de sistemas autônomos reconhecidos por este autor[1067] nem, ao menos não integralmente, com o fundamento que sustenta a distinção entre regimes – em especial entre a responsabilidade apurada no processo de *impeachment* e a improbidade administrativa – na distinção entre os bens jurídicos respectivamente protegidos por cada um deles.[1068]

A opção de considerar a improbidade administrativa um sistema autônomo de responsabilização de agentes públicos tem a conveniência de não chamar a improbidade daquilo que ela não é (direito civil, penal ou administrativo sancionador), ao mesmo tempo em que enfatiza sua característica indiscutível: ser um sistema de apuração de responsabilidade com finalidade eminentemente punitiva.

Ao ser reconhecida como criadora de um sistema eminentemente punitivo, a LIA ganha o reforço do conjunto de princípios aplicáveis a qualquer sistema punitivo estatal (ainda que com intensidade mais fraca do que aquela incidente na esfera penal), princípios incorporados inicialmente ao direito administrativo sancionador (apenas porque este talvez tenha sido o primeiro sistema punitivo estatal a se desenvolver

---

[1067] Nove sistemas: (1) responsabilidade por ilícito civil; (2) por ilícito penal comum; (3) por ilícito eleitoral; (4) por irregularidade de contas; (5) por ato de improbidade administrativa; (6) responsabilidade político constitucional; (7) político-legislativa; (8) administrativa e (9) responsabilidade pela prática de discriminação atentatória contra os direitos e contra as liberdades fundamentais. *Vide* referência em nota no início do Capítulo 4. Antes de tratar desses nove sistemas o autor critica o que denomina de "classificação tricotômica tradicional": "As estruturas normativas que conformam a situação de sujeição e informam o exercício da imposição estatal de sanção, são denominadas *sistemas (esferas, círculos ou instâncias) de responsabilização jurídica*. De plano cumpre distinguir o *conceito jurídico-dogmático* de esfera de responsabilização do tratamento positivado das esferas constitucionais existentes, informativas do conteúdo veiculado em seu *conceito jurídico positivo*. Em outros dizeres, forçoso se torna, primeiramente, observar o que a ciência do direito pode elucidar sobre a categoria normativa, para, em um segundo plano, dissecá-las segundo o regime de direito positivo vigente. Somente por este caminho se tornará defensável a tese de que *há muito inexistem apenas três esferas tradicionais de responsabilidade dos agentes públicos (civil, penal e administrativa, incluindo nesta a denominada político-administrativa)*. Para tanto, cumpre justificar a assertiva fundamental da perda de funcionalidade da classificação tricotômica tradicional. [...] Ao se reportar ao fenômeno da responsabilidade dos agentes públicos, toma-se quase automático o recurso à classificação tradicional, assentada ao longo do Século XX, *de três formas existentes: penal, civil e administrativa, abrangendo a político-administrativa*. Passado o tempo, alteradas as normas constitucionais em vigor, mantém-se, entretanto, a lição doutrinária na tradição, como que se a salientada classificação resultasse como explicação cabal e imutável da 'natureza das coisas' nesta matéria. [...] Entende-se que a classificação tradicional não mais atende a finalidade que a consagrou, a de revelar operacionalidade explicativa adequada do fenômeno normativo atual que se depreende do tratamento constitucional do *sistema geral de responsabilidade dos agentes públicos*. É possível vislumbrar um subsistema específico na ordenação constitucional tendo por objeto a regulação da conduta dos agentes públicos, na medida em que as diversas esferas de responsabilização permitem realizar um corte metodológico na realidade normativa, adequado ao estudo, de forma coerente, do fenômeno jurídico que se quer isolar" (OLIVEIRA, José Roberto Pimenta. *Improbidade administrativa e sua autonomia constitucional*. Belo Horizonte: Fórum, 2009. p. 73-74).

[1068] Isso porque esse autor sustenta que o bem jurídico protegido pela apuração da prática de crimes de responsabilidade é "a legitimidade política do exercício de certos cargos públicos" e o bem jurídico protegido pela Lei de Improbidade é a "probidade na organização do Estado" (OLIVEIRA, José Roberto Pimenta. *Improbidade administrativa e sua autonomia constitucional*. Belo Horizonte: Fórum, 2009. p. 88). Ora, em relação aos crimes de responsabilidade já procuramos demonstrar, no Capítulo 4, que sua natureza é distinta da responsabilidade política (portanto não protege a legitimidade política do governo); que os bens jurídicos que pretende proteger foram delineados expressamente no texto constitucional (art. 85); e que entre eles se encontra a "probidade na administração" (art. 85, I). Portanto, o bem jurídico protegido pela LIA é integralmente protegido pelo processo de *impeachment*, ainda que este se preste a proteger outros bens jurídicos. Ademais, Pimenta Oliveira também extrai dessa autonomia a suposta competência privativa da União para legislar sobre o tema (embora reconheça que a "primeira tentação é constatar regra autorizativa de competência legislativa exclusiva de cada ente federado"), tese com a qual não concordamos (OLIVEIRA, José Roberto Pimenta. *Improbidade administrativa e sua autonomia constitucional*. Belo Horizonte: Fórum, 2009. p. 193-194).

posteriormente ao direito penal), mas cujo alcance vai se ampliando para incluir outros sistemas punitivos.

Assim, segundo Pimenta Oliveira:

> a Constituição já traz diversos princípios constitucionais materiais e formais, informativos e limitadores do exercício do *jus puniendi* estatal. Assim, a imposição estatal de sanções por ato de improbidade administrativa estão sujeitas aos seguintes princípios basilares estruturantes: (i) princípio da legalidade formal; (ii) princípio da legalidade material ou tipicidade; (iii) princípio da irretroatividade; (iv) princípio da retroatividade da lei mais benigna (v) princípio da proporcionalidade; (vi) princípio da prescritibilidade e (vii) princípio da culpabilidade.
>
> Sob o ponto de vista formal (ou processual punitivo), exige-se observância dos seguintes princípios: (i) princípio do devido processo legal; (ii) princípio do contraditório e da ampla defesa, (iii) princípio da presunção de inocência; (iv) princípio da inadmissibilidade de provas ilícitas; (v) princípio do juiz natural; (vi) princípio da duração razoável do processo; (vii) princípio da vedação a *reformatio in pejus*, e (viii) princípio da vedação ao *bis in idem*.[1069]

Com isso, toma-se o mesmo caminho trilhado pela Corte Europeia de Direitos Humanos que, desde o caso *Engel*,[1070] já destaca que, mais importante do que o adjetivo emprestado para um instituto de caráter punitivo, é saber o quanto ele se aproxima ou

---

[1069] OLIVEIRA, José Roberto Pimenta. *Improbidade administrativa e sua autonomia constitucional*. Belo Horizonte: Fórum, 2009. p. 202. Oliveira fornece um enquadramento teórico muito bem fundamentado antes de enunciar tais princípios (aplicáveis a qualquer atividade punitiva estatal): "não há como desconsiderar os elementos axiológicos e normativos comuns, tirados das normas constitucionais que [...] fornecem substancial identidade capaz de justificar a existência de uma categoria jurídica geral e própria, a reunir no seu bojo, nos seus traços materiais basilares, a diversidade de pretensões punitivas estatais, previstas no ordenamento constitucional, na defesa de variada tipologia de bens jurídicos essenciais à vida social. A admissão de regime punitivo estatal fundado na principiologia constitucional informativa do exercício desse tipo de atividade, independentemente do âmbito material referido, não diminui nem fragiliza a existência – sob o império constitucional dos vetores basilares daquele regime – de outros regimes derivados, dentre os quais sobressai o regime jurídico-administrativo sancionador. É relevante frisar que a atividade punitiva do Estado não se esgota ao plano do *direito penal e do recentemente rotulado direito administrativo sancionador*. Em sua unidade, todos os princípios limitativos do poder punitivo estatal são reconduzíveis ao princípio matriz do Estado de Direito (art. 1º, *caput*, CF). Se, de um lado, o nosso ordenamento impõe, por exigência da República, uma rigorosa arquitetura constitucional para reprimir a improbidade na vida pública, o mesmo Direito Constitucional, de outro lado, impõe rigorosas limitações materiais e formais ao exercício do dever-poder punitivo. É fundamental afirmar que a interpretação sistemática da Constituição sinaliza para existência de *princípios constitucionais comuns* que governam qualquer atividade estatal punitiva, com as adequações valorativas necessárias de cada campo material sobre o qual incidem. Nesta linha, é *cabível sustentar a existência de um regime jurídico punitivo, com esteio na vertente normativa do Estado de Direito*. Mesmo que irradie consequências jurídicas diversas nas variadas manifestações do *jus puniendi* estatal – constatação dogmática irrefutável, isto não reduz a relevância do reconhecimento teórico da unidade do regime jurídico punitivo, como categoria jurídica geral. Esta vem em reforço do lastro material de garantias que não podem ser elididas pelo Estado em nenhuma de suas atividades sancionatórias. [...] Este plexo normativo fundamental limita a imposição de sanções estatais, seja pela Administração Pública, seja pelo Poder Legislativo, seja pelo Poder judiciário. Logo, *serve de firme contenção à arbitrariedade na criação, regulação, tipificação e sancionamento de atos ímprobos*. [...] Apesar de não reconhecido este regime punitivo estatal na linguagem constitucional, é possível construir sua moldura a partir de diversos princípios e regras constitucionais, nas quais impera muitas vezes a invocação da matéria penal. Há, à toda evidência, o fato histórico-social significativo de que o direito penal nas sociedades ocidentais, desde as injunções do iluminismo, Liberalismo e Individualismo, já atingiu relevante estágio de desenvolvimento teórico. Daí que o conteúdo constitucional da principiologia maior faça constante referência ao *jus puniendi* na área criminal. Inobstante, a similitude da razão jurídica das limitações impostas ao *jus puniendi criminal* autoriza, com a cuidadosa tarefa de absorção dos valores fundamentais em sua devida latitude, a extensão das garantias para outros domínios punitivos, levando em consideração o dever do intérprete em adequá-los ao contexto de regulação da conduta viciada objeto de reprimenda" (p. 200-201. Grifos no original).

[1070] Já referido em nota no Capítulo 2 (2.6.4).

CAPÍTULO 5
IMPROBIDADE ADMINISTRATIVA E AGENTES POLÍTICOS | 325

não suficientemente do direito penal para justificar ou, melhor, para impor que a ele se aplique – com alguns ajustes – todo o conjunto de normas que, se foram pensadas originalmente para o direito penal,[1071] era porque este era o único ou principal sistema punitivo estatal, mas que, na verdade, foram pensados para proteger os cidadãos contra qualquer pretensão punitiva por parte do aparelho estatal.

5.4 Improbidade e responsabilidade política

Além de indagar sobre a natureza da responsabilidade apurada por meio da Lei de Improbidade, parece-nos essencial apontar a responsabilidade que ela não pode apurar, denunciando o papel que ela parece estar ocupando, a nosso ver de forma ilegítima e inconstitucional. É que a LIA representa, ao menos em certa medida, uma tentativa de responsabilização de agentes públicos, pelo Judiciário, com base em *standards* próprios da responsabilidade política. E essa apuração se dá, por um lado, sem as garantias do processo penal e, por outro, sem a ampla participação e legitimidade política dos processos formalmente inseridos no campo da responsabilidade política institucional e, o que é igualmente grave, com a possibilidade de aplicação de pena idêntica àquela considerada típica da responsabilidade política – a perda do cargo –[1072] acrescida de outras igualmente graves.

Mais do que isso, a LIA também tem se prestado ao questionamento – supostamente jurídico – de políticas públicas em geral. Com efeito, levantamento feito pelo então Ministro Nelson Jobim, em um dos mais importantes julgamentos do STF sobre a LIA, demonstrou "*grosso modo*, que essas ações têm sido utilizadas para contestar decisões políticas. Inúmeras decisões de política econômica ou administrativa, que poderiam ser discutidas em ações de natureza puramente civil, são colocadas sob o rótulo da ação de improbidade".[1073]

Com efeito, como já apontamos acima, a Lei de Improbidade, ao incluir (no *caput* do art. 11), na lista de *atos* de improbidade, "*qualquer* ação ou omissão que viole os deveres de honestidade, imparcialidade, legalidade,[1074] e lealdade às instituições"

[1071] Como lembra Fabio Medina Osório, "O direito penal tem sido a melhor referência história para o balizamento e a limitação do poder punitivo estatal, inclusive quando é este último exercido por autoridades administrativas ou por autoridades judiciárias" (OSÓRIO, Fabio Medina. *Teoria da improbidade administrativa*. São Paulo: RT, 2007. p. 241).

[1072] Perda de cargo que, conforme as circunstâncias (*vide* Capítulo 7), pode vir acompanhada da inelegibilidade do agente por longos anos.

[1073] Reclamação nº 2.138/DF. Rel. Min. Nelson Jobim, Rel. p/ Acórdão Min. Gilmar Mendes, j. 13.6.2007. *DJe*, 18 abr. 2008 (p. 27-28 do voto do relator original). Jobim relata a existência de quatro ações de improbidade contra o então Presidente do Banco Central do Brasil "em razão de supostos prejuízos causados aos investidores de fundos de renda fixa". No mesmo julgamento, a Ministra Ellen Gracie afirma que admitir ações de improbidade contra agentes políticos "poderia resultar [...] na admissão de uma eventual instauração de um foquismo judiciário com multiplicação de procedimentos judiciais", anotando ainda que "os números de procedimentos já noticiados [...] e o embasamento fático desses mesmos procedimentos, revelam a contestação de decisões de ordem eminentemente político-administrativas" (p. 1 de seu voto).

[1074] Ao analisar a possibilidade, aberta pela LIA, de *punição* de um agente público por violação da "legalidade", vale lembrar que, por exemplo, na Alemanha, a mera violação objetiva do ordenamento jurídico, sem que um específico direito subjetivo seja afetado, impede o controle jurisdicional do ato. *Vide*, por exemplo, SCHMIDT-ASSMANN, Eberhard. *La teoría general del derecho administrativo como sistema*. Objeto y fundamentos de la construcción sistemática. Madrid; Barcelona: Marcel Pons, 2003. p. 227-228.

(tipos redigidos de forma tão aberta que parece mesmo inviável falar-se em "tipos"), aproxima-se muito dos padrões apenas ligeiramente mais amplos que autorizam a responsabilização política. A proximidade com a responsabilidade política fica ainda mais evidente quando acrescentamos a identidade da pena máxima – a perda do cargo – bem como a possibilidade de configuração de atos de improbidade culposos[1075] ou mesmo, para parte da jurisprudência (em boa parte superada), seu caráter de responsabilidade objetiva.[1076]

As tentativas – conscientes ou não – de aproximar a improbidade da responsabilidade política também são feitas por meio da introdução do elemento da "ineficiência" (ou, *a contrario sensu*, do dever de eficiência), no discurso jurídico da improbidade.

Assim, embora seja a responsabilidade política – e não a LIA – que deveria ser convocada nos casos de má governação, Emerson Garcia afirma a necessidade de "novas reflexões" acerca do "entendimento de que 'a lei não pune o administrador incompetente, mas unicamente o desonesto', máxime quando se constata a inclusão do princípio da eficiência no rol constante do art. 37, *caput*, da Constituição".[1077]

[1075] Dos dispositivos da LIA que definem os atos de improbidade (arts. 9º, 10 e 11 da lei, reproduzidos acima), apenas o *caput* do art. 10 se refere à culpa e ao dolo, sendo tais elementos omitidos nas definições constantes no *caput* dos arts. 9º e 11. A partir desses dispositivos há significativo dissenso doutrinário e jurisprudencial acerca da possibilidade de atos de improbidade culposos. Filiamo-nos à posição de José Antonio Neiva (e outros por ele referidos), que sustenta que a conceituação de ato de improbidade "exige o dolo, pois não se pode admitir desonestidade, deslealdade e corrupção por negligência, imprudência ou imperícia". No entanto, o autor admite a possibilidade de interpretar o elemento "culpa" (do art. 10), em conformidade com a Constituição, o que significaria a admissão da improbidade por culpa gravíssima, posição com a qual também concordamos (NEIVA, José Antonio Lisbôa. *Improbidade administrativa* – Legislação comentada artigo por artigo. 5. ed. Niterói: Impetus, 2013. p. 7-9). Registre-se que o STJ tem admitido a existência de improbidade (com base no art. 10) por conduta culposa (não necessariamente grave) e também tem admitido a improbidade (com base nos arts. 9º e 11) com base no dolo genérico (por exemplo a decisão da 1ª Seção nos Embargos de Divergência em REsp nº 772.241. Rel. Min. Castro Meira. *DJ*, 6 set. 2011).

[1076] *Vide* trecho da ementa do REsp nº 1.140.315. Rel. Min. Castro Meira, 2ª Turma. *DJ*, 10 ago. 2010: "Com relação ao artigo 11 da Lei de Improbidade, *a Segunda Turma desta Corte perfilhava o entendimento de que não seria necessário perquirir se o gestor público comportou-se com dolo ou culpa, ou se houve prejuízo material ao erário nem tampouco a ocorrência de enriquecimento ilícito*. 3.3. Quanto ao elemento subjetivo, por ocasião do julgamento do Recurso Especial 765.212/AC, DJe de 19.05.10, relator o eminente Ministro Herman Benjamin, a orientação desta Turma foi alterada no sentido de ser preciso estar presente na conduta do agente público ao menos o dolo *lato sensu* ou genérico, sob pena de caracterizar-se verdadeira responsabilidade objetiva dos administradores".

[1077] GARCIA, Emerson; ALVES, Rogério Pacheco. *Improbidade administrativa*. 7. ed. 2. tir. São Paulo: Saraiva, 2014. p. 103. Mais à frente, ao sustentar ser "perfeitamente possível que um ato praticado com absoluta boa-fé justifique a incidência" da lei de improbidade, o mesmo autor afirma que "as escusas da ignorância e da incompetência devem ser recepcionadas com cuidados. Afinal, por dever de ofício, o agente público, diversamente do particular, somente pode fazer o que a norma de conduta o autorize, o que lhe impõe o dever de conhecê-la. E, dentre essas normas, está o princípio constitucional da eficiência" (p. 177). Posteriormente, em trabalho dedicado exclusivamente ao tema, o autor sustenta: "Ao reconhecermos a existência do dever jurídico de eficiência, parte integrante e indissociável do referencial mais amplo de juridicidade, que reflete uma espécie de legalidade substancial, haveremos de reconhecer, também, que a sua violação, em linha de princípio, pode consubstanciar o ato de improbidade previsto no art. 11 da Lei nº 8.429/1992. Diz-se em linha de princípio por três razões básicas [...]. De acordo com a primeira, para a configuração da improbidade administrativa, além do enquadramento formal da conduta na tipologia legal, é preciso seja observado um critério de proporcionalidade, de modo a excluir condutas que tenham pouco ou nenhum potencial lesivo (*v.g.*: jogar ao lixo urna caneta esferográfica que ainda possui um pouco de tinta). É sob a ótica da proporcionalidade que serão aferidos aspectos como a boa ou a má-fé do agente, a satisfação ou não do interesse público, a violação ou não a direitos individuais etc. A segunda razão decorre da possibilidade de a violação à eficiência estar associada à prática de um ato de improbidade de maior gravidade, como é o caso do enriquecimento ilícito e do dano ao patrimônio público [...]. Por fim, a terceira razão decorre da imprescindibilidade do dolo para a caracterização do ato de improbidade previsto no art. 11 da Lei nº 8.429/1992, o que exige reflexões quanto à denominada '*escusa de incompetência*', que busca afastar o referido elemento subjetivo e, em consequência, atrair a figura da culpa, somente compatível com a tipologia do art. 10. É dessa temática que trataremos a seguir" (GARCIA, Emerson. Improbidade administrativa:

CAPÍTULO 5
IMPROBIDADE ADMINISTRATIVA E AGENTES POLÍTICOS | 327

Por seu turno, Fabio Medina Osório vai mais longe, expressamente considerando que a "improbidade administrativa é nada menos do que uma modalidade – a mais grave, na perspectiva do direito administrativo brasileiro – de má gestão pública",[1078] e afirmando, após invocar o "universo da Nova Gestão Pública", que nesse universo "aumentam-se as responsabilidades" e "não se toleram esquemas rígidos e puramente formalistas de domínio legal, de modo a engessar os gestores":

> Todavia, aceita-se que o desatendimento a metas fiscais, às regras da boa gestão fiscal ou a configuração de irresponsabilidade administrativa podem e devem caracterizar graves atos ilícitos. Ampliam-se também as responsabilidades social, política e jurídica, nesse terreno. O dever de obediência à eficiência é, portanto, quando quebrado, um dos pilares também da improbidade administrativa, na medida em que se proíbem condutas gravemente culposas que resultem em prejuízos ao erário ou à sociedade. Trata-se de imperativo da Nova Gestão Pública.[1079]

A LIA também tem sido explicitamente utilizada, a nosso ver de forma equivocada, como instrumento para forçar a execução de políticas públicas do agrado dos órgãos de fiscalização ou para impedir aquelas mal vistas por esses mesmos órgãos. Além disso, a LIA acaba por dificultar ou desaconselhar a opção por certas políticas públicas complexas. A primeira situação tem o apoio da vasta legislação – posterior à Lei nº 8.429/92 – que foi ampliando a lista de atos de improbidade. Parte desta legislação

---

dever de eficiência e escusa de incompetência. *Revista de Direito do Ministério Público do Estado do Rio de Janeiro*, n. 50, out./dez. 2013. p. 7). E, após criticar acórdão do STJ que afirma que a LIA não deve se prestar a punir o administrador inábil ("A lei alcança o administrador desonesto não o inábil" – REsp nº 213.994. *DJ*, 27 set. 1999), prossegue afirmando: "Avançando na análise das proposições oferecidas pelo acórdão do Superior Tribunal de Justiça, é igualmente errada a assertiva de que a Lei nº 8.429/1992 não visa a punir o administrador '*inábil*'. A inabilidade caminha em norte contrário à eficiência, que tanto consubstancia um dever jurídico de natureza genérica, veiculado no princípio homônimo consagrado no texto constitucional, como uma pluralidade de deveres específicos. Portanto, o ato administrativo inábil encontrará imediato enquadramento na tipologia do art. 11. Por outro lado, é plenamente possível que, apesar dessa adequação de ordem tipológica, a incidência da Lei n. 8.429/1992 seja afastada a partir da análise do critério de proporcionalidade ou, mesmo, em razão de um erro de direito plenamente escusável, possibilidade extremamente rara em se tratando de indivíduos que voluntariamente adquiriram o *status* de agentes públicos" (p. 11).

[1078] Tese à qual o autor dedica dois capítulos de sua obra sobre o tema (OSÓRIO, Fabio Medina. *Teoria da improbidade administrativa*. São Paulo: RT, 2007. p. 39-122, a 1ª citação é da p. 122), embora registre que "nem toda má gestão pública será expressão de improbidade, ainda que o inverso seja verdadeiro" (p. 39).

[1079] OSÓRIO, Fabio Medina. *Teoria da improbidade administrativa*. São Paulo: RT, 2007. p. 175. O autor chega a afirmar que atua "com falta de probidade o agente gravemente desonesto ou intoleravelmente incompetente" (p. 127). Mas, registre-se, ele também afirma que "tal como ocorre com a desonestidade e a falta de parcialidade, a ineficiência também comporta numerosos, quiçá infinitos matizes, donde algumas transgressões poderão ser toleradas, absorvidas, censuradas levemente, ao passo que outras podem comportar remédios e medidas enérgicas, afetando direitos fundamentais do infrator" (p. 175). Além de discordarmos do autor, pelas razões jurídicas expostas a seguir, tampouco podemos concordar com sua utilização, como fundamento para essa interpretação extensiva do princípio da eficiência, de uma teoria sobre gestão pública surgida na Inglaterra e nos Estados Unidos e já objeto de críticas naqueles países inclusive pela dificuldade que causa na apuração de responsabilidades. Assim, por exemplo, Guy Peters, em estudo crítico sobre os problemas da "nova gestão pública", afirma: "Os elementos estruturais e procedimentais contidos nas reformas das últimas décadas não apenas enfraqueceram a capacidade de controle do governo, como também enfraqueceram os elementos de erro e correção da *accountability*" (PETERS, B. Guy. Meta-governance and public management. *In*: OSBORNE, Stephen P. (Ed.). *The new public governance?* Emerging perspectives on the theory and practice of public governance. Nova York: Routledge, 2010. p. 43).

optou por acrescer as listas de atos constantes da própria LIA[1080] e parte criou novos tipos autônomos sem a alteração da LIA.[1081]

Um bom exemplo da utilização da LIA para forçar a implementação de políticas públicas se dá com a denominada Lei Brasileira de Inclusão da Pessoa com Deficiência (Lei nº 13.146/15). Trata-se de lei extremamente generosa na criação de uma vasta lista de direitos às pessoas com deficiência (são 125 artigos), objetivo certamente louvável. Por outro lado, trata-se de lei que bem reflete uma característica da legislação brasileira em matéria de reconhecimento de direitos sociais, que é a de uma ampla generosidade no reconhecimento de direitos e uma preocupação reduzida (quando não inexistente) com a forma de viabilizá-los (não juridicamente, mas materialmente). Pois bem, uma forma "encontrada" para viabilizar tal lei foi criar um novo tipo de improbidade bastante amplo que é o de "deixar de cumprir a exigência de requisitos de acessibilidade previstos na legislação",[1082] o que,[1083] evidentemente, poderá ser utilizado como forma de ameaça a gestores públicos que ainda não tenham cumprido integralmente as exigências da referida lei.[1084]

A segunda situação – uso da LIA para combater políticas públicas mal vistas pelos órgãos de fiscalização – é bem exemplificada em caso recentemente julgado pelo STJ, no qual prefeito municipal foi processado com base na LIA por firmar convênios com entidades do terceiro setor, para execução de políticas públicas na área de saúde, não obstante que a participação de tais entidades encontre suporte constitucional e esteja prevista em lei, ainda que se trate de tema política e juridicamente controverso. Confira-se o elucidativo trecho da ementa do acórdão:

[1080] Caso da Lei nº 13.019/14 (que estabelece o regime jurídico das parcerias voluntárias entre a administração pública e organizações da sociedade civil) e que introduziu seis novos tipos de improbidade no art. 10 da LIA (incs. XVI a XXI) e modificou a redação de outro inciso (VIII).

[1081] José Roberto Oliveira observa, a nosso ver corretamente, que, como a atividade estatal de repressão aos atos de improbidade deve observar (assim como qualquer outra atividade punitiva estatal), o princípio da legalidade formal, e como esse "irradia-se tanto na configuração da hipótese normativa quanto na delimitação da consequência normativa, da regra de estrutura condicional que sanciona uma conduta a título de improbidade administrativa, [...] não há definição alguma de novo tipo de improbidade quando uma lei limita-se a determinar seu cumprimento sob pena de incidência da Lei n. 8.429/92. *Sob o viés da legalidade formal, esta não é atendida pela mera remissão legislativa ao sistema específico de punição*. Assim ocorreu no artigo 73 da Lei Complementar n. 101/2000 (Lei de Responsabilidade Fiscal) e no artigo 29 da Lei 11.079/2004 (Lei de Parcerias Público-privadas). É preciso inovar na estrutura hipotético-condicional para que efetivamente a legalidade seja cumprida, como regularmente ocorreu com o artigo 18 da Lei n. 11.107/2005 (Lei dos Consórcios Públicos)" (OLIVEIRA, José Roberto Pimenta. *Improbidade administrativa e sua autonomia constitucional*. Belo Horizonte: Fórum, 2009. p. 203-204. Grifos no original). Observamos, no entanto, que a vinculação genérica de uma lei qualquer ao sistema da LIA (afirmando que o não cumprimento de tal lei constitui ato de improbidade), tal como exemplificado acima, viola, a nosso ver (mais do que o princípio da legalidade), o princípio da tipicidade (que Pimenta também considera aplicável (p. 204-208), mas ao qual empresta uma elasticidade tão grande, para salvar o *caput* do art. 11 da LIA, que aquilo que é afirmado em princípio acaba sendo esvaziado de sentido na prática).

[1082] Inc. IX do art. 11 da LIA, acrescentado pelo art. 78 da Lei nº 13.146/15.

[1083] Mesmo ressalvando a inconstitucionalidade do dispositivo por violação dos princípios da legalidade e da tipicidade, conforme analisado em nota anterior.

[1084] Poder-se-ia indagar se isto não seria positivo? O problema é que cabe aos agentes políticos eleitos (o Executivo e o Legislativo) tomar decisões alocativas de recursos, em especial em contextos de escassez. Ora, se a omissão em matéria de requisitos de acessibilidade pode gerar uma punição a um agente, é provável que ele opte por cumprir tais requisitos mesmo que em detrimento de outras necessidades manifestamente prioritárias (mas cujo descumprimento não tenha potencial de gerar uma ação de improbidade). Por exemplo, numa localidade altamente carente de escolas e postos de saúde é possível que um prefeito opte por adaptar todos os equipamentos da Cidade aos deficientes (mesmo que só exista um deles na cidade) a um custo que serviria para construir um posto de saúde.

CAPÍTULO 5
IMPROBIDADE ADMINISTRATIVA E AGENTES POLÍTICOS | 329

6. Efetivamente, não se mostrou vedado ao administrador público municipal firmar convênios com OSCIP[1085] na área de saúde pública, pelos seguintes motivos: (a) a própria Constituição Federal afirma que as instituições privadas poderão participar de forma complementar do sistema único de saúde, o que significa um claro *nihil obstat* ao ingresso de entidades do Terceiro Setor no âmbito das ações em saúde pública como área-fim; (b) partiu-se da premissa de que o Estado não é capaz de cumprir sua missão constitucional e precisa convocar os cidadãos ao auxílio na prestação dos serviços sociais; (c) a utilização das formas jurídicas de participação de Organizações Sociais, surgidas em cenário nacional na década de 1990, poderia ser vista como o modelo ideal de colaboração do particular com o Estado, numa perspectiva moderna de eficiência dos serviços públicos; e (d) é admissível a compreensão do Prefeito segundo a qual, para a execução dos programas federais, haveria a necessidade de contratação de agentes específicos e possivelmente temporários, sobretudo considerando a especificidade do profissional em Saúde da Família.

7. Referida análise está sujeita a aspectos que estão sob o discrímen do administrador público, dentro de um ambiente político-democrático para a concepção de ideal intervenção do Estado nos domínios sociais. Na hipótese, entendeu o então Prefeito de Palotina/PR que, para o alcance dos objetivos sociais, a execução mais eficiente se daria por uma entidade parceira, pois, em sua esfera de atuação como Chefe do Executivo local, as disponibilidades municipais não seriam suficientes para, em determinado momento, prestar a política pública advinda de programas federais em saúde [...].[1086]

A terceira situação – a LIA como desincentivo a políticas públicas complexas – é evidenciada pela disciplina dos consórcios públicos. Os consórcios públicos são vistos como essenciais para permitir a atuação conjunta de distintos entes federados (a União, estados e municípios) no enfrentamento de questões complexas que extrapolam o território de entes isolados (em especial em matéria de saúde, de transporte público e de gestão de resíduos). A lei que trata da matéria (Lei nº 11.107/05) é bastante complexa e exige a celebração de ao menos quatro instrumentos de direito público entre os (futuros) consorciados a fim de que o consórcio possa funcionar validamente (protocolo de intenções de consórcio, contrato de consórcio, contrato de rateio e contrato de programa). Pois bem, como se a complexidade da lei de consórcios já não fosse um obstáculo para sua implementação, ela introduziu novos tipos de atos de improbidade ao art. 10 da LIA ("celebrar contrato ou outro instrumento que tenha por objeto a prestação de serviços públicos por meio da gestão associada *sem observar as formalidades previstas na lei*" e "celebrar contrato de rateio de consórcio público sem suficiente e prévia dotação orçamentária, *ou sem observar as formalidades previstas na lei*"). Assim, aquele agente público que quer adotar o consórcio como instrumento adequado para solucionar problemas complexos corre o risco de ver qualquer discussão sobre eventual descumprimento de uma "formalidade prevista em lei" se transformar numa acusação de improbidade contra si. A tentação a não utilizar o instrumento certamente não é desprezível.

[1085] Organizações da Sociedade Civil de Interesse Público, disciplinadas pela Lei nº 9.790/99.

[1086] AgRg no AREsp nº 567.988/PR. Rel. Min. Napoleão Nunes, 1ª Turma. *DJ*, 5 maio 2016. Esse caso é exemplo radical do fenômeno de criminalização da política, pois o prefeito em questão também foi processado criminalmente – e absolvido – porque resolveu executar políticas de saúde de uma forma tida como inovadora. Dir-se-á que o sistema funcionou pois, afinal, ele foi absolvido em ambas as esferas, mas é altamente improvável que qualquer outro prefeito, tendo ciência do acontecido, corra o risco de implementar qualquer política pública salvo da maneira mais ortodoxa (ainda que ineficiente) possível.

Assim, fica evidente o uso da LIA para punir o gestor tido como ineficiente, ou aquele que não execute política pública favorecida pelos órgãos de controle ou que, ao contrário, pretenda executar política pública com a qual o órgão de controle não esteja de acordo ou que apenas se proponha a executar políticas públicas complexas.

Ocorre que o Brasil não é parlamentarista nem o Judiciário é o parlamento. Como já exposto,[1087] parece-nos possível falar em responsabilidade política no presidencialismo, inclusive no brasileiro, mas essa responsabilidade política ou é a institucional, apurada pelo parlamento (ainda que sem o mecanismo da queda do governo), ou é difusa, apurada pela sociedade. Em nenhum caso, portanto, trata-se de permitir a apuração da responsabilidade política pelo Judiciário, como a LIA – obliquamente – parece autorizar.

Ora, permitir que um agente político perca seu mandato, ou seja liminarmente afastado, por decisão judicial de primeira instância, com base em infrações tão abertas quanto aquelas que ensejam a responsabilidade política, parece-nos uma gravíssima violação dos dispositivos constitucionais que determinam as formas de início e de cessação do mandato dos agentes políticos e da própria separação de poderes.

O fato de a avaliação política ser feita pelo Judiciário é ainda mais grave, pois o Judiciário não está nem legitimado[1088] nem equipado para isto e tampouco uma avaliação por peritos pode ser realmente isenta nestes casos. Vale registrar, como fizeram especialistas no tema, que "é apenas um leve exagero afirmar, parafraseando

---

[1087] Capítulo 2 (item 2.5).

[1088] Fabio Medina Osório aponta o paradoxo decorrente do fato de que os novos paradigmas da gestão pública "ao mesmo tempo em que exigem patamares mais elevados de qualidade na gestão pública, deixam evidentes os níveis de dificuldades do Judiciário na cobrança de metas e resultados, dada a abertura maior aos espaços discricionários aos gestores, [...]. O aumento dos critérios técnicos de atuação não facilita os mecanismos de controle judicial, visto que nem sempre os juízes [...] estão habilitados a rever critérios técnicos eleitos pelos gestores" (OSÓRIO, Fabio Medina. *Teoria da improbidade administrativa*. São Paulo: RT, 2007. p. 45). Ora, o problema da falta de capacidade do Judiciário para a avaliação de políticas públicas é real, mas é secundário em relação ao problema principal que é a sua falta de legitimidade constitucional. Quem deve cobrar "metas e resultados" é sobretudo o povo e o parlamento e, secundariamente e com limitações, as Cortes de Contas. Mas, fazendo justiça a esse autor, ele também reconhece que quando o Judiciário "logra obter a imposição da eficiência administrativa pela via de sentenças ou acórdãos [...] não raro entra em searas peculiares à Administração e acaba promovendo uma gestão pública ineficiente. Isso se dá, exemplificativamente, quando o Judiciário substitui atos privativos da Administração Pública por atos judiciais de conteúdo administrativo, ditando ordens que somente o Poder Executivo teria boas condições técnicas de fazê-lo. Essa distorção se produz de forma crescente no cenário nacional. Juízes que, sob a capa da jurisdição, administram, ditando atos administrativos no lugar dos administradores" (p. 48). Esse cenário foi levado ao máximo durante o ano de 2016, quando, durante a grave crise fiscal enfrentada pelo Estado do Rio de Janeiro, um juiz de primeira instância do Judiciário Estadual, praticamente geriu o tesouro estadual por várias semanas, situação que só terminou com intervenção do STF (MS nº 34.483). Emerson Garcia, por seu turno, chega a afirmar: "Na medida em que discricionariedade não se identifica com arbitrariedade, é factível que só se oferecem ao poder de escolha do agente público aquelas opções que se mostrem consentâneas com a ordem jurídica, não aquelas que dela destoem. E aqui surge um pequeno complicador em relação à eficiência. Caso ela seja contextualizada no âmbito das próprias escolhas que se abrem ao agente, *será inevitável a constatação de que, no extremo, ela transmudará em vinculado aquilo que, na essência, é discricionário, isso ao tornar imperativa a opção por aquela que é considerada a melhor escolha. E, como a melhor escolha será mera projeção da juridicidade, será possível que o Poder Judiciário, sempre que provocado, se substitua ao agente democraticamente legitimado, de modo a indicar, ele próprio, a melhor escolha.* Como esse entendimento redundaria na desconstrução dos próprios alicerces do sistema democrático, não nos parece seja ele o melhor" (GARCIA, Emerson. Improbidade administrativa: dever de eficiência e escusa de incompetência. *Revista de Direito do Ministério Público do Estado do Rio de Janeiro*, n. 50, out./dez. 2013. p. 6). Note-se que o autor refuta a conclusão por seu resultado antidemocrático, mas parece considerar correta a premissa – de que em tese o Judiciário sempre possa chegar, *ex post factum*, à melhor opção então disponível ao administrador (a melhor e única segundo a interpretação que esse autor dá à discricionariedade, não sem a companhia, registre-se, de boa parte da doutrina brasileira) –, premissa com a qual certamente não concordamos.

CAPÍTULO 5
IMPROBIDADE ADMINISTRATIVA E AGENTES POLÍTICOS | 331

Clausewitz, que a avaliação de políticas públicas não é nada a mais do que a continuação da política por outros meios".[1089]

Aliás, o próprio Fabio Medina Osório, após defender que a ineficiência pode conduzir à improbidade, reconhece:

> as ferramentas administrativas, jurídicas e funcionais de monitoramento da qualidade no setor público são escassas, mais presentes, eventualmente, na dimensão abstrata dos dispositivos bem intencionados, do que na dimensão concreta dos processos e rotinas das administrações públicas.[1090]

Em poucas palavras: a avaliação da eficiência por meio de ação de improbidade não seria jurídica (salvo no que se refere ao procedimento) ou tecnicamente conformada, seria feita com base no mesmo subjetivismo aberto próprio da responsabilidade política, por órgãos sem legitimidade política, sem capacidade técnica e que tampouco são politicamente responsáveis.

Há ainda outro aspecto de grande relevância. Na avaliação de um ato criminoso, é normal que a análise se dê com foco no ato em si, ainda que levando em consideração as circunstâncias que o rodeiam. No entanto, qualquer avaliação da gestão de um agente político sob o viés da eficiência só pode se dar tendo em conta a atuação do agente político

---

[1089] Com efeito, já se disse sobre a avaliação de políticas públicas, e, portanto, sobre sua eficiência ou não, que: "It is only a slight exaggeration to say, paraphrasing Clausewitz, that policy evaluation is nothing but the contituation of politics by other means. This is most conspicuous in the assessment of policies and programs that have become highly controversial: because they do not produce the expected results, because they were highly contested to begin with, because they are highly costly and/or inefficient, because of alleged wrongdoings in their implementation, and so on. The analysis of such policy episodes is not a politically neutral activity, which can be done by fully detached, unencumbered individuals [...]. The ominous label of 'failure' or 'fiasco' that hovers over these policies entails a political statement. Moreover, once policies become widely viewed as failures, questions about responsibility and sometimes even liability force themselves on to the public agenda. Who can be held responsible for the damage that has been done to the social fabric? Who should bear the blame? What sanctions, if any, are appropriate? Who should compensate the victims? In view of this threat to their reputations and positions, many of the officials and agencies involved in an alleged fiasco will engage in tactics of impression management, blame shifting, and damage control. The policy's critics, victims, and other political stakeholders will do the opposite: dramatize the negative consequences and portray them as failures that should, and could, have been prevented [...]. *In short, even the most neutral, professional evaluators with no political agenda of their own are likely to become both an object and, unwittingly or not, an agent of political tactics of framing, blaming, and credit claiming*" (BOVENS, Mark; HART, Paul'T; KUIPERS, Sanneke. The politics of Policy Evaluation. *In*: MORAN, Michael; REIN, Martin; GOODIN, Robert (Ed.). *The Oxford Handbook of Public Policy*. Oxford: Oxford University Press, 2006. p. 321-323. Grifos nossos).

[1090] OSÓRIO, Fabio Medina. *Teoria da improbidade administrativa*. São Paulo: RT, 2007. p. 176. E, mais à frente na mesma obra, o autor enfrenta outras dificuldades que esta ampliação da improbidade pode causar, assim como o risco de abusos por parte dos que manejam a ação de improbidade: "As normas sancionadoras em branco, consagradas na LGIA, receberão seus conteúdos de normativas as mais variadas, dotando-se de complexidade interdisciplinar de proporções assustadoras. Não há falar no dever de probidade em descompasso com normativas complexas que subjazem às prerrogativas e atribuições dos agentes públicos. Daí a conexão da improbidade com os conteúdos e matérias atinentes à própria atividade administrativa, atividade revestida de processualidade cogente e afeta às áreas mais diversificadas da vida de relações. A gestão pública pode abarcar necessário conhecimento relativo a temas muito especializados, complicados e intrincados. Quando se pretende imputar uma transgressão a alguém, que maneja normas técnicas, é necessário trabalhar os aspectos técnicos da boa gestão. O exame de assuntos complexos demanda um olhar interdisciplinar, a cargo de técnicos oriundos de várias áreas. Amadorismo e leviandade no trato de tais assuntos podem gerar, por si sós, transgressão relevante do ponto de vista da LGIA, que não poupa os agentes fiscalizadores de seu raio de incidência. Um agente fiscalizador que acusa alguém, quando deveria presumir sua inocência manifesta ou outorgar-lhe direitos fundamentais elementares, causando prejuízos injustificáveis, pode vir a enredar-se nas malhas da LGIA, sem dúvida, porque ele próprio tem sua atuação processualizada submetida ao princípio da responsabilidade e à juridicidade, não havendo imunidade que bloqueie o controle estatal sobre seus atos" (p. 233).

como um todo. Com efeito, num país de recursos escassos é bem possível que um gestor, ao fim de dois anos, tenha um excelente resultado em matéria de saúde (diminuindo a mortalidade infantil em seu estado ou município), um ótimo resultado em segurança pública (diminuindo a taxa de homicídios e outros crimes violentos), mas um resultado inquestionavelmente ruim em matéria de educação (queda na avaliação dos estudantes do local). Deve este gestor ser punido – juridicamente punido, com as severas penas da improbidade – por um resultado muito ruim em uma área acompanhado de vários resultados excelentes em outras? A resposta, a nosso ver, é negativa, salvo se partirmos do fantasioso pressuposto de que buscamos e poderemos ter gestores perfeitos.

Assim, esta tentativa – consciente ou não – de aproximação da improbidade administrativa da responsabilidade política e de uso da primeira para chegar a resultados só permitidos pela segunda (destituição do agente por razões políticas) deve ser combatida por sua evidente inconstitucionalidade, valendo aqui – com ainda mais força – os argumentos esgrimidos no Capítulo 4 contra a tentativa de transformar o *impeachment* num processo puramente político.[1091]

[1091] Gilmar Ferreira Mendes é dos poucos a enfrentar e criticar a tentativa de uso da Lei de Improbidade como mecanismo de apuração de responsabilidade política a exemplo do texto já citado ("As sanções de suspensão de direitos políticos e de perda da função pública demonstram, de modo inequívoco, que as ações de improbidade possuem, ..., a feição de autêntico mecanismo de responsabilização política"). Quanto ao – mau – uso da ação de improbidade suas observações extremamente críticas devem ser registradas: "Soma-se tal aspecto a motivação muitas vezes política, em seu pior sentido, para o ajuizamento de tais ações. Veja-se, por exemplo, a ação de improbidade ajuizada contra os Ministros Martus Tavares e Pratini de Moraes [...]. Buscava-se, ali, impugnar a contratação temporária de profissionais especializados em defesa agropecuária, tendo em vista necessidade temporária de excepcional interesse público. Postulou, expressamente, o Ministério Público, entre outras sanções, a suspensão dos direitos políticos daqueles Ministros. Assim, em ação voltada à discussão quanto ao mérito administrativo de uma decisão respaldada diretamente em Lei, pretende o Ministério Público impor a perda de direitos políticos por suposta prática de conduta descrita no art. 11, incisos I, II, IV e V da Lei nº 8.429, de 1992. Nesse exemplo, vê-se a autêntica burla à Constituição perpetrada pelo Ministério Público junto à primeira instância do Poder Judiciário. Sob o pretexto de impugnar atos administrativos praticados em razão de um dever funcional de Ministros de Estado, busca-se a radical condenação de tais autoridades por ato de improbidade, com a sanção extrema da perda de cargo público e de direitos políticos. Buscam alcançar, desse modo, o que não alcançariam com as ações civis ou com as ações penais, qual seja, a execração pública dos auxiliares do Presidente da República. Tais desvios de conduta, por certo, evidenciam a diferenciação de regimes de responsabilidade, bem como a existência de foro específico para a impugnação de atos praticados por aqueles agentes políticos. Infelizmente, como já assinalei em voto na ADI nº 2.797, a história da ação de improbidade – nós o sabemos bem – constitui também uma história de improbidades! Alguns exemplos podem bem demonstrar essa assertiva. O primeiro deles deixei registrado em voto proferido nas ADI's nº 3.089 e 3.090, um conhecido episódio em que o Ministério Público Federal ajuizou ações contra o Presidente do BACEN, tendo em vista perdas que certos Procuradores teriam sofrido em aplicações em fundos de investimento. Tais abusos, que, como visto, chegaram a uma utilização espúria da própria instituição do Ministério Público, por certo não são admissíveis. É o que aparentemente se viu nas ações movidas pela Procuradora [...] contra o Presidente do Banco Central e instituições a propósito dos reajustes dos fundos de investimento. Segundo notícias da imprensa, a aludida Procuradora teria usado os procedimentos investigatórios e as próprias ações de improbidade como ação de cobrança de caráter particular. É elucidativa leitura de e-mail que a nobre Procuradora, que ostentava também a destacada posição de Vice-Presidente da Associação Nacional dos Procuradores da República, passou a seus colegas, conforme publicado no Consultor Jurídico de 4 de novembro de 2002: 'Comunicando-lhes a instauração da ICP para apuração de responsabilidade dos gerentes de fundos de investimentos pelos prejuízos causados aos investidores de fundos de investimento DI, convido os Colegas Procuradores para realizarmos reunião amanhã. Às 16 hs, em meu gabinete, sala 601 (fone 317-4677 e 4676), eventualmente lesado nessas aplicações, pelo Banespa e Brasil, para formarmos um grupo definindo estratégias para recuperação desse prejuízo indevido sem a necessidade de ajuizamento de ação. Já estão confirmados para a reunião os Colegas [...] e [...]' Segundo a mesma publicação 'em resposta ao chamamento, os procuradores [...] e [...] responderam prontamente. [...]. 'Também perdi uma graninha nesta estória', explicou-se. [...], o procurador que mandou prender o Secretário da Receita Federal, foi direto: 'Conte comigo'. É algo de peculiar, como se pode ver! Um Presidente do Banco Central passa a responder a quatro ações de improbidade, pela simples razão de ter supostamente afetado, com alguma decisão administrativa de sua competência, a rica poupança da Dra. [...] e

CAPÍTULO 5
IMPROBIDADE ADMINISTRATIVA E AGENTES POLÍTICOS | 333

Para solucionar este problema não precisamos chegar a considerar inconstitucional o art. 11 da lei, como faz, por exemplo, José Afonso da Silva,[1092] mas precisamos considerar que qualquer tentativa de interpretar este artigo – ou qualquer outro dispositivo da LIA – de forma a transformá-lo em mecanismo de apuração da responsabilidade política, com base em alegações de má gestão, é inconstitucional, uma vez que tal apuração cabe, do ponto de vista institucional, aos órgãos designados pela CRFB para tanto, conforme exposto no Capítulo 2.

Note-se que o STJ considera ser possível o ajuizamento de ação de improbidade administrativa em face de governador de estado sustentando, a "perfeita compatibilidade existente entre o regime especial de responsabilização política e o regime de improbidade administrativa previsto na Lei 8.429/1992".[1093] Ora, mais do que mera "compatibilidade" entre regimes, o que parece estar acontecendo é a substituição de um pelo outro.

Mas, chegados a este ponto, devemos verificar se os agentes políticos estão sujeitos ao regime instituído pela LIA. Antes, façamos breve registro sobre a existência de outro problema constitucional diretamente relacionado à natureza da improbidade administrativa.

---

seus ilustres colegas. E é justamente por isso que está consagrada, em nosso sistema constitucional, a instituição da prerrogativa de foro. Além de evitar o que poderia ser definido como uma tática de guerrilha – nada republicana, diga-se – perante os vários juízos de primeiro grau, a prerrogativa de foro serve para que os chefes das principais instituições públicas sejam julgados perante um órgão colegiado dotado de maior independência e de inequívoca seriedade. [...] Para o advogado Ives Gandra Martins, em tese, a Lei Orgânica do MP estabelece que as investigações devem ser realizadas em sigilo, com os meios que a instituição tem, internamente, à disposição. 'Se houver desmandos, cabe a correição, e a parte que se sentir lesada pode ir à Justiça por danos morais.' Três ministros do STF opinaram sobre o assunto. O primeiro acha que atitudes como essa colocam em xeque o pressuposto da atuação equidistante e desapaixonada, segundo a qual o agente público não deve servir como instrumento de vendetas. Outro ministro preferiu analisar o caso do ângulo da imparcialidade que, se contrariada, coloca o servidor próximo da prevaricação. O terceiro ministro, menos diplomático, afirmou de maneira mais dura: 'Fosse um juiz flagrado com uma sentença produzida por um advogado, ele já estaria fora da carreira'. Esses fatos demonstram o abuso na utilização da ação de improbidade para fins diversos dos quais ela estaria destinada. Destacou-se no uso da ação de improbidade também o notório Procurador [...]. Também aqui se verificou um escândalo. Veja-se, nesse sentido, a seguinte reportagem da Revista Época, verbis: 'Na quarta-feira, o procurador da República [...] foi uma das estrelas na solenidade de encerramento da CPI da Pirataria. Recebeu do presidente da Câmara, João Paulo Cunha, uma insígnia e um diploma por sua atuação em investigações que desmantelaram quadrilhas de contrabando e falsificação de cigarros e de adulteração de combustíveis. A cerimônia teve um duplo significado para ele. O primeiro foi o de mais um reconhecimento de seu trabalho como servidor público, sempre na linha de frente do combate à corrupção. O outro foi a presença na platéia de representantes das maiores empresas brasileiras de combustíveis, cigarros e bebidas – clientes potenciais para a nova atividade do procurador. Ele é dono de 98% das ações da empresa GS Centro de Educação e Prevenção da Violência Infanto-Juvenil Ltda. – os demais 2% são de sua mãe, Alzira. A GS foi criada em maio. A partir de junho, vem encaminhando a grandes empresas pedidos de financiamento de um projeto que consiste num livro escrito pelo próprio Schelb ainda em fase de revisão e um site em construção. O problema é que o empresário Schelb pediu patrocínio a algumas empresas que podem ter interesses em investigações promovidas pelo procurador Schelb. O procurador confirma que enviou pedidos de patrocínio no valor de R$70 mil cada um a Souza Cruz, Fiat, Coca-Cola, Volkswagen e ao Sindicato de Empresas Distribuidoras de Combustíveis (Sindicom). Gerou constrangimentos. Schelb participou da força-tarefa formada pelo Ministério Público, pela Polícia Federal e pela Receita Federal que investigou o contrabando e a falsificação de cigarros. Com a quebra dos sigilos fiscal e telefônico de Ari Natalino e Roberto Eleutério, foi desmantelada a maior quadrilha de cigarros do país. A diretoria da Souza Cruz, que se livrou de uma concorrência desleal, recebeu há duas semanas um pedido de patrocínio da empresa de Schelb. [...]' Como se vê, essa enumeração, meramente exemplificativa, indica que o uso da ação de improbidade, no Brasil, tem servido para fins não exatamente elevados" (Reclamação nº 4.810/RJ. Rel. Min. Gilmar Mendes, j. 18.12.2006. *DJ*, 1º fev. 2007, PP-00135, decisão monocrática).

[1092] SILVA, José Afonso da. *Comentário contextual à Constituição*. 8. ed. São Paulo: Malheiros, 2012. p. 353-354.

[1093] Veja-se, por exemplo EDcl no AgRg no REsp nº 1.216.168-RS. Rel. Min. Humberto Martins, j. 24.9.2013.

É que sua identificação com o direito civil ou penal conduziria a reconhecer a competência privativa da União para legislar sobre o assunto (art. 22, I da CRFB),[1094] ao passo que o reconhecimento de sua natureza administrativa, ou mesmo, como preferimos, o reconhecimento de que se trata de um sistema de responsabilidade punitiva não penal nem administrativa (mas ainda localizada nos quadrantes do direito público), ensejaria a possibilidade de disciplina do tema também aos estados (exceto no que se refere à parte processual),[1095] com base em sua capacidade de auto-organização (art. 25, *caput* da CRFB) e com base na cláusula residual (do §1º do mesmo art. 25).[1096]

5.5 A sujeição dos agentes políticos à Lei de Improbidade

Saber se os agentes políticos estão sujeitos à LIA é uma indagação que parece ter muitas respostas possíveis. Uma primeira linha seria a de sustentar sua aplicação integral a todo e qualquer agente público, incluindo os agentes políticos.

Uma segunda possibilidade seria a de excluir qualquer agente político do alcance da LIA ou sujeitar a esta lei apenas parte dos agentes políticos (com a exclusão dos agentes políticos eleitos e/ou daqueles sujeitos à prática de crime de responsabilidade).[1097] Finalmente, é possível sustentar que a LIA se aplica aos agentes políticos, mas que algumas de suas sanções não lhes podem ser aplicadas.

[1094] Importante ressalvar que, mesmo para quem entenda que a União está livre para legislar sobre improbidade de forma vinculante aos estados, este poder deve ser conduzido com alguma restrição por parte da União, do contrário a violação à autonomia dos estados para se auto-organizarem seria reduzida a muito pouco, pois, por meio da designação de condutas proibidas e de deveres de agir, a lei federal poderia adotar comandos diretamente dirigidos à administração pública estadual, algo impensável numa federação.

[1095] Ante a competência privativa da União para legislar sobre direito processual (art. 22, I da CRFB).

[1096] O ponto foi bem analisado por Emerson Garcia: "Não é necessária uma análise acurada do disposto no art. 22 da Constituição da República para se constatar a inexistência de qualquer previsão em relação à competência privativa da União para legislar sobre improbidade administrativa. Assim, à luz do art. 37, §4º, da Constituição, o qual dispôs que *a lei* disciplinaria o tratamento a ser dispensado à improbidade, seria inevitável o seguinte questionamento: todos os entes da Federação podem legislar livremente sobre improbidade administrativa, instituindo a tipologia que melhor lhes aprouver? O questionamento haverá de ser respondido em conformidade com a natureza jurídica dos atos de improbidade. Considerando-os matéria de natureza administrativa, afigurar-se-ia evidente que a edição, pela União, de um diploma legal de âmbito nacional, feriria a autonomia dos demais entes da Federação, pois inexiste norma constitucional que a restrinja com tal amplitude. Por outro lado, entendendo-se que a disciplina legal tem natureza cível ou penal, em nada comprometendo o poder de auto-organização administrativa dos demais entes da Federação, ter-se-ia a legitimidade da iniciativa da União ante os exatos termos do art. 22, I, da constituição. Como será oportunamente analisado, a normatização básica dos atos de improbidade está contida na Lei n. 8.429/1992, cujas sanções têm natureza eminentemente cível, isto sem olvidar os contornos eleitorais e de restrição da cidadania da sanção de suspensão dos direitos políticos, permitindo, igualmente, no art. 22, I, e XIII da Constituição, que dispões sobre a competência privativa da União para legislar sobre direito eleitoral e sobre nacionalidade, cidadania e naturalização. Com isto, afasta-se qualquer mácula de inconstitucionalidade que poderia recair sobre essa lei, pois afastada está sua natureza administrativa. Note-se, ainda, que o próprio art. 14, §3º, da Lei n. 8.429/1992 foi redigido de forma a não se imiscuir na esfera privativa de outros entes, pois, ao referir-se ao procedimento administrativo que deveria ser instaurado para apurar os atos de improbidade, limitou-se em disciplinar aquele relativo aos servidores federais, preservando a liberdade dos demais entes" (GARCIA, Emerson. Improbidade administrativa: dever de eficiência e escusa de incompetência. *Revista de Direito do Ministério Público do Estado do Rio de Janeiro*, n. 50, out./dez. 2013. p. 271).

[1097] Obviamente que essas posições variam conforme a extensão do conceito de agentes políticos adotado por cada autor.

A primeira posição é bem representada por Emerson Garcia,[1098] que combate o entendimento de que agentes políticos não estariam sujeitos à LIA, defendendo que sustentar que "ao legislativo é defeso atribuir consequências criminais, cíveis, políticas ou administrativas a um mesmo fato, inclusive com identidade de tipologia é algo novo na ciência jurídica", sem a "mínima plausibilidade jurídica", acrescenta. Afinal, se "o Constituinte não impôs tal vedação, será legítimo ao pseudo-intérprete impô-la?"[1099]

Em defesa de sua posição, Emerson Garcia afirma que as sanções das leis, de improbidade e de crimes de responsabilidade, são diversas. Isso, no entanto, não está correto. Na verdade, as duas únicas sanções previstas como consequência dos crimes de responsabilidade (destituição do cargo e inabilitação temporária para o exercício de função pública) também estão previstas na LIA. Ocorre que, na LIA, são previstas outras sanções, algumas igualmente de natureza punitiva e outras de natureza reparatória.

O autor prossegue, com palavras duras, afirmando que a não sujeição dos agentes políticos à LIA seria '"entendimento' engendrado de tocaia para inutilizar o único instrumento sério de combate à improbidade em um país assolado pelo desmando e pela impunidade". Ora, por mais que se compreenda sua indignação,[1100] há aqui dois equívocos: primeiro, quanto a seu argumento político, a história recente do Brasil tem mostrado que políticos têm sido afastados, presos e punidos com base na legislação *penal* (e não com base na LIA) e, em segundo lugar, sua tese se baseia num enfoque punitivo em face da política que desconhece os efeitos adversos tratados no Capítulo 3.

A segunda posição é defendida pelo Ministro Gilmar Mendes, ácido crítico da forma como a Lei de Improbidade tem sido manejada no Brasil. Em decisão já referida, proferida em reclamação dirigida ao STF, Mendes faz inicialmente referência a estudo publicado poucos anos após a sanção da lei,[1101] para prosseguir afirmando:

[1098] Também por OSÓRIO, Fabio Medina. *Teoria da improbidade administrativa*. São Paulo: RT, 2007. p. 208-209 e por NEIVA, José Antonio Lisbôa. *Improbidade administrativa* – Legislação comentada artigo por artigo. 5. ed. Niterói: Impetus, 2013. p. 30-39.

[1099] GARCIA, Emerson. Sujeição dos agentes políticos à Lei de Improbidade Administrativa. *Revista de Direito do Ministério Público do Estado do Rio de Janeiro*, n. 55, jan./mar. 2015. p. 32. Registre-se, no entanto que esse autor, embora defenda a possibilidade de afastamento cautelar de agentes políticos, ressalva a necessidade de que seja "sempre temporário, se possível com a fixação de lapso temporal certo, e na medida estritamente necessária à ultimação da instrução processual. Somente assim será preservado um ponto de equilíbrio na tensão dialética verificada entre princípio democrático e obtenção da verdade real" (p. 640).

[1100] Respeitado membro do Ministério Público do Estado do Rio de Janeiro, que, portanto, dedica boa parte de sua atividade profissional ao difícil combate à corrupção.

[1101] "Em verdade, há muito já me manifestei sobre o tema, em estudo elaborado em co-autoria com o Professor Arnoldo Wald [...] Referido estudo voltava-se exatamente à questão relativa à competência para julgamento das ações de improbidade. Naquela ocasião, a par de externar algumas perplexidades, foram firmados alguns posicionamentos sobre o tema. De plano, apontou-se a incompetência dos juízes de primeira instância para processar e julgar causas de improbidade administrativa em que sejam réus agentes públicos que detêm prerrogativa de foro, tendo em vista sobretudo a natureza das sanções aplicáveis. Nesse ponto, asseverou-se que admitir a competência funcional dos juízes de primeira instância implicaria subverter todo o sistema jurídico nacional de repartição de competências. Isto porque a Lei no 8.429, de 2 de junho de 1992, haveria de ser interpretada em conformidade com as regras constitucionais de competência hierárquica. De outro modo, também a ação de improbidade ajuizada contra o Presidente da República, que não encontra expressa previsão no texto do art. 102 da Constituição, poderia ser aforada perante o juiz de primeiro grau de jurisdição que, por sua vez, seria competente para impor-lhe a sanção de perda do cargo, o que configuraria um patente absurdo. Dessa forma, naquele estudo de 1997, firmou-se posicionamento no sentido de que as normas da Lei nº 8.429/92 'não seriam aplicáveis às autoridades submetidas a procedimento constitucional especial, nas hipóteses de ser-lhes imputada a prática de crime de responsabilidade'. Registrou-se, ainda, que tal prerrogativa constitucional de foro decorreria não de qualquer suspeição contra o juiz de primeiro grau, mas, fundamentalmente, em decorrência

decorridos quase dez anos da publicação de referido estudo, podemos verificar hoje que as reflexões ali colocadas jamais poderiam ser consideradas meras especulações abstratas. Multiplicam-se as ações de improbidade ajuizadas em primeira instância com o propósito de afastar de suas funções autoridades que gozam de prerrogativa constitucional de foro.

Esta posição acabou sendo adotada pelo STF, ao menos inicialmente, em polêmica decisão tomada por maioria e que adotou a tese do Ministro Nelson Jobim, cujos principais argumentos se encontram na ementa do acórdão:[1102]

> [...]. Improbidade administrativa. Crimes de responsabilidade. Os atos de improbidade administrativa são tipificados como crime de responsabilidade na Lei nº 1.079/1950, delito de caráter político-administrativo. II.2. Distinção entre os regimes de responsabilização político-administrativa. O sistema constitucional brasileiro distingue o regime de responsabilidade dos agentes políticos dos demais agentes públicos. A Constituição não admite a concorrência entre dois regimes de responsabilidade político-administrativa para os agentes políticos: o previsto no art. 37, §4º (regulado pela Lei nº 8.429/1992) e o regime fixado no art. 102, I, "c", (disciplinado pela Lei nº 1.079/1950).[1103] Se a competência para

---

do significado da decisão no quadro político institucional. Afirmou-se, ademais, que a simples possibilidade de suspensão de direitos políticos, ou a perda da função pública, isoladamente consideradas, seria suficiente para demonstrar o forte conteúdo penal, com incontestáveis aspectos políticos, da ação de improbidade. Nesse ponto, seguindo a doutrina, observou-se que a sentença condenatória proferida nessa peculiar 'ação civil' é dotada de efeitos que, em alguns aspectos, superam aqueles atribuídos à sentença penal condenatória, sobretudo na perspectiva do equilíbrio jurídico-institucional. Tal observação, registrou-se, daria razão àqueles que entendem, que, sob a roupagem da 'ação civil de improbidade', o legislador acabou por estabelecer, na Lei no 8.429, de 1992, uma série de delitos que, 'teoricamente, seriam crimes de responsabilidade e não crimes comuns'. (Ives Gandra da Silva Martins, 'Aspectos procedimentais do Instituto Jurídico do 'Impeachment' e Conformação da figura da Improbidade Administrativa', in Revista dos Tribunais, v. 81, n. 685, 1992, p. 286/87). Lembrou-se, também, que muitos dos ilícitos descritos na Lei de Improbidade configuram igualmente ilícitos penais, que podem dar ensejo à perda do cargo ou da função pública, como efeito da condenação, como fica evidenciado pelo simples confronto entre o elenco de 'atos de improbidade', constante do art. 9º da Lei no 8.429, de 992, com os delitos contra a Administração praticados por funcionário público (Código Penal, art. 312 e seguintes, especialmente os crimes de peculato, art. 312, concussão, art. 316, corrupção passiva, art. 317, prevaricação, art. 319, e advocacia administrativa, art. 321). Tal coincidência, afirmou-se, evidenciaria a possibilidade de incongruências entre as decisões na esfera criminal e na 'ação civil', com sérias conseqüências para todo o sistema jurídico" (Reclamação nº 4.810/RJ. Rel. Min. Gilmar Mendes, j. 18.12.2006. *DJ*, 1º fev. 2007, PP-00135, decisão monocrática). Gilmar Mendes, em outra reclamação (nº 2.138/DF. Rel. Min. Nelson Jobim, Rel. p/ Acórdão Min. Gilmar Mendes, j. 13.6.2007. *DJe*, 18 abr. 2008, p. 3 de seu voto), afirma ter a "firme convicção de que os atos de improbidade descritos na Lei 8.429 constituem autênticos crimes de responsabilidade".

[1102] Reclamação nº 2.138/DF. Rel. Min. Nelson Jobim, Rel. p/ Acórdão Min. Gilmar Mendes, j. 13.6.2007. *DJe*, 18 abr. 2008. O julgamento dessa ação é ilustrativo da morosidade da jurisdição constitucional brasileira em decorrência dos longos e múltiplos pedidos de vista, manejados por vezes com o intuito de evitar que maiorias se formem em sentido contrário daquele desejado pelo Ministro que pede vista. Assim, o julgamento começou no dia 20.11.2002, sendo interrompido (após o voto de cinco ministros dando provimento à ação), por pedido de vista do Ministro Carlos Velloso, o que fez com que o julgamento só fosse retomado mais de três anos depois, em 14.12.2005, ocasião em que o Ministro Joaquim Barbosa pediu vista do processo, cujo julgamento só foi retomado em 1º.3.2006, ocasião em que foi interrompido por novo pedido de vista, dessa vez do Ministro Eros Grau, sendo o julgamento finalmente retomado e concluído em 13.6.2007, mais de 4 anos e meio depois de seu início. Isso fez com que, na data em que concluído, diversos ministros que participaram do julgamento já não integravam mais a corte que, na ocasião, tinha posição diversa daquela que acabou prevalecendo por estreita maioria. Assim, na mesma data do julgamento (13.6.2007) o STF, julgando outro processo (Questão de Ordem na Petição nº 3.923-8. Rel. Min. Joaquim Barbosa. *DJ*, 26 set. 2008) adotou tese em boa medida inconsistente com o julgamento anterior.

[1103] Vale registrar a observação de José Antonio Neiva no sentido de que, caso seja mantida a posição do STF expressa na Reclamação nº 2.138, "importante destacar que nem todos os atos de improbidade previstos na Lei n. 8.429/1992 encontram-se capitulados no Decreto-lei 201/1967, razão pela qual seria inviável tão somente ação de improbidade com base em fato capitulado no aludido decreto-lei". O Decreto-Lei nº 201 se refere aos crimes de responsabilidade dos prefeitos, mas o raciocínio poderia igualmente ser aplicado aos demais agentes

processar e julgar a ação de improbidade (CF, art. 37, §4º) pudesse abranger também atos praticados pelos agentes políticos, submetidos a regime de responsabilidade especial, ter-se-ia uma interpretação ab-rogante do disposto no art. 102, I, "c", da Constituição. II.3. Regime especial. Ministros de Estado. Os Ministros de Estado, por estarem regidos por normas especiais de responsabilidade (CF, art. 102, I, "c"; Lei nº 1.079/1950), não se submetem ao modelo de competência previsto no regime comum da Lei de Improbidade Administrativa (Lei nº 8.429/1992). II.4. Crimes de responsabilidade. Competência do Supremo Tribunal Federal. Compete exclusivamente ao Supremo Tribunal Federal processar e julgar os delitos político-administrativos, na hipótese do art. 102, I, "c", da Constituição. Somente o STF pode processar e julgar Ministro de Estado no caso de crime de responsabilidade e, assim, eventualmente, determinar a perda do cargo ou a suspensão de direitos políticos. [...].

Também existem decisões nesse sentido tomadas pelo STJ, que citam o precedente do STF, como se vê da seguinte ementa:

AÇÃO DE IMPROBIDADE ADMINISTRATIVA CONTRA AGENTE POLÍTICO SUJEITO À LEI N. 1.079/50. NÃO CABIMENTO.
1. Os agentes políticos submetidos ao regime especial de responsabilização da Lei 1.079/50 não podem ser processados por crimes de responsabilidade pelo regime da Lei de Improbidade Administrativa, sob pena da usurpação da competência do STF e principalmente pelo fato de que ambos os diplomas, Leis ns. 8.429/92 e 1.079/1950, preveem sanções de ordem política, caso que haveria possibilidade de *bis in idem* se houvesse dupla punição política por um ato tipificado nas duas leis em foco. Jurisprudência do Supremo Tribunal Federal (Reclamação 2.138/DF...). [...].
2. Não se aplicando a LIA ao caso dos autos, não tem competência o juiz de primeiro grau para apreciar e julgar os atos imputados, e tampouco é viável a remessa dos autos à Suprema Corte, dado que o procedimento previsto na Lei 8.429/92, a que se refere a ação que deu origem ao presente recurso, é diverso do regime de responsabilidade da Lei 1.079/50, em relação ao qual os demandados se submetem.[1104]

A última posição é defendida por Maria Sylvia Di Pietro e por Adilson Abreu Dallari. Dallari sustenta que a possibilidade de afastamento temporário[1105] não pode ser aplicada a quem tenha mandato eletivo. Esse autor anota que o dispositivo da LIA que permite o afastamento provisório[1106] deliberadamente omitiu "o exercício

---

políticos regidos pela Lei nº 1.079, ou seja, estes estariam sujeitos à Lei de Improbidade em relação aos fatos não tipificados como crime de responsabilidade mas previstos como atos de improbidade pela LIA (NEIVA, José Antonio Lisbôa. *Improbidade administrativa* – Legislação comentada artigo por artigo. 5. ed. Niterói: Impetus, 2013. p. 39-40.)

[1104] AgRg no Recurso Especial nº 1.126.079-RJ. Rel. Min. Benedito Gonçalves, 1ª Turma. *DJ*, 2 jun. 2011. Mas há decisões em sentido contrário da 2ª Turma do STJ, como o REsp nº 1.190.244–RJ. Rel. Min. Castro Meira. *DJ*, 12 maio 2011, de cuja ementa consta: "ressalvada a hipótese dos atos de improbidade cometidos pelo Presidente da República, aos quais se aplica o regime especial previsto no art. 86 da Carta Magna, os agentes políticos sujeitos a crime de responsabilidade não são imunes às sanções por ato de improbidade previstas no art. 37, §4º, da CF".

[1105] Os argumentos constitucionais esgrimidos pelo autor (com exceção, portanto, do argumento sobre a interpretação do dispositivo legal mencionado a seguir) se aplicam à suspensão temporária e à perda definitiva do mandato, mas quanto a essa última sanção, sua exposição não é conclusiva.

[1106] "Art. 20. A perda da função pública e a suspensão dos direitos políticos só se efetivam com o trânsito em julgado da sentença condenatória. Parágrafo único. A autoridade judicial ou administrativa competente poderá determinar

de 'mandato'", num caso de "silêncio eloquente da lei". Além desse argumento, mais ligado ao enunciado da norma, Dallari sustenta:

> Essa exclusão faz sentido. O tempo indevidamente subtraído ao exercício de cargo, emprego ou função pode, em princípio, ser reparado, bastando que o período de afastamento seja computado como tempo de exercício, pelo menos para efeitos administrativos e econômicos. Já, o tempo indevidamente subtraído ao exercício de um mandato político é absolutamente irreparável.
>
> *Nunca é demais rememorar que um dos princípios fundamentais da Constituição Federal é o princípio democrático, que impõe absoluto respeito ao mandato popular. O povo pode errar, pode fazer uma má escolha, pode escolher um mau administrador público, mas essa escolha deve ser respeitada. Apenas excepcionalmente, somente naquelas hipóteses previstas no texto constitucional* (cometimento de crime de responsabilidade ou infração político-administrativa), é que pode ocorrer, com as cautelas devidas, a subtração do direito ao exercício do mandato popular.
>
> Entender que um juiz singular [...] pode suspender o exercício de um mandato popular é subverter a ordem constitucional.[1107]

O autor prossegue, lembrando que, por força do art. 86 da CRFB, o STF não pode suspender o mandato do PR "senão depois que a Câmara dos Deputados houver admitido a acusação". E conclui:

> O paradigma constitucional, coerentemente com o princípio democrático, condiciona a possibilidade de suspensão do exercício do mandato popular à prévia manifestação positiva, por *quorum* qualificado, dos representantes do povo.
>
> Em síntese, quem dá ou retira mandatos políticos é somente o povo, diretamente ou por intermédio de seus representantes. Em qualquer hipótese, definitiva ou temporariamente, a supressão do direito ao exercício de um mandato político sempre deve ser examinada com cautela, exigindo que os textos legais aplicáveis tenham interpretação estrita, jamais ampliativa.[1108]

---

o afastamento do agente público do exercício do cargo, emprego ou função, sem prejuízo da remuneração, quando a medida se fizer necessária à instrução processual".

[1107] DALLARI, Adilson Abreu. Limitações à atuação do Ministério Público na ação civil pública. *In*: BUENO, Cassio Scarpinella; PORTO FILHO, Pedro Paulo de Rezende (Coord.). *Improbidade administrativa* – Questões polêmicas e atuais. São Paulo: Malheiros, 2001. p. 40. Grifos nossos.

[1108] DALLARI, Adilson Abreu. Limitações à atuação do Ministério Público na ação civil pública. *In*: BUENO, Cassio Scarpinella; PORTO FILHO, Pedro Paulo de Rezende (Coord.). *Improbidade administrativa* – Questões polêmicas e atuais. São Paulo: Malheiros, 2001. p. 41. Na mesma obra coletiva, sustentando a mesma posição de Dallari, veja-se DAL POZZO, Antonio Araldo Ferraz; DAL POZZO, Augusto Neves. Afastamento de prefeito municipal no curso de processo instaurado por prática de ato de improbidade administrativa. *In*: BUENO, Cassio Scarpinella; PORTO FILHO, Pedro Paulo de Rezende (Coord.). *Improbidade administrativa* – Questões polêmicas e atuais. São Paulo: Malheiros, 2001. p. 65-85. Alexandre Aragão parece adotar a mesma posição ao anotar que: "Especial controvérsia gera a possibilidade ou não de ser proposta ação de improbidade administrativa em face de agentes públicos que tenham um procedimento constitucional especial para a perda do seu cargo [...]. De fato, se não houver uma modulação dessa possibilidade – excluindo a possibilidade de perda do cargo –, a sentença de um juiz de primeiro grau em ação de improbidade administrativa poderia, por exemplo, levar à destituição do Presidente da República independentemente do processo de *impeachment*" (ARAGÃO, Alexandre Santos. *Curso de direito administrativo*. Rio de Janeiro: Gen Forense, 2012. p. 640).

Já Di Pietro segue caminho um pouco diverso. Após relembrar as atribuições do Senado Federal no que se refere ao julgamento de crimes de responsabilidade praticados por certos agentes políticos[1109] (art. 52, I e II, da CRFB), afirma:

O artigo 52 retirou do Poder Judiciário a competência para o julgamento dos crimes de responsabilidade praticados pelas autoridades nele referidas, imprimindo natureza nitidamente política ao julgamento, que poderá resultar em perda do cargo, com inabilitação, por oito anos, para o exercício de função pública. A conclusão mais simples, que decorre de uma interpretação puramente literal, seria no sentido de que o dispositivo somente se refere aos crimes de responsabilidade. Como os atos de improbidade nem sempre correspondem a ilícitos penais, a competência para processar e julgar referidas autoridades por tais atos estaria inteiramente fora do alcance do artigo 52.[1110]

No entanto – prossegue –, "partindo da ideia de que os dispositivos da Constituição têm que ser interpretados de forma harmoniosa", o "legislador constituinte certamente teve por objetivo impedir que os crimes praticados por autoridades de tão alto nível, podendo levar à perda do cargo, fossem julgados por autoridade outra que não o STF (para os crimes comuns) e o Senado Federal (para os crimes de responsabilidade)". Assim:

Não teria sentido que essa mesma pena de perda do cargo, em caso de improbidade que não caracterize crime, pudesse resultar em perda do cargo imposta por outra autoridade de nível inferior. Seria absurdo que o crime de responsabilidade (que constitui ilícito mais grave) tenha competência privilegiada para julgamento e aplicação da pena de perda do cargo, e o ato de improbidade (que pode ser ilícito menos grave, porque nem sempre constitui crime) pudesse resultar também em perda do cargo imposta por outro órgão que não o Senado Federal.

Isso não significa que a tais autoridades não se aplique a lei de improbidade administrativa. Ela aplica-se de forma limitada, porque não pode resultar em aplicação da pena de perda do cargo. Essa conclusão resulta muito clara do parágrafo único do artigo 52, que limita a competência do Senado à aplicação da pena de perda do cargo com inabilitação, por oito anos, para o exercício de função pública, "sem prejuízo das demais sanções judiciais cabíveis". Vale dizer: sem prejuízo de sanções outras, como as que decorrem da prática de crime comum ou de ilícitos civis, como ocorre com a improbidade administrativa.[1111]

[1109] *Vide* Capítulo 4.

[1110] DI PIETRO, Maria Sylvia Zanella. *Direito administrativo*. 26. ed. São Paulo: Atlas, 2013. p. 899.

[1111] DI PIETRO, Maria Sylvia Zanella. *Direito administrativo*. 26. ed. São Paulo: Atlas, 2013. p. 899-900. Grifos nossos. Di Pietro prossegue, lembrando o debate acerca da prerrogativa de foro (*vide* Capítulo 3): "A discussão que o assunto pudesse ensejar tinha perdido grande parte de sua utilidade pelo fato de que a Lei n 10.628, de 24-12-02, alterou a redação do artigo 84 do [...] Código de Processo Penal determinando que a competência pela prerrogativa de função é do Supremo Tribunal Federal, do Superior Tribunal de Justiça, dos Tribunais Regionais Federais e Tribunais de Justiça dos Estados e do Distrito Federal, relativamente às pessoas que devem responder perante eles por crimes comuns e de responsabilidade. No §2º do mesmo dispositivo, veio determinar que 'a ação de improbidade de que trata a Lei nº 8.429, de 2-6-92, será proposta perante o tribunal competente para processar e julgar criminalmente o funcionário ou autoridade na hipótese de prerrogativa de foro em razão do exercício de função pública, observado o disposto no §1º'. Esse parágrafo estendeu o privilégio de foro para o período posterior à cessação do exercício da função pública, contrariando a orientação jurisprudencial e doutrinária no sentido de que o privilégio de foro protege o exercício do mandato e não a pessoa que o exerce. Ocorre que, ao apreciar as ADIns 2.797 e 2.860, [...], o Supremo Tribunal Federal, por 7 votos a 3, julgou procedentes as ações, em 5-10-2005, declarando inconstitucionais os §§1º e 2º apostos ao artigo 84 do Código de Processo Penal pela Lei nº 10.628/02. Com isto, volta-se à situação pretérita, em que os efeitos da ação de improbidade administrativa são limitados em relação aos agentes políticos que estão sujeitos a foro especial para perda de mandato, conforme

Entendemos que a posição mais correta, do ponto de vista constitucional, é a que submete todos os agentes à disciplina da LIA, mas que considera inviável o afastamento liminar e a declaração de perda de cargo de certos agentes políticos, a saber, os chefes de poder e seus auxiliares imediatos (ministros, na União, e secretários de estado, em relação aos estados), posição que desenvolveremos a seguir.

5.6 A questão do afastamento liminar e a questão da perda do cargo

A repartição do poder político, incluindo o tratamento das condições e formas de acesso, permanência e saída do poder, pode, sem exagero, ser definida como a mais típica e inafastável matéria constitucional.[1112] Com efeito, é possível dizer que um texto constitucional sem uma carta de direitos fundamentais não é uma constituição democrática; mas um "texto constitucional" que não disponha sobre as regras de acesso, exercício, distribuição e saída do poder jamais poderá ser considerado incluído em qualquer conceito de constituição.

É por isso que a sujeição dos agentes políticos – ou ao menos dos mais importantes dos agentes políticos – a qualquer regime de responsabilização que possa importar em seu afastamento (temporário ou definitivo) deve observar a reserva de constituição, afinal só a ela cabe dispor sobre a forma de (nomeação e) remoção desses agentes. Não que ela tenha que dispor em detalhes ou mesmo esgotar o assunto, mas deve ficar clara a sujeição desses agentes ao regime de responsabilização em questão.

Ora, em relação aos chefes do Poder Executivo e seus auxiliares imediatos, a Constituição é clara quanto à sua submissão a mecanismos de apuração de responsabilidade política (arts. 49, IX, 51, II, 84, I),[1113] penal (arts. 51, I, 86, 102, I, "b" e "c") e

---

artigo 52, I e II, da Constituição. É importante lembrar que, em relação ao Presidente da República, o artigo 85, V, da Constituição, inclui entre os crimes de responsabilidade os que atentem contra a probidade na administração. E a Lei n. 1.079/50, ao definir os crimes de responsabilidade, utiliza conceitos indeterminados para definir tais crimes; para todas as categorias de agentes abrangidos pela lei, constitui crime de responsabilidade 'proceder de modo incompatível com a dignidade, a honra e o decoro do cargo' (arts. 9º, item 7, 39, item 5, 40, item 4). Quanto aos agentes políticos referidos no artigo 102, I, c, da Constituição (Ministros de Estado e Comandantes da Marinha, do Exército e da Aeronáutica, Membros dos Tribunais Superiores e do Tribunal de Contas da União e Chefes de missão diplomática), o Supremo Tribunal Federal, depois de fazer distinção entre os regimes de responsabilidade político-administrativa previstos na Constituição quais sejam, o do artigo 37, §4º, regulado pela Lei nº 8.429/92, e o regime de crime de responsabilidade fixado no artigo 102, I, c, disciplinado pela Lei nº 1.079/50, decidiu que tais agentes, por estarem regidos por normas especiais de responsabilidade, não respondem por improbidade administrativa com base na Lei nº 8.429, mas apenas por crime de responsabilidade em ação que somente pode ser proposta perante o Supremo Tribunal Federal (Reclamação 2138/DF. Rel. orig. Min. Nelson Jobim. Rel. p/ o acórdão Min. Gilmar Mendes, 13-6-07, Boletim nº 471, de 20-6-07, do STF). Essa não é a melhor interpretação dos dispositivos constitucionais, até porque contrária ao próprio artigo 37, §4º, da Constituição que, ao indicar as sanções cabíveis por ato de improbidade administrativa, deixa expresso que as mesmas serão previstas em lei, 'sem prejuízo da ação penal cabível'. A improbidade administrativa e o crime de responsabilidade são apurados em instâncias diversas e atendem a objetivos também diversos. Todos os agentes públicos que praticam infrações estão sujeitos a responder nas esferas penal, civil, administrativa e político-administrativa. Nenhuma razão existe para que os agentes políticos escapem à regra, até porque, pela posição que ocupam, têm maior compromisso com a probidade administrativa, sendo razoável que respondam com maior severidade pelas infrações praticadas no exercício de seus cargos" (p. 900-901).

[1112] "A organização do poder político – a chamada 'parte organizativa da Constituição' – é uma componente tradicional e necessária das constituições. Se as constituições nasceram para alguma coisa foi para regular os órgãos do Estado e disciplinar o exercício do poder político" (CANOTILHO, J. J. Gomes; MOREIRA, Vital. *Constituição da República Portuguesa*: anotada. 4. ed. Coimbra: Coimbra Editora, 2010. v. II. p. 5).

[1113] Sobre a responsabilidade política no presidencialismo, *vide* Capítulo 2 (item 2.5).

sobre sua responsabilidade pela prática de crimes de responsabilidade (arts. 51, I, 52, II, 85, 86, 102, I, "c"). Todas estas previsões, aliás, se encontram no mesmo título (IV) da CRFB, não por acaso intitulado "Da Organização dos Poderes".

Já o dispositivo que trata da improbidade – §4º do art. 37 da CRFB – está inserido no Título III da CRFB, que trata da "Organização do Estado". Ora, a vinculação do §4º ao art. 37, que trata da administração pública, sua inserção em título diverso daquele que trata dos poderes – e, portanto, dos agentes políticos – e sua omissão já seriam suficientes para dar enorme consistência à tese de que tal regime não se aplica aos agentes políticos. Na verdade, a dúvida quanto à questão só viceja com mais força porque, como já comentado, no Brasil não se dá muito valor à diferença entre governo e administração.

A existência de um espaço razoável de dúvida pode até servir para que se admita, com base no reconhecimento da indiscutível importância que a CRFB deu ao combate à improbidade, que todos os agentes estão sujeitos à LIA. Mas sustentar que esta sujeição é integral, permitindo que com base nela agentes políticos sejam, sumária ou definitivamente, afastados de seus cargos, parece-nos incompatível com qualquer interpretação coerente do regime de responsabilidade constitucional dos agentes políticos.

Com efeito, não se pode presumir que a CRFB tenha sido explícita sobre as hipóteses de perda de mandato do PR e dos ministros, dispondo sobre sua responsabilidade penal, política e pela prática de crimes de responsabilidade, mas permitisse que, com base em dispositivo dirigido ao conjunto dos agentes públicos em geral, fosse criado um novo sistema de responsabilização, capaz de resultar no afastamento temporário ou permanente de tais agentes,[1114] e tudo sem qualquer controle político. Assumir esta possibilidade teria graves consequências constitucionais, pois algo tão materialmente constitucional como a forma de destituição dos mais importantes agentes políticos passaria a ser matéria a ser disposta livremente pelo legislador.[1115]

Vale lembrar que, a rigor, nas palavras de José Roberto Pimenta Oliveira, o texto constitucional é:

> o único legitimado à criação, a título de inovação originária, de sistemas de responsabilidade (e, pois de sancionamento), passíveis de serem manuseados como reação às práticas de ilegalidade por parte de agentes públicos. Se esta conclusão, por um lado, é garantia dos indivíduos; por outro, é injunção que a nenhum dos Poderes Constituídos é dado reconhecer.[1116]

Ora, indo mais além, no caso dos agentes políticos, não basta a existência na constituição de uma previsão genérica sobre a criação de um novo sistema de responsabilização, é preciso uma indicação minimamente clara de que da aplicação

---

[1114] O mesmo pode-se dizer, com base na CRFB, em relação aos governadores, cuja responsabilidade penal é tratada no art. 105, I, "a" com outras hipóteses de perda de mandato previstas no art. 28, §1º, embora os dispositivos mais relevantes sobre sua responsabilidade pela prática de crimes de responsabilidade (assim como a dos secretários de estado) se encontre nas respectivas constituições estaduais.

[1115] Isso sem falar do grave problema federativo decorrente da admissão de que lei federal possa criar novo regime de responsabilização que permitisse a interrupção do mandato de agentes políticos estaduais.

[1116] OLIVEIRA, José Roberto Pimenta. *Improbidade administrativa e sua autonomia constitucional.* Belo Horizonte: Fórum, 2009. p. 83.

desse sistema aos agentes políticos poderá decorrer a perda de seu mandato. Ausente esta previsão, ou o sistema não se aplica como um todo aos agentes políticos ou, como defendemos, não serão aplicáveis as consequências capazes de alterar sua forma de provimento.

Sustentar o contrário – permitindo a criação de novos sistemas de responsabilização aptos a fazer cessar a investidura de agentes políticos sem previsão constitucional – seria um absurdo não apenas perante a teoria da constituição, mas também do ponto de vista sistêmico, pois pressuporia que o constituinte se deu ao trabalho de fixar várias normas, algumas detalhadas, de dois (ou três, se considerarmos que o sistema eleitoral é um sistema distinto) regimes de responsabilização de agentes políticos, que podem levar a seu afastamento, mas admitiu a criação de um – ou mais –[1117] regimes novos, capazes de chegar ao mesmo resultado.

Mas não é só. A aplicação integral da LIA aos agentes políticos – em especial aos chefes de poder – levaria a possibilidades absurdas do ponto de vista sistemático, possibilidades apontadas por Nelson Jobim em seu voto na já mencionada Reclamação nº 2.138,[1118] incluindo: a possibilidade de afastamento cautelar do PR mediante iniciativa de membro do MP a despeito da exigência constitucional de que o afastamento cautelar do PR passe por decisão da câmara (e, conforme entendimento recente do STF, também por decisão inicial do Senado); a possibilidade de afastamento definitivo do PR por decisão definitiva de juiz de primeiro grau se esta transitar em julgado; o afastamento cautelar ou definitivo dos presidentes da Câmara, do Senado e mesmo do próprio STF por decisão de juiz de 1º grau;[1119] e o afastamento cautelar do procurador-geral da República por iniciativa de qualquer membro do Ministério Público Federal.

Resumindo seu argumento, Jobim sustenta que o convívio dos dois sistemas de responsabilidade dos agentes políticos – por crime de responsabilidade com base na Lei nº 1.079 e por ato de improbidade com base na Lei nº 8.429 – propiciaria:

> que um juiz substituto de primeiro grau suspendesse, em caráter provisório, a pedido de um diligente membro do Ministério público prestes a encerrar o estágio probatório, do exercício de suas funções
> O PRESIDENTE DA REPÚBLICA,
> MINISTROS DE ESTADO,
> O PRESIDENTE DO SUPREMO TRIBUNAL FEDERAL,
> O PROCURADOR-GERAL DA REPÚBLICA, OU
> O COMANDANTE DO EXÉRCITO.[1120]

[1117] Aberta esta via, o legislador poderia criar, por exemplo, medidas liminares de afastamento do chefe do Executivo pelas Cortes de Contas (que titularizam um sistema de apuração de responsabilidade não necessariamente punitiva que igualmente tem estatura constitucional).

[1118] Reclamação nº 2.138/DF. Rel. Min. Nelson Jobim, Rel. p/ Acórdão Min. Gilmar Mendes, j. 13.6.2007. *DJe*, 18 abr. 2008 (p. 20 do voto do relator original).

[1119] Nesse ponto o STF já decidiu que compete a ele julgar ação de improbidade contra seus membros (QO em PET 3.211-0 DF DJe 27.06.2008. Na ocasião, o Ministro Menezes Direito, cujo voto acabou prevalecendo, entendeu que "distribuir competência ao Juiz de 1º grau para o julgamento de Ministro da Suprema Corte quebraria, pelo menos na minha compreensão, o sistema judiciário como um todo" (p. 1 de seu voto).

[1120] Reclamação nº 2.138/DF. Rel. Min. Nelson Jobim. Rel. p/ Acórdão Min. Gilmar Mendes, j. 13.6.2007. *DJe*, 18 abr. 2008 (p. 21).

CAPÍTULO 5
IMPROBIDADE ADMINISTRATIVA E AGENTES POLÍTICOS | 343

Jobim também salienta, corretamente:

O comprometimento do livre exercício do mandato popular configurar-se-ia não só pelo afastamento do titular do cargo, mas, também pelo afastamento de seus auxiliares, com os quais aquele, nos termos da Constituição, exerce "a direção superior da administração federal".[1121]

Ademais, a interpretação ora combatida implica significativa violação da regra democrática, pois agentes eleitos seriam privados de seu mandato, ou de parte substancial dele, por vezes com base na frágil justificativa de proceder a uma melhor instrução do feito.[1122]

[1121] Reclamação nº 2.138/DF. Rel. Min. Nelson Jobim. Rel. p/ Acórdão Min. Gilmar Mendes, j. 13.6.2007. *DJe*, 18 abr. 2008 (p. 20 do voto do relator original).

[1122] A hipótese é muito bem ilustrada por um caso que chegou à Presidência do STJ. Confira-se a decisão: "1. Os autos dão conta de que o Ministério Público do Estado de Minas Gerais ajuizou ação civil pública contra Adejair Barros e outros pela suposta prática de atos de improbidade administrativa (fl. 64/110). O MM. Juiz de Direito da 1ª Vara Cível da Comarca de Manhuaçu, ..., deferiu a medida liminar para determinar *'o imediato afastamento do Sr. Adejair Barros do cargo de Prefeito Municipal de Manhuaçu'* (fl. 5.086). Seguiu-se pedido de suspensão, indeferido pelo Presidente do Tribunal de Justiça do Estado [...] 2. Daí o presente pedido de suspensão, articulado por Adejair Barros, destacando-se nas respectivas razões os seguintes trechos: *'Após análise da documentação apresentada pelo Ministério Público, em 25 de junho de 2012, o MM. Juiz a quo deferiu o afastamento liminar do ora requerente, por prazo indeterminado, ao argumento de que a sua manutenção no cargo poderia prejudicar a instrução processual, conforme se extrai da r. Decisão anexa, além de determinar o bloqueio de seus bens, de modo que se garanta uma futura execução do julgado. Não se conformando com tal decisão, o ora requerente apresentou pedido de suspensão de liminar ao Presidente do Tribunal de Justiça de Minas Gerais, argumentando a necessidade do seu retorno à Prefeitura Municipal de Manhuaçu, MG, diante do enorme prejuízo que vem sendo causado à ordem e à economia pública e à própria democracia. Porém, tal pedido restou indeferido, em síntese, sob os mesmos fundamentos da decisão primeva. Inobstante os fatos alegados pelo Ministério Público e os fundamentos da r. Decisão combatida, a manutenção do afastamento liminar do Prefeito Municipal de Manhuçu, data venia, não merece subsistir. Isso porque, em que pesem as considerações do c. Tribunal mineiro, o afastamento em questão faz-se inteiramente descabido. Conforme se verá, o requerente já ficará afastado do cargo de Prefeito por um período de 180 (cento e oitenta) dias em função de outro processo [...], cujos pretensos fatos, eram, inclusive, posteriores aos tratados no processo ora examinado. Nesse aspecto, conforme se extrai do próprio inquérito [...], as condutas tidas como irregulares datam de época muito anterior à própria assunção do cargo de Prefeito por parte do Requerente. Em sendo assim, não subsistem de maneira alguma os requisitos necessários à cautela em exame, não havendo se falar, consequentemente, em eventual risco de prejuízo à instrução processual por parte do requerente. Por sua vez, cumpre destacar a extrema similaridade do caso em exame com o julgado deste c. STJ referente à Suspensão de Liminar nº 1.479, MA, onde este Superior Tribunal de Justiça determinou a imediata reintegração do Prefeito do Município de São João do Paraíso, MA, em virtude do fato de que o mesmo havia sido afastado pela segunda vez do seu cargo, por força de ACP contendo fatos pretéritos aos que deram ensejo ao afastamento primevo, o que não se poderia chancelar'* (fl. 04/05). 3. A suspensão de medida liminar ou de sentença exige um juízo político a respeito dos valores jurídicos tutelados pela Lei nº 8.437, de 1992, no seu art. 4º: ordem, saúde, segurança e economia pública. Para o deferimento da medida não se avalia a correção ou equívoco da decisão, mas a sua potencialidade de lesão àqueles interesses superiores. Aqui, a decisão cuja execução se busca suspender determinou o afastamento cautelar de Adejair Barros do cargo de Prefeito do Município de Manhuaçu, MG, por ser esta medida necessária à instrução processual de ação civil pública proposta em razão de alegados atos de improbidade administrativa. A medida tem fundamento no art. 20, parágrafo único, da Lei nº 8.429, de 1992, que estabelece o seguinte: *'Art. 20. A perda da função pública e a suspensão dos direitos políticos só se efetivam com o trânsito em julgado da sentença condenatória. Parágrafo único. A autoridade judicial ou administrativa competente poderá determinar o afastamento do agente público do exercício do cargo, emprego ou função, sem prejuízo da remuneração, quando a medida se fizer necessária à instrução processual'.* A norma supõe prova suficiente de que o agente público possa dificultar a instrução processual, e sua aplicação deve ser ainda mais estrita quando se trata de afastamento de titular de mandato eletivo, considerada a temporariedade do cargo e o natural demora na instrução da ação. Desprovido de fundamento, o afastamento pode constituir uma indevida interferência do Poder Judiciário, causando instabilidade política, e é esta a hipótese dos autos. *A espécie, no entanto, é peculiar, porque o requerente já foi afastado do cargo de Prefeito* por decisão proferida, em outra ação civil pública, *pelo mesmo juiz. Tal afastamento foi limitado, pelo Superior Tribunal de Justiça, a 180 dias* da data em que proferida, nos autos da SLS nº 1.505, MG. *Estando próximo de retornar ao cargo, o Ministério Público do Estado de Minas Gerais ajuizou outra ação civil pública por ato de improbidade administrativa, sendo deferido novo afastamento por prazo de 180 dias.* A nova ação civil pública tem como fundamento atos administrativos anteriores à data em que a primeira ação civil pública foi proposta. *A se admitir o fracionamento da causa petendi em demandas dessa natureza, o efeito prático será o*

Ora, a admissão desta possibilidade é integralmente incompatível com qualquer ideia de coerência do sistema constitucional de responsabilização dos agentes políticos. Sua defesa, na verdade, acaba se dando por motivos metajurídicos, para não dizer abertamente políticos, que podem ser resumidos no seguinte raciocínio: a classe política está cheia de criminosos e, portanto, qualquer jurista comprometido com o combate à corrupção *deve* sustentar toda e qualquer tese que facilite a punição e o afastamento de qualquer agente político contra o qual exista qualquer indício de cometimento, mesmo que futuro, de ilícitos, com desconsideração de qualquer outro efeito que tal posicionamento possa gerar.[1123]

Este tipo de posicionamento – comum na defesa de outros bens jurídicos extremamente relevantes –[1124] pode até ser justificável do ponto de vista político,[1125] mas é de difícil sustentação jurídica e, o que é pior, tem grande potencial para causar enormes estragos políticos em médio e longo prazos.

Uma palavra deve ser dita quanto à situação do PR (e, em decorrência, dos governadores, nesse caso por força das constituições estaduais). É que, quanto a ele, sua posição de chefe de Estado e de governo, e a exigência de manifestação da Câmara e do Senado, para seu afastamento em decorrência de admissão de processo por crime de responsabilidade, ou da Câmara e do Plenário do STF, nos casos de admissão de processo por crime comum, tornam a nosso ver absurda a admissão da possibilidade de seu afastamento provisório ou definitivo com base em ação de improbidade processada perante juiz de primeira instância. Isso sem falar do disposto no art. 86, §4º da CRFB, dispositivo que o STF a princípio entendeu que protege o PR apenas contra ações

---

de outorgar ao juiz de direito, numa ação cível, o poder de cassar o mandato popular, que está afeta ao juiz eleitoral. Com efeito, tantos os alegados atos de improbidade, tantas serão as ações, cada uma delas resultando num período de suspensão do exercício do cargo eletivo, a ponto de comprometer todo o mandato antes do respectivo julgamento. Defiro, por isso, o pedido para suspender os efeitos da decisão proferida" (Suspensão de Liminar e de Sentença nº 1.616-MG, j. 20.7.2012. *DJ*, 2 ago. 2012). Como se vê, trata-se de prefeito anteriormente afastado por 180 dias (1/8 de seu mandato) e novamente afastado por mais 180 dias, o que significaria 1/4 de seu mandato. Mas, embora o STJ tenha coibido excessos na aplicação da medida, ele expressamente reconhece sua aplicabilidade a agentes políticos, ainda que em caráter excepcional, como decidido, por exemplo, no Agravo Regimental na Medida Cautelar nº 3.048/BA. Rel. Min. José Delgado. *DJ*, 6 nov. 2000: "1. O art. 20, da Lei nº 8429, do ano de 1992, só há de ser aplicado em situação excepcional, isto é, quando, mediante fatos incontroversos, existir prova suficiente de que o agente público ou a autoridade administrativa está provocando sérias dificuldades para a instrução processual. 2. Por ser medida extrema com capacidade de suspender mandato eletivo, a interpretação do dispositivo que a rege é restrita, sem qualquer condição de ser ampliada. 3. Decisão judicial de primeiro grau que afastou Prefeito Municipal pelo prazo de 60 (sessenta) dias. Prazo ultimado. 4. Direito do Chefe do Executivo, após a consumação desse prazo, assumir, em toda a sua plenitude, o exercício das funções governamentais que lhe foram confiadas pelo povo, especialmente, quando liminar concedida antecipou esse prazo. 5. Agravo regimental que ataca a liminar que determinou a recondução do Prefeito ao cargo. 6 . Perda do objeto por já ter ultrapassado o prazo de 60 (sessenta dias) do afastamento".

[1123] Coerente com tal visão maniqueísta, qualquer suspensão reflexiva que signifique "limitar" o alcance da LIA deve ser vista com suspeita e ser atacada por facilitar a vida de corruptos.

[1124] Veja-se o Capítulo 2, item 2.6.4.

[1125] Isso quando o combate à corrupção não é usado como escudo para a defesa ou ampliação de privilégios injustificáveis de certas carreiras, afinal, como disse certo cientista político, "a cura para os males da corrupção não pode advir da aceitação de uma aristocracia togada irresponsável e associada com forças policiais (para o bem e para o mal), autônomas" (COUTO, Claudio Gonçalves. Corrupção e privilégio. *Valor Econômico*, p. A6, 23 dez. 2016).

penais, mas isso porque os precedentes importantes sobre o tema tiveram como base fatos praticados muito antes da entrada em vigor da Lei de Improbidade.[1126]

[1126] *Vide* os Inquéritos STF nºs 567-3, decidido em 20.8.1992 (*DJ*, 9 out. 1992) e 672-6, decidido em 16.9.92 (*DJ*, 16 abr. 1993), ambos referentes a fatos praticados em 1989. No Inquérito nº 672-6, embora se dê uma interpretação restritiva ao dispositivo, fica ao menos implícito que ele se aplicaria a outras ações de caráter punitivo. Confira-se a ementa: "*O art. 86, §4º, da Constituição, ao outorgar privilégio de ordem político-funcional ao Presidente da República, excluiu-o,* durante a vigência de seu mandato – e por atos estranhos ao seu exercício –, *da possibilidade de ser ele submetido, no plano judicial, a qualquer ação persecutória do Estado.* A cláusula de exclusão inscrita nesse preceito da Carta Federal, ao inibir a atividade do Poder Público, em sede judicial, alcança as infrações penais comuns praticadas em momento anterior ao da investidura no cargo de Chefe do Poder Executivo da União, bem assim aquelas praticadas na vigência do mandato, desde que estranhas ao ofício presidencial. - A norma consubstanciada no art. 86, §4º, da Constituição, reclama e impõe, em função de seu caráter excepcional, exegese estrita, do que deriva a sua inaplicabilidade *a situações jurídicas de ordem extrapenal.* O Presidente da República não dispõe de imunidade, quer em face de ações judiciais que visem a definir-lhe a responsabilidade civil, quer em função de processos instaurados por suposta prática de infrações político-administrativas, quer, ainda, em virtude de procedimentos destinados a apurar, para efeitos estritamente fiscais, a sua responsabilidade tributária. - A Constituição do Brasil não consagrou, na regra positivada em seu art. 86, §4º, o princípio da irresponsabilidade penal absoluta do Presidente da República. O Chefe de Estado, nos ilícitos penais praticados "in officio" ou cometidos "propter officium", poderá, ainda que vigente o mandato presidencial, sofrer a "persecutio criminis", desde que obtida, previamente, a necessária autorização da Câmara dos Deputados" (Grifos nossos).

PARTE III

A RESPONSABILIDADE COM ÊNFASE NO FUTURO

Afirmar que um sistema de responsabilização se preocupa mais com o futuro é sempre uma questão de maior (ou menor) ênfase. Já quando olhamos para mecanismos ou institutos específicos, inseridos dentro de um sistema de responsabilização, é possível por vezes falar em um foco mais direcionado para o futuro.

Evitar que danos ocorram sempre foi o sonho de qualquer pessoa que lide com eles. De pais a médicos, de policiais a juízes, todos sempre sonham poder evitar o dano. O problema central aqui parece ser o preço a ser pago. Evitar que uma criança se magoe ao jogar futebol ou ao participar de qualquer brincadeira que inclua correr – objetivo sempre louvável – pode ser facilmente obtido por meio da proibição total de tal atividade. O custo, neste caso, parece alto demais, ao menos para a criança.

Nesta parte da tese procuraremos tratar, primeiramente, de um conceito de responsabilidade que inclua um olhar prospectivo, bem como de certos problemas relacionados aos esforços de incluir a dimensão prospectiva nos esquemas de responsabilização. Em seguida, analisaremos um instituto do direito eleitoral – o das inelegibilidades – cujo foco, ao menos no Brasil, passou a estar majoritariamente direcionado ao futuro, e que bem exemplifica os problemas derivados da inclusão do futuro nos esquemas de responsabilização.

Em seguida analisaremos alguns instrumentos, inseridos em distintos sistemas de responsabilização, que parecem ter um foco prioritário no futuro, ainda que este não seja o foco do sistema no qual estão inseridos.

CAPÍTULO 6

A RESPONSABILIDADE COM A FUNÇÃO, PELA FUNÇÃO E PARA A FUNÇÃO

6.1 A busca de um conceito multitemporal de responsabilidade dos agentes políticos

A responsabilidade, como lembra Maria Benedita Urbano, "não deve ser vista apenas como uma responsabilidade-sanção (ou responsabilidade negativa, expressa numa sanção), isto é, traduzindo-se única e exclusivamente no sancionamento de comportamentos (que podem ser omissivos) dos titulares de cargos políticos". Ela "pode e deve ser igualmente perspectivada como fidelidade dos governantes em relação aos destinatários da governação".[1127]

Na verdade, parece evidente que qualquer esquema de responsabilização, mesmo os exclusivamente sancionatórios, tem uma dimensão prospectiva relevante consistente em seu efeito dissuasório. A existência de uma dupla dimensão – retrospectiva e prospectiva – no mais importante mecanismo de apuração de responsabilidade política, consistente no voto, também é salientada por Canotilho e Vital Moreira. Para estes autores:

> Nos esquemas políticos democráticos o voto tem um duplo significado: (1) uma *dimensão retrospectiva*, pois os cidadãos ajustam contas, pedem prestação de contas pelo desempenho do anterior Governo (*accountability*) e pela adequação desse desempenho e prestações às promessas eleitorais e programáticas publicitadas (*responsiveness*); (2) uma *dimensão prospectiva* tendo em conta o juízo de prognose sobre as políticas públicas que as forças partidárias vão efectuar na legislatura que vai seguir-se.[1128]

[1127] URBANO, Maria Benedita. Apontamentos esparsos sobre a responsabilidade dos governantes. *In*: SOUSA, Marcelo Rebelo; QUADROS, Fausto de; OTERO, Paulo; PINTO, Eduardo Vera-Cruz. *Estudos em homenagem ao Prof. Doutor Jorge Miranda* – Direito constitucional e justiça constitucional. Coimbra: Coimbra Editora, 2012. v. II. p. 600. Aqui vale mencionar a CRI que, antes de impor um dever reforçado àqueles que exercem funções públicas, impõe um dever de fidelidade a todos os cidadãos: "Art. 54. Tutti i cittadini hanno il dovere di essere fedeli alla Repubblica e di osservarne la Costituzione e le leggi. I cittadini cui sono affidate funzioni pubbliche hanno il dovere di adempierle con disciplina ed onore, prestando giuramento nei casi stabiliti dalla legge". Guido Sirianni, após mencionar este dispositivo, afirma que a nova legislação de promoção da ética pública na Itália, ao promover um 'aggiornamento' dos tradicionais mecanismos de controle de agentes públicos, salienta a mudança de uma concepção de um servidor público despersonalizado prestador de energia psico-física para o estado, para a concepção de um cidadão ao qual foi confiada uma função pública" (SIRIANNI, Guido. Etica pubblica e prevenzione della corruzione: il problema del personale politico. *Diritto Pubblico*, anno XX, n. 3, p. 927-951, set./dez. 2014. p. 929).

[1128] CANOTILHO, J. J. Gomes; MOREIRA, Vital. *Constituição da República Portuguesa*: anotada. 4. ed. Coimbra: Coimbra Editora, 2010. v. II. p. 20. Para uma crítica quanto à capacidade de os eleitores desempenharem este

O problema é que a dimensão prospectiva quase sempre é eclipsada pela dimensão retrospectiva. Possivelmente isto se deve ao risco que acompanha as tentativas de deixar de visualizar os esquemas de responsabilidade apenas como esquemas de sanção (salientando, ao menos em parte, sua dimensão prospectiva). O risco consiste em transformar tais esquemas em meras exortações, em exercícios de *wishfull thinking*, ou, no máximo, em padrões que, ao fim e ao cabo, servirão apenas para avaliar condutas retrospectivamente.

Mas, não obstante as dificuldades do tema, concordamos com Maria Benedita Urbano que "a lenta e progressiva aquisição de uma dimensão prospectiva da responsabilidade" é uma das "novas tendências que se vêm a manifestar no que tange à responsabilidade criminal" dos agentes políticos.[1129] Esta tendência foi confirmada, por exemplo, pela legislação de combate à criminalidade governativa aprovada na Itália em 2012, que, segundo Guido Sirianni, persegue uma "finalidade eminentemente preventiva".[1130]

Na construção de um conceito de responsabilidade dos agentes políticos que, ao mesmo tempo, escape da atração exercida pela dimensão punitiva, enquanto acentua o foco nos aspectos preventivos, parece-nos essencial a companhia de Herbert Hart.

Como vimos no Capítulo 1, Hart traz um conceito de responsabilidade funcional (*role-responsibility*) para o qual usa, entre outros, os seguintes exemplos: "um capitão é responsável pela segurança de seu barco"; "uma sentinela é responsável por alertar a guarda para a aproximação do inimigo". Hart afirma que o uso da palavra *responsabilidade*, nestes contextos, sugere:

> sempre que uma pessoa ocupa um lugar ou função em uma organização social, para os quais são atribuídos deveres específicos, com o objetivo de promover o bem estar de terceiros ou de executar de alguma forma os propósitos desta organização, esta pessoa é considerada responsável por estes deveres, ou responsável por fazer o necessário para cumpri-los.[1131]

---

duplo papel no sistema representativo, *vide* MANIN, Bernard; PRZEWORSKI, Adam; STOKES, Susan C. Eleições e representação. *Lua Nova – Revista de Cultura e Política*, n. 67, p. 105-138, 2006. Os autores afirmam que "os eleitores não sabem tudo que precisariam saber, tanto para decidir prospectivamente o que os políticos deveriam fazer, quanto para julgar retrospectivamente se eles fizeram o que deveriam ter feito" (p. 106).

[1129] Urbano trata especificamente da responsabilidade dos ministros, mas ressalva que nem todas as tendências que aponta "dizem respeito exclusivamente aos ministros". Além da tendência tratada neste capítulo, Urbano salienta duas: "a aproximação do regime dos ilícitos penais ministeriais à justiça penal ordinária"; e "a transferência das responsabilidades ministeriais para os altos funcionários da Administração, sobretudo quando não está em causa a adopção de decisões políticas (o que leva a perguntar se eles devem ser tidos como independentes em relação aos decisores políticos)" (URBANO, Maria Benedita. Apontamentos esparsos sobre a responsabilidade dos governantes. *In*: SOUSA, Marcelo Rebelo; QUADROS, Fausto de; OTERO, Paulo; PINTO, Eduardo Vera-Cruz. *Estudos em homenagem ao Prof. Doutor Jorge Miranda* – Direito constitucional e justiça constitucional. Coimbra: Coimbra Editora, 2012. v. II. p. 609).

[1130] O autor, no entanto, lamenta que tal legislação tenha focado nos agentes públicos em geral, deixando de fora os agentes políticos (com exceção dos agentes políticos locais) (SIRIANNI, Guido. Etica pubblica e prevenzione dela corruzione: il problema del personale politico. *Diritto Pubblico*, anno XX, n. 3, p. 927-951, set./dez. 2014. p. 928).

[1131] HART, Herbert L. A. *Punishment and responsibility* – Essays in philosophy of law. 2. ed. Oxford: Oxford University Press, 2008. p. 212.

Hart esclarece que nem todos os deveres ou funções que incumbem a determinada pessoa entrariam em sua definição de responsabilidade funcional. Assim, exemplifica afirmando que: de "um soldado instruído para manter o quartel limpo para a visita do general", pode-se dizer que ele tem a manutenção da limpeza como sua responsabilidade. No entanto, se este soldado recebe uma ordem específica para retirar o papel do chão no caminho a ser percorrido pelo general, cumprir esta ordem seria seu dever, não fazendo sentido falar que seria sua responsabilidade funcional.

Ao procurar explicar a diferença entre essas situações, Hart sustenta que o critério de distinção entre elas parece[1132] residir na extensão e complexidade dos deveres envolvidos. Para ele, o conjunto de responsabilidades que se pode denominar responsabilidade funcional "são deveres de tipo relativamente complexo ou extenso, definindo uma 'esfera de responsabilidade', que requer cuidado e atenção durante um certo período de tempo".[1133] Por outro lado, "deveres, de curta duração e de tipo bem simples, de fazer ou não fazer alguma ação específica em uma ocasião particular não devem ser chamados de responsabilidades".[1134]

O que está implícito na noção de responsabilidade funcional – e é evidenciado pelo exemplo das distintas situações relacionadas à limpeza do quartel – é que só se pode falar em responsabilidade funcional quando o sujeito responsável tem certa liberdade, uma margem de manobra para escolher a melhor forma de cumprir seus deveres.

Ora, o conceito de responsabilidade funcional de Hart parece ter enorme potencial para aplicação na construção do estatuto constitucional dos agentes políticos e, em especial, em sua dimensão prospectiva.

Com efeito, se a responsabilidade funcional pressupõe algum grau de discricionariedade do agente, ela se enquadra muito bem na significativa esfera de discricionariedade (ainda) deixada aos agentes políticos. Madison, por exemplo, registrava que, na construção de qualquer instituição política, o poder de perseguir o interesse público envolve algum grau de discricionariedade, ainda que esta – complementa – possa vir a ser mal aplicada ou aplicada com abuso.[1135]

[1132] Num mundo em que tantos "intelectuais" são tão cheios de certezas, é interessante ver a forma com que Hart desenvolve seu raciocínio, já que ele inicia a explicação sobre a distinção entre estas situações com a seguinte expressão: "I think, though I confess to not being sure [...]" (HART, Herbert L. A. *Punishment and responsibility* – Essays in philosophy of law. 2. ed. Oxford: Oxford University Press, 2008. p. 213).

[1133] Por exemplo, o tempo do mandato político.

[1134] HART, Herbert L. A. *Punishment and responsibility* – Essays in philosophy of law. 2. ed. Oxford: Oxford University Press, 2008.

[1135] HAMILTON, Alexander; MADISON, James; JAY, John. *The federalist papers*. Nova York: Signet Classic, 2003. p. 252. Loewenstein, ao destacar a necessidade de controle da ação dos agentes políticos, segue no mesmo sentido ao reconhecer que: "no sería conveniente –y prácticamente paralizaría todo el proceso del poder en la política– si todas las acciones, sin excepción, de cada detentador del poder, estuviesen sometidas a dichos controles. Para ser independiente, el detentador del poder necesita una amplia autonomía, es decir, debe ser capaz de actuar sin una interferencia exterior. Cada específica forma de gobierno se basa en el grado o medida de autonomía y respectiva interdependencia de los diferentes detentadores del poder. Por otra parte, la recíproca interdependencia de los diversos detentadores del Poder no puede ser completamente simétrica y perfectamenté igual. [...], los diversos tipos de gobierno dentro del sistema político del constitucionalismo se distinguen por el diferente peso que la constitución y el proceso fáctico del poder asignan a los diferentes detentadores del poder. Según la específica situación institucional, el grado de autonomía y respectiva interdependencia es igualmente variable. Existe menos independencia y mayor interdependencia cuando el gobierno está incorporado en la asamblea como parte integrante –interdependencia por integración – como ocurre en el parlamentarismo, que cuando el gobierno y el parlamento son prácticamente autónomos – interdependencia por coordinación – como ocurre

Também vale destacar que José Correia e Ricardo Pinto, ao tratarem da responsabilidade política, destacam a "imbricação profunda", que existe entre ela e "quatro outros conceitos operativos determinantes: o de dever, o de competência, o de liberdade e o de imputação", destacando – como faz Hart em relação à responsabilidade funcional – a importância de que aqueles que estão sujeitos à responsabilidade política "gozem de um grau adequado de autonomia/liberdade na delimitação concreta da forma" como são exercidos os poderes de que dispõem.[1136]

Hart afirma que uma pessoa (funcionalmente) responsável deve estar disposta a levar a sério seus deveres e funções, deve refletir sobre eles e fazer esforços sérios para cumpri-los.[1137] Trata-se, portanto, de uma obrigação de meios, e não de resultados, e, ademais, de uma responsabilidade que já aparenta mais preocupação com o futuro – com a forma como determinada pessoa cumprirá sua responsabilidade funcional – do que com o passado (com a eventual punição de ilícitos praticados por quem não cumpriu, ou cumpriu mal), embora esta última dimensão não deva ser esquecida.[1138]

O conceito de responsabilidade funcional de Hart é relacionado, por Canotilho, ao de responsabilidade política, ao afirmar que esta última "recorta-se", como:

> uma responsabilidade relacionada com o papel (função) jurídico-constitucionalmente confiado aos órgãos constitucionais, sobretudo aos titulares dos órgãos de soberania. Esta *role-responsibility* assinala o conjunto de deveres inerentes ou conexos com o papel e funções de um indivíduo no contexto da organização político-constitucional.[1139]

Prossegue Canotilho afirmando:

> Qualquer um que ocupa um posto, um cargo, um ofício específico, numa organização social (como é a organização política do Estado e da República) com os inerentes deveres

---

en el presidencialismo americano" (LOEWENSTEIN, Karl. *Teoría de la constitución*. 2. ed. 4. reimpr. Barcelona: Ariel Derecho, 1986. p. 50).

[1136] CORREIA, José de Matos; PINTO, Ricardo Leite. *A responsabilidade política*. Lisboa: Universidade Lusíada Editora, 2010. p. 26-27.

[1137] CORREIA, José de Matos; PINTO, Ricardo Leite. *A responsabilidade política*. Lisboa: Universidade Lusíada Editora, 2010.

[1138] A tese de Hart é muito semelhante à de Paul Ricœur, tal como exposta e interpretada por Xavier Bioy: "Il ressort d'études philosophiques contemporaines que le concept de responsabilité renvoie à deux dimensions différentes et pourtant enchaînées l'une à l'autre. On peut, avec Paul Ricœur, distinguer ainsi la 'responsabilité-imputabilité' de la 'responsabilité-charge': 'On a trop facilement confondu responsabilité et imputabilité [...]. La responsabilité se decline alors au passé: on recherche qui est la source de telle ou telle chaîne de changement dans le cours des choses [...]. Se sentir pour responsable d'une action passé, c'est être prêt à rendre compte, au double sens de la justifier et d'en payer le prix [...]. Par là, l'idée de responsabilité d'abord tournée vers le passé, commence à se diriger vers le futur, celui des conséquences prévisibles dont on assume la charge. [...] Il y a responsabilité en un sens spécifique, si l'on fait intervenir l'idée d'une mission confiée, sous la forme d'une tâche à accomplir selon des règles'. Ainsi se trouvent posées les deux formes que prend le concept de responsabilité, qu'implique l'idée de 'répondre' (respondere, sponsor): d'une part 'rendre des comptes', tirer les conséquences d'un acte ou d'une abstention dommageables, d'autre part, 'avoir des responsabilités', être em charge d'une valeur sociale, d'un groupe" (BIOY, Xavier (Org.). *Constitution et Responsabilité* – Actes du Colloque de Toulouse. Paris: Montchrestien, 2009. p. 10).

[1139] CANOTILHO, J. J. Gomes. *Princípio da responsabilidade*: um princípio a rever na Constituição. Texto cedido aos doutorandos em Direito Público da Faculdade de Direito da Universidade de Coimbra, outubro de 2010. p. 8. Ainda na doutrina portuguesa parece haver um eco da responsabilidade funcional de Hart com o que Jorge Miranda e Rui Medeiros denominam de "responsabilidade-representação" contraposta à "responsabilidade-fiscalização" (MIRANDA, Jorge; MEDEIROS, Rui. *Constituição portuguesa anotada*. Coimbra: Coimbra Editora, 2006. t. II. p. 320).

específicos para prover ao desempenho de tarefas impostas pelo bem comum ou pelos próprios fins e escopos da organização do poder político constitucionalmente normativizada, é responsável pelo cumprimento destes deveres e de fazer o necessário para os cumprir. No âmbito político-constitucional e jurídico-constitucional é importante "tomar a sério a responsabilidade", ou, por outras palavras, "ter o sentido de responsabilidade", porque no exercício de cargos políticos (e de um modo geral de cargos públicos) importa realçar o próprio exercício de responsabilidade que o cumprimento de tarefas e deveres comporta.[1140]

Já em outro trabalho, Canotilho destaca a importância de outro elemento – a confiança – salientado por Madison em *O federalista*, que "identifica a tarefa de prossecução do interesse público como *officium* assente na confiança (*trust*)":

> Confiança e responsabilidade perfilam-se, pois, como elementos irrenunciavelmente fundantes do "bom governo", juridicamente institucionalizado. Como, de forma impressiva, salienta um autor contemporâneo, o governo da República pressupõe uma cooperação reflexiva entre governantes e governados, ou seja, na *confiança* no exercício de funções públicas *confiadas* a titulares de órgãos e funcionários. Afinal, o que é que vai sendo esquecido na actual dogmática do direito constitucional? Muito simplesmente, uma trindade indestrutível: *governo, bem comum e confiança*.[1141]

Parece-nos que qualquer conceito de responsabilidade dos agentes políticos que pretenda colher as múltiplas dimensões desta responsabilidade deve incluir o elemento da *confiança*, mas deve incluí-lo em sua dimensão relacional e reflexiva. Não apenas como um elemento que, uma vez quebrado, justifica um acréscimo ou um rigor na punição. A presença da confiança (do povo) nos agentes políticos que escolhe, ao menos no início do exercício de suas atribuições, é elemento essencial para compor um ambiente saudável, no qual deve se desenvolver o exercício de sua responsabilidade funcional.

Na doutrina francesa também se encontram ecos desta responsabilidade-função (não necessariamente do Poder Executivo). Assim, Xavier Bioy fala das "duas faces do conceito de responsabilidade no plano institucional: 'ter responsabilidades' quer dizer 'ser um responsável', mas também 'prestar contas' ser 'responsável'".[1142] Bertrand Mathieu lembra a necessidade de o Parlamento "exercitar [...] suas responsabilidades não num sentido que remeta a uma sanção, mas num sentido que remeta ao exercício de um encargo" ("l'exercice d'une charge"). Prossegue, afirmando que "exercer suas responsabilidades não é apenas prestar contas", mas também "decidir, exercer suas competências".[1143] Na mesma obra, Dominique Rousseau, ao tratar da dificuldade de focar a responsabilidade apenas do ponto de vista da sanção, cogita de "uma maneira

---

[1140] CANOTILHO, J. J. Gomes. *Princípio da responsabilidade*: um princípio a rever na Constituição. Texto cedido aos doutorandos em Direito Público da Faculdade de Direito da Universidade de Coimbra, outubro de 2010. p. 8.

[1141] CANOTILHO, J. J. Gomes. *Contributo para o Estudo da 'Distânciação decisória' no Estado Constitucional Democrático*. Coimbra 2012. Texto destinado a livro de homenagem ao Ministro Eros Grau, gentilmente cedido pelo autor. p. 9-10, grifos no original. Veremos, em um dos tópicos do Capítulo 8, os males que podem ser causados pela adoção de práticas de desconfiança generalizada.

[1142] BIOY, Xavier (Org.). *Constitution et Responsabilité* – Actes du Colloque de Toulouse. Paris: Montchrestien, 2009. p. 10.

[1143] MATHIEU, Bertrand. Propos introductifs. *In*: BIOY, Xavier (Org.). *Constitution et Responsabilité* – Actes du Colloque de Toulouse. Paris: Montchrestien, 2009. p. 4.

de abordar a responsabilidade a montante", indagando "como tomar uma decisão responsável, quer dizer, uma decisão ponderada, razoável, discutida, deliberada".[1144]

Mas Rousseau vai mais além, e sugere "outro aspecto do problema da responsabilidade"; o dos elementos ou "fatores que compõem as funções a fim de que elas sejam exercidas de maneira responsável".[1145] Parece-nos que aqui está em questão um tema importante para o direito constitucional e o direito administrativo, a que já nos referimos no Capítulo 3, que é o do conjunto de incentivos e desincentivos que compõem o estatuto dos agentes políticos.[1146]

A dimensão prospectiva presente na teoria de Hart foi explorada em trabalho de Guido Gorgoni,[1147] que começa afirmando que o conceito de responsabilidade funcional de Hart condensa, na verdade, duas acepções distintas da responsabilidade. De um lado teríamos a "responsabilidade entendida como *virtù*",[1148] derivada da ideia de que a pessoa responsável deve "levar a sério" seus deveres e, de outro lado, a "responsabilidade prospectiva".[1149] Mais à frente o autor afirma:

> na responsabilidade pela função convergem diversos significados da ideia de responsabilidade, sem que nenhum deles possa ser completamente isolado dos outros; mais que de uma forma particular de responsabilidade, se trata de um verdadeiro "sistema de responsabilidade"; que se caracteriza, de todo modo, pelo peso dado à escolha individual.[1150]

Mas Gorgoni adverte contra o risco de vincular a responsabilidade funcional à ideia de dever, com o que se perderia a utilidade da distinção entre responsabilidade prospectiva e retrospectiva. Com efeito, vinculando estes conceitos (de responsabilidade e dever), a responsabilidade exprimiria:

> a condição atual (quando imputada retrospectivamente) ou potencial (quando afirmada em sentido prospectivo) do sujeito chamado a responder; a montante lhe é imposta uma obrigação, que configura uma responsabilidade de tipo prospectivo; a jusante, por outro

---

[1144] ROUSSEAU, Dominique. La responsabilité du fait de la fonction juridictionnelle. *In*: BOY, Xavier (Org.). *Constitution et Responsabilité* – Actes du Colloque de Toulouse. Paris: Montchrestien, 2009. p. 75.

[1145] ROUSSEAU, Dominique. La responsabilité du fait de la fonction juridictionnelle. *In*: BOY, Xavier (Org.). *Constitution et Responsabilité* – Actes du Colloque de Toulouse. Paris: Montchrestien, 2009. p. 75.

[1146] Esta estrutura não é, a nosso ver, composta apenas de elementos jurídicos, mas também de elementos materiais. É possível exigir de um agente público, político ou não, que tome decisões responsáveis – ponderadas, refletidas etc. – se é obrigado a trabalhar em condições precárias, sem estrutura, sem meios, sem equipe? A pergunta não é meramente retórica, pois esta é a forma de trabalho de boa parte dos agentes públicos brasileiros, em especial nas esferas estadual e municipal, e mesmo em certos quadrantes da burocracia federal. Pois bem, a Convenção das Nações Unidas Contra a Corrupção traz um conjunto significativo de medidas (não punitivas), exatamente destinadas a permitir que o setor público seja capaz de atrair e manter bons agentes. Veremos este dispositivo com mais atenção no Capítulo 8.

[1147] GORGONI, Guido. La responsabilità come progetto. Primi elementi per un'analisi dell'idea giuridica di responsabilità prospettica. *Diritto e Società*, Padova, n. 2, 2009. Nuova serie.

[1148] GORGONI, Guido. La responsabilità come progetto. Primi elementi per un'analisi dell'idea giuridica di responsabilità prospettica. *Diritto e Società*, Padova, n. 2, 2009. Nuova serie. p. 267.

[1149] GORGONI, Guido. La responsabilità come progetto. Primi elementi per un'analisi dell'idea giuridica di responsabilità prospettica. *Diritto e Società*, Padova, n. 2, 2009. Nuova serie.

[1150] GORGONI, Guido. La responsabilità come progetto. Primi elementi per un'analisi dell'idea giuridica di responsabilità prospettica. *Diritto e Società*, Padova, n. 2, 2009. Nuova serie. p. 270.

lado, funcionaria um juízo retrospectivo de responsabilidade voltado a avaliar o respeito à obrigação.[1151]

Entender a responsabilidade primordialmente (ou unicamente) como *ser chamado a responder*, e particularmente a responder em juízo, é, ainda segundo Gorgoni, a forma adotada pela maioria da teoria contemporânea do direito, mas, com isso, "se reduz excessivamente o significado jurídico da ideia prospectiva de responsabilidade".[1152]

Nesse sentido, Canotilho também salienta:

> Mais do que a imputação de uma conduta ou resultado desvalioso e correspondente sanção (política, criminal, civil) importa *o exercício jurídico virtuoso da responsabilidade*. Aqui vem entroncar a articulação da responsabilidade pelo "papel" ou função com a idéia de *responsabilidade ex ante* ou responsabilidade prospectiva, ou seja, uma responsabilidade orientada para o futuro. A responsabilidade resultante da vitória em eleições com a consequente assumpção de um cargo ou desempenho de um papel é sempre um compromisso ("ajuramentado"[1153], "declarado") de cumprimento das funções que foram confiadas aos titulares de cargos jurídico-constitucionalmente legitimados, ao qual se associam expectativas de comportamentos futuros adequados.[1154]

Na mesma linha temos Jorge Miranda que, ao se referir à responsabilidade política, afirma que esta "em última análise":

> não se destina apenas a corrigir ou sancionar, em nome de princípios e fins prévia e imutavelmente aceites, a atividade governativa desenvolvida até certo momento. Todos os meios de efetivar a responsabilidade, maxime as eleições gerais, servem tanto para o povo avaliar o exercício do mandato dos governantes cessantes como para traçar um novo rumo para o futuro.[1155]

Relembre-se que, além do compromisso a ser tomado pelo PR em sua posse, exemplo perfeito da assunção de uma responsabilidade prospectiva, existem várias menções à responsabilidade no texto da CRFB[1156] que se amoldam bem ao conceito de responsabilidade "funcional" de Hart (o que parece fornecer uma utilidade adicional ao uso desse conceito), em especial enquanto demanda de um exercício virtuoso dos cargos públicos.

[1151] GORGONI, Guido. La responsabilità come progetto. Primi elementi per un'analisi dell'idea giuridica di responsabilità prospettica. *Diritto e Società*, Padova, n. 2, 2009. Nuova serie. p. 268.

[1152] GORGONI, Guido. La responsabilità come progetto. Primi elementi per un'analisi dell'idea giuridica di responsabilità prospettica. *Diritto e Società*, Padova, n. 2, 2009. Nuova serie.

[1153] O presidente da República, afirma o art. 78 da CRFB, tomará posse "prestando o compromisso de manter, defender e cumprir a Constituição, observar as leis, promover o bem geral do povo brasileiro, sustentar a união, a integridade e a independência do Brasil. Já a CRP (artigo 127 '3') indica o texto expresso do juramento a ser prestado, em que se inclui o de "desempenhar fielmente as funções" em que o PR fica investido.

[1154] CANOTILHO, J. J. Gomes. *Princípio da responsabilidade*: um princípio a rever na Constituição. Texto cedido aos doutorandos em Direito Público da Faculdade de Direito da Universidade de Coimbra, outubro de 2010. p. 8.

[1155] MIRANDA, Jorge. Constituição e democracia. *Apresentação perante o Conselho Federal da Ordem dos advogados do Brasil em 7 de março de 2017*. p. 22. Disponível em: http://www.oab.Org.br/noticia/54901/leia-a-palestra-constituicao-e-democracia-proferida-pelo-constitucionalista-jorge-miranda-na-oab?utm_source=3750&utm_medium=email&utm_campaign=OAB_Informa. Acesso em: 28 mar. 2017.

[1156] Tratados no Capítulo 1.

Nos quadrantes do direito administrativo, Eberhard Schmidt-Assmann, tratando da discricionariedade administrativa, afirma que esta:

> não pode ser entendida como uma categoria residual que inclui apenas aquilo que não é suscetível de ser objeto de uma controvérsia perante a jurisdição contencioso-administrativa. Muito pelo contrário a perspectiva deve evoluir desde uma *perspectiva de controle*, até agora predominante, para uma nova *perspectiva de atuação*.[1157]

Como virtude – virtude republicana, diríamos nós –, a função a ser exercida indica, segundo Gorgoni, "não apenas uma série de direitos, deveres e poderes", mas, inclusive, ou especialmente, uma "expectativa de comportamento",[1158] relacionada a estes (direitos, deveres e poderes) e ainda a "atitude subjetiva de quem assume a função", que, segundo Hart, deve fazer *esforços sérios* para cumpri-la,[1159] o que, retornando a Gorgoni, exige um "grau de adesão particularmente forte"[1160] daquele que exerce a função.

Estes esforços sérios e este grau de adesão significam, a nosso ver, que a atuação do agente político deve incluir um compromisso sério com a *responsiveness*, ou seja, um compromisso sério de tentar levar adiante ações e políticas públicas que efetivamente correspondam àquelas que possam, razoavelmente, ser consideradas desejadas pelo povo, o que deve ser especialmente levado em consideração por agentes políticos eleitos.

Não há dúvida de que existem diversas dificuldades práticas e teóricas em torno do conceito de *responsiveness*,[1161] incluindo, em especial, como apurar qual a verdadeira vontade do povo (quais os meios válidos para transmitir esta vontade),[1162] e mesmo os dilemas resultantes das situações em que aquilo desejado pela maioria do povo talvez não seja a melhor medida a ser tomada, em especial em médio e longo prazo. Ainda assim, não parece haver dúvida de que a responsabilidade funcional dos agentes políticos deve incluir um comprometimento sério em levar adiante os projetos e políticas escolhidos pelo povo, ou, em outras palavras, uma "prontidão potencial para responder",[1163] "a menos que haja uma boa razão para (no interesse do próprio povo) agir de forma diversa".[1164]

[1157] SCHMIDT-ASSMANN, Eberhard. *La teoría general del derecho administrativo como sistema*. Objeto y fundamentos de la construcción sistemática. Madrid; Barcelona: Marcel Pons, 2003. p. 220, grifos no original.

[1158] GORGONI, Guido. La responsabilità come progetto. Primi elementi per un'analisi dell'idea giuridica di responsabilità prospettica. *Diritto e Società*, Padova, n. 2, 2009. Nuova serie. p. 272.

[1159] HART, Herbert L. A. *Punishment and responsibility* – Essays in philosophy of law. 2. ed. Oxford: Oxford University Press, 2008. p. 213.

[1160] GORGONI, Guido. La responsabilità come progetto. Primi elementi per un'analisi dell'idea giuridica di responsabilità prospettica. *Diritto e Società*, Padova, n. 2, 2009. Nuova serie. p. 272.

[1161] Que discutimos brevemente no Capítulo 2 (2.3). Sobre o tema, *vide* AVARO, Dante, SÁNCHEZ Y SÁNCHEZ, Carlos Luis (Coord.). *Calidad de la democracia y respuesta política Responsiveness*. México D.F.: Granén Porrúa, Senado de La República, 2015 e URBANO, Maria Benedita Malaquias Pires. *Representação política e parlamento*. Contributo para uma teoria político-constitucional dos principais mecanismos de protecção do mandato parlamentar. Coimbra: Almedina, 2009. p. 151-171.

[1162] Eleições, pesquisas, protestos e manifestações?

[1163] URBANO, Maria Benedita Malaquias Pires. *Representação política e parlamento*. Contributo para uma teoria político-constitucional dos principais mecanismos de protecção do mandato parlamentar. Coimbra: Almedina, 2009. p. 170.

[1164] URBANO, Maria Benedita Malaquias Pires. *Representação política e parlamento*. Contributo para uma teoria político-constitucional dos principais mecanismos de protecção do mandato parlamentar. Coimbra: Almedina, 2009. p. 170.

CAPÍTULO 6
A RESPONSABILIDADE COM A FUNÇÃO, PELA FUNÇÃO E PARA A FUNÇÃO | 357

Neste ponto há de se fazer uma ressalva quanto à questão da imparcialidade que, em geral, é considerada dever dos agentes públicos em geral. É que, como muito bem notado por Guido Sirianni:

> [a] ideia segundo a qual o exercício de cargos políticos aos quais se acede por meio de uma competição entre partidos contrapostos portadores de interesses e visões divergente não deva ser partidário, mas, pelo contrário, deva se inspirar em princípios de imparcialidade resulta pouco natural.[1165]

Com efeito, se entendermos imparcialidade como idêntica preocupação por distintos problemas políticos, o agente político, em especial o que se pretende responsivo, é eleito em boa medida para ser parcial, ou seja, para dar maior atenção àqueles problemas que, durante sua campanha eleitoral, foram apontados exatamente como merecedores de maior atenção. Presume-se que esta parcialidade foi aprovada pelo povo ao escolher tal candidato no lugar daquele outro.

Este é um ponto em que, nitidamente, o que se deve esperar dos agentes políticos é distinto do que se deve esperar dos demais agentes públicos. Com efeito, como também anota Sirianni: "Paradoxalmente, a imparcialidade deve ser observada pela administração pública, mas não deve incluir os agentes políticos que lhe dão *indirizzo* e a controlam".[1166]

De todo modo, um dos grandes méritos da responsabilidade funcional de Hart – na forma desenvolvida por Gorgoni – é a valorização de elementos da responsabilidade que ultrapassam aqueles (imputação, sanção, causalidade, capacidade) relacionados à responsabilidade retrospectiva, ou "póstuma", e que costumam ficar "na sombra" na presença dos elementos retrospectivos.

A responsabilidade funcional não se esgota na simples observação das regras jurídicas aplicáveis ao exercício do cargo. Ela não pode ser equiparada "com a simples soma de direitos, deveres e poderes inerentes à função", já que, para além destes elementos (que, obviamente, não perdem sua relevância), "persiste um resíduo de responsabilidade que não é definida a partir dos elementos formais da função, mas que remete a uma moralidade pressuposta",[1167] em especial, diríamos nós, pressuposta em quem pretende assumir os mais relevantes cargos públicos.

A responsabilidade funcional, a nosso ver, exige que o agente se conduza com austeridade (que não significa sisudez) e transparência, que não se deixe guiar apenas pela agenda ou pauta imposta por terceiros (mesmo quando, o que é comum, os terceiros sejam os meios de comunicação social), mas que, por outro lado, não fabrique ou fomente pautas artificiais. A responsabilidade funcional, exatamente por isso, é diretamente

---

[1165] SIRIANNI, Guido. Etica pubblica e prevenzione dela corruzione: il problema del personale politico. *Diritto Pubblico*, anno XX, n. 3, p. 927-951, set./dez. 2014. p. 931.

[1166] SIRIANNI, Guido. Etica pubblica e prevenzione dela corruzione: il problema del personale politico. *Diritto Pubblico*, anno XX, n. 3, p. 927-951, set./dez. 2014.

[1167] GORGONI, Guido. La responsabilità come progetto. Primi elementi per un'analisi dell'idea giuridica di responsabilità prospettica. *Diritto e Societá*, Padova, n. 2, 2009. Nuova serie. p. 273.

oposta ao uso de "conceitos" como "pós-verdade" ou "fatos alternativos",[1168] que estariam aparentemente em voga nos anos que correm.[1169]

A ideia de responsabilidade pela função, portanto, estaria, segundo Gorgoni, "na encruzilhada entre âmbito jurídico (conjunto de direitos e deveres), âmbito social (função e expectativa social) e âmbito ético".[1170]

Fazendo a ligação entre o passado e o futuro,[1171] Joel Feinberg[1172] salienta:

> A responsabilidade é, por vezes, imputada antes dos fatos por pessoas olhando o futuro e por vezes após o fato por críticos e juízes olhando o passado. Imputações prospectivas de responsabilidade são julgamentos hipotéticos sobre o futuro, comumente para o efeito de se um evento vier a ocorrer (ou não ocorrer) a pessoa agora julgada responsável por ele será o sujeito de outros julgamentos – por exemplo, os que imputarão mérito ou culpa, ou sujeição a uma sanção ou a um prêmio. Esses julgamentos futuros serão, obviamente, feitos de forma retrospectiva, porque eles incidirão sobre um evento que, então, já terá ocorrido ou deixado de ocorrer. [...]
>
> Qualquer consideração sobre o que é um julgamento prospectivo dependerá de uma referência essencial a um futuro julgamento retrospectivo: Um julgamento prospectivo é o que especifica que julgamentos retrospectivos poderão ser feitos em determinadas contingências futuras.

[1168] Conceitos que, durante a transição de governo nos Estados Unidos após a eleição de Donald Trump e durante o início de seu governo, têm sido supostamente utilizados pelo novo presidente americano e que denotariam uma relação distante com a verdade.

[1169] Sobre o tema veja-se a reportagem "'1984' lidera as vendas de livros nos EUA desde a posse de Trump", de Guillermo Altares, no sítio eletrônico do jornal *El País*, de 26.1.2017: "Quando escreveu 1984, George Orwell não pensava em uma sociedade futura, mas no presente. Sua distopia não pretendia ser uma metáfora, mas uma descrição dos totalitarismos do século XX, sobretudo o stalinismo. No entanto, este livro, escrito em 1948, se tornou novamente um ponto de referência na era de Donald Trump, na qual a pós-verdade e os 'fatos alternativos' tomaram conta da política. O romance do escritor britânico, nascido em 1903 e falecido em 1950, subiu na lista dos livros mais vendidos nos Estados Unidos na Amazon, o gigante digital do comércio online. [...] Orwell fala em seu livro de uma *novilíngua* e seu protagonista trabalha no Ministério da Verdade, que se encarrega de estabelecer o que é falso e o que é verdadeiro. Os fatos são definidos pelo Estado, não pelos cidadãos. São conceitos bastante inquietantes na atualidade, em um momento em que uma das principais assessoras de Trump, Kellyanne Conway, sua chefe de campanha e atual conselheira do presidente na Casa Branca, cunhou o conceito de 'fatos alternativos', que consiste basicamente em negar as evidências empíricas, como aconteceu com o número de pessoas que assistiram à posse do presidente. Um dos comentários sobre o livro na Amazon, escrito em 23 de janeiro, dizia: 'Hoje Kellyanne Conway anunciou que estava nos proporcionando fatos alternativos. São sombras de um passado que muda enquanto se controla o presente. Temos de estar preparados para a festa como se estivéssemos em *1984*'. O diretor do jornal The Washington Post, Martin Baron, recordou [...] a relevância da obra do novelista e ensaísta britânico ao destacar que os 'fatos alternativos' lhe recordam 1984: 'O partido pede que você rechace o que seus olhos veem'" (ALTARES, Guillermo. '1984' lidera as vendas de livros nos EUA desde a posse de Trump. *El País*, 26 jan. 2017. Disponível em: http://brasil.elpais.com/brasil/2017/01/26/cultura/1485423697_413624.html. Acesso em: 5 mar. 2017).

[1170] GORGONI, Guido. La responsabilità come progetto. Primi elementi per un'analisi dell'idea giuridica di responsabilità prospettica. *Diritto e Società*, Padova, n. 2, 2009. Nuova serie. p. 274. Hart chega a afirmar que a responsabilidade – no sentido funcional – "pode ser jurídica, moral, ou estar fora dessa dicotomia" (HART, Herbert L. A. *Punishment and responsibility* – Essays in philosophy of law. 2. ed. Oxford: Oxford University Press, 2008. p. 213).

[1171] E talvez pulando o presente, o que nos faz ter em mente a advertência de François Ost e de Miguel Van de Kerchove: "O presente não constitui apenas o grande ausente paradoxal da maior parte das teorias do tempo. Constitui igualmente o grande ausente das teorias jurídicas da sanção em geral e da pena em particular" (OST, François; VAN DE KERCHOVE, Miguel. O presente, horizonte paradoxal das sanções reparadoras. *In*: BART, Jean *et al*. *Filosofia do direito e direito econômico*. Que diálogo? Miscelâneas em honra de Gérard Farjat. Lisboa: Piaget. 2001. p. 518).

[1172] *Apud* GORGONI, Guido. La responsabilità come progetto. Primi elementi per un'analisi dell'idea giuridica di responsabilità prospettica. *Diritto e Società*, Padova, n. 2, 2009. Nuova serie. p. 278.

CAPÍTULO 6
A RESPONSABILIDADE COM A FUNÇÃO, PELA FUNÇÃO E PARA A FUNÇÃO | 359

Mas Gorgoni ressalta que esta ligação entre responsabilidade prospectiva e retrospectiva não se aplica a todo o conjunto de elementos que compõem a responsabilidade funcional, o que seria reconhecido pelo próprio Feinberg. É necessário fazer uma distinção entre deveres bem delimitados (*previamente* delimitados), cujo não cumprimento é facilmente identificável num futuro juízo retrospectivo, e áreas de responsabilidade cujo conteúdo é impossível de ser predeterminado com o mínimo de clareza e que, portanto, ante a ampla margem de liberdade[1173] ou de discricionariedade, não poderão ser objeto de um futuro juízo retrospectivo de responsabilidade[1174] jurídica (mas talvez sim num juízo de responsabilidade política).

Assim, na ideia de responsabilidade funcional entram aspectos, em primeiro lugar, de uma responsabilidade "tradicional" (predeterminada e sujeita a futuras imputações retrospectivas), em segundo lugar aspectos de uma responsabilidade discricionária e, finalmente, aspectos relacionados ao *exercício da responsabilidade* na qual – em especial quando estão em jogo responsabilidades prospectivas – esta é chamada a dar uma resposta muito mais a um *apelo*, do que a uma acusação.[1175] Estamos tratando, portanto,[1176] de uma responsabilidade *com* a função, *pela* função e *para* com a função.

6.2 O futuro e os outros elementos em jogo

A quase exclusividade do passado como foco da responsabilidade começou a mudar, muito provavelmente, na esfera do direito ambiental (ou ecológico), tanto no que se refere à responsabilidade pela reparação dos danos causados ao meio ambiente quanto nos procedimentos administrativos de licenciamento ambiental. É neste ramo do direito que o peso maior passa a ser dado ao futuro, por meio de regras que colocam muito mais ênfase no objetivo de evitar que determinados tipos de danos ocorram do que na criação de regras para garantir que aqueles danos que, afinal, venham a ocorrer, sejam reparados. Isto ocorre porque uma das especificidades do direito ambiental, potencializada nos últimos anos, é a tomada de consciência de que, ao menos em relação a certos bens ambientais, a reparação – como retorno ao *status quo ante* – muitas vezes é impossível, e a tentativa de resolução do problema por meio de indenizações financeiras tampouco é propriamente viável (já que não recompõe o meio ambiente lesado). É a partir desta constatação que os princípios da prevenção e da precaução vão ganhando força no direito ambiental.

[1173] Amartya Sen, no início de sua obra sobre a ideia de justiça, salienta a importância do conceito de liberdade e sua intrínseca relação com o conceito de responsabilidade. "Freedom to choose gives us the opportunity to decide what we should do, but with that opportunity comes the responsibility for what we do – to the extent that they are chosen actions. Since a capability is the power to do something, the accountability that emanates from that ability – that power – is a part of the capability perspective, and this can make room for demands of duty – what can be broadly called deontological demands" (SEN, Amartya. *The idea of justice*. Londres: Penguin, 2010. p. 19).

[1174] GORGONI, Guido. La responsabilità come progetto. Primi elementi per un'analisi dell'idea giuridica di responsabilità prospettica. *Diritto e Società*, Padova, n. 2, 2009. Nuova serie. p. 279.

[1175] GORGONI, Guido. La responsabilità come progetto. Primi elementi per un'analisi dell'idea giuridica di responsabilità prospettica. *Diritto e Società*, Padova, n. 2, 2009. Nuova serie. p. 280.

[1176] Fazendo eco a uma frase da liturgia católica ("Por Cristo, com Cristo, em Cristo").

Note-se que no Brasil estes dois princípios continuam em geral restritos ao direito ambiental enquanto que, na Europa, foram exportados a outros ramos do direito público (e até à própria filosofia do direito).[1177] Hoje, não seria exagero, ao menos no panorama europeu, afirmar (ou reconhecer) que os dois princípios vinculam toda a atuação dos poderes públicos em áreas que envolvem riscos.[1178] Na verdade, mesmo quem, como Schmidt-Assmann, não chega a reconhecer especificamente a exportação do princípio da precaução ao direito público em geral, expressamente reconhece que o risco enquanto problema jurídico retira a funcionalidade de conceitos à luz dos quais a ação administrativa era avaliada, tais como a imputabilidade das consequências e a plausibilidade das decisões.[1179]

Mas o conceito de risco, mesmo no Brasil, certamente não é exclusividade do direito ambiental, sendo discutido na esfera do licenciamento de medicamentos, na preocupação com a sustentabilidade financeira dos entes públicos e mesmo no que se refere à seleção de agentes políticos.

Aliás, o conceito de risco – ou de sociedade de risco, para ficarmos com um de seus principais teóricos (Ulrich Beck) – não só passa a ser um dos panos de fundo em face do qual passa a se desenvolver a atuação do Estado como, do ponto de vista teórico, chega a ser elevado por Canotilho a (um dos) "problemas básicos da teoria da constituição".[1180]

[1177] PAPAUX, Alain (Org.). *Introduction à La philosophie du 'droit en situation'*. De la codification légaliste au droit prudential. Bruxelles: Bruylant, 2006. p. 226 e segs.

[1178] *Vide*, por exemplo, ROUSSEL, Violaine. Scandale et redéfinitions de La responsabilité politique. *Revue Française de Science Politique*, v. 58, n. 6. p. 959; 981. Outro exemplo é a introdução, na CRF, em 2004, da denominada Carta do Meio Ambiente, cujo art. 5º estabelece: «Lorsque la réalisation d'un dommage, bien qu'incertaine en l'état des connaissances scientifiques, pourrait affecter de manière grave et irréversible l'environnement, les autorités publiques veillent, par application du principe de précaution et dans leurs domaines d'attributions, à la mise en œuvre de procédures d'évaluation des risques et à l'adoption de mesures provisoires et proportionnées afin de parer à la réalisation du dommage».

[1179] SCHMIDT-ASSMANN, Eberhard. *La teoría general del derecho administrativo como sistema*. Objeto y fundamentos de la construcción sistemática. Madrid; Barcelona: Marcel Pons, 2003. p. 176. O ponto levantado por Schmidt-Assmann também é muito importante em relação à responsabilidade retrospectiva, pois a outra reação (outra em relação à tentativa de direcionar a responsabilidade para o futuro) à existência de novos riscos é a tentativa – dramática na França, mas também ensaiada no Brasil – de criminalizar a responsabilidade política. Sobre o tema veja-se BEAUD, Olivier. *Le sang contaminé*. Essai critique sur la criminalisation de la responsabilité des gouvernants. Paris: PUF, 1999.

[1180] "O *paradigma da sociedade de risco* obriga a teoria da constituição a compreender novos conceitos da teoria social como é, precisamente, o conceito de risco. Ao lado de categorias e conceitos jurídicos como contrato, direito subjetivo [...], o conceito de *risco* parece cristalizar as experiências fundamentais das sociedades altamente industrializadas. [...] Um dos problemas fundamentais da sociedade do risco é o da radical assinalagmaticidade do risco. Quer-se com isto dizer que o risco de catástrofes civilizatórias (Bophal, Chernobyl, terrorismo) é *criado* por uns e *suportado* por outros. Mas não só isso. Quem *participa* nas decisões de risco são organismos e organizações a quem falta legitimação democrática para decidir sobre a vida e a morte de comunidades inteiras. [...] O problema que se coloca, em sede de teoria da constituição, é o de saber se ela pode contribuir para a *modernização reflexiva*, isto é, para a análise e crítica do desenvolvimento científico-tecnológico, para a desmonopolização dos conhecimentos e, consequentemente: (1) para a democratização do conhecimento dos efeitos secundários das decisões de risco; (2) para a democratização do desapossamento da política a favor da ciência e da técnica. Se quisermos empregar termos mais clássicos, diríamos que o problema da Constituição é o de saber se ela pode reabilitar a virtude aristotélica da *prudentia* que outra coisa não é senão a escolha racional de decisões em situações de incerteza. Aí está o problema: os procedimentos, formas e instituições de uma *democracia de risco* e de uma *justiça de risco* passam também pela articulação de vários subsistemas (científico, econômico, político, jurídico) que um esquema normativo-constitucional dificilmente pode assegurar. Por outras palavras: a teoria da constituição defronta o problema da conformação da *comunidade política do risco*, com as questões inerentes de uma *nova democracia participatória* e de uma nova *cidadania de risco*" (CANOTILHO, J. J. Gomes. *Direito constitucional e teoria da Constituição*. 7. ed. Coimbra: Almedina, 2003. p. 1354-1355, grifos no original).

Essa busca por evitar os riscos, transferida para o direito eleitoral, revelou uma idêntica mudança de ênfase: no lugar de *punir* o político que *já fez algo de errado* – algo, portanto, que já aconteceu –, melhor seria tomar todas as providências e medidas para evitar que ele o faça. Com o uso da Lei de Inelegibilidades como instrumento para alcançar este objetivo – que veremos no próximo capítulo –, chega-se ao ponto extremo de evitar que o político em questão sequer seja candidato. Outros exemplos podem ser encontrados facilmente, como aqueles referentes ao licenciamento de medicamentos.

Mas é evidente que os esquemas preventivos também têm seu custo (financeiro, social e jurídico). Com efeito, "não fazer", não instalar uma obra, não iniciar uma atividade, não licenciar um remédio, também traz um custo para quem se beneficiaria destas atividades. Impedir alguém de se candidatar também subtrai uma opção ao povo, além de ser grave restrição de um direito fundamental.

Mas, além do "custo", o fato é que "não fazer" nem sempre é uma opção possível e, ademais, como demonstrado por Sunstein,[1181] por vezes o próprio princípio da precaução pode apontar ao mesmo tempo para lados distintos, neutralizando sua utilidade prática.

Assim, a incorporação pelo direito da ideia de se preocupar com o futuro e seus riscos quando acompanhada de novos mecanismos para instrumentalizar tal preocupação acaba gerando novos riscos. Como adverte Bertrand Mathieu:

> a evolução do direito da responsabilidade revela, no entanto, alguns desvios. Por exemplo, o princípio da precaução, que remete ao dever de tomar decisões apoiadas sobre uma análise aprofundada das informações disponíveis e dos estudos possíveis, é deturpado por uma interpretação que tende a fazê-lo elemento de uma nova forma de responsabilidade culposa, uma forma na qual a existência de um prejuízo deslanchará quase mecanicamente a responsabilidade daquele que tiver tomado a decisão.[1182]

Talvez o grande desafio seja o modo de construir ou interpretar mecanismos ou instrumentos de responsabilização prospectiva que possam dar conta das dimensões colhidas a partir do conceito de Hart, que permitam olhar para o futuro, sem travar o futuro, ou sem causar outros resultados negativos.

Dieter Grimm é um dos que destacam que o Estado "já há muito" começou a olhar mais para o futuro "mais precisamente por meio de uma orientação que visa uma ação preventiva", mas alerta para os riscos trazidos por esta mudança de olhar, ao afirmar que "essa mudança da atividade estatal" ainda não gerou uma tomada de consciência sobre "seu significado para a liberdade garantida pelos direitos fundamentais". Em suas palavras:

> Prevenção é a tentativa, não de intervir tão-somente com desvio ou correção quando da ocorrência ou realização de um determinado perigo, mas de já começar nas fontes de

---

[1181] SUNSTEIN, Cass. *The laws of fear*: beyond the precautionary principle. Cambridge: Cambridge University Press, 2005. Para uma defesa do princípio da precaução, *vide* ARAGÃO, Maria Alexandra de Sousa. Princípio da precaução: manual de instruções. *Revista do Centro de Estudos de Direito do Ordenamento, do Urbanismo e do Ambiente – CEDOUA*, n. 2, 2008. A autora, inclusive, propõe formas alternativas para implementação do princípio que possibilitariam dar conta de seus excessos (p. 50-53).

[1182] MATHIEU, Bertrand. Propos introductifs. *In*: BOY, Xavier (Org.). *Constitution et Responsabilité* – Actes du Colloque de Toulouse. Paris: Montchrestien, 2009. p. 5-6.

conflito e sufocá-las, desde que possível, ainda na fase embrionária, de modo que não possam chegar a se tornar perigos concretos ou, até mesmo, danos.

Por isso o conceito de prevenção possui tanta força de convicção, pois seu benefício é evidente. A prevenção parece não só mais efetiva, ela é frequentemente mais barata do que repelir perigos manifestos ou ressarcir danos ocorridos. A descoberta de todo plano criminoso é preferível a uma busca bem-sucedida posteriormente [...]. Assim, o Estado preocupado com a prevenção pode até mesmo recorrer a deveres de proteção segundo os direitos fundamentais, porque se trata, frequentemente, de bens protegidos pelos direitos fundamentais, como a vida e a saúde, e em cujo interesse ele age preventivamente.

Não obstante, seria um erro supor que se pudessem ter gratuitamente as vantagens da proteção. O preço é pago exatamente pela liberdade dos direitos fundamentais, haja vista que o número de fontes de perigo é infinitamente muito maior do que o número dos perigos manifestos, a prevenção leva forçosamente a uma expansão espacial e a uma antecipação da atividade estatal. Mas, com isso, esta fica, ao mesmo tempo, livre de limites. Sólidas especificações legais, como as contidas, até então, no perigo concreto para a ação da polícia e na suspeita de delito para a ação da polícia criminal, deixam de existir quando é preciso sufocar perigos ainda na sua origem e se fundamentar pontos de suspeita. [...]

Diante dessa lógica da prevenção, também falha o, então, mais importante instrumento da garantia da liberdade: o princípio da proporcionalidade. Como já indica seu nome, o mesmo não oferece nenhuma proteção absoluta contra prejuízos à liberdade, apenas uma proteção relativa. Restrições aos direitos fundamentais devem estar em uma proporção adequada com a finalidade da garantia. Destarte, quanto maior for ou for feito um perigo, tanto mais legítimas parecem até mesmo as sensíveis intervenções à liberdade. Toda restrição pode, então, parecer apropriada para assegurar um bem de alto valor protegido por dispositivo legal e pode, ao final, fazer atrofiar a liberdade por conta da segurança. É difícil perceber os limites. Todavia, caso sejam ultrapassados, a Constituição liberal cai novamente, sem reforma de seu texto, na periferia da vida social.[1183]

[1183] GRIMM, Dieter. *Constituição e política*. Belo Horizonte: Del Rey, 2006. p. 87-88. Mais à frente, na mesma obra (p. 280-281), ao fazer um balanço dos 50 anos da LFB, Grimm volta ao tema dos "custos da prevenção": "Como os focos de perigo são muito mais numerosos e muito mais ocultos que os perigos manifestos, a transição para a prevenção está ligada a uma tendência para o Estado onipresente e onisciente. A prevenção depende de informação e de possibilidades de ação que já podem ser empregadas, antes que se chegue a uma conduta ilícita ou que coloque diretamente em risco o bem protegido pelo dispositivo legal. Isso implica forçosamente em uma transposição dos limites da atividade estatal. Temporalmente, a atividade estatal é antecipada e, espacialmente, dilatada. Ela também se estende a pessoas que, pela sua conduta, não deram razão para tanto. No direito penal, é rebaixado o limite instituído para a intervenção estatal pelo, até então, perigo concreto e pela, até então, suficiente suspeita da autoria do crime. Esse fato pode ser observado de forma mais intensa na inviolabilidade da esfera privada e sigilosa da pessoa. Mas também podem ser objeto de medidas preventivas pelo Estado, atividades protegidas por direitos fundamentais no âmbito público. Essa transposição dos limites do Estado, inerente à prevenção, contraria, tendencialmente, a limitação que é tarefa dos direitos fundamentais. Nesse ínterim, mesmo o mais importante bastião da proteção à liberdade, o princípio da proporcionalidade, não permanece intacto, pois, se um risco apenas é extraordinariamente grande ou é apresentado como tal, baixa a força defensiva do princípio da proporcionalidade, o qual não traça um limite absoluto, e sim sempre um relativo às intervenções nos direitos fundamentais. Daí não resulta uma proibição da atividade estatal preventiva, porque tal proibição poderia deixar novamente, por sua vez, lacunas na proteção dos direitos fundamentais, resulta, antes, a necessidade do aumento da consciência do fato de que liberdade e segurança não podem ser otimizadas de maneira uniforme. É a liberdade que cria riscos à segurança. Por essa razão, necessidades de segurança são satisfeitas, em geral, por restrições à liberdade. A Lei Fundamental não exclui tais restrições para fins legítimos ao bem comum. Deveres de proteção podem exigir, talvez, até mesmo a restrição de determinadas liberdades no interesse da salvaguarda de outras liberdades ou da liberdade de terceiros. No entanto, deve ser alcançado um equilíbrio adequado. A prevenção que se impusesse desenfreadamente como instrumento de cumprimento de tarefas por parte do Estado ameaçaria consumir a liberdade que ela gostaria de proteger. Destarte, tal estratégia não teria nenhum respaldo na Lei Fundamental". Diogo de Figueiredo também destaca a necessidade de dotar o direito, no caso o direito administrativo, de "uma *dimensão prospectiva*" como "instrumento imprescindível

CAPÍTULO 6
A RESPONSABILIDADE COM A FUNÇÃO, PELA FUNÇÃO E PARA A FUNÇÃO | 363

Pois bem, é assustador saber que existem projetos para prever o comportamento futuro de pessoas – especialmente potenciais crimes – com base em recursos denominados *big data*. Mas não se trata apenas de mera cogitação para um futuro distante. Um exemplo é o projeto (denominado FAST ou *Future Attribute Screening Technology*) patrocinado pelo Departamento de Segurança Interna do Governo dos EUA que "tenta identificar potenciais terroristas pelo monitoramento de sinais vitais individuais, linguagem corporal e outros padrões psicológicos. A ideia é que a vigilância do comportamento das pessoas pode detectar sua intenção de fazer o mal".[1184] Na mesma linha, os autores noticiam que as comissões que analisam os pedidos de liberdade condicional (*parole boards*) em mais da metade dos estados americanos já usam previsões feitas com base em análise de dados como razão de decidir (sobre pedidos de soltura da prisão).[1185]

Assim, será possível, num futuro próximo, usar previsões sobre as pessoas para não apenas evitar ilícitos, mas também para julgá-las e puni-las antes mesmo de agirem. Esta "punição baseada em previsões parece uma evolução em relação a práticas que já aceitamos". Afinal, "evitar comportamentos perigosos [...] é um marco da sociedade moderna. [...] Nós exigimos o uso de cintos de segurança para evitar fatalidades em acidentes de carro" e "não deixamos pessoas armadas entrar em aviões para evitar sequestros".[1186] Mayer-Schönberger e Cukier reconhecem os enormes perigos envolvidos com esta possibilidade, que representaria uma desconsideração da causalidade, da presunção de inocência, do livre arbítrio, da ideia de justiça e da liberdade como pressuposto da responsabilidade.

Para além da assustadora perspectiva aberta pelo *big data*, aqui entra uma tensão parecida com aquela discutida no Capítulo 3, embora com alguns elementos distintos. Para que a criança não se magoe, teremos que proibir que ela brinque? Para evitar que criminosos sejam eleitos, teremos que restringir o universo dos elegíveis àqueles que comprovem – como e perante quem? – suas virtudes? Que aspectos do passado de uma pessoa devem ser colhidos como indicação de seu atuar futuro? Que obrigações de transparência são aptas a gerar maior responsabilidade sem travar a atuação do agente? E tudo isso há de ser respondido num quadro no qual a operatividade do princípio da proporcionalidade se enfraquece.

Pois bem, um dos caminhos que claramente têm sido trilhados, ao menos no Brasil, é o de reduzir o máximo possível a liberdade dos agentes políticos, num movimento de recondução de tudo ao direito, que já tratamos no Capítulo 2. Este movimento, além das consequências tratadas no referido capítulo, gera algo esquizofrênico: espera-se eficiência, pretendem-se punir quaisquer desvios, mas se pretende, ao mesmo tempo, restringir todas as liberdades relacionadas com o exercício da responsabilidade funcional. Mas não é só isso. A liberdade de escolhas, em muitos casos, não é simplesmente subtraída

---

para que o direito administrativo contribua eficazmente para a construção de um *futuro seguro* em tempos de riscos crescentes, de modo a que *todas as instâncias dotadas de poder* possam atuar coerente e eficientemente no trato dos problemas dessas novas sociedades destinadas a conviver planetariamente" (MOREIRA NETO, Diogo de Figueiredo. *Poder, direito e Estado* – O direito administrativo em tempos de globalização. In memoriam de Marcos Juruena Villela Souto. Belo Horizonte: Fórum, 2011. p. 157, grifos no original).

[1184] MAYER-SCHÖNBERGER, Viktor; CUKIER, Kenneth. *Big data*. Boston, Nova York: Mariner Books, 2014. p. 159.

[1185] MAYER-SCHÖNBERGER, Viktor; CUKIER, Kenneth. *Big data*. Boston, Nova York: Mariner Books, 2014. p. 158.

[1186] MAYER-SCHÖNBERGER, Viktor; CUKIER, Kenneth. *Big data*. Boston, Nova York: Mariner Books, 2014. p. 160.

dos agentes políticos ou da própria população, ela é transferida, destes, para o Poder Judiciário, com riscos não desprezíveis.

Ora, neste ponto, antes de tratar da inelegibilidade (Capítulo 7) e de outros mecanismos esparsos de responsabilização de agentes políticos, há que se registrar que Canotilho considera que tais "mecanismos e regras claras de inelegibilidade, incompatibilidade, imunidade, declaração de interesses, 'períodos de nojo ou de arrefecimento' no trânsito de funções públicas para funções privadas (e vice-versa), fixação constitucional de duração de mandatos" se fundamentam na necessidade de garantia do princípio da distanciação, o mesmo, lembra o autor, que afirma que "ninguém julga em causa própria nem diz o direito para si próprio".[1187]

No entanto, alerta Canotilho, a "distanciação", no "Estado de direito democrático", não acarreta:

> como premissa incontornável a "neutralização da política" ou a "demonização de estruturas partidárias". Se o objetivo é reconstruir as dimensões de juridicidade e de legitimidade política dos esquemas político organizatórios, então o combate às "maldades", "degenerescências", "partidarismos", "intransparências", "fichas sujas", "capturas secretas do poder", "tráfego de influências", passará pela reabilitação do *jus politicum* e afinação de mecanismos democráticos de controlo do exercício de poderes públicos.[1188]

A advertência de Canotilho, profundo conhecedor da realidade brasileira, não tem sido ouvida no Brasil. Com efeito, embora seja compreensível – ante o grau de corrupção revelado nos escândalos em curso – a reação tem sido exatamente de demonização de partidos e da atividade política como um todo, além de uma aceleração do movimento de colonização total da política pelo direito.

Este conflito entre a demanda por evitar o mal e o preço que se paga para tanto é muito bem ilustrado pelo caso da reforma efetuada em 2010 na Lei Brasileira de Inelegibilidades, conhecida como Lei da Ficha Limpa, à qual nos dedicaremos no próximo capítulo.

Certamente não há fórmulas prontas para fazer com que a preocupação com o futuro entre no direito sem causar muitos danos colaterais. Provavelmente a consciência deste risco e a lembrança de que o edifício democrático é equilibrado em distintos pilares, a maioria interligada, é um bom começo. Talvez não seja possível agregar andares neste edifício sem reforçar seus pilares existentes. E, certamente, não é possível fazer isso enfraquecendo ou mesmo arremetendo contra vários deles (além do mais, ao mesmo tempo). Neste ponto, vale lembrar que alguns destes pilares – pensamos muito especialmente na separação de poderes – por vezes são considerados princípios esgotados, cujo papel seria secundário.

[1187] CANOTILHO, J. J. Gomes. *Contributo para o Estudo da 'Distânciação decisória' no Estado Constitucional Democrático.* Coimbra 2012. Texto destinado a livro de homenagem ao Ministro Eros Grau, gentilmente cedido pelo autor. p. 4.

[1188] CANOTILHO, J. J. Gomes. *Contributo para o Estudo da 'Distânciação decisória' no Estado Constitucional Democrático.* Coimbra 2012. Texto destinado a livro de homenagem ao Ministro Eros Grau, gentilmente cedido pelo autor.

Para além da presença de tal princípio como cláusula pétrea da CRFB, espanta é o desprezo pela sua função estruturante e fornecedora de sentido a qualquer democracia.[1189]

Talvez o caminho para aprimorar a responsabilidade dos agentes políticos situe-se, como Sirianni sugere, na "melhoria do circuito da representação e da responsabilidade política", o que inclui a:

> valorização da capacidade de escolha e de julgamento dos eleitores. Uma espiral virtuosa – eleitores virtuosos que elegem representante virtuosos – deve se contrapor à espiral corrupta – cidadãos corrompidos que elegem representantes corrompidos que corrompem eleitores. O republicanismo deve promover a virtude cívica.[1190]

Sirianni discute alguns mecanismos de direito público que podem prestar-se a colaborar com a melhoria do referido circuito – e que em boa medida são aqueles discutidos nos dois capítulos seguintes – salientando que a esfera penal deve estar presente, mas não para dar o primeiro combate. Mas aqui queremos chamar atenção para a necessidade, defendida por ele, de valorização da capacidade de escolha e de julgamento dos eleitores, isto porque esta valorização pressupõe uma outra necessidade: educação. Trata-se de questão que certamente extrapola o objeto deste trabalho, mas seu papel como outro pilar estruturante da democracia não pode ser esquecido.

[1189] No direito brasileiro posterior à CRFB houve um natural crescimento da importância do estudo dos direitos fundamentais. Com o passar dos anos esta ampliação resultou em um quase desprezo por qualquer tema de direito constitucional que não fosse reconduzível à problemática dos direitos fundamentais (com a única exceção do controle de constitucionalidade, instrumental àquele). Para quem compartilha essa visão, talvez valha a pena lembrar que a relação entre direitos fundamentais e separação de poderes vem da Declaração dos Direitos do Homem e do Cidadão de 1789, segundo a qual (art. 16º) a "sociedade em que não esteja assegurada a garantia dos direitos nem estabelecida a separação dos poderes não tem Constituição".

[1190] SIRIANNI, Guido. Etica pubblica e prevenzione dela corruzione: il problema del personale politico. *Diritto Pubblico*, anno XX, n. 3, p. 927-951, set./dez. 2014. p. 932.

CAPÍTULO 7

A APLICAÇÃO DA INELEGIBILIDADE COMO MECANISMO PREVENTIVO DE RESPONSABILIZAÇÃO DE AGENTES POLÍTICOS

7.1 Introdução

O tratamento das inelegibilidades é apenas um capítulo do direito eleitoral. No entanto, trata-se de um capítulo extremamente importante, por delimitar o universo daqueles que poderão participar do jogo eleitoral.

Esta delimitação é feita com elementos de grande tensão pois, se por um lado, as inelegibilidades existem exatamente (ainda que não exclusivamente) para tirar do jogo eleitoral aqueles que, por distintas razões, se apresentam à partida como capazes de deturpar a lisura da eleição ou como inaptos para o exercício de funções políticas, por outro lado, à diminuição do universo de pessoas aptas a serem eleitas corresponde uma diminuição do poder popular – fundamento da democracia – de livre escolha. Ademais, a retirada de uma pessoa do jogo eleitoral representa uma grande compressão de seu direito fundamental de participação política.

Mas este juízo de inaptidão é, em grande medida, prospectivo.[1191] Ele é exercido sobre uma linha temporal que colhe fatos no passado ou no presente da vida do agente e projeta-os no futuro. Por vezes estes fatos são suficientemente consistentes para indicar com alto grau de certeza que determinado sujeito não se presta ao exercício de funções públicas (casos dos analfabetos). Por outras, a depender da calibragem dos fatos escolhidos, essa probabilidade vai se fragilizando, o que significa maior lesão ao direito do povo de poder fazer as escolhas que quiser.

Além disso, a depender dos fatos escolhidos, bem como da forma de verificar a ocorrência de tais fatos, não se tratará apenas de retirar do povo o direito de escolher, se tratará, na verdade, de *transferir*, do povo para outros agentes, o direito de apontar quem estará ou não apto a ser eleito. Isso significa que a calibragem das inelegibilidades tem um efeito central na conformação da separação de poderes em cada Estado.

[1191] Guido Sirianni também inclui os requisitos de elegibilidade e de incompatibilidade entre os mais importantes instrumentos preventivos de combate a corrupção oferecidos pelo direito público: "Tra i principali strumenti pubblicistici, di natura preventiva, figurano le norme che stabiliscono i requisiti positivi o negativi per la candidabilità e la eleggibilità, e quelle che escludono la compatibilità del mandato con altre cariche pubbliche o private" (SIRIANNI, Guido. Etica pubblica e prevenzione della corruzione: il problema del personale politico. *Diritto Pubblico*, anno XX, n. 3, p. 927-951, set./dez. 2014. p. 932).

Também vale lembrar que, não obstante a questão das inelegibilidades – juntamente com o restante do direito eleitoral – ser tema materialmente constitucional,[1192] ela, em larga medida, depende da intervenção do legislador ordinário.[1193]

Antes de entrarmos no direito brasileiro, convém tratar, ainda que brevemente, os conceitos de elegibilidade, inelegibilidade e incompatibilidade, que, ao menos em parte se sobrepõem ou, ao menos, se parecem. De início lembra-se, com Maria Benedita Urbano, que:

> Quando se fala na dificuldade em separar conceptualmente as incompatibilidades das inelegibilidades, quase sempre se estão a considerar as inelegibilidades propriamente ditas (vulgarmente designadas no plural e pela "negativa" – as inelegibilidades) e não a inelegibilidade (mais conhecida na sua formulação no singular e pela "positiva" – a elegibilidade "tout court").[1194]

A elegibilidade, ainda com Benedita Urbano, "deve ser vista como um conceito amplo e complexo, um autêntico 'polinômio jurídico'", que se refere a "um conjunto de exigências ou requisitos jurídicos positivos (qualidades e condições pessoais que têm que estar reunidas) e negativos (proibições ou impedimentos à válida eleição – o cidadão não pode incorrer em determinado tipo de situações), que obrigatória e cumulativamente tem que estar cumpridos por qualquer pessoa que pretenda" se candidatar a um mandato eletivo, seja ele no parlamento seja no Poder Executivo. Em suma, prossegue, a "elegibilidade pode ser definida como a aptidão jurídica para se ser sujeito passivo de uma relação eleitoral",[1195] e, portanto, para se candidatar e eventualmente ser eleito.

Já o conceito de "inelegibilidade ou ilegibilidade" é, nas palavras de José Jairo Gomes, o "impedimento ao exercício da cidadania passiva, de maneira que o cidadão fica impossibilitado de ser escolhido para ocupar cargo político-eletivo". Trata-se, prossegue o mesmo autor, de "fator negativo cuja presença obstrui ou subtrai a

---

[1192] O direito eleitoral, como adverte Jorge Miranda, é "parte integrante do Direito Constitucional"; afinal "Se a eleição política é uma instituição básica do Estado constitucional representativo moderno, tudo quanto lhe respeita tem de ser considerado elemento participante do Direito Constitucional" (MIRANDA, Jorge. Democracia, eleições, direito eleitoral. *Revista do Ministério Público do Rio de Janeiro*, n. 51, jan./mar. 2014. p. 135).

[1193] Exemplo máximo da relevância da legislação ordinária no trato do tema é dado por Olivier Duhamel, que lembra, como "Paradoxo da V República", que a eleição dos deputados pelo escrutínio majoritário, normalmente apontada como um dos elementos essenciais do sistema, ou do regime francês, decorre na verdade da lei ordinária (DUHAMEL, Olivier. *Droit constitutionnel et institutions politiques*. 2. ed. Paris: Seuil, 2011. p. 513).

[1194] URBANO, Maria Benedita Malaquias Pires. *Representação política e parlamento*. Contributo para uma teoria político-constitucional dos principais mecanismos de protecção do mandato parlamentar. Coimbra: Almedina, 2009. p. 346.

[1195] URBANO, Maria Benedita Malaquias Pires. *Representação política e parlamento*. Contributo para uma teoria político-constitucional dos principais mecanismos de protecção do mandato parlamentar. Coimbra: Almedina, 2009. p. 347. Na verdade, a autora desdobra o conceito de elegibilidade em "duas dimensões fundamentais", a "capacidade eleitoral passiva e as inelegibilidades" (p. 348). A "capacidade eleitoral passiva", por seu turno, se divide em *stricto sensu*, ou capacidade natural dos candidatos e em sentido amplo, que inclui nacionalidade, e a "exigência de não verificação de certo tipo de situações subjetivas resultantes de decisões judiciais de condenação" (p. 353), sendo que "em termos de fundamento estas duas últimas exigências parecem aproximar-se mais da figura das inelegibilidades" (p. 353). A autora lembra que o principal senão único fim das inelegibilidades era garantir a lisura do pleito ou a livre manifestação de vontade dos eleitores, mas que, no que concerne à nacionalidade e ausência de sentenças condenatórias, "o que está em jogo é fundamentalmente a *idoneidade* (ou a falta dela) daqueles que pretendem concorrer a um mandato electivo para exercer esse mesmo cargo" (p. 353-354). No Brasil, como veremos, o objetivo de garantir a idoneidade dos eleitos tem sido perseguido com uma intensidade desproporcional, causando danos a outros valores em jogo, como procuraremos demonstrar.

CAPÍTULO 7

A APLICAÇÃO DA INELEGIBILIDADE COMO MECANISMO PREVENTIVO DE RESPONSABILIZAÇÃO DE AGENTES POLÍTICOS

369

capacidade eleitoral passiva do nacional, tornando-o inapto para receber votos e, pois, exercer mandato representativo".[1196]

Por seu turno, a incompatibilidade é uma "situação jurídica objectiva que impede uma pessoa validamente eleita de exercer legitimamente certo tipo de funções ou atividades (públicas e/ou privadas) em simultâneo",[1197] impedimento que em geral vem acompanhado da oportunidade de o eleito fazer uma escolha entre interromper as atividades tidas por incompatíveis com o mandato e tomar posse no cargo para o qual foi eleito ou permanecer exercendo tais atividades e ser impedido de tomar posse ou de continuar exercendo o cargo caso a posse já tenha sido tomada.

Assim, como observam Canotilho e Vital Moreira, "se as inelegibilidades impedem a *eleição* (e, logo, a candidatura), a quem se encontra em determinada situação, as incompatibilidades apenas impedem que um deputado exerça simultaneamente um outro cargo ou desempenhe uma outra actividade".[1198]

É fundamental destacar que a existência de uma capacidade[1199] eleitoral ativa e passiva alargada é componente essencial de sociedades democráticas. É possível mesmo afirmar, como faz Celso Bastos, que a "prerrogativa de votar e ser votado constitui o cerne dos direitos políticos do cidadão".[1200] Por isso, tais direitos são, em sua dupla face, amplamente reconhecidos como direitos fundamentais, seja por meio de instrumentos de vocação universal, como a Declaração Universal dos Direitos Humanos[1201] e o Pacto Internacional sobre Direitos Civis e Políticos,[1202] ou regional, como a Convenção Americana (ou "Interamericana", como consta de seu preâmbulo) sobre Direitos

---

[1196] GOMES, José Jairo. *Direito eleitoral*. 12. ed. São Paulo: Atlas, 2016. p. 195.

[1197] URBANO, Maria Benedita Malaquias Pires. *Representação política e parlamento*. Contributo para uma teoria político-constitucional dos principais mecanismos de protecção do mandato parlamentar. Coimbra: Almedina, 2009. p. 326. Importante destacar que a figura da "incompatibilidade" é dirigida aos parlamentares, embora o instituto seja compatível com os agentes eleitos para cargos no Executivo. No âmbito da legislação infraconstitucional, a denominada Lei sobre Conflito de Interesses (Lei nº 12.813/13, que analisaremos no Capítulo 8) estabelece, para agentes do Executivo – inclusive agentes políticos – restrições bastante similares àquelas normalmente estabelecidas em relação aos parlamentares.

[1198] CANOTILHO, J. J. Gomes; MOREIRA, Vital. *Constituição da República Portuguesa*: anotada. 4. ed. Coimbra: Coimbra Editora, 2010. v. II. p. 249.

[1199] Maria Benedita Urbano observa que a "noção de capacidade eleitoral passiva não tem que ser necessariamente tributária da noção de capacidade – designadamente da capacidade de exercício – civilística" (URBANO, Maria Benedita Malaquias Pires. *Representação política e parlamento*. Contributo para uma teoria político-constitucional dos principais mecanismos de protecção do mandato parlamentar. Coimbra: Almedina, 2009. p. 354). Registre-se que a autora faz seguir essa observação com uma análise sobre a conveniência e as dificuldades de construção de um conceito (ainda que não unitário) de capacidade próprio do direito público.

[1200] BASTOS, Celso. *Estudos e pareceres de direito público*. Constitucional, administrativo e municipal. São Paulo: RT, 1993. p. 228.

[1201] Adotada e proclamada pela Assembleia-Geral das Nações Unidas (Resolução nº 217 A III) em 10.12.1948. "Artigo 21 '1'. Todo ser humano tem o direito de *tomar parte no governo de seu país diretamente* ou por intermédio de representantes livremente escolhidos".

[1202] Adotado pela XXI Sessão da Assembleia-Geral das Nações Unidas, em 16.12.1966, e promulgado, no Brasil, pelo Decreto nº 592, de 6.7.1992. "Artigo 25 Todo cidadão terá o direito e a possibilidade, sem qualquer das formas de discriminação mencionadas no artigo 2 e sem restrições infundadas: [...] b) *de votar e de ser eleito em eleições periódicas*, autênticas, realizadas por sufrágio universal e igualitário e por voto secreto, que garantam a manifestação da vontade dos eleitores; c) de ter acesso, em condições gerais de igualdade, às funções públicas de seu país".

Humanos,[1203] sem falar de sua ampla e natural consagração nas constituições dos países democráticos ou que pretendem sê-lo.

Desse reconhecimento praticamente inquestionável, do direito de votar e ser eleito como direitos fundamentais, decorre uma consequência importante que, se também conta com amplo consenso doutrinário, está sob forte compressão no Brasil. Trata-se da imposição de uma interpretação restritiva às restrições de tais direitos.

Neste sentido é a lição de Canotilho e Vital Moreira, que afirmam que o "direito de acesso a cargos públicos, sendo um dos direitos, liberdades e garantias, só pode sofrer restrições nos casos expressamente previstos na Constituição".[1204] Na mesma linha segue Maria Benedita Urbano:

> O carácter excepcional da não elegibilidade (ou da inelegibilidade, no singular) não pode deixar de estar associado ao facto de, ao não se permitir que todos sejam elegíveis, se estar a afectar um direito fundamental estreitamente conexo com o exercício da soberania, como é o direito de sufrágio passivo. Esse carácter excepcional vai de forma inevitável condicionar toda a actuação daqueles que obrigatoriamente vão lidar com esta matéria, desde o legislador ordinário aos juízes. Não será admissível, por exemplo, recorrer à interpretação extensiva ou à analogia com o intuito de estabelecer novas exigências ou requisitos de elegibilidade. As normas que consagram limitações à apresentação de candidaturas e ao exercício do mandato parlamentar devem ser objeto de uma interpretação restrita.[1205]

A doutrina brasileira não "destoa"[1206] deste entendimento,[1207] seja entre constitucionalistas, como Celso Bastos,[1208] seja entre os que se dedicam mais especificamente

---

[1203] Art. 23, "1", "b" e "2" da Convenção Americana sobre Direitos Humanos (Pacto de São José da Costa Rica), de 22.11.1969, promulgada no Brasil pelo Decreto nº 678, de 6.11.1992: "Todos os cidadãos devem gozar dos seguintes direitos e oportunidades: [...] b) de votar e ser eleito em eleições periódicas, autênticas, realizadas por sufrágio universal e igualitário e por voto secreto, que garantam a livre expressão da vontade dos eleitores; e c) de ter acesso, em condições gerais de igualdade, às funções públicas de seu país. 2. A lei pode regular o exercício dos direitos e oportunidades, a que se refere o inciso anterior, exclusivamente por motivo de idade, nacionalidade, residência, idioma, instrução, capacidade civil ou mental, ou condenação, por juiz competente, em processo penal".

[1204] E prosseguem afirmando que "No caso de cargos públicos providos por via eleitoral, as restrições consistem em incapacidades eleitorais e em inelegibilidades" (CANOTILHO, J. J. Gomes; MOREIRA, Vital. *Constituição da República Portuguesa*: anotada. 4. ed. reimpr. Coimbra: Coimbra Editora, 2014. v. I. p. 677). Estes autores também apontam como "especialmente problemática" a "possibilidade de estabelecer inelegibilidades 'ope legis', em consequência de procedimento penal por certos crimes, ainda sem condenação definitiva" (p. 678). Já em comentários ao art. 150 da CRP, os autores, abordando especificamente as restrições legais à elegibilidade, afirmam que "Tratando-se de um direito fundamental com o estatuto dos 'direitos, liberdades e garantias' (cfr. art. 50º), as restrições terão de mostrar-se necessárias e proporcionadas (cfr. art. 18º), tendo de limitar-se ao necessário para salvaguardar os interesses constitucionalmente protegidos, que são apenas os indicados no art. 50º-3" (CANOTILHO, J. J. Gomes; MOREIRA, Vital. *Constituição da República Portuguesa*: anotada. 4. ed. Coimbra: Coimbra Editora, 2010. v. II. p. 248-249).

[1205] URBANO, Maria Benedita Malaquias Pires. *Representação política e parlamento*. Contributo para uma teoria político-constitucional dos principais mecanismos de protecção do mandato parlamentar. Coimbra: Almedina, 2009. p. 363-364.

[1206] Não "destoa" no momento da afirmação teórica e abstrata de que as inelegibilidades devem ser interpretadas restritivamente. Mas boa parte da doutrina, e o próprio STF (embora por maioria apertada), acaba destoando desse entendimento (ou simplesmente sendo-lhe infiel, sem revê-lo expressamente), quando se trata de aplicá-lo concretamente às modificações trazidas pela denominada Lei da Ficha Limpa, que veremos mais à frente.

[1207] No mesmo sentido é a doutrina francesa: "L'inégibilité caractérise la situation de celui qui ne remplit pas les conditions légales lui permettant de se porter candidat à une élection. [...]. Ces restrictions varient suivant les nécessités techniques et politiques propres à chaque type d'élection. Mais *leur regime juridique obéit a des principes communs* qu'exprime la notion d'inégibilité. *Celle-ci est dominée par le caractère exceptionnel que doit conserver*

ao direito eleitoral,[1209] como se vê, por exemplo, em José Jairo Gomes, que, além de afirmar que as inelegibilidades "devem ser interpretadas restritivamente", avança no entendimento de que, como a criação de "inelegibilidade somente se dá por norma legal, [...] não é possível deduzi-la de um princípio. A competência legiferante é exclusiva do Legislador Constituinte (originário ou derivado) e do Legislador Complementar".[1210]

Importante observar que a ampliação dos casos de inelegibilidade é uma forma de restrição a direitos fundamentais que não se adapta às técnicas de ponderação,[1211] ou só se adapta com muita dificuldade. E isso porque, com exceção da duração da inelegibilidade e de sua aplicação geral (a qualquer eleição para qualquer cargo) ou específica (apenas para a eleição a determinado cargo), a inelegibilidade não admite compressão. Em relação a determinada eleição para determinado cargo ou o sujeito é elegível ou é inelegível e, em sendo inelegível, seu direito a se candidatar não terá sido pontualmente comprimido, ele estará sendo, isso sim, suprimido *tout court*. De toda forma, ainda que teoricamente a inelegibilidade possa se limitar a certos cargos, o fato é que todas as novas hipóteses de inelegibilidade (e todas as ampliações de hipóteses antigas) trazidas pela Lei da Ficha Limpa são aplicáveis a qualquer cargo.

Também é importante – antes de iniciar a análise da legislação brasileira – registrar que, em linhas muito gerais, é possível dividir as inelegibilidades, quando ao motivo ou ao substrato fático sobre o qual estão baseadas, em dois grandes grupos. Primeiro, temos

---

toute restriction à cette liberté publique fondamentale qu'est la possibilité d'accéder aux mandats électifs. Ce caractère exceptionnel commande les règles de compétence et d'interprétations applicables, les caractéristiques et les effets des inélegibilités: – seule la loi peut instituer des restrictions à la candidature [...]; – *il n'y a pas d'inégibilité sans texte*: les inégibilités ne sauraient se présumer [...]; – *les régles qui établissent des limitations à la candidature doivent être interprétées strictement*" (MASCLET, Jean-Claude. Verbete "Inélégibilité". *In*: DUHAMEL, Olivier; MÉNY, Yves (Org.). *Dictionnaire constitutionnel*. Paris: PUF, 1992. p. 506-507, grifos nossos).

[1208] "A elegibilidade é manifestação de um direito fundamental e, como tal, as exceções e as vedações a ela impostas hão de ser interpretadas restritivamente, sem qualquer apelo, ou recurso aos instrumentos da analogia, ou mesmo, da integração constitucional" (BASTOS, Celso. *Estudos e pareceres de direito público*. Constitucional, administrativo e municipal. São Paulo: RT, 1993. p. 233).

[1209] Jorge Miranda, após destacar a natureza constitucional do direito eleitoral, destaca certas características do direito eleitoral bastante relevantes para o tema deste capítulo, incluindo a sua "nota individualizadora mais saliente", que é a "articulação de direitos fundamentais com organizações e procedimento, porque o direito de sufrágio não pode exercer-se sem organização e sem procedimento e estes, conquanto integráveis na estrutura própria do poder, são daqueles indesligáveis. Mais do que em qualquer outro direito fundamental, está aqui presente a multidimensionalidade. Há que discernir situações jurídicas subjetivas e princípios objetivos, interesses individuais e interesses institucionais, valores da personalidade e valores comunitários. Por outro lado, e sem prejuízo da unidade imposta pela sua finalidade essencial e por causa dela – a expressão (ou a expressão autêntica) da vontade popular – o direito eleitoral espraia-se por normas de diversos tipos: normas substantivas, normas sobre jurisdição e normas processuais, normas financeiras e normas sancionatórias. Essas normas põem o direito eleitoral em contacto com o direito administrativo, o judiciário, o processual, o financeiro, o penal, o do ilícito de mera ordenação social; e algumas delas revestem, de certo modo, uma dupla característica (a de pertencerem, simultaneamente ao direito constitucional e a esses ramos, com as inerentes consequencias para a sua interpretação e a sua integração)" (MIRANDA, Jorge. Democracia, eleições, direito eleitoral. *Revista do Ministério Público do Rio de Janeiro*, n. 51, jan./mar. 2014. p. 136-137).

[1210] GOMES, José Jairo. *Direito eleitoral*. 12. ed. São Paulo: Atlas, 2016. p. 200. O autor prossegue, reafirmando (dentre outras), duas características da inelegibilidade: "*Personalíssima* – por se tratar de restrição a direito político fundamental, a inelegibilidade não pode afetar outro cidadão que não aquele em relação ao qual se apresentam os fatos por ela previstos. *Interpretação estrita* – justo por limitar a cidadania passiva ou o direito do cidadão de ser votado e, pois, eleito para participar da gestão político-estatal, a inelegibilidade deve ser interpretada restritivamente, e não de modo ampliativo" (p. 201).

[1211] Sobre o tema *vide* ANDRADE, José Carlos Vieira de. *Os direitos fundamentais na Constituição Portuguesa de 1976*. 5. ed. Almedina: Coimbra, 2012. p. 298 e ss. e PEREIRA, Jane Reis Gonçalves. *Interpretação constitucional e direitos fundamentais*. Rio de Janeiro: Renovar, 2006. p. 220 e ss. e 253 e ss.

aquelas que decorrem de uma característica ostentada por determinada pessoa (e que atingirá qualquer pessoa que ostente, temporariamente ou não, aquela característica, como é o caso dos analfabetos, ou do grau de parentesco com certo agente político). Em segundo lugar, temos as inelegibilidades decorrentes de um fato passado (condenação em determinado processo, por exemplo). Dentro deste segundo grupo é possível fazer uma distinção entre aquelas situações em que o fato passado está, ou não, diretamente relacionado à própria participação do agente em uma eleição.

A grande distinção entre estes grupos é que as inelegibilidades do primeiro grupo não podem ser consideradas sanções e, tampouco, ostentam a função de responsabilização prospectiva que identificamos no segundo grupo.

Já as do segundo grupo, a nosso ver (mas a questão é polêmica), configuram um tipo de sanção (restritiva de direito) vinculada a outra (à pena propriamente dita decorrente de sentença criminal, ou à obrigação de reparar decorrente de uma condenação em uma ação de improbidade) ou independente. Maria Benedita Urbano, embora considere que a inelegibilidade como efeito secundário de condenação criminal não é propriamente uma inelegibilidade, reconhece que a doutrina por vezes a qualifica – como defendemos – como inelegibilidade-*sanção*.[1212] São as inelegibilidades-sanção que carregam, a nosso ver, um forte conteúdo de responsabilidade prospectiva.

O ponto é que, se as inelegibilidades, em geral, devem ser interpretadas restritivamente, aquelas com caráter punitivo também devem com ainda mais razão; qual seja, por estarem submetidas, como acreditamos que estejam, aos princípios que limitam o exercício de qualquer atividade punitiva estatal.

Neste trabalho nos concentraremos nas inelegibilidades que, ostentando (como acreditamos) ou não um caráter sancionatório, são aplicadas como decorrência da condenação em outro processo, este sim de inegável caráter punitivo, seja um processo judicial, seja um processo administrativo.

[1212] URBANO, Maria Benedita Malaquias Pires. *Representação política e parlamento*. Contributo para uma teoria político-constitucional dos principais mecanismos de protecção do mandato parlamentar. Coimbra: Almedina, 2009. p. 405. Esse entendimento, no entanto, não foi acolhido pelo STF. Com efeito, com a entrada em vigor da Lei da Ficha Limpa, havia que se decidir um tema importante que era o da retroatividade das novas regras que tornavam inelegíveis pessoas condenadas pelo Poder Judiciário (mesmo que a decisão não tivesse transitado em julgado) e pessoas condenadas em novos tipos de processos (aquele que gerou mais casos de direito intertemporal foi o das condenações por Tribunais de Contas). Em suma, publicada a lei em junho de 2010, e havendo eleições previstas para 2010 e para 2012, a principal questão a ser decidida (entre outras) era sobre a possibilidade, por exemplo, de considerar alguém inelegível por uma condenação decorrente de julgamentos (e evidentemente de fatos) anteriores à lei. Se a inelegibilidade (nesses casos) fosse considerada uma sanção, essa retroatividade seria impossível. O STF acabou decidindo (em fevereiro de 2012) que a inelegibilidade não tinha nenhum caráter punitivo e que, portanto, seus efeitos poderiam "retroagir". Segundo o STF, a elegibilidade representa uma simples "adequação do indivíduo ao regime jurídico – constitucional e legal complementar – do processo eleitoral, razão pela qual a aplicação da Lei Complementar nº 135/10 com a consideração de fatos anteriores não pode ser capitulada na retroatividade vedada pelo art. 5º, XXXVI, da Constituição, mercê de incabível a invocação de direito adquirido ou de autoridade da coisa julgada (que opera sob o pálio da cláusula *rebus sic stantibus*) anteriormente ao pleito em oposição ao diploma legal retromencionado; subjaz a mera adequação ao sistema normativo pretérito (expectativa de direito)" (ADC nº 29/DF. Rel. Min. Luis Fux. *DJe*, 29 jun. 2012 – voltaremos a essa decisão adiante). Posteriormente, no julgamento do HC nº 126.292 (que discutiremos mais à frente), o Min. Gilmar Mendes, ao se referir à decisão tomada na ADC nº 29, denomina a "perda do direito de ser eleito" como um "efeito severo" da condenação criminal (p. 68 do acórdão). A jurisprudência italiana também considera que a inelegibilidade não teria natureza de sanção penal ou administrativa. Sobre o tema *vide* SIRIANNI, Guido. Etica pubblica e prevenzione della corruzione: il problema del personale politico. *Diritto Pubblico*, anno XX, n. 3, p. 927-951, set./dez. 2014. p. 944.

7.2 Disposições constitucionais sobre inelegibilidades

A CRFB dispõe sobre as inelegibilidades com mais detalhe do que é normalmente observado na experiência comparada,[1213] no art. 14, inserido no Capítulo IV (dedicado aos direitos políticos), do Título II, que trata dos direitos e garantias fundamentais, confirmando a natureza jusfundamental do tema.

O art. 14 se inicia reafirmando que o sufrágio universal e o "voto direto e secreto, com valor igual para todos", são a forma de exercício da soberania popular, indicando outras formas desse exercício que dependem de lei (plebiscito, referendo e iniciativa popular). O tema da capacidade eleitoral se inicia no §1º do dispositivo, que afirma a obrigatoriedade do alistamento eleitoral e do voto para os maiores de dezoito anos (e sua facultatividade para os analfabetos, os maiores de setenta anos e os maiores de dezesseis e menores de dezoito anos).

O §2º do art. 14 veda o alistamento eleitoral dos estrangeiros[1214] e, durante o período do serviço militar obrigatório, dos conscritos, e o §3º fixa seis "condições de elegibilidade": a nacionalidade brasileira; o pleno exercício dos direitos políticos; o alistamento eleitoral; o domicílio eleitoral na circunscrição; a filiação partidária; e a idade mínima, que varia conforme o cargo em disputa.[1215]

As regras constitucionais de inelegibilidade se encontram nos §§4º e 7º,[1216] incluindo a inelegibilidade dos inalistáveis e dos analfabetos e as "hipóteses de inelegibilidades

---

[1213] Por exemplo, ao tratar, em seu art. 50, do direito de acesso a cargos públicos, a CRP, após estabelecer que "Todos os cidadãos têm o direito de acesso, em condições de igualdade e liberdade, aos cargos públicos" trata das inelegibilidades estabelecendo que "No acesso a cargos *electivos a lei só pode estabelecer as inelegibilidades necessárias para garantir a liberdade de escolha dos eleitores e a isenção e independência do exercício dos respectivos cargos*". O dispositivo é complementado pelo art. 150, que, ao tratar das condições de elegibilidade, estabelece como "elegíveis os cidadãos portugueses eleitores, salvas as restrições que a lei eleitoral estabelecer por virtude de incompatibilidades locais ou de exercício de certos cargos". Ainda mais sucinta é a LFB (art. 38, "2" e "3"): "É elegível quem tiver atingido a idade estabelecida para a maioridade" "A matéria será regulamentada por uma lei federal". Vale registrar o caso do Reino Unido, que não tem constituição escrita, mas que possui um vasto conjunto de pessoas inelegíveis. Assim, por exemplo, para a Câmara Baixa, não podem ser eleitos os servidores civis ou militares nem os juízes, assim como qualquer pessoa condenada a mais de um ano de prisão enquanto estiver cumprindo a pena (ALDER, John. *Constitutional & Administrative Law*. 10. ed. London: Palgrave, 2015. p. 270).

[1214] Segundo o art. 12, §1º da CRFB: "Aos portugueses com residência permanente no País, se houver reciprocidade em favor de brasileiros, serão atribuídos os direitos inerentes ao brasileiro, salvo os casos previstos nesta Constituição". As exceções estão previstas no §3º do mesmo art. 12, que estabelece serem privativos de brasileiro nato os cargos: de presidente e vice-presidente da República; de presidente da Câmara dos Deputados e do Senado Federal; de ministro do Supremo Tribunal Federal; da carreira diplomática; de oficial das Forças Armadas e de ministro de Estado da Defesa.

[1215] 35 anos para PR, vice-presidente e senador; 30 anos para governador e vice-governador de estado; 21 anos para deputado federal, deputado estadual ou distrital, prefeito, vice-prefeito e juiz de paz e 18 anos para vereador.

[1216] O §5º do art. 14 foi alterado com a emenda constitucional que, pela primeira vez na história brasileira, permitiu a reeleição para cargos executivos (o que permitiu a reeleição de Fernando Henrique Cardoso), e, junto com o §6º, traz regras que impactam a elegibilidade/inelegibilidade para tais cargos: "O Presidente da República, os Governadores de Estado e do Distrito Federal, os Prefeitos e quem os houver sucedido, ou substituído no curso dos mandatos poderão ser reeleitos para um único período subsequente. [...] Para concorrerem a outros cargos, o Presidente da República, os Governadores de Estado e do Distrito Federal e os Prefeitos devem renunciar aos respectivos mandatos até seis meses antes do pleito".

reflexas, pois atingem quem mantém vínculos pessoais"[1217] com os chefes do Poder Executivo em todos os níveis da Federação.[1218]

Por fim, é o §9º do art. 14 que estabelece a possibilidade de o legislador complementar estabelecer "outros casos de inelegibilidade e os prazos de sua cessação". O próprio dispositivo estabelece que estas outras hipóteses de inelegibilidade serão estabelecidas "a fim de proteger a probidade administrativa, a moralidade para exercício de mandato considerada a vida pregressa do candidato, e a normalidade e legitimidade das eleições contra a influência do poder econômico ou o abuso do exercício de função, cargo ou emprego na administração direta ou indireta".

Vale destacar que, em sua redação original, o dispositivo só permitia a instituição de novos casos de inelegibilidade que fossem destinados à proteção da normalidade e legitimidade das eleições contra a influência do poder econômico ou o abuso do exercício de função, cargo ou emprego na administração direta ou indireta. Por meio da Emenda Constitucional de Revisão nº 4/94,[1219] foram acrescidos novos objetivos a serem buscados (com a criação de outros casos de inelegibilidade): a proteção da probidade administrativa e da moralidade para exercício de mandato, tendo ainda a CRFB indicado que essa nova finalidade justificante de novas inelegibilidades deveria considerar a "vida pregressa do candidato".

Portanto, e isso sem dúvida é importante, foi a própria CRFB que indicou ao legislador complementar que na fixação de outros casos de inelegibilidade olhasse para o passado da vida do candidato a fim de projetar – evitar – consequências futuras, o que dá ao dispositivo, como salientado por Di Pietro, um "nítido caráter preventivo".[1220] De todo modo, não há qualquer dúvida de que estamos perante um caso, para usar a denominação de Jane Reis, de "reserva legal qualificada", nos quais o "constituinte, além de prever a possibilidade de ação legislativa, determina precisamente qual deverá ser" o "objeto, a finalidade ou o âmbito temático da lei"[1221] que irá restringir um direito fundamental.

Também relacionado à inelegibilidade, o art. 15 da CRFB veda a cassação de direitos políticos, autorizando sua perda ou suspensão apenas nos casos enunciados, entre os quais o de "condenação criminal transitada em julgado, enquanto durarem seus efeitos" e o de "improbidade administrativa, nos termos do art. 37, §4º".

[1217] GOMES, José Jairo. *Direito eleitoral*. 12. ed. São Paulo: Atlas, 2016. p. 215.

[1218] "São inelegíveis, no território de jurisdição do titular, o cônjuge e os parentes consanguíneos ou afins, até o segundo grau ou por adoção, do Presidente da República, de Governador de Estado ou Território, do Distrito Federal, de Prefeito ou de quem os haja substituído dentro dos seis meses anteriores ao pleito, salvo se já titular de mandato eletivo e candidato à reeleição".

[1219] A CRFB não prevê, em caráter permanente, a possibilidade de revisão constitucional tal como prevista na CRP. Houve apenas a previsão de uma única revisão, já ocorrida, em 1994.

[1220] DI PIETRO, Maria Sylvia Zanella. *Direito administrativo*. 26. ed. São Paulo: Atlas, 2013. p. 892.

[1221] PEREIRA, Jane Reis Gonçalves. *Interpretação constitucional e direitos fundamentais*. Rio de Janeiro: Renovar, 2006. p. 210-211.

7.3 A Lei Brasileira de Inelegibilidades antes da Lei da Ficha Limpa

A lei que tratava das inelegibilidades no Brasil é a Lei Complementar nº 64, de 18.5.1990 (LIn), aprovada um ano e meio após a promulgação da CRFB e anteriormente à revisão constitucional de 1994.[1222]

No que interessa mais diretamente a este trabalho, o art. 1º, inc. I, alíneas "d", "e" e "h", da LIn estabeleciam, como inelegíveis para qualquer cargo:

> os que tenham contra sua pessoa representação julgada procedente pela Justiça Eleitoral, *transitada em julgado*, em processo de apuração de abuso do poder econômico ou político, para a eleição na qual concorrem ou tenham sido diplomados, bem como para as que se realizarem nos 3 (três) anos seguintes;[1223]

[1222] A relativa rapidez na aprovação da lei (considerando todo o trabalho que o então novo congresso brasileiro tinha na remoção do entulho jurídico deixado pelo regime militar) se explica pela necessidade urgente de substituir a lei de inelegibilidades então em vigor (Lei Complementar nº 5, de 5.4.1970), aprovada no período mais sombrio da ditadura militar brasileira, durante o qual a permanência de eleições para o congresso (com apenas dois partidos na disputa, que na época chegaram a ser apelidados de partidos do "sim" e do "sim senhor") assim como a alternância na presidência entre generais serviam apenas para dar um superficial verniz democrático ao regime. A utilização do instituto das inelegibilidades para afastar da disputa eleitoral pessoas contrárias ao regime é bem demonstrada pelo art. 1º da referida LC nº 5, em sua redação original: "Art. 1º São inelegíveis: I - para qualquer cargo eletivo: a) os inalistáveis; b) os que hajam sido atingidos por qualquer das sanções previstas no §1º do art. 7º e no art. 10 do Ato Institucional nº 1, de 9 de abril de 1964; no parágrafo único do art. 14 e no art. 15 do Ato Institucional nº 2, de 27 de outubro de 1965; no art. 4º e nos §§1º e 2º do art. 6º do Ato Institucional nº 5, de 13 de dezembro de 1968; nos arts. 1º e seus parágrafos, e 3º do Ato Institucional nº 10, de 16 de maio de 1969; no art. 1º do Ato Institucional nº 13, de 5 de setembro de 1969; assim como no Decreto-Lei nº 477, de 26 de fevereiro de 1969; ou destituídos dos mandatos que exerciam, por decisão das Assembléias Legislativas; estendendo-se estas inelegibilidades, quando casado e punido, ao respectivo cônjuge; c) os que participem da organização ou do funcionamento de qualquer agrupamento, associação ou Partido, Político, cujo programa ou ação contrarie o regime democrático, baseado na pluralidade de Partidos e na garantia dos direitos fundamentais do homem; d) os que, ostensiva ou veladamente, façam parte, ou sejam adeptos de Partido Político cujo registro tenha sido cassado por decisão judicial, transitada em julgado; e) os que, de qualquer forma, tenham contribuído para tentar reorganizar ou fazer funcionar associação, de direito ou de fato, cujas atividades tenham sido suspensas ou hajam sido dissolvidas, por decisão judicial, nos termos do Decreto-Lei nº 9.085, de 25 de março de 1946, modificado pelo Decreto-Lei nº 8, de 16 de junho de 1966; f) os que hajam atentado, em detrimento do regime democrático, contra os direitos individuais concernentes à vida, à liberdade, à segurança e à propriedade; g) os membros do Poder Legislativo que hajam perdido os mandatos pelos motivos referidos no art. 35 da Constituição; h) os que, por ato de subversão ou de improbidade na Administração Pública, Direta ou Indireta, ou na particular, tenham sido condenados à destituição de cargo, função ou emprego, em virtude de sentença judicial transitada em julgado ou mediante processo administrativo em que se lhes haja assegurado ampla defesa; i) os que forem declarados indignos do oficialato, ou com ele incompatíveis; j) os que estejam privados, por sentença judicial, transitada em julgado, em processo eleitoral, do direito à elegibilidade, por haver atentado contra o regime democrático, a exação e a probidade administrativa e a lisura ou a normalidade de eleição; l) os que tenham comprometido, por si ou por outrem, mediante abuso do poder econômico, de ato de corrupção ou de influência no exercício de cargo ou função da Administração, Direta ou Indireta, ou de entidade sindical, a lisura ou a normalidade de eleição, ou venham a comprometê-la, pela prática dos mesmos abusos, atos ou influências; m) os que tenham seus bens confiscados por enriquecimento ilícito, ou que tenham seus nomes propostos para o confisco pela Comissão Geral de Investigações, enquanto o Presidente da República não indeferir o pedido ou não revogar o decreto de confisco; n) os que tenham sido condenados ou respondam a processo judicial, instaurado por denúncia do Ministério Público recebida pela autoridade judiciária competente, por crime contra a segurança nacional e a ordem política e social, a economia popular, a fé pública e a administração pública, o patrimônio ou pelo direito previsto no art. 22 desta Lei Complementar, enquanto não absolvidos ou penalmente reabilitados; o) os que, em estabelecimentos de crédito, financiamento ou seguro, que tenham sido ou estejam sendo objeto de liquidação judicial ou extrajudicial, hajam exercido, nos doze meses anteriores à respectiva decretação, cargo ou função de direção, administração ou representação, enquanto não forem exonerados de qualquer responsabilidade; p) os que tiverem sido afastados ou destituídos de cargos ou funções de direção, administração ou representação de entidade sindical".

[1223] O processo para apuração do abuso de poder de que trata o dispositivo está previsto na própria LIn (arts. 19 e 22), sendo nesse caso, a nosso ver, praticamente impossível negar a natureza punitiva da inelegibilidade.

os que forem condenados criminalmente, com *sentença transitada em julgado*, pela prática de crime contra a economia popular, a fé pública, a administração pública, o patrimônio público, o mercado financeiro, pelo tráfico de entorpecentes e por crimes eleitorais, pelo prazo de 3 (três) anos, após o cumprimento da pena;

os detentores de cargo na administração pública direta, indireta ou fundacional, que beneficiarem a si ou a terceiros, pelo abuso do poder econômico ou político apurado em processo, *com sentença transitada em julgado*, para as eleições que se realizarem nos 3 (três) anos seguintes ao término do seu mandato ou do período de sua permanência no cargo;[1224]

Ou seja, para que uma pessoa fosse considerada inelegível – em decorrência de decisões da Justiça Eleitoral em processo de apuração de abuso do poder econômico ou político – era necessário que a decisão tivesse transitado em julgado.

Do mesmo modo, para que uma pessoa fosse considerada inelegível – em decorrência da prática de certos crimes especificados no texto legal ou em decorrência de abuso de poder – era necessário que a decisão também tivesse transitado em julgado. Esta exigência do trânsito em julgado certamente se inspirou no art. 5º, LVII, da CRFB, segundo o qual "ninguém será considerado culpado até o trânsito em julgado de sentença penal condenatória", e no próprio art. 15 da CRFB, acima reproduzido, que vai no mesmo sentido.

Ocorre que a exigência de trânsito em julgado, quando aplicada a casos concretos (em especial aqueles veiculados nos meios de comunicação social), resultava em situações insustentáveis do ponto de vista da opinião pública, ante a grande complexidade e multiplicidade de instâncias do direito processual penal brasileiro.

Com efeito, no Brasil, as instâncias de julgamento penal podem chegar – e normalmente chegam, se os advogados forem capazes – a quatro. Na primeira instância[1225] o réu é julgado por um juiz singular (federal ou estadual conforme a natureza do crime), ou por júri popular (exclusivamente para o caso de crimes dolosos contra a vida). Em caso de condenação caberá, sempre, recurso aos tribunais de Justiça dos estados ou aos tribunais regionais federais, conforme o caso. Da decisão destes tribunais podem caber recursos simultâneos ao STJ e ao STF e, da decisão do STJ, pode caber recurso ao STF.

Esta é a descrição "resumida" das instâncias ou esferas, e, portanto, nada diz sobre os múltiplos incidentes e recursos que podem ocorrer no âmbito de cada instância.[1226]

[1224] Além disso, as alíneas "b" e "c" da LIn previam dois outros casos de inelegibilidade decorrentes de processos punitivos. A alínea "b", tratando dos parlamentares de quaisquer unidades da federação que tenham perdido seus mandatos por violação das regras sobre incompatibilidades e sobre decoro parlamentar. A alínea "c", tratando dos governadores, vice-governadores, prefeitos e vice-prefeitos que perderem seus cargos eletivos por infringência a dispositivo da Constituição Estadual, da Lei Orgânica do Distrito Federal ou da Lei Orgânica do Município (ou seja, por *impeachment*). Essas duas hipóteses foram mantidas pela Lei da Ficha limpa que alterou apenas o prazo de duração da inelegibilidade, que passou a se estender aos oito (e não mais três) anos seguintes ao término, respectivamente, da legislatura ou do mandato.

[1225] Se não for o caso de foro privilegiado, no qual o julgamento de 1ª instância será feito por um tribunal.

[1226] Uma descrição dos abusos que o sistema permitia se encontram no voto do Ministro Luís Roberto Barroso, proferido no julgamento que alterou a posição do STF sobre a possibilidade de prisão após confirmação de decisão penal condenatória pela 2ª instância (HC nº 126.292-SP. Rel. Min. Teori Zavascki, que discutiremos mais à frente): "No conhecido caso 'Pimenta Neves', referente a crime de homicídio qualificado ocorrido em 20.08.2000, o trânsito em julgado somente ocorreu em 17.11.2011, mais de 11 anos após a prática do fato. Já no caso Natan Donadon, por fatos ocorridos entre 1995 e 1998, o ex-Deputado Federal foi condenado por formação de quadrilha e peculato a 13 anos, 4 meses e 10 dias de reclusão. Porém, a condenação somente transitou em julgado em 21.10.2014, ou seja, mais de 19 anos depois. Em caso igualmente grave, envolvendo o superfaturamento

O fato é que este sistema – claramente garantista – possibilitava a candidatura de políticos com diversas condenações penais, pelos mais diversos crimes, mas que não eram considerados inelegíveis pois as decisões condenatórias não tinham transitado em julgado.

Após diversos e sucessivos escândalos de corrupção, seguidos de eleições nas quais os envolvidos concorriam – e por vezes eram eleitos –, ocorreu significativa mobilização da opinião pública para a apresentação do projeto de lei que, após sua aprovação em junho de 2010, veio a ser conhecido como Lei da Ficha Limpa, que examinaremos a seguir.

7.4 A Lei Brasileira de Inelegibilidades após a Lei da Ficha Limpa

A chamada Lei da Ficha Limpa (Lei Complementar nº 135, de 4.6.2010) alterou a LIn, mudando substancialmente o regime das inelegibilidades decorrentes de fatos pretéritos.

Em relação à prática de crimes, a primeira inovação foi a enorme ampliação da lista de crimes cuja "condenação" (já não mais definitiva, como veremos) gera a inelegibilidade. Assim, à lista inicial de crimes (contra a economia popular, a fé pública, a administração pública, o patrimônio público e o mercado financeiro,[1227] além de tráfico de entorpecentes e crimes eleitorais)[1228] foram acrescidos os seguintes: crimes contra o patrimônio *privado* e contra o mercado de capitais; crimes previstos na lei que regula a falência; crimes contra o meio ambiente e a saúde pública; abuso de autoridade, nos casos em que houver condenação à perda do cargo ou à inabilitação para o exercício de função pública; crimes de lavagem ou ocultação de bens, direitos e valores; crimes de racismo, tortura, terrorismo e hediondos; crimes de redução à condição análoga à de escravo; crimes contra a vida e a dignidade sexual; e, finalmente, crimes praticados por organização criminosa, quadrilha ou bando.

Para temperar esta ampliação da lista de crimes passíveis de gerar a inelegibilidade, a LIn passou a prever (§4º do art. 1º) que a inelegibilidade não se aplica às condenações

---

da obra do Fórum Trabalhista de São Paulo, o ex-senador Luiz Estêvão foi condenado em 2006 a 31 anos de reclusão, por crime ocorrido em 1992. Diante da interposição de 34 recursos, a execução da sanção só veio a ocorrer agora em 2016, às vésperas da prescrição, quando já transcorridos mais de 23 anos da data dos fatos. Infelizmente, porém, esses casos não constituem exceção, mas a regra. Tome-se, aleatoriamente, um outro caso incluído na pauta do mesmo dia do presente julgamento. Refiro-me ao AI 394.065-AgR-ED-EDED-EDv-AgR-AgR-AgR-ED, de relatoria da Ministra Rosa Weber, relativo a crime de homicídio qualificado cometido em 1991. Proferida a sentença de pronúncia, houve recurso em todos os graus de jurisdição até a sua confirmação definitiva. Posteriormente, deu-se a condenação pelo Tribunal do Júri e foi interposto recurso de apelação. Mantida a decisão condenatória, foram apresentados embargos de declaração (EDs). Ainda inconformada, a defesa interpôs recurso especial. Decidido desfavoravelmente o recurso especial, foram manejados novos EDs. Mantida a decisão embargada, foi ajuizado recurso extraordinário, inadmitido pelo eminente Min. Ilmar Galvão. Contra esta decisão monocrática, foi interposto agravo regimental (AgR). O AgR foi desprovido pela Primeira Turma, e, então, foram apresentados EDs, igualmente desprovidos. Desta decisão, foram oferecidos novos EDs, [...]. Rejeitados os embargos de declaração, foram interpostos embargos de divergência, [...]. Da decisão [...], que inadmitiu os EDiv, foi ajuizado AgR, julgado pela Min. Ellen Gracie. Da decisão da Ministra, foram apresentados EDs, conhecidos como AgR, a que a Segunda Turma negou provimento. Não obstante isso, foram manejados novos EDs, pendentes de julgamento pelo Plenário do STF. Portanto, utilizando-se de mais de uma dúzia de recursos, depois de quase 25 anos, a sentença de homicídio cometido em 1991 não transitou em julgado" (p. 46-47 do acórdão).

[1227] No lugar de crimes contra o mercado financeiro entraram os crimes contra o sistema financeiro.

[1228] Agora somente aqueles para os quais a lei comine pena privativa de liberdade.

decorrentes de crimes culposos e daqueles definidos em lei como de menor potencial ofensivo, nem aos crimes de ação penal privada.[1229]

De todo modo, a novidade central da Lei da Ficha Limpa, à qual seus defensores deram extremo destaque, é a dispensa da necessidade de trânsito em julgado, como requisito para que as decisões condenatórias gerem a inelegibilidade (sejam as decisões criminais, sejam aquelas da justiça eleitoral ou aquelas decorrentes de processos por abuso de poder fora da justiça eleitoral). Agora, basta uma decisão condenatória "proferida por órgão judicial colegiado". Note-se que a lei sequer exige que a decisão do órgão colegiado[1230] seja unânime.

Para atenuar a dispensa do trânsito em julgado, a Lei da Ficha Limpa inseriu na LIn um dispositivo (art. 26-C), que permite ao órgão colegiado[1231] do tribunal ao qual couber a apreciação do recurso contra as decisões colegiadas (das quais decorra a inelegibilidade), que suspenda, cautelarmente, a inelegibilidade "sempre que existir plausibilidade da pretensão recursal".

Mas a Lei da Ficha Limpa trouxe outras "novidades" para a LIn, novidades que acabaram eclipsadas pelo tema da dispensa do "trânsito em julgado", mas que são bastante relevantes.

A primeira destas novidades[1232] torna inelegíveis:

> os que tiverem suas contas relativas ao exercício de cargos ou funções públicas rejeitadas por irregularidade insanável que configure ato doloso de improbidade administrativa, e por decisão irrecorrível do órgão competente, salvo se esta houver sido suspensa ou anulada pelo Poder Judiciário.

Ou seja, este dispositivo torna inelegíveis os gestores públicos que tenham tido suas contas rejeitadas pelos tribunais de contas ou, no caso dos chefes de Poder Executivo, rejeitados pelo respectivo Poder legislativo.

Outra inovação da LIn tornou inelegíveis os que forem "condenados à suspensão dos direitos políticos, em decisão transitada em julgado ou proferida por órgão judicial colegiado, por ato doloso de improbidade administrativa que importe lesão ao patrimônio público e enriquecimento ilícito",[1233] trazendo um "reforço" à efetividade da LIA. É

[1229] Sobre a subsistência da inelegibilidade nos casos de anistia, graça, indulto e *abolitio criminis*, considerando que ela só subsiste nos casos de graça e indulto, *vide* GOMES, José Jairo. *Direito eleitoral*. 12. ed. São Paulo: Atlas, 2016. p. 244-245.

[1230] A maioria dos órgãos colegiados na Justiça brasileira delibera com o voto de três magistrados (mas há exceções, como as decisões tomadas pelo pleno ou pelos órgãos especiais dos tribunais, e decisões tomadas após a interposição de certos recursos específicos, por exemplo).

[1231] Na verdade, como corretamente observa José Jairo Gomes, esta decisão pode ser monocrática, nos casos em que a própria legislação permite ao relator decidir monocraticamente o mérito de recursos (como no caso do art. 932, IV, do Código de Processo Civil). Ademais, a jurisprudência do TSE tem admitido que o relator (mesmo sem atribuição para julgar monocraticamente o mérito do recurso) possa apreciar pedido liminar de atribuição de efeito cautelar ao recurso. Na prática, isto significa a possibilidade de um magistrado, isoladamente, ter o poder de suspender ou não a inexigibilidade (GOMES, José Jairo. *Direito eleitoral*. 12. ed. São Paulo: Atlas, 2016. p. 294).

[1232] Alínea "g" do inc. I do art. 1º. Na verdade, a rejeição de contas já era causa de inelegibilidade na redação anterior, mas ela era suspensa pelo mero *ingresso* com uma ação judicial. Com a nova redação, a inelegibilidade só não prevalecerá se houver uma decisão judicial suspendendo a decisão da Corte de Contas ou da respectiva casa legislativa conforme o caso.

[1233] Alínea "l" do inc. I do art. 1º.

verdade que, neste inciso, o legislador foi mais criterioso, pois exigiu que o ato seja doloso, que haja condenação por lesão ao patrimônio público e por enriquecimento ilícito[1234] e que a pena de suspensão dos direitos políticos seja aplicada. Ainda assim, dado o uso político da LIA, discutido no Capítulo 5, sem falar de seus tipos extremamente abertos, trata-se de enorme ampliação das hipóteses ensejadoras de inelegibilidades.

A Lei da Ficha Limpa também passou a considerar inelegíveis o PR, o governador de estado e do Distrito Federal, o prefeito, os membros dos Parlamentos Federal, estaduais e municipais, que renunciarem a seus mandatos desde o oferecimento de representação ou petição capaz de autorizar a abertura de processo por infringência a dispositivo da Constituição Federal, da Constituição Estadual, da Lei Orgânica do Distrito Federal ou da Lei Orgânica do município.[1235] Este dispositivo veio coibir a prática – relativamente comum entre parlamentares submetidos a processos disciplinares internos dos quais poderia resultar a cassação – de renunciar ao mandato para evitar a inelegibilidade decorrente da cassação.

Também passaram a ser inelegíveis aqueles que "forem excluídos do exercício da profissão, por decisão sancionatória do órgão profissional competente, em decorrência de infração ético-profissional".[1236]

Para terminar as novidades que julgamos de maior impacto, a LIn também passou a tornar inelegíveis os que "forem demitidos do serviço público em decorrência de processo administrativo ou judicial [...] salvo se o ato houver sido suspenso ou anulado pelo Poder Judiciário".[1237]

Em suma, como afirmamos em trabalho anterior:

> A Lei da Ficha Limpa expandiu os casos de inelegibilidade em quatro direções. Primeiro: ao retirar a exigência de trânsito em julgado houve uma redução na quantidade de instâncias – e consequentemente uma redução temporal – necessárias para que a uma decisão condenatória seja dado o efeito de gerar a inelegibilidade. Numa segunda direção foram ampliados os tipos de crimes cuja condenação gera inelegibilidade. Numa terceira direção foram ampliados os tipos de processos *judiciais* que geram a inelegibilidade e, por fim, os efeitos da inelegibilidade foram estendidos a decisões tomadas por órgãos não jurisdicionais.[1238]

[1234] Ou seja, que o ato em questão seja enquadrado, cumulativamente, em ao menos um dos tipos de improbidade previstos no art. 9º e em ao menos um dos tipos de improbidade previstos no art. 10 da LIA. Em sentido contrário, considerando que a condenação pode ser por um dos tipos de improbidade previstos no art. 9º *ou* por um dos tipos de improbidade previstos no art. 10, *vide* ÁVALO, Alexandre; ANDRADE NETO, José de; CAMARGO, Luiz Henrique Volpe; LUCON, Paulo Henrique dos Santos (Coord.). *O novo direito eleitoral brasileiro*. 2. ed. Belo Horizonte: Fórum, 2014. p. 79. Os argumentos do autor (por exemplo, que a interpretação contrária possibilitaria a candidatura de quem causou enorme lesão ao erário caso este não tenha, concomitantemente, se enriquecido ilicitamente) são razoáveis, mas esbarram, a nosso ver, no expresso texto da lei e na interpretação restritiva que se deve emprestar às hipóteses de inelegibilidades.

[1235] Art. 1º, I, "k", da LIn. Para atenuar esta regra, o §5º do art. 1º da LIn estabelece que a renúncia para atender à desincompatibilização com vistas à candidatura a cargo eletivo ou para assunção de mandato não gerará a inelegibilidade em questão, a menos que a Justiça Eleitoral reconheça fraude ao disposto nesta lei complementar.

[1236] Alínea "m" do inc. I do art. 1º.

[1237] Alínea "o" do inc. I do art. 1º.

[1238] MASCARENHAS, Rodrigo Tostes de Alencar. A Lei da "Ficha Limpa": uma responsabilidade prospectiva? *Boletim da Faculdade de Direito da Universidade de Coimbra*, v. LXXXVII, 2011. p. 735.

Além da expansão das hipóteses que geram inelegibilidade, a Lei da Ficha Limpa também ampliou significativamente o prazo de duração da inelegibilidade (aplicada em decorrência de uma condenação), que passou de três para oito anos.[1239]

Faz-se necessário verificar como esta expansão dos casos de inelegibilidade se enquadra no regime de responsabilização dos agentes políticos, seja em relação a tensões que também estão em jogo na responsabilidade retrospectiva – como o princípio democrático – seja em relação à responsabilidade funcional tratada no Capítulo 6, o que faremos a seguir.

7.5 A Lei da Ficha Limpa e a responsabilidade prospectiva

É evidente que a Lei da Ficha Limpa tornou bem mais restritivos os requisitos a serem cumpridos – ou melhor, as situações nas quais não podem incidir – por qualquer pessoa que queira exercer o direito de concorrer às eleições que escolherão aqueles que ocuparão as mais importantes funções políticas. Nesse sentido, ela certamente revaloriza estas funções, ampliando as chances de que os eleitos as levem a sério. Seus requisitos, com efeito, tornam menos provável a frustração dessas "expectativas"[1240] ou, por outro ângulo, facilitam que se ouça o "apelo" desejado por Gorgoni.

Em paralelo ao reforço à responsabilidade funcional, a Lei da Ficha Limpa – em seu nítido foco prospectivo – parece diminuir as chances de que uma pessoa alcance uma função política importante com o objetivo de cometer ilícitos.

Isso é um feito extraordinário, em especial se comparado com o fato de que os esquemas tradicionais de imputação de responsabilidade retrospectiva aos agentes políticos não funcionavam bem,[1241] ao menos aos olhos da opinião pública.

Assim, se é tão difícil punir por algo já feito, melhor seria – na ótica da Lei da Ficha Limpa – tomar todos os cuidados possíveis para evitar que o mal aconteça.

Como diz Santo Agostinho, os três tempos são: "o presente do passado, o presente do presente, o presente do futuro [...]. O presente do passado é a memória; o presente do presente é a intuição directa; o presente do futuro é a expectativa".[1242] Assim, convém ter em vista que a Lei da Ficha Limpa, de certo modo, a partir de uma intuição presente,

---

[1239] A fixação do termo inicial de contagem desse prazo é objeto de grande controvérsia para várias hipóteses de inelegibilidade introduzidas na LIn. No caso da condenação criminal ou por improbidade, o prazo de oito anos só se inicia após o cumprimento da pena fixada no processo de origem. Sobre o tema *vide* GOMES, José Jairo. *Direito eleitoral*. 12. ed. São Paulo: Atlas, 2016. p. 235-236; 240; 242.

[1240] O que nos lembra o "constitucionalismo de expectativas" (*aspirational constitutionalism*) do trabalho de Mauricio Garcia-Villegas (GARCIA-VILLEGAS, Mauricio. Law as hope: constitutions, courts, and social change in Latin America. Proceedings of the Fourth Annual Legal & Policy Issues in the Americas Conference (2003). *Florida Journal of International Law*, mar. 2004).

[1241] Isso, na verdade, mudou muito com a eclosão e o desenvolvimento da Operação Lava-Jato (que é posterior à Lei da Ficha Limpa), que, usando o mais tradicional sistema de responsabilização – o penal –, e não obstante excessos de certa gravidade, tem resultado em significativas condenações de agentes políticos e num saudável afastamento de criminosos da vida política brasileira. Note-se, aliás, que a maioria absoluta dos agentes políticos envolvidos na Lava-Jato era "ficha limpa" (na verdade a maioria continua tecnicamente sendo, pois são poucas as condenações penais já confirmadas pela segunda instância), o que prova as limitações do uso da inelegibilidade como técnica para afastar criminosos da política.

[1242] *Apud* OST, François; VAN DE KERCHOVE, Miguel. O presente, horizonte paradoxal das sanções reparadoras. *In*: BART, Jean *et al. Filosofia do direito e direito econômico. Que diálogo?* Miscelâneas em honra de Gérard Farjat. Lisboa: Piaget. 2001. p. 516.

avalia o passado projetando uma expectativa para o futuro. Como já visto, é a própria CRFB que determina que, no estabelecimento de outros casos de inelegibilidade a fim de proteger a probidade administrativa e a moralidade para exercício de mandato, *seja considerada a vida pregressa do candidato.*

Mas, se parece clara a adequação da Lei da Ficha Limpa com um novo conceito constitucional de responsabilidade, também orientado para o futuro, resta saber se certas regras específicas da lei em questão estão de acordo com a CRFB. Dito de outra forma, resta saber até que ponto a intuição agiu corretamente na escolha dos fatos passados que devem se projetar para o futuro, das instituições que poderiam avaliar tais fatos e dos interesses sacrificados no caminho.

7.6 Os excessos da Lei da Ficha Limpa

A Lei da Ficha Limpa trouxe avanços importantes. A extensão do prazo de inelegibilidade de 3 para 8 anos é uma delas. Com o prazo de 3 anos (considerando que os mandatos no Brasil são de 4 anos, com a exceção de senador, que tem mandato de 8 anos), o agente condenado (em processo do qual podia decorrer a inelegibilidade) podia "cumprir a pena" e disputar a eleição seguinte para o mesmo cargo, desvirtuando o objetivo da lei.[1243]

Alguma atenuação na regra do trânsito em julgado também nos parecia necessária, mas não na extensão que acabou sendo acolhida.

No entanto – como afirmamos anteriormente –[1244] consideramos que, em alguns pontos, a lei foi longe demais. Comecemos pelo enorme acréscimo à lista de crimes cuja condenação gera a inelegibilidade. Aos sete bens jurídicos originalmente protegidos foram acrescidos crimes contra o patrimônio privado e contra o mercado de capitais; crimes previstos na lei que regula a falência; crimes contra o meio ambiente e a saúde pública; abuso de autoridade; crimes de lavagem ou ocultação de bens, direitos e valores; crimes de racismo, tortura, terrorismo e hediondos; crimes de redução à condição análoga à de escravo; crimes contra a vida e a dignidade sexual; e, finalmente, crimes praticados por organização criminosa, quadrilha ou bando.

Não se discute a relevância jurídica dos bens protegidos, mas a lista talvez tenha sido ampla demais e deixou de fazer a distinção entre crimes praticados com ou sem uso de violência. Como se não bastasse, o Tribunal Superior Eleitoral tem dado uma interpretação ampliativa à lista, entendendo que a expressão "crimes contra a administração pública" inclui não apenas os crimes assim expressamente denominados (no longo Título XI do Código Penal, com seus mais de 50 artigos), mas aqueles previstos em leis esparsas, como o delito de exploração ilegal de atividade de telecomunicação.[1245]

[1243] No Brasil as eleições são realizadas de dois em dois anos, de forma intercalada entre eleições conjuntamente federais e estaduais e eleições exclusivamente municipais. Com isso, a única inelegibilidade que se cumpria era em relação à eleição intercalada imediatamente seguinte, onde não estaria em jogo o cargo para o qual o agente em questão tinha concorrido.

[1244] MASCARENHAS, Rodrigo Tostes de Alencar. A Lei da "Ficha Limpa": uma responsabilidade prospectiva? *Boletim da Faculdade de Direito da Universidade de Coimbra*, v. LXXXVII, 2011. p. 749 e ss.

[1245] REsp n° 7.679/AM, de 15.10.2013. Quem nos chamou a atenção para a existência do precedente foi GOMES, José Jairo. *Direito eleitoral*. 12. ed. São Paulo: Atlas, 2016. p. 241. Note-se que se trata de crime muitas vezes diretamente

Assim, o furto de comida, por exemplo, pode, dependendo das circunstâncias, ensejar a inelegibilidade,[1246] assim como o crime de dano eventualmente cometido em uma manifestação que tenha desbordado para a violência.[1247]

Vale notar que Canotilho e Vital Moreira, por exemplo, ao discutirem, à luz dos arts. 30º-4 e 49 da CRP, se a "perda do direito de sufrágio pode constituir objeto de sanções criminais, isto é, se pode haver penas de suspensão de direitos políticos", afirmam:

> em todo o caso, tais penas, além de obedecerem naturalmente ao princípio da tipicidade penal e da reserva de juiz, só são justificáveis para crimes que tenham a ver com violações dos deveres de cidadania ou de responsabilidade política (crimes eleitorais, crimes de responsabilidade, crimes contra o Estado de direito democrático e outros afins).[1248]

Mas o ponto mais polêmico da Lei da Ficha Limpa é a possibilidade de inelegibilidade a partir de uma decisão colegiada, dispensando o trânsito em julgado. Não chegamos a considerar – embora existam argumentos neste sentido –[1249] que qualquer recuo na regra do trânsito em julgado seja, por si só, inconstitucional (por violação da presunção de inocência).[1250]

---

relacionado ao desenvolvimento de uma atividade política legítima e que é muitas vezes "cometido" por desconhecimento das regras aplicáveis, sobretudo no interior do país. De todo modo, a decisão foi tomada por maioria, valendo destacar trecho do voto vencido do Ministro João Otávio de Noronha: "Quando a lei exigiu, como causa de inelegibilidade, crime praticado contra a Administração Pública, é evidente que o legislador restringiu, porque, senão, ele teria dito 'Crimes que afetam o Interesse Público ou da Administração Pública'. Mas não é isso o que está disposto na lei; não há aí, como causa de inelegibilidade, 'Crimes que contrariem o Interesse da Administração Pública'. O legislador disse, com todas as letras, 'crimes praticados contra a Administração Pública'. *Com a devida vênia, em matéria de inelegibilidade, não é razoável que se aplique a analogia. Essa matéria desafia, sem qualquer sombra de dúvida, uma interpretação estrita. Não se pode utilizar critérios hermenêuticos como a analogia para restringir direitos.* No caso vertente, o legislador expressou-se de forma bastante clara: 'Crimes contra a Administração Pública' e não aqueles que ferem os interesses da Administração Pública. Esta redação daria uma amplitude deveras acentuada ao dispositivo. E, desse modo, todas as vezes que o patrimônio público fosse lesado ou o interesse, não sendo imediatamente material, ferisse a Administração Pública, a inelegibilidade seria aplicável, mas não é o que acontece no caso" (grifos nossos).

[1246] Nestes casos é possível que não haja a condenação (seja pela tese da irrelevância penal, do estado de necessidade, ou outro elemento qualquer), mas o fato é que, se houver, a inelegibilidade será automática.

[1247] Não estamos aqui, evidentemente, defendendo a violência nas manifestações. Àqueles que tenham cometido os crimes de dano que se apliquem as sanções previstas no Código Penal. O que sustentamos é que não é razoável tirar tais manifestantes do jogo eleitoral por longos anos.

[1248] CANOTILHO, J. J. Gomes; MOREIRA, Vital. *Constituição da República Portuguesa*: anotada. 4. ed. reimpr. Coimbra: Coimbra Editora, 2014. v. I. p. 670-671.

[1249] O primeiro argumento decorre do art. 15, III da CRFB que veda, como regra, a cassação de direitos políticos, permitindo sua suspensão nos casos de "condenação criminal *transitada em julgado*, enquanto durarem seus efeitos". No entanto, o conceito de direitos políticos é bem mais amplo do que o de elegibilidade (ou inelegibilidade) e, portanto, é razoável sustentar que a Lei da Ficha Limpa, ao suspender temporariamente (embora, em certas hipóteses por tempos demasiadamente longos), a elegibilidade, sem alterar outros direitos políticos, não estaria violando tal dispositivo. O segundo argumento é o da presunção de inocência, tratado na nota a seguir.

[1250] A presunção de inocência está protegida de forma bastante abrangente no art. 5º, inc. LVII, da CRFB: "ninguém será considerado culpado até o trânsito em julgado de sentença penal condenatória". O grande debate em torno do dispositivo se refere à possibilidade de execução provisória da pena de prisão antes do trânsito em julgado da sentença penal condenatória. Até 2009, o STF considerava possível a prisão como execução provisória da pena, posição que mudou em 2009 (no julgamento do HC nº 84.078-MG), ocasião em que, por maioria apertada (sete a quatro), tal prisão passou a ser considerada incompatível com o referido dispositivo constitucional. Em julgamento de um *habeas corpus* (HC nº 126.292-SP, Rel. Min. Teori Zavascki) ocorrido em fevereiro de 2016, tal posição foi novamente alterada por uma corte igualmente dividida (foram quatro votos contrários à mudança) e a posição do STF passou a ser de que a "execução provisória de acórdão penal condenatório proferido em grau de apelação, ainda que sujeito a recurso especial ou extraordinário, não compromete o princípio constitucional da presunção de inocência afirmado pelo artigo 5º, inciso LVII da Constituição Federal". O voto do relator

CAPÍTULO 7
A APLICAÇÃO DA INELEGIBILIDADE COMO MECANISMO PREVENTIVO DE RESPONSABILIZAÇÃO DE AGENTES POLÍTICOS | 383

fornece, entre outras, as seguintes razões para a revisão da posição: no direito comparado a regra mais comum é a de início da execução imediatamente após a sentença de primeira instância (p. 9-12 do voto do relator); a baixa taxa de alteração de decisões de segunda instância pelo STF e pelo STJ, o que demonstraria que a interposição de sucessivos recursos é manejada com o fim de obter a prescrição da pretensão punitiva; a necessidade de "harmonizar o princípio da presunção de inocência com o da efetividade da função jurisdicional do Estado" (p. 15), bem como a existência de remédios processuais (medidas cautelares para dar efeito suspensivo a recursos bem como o próprio *habeas corpus*) aptos a resolverem situações de manifesta injustiça das condenações de segunda instância. O Ministro Luís Roberto Barroso, concordando com o relator, traz argumentos adicionais em seu voto, afirmando que a "execução da pena após a decisão condenatória em segundo grau de jurisdição não ofende o princípio da presunção de inocência ou da não culpabilidade", uma vez que a "prisão, neste caso, justifica-se pela conjugação de três fundamentos jurídicos: (i) a Constituição Brasileira não condiciona a prisão – mas sim a culpabilidade – ao trânsito em julgado da sentença penal condenatória. [...]. Leitura sistemática dos incisos LVII e LXI do art. 5º da Carta de 1988; (ii) a presunção de inocência é princípio (e não regra) e, como tal, pode ser aplicada com maior ou menor intensidade, quando ponderada com outros princípios ou bens jurídicos constitucionais colidentes. No caso específico da condenação em segundo grau de jurisdição, na medida em que já houve demonstração segura da responsabilidade penal do réu e finalizou-se a apreciação de fatos e provas, o princípio da presunção de inocência adquire menor peso ao ser ponderado com o interesse constitucional na efetividade da lei penal (CF/1988, arts. 5º, *caput* e LXXVIII e 144); (iii) com o acórdão penal condenatório proferido em grau de apelação esgotam-se as instâncias ordinárias e a execução da pena passa a constituir, em regra, exigência de ordem pública, necessária para assegurar a credibilidade do Poder Judiciário e do sistema penal". O Ministro Barroso ofereceu ainda três fundamentos adicionais, que denominou "pragmáticos", sustentando que "a possibilidade de execução da pena após a condenação em segundo grau: (i) permite tornar o sistema de justiça criminal mais funcional e equilibrado, na medida em que coíbe a infindável interposição de recursos protelatórios e favorece a valorização da jurisdição criminal ordinária; (ii) diminui o grau de seletividade do sistema punitivo brasileiro, tornando-o mais republicano e igualitário, bem como reduz os incentivos à criminalidade de colarinho branco, decorrente do mínimo risco de cumprimento efetivo da pena; e (iii) promove a quebra do paradigma da impunidade do sistema criminal, ao evitar que a necessidade de aguardar o trânsito em julgado do recurso extraordinário e do recurso especial impeça a aplicação da pena (pela prescrição) ou cause enorme distanciamento temporal entre a prática do delito e a punição, sendo certo que tais recursos têm ínfimo índice de acolhimento". Diversos dos ministros que formaram a maioria também salientaram um argumento que nos parece ter repercussão importante na discussão da inelegibilidade como consequência da condenação criminal. Trata-se da tese de que a presunção de inocência vai cedendo progressivamente à medida que uma investigação penal se transforma em processo penal e à medida que o processo se desenvolve. Veja-se, quanto ao ponto, o voto do Ministro Gilmar Mendes: "a norma afirma que ninguém será considerado culpado até o trânsito em julgado da condenação, mas está longe de precisar o que vem a ser considerar alguém culpado. O que se tem é, por um lado, a importância de preservar o imputado contra juízos precipitados acerca de sua responsabilidade. Por outro, uma dificuldade de compatibilizar o respeito ao acusado com *a progressiva demonstração de sua culpa.* Disso se extrai que o espaço de conformação do legislador é lato. A cláusula não obsta que a lei regulamente os procedimentos, *tratando o implicado de forma progressivamente mais gravosa, conforme a imputação evolui.* Por exemplo, para impor uma busca domiciliar, bastam 'fundadas razões' [...]. Para tornar o implicado réu, já são necessários a prova da materialidade e indícios da autoria [...]. Para condená-lo, é imperiosa a prova além de dúvida razoável. [...]. Note-se que a Lei da Ficha Limpa considera inelegíveis os condenados por diversos crimes graves nela relacionados, a partir do julgamento em Tribunal [...] Ou seja, a presunção de não culpabilidade não impede que, mesmo antes do trânsito em julgado, a condenação criminal surta efeitos severos, como a perda do direito de ser eleito" (p. 67-68 do acórdão, grifos nossos). Pois bem, quanto à prisão não é fácil concordar com a posição do STF. Isto porque não parece possível discutir o princípio da presunção de inocência como se ele tivesse um conteúdo universal independente de cada enunciado normativo que lhe dá positividade. Parece-nos que, na positivação do princípio, possivelmente o elemento mais importante é a fixação do marco a partir do qual a presunção deixa de incidir. Na experiência comparada e nos instrumentos internacionais de proteção dos direitos humanos é possível identificar a fixação deste marco por meio da utilização de conceitos indeterminados, como em "toda pessoa acusada de um delito tem direito a que se presuma sua inocência, *enquanto não for legalmente comprovada sua culpa*" (art. 8º, "2", da Convenção Interamericana de Direitos Humanos, na linha inaugurada pelo art. 9º da Declaração dos Direitos do Homem e do Cidadão, de 1789), caso em que haverá enorme espaço para que a norma infraconstitucional e a intepretação constitucional definam quando se considera "comprovada a culpa". Mas há situações em que o marco é positivado por meio de regras mais precisas, como fazem os arts. 27º, "2" e 32º "2", da CRP, que fixam como marcos (respectivamente para a prisão e para a interrupção de incidência da presunção de inocência), a "sentença penal condenatória" e o "trânsito em julgado da sentença de condenação". Ora, no enunciado do art. 5º, LVII, da CRFB, o "princípio" de presunção de inocência foi positivado por meio de regra que fixa de forma bastante clara tal marco com o *trânsito em julgado* da sentença penal (sem que exista regra específica sobre a prisão decorrente de sentença condenatória, como no caso português). A "saída" encontrada pelo STF foi de afirmar que a indeterminação estaria, na verdade, na expressão "(ser) considerado culpado", que seria compatível com a prisão, desde que

Na verdade, os excessos cometidos enquanto a exigência de trânsito em julgado vigorou justificam a necessidade de um recuo quanto a tal regra. Dois aspectos, no entanto, parecem-nos especialmente problemáticos:

> O primeiro decorre do fato de que a lei não exige que a decisão do órgão colegiado seja unânime. Isso a rigor leva à possibilidade da inelegibilidade ocorrer mesmo no caso de "empate" na posição da Justiça. Com efeito, a lei possibilita que uma pessoa absolvida em 1ª instância e condenada *por maioria* em segunda, seja declarada inelegível. Nesse caso, do ponto de vista jurídico-processual, não se pode falar em empate (haverá uma decisão condenatória tomada por maioria), mas o fato – para nós relevante do ponto de vista político constitucional – é que a decisão de dois dos magistrados que analisaram o caso (incluindo, na hipótese cogitada, aquele que em tese mais conhece o processo, que é o juiz de 1ª instância) será desconsiderada por força da decisão de outros dois magistrados.[1251]

Com isso, é possível que uma pessoa acusada de ter furtado um prato de comida tenha sido absolvida em primeira instância e condenada em segunda, por maioria. Se essa pessoa, após os fatos, tiver passado a militar em partido político e tiver decidido se candidatar a uma eleição, será inelegível, assim como o manifestante que tiver sido igualmente absolvido em primeira instância e condenado em segunda por ter danificado um bem privado durante uma manifestação.[1252] Vale notar que, da forma como a LIn vem sendo interpretada, não é possível ao interessado sequer esgotar os recursos a serem julgados na mesma instância que o condenou, afastando, em especial, a eficácia dos embargos de declaração, medida direcionada exatamente a clarificar omissões ou contradições de uma decisão judicial.

---

ainda não implementados outros efeitos da condenação. Ora, o mais gravoso efeito de uma condenação criminal (efeito que justifica em grande medida as garantias do processo penal) é exatamente a prisão. Portanto, ainda que se reconheça que a sentença criminal tenha outros efeitos, o STF permitiu que o principal efeito decorrente da ausência de presunção de inocência ocorra antes do marco claramente fixado pela Constituição. Os argumentos trazidos pelo STF parecem suficientes para justificar uma alteração constitucional, mas não justificam, a nosso ver, a clara ultrapassagem dos limites dados pelo texto constitucional. Os argumentos de política criminal, embora fortes, são, a rigor, de difícil compatibilização com o texto constitucional. O correto, a nosso ver, teria sido propor uma alteração constitucional (hipótese aliás, expressamente ventilada pelo STF, como relatado na p. 73 do acórdão e, no que se refere ao uso dos recursos aos tribunais superiores para obter a prescrição, bastaria uma alteração legislativa). De todo modo, em 17.10.2019, o STF, em julgamento de três ações declaratórias de constitucionalidade (ADCs nºs 43, 44 e 54), por maioria apertada (6 x 5) voltou a alterar a sua posição sobre a matéria, concluindo que a execução da pena só pode ocorrer após o trânsito em julgado (até a data em que escrevemos estas linhas o acórdão ainda não havia sido publicado). No entanto, em relação à inelegibilidade (que certamente não é o efeito mais gravoso da condenação criminal), a concepção de progressiva diminuição da esfera de proteção da presunção de inocência conforme evolução do processo nos parece de fato razoável e compatível com a forma como tal princípio foi positivado pela CRFB. Ainda assim, como veremos a seguir, a nosso ver houve algum excesso por parte do legislador.

[1251] MASCARENHAS, Rodrigo Tostes de Alencar. A Lei da "Ficha Limpa": uma responsabilidade prospectiva? *Boletim da Faculdade de Direito da Universidade de Coimbra*, v. LXXXVII, 2011. p. 750.

[1252] A partir de julho de 2013, o Brasil foi sacudido por centenas de manifestações gigantescas, com uma pauta inicialmente focada na melhoria dos serviços públicos de transporte e que depois se ampliou para questionar todo o sistema político. Diversos bens foram danificados durante essas manifestações. Ora, se novamente afirmamos que aqueles que tenham efetivamente cometido crimes deveriam ser responsabilizados (e, no meio dos manifestantes, houve vários casos graves de violência), por outro lado, parece-nos manifestamente desproporcional e antidemocrático sujeitar tantos a uma possível sanção de inelegibilidade. Registre-se que, dependendo das circunstâncias, o crime de dano poderá ser considerado de menor potencial ofensivo e, neste caso, a inelegibilidade não se aplicaria, por força do §4º do art. 1º da LIn, acima mencionado.

CAPÍTULO 7
A APLICAÇÃO DA INELEGIBILIDADE COMO MECANISMO PREVENTIVO DE RESPONSABILIZAÇÃO DE AGENTES POLÍTICOS | 385

Assim, consideramos que o mínimo que deve ser exigido, a fim de que a LIn possa ser interpretada de forma compatível com a presunção de inocência *e com o princípio do duplo grau* –[1253] é que a maioria dos julgadores que tenham analisado o caso se manifestem pela condenação *e* que a condenação decorra de duas instâncias.[1254] Com isso não entendemos exigível a unanimidade (o que tampouco seria uma exigência absurda, pois já representaria um passo largo em relação à exigência de trânsito em julgado), mas entendemos que[1255] a decisão condenatória deve ter sido proferida pela primeira instância e confirmada (ainda que por maioria), pela segunda.[1256]

[1253] Se a existência de um direito ao "duplo grau" (ou seja, de um direito a pelo menos um recurso), como corolário do direito de "ampla defesa, com os meios *e recursos* a ela inerentes" (art. 5º, LV da Constituição brasileira) ainda que possa ser objeto de alguma polêmica, tem sido reconhecido pelo STF (por ex., HC nº 104.285/MG. Rel. Min. Ayres Britto, 2ª Turma, j. 19.10.2010. *DJe*, 26 nov. 2010), mesmo em processos de atribuição do júri (em que vigora a regra – art. 5º, XXVIII, "c"– da soberania dos respectivos veredictos), com muito mais razão deve ser reconhecido em processos identicamente punitivos mas que não ostentam a mesma regra de "soberania" dos veredictos. Na verdade, boa parte da polêmica em torno do "duplo grau" refere-se a saber se ele se estende a outros processos fora da órbita penal, em que normalmente é reconhecido (de forma expressa, por exemplo, na Constituição portuguesa – art. 32, "1"). Canotilho, por exemplo, afirma ser "discutível" a sua "generalização em sede civil e administrativa" para concluir que: "O duplo grau de jurisdição terá razão de ser em processos em que estejam em causa esquemas sancionatórios particularmente agressivos para os cidadãos", dando como exemplos os processos de falência e aqueles processos disciplinares com penas particularmente graves (CANOTILHO, J. J. Gomes. *Direito constitucional e teoria da Constituição*. 7. ed. Coimbra: Almedina, 2003. p. 667). Ora, considerando que a inelegibilidade é uma sanção particularmente grave, entendemos que não há como afastar a garantia do duplo grau nos processos em que ela está em jogo.

[1254] Excluem-se desta exigência, por razões óbvias, os processos de competência originária do Supremo Tribunal Federal.

[1255] Considerando o caso mais comum, que é o de um julgamento por um juiz singular em 1ª instância e por três desembargadores em 2ª instância.

[1256] Mas o STF (na já mencionada ADC nº 29/DF) considerou, sobre o ponto em questão: "A razoabilidade da expectativa de um indivíduo de concorrer a cargo público eletivo, à luz da exigência constitucional de moralidade para o exercício do mandato (art. 14, §9º), resta afastada em face da condenação prolatada em segunda instância ou por um colegiado no exercício da competência de foro por prerrogativa de função, da rejeição de contas públicas, da perda de cargo público ou do impedimento do exercício de profissão por violação de dever ético-profissional. 3. A presunção de inocência consagrada no art. 5º, LVII, da Constituição Federal deve ser reconhecida como uma regra e interpretada com o recurso da metodologia análoga a uma redução teleológica, que reaproxime o enunciado normativo da sua própria literalidade, de modo a reconduzi-la aos efeitos próprios da condenação criminal (que podem incluir a perda ou a suspensão de direitos políticos, mas não a inelegibilidade), sob pena de frustrar o propósito moralizante do art. 14, §9º, da Constituição Federal. 4. Não é violado pela Lei Complementar nº 135/10 o princípio constitucional da vedação de retrocesso, posto não vislumbrado o pressuposto de sua aplicabilidade concernente na existência de consenso básico, que tenha inserido na consciência jurídica geral a extensão da presunção de inocência para o âmbito eleitoral. 5. O direito político passivo (*ius honorum*) é possível de ser restringido pela lei, nas hipóteses que, *in casu*, não podem ser consideradas arbitrárias, porquanto se adequam à exigência constitucional da razoabilidade, revelando elevadíssima carga de reprovabilidade social, sob os enfoques da violação à moralidade ou denotativos de improbidade, de abuso de poder econômico ou de poder político. 6. O princípio da proporcionalidade resta prestigiado pela Lei Complementar nº 135/10, na medida em que: (i) atende aos fins moralizadores a que se destina; (ii) estabelece requisitos qualificados de inelegibilidade e (iii) impõe sacrifício à liberdade individual de candidatar-se a cargo público eletivo que não supera os benefícios socialmente desejados em termos de moralidade e probidade para o exercício de referido múnus público. 7. O exercício do *ius honorum* (direito de concorrer a cargos eletivos), em um juízo de ponderação no caso das inelegibilidades previstas na Lei Complementar nº 135/10, opõe-se à própria democracia, que pressupõe a fidelidade política da atuação dos representantes populares. 8. A Lei Complementar nº 135/10 também não fere o núcleo essencial dos direitos políticos, na medida em que estabelece restrições temporárias aos direitos políticos passivos, sem prejuízo das situações políticas ativas. 9. O cognominado desacordo moral razoável impõe o prestígio da manifestação legítima do legislador democraticamente eleito acerca do conceito jurídico indeterminado de vida pregressa, constante do art. 14, §9.º, da Constituição Federal. 10. O abuso de direito à renúncia é gerador de inelegibilidade dos detentores de mandato eletivo que renunciarem aos seus cargos, posto hipótese em perfeita compatibilidade com a repressão, constante do ordenamento jurídico brasileiro (v.g., o art. 55, §4º, da Constituição Federal e o art. 187 do Código Civil), ao exercício de direito em manifesta transposição dos limites da boa-fé. 11. A inelegibilidade tem as suas causas previstas nos §§4º a 9º do art. 14 da Carta Magna de 1988, que se traduzem em condições objetivas cuja verificação impede o indivíduo de concorrer a cargos

Exatamente por entender indispensável que duas instâncias diversas tenham chegado ao mesmo entendimento, acreditamos que, nos casos de competência originária dos tribunais de justiça e dos tribunais regionais federais, a condenação deveria ser confirmada pelo Superior Tribunal de Justiça.

Uma alternativa que nos parece razoável seria considerar que a inelegibilidade se daria apenas quando esgotados os denominados recursos ordinários (excluindo, portanto, os recursos especial e extraordinário, que são, de fato, aqueles que costumam alongar o tempo de vida desse tipo de processo).[1257]

Outra das novidades da LIn que consideramos problemática é a que torna[1258] inelegíveis os gestores públicos que tenham tido suas contas rejeitadas pelos tribunais de contas ou, no caso dos chefes de Poder Executivo, rejeitados pelo respectivo Poder Legislativo (embora a lei exija que a irregularidade seja insanável e configure ato doloso de improbidade administrativa). Ora, se a não exigência de trânsito em julgado para decisões proferidas pelo Poder Judiciário já é problemática, a atribuição a órgãos não jurisdicionais de poder semelhante é ainda mais questionável.

Com efeito, com todas as suas vicissitudes, o Poder Judiciário brasileiro apresenta um significativo grau de seriedade e independência, inclusive em perspectiva comparada,[1259] o que se deve, em especial, ao tratamento que a Constituição de 1988 lhe deu. E, mesmo assim, graves problemas são encontrados, como já referido no Capítulo 3.

Nada disso ocorre no conjunto de cortes de contas brasileiras.[1260] Em primeiro lugar, o critério de acesso é quase que exclusivamente político, o que, com honrosas exceções, obviamente traz reflexos importantes na independência das decisões.

Como se não bastasse, as regras aplicáveis aos processos perante os tribunais de contas são, em geral, extremamente confusas (em diversos estados sequer estão previstas em lei no sentido formal), incluindo uma grande "confusão" na própria caracterização daquele que é chamado a responder (até quando é um mero prestador de informações ou um réu chamado a se defender). Ademais, o dispositivo que trata da eficácia das decisões dos tribunais de contas sequer exige uma maioria qualificada, o que significa

---

eletivos ou, acaso eleito, de os exercer, e não se confunde com a suspensão ou perda dos direitos políticos, cujas hipóteses são previstas no art. 15 da Constituição da República, e que importa restrição não apenas ao direito de concorrer a cargos eletivos (*ius honorum*), mas também ao direito de voto (*ius sufragii*). Por essa razão, não há inconstitucionalidade na cumulação entre a inelegibilidade e a suspensão de direitos políticos. 12. A extensão da inelegibilidade por oito anos após o cumprimento da pena, admissível à luz da disciplina legal anterior, viola a proporcionalidade numa sistemática em que a interdição política se põe já antes do trânsito em julgado, cumprindo, mediante interpretação conforme a Constituição, deduzir do prazo posterior ao cumprimento da pena o período de inelegibilidade decorrido entre a condenação e o trânsito em julgado. 13. Ação direta de inconstitucionalidade cujo pedido se julga improcedente. [...]" (ementa do julgamento).

[1257] Esta solução tem o inconveniente de permitir a inelegibilidade daquele absolvido em primeira instância e condenado em segunda (ainda que por maioria) e, por isso, não a consideramos a melhor. Mas ela tem a vantagem – em relação à situação atual – de permitir o esgotamento de cada instância (viabilizando, por exemplo, os embargos de declaração).

[1258] Como já dito, a rejeição de contas já era causa de inelegibilidade na redação anterior, mas ela era suspensa pelo mero recurso ao Poder Judiciário.

[1259] Para esta análise e comparação, ainda que feita há mais de uma década, veja-se, ZAFFARONI, Eugenio Raul. *Poder Judiciário* – Crise, acertos e desacertos. São Paulo: RT, 1995.

[1260] Existe uma Corte de Contas federal e pelo menos um tribunal de contas em cada estado. Além disso, alguns estados possuem tribunais de contas específicos para os respectivos municípios (caso do estado do Ceará, por exemplo) e, alguns municípios possuem uma corte de contas específica (caso do Tribunal de Contas do Município do Rio de Janeiro).

CAPÍTULO 7 | 387

(se considerarmos que os tribunais estaduais têm sete membros) a atribuição de um poder extraordinário a quatro conselheiros de cada tribunal.[1261] Em suma, atribuir o efeito da inelegibilidade às decisões das cortes de contas pode até fazer sentido do ponto de vista puramente teórico (um ponto de vista que ignore a qualidade da atuação das cortes de contas). No entanto, no atual estágio em que se encontram as cortes de contas no Brasil isto não nos parece minimamente razoável.[1262]

Uma possível "saída" para manter a constitucionalidade da previsão é adotar o entendimento, sustentado por José Jairo Gomes, de que a verificação da presença – nas contas rejeitadas – dos requisitos necessários para gerar a inelegibilidade (rejeição por irregularidade "insanável que configure ato doloso de improbidade administrativa") é da Justiça Eleitoral.[1263]

Outra regra,[1264] incorporada à LIn pela Lei da Ficha Limpa, que consideramos problemática, é a que torna inelegíveis os que forem "condenados à suspensão dos direitos políticos, em decisão transitada em julgado ou proferida por órgão judicial colegiado, por ato doloso de improbidade administrativa que importe lesão ao patrimônio público e enriquecimento ilícito".

É verdade que, neste inciso, o legislador foi mais criterioso, pois exigiu que o ato fosse doloso, que houvesse lesão ao patrimônio público *e* enriquecimento ilícito. Ainda assim, não fosse este requisito (o do enriquecimento), um prefeito condenado – em decisão confirmada por órgão colegiado – por ter doado, sem lei autorizativa, remédios ao município vizinho (onde ocorria uma epidemia) jamais poderia ser novamente candidato. No caso concreto,[1265] o Superior Tribunal de Justiça reverteu a decisão das instâncias inferiores, mas o caso é ilustrativo dos riscos trazidos com os excessos na responsabilização de agentes políticos.

Ademais, em relação aos processos de improbidade, vigora, pelas mesmas – e outras – razões, aquilo que dissemos em relação ao processo criminal sobre a exigência de maioria e de duplo grau de jurisdição. As "outras razões" – talvez até suficientes para exigir, nestes casos, a unanimidade – se referem aos "tipos" muito mais do que abertos da LIA, ao fato de o processo civil (que rege a ação de improbidade com poucas

---

[1261] Ou a três, dependendo do *quorum* da sessão. Ressalte-se que, em relação aos tribunais estaduais, só existe previsão de duas vagas de conselheiros de carreira (um da carreira de auditores e outro da carreira do Ministério Público junto aos tribunais de contas) e, mesmo assim, em boa parte dos tribunais esta regra (com "desculpas várias") não tem sido observada.

[1262] Uma eloquente ilustração dos problemas enfrentados pelos tribunais de contas é o caso do Tribunal de Contas do Estado do Rio de Janeiro. Com efeito, no dia 29.3.2017, com base na delação premiada de um dos conselheiros (que era presidente do Tribunal até dezembro de 2016), cinco outros conselheiros (incluindo os atuais presidente e vice-presidente) foram presos preventivamente, por ordem do Superior Tribunal de Justiça, implicados em grave escândalo de corrupção. Ainda que se trate de investigação preliminar, o fato de seis (de um total de sete) conselheiros de uma corte de contas serem presos ou afastados no curso de investigação criminal fala por si (ANDREOLLA, Ana Paula. PF cumpre mandados de prisão contra conselheiros do Tribunal de Contas do Rio. *G1*, 29 mar. 2017. Disponível em: http://g1.globo.com/rio-de-janeiro/noticia/pf-cumpre-mandados-de-prisao-contra-conselheiros-do-tribunal-de-contas-do-rio.ghtml. Acesso em: 29 mar. 2017).

[1263] "É da Justiça Eleitoral a competência para apreciar essa matéria e qualificar os fatos que lhe são apresentados; e a competência aí é absoluta, porque *ratione materiae*. É, pois, a Justiça Especializada que dirá se a irregularidade apontada é *insanável*, se configura *ato doloso de improbidade administrativa* e se constitui ou não inelegibilidade" (GOMES, José Jairo. *Direito eleitoral*. 12. ed. São Paulo: Atlas, 2016. p. 250).

[1264] Alínea "l" do inc. I do art. 1º.

[1265] REsp nº 480.387-SP. Rel. Min. Luis Fux, 1ª Turma, j. 16.3.2004. *DJ*, 24 maio 2004.

alterações da lei específica) não ser voltado – no sentido de orientado – à garantia dos direitos dos acusados e ao manifesto uso político a que a LIA tem se prestado.

Também nos parece injustificável a extensão da inelegibilidade àqueles excluídos do exercício de profissão regulamentada (como advogados, médicos, engenheiros, psicólogos), por decisão sancionatória do órgão profissional competente, em decorrência de infração ético-profissional. E isto por dois motivos: em primeiro lugar porque existem infrações disciplinares que pouco ou nada dizem sobre a aptidão de alguém para o exercício de função pública. Assim, por exemplo, o não pagamento das taxas devidas aos conselhos regulamentadores de tais profissões é, em geral, considerado uma infração apta a sujeitar o agente à exclusão do exercício da profissão.[1266]

Mas não é só isso. Há dezenas de profissões regulamentadas no Brasil (a de músico, por exemplo), com as correspondentes dezenas de órgãos regulamentadores. O grau de institucionalidade dos processos é, novamente, altamente variável, existindo vários casos em que "processos" disciplinares pouco ou nada têm de processos. Assim, neste caso, parece-nos que a inconstitucionalidade da previsão é evidente, não só por sua desproporcionalidade, mas por não envolver nenhum dos objetivos para cuja proteção a CRFB autoriza a criação de novas hipóteses de inelegibilidade.

Também nos preocupa o fato de a lei ter tornado inelegíveis os que "forem demitidos do serviço público em decorrência de processo *administrativo*".

Os problemas, quanto a este ponto, são muito similares aos que expusemos sobre as cortes de contas. Em primeiro lugar, temos a atribuição de um enorme poder não só à administração pública da União e dos estados, mas à administração dos mais de 5.000 municípios brasileiros, com os mais diversos graus de evolução institucional e sem qualquer garantia de autonomia das autoridades incumbidas da decisão. Ademais, a maioria absoluta destes entes não dispõe de leis de processo administrativo minimamente adequadas. Assim, a porta que se abre ao uso político de processos administrativos disciplinares é imensa.[1267] Por fim, há aqui um grave problema de autonomia entre os entes federativos, pois uma decisão de um município pode evitar a eleição (ou reeleição) de um deputado federal, a de um estado evitar a eleição de um vereador, e a da União evitar a de um governador.

Em suma, consideramos inconstitucionais todas as hipóteses nas quais a inelegibilidade passou a ser prevista como consequência de pronunciamentos condenatórios de atores não jurisdicionais, e isso pelas seguintes razões: o sério déficit de composição e institucionalização desses órgãos e de formalização dos respectivos processos administrativos significa uma compressão excessiva da cláusula do devido processo legal, inclusive em seu aspecto substancial; esse mesmo déficit torna muito menos consistente a probabilidade de acerto do prognóstico decorrente das decisões destes

---

[1266] É o caso do Estatuto da Advocacia (Lei nº 8.906/94), como se vê dos seguintes dispositivos: "Art. 34. Constitui infração disciplinar: [...] XXIII - *deixar de pagar as contribuições, multas e preços de serviços devidos à OAB*, depois de regularmente notificado a fazê-lo; Art. 37. A suspensão é aplicável nos casos de: I - infrações definidas nos incisos *XVII a XXV* do art. 34; Art. 38. A exclusão é aplicável nos casos de: I - *aplicação, por três vezes, de suspensão*".

[1267] Como se não bastasse, é comum – em grandes estruturas, como as secretarias de saúde e de educação de estados e municípios – a demissão do serviço público por abandono do emprego. Não que o abandono não deva ter consequências, mas punir com a inelegibilidade um professor que, por vezes, anuncia sua saída ao diretor da escola, mas que não formaliza o pedido na sede da secretaria, sendo "formalmente demitido por abandono", não nos parece razoável.

CAPÍTULO 7
A APLICAÇÃO DA INELEGIBILIDADE COMO MECANISMO PREVENTIVO DE RESPONSABILIZAÇÃO DE AGENTES POLÍTICOS | 389

órgãos (prognóstico de que o sujeito em questão será um mau agente),[1268] dando inclusive espaço a erros manifestos, inclusive dolosos. Ora, esta alta probabilidade de erro significa que estarão sendo efetuadas graves restrições a direitos fundamentais dos envolvidos sem atingir o objetivo – proteger a probidade – que também funciona como condição, eleita pela Constituição, como apta a justificar a ampliação dos casos de inelegibilidade. Além disso, haverá a diminuição do âmbito de escolha do povo (tema de que trataremos a seguir), com o que a razoabilidade da restrição em questão é praticamente suprimida.

A todos estes argumentos acrescente-se – agora inclusive em relação à possibilidade de decisão de juiz não penal gerar a inelegibilidade (caso da condenação por improbidade) – que, nestes casos, a LIn se coloca em direta oposição à Convenção Americana sobre Direitos Humanos, cujo art. 23, "1", "b" e "2", após afirmar o direito de todos os cidadãos "de votar *e ser eleito* em eleições periódicas, autênticas, realizadas por sufrágio universal e igualitário e por voto secreto, que garantam a livre expressão da vontade dos eleitores", ressalva que a lei pode regular o exercício deste (e de outros) direito "exclusivamente por motivo de idade, nacionalidade, residência, idioma, instrução, capacidade civil ou mental, ou *condenação*, por *juiz* competente, em processo *penal*".[1269]

Portanto, é evidente que, para o sistema interamericano de direitos humanos, a restrição do direito fundamental de ser eleito, decorrente de condenação em processo, só é válida se for restrita a processo penal e, assim, sendo evidente o confronto, entendemos que tais restrições, previstas na LIn, não podem prevalecer.

Outro ponto que merece atenção é o dispositivo que torna inelegíveis os chefes do Poder Executivo e os parlamentares que renunciarem a seus mandatos *"desde o oferecimento de representação ou petição capaz de autorizar a abertura de processo* por infringência a dispositivo da Constituição Federal, da Constituição Estadual, da Lei Orgânica do Distrito Federal ou da Lei Orgânica do Município".

O dispositivo foi adotado para evitar a renúncia fraudulenta, ou seja, aquela efetuada quando o agente, cumulativamente: (i) está submetido a processo do qual pode resultar a perda de seu mandato; (ii) avalia que tem chance significativa de ser cassado e (iii) resolve renunciar exatamente para evitar a inelegibilidade decorrente da cassação.

O problema é que o enunciado normativo não faz qualquer exceção (embora o §5º, do art. 1º da LIn, acima reproduzido, o faça) quanto às razões da renúncia e, o que é pior, se refere a qualquer *representação ou petição capaz de autorizar a abertura de processo.* Ora, os chefes do Poder Executivo são objeto constante de petições requerendo seu

---

[1268] Pela ausência de relação suficientemente próxima entre o motivo que pode gerar a punição nessa miríade de distintos processos e o exercício de funções públicas. Aqui vale lembrar a observação de Madison, em *O federalist*, n. 43, segundo o qual "every constitution must limit its precaution to dangers that are not altogether imaginary" (HAMILTON, Alexander; MADISON, James; JAY, John. *The federalist papers.* Nova York: Signet Classic, 2003. p. 274-275).

[1269] É verdade que o art. 7, "2" da já mencionada Convenção das Nações Unidas contra a Corrupção estabelece que "Cada Estado Parte considerará também a possibilidade de adotar medidas legislativas e administrativas apropriadas, em consonância com os objetivos da presente Convenção e de conformidade com os princípios fundamentais de sua legislação interna, a fim de estabelecer critérios para a candidatura e eleição a cargos públicos". No entanto, não há conflito entre as normas, pois o dispositivo da Convenção da ONU prevê genericamente um dever de "considerar" medidas nesse sentido, enquanto que a Convenção de São José (que já integrava o direito interno brasileiro quando a Convenção da ONU foi ratificada), especificamente, proíbe *a contrario sensu* certas medidas (inelegibilidade decorrente de processo não conduzido por juiz penal).

impeachment. Boa parte delas é despida de qualquer fundamento, mas, até que isto seja declarado, poderiam ser consideradas "capazes de autorizar a abertura de processo". Se o dispositivo não for interpretado com cuidado, qualquer renúncia, de um prefeito, um governador, ou mesmo do PR, poderá gerar sua inelegibilidade, uma vez que são raros os períodos nos quais não exista, ainda que pendente de análise, qualquer petição requerendo o *impeachment* dos chefes do Poder Executivo.

Esta certamente não parece ser a vontade da LIn, o que se infere da própria exceção que ela mesma abriu (§5º do art. 1º), deixando suficientemente claro que sua preocupação é com a renúncia fraudulenta.[1270] Ademais, a interpretação gramatical da norma – aplicando-a a qualquer renúncia que seja contemporânea de um pedido de abertura de processo – seria a nosso ver inconstitucional, pois a CRFB só autoriza novos casos de inelegibilidade para atender aos objetivos enunciados no §9º do art. 14, o que, com toda evidência, não seria o caso. Hipótese semelhante se dá quando, após a renúncia e eventual prosseguimento do processo, o agente é inocentado.[1271]

Vale registrar que parte dos problemas da LIn que apontamos até aqui pode ser solucionada por meio de uma interpretação conforme a Constituição, sem a necessidade de reconhecimento de sua inconstitucionalidade. É o caso da exigência de que a condenação se dê sempre em duas instâncias. Em reforço aos argumentos expostos para cada um desses casos, lembre-se, mais uma vez, de que a inelegibilidade, como restrição ao direito fundamental de votar, deve ser interpretada restritivamente.

De todo modo, para além destes aspectos pontuais nos quais a Lei da Ficha Limpa foi infeliz, ou mesmo inconstitucional, e para além da questão *constitucional* mais debatida pelo STF em relação à Lei da Ficha Limpa (o conflito entre a presunção de inocência do candidato e o princípio da moralidade),[1272] existem outros aspectos da atual redação da LIn que dizem respeito a elementos estruturais da Constituição e da responsabilidade dos agentes políticos, de que trataremos a seguir.

7.7 A transferência de poder decisório feita pela Lei da Ficha Limpa

A LIn, na redação dada pela Lei da Ficha Limpa, significou uma clara diminuição do universo de pessoas entre as quais o povo pode eleger seus representantes e

---

[1270] "É preciso que o motivo da renúncia seja relacionado ao anterior oferecimento de representação ou petição, e que tem essa *aptidão* para provocar a instauração de processo contra o renunciante" (GOMES, José Jairo. *Direito eleitoral*. 12. ed. São Paulo: Atlas, 2016. p. 231). Em sentido contrário, veja-se Pedro Paulo G. G. de Oliveira: "Não cabe à Justiça Eleitoral examinar o mérito do objeto da instauração do procedimento no órgão responsável, tampouco importa se pelos mesmos fatos o renunciante foi absolvido na Justiça respectiva por ato de improbidade administrativa ou crime. Com efeito, as instâncias são independentes e o julgamento de que trata a alínea tem conteúdo político. "Inelegibilidades Infraconstitucionais ou Legais" (ÁVALO, Alexandre; ANDRADE NETO, José de; CAMARGO, Luiz Henrique Volpe; LUCON, Paulo Henrique dos Santos (Coord.). *O novo direito eleitoral brasileiro*. 2. ed. Belo Horizonte: Fórum, 2014. p. 78).

[1271] Nesse sentido veja-se, novamente, a opinião de José Jairo Gomes: "Ora, a simples renúncia a mandato não é causa de inelegibilidade. Esta só despontará se a renúncia ocorrer num determinado contexto, ou seja, se visar afastar a instauração de processo em virtude do oferecimento de 'representação ou petição' ao órgão competente. Mas, uma vez instaurado processo, chegando este a seu termo, julgado o mérito e sendo absolvido o renunciante, perde sentido a afirmação da inelegibilidade" (GOMES, José Jairo. *Direito eleitoral*. 12. ed. São Paulo: Atlas, 2016. p. 232).

[1272] Sem falar da importantíssima questão da sua aplicação retroativa ou não, que igualmente trazia importantes questões constitucionais, pois a Lei da Ficha Limpa foi aprovada poucos meses antes de uma eleição. Sobre estes pontos *vide* a ementa da ADC nº 29/DF, reproduzida em nota anterior.

CAPÍTULO 7
A APLICAÇÃO DA INELEGIBILIDADE COMO MECANISMO PREVENTIVO DE RESPONSABILIZAÇÃO DE AGENTES POLÍTICOS | 391

governantes. Esta diminuição seria um mal menor se as razões que a justificam fossem efetivamente sólidas e, sobretudo, aptas a atingir o objetivo de evitar a corrupção por parte de agentes políticos.

Mas a questão é que a Lei da Ficha Limpa, mais do que reduzir o universo de elegíveis, resultou em uma enorme transferência do poder de escolha. Com efeito, esse poder é retirado do povo e é transferido para o Judiciário, para os tribunais de contas, para as mais de 5.000 entidades que compõem a federação brasileira (União, estados e municípios), e para as entidades fiscalizadoras de profissões regulamentadas.

A própria válvula de escape criada pela Lei da Ficha Limpa para minorar os riscos de exageros e injustiças (relacionados aos casos nos quais a lei passou a prever a inelegibilidade não mais como efeito de decisão transitada em julgado, mas sim como decisão de órgão colegiado) é uma excelente demonstração dessa transferência decisória. Com efeito, com base no já mencionado art. 26-C, o órgão colegiado do tribunal ao qual couber a apreciação do recurso contra as decisões colegiadas (ou o relator do recurso, excepcionalmente) poderá, em caráter cautelar, suspender a inelegibilidade "sempre que existir plausibilidade da pretensão recursal". É evidente que a existência ou não de "plausibilidade" do recurso é um padrão extremamente amplo, mas que, na prática, abre ao tribunal superior (àquele que tiver proferido a decisão colegiada) a oportunidade de suspender os efeitos da inelegibilidade, numa decisão que, por sua precariedade, sujeitará o candidato a uma situação extremamente instável.

E se o candidato que puder se candidatar, com base na permissão prevista no referido art. 26-C, for eleito, aí então a transferência de poder é assustadora. Caberá ao Tribunal, em decisão precária (ao menos até a final da apreciação do recurso), decidir se mantém ou não o agente no cargo.

Diretamente relacionado a esta "transferência", a Lei da Ficha Limpa traz ainda outro problema, identificado com precisão por Neiara de Morais:

> A lei pode ainda induzir ao erro. Quem tem ficha limpa passa a ser bom candidato ou, como diz o jingle da campanha, "gente honesta e de valor". Não à toa muitos candidatos introduziram em seu material de propaganda a expressão "candidato ficha limpa". Por outro lado, quem é ficha suja passa a ser corrupto ou tem "passado comprometedor", roubou e vai roubar de novo. Ou seja, o crivo do Judiciário passa a ser também o crivo da boa representação, não importando mais se a condenação ou absolvição provisória foi justa ou injusta.
>
> Amparada na idéia de que o eleitor é desinformado e facilmente manipulável, a lei trabalha na lógica da prevenção realizada pelo Poder Judiciário, isto é, entre as escolhas oferecidas aos eleitores devem estar aqueles que foram previamente aprovados. O Poder Judiciário seria tão técnico, neutro e justo que uma decisão sua, ainda que provisória, seria mais segura que a escolha do eleitorado. E se sua decisão restringe direitos de candidatos e eleitores injustamente, isso seria apenas um "preço" a pagar para que corruptos verdadeiros não constem entre as opções do eleitor.[1273]

[1273] MORAIS, Neiara. *Ficha Limpa* – Um mecanismo a favor da qualidade da representação democrática? Trabalho apresentado ao Programa de Doutoramento: Democracia no Século XXI, do Centro de Estudos Sociais – CES da Universidade de Coimbra, Disciplina: Democracia e Republicanismo, 2010. p. 15. Agradecemos à autora a disponibilização de cópia do trabalho.

O texto traz duas questões bastante importantes: em primeiro lugar, o fato de que os candidatos que passam no teste da ficha limpa passam a apregoar este resultado como um selo de garantia, tal como aqueles relacionados à rotulagem ambiental, que dão ao seu comprador a consciência tranquila de que estão comprando produtos verdes. O eleitor, portanto, conclui: "nesse eu posso votar". E não é isso mesmo que quer a lei, dirão seus defensores? O problema – e o paradoxo da lei – é que ela, por um lado, ampliou as hipóteses de inelegibilidades, mas não evitou, *nem poderia ter evitado*, que candidatos com enormes problemas na Justiça (por vezes com dezenas de inquéritos e ações, mas nenhum ainda julgado por órgão colegiado) sejam candidatos.

No entanto, como sua "gradação" é de tudo ou nada (ficha "limpa" ou "suja"), a lei permite que um político que, por exemplo, já tenha sido condenado em dez ações diversas, mas nenhuma em segunda instância, seja tão "ficha limpa" quanto aquele político que não tenha sequer uma ação "proposta" contra si. Ou seja: por um caminho oblíquo, a Lei da Ficha Limpa permitiu a muita gente "limpar" a sua ficha.[1274]

A segunda questão, igualmente pontuada pela autora e a nosso ver mais complexa, é o fato de uma decisão tomada por vezes em única instância pelo Judiciário – ou, o que é pior, por órgãos não judiciais – poder diminuir a esfera na qual se exerce a soberania popular. O pior é que, em diversos casos concretos, a LIn efetivamente retirou do jogo eleitoral candidatos favoritos nas pesquisas. Ora, por mais que tenhamos, pessoalmente, as piores impressões possíveis de alguns destes candidatos, e mesmo que se reconheça que uma decisão judicial, ainda que não definitiva, é muito mais que uma mera "impressão" ou "boato", é de se questionar se, como tem acontecido no Brasil, o Poder Judiciário não está sendo, mais uma vez, chamado a decidir uma questão que deveria permanecer na esfera política.

A atual LIn, portanto, se constitui em um enorme incentivo para o uso político da responsabilização jurídica, que apontamos no Capítulo 2.

No que se refere à possibilidade de inelegibilidade decorrente de processos administrativos, o potencial de abusos é enorme. Basta a um prefeito mal-intencionado abrir processos administrativos contra os servidores que ele identifique como contrários à sua reeleição ou de alguém de seu grupo político, retirando-os da próxima eleição.

Mas a questão a ser analisada é se é razoável que, com o objetivo de reforçar uma responsabilidade política prospectiva e com a boa intenção de se forçar que os agentes políticos levem a sério suas funções, se opere, por outro lado, uma redução da "responsabilidade" – que não deixa de ser, em algum modo, uma responsabilidade-função – do povo em escolher seus representantes.

[1274] É ainda Neiara de Moraes que relata o caso de uma das primeiras pessoas impedidas de se candidatar pela Lei da Ficha Limpa. Foi o caso de Aldo Josias dos Santos, candidato a vice-governador de São Paulo, acusado de usar seu mandato como vereador em uma cidade do interior para dar apoio ao Movimento de Trabalhadores Sem Teto na ocupação de um terreno por pessoas que reivindicavam melhores condições de moradia. O fato imputado ao vereador foi o de ter autorizado a utilização de um bem público (veículo da Câmara Municipal), para transportar crianças, idosos e doentes que teriam sido retirados do local da ocupação algumas horas antes da realização de um despejo que poderia ser violento. *Absolvido em 1ª instância*, Aldo foi condenado pelo Tribunal de Justiça de São Paulo e, portanto, impedido de se candidatar (MORAIS, Neiara. *Ficha Limpa* – Um mecanismo a favor da qualidade da representação democrática? Trabalho apresentado ao Programa de Doutoramento: Democracia no Século XXI, do Centro de Estudos Sociais – CES da Universidade de Coimbra, Disciplina: Democracia e Republicanismo, 2010. p. 7).

Vale registrar que das primeiras 24 decisões monocráticas proferidas por ministros do Supremo Tribunal Federal (da entrada em vigor da Lei da Ficha Limpa até 12.1.2011), dez decisões tratavam da mesma hipótese, isto é, de prefeitos e ex-prefeitos considerados inelegíveis por terem as contas reprovadas por tribunais de contas (nove casos eram do ESTADO do Ceará e um do estado de Goiás). O interessante é que a jurisprudência do STF é no sentido de que os tribunais de contas *não têm competência para julgar as contas dos chefes do Executivo* (atribuição que cabe aos respectivos poderes legislativos), o que não é negado por nenhum ministro, conforme se vê nas próprias decisões citadas. Em sete[1275] dos dez processos, a inelegibilidade foi mantida por razões processuais. Ou seja – abstração feita dos aspectos processuais – o fato é que, no mérito, os recorrentes estavam certos (foram considerados inelegíveis por terem suas contas reprovadas por entidades sem competência para apreciar tais contas), mas, mesmo assim, foram excluídos do processo eleitoral em violação à Constituição.

Portanto, quando restringimos[1276] o direito de alguém de se candidatar (em especial se for alguém considerado favorito para as próximas eleições), devemos indagar se é correto dizer que estamos defendendo o interesse geral em detrimento do interesse particular. É razoável entender que o povo precisa ser tutelado a este ponto? Acreditamos que não.

Vale aqui mencionar que Cláudio Pereira de Souza Neto, ao discutir os limites que o Estado pode, legitimamente, impor às decisões majoritárias, afirma:

> Para que os limites às decisões majoritárias se mostrem plausíveis diante dessas diferentes visões de mundo, devem ser justificados de modo imanente à própria democracia. Os cidadãos poderão aceitar restrições impostas a suas decisões quando apresentadas como garantias de seu poder de continuar decidindo. Mas não têm motivos para aceitar restrições derivadas de outras doutrinas abrangentes.[1277]

Ora, a restrição em questão configura, como já dito, uma transferência significativa do poder de decidir.

É verdade que o voto popular pode conduzir a escolhas muito ruins. Além do exemplo definitivo de Hitler, estes últimos anos têm distribuído surpresas eleitorais mundo afora.

Mas, se a constatação de que o povo por vezes decide mal – ideia ventilada com igual ênfase pela extrema direita e pela extrema esquerda – for considerada suficiente para justificar as mais diversas e progressivas restrições ao exercício do direito de voto, então a própria democracia estará em grave perigo.[1278]

[1275] Rcl nº 10.548/CE, j. 26.8.2010. *DJe*, n. 169, public. 13.9.2010; Rcl nº 10.496/CE, j. 28.9.2010. *DJe*, n. 185, public. 1º.10.2010; Rcl nº 10.538/CE, j. 28.9.2010. *DJe*, n. 185, public. 1º.10.2010; Rcl nº 10.547/CE, j. 28.9.2010. *DJe*, n. 185, public. 1º.10.2010; Rcl nº 10.611/GO, j. 28.9.2010. *DJe*, n. 185, public. 1º.10.20101; Rcl nº 10.557 MC/CE, j. 13.9.2010. *DJe*, n. 212, public. 5.11.2010; Rcl nº 10.550/CE, j. 1º.10.2010. *DJe*, n. 196, public. 19.10.2010.

[1276] Com base em prognósticos baseados em fatos passados nem sempre suficientes a projetar com segurança o comportamento futuro do agente.

[1277] SOUZA NETO, Cláudio Pereira de. *Teoria constitucional e democracia deliberativa*. Rio de Janeiro: Renovar, 2006. p. 70.

[1278] Isso acaba dando espaço a comentários, como aquele feito pelo respeitado jornalista Elio Gaspari, comentando as ações criminais então recentemente propostas contra o Ex-Presidente Lula: "Aos poucos, fica a impressão de

Podemos não estar tratando do perigo de um assalto direto à democracia – que tem ao menos a vantagem de ser facilmente reconhecível e facilitar a articulação daqueles que pretendem defendê-la –, mas, sim, de uma progressiva transferência de poderes do povo para outros órgãos que se julgam mais iluminados para conduzir os destinos do país.

Neste ponto, é bom relembrar que a LIn – alterada pela Lei da Ficha Limpa – veio, por sua vez, alterar a antiga Lei de Inelegibilidades aprovada no auge da ditadura militar brasileira, que, como é sabido, mantinha o Congresso aberto ocasionalmente (e, portanto, fechava-o, como de fato fechou, mais de uma vez). Para certos processos criminais, a lei da ditadura não só não exigia o trânsito em julgado como sequer requeria *qualquer* julgamento: bastava[1279] responder:

> a processo judicial, instaurado por denúncia do Ministério Público recebida pela autoridade judiciária competente, por crime contra a segurança nacional e a ordem política e social, a economia popular, a fé pública e a administração pública, [...] *enquanto não absolvidos ou penalmente reabilitados.*

Note-se, bastava a denúncia ser recebida para que o sujeito ficasse privado do direito de se candidatar até que fosse absolvido. Não foram poucos os grandes políticos brasileiros impedidos de se candidatar por terem contra si uma denúncia por crimes contra a ordem política.

Não é por outra razão que a Constituição brasileira de 1988 consagrou tanto espaço para os direitos relacionados ao devido processo legal e não é por outra razão que os casos de inelegibilidade foram sensivelmente reduzidos.

É claro que os tempos são outros e seria leviano não distinguir entre os objetivos do governo autoritário – claramente retirar da disputa os que combatiam o sistema – e os objetivos da Lei da Ficha Limpa: combater a corrupção e preocupar-se em dignificar a função pública. Ainda assim, tampouco podemos deixar de registrar que uma parte do movimento que apoiou a iniciativa da ficha limpa tem uma aversão pela política e pelos políticos extremamente preocupante. Mais recentemente, com a profusão de denúncias vistas todos os dias nos telejornais brasileiros, muitos clamam por banir da política todos aqueles citados (como tendo praticado ilícitos) em uma das dezenas de depoimentos colhidos no bojo de delações premiadas, ainda que não exista sequer uma ação penal proposta contra o envolvido.

Vale aqui lembrar a advertência de Giovanni Sartori:

> A limpeza da política é muito necessária. De modo geral, suas desvantagens são compensadas pelas suas vantagens. No entanto, ao despejar a água suja da corrupção, precisamos ter cuidado de não jogar fora o bebê. O desagrado com os partidos e a má fama dos políticos inevitavelmente têm reflexos sobre as instituições que os abrigam. E se as próprias instituições representativas são vistas, de modo geral, como instrumentos democráticos inadequados, salvar o bebê pode tornar-se uma tarefa difícil.[1280]

---

que se busca a condenação para obter a inelegibilidade, uma versão elegante do banimento" (GASPARI, Elio. A jararaca está viva e fabrica postes. *O Globo*, p. 12, 18 dez. 2016).

[1279] Art. 1º, I, "n".

[1280] SARTORI, Giovanni. *Engenharia constitucional*: como mudam as constituições. Brasília: Editora UNB, 1996. p. 161.

Numa democracia (o que não era o caso do Brasil na década de 1970), o princípio democrático é a regra e é por isso que Benedita Urbano afirma:[1281]

As normas jurídicas que procedem à concreta regulamentação das exigências ou requisitos relacionados com a elegibilidade são supostas encerrar em si uma série de princípios constitucionais como seja, desde logo, o princípio democrático – o qual determina, entre outras coisas, que a elegibilidade deve constituir a regra e a inelegibilidade a excepção.

Sobre o conteúdo do princípio democrático, convém lembrar o entendimento de Carlos Ayres Britto, que aliás, o denomina "megaprincípio":

Democracia, pois, é o nome que assenta para o fenômeno da subida do povo ao *podium* das decisões coletivas de caráter imperativo, a simbolizar que ele mesmo é quem escreve a sua história de vida político-jurídica e assim toma *as rédeas* do seu próprio destino. Deixa de ser resignado objeto de formal produção normativa de minorias (retratadas, no curso da história humana, pela casta dos mais valentes, ou dos mais velhos, ou dos mais hábeis em curas médicas ou pregações religiosas, ou dos mais "cultos", ou dos mais "nobres" ou dos mais patrimonializados, mas sempre uma minoria) para fazer prosperar o que se tornou símbolo de *status* civilizatório: *o princípio majoritário*, expresso na ideia de que a maioria do corpo eleitoral de um País é quem faz o Direito Comum a todos, seja por forma direta ou participativa, seja por forma indireta ou representativa.[1282]

Ora, em boa medida, as mudanças trazidas pela Lei da Ficha Limpa significam um retorno à tutela da maioria por uma minoria – dos mais "hábeis", "cultos", "nobres" – que dirá ao povo em quem ele pode votar. Essa minoria pode ser constituída pelo Judiciário, mas também pode ser constituída pelos poderes fáticos a que nos referimos no Capítulo 3, incluindo os próprios meios de comunicação social, responsáveis pela escolha de quem, entre dezenas de implicados, será mais ou menos exposto, isto sem falar na própria possibilidade, denunciada por um importante jornal brasileiro, de vazamentos seletivos oriundos dos próprios órgãos de fiscalização.[1283]

De uma forma ou de outra, com ou sem justificativas, o fato é que a Lei da Ficha Limpa acaba tratando o povo como menos hábil para decidir, e, com essa desculpa, acaba suprimindo parte do seu poder de escolha.

[1281] URBANO, Maria Benedita Malaquias Pires. *Representação política e parlamento*. Contributo para uma teoria político-constitucional dos principais mecanismos de protecção do mandato parlamentar. Coimbra: Almedina, 2009. p. 294. Canotilho, na mesma linha, considera que o princípio da universalidade do sufrágio que, por sua vez, "é um instrumento fundamental da realização do princípio democrático". Em seu "sentido dinâmico" o princípio da universalidade torna "inconstitucionais restrições ao direito de sufrágio desnecessárias e desproporcionadas (inelegibilidades e incompatibilidades) ou consideradas como conseqüências automáticas de certas actividades (ex. perda do direito de voto como 'pena acessória' em caso de condenação por actividade criminal)", embora comporte "restrições assentes em 'motivos ponderosos'" (CANOTILHO, J. J. Gomes. *Direito constitucional e teoria da Constituição*. 7. ed. Coimbra: Almedina, 2003. p. 301-302).

[1282] BRITTO, Carlos Ayres. *Teoria da Constituição*. Rio de Janeiro: Forense, 2006. p. 183-184, grifos no original. Registre-se, a bem da transparência, que o então Ministro Ayres Britto foi um dos sete ministros do STF que, em fevereiro de 2012, votou a favor da aplicação da Lei da Ficha Limpa às eleições que se realizariam naquele ano, bem como rejeitou os ataques à sua constitucionalidade.

[1283] *Vide* a denúncia sobre a suposta existência de entrevistas coletivas "em *off*", em texto parcialmente reproduzido em nota inserida no Capítulo 2 (2.6.2) (CESARINO, Paula Um jato de água fria. *Folha de S.Paulo*, 19 mar. 2017. Disponível em: http://www1.folha.uol.com.br/colunas/paula-cesarino-costa-ombudsman/2017/03/1867852-um-jato-de-agua-fria.shtml. Acesso em: 23 mar. 2017).

Em suma, a nosso ver, a ampliação dos casos de inelegibilidades como instrumento para evitar que maus políticos cheguem ao poder deve ser feita com extremo cuidado. A alteração que a Lei da Ficha Limpa fez na LIn, se ainda pode ser considerada mais positiva do que negativa, veio acompanhada de exageros manifestos. Tais exageros podem e devem ser calibrados a fim de tornar a LIn, efetivamente, um instrumento de realização de uma responsabilidade funcional prospectiva, que seja compatível com os demais valores em jogo, nomeadamente o direito fundamental de ser candidato e a possibilidade efetiva de o povo escolher entre o maior leque possível de candidatos.

CAPÍTULO 8

MECANISMOS ESPARSOS DE RESPONSABILIZAÇÃO COM POSSÍVEL VOCAÇÃO PROSPECTIVA

8.1 Introdução

Para além das inelegibilidades do direito eleitoral que, após a Lei da Ficha Limpa, passam a ter um foco maior na prevenção de ilícitos por parte de agentes políticos (evitando que certas pessoas se tornem ou continuem a ser agentes políticos), é possível identificar no direito brasileiro, de forma esparsa, uma série de mecanismos ou de institutos – por vezes formalizados em leis, por vezes em decretos – dirigidos ao objetivo de evitar que ilícitos sejam cometidos por agentes políticos.

Boa parte destes mecanismos está prevista, ainda que de forma bem genérica, na já mencionada Convenção das Nações Unidas contra a Corrupção,[1284] que certamente serviu de inspiração, ainda que parcial, para boa parte das medidas formalmente incorporadas pelo direito brasileiro. Também merece destaque a Convenção Interamericana contra a Corrupção, de 29.3.1996,[1285] que possui um longo artigo (III) dedicado às medidas preventivas.

Nossa intenção neste capítulo final é identificar tais mecanismos, verificando seu potencial para cumprir, de forma equilibrada, um papel preventivo em relação ao cometimento de ilícitos por parte de agentes políticos (sem o sacrifício de outros valores constitucionalmente relevantes), e, portanto, sua capacidade ou não de fortalecimento de uma responsabilidade funcional prospectiva de tais agentes.[1286]

Um dos mecanismos dirigidos a orientar a atuação futura de agentes públicos, que tem obtido grande reconhecimento nos últimos anos, é a adoção de códigos de conduta ou de orientação da postura de agentes públicos e, entre eles, os dirigidos especificamente aos agentes políticos.

Isso é importante porque normas de conduta com enfoque punitivo (com a descrição de uma conduta vedada e a punição a que está sujeito quem a praticar) sempre foram formalizadas em Estados democráticos. No entanto, normas com enfoque mais

---

[1284] Promulgada no Brasil pelo Decreto nº 5.687, de 31.1.2006.

[1285] Promulgada no Brasil pelo Decreto nº 4.410, de 7.10.2002.

[1286] Vale reconhecer o pioneirismo de Emerson Garcia e Rogério Pacheco na busca de um enfoque preventivo pois, em sua obra sobre improbidade administrativa, dedicam todo um capítulo (III) ao "controle *preventivo* da probidade administrativa" (GARCIA, Emerson; ALVES, Rogério Pacheco. *Improbidade administrativa*. 7. ed. 2. tir. São Paulo: Saraiva, 2014. p. 185-204).

preventivo nem sempre o foram, inclusive pela necessidade de adoção de tipos mais abertos. Ora, se estes tipos mais abertos – e em alguns casos extremamente abertos – são incompatíveis com processos punitivos juridicamente conformados, eles não são incompatíveis com a apuração da responsabilidade política interna ao Executivo. Não só não são incompatíveis, como eles acabam criando um forte constrangimento para que a autoridade superior exonere o agente em questão ou que esse tome a iniciativa de pedir sua exoneração.

Mas, por vezes, a codificação de tais condutas poderá ser adotada por meio de tipos mais fechados, resolvendo problemas que, embora aparentemente triviais, costumam levantar dúvidas nas várias relações entre agentes públicos e privados, como é o caso do recebimento de presentes.

De todo modo, sem entrar – por enquanto – em dispositivos específicos, cumpre salientar que a adoção de códigos é incentivada pelo art. 8º da Convenção das Nações Unidas Contra a Corrupção, segundo a qual cada Estado-Parte procurará aplicar, em seus próprios ordenamentos institucionais e jurídicos, "códigos ou normas de conduta para o correto, honroso e devido cumprimento das funções públicas".

Para tanto, sugere a convenção, os Estados tomarão

> nota das iniciativas pertinentes das organizações regionais, inter-regionais e multilaterais, tais como o Código Internacional de Conduta para os titulares de cargos públicos (doravante "Código da ONU"), que figura no anexo da Resolução 51/59 da Assembleia Geral de 12 de dezembro de 1996.

Pois bem, este Código da ONU,[1287] além da virtude (rara em instrumentos internacionais) da concisão (11 parágrafos divididos em 6 capítulos), contém ótimo inventário de medidas com foco mais acentuado na prevenção de ilícitos, que nos parece adequado expor na introdução deste capítulo, por sua utilidade na análise dos mecanismos que foram adotados pelo direito brasileiro.

O Código se inicia com uma definição de cargo público que parece incorporar o conceito de responsabilidade funcional, ou, ao menos, adaptar-se bem a ele.

Com efeito, cargo público é definido como uma "posição de confiança, que implica um dever de agir no interesse público"[1288] e, por isso – prossegue o código –, a lealdade última dos agentes públicos deve estar dirigida ao "interesse público de seu país, tal como expressado através das instituições democráticas de governo". O Código prossegue afirmando que os agentes públicos:

> velarão por desempenhar suas obrigações e funções de maneira eficiente e eficaz, conforme as leis ou normas administrativas, e com integridade. Procurarão em todo momento que

---

[1287] Utilizamos as versões em inglês e em espanhol, disponíveis no próprio sítio da ONU na internet (http://www.un.org/en/ga/search/view_doc.asp?symbol=A/RES/51/59 e http://www.un.org/en/ga/search/view_doc.asp?symbol=A/RES/51/59&referer=http://www.un.org/depts/dhl/resguide/r51_resolutions_table_eng.htm&Lang=S. Acesso em: 22 mar. 2017).

[1288] A definição em espanhol "Un cargo público, tal como se define en el derecho interno, es un cargo de confianza, que conlleva la obligación de actuar en pro del interés público", parece identificar cargo público com cargo em comissão (cargo de livre nomeação). Por isso preferimos traduzir a partir do original em inglês ("A public office, as defined by national law, is a position of trust, implying a duty to act in the public interest") com o uso da expressão "posição de confiança".

os recursos públicos de que sejam responsáveis se administrem da maneira mais eficaz e eficiente. [...] serão diligentes, justos e imparciais no desempenho de suas funções e, em particular, em suas relações com o público. Em nenhum momento darão preferência indevida nem discriminarão impropriamente a nenhum grupo ou indivíduo, nem abusarão de outro modo do poder e da autoridade que lhes tenha sido conferidos.

São vários, portanto, os elementos destinados a condicionar – para o futuro – a ação de um agente público (*velarão, procurarão, serão* etc.).

O segundo capítulo do Código é intitulado "conflito de interesses e desqualificação" e, em quatro parágrafos, inclui regras de incompatibilidades que nos parecem ter um enfoque claramente preventivo, afirmando que os agentes públicos não usarão sua autoridade para favorecer indevidamente interesses pessoais ou econômicos próprios ou de suas famílias, não intervirão em nenhuma operação, não ocuparão nenhum cargo ou função, nem terão nenhum interesse econômico, comercial ou semelhante que seja incompatível com seu cargo, suas funções e obrigações ou com o exercício destas. Segue-se um parágrafo dedicado à transparência e ao conflito de interesses, estabelecendo que os agentes públicos deverão informar acerca de seus interesses ou suas atividades com objetivo de lucro que possam apresentar um possível conflito de interesses. Nos casos de possível ou manifesto conflito de interesses entre as obrigações públicas e os interesses privados dos agentes públicos, estes observarão as disposições estabelecidas para reduzir ou eliminar esse conflito.

O Capítulo 8 do Código da ONU estabelece para o agente público o dever[1289] de declarar seus bens "ativos e passivos pessoais, assim como, se possível, o de seus cônjuges e outros familiares". O Capítulo 9 do Código proíbe aos agentes solicitar ou receber, direta ou indiretamente, presentes ou outros favores "que possam influir no desempenho de suas funções, no cumprimento de seus deveres ou no seu bom critério".

Por fim, entre os dispositivos com um foco preventivo há outro – diretamente relacionado à responsabilidade funcional – segundo o qual as atividades políticas ou de outra índole que os agentes públicos desempenhem fora do âmbito de seu cargo não deverão diminuir a confiança pública no desempenho imparcial de suas funções e obrigações.

O Código da ONU, é bom ressaltar, tem a pretensão de se aplicar a todos os agentes públicos, mas parece claro que sua maior preocupação é com os agentes de maior poder de decisão e, inclusive, com aqueles localizados no alto da hierarquia funcional, entre os quais os agentes políticos.

O fato é que diversos instrumentos delineados genericamente pelo Código foram tratados de forma mais detalhada pela Convenção da ONU e pela legislação infraconstitucional, como veremos a seguir.

[1289] Como em quase todas as demais normas do Código, e como é comum em instrumentos internacionais, há sempre uma ressalva de que os deveres serão cumpridos "conforme permitido ou exigido pela lei e pelas normas administrativas".

8.2 Incompatibilidades, conflito de interesses e transparência

O primeiro aspecto que nos parece ao mesmo tempo importante e bastante focado na prevenção de ilícitos é o tratamento dado à transparência e aos conflitos de interesses. Sobre isto, os arts. 7º, "4" e 8º, "5" da Convenção da ONU contra a Corrupção estabelecem que cada Estado procurará adotar sistemas destinados a promover a transparência e a prevenir conflitos de interesses, ou a manter e fortalecer tais sistemas, bem como procurará estabelecer medidas e sistemas para exigir que agentes públicos declarem às autoridades competentes suas atividades externas e com empregos, inversões, ativos e presentes ou benefícios importantes que possam dar lugar a conflito de interesses relativo a suas atribuições como funcionários públicos.

Sobre o tema foi aprovada, no Brasil, a Lei nº 12.813, de 16.5.2013 (doravante LCI), dispondo sobre o conflito de interesses no exercício de cargo ou emprego do Poder Executivo Federal[1290] e impedimentos posteriores ao exercício do cargo ou emprego.

A LCI é especialmente destinada aos agentes políticos pois, segundo seu art. 2º, a seu regime submetem-se, entre outros, os cargos e empregos de ministro de Estado; os de natureza especial ou equivalentes; de presidente, vice-presidente e diretor, ou equivalentes, de autarquias, fundações públicas, empresas públicas ou sociedades de economia mista.[1291]

A LCI trata dos seguintes temas: situações que configuram conflito de interesses envolvendo ocupantes de cargo ou emprego no âmbito do Poder Executivo Federal; requisitos e restrições a ocupantes de cargo ou emprego que tenham acesso a informações privilegiadas; impedimentos posteriores ao exercício do cargo ou emprego e competências para fiscalização, avaliação e prevenção de conflitos de interesses.

O art. 3º da LCI traz uma definição de conflito de interesses – "situação gerada pelo confronto entre interesses públicos e privados, que possa comprometer o interesse coletivo ou influenciar, de maneira imprópria, o desempenho da função pública" – complementada

---

[1290] Pimenta Oliveira sustenta que a LCI, embora expressamente dirigida ao Poder Executivo Federal, "deve alcançar campo de aplicação maior do que o pretendido, abarcando todos os agentes públicos que exercem função administrativa na federação". Para sustentar esta posição, o autor se baseia no fato de que a LCI, como veremos mais à frente, transforma os casos de conflitos de interesses em atos de improbidade no "exercício de competência legislativa privativa da União" (OLIVEIRA, José Roberto Pimenta. O conflito de interesses como ato de improbidade administrativa. *Revista Brasileira de Estudos da Função Pública – RBEFP*, Belo Horizonte, ano 3, n. 9, set./dez. 2014. p. 103). Com todo respeito, reconhecemos que a competência legislativa para legislar sobre improbidade é matéria de fato polêmica (sobre a qual remetemos a nossos comentários no Capítulo 5). Mas nos parece incompatível com qualquer ideia de federação pretender que uma lei federal que dispõe sobre servidores públicos, e que expressamente se limite a servidores federais, vincule os servidores estaduais e municipais e, o que é pior, sirva, sem qualquer base constitucional para tanto, como fundamento para sua responsabilização, numa espécie de interpretação extensiva ou mesmo integração analógica em matéria punitiva.

[1291] A LCI vincula, portanto, todos os agentes políticos do Poder Executivo, com exceção do chefe desse poder. Além disso, estão submetidos à lei os cargos e empregos em comissão mais elevados da administração pública federal ("do Grupo-Direção e Assessoramento Superiores – DAS, níveis 6 e 5 ou equivalentes"), bem como os ocupantes de quaisquer cargos ou empregos cujo exercício proporcione acesso à informação privilegiada capaz de trazer vantagem econômica ou financeira para o agente público ou para terceiro, nestes casos conforme definido em regulamento. Por força do art. 10 da lei em questão, as disposições contidas nos seus arts. 4º e 5º e no inc. I do art. 6º estendem-se a todos os agentes públicos no âmbito do Poder Executivo federal. Pimenta Oliveira também afirma que é "cristalina a finalidade última" (da LCI) "de abranger agentes políticos e servidores estatais de elevado escalão na estrutura administrativa" (OLIVEIRA, José Roberto Pimenta. O conflito de interesses como ato de improbidade administrativa. *Revista Brasileira de Estudos da Função Pública – RBEFP*, Belo Horizonte, ano 3, n. 9, set./dez. 2014. p. 105).

pelo §2º do art. 4º, que estabelece que a ocorrência de conflito de interesses independe da existência de lesão ao patrimônio público, bem como do recebimento de qualquer vantagem ou ganho pelo agente público ou por terceiro. Trata-se, nas palavras de Pimenta Oliveira, de uma:

> situação jurídico-funcional em que o agente público coloca-se em determinada posição de que possa resultar prejuízo ao exercício leal, impessoal e imparcial da função pública, pela ocorrência ou existência de interesse privado [...], passível de desvirtuar a ação administrativa [...].
>
> Não é necessário que a situação criada possa ensejar alguma forma de enriquecimento ilícito próprio ou de outrem ou atividade danosa ao patrimônio público. O conflito de interesses pode configurar-se apenas pela conformação da "situação de confronto".[1292]

O art. 3º também traz uma definição de informação privilegiada: "a que diz respeito a assuntos sigilosos ou aquela relevante ao processo de decisão no âmbito do Poder Executivo federal que tenha repercussão econômica ou financeira e que não seja de amplo conhecimento público".

Para dar maior concretude à definição geral de conflito de interesses, a própria LCI traz uma lista[1293] das situações que configuram conflito de interesses *no* exercício do cargo ou emprego (lista que se aplica aos agentes em questão ainda que em gozo de licença ou em período de afastamento), e outra lista[1294] para aquelas situações que configuram conflito *após* esse exercício.

[1292] OLIVEIRA, José Roberto Pimenta. O conflito de interesses como ato de improbidade administrativa. *Revista Brasileira de Estudos da Função Pública – RBEFP*, Belo Horizonte, ano 3, n. 9, set./dez. 2014. p. 97.

[1293] "I - divulgar ou fazer uso de informação privilegiada, em proveito próprio ou de terceiro, obtida em razão das atividades exercidas; II - exercer atividade que implique a prestação de serviços ou a manutenção de relação de negócio com pessoa física ou jurídica que tenha interesse em decisão do agente público ou de colegiado do qual este participe; III - exercer, direta ou indiretamente, atividade que em razão da sua natureza seja incompatível com as atribuições do cargo ou emprego, considerando-se como tal, inclusive, a atividade desenvolvida em áreas ou matérias correlatas; IV - atuar, ainda que informalmente, como procurador, consultor, assessor ou intermediário de interesses privados nos órgãos ou entidades da administração pública direta ou indireta de qualquer dos Poderes da União, dos Estados, do Distrito Federal e dos Municípios; V - praticar ato em benefício de interesse de pessoa jurídica de que participe o agente público, seu cônjuge, companheiro ou parentes, consanguíneos ou afins, em linha reta ou colateral, até o terceiro grau, e que possa ser por ele beneficiada ou influir em seus atos de gestão; VI - receber presente de quem tenha interesse em decisão do agente público ou de colegiado do qual este participe fora dos limites e condições estabelecidos em regulamento; e VII - prestar serviços, ainda que eventuais, a empresa cuja atividade seja controlada, fiscalizada ou regulada pelo ente ao qual o agente público está vinculado".

[1294] "I - a qualquer tempo, divulgar ou fazer uso de informação privilegiada obtida em razão das atividades exercidas; e II - no período de 6 (seis) meses, contado da data da dispensa, exoneração, destituição, demissão ou aposentadoria, salvo quando expressamente autorizado, conforme o caso, pela Comissão de Ética Pública ou pela Controladoria-Geral da União: a) prestar, direta ou indiretamente, qualquer tipo de serviço a pessoa física ou jurídica com quem tenha estabelecido relacionamento relevante em razão do exercício do cargo ou emprego; b) aceitar cargo de administrador ou conselheiro ou estabelecer vínculo profissional com pessoa física ou jurídica que desempenhe atividade relacionada à área de competência do cargo ou emprego ocupado; c) celebrar com órgãos ou entidades do Poder Executivo federal contratos de serviço, consultoria, assessoramento ou atividades similares, vinculados, ainda que indiretamente, ao órgão ou entidade em que tenha ocupado o cargo ou emprego; ou d) intervir, direta ou indiretamente, em favor de interesse privado perante órgão ou entidade em que haja ocupado cargo ou emprego ou com o qual tenha estabelecido relacionamento relevante em razão do exercício do cargo ou emprego".

O art. 4º da LCI, confirmando seu foco preventivo,[1295] cria para o agente (político e para os demais agentes públicos a ela sujeitos) a obrigação de "agir de modo a *prevenir* ou a *impedir possível* conflito de interesses e a resguardar informação privilegiada", estabelecendo que no caso de "dúvida" sobre como *prevenir* ou *impedir* situações que configurem conflito de interesses, o agente público *deverá* consultar o órgão competente para decidir sobre o assunto.[1296]

Esse dispositivo, ao criar a obrigação de consulta, e, portanto, de informação sobre a situação que remotamente possa gerar conflito, tem um enorme potencial para evitar ilícitos, pois dificulta o uso, pelo agente, da desculpa de não ter tomado providências sobre determinada situação, por tê-la considerado fora das hipóteses previstas pela LCI.

Além da obrigação geral de prevenir conflito de interesses e resguardar informação privilegiada, a LCI traz outras obrigações para os agentes públicos, especialmente relacionadas à transparência.[1297]

Assim, os agentes políticos (e os outros agentes de alto escalão sujeitos à lei) deverão divulgar, diariamente, por meio da rede mundial de computadores, sua agenda de compromissos públicos e todos os agentes públicos sujeitos à LCI deverão enviar (ao órgão competente segundo sua hierarquia), anualmente, declaração com informações sobre sua situação patrimonial,[1298] participações societárias, atividades econômicas ou profissionais e indicação sobre a existência de cônjuge, companheiro ou parente,[1299]

[1295] Pimenta Oliveira também reconhece o enfoque preventivo da LCI, ao afirmar que a "disciplina normativa de conflitos de interesse aparece como técnica legislativa de prevenção ao fenômeno da corrupção, entendida no sentido amplo de exercício de função pública para angariar vantagens indevidas às custas da probidade administrativa. [...]. Com efeito, na ocorrência de corrupção há igualmente demonstração de conflito de interesses na atuação do Poder Público. Para essa vertente de conflito de interesses que desagua na ilicitude da prática corrupta, o ordenamento jurídico brasileiro já oferece vasto conjunto de normas repressivas [...]. O aumento do fenômeno em escala local, estadual, nacional e internacional tornou insuficiente o tratamento do conflito de interesses quando já consumado em práticas corruptas. A necessidade de impedir tão somente a instalação de situação de conflito de interesses na função pública – que inequivocamente será enorme fonte de estímulo à corrupção – justifica uma legislação especificamente dedicada à matéria" (OLIVEIRA, José Roberto Pimenta. O conflito de interesses como ato de improbidade administrativa. *Revista Brasileira de Estudos da Função Pública – RBEFP*, Belo Horizonte, ano 3, n. 9, set./dez. 2014. p. 95). E, em outra passagem, "A previsão das situações de conflito de interesses persegue duas finalidades públicas, igualmente relevantes, a de prevenção de sua configuração ou instauração e a eliminação e punição de sua ocorrência. É certo que toda norma sancionatória tem esse duplo escopo. Mas, na Lei 12.813/13, o escopo preventivo recebe atenção especial" (p. 108).

[1296] Esse órgão é estabelecido pela própria LCI (parágrafo único do art. 8º), tratando-se, para os agentes políticos (e outros agentes de alto escalão sujeitos à LCI), da Comissão de Ética Pública, criada no âmbito do Poder Executivo Federal e, para os demais agentes públicos, da Controladoria-Geral da União.

[1297] A Convenção da ONU contra a corrupção também traz um artigo específico preocupado com a transparência, não propriamente do *agente* público, mas sim da própria *administração* pública. Este artigo foi reforçado, no Brasil, pela Lei nº 12.527/11, cujo escopo, no entanto, ultrapassa o objeto deste trabalho.

[1298] Obrigação semelhante já se encontra prevista no art. 13 da LIA: "Art. 13. A posse e o exercício de agente público ficam condicionados à apresentação de declaração dos bens e valores que compõem o seu patrimônio privado, a fim de ser arquivada no serviço de pessoal competente. §1º A declaração compreenderá imóveis, móveis, semoventes, dinheiro, títulos, ações, e qualquer outra espécie de bens e valores patrimoniais, localizado no País ou no exterior, e, quando for o caso, abrangerá os bens e valores patrimoniais do cônjuge ou companheiro, dos filhos e de outras pessoas que vivam sob a dependência econômica do declarante, excluídos apenas os objetos e utensílios de uso doméstico. §2º *A declaração de bens será anualmente atualizada e na data em que o agente público deixar o exercício do mandato, cargo, emprego ou função.* §3º Será punido com a pena de demissão, a bem do serviço público, sem prejuízo de outras sanções cabíveis, o agente público que se recusar a prestar declaração dos bens, dentro do prazo determinado, ou que a prestar falsa. §4º O declarante, a seu critério, poderá entregar cópia da declaração anual de bens apresentada à Delegacia da Receita Federal na conformidade da legislação do Imposto sobre a Renda e proventos de qualquer natureza, com as necessárias atualizações, para suprir a exigência contida no caput e no §2º deste artigo".

[1299] Por consanguinidade ou afinidade, em linha reta ou colateral, até o terceiro grau.

CAPÍTULO 8

MECANISMOS ESPARSOS DE RESPONSABILIZAÇÃO COM POSSÍVEL VOCAÇÃO PROSPECTIVA

403

no exercício de atividades que possam suscitar conflito de interesses; e comunicar por escrito à Comissão de Ética Pública ou à unidade de recursos humanos do órgão ou entidade respectivo o exercício de atividade privada ou o recebimento de propostas de trabalho que pretende aceitar, contrato ou negócio no setor privado, ainda que não vedadas pelas normas vigentes, estendendo-se esta obrigação ao período de seis meses posterior à sua saída.[1300]

A efetividade da LCI poderia ser reforçada com uma relação harmônica com outros sistemas de apuração de responsabilidade, mas isso, infelizmente, não ocorreu. É que a LCI tem dois dispositivos em parte contraditórios sobre o assunto.

O art. 13 da LCI afirma – muito corretamente – que sua aplicação não afasta a aplicabilidade da lei que trata do Estatuto dos Servidores Federais (Lei nº 8.112/90), "especialmente no que se refere à apuração das responsabilidades e possível aplicação de sanção em razão de prática de ato que configure conflito de interesses ou ato de improbidade nela previstos". Ou seja, se um servidor praticar um ato que – além de sujeito à LCI – possa se enquadrar em hipótese de infração disciplinar ou de improbidade previstas em outras leis, ele estará sujeito à respectiva apuração de responsabilidade. Se ficássemos neste ponto a LCI teria apenas demarcado seu campo distinto de incidência enquanto admite – o que em geral é mesmo admitido – que um fato sujeito às suas normas pode estar igualmente sujeito a normas integrantes da LIA ou do estatuto dos servidores públicos.[1301]

No entanto, segundo o art. 12 da LCI, o agente público que praticar *quaisquer dos atos constantes das duas listas referida acima* "incorre em improbidade administrativa, na forma do artigo 11" da LIA, "quando não caracterizada qualquer das condutas descritas nos arts. 9º e 10 daquela Lei". Além de estar sujeito a processo por improbidade, bem como às "demais sanções cabíveis", que no caso só podem ser as sanções penais, o art. 12 sujeita o "agente público que se encontrar em situação de conflito de interesses" à "aplicação da penalidade disciplinar de demissão", prevista no Estatuto dos Servidores Públicos Federais.

Ou seja, de forma absolutamente desproporcional, o dispositivo sujeita qualquer agente que esteja (por vezes por curto espaço de tempo) em situação de conflitos de interesse, que pode ser meramente potencial, às duras penas previstas na LIA, bem como à maior pena prevista no Estatuto dos Servidores.

[1300] A lei conta ainda com dispositivo (art. 8º) estabelecendo importantes atribuições para a Comissão de Ética Pública e a Controladoria-Geral da União, incluindo "conforme o caso": estabelecer normas, procedimentos e mecanismos que objetivem prevenir ou impedir eventual conflito de interesses; avaliar e fiscalizar a ocorrência de situações que configuram conflito de interesses e determinar medidas para a prevenção ou eliminação do conflito; orientar e dirimir dúvidas e controvérsias acerca da interpretação das normas que regulam o conflito de interesses, inclusive as estabelecidas na lei; manifestar-se sobre a existência ou não de conflito de interesses nas consultas a elas submetidas; autorizar o agente a exercer atividade privada, quando verificada a inexistência de conflito de interesses ou sua irrelevância; dispensar a quem haja ocupado cargo ou emprego no âmbito do Poder Executivo Federal de cumprir o período de impedimento, quando verificada a inexistência de conflito de interesses ou sua irrelevância; fiscalizar a divulgação da agenda de compromissos públicos.

[1301] Não estamos tratando aqui da difícil questão envolvendo os limites a serem respeitados quando da sujeição de uma mesma pessoa a múltiplos sistemas de responsabilização pelo mesmo fato, mesmo porque se trata de tema que interessa não apenas aos agentes políticos, nem só aos agentes públicos, mas a qualquer pessoa, e que extrapolaria o objeto de nosso estudo. Sobre o tema *vide* o caso Sergey Zolotukhin *v.* Rússia, julgado pela Corte Europeia de Direitos do Homem em 2009.

Por um lado, pode-se afirmar que isto reforça a efetividade da LCI. Mas a afirmação é enganosa. Na verdade, em boa medida, o dispositivo enfraquece a LCI e, sobretudo, enfraquece seu foco preventivo.

Isso porque uma das virtudes da LCI é exatamente a obrigação de consulta em caso de dúvida. Ora, uma coisa é um agente (de boa-fé) ter dúvidas sobre sua situação e consultar um órgão que, na pior das hipóteses, lhe dirá que tal situação configura conflito de interesses e que deve ser interrompida.[1302] Outra, completamente diferente, é o mesmo agente saber que, caso a situação objeto da consulta seja considerada caracterizadora de conflito de interesse, ela será automaticamente considerada um ato de improbidade, sujeitando-o às penalidades da LIA. Os incentivos para a colaboração, a transparência e a boa-fé são completamente distintos em cada hipótese. A LCI, na verdade, fez uma escolha que privilegia a desconfiança permanente e total.

Importante observar que, ao dispor sobre as situações que configuram conflitos de interesse, a LCI tanto se refere a situações em que é evidente o dolo do agente (como a previsão do inc. I do art. 5º que se refere à divulgação ou uso de informação privilegiada, obtida em razão das atividades exercidas, em proveito próprio ou de terceiro), como diversas outras em que uma pessoa pode, de boa-fé, estar inserida na situação sem se dar conta dela. Tomemos o exemplo da hipótese descrita (no inc. VII do art. 5º) como "prestar serviços, ainda que eventuais, a empresa cuja atividade seja controlada, fiscalizada ou regulada pelo ente ao qual o agente público está vinculado". Com base neste dispositivo, nenhum servidor federal, a rigor, poderia dar aulas numa universidade privada, uma vez que tais entidades se encontram sujeitas à fiscalização do Ministério da Educação. Não me parece que proibir tal magistério faça sentido, salvo no que se refere a servidores especificamente vinculados ao Ministério da Educação, nem, muito menos, considerar como ímprobo quem se encontre nesta situação; mas o ponto é que, até que alguém resolva a dúvida, trata-se de situação em tese incluída na hipótese legal.

Ora, se a equiparação de situações de conflito a atos de improbidade for automática, o espaço para punições completamente desproporcionais será muito grande e o agente não terá nenhum incentivo para consultar – e, portanto, para informar – se ele sabe que a resposta positiva quanto à existência de conflitos pode ser seguida das drásticas consequências da LIA. De resto, se a intenção do legislador fosse a de tratar dos conflitos de interesse como atos de improbidade, melhor seria ter alterado diretamente a LIA e acrescido à lista de tipos de improbidade.

Em suma, se o texto legal não for temperado em sua pretensão de transformar qualquer situação de possível conflito de interesse (descrito com enunciados normativos bastante abertos) em um ato de improbidade, a LCI perderá sua potencialidade prospectiva e se terá transformado num mero adendo desproporcional à lista de atos de improbidade trazida no próprio texto da LIA.[1303]

[1302] Interrupção que por vezes requer providências que nem sempre são instantâneas.

[1303] Pimenta Oliveira tem posição contrária, demonstrando grande simpatia com a criação dos novos tipos de improbidade pela LCI. No entanto, o autor reconhece que não serão raros os casos de dúvida e, amenizando sua posição, afirma que o fato de a LCI ter instituído "novas categorias de improbidade administrativa [...] poderia conduzir o intérprete a acentuar a função punitiva, repressiva ou sancionatória dos dispositivos. Não é essa, todavia, a principal finalidade da lei. Em verdade, considerando todas as competências, os direitos e

8.3 As obrigações positivas e os códigos de conduta

Além de procurar deixar mais claras as situações que podem configurar conflitos de interesses, também nos parece importante deixar claro o rol de obrigações positivas a que os agentes políticos e demais agentes públicos estão sujeitos, "com a previsão de condutas específicas a serem seguidas".[1304]

Tradicionalmente esta lista é incluída nos estatutos funcionais aprovados por cada ente da Federação (União, estados e municípios) mas, na esteira do já referido Código da ONU, tem sido cada vez mais comum a adoção de códigos de conduta especificamente dirigidos a agentes políticos.[1305]

Assim, por exemplo, a Grã-Bretanha conta com um código especificamente dirigido à atuação e comportamento de seus ministros. Este código é, por convenção, aprovado por cada PM,[1306] mas isso não o impede de ser um guia importante[1307] e dotado de significativa eficácia, por induzir, quando não forçar, a exoneração do ministro que tiver violado suas disposições.

O Código Bretão conta com disposições sobre as relações dos ministros com: o governo, seus assessores, os departamentos que lhes são subordinados, os agentes públicos em geral,[1308] o distrito pelo qual são eleitos,[1309] os interesses de seu partido e

---

deveres previstos, o que se pretende fundamentalmente é alterar um parâmetro de conduta na cultura política administrativa brasileira, incentivando, ao máximo, a prevenção, precaução e dissuasão na matéria disciplinada. Esse aspecto da Lei n. 12.813/13 merece atenção, pois no sistema de improbidade administrativa não há espaço senão para punição dos atos de improbidade, cujo processo de tipificação formal e material venha restar comprovado". De todo modo "a punição de conflito de interesses com um ato de improbidade exige a criação dolosa da situação de conflito e a verificação cabal do menosprezo – igualmente voluntário – dos mecanismos de prevenção estabelecidos na Lei" (OLIVEIRA, José Roberto Pimenta. O conflito de interesses como ato de improbidade administrativa. *Revista Brasileira de Estudos da Função Pública – RBEFP*, Belo Horizonte, ano 3, n. 9, set./dez. 2014. p. 103; 133-134).

[1304] GARCIA, Emerson; ALVES, Rogério Pacheco. *Improbidade administrativa*. 7. ed. 2. tir. São Paulo: Saraiva, 2014. p. 187.

[1305] A adoção de códigos de conduta também tem sido estimulada pela OCDE, que recomenda a adoção de códigos específicos para áreas mais agudamente expostas à corrupção, como a área de compras governamentais, citando o Canadá, que possui um "specific Code of Conduct for Procurent" (p. 11. Disponível em: http://www.oecd.org/gov/ethics/Corruption-in-Public-Procurement-Brochure.pdf. Acesso em: 18 jun. 2017).

[1306] A versão atual do Código foi aprovada pela PM Theresa May, em dezembro de 2016 (Disponível em: https://www.gov.uk/government/uploads/system/uploads/attachment_data/file/579752/ministerial_code_december_2016.pdf. Acesso em: 1º abr. 2017). Não obstante ser aprovado por cada primeiro ministro, são poucas as mudanças em cada versão, como se pode verificar na comparação entre a versão aprovada por Theresa May (do Partido Conservador) e aquela aprovada pelo PM Gordon Brown em julho de 2007.

[1307] John Alder considera que a adoção do *Ministerial Code* decorreu da necessidade de resolver diversos pontos obscuros da responsabilidade ministerial, incluindo a distinção – de existência duvidosa – entre responsabilidade por questões políticas e (a não responsabilidade) por questões operacionais, bem como a relação dos ministros com os servidores de carreira (ALDER, John. *Constitutional & Administrative Law*. 10. ed. London: Palgrave, 2015. p. 339-341).

[1308] Há, nesse capítulo, um dispositivo bastante interessante sobre a situação de conflito entre o entendimento de um ministro e do servidor encarregado das finanças em seu departamento: "5.4 Accounting Officers have a particular responsibility to see that appropriate advice is tendered to Ministers on all matters of financial propriety and regularity and more broadly as to all considerations of prudent and economical administration, efficiency and effectiveness and value for money. In line with the principles set out in *Managing Public Money*, if a Minister in charge of a department is contemplating a course of action which would involve a transaction which the Accounting Officer considers would breach the requirements of propriety or regularity, the Accounting Officer will set out in writing his or her objections to the proposal, the reasons for the objection and the duty to inform the Comptroller and Auditor General should the advice be overruled. 5.5 If the Minister decides nonetheless to proceed, the Accounting Officer will seek a written instruction to take the action in question. The Accounting Officer is obliged to comply with the instructions and send relevant papers to the Comptroller

os interesses privados.[1310] Conta ainda com disposições sobre relação com os meios de comunicação social, com o parlamento e com disposições sobre viagens de ministros. O Código se encerra com dois anexos, um contendo os sete princípios da vida pública[1311] e o outro detalhando os deveres dos ex-ministros que ingressam na iniciativa privada ou a ela retornam.

No Brasil – além dos diversos estatutos funcionais de servidores públicos, cada um com sua lista de deveres e proibições –, há que se destacar o Código de Conduta da Alta Administração Federal, adotado por ato do PR, no ano 2000, com as finalidades declaradas de tornar claras as regras éticas de conduta das autoridades da alta Administração Pública Federal, para que a sociedade possa aferir a integridade e a lisura do processo decisório governamental; contribuir para o aperfeiçoamento dos padrões éticos da Administração Pública Federal, a partir do exemplo dado pelas autoridades de nível hierárquico superior, preservar a imagem e a reputação do administrador público, cuja conduta esteja de acordo com as normas éticas estabelecidas no Código; estabelecer regras básicas sobre conflitos de interesses públicos e privados e limitações às atividades profissionais posteriores ao exercício de cargo público; minimizar a possibilidade de conflito entre o interesse privado e o dever funcional das autoridades públicas da Administração Pública Federal e criar mecanismo de consulta, destinado a possibilitar o prévio e pronto esclarecimento de dúvidas quanto à conduta ética do administrador.

---

and Auditor General. A similar procedure applies where the Accounting Officer has concerns about whether a proposed course of action offers value for money. This notification process enables the Committee of Public Accounts to see that the Accounting Officer does not bear personal responsibility for the actions concerned". O que consideramos interessante é que a divergência é resolvida pela prevalência da determinação ministerial (justificada pela legitimidade política do ministro e pela necessidade de não parar a atuação da administração pública em caso de dúvida), mas a questão é imediatamente referida ao órgão central do controle externo naquele país e, portanto, se ao final for considerada de fato ilegal, o ministro será devidamente responsabilizado.

[1309] Os ministros na Grã-Bretanha são membros do Parlamento. Exemplo de regra deste capítulo é a seguinte: "6.5 Ministers are free to make their views about constituency matters known to the responsible Minister by correspondence, leading deputations or by personal interview provided they make clear that they are acting as their constituents' representative and not as a Minister".

[1310] Sobre o ponto, além da regra geral – "7.1 Ministers must ensure that no conflict arises, *or could reasonably be perceived to arise*, between their public duties and their private interests, financial or otherwise" – vale destacar as detalhadas disposições sobre aceitação de presentes: "7.20 It is a well-established and recognised rule that no Minister should accept gifts, hospitality or services from anyone which would, or might appear to, place him or her under an obligation. The same principle applies if gifts etc. are offered to a member of their family. 7.22 Gifts given to Ministers in their Ministerial capacity become the property of the Government and do not need to be declared in the Register of Members' or Peers' Interests. Gifts of small value, currently this is set at £140, may be retained by the recipient. Gifts of a higher value should be handed over to the department for disposal unless the recipient wishes to purchase the gift abated by £140. There is usually no customs duty or import VAT payable on the importation of official gifts received overseas. HMRC can advise on any cases of doubt. If a Minister wishes to retain a gift he or she will be liable for any tax it may attract. Departments will publish, on a quarterly basis, details of gifts received and given by Ministers valued at more than £140".

[1311] "*Selflessness* Holders of public office should act solely in terms of the public interest. *Integrity* Holders of public office must avoid placing themselves under any obligation to people or organisations that might try inappropriately to influence their work. They should not act or take decisions in order to gain financial or other material benefits for themselves, their family, or their friends. They must declare and resolve any interests and relationships. *Objectivity* Holders of public office must act and take decisions impartially, fairly and on merit, using the best evidence and without discrimination or bias. *Accountability* Holders of public office are accountable for their decisions and actions and must submit themselves to whatever scrutiny necessary to ensure this. *Openness* Holders of public office should act and take decisions in an open and transparent manner. Information should not be withheld from the public unless there are clear and lawful reasons for doing so. *Honesty* Holders of public office should be truthful. *Leadership* Holders of public office should exhibit these principles in their own behaviour. They should actively promote and robustly support the principles and be willing to challenge poor behaviour wherever it occurs".

As normas do Código aplicam-se aos ministros e secretários de Estado; aos titulares de cargos de natureza especial, secretários executivos, secretários e outros agentes de alto escalão.

No que se refere ao conflito de interesses, este Código de Conduta foi em boa parte superado pela LCI. Mas ele contém certas regras que contribuem para trazer clareza à conduta esperada dos servidores públicos.[1312]

O Código possui ainda dispositivos tratando das penas e do processo de apuração das violações ao Código (que pode se dar de ofício ou em razão de denúncia fundamentada, desde que haja indícios suficientes). É verdade que as penas se limitam à advertência, "aplicável às autoridades no exercício do cargo", e à "censura ética", aplicável às autoridades que já tiverem deixado o cargo, mas prevê-se que a Comissão de Ética Pública encaminhe sugestão de demissão à autoridade hierarquicamente superior, o que permite a responsabilização política do agente.

Aos que criticam este e outros códigos similares adotados em alguns estados e municípios, por não serem aprovados por meio de lei formal (e, portanto, não terem a força correspondente), parece-nos que sua grande vantagem – para além de delimitar condutas específicas que são vedadas – é a de constranger o exercício da responsabilidade política hierárquica. Com efeito, com ou sem lei, se um ministro pratica uma conduta expressamente vedada pelo código, cria um sério constrangimento para o PR no sentido de exonerar tal ministro (ou de sofrer as consequências políticas e eventualmente jurídicas decorrentes de sua omissão).

Trata-se, portanto, de instrumento que, sem sacrificar nenhum outro bem jurídico constitucionalmente relevante, traz alguma colaboração para prevenir ilícitos por parte de agentes políticos e para aproximar seu exercício daquilo que se espera de uma responsabilidade funcional.

8.4 A importação e a expansão da técnica das inelegibilidades para os cargos em comissão

8.4.1 A via normativa

A aprovação da Lei da Ficha Limpa foi precedida de campanha com amplo apoio midiático e foi seguida de um movimento em vários parlamentos de estados brasileiros[1313] para aplicar as novas situações de inelegibilidades (que, exatamente por

---

[1312] Assim, por exemplo, o art. 9º do Código proíbe que o agente público aceite presentes, "salvo de autoridades estrangeiras nos casos protocolares em que houver reciprocidade". Não se consideram presentes para os fins deste artigo os brindes que não tenham valor comercial ou aqueles que, distribuídos por entidades de qualquer natureza a título de cortesia, propaganda, divulgação habitual ou por ocasião de eventos especiais ou datas comemorativas, não ultrapassem o valor de R$100,00 (cem reais). Há outro dispositivo (art. 11) que parece ter se inspirado no Código britânico (e na responsabilidade coletiva do Gabinete), ao estabelecer que as divergências entre autoridades públicas serão resolvidas internamente, mediante coordenação administrativa, não lhes cabendo manifestar-se publicamente sobre matéria que não seja afeta à sua área de competência. As propostas de trabalho ou de negócio futuro no setor privado, bem como qualquer negociação que envolva conflito de interesses, deverão (segundo o art. 13) ser imediatamente informadas pela autoridade pública à Comissão de Ética Pública, independentemente da sua aceitação ou rejeição.

[1313] Além do Rio de Janeiro temos, a título exemplificativo, os estados de Goiás, Santa Catarina, São Paulo e Rio Grande do Sul.

serem situações de inelegibilidades, seriam aplicáveis apenas a quem pretende ser eleito para um cargo), à escolha de agentes políticos não eleitos, bem como ao preenchimento de qualquer cargo de livre nomeação.

No estado do Rio de Janeiro, a Constituição Estadual foi emendada[1314] para acrescer ao *caput* do art. 77, que trata dos princípios que devem reger a "administração pública direta, indireta ou fundacional, de qualquer dos Poderes do Estado e dos Municípios", inciso (XXIX) com a seguinte redação:

> É vedada a nomeação de pessoas que se enquadram nas condições de inelegibilidade nos termos da legislação federal para os cargos de Secretário de Estado, Subsecretário, Procurador Geral de Justiça, Procurador Geral do Estado, Defensor Público Geral, Superintendentes e Diretores de órgãos da administração pública indireta, fundacional, de agências reguladoras e autarquias, Chefe de Polícia Civil, Titulares de Delegacias de Polícia, Comandante Geral da Polícia Militar, Comandante Geral do Corpo de Bombeiros, Comandantes de Batalhões de Polícia Militar, Comandante de Quartéis de Bombeiro Militar, Reitores das Universidades Públicas Estaduais e ainda para todos os cargos de livre provimento dos poderes Executivo, Legislativo e Judiciário do Estado.

A mudança constitucional foi seguida da aprovação de lei complementar[1315] que, tirando algumas disposições procedimentais[1316] e pequenas alterações, praticamente reproduz, de forma integral e acrítica, os critérios de inelegibilidade introduzidos na LIn pela Lei da Ficha Limpa.

Pois bem, o objetivo geral da iniciativa é louvável. Com efeito, não faz sentido permitir que um agente que não preencha os requisitos mínimos para ser eleito governador, presidente ou deputado possa ser nomeado ministro ou secretário de estado. Assim, a ideia de utilizar a técnica das inelegibilidades como inspiração para impor regras para o provimento de cargos de livre nomeação é positiva.

Vale notar que direção semelhante foi tomada pela Itália onde, a partir de 2012 (art. 6º do Decreto Legislativo 31 *dicembre* 2012, nº 235), também se considera que aqueles atingidos pela inexigibilidade ficam impedidos de aceder a cargos políticos. No entanto, tais cargos, ao contrário da legislação do estado do Rio de Janeiro, são limitados basicamente ao PM, aos ministros, vice-ministros e subsecretários de estado).[1317]

No entanto, aplicam-se aqui os mesmos elogios e críticas objetos do Capítulo 6, potencializados pelo fato de que a legislação estadual impõe os critérios da ficha limpa a praticamente todos os cargos de livre nomeação, mesmo que destituídos de qualquer poder decisório.

E, o que é pior, tais restrições se aplicam indistintamente àqueles servidores concursados que sejam nomeados para cargos em comissão. Assim, por exemplo, um ex-advogado, excluído dos quadros da OAB de São Paulo por falta de pagamento das anuidades, que tenha posteriormente se formado em economia, feito uma pós-graduação

---

[1314] Emenda nº 50/2011.

[1315] Lei Complementar Estadual nº 143/12.

[1316] Disposições procedimentais extremamente detalhadas que burocratizam ao extremo a nomeação para centenas de cargos em comissão.

[1317] Art. 1º da *Legge* 20 *luglio* 2004, n. 215. Sobre o tema *vide* SIRIANNI, Guido. Etica pubblica e prevenzione dela corruzione: il problema del personale politico. *Diritto Pubblico*, anno XX, n. 3, p. 927-951, set./dez. 2014. p. 944.

em finanças públicas e sido aprovado em concurso público para um cargo efetivo no estado do Rio de Janeiro, não poderá ocupar cargo em comissão de subsecretário-adjunto de fazenda.[1318]

O estado do Rio, portanto, poderia ter incorporado parte das exigências da LIn como exigências para a nomeação de cargos em comissão, com o que atrairia os benefícios de tal legislação, sem ser prejudicado por seus excessos.[1319]

Mas a legislação do estado do Rio de Janeiro, com todos os seus defeitos, pelo menos é expressa a respeito do assunto. Bem mais delicada – e difícil de defender – é a realização do mesmo movimento – exportação dos critérios de inelegibilidades da Lei da Ficha Limpa para o preenchimento de cargos ministeriais, objeto de decisões liminares de ministros do STF, que veremos a seguir.

8.4.2 A expansão (bidirecional) feita pela jurisprudência

O primeiro caso no qual a tentativa de barrar a nomeação de um ministro foi discutida pelo STF foi quando a então PR Dilma nomeou o Ex-Presidente Lula para o cargo de ministro-chefe da Casa Civil. O segundo quando seu sucessor, Temer, nomeou Moreira Franco para o cargo, então criado, de ministro-chefe da Secretaria-Geral da Presidência. Em ambos os casos nenhum dos ministros nomeados tinha qualquer condenação judicial que, com base na LIn, o tornasse inelegível (Lula tinha em seu desfavor um inquérito e uma denúncia ainda não apreciada; Moreira, investigações preliminares), e nenhum dos dois estava se candidatando em nenhuma eleição, mas isso não impediu que suas nomeações fossem questionadas perante o Judiciário, com o argumento de que o real motivo da nomeação era conceder foro privilegiado (no STF) aos dois nomeados, retirando-os do alcance da primeira instância da Justiça Federal que conduzia a denominada Operação Lava-Jato.

Nos dois casos, a Justiça de 1ª instância deu liminares[1320] para impedir a posse dos nomeados, mas, no caso de Lula,[1321] embora uma das liminares tenha sido cassada, outra foi concedida pelo Ministro Gilmar Mendes do STF e mantida até o afastamento

---

[1318] Pois, como visto no Capítulo 6, sua exclusão da OAB o torna inelegível.

[1319] A legislação do Estado do Rio de Janeiro apresenta, a nosso ver, outras inconsistências quanto à sua constitucionalidade (em face da Constituição Federal). Em primeiro lugar, do ponto de vista formal, porque a iniciativa do processo legislativo no que se refere ao estatuto dos agentes públicos é privativa do governador. Ademais, do ponto de vista material, porque representou uma enorme constrição no poder de o chefe do Executivo nomear seus auxiliares, em especial seus auxiliares diretos, sem qualquer base na qual tal restrição possa se apoiar, com exceção do excessivamente amplo princípio da moralidade da administração pública.

[1320] Para se ter uma ideia da intensidade da judicialização da política no Brasil, segundo dados da jornalista Mônica Bergamo, da *Folha de S.Paulo*, a nomeação de Lula foi questionada por "pelo menos 112 ações [...] espalhadas por todo o país" (BERGAMO, Mônica. STJ decide onde ações contra nomeação de Lula serão julgadas. *Folha de S.Paulo*, p. C2, 10 maio 2017).

[1321] No caso Lula, a decisão foi tomada, em 18.3.2016, na Medida Cautelar em Mandado de Segurança nº 34.070, Rel. Min. Gilmar Mendes. Esta decisão foi posterior à divulgação ilegal de conversas telefônicas entre a então PR Dilma e o Ex-PR Lula (já referida na nota 598) e foi uma das responsáveis pela precipitação do *impeachment* de Dilma, aprovado pela Câmara dos Deputados um mês depois da decisão, em 17.4.2016. Em 20.4.2016, o plenário do Tribunal, por maioria, adiou o julgamento do mandado de segurança alegando a necessidade de julgamento "oportunamente, em conjunto", com outras medidas judiciais. Dilma foi afastada da Presidência em 12.5.2016 e, finalmente, em 16.5.2016, "tendo em vista a publicação, no Diário Oficial da União de 12.5.2016 (Seção 2, p. 1), da exoneração do Ministro de Estado Chefe da Casa Civil da Presidência da República" a ação foi considerada "prejudicada [...] em razão da perda superveniente de seu objeto". No caso Moreira Franco, a

da PR Dilma (portanto, Lula exerceu o cargo por poucas horas). Já no caso de Moreira, o STF acabou por revogar a decisão e a posse foi viabilizada.

No caso da nomeação de Lula, Gilmar Mendes entendeu que a então PR:

> praticou conduta que, *a priori*, estaria em conformidade com a atribuição que lhe confere o art. 84, inciso I, da Constituição – nomear Ministros de Estado. Mas, ao fazê-lo, produziu resultado concreto de todo incompatível com a ordem constitucional em vigor: conferir ao investigado foro no Supremo Tribunal Federal.[1322]

Importante notar que a nomeação de Lula, independentemente de ter o efeito de dar a ele foro privilegiado, foi para o mais importante (ou, para os que veem esta preeminência no Ministério da Fazenda, o segundo mais importante) posto ministerial. Tal nomeação era vista pelos apoiadores de Dilma como sua última chance de sobrevivência política. Mas, para evitar tal nomeação, um dos ministros do STF, de forma surpreendente, considerou que o fato de alguém passar a estar submetido à sua competência para julgamento era um desvio de finalidade capaz de paralisar investigações em andamento na 1ª instância.[1323]

Gilmar Mendes, relator do caso Lula, não "nega que as investigações e as medidas judiciais poderiam ser retomadas perante o STF". Mas, salienta, tal retomada, "não seria sem atraso e desassossego". O "tempo de trâmite para o STF [...] poderia ser fatal para a colheita de provas, além de adiar medidas cautelares".[1324] Na verdade, o problema do "atraso" não parecia ser fatal para a colheita de provas: o atraso seria fatal para o tempo político. Era preciso urgentemente barrar a nomeação de Lula – assim exigiam a oposição e os meios de comunicação social – e isso foi feito.

---

decisão foi tomada na Medida Cautelar em Mandado de Segurança nº 34.609, Rel. Min. Celso de Mello, decisão tomada em 14.2.2017.

[1322] Medida Cautelar em Mandado de Segurança nº 34.070, Rel. Min. Gilmar Mendes, decisão liminar de 18.3.2016, p. 19.

[1323] Outro ponto merecedor de crítica na decisão em questão é que ela sustenta que Lula "teria sido empossado" não apenas "para deslocar o foro para o STF", mas também para se "salvaguardar contra eventual ação penal sem a autorização parlamentar prevista no art. 51, I, da CF" (p. 20). Ocorre que, como já exposto no Capítulo 3, o STF, há muito tempo, esvaziou completamente a previsão do art. 51, I da CRFB em relação aos ministros de estado. Este ponto, aliás, foi expressamente rechaçado na decisão do "caso Moreira", na qual o relator observou: "Nem se diga, de outro lado, que o fato de ser Ministro de Estado implicaria a necessária observância da condição de procedibilidade a que alude o art. 51, I, da Constituição, pois, segundo já decidiu o Supremo Tribunal Federal – [...] –, a exigência constitucional de autorização prévia da Câmara dos Deputados somente se aplica, tratando-se de infrações penais comuns, se se cuidar de crime comum do próprio Ministro de Estado praticado em conexão com delito comum alegadamente perpetrado pelo Presidente da República. É por isso que o Plenário do Supremo Tribunal Federal, já sob a égide da vigente Carta Política, ao julgar questão de ordem suscitada na QCr 427/DF, Rel. Min. MOREIRA ALVES, decidiu, em julgamento no qual fiquei vencido, 'pela não aplicabilidade do artigo 51, I, da Constituição às hipóteses de crimes comuns de Ministro de Estado, desde que não conexos com o de Presidente da República'" (Decisão Liminar na Medida Cautelar em Mandado de Segurança nº 34.609, Rel. Min. Celso de Mello, decisão tomada em 14.2.2017, p. 19-20, retiramos os grifos originais). É também revelador o fato de que, para conceder a liminar, o relator foi obrigado a superar o entendimento do STF segundo o qual partidos políticos não teriam legitimidade para propor mandados de segurança na defesa de interesses transindividuais. Já no caso Moreira, o relator (embora não tenha se furtado a examinar o mérito do pedido) reafirmou a jurisprudência do STF acerca do não cabimento de mandado de segurança impetrado por partido político na defesa de direitos transindividuais. Decisão liminar na Medida Cautelar em Mandado de Segurança nº 34.609, Rel. Min. Celso de Mello, decisão tomada em 14.2.2017.

[1324] Decisão na Medida Cautelar em Mandado de Segurança nº 34.070, p. 20.

Já no caso Moreira Franco, as diferenças começam no processo. Ao contrário do caso Lula, o relator notificou o PR – já então Temer – para que se manifestasse, previamente. O relator, Ministro Celso de Mello, fez questão de afirmar:

> a nomeação de alguém para o cargo de Ministro de Estado, desde que preenchidos os requisitos previstos no art. 87 da Constituição da República, não configura, por si só, hipótese de desvio de finalidade (que jamais se presume), eis que a prerrogativa de foro – que traduz consequência natural e necessária decorrente da investidura no cargo de Ministro de Estado [...] – não importa em obstrução e, muito menos, em paralisação dos atos de investigação criminal ou de persecução penal.
>
> E a razão é uma só: a mera outorga da condição político-jurídica de Ministro de Estado não estabelece qualquer círculo de imunidade em torno desse qualificado agente auxiliar do Presidente da República, pois, mesmo investido em mencionado cargo, o Ministro de Estado, ainda que dispondo da prerrogativa de foro "*ratione muneris*", nas infrações penais comuns, perante o Supremo Tribunal Federal, não receberá qualquer espécie de tratamento preferencial ou seletivo, uma vez que a prerrogativa de foro não confere qualquer privilégio de ordem pessoal a quem dela seja titular.[1325]

E, embora tenha mantido, ao menos indiretamente, a posição de que a nomeação poderia ser invalidada se demonstrado o desvio de finalidade, considerou que, no caso em questão, não havia prova suficiente, mas meras conjeturas.

As referidas decisões[1326] expandem a LIn em dois sentidos. Em primeiro lugar expandem-na em direção aos agentes políticos nomeados, tal como feito pela legislação estadual anteriormente mencionada. Mas, o que é mais preocupante, estendem-na em outra direção, que podemos chamar de temporal-processual. Isso porque essa jurisprudência não se contenta em vedar o acesso a funções públicas àqueles condenados por órgão colegiado, bastando agora a existência de um inquérito ou de uma ação penal, mesmo que sem qualquer julgamento.

Trata-se de movimento que representa um avanço ainda maior do Judiciário em esferas próprias do chefe do Executivo, em detrimento do – no Brasil tão maltratado – princípio da separação de poderes.

Vale aqui reproduzir trecho de decisão do Ministro Luís Roberto Barroso tomada em outro processo, mas citada na decisão do caso Moreira. Nela, Barroso afirmou que a Lei nº 12.016/2009, que trata do mandado de segurança, instrumento utilizado nos casos Lula e Moreira:

> parece ter adotado limites razoáveis, compatíveis com a Constituição, para o cabimento de mandado de segurança coletivo. A restrição dessa modalidade de ação para a tutela de direitos coletivos em sentido estrito e individuais homogêneos *evita que o mandado de segurança seja instrumentalizado pelos partidos políticos, transformando-se em indesejável veículo de judicialização excessiva de questões governamentais e parlamentares*, as quais poderiam ser facilmente enquadradas como direitos difusos da sociedade brasileira e atreladas às finalidades de qualquer agremiação política. *A interferência excessiva do direito e do Poder*

[1325] Decisão Liminar na Medida Cautelar em Mandado de Segurança nº 34.609, Rel. Min. Celso de Mello, decisão tomada em 14.2.2017, p. 17 (retiramos os grifos originais).

[1326] Da primeira pode-se ressaltar que foi monocrática e da segunda que, ao final, respeitou *in concreto* a decisão do PR. No entanto, não deixou de reconhecer em tese a possibilidade de apreciar sua escolha.

Judiciário na política, ainda que iniciada ou fomentada pela atuação dos próprios partidos políticos, pode acarretar prejuízo à separação dos poderes e, em última análise, ao próprio funcionamento da democracia. Agrega-se ao dia-a-dia político um elemento de insegurança, consistente em saber como o Judiciário se pronunciará sobre os mais variados atos praticados pelo Executivo e pelo Legislativo, inclusive aqueles eminentemente internos, como os atos de nomeação e exoneração de Ministro de Estado.[1327]

Pois bem, a nosso ver, o que o Judiciário vem fazendo, agora com o beneplácito de ao menos um ministro do STF, é exatamente aquilo que Barroso adverte que não deveria ser feito.

Terá sido a decisão de Lula um caso isolado, o que é de se comemorar por um lado e lamentar por outro? A questão é que, se ela prevalecer, será possível a qualquer juiz avaliar a correção ou não da nomeação para qualquer cargo em comissão, ato que sempre foi considerado como dos poucos imunes a um controle jurisdicional. Será que o Brasil está no caminho de introduzir um "parlamentarismo judicial", no qual o chefe do Poder Executivo deve submeter à prévia aprovação do Judiciário os nomes que pretende nomear para seu ministério?[1328] Certamente isto não será feito de forma ostensiva, mas é possível que aconteça informalmente. Tratar-se-ia, a nosso ver, de mais uma situação em que a aquisição de capacidade adicional de responsabilização prospectiva é feita a um preço caro demais em matéria de separação de poderes e de avanço do Poder Judiciário em campos próprios da política.

8.5 O papel preventivo dos órgãos de controle

Todos os órgãos de controle, tanto aqueles integrantes do denominado controle de contas (externo e interno), como aqueles de vocação eminentemente punitiva, como o Ministério Público,[1329] poderiam ampliar seu foco preventivo, enfatizando a orientação do agente no lugar de sua punição.

Isso é perfeitamente possível e mesmo recomendável sempre que as irregularidades detectadas, ou por vezes imaginadas, sejam escusáveis ou irrelevantes, o agente não tenha se beneficiado do ato e, em especial – mas não apenas –, quando não tenha causado dano ao erário.

[1327] Decisão Liminar na Medida Cautelar em Mandado de Segurança nº 34.609, Rel. Min. Celso de Mello, decisão tomada em 14.2.2017, p. 10-11, grifos nossos.

[1328] Outro exemplo de interferência do STF na nomeação de agentes políticos – ainda que fora do campo punitivo – se deu quando o ministro Marco Aurélio, do STF, em fevereiro de 2017, suspendeu a eficácia da nomeação, pelo prefeito do Município do Rio de Janeiro, de seu filho para o cargo de secretário-chefe da Casa Civil da Prefeitura (decisão tomada na análise do pedido de liminar na Reclamação nº 26.303). A alegação era que o ato de nomeação do filho configuraria nepotismo, violando a Súmula Vinculante nº 13 do STF. O problema é que, segundo interpretação que até então vinha sendo dada, tal súmula não se aplicaria aos cargos diretamente vinculados aos chefes do Poder Executivo. Assim, se a própria edição da Súmula nº 13 já é altamente questionável, sua interpretação restritiva e em caráter liminar é mais um sinal do avanço do Judiciário brasileiro na esfera política.

[1329] Na verdade, embora se sustente a unidade do Ministério Público, de fato existem o Ministério Público Federal, o Ministério Público do Trabalho (também federal), os ministérios públicos de cada estado-membro, além dos ministérios públicos especiais que atuam junto aos tribunais de contas. Como se vê, o problema dos ilícitos governamentais do Brasil não decorre da falta de órgãos de fiscalização.

Afinal, se em relação ao sistema penal (e a outros sistemas indiscutivelmente punitivos), muito se discute sobre qual a justificativa da punição,[1330] em sistemas preventivos a punição é claramente colocada de forma subsidiária à opção primordial de evitar o dano ou sua repetição.

Com efeito, no controle corriqueiro de atos – já praticados – por agentes públicos, quando se identifica um ato que por qualquer razão se reputa ilegal (ou indesejável por outras razões, como a existência de alternativa mais eficiente), surge uma pretensão para que aquele ato não se repita no futuro.

Além de observar que qualquer pedido preliminar de explicações deveria partir do pressuposto de que pode haver uma explicação aceitável para um ato tido aparentemente como errado – ponto que abordaremos mais à frente –, parece-nos muito mais eficiente que o agente que o praticou seja orientado a não o praticar novamente do que ser punido. É óbvio que por vezes – casos de ilicitude de alguma gravidade – essa opção não se coloca e a única alternativa é de fato a punição. Mas, quando o ato foi praticado com escusas razoáveis, a probabilidade de ele não se repetir no futuro pode ser inversamente proporcional à pretensão de punir alguém por sua ocorrência.

Isto porque, formalizada a pretensão punitiva, a reação natural do agente (e por vezes do órgão) é insistir em negar qualquer ilicitude no seu ato[1331] e, portanto, em negar a adaptação,[1332] bem como sonegar informações que poderiam ser úteis para o aprimoramento da administração.

Neste ponto, parecem-nos extremamente felizes as observações trazidas por John Gardner sobre a questão. Para compreendê-las, é necessário conhecer a ideia de "responsabilidade básica", defendida por Gardner, que significa a capacidade de dar explicações racionais sobre fatos que uma pessoa tenha praticado ou deixado de praticar. Seu conceito fica claro quando ele afirma que a existência de coação não elimina ou

---

[1330] Pune-se para recordar ou defender a lei, para educar um indivíduo, para transformar um sofrimento em infelicidade? Deve a pena ser neutra? Sobre o tema *vide* GARAPON, Antoine; GROS Fréderic; PECH, Thierry. *Punir em democracia* – E a Justiça será. Lisboa: Instituto Piaget, 2002. Para uma justificativa da punição de matriz inglesa, veja-se HART, Herbert L. A. *Punishment and responsibility* – Essays in philosophy of law. 2. ed. Oxford: Oxford University Press, 2008, em especial a introdução, de John Gardner, e o Capítulo 1.

[1331] Como bem resumido por John Gardner: "We all want our wrongs and mistakes to have been justified. Failing that, we want them to have been excused. No sooner have we noticed that we did something wrong or mistaken then we start rolling out our justifications and excuses. Why is this? You may say the answer is obvious. By justifying or at least excusing our wrongs and mistakes we may be able to avoid shouldering some or all of the nasty moral or legal consequences of committing them. We may be able to avoid a liability to be punished or admonished, or a duty of reparation or apology, or the loss of a right to be rescued or compensated, or various other unwelcomed changes in our moral or legal positions. In short we may be able to avoid being held responsible for what has gone amiss. [...] So, all else being equal, any rational being will resort to any argument she can lay her hands on that might possibly help her to avoid it. [...]. These rational explanations come in two differente flavors, namely the justificatory and the excusatory flavor. The case of justification is the case for direct rational explanation. Under the heading of justification we claim to have done what we did for adequate reasons. More exactly we claim that the reasons in favor of what we did were not all of them defeated by conflicting reasons [...]. The case of excuse, meanwhile, is the more complex case of indirect rational explanation. We concede that we did not act as we did for adequate reasons, but we did act on the strength of beliefs or emotions or desires that were themselves adequately supported by reasons" (GARDNER, John. The mark of responsibility (with a PostScript on accountability). *In*: DOWDLE, Michael W. (Ed.). *Public accountability* – Designs, dilemmas and experiences. Cambridge: Cambridge University Press, 2006. p. 220-221).

[1332] Na administração pública, em boa parte das situações, qualquer mudança – inclusive aquela necessária à não repetição de um comportamento tido como danoso – exige a tomada de uma série de medidas de certa complexidade (mudança de procedimentos e regulamentos, treinamento de pessoal, aquisição de meios), que dependem de uma iniciativa e de um apoio dos agentes políticos responsáveis por aquele órgão.

diminui a responsabilidade pelas ações de uma pessoa, entendida como capacidade de se *explicar*. Neste caso (de coação), esclarece o autor, a coação fornece uma justificativa ou uma desculpa para determinado ato, mas não impede a pessoa responsável de explicar por que o praticou.[1333]

Isto significa que o fato de alguém ser "basicamente" responsável por algum ato ou, dito de outro modo, ser responsável por justificá-lo não guarda qualquer relação, ou ao menos não deveria guardar uma relação necessária, com a sujeição ou não dessa pessoa a uma determinada sanção ou punição.

A previsão da adição de sanções a uma responsabilidade básica estaria ligada, segundo Gardner, ao objetivo de motivar as pessoas sujeitas a essas sanções a darem uma explicação adequada sobre seus atos (ou sobre os atos pelos quais respondem, mesmo não os tendo praticado diretamente).[1334]

A ligação entre a obrigação (ou a responsabilidade) de se explicar e uma possível sanção (dependendo da resposta) acaba se baseando numa suspeita ou desconfiança constante da prática de ilícitos. Uma desconfiança que é, inclusive, tida por alguns como um método recomendável de trabalho,[1335] mas que é o oposto da confiança que deveria ser minimamente depositada nos agentes políticos, conforme expusemos no Capítulo 6. A questão, como bem anota Gardner, é que convocar alguém para justificar sua ação sempre conjuntamente com uma ameaça de punição, caso essa justificativa ou desculpa não seja considerada satisfatória, significa (de forma mais ou menos implícita) acusar esta pessoa de ter cometido um ilícito.[1336]

Mas, prossegue Gardner, ilícitos não são as únicas coisas que exigem justificativas ou desculpas. Na verdade:

> uma justificativa ou desculpa – uma resposta à questão "por que você fez isto" – é necessária sempre que alguém faz alguma coisa para a qual também teria razões para não fazer, e essa condição é atendida por virtualmente tudo que nós fazemos. Mas apenas parte das coisas que nós fazemos tendo uma razão para não fazer também são coisas que nós temos uma *obrigação* de não fazer, no sentido de que fazer é errado. E apenas quando fazemos algo

---

[1333] GARDNER, John. The mark of responsibility (with a PostScript on accountability). *In*: DOWDLE, Michael W. (Ed.). *Public accountability* – Designs, dilemmas and experiences. Cambridge: Cambridge University Press, 2006. p. 224; 236. O conceito de responsabilidade "básica" de Gardner é próximo ao de responsabilidade "capacidade" de Hart, referido no Capítulo 1.

[1334] GARDNER, John. The mark of responsibility (with a PostScript on accountability). *In*: DOWDLE, Michael W. (Ed.). *Public accountability* – Designs, dilemmas and experiences. Cambridge: Cambridge University Press, 2006. p. 238.

[1335] *Vide*, além do próprio texto de Gardner, WILLEMAN, Marianna Montebello. Desconfiança institucionalizada, democracia monitorada e instituições superiores de controle no Brasil. *Revista do Tribunal de Contas do Estado do Rio de Janeiro*, n. 6, p. 66-89, 2º semestre 2013 e THOMPSON, Dennis F. *La ética política y el ejercicio de cargos públicos*. Barcelona: Gedisa, 1999.

[1336] GARDNER, John. The mark of responsibility (with a PostScript on accountability). *In*: DOWDLE, Michael W. (Ed.). *Public accountability* – Designs, dilemmas and experiences. Cambridge: Cambridge University Press, 2006. p. 239. Gardner utiliza os juízes como exemplo de agentes públicos sujeitos a uma profunda responsabilidade básica de justificar suas decisões (afinal todas devem ser pública e detalhadamente motivadas) sem que paire sobre eles nenhuma ameaça caso a resposta não seja satisfatória, salvo, acrescentamos, em casos extremos. Mas a questão que o autor salienta, de forma muito feliz, é que o juiz – ao contrário dos demais agentes públicos – toma decisões diariamente, mas sem ter receio de que eventual erro em suas justificações acarrete qualquer consequência pessoalmente danosa a ele.

errado, sem justificativa ou desculpa para tanto é que estamos aptos a ser punidos por isso. A punição é uma resposta adequada apenas para erros injustificáveis e inescusáveis.[1337]

O problema é a relação que acaba se estabelecendo entre um pedido de explicações e uma ameaça mais ou menos explícita de punição. Gardner faz questão de não relacionar *accountability* (ou, podemos acrescentar, responsabilidade funcional)[1338] com uma cultura de suspeição e acusação. Mas, segundo este autor, "a cultura de *accountability* que nós parecemos ter agora, na qual quaisquer pedidos de explicações são rotineiramente acompanhados de" distintas "ameaças" é, "de forma inescapável, uma cultura de suspeita e acusação". E "na maior parte do tempo essa suspeição e essa acusação não têm qualquer base".[1339]

E, para exemplificar o que considera um exagero, o autor usa o exemplo dos agentes públicos responsáveis por gastos públicos. Alguns deles gastam mal e entre estes pode haver um subgrupo que gasta errada ou mesmo ilicitamente. No entanto:

> exigir que todo ordenador de despesas públicas seja "considerado responsável por cada centavo gasto" – sempre que isso incluir uma ameaça implícita de consequências adversas, caso o gasto não tenha sido sábio – significa acusar todo ordenador de despesa pública, mesmo aqueles que gastam dinheiro público impecavelmente, de gastá-lo erroneamente. Nesse regime todo mundo é sempre um suspeito. [...] Essas pessoas devem ter feito alguma coisa, concluem os observadores, afinal o sistema constantemente os acusa de terem feito alguma coisa.[1340]

A delicada questão apontada por Gardner, e que nos interessa em especial, é que parece existir um "elemento de profecia auto-realizável na ideologia da suspeição total".

> Provavelmente, à medida que as pessoas são rotineiramente acusadas de fazer coisas erradas elas passam a ficar desanimadas e bem menos inclinadas a cooperar na atividade em relação à qual são acusadas. Possivelmente elas também estarão mais inclinadas a ocultar, disfarçar e a reagir defensivamente por medo do que vai acontecer com elas se elas revelarem suas limitações humanas ordinárias.[1341]

[1337] GARDNER, John. The mark of responsibility (with a PostScript on accountability). *In*: DOWDLE, Michael W. (Ed.). *Public accountability* – Designs, dilemmas and experiences. Cambridge: Cambridge University Press, 2006. p. 239.

[1338] Pois o que ele denomina de *accountability* se aproxima muito, se não equivale, ao conceito de *role responsability* de Hart.

[1339] GARDNER, John. The mark of responsibility (with a PostScript on accountability). *In*: DOWDLE, Michael W. (Ed.). *Public accountability* – Designs, dilemmas and experiences. Cambridge: Cambridge University Press, 2006. p. 240-241.

[1340] GARDNER, John. The mark of responsibility (with a PostScript on accountability). *In*: DOWDLE, Michael W. (Ed.). *Public accountability* – Designs, dilemmas and experiences. Cambridge: Cambridge University Press, 2006. p. 241. Gardner escreve na Inglaterra (onde viceja com força a denominada *governance*) e afirma que, se os políticos se perguntam por que a confiança neles declinou, uma das razões é que o "sistema de *accountability* no qual os próprios políticos insistiram como parcela do 'New public management' é uma ideologia de suspeição total" ou de "desconfiança total" (p. 241). Para a necessidade de substituição do *new public "management"* pelo *new public "governance"*, *vide* OSBORNE, Stephen P. (Ed.). *The new public governance?* Emerging perspectives on the theory and practice of public governance. Nova York: Routledge, 2010.

[1341] GARDNER, John. The mark of responsibility (with a PostScript on accountability). *In*: DOWDLE, Michael W. (Ed.). *Public accountability* – Designs, dilemmas and experiences. Cambridge: Cambridge University Press, 2006. p. 241.

Se esta intuição estiver certa, prossegue Gardner, então esta *accountability* baseada na ameaça, "à qual as pessoas estão atualmente sujeitas rotineiramente, é duplamente contra-produtiva". Em primeiro lugar porque, se as organizações dependem da dedicação e do ânimo daqueles que trabalham para elas, essa forma de *accountability* – reduzindo ambos – vai reduzir a *performance* organizacional.

No setor público, observa Gardner, essa política de suspeição tende a erodir a mais valia de cooperação voluntária que antigamente era chamada de *ethos* do serviço público. "Em segundo lugar, essa mesma *accountability* baseada na ameaça pode ser contraprodutiva mesmo do ponto de vista da própria *accountability*". Isto porque as "pessoas não terão incentivos para se explicar honesta e abertamente por medo de que qualquer pequeno deslize que possam ter cometido seja punido".[1342]

O autor faz uma comparação com a responsabilidade penal, na qual o medo das consequências pode levar acusados a não revelarem a verdade. Mas, lembra o autor, no sistema criminal a acusação de um ilícito deve ser baseada numa suspeita razoável.[1343] Isto não acontece nos atuais sistemas de *acountability* burocrática[1344] que não têm justificativa de "ter jogado pessoas inocentes em uma forma apavorante e hobbesiana de defensividade e evasão" que se incorpora a suas vidas profissionais.

Em sua conclusão, o autor aponta para aquele que seria o "elemento autorrealizador da profecia":

> Na medida em que pessoas comuns e inocentes são empurradas para esta forma hobbesiana de defensiva e evasão, a cultura da suspeição ajudou, perversamente, a criar exatamente as condições que supostamente justificam a sua aplicação. Ao suspeitar constantemente das pessoas, a ideologia da suspeição acaba fazendo-as realmente merecedoras de suspeisão. Ela ajuda a cavar o poço do qual ela deveria nos tirar.[1345]

Portanto, a ideia de que o controle não deva ser exercido sempre com uma ameaça de punição retiraria essa sombra ameaçadora que paira sobre os agentes públicos ordenadores de despesa (quase sempre agentes políticos), e viabiliza um aprendizado com os erros da administração, algo que parece estranho à cultura continental, mas que é normalmente aceito, por exemplo, na cultura anglo-saxônica, inclusive pelos órgãos de controle (embora isso tenha sido em parte prejudicado com o *new public management*).

Novamente, põe-se a pergunta: por que um pedido de explicações deve vir sempre acompanhado de uma ameaça, ainda que implícita? E a resposta, a nosso ver, é que ele não deveria mesmo vir embalado desta forma.

Nesse sentido, Guy Peters afirma que, se a *accountability* é "normalmente conceituada como um mecanismo para impor controle sobre organizações e programas

---

[1342] GARDNER, John. The mark of responsibility (with a PostScript on accountability). *In*: DOWDLE, Michael W. (Ed.). *Public accountability* – Designs, dilemmas and experiences. Cambridge: Cambridge University Press, 2006. p. 241-242.

[1343] Além de estar balizada por normas de direito material, em especial o princípio da tipicidade, e processuais, bem mais respeitadoras dos direitos fundamentais.

[1344] Nem, como visto no Capítulo 5, nos processos com base na LIA.

[1345] GARDNER, John. The mark of responsibility (with a PostScript on accountability). *In*: DOWDLE, Michael W. (Ed.). *Public accountability* – Designs, dilemmas and experiences. Cambridge: Cambridge University Press, 2006. p. 242.

públicos", ela também é um "meio de guiar a *melhoria* de programas". Peters critica inclusive o fato de que alguns elementos contidos na reforma da administração pública nas últimas décadas – ele fala em especial da quebra ou atenuação das ligações entre líderes (e, portanto, agentes) políticos e a execução de programas – enfraqueceram a capacidade de controle do governo e "também limitaram os elementos de erro-correção da *accountability*".[1346]

Na mesma linha já se afirmou que a denominada *governance* é "multifacetada e plural, busca a eficiência adaptativa e exige flexibilidade, experimentação e *aprendizagem por tentativa e erro*".[1347]

Os instrumentos que permitem um foco preventivo dos órgãos de controle já existem, mas, ou são insuficientes, ou pouco utilizados.

Com efeito, nos processos que correm nos tribunais de contas, é comum a existência de uma fase inicial em que o agente é meramente chamado a dar suas razões para a prática de atos que o tribunal considera possivelmente ilícitos. Após essa fase as explicações podem ser aceitas, aceitas em parte ou recusadas, com a abertura de uma fase punitiva do agente.

Assim, por exemplo, a Lei nº 8.443/92, que trata dos processos perante o Tribunal de Contas da União, estabelece (art. 15) que, ao julgar as contas, o Tribunal decidirá se estas são regulares, regulares com ressalva ou irregulares. As contas serão julgadas (art. 16, II) "regulares com ressalva, quando evidenciarem impropriedade ou qualquer outra falta de natureza formal de que não resulte dano ao Erário". Neste caso (art. 18), o "Tribunal dará quitação ao responsável *e lhe determinará, ou a quem lhe haja sucedido, a adoção de medidas necessárias à correção das impropriedades ou faltas identificadas, de modo a prevenir a ocorrência de outras semelhantes*".

Embora positiva, a previsão legal impede a medida pedagógica na presença de dano ao erário. No entanto, há que se repensar o conceito de dano ao erário, que tem sido identificado de forma quase automática em todas as situações em que se identifica um gasto de dinheiro público ao qual não corresponda diretamente a aquisição de um bem ou serviço para a administração ou para a coletividade.

Ora, toda a atividade diária da administração importa em custos – e, portanto, em dispêndio de dinheiro público – e nem sempre é possível identificar qual bem ou serviço corresponde àquele gasto. Na verdade, várias atividades dispendiosas da administração pública (em matéria de segurança pública, saúde pública, prevenção e combate a incêndios e outros desastres) existem apenas para estar preparadas para intervir caso algo aconteça, algo que, por vezes, passa muito tempo sem acontecer

---

[1346] PETERS, B. Guy. Meta-governance and public management. *In*: OSBORNE, Stephen P. (Ed.). *The new public governance?* Emerging perspectives on the theory and practice of public governance. Nova York: Routledge, 2010. p. 43, grifos nossos.

[1347] PRATZ CATALÓ *Apud* CERRILLO I MARTÍNEZ, Agustí (Coord.). *La gobernanza hoy*: 10 textos de referencia. Madrid: Editorial INAP, 2005. p. 13, grifos nossos. Outro exemplo pode ser retirado da prática do *ombudsman* das licitações do Canadá ("Office of the Procurement Ombudsman"), citado como exemplo de sucesso pela OCDE. Na avaliação dos primeiros anos de funcionamento de tal órgão, um dos resultados destacados foi que: "Not only does the Office helps in providing independent investigation and restitution in matters arising from procurement [...], *it also enables suppliers to provide feedback on the procurement practices of federal departments for future improvement to the procurement process*" (p. 28. Disponível em: http://www.oecd.org/gov/ethics/Corruption-in-Public-Procurement-Brochure.pdf. Acesso em: 18 jun. 2017, grifos nossos).

(sem que ninguém sustente que o gasto com tais serviços tenha sido um desperdício de dinheiro público). O mesmo acontece com o inegável papel da administração pública em matéria de pesquisa e inovação, área que por vezes exige um grande volume de investimentos sem um retorno imediato e mensurável.

Outra situação é a da identificação – posteriormente a uma contratação da administração – da disponibilidade de um preço teoricamente menor, com uma avaliação *post factum* de todo gasto público em face de toda e qualquer alternativa teoricamente existente à época, num raciocínio teórico que parece suficiente para certos órgãos de controle sempre localizarem alguma alternativa mais barata.[1348] Essa identificação de uma opção "mais barata", em geral, gera uma pretensão de punição do agente (a quem não se pede mais uma explicação e sim que se defenda ante a acusação – agora já – de lesão ao erário) sem que, por vezes, se verifique se o preço corresponde exatamente ao objeto contratado, no local de entrega ou de prestação, nas condições e no tempo contratado.

O que defendemos é que, se um administrador público tomou as medidas necessárias para que determinada atividade da administração fosse contratada de forma economicamente justificável, então a existência de qualquer prejuízo não deveria, por si só, impor a obrigatoriedade de uma punição. Atualmente é isto que acontece: a remota suspeita de um dano – assim considerado como o mais ínfimo dispêndio de recursos públicos que esteja desacompanhado da mais robusta e incontestável justificativa – é suficiente para impor uma punição e para excluir opções não punitivas, inclusive por medo dos próprios agentes de controle (em geral de controle interno) de serem, eles próprios, responsabilizados em caso de omissão. Assim, a aplicação de medidas pedagógicas, ou de meras recomendações, acaba se limitando a situações em que o erro imputado pelo agente foi meramente formal (demora na entrega de uma resposta ou da realização de alguma publicação etc.).[1349]

Também existe, a nosso ver, uma ampla margem para o desenvolvimento de medidas semelhantes na atuação do Ministério Público, inclusive em sua atuação punitiva. Assim, na presença de um ato que pode, ou não, ser considerado ímprobo, mas que certamente não deve ser repetido, por que não evitar um longo e incerto processo judicial e não celebrar um ajuste com o agente interessado que se comprometeria a ajustar sua conduta e a indenizar eventual prejuízo causado à administração?

Esta prática, aliás, tem sido amplamente adotada pelo Ministério Público brasileiro em processos de cunho reparatório (em especial na seara ambiental) e pelas agências reguladoras em distintos tipos de processos, inclusive punitivos (na esfera do

---

[1348] Em algum lugar do país, ou quem sabe no exterior, teria sido possível comprar mais barato.

[1349] Para a rediscussão do conceito de dano ao erário (ou lesão ao erário, expressão da LIA), em sede de controle de contas e no âmbito da responsabilidade apurada por meio da LIA (ou mesmo do direito penal), parece-nos útil o aporte de discussões no campo da responsabilidade civil, em que se sustenta a impossibilidade de equiparação de qualquer prejuízo a um dano indenizável. Adaptando o esquema adotado por Anderson Schreiber, parece-nos imprescindível verificar se a "conduta lesiva" (o gasto em pesquisa que não tenha gerado resultado útil, por exemplo) é merecedora de tutela por parte do ordenamento, e se, portanto, é suficiente para afastar a qualificação do dispêndio de dinheiro público (no caso concreto), como dano ao erário. Neste exemplo a resposta – quanto a exclusão de dano indenizável – parece óbvia, mas o percurso sugerido pela doutrina civilista (com algumas adaptações) é necessário para a análise de várias outras situações nas quais, *prima facie*, um gasto público não corresponde diretamente à aquisição de um bem ou de serviços pela administração e, nem por isso, esta ausência de relação será suficiente para qualificar um dano (indenizável ou punível). Sobre o tema, *vide* SCHREIBER, Anderson. *Novos paradigmas da responsabilidade civil*. 6. ed. São Paulo: Atlas, 2015, em especial, p. 160-170.

direito administrativo sancionador ou das contraordenações), mas parece que há uma excessiva resistência à sua adoção em processos punitivos de maior gravidade, como o de improbidade.

No Ministério Público brasileiro as variações de comportamento são quase tão amplas quanto o número de seus integrantes.[1350] Assim, existem casos de imenso sucesso na negociação de acordos complexos com distintos agentes da administração pública e particulares (negociações que exigem paciência e boa-fé de todos os envolvidos), como, de outro lado, a prática de optar logo por ações punitivas, no máximo, precedidas de "recomendações" com conteúdo meramente intimidatório (por meio do envio de recomendações para fazer ou deixar de fazer algo sob pena de responder a uma ação penal e a outra de improbidade!).

Este caminho, é importante notar, foi dificultado pelo dispositivo da LIA (1° do art. 17) proibindo qualquer transação, acordo ou conciliação nas ações de improbidade.[1351] Tal dispositivo chegou a ser revogado por uma medida provisória (MP nº 703/2015), cuja vigência foi, no entanto, encerrada, com o consequente retorno da eficácia da proibição.

O mais importante parece ser o de tratar pedidos de explicações como, ao menos inicialmente, apenas isto, um pedido de resposta, de justificativa racional para algo, resposta que deve ser lida de boa-fé pelo órgão que a pede e a recebe. É claro que algumas respostas se demonstrarão claramente não merecedoras de tal atenção, mas o respeito não causa nenhum mal e, muito pelo contrário, causará um grande bem à enorme quantidade de agentes públicos, políticos ou não, que continuam a querer fazer o bem. Um passo importante neste sentido se deu com a aprovação da já mencionada Lei nº 13.655/18, que trouxe uma série de normas gerais sobre a interpretação e aplicação do direito público brasileiro, destacando-se o art. 22, já comentado no Capítulo 3.[1352]

8.6 Atraindo e mantendo o bom agente público

Na já mencionada Convenção das Nações Unidas contra a Corrupção existe um conjunto significativo de medidas – previstas no art. 7º –, orientadas a fazer com que o setor público seja capaz de atrair e manter bons agentes. A convenção, como já dissemos, não se aplica apenas aos agentes políticos (embora alguns dispositivos sejam especificamente dirigidos a eles) e, de fato, conta com um significativo conjunto de medidas não punitivas.

[1350] Esta variação de comportamento, extremamente aguda no Ministério Público, mas também presente nos tribunais de contas, é outra dificuldade adicional enfrentada pelo agente público (político ou não) no Brasil, que tem que enfrentar entendimentos completamente diversos sobre o mesmo tema, por vezes advindos de dois ou mais órgãos de controle com competência para a mesma contratação, em sério prejuízo ao que a OCDE denomina de consistência na aplicação de regras de licitação no setor público e que deve ser buscada pelos órgãos de controle (p. 24. Disponível em: http://www.oecd.org/gov/ethics/Corruption-in-Public-Procurement-Brochure. pdf. Acesso em: 18 jun. 2017).

[1351] Vale registrar que, no campo penal, foi um dispositivo negocial (a denominada "colaboração ou delação premiada") que, embora não isento de severas críticas, possibilitou um enorme avanço na efetividade da apuração de responsabilidade de agentes políticos. Para a crítica do instrumento, *vide* CANOTILHO, J. J. Gomes; BRANDÃO, Nuno. Colaboração premiada e auxílio judiciário em matéria penal: a ordem pública como obstáculo à cooperação com a operação Lava Jato. *Revista de Legislação e de Jurisprudência*, ano 146, n. 4000, set./out. 2016.

[1352] Tópico 3.4.6.

Assim, o art. 7º da Convenção se preocupa com adoção, manutenção e fortalecimento de "sistemas de convocação, contratação, retenção, promoção e aposentadoria de funcionários públicos", que apresentem as seguintes características: estar baseados em princípios de eficiência e transparência e em critérios objetivos como o mérito, a equidade e a aptidão; incluir procedimentos adequados de seleção e formação dos agentes públicos que se considerem especialmente vulneráveis à corrupção (sugerindo a interessante possibilidade de proceder à rotação dessas pessoas em outros cargos); ter uma "remuneração adequada e escalas de soldo equitativas"; promover "programas de formação e capacitação que lhes permitam cumprir os requisitos de desempenho correto, honroso e devido de suas funções e lhes proporcionem capacitação especializada e apropriada para que sejam mais conscientes dos riscos da corrupção inerentes ao desempenho de suas funções".

No mesmo sentido, o art. III, "12" da Convenção Interamericana contra a Corrupção chama a atenção para a necessidade de "estudo de novas medidas de prevenção" à corrupção "que levem em conta a relação entre uma remuneração equitativa e a probidade no serviço público".

O importante ponto levantado é que, por mais que se apele à consciência de cada agente para esperar que ele aja com retidão e por mais que se apele a sistemas repressivos para punir aqueles que cometem ilícitos, qualquer esforço de prevenir a prática de ilícitos por parte de agentes políticos não pode prescindir de um pacote de incentivos, não necessariamente ou exclusivamente financeiros.[1353]

Vale, neste ponto, salientar que Dennis Thompson, embora seja firme defensor de uma grande ampliação das hipóteses de responsabilização dos agentes públicos em geral,[1354] especialmente do ponto de vista penal, também reconhece a necessidade de medidas que estimulem tais agentes. Para Thompson, na atribuição ou conformação de responsabilidades funcionais, a mesma preocupação em condenar agentes corruptos deve ser dedicada a "honrar os funcionários leais". Em suas palavras:

> Os reformistas jurídicos, ao menos desde Beccaria, criticaram a difundida obsessão pelo castigo e o correspondente descuido pela recompensa; no entanto, as instituições formais norte-americanas continuam sendo mais aptas para a denúncia do que para o encômio, mesmo que o desagravo por mandato judicial ofereça alguns benefícios que o castigo não oferece. [...] Um sistema de compensações serviria também para reduzir os perigos do excesso de dissuasão, contrabalançando a excessiva cautela que mostram os funcionários quando trabalham sob ameaça de sanção penal.[1355]

Thompson também afirma que aquilo que instituições sólidas encarregadas de distribuir compensações e desagravos proporcionam é essencial para o processo democrático e está relacionado com "uma avaliação mais profunda do caráter e da

---

[1353] Com efeito, por vezes o reconhecimento público e formal – com a outorga de prêmios –, em face de uma atuação destacada de determinado agente, tem um efeito positivo em seu comportamento e nos demais, superior ou equivalente a uma recompensa monetária (sem que esta possa ser desprezada).

[1354] É preciso lembrar que este autor escreve tendo como pano de fundo o direito dos EUA onde, como abordado no Capítulo 3, existem significativas imunidades protegendo uma ampla gama de agentes públicos, sejam eles agentes políticos ou não.

[1355] THOMPSON, Dennis F. *La ética política y el ejercicio de cargos públicos*. Barcelona: Gedisa, 1999. p. 133.

CAPÍTULO 8
MECANISMOS ESPARSOS DE RESPONSABILIZAÇÃO COM POSSÍVEL VOCAÇÃO PROSPECTIVA | 421

carreira do servidor público. As instituições encarregadas do castigo não apenas não cumprem esta função mas impedem que outras instituições a cumpram, face à primazia dada aos processos de julgamento público".[1356]

Vale registrar o pioneirismo de Rousseau que, em suas considerações sobre o governo da Polônia, mostra especial preocupação com a forma de recrutamento, progressão e recompensa de agentes públicos (em especial de agentes políticos), abordando questões que são objeto de preocupação por parte das duas mencionadas convenções contra a corrupção. Rousseau defende que um cidadão só deve alcançar os postos de maior responsabilidade da nação após galgar, progressivamente, ao longo de ao menos 15 anos, postos de menor responsabilidade, sendo sempre avaliado por seus cidadãos (Rousseau reconhece que a realização de avaliações isentas requer alguma virtude dos avaliadores, o que não é certamente uma questão trivial) e recebendo recompensas que, em boa medida, não são apenas pecuniárias, mas que apelam mais à satisfação de ser reconhecido por seus concidadãos.[1357]

Também na ciência política contemporânea encontramos autores que, ao defender a necessidade de reformas institucionais para aprimorar o sistema representativo, afirmam que "as eleições não são mecanismos suficientes para assegurar que os governantes farão tudo o que puderem para maximizar o bem-estar dos cidadãos", mas que esse "não é um argumento contra a democracia, mas por uma reforma e uma inovação institucional", que inclua "instituições eleitorais que aumentem a transparência da responsabilidade e facilitem para os cidadãos recompensar ou punir os responsáveis" e "condições morais e econômicas nas quais o serviço público usufrua de respeito assim como de recompensas materiais apropriadas".[1358]

O que nos parece importante é salientar que a agenda de construção de um sistema de responsabilização de agentes políticos que pretenda fugir de um foco apenas

---

[1356] THOMPSON, Dennis F. *La ética política y el ejercicio de cargos públicos*. Barcelona: Gedisa, 1999. p. 134.

[1357] O primeiro passo seria precedido de uma prova para a juventude destinada ao preenchimento de cargos de advogados, assessores, juízes de tribunais inferiores, gestores de porções de bens públicos e "em geral, todos os postos inferiores que dão àqueles que os preenchem a ocasião de mostrar seu mérito, sua capacidade, sua exactidão e sobretudo, sua integridade". Somente após ao menos três anos nestes postos – em que sua atividade deve estar sujeita à vigilância de todo o povo – é que os interessados, desde que tenham sido aprovados por seus superiores e tenham o testemunho positivo da opinião pública, poderão se apresentar aos parlamentos regionais, onde, após "severo exame de sua conduta", poderão alcançar o primeiro degrau de qualificação para as funções públicas, recebendo uma placa de identificação em ouro, com a inscrição "Esperança da Pátria" (Rousseau faz questão de que o metal da placa seja inversamente proporcional à importância do cargo). Com esta primeira qualificação, o cidadão seria elegível para uma série de postos mais importantes, incluindo a câmara baixa federal, a corte de contas, e os tribunais. Após o exercício por três períodos em quaisquer destes postos, sempre com aprovação de seus concidadãos, o agente alcançará a segunda qualificação, com placa em prata na qual estará escrito "cidadão escolhido". Com esta segunda qualificação o agente poderá se candidatar ao senado e a postos de direção na educação pública (Rousseau cogita tornar a passagem por postos na área de educação obrigatória para quem pretender se candidatar ao senado). Caso exerça três mandatos nestas funções – sempre contando com avaliações positivas de sua gestão –, o agente poderá se candidatar à terceira e mais elevada qualificação, com a correspondente placa de aço (que, dessa vez, poderá ser mantida por toda a vida), e a inscrição "Guardião das leis". Somente com esta qualificação o agente poderá alcançar as mais altas funções públicas, incluindo a de rei (a Polônia de então era um misto de monarquia e república, com um rei eleito) (ROUSSEAU, Jean-Jacques. *Discours sur l'Economie Politique, Projet de Constitution pour La Corse, Considérations sur Le Gouvernement de Pologne*. Paris: Flammarion, 1990. p. 238-241).

[1358] MANIN, Bernard; PRZEWORSKI, Adam; STOKES, Susan C. Eleições e representação. *Lua Nova – Revista de Cultura e Política*, n. 67, p. 105-138, 2006. p. 132-133.

repressivo deve se preocupar com a criação das condições necessárias para que um agente político funcionalmente responsável possa trabalhar de forma adequada.

8.7 Breve nota sobre a aplicação de cautelares penais a agentes políticos

Desde 2011, o art. 319 do Código de Processo Penal brasileiro, que lista as "medidas cautelares diversas da prisão", passou a contar com a possibilidade de *"suspensão do exercício de função pública* ou de atividade de natureza econômica ou financeira quando houver justo receio de sua utilização para a prática de infrações penais".[1359] Trata-se de medida com manifesto caráter preventivo, sendo razoável indagar se pode ser aplicada a agentes políticos.

O STF respondeu positivamente a tal questão, em decisão de enorme impacto porque resultou no afastamento do então presidente da Câmara de Deputados. Embora inicialmente tenha sido tomada isoladamente pelo saudoso Ministro Teori Zavascki, a decisão foi levada imediatamente a referendo pelo plenário do STF.[1360] Nela, o STF salientou a dupla função da medida:

> Nestes casos, a decretação da medida servirá a dois interesses públicos indivisíveis: a preservação da utilidade do processo (pela neutralização de uma posição de poder que possa tornar o trabalho de persecução mais acidentado) e a preservação da finalidade pública do cargo (pela eliminação da possibilidade de captura de suas competências em favor de conveniências particulares sob suspeita). [...]. Em outras palavras, a norma do art. 319, VI, do Código de Processo Penal tutela igualmente – e a um só tempo – o risco de (prática da) delinquência no poder e o risco (de uso) do poder para delinquir. A não ser por um exercício de puro abstracionismo retórico, não há como separar essas realidades.[1361]

O Ministro Teori Zavascki reconheceu:

> os §§1º e 2º do art. 55 da Constituição da República outorgam às Casas Legislativas do Congresso Nacional – ora por deliberação de seus Plenários, ora por deliberação de suas Mesas Diretoras – a competência para decidir a respeito da perda do mandato político nos casos em que venha a se configurar qualquer das infrações previstas nos incisos I a VI do mesmo art. 55. Trata-se de competência que, segundo entendimento assentado pela maioria do Plenário, assiste exclusivamente às Casas Congressuais, não podendo ser relativizada nem mesmo nas hipóteses em que a penalidade venha a decorrer de condenação penal transitada em julgado, como salientei em voto por ocasião do julgamento da AP 565, em 8/8/13.[1362]

Não obstante a ressalva, a decisão admitiu a suspensão de mandato eletivo (com base no mencionado art. 319, VI, do CPP). Ora, as cautelares de afastamento de servidores

---

[1359] Inc. VI, introduzido no art. 319 pela Lei nº 12.403/11.

[1360] Para um relato dos bastidores desta decisão veja-se RECONDO, Felipe; WEBER, Luiz. *Os onze*: o STF, seus bastidores e suas crises. São Paulo: Companhia das Letras, 2019. p. 62-67.

[1361] AC nº 4.070, p. 13 do acórdão.

[1362] AC nº 4.070, p. 14 do acórdão.

públicos se justificam, entre outros fatores, por sua provisoriedade; o servidor é afastado de suas funções, sem prejuízo de sua remuneração e, portanto, tem até mais tempo para se dedicar à sua defesa. Ocorre que, no caso de quem exerce mandato eletivo (que normalmente é de 4 anos, com exceção do mandato dos senadores, que é de 8 anos), suspendê-lo por 6 meses, por exemplo, significa suprimir 1/8 de seu mandato.[1363]

O tema foi novamente apreciado por um dos ministros do STF quando, em maio de 2017, o Ministro Edson Fachin suspendeu o exercício do mandato parlamentar de um senador (formalmente aplicando medidas cautelares diversas da prisão por considerar presentes indícios da prática de crimes decorrentes de um acordo de delação premiada). Posteriormente, o inquérito no qual a medida foi tomada[1364] foi desmembrado e a parte da investigação relativa ao senador em questão foi redistribuída para o Ministro Marco Aurélio que, em decisão igualmente monocrática, de 30.6.2017, restabeleceu integralmente o seu mandato.

Em sua decisão, o Ministro Marco Aurélio destacou, entre outros aspectos, a questão da limitação temporal do mandato, considerando que a liminar de afastamento "é, de regra, incabível, sobretudo se considerado o fato de o desempenho parlamentar estar vinculado a mandato que se exaure no tempo. Em síntese, o afastamento do exercício do mandato implica esvaziamento irreparável e irreversível da representação democrática conferida pelo voto popular".[1365]

Mas há outros pontos debatidos na decisão que merecem especial relevo. É que um dos fundamentos arguidos pelo Ministério Público Federal para justificar o afastamento do parlamentar (na verdade, o pedido formulado era de sua prisão) incluía o fato de existirem provas de atuação do parlamentar:

> voltada a obstruir ou impedir os avanços da denominada Operação Lava Jato, tendo-a como revelada em dois pontos: 1) articulação para aprovação de lei visando anistiar o crime de "caixa dois" eleitoral e aprovar o de abuso de autoridade; 2) influência na nomeação de Ministro da Justiça visando interferir na escolha de Delegados da Polícia Federal para conduzir inquéritos oriundos da referida Operação, objetivando assegurar a impunidade de determinadas autoridades políticas.[1366]

Ora, ressalvado o suposto interesse pessoal do parlamentar em norma que estaria patrocinando, as outras imputações revelam pretensão de criminalizar o exercício da atuação política. É certo que, à época dos fatos, tramitava um projeto de lei sobre abuso de autoridade que, em algumas de suas versões, poderia tolher a atuação do Ministério Público.[1367] Mas pretender justificar a prisão de um parlamentar por sua posição quanto

---

[1363] Num caso que envolvia o afastamento cautelar de Conselheiro de Tribunal de Contas (agente que não está sujeito a mandato temporal), por mais de dois anos, sem que a denúncia tenha sido admitida, o STF considerou que havia excesso de prazo (HC nº 121.089, Rel. Min. Gilmar Mendes). Num mandato de 4 anos, "mais de 2 anos" corresponderia a mais da metade do mandato.

[1364] Inquérito nº 4.483.

[1365] 3º Ag. Reg. na Ação Cautelar nº 4.327-DF. p. 10. Disponível em: http://www.stf.jus.br/arquivo/cms/noticiaNoticiaStf/anexo/AC4327agravoMMA.pdf. Acesso em: 1º jul. 2017. Mais à frente (p. 11), o ministro se refere a esta suspensão como uma "cassação temporária branca".

[1366] 3º Ag. Reg. na Ação Cautelar nº 4.327-DF. p. 3. Disponível em: http://www.stf.jus.br/arquivo/cms/noticiaNoticiaStf/anexo/AC4327agravoMMA.pdf. Acesso em: 1º jul. 2017.

[1367] O projeto foi sancionado em 5.9.2019 como Lei nº 13.869/19.

a determinado projeto de lei nos parece uma violência gravemente inconstitucional.[1368] Da mesma maneira nos parece injustificável a invocação de participação do parlamentar em negociações para pressionar ou mesmo para substituir determinado ministro, algo que é absolutamente inerente à atividade política.[1369]

Registre-se que, embora se trate de parlamentares (agentes que estão fora do escopo de nosso trabalho), os precedentes em tese seriam aplicáveis aos agentes políticos do Executivo.

Embora concordemos com a decisão do Ministro Marco Aurélio, também não podemos negar que a manutenção em seu posto de um agente político que, de forma quase ostensiva, esteja usando seu alto cargo para delinquir é um grave mal para a República, hipótese que, sem dúvida, ocorreu no Brasil. A escolha, postas as coisas assim, certamente recomenda a disponibilidade e aplicabilidade do remédio cautelar aos agentes políticos, inclusive aqueles portadores de mandato. O problema é que tal remédio há de ser, efetivamente, de aplicação excepcional.

E aí reside o perigo. O Poder Judiciário no Brasil tem extraordinária incapacidade de manter a aplicação de qualquer instrumento como excepcional (salvo no que se refere à autocontenção,[1370] esta, sim, excepcional). O que parece é que, uma vez admitida

---

[1368] Vale lembrar que o Ministério Público Federal, em 2016, patrocinou projeto de lei (denominado "10 medidas contra a corrupção"), já mencionado na introdução, incluindo medidas (como a severa restrição ao *habeas corpus*) que significariam um grave retrocesso para os direitos de defesa. Tal projeto não foi aprovado, mas é de se perguntar se o fato de uma pessoa ou instituição ser contra tal projeto (que enfrentou a oposição de diversos professores de direito penal e processo penal, da Defensoria Pública do Estado do Rio de Janeiro e de outras instituições), significa que ela estaria sendo contrária à luta contra a corrupção.

[1369] Sobre o tema, a referida decisão do Ministro Marco Aurélio, corretamente, registrou: "Em relação à suposta atuação do envolvido voltada à mudança do Ministro da Justiça, descabe depreender dos elementos coligidos risco de embaraço à investigação de organização criminosa. A articulação política relativamente à ocupação de cargo de Ministro de Estado é inerente ao presidencialismo de coalizão e não pode ser criminalizada, sob pena de ofensa à imunidade material dos parlamentares. Críticas à atuação do Ministro da Justiça são normais, esperadas e, até mesmo, decorrentes do exercício legítimo da função do Legislativo, não revelando perigo concreto de influência nas atividades do Presidente da República ou de embaralhamento de investigações em curso, isso quanto ao controle da Polícia Federal, por sinal do Estado, e não deste ou daquele Governo [...] No tocante à mobilização para aprovação de alterações e inovações legislativas, tem-se atividade ínsita à função parlamentar, protegida pela imunidade constitucional a alcançar palavras, votos e opiniões, sendo inadequado fundamentar medida que se diz acauteladora em conduta alcançada pela proteção da Lei Maior. [...] Atos direcionados a aprovar legislação a endurecer as punições alusivas ao abuso de autoridade ou anistiar o delito previsto no artigo 350 do Código Eleitoral – falsidade ideológica, o denominado 'caixa dois' – não conduzem à presunção de prática voltada ao esvaziamento da responsabilização penal própria ou alheia. O Senador atua perante Órgão colegiado, composto de outros 80 membros, ao qual incumbe definir a aprovação ou não de projetos, além de ter-se, presente o sistema bicameral, o crivo da Câmara, considerados os 513 Deputados Federais" (3º Ag. Reg. na Ação Cautelar nº 4.327-DF. p. 11-12. Disponível em: http://www.stf.jus.br/arquivo/cms/noticiaNoticiaStf/anexo/AC4327agravoMMA.pdf. Acesso em: 1º jul. 2017).

[1370] Na referida decisão do Ministro Marco Aurélio ele afirma, com muita propriedade: "*A todos os títulos, há de prevalecer a autocontenção judicial, virtude essencial sobretudo em tempos estranhos. É hora de serenidade, de temperança, de observância do racional, evitando-se atos extremos. A deferência ao Senado da República, o respeito ao mandato eletivo surgem inafastáveis, não como dados a levarem à impunidade, mas em atenção ao sufrágio universal. [...]* À sociedade, e não apenas ao agravante, importa a preservação do interesse primário, a higidez das instituições democráticas, a respeitabilidade à Constituição Federal, e não a feitura de justiça a ferro e fogo, a tomada de providência extrema, o justiçamento. A história é impiedosa considerados atos de força que, em última análise, provocam consequências imprevisíveis. O afastamento, tal como ocorrido, pode ser equiparado a fenômeno incabível, ou seja, ao de Ministro do Supremo, de forma dita acauteladora, como no caso, pelo Senado Federal, em processo de impedimento. Ter-se-ia o caos republicano, democrático, como se terá uma vez mantido o ato atacado. Quando o Direito deixa de ser observado – e por Tribunal situado no ápice da pirâmide do Judiciário: o Supremo –, vinga o nefasto critério da força, e tudo, absolutamente tudo, pode acontecer. O jornal O Estado de S. Paulo, do último dia 15, em editorial intitulado 'Em nome da lei, o arbítrio', estampou, como convém, preocupação com a atuação das instituições do País: 'É mais que hora de a Suprema Corte restabelecer o respeito à Constituição,

"excepcionalmente" a aplicação de um instrumento a uma situação "excepcional" – que sempre inclui um grau elevado de subjetividade para sua constatação em casos concretos –, está aberta a via para que sua aplicação vire corriqueira, e a presença da excepcionalidade passa a ser apenas um ponto a ser afirmado, retoricamente, na justificação da decisão.

Com isso, é evidente que os riscos se aproximam do insuportável e a deturpação e confusão de poderes passa a ter um aspecto ameaçador. A exigência de que a decisão seja colegiada – como foi o caso do primeiro exemplo citado – reduziria bastante os riscos em questão. E aqui, mais uma vez, surge a necessidade do denominado foro privilegiado em relação a certos agentes políticos. É verdade que os exemplos citados, em que, ao menos no afastamento do senador, a medida nos pareceu injustificável, foram tomadas pelo STF, foro "privilegiado" dos senadores. Ainda assim, se a tal excepcionalidade for admitida como suficiente para que qualquer juiz de primeira instância possa suspender o mandato de parlamentares, então não haverá nem mesmo uma garantia mínima de serenidade na tomada deste tipo de decisões e o já tão surrado princípio da separação de poderes, provavelmente, perderá completamente sua relevância no Brasil.

8.8 Conclusão

O Brasil, em certo sentido, parece um laboratório de direito público. Institutos, instituições e princípios caros a toda a experiência da democracia ocidental – como a separação de poderes e os direitos de defesa – são testados, usados e abusados à exaustão. Experimenta-se de tudo, e toda a experiência parece justificada pela boa intenção de combater a criminalidade na política.

No campo das iniciativas que procuram ter um olhar mais preventivo, também se misturam instrumentos relativamente novos (como a LCI e os códigos de conduta), mesmo que de eficácia mais tímida, com a expansão ou a reconfiguração de institutos mais tradicionais, como a inelegibilidade e as cautelares penais.

Por enquanto, o resultado aponta para um grande aumento na responsabilização de agentes corruptos – mais pelo direito penal, mas também pela expansão das inelegibilidades, pelos exageros no uso da LIA, pela judicialização da política –, mas o que se paga para obter este resultado ainda não está plenamente claro. O que está claro é que o combate à corrupção acolhido como única ou principal prioridade do país

---

preservando as garantias do mandato parlamentar. Sejam quais forem as denúncias contra o senador mineiro, não cabe ao STF, por seu plenário e, muito menos, por ordem monocrática, afastar um parlamentar do exercício do mandato. Trata-se de perigosíssima criação jurisprudencial, que afeta de forma significativa o equilíbrio e a independência dos Três Poderes. Mandato parlamentar é coisa séria e não se mexe, impunemente, em suas prerrogativas'. Nunca é tarde para observar-se a envergadura das instituições pátrias, a eficácia da ordem jurídica, ao fim a independência e a harmonia entre os poderes. Paga-se um preço por viver-se em um Estado de Direito. É módico e está, por isso mesmo, ao alcance de todos: o respeito irrestrito às regras estabelecidas' (3º Ag. Reg. na Ação Cautelar nº 4.327-DF. p. 13-15. Disponível em: http://www.stf.jus.br/arquivo/cms/noticiaNoticiaStf/anexo/AC4327agravoMMA.pdf. Acesso em: 1º jul. 2017, grifos nossos). O problema é que, embora concordemos integralmente com o trecho acima, o referido ministro, com todo o respeito, também é conhecido por decisões liminares polêmicas, nem sempre (como a sob análise) representativas da autocontenção apregoada no caso em questão. Basta citar sua decisão liminar, de 5 de dezembro de 2016, determinando o afastamento do então presidente do Senado Federal, sob o argumento de que réus não podem ocupar cargos que estejam na linha sucessória da Presidência da República (o então presidente tinha sido denunciado criminalmente poucos dias antes e a denúncia ainda não tinha sido recebida), tema então em discussão no Plenário do Supremo (ADPF nº 402).

também pode cegar, pode criar uma enorme tolerância à flexibilização ou liquefação de direitos que se pensavam inatingíveis. Pode fazer com que se esqueçam todas as outras tarefas – ou, melhor, responsabilidades, do Estado.

A história não parece se repetir, mas é sempre útil verificar o que aconteceu com países que passaram por experiências próximas e fizeram escolhas muito parecidas com aquelas em voga no Brasil. Pensamos na experiência política da Itália posterior à operação Mãos Limpas, uma operação que é em muito parecida com a operação Lava-Jato.[1371]

Ao tratar da operação Mãos Limpas na Itália, Guido Sirianni registra que um dos seus efeitos foi retirar dos partidos políticos e transferir para o Poder Judiciário a função de controle da ética na política. O problema com essa passagem é que a função de preservar a ética política perde sua dimensão política e de direito público para assumir uma nova e absorvente característica penalista, que pode facilmente degenerar numa criminalização moralizadora sem talvez muita eficácia e que deixa mais uma vez a sociedade civil fora dessa função.[1372]

Guido Sirianni sustenta:

> Nas democracias contemporâneas mais maduras o problema da corrupção política é enfrentado por meio da revisão e do aperfeiçoamento do circuito da responsabilidade política e dos instrumentos preventivos de direito público: *accountability*, transparência, códigos éticos, financiamento da política e das despesas eleitorais, conflito de interesses, registro dos grupos de pressão. Os instrumentos penais estão sempre presentes mas ficam ao fundo. O êxito nem sempre é convincente se levamos em consideração o crescente condicionamento da política pelo dinheiro [...] mas a direção da marcha é esta.[1373]

Já no contexto italiano, destaca Sirianni, esta perspectiva política e de direito público resulta ao contrário distante, opaca, substancialmente incompreendida, impactada entre uma nova partidocracia que tenta defender suas prerrogativas de modo arrogante e uma magistratura que ascende ao papel de suplente-permanente garantidor da ética pública.[1374]

Seria útil aprender com esta experiência italiana e não desvalorizar os poucos mecanismos não punitivos de promoção de uma responsabilidade prospectiva.

Para Sirianni, as reformas efetuadas no campo do que ele denomina de "direito da política" no último quarto de século refletem a ambiguidade e a anomalia do caso italiano que apenas de forma muito sumária podem ser resumidas no confronto entre aqueles favoráveis e os contrários à progressiva participação da Justiça na política.

[1371] O mais conhecido protagonista de tal operação, o Juiz Federal Sergio Moro, em trabalho doutrinário, expressamente acolhe a experiência da Operação Mãos Limpas como inspiradora de sua atuação (MORO, Sergio Fernando. Considerações sobre a operação Mani Pulite. *Revista do CEJ*, Brasília, n. 26, p. 56-62, jul./set. 2004. Disponível em: http://www2.cjf.jus.br/ojs2/index.php/revcej/article/viewFile/625/805. Acesso em: 22 dez. 2014). Para uma excelente comparação entre a Lava-Jato e a Mãos Limpas, *vide* CARIELLO, Rafael. Os intocáveis: Como um grupo de procuradores combateu a corrupção na Itália e acabou derrotado. *Revista Piauí*, n. 116, maio 2016. Disponível em: piaui.folha.uol.com.br/matéria/os-intocaveis/. Acesso em: 5 jul. 2017.

[1372] SIRIANNI, Guido. Etica pubblica e prevenzione della corruzione: il problema del personale politico. *Diritto Pubblico*, anno XX, n. 3, p. 927-951, set./dez. 2014. p. 939.

[1373] SIRIANNI, Guido. Etica pubblica e prevenzione della corruzione: il problema del personale politico. *Diritto Pubblico*, anno XX, n. 3, p. 927-951, set./dez. 2014. p. 940.

[1374] SIRIANNI, Guido. Etica pubblica e prevenzione della corruzione: il problema del personale politico. *Diritto Pubblico*, anno XX, n. 3, p. 927-951, set./dez. 2014.

Sirianni afirma que, com o ganho de protagonismo do Judiciário na resposta que o poder político não conseguiu dar à "crise do sistema" (na qual ele inclui a luta contra a corrupção e contra a máfia), foi removido do direito público aquilo que foi tido como obstáculo que pudesse limitar a atuação da magistratura. Assim:

> a imunidade parlamentar não é reformada, para impedir os abusos na sua utilização, ela é suprimida *tout court*; se aceita, como mal menor, a ideia de que, face às insanáveis disfunções da jurisdição penal que impedem que se chegue à sentença definitiva (e portanto à execução da interdição de acesso a cargos públicos) em tempo razoavelmente breve, mesmo as condenações não definitivas por crimes de máfia, narcotráfico, corrupção determinam a suspensão do cargo.[1375]

Algo muito parecido aconteceu e está acontecendo no Brasil. Os instrumentos não punitivos são desprezados e procura-se tirar todos os obstáculos à plena efetivação dos mecanismos punitivos, numa "lógica da criminalização" que, como diz Olivier Beaud, "apresentada como 'progressista' faz na verdade ressurgir um tipo de neo-populismo".[1376] Os abusos na utilização da LIA são um exemplo; a tentativa de quase suprimir o *habeas corpus* é outro.

As lições de Sirianni podem ser muito úteis para evitar a mesma frustração com certo excesso na aposta penalista.[1377] Sirianni também destaca a incapacidade da política na Itália – idêntica à do Brasil – de guiar um resgate cívico e de policiar minimamente a si mesma, afastando corruptos do acesso às candidaturas. Mas esta incapacidade não pode servir de justificativa para colocar todas as fichas na repressão punitiva (seja pela via penal, seja pela via da improbidade administrativa). O resultado a que se chegou desacreditando toda a classe e a atividade política não foi bom na Itália (o reinado de Berlusconi foi longo) e definitivamente não está sendo bom para o Brasil.

[1375] SIRIANNI, Guido. Etica pubblica e prevenzione dela corruzione: il problema del personale politico. *Diritto Pubblico*, anno XX, n. 3, p. 927-951, set./dez. 2014. p. 941.

[1376] BEAUD, Olivier. La Responsabilité Politique Face à la Concurrence d'Autres Formes de Responsabilité dês Gouvernants. *Pouvoirs*, n. 92, 2000. p. 29.

[1377] Outro ponto que também interessa o Brasil foi a frustração ocorrida na Itália decorrente do fato de forças genuinamente reformadoras terem colocado expectativas excessivas no efeito moralizador da vida política que poderia ser alcançado pela troca de um sistema eleitoral por outro (SIRIANNI, Guido. Etica pubblica e prevenzione dela corruzione: il problema del personale politico. *Diritto Pubblico*, anno XX, n. 3, p. 927-951, set./dez. 2014).

OBSERVAÇÕES CONCLUSIVAS

1   A responsabilidade vista pelo direito: aspectos introdutórios

Enquadrar a responsabilidade constitucional dos agentes políticos esbarra na ausência de um conceito jurídico unitário de "responsabilidade", que dificulta sua compreensão e levanta dúvidas sobre a existência de uma '"razão transversal' a informar as várias responsabilidades".[1378] Exemplo dessa dificuldade é o texto constitucional brasileiro, no qual a palavra *responsabilidade* aparece com ao menos nove sentidos distintos.

Ainda assim, parece clara a existência de um princípio constitucional da responsabilidade, que, historicamente vinculado aos agentes políticos, extrapola seu foco inicial, e pode se aplicar às seguintes matérias: (1) deveres (e, em certa medida, expectativas) dos (1.1) órgãos e entes estatais; dos (1.2) agentes políticos e dos (1.3) demais agentes públicos; das (1.4) pessoas físicas em geral; das (1.5) pessoas jurídicas em geral; (2) sistemas punitivos ou reparatórios tendo como sujeitos ativos ou passivos as pessoas mencionadas.

O princípio da responsabilidade carrega uma tensão permanente uma vez que, quando se fala de responsabilidade por cumprir um dever, ou seja, por "fazer" alguma coisa, a preocupação maior é com entrega e efetividade, já quando se fala em responder por ter feito algo errado ou não ter feito alguma coisa que se devia fazer, a preocupação maior parece ser com uma punição, embora deva-se acrescentar uma preocupação com a "correção" da conduta.

O foco nos sistemas punitivos dos agentes políticos aponta no sentido de que a responsabilidade como princípio constitucional comanda a existência de sistemas de responsabilização que não deixem atos e omissões dos agentes públicos sem respostas, sem justificação, sem prestação de contas e, se for o caso, sem punição. Seguindo esta linha podemos afirmar que o princípio da responsabilidade é *a priori* de difícil compatibilização com situações de irresponsabilidade (seja a irresponsabilidade de agentes ou de órgãos ou instituições) que, portanto, quando admitidas pela Constituição (e são em vários sistemas), devem ser interpretadas de forma restritiva, salvo quando existirem (e por vezes existem) razões consistentes para justificá-las.

Mas o princípio da responsabilidade, quando aplicado a agentes públicos, também deve condenar esquemas que, sob o pretexto de priorizar exclusivamente a punição, ou de tentar dar respostas jurídicas para questões de outra natureza, minem

---

[1378] CANOTILHO, J. J. Gomes. *Princípio da responsabilidade*: um princípio a rever na Constituição. Texto cedido aos doutorandos em Direito Público da Faculdade de Direito da Universidade de Coimbra, outubro de 2010. p. 2.

as condições necessárias à atração e ao desempenho de bons governantes (fenômeno que caracteriza a atual situação do direito público brasileiro). Isso porque a responsabilidade constitucional dos agentes políticos também é uma responsabilidade-função, direcionada ao futuro, preocupada em estabelecer condições para que o Estado – por meio de seus agentes – cumpra as cada vez mais abrangentes promessas contidas nos textos constitucionais contemporâneos.

Isto obriga o princípio a se equilibrar entre a necessidade de não deixar ilícitos sem punição e, por outro lado, não fazer desta busca – pela punição – o único objetivo, em detrimento de outros igualmente dignos de preocupação.

2   Responsabilidade política e responsabilidade jurídica

A relação atualmente tensa entre a responsabilidade política e as distintas formas de responsabilidade jurídica se desenvolve tendo como cenário um conflito mais amplo entre direito e política. Isto porque a Constituição impõe uma moldura à atividade política, mas não deve suprimi-la nem a reduzir à irrelevância. A função política de direção do Estado é condicionada, mas também é garantida pela Constituição. Decisões políticas produzidas *no* espaço que o direito constitucional tem por obrigação preservar não estarão sujeitas ao controle de esquemas de responsabilidade *jurídicos* e, sim, à crítica, ao controle e à responsabilidade política.

O respeito mútuo do direito e da política pelo espaço que deveria ser reservado a cada um e a distinção entre responsabilidade política e jurídica vêm esmaecendo, o que é evidenciado por uma série de elementos (que por vezes funcionam como causa do fenômeno), entre os quais: a tentativa de diminuir ou mesmo de suprimir o espaço deixado à política; o deslocamento radical dos limites de atuação do Judiciário, com a invasão de espaços considerados como de reserva política e o entendimento do Judiciário de que tudo (ou quase) pode ser objeto de decisão judicial; o uso de argumentos jurídicos com o fim não de punir o adversário por ter violado o direito, mas de enfraquecê-lo politicamente, ou retirá-lo da próxima disputa e a progressiva redução de prerrogativas que protegiam agentes públicos.

Entre as causas jurídicas para este fenômeno destaca-se o exagero na implementação do louvável objetivo de delimitar juridicamente a atividade política. Há no Brasil um enorme mal-estar com a atividade política que, por vezes, se transforma num mal disfarçado desprezo, que tenta se disfarçar e se legitimar num mero cumprimento da Constituição.

Com isto, a responsabilidade jurídica é cada vez mais politizada ou ao menos recebe o influxo de critérios quase que puramente políticos. Isto gera tensões extremamente graves aos sistemas constitucionais que, em épocas de crise, podem levar a perigosos esgarçamentos da ordem constitucional.

A responsabilidade política é juridicamente delimitada por normas constitucionais que dispõem sobre os sujeitos da responsabilidade, os instrumentos para a sua apuração, o rito de funcionamento destes instrumentos e as sanções ou consequências da quebra da confiança, mas deixam de fora o elemento essencial para que um esquema de responsabilidade, em especial punitivo, possa ser considerado uma responsabilidade jurídica (e não apenas juridicamente delimitada), que é o parâmetro em face do qual se apura se houve ou não quebra de responsabilidade. Isto porque a responsabilidade política repousa num juízo quase que integralmente subjetivo, irredutível a qualquer moldura jurídica predeterminada, destinado a verificar se um governante é "bom" ou "mau", e não para verificar se cometeu ou não um ilícito, definido por lei anterior.

A responsabilidade política pode ser definida como o conjunto de mecanismos constitucionais que permitem ao Parlamento (e excepcionalmente a outros órgãos) exigir dos governantes explicações e informações sobre a forma como conduzem os negócios públicos a fim de que, a partir das respostas dadas, possam avaliar do ponto de vista político esta condução, e extrair consequências que, nos sistemas parlamentaristas (e semipresidencialistas) incluem a derrubada do governo.

Além de uma responsabilidade política expressamente conformada pelas constituições, costumes e convenções constitucionais, denominada responsabilidade política institucional, subsiste a responsabilidade política difusa, que se caracteriza pela crítica aos agentes políticos realizada pelos mais diversos membros de uma sociedade política.

O sujeito ativo por excelência da responsabilidade política institucional – a quem são prestadas contas e que pode aplicar eventual sanção – é o parlamento, mas é possível falar-se de uma responsabilidade política interna ao Poder Executivo com seu chefe atuando como sujeito ativo de seus subordinados. Em sentido lato, em especial para os que aceitam o conceito de responsabilidade política difusa, o povo (coletivamente) e seus integrantes (individualmente) são os sujeitos ativos. O sujeito passivo por excelência é o governo, no sentido parlamentarista do termo, mas também os ministros individualmente e outros agentes políticos e, em relação à responsabilidade política difusa, todos aqueles que estão disputando o poder.

Na ausência de ilícitos predeterminados, a pretensão de responsabilizar politicamente se inicia com a imputação ao sujeito passivo de fatos que representem erros politicamente relevantes, que podem eventualmente ser – também – juridicamente relevantes. Tais fatos devem ter ocorrido após a assunção ao cargo, e, quanto aos atos omissivos, pressupõe o decurso de prazo necessário para o agente tomar conhecimento dos problemas e poder agir. A conveniência e a oportunidade de ativação da responsabilidade política são igualmente objetos de apreciação política.

É possível responsabilizar politicamente o agente por atos praticados por terceiros a ele subordinados, embora exista dissenso de quantos níveis essa responsabilidade possa descer numa cadeia de comando. A ampla admissão – pela responsabilidade política – de que alguém seja responsável pelo comportamento de outrem é uma das grandes distinções entre a responsabilidade política e a responsabilidade penal. O agente não será responsável se não podia ter conhecimento dos atos questionados.

A perda do cargo é considerada a principal sanção da responsabilidade política, mas a inviabilidade desta sanção não significa a inexistência de responsabilidade política.

A imputação de responsabilidade política aceita nexos de causalidade extremamente alargados e, embora em geral considerada como objetiva, parece-nos mais correto considerar que se trata de responsabilidade subjetiva, com a culpa presumida de forma quase absoluta. As circunstâncias que dificultam a apuração do nexo causal na responsabilidade política (extensão da cadeia de comando, complexidade da legislação e do aparato estatal, por exemplo), também se colocam para a apuração da responsabilidade jurídica dos agentes políticos. No entanto, as razões que justificam o afastamento ou atenuação do nexo causal em relação à responsabilidade política (a regra democrática, a natural abertura das falhas políticas e, em especial, a limitação da "sanção" à perda do cargo) não se aplicam à responsabilidade jurídica, sob pena de violação a princípios basilares do Estado de direito (legalidade, tipicidade, ampla defesa).

No presidencialismo é inegável a existência de responsabilidade política difusa; mas também existe, de forma menos intensa, a responsabilidade política institucional. Em primeiro lugar existe no presidencialismo uma responsabilidade política interna ao Executivo, inerente à relação jurídico-constitucional que liga o chefe do Poder Executivo aos seus auxiliares imediatos com todos os elementos da responsabilidade política tradicional, incluindo a "sanção" de perda do cargo.

Também subsiste no presidencialismo uma responsabilidade política institucional do presidente e de seu governo em face do Parlamento, evidenciada pela existência de mecanismos de prestação de contas do presidente e de ministros perante o parlamento, exemplificados, no Brasil, por diversos mecanismos à disposição do Congresso Nacional para fiscalizar e controlar os atos do Poder Executivo, incluindo a possibilidade de sustar atos normativos que exorbitem do poder regulamentar e convocar ou encaminhar pedidos de informações a ministro de Estado importando crime de responsabilidade a ausência de comparecimento ou de resposta. Além disso, existem as comissões parlamentares de inquérito, que podem ser instauradas mediante requerimento de um terço dos membros da Câmara dos Deputados ou do Senado Federal e são dotadas de poderes de investigação próprios das autoridades judiciais.

Em matéria de "sanção", embora o afastamento dos agentes políticos por razões políticas seja vedado, o Congresso Nacional tem o poder de "julgar anualmente as contas prestadas pelo Presidente da República e apreciar os relatórios sobre a execução dos planos de governo". Se as contas forem rejeitadas, dependendo das razões específicas para essa rejeição, isso pode resultar, embora não automaticamente, na inelegibilidade do presidente e mesmo em sua sujeição a processo de *impeachment*. A estes mecanismos se soma aquele que, individualmente, parece ser o mais eficaz mecanismo de controle político de um parlamento perante o governo, mesmo presidencialista, que é o não acolhimento de uma proposta legislativa apresentada pelo governo, impedindo um governo de fazer aquilo que pretendia fazer.

A prévia definição normativa e abstrata do ato ou omissão que, se for praticado, é apto a desencadear determinadas consequências é uma característica essencial a qualquer esquema de responsabilização jurídica. Um mesmo ato pode ser um erro político *e* um ilícito e, assim, deverá ser apurado e punido de forma independente e paralela pelos mecanismos de responsabilidade política e pelos procedimentos e critérios jurídicos.

É cada vez mais comum a existência de conflitos e de sobreposições entre, de um lado, os esquemas de responsabilidade política e, de outro, os esquemas de responsabilidade jurídica (seja penal, seja, no Brasil, de improbidade administrativa).

O uso político da responsabilidade jurídico-sancionatória (que, no Brasil, inclui outras formas de responsabilização jurídica, como a improbidade administrativa) configura um dos conflitos com a responsabilidade política, caracterizado quando um agente acusa outro da prática de um ilícito, não com o objetivo de que isto seja apurado

OBSERVAÇÕES CONCLUSIVAS | 433

e eventualmente punido, mas sim com o objetivo de atingir politicamente o adversário. Um segundo tipo de conflito se dá pela tentativa de enquadrar erros meramente políticos em alguma forma de ilícito, abrindo a possibilidade de apuração e punição jurídica. No primeiro caso a imputação é de algo que, *abstratamente*, é um ilícito. No segundo tipo de conflito é feito um esforço para enquadrar algo que tradicionalmente sempre esteve no campo da política como ("juridicamente") ilícito. Neste sentido este conflito não deixa de ser uma manifestação específica da denominada judicialização do poder ou da política.

O terceiro e talvez mais perigoso conflito se dá quando características próprias de determinado esquema de responsabilidade (não necessariamente sancionatório) – características que só existem e só se justificam em um deles (a inversão do ônus da prova em processos de reparação do dano ambiental, por exemplo) – são pinçadas e exportadas, sem maiores cuidados, para outro esquema com o qual são incompatíveis.

O incremento na utilização política da responsabilidade jurídica foi possibilitado por vários fatores, incluindo a redução dos espaços deixados à política pelo direito e a consequente possibilidade de juridicização de erros políticos. Seu aspecto positivo é que a troca de acusações entre adversários políticos aumenta a possibilidade de os órgãos de controle tomarem conhecimento da ocorrência de ilícitos e, para este fim, a motivação da denúncia é irrelevante. O aspecto negativo é que o aparato estatal se transforma num instrumento à disposição de grupos políticos com um alto custo para o Estado e um custo que tangencia o zero para o denunciante (que consegue dirigir a agenda de fiscalização dos órgãos de controle, fazendo com que estes, conscientemente ou não, trabalhem para o grupo denunciante). Se as denúncias tiverem fundamento, poder-se-á dizer que sua motivação política perde importância. Caso contrário, o aparato estatal terá injustamente trabalhado para um grupo político, com chance significativa de que este trabalho ajude a alterar a equação política sem qualquer custo (financeiro ou político) para o grupo beneficiário.

A solução para os problemas decorrentes do uso político da responsabilidade jurídica não é única nem fácil, em especial porque não pode causar um prejuízo à necessária fiscalização dos agentes políticos. A consciência da existência do problema, em especial por parte dos órgãos que recebem as denúncias, é um primeiro passo que deveria ser seguido de maior cuidado no recebimento de denúncias em série contra determinada pessoa ou grupo, quando fica mais evidente seu uso político. Os órgãos de fiscalização devem exercer maior controle sobre sua própria "agenda" de fiscalização, que deve ter maior racionalidade, incluindo investigações iniciadas com base em critérios objetivos (contratos acima de certo valor, ou mesmo sorteios periódicos). A admissão de denúncia anônima há de ser restringida aos casos em que é realmente indispensável. Especial cuidado deve ser tomado no período eleitoral, fase durante a qual qualquer notícia de instauração de procedimentos ou de medida preventiva pode gerar um enorme impacto no pleito.

A ampliação do espaço dedicado às normas principiológicas, com estrutura próxima à de *standards* políticos mediante os quais a atividade política é avaliada, significa que, hoje, quase toda a medida ou decisão política pode, com alguma habilidade retórica, ser apontada como tendo violado alguma norma jurídica.

Um grande problema derivado da judicialização do erro político é o deslocamento do debate político do parlamento para o Judiciário, com a consequente predeterminação do resultado do "debate". Com efeito, uma questão discutida no parlamento pode ter diversas soluções – ou até nenhuma, se o tema sair da agenda, o que não é necessariamente ilegítimo – com distintos graus de conciliação possíveis entre distintos interesses. Já o Judiciário está em geral limitado a uma decisão dicotômica (procedente ou improcedente, culpado ou inocente). Ademais, quando a tentativa de judicialização é exitosa, transferindo uma questão política para os tribunais, o poder político da minoria, como por um passe de mágica, passa a ser idêntico ao da maioria, e o grupo que recebeu menos poder político das urnas ganha um reforço de seu poder, de modo a igualá-lo àquele poder outorgado – pelo povo – ao grupo vencedor das eleições.

Dois fenômenos ligados à proteção jurídica de bens jurídicos ultrassensíveis, como é o caso da moralidade pública, merecem atenção especial. O primeiro fenômeno é o da "ponderação", "relativização" (ou liquefação) dos direitos de quem está em posição "contrária" a um bem jurídico ultrassensível. O segundo é o da mistura entre os pressupostos ou elementos que caracterizam os distintos esquemas de responsabilização.

Na busca por tutelar valores especialmente relevantes – como a vida, ameaçada pelo terrorismo, a moralidade da ação estatal, a higidez das eleições – é cada vez mais comum a distorção ou mesmo o abandono de certos direitos e garantias que constituem a própria argamassa dos pilares do Estado democrático de direito. Neste movimento a defesa de qualquer outro valor – salvo aquele protegido pelo sistema em questão – é vista como irrelevante ou inaceitável.

Ao longo da história, bens jurídicos especialmente sensíveis passaram a ser objeto de tutela por distintos e sobrepostos esquemas de responsabilidade. O mesmo ocorre com certas condutas ilícitas praticadas por agentes políticos que, em tese (não fosse a vedação do *bis in idem*), são passíveis de punição por meio de uma: (a) sanção jurídico-política (condenação por crime de responsabilidade com afastamento do cargo); (b) sanção *não penal*, aplicada por meio de uma lei do gênero da Lei de Improbidade brasileira; (c) sanção criminal (se o fato também constituir crime comum) e tudo isto sem prejuízo da (d) obrigação de reparar o dano. A proteção de um bem jurídico por distintos sistemas de responsabilização não é algo negativo desde que se ressalte a necessidade de que cada um destes sistemas observe as regras e princípios que lhe são próprios. A união de sistemas para proteger um mesmo bem não pode significar a perda de identidade de cada um desses sistemas.

No entanto, na tutela *punitiva* destes bens especialmente protegidos é cada vez mais comum a invocação de princípios, teorias e doutrinas que surgiram – *e deveriam permanecer* – na esfera reparatória, ao mesmo tempo em que se diluem ou "ponderam" os direitos e garantias relacionados à atuação persecutória do Estado. Ora, o fluxo de institutos, técnicas e princípios entre distintos ramos do direito não pode ser feito de maneira acrítica e casuística sem qualquer consideração quanto às características do ramo do direito de onde saiu o instituto, do ramo que o receberia e das consequências da importação. Estes fluxos têm como justificativa a alta relevância do bem jurídico protegido e a dificuldade em protegê-lo, mas eles podem resultar em grave violação de direitos e liberdades fundamentais progressivamente queimados em um auto de fé, destinado a purificar a República de seus "corruptos". Do ponto de vista constitucional esta confusão – que já contamina os principais institutos de apuração da responsabilidade dos agentes políticos no Brasil – é insustentável e perigosa.

3 A responsabilidade dos agentes políticos e seu tratamento diferenciado

O tratamento especial reservado aos agentes políticos pode ser dividido em três dimensões: (1) natureza, que pode ser: (1.1) prerrogativa de direito material ou processual e (1.2) identificação dos sistemas de responsabilização aos quais ela se aplica; (2) objeto específico, ou seja, a definição de quais atos atraem o tratamento especial conforme a classificação dicotômica entre: (2.1) atos diretamente relacionados ao exercício do cargo, função ou mandato e, de outro lado, (2.2) atos sem qualquer relação com tal exercício. Entre estes extremos há alguma margem de incerteza, falando-se por vezes em atos que estão no perímetro externo das atribuições do cargo. (3) Dimensão temporal com a divisão entre atos praticado antes, durante e depois do período no qual o agente estiver no exercício do cargo.

A CRFB concede tratamento diferenciado de natureza material e processual ao PR que, "na vigência de seu mandato, não pode ser responsabilizado por atos estranhos ao exercício de suas funções", com o que temos uma imunidade que, quanto ao objeto, só se aplica aos atos estranhos ao exercício das funções, e é limitada ao tempo do mandato. O dispositivo não esclarece qual *responsabilização* fica afastada, mas o STF, sustentando a necessidade de interpretação restritiva do dispositivo, limita-o à responsabilidade penal, sem, no entanto, manifestar-se claramente sobre os atos de improbidade administrativa, que, a nosso ver, também devem ser incluídos nesta prerrogativa. O PR, "enquanto não sobrevier sentença condenatória, nas infrações comuns [...] não estará sujeito a prisão" e está sujeito a processo e tribunal próprios para julgá-lo tanto nos crimes de responsabilidade quanto nas infrações "penais comuns".

A CRFB estabelece prerrogativas para outros agentes políticos (ministros de estado, comandantes da Marinha, do Exército e da Aeronáutica, governadores dos estados brasileiros e prefeitos).

Uma análise comparativa revela a existência de distintas prerrogativas em todos os quatorze países pesquisados. O grande ponto em comum é a previsão de um foro especial para os agentes políticos, presente em treze dos países pesquisados, seja para o PR seja para os ministros. Em nenhum dos países analisados o chefe de estado pode ser processado enquanto no exercício de sua função por um tribunal comum. A análise de alguns instrumentos internacionais aplicáveis a agentes políticos também revela que a existência de prerrogativas é comum, o que é exemplificado pela Convenção das Nações Unidas contra a Corrupção, que admite o tratamento diferenciado de agentes públicos. Assim, não se pode afirmar que as prerrogativas são privilégios sem equivalente no plano comparado ou internacional.

A análise da criminalidade governativa deve se preocupar em como punir crimes cometidos e prevenir sua ocorrência, mas também em como tratar a situação de suspeita de cometimento de ilícitos por parte dos governantes, que, em sistemas democráticos, governam por terem sido escolhidos pelo povo, o que atrai a necessidade de se respeitar o direito da maioria que os escolheu. Ademais, o mero fato de estarem sob suspeita (fundada ou não) já é, em geral, suficiente para abalar o funcionamento das instituições. Há, portanto, uma tensão entre a necessidade de reprimir ilícitos *efetivamente* cometidos por aqueles que ostentam responsabilidades políticas e, por outro lado, a necessidade de tomar as cautelas para que um governante escolhido pelo povo não seja afastado ou punido com base em acusações sem fundamento. A tarefa de manter um equilíbrio entre estes extremos é especialmente delicada.

Para os que enfatizam a igualdade e a necessidade de responsabilização de agentes públicos (a qualquer preço), qualquer leve suspeita deveria justificar uma investigação, preferencialmente com o afastamento "preventivo" do investigado, a fim de que não atrapalhe a investigação. Com isso, agentes políticos eleitos são afastados cautelarmente de suas funções, sem prévio direito de defesa, sob o argumento da necessidade de melhor instruir uma ação em que lhe seja imputado algum ilícito. Neste extremo, a ênfase na necessidade de responsabilização de agentes públicos causa danos à democracia e à estabilidade dos governos e, em casos mais graves, das próprias instituições. A opção por maior rigor na apuração e pela flexibilização de princípios como o da presunção de inocência implica transferir para o Poder Judiciário mais decisões políticas, causando mais desequilíbrio à separação de poderes. Por outro lado, uma exigência extremamente elevada de consistência na acusação pode impedir a responsabilização quando ela é necessária, permitindo que agente criminoso continue à frente de assuntos públicos e encorajando-o a cometer mais crimes, o que sem dúvida é desastroso.

Assim, diversos elementos devem ser considerados para a construção e a interpretação constitucionalmente equilibrada dos sistemas de responsabilização dos agentes políticos; alguns apontam para sistemas mais rigorosos que tornem a punição mais fácil e as penas mais rigorosas, outros apontam para sistemas mais garantistas e que apresentarão maiores dificuldades para a responsabilização dos agentes políticos.

No primeiro grupo de elementos encontramos, em especial, duas razões: a principal é que de um agente político se devem esperar os mais altos padrões de comportamento ético. A segunda razão é que o poder detido pelos agentes políticos torna mais urgente a necessidade de identificar quando estão cometendo ilícitos pois, enquanto não o forem, usarão esse poder para influenciar o rumo das investigações e cometer mais ilícitos.

O segundo grupo de elementos inclui: a necessidade de levar em conta a escolha feita pelo povo como imposição do princípio democrático; o fato de que qualquer investigação sobre agentes políticos tem enorme potencial para a desestabilização política e o fato de que agentes políticos são especialmente vulneráveis a acusações sem qualquer fundamento, mediante o uso político da responsabilidade jurídica.

Outro elemento crucial na tensão é que, vista de uma perspectiva mais geral, a forma de responsabilização dos agentes políticos é apenas um dos aspectos da conformação constitucional do estatuto destes agentes. De um sistema político constitucionalmente conformado – e, em especial, de seus principais agentes – não se espera "apenas" que seja honesto (isto é pressuposto), mas que seja eficiente. Assim, se os sistemas de responsabilização de agentes políticos devem ser construídos para desestimular o agente incompetente e, sobretudo, o criminoso; por outro lado não devem ser construídos de forma a afastar o político honesto e competente.

Uma doutrina constitucional sobre a responsabilidade dos agentes políticos deve prestar atenção a certas características das funções executivas nas democracias contemporâneas: a complexidade (ou hipercomplexidade) caracterizada por quatro elementos: a vasta lista de temas com os quais o Estado contemporâneo lida; a "constitucionalização" desses temas; a complexidade do aparelho estatal, da própria sociedade e de seus múltiplos adjetivos (pós-moderna, de risco, pluralista, individualista etc.) e exigências (eficiência, segurança, felicidade, participação, transparência). Outra característica que merece atenção é que o agente político eleito *o é* sempre por determinado período (seu mandato). Podendo ou não ser reeleito, espera-se que ele cumpra o que prometeu *no tempo de seu mandato*. Esta temporalidade se choca com o caráter permanente do Estado e com o longo prazo necessário para implementação e avaliação de vários tipos de políticas públicas.

Assim, temos os seguintes elementos que condicionam a atuação do agente político nas democracias contemporâneas: (a) a burocracia, a legalidade e a extrema complexidade da administração moderna como elementos que dificultam a atuação administrativa e a própria imputação de responsabilidade; (b) a cada vez maior demanda de serviços e funções públicas; e (c) a questão temporal.

É extremamente positivo que agentes políticos não roubem, não corrompam, não se deixem corromper – se não por convicção moral – pelo medo de serem punidos. Mas é extremamente negativo que uma autoridade pública, genuinamente convicta sobre a necessidade e a legalidade de determinado ato para o atendimento do interesse público, deixe de praticá-lo por medo de ser punida com base em tipos infracionais amplíssimos. Se a autoridade não tiver um mínimo de garantias é possível que o único comportamento racional seja não fazer nada, em evidente prejuízo da coletividade, consequência que o direito constitucional deve tentar evitar.

Os agentes políticos existem para tomar decisões difíceis e os sistemas de responsabilização devem ser construídos levando esse aspecto em especial atenção. Portanto, garantir a capacidade de decisão dos agentes políticos, sob pena de deixar de atrair bons agentes ou incentivá-los a "não decidir", é um imperativo constitucional, que exige que o Estado passe a se preocupar com seus agentes.

O objetivo de garantir a capacidade de tomar decisões difíceis é, certamente, a maior razão para demonstrar a necessidade de certas prerrogativas a favor dos agentes políticos, o que é amplamente aceito, por exemplo, pela jurisprudência da Suprema Corte dos EUA, que lista três motivos para o reconhecimento de uma imunidade presidencial: a preservação da capacidade decisória, a necessidade de proteção do presidente em face do uso político da responsabilidade jurídica e a necessidade de poupar tempo do PR.

A existência de prerrogativas em favor dos agentes políticos encontra uma oposição que não se levanta perante prerrogativas do Poder Judiciário ou do Ministério Público, que se beneficiam de um leque de prerrogativas mais amplo do que a maioria de agentes políticos. A justificativa – quando não única, a principal – para a existência de prerrogativas em todos os poderes é a de proteger sua capacidade de tomar decisões e, portanto, proteger as funções por eles desempenhadas. Assim, a necessidade de garantir a capacidade deliberativa do membro de determinado poder – que serve para justificar prerrogativas de seus membros – deve servir para garantir a mesma capacidade deliberativa dos demais poderes.

Em sua origem, as prerrogativas surgem como necessárias para garantir a capacidade deliberativa do parlamento em face de investidas de um Poder Executivo ainda muito poderoso e um Judiciário longe de ser independente, característicos da alvorada do constitucionalismo. Hoje a ameaça à capacidade deliberativa tem origem em outras fontes, incluindo o próprio Judiciário e o Ministério Público, ao atuarem politicamente, assim como fatores não estatais como o poder econômico.

Existe uma relação entre os sistemas de responsabilização e as distintas concepções sobre o papel do Estado, em especial na economia: para os cultores do Estado mínimo, um sistema de responsabilização severo, que incentive a *não decisão* e a não atuação, será extremamente positivo, por ajudar a alcançar o que essa linha de pensamento espera do Estado (fazer o mínimo possível); para concepções que defendem uma ampla esfera de responsabilidades do Estado, e que portanto defendem a necessidade de mais ações e decisões, um sistema de responsabilização rigoroso seria extremamente negativo. A ampliação da atuação do Estado, isoladamente considerada, é um fator que amplia as chances de corrupção, mas extrair deste fato que a solução é "menos Estado" equivale a aceitar como verdade absoluta que o Estado é sempre ineficiente e corrupto, e, no Brasil, a decisão de impor enormes tarefas ao Estado foi tomada pela própria Constituição.

O tratamento diferenciado que, do ponto de vista do direito constitucional, pode e deve ser concedido aos agentes políticos é aquele necessário à garantia dos seguintes objetivos: (i) preservar a capacidade decisória do agente (sem descuidar do aspecto temporal); (ii) minimizar os efeitos nocivos do uso político da responsabilidade jurídica; (iii) levar em consideração o princípio democrático; (iv) não ter o efeito de afastar pessoas preparadas e bem-intencionadas de cargos públicos; (v) nem ter o efeito inverso de atrair pessoas mal intencionadas; o que significa (vi) não facilitar ou servir de estímulo à prática de ilícitos pelo agente mal-intencionado. O objetivo do tratamento diferenciado é proteger a função e não seu titular, ainda que, para proteger a função, por vezes seja necessário proteger o titular que já a deixou.

Nem todos estes objetivos apontam na mesma direção, mas é possível tentar buscar um regime que contemple – ao menos em parte – todos. Por exemplo, uma pena extremamente rigorosa para ilícitos praticados por agentes políticos poderá afastar o agente mal-intencionado e não afastar o bem-intencionado, se este último tiver garantias processuais suficientes de que seu processo será justo.

O tratamento diferenciado mais necessário é um foro especial centralizado, composto de forma colegiada, por julgadores com grande experiência. A colegialidade e a experiência reduzem a possibilidade de erros ou de decisões precipitadas, que não levem em especial consideração os múltiplos fatores tratados ao longo deste trabalho, e tendem a diminuir os efeitos nocivos de pressões externas. A exigência de que seja um tribunal único (o que não significa que não haja a possibilidade de recurso) se justifica pela necessidade de evitar os enormes custos que teriam que ser suportados por agentes expostos a processos em qualquer lugar do país, em especial em um país continental. No caso do chefe do Poder Executivo, a necessidade de uma mínima consideração pela separação de poderes impõe que este foro seja o tribunal de maior hierarquia do país ou do Estado.

O foro especial deve abranger qualquer ação punitiva proposta ou em curso durante o mandato porque, neste período, ele é exigido pela necessidade de preservação da capacidade decisória, pelo custo temporal e pela proteção contra o uso político da responsabilidade jurídica; e deve ser mantido após o agente ter cessado o exercício de suas funções, exclusivamente no que se refere aos atos (ou omissões) diretamente relacionados ao seu exercício. Do contrário, o objetivo de garantir a serenidade necessária à tomada de decisões seria ignorado, e a tranquilidade que se pretende garantir ao agente seria uma ilusão de curta duração.

Sistemas que contam com foro especial, com as características expostas acima, não precisariam de autorização parlamentar para o início ou o prosseguimento de processos punitivos contra agentes políticos, com exceção dos processos movidos contra o PR e, talvez, contra o PM, porque, especialmente no caso do PR, a altíssima relevância destes agentes, aliada a um mínimo de consideração pela separação de poderes, recomenda a instituição de uma autorização parlamentar como requisito necessário à sua responsabilização punitiva, em especial quando o início do processo implica, como no Brasil, o afastamento (ainda que provisório) do cargo. Em relação aos demais agentes, o foro especial deve ser suficiente para evitar decisões precipitadas, desde que – necessidade especialmente aguda no Brasil – seja garantido um nível minimamente adequado de deferência pelos atos do Executivo.

A concessão de irresponsabilidade, assim concebida como a não sujeição de certos agentes políticos a processos destinados a apurar sua responsabilidade, nomeadamente no campo penal, ainda que temporária, é desnecessária, desde que exista um foro privilegiado com um cuidadoso exame inicial de propostas de investigações. No entanto, em países, como o Brasil, onde a deferência do Judiciário pelo Executivo anda em níveis tão reduzidos, a outorga de certa irresponsabilidade pessoal ao chefe do Executivo ainda parece justificar-se.

Tratamentos diferenciados não significam necessariamente tratamentos mais favoráveis ao agente. Assim, os sistemas de responsabilização dos agentes políticos, no que se refere a crimes cometidos visando a um benefício pessoal, devem ter penas mais elevadas do que aquelas que seriam aplicadas a outras pessoas. Isto atenderia à justa expectativa de atuação ilibada que se espera dos políticos, sem colocar em risco os demais valores em jogo.

Quanto à possibilidade de anistia, indulto, graça ou outros atos de clemência tendo como beneficiários os agentes políticos, entendemos que banir o uso destes mecanismos, em nome de seu eventual mau uso, privaria os sistemas de uma válvula de escape que pode ser necessária em momento de grave crise institucional, em especial em democracias não consolidadas.

Os elementos que indicam a necessidade de tratamento diferenciado também apontam para uma necessidade de interpretação diferenciada das condutas e das normas jurídicas que tratam da apuração da responsabilidade dos agentes políticos (tenham elas consagrado expressamente um tratamento diferenciado ou não). Esta necessidade não se aplica aos crimes nos quais o agente busca um benefício pessoal, mas sim para atos que, embora sejam ao final considerados ilícitos, foram praticados com justificativas legítimas que, mesmo que insuficientes para excluir o delito, devem servir como uma atenuante importante.

A tentativa de implementação de uma ampla responsabilidade hierárquica equivaleria à adoção de uma absurda e inconstitucional responsabilidade objetiva em matéria punitiva e teria como efeito a completa paralisia do aparelho estatal, pois induziria cada agente público que oficia em um processo administrativo a rever todos os atos pretéritos.

Considerar que alguém vai assumir um cargo político estando sujeito aos esquemas ordinários de responsabilização – que não se aplicam a outros agentes públicos como juízes e promotores – sem qualquer alteração fará com que pessoas honestas não aceitem tais cargos. O equilíbrio e a viabilidade do Poder Executivo exigem o reconhecimento de que o estatuto dos agentes políticos não pode prescindir das garantias necessárias à sua atuação. Em suma, a continuidade de certas prerrogativas não é apenas compatível com o regime democrático, mas sim uma exigência para sua sustentabilidade.

4 O *impeachment*

Os dois principais regimes de responsabilização jurídica punitiva dos agentes políticos no Brasil (o *impeachment* e a responsabilidade penal) estão estruturados em torno de uma distinção entre crimes comuns e crimes de responsabilidade, a partir da qual se distingue o processo aplicável, o tribunal competente, o padrão (mais ou menos conformado pelo direito) de análise das imputações e outros aspectos.

Para os crimes de responsabilidade o processo é conhecido por sua denominação anglo-saxônica de *impeachment* e, para os crimes comuns, aplica-se o processo penal ordinário com algumas derrogações. Em relação ao PR, a instauração de processo tanto por crime comum como por crime de responsabilidade depende de autorização de dois terços dos membros da Câmara dos Deputados, requisito que se justifica por duas razões. Primeiro, porque a concessão da autorização ocasiona a gravíssima consequência institucional, que é o afastamento – ainda que temporário – do PR (eleito diretamente pelo povo). Assim, o procedimento de autorização é um filtro contra acusações infundadas ou contra acusações que, ainda que consistentes, não justifiquem a abertura de processo contra o agente político em questão, seja pela pouca gravidade do bem jurídico supostamente atingido, seja pela situação do país em dado momento histórico. Exatamente por isso – segunda razão – só um órgão constituído pelo voto teria a legitimidade necessária para tal autorização.

A decisão da Câmara dos Deputados tem natureza política. Isto significa o reconhecimento de um enorme – mas não ilimitado – espaço de apreciação discricionária da Câmara. A deliberação de cada membro do parlamento deve ser livre e honesta. Não pode participar da votação um parlamentar que, antes de ter acesso ao procedimento, afirme que votará pela autorização porque não gosta do acusado, ou que receba promessa de recebimento de favores para votar em certo sentido.

No caso de crime de responsabilidade, negada autorização e terminado o mandato, estará extinta a punibilidade (do crime de responsabilidade), o que não afasta a possibilidade de punição pelos mesmos fatos, se configurarem crimes comuns. No caso de licença pela prática de crimes comuns o prazo prescricional fica suspenso a partir do encaminhamento, pelo Tribunal competente, do pedido de autorização.

No caso de *impeachment*, a própria CRFB estabelece que o processo será disciplinado por lei formal, exigência que não retira todo espaço para a norma regimental, mas significa que esta não pode contrariar a lei, o que é uma garantia importantíssima em face de maiorias parlamentares que poderiam manipular casuisticamente o procedimento.

A legitimidade para a denúncia é atribuída a "qualquer cidadão", mas há de ser suficientemente precisa para permitir a apreciação da Câmara e a defesa do denunciado. É indispensável a descrição dos fatos imputados e a indicação do crime de responsabilidade ao qual eles corresponderiam.

No Brasil, uma vez dada autorização parlamentar, o processo seguirá os trilhos do *impeachment* nos casos de crimes de responsabilidade ou se encaminhará para os trilhos do processo penal ordinário, nos casos de crime comum. A abertura de um processo por crime comum não implica a abertura de *impeachment*, nem o contrário. A condenação ou absolvição em uma esfera tampouco implica a condenação ou absolvição em outra esfera.

Em se tratando dos governadores, o processo, nos casos de crimes de responsabilidade, seria, segundo a maioria das Constituições Estaduais, julgado pela mesma Assembleia Legislativa que autoriza seu início. No entanto, segundo decisão do STF, o processo deve ser encaminhado a um tribunal misto especial previsto na Lei nº 1.079/50. A nosso ver, tanto os crimes de responsabilidade como o processo de *impeachment* são institutos inteiramente localizados no campo do direito constitucional. Por isso, entendemos que tanto a União quanto os estados têm competência para legislar sobre ambos os temas, que se extrai da capacidade de auto-organização de cada um destes entes da Federação. Esta não é (mais) a posição do STF, que, por meio da Súmula Vinculante nº 46, embora faça a distinção entre crime comum e crime de responsabilidade, considera que, para efeito de competência legislativa, crime de responsabilidade se equipara a crime comum.

É difícil compatibilizar com a Federação a atribuição de competência ao legislador federal para "criar" ou impor a criação de um órgão estadual, no caso o tribunal misto a ser responsável pelo julgamento dos crimes de responsabilidade. Assim, ao invés de se organizar e reger "pelas Constituições e leis que adotarem", os estados, em matéria de *impeachment*, devem se organizar segundo o que for determinado por lei federal.

Em favor do julgamento pelo Senado, reproduzem-se em boa medida as razões que justificam a necessidade de autorização por parte da Câmara. O julgamento envolve uma avaliação do conteúdo e da consistência de determinada acusação, a fim de verificar se justificam a condenação em dado momento histórico. Só um órgão constituído pelo voto teria a legitimidade necessária para tal apreciação.

Em todos os casos em que os crimes de responsabilidade são processados e julgados pelo Senado, "funcionará como Presidente o do Supremo Tribunal Federal", cuja presença, como uma autoridade constitucional independente, dá mais segurança quanto ao respeito às normas de procedimento e sua base constitucional. O presidente do STF não preside apenas a sessão (ou sessões) de julgamento e sim o processo como um todo, o que inclui a fase de coleta de provas e o julgamento em si, cabendo-lhe exercer as atribuições tanto do presidente do Senado, no que se refere às suas sessões, quanto as atribuições em geral reconhecidas aos presidentes de comissões do Senado.

A tese, sustentada com base no art. 86, §4º da CRFB, segundo a qual um presidente reeleito não poderia, na vigência de seu "novo" mandato, ser responsabilizado por atos praticados no mandato anterior não nos parece correta. A primeira parte do dispositivo traça o limite material da irresponsabilidade ("atos estranhos ao exercício de suas funções", ou seja, atos estranhos ao exercício das funções *de* presidente da república) e a outra o limite temporal: durante "a vigência de seu mandato". O PR – *eleito ou reeleito* – beneficia-se temporalmente do referido dispositivo, mas os atos materialmente cobertos são aqueles "estranhos ao exercício de suas funções".

Na dicotomia entre crimes comuns e crimes atribuíveis a agentes políticos (que no Brasil se apresenta pela oposição entre crimes comuns *v.* crimes de responsabilidade), de um lado sempre estão os crimes comuns. A natureza jurídica do outro elemento da dicotomia, que denominamos infrações especiais, apresenta oscilação. Há casos em que se atribui natureza igualmente penal às infrações especiais, que seriam apenas crimes próprios do agente político, ainda que seu processo seja diferenciado. No outro extremo, é possível identificar as infrações especiais como uma categoria especificamente constitucional, estranha ao direito penal (e que, portanto, só impropriamente poderia ser denominada "crime") e por vezes livre de qualquer conformação jurídica. De forma intermediária, é possível atribuir às infrações especiais uma natureza mista: ainda penal, ou "quase-penal" (embora certamente ainda uma manifestação do poder punitivo estatal), mas conformada de maneira particularmente intensa pela Constituição.

A natureza jurídica dos crimes de responsabilidade e a do processo de *impeachment* estão relacionadas, mas não se confundem, o que é evidenciado pela possibilidade de cometimento de crimes de responsabilidade por autoridades não sujeitas ao *impeachment*.

A opção por não considerar os crimes de responsabilidade infrações penais não significa que estejam no campo da responsabilidade política. Consideramos que os crimes de responsabilidade são uma manifestação do poder punitivo estatal, de natureza não penal, e inteiramente localizados no campo do direito constitucional.

As infrações especiais na experiência comparada, incluindo os crimes de responsabilidade no Brasil, têm as seguintes características: estão sempre ligadas à pena de destituição de agentes públicos de especial importância; só são puníveis enquanto o sujeito passivo estiver no poder; usam tipos abertos; e protegem bens de especial relevância, uma vez que não se justifica colocar em funcionamento mecanismo tão grave pela suspeita de uma falta de menor importância.

No Brasil, o foco na proteção de bens de especial relevância decorre da própria lista de bens jurídicos que a CRFB enuncia como aqueles que devem ser protegidos pelos crimes de responsabilidade. Assim, não pode o intérprete e aplicador da lei colocar em marcha o mecanismo de *impeachment* pela suposta prática de atos que só muito indiretamente possam ter ofendido qualquer dos bens protegidos. Não respeitar estas vedações representaria a transformação do *impeachment* em mecanismo idêntico ao da responsabilidade política apurada no parlamentarismo, algo que, a nosso ver, desnatura não apenas o instituto, mas o presidencialismo enquanto sistema adotado pelo constituinte e confirmado pelo povo em plebiscito.

A CRFB não cria nenhum crime de responsabilidade, limitando-se a indicar os bens jurídicos que deverão ser protegidos pelos crimes de responsabilidade a serem criados por lei. A partir do texto constitucional podem ser extraídas três posições. Em um extremo, temos a posição segundo a qual nenhum outro crime poderia ser criado ou delineado que não tratasse dos bens jurídicos expressos no dispositivo e, em outro, a posição que sustenta que toda ofensa a uma prescrição da Constituição constitui crime de responsabilidade. Segundo essa linha, o direito constitucional positivo brasileiro apresentaria uma cláusula aberta que admitiria o *impeachment* por atos atentatórios à Constituição, independentemente de qualificação legal.

A nosso ver, nenhuma dessas opções representa com fidelidade o texto constitucional. Entendemos que a CRFB abre *ao legislador* a possibilidade de criar, expressa e formalmente, crimes de responsabilidade que representem atentados contra valores constitucionais distintos daqueles expressamente enunciados, mas que, ainda assim, representem atentados à Constituição, desde que sejam bens de relevância, senão equivalente, ao menos muito próxima àqueles bens enumerados, em relação aos quais a criminalização é obrigatória.

A admissão do comportamento omissivo como base para o crime de responsabilidade tem como vantagem o reforço no incremento da responsabilidade, mas tem o enorme inconveniente de aproximar perigosamente o conceito da responsabilidade apurada por meio do crime de responsabilidade da responsabilidade política. É possível, em caráter excepcional, a ocorrência de crime de responsabilidade por omissão, quando, cumulativamente, isto for expressamente admitido pela lei e o comportamento não praticado for, por seu turno, exigido pela própria Constituição.

A possibilidade de punição da tentativa de prática de crime de responsabilidade, admitida pela Lei nº 1.079, parece-nos inconstitucional, uma vez que a forma de afastamento do PR é matéria reservada à Constituição, não sendo razoável admitir a hipótese no silêncio constitucional. Assim como não existem crimes comuns por analogia, tampouco existem crimes de responsabilidade por analogia, ou sem dolo ou no mínimo culpa grave, porque, independentemente da natureza do *impeachment*, trata-se de uma manifestação do poder punitivo estatal e este não se concebe, ao menos contra pessoas físicas, sem a presença do elemento subjetivo.

A dimensão política tem papel relevante no processo e no julgamento do *impeachment* e, em certos casos, pode impor uma decisão diversa da que seria imposta exclusivamente por razões jurídicas. Mas não é possível dar-lhe predominância quase exclusiva equiparando o instituto à responsabilidade política do parlamentarismo. O entendimento de que o julgamento sobre o *impeachment* deve ser jurídico pode levar à conclusão de uma excessiva rigidez do sistema, que não teria instrumentos para se livrar do mau governante. Mas tal rigidez – já muito atenuada – é um dos elementos essenciais do presidencialismo, sistema escolhido pelo constituinte e confirmado por plebiscito.

Sufragar a tese de um *impeachment* puramente político faria com que o Brasil tivesse um sistema distinto a cada dois anos, porque, ante a regra do art. 81, §1º da CRFB, a partir do início do 3º ano do mandato presidencial, o sistema seria materialmente "parlamentarista", já que o próprio parlamento poderia substituir o presidente e seu vice e escolher livremente seus sucessores.

As diferenças entre o processo de *impeachment* e o processo de apuração da responsabilidade criminal são dadas pela própria CRFB (e em parte pela legislação infraconstitucional), destacando-se a maior abertura dos tipos, a composição do tribunal e a adoção de um processo menos rigoroso, ainda que mantendo o respeito pelo contraditório e pela ampla defesa. Essas diferenças permitem "alguma" acomodação a considerações políticas, mas não transformam o processo num julgamento político.

A afirmação de que o *impeachment* não é julgamento a ser decidido baseado em apreciação puramente política não significa que o *impeachment* não tenha qualquer relação com a responsabilidade política. Ainda que externo aos mecanismos de responsabilidade política institucionais, a mera possibilidade do *impeachment* é capaz de aumentar a força de instrumentos (pedidos de informações, comissões parlamentares de inquérito) que, isoladamente, seriam mais fracos.

O STF deve exercer amplo controle quanto à regularidade processual do *impeachment* e controlar as situações de inequívoca violação a direitos materiais, em especial as situações de evidente atipicidade da conduta.

A delimitação dos contornos jurídicos do *impeachment* representa a delimitação de como um presidente pode ser afastado do poder sem que isso represente uma violação aos mecanismos constitucionais e, portanto, um golpe. A relevância desta delimitação ultrapassa os limites do direito, ao se transformar no debate em torno de saber se determinada tentativa de julgar um agente político é constitucionalmente legítima ou apenas um golpe de estado para o qual se tenta trazer algum verniz constitucional.

A questão não é dicotômica: golpe evidente *v. impeachment* plenamente legítimo. A partir desses extremos existem posições intermediárias. A tese de que o julgamento é meramente político e que, portanto, só violações procedimentais atingem sua legitimidade jurídico-constitucional é equivocada. É certo que, dada a abertura semântica dos crimes de responsabilidade, é possível a existência de dúvidas razoáveis sobre o enquadramento ou não de determinada conduta, hipótese que autoriza que se fale em "divergência de julgamento". Fora destas hipóteses, quando, por exemplo, direitos processuais são violados ou a conduta imputada não encontra qualquer adequação ao crime apontado, tratar-se-á não de mera divergência de opinião jurídica e sim de um golpe de estado.

A ciência política tem estudado o *impeachment* não sob o ângulo de quando ele pode ocorrer, mas sob o ângulo de quando ele, de fato, ocorre, apontando os seguintes fatores ou causas que levam ou não ao *impeachment*: as "regras do jogo" (as normas constitucionais); a correlação de forças políticas no parlamento e a capacidade do PR de formar coalizões; o contexto político, econômico e social; a natureza e quantidade das acusações; o calendário eleitoral; a ocorrência ou não de manifestações populares; e o papel dos meios de comunicação social. Os aportes da ciência política – e da história – lembram aspectos que passam despercebidos pelo direito: que o papel das normas constitucionais nos desfechos das crises é importante, mas não tem o caráter decisivo que gostaríamos que tivesse, e que o apelo a estas normas por vezes é feito na busca de uma legitimidade constitucional pouco preocupada em saber se, de fato, ilícitos foram ou não cometidos. Para muitos grupos políticos (e para os poderes fáticos que os apoiam), a busca por algum enquadramento jurídico é apenas um passo a ser cumprido após decidirem – por razões *políticas* – que determinado agente *tem* que ser afastado.

O que o estudo do *impeachment* parece revelar é que ele não é um instrumento que se preste adequadamente para o controle ordinário da responsabilidade dos agentes políticos, salvo no que se refere ao seu papel como elemento dissuasório, devendo ser utilizado apenas nos casos de inequívoco cometimento de infrações muito graves.

O *impeachment* não pode voltar a exercer o papel que exercia quando de seu surgimento, como instrumento cuja ameaça de utilização força a assunção de uma

OBSERVAÇÕES CONCLUSIVAS | **445**

responsabilidade política do governo perante o parlamento que, dessa maneira, assume um poder que, em constituições presidencialistas, foi expressamente atribuído ao PR.

Projetos de lei sobre *impeachment* sempre estão sujeitos a uma de duas situações: ou se está em situação de estabilidade política e ele é considerado desnecessário, ou em situação de crise política e ele será acusado de casuísta ou golpista. Ainda assim, é essencial a aprovação de uma nova lei sobre o *impeachment*, substituindo a atual, aprovada na vigência de ordem constitucional pretérita, cujas normas constitucionais tratavam do instituto de forma distinta.

Como pontos a serem abordados por tal lei podemos listar os seguintes: tratar com clareza o procedimento e o processo na Câmara e no Senado (incluindo prazos e oportunidades para defesa, limites para a aceitação de denúncias e o exercício da função acusatória); prazo máximo para a renúncia; melhor delimitação de alguns tipos, vedação expressa à caracterização de crime de responsabilidade culposo ou por analogia; possibilidade de aplicar penas de forma separada; relação entre o *impeachment* e a improbidade administrativa, situação do *impeachment* nos estados.

5   Improbidade administrativa e agentes políticos

A partir do texto constitucional é possível – embora não uma imposição ao legislador – considerar a improbidade administrativa como um conceito qualificador de ilícitos previstos em outros esquemas de responsabilização. No entanto, o legislador criou, por meio da Lei de Improbidade Administrativa ("LIA"), um sistema de apuramento de responsabilidade inteiramente novo, que mistura consequências punitivas e reparatórias. Praticamente tudo na LIA é uma criação do legislador infraconstitucional.

Um dos maiores problemas trazidos pela LIA é a existência de atos de improbidade definidos de forma aberta, em especial, aqueles "definidos" por referência à violação de princípios no *caput* do art. 11, segundo o qual constitui ato de improbidade administrativa *"qualquer* ação ou omissão que viole os deveres de honestidade, imparcialidade, legalidade e lealdade às instituições", definição tão ou mais aberta do que aquelas usualmente utilizadas nas infrações especiais e que se aproxima em demasia dos abertíssimos padrões em face dos quais a responsabilidade política é apurada.

O fato de o sistema de improbidade incluir consequências punitivas e reparatórias é uma das principais razões para as confusões que giram em torno do instituto e, em especial, para uma permissividade na admissão de normas que podem se aplicar na esfera reparatória (como a responsabilidade objetiva), mas que jamais se justificariam na esfera punitiva.

Não é adequado forçar a "absorção" do sistema de improbidade em ramos ou institutos nos quais ele só entraria com muitas exceções e esforços retóricos. O sistema de improbidade constitui um novo sistema de responsabilização, distinto dos sistemas penal, civil e administrativo, de caráter eminentemente punitivo e, portanto, a aplicação da LIA se subordina ao conjunto de princípios aplicáveis a qualquer sistema punitivo estatal.

A LIA tem representado, em certa medida, uma tentativa de responsabilização de agentes públicos, com base em *standards* próprios da responsabilidade política parlamentarista, com a possibilidade de aplicação de pena idêntica (a perda do cargo) sem as garantias do processo penal e sem a legitimidade política dos processos formalmente inseridos no campo da responsabilidade política institucional. A avaliação da eficiência por meio da LIA não seria jurídica (salvo no que se refere ao procedimento) ou tecnicamente conformada, seria feita com base no mesmo subjetivismo aberto próprio da responsabilidade política, por órgãos sem legitimidade política, sem capacidade técnica e que tampouco são politicamente responsáveis.

A LIA tem se prestado ao questionamento – supostamente jurídico – de políticas públicas em geral (por meio do referido *caput* de seu art. 11), tem sido utilizada como instrumento para forçar a execução de políticas públicas do agrado dos órgãos de fiscalização ou para impedir aquelas mal vistas por esses mesmos órgãos, e tem dificultado a execução de políticas públicas complexas.

Permitir que um agente político perca seu mandato, ou seja liminarmente afastado, por decisão judicial de primeira instância, com base em infrações tão abertas quanto aquelas que ensejam a responsabilidade política, representa grave violação dos dispositivos constitucionais que determinam as formas de início e de cessação do mandato dos agentes políticos e da própria separação de poderes.

Os agentes políticos estão, de uma maneira geral, submetidos à disciplina da LIA, vedada a aplicação do afastamento liminar e da perda de cargo em relação aos chefes de poder e a seus auxiliares imediatos. A aplicação integral da LIA aos agentes políticos – em especial aos chefes de poder – levaria a possibilidades absurdas do ponto de vista sistemático, incluindo a possibilidade de afastamento cautelar do PR mediante iniciativa de membro do MP a despeito da exigência constitucional de que o afastamento cautelar do PR passe por decisão da câmara e do Senado. Ademais, a interpretação ora combatida implica significativa violação da regra democrática, pois agentes eleitos seriam privados de seu mandato, ou de parte substancial dele, por vezes com base na frágil justificativa de proceder a uma melhor instrução do feito. A admissão desta possibilidade é incompatível com qualquer ideia de coerência do sistema constitucional de responsabilização dos agentes políticos.

6   A responsabilidade com a função, pela função e para a função

Na construção de um conceito de responsabilidade dos agentes políticos que escape da atração exercida pela dimensão punitiva e acentue o foco nos aspectos preventivos, é essencial utilizar o conceito de responsabilidade funcional de Herbert Hart.

Só se pode falar em responsabilidade funcional quando o sujeito responsável tem certa liberdade para escolher a melhor forma de cumprir seus deveres e, exatamente por isso, ela se enquadra muito bem na esfera de discricionariedade (ainda) deixada aos agentes políticos. Hart afirma que uma pessoa (funcionalmente) responsável deve estar disposta a levar a sério seus deveres e funções, refletir sobre eles e fazer esforços sérios para cumpri-los. Trata-se de uma obrigação de meios mais preocupada com o futuro – com a forma como determinada pessoa cumprirá sua responsabilidade funcional – do que com o passado.

Qualquer conceito de responsabilidade dos agentes políticos que pretenda colher as múltiplas dimensões desta responsabilidade deve incluir o elemento da *confiança* em sua dimensão relacional e reflexiva.

A dimensão prospectiva presente na teoria de Hart é potencializada em trabalho de Guido Gorgoni, que afirma que o conceito de responsabilidade funcional de Hart condensa duas acepções distintas da responsabilidade: a "responsabilidade entendida como *virtù*", derivada da ideia de que a pessoa responsável deve "levar a sério" seus deveres e a "responsabilidade prospectiva".[1379] Como virtude, a função a ser exercida indica "não apenas uma série de direitos, deveres e poderes", mas uma "*expectativa de comportamento*",[1380] relacionada a eles e, ainda, a atitude de quem assume a função, que deve fazer *esforços sérios* para cumpri-la,[1381] incluindo um compromisso com a *responsiveness*, ou seja, um compromisso de tentar levar adiante ações e políticas públicas que correspondam àquelas desejadas pelo povo, em especial no caso de agentes políticos eleitos.

Na ideia de responsabilidade funcional entram aspectos de uma responsabilidade "tradicional" (predeterminada e sujeita a futuras imputações retrospectivas), de uma responsabilidade discricionária e aspectos relacionados ao *exercício da responsabilidade*. Trata-se, portanto, de uma responsabilidade *com* a função, *pela* função e *para* com a função.

No Brasil, a liberdade de atuação dos agentes políticos tem sido extremamente reduzida, numa recondução de tudo ao direito. Este movimento gera algo contraditório: espera-se eficiência, pretende-se punir quaisquer desvios, mas se quer, ao mesmo tempo, restringir todas as liberdades relacionadas com o exercício da responsabilidade funcional.

A incorporação pelo direito da ideia de se preocupar com o futuro e seus riscos e os mecanismos para instrumentalizar tal preocupação acabam gerando novos riscos. O desafio é construir e interpretar mecanismos de responsabilização prospectiva que permitam olhar para o futuro, sem travá-lo, e sem causar outros resultados negativos. Não há fórmulas prontas para que a preocupação com o futuro entre no direito sem causar danos colaterais. A consciência deste risco e a lembrança de que o edifício democrático é equilibrado em distintos pilares é um bom começo. Não é possível agregar andares neste edifício sem reforçar seus pilares existentes, nem fazer isso enfraquecendo ou mesmo arremetendo contra vários deles.

7 A aplicação da inelegibilidade como mecanismo preventivo de responsabilização de agentes políticos

O tratamento das inelegibilidades delimita o universo daqueles que poderão participar do jogo eleitoral com elementos de grande tensão: por um lado, as inelegibilidades existem para tirar do jogo eleitoral aqueles que, por distintas razões, se

---

[1379] GORGONI, Guido. La responsabilità come progetto. Primi elementi per un'analisi dell'idea giuridica di responsabilità prospettica. *Diritto e Società*, Padova, n. 2, 2009. Nuova serie. p. 267-268.

[1380] GORGONI, Guido. La responsabilità come progetto. Primi elementi per un'analisi dell'idea giuridica di responsabilità prospettica. *Diritto e Società*, Padova, n. 2, 2009. Nuova serie. p. 272.

[1381] HART, Herbert L. A. *Punishment and responsibility* – Essays in philosophy of law. 2. ed. Oxford: Oxford University Press, 2008. p. 213.

apresentam à partida como capazes de deturpar a lisura da eleição ou como inaptos para o exercício de funções políticas; por outro lado, à diminuição do universo de pessoas aptas a serem eleitas corresponde uma diminuição do poder popular de livre escolha de seus governantes. Ademais, a retirada de uma pessoa do jogo eleitoral representa uma grande compressão de seu direito fundamental de participação.

Este juízo de inaptidão é, em grande medida, prospectivo, colhendo fatos no passado ou no presente da vida do agente e projetando-os no futuro. Por vezes estes fatos são suficientemente consistentes para indicar que determinado sujeito não se presta ao exercício de funções públicas. Por outras, essa probabilidade vai se fragilizando, o que significa maior lesão ao direito do povo de poder fazer as escolhas que quiser. A depender dos fatos escolhidos e da forma de verificar sua ocorrência, não se tratará apenas de retirar do povo o direito de escolher, mas de transferir, do povo para outros agentes, o direito de apontar quem estará ou não apto a ser eleito. Isso significa que a calibragem das inelegibilidades tem um efeito central na conformação da separação de poderes em cada Estado. Além disso, a existência de uma capacidade eleitoral ativa e passiva alargada é componente essencial de sociedades democráticas. Tais direitos são, em sua dupla face, amplamente reconhecidos como direitos fundamentais, o que impõe uma interpretação restritiva às iniciativas para restringi-los.

É possível dividir as inelegibilidades, quanto ao motivo ou ao substrato fático sobre o qual estão baseadas, em dois grupos: as que decorrem de uma característica ostentada por determinada pessoa e as que decorrem de um fato passado (condenação em determinado processo, por exemplo). As do primeiro grupo não podem ser consideradas sanções e, tampouco, ostentam a função de responsabilização prospectiva que identificamos no segundo grupo. Já as do segundo grupo configuram um tipo de sanção (restritiva de direito) vinculada ou não a outra (à pena propriamente dita decorrente de outro processo) – são fortemente prospectivas e devem ser interpretadas de forma especialmente restritiva.

Para que uma pessoa fosse considerada inelegível em decorrência da prática de certos crimes ou em decorrência de abuso de poder a Lei das Inelegibilidades brasileira exigia que a decisão condenatória tivesse transitado em julgado. A alteração da Lei das Inelegibilidades, que ficou conhecida como Lei da Ficha Limpa, dispensou o trânsito em julgado, como requisito para que as decisões condenatórias gerem a inelegibilidade, bastando decisão "proferida por órgão judicial colegiado", que não precisa ser unânime. Para atenuar esta dispensa, a lei trouxe a possibilidade de o órgão colegiado do tribunal ao qual couber a apreciação do recurso contra as decisões colegiadas (das quais decorra a inelegibilidade) suspender, cautelarmente, a inelegibilidade "sempre que existir plausibilidade da pretensão recursal".

As demais novidades da Lei da Ficha Limpa incluíram tornar inelegíveis: os gestores públicos que tenham suas contas rejeitadas; os condenados à suspensão dos direitos políticos, em decisão transitada em julgado ou proferida por órgão judicial colegiado, por ato doloso de improbidade administrativa que importe lesão ao patrimônio público e enriquecimento ilícito; aqueles que renunciarem a seus mandatos desde o oferecimento de representação ou petição capaz de autorizar a abertura de processo por infringência a dispositivo da Constituição Federal e de outros diplomas; os "excluídos do exercício da profissão, por decisão sancionatória do órgão profissional competente, em decorrência de infração ético-profissional e aqueles demitidos do serviço público em decorrência de processo administrativo ou judicial".

A Lei da Ficha Limpa expandiu os casos de inelegibilidade em quatro direções: (i) ao retirar a exigência de trânsito em julgado houve uma redução na quantidade de instâncias – e consequentemente uma redução temporal – necessárias para que uma decisão condenatória gere a inelegibilidade; (ii) foram ampliados os tipos de crimes cuja condenação gera inelegibilidade; (iii) os tipos de processos *judiciais* que geram a inelegibilidade e (iv) a inelegibilidade foi estendida a decisões tomadas por órgãos não jurisdicionais.

A Lei da Ficha Limpa – em seu nítido foco prospectivo – diminui as chances de que uma pessoa alcance uma função política importante com a intenção de cometer ilícitos, o que é um feito extraordinário, revalorizando as funções políticas e ampliando as chances de que os eleitos as levem a sério. Mas, em alguns pontos, a lei foi longe demais. A possibilidade de inelegibilidade a partir de uma decisão colegiada por maioria viabiliza a inelegibilidade de uma pessoa absolvida em 1ª instância e condenada *por maioria* em segunda. Consideramos que o mínimo que deve ser exigido, a fim de que a LIn possa ser interpretada de forma compatível com a presunção de inocência *e com o princípio do duplo grau*, é que a maioria dos julgadores que tenham analisado o caso se manifestem pela condenação *e* que a condenação decorra de duas instâncias.

Também consideramos inconstitucionais as hipóteses de inelegibilidade decorrentes de condenações por atores não judiciais. Isso porque o sério déficit de institucionalização desses órgãos e de formalização dos respectivos processos administrativos significa uma compressão excessiva da cláusula do devido processo legal, inclusive em seu aspecto substancial. Esse mesmo déficit torna menos consistente a probabilidade de acerto do prognóstico decorrente das decisões destes órgãos (prognóstico de que o sujeito em questão será um mau agente), dando inclusive espaço a erros manifestos, inclusive dolosos. Esta alta probabilidade de erro significa que estarão sendo efetuadas graves restrições a direitos fundamentais dos envolvidos sem atingir o objetivo – proteger a probidade – eleito pela Constituição, como apto a justificar a ampliação dos casos de inelegibilidade.

A todos estes argumentos acrescente-se – agora inclusive em relação à possibilidade de decisão de juiz não penal gerar a inelegibilidade – que, nestes casos, a LIn se coloca em direta oposição à Convenção Americana sobre Direitos Humanos, que, após afirmar o direito de todos os cidadãos "de votar *e ser eleito*", ressalva que a lei pode regular o exercício deste direito "exclusivamente por motivo de idade, nacionalidade, residência, idioma, instrução, capacidade civil ou mental, ou *condenação*, por *juiz* competente, em processo *penal*".

A LIn diminuiu o universo de pessoas entre as quais o povo pode eleger seus governantes, o que seria um mal menor se as razões que a justificam fossem efetivamente sólidas e aptas a atingir o objetivo de evitar a corrupção por parte de agentes políticos. No entanto, mais do que reduzir o poder de escolha, o que houve foi uma transferência de tal poder para o Judiciário, para os tribunais de contas, e para os demais entes capazes de proferir decisões geradoras de inelegibilidade, aumentando os incentivos para o uso político da responsabilização jurídica.

Em boa medida, as mudanças trazidas pela Lei da Ficha Limpa significam um retorno à tutela da maioria por uma minoria que dirá ao povo em quem ele pode votar. Essa minoria pode ser constituída pelo Judiciário, mas também pode ser constituída pelos poderes fáticos, incluídos os próprios meio de comunicação social. Assim, a Lei da Ficha Limpa acaba tratando o povo como menos hábil para decidir e, com essa desculpa, reduz o seu poder de escolha.

A ampliação dos casos de inelegibilidades como instrumento para evitar que maus políticos cheguem ao poder deve ser feita com extremo cuidado. A alteração que a Lei da Ficha Limpa fez na LIn ainda pode ser considerada mais positiva do que negativa, mas veio acompanhada de exageros que devem ser calibrados a fim de tornar a LIn, efetivamente, um instrumento de realização de uma responsabilidade funcional prospectiva, que seja compatível com os demais valores em jogo, nomeadamente o direito fundamental de ser candidato e a possibilidade efetiva de o povo escolher entre o maior leque possível de candidatos.

8   Mecanismos esparsos de responsabilização com possível vocação prospectiva

Além das inelegibilidades do direito eleitoral é possível identificar no direito brasileiro, de forma esparsa, uma série de mecanismos adotados com o objetivo de evitar que ilícitos sejam cometidos por agentes políticos, boa parte deles inspirados na Convenção das Nações Unidas contra a Corrupção, incluindo a adoção de códigos de conduta de agentes públicos, com normas com enfoque mais preventivo.

A transparência e os conflitos de interesses, também tratados pela Convenção da ONU contra a Corrupção, foram objeto da Lei nº 12.813/13 ("LCI"), dispondo sobre o conflito de interesses no exercício de cargo ou emprego do Poder Executivo Federal e impedimentos posteriores ao exercício do cargo ou emprego, lei especialmente destinada aos agentes políticos.

A LCI traz uma definição de conflito de interesses que independe da existência de lesão ao patrimônio público, bem como do recebimento de qualquer ganho pelo agente público ou por terceiro e, confirmando seu foco preventivo, cria para o agente a obrigação de "agir de modo a *prevenir* ou a *impedir possível* conflito de interesses e a resguardar informação privilegiada", estabelecendo que, no caso de "dúvida" sobre como *prevenir* ou *impedir* situações que configurem conflito de interesses, o agente público *deverá* consultar o órgão competente para decidir sobre o assunto. A criação da obrigação de consulta, e, portanto, de informação sobre a situação que remotamente possa gerar conflito, tem enorme potencial para evitar ilícitos, pois dificulta o uso, pelo agente, da desculpa de não ter tomado providências sobre determinada situação, por tê-la considerado fora das hipóteses previstas pela LCI.

A efetividade da LCI poderia ser reforçada com uma relação harmônica com outros sistemas de apuração de responsabilidade. No entanto, a LCI optou por equiparar a situação de conflito a um ato de improbidade administrativa. Assim, de forma desproporcional, a LCI sujeita qualquer agente que esteja (por vezes por curto espaço de tempo) em situação de conflitos de interesse, que pode ser meramente potencial, às duras penas previstas na LIA. O dispositivo enfraquece o objetivo de prevenção da LCI porque, se a equiparação de situações de conflito a atos de improbidade for automática, o espaço para punições desproporcionais será muito grande e o agente não terá nenhum incentivo para consultar – e, portanto, para informar – se ele sabe que a resposta positiva quanto à existência de conflitos pode ser seguida das drásticas consequências da LIA.

Se a intenção do legislador fosse a de tratar dos conflitos de interesse como atos de improbidade, melhor seria ter alterado diretamente a LIA e acrescido a lista de tipos de improbidade. A LCI acabou privilegiando a desconfiança permanente e total e, se essa equiparação não for temperada, a LCI perderá sua potencialidade prospectiva.

A aprovação da Lei da Ficha Limpa foi seguida de um movimento de vários estados brasileiros para aplicar as novas situações de inelegibilidades (que, exatamente por serem situações de inelegibilidades, seriam aplicáveis apenas a quem pretende ser eleito para um cargo), à escolha de agentes políticos não eleitos, bem como ao preenchimento de qualquer cargo de livre nomeação. O estado do Rio de Janeiro, por exemplo, teve sua Constituição emendada para proibir a "nomeação de pessoas que se enquadram nas condições de inelegibilidade nos termos da legislação federal", não apenas para todos os cargos políticos, mas para todos os cargos de livre provimento dos poderes Executivo, Legislativo e Judiciário.

A ideia de utilizar a técnica das inelegibilidades como inspiração para impor regras para o provimento de cargos de livre nomeação é positiva, uma vez que aquele que não pode ser eleito governador, presidente ou deputado não deveria ser nomeado ministro ou secretário de estado. No entanto, aplicam-se aqui os mesmos elogios e críticas direcionados às mudanças trazidas pela Lei da Ficha Limpa, acrescidos pelo fato de que tais restrições se aplicam indistintamente àqueles servidores concursados que sejam nomeados para cargos em comissão. Os estados poderiam ter incorporado apenas parte das exigências da LIn para a nomeação de cargos em comissão, com o que atrairiam os benefícios de tal legislação, sem serem prejudicados com seus excessos.

Decisões judiciais que suspendem nomeações para cargos ministeriais sob a alegação de que elas se destinavam meramente a conceder foro privilegiado aos nomeados (em situações em que estes sequer eram réus em processos criminais) expandem a LIn em dois sentidos: em direção aos agentes políticos nomeados e em direção que podemos chamar de temporal-processual. Isso porque essas decisões não se contentam em vedar o acesso às funções públicas *aos condenados por órgão colegiado*, estendendo tal vedação àqueles que respondam a um inquérito ou uma ação penal, mesmo que sem qualquer julgamento. Trata-se de tendência que representa um avanço ainda maior do Judiciário em esferas próprias do chefe do Executivo, em detrimento do – no Brasil tão maltratado – princípio da separação de poderes.

Uma medida de caráter preventivo, com espaço para um impacto bastante benéfico na apuração de responsabilidade de agentes políticos e para melhoras efetivas em sua atuação, seria a incorporação, por parte dos órgãos de controle (tanto aqueles integrantes do controle de contas, como aqueles de vocação eminentemente punitiva, como o Ministério Público) do *enfoque preventivo*, enfatizando a orientação do agente no lugar de sua punição.

Isso é perfeitamente possível e mesmo recomendável sempre que as irregularidades vislumbradas sejam escusáveis ou irrelevantes, o agente não tenha se beneficiado do ato e, em especial – mas não apenas – quando não tenha causado dano ao erário. Assim, no controle corriqueiro de atos – já praticados – por agentes públicos, os pedidos preliminares de explicações deveriam partir do pressuposto de que pode haver uma explicação aceitável para um ato tido aparentemente como errado, sendo mais eficiente orientar o agente que o praticou a não o praticar novamente do que o punir. Quando o ato foi praticado com escusas razoáveis, a probabilidade de ele não se repetir no futuro pode ser inversamente proporcional à pretensão de punir alguém por sua ocorrência.

O fato de alguém ser responsável por explicar ou justificar algum ato não deveria guardar uma relação necessária com a sujeição ou não dessa pessoa a determinada sanção ou punição. Do contrário, a ligação entre a obrigação (ou a responsabilidade) de se explicar e uma possível sanção (dependendo da resposta), acaba se baseando numa suspeita ou desconfiança constante da prática de ilícitos. Uma desconfiança que, embora tida por vezes como um método recomendável de trabalho, é o oposto da confiança que deveria ser minimamente depositada nos agentes políticos. Convocar alguém para justificar sua ação sempre conjuntamente com uma ameaça de punição, caso a justificativa não seja considerada satisfatória, significa (de forma mais ou menos implícita) acusar esta pessoa de ter cometido um ilícito, tratando o pedido de explicações como mera formalidade. A ideia de que o controle não deva ser exercido sempre com uma ameaça de punição retiraria a sombra ameaçadora que paira sobre os agentes públicos ordenadores de despesa (quase sempre agentes políticos) e viabilizaria um aprendizado com os erros da administração.

Pedidos de explicações devem ser tratados, ao menos inicialmente, como apenas um pedido de resposta, de justificativa racional para algo, que deve ser lida de boa-fé pelo órgão que a pede e a recebe. Algumas respostas se demonstrarão claramente não merecedoras de tal atenção, mas o respeito não causa nenhum mal e, muito pelo contrário, causará um grande bem à enorme quantidade de agentes públicos, políticos ou não, que continuam a querer fazer o bem.

Por mais que se apele à consciência de cada agente para esperar que ele aja com retidão e por mais que se apele a sistemas repressivos para punir aqueles que cometem ilícitos, qualquer esforço de prevenir a prática de ilícitos por parte de agentes políticos não pode prescindir de um pacote de incentivos não necessariamente ou exclusivamente financeiros. Assim, a construção de um sistema de responsabilização de agentes políticos que pretenda fugir de um foco apenas repressivo deve se preocupar com a criação das condições necessárias para que um agente político funcionalmente responsável possa trabalhar de forma adequada.

O Código de Processo Penal brasileiro prevê, entre as "medidas cautelares diversas da prisão", a possibilidade de "*suspensão do exercício de função pública* ou de atividade de natureza econômica ou financeira quando houver justo receio de sua utilização para a prática de infrações penais", medida com manifesto caráter preventivo. O STF considerou que tal medida se aplica a agentes políticos, com a dupla função de "preservação da utilidade do processo" e da "finalidade pública do cargo (pela eliminação da possibilidade de captura de suas competências em favor de conveniências particulares sob suspeita)". A aplicação de tais medidas deve se limitar a casos efetivamente excepcionais, para suspender o agente político que, de forma quase ostensiva, esteja usando seu alto cargo para delinquir. Do contrário, o bem que tal instrumento poderia trazer será anulado pelos enormes malefícios decorrentes de riscos insuportáveis para a separação de poderes e para a estabilidade institucional.

No Brasil, institutos, instituições e princípios caros a toda a experiência da democracia ocidental – como a separação de poderes e os direitos de defesa – são testados, usados e abusados à exaustão. Experimenta-se de tudo, e toda a experiência parece justificada pela boa intenção de combater a criminalidade na política.

No campo repressivo a política passa a ser vítima e agente de um uso ostensivo e abusivo do direito e da Justiça que, de forma pouco refletida, aceita o encargo de muito bom grado. As prerrogativas dos agentes políticos são restringidas ao máximo, por vezes de forma inconciliável com texto constitucional que lhes dá suporte. Sistemas antigos, como o *impeachment*, voltam a ser usados, de forma efetiva ou como ameaça, e sistemas repressivos inteiramente novos são criados. No campo das iniciativas que procuram ter um olhar mais preventivo, mecanismos relativamente novos (como a LCI e os códigos de conduta), mesmo que de eficácia mais tímida, se somam à expansão ou à reconfiguração de institutos mais tradicionais, como a inelegibilidade e as cautelares penais.

No Capítulo 1 mencionamos uma forma de avaliação de sistemas de responsabilidade (derivado de esquema proposto por Espestein, citado por Schreiber), baseado em duas variáveis: a facilidade de obter a condenação e a gravidade da pena, com quatro resultados possíveis (condenação fácil com pena branda ou com pena grave, condenação difícil com pena branda ou com pena grave). Aplicando este esquema aos distintos sistemas de responsabilidade, verificamos o seguinte: a apuração da responsabilidade política institucional (em países parlamentaristas) e algumas das hipóteses de inelegibilidades punitivas são sistemas em que a obtenção da condenação é relativamente fácil e a punição, do ponto de vista constitucional, é grave (perda ou vedação de acesso ao cargo). O enquadramento do *impeachment* depende de sua consideração como sistema de apuração de responsabilidade política, hipótese em que será fácil obter a condenação, ou jurídica, hipótese em que a condenação será mais difícil (abstração feita da situação política e econômica), sendo a punição grave em qualquer hipótese. A responsabilidade criminal e parte dos casos de inelegibilidade (em especial aqueles decorrentes de condenação criminal) são situações em que a obtenção de condenação é difícil, mas a pena permanece grave.

O sistema de improbidade é o mais difícil de identificar. Inicialmente, enquadrar-se-ia na hipótese de alta chance de sucesso com punição grave. Posteriormente, a jurisprudência elevou a dificuldade da punição (que ainda permanece bem mais fácil do que no âmbito criminal) e, por outro lado, uma mudança legislativa deixou claro que a perda do mandato não era um efeito necessário da condenação.

Da mesma forma que este esquema serve para analisar qual o melhor sistema de responsabilidade civil, ele nos parece útil para que possamos visualizar o que é melhor para um sistema constitucional. Assim, se devem ser descartadas as hipóteses que resultam em "estímulo excessivo ou insuficiente às ações de reparação de danos",[1382] também nos parece necessário, na análise dos sistemas de responsabilidade de agentes

---

[1382] SCHREIBER, Anderson. *Novos paradigmas da responsabilidade civil.* 6. ed. São Paulo: Atlas, 2015. p. 221-222.

políticos, criticar aqueles em que há um estímulo excessivo para a responsabilização, como é o caso da LIA e do *impeachment*, se for considerado livre de amarras jurídicas.

Por enquanto, o resultado aponta para um aumento na responsabilização de agentes corruptos – mais pelo direito penal, mas também pela expansão das inelegibilidades, pelos exageros no uso da LIA, pela judicialização da política – mas o que se paga para obter este resultado ainda não está plenamente claro.

O que está claro é que o combate à corrupção acolhido como única ou principal prioridade do país também pode cegar, pode criar uma enorme tolerância à flexibilização ou liquefação de direitos que se pensavam inatingíveis. Pode fazer com que se esqueçam todas as outras tarefas – ou, melhor, responsabilidades – do Estado.

Muitos publicistas no Brasil parecem considerar desnecessário estudar mecanismos que facilitem a atuação da administração pública, ou apontar obstáculos à sua atuação. Umas das possíveis explicações para isso é que se trataria de preocupação desnecessária.[1383] É que, segundo a compreensão do direito constitucional ainda majoritária no Brasil, a Constituição já resolveu tudo, já deu as diretrizes a serem seguidas pelos agentes políticos: garantir saúde, educação, trabalho, moradia etc. a todos. Quando isto não é feito, não se trataria de uma questão política, mas de direito penal, ou processual. Do ponto de vista do direito constitucional tal qual vem sendo interpretado majoritariamente no Brasil, basta que qualquer um dos legitimados entre com uma ação que o Judiciário rapidamente emanará as ordens necessárias para que todos os problemas sociais se resolvam. Trata-se de um mundo próximo ao da fantasia, um caminho que nenhum outro país resolveu seguir, um mundo onde tópicos como o da verdadeira extensão da responsabilidade dos agentes públicos passa a ter um papel no máximo secundário. Tal mundo pode acabar em terríveis desilusões.

A experiência política da Itália, posterior à operação Mãos Limpas, pode ser útil para que o Brasil não cometa erros parecidos. No Brasil, como na Itália, instrumentos não punitivos foram desprezados; procurou-se apostar muitas – quase todas – fichas na atuação da Justiça na esfera penal e a classe política foi atacada – e reagiu – em conjunto.

A incapacidade da política em se autopurificar não deve servir de justificativa para colocar todas as fichas na repressão punitiva (seja via penal, seja via improbidade administrativa). O resultado a que se chegou desacreditando toda a classe e a atividade política não foi bom na Itália e não parece ser mais promissor para o Brasil.

É verdade que os últimos anos no Brasil têm sido desesperadores. As entranhas de um sistema político falido foram expostas em rede nacional. A estas cenas segue-se uma compreensível raiva da população e iniciativas (bem ou mal-intencionadas) de alteração radical da forma de responsabilização dos agentes políticos. Agora, sustenta-se, eles não devem ter nenhuma prerrogativa, a responsabilidade tem que ser a maior possível. Sugere-se criar tipos penais ou de improbidade para os que não cumprirem metas relacionadas à saúde à educação e – de forma um pouco contraditória – à responsabilidade fiscal. Parece-se esperar que o agente político seja ao mesmo tempo

---

[1383] Como advertiu Canotilho: "o desafio é este: como pode e deve o direito constitucional cruzar-se com o direito administrativo lá onde emerge a 'infortuna' e a 'desvirtude' da República e campeia o vício de governo mais intolerável. Referimo-nos a corrupção" (CANOTILHO, J. J. Gomes. *Contributo para o Estudo da 'Distânciação decisória' no Estado Constitucional Democrático*. Coimbra 2012. Texto destinado a livro de homenagem ao Ministro Eros Grau, gentilmente cedido pelo autor. p. 7-8).

honesto (embora seja tratado com o pressuposto de que não é), corajoso para assumir todos os riscos sem qualquer proteção e capaz de entregar a quadratura do círculo.

Vários, coletivamente, esquecem que as prerrogativas protegem as funções e não seus ocupantes (e que o círculo não é quadrado). Esquecem-se de que os criminosos que ocupam e ocuparam tantas funções públicas precisam ser substituídos por pessoas de bem e que nenhuma pessoa de bem terá condições de levar adiante funções políticas sob o perfil jurídico no qual muitos pretendem enquadrá-la.

A reação populista pode ser compreendida, mas não deve ser incorporada e muito menos aceita pelo direito constitucional, a quem cabe manter a serenidade necessária para a preservação dos pilares do Estado de direito. Não é a primeira vez na história que a política é demonizada. Talvez esta seja, inclusive, a ocasião em que ela é demonizada com mais razão. Ainda assim, as alternativas sempre foram piores e é isso que precisamos evitar.

Há vários pontos em que a legislação e a Constituição poderiam ser modificadas para melhorar a qualidade da representação e aprimorar o sistema de responsabilidade, sem o radicalismo proposto por alguns. O investimento nos mecanismos tratados no Capítulo 8 é um desses caminhos, a colocação de limites à reeleição de parlamentares seria outro.

A LIn é um bom exemplo do dilema que tentamos enfrentar. Ao pretender evitar que os piores alcancem funções públicas, ela, mesmo não sendo tão efetiva (e cometendo injustiças no caminho, que poderiam ser diminuídas com a forma de interpretação que sugerimos), cumpre este papel. Mas, se ela já veda ou dificulta o acesso dos corruptos às funções públicas, os demais sistemas de responsabilização não podem ser interpretados com o pressuposto de que quem chegou lá é um criminoso. Esta postura pode até fazer sentido – político não jurídico – em uma época em que tantos crimes cometidos por agentes públicos vem à superfície. Mas esta não pode ser a opção. É fundamental interpretar o sistema de responsabilidade constitucional dos agentes políticos sem pressupor a má-fé de tais agentes e sem desqualificar sistematicamente a atividade política.

Do contrário, estaremos hipotecando o futuro, numa profecia que se autorrealiza, fazendo com que cada vez mais os bons se afastem das funções públicas executivas, semeando um futuro autoritário, cuja germinação, já em curso acelerado, deve ser interrompida.

REFERÊNCIAS

ACHOUR, Rafâa Ben. La Constitution tunisienne du 27 janvier 2014. *Revue Française de Droit Constitutionnel*, n. 100, 2014. Spécial.

ACKERMAN, Bruce. *The case against Lameduck Impeachment*. Nova York: Seven Stories Press, 1999. The Open Media Pamphlet Series.

ACKERMAN, Bruce. The new separation of powers. *Harvard Law Review*, jan. 2000.

ALBERTINI, Pierre. La Responsabilité des Élus Locaux: Nécessité et Aberrations. *Pouvoirs*, n. 92, 2000.

ALBUQUERQUE, Paulo Pinto de; BRANCO, José (Org.). *Comentário das leis penais extravagantes*. Lisboa: Universidade Católica Editora, 2010. v. I.

ALCÂNTARA, Maria Emilia Mendes. *Responsabilidade do Estado por atos legislativos e jurisdicionais*. São Paulo: Revista dos Tribunais, 1988.

ALDER, John. *Constitutional & Administrative Law*. 10. ed. London: Palgrave, 2015.

ALENCASTRO, Catarina. OAB protocola pedido de impeachment na Câmara. *O Globo*, 26 maio 2017.

ALENCASTRO, Luiz Felipe. De novo, a panaceia parlamentarista. *Folha de S.Paulo*, p. 3, 16 ago. 2015. Suplemento Ilustríssima. Disponível em: http://www1.folha.uol.com.br/ilustrissima/2015/08/1668700-de-novo-a-panaceia-parlamentarista.shtml.

ALENCASTRO, Luiz Felipe. Entrevista a Ricardo Mendonça. *Valor Econômico*, p. A12, 1º ago. 2017.

ALMEIDA, Alberto Carlos. Regimes políticos e impeachment. *Valor Econômico*, ano 15, n. 750, p. 10-11. Suplemento Eu & Fim de semana.

ALTARES, Guillermo. '1984' lidera as vendas de livros nos EUA desde a posse de Trump. *El País*, 26 jan. 2017. Disponível em: http://brasil.elpais.com/brasil/2017/01/26/cultura/1485423697_413624.html. Acesso em: 5 mar. 2017.

AMORIM NETO, Octavio. O desequilíbrio de poderes. *Boletim Macro IBRE*, Rio de Janeiro, set. 2017. Disponível em: http://portalibre.fgv.br/main.jsp?lumPageId=4028818B3BDE4A56013C071D12034B4B&contentId=8A7C82C55E3EC896015EBE7A8E440AC2bre. Acesso em: 27 set. 2017.

ANDERSON, Perry. Crisis in Brazil. *London Review of Books*, v. 38, n. 8, 21 abr. 2016. Disponível em: http://www.lrb.co.uk/v38/n08/perry-anderson/crisis-in-brazil. Acesso em: 8 jun. 2016.

ANDRADE, José Carlos Vieira de. A responsabilidade por danos decorrentes do exercício da função administrativa na nova lei sobre responsabilidade civil extracontratual do Estado e demais entes públicos. *Revista de Legislação e Jurisprudência*, n. 3951, p. 360-371, jul./ago. 2008.

ANDRADE, José Carlos Vieira de. *Lições de direito administrativo*. 2. ed. Coimbra: Imprensa da Universidade de Coimbra, 2011.

ANDRADE, José Carlos Vieira de. *Os direitos fundamentais na Constituição Portuguesa de 1976*. 5. ed. Almedina: Coimbra, 2012.

ANDREOLLA, Ana Paula. PF cumpre mandados de prisão contra conselheiros do Tribunal de Contas do Rio. *G1*, 29 mar. 2017. Disponível em: http://g1.globo.com/rio-de-janeiro/noticia/pf-cumpre-mandados-de-prisao-contra-conselheiros-do-tribunal-de-contas-do-rio.ghtml. Acesso em: 29 mar. 2017.

APRATI, Roberta. Il procedimento per i reati ministeriali: i conflitti di attribuzione per "usurpazione" e per "menomazione" fra giudici ordinari e assemblee parlamentari. *Diritto Penale Contemporaneo*, n. 2, 2012. Disponível em: http://www.penalecontemporaneo.it/materia/-/-/-/883-il_procedimento_per_i_reati_ministeriali__i_conflitti_di_attribuzione_per____usurpazione____e_per____menomazione____fra_giudici_ordinari_e_assemblee_parlamentari/acessado. Acesso em: 27 nov. 2013.

ARAGÃO, Alexandre Santos. *Curso de direito administrativo*. Rio de Janeiro: Gen Forense, 2012.

ARAGÃO, Maria Alexandra de Sousa. Princípio da precaução: manual de instruções. *Revista do Centro de Estudos de Direito do Ordenamento, do Urbanismo e do Ambiente – CEDOUA*, n. 2, 2008.

ÁVALO, Alexandre; ANDRADE NETO, José de; CAMARGO, Luiz Henrique Volpe; LUCON, Paulo Henrique dos Santos (Coord.). *O novo direito eleitoral brasileiro*. 2. ed. Belo Horizonte: Fórum, 2014.

AVARO, Dante, SÁNCHEZ Y SÁNCHEZ, Carlos Luis (Coord.). *Calidad de la democracia y respuesta política Responsiveness*. México D.F.: Granén Porrúa, Senado de La República, 2015.

AVRIL, Pierre. L'introuvable contrôle parlementaire (après la révision constitutionnelle française de 2008). *Jus Politicum*, n. 3.

AVRITZER, Leonardo. "Cada Presidente teve mais de 90 ministros", entrevista a Alessandra Duarte. *O Globo*, 9 maio 2016.

BADINTER, Robert. La Responsabilité Pénale du Président de La République. *Revue du droit public et de la Science Politique en France et a L'etranger*, n. 1-2, 2002.

BAMMER, Gabriele; SMITHSON, Michael (Org.). *Uncertainty and risk multidisciplinary perspectives*. Londres: Earthscan, 2009.

BARBOSA, Ruy. *Commentários à Constituição Federal Brasileira*. São Paulo: Saraiva, 1932.

BARILE, Paolo. *Istituzioni di diritto pubblico*. 6. ed. Padova: Cedam, 1991.

BARROSO, Luís Roberto. Aspectos do processo de impeachment – Renúncias e exoneração de agente político – Tipicidade constitucional dos crimes de responsabilidade. *Revista Forense*, v. 344, p. 281-291, out./dez. 1998.

BARROSO, Luís Roberto. *Entrevista*. *Jornal Valor Econômico*, p. A8, 4 out. 2013.

BARROSO, Luís Roberto. *Interpretação e aplicação da Constituição*. 3. ed. São Paulo: Saraiva, 1999.

BARROSO, Luís Roberto. Parecer n. 01/07. *Revista de Direito da Procuradoria Geral do Estado do Rio de Janeiro*, n. 62, 2007.

BASTOS, Celso. *Estudos e pareceres de direito público*. Constitucional, administrativo e municipal. São Paulo: RT, 1993.

BEAUD, Olivier. La Responsabilité Politique Face à la Concurrence d'Autres Formes de Responsabilité dês Gouvernants. *Pouvoirs*, n. 92, 2000.

BEAUD, Olivier. *Le sang contaminé*. Essai critique sur la criminalisation de la responsabilité des gouvernants. Paris: PUF, 1999.

BECK, Ulrich. *A Europa Alemã (De Maquiavel a "Merkievel": estratégias de poder na crise do euro)*. Lisboa: Edições 70, 2012.

BECK, Ulrich. *La sociedad del riesgo global*. 2. ed. 2. reimpr. Madri: Siglo XXI, 2009.

BECK, Ulrich. *Sociedade de risco*. Rumo a uma outra modernidade. São Paulo: Editora 34, 2010.

BERGAMO, Mônica. STJ decide onde ações contra nomeação de Lula serão julgadas. *Folha de S.Paulo*, p. C2, 10 maio 2017.

BIDÉGARAY, Christian. Le Principe de Responsabilité Fondement de La Democratie. *Pouvoirs*, n. 92, 2000.

BIOY, Xavier (Org.). *Constitution et Responsabilité* – Actes du Colloque de Toulouse. Paris: Montchrestien, 2009.

BOBBIO, Norberto *et alii*. *Dicionário de política*. 3. ed. Brasília: UNB, 1993.

REFERÊNCIAS | **459**

BOBBIO, Norberto. *Estado, governo, sociedade* – Para uma teoria geral da política. Rio de Janeiro: Paz e Terra, 1987.

BOMFIM, Thiago Rodrigues de Pontes. *O princípio da presunção de não-culpabilidade e a ordem constitucional*: breves considerações acerca da Lei Complementar nº 135/2010. Maceió, 2010 (texto cedido pelo autor).

BOVENS, Mark; HART, Paul'T; KUIPERS, Sanneke. The politics of Policy Evaluation. *In*: MORAN, Michael; REIN, Martin; GOODIN, Robert (Ed.). *The Oxford Handbook of Public Policy*. Oxford: Oxford University Press, 2006.

BRITTO, Carlos Ayres. *Teoria da Constituição*. Rio de Janeiro: Forense, 2006.

BRONZE, Fernando José. A responsabilidade hoje (algumas questões introdutórias). *In*: CORREIA, Fernando Alves; MACHADO, Jónatas M.; LOUREIRO, João Carlos (Coord.). *Estudos em Homenagem ao Prof. Doutor José Joaquim Gomes Canotilho* – Responsabilidade entre passado e futuro. Coimbra: Coimbra Editora, 2012. v. I.

BROSSARD, Paulo. *O impeachment*: aspectos da responsabilidade política do Presidente da República. 3. ed. São Paulo: Saraiva, 1992.

BUENO, Cassio Scarpinella; PORTO FILHO, Pedro Paulo de Rezende (Coord.). *Improbidade administrativa* – Questões polêmicas e atuais. São Paulo: Malheiros, 2001.

BUENO, José Antonio Pimenta. *Direito público brasileiro e análise da Constituição do Império*. Rio de Janeiro: Serviço de Documentação do Ministério da Justiça e Negócios Interiores, 1958.

BURDEAU, Georges. *O Estado*. São Paulo: Martins Fontes, 2005.

CADILHA, Carlos Alberto Fernandes. *Regime da responsabilidade civil extracontratual do Estado e demais entidades públicas, anotado*. Coimbra: Coimbra Editora, 2008.

CAETANO, Marcelo. *Direito constitucional*: direito constitucional brasileiro. Rio de Janeiro: Forense, 1978. v. II.[1]

CALMON, Pedro. *Curso de direito constitucional brasileiro*. 3. ed. Rio de Janeiro: Freitas Bastos, 1954.

CÂNDIDO, Joel J. *Direito eleitoral brasileiro*. 13. ed. São Paulo: Edipro, 2008.

CANOTILHO, J. J. Gomes. *"Brancosos" e interconstitucionalidade*. Itinerários dos discursos sobre a historicidade constitucional. Coimbra: Almedina, 2008.

CANOTILHO, J. J. Gomes. *Contributo para o Estudo da 'Distânciação decisória' no Estado Constitucional Democrático*. Coimbra 2012. Texto destinado a livro de homenagem ao Ministro Eros Grau, gentilmente cedido pelo autor.

CANOTILHO, J. J. Gomes. *Direito constitucional e teoria da Constituição*. 7. ed. Coimbra: Almedina, 2003.

CANOTILHO, J. J. Gomes. Estado Constitucional Ecológico e democracia sustentada. *Revista do CEDOA*, Coimbra, n. 2, 2001.

CANOTILHO, J. J. Gomes. *O problema da responsabilidade do Estado por actos lícitos*. Coimbra: [s.n.], 1974.

CANOTILHO, J. J. Gomes. Os novos desafios da responsabilidade: Irritar e responder. *Boletim da Faculdade de Direito*, Coimbra, v. LXXXVII, 2011.

CANOTILHO, J. J. Gomes. *Princípio da responsabilidade*: um princípio a rever na Constituição. Texto cedido aos doutorandos em Direito Público da Faculdade de Direito da Universidade de Coimbra, outubro de 2010.

CANOTILHO, J. J. Gomes. Sustentabilidade – Um romance de cultura e de ciência para reforçar a sustentabilidade democrática. *Boletim da Faculdade de Direito*, Coimbra, v. LXXXVIII, t. I, 2012.

CANOTILHO, J. J. Gomes; BRANDÃO, Nuno. Colaboração premiada e auxílio judiciário em matéria penal: a ordem pública como obstáculo à cooperação com a operação Lava Jato. *Revista de Legislação e de Jurisprudência*, ano 146, n. 4000, set./out. 2016.

CANOTILHO, J. J. Gomes; MENDES, Gilmar Ferreira; SARLET, Ingo Wolfgang; STRECK, Lenio Luiz (Coord.). *Comentários à Constituição do Brasil*. São Paulo: Saraiva/Almedina, 2013.

---

[1]   Nesta edição o nome do autor está grafado com apenas um "l".

CANOTILHO, J. J. Gomes; MOREIRA, Vital. *Constituição da República Portuguesa*: anotada. 4. ed. reimpr. Coimbra: Coimbra Editora, 2014. v. I.

CANOTILHO, J. J. Gomes; MOREIRA, Vital. *Constituição da República Portuguesa*: anotada. 4. ed. Coimbra: Coimbra Editora, 2010. v. II.

CANOTILHO, J. J. Gomes; MOREIRA, Vital. *Os poderes do presidente da República (especialmente em matéria de defesa e política externa)*. Coimbra: Coimbra Editora, 1991.

CARDOZO José Eduardo. Entrevista. *Valor Econômico*, p. A12, 11, 12 e 13 jul. 2015.

CARIELLO, Rafael. Os intocáveis: Como um grupo de procuradores combateu a corrupção na Itália e acabou derrotado. *Revista Piauí*, n. 116, maio 2016. Disponível em: piaui.folha.uol.com.br/matéria/os-intocaveis/. Acesso em: 5 jul. 2017.

CARLASSARE, Lorenza (Org.). *Democrazia, rapresentanza, responsabilità*. Padova: Cedam, 2001.

CARVALHO, José Murilo de (Organização e Introdução). *Paulino José Soares de Sousa Visconde do Uruguai*. São Paulo: Editora 34, 2002.

CARVALHO, Nelson Rojas de. *Jornal Valor Econômico*, p. A9, 7 jul. 2015.

CASSESE, Sabino. *I Tribunali di Babele, I giudici Allá ricerca di um nuovo ordine globale*. Roma: Donzelli Editore, 2009.

CASSESE, Sabino. *Lo spazio giuridico globale*. Roma: Laterza, 2003.

CAVALCANTI, Bianor Scelza. *O gerente equalizador*. Estratégias de gestão no setor público. 1. ed. 4. reimpr. Rio de Janeiro: FGV Editora, 2011.

CERRILLO I MARTÍNEZ, Agustí (Coord.). *La gobernanza hoy*: 10 textos de referencia. Madrid: Editorial INAP, 2005.

CESARINO, Paula Um jato de água fria. *Folha de S.Paulo*, 19 mar. 2017. Disponível em: http://www1.folha.uol.com.br/colunas/paula-cesarino-costa-ombudsman/2017/03/1867852-um-jato-de-agua-fria.shtml. Acesso em: 23 mar. 2017.

CHACOFF, Alejandro. A tragédia da vida privada. Imprensa, campanhas e caçadores de escândalos. *Revista Piauí*, n. 97, p. 8-9, out. 2014.

CHARVIN, Robert. *Justice et politique (evolution de leurs rapports)*. Paris: Librairie Générale de droit et de jurisprudence, 1968.

CLÈVE, Clèmerson Merlin (Coord.). *Direito constitucional brasileiro* – Organização do Estado e dos poderes. São Paulo: Revista dos Tribunais, 2014. v. II.

COHENDET, Marie-Anne. *Le Président de La République*. 2. ed. Paris: Dalloz, 2012.

CONESA, Pierre. *Surtout ne rien décider* – Manuel de survie em milieu politique avec exercices pratiques corrigés. Paris: Robert Laffont, 2014.

CONSTANT, Benjamin. Écrits Politiques. Paris: Gallimard, 1997.

CONTI, Mario Sergio. *Notícias do Planalto* – A imprensa e Fernando Collor. São Paulo: Companhia das Letras, 1999.

CORREIA, Fernando Alves; MACHADO, Jónatas M.; LOUREIRO, João Carlos (Coord.). *Estudos em Homenagem ao Prof. Doutor José Joaquim Gomes Canotilho* – Responsabilidade entre passado e futuro. Coimbra: Coimbra Editora, 2012. v. I.

CORREIA, Fernando Alves; MACHADO, Jónatas M.; LOUREIRO, João Carlos (Coord.). *Estudos em homenagem ao Prof. Doutor José Joaquim Gomes Canotilho* – Direito administrativo e justiça administrativa. Coimbra: Coimbra Editora, 2012. v. IV.

CORREIA, Fernando Alves; SILVA, João Calvão; ANDRADE, José Carlos Vieira; CANOTILHO, J. J. Gomes; COSTA, José Manuel M. Cardosos. *Estudos em homenagem a António Barbosa de Melo*. Coimbra: Almedina, 2013.

CORREIA, José de Matos; PINTO, Ricardo Leite. *A responsabilidade política*. Lisboa: Universidade Lusíada Editora, 2010.

COSTA, José de Faria. Imunidades parlamentares e direito penal: ou o jogo e as regras para um outro olhar. *Boletim da Faculdade de Direito*, Coimbra, v. 76, p. 35-54, 2000.

COUTO, Claudio Gonçalves. Corrupção e privilégio. *Valor Econômico*, p. A6, 23 dez. 2016.

CRUZ, Gisela Sampaio da. *O problema do nexo causal na responsabilidade civil*. Rio de Janeiro: Renovar, 2005.

CRYER, Robert; FRIMAN, Håkan; ROBINSON, Darryl; WILMSHURST, Elizabeth. *An introduction to international criminal law and procedure*. 3. ed. repr. Cambridge: Cambridge University Press, 2015.

CUNHA, Fernando Whitaker da. *Direito político brasileiro*. Rio de Janeiro: Forense, 1978.

CURRIE, David P. *The Constitution of the Federal Republic of Germany*. Chicago: The University of Chicago Press, 1994.

DALLARI, Dalmo de Abreu. Entrevista. *Folha de S.Paulo*, p. A8, 20 dez. 2015.

DEGOFFE, Michel. La responsabilité pénale du ministre du fait de son administration. *Revue du droit public*, n. 2, 1998.

DELPÉRÉE, Francis. La responsabilité du chef de l'État Brèves observations comparatives. *Revue Française de droit constitutionnel*, n. 49, 2002.

DI PIETRO, Maria Sylvia Zanella. *Direito administrativo*. 26. ed. São Paulo: Atlas, 2013.

DICEY, A. V. *Introduction to the study of The Law of the Constitution*. Indianapolis: Liberty Fund, 1982.

DÍEZ-PICAZO, Luis María. *La criminalidad de los gobernantes*. Barcelona: Las Letras de Drakontos, 1996.

DOBNER, Petra; LOUGHLIN, Martin (Org.). *The twilight of constitutionalism?* Oxford: Oxford University Press, 2010.

DOWDLE, Michael W. (Ed.). *Public accountability* – Designs, dilemmas and experiences. Cambridge: Cambridge University Press, 2006.

DUGUIT, Léon. *L'État, ler gouvernantes et les agents*. Paris: Dalloz, 2005.

DUHAMEL, Olivier. *Droit constitutionnel et institutions politiques*. 2. ed. Paris: Seuil, 2011.

DUHAMEL, Olivier; MÉNY, Yves (Org.). *Dictionnaire constitutionnel*. Paris: PUF, 1992.

DWORKIN, Ronald. *Freedom's Law The moral reading of the American Constitution*. Cambridge: Harvard University Press, 1996.

DWORKIN, Ronald. *Taking rights seriously*. Cambridge: Harvard University Press, 1977.

DWORKIN, Ronald. The Wounded Constitution. *N.Y. Rev. of Books*, 18 mar. 1999.

EKMEKDJIAN, Miguel Ángel. *Tratado de derecho constitucional*. Buenos Aires: Depalma, 1995. t. III.

EKMEKDJIAN, Miguel Ángel. *Tratado de derecho constitucional*. Buenos Aires: Depalma, 1997. t. IV.

ESTEVE PARDO, José. La Administración garante. Una aproximación. *Revista de Administración Pública*, n. 197, mayo/ago. 2015.

ESTORNINHO, Maria João. *A fuga para o direito privado*: contributo para o estudo da actividade de direito privado da Administração Pública. Coimbra: Almedina, 1996.

EWALD, François. *Histoire de l'Etat Providence*. 2. ed. Paris: Grasset, 1996.

EWALD, François; GOLLIER, Christian; SADELEER, Nicolas de. *Le principe de precaution*. 2. ed. Paris: PUF, 2008.

EYMERI-DOUZANS, Jean-Michel. Les réformes administratives en Europe: logiques managérialistes globales, acclimatations locales. *Pyramides*, n. 15, 2008. Disponível em: http://pyramides.revues.org/121. Acesso em: 9 dez. 2012.

FALCÃO, Joaquim (Org.). *Mensalão* – Diário de um julgamento. Rio de Janeiro: Elsevier, 2013.

FALCÃO, Joaquim. O Supremo contra o Supremo. *O Globo*, p. 3, 7 dez. 2016. Disponível em: http://oglobo.globo.com/brasil/artigo-supremo-contra-supremo-por-joaquim-falcao-20602467#ixzz4SAzcmBcT. Acesso em: 7 dez. 2016.

FAVOREU, Louis. De la responsabilité pénale à la responsabilité politique du Président de la République. *Revue Française de Droit Constitutionnel*, Paris, n. 49, 2002.

FELÍCIO, César. A eleição encoberta. *Valor Econômico*, p. A6, 23 set. 2016.

FERRAJOLI, Luigi. El constitucionalismo entre principios y reglas. *Doxa – Cuadernos de Filosofía del Derecho*, n. 35, p. 791-817, 2012.

FERREIRA FILHO, Manoel Gonçalves. *Comentários à Constituição brasileira de 1988*. 3. ed. São Paulo: Saraiva, 2000. v. 1.

FERREIRA, Pinto. *Comentários à Constituição brasileira*. São Paulo: Saraiva, 1990.

FIX-FIERRO, Héctor; SALAZAR-UGARTE, Pedro. Presidentialism. *In*: ROSENFELD, Michel; SAJÓ, András (Ed.). *The Oxford Handbook of Comparative Constitutional Law*. Oxford: Oxford University Press, 2012.

FONSECA, Annibal Freire. *Do Poder Executivo na Republica Brazileira*. Rio de Janeiro: Imprensa Nacional, 1916.

FORURIA, Eduardo. La organización interna del Poder Ejecutivo en los Estados Unidos: El Presidente, el Gabinete y la Presidencia institucionalizada. *Revista de Estudios Politicos*, n. 83, p. 137-189, ene./mar. 1994.

FRADE, Catarina. O direito face ao risco. *Revista Crítica de Ciências Sociais*, Coimbra, n. 86, set. 2009.

FRANCO, Afonso Arinos de Melo. *Direito constitucional* – Teoria da Constituição. As Constituições do Brasil. São Paulo: Forense, 1976.

FREITAS, Daniela Bandeira de. *A fragmentação administrativa do Estado*. Belo Horizonte: Fórum, 2011.

FREITAS, Jânio de. Os tempos do rito. *Folha de S.Paulo*, p. A10, 5 maio 2016.

FREITAS, Juarez. *Direito fundamental à boa Administração Pública*. 3. ed. São Paulo: Malheiros, 2014.

GARAPON, Antoine. *Le gardien des promesses* – Justice et démocratie. Paris: Editions Odile Jacob, 1996.

GARAPON, Antoine; GROS Fréderic; PECH, Thierry. *Punir em democracia* – E a Justiça será. Lisboa: Instituto Piaget, 2002.

GARCÍA MAHAMUT, Rosario. *La responsabilidad penal de los miembros del Gobierno en la Constitución*. Madri: Tecnos, 2000.

GARCÍA MORILLO, Joaquín. Responsabilidad política y responsabilidad penal. *Revista Española de Derecho Constitucional*, año 18, n. 52, jan./abr. 1998.

GARCÍA VILLEGAS, Maurício; REVELO REBOLLEDO, Javier Eduardo. *Estado alterado*. Clientelismo, mafias y debilidade institucional en Colombia. Bogotá: DeJusticia, 2010.

GARCIA, Emerson. A relevância da má-fé no delineamento da improbidade administrativa. *Revista do Ministério Público do Rio de Janeiro*, n. 45, jul./set. 2012.

GARCIA, Emerson. Improbidade administrativa: dever de eficiência e escusa de incompetência. *Revista de Direito do Ministério Público do Estado do Rio de Janeiro*, n. 50, out./dez. 2013.

GARCIA, Emerson. Sujeição dos agentes políticos à Lei de Improbidade Administrativa. *Revista de Direito do Ministério Público do Estado do Rio de Janeiro*, n. 55, jan./mar. 2015.

GARCIA, Emerson; ALVES, Rogério Pacheco. *Improbidade administrativa*. 7. ed. 2. tir. São Paulo: Saraiva, 2014.

GARCIA, Flavio Amaral. *Licitações e contratos administrativos*. Casos e polêmicas. 4. ed. São Paulo: Malheiros, 2016.

REFERÊNCIAS | 463

GARCIA-VILLEGAS, Mauricio. Law as hope: constitutions, courts, and social change in Latin America. Proceedings of the Fourth Annual Legal & Policy Issues in the Americas Conference (2003). *Florida Journal of International Law*, mar. 2004.

GASPARI, Elio. A jararaca está viva e fabrica postes. *O Globo*, p. 12, 18 dez. 2016.

GAURIER, Dominique. Responsabilité Politique, Responsabilité morale em Chine ancienne: Le Fils Du Ciel et Le Mandat Céleste. *Revue Internationale des droits de L'antiquité*, Bruxelas, 3 série, t. XXXIX, 1992.

GODOY, Arnaldo Sampaio de Moraes. O presidencialismo brasileiro – Síntese histórica e conceitual. *Revista Brasileira de Direito Público – RBDP*, ano 11, n. 40, jan./mar. 2013.

GOMES, Carla Amado. *As imunidades parlamentares no direito português*. Coimbra: Coimbra Editora, 1998.

GOMES, Carla Amado. *Textos dispersos sobre direito da responsabilidade civil extracontratual das entidades públicas*. Lisboa: AAFDL, 2010.

GOMES, José Jairo. *Direito eleitoral*. 12. ed. São Paulo: Atlas, 2016.

GORGONI, Guido. La responsabilità come progetto. Primi elementi per un'analisi dell'idea giuridica di responsabilità prospettica. *Diritto e Societá*, Padova, n. 2, 2009. Nuova serie.

GOUVEIA, Jorge Bacelar. A suspensão de funções dos membros do Governo criminalmente acusados na Constituição da República Democrática de Timor-Leste. *Revista de Direito Público*, Coimbra, n. 4, p. 247-264, jul./dez. 2010.

GOUVEIA, Jorge Bacelar. *Manual de direito constitucional*. 4. ed. Coimbra: Almedina, 2011. v. I.

GOUVEIA, Jorge Bacelar. *Manual de direito constitucional*. 4. ed. Coimbra: Almedina, 2011. v. II.

GRIMM, Dieter. *Constituição e política*. Belo Horizonte: Del Rey, 2006.

GUÉRIN-BARGUES, Cécile. *Immunités parlementaires et régime représentatif*: L'apport du droit constitutionnel compare. Paris: LGDJ, 2011.

GUIZOT, François. *De La Democracia en Francia*. Madrid: Centro de Estudios Constitucionales, 1981.

GUYOMAR, Mattias. *Les sanctions administratives*. Paris: LGDJ, 2014.

HÄBERLE, Peter. *El Estado constitucional*. México: Universidad Nacional Autônoma de México, 2003.

HÄBERLE, Peter. *Pluralismo y constitución*. Estudios de teoria constitucional de La sociedad abierta. Madrid: Tecnos, 2002.

HAMILTON, Alexander; MADISON, James; JAY, John. *The federalist papers*. Nova York: Signet Classic, 2003.

HART, Herbert L. A. *Punishment and responsibility* – Essays in philosophy of law. 2. ed. Oxford: Oxford University Press, 2008.

HAURIOU, Maurice. *Précis de droit constitutionnel*. 2. ed. reimpr. Paris: Centre National de La Recherche Scientifique, 1965.

HAVAS, Nathalie. *La responsabilité ministérielle en France*. Paris: Dalloz, 2012.

HERNÁNDEZ, Antonio María (Coord.). *Derecho público provincial*. Buenos Aires: LexisNexis, 2008.

HESSE, Konrad. *Elementos de direito constitucional da República Federal da Alemanha*. Porto Alegre: Sergio Antonio Fabris, 1998.

HESSE, Konrad. *Temas fundamentais do direito constitucional (textos selecionados e traduzidos por Carlos dos Santos Almeida, Gilmar Ferreira Mendes e Inocêncio Mártires Coelho)*. São Paulo: Saraiva, 2009.

HIRSCHL, Ran. The new constitutionalism and the judicialization of pure politics worldwide. *Fordham Law Review*, n. 75, 2006.

HORTA, Raul Machado. *Estudos de direito constitucional*. Belo Horizonte: Del Rey, 1995.

HORTA, Raul Machado. Repartição de competência na Constituição Federal de 1988. *Revista Trimestral de Direito Público*, n. 2, 1993.

JAKOBS, Günther. *Crítica à teoria do domínio do fato (uma contribuição à normativização dos conceitos jurídicos)*. Barueri: Manole, 2003.

JOHNSON, Paul. *A history of the American people*. Nova York: Harper Collins, 1999.

JONAS, Hans. *O princípio responsabilidade* – Ensaio de uma ética para a civilização tecnológica. Rio de Janeiro: Contraponto, 2006.

JOWELL, Jeffrey; OLIVER, Dawn. *The changing constitution*. 7. ed. Oxford: Oxford University Press, 2011.

JUDT, Tony. *Pós-Guerra* – Uma história da Europa desde 1945. Rio de Janeiro: Objetiva, 2007.

JUSTO, A. Santos. A responsabilidade extracontratual (ou aquiliana). *In*: CORREIA, Fernando Alves; MACHADO, Jónatas M.; LOUREIRO, João Carlos (Coord.). *Estudos em Homenagem ao Prof. Doutor José Joaquim Gomes Canotilho* – Responsabilidade entre passado e futuro. Coimbra: Coimbra Editora, 2012. v. I.

JUSTO, A. Santos. *Direito privado romano*: II – Direito das obrigações. 4. ed. Coimbra: Coimbra Editora, 2011. Stvdia Ivrídica.

KAGAN, Elena. Presidential administration. *Harvard Law Review*, n. 114, jun. 2001.

KANT, Immanuel. *A paz perpétua e outros opúsculos*. Lisboa: Edições 70, 2009.

KELMAN, Jerson. Obstáculos apenas para os culpados. *O Globo*, p. 19, 18 dez. 2014. 1º Caderno.

KHABRIEVA, Talia Yaroulovna. Le statut constitutionnel du Président de La Féderation de Russie. *Revue Française de droit constitutionnel*, n. 81, p. 105-122, jan. 2010.

KHALIFA, Ahmed F. Les conditions préalables à la responsabilité du supérieur hiérarchique devant les juridictions pénales internationales. *Revue de science criminelle*, Paris, n. 4, out./dez. 2010.

KIRCHHEIMER, Otto. *Justicia política empleo del procedimento legal para fines políticos*. Granada: Comares, 2001.

KLUG, Heinz. *The constitution of South Africa a contextual analysis*. Oxford: Hart Publishing, 2010.

LEE, Youngjae. Law, politics, and impeachment: the impeachment of Roh Moo-hyun from a comparative constitutional perspective. *The American Journal of Comparative Law*, n. 53, Spring, 2005.

LEVINSON, Sanford. Identifying 'independence'. *Boston University Law Review*, v. 86, 2006.

LIZZA, Ryan. Secrets, lies, and the N.S.A. *The New Yorker*, 16 dez. 2013.

LOEWENSTEIN, Karl. *Teoría de la constitución*. 2. ed. 4. reimpr. Barcelona: Ariel Derecho, 1986.

LOMBA, Pedro. *Teoria da responsabilidade política*. Coimbra: Coimbra Editora, 2008.

LUCIANI, Massimo. L'illusion de lá réduction du droit constitutionnel à une technique de protection des droits constitutionnels. *Revue Belge de droit constitutionnel*, n. 3-4, 2014. Número spécial vingtième anniversaire.

MACIEL, Adhemar Ferreira. Nossa primeira Constituição republicana à luz do direito comparado. *Revista Trimestral de Direito Público*, n. 1, 1993.

MADISON, James. *Notes of debates in the Federal Convention of 1787 reported by James Madison*. Nova York: W. W. Norton & Company, 1987.

MAGNOLI, Demétrio. O Brasil de Janot – e o nosso. *O Globo*, p. 19, 21 set. 2017.

MANIN, Bernard; PRZEWORSKI, Adam; STOKES, Susan C. Eleições e representação. *Lua Nova – Revista de Cultura e Política*, n. 67, p. 105-138, 2006.

MARITAIN, Jacques. *Caminhos para Deus*. Belo Horizonte: Itatiaia, 1962.

MARTINEZ, Jérémy. L'action en justice du président de la République: un citoyen comme un autre? *Revue Française de Droit constitutionnel*, n. 99, out. 2014.

REFERÊNCIAS | **465**

MASCARENHAS, Rodrigo Tostes de Alencar. A Lei da "Ficha Limpa": uma responsabilidade prospectiva? *Boletim da Faculdade de Direito da Universidade de Coimbra*, v. LXXXVII, 2011.

MASCARENHAS, Rodrigo Tostes de Alencar. A responsabilidade extracontratual do Estado e de seus agentes por decisões tomadas em situações de risco e incerteza: uma comparação entre Brasil e Portugal. *Revista de Direito Administrativo da FGV*, v. 261, set./dez. 2012.

MASCARENHAS, Rodrigo Tostes de Alencar. Como atender às demandas da população com o atual direito público? *Tribuna do Advogado*, Rio de Janeiro, ano XLII, n. 351, out. 2013.

MASCARENHAS, Rodrigo Tostes de Alencar. Morte civil temporária. *Tribuna do Advogado*, Rio de Janeiro, ano XLII, n. 539, jul. 2014.

MASCARENHAS, Rodrigo Tostes de Alencar. *Repartição de competência legislativa e conflito entre direito interno e direito internacional no Brasil e na Argentina*. Dissertação (Mestrado) – Departamento de Direito, PUC-Rio, Rio de Janeiro, 1999.

MATHIEU, Bertrand; VERPEAUX, Michel *et alli*. *Responsabilité et démocratie*. Paris: Dalloz, 2008.

MAURER Hartmut. *Direito administrativo geral*. Barueri: Manole, 2006.

MAYER-SCHÖNBERGER, Viktor; CUKIER, Kenneth. *Big data*. Boston, Nova York: Mariner Books, 2014.

MELLO, Patrícia Perrone Campos. *Nos bastidores do STF*. Rio de Janeiro: Forense, 2015.

MELO, Tutmés Airan de Albuquerque. O impeachment da Presidente Dilma e a Constituição da República: o Poder Judiciário brasileiro, a que será que se destina?. *In*: PINTO, Hélio Pinheiro *et alli* (Coord.). *Constituição, direitos fundamentais e política* – Estudos em homenagem ao Professor José Joaquim Gomes Canotilho. Belo Horizonte: Fórum, 2017.

MENDES, Gilmar Ferreira Mendes. Entrevista a Mônica Bergamo. *Folha de S.Paulo*, p. A12, 24 out. 2016.

MENDES, Gilmar Ferreira Mendes; BRANCO, Paulo Gustavo Gonet. *Curso de direito constitucional*. 9. ed. 3. tir. São Paulo: Saraiva, 2014.

MIRANDA, Jorge. A Constituição e a democracia portuguesa. *Revista do Ministério Público do Rio de Janeiro*, n. 31, jan./mar. 2009.

MIRANDA, Jorge. A Constituição e a responsabilidade civil do Estado. *Revista do Ministério Público do Rio de Janeiro*, n. 21, jan./jun. 2005.

MIRANDA, Jorge. Constituição e democracia. *Apresentação perante o Conselho Federal da Ordem dos advogados do Brasil em 7 de março de 2017*. Disponível em: http://www.oab.Org.br/noticia/54901/leia-a-palestra-constituicao-e-democracia-proferida-pelo-constitucionalista-jorge-miranda-na-oab?utm_source=3750&utm_medium=email&utm_campaign=OAB_Informa. Acesso em: 28 mar. 2017.

MIRANDA, Jorge. Democracia, eleições, direito eleitoral. *Revista do Ministério Público do Rio de Janeiro*, n. 51, jan./mar. 2014.

MIRANDA, Jorge. *Direito constitucional III* – Integração européia, direito eleitoral, direito parlamentar. Lisboa: Associação Acadêmica da Faculdade de Direito de Lisboa, 2001.

MIRANDA, Jorge. Imunidades constitucionais e crimes de responsabilidades. *Direito e Justiça*, v. XV, t. 2, 2001.

MIRANDA, Jorge. Na hipótese de outra revisão constitucional. *In*: MIRANDA, Jorge (Coord.). *Separata de Estudos em homenagem ao Prof. Doutor Sérvulo Correia*. Edição da Faculdade de Direito da Universidade de Lisboa. Coimbra: Coimbra Editora, 2010.

MIRANDA, Jorge. Sobre as comissões parlamentares de inquérito em Portugal. *Revista do Ministério Público do Rio de Janeiro*, n. 26, jul./dez. 2007.

MIRANDA, Jorge. *Teoria do Estado e da Constituição*. Rio de Janeiro: Forense, 2005.

MIRANDA, Jorge; MEDEIROS, Rui. *Constituição portuguesa anotada*. Coimbra: Coimbra Editora, 2006. t. II.

MORAIS, Neiara. *Ficha Limpa* – Um mecanismo a favor da qualidade da representação democrática? Trabalho apresentado ao Programa de Doutoramento: Democracia no Século XXI, do Centro de Estudos Sociais – CES da Universidade de Coimbra, Disciplina: Democracia e Republicanismo, 2010.

MORAN, Michael; REIN, Martin; GOODIN, Robert (Ed.). *The Oxford Handbook of Public Policy*. Oxford: Oxford University Press, 2006.

MOREIRA NETO, Diogo de Figueiredo. *Constituição e revisão* – Temas de direito político e constitucional. Rio de Janeiro: Forense, 1991.

MOREIRA NETO, Diogo de Figueiredo. *Curso de direito administrativo*. 16. ed. Rio de Janeiro: Forense, 2014.

MOREIRA NETO, Diogo de Figueiredo. *Poder, direito e Estado* – O direito administrativo em tempos de globalização. In memoriam de Marcos Juruena Villela Souto. Belo Horizonte: Fórum, 2011.

MOREIRA, Egon Bockmann; BAGATIN Andreia Cristina. Lei Anticorrupção e quatro de seus principais temas – Responsabilidade objetiva, desconsideração societária, acordos de leniência e regulamentos administrativos. *Revista de Direito Público da Economia – RDPE*, n. 47, jul./set. 2014.

MOREIRA, José Carlos Barbosa. O neoprivatismo no processo civil. *Revista Síntese de Direito Civil e Processual Civil*, n. 34, p. 5-16, mar./abr. 2006.

MORGADO, Cíntia. *O direito administrativo do risco*. A nova intervenção estatal sob o enfoque da segurança alimentar. Rio de Janeiro: Gramma, 2016.

MORO, Sergio Fernando. Considerações sobre a operação Mani Pulite. *Revista do CEJ*, Brasília, n. 26, p. 56-62, jul./set. 2004. Disponível em: http://www2.cjf.jus.br/ojs2/index.php/revcej/article/viewFile/625/805. Acesso em: 22 dez. 2014.

NATALE, Alberto. *Comentarios sobre la Constitución* – La Reforma de 1994. Buenos Aires: Depalma, 1996.

NEIVA, José Antonio Lisbôa. *Improbidade administrativa* – Legislação comentada artigo por artigo. 5. ed. Niterói: Impetus, 2013.

NOBRE JR., Edilson Pereira. Improbidade administrativa: uma releitura do art. 11 da Lei 8.429/1992 à luz do princípio da segurança jurídica. *Revista Trimestral de Direito Público*, São Paulo, n. 61, 2015.

NOVAIS, Jorge Reis. *Semipresidencialismo* – Teoria do sistema de governo semipresidencial. Coimbra: Almedina, 2007. v. I.

O'BRIEN, David M. *Constitutional law and politics*: struggles for power and governmental accountability. 9. ed. New York: Norton & Co., 2014.

OLIVEIRA, José Roberto Pimenta. *Improbidade administrativa e sua autonomia constitucional*. Belo Horizonte: Fórum, 2009.

OLIVEIRA, José Roberto Pimenta. O conflito de interesses como ato de improbidade administrativa. *Revista Brasileira de Estudos da Função Pública – RBEFP*, Belo Horizonte, ano 3, n. 9, set./dez. 2014.

OLIVER, Dawn. Psychological constitutionalism. *The Cambridge Law Journal*, v. 69, n. 3, nov. 2010.

OSBORNE, Stephen P. (Ed.). *The new public governance?* Emerging perspectives on the theory and practice of public governance. Nova York: Routledge, 2010.

OSÓRIO, Fabio Medina. *Direito administrativo sancionador*. 5. ed. São Paulo: RT, 2015.

OSÓRIO, Fabio Medina. *Teoria da improbidade administrativa*. São Paulo: RT, 2007.

OST, François. *A natureza à margem da lei*: a ecologia à prova do direito. Lisboa: Piaget, 1995.

OST, François. *Le temps du droit*. Paris: Editions Odile Jacob, 1999.

OST, François; VAN DE KERCHOVE, Miguel. O presente, horizonte paradoxal das sanções reparadoras. *In*: BART, Jean *et al. Filosofia do direito e direito econômico*. Que diálogo? Miscelâneas em honra de Gérard Farjat. Lisboa: Piaget. 2001.

OTERO, Paulo. A dimensão política da administração pública: a quebra do mito da separação de poderes entre política e administração. *In*: CORREIA, Fernando Alves; MACHADO, Jónatas M.; LOUREIRO, João Carlos (Coord.). *Estudos em homenagem ao Prof. Doutor José Joaquim Gomes Canotilho* – Direito administrativo e justiça administrativa. Coimbra: Coimbra Editora, 2012. v. IV.

OTERO, Paulo. *Direito constitucional português* – Organização do poder político. Coimbra: Almedina, 2010. v. II.

OTERO, Paulo. *Legalidade e Administração Pública*. O sentido da vinculação administrativa à Juridicidade. Coimbra: Almedina, 2003.

PACE, Alessandro. Las inmunidades penales extrafuncionales del Presidente de la República y de los membros del Gobierno en Italia. *Revista Española de derecho constitucional*, año 31, n. 93, set./dez. 2011.

PALMA, Maria Fernanda (Coord.). *Jornadas de direito processual penal e direitos fundamentais*. Faculdade de Direito da Universidade de Lisboa, Conselho Distrital de Lisboa da Ordem dos Advogados. Coimbra: Almedina, 2004.

PALMA, Maria Fernanda. Responsabilidade política e responsabilidade penal – Três casos controversos. *Sub judice – Justiça e Sociedade*, n. 6, maio/ago. 1993.

PAPAUX, Alain (Org.). *Introduction à La philosophie du 'droit en situation'*. De la codification légaliste au droit prudential. Bruxelles: Bruylant, 2006.

PARARAS, Ioannis P. *La Responsabilité du Gouvernement em Grèce*. Bruxelas: Bruylant, 2002.

PARPWORTH, Neil. *Constitutional and administrative law*. 7. ed. Oxford: Oxford University Press, 2012.

PARRADO DÍEZ, Salvador. *Sistemas administrativos comparados*. Madrid: Tecnos, 2002.

PASTOREL, Jean-Paul. Droit comparé et réforme des mécanismes de jugement des ministres. *Revue du Droit Public et de La Science Politique en France et a L'etranger*, n. 5, 1996.

PEREIRA, Jane Reis Gonçalves. *Interpretação constitucional e direitos fundamentais*. Rio de Janeiro: Renovar, 2006.

PEREIRA, Merval. Golpe estapafúrdio. *O Globo*, p. 4, 19 maio 2016. Disponível em: http://blogs.oglobo.globo.com/merval-pereira/post/golpe-estapafurdio.html. Acesso em: 19 maio 2016.

PERES, Bruno. Temer divulga nota para "corrigir injustiça" contra Antônio Mariz. *Valor Econômico*, 29 abr. 2016. Disponível em: http://www.valor.com.br/politica/4544153/temer-divulga-nota-para-corrigir-injustica-contra-antonio-mariz. Acesso em: 30 abr. 2016.

PÉREZ-LIÑÁN, Aníbal. *Juicio político al presidente y nueva inestabilidad política en América Latina*. Buenos Aires: Fondo de Cultura Económica, 2009.

PETERS, B. Guy. Meta-governance and public management. *In*: OSBORNE, Stephen P. (Ed.). *The new public governance?* Emerging perspectives on the theory and practice of public governance. Nova York: Routledge, 2010.

PHILIPPE, Xavier. La responsabilité du Chef de L'État en Afrique du Sud. *In*: *La responsabilité du Chef de l'État*. Paris: Societé de Législation Comparée, 2009. v. 12. Collection Colloques.

PINTO, Hélio Pinheiro *et alli* (Coord.). *Constituição, direitos fundamentais e política* – Estudos em homenagem ao Professor José Joaquim Gomes Canotilho. Belo Horizonte: Fórum, 2017.

POSNER, Eric A. Does political bias in the judiciary matter?: Implications of judicial bias studies for legal and constitutional reform. *The University of Chicago Law Review*, n. 75.

PRADEL, Jean. *Droit penal compare*. 3. ed. Paris: Dalloz, 2008.

QUEBROU-SE o mito. *Estado de São Paulo*, 20 set. 2017. Disponível em: http://opiniao.estadao.com.br/noticias/geral,quebrou-se-o-mito,70002008098. Acesso em: 21 set. 2017.

QUINCHE RAMÍREZ, Manuel Fernando. *Derecho constitucional colombiano de la Carta de 1991 y sus Reformas*. 4. ed. Bogotá: Ediciones Doctrina y Ley, 2010.

QUIROGA LAVIÉ, Humberto. *Lecciones de derecho constitucional*. Buenos Aires: Depalma, 1995.

RAWLS, John. *O liberalismo político*. 2. ed. São Paulo: Ática, 2000.

RECONDO, Felipe; WEBER, Luiz. *Os onze*: o STF, seus bastidores e suas crises. São Paulo: Companhia das Letras, 2019.

RESCIGNO, Giuseppe Ugo. *La responsabilità politica*. Milão: Dott. A. Giuffrè, 1967.

RIBEIRO, Marcelo; DI CUNTO, Raphael. Presidente da CCJ barra convocação de Janot. *Valor Econômico*, p. A7, 7 jul. 2017.

RODRIGUES, L. Barbosa. A função política de direção do Estado. *In*: SOUSA, Marcelo Rebelo; QUADROS, Fausto de; OTERO, Paulo; PINTO, Eduardo Vera-Cruz. *Estudos em homenagem ao Prof. Doutor Jorge Miranda* – Direito constitucional e justiça constitucional. Coimbra: Coimbra Editora, 2012. v. II.

RODRIGUES, Marco Antonio. *Manual dos recursos, ação rescisória e reclamação*. São Paulo: Gen Atlas, 2017.

ROSENFELD, Michel; SAJÓ, András (Ed.). *The Oxford Handbook of Comparative Constitutional Law*. Oxford: Oxford University Press, 2012.

ROUSSEAU, Jean-Jacques. *Discours sur l'Economie Politique, Projet de Constitution pour La Corse, Considérations sur Le Gouvernement de Pologne*. Paris: Flammarion, 1990.

ROUSSEL, Violaine. Scandale et redéfinitions de La responsabilité politique. *Revue Française de Science Politique*, v. 58, n. 6.

SACHS, Ignacy; WILHEIM, Jorge; PINHEIRO, Paulo Sérgio (Org.). *Brasil*: um século de transformações. São Paulo: Companhia das Letras, 2003.

SAFATLE, Claudia. Fazendo as contas que fazem de conta. *Valor Econômico*, p. A2, 19 ago. 2016.

SANTISO, Carlos. *Economic reform and judicial governance in Brazil*: balancing independence with accountability. Texto apresentado ao VIII Congreso Internacional del CLAD sobre la Reforma del Estado y de la Administración Pública, Panamá, 28-31 Oct. 2003. Disponível em: http://unpan1.un.org/intradoc/groups/public/documents/clad/clad0047908.pdf. Acesso em: 13 ago. 2013.

SANTOS, Boaventura de Sousa. A judicialização da política. *Jornal Público*, 26 maio 2003. Disponível em: http://www.ces.uc.pt/opiniao/bss/078en.php. Acesso em: 4 set. 2014.

SANTOS, Wanderley Guilherme dos. Ninguém. *Insightnet*, 4 out. 2016. Disponível em: http://insightnet.com.br/segundaopiniao/publicer. Acesso em: 8 out. 2016.

SARTORI, Giovanni. *Engenharia constitucional*: como mudam as constituições. Brasília: Editora UNB, 1996.

SCHMIDT-ASSMANN, Eberhard. *La teoría general del derecho administrativo como sistema*. Objeto y fundamentos de la construcción sistemática. Madrid; Barcelona: Marcel Pons, 2003.

SCHREIBER, Anderson. *Novos paradigmas da responsabilidade civil*. 6. ed. São Paulo: Atlas, 2015.

SCHWARTZ, Bernard. *A Commentary on The Constitution of the United States* – Part I. Nova York: Macmillan, 1963. v. I.

SCHWARTZ, Bernard. *A Commentary on The Constitution of the United States* – Part I. Nova York: Macmillan, 1963. v. II.

SEN, Amartya. *The idea of justice*. Londres: Penguin, 2010.

SÉNAT FRANÇAIS. *La Responsabilite Pénale des Chefs d'état et de Gouvernement*. Les Documents de Travail du Sénat. Série Législation Comparée, set. 2001. Disponível em: http://www.senat.fr/lc/lc92/lc920.html. Acesso em: 3 fev. 2014.

SILVA, Fernanda Duarte Lopes Lucas da. *Princípio constitucional da igualdade*. Rio de Janeiro: Lumen Juris, 2001.

SILVA, José Afonso da. *Comentário contextual à Constituição*. 8. ed. São Paulo: Malheiros, 2012.

SILVA, José Afonso da. *Curso de direito constitucional positivo*. 38. ed. São Paulo: Malheiros, 2015.

SILVA, Suzana Tavares. *O novo direito administrativo*. Coimbra: Imprensa da Universidade de Coimbra, 2010.

SIRIANNI, Guido. Etica pubblica e prevenzione dela corruzione: il problema del personale politico. *Diritto Pubblico*, anno XX, n. 3, p. 927-951, set./dez. 2014.

SOUSA, Marcelo Rebelo. *Direito administrativo geral*. Actividade administrativa – Responsabilidade civil administrativa. Lisboa: Dom Quixote, 2008. t. III.

SOUSA, Marcelo Rebelo; QUADROS, Fausto de; OTERO, Paulo; PINTO, Eduardo Vera-Cruz. *Estudos em homenagem ao Prof. Doutor Jorge Miranda* – Direito constitucional e justiça constitucional. Coimbra: Coimbra Editora, 2012. v. II.

SOUTO, Marcos Juruena Villela; MASCARENHAS, Rodrigo Tostes de Alencar (Coord.). *Direito público estadual*. Rio de Janeiro: Editora APERJ, 2015.

SOUZA NETO, Cláudio Pereira de. *Teoria constitucional e democracia deliberativa*. Rio de Janeiro: Renovar, 2006.

STELZER, Manfred. *An introduction to Austrian constitutional law*. 3. ed. Viena: LexisNexis, 2014.

SUNDFELD, Carlos Ari (Org.). *Contratações públicas e seu controle*. São Paulo: Malheiros, 2013.

SUNDFELD, Carlos Ari. *Direito administrativo para céticos*. São Paulo: Malheiros, 2012.

SUNDFELD, Carlos Ari. Sistema constitucional das competências. *Revista Trimestral de Direito Público*, n. 1, São Paulo, 1993.

SUNDFELD, Carlos Ari; CÂMARA, Jacintho Arruda. Improbidade administrativa de dirigente de empresa estatal. *Revista Eletrônica de Direito Administrativo Econômico (REDAE)*, n. 13, fev./abr. 2008. Disponível em: http://www.direitodoestado.com.br/rede.asp.

SUNSTEIN, Cass. Dunwody distinguished lecture in law: lessons from a debacle: from impeachment to reform. *Florida Law Review*, n. 51, set. 1999.

SUNSTEIN, Cass. *The laws of fear*: beyond the precautionary principle. Cambridge: Cambridge University Press, 2005.

SUNSTEIN, Cass. There is nothing that interpretation just is. *Constitutional commentary*, v. 30, n. 2, Summer 2015.

SUPIOT, Alain. A legal perspective on the economic crisis of 2008. *International Labour Review*, v. 149, n. 2, 2010.

TEMER, Michel. *Elementos de direito constitucional*. 24. ed. São Paulo: Malheiros, 2012.

THIBIERGE, Catherine *et alii*. *La densification normative*. Découverte d'un processus. Paris: Mare & Martin, 2013.

THOMPSON, Dennis F. *La ética política y el ejercicio de cargos públicos*. Barcelona: Gedisa, 1999.

TORRES MORAL, Antonio. En torno a la abdicación de La Corona. *Revista Española de Derecho Constitucional*, n. 102, set./dez. 2014.

TOURINHO FILHO, Fernando. Da competência pela prerrogativa de função. *Revista do Ministério Público do Rio de Janeiro*, n. 21, jan./jun. 2005.

TRIBE, Laurence H. *American constitutional law*. 3. ed. Nova York: Foundation Press, 2000.

TRIBE, Laurence H. Dividing Citizens United: the case v. the controversy. *Constitutional commentary*, v. 30, n. 2, Summer 2015.

TRIGUEIRO, Oswaldo. *Direito constitucional estadual*. 1. ed. Rio de Janeiro: Forense, 1980.

TUSHNET, Mark. *Advanced introduction to comparative constitutional law*. Cheltenham: Edward Elgar, 2014.

TUSHNET, Mark. Political power and judicial power: some observations on their relation. *Fordham Law Review*, n. 75.

TUSHNET, Mark. *The new constitutional order*. Princeton: Princeton University Press, 2004.

URBANO, Maria Benedita Malaquias Pires. Deambulações teóricas em torno da justiça política. *In*: CORREIA, Fernando Alves; SILVA, João Calvão; ANDRADE, José Carlos Vieira; CANOTILHO, J. J. Gomes; COSTA, José Manuel M. Cardosos. *Estudos em homenagem a António Barbosa de Melo*. Coimbra: Almedina, 2013.

URBANO, Maria Benedita Malaquias Pires. *Representação política e parlamento*. Contributo para uma teoria político-constitucional dos principais mecanismos de protecção do mandato parlamentar. Coimbra: Almedina, 2009.

URBANO, Maria Benedita Malaquias Pires. Responsabilidade política e responsabilidade jurídica: baralhar para governar. *Boletim da Ordem dos Advogados*, n. 27, jul./ago. 2003.

URBANO, Maria Benedita. Apontamentos esparsos sobre a responsabilidade dos governantes. *In*: SOUSA, Marcelo Rebelo; QUADROS, Fausto de; OTERO, Paulo; PINTO, Eduardo Vera-Cruz. *Estudos em homenagem ao Prof. Doutor Jorge Miranda* – Direito constitucional e justiça constitucional. Coimbra: Coimbra Editora, 2012. v. II.

VAN CAENEGEM, R. C. *An historical introduction to western constitutional law*. Cambridge: Cambridge University Press, 1995.

VANOSSI, Jorge Reinaldo A. *Estado de derecho*. 4. ed. Buenos Aires: Astrea, 2008.

VARGAS, Daniel. Pecado original. Justiça tem de completar sua democratização. *Folha de S.Paulo*, 17 abr. 2016. Caderno Ilustríssima.

VASCONCELOS, Frederico. No STF só 20% dos pedidos de vista são devolvidos no prazo. *Folha de S.Paulo*, 8 jun. 2015.

VELLOSO, Carlos Mário da Silva. *Temas de direito público*. 1. ed. Belo Horizonte: Livraria Del Rey, 1994.

VERDÚ, Pablo Lucas. Reflexiones en torno y dentro del concepto de constitución: La constitución como norma y como integración política. *Revista de Estudios Politicos*, n. 83, ene./mar. 1994.

VERDÚ, Pablo Lucas. *Teoría general de las relaciones constitucionales*. Madrid: Dykinson, 2000.

VERÍSSIMO, Luis Fernando. É o calor. *O Globo*, 9 fev. 2014.

WILLEMAN, Marianna Montebello. *Accountability democrática e o desenho institucional dos tribunais de contas no Brasil*. 2. ed. Belo Horizonte: Fórum, 2020.

WILLEMAN, Marianna Montebello. Desconfiança institucionalizada, democracia monitorada e instituições superiores de controle no Brasil. *Revista do Tribunal de Contas do Estado do Rio de Janeiro*, n. 6, p. 66-89, 2º semestre 2013.

WILSON, Richard Ashby (Ed.). *Human rights in the 'war on terror'*. Cambridge: Cambridge University Press, 2005.

YOUNES MORENO, Diego. *Derecho constitucional colombiano*. Bogotá: ESAP, 2010.

ZAFFARONI, Eugenio Raul. *Poder Judiciário* – Crise, acertos e desacertos. São Paulo: RT, 1995.

ZAGREBELSKY, Gustavo. *El derecho dúctil*. Ley, derechos, justicia. 9. ed. Madrid: Trotta, 2009.

ZAGREBELSKY, Gustavo. *Historia y Constitución*. Madrid: Trotta, 2005.

ZANON, Nicolò; BIONDI, Francesca. *Percorsi e vicende attuali della rappresentanza e della responsabilità politica*. Milano: Giuffrè, 2001.

Esta obra foi composta em fonte Palatino Linotype, corpo 10
e impressa em papel Offset 75g (miolo) e Supremo 250g (capa)
pela Gráfica Impress.